Libro interattivo eBook+
 W0004171
 Webook

eBook+: il libro digitale interattivo

Il libro interattivo ("eBook+") è la versione digitale interattiva del libro di testo. Nel libro interattivo i contenuti vengono ampliati e affiancati da contributi digitali e funzioni interattive che rendono l'esperienza dell'apprendimento più completa e stimolante.
Nelle pagine del libro interattivo è possibile:
- inserire note;
- sottolineare ed evidenziare i passaggi di maggior interesse;
- ingrandire e portare in primo piano aree specifiche;
- scrivere o disegnare sulle pagine simulando un pennarello;
- selezionare il testo e ricercare i vocaboli all'interno dell'intero libro;
- richiamare velocemente glossari, schede o altri materiali.

I nostri libri interattivi sono multidevice: possono essere letti su PC (Windows e Mac) e su tablet (Windows, iPad, Android).

L'uso dell'eBook+ è regolato dalle condizioni generali di licenza di G.B. PALUMBO & C. EDITORE S.p.A., accessibili all'indirizzo web **www.palumboeditore.it**; l'inserimento del codice di attivazione ed il conseguente download dell'eBook+ implicano la conoscenza e l'accettazione delle suddette condizioni di licenza.

Dove trovare il codice di attivazione del libro digitale interattivo

Come scaricare il libro digitale interattivo

1. Registrati su Scuolabook (**www.scuolabook.it**) utilizzando un indirizzo email valido. Se hai già un account, accedi con le tue credenziali.
2. Accedi alla pagina **Acquisti**, dove troverai il campo per inserire il codice di attivazione.
3. Una volta inserito il codice, scarica e installa l'applicazione Scuolabook Reader adatta per il tuo sistema.
4. Utilizza le credenziali che hai creato su Scuolabook per eseguire il login anche sull'applicazione. All'interno della tua libreria troverai tutti i tuoi libri, compreso quello associato al tuo codice, e potrai leggerli con Scuolabook Reader semplicemente cliccando su ciascuna copertina.

Hai bisogno di ulteriori informazioni?
Accedi al supporto **www.scuolabook.it**
Per ogni chiarimento scrivi a **info@scuolabook.it**

ATTENZIONE: l'accesso al libro digitale interattivo eBook+ è a titolo gratuito ed è riservato all'utente registrato che ha accettato le relative condizioni generali di licenza d'uso e ha inserito il codice di attivazione. Tale codice può essere attivato una sola volta e la relativa utenza e la connessa licenza di utilizzo non sono trasferibili a terzi.

Il Webook: che cos'è, come si accede

I contenuti digitali integrativi del libro di testo (Webook), incrementabili ed aggiornabili dalla casa editrice, sono disponibili all'indirizzo del minisito del libro, presente all'interno del sito della casa editrice.

L'indirizzo del Webook di quest'opera è il seguente

www.palumboeditore.it/laletteratura

L'uso del Webook è regolato dalle condizioni generali di licenza di G.B. PALUMBO & C. EDITORE S.p.A., accessibili all'indirizzo web **www.palumboeditore.it**.

Dove trovare il codice di attivazione del Webook

Il codice è formato da 25 caratteri e si trova all'interno del bollino SIAE

Come accedere al Webook

Per accedere al Webook, la prima volta sarà necessario registrarsi, accettare le condizioni generali della relativa licenza d'uso ed inserire il codice di attivazione.

ATTENZIONE: l'accesso a Webook è gratuito e riservato all'utente registrato che ha accettato le relative condizioni generali di licenza d'uso e ha inserito il codice di attivazione. Tale codice può essere attivato una sola volta e la relativa utenza e la connessa licenza di utilizzo non sono trasferibili a terzi. La durata della licenza è di 15 mesi dalla data di attivazione del codice.

I testi ad alta leggibilità sono realizzati con il carattere EasyReading™.

Font ad alta leggibilità: strumento compensativo per i lettori con dislessia e facilitante per tutte le categorie di lettori.

www.easyreading.it

© 2015 by G. B. Palumbo & C. Editore s.p.a.

hanno collaborato a questo volume:

Claudia Carmina, *per le analisi dei testi*

Vito Chiaramonte, *per i paragrafi di storia dell'arte e la ricerca iconografica*

Giovanni Inzerillo, *per le sezioni Dal ripasso alla verifica*

Emanuele Zinato, *per i Testi laboratorio, epoca e opera*

coordinamento editoriale   Giancarlo Biscardi

revisione redazionale   Claudia Carmina

redazione   Laura Rappa, Chiara Rizzuto

progetto grafico, coordinamento tecnico, copertina   Federica Giovannini

impaginazione   Fotocomp - Palermo

realizzazione dei materiali multimediali   Palumbo Multimedia

cartografia   Federigo Carnevali

fotolito e stampa   Petruzzi S.r.l. - Città di Castello (PG)

Proprietà artistica e letteraria della Casa Editrice

Stampato in Italia

Finito di stampare dalla Petruzzi S.r.l. - Città di Castello (PG),
nel mese di aprile 2020 per conto della G. B. Palumbo & C. Editore s.p.a., Palermo

Le fotocopie per uso personale del lettore possono essere effettuate nei limiti del 15%
di ciascun volume/fascicolo di periodico dietro pagamento alla SIAE del compenso previsto
dall'art. 68, commi 4 e 5, della legge 22 aprile 1941 n. 633.

Le fotocopie effettuate per finalità di carattere professionale, economico o commerciale o comunque
per uso diverso da quello personale possono essere effettuate a seguito di specifica autorizzazione rilasciata da
CLEAredi, Centro Licenze e Autorizzazioni per le Riproduzioni Editoriali, Corso di Porta Romana 108, 20122 Milano,
e-mail **autorizzazioni@clearedi.org** e sito web **www.clearedi.org**

L'Editore è a disposizione degli aventi diritto tutelati dalla legge per eventuali e comunque non volute
omissioni o imprecisioni nell'indicazione delle fonti bibliografiche o fotografiche.

Romano Luperini
Pietro Cataldi
Lidia Marchiani
Franco Marchese

perché LA LETTERATURA

Storia e antologia della letteratura italiana nel quadro della civiltà europea

3 **Dal Manierismo all'Arcadia**
(dal 1545 al 1748)

G. B. PALUMBO EDITORE

Indice

Parte quarta

Il Manierismo, il Barocco, il Rococò. Dalla Controriforma all'età dell'Arcadia (dal 1545 al 1748)

Capitolo I
Dalla Controriforma all'età dell'Arcadia. Storia, immaginario, letteratura ... 2

- **VIDEOLEZIONE** Il Barocco, una nuova visione del mondo [a cura di R. Luperini]

1 I concetti-chiave: Manierismo, Barocco, Rococò ... 3
- **S1** ITINERARIO LINGUISTICO • Barocco ... 6
- **S2** MATERIALI E DOCUMENTI • «La crisi della coscienza europea» secondo Hazard ... 8
- **S3** ITINERARIO LINGUISTICO • Rococò ... 10

2 La situazione economica, politica e sociale tra il 1545 e il 1748 ... 10
- **IMMAGINE ATTIVA** El Escorial
- **S4** ITINERARIO LINGUISTICO • Censura ... 16

3 La condizione degli intellettuali e l'organizzazione della cultura ... 18
- **S5** INFORMAZIONI • Chi erano i libertini? ... 19
- **S6** ITINERARIO LINGUISTICO • Trasformismo ... 21
- **S7** MATERIALI E DOCUMENTI • La libidine di servire (G. Benzoni) ... 21
- **S8** ITINERARIO LINGUISTICO • Abate ... 23
- **S9** INFORMAZIONI • Che cos'è e come si organizza la massoneria ... 23
- **S10** MATERIALI E DOCUMENTI • L'ideologia dell'Arcadia (A. Quondam) ... 25

4 Il pensiero politico ... 25

5 Il pensiero filosofico e scientifico ... 29
- **S11** MATERIALI E DOCUMENTI • Il mondo come un orologio, secondo Keplero (A. Koirè) ... 31

6 Le trasformazioni dell'immaginario ... 32
- **S12** PASSATO E PRESENTE • «Maledetto sia Copernico!». Il relativismo come conseguenza della scoperta copernicana ... 33
- **S13** ITINERARIO LINGUISTICO • Il giansenismo ... 36
- **S14** MATERIALI E DOCUMENTI • L'immagine del mondo e dell'uomo nell'età barocca (J.A. Maravall) ... 37
- **S15** MATERIALI E DOCUMENTI • L'infinita immensità degli spazi e la piccolezza dell'uomo (B. Pascal) ... 38
- **S16** MATERIALI E DOCUMENTI • La crisi della coscienza europea e la letteratura di viaggio (E. Guagnini) ... 40

7 L'estetica e le poetiche ... 41
- **S17** INFORMAZIONI • Il Barocco e il Novecento ... 43

8 Il sistema dei generi letterari e il pubblico ... 43
- **S18** INFORMAZIONI • L'opera seria e l'opera buffa ... 48

9 La situazione della lingua ... 48

10 L'Italia e l'Europa ... 51

11 La dissoluzione del classicismo rinascimentale: Manierismo, Barocco, Rococò ... 52
- **IMMAGINE ATTIVA** Rosso Fiorentino, *Deposizione*
- **IMMAGINE ATTIVA** Gian Lorenzo Bernini, *Apollo e Dafne*
- **IMMAGINE ATTIVA** Rembrandt van Rijn, *Lezione di anatomia del dottor Tulp*
- **IMMAGINE ATTIVA** Giovanni Antonio Canal detto Canaletto, *Piazza San Marco*

Percorso LO SPAZIO E IL TEMPO Copernico e le scoperte geografiche rivoluzionano l'idea di spazio ... 61

Percorso LO SPAZIO E IL TEMPO Lo spazio in movimento ... 64

Percorso LO SPAZIO E IL TEMPO L'importanza del viaggio nell'esperienza dell'uomo del Settecento ... 66

Percorso L'AMORE E LA DONNA Sono veramente esistite le streghe? ... 67

DAL RIPASSO ALLA VERIFICA ... 69

ESPANSIONI DIGITALI

VIDEO
- **VIDEOLEZIONE** Il Barocco, una nuova visione del mondo (a cura di R. Luperini)

IMMAGINI ATTIVE
- Rosso Fiorentino, *Deposizione*
- El Escorial
- Gian Lorenzo Bernini, *Apollo e Dafne*
- Rembrandt van Rijn, *Lezione di anatomia del dottor Tulp*
- Canaletto, *Piazza San Marco*

TESTI
- Charles-Louis de Montesquieu, *Parigi, il re e il papa visti dai persiani* [*Lettere persiane*]

SCHEDE
- La fortuna del Barocco. Il conflitto delle interpretazioni dal Settecento a oggi
- Il conflitto delle interpretazioni. Il Barocco come "brutto artistico" secondo Croce. La nuova posizione di Calcaterra e Getto
- Sono veramente esistite le streghe?
- Perché le donne praticano la stregoneria più degli uomini (H. Institor, J. Sprenger)
- Alcune regole dei collegi dei gesuiti: norme dei professori di filosofia e norme che regolano i compiti scritti in classe
- Gli intellettuali nell'età della Controriforma (G. Procacci)
- La nascita dell'industria editoriale e del giornalismo moderno in Inghilterra. La situazione europea e italiana
- La funzione degli eruditi secondo Benzoni e secondo Woolf
- L'Arcadia e la "Repubblica delle lettere" (A. Quondam)
- Elogio della proprietà privata (J. Locke)
- La teorizzazione della separazione dei poteri (C.-L. de Montesquieu)
- Bruno illustra la propria filosofia (V. Spampanato)
- Santa Teresa e l'unione mistica con Dio (Teresa d'Avila)
- Lettera di Galileo a Benedetto Castelli
- Cosmopolitismo
- L'opposizione classico-barocco, simbolo-allegoria e il carattere problematico dell'arte barocca (W. Benjamin)
- Il libretto d'opera
- Il vocabolario della Crusca (V. Coletti)

MATERIALI PER IL RECUPERO
- L'età della Controriforma e del Manierismo
- Il Seicento: il Barocco, la società, la rivoluzione scientifica, l'arte
- La prima metà del Settecento: l'Arcadia e il Rococò

INDICAZIONI BIBLIOGRAFICHE

ASCOLTO
- Sintesi

MAPPA CONCETTUALE
- Dalla Controriforma all'età dell'Arcadia

Capitolo II
La poesia lirica in Italia e in Europa 74

1 La poesia lirica in Italia 74

T1 Tommaso Campanella A certi amici [Scelta d'alcune poesie filosofiche di Settimontano Squilla] 76

2 La poesia lirica in Europa: d'Aubigné, Juan de la Cruz, Shakespeare e John Donne 78

DAL RIPASSO ALLA VERIFICA 80

ESPANSIONI DIGITALI

TESTI
- Battista Guarini, Di partenza restia
- Gabriello Chiabrera, «La vïoletta»
- Tommaso Campanella, Al carcere [Scelta d'alcune poesie filosofiche di Settimontano Squilla]
- Tommaso Campanella, Delle radici de' gran mali del mondo [Scelta d'alcune poesie filosofiche di Settimontano Squilla]
- Juan de la Cruz, Il pastorello
- William Shakespeare, Il tempo divoratore [Sonetti, 19]
- John Donne, Congedo, a vietarle il lamento [Canzoni e sonetti]

ASCOLTO
- Sintesi

MAPPA CONCETTUALE
- La poesia lirica

Capitolo III
Torquato Tasso 81

VIDEOLEZIONE La Gerusalemme liberata di Tasso, un capolavoro in controtempo [a cura di P. Cataldi]

1 La vita e la personalità 82

TASSO E IL SUO TEMPO 83

S1 INFORMAZIONI • Il mito di Tasso 86

2 Le Rime 86

T1 «Vedrò da gli anni in mia vendetta ancora» [Rime] 88

T2 «Ecco mormorar l'onde» [Rime] 90

T3 «Ne i vostri dolci baci» [Rime] 92

T4 «Qual rugiada o qual pianto» [Rime] 93

TESTO INTERATTIVO

3 Aminta 95

T5 Prologo [Aminta, Prologo, vv. 52-91] 98

T6 «O bella età de l'oro» [Aminta, atto I, coro] 100

TESTI IN SCENA

S2 MATERIALI E DOCUMENTI • L'amore non rende tutti uguali ma svela la disuguaglianza e la violenza dei rapporti tra gli uomini (G.M. Anselmi) 104

4 I Dialoghi. Le Lettere 106

T7 A Scipione Gonzaga da Sant'Anna [Lettere] 108

5 Il Re Torrismondo 109

Percorso LO SPAZIO E IL TEMPO Spazio lirico e spazio mitico nelle Rime e nell'Aminta 111

DAL RIPASSO ALLA VERIFICA 112

ESPANSIONI DIGITALI

VIDEO
- VIDEOLEZIONE La Gerusalemme liberata di Tasso, un capolavoro in controtempo (a cura di P. Cataldi)
- TESTO IN SCENA «O bella età de l'oro» [Aminta, atto I, coro]

TESTI INTERATTIVI
- «Qual rugiada o qual pianto» [Rime]

TESTI
- «Tacciono i boschi e i fiumi» [Rime]
- «Vecchio ed alato dio, nato col sole» [Rime]
- La canzone al Metauro [Rime]
- Dafne e Silvia, Aminta e Tirsi [Aminta, atto I, parte della scena 1ª e parte della 2ª]
- Tasso e lo spirito [Dialoghi, Il Messaggiero]
- A Maurizio Cattaneo da Sant'Anna [Lettere]

SCHEDE
- Innocenza e voluttà nella rappresentazione dell'amore nell'Aminta
- Le opere devote

MATERIALI PER IL RECUPERO
- Tasso e la Gerusalemme liberata

- **INDICAZIONI BIBLIOGRAFICHE**
- **ASCOLTO**
  - Sintesi
- **MAPPA CONCETTUALE**
  - Torquato Tasso

Capitolo IV — PRIMO PIANO
La *Gerusalemme liberata* 115

VIDEOLEZIONE La *Gerusalemme liberata* di Tasso, un capolavoro in controtempo [a cura di P. Cataldi]

1. La composizione: argomento, datazione, titolo, storia del poema 115
   - S1 INFORMAZIONI • La prima crociata 116
2. La struttura e la trama dell'opera 117
   - S2 INFORMAZIONI • Riassunto schematico del poema 118
3. Le fonti del poema 119
4. I personaggi principali 120
   - S3 MATERIALI E DOCUMENTI • Un'interpretazione psicoanalitica del poema (S. Zatti) 121
   - S4 MATERIALI E DOCUMENTI • Un giudizio di Leopardi su Goffredo: «stimabile», non «amabile» 123
5. I temi fondamentali del poema 124
   - S5 MATERIALI E DOCUMENTI • Amore nella *Liberata* (G.M. Anselmi) 126
6. La poetica della *Gerusalemme liberata*: fra Aristotele e il Manierismo 127
   - S6 MATERIALI E DOCUMENTI • Tasso e la crisi del Rinascimento 128
7. L'ideologia tassesca: l'amore, la guerra 129
   - S7 MATERIALI E DOCUMENTI • Insensatezza della guerra 131
8. Lo stile, la lingua, la metrica 131
9. Il dibattito sulla *Liberata* ai tempi di Tasso e il passaggio alla *Conquistata* 132
10. I canti I-VII 135
    - **T1** TESTO OPERA *Il proemio* [I, 1-5] 136
    - TESTO INTERATTIVO
    - Perché è un testo opera? 138
    - **T2** *La presentazione di Clorinda* [II, 38-40] 141
    - **T3** *Erminia tra i pastori* [VII, 1-22] 143
11. I canti VIII-XII 149
    - **T4** TESTO LABORATORIO *Il duello di Clorinda e Tancredi* [XII, 1-9, 4; 18-19; 48-70] 150
    - VIDEOLEZIONE: ANALISI DEL TESTO [P. Cataldi]
    - LABORATORIO Dall'interpretazione alla riappropriazione 160
12. I canti XIII-XVI 162
    - **T5** *Il giardino di Armida* [XVI, 9-10; 17-23, 2; 26-35, 2] 162
13. I canti XVII-XVIII 168
14. L'epilogo del poema. I canti XIX e XX 169
    - **T6** *Il duello di Argante e Tancredi* [XIX, 20-28] 169

Percorso LO SPAZIO E IL TEMPO La dimensione spaziale della *Gerusalemme liberata*: realtà, simbolo e magia 173

Percorso L'AMORE E LA DONNA Il conflitto d'amore nella *Gerusalemme liberata* 176

Percorso LA GUERRA E LA PACE La guerra nella *Gerusalemme liberata* 178

DAL RIPASSO ALLA VERIFICA 180

ESPANSIONI DIGITALI

VIDEO
- VIDEOLEZIONE La *Gerusalemme liberata* di Tasso, un capolavoro in controtempo (a cura di P. Cataldi)
- VIDEOLEZIONE: ANALISI DEL TESTO *Il duello di Clorinda e Tancredi* (a cura di P. Cataldi)

TESTI INTERATTIVI
- *Il proemio* [I, 1-5]

TESTI
- *Il verosimile* [*Discorsi sull'arte poetica*, dal *Discorso secondo*]
- *Unità e varietà* [*Discorsi sull'arte poetica*, dal *Discorso secondo*]
- *Tasso scrive a un revisore*
- *L'arcangelo Gabriele e Goffredo di Buglione* [*Gerusalemme liberata*, I, 1-18]
- *Il primo incontro di Tancredi e Clorinda* [*Gerusalemme liberata*, I, 46-49, 4]
- *Il primo scontro fra Tancredi e Clorinda* [*Gerusalemme liberata*, III, 21-32, 6]
- *Erminia tenta di entrare nel campo cristiano, ma è costretta alla fuga* [*Gerusalemme liberata*, VI, 79-114]
- *Rinaldo nella selva incantata*

SCHEDE
- Fortini legge la *Gerusalemme liberata*
- Il destino dei personaggi della *Liberata* (E. Raimondi)
- Il sogno malinconico della *Liberata* (A. Giuliani)
- La ricezione della *Liberata* dalla Crusca al Novecento
- Le interpretazioni critiche della *Liberata*

MATERIALI PER IL RECUPERO
- Tasso e la *Gerusalemme liberata*
- Il proemio della *Gerusalemme liberata*

INDICAZIONI BIBLIOGRAFICHE

ASCOLTO
- Sintesi

MAPPA CONCETTUALE
- La *Gerusalemme liberata*

Capitolo V
L'utopia della città ideale 184

1. Tra conformismo ed eresia 184
2. Il trattato politico e l'utopia: *La città del sole* di Campanella 185

- **S1** INFORMAZIONI • Utopia e antiutopia dal Cinquecento a oggi 187
- **S2** INFORMAZIONI • Caratteri della società utopica 188
- **T1** Tommaso Campanella La comunione dei beni, l'organizzazione sociale, l'educazione [*La città del sole*] 188

3. I *Ragguagli* di Traiano Boccalini e l'«eroico furore» di Giordano Bruno 193

4. Paolo Sarpi: una lettura laica della storia della Chiesa 195
   - **T2** Paolo Sarpi Il «Proponimento» dell'autore [*Istoria del Concilio Tridentino*, Proemio] 196
   - **T3** Paolo Sarpi Ritratto di Paolo IV [*Istoria del Concilio Tridentino*] 199

Percorso LO SPAZIO E IL TEMPO Lo spazio della città ideale 202

DAL RIPASSO ALLA VERIFICA 203

ESPANSIONI DIGITALI

TESTI
- Traiano Boccalini, *Un processo nel regno di Parnaso: difesa di Machiavelli e sua condanna* [*Ragguagli di Parnaso*, Centuria I, ragguaglio 89]
- Giordano Bruno, *Contro il principio di imitazione* [*De gli eroici furori*, dialogo primo]

ASCOLTO
- Sintesi

MAPPA CONCETTUALE
- Trattatistica e storiografia nell'età della Controriforma

Capitolo VI

Il teatro. La commedia dell'arte 205

1. Il teatro come visione del mondo 205

2. Il teatro "regolare" italiano tra fine Cinquecento e Seicento 206
   - **S1** INFORMAZIONI • Il pedante 207
   - **S2** INFORMAZIONI • Il melodramma e Monteverdi 208
   - **T1** Battista Guarini L'età dell'oro [*Pastor fido*, atto IV, vv. 1394-1461] 209

3. La commedia dell'arte 211
   - **S3** MATERIALI E DOCUMENTI • Le maschere 213

4. Il teatro negli altri Paesi europei: Lope de Vega e Marlowe 214

DAL RIPASSO ALLA VERIFICA 216

ESPANSIONI DIGITALI

TESTI
- Giordano Bruno, *Il pedante Manfurio* [*Candelaio*, atto III, scena 12ª]
- Giordano Bruno, *Dal Proprologo del Candelaio*
- Flaminio Scala, *Esempio di un canovaccio* [*Teatro delle favole rappresentative*]

SCHEDE
- L'arcivescovo Federico Borromeo scrive a Filippo II contro la commedia dell'arte

ASCOLTO
- Sintesi

MAPPA CONCETTUALE
- Il teatro dalla fine del XV al XVIII secolo

Capitolo VII

William Shakespeare 218

1. Shakespeare, il teatro e noi 218

2. La vita 219
   - SHAKESPEARE E IL SUO TEMPO 220

3. La prima fase del teatro di Shakespeare: *Riccardo III* e *Romeo e Giulietta* 221
   - **T1** Romeo e Giulietta al balcone [*Romeo e Giulietta*, atto III, scena 3ª] 223

4. La seconda fase della produzione di Shakespeare: le grandi tragedie 228
   - Dalle sbarre alla libertà attraverso Shakespeare 229
   - **DOCUFILM** *Il riscatto* di G. Taviani
   - **T2** La vita come incubo: sonnambulismo e morte di Lady Macbeth [*Macbeth*, atto V, scene 1ª e 5ª] 230
   - **TESTI IN SCENA**

5. La terza fase della produzione di Shakespeare: *La tempesta* 234
   - **T3** La vita come sogno: il monologo di Prospero [*La tempesta*, atto IV, scena 1ª] 235
   - **TESTI IN SCENA**

DAL RIPASSO ALLA VERIFICA 238

ESPANSIONI DIGITALI

SCHEDE
- Shakespeare al cinema: *Romeo + Giulietta* di William Shakespeare e *Shakespeare in Love*

ASCOLTO
- Sintesi

MAPPA CONCETTUALE
- William Shakespeare

Capitolo VIII PRIMO PIANO

Amleto 241

1. La composizione: datazione e storia del testo 241

2. La struttura generale dell'opera 242

3 L'intreccio 242

    S1 INFORMAZIONI • Il teatro nel teatro 244

4 I motivi principali della tragedia 245

    S2 INFORMAZIONI • La follia di Amleto 246

5 Complessità e contraddizioni dell'*Amleto* 248

6 Ideologia e linguaggio 249

    T1 TESTO LABORATORIO La follia di Amleto: le trame di re Claudio, «Essere o non essere...», il dialogo con Ofelia [atto III, scena 1ª] 250

    LABORATORIO Dall'interpretazione alla riappropriazione 255

    T2 Il teatro nel teatro: la recita a corte [atto III, scena 2ª] 258

    T3 Amleto, la madre e lo spettro paterno [atto III, scena 4ª] 262

    S3 ITINERARIO LINGUISTICO • Complesso edipico 267

Percorso L'ANIMA E IL CORPO   Amleto: follia "vera" o "finta"? 268

DAL RIPASSO ALLA VERIFICA 270

ESPANSIONI DIGITALI

▶ **TESTI**
- *Debolezza e malinconia di Amleto* [atto II, scena 2ª]

▶ **SCHEDE**
- Il linguaggio della follia (V. Gentili)
- Le interpretazioni critiche dell'*Amleto*

▶ **ASCOLTO**
- Sintesi

▶ **MAPPA CONCETTUALE**
- Amleto

Capitolo IX

La narrativa in prosa 272

1 La novellistica 272

2 Verso il romanzo: *Le sottilissime astuzie di Bertoldo* 272

    T1 Giulio Cesare Croce «Piacevolezza» di Bertoldo [*Le sottilissime astuzie di Bertoldo*] ... 273

3 Un capolavoro del Manierismo italiano: *La Vita* di Benvenuto Cellini 275

    S1 INFORMAZIONI • Il *Perseo* di Benvenuto Cellini 276

DAL RIPASSO ALLA VERIFICA 277

ESPANSIONI DIGITALI

▶ **TESTI**
- Benvenuto Cellini, *La fusione del Perseo* [*La Vita*, libro II, capp. LXXV-LXVII]

▶ **SCHEDE**
- Il conflitto delle interpretazioni. La lingua di Cellini secondo Baretti, Segre, Altieri Biagi

▶ **ASCOLTO**
- Sintesi

▶ **MAPPA CONCETTUALE**
- La narrativa in prosa

Capitolo X   PRIMO PIANO

Don Chisciotte della Mancia di Cervantes 278

1 Cervantes: la vita e l'opera 278

    CERVANTES E IL SUO TEMPO 279

2 Complessità e modernità del *Don Chisciotte* ... 280

    S1 PASSATO E PRESENTE • Cervantes, Borges, Menard ... 281

3 La composizione: datazione, titolo e storia del testo 281

4 La scrittura 282

5 I temi della follia e della cavalleria 284

6 La dinamica dei personaggi: don Chisciotte e Sancio Panza 286

    S2 MATERIALI E DOCUMENTI • Il personaggio di Sancio Panza: un possibile archetipo culturale ... 287

7 Il *Prologo* del *Don Chisciotte* 287

8 La vicenda del romanzo: la prima uscita di don Chisciotte (Parte Prima, capitoli I-VI) .. 288

    T1 La follia di un «hidalgo» [I, 1] 289

9 La seconda uscita di don Chisciotte (Parte Prima, capitoli VII-LII) 294

    T2 L'avventura dei mulini a vento [I, 8] 295

10 La terza uscita di don Chisciotte (Parte Seconda, capitoli I-LXXIV) 299

    T3 Rinsavimento e morte di don Chisciotte [II, 74] 301

    S3 INFORMAZIONI • Cervantes e Ariosto 304

    S3 INFORMAZIONI • La ricezione del *Chisciotte*: dai contemporanei a Borges e Kundera 305

Percorso L'ANIMA E IL CORPO   La pazzia di don Chisciotte 306

DAL RIPASSO ALLA VERIFICA 309

ESPANSIONI DIGITALI

▶ **TESTI**
- *Don Chisciotte nella Sierra Morena* [I, 25]

▶ **SCHEDE**
- Le interpretazioni critiche del *Chisciotte*

- 📄 **INDICAZIONI BIBLIOGRAFICHE**
- 🔊 **ASCOLTO**
  - Sintesi
- 📊 **MAPPA CONCETTUALE**
  - *Don Chisciotte della Mancia* di Cervantes

Capitolo XI

La trattatistica scientifica e Galileo Galilei 311

▶ **VIDEOLEZIONE** La rivoluzione problematica di Galileo [a cura di P. Cataldi]

1 Galileo Galilei e la sua scuola 312

2 Vita e opera di Galileo Galilei 313

GALILEI E IL SUO TEMPO 314

S1 INFORMAZIONI • Il sistema tolemaico e quello copernicano 316

3 Il *Sidereus nuncius* e l'immaginario dell'uomo barocco 316

S2 MATERIALI E DOCUMENTI • La svolta epocale del *Sidereus nuncius* 317

4 Le "lettere copernicane" e la politica culturale di Galileo 318

S3 PASSATO E PRESENTE • La fiducia di Galileo nella ragione e nella scienza: Bertolt Brecht 319

T1 Galileo Galilei **Dalla lettera a Cristina di Lorena: la scienza e le Sacre Scritture** [*Lettera a Cristina di Lorena*] 321

📝 TESTO INTERATTIVO

S4 INFORMAZIONI • La politica culturale di Galileo: la difesa di Copernico e i silenzi su Bruno (L. Geymonat) 326

5 Il *Saggiatore* e il *Dialogo sopra i due massimi sistemi* 327

T2 Galileo Galilei **La natura, un libro scritto in lingua matematica** [*Il Saggiatore*] 328

LA LINGUA ATTRAVERSO I TESTI
Galileo e la lingua della scienza 330

6 Galileo scrittore: il linguaggio, lo stile e il legame fra scienza e letteratura 332

S5 MATERIALI E DOCUMENTI • Il conflitto delle interpretazioni. Letteratura e scienza in Galileo nelle interpretazioni di Altieri Biagi e Orlando 333

7 La fortuna di Galileo e la sua attualità 335

S6 PASSATO E PRESENTE • «Sventurata la terra che ha bisogno di eroi»: Bertolt Brecht 337

S7 PASSATO E PRESENTE • L'autocritica di Galileo: Bertolt Brecht 337

S8 MATERIALI E DOCUMENTI • L'abiura di Galileo 338

DAL RIPASSO ALLA VERIFICA 339

ESPANSIONI DIGITALI

- ▶ **VIDEO**
  - VIDEOLEZIONE La rivoluzione problematica di Galileo (a cura di P. Cataldi)
- 📝 **TESTI INTERATTIVI**
  - *Dalla lettera a Cristina di Lorena: la scienza e le Sacre Scritture* [*Lettera a Cristina di Lorena*]
- 📄 **SCHEDE**
  - Il frontespizio del *Sidereus nuncius*
  - Galileo e la rapidità mentale secondo Calvino
- 📄 **INDICAZIONI BIBLIOGRAFICHE**
- 🔊 **ASCOLTO**
  - Sintesi
- 📊 **MAPPA CONCETTUALE**
  - Galileo Galilei

Capitolo XII **PRIMO PIANO**

Dialogo sopra i due massimi sistemi del mondo 342

▶ **VIDEOLEZIONE** La rivoluzione problematica di Galileo [a cura di P. Cataldi]

1 La composizione: datazione, titolo e storia del testo 342

2 La struttura generale 344

3 La lingua e lo stile 345

4 L'ideologia 346

5 Il Proemio e la prima giornata 347

T1 Proemio 347

T2 Una nuova concezione della conoscenza 351

6 La seconda giornata 354

T3 TESTO EPOCA **Per il «mondo sensibile», contro il «mondo di carta»** 🔊 355

▶ VIDEOLEZIONE: ANALISI DEL TESTO [P. Cataldi]

📄 MATERIALI PER IL RECUPERO

Perché è un testo epoca? 359

7 La terza e la quarta giornata 362

Percorso LO SPAZIO E IL TEMPO Lo spazio celeste: «bellissima cosa vedere il corpo della Luna» 363

DAL RIPASSO ALLA VERIFICA 365

ESPANSIONI DIGITALI

- ▶ **VIDEO**
  - VIDEOLEZIONE La rivoluzione problematica di Galileo (a cura di P. Cataldi)
  - VIDEOLEZIONE: ANALISI DEL TESTO *Per il «mondo sensibile», contro il «mondo di carta»* (a cura di P. Cataldi)
- 📄 **TESTI**
  - *La ripugnanza per il mutamento nasconde la paura della morte*

SCHEDE
- Contro la confusione fra parole e cose (M.L. Altieri Biagi)
- Interpretazioni di Galileo nel Novecento
- Il conflitto delle interpretazioni. La questione del metodo: Galileo "razionalista" o "empirista"? (E. Cassirer-G. Della Volpe-L. Geymonat)

MATERIALI PER IL RECUPERO
- Per il «mondo sensibile», contro il «mondo di carta»

INDICAZIONI BIBLIOGRAFICHE

ASCOLTO
- Sintesi

MAPPA CONCETTUALE
- *Dialogo sopra i due massimi sistemi del mondo*

Capitolo XIII
La trattatistica letteraria e morale e la storiografia 368

1 La nascita della critica letteraria: Emanuele Tesauro 368

2 La trattatistica morale: Torquato Accetto 369

   T1 Torquato Accetto   Del dissimular all'incontro dell'ingiusta potenzia [*Della dissimulazione onesta*, cap. XIX] 370

3 La cultura dei gesuiti. Daniello Bartoli 372

Percorso LO SPAZIO E IL TEMPO   Il sentimento del tempo nell'arte barocca 374

DAL RIPASSO ALLA VERIFICA 375

ESPANSIONI DIGITALI

TESTI
- Emanuele Tesauro, *Elogio e caratteri della metafora* [*Cannocchiale aristotelico*]
- Daniello Bartoli, *I Cinesi: il comportamento e le doti dell'animo* [*Historia della Compagnia di Gesù. La Cina*, I, 22]

SCHEDE
- Il contenuto etico della «dissimulazione onesta» e la sua attualità nell'epoca moderna (M. Palumbo)

INDICAZIONI BIBLIOGRAFICHE

ASCOLTO
- Sintesi

MAPPA CONCETTUALE
- La trattatistica e la storiografia

Capitolo XIV
La poesia lirica, il poema eroico e la narrativa in versi e in prosa 376

1 La poesia lirica: La trasformazione del genere 376

   S1 ITINERARIO LINGUISTICO • La poesia figurata. Acrostico e calligramma 377

2 La poetica barocca: la meraviglia e la metafora 378

3 Giambattista Marino 378

   T1 Giambattista Marino   Rete d'oro in testa della sua donna [*La Lira*, II, 109] 382

   T2 Giambattista Marino   Bella schiava [*La Lira*, III, 10] 384

   T3 Giambattista Marino   L'elogio della rosa [*L'Adone*, III, 156-161] 386

   T4 Giambattista Marino   Il canto dell'usignolo [*L'Adone*, VII, 32-37] 389

4 Marinisti, antimarinisti, barocchi moderati. Ciro di Pers 392

   T5 Ciro di Pers   L'orologio a rote 393

5 La poesia in Europa: Quevedo, Góngora, Milton 395

6 Il romanzo in prosa in Europa e il poema eroicomico in Italia 396

   T6 Alessandro Tassoni   Presentazione del conte di Culagna e suo duello con Titta [*La secchia rapita*, III, ottave 12 e 13; XI, 35-45] 397

7 La poesia giocosa, burlesca e satirica: Francesco Redi 401

8 La letteratura dialettale: *Lo cunto de li cunti* di Basile 402

   T7 Giovan Battista Basile   La gatta Cennerentola [*Lo cunto de li cunti*, Prima giornata, novella VI] 403

Percorso LO SPAZIO E IL TEMPO   Il tempo e la morte nella lirica secentesca 410

Percorso L'AMORE E LA DONNA   La frantumazione dell'immagine femminile nella poesia barocca 411

DAL RIPASSO ALLA VERIFICA 412

ESPANSIONI DIGITALI

TESTI
- Giambattista Marino, «Leggere col rampino»
- Giambattista Marino, *Seno* [*La Lira*, III, 4]
- Giambattista Marino, *Donna che cuce* [*La Lira*, Madrigali, 10]
- Giambattista Marino, *Donna che si pettina* [*La Lira*, Madrigali, 10]
- Claudio Achillini, *Bellissima spiritata*
- Giacomo Lubrano, *Cedri fantastici*
- Tommaso Stigliani, *Desiderio di luna*
- Luis de Góngora, *Alla memoria della morte e dell'inferno* [*Sonetti*]
- Luis de Góngora, *Della brevità ingannevole della vita* [*Sonetti*]
- John Milton, *La fine del poema: Adamo ed Eva cacciati dal Paradiso* [*Paradiso Perduto*, libro XII, vv. 624-652]
- John Milton, *Satana osserva Adamo ed Eva nell'Eden* [*Paradiso perduto*, libro IV, vv. 288-322]

- Alessandro Tassoni, *L'inizio della* Secchia rapita [*La secchia rapita*, I, ottave 1-2]
- Alessandro Tassoni, *Il concilio degli dèi* [*La secchia rapita*, II, ottave 28-42]
- Francesco Redi, «*Bacco in Toscana*» [vv. 732-771; 806-879; 956-979]
- Giovan Battista Basile, *Viola* [*Lo cunto de li cunti*, seconda giornata, novella III]

SCHEDE
- Un poema che nega l'epica, esautora il racconto e abolisce l'eroe (G. Pozzi)
- La conclusione del poema: dubbi e problemi (F. Kermode)
- «Il mondo alla rovescia» di Giovan Battista Basile (P. Citati)
- La cultura e la fiaba popolare in Basile, secondo Imbriani e secondo Croce

INDICAZIONI BIBLIOGRAFICHE

ASCOLTO
- Sintesi

MAPPA CONCETTUALE
- Letteratura barocca

ESPANSIONI DIGITALI

VIDEO
- TESTO IN SCENA   Molière, *Tartufo cerca di sedurre Elmira, moglie dell'amico* [*Tartufo*, atto III, scene 2ª e 3ª]

TESTI
- Calderón de la Barca, *I soldati liberano Sigismondo che si pone alla loro testa* [*La vita è sogno*, atto III, scena 3ª, vv. 89-199]
- Pierre Corneille, *Colloquio di Jimena con Don Rodrigo che ne ha appena ucciso il padre* [*Il Cid*, atto III, scena 4ª, vv. 856-944]
- Jean Racine, *La gelosia di Fedra* [*Fedra*, atto IV, scena 6ª]
- Molière, *Il ritratto di Tartufo nelle parole di Dorina e Orgone* [*Tartufo*, atto I, scena 4ª, vv. 223-258 e scena 5ª, vv. 259-360]

SCHEDE
- L'interpretazione di Benjamin della *Vita è sogno*
- Racine impone le forme limpide della ragione a un mondo arcaico e demoniaco (G. Steiner)
- Fedra, la tragedia del ritorno del represso e della sua negazione (F. Orlando)
- Tartufo e Don Giovanni, l'ipocrita e il seduttore
- Il teatro in Inghilterra e in Germania

ASCOLTO
- Sintesi

MAPPA CONCETTUALE
- Il teatro nel Seicento

Capitolo XV
Il Seicento, secolo del teatro 415

1 Il teatro europeo del Seicento 415
- **S1** CINEMA • Peter Weir, *The Truman Show* (1998) 416

2 Il teatro in Spagna: la figura di Don Giovanni in Tirso de Molina 417
- **S2** INFORMAZIONI • La figura di Don Giovanni 418

3 *La vita è sogno* e le altre opere di Calderón de la Barca 419
- **T1** TESTO EPOCA   Calderón de la Barca   Il risveglio di Sigismondo 421
- Perché è un testo epoca? 423

4 Il teatro in Francia: Corneille e la tragedia 425

5 Racine e la *Fedra*, capolavoro del teatro della ragione 426
- **T2** Jean Racine   *La confessione di Fedra o la parola interdetta* [*Fedra*, atto I, scena 3ª] 428
- **T3** Jean Racine   *Le parole finali di Fedra* [*Fedra*, atto V, scena 4ª] 432

6 La commedia in Francia: Molière 434
- **T4** Molière   *Tartufo cerca di sedurre Elmira, moglie dell'amico* [*Tartufo*, atto III, scene 2ª e 3ª] 437
  - TESTI IN SCENA
- **T5** Molière   *Il dottor Purgone seppellisce Argante con le sue minacce* [*Il malato immaginario*, atto III, scene 6ª e 7ª] 441

Percorso L'AMORE E LA DONNA   La condizione femminile nella commedia e nella tragedia 445

DAL RIPASSO ALLA VERIFICA 447

Capitolo XVI
La trattatistica del Settecento e Giovan Battista Vico 450

1 Scientificità ed erudizione nella trattatistica del Settecento 450
- **S1** MATERIALI E DOCUMENTI • Gian Vincenzo Gravina, *Della utilità della poesia* 452
- **T1** Ludovico Antonio Muratori   *Sul metodo storiografico* [*Riflessioni sopra il buon gusto nelle scienze e nelle arti*] 453
- **T2** Pietro Giannone   *Traversie successive all'arresto* [*Vita scritta da lui medesimo*] 457

2 Giovan Battista Vico 459
- **S2** ITINERARIO LINGUISTICO • Ermeneutica 459
- **S3** ITINERARIO LINGUISTICO • Storicismo 460
- VICO E IL SUO TEMPO 461
- **T3** Giovan Battista Vico   *Le «degnità»* [*Scienza nuova*, libro I] 464
- **T4** Giovan Battista Vico   *Della metafisica poetica* [*Scienza nuova*, libro II, sezione prima] 468

3 L'attualità della *Scienza nuova* 472
- **S4** INFORMAZIONI • Vico e la nascita della moderna antropologia 473
- **S5** MATERIALI E DOCUMENTI • Il conflitto delle interpretazioni: Vico "arretrato" o "attuale"? 474

DAL RIPASSO ALLA VERIFICA 475

ESPANSIONI DIGITALI

TESTI
- Pietro Giannone, Dall'introduzione all'*Istoria civile* [*Istoria civile del Regno di Napoli*]
- Giovan Battista Vico, *Dante e la poetica del sublime* [*Discoverta del vero Dante*]
- Giovan Battista Vico, *La caduta a sette anni e le sue conseguenze sul carattere* [*Autobiografia*]
- Giovan Battista Vico, *I principi della storia e quelli della «scienza nuova»* [*Scienza nuova*, libro I, sezione terza]
- Giovan Battista Vico, *Del diluvio universale e de' giganti* [*Scienza nuova*, libro II, cap. 3 dei *Prolegomeni*]

SCHEDE
- Il pensiero civile di Muratori (G. Falco)
- L'attualità della lezione di Vico per Said e per Battistini
- La fortuna di Vico e l'attuale conflitto delle interpretazioni

INDICAZIONI BIBLIOGRAFICHE

ASCOLTO
- Sintesi

MAPPA CONCETTUALE
- La trattatistica del Settecento

Capitolo XVII

La lirica e il melodramma. Metastasio ... 478

1 La lirica arcadica ... 478

2 La riforma del melodramma. L'opera buffa ... 479

3 Metastasio: vita e opere. La poetica ... 480

T1 Pietro Metastasio **La libertà** ... 483

T2 Pietro Metastasio **Arie per melodrammi: «È la fede degli amanti»** ... 486

Percorso LO SPAZIO E IL TEMPO Natura e arte nel paesaggio arcadico ... 488

DAL RIPASSO ALLA VERIFICA ... 489

ESPANSIONI DIGITALI

TESTI
- Paolo Rolli, «*Solitario bosco ombroso*»
- Paolo Rolli, *Inverno*
- Pietro Metastasio, *Arie per melodrammi: «Se resto sul lido»* [*Didone abbandonata*, atto I, scena 18ª, vv. 544-553]
- Pietro Metastasio, *La poetica di Metastasio: «Sogni e favole io fingo»*
- Pietro Metastasio, *La partenza*

SCHEDE
- Finzione e sentimento, ragione e sensibilità in Metastasio (E. Raimondi)

ASCOLTO
- Sintesi

MAPPA CONCETTUALE
- L'Accademia dell'Arcadia e Metastasio

Capitolo XVIII

Verso la modernità: il romanzo europeo del primo Settecento ... 491

1 Il romanzo in Inghilterra e in Francia e il ritardo italiano ... 491

2 Il romanzo inglese. Defoe, Swift, Richardson, Fielding ... 492

S1 INFORMAZIONI • Il mito di Robinson e la letteratura del Novecento: il caso di Vittorini e di Tournier ... 493

T1 Jonathan Swift **La guerra tra Lilliput e Blefuscu: "puntalarghisti" e "puntastrettisti"** [*I viaggi di Gulliver*] ... 496

T2 TESTO EPOCA Daniel Defoe **Robinson e Venerdì** [*Robinson Crusoe*] ... 499

Perché è un testo epoca? ... 500

3 Il romanzo in Francia e Prévost: *La storia del cavaliere des Grieux e di Manon Lescaut* ... 503

T3 Antoine-François Prévost **Il seppellimento di Manon** [*Manon Lescaut*] ... 505

Percorso L'AMORE E LA DONNA Le donne diventano protagoniste del romanzo ... 506

DAL RIPASSO ALLA VERIFICA ... 508

ESPANSIONI DIGITALI

TESTI
- Daniel Defoe, *La seduzione di Moll Flanders* [*Moll Flanders*]
- Samuel Richardson, *Innocenza e inconsapevole scaltrezza in Pamela* [*Pamela*]
- Antoine-François Prévost, *La cena interrotta* [*Manon Lescaut*]

SCHEDE
- La strategia epistolare nei romanzi di Richardson (B. Sarlo)
- Tony Richardson *Tom Jones* (1963)

ASCOLTO
- Sintesi

MAPPA CONCETTUALE
- Il romanzo europeo

GLOSSARIO ... 511

INDICE DEI NOMI ... 521

INDICE DEGLI AUTORI ... 525

Parte quarta

Il Manierismo, il Barocco, il Rococò. Dalla Controriforma all'età dell'Arcadia
(dal 1545 al 1748)

Capitolo I
Dalla Controriforma all'età dell'Arcadia. Storia, immaginario, letteratura

My eBook+

Cliccando su questa icona, docenti e studenti accedono ad un'area di personalizzazione che permette di arricchire i contenuti digitali già linkati lungo le pagine del libro. Nell'area di personalizzazione è possibile infatti salvare ulteriori materiali: selezionati da Prometeo, prodotti autonomamente o ricercati nella rete.

▶ Per un elenco di materiali integrativi presenti nella biblioteca multimediale di Prometeo o per attivare una ricerca cfr. p. 73

Johannes Vermeer, *Il geografo*, 1669. Francoforte, Städelsches Kunstinstitut.

VIDEOLEZIONE
Il Barocco, una nuova visione del mondo (a cura di Romano Luperini)

Il Barocco è l'epoca della dissonanza, della disarmonia, della crisi delle certezze. Tracciando un quadro articolato dell'arte, della letteratura e della società seicentesca, Luperini mostra l'attualità del Barocco mettendone in luce i tratti caratterizzanti e i testi paradigmatici, e sottolineandone le analogie con la nostra epoca, anch'essa dominata dal relativismo, dalla crisi dei fondamenti e dalla tendenza alla spettacolarizzazione.

- Giudizio sul Barocco [2 min. ca.]
- La rivoluzione scientifica del Seicento [4 min. ca.]
- La rivoluzione scientifica nell'età del Barocco e oggi [6 min. ca.]
- Il senso di smarrimento di fronte all'infinito: relativismo e fede religiosa [4 min. ca.]
- Estetica anticlassicistica e poetica della metafora [4 min. ca.]
- Marino [5 min. ca.]
- Attualità del Barocco: il Barocco, il Novecento, il postmodernismo [5 min. ca.]

Attiviamo le competenze

- esercitare le competenze di ascolto
- collaborare
- individuare collegamenti
- confrontare passato e presente

In questa videolezione Luperini spiega che tra la nostra cultura e quella seicentesca si possono individuare delle affinità, perché oggi come nel Seicento trionfano il dubbio, l'incertezza e il relativismo conoscitivo. Mentre ascolti la videolezione, appunta tutti gli elementi di contatto tra il Barocco e la contemporaneità illustrati da Luperini. Confronta i tuoi appunti con quelli presi dal resto della classe. Quindi, collaborando con un gruppo di compagni, per ciascuno degli elementi di continuità che fanno da ponte tra le epoche rintraccia due diversi riferimenti, affiancando un testo, un quadro, un documento, un'opera architettonica, una pratica del Barocco ad un esempio contemporaneo (testo letterario, opera architettonica, film, canzone, spettacolo, pubblicità, trasmissione televisiva, ecc.).

1 I concetti-chiave: Manierismo, Barocco, Rococò

Gli elementi di continuità tra Seicento e Settecento

Il periodo che va **dalla Controriforma alla metà del Settecento** è lungo e articolato, ma presenta degli **elementi di forte continuità**. Il Seicento e il Settecento sono due secoli in contrapposizione reciproca; eppure sono uniti da una tendenza comune: **introducono alla piena modernità**, che si afferma compiutamente con la Rivoluzione francese, un evento emblematico, assunto dall'immaginario collettivo come spartiacque tra antico e moderno. Tra Seicento e Settecento le **scoperte dei grandi scienziati**, come Keplero, Newton e Galilei, producono una rivoluzione nel modo di concepire l'universo. L'uomo, che prima si considerava il centro della creazione, scopre di essere una presenza trascurabile e insignificante in un universo infinito e in continuo movimento. È uno shock, che si va ad aggiungere al "trauma" delle scoperte geografiche: i confini del mondo conosciuto si allargano a dismisura. Ma questo trauma è all'origine di quella **valorizzazione della ragione che porterà all'affermazione dell'Illuminismo**.

Le radici di questo rivoluzionario processo di rinnovamento affondano nella **seconda metà del Cinquecento**, nell'**età della Controriforma**, in cui si affermano nuovi atteggiamenti culturali e un diverso modo di concepire la vita che mette in crisi l'equilibrio rinascimentale.

L'età della Controriforma (1545-1690)

Si intende per "**Controriforma**" il tentativo della Chiesa di Roma di difendersi dalla espansione della Riforma luterana e degli altri movimenti protestanti, riorganizzandosi e passando alla controffensiva. L'avvio di tale periodo, che dura sino alla seconda metà del Seicento, coincide con il Concilio di Trento (1545-1563), indetto da papa Paolo III. **L'età della Controriforma** può essere distinta in **due fasi**: **la prima** giunge sino all'inizio del Seicento, **la seconda** sino alla fine degli anni Ottanta del Seicento. La prima corrisponde sul piano economico a una situazione di relativa stabilità e sul piano politico all'egemonia spagnola; la seconda a un periodo di crisi economica, alla decadenza della potenza spagnola e all'ascesa di Inghilterra e Francia. Nella prima fase l'Italia ha ancora, sul piano culturale, un indubbio prestigio europeo; nella seconda è ridotta a un ruolo ormai secondario e provinciale.

Le due fasi dell'età della Controriforma

La prima fase dell'età della Controriforma (1545-1610): il Manierismo

Da un punto di vista culturale l'età della Controriforma è caratterizzata dal Manierismo, una tendenza che comincia a diffondersi dopo il sacco di Roma (1527). **Il Manierismo resta interno alla tradizione classicistica, alterandone ed esasperandone tuttavia i tratti, sino all'eccesso e alla bizzarria**. Il termine deriva da "maniera", parola usata nel Cinquecento da Vasari per definire lo sti-

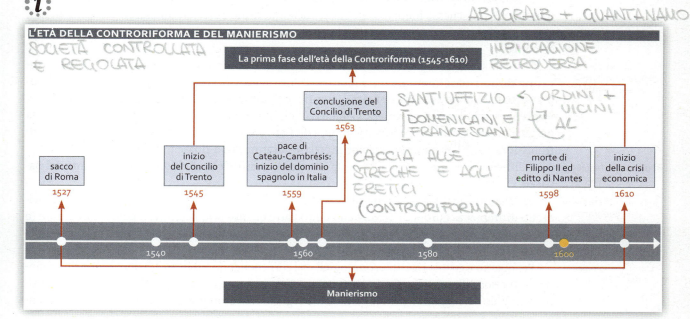

El Greco, *Laocoonte*, 1610-1614. Washington, National Gallery of Art.

le di un artista, che nel corso del secolo assume una connotazione negativa e caratterizza uno stile troppo studiato e artificioso. Il Manierismo esprime non già la sicurezza, l'armonia, la grazia del Rinascimento maturo, ma **una situazione di sbandamento e di incertezza**. L'artista manierista è fortemente individualista e narcisista, ha una psicologia malinconica o esaltata, tende all'introversione o all'esaltazione eroica. Tali caratteri corrispondono a una situazione sociale precaria, a una condizione molto più subordinata che in passato, e a una chiusura su se stesso dell'ambiente artistico: i prodotti della letteratura e delle arti sono destinati a una cerchia ristretta. Sono manieristi grandi pittori come gli italiani Rosso Fiorentino e Tintoretto, il fiammingo Bruegel, lo spagnolo (ma di origine cretese) El Greco, e, nella letteratura, poeti come Torquato Tasso, narratori come lo spagnolo Cervantes, drammaturghi come Shakespeare.

Il Manierismo riflette la crisi del Rinascimento, senza uscire del tutto dal mondo rinascimentale. Di qui il nesso indubbio che esiste fra Manierismo e "letteratura tardo-rinascimentale", che continua a fiorire anche nell'età della Controriforma, restando fedele ai criteri di equilibrio e armonia.

Il concetto di "letteratura tardo-rinascimentale"

Tuttavia sarebbe sbagliato identificare Manierismo e letteratura tardo-rinascimentale. **La letteratura tardo-rinascimentale** resta infatti estranea agli artifici della "maniera": essa continua soprattutto nel campo della trattatistica scientifica e filosofica e si attiene ancora a un ideale espressivo di composta eleganza e sobrietà. Galileo Galilei, che prolunga la sua attività sino a quasi tutta la prima metà del Seicento, e che resta sempre un fiero antimanierista (di qui la sua ostilità nei confronti di Tasso), è l'ultimo rappresentante della letteratura tardo-rinascimentale.

Rapporto fra Manierismo e Barocco

È difficile invece definire con assoluta esattezza i **confini che dividono il Manierismo dal Barocco**.

La differenza geografica

Per quanto riguarda l'**area geografica di diffusione**, sia il Manierismo che il Barocco sono movimenti di ampiezza europea e riguardano tanto l'arte quanto la letteratura. È però assai recente (e tuttora problematica, presso alcuni studiosi) l'estensione della nozione di Manierismo anche alla letteratura.

L'area cronologica del Manierismo

Per quanto riguarda i **limiti cronologici**, essi corrispondono, all'incirca, a quelli del ciclo economico: il periodo di stabilità e di relativo sviluppo che caratterizza il Cinquecento si chiude dopo il primo decennio del Seicento, quando comincia una grave crisi economica. Quasi contemporaneamen-

Peter Paul Rubens, *Caccia alla tigre*, 1616 circa. Rennes, Musée des Beaux-Arts.

te scompaiono i due grandi protagonisti della politica europea: lo spagnolo Filippo II muore nel 1598, quando la sua nazione, sconfitta dieci anni prima dagli inglesi, ha già cominciato la parabola discendente; la regina d'Inghilterra Elisabetta I muore nel 1603, dopo aver gettato le premesse della affermazione della potenza inglese. Se si aggiunge che nel 1598, con l'editto di Nantes, la Francia esce dalle guerre di religione, avviando una fase di compattamento interno e di espansione esterna, si può indicare il **primo decennio del Seicento** come il termine di passaggio dalla prima alla seconda fase dell'età della Controriforma e dal Manierismo al Barocco. Il Barocco, dunque, è un'evoluzione del Manierismo: se però il Manierismo restava all'interno delle forme rinascimentali, forzandole ed esasperandole, il Barocco si svincola dal retaggio cinquecentesco ed è completamente estraneo alla tradizione classicista: è un'arte dell'eccesso e della "meraviglia".

La seconda fase: il Barocco (1610-1690)

Il Barocco coincide dunque con la seconda fase dell'età della Controriforma, che va **dal 1610 al 1690**, qualificata da una profonda crisi economica e, in ambito artistico, dall'abbandono dei criteri classicistici e dall'affermazione di una nuova maniera di percepire il mondo. Lo stile barocco tende a dominare (ma non è esclusivo, né privo di contraddizioni) in tutto il secolo XVII, anche se comincia ad apparire in crisi già negli anni Sessanta in Francia e successivamente anche in Italia. **La data del 1690** si riferisce all'anno di fondazione dell'**accademia dell'Arcadia**, che segna un momento di decisa presa di posizione antibarocca e di rifiuto del gusto affermatosi nel corso del secolo.

Il termine "Barocco"

Quanto al **termine Barocco**, esso può avere origini diverse (cfr. **S1**, p. 6). Ma, sia che voglia significare un sillogismo difettoso, sia che indichi piuttosto un tipo di perla irregolare, ne è evidente l'accezione negativa, che vuole sottolineare, nella nuova tendenza artistica, gli **aspetti bizzarri e irri-**

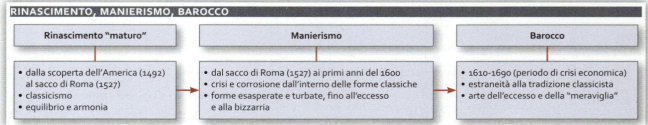

RINASCIMENTO, MANIERISMO, BAROCCO		
Rinascimento "maturo"	Manierismo	Barocco
• dalla scoperta dell'America (1492) al sacco di Roma (1527) • classicismo • equilibrio e armonia	• dal sacco di Roma (1527) ai primi anni del 1600 • crisi e corrosione dall'interno delle forme classiche • forme esasperate e turbate, fino all'eccesso e alla bizzarria	• 1610-1690 (periodo di crisi economica) • estraneità alla tradizione classicista • arte dell'eccesso e della "meraviglia"

S1 ITINERARIO LINGUISTICO

Barocco

Con il termine "Barocco" si designa il movimento artistico, letterario e musicale sviluppatosi nel Seicento e caratterizzato dalla tendenza alla grandiosità, al virtuosismo formale, alla produzione di effetti sorprendenti, ma anche da un gusto che per molto tempo è sembrato stravagante ed esuberante, artificioso e goffo. Questa accezione negativa risente del fatto che il termine barocco è stato usato inizialmente in senso dispregiativo, per indicare un'arte bizzarra, disarmonica, contraria al buon gusto.

E in effetti, benché l'origine del termine "barocco" sia incerta, essa rimanda comunque ad una area semantica spregiativa: "barocco" deriva forse dal portoghese *barocco*, che significa 'perla irregolare, non sferica e perciò strana e anormale', attraverso il francese *baroque*, attestato in Francia nel XVII secolo nel significato di 'stravagante, bizzarro'; ma è verosimile che esso si sia incrociato con *baroco*, termine desunto dal latino della filosofia scolastica che indicava una forma di sillogismo particolarmente cavilloso, di una logica pedante e puramente formale.

Entrato in uso nel Settecento per designare in modo polemico il fenomeno culturale secentesco, il termine "barocco" ha una prima utilizzazione in chiave non negativa ma semplicemente descrittiva a partire dalla seconda metà dell'Ottocento, quando uno storico dell'arte svizzero, H. Wölfflin, ha parlato di Rinascimento e Barocco come di due categorie artistiche universali. Il termine, nel Novecento, è stato utilizzato anche in ambito letterario, e ormai ha una valenza neutrale: designa un'epoca senza fornire su di essa alcun giudizio preventivo.

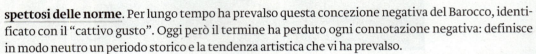

S • La fortuna del Barocco. Il conflitto delle interpretazioni dal Settecento a oggi
S • Il Barocco come "brutto artistico" secondo Croce. La nuova posizione di Calcaterra e Getto

Crisi del classicismo e nuova visione del mondo

spettosi delle norme. Per lungo tempo ha prevalso questa concezione negativa del Barocco, identificato con il "cattivo gusto". Oggi però il termine ha perduto ogni connotazione negativa: definisce in modo neutro un periodo storico e la tendenza artistica che vi ha prevalso.

Per quanto riguarda la letteratura, il termine "barocco" tende ormai a sostituire le denominazioni precedentemente in uso di marinismo o di secentismo in **Italia**, di culteranismo e di concettismo in **Spagna**, di preziosismo in **Francia**, di poesia metafisica in **Inghilterra**. Questi sono anche i **paesi nei quali si è maggiormente diffusa la letteratura barocca**, mentre l'arte barocca (architettura, pittura, musica) si affermò anche in Austria, in Germania, nelle Fiandre (qui soprattutto in pittura: basti fare il nome di Rubens).

I rapporti di analogia fra le cose e le conclusioni stabilite dall'ingegno individuale

Il Barocco respinge la tradizione di misura e di equilibrio del classicismo perché si ispira a una **nuova visione del mondo** e a un nuovo modo di percepire le cose, prodotti dalla **rivoluzione scientifica** e dalla fine delle vecchie certezze. **L'uomo è ormai solo, inquieto, smarrito**, in un universo sconfinato, complicato, inafferrabile. Può cercare di collegare le cose soltanto con i sensi e con la ragione, con l'analogia e la metafora o con lo sforzo cerebrale, e facendo ricorso frequentemente all'allegoria. Non c'è più un collegamento spontaneo e necessario fra l'io e il tutto, ma i rapporti fra le cose sono solo relativi, stabiliti dall'ingegno del singolo individuo. Il concetto di imitazione, tipico del Rinascimento, è ormai caduto. E infatti c'è anche chi definisce il Barocco come Contro-Rinascimento. Ormai in primo piano balzano **i particolari della realtà**, smembrati, **disarticolati** e accostati fra loro solo dai sensi o dall'**«ingegno»** (parola-chiave del Barocco) dell'artista. Di qui **i due estremi dell'arte barocca: ora realistica**, volta a registrare anche gli aspetti orrorosi o turpi del reale (particolarmente diffusi sono i temi della morte, della putrefazione, del cadavere); **ora**, invece, **astratta e concettuale**. Ma questi due aspetti possono anche convivere nella stessa opera. D'altra parte, è l'occhio del soggetto, la vista, che cerca rapporti fra le cose e ne sottolinea somiglianze nascoste e incredibili, mirando a stupire il lettore o lo spettatore. Al posto della vista, possono agire anche le illuminazioni della mente, gli accostamenti immaginati dall'intelligenza astratta.

IL BAROCCO	
date	**caratteristiche**
• 1610-1690	• rifiuto dell'equilibrio e della misura tipici del classicismo
	• nuova visione del mondo prodotta dalla rivoluzione scientifica e fine delle certezze
	• primato dell'ingegno dell'artista che crea collegamenti nuovi e stupefacenti tra le cose
	• ricerca della meraviglia e della sorpresa del pubblico
	• realismo estremo (temi dell'orrido, del brutto, del deforme, della morte, della putrefazione, del cadavere) o estrema astrazione
	• uso politico dell'arte barocca da parte della Chiesa controriformistica

Gian Lorenzo Bernini, Piazza San Pietro, Roma.

Le caratteristiche dell'arte barocca

La **somiglianza inaudita fra cose lontane**, la **trasformazione** di una cosa in un'altra, la **rottura dei confini** che separavano i diversi comparti dell'universo, l'**esibizione**, spesso spettacolare, di tali sconfinamenti, il conseguente **poliprospettivismo** (con la fine della prospettiva unicentrica tipica dell'arte rinascimentale): queste sono **alcune delle caratteristiche dell'arte barocca**.

La conquista del pubblico attraverso l'effetto della sorpresa e della meraviglia

Il pubblico è sempre tenuto presente: il lettore e lo spettatore vanno conquistati a ogni costo, suscitandone di continuo **la sorpresa e la meraviglia**. In particolare **la Chiesa** utilizza largamente l'arte barocca nell'architettura, nella scultura e nella pittura per persuadere le masse e per condurre più efficacemente la propria azione culturale controriformistica. Mentre il Manierismo era una tendenza elitaria, **il Barocco si rivolge sempre al pubblico** e cerca di colpire l'immaginazione e la fantasia per affascinarlo e per sedurlo.

L'età dell'Arcadia

La fine della supremazia culturale ed organizzativa della Chiesa coincide con l'**estenuarsi del Barocco**. Il periodo che va **dalla fondazione dell'Accademia dell'Arcadia (1690) alla pace di Aquisgrana (1748)** vede l'affermazione di nuovi gusti e di una nuova cultura.

È questo il periodo della **ripresa economica e demografica** dopo la grande crisi del Seicento. Nella prima metà del secolo si costituiscono le basi materiali della rivoluzione industriale che si svilupperà in Inghilterra nella seconda metà.

Un periodo di passaggio

È un momento di passaggio, pieno di contraddizioni: crollano i valori tradizionali, entra in crisi la coscienza europea (Hazard) e si pongono così le premesse per il tramonto delle monarchie assolute e, più in generale, dell'intero assetto dell'*ancien régime* (sul concetto di "crisi della coscienza europea", enucleato da Hazard, cfr. **S2**, p. 8).

Il razionalismo critico

Tuttavia l'*ancien régime* [antico regime] resiste ancora nell'Europa continentale e anzi **afferma, attraverso il Rococò, il proprio gusto**, proprio mentre inizia a serpeggiare nel mondo intellettuale europeo un **moto di ribellione** contro l'oscurantismo della Chiesa e l'assolutismo degli Stati (spesso alleati fra loro); già circola la parola "illuminazione" da contrapporre alle tenebre delle superstizioni e degli atteggiamenti irrazionali.

La tendenza a un'arte di evasione e la restaurazione del gusto classicistico

Accanto a questo primo atteggiamento, che valorizza il razionalismo, se ne osserva però un altro, particolarmente presente in Italia, in Spagna e, in parte, anche in Francia: **la tendenza a un'arte di evasione, idillica**, ornamentale. In essa il superamento del Barocco e la poetica razionalistica sono rivolti a una **restaurazione di un gusto elegante e classicistico, prezioso e raffinato**, che si sviluppa tuttavia tutto all'interno della aristocrazia. I costumi di questa classe, stilizzati e impreziositi, vengono proiettati in un mondo leggiadro e utopico, in una "seconda natura" artificiosa, costruita dalla ragione umana. In questo tipo di atteggiamento, insomma, **il razionalismo antibarocco è finalizzato** non a un atteggiamento critico nei confronti della realtà, come nel primo caso, bensì **a una accettazione dello stato presente delle cose** e a una sua idealizzazione.

S2 MATERIALI E DOCUMENTI

«La crisi della coscienza europea» secondo Hazard

Secondo Paul Hazard, uno dei principali storici delle idee del nostro secolo, autore nel 1935 del saggio *La crisi della coscienza europea*, gli anni fra il 1680 e il 1715 sarebbero stati decisivi per l'Europa. Le sicurezze e i dogmi che reggevano le monarchie assolute entrano in crisi; le convinzioni scientifiche che sino allora erano patrimonio di ristrette minoranze diventano comuni a tutto il ceto intellettuale. È in questi anni che si fondano «una politica senza diritto divino, una religione senza mistero, una morale senza dogmi».
È in questi anni che nasce l'idea di progresso, cioè la convinzione che per mezzo della scienza sarebbe stato possibile conquistare la felicità.

▶▶ Quale contrasto! e quale brusco passaggio! La gerarchia, la disciplina, l'ordine che l'autorità s'incarica di assicurare, i dogmi che regolano fermamente la vita: ecco quel che amavano gli uomini del decimosettimo secolo. Le costrizioni, l'autorità, i dogmi: ecco quel che detestano gli uomini del secolo decimottavo, loro successori immediati. I primi sono cristiani, e gli altri anticristiani; i primi credono nel diritto divino, e gli altri nel diritto naturale; i primi vivono a loro agio in una società divisa in classi ineguali, i secondi non sognano che eguaglianza. [...] È una rivoluzione.

Per sapere com'è avvenuta ci siamo avventurati in terre poco conosciute. Una volta, si studiava molto il secolo decimosettimo; oggi, si studia molto quello decimottavo. Ai loro confini si stende una zona incerta, malagevole, dove si posson sperare ancora avventure e scoperte. Noi l'abbiamo percorsa, scegliendo per delimitarla due date non rigorose: da una parte, gli anni intorno al 1680, dall'altra, il 1715.

Vi abbiamo incontrato lo Spinoza,[1] la cui azione cominciava allora a farsi sentire, il Malebranche, il Fontenelle, il Bayle, il Locke, il Bossuet, il Fénelon,[2] per citare solamente i più grandi, e senza parlare dell'ombra di Descartes, che vi si aggirava ancora. [...]

Si tratta di sapere se si sarebbe continuato a credere o no, se si sarebbe obbedito ancora alla tradizione o ci si sarebbe ribellati contro di essa, se l'umanità avrebbe proseguito il suo cammino affidandosi alle stesse guide o se capi nuovi le avrebbero fatto fare dietro-front per condurla verso altre terre promesse. [...]

Gli assalitori avevano a poco a poco la meglio. L'eresia non era più solitaria e nascosta; conquistava discepoli, diventava insolente e vanagloriosa. La negazione non si dissimulava più; faceva mostra di sé. La ragione non era più un'equilibrata saggezza, ma un'audacia critica. Le nozioni più pacifiche, quella del consenso universale come prova dell'esistenza di Dio, quella dei miracoli, erano revocate in dubbio.[3] Il divino era confinato in cieli sconosciuti e inaccessibili; l'uomo, e l'uomo soltanto, diventava la misura di tutte le cose, era a se stesso la propria ragion d'essere e il proprio fine. I pastori dei popoli[4] avevano tenuto abbastanza a lungo il potere nelle loro mani; avevano promesso di far regnare sulla terra la bontà, la giustizia, l'amore fraterno; ma non avevano mantenuto le loro promesse. Nella grande partita di cui la verità e la felicità costituivano la posta, avevano perduto; quindi, non restava loro più che andarsene. Se non volevano partirsene di buona voglia, bisognava cacciarli via. Era necessario, si pensava, distruggere l'antico edificio, che aveva riparato male la grande famiglia umana; e il primo compito era un'opera di demolizione. Il secondo era di ricostruire, e di gettare le fondamenta della città futura. Altrettanto necessario, per non cadere in uno scetticismo precursore della morte, era costruire una filosofia la quale rinunciasse ai sogni metafisici, sempre fallaci, per studiare le apparenze che le nostre deboli mani possono afferrare, e che debbono bastarci; ed edificare una politica senza diritto divino, una religione senza mistero, una morale senza dogmi. Bisognava, infine, costringere la scienza a non esser più un semplice giuoco intellettuale, ma decisamente una potenza capace di dominare la natura; per mezzo della scienza si sarebbe certo conquistata la felicità. Riconquistato così il mondo, l'uomo lo avrebbe organizzato per il proprio benessere, per la propria gloria e per la felicità dell'avvenire.

A queste caratteristiche, si riconosce senza fatica lo spirito del secolo decimottavo. Noi abbiamo voluto mostrare, precisamente, che i suoi caratteri essenziali si manifestarono molto prima di quanto comunemente si creda; che esso era già costituito nell'epoca in cui Luigi XIV era ancora nella sua forza splendente e radiosa; che quasi tutte le idee che parvero rivoluzionarie intorno al 1760, o magari verso il 1789, si erano già manifestate verso il 1680. Allora avvenne nella coscienza europea una crisi: tra il Rinascimento, da cui derivava direttamente, e la Rivoluzione francese, che preparò, non ce ne fu nella storia delle idee nessuna di più importante. A una civiltà fondata sull'idea del dovere, i doveri verso Dio, i doveri verso il sovrano, i «nuovi filosofi» tentarono di sostituire una civiltà fondata sull'idea di diritto: i diritti della coscienza individuale, i diritti della critica, i diritti della ragione, i diritti dell'uomo e del cittadino.

P. Hazard, *La crisi della coscienza europea*, Il Saggiatore, Milano 1968, vol. I, pp. 9-10, 11-13.

---

1 Spinoza: Baruch Spinoza, filosofo olandese (1632-1677), massimo esponente del razionalismo e autore del *Trattato teologico-politico* sulla libertà di coscienza, che gli procurò la condanna di protestanti e cattolici.
2 Malebranche, il Fontenelle, il Bayle, Il Locke, il Fénelon: Nicolas de Malebranche (1638-1715), filosofo francese, sviluppò il cartesianesimo fondendovi motivi religiosi. Bernard Le Bovier de Fontenelle (1657-1757), filosofo francese, precursore dell'Illuminismo e brillante divulgatore dei principi copernicani nelle sue *Conversazioni sulla pluralità dei mondi*. Pierre Bayle (1647-1706), anch'egli filosofo francese, professò tendenze razionaliste e scettiche; il suo *Dizionario storico-critico* anticipa le idee illuministe. John Locke (1632-1704), filosofo inglese, fu uno dei maggiori esponenti dell'empirismo (*Saggio sull'intelletto umano*, 1690) e uno dei primi teorici del deismo. Sostenitore della tolleranza religiosa e del liberalismo politico, influenzò largamente il futuro pensiero illuminista. François de Salignac de la Mothe Fénelon (1651-1715), ecclesiastico e scrittore francese, è autore di un romanzo pedagogico, *Le avventure di Telemaco* (1699), in cui mira a conciliare autorità e libertà.
3 revocate in dubbio: messe in dubbio.
4 pastori dei popoli: metafora comune nel linguaggio religioso per indicare i sacerdoti, la guida della Chiesa.

Il Rococò, arte dei salotti aristocratici

Rientra in questo secondo atteggiamento l'espressione artistica più caratteristica del periodo, **il Rococò** (cfr. **S3**, p. 10). Questo nuovo stile interessa indubbiamente anche la musica e la pittura ma si realizza soprattutto nell'architettura degli interni e nelle arti applicate (cioè arazzi, mobili, porcellane, stucchi), destinate a ornare i salotti aristocratici (in un secondo momento, però, il nuovo stile si diffuse anche fra gli strati più elevati della borghesia). **È un'arte che ama le forme curve e sinuose, aggraziate e sovrabbondanti**. Questo movimento, iniziato in Francia alla fine del Seicento, si affermò sotto Luigi XV, successore di Luigi XIV (morto nel 1715), e si sviluppò sino alla metà del XVIII secolo. Alla fine del secolo il termine aveva già una connotazione spregiativa.

Due tipi diversi di razionalismo

L'Accademia dell'Arcadia

I due atteggiamenti di cui abbiamo parlato rinviano dunque a un **razionalismo critico**, nel primo caso, e a un **razionalismo volto** invece **a restaurare un gusto idillico**, il senso dell'armonia e del "comfort" nobiliare nel secondo caso. Entrambe queste tendenze, ma con la prevalenza della seconda, si notano nel movimento letterario cui dà vita l'**Accademia dell'Arcadia** in Italia nel 1690. Essa nacque in funzione antibarocca e antimarinista per restaurare il "buon gusto" e per proporre una riforma della poesia ispirata a criteri di semplicità e di chiarezza. Si risolse di fatto, però, in un classicismo minore e ornamentale e in un'arte d'intrattenimento e di evasione, in cui la finzione bucolica autorizzava un atteggiamento di separatezza dei letterati e la loro estraneità ai problemi reali. Nondimeno essa assolse a un **compito storico di unificazione dei letterati italiani** (che aderirono all'accademia a prescindere dalle loro regioni di appartenenza) in nome dei comuni valori letterari nazionali: fece insomma della letteratura un movimento di **autocoscienza nazionale dell'intellettuale italiano**. La stessa concezione della poesia come convenzione, cerimonialità, rito pubblico (di qui il gran numero di poesie d'occasione, per matrimoni, battesimi, ecc.) e dunque come fenomeno soprattutto sociale, rientra in questa autocoscienza collettiva di un intero ceto.

CARATTERI DELLA PRIMA METÀ DEL SETTECENTO CHE ANTICIPANO L'ILLUMINISMO

- fine della supremazia culturale della Chiesa
- rifiuto del Barocco ed esaltazione del "buon gusto"
- affermazione della scienza moderna e del razionalismo
- crisi della coscienza europea e critica dell'assolutismo

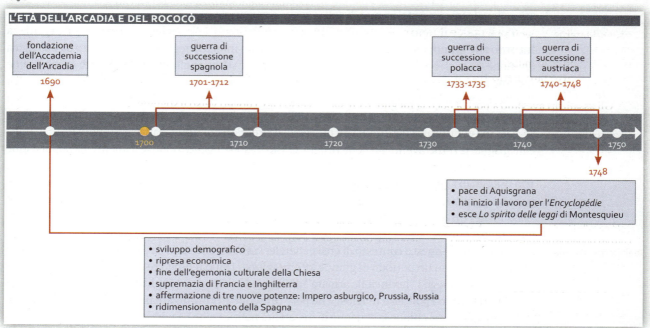

S3 ITINERARIO LINGUISTICO

Rococò

Il termine deriva dal francese *rocaille*, che indicava una 'decorazione minuta in roccia', fatta con minerali, ma anche con conchiglie, sassi ecc. Il termine si diffuse dopo il 1730 e sostituì quello di *style nouveau* [nuovo stile] con cui il nuovo movimento artistico (nato alla fine del Seicento) era inizialmente chiamato dai contemporanei. Alla fine del Settecento il termine *rocaille* fu a sua volta sostituito con "Rococò" che ebbe subito, però, un'accezione negativa. Il termine viene usato oggi non solo per indicare una tendenza artistica diffusasi nella prima metà del Settecento (ricordiamo nella pittura le opere dei francesi Watteau e Boucher) ma anche per indicare l'ambiente settecentesco di una aristocrazia edonistica, che vive in "interni" sovraccarichi di soprammobili e di ninnoli molto decorati.

Jean-Antoine Watteau, *I piaceri del ballo*, 1715-1717 circa. Dulwich Picture Gallery.

2 La situazione economica, politica e sociale tra il 1545 e il 1748

Le due fasi di un lungo periodo

Possiamo distinguere **due fasi** diverse nel periodo che va dalla Controriforma alla metà del Settecento, scegliendo il 1690 come anno che fa da spartiacque. L'epoca compresa **tra il 1545** (data d'inizio del Concilio di Trento) **e il 1690**, che in letteratura è caratterizzata prima dal **Manierismo** e poi dal **Barocco**, è dominata da un assetto preciso: siamo nella **società dell'*ancien régime***. Gli anni che vanno **dalla fondazione dell'Accademia dell'Arcadia (1690) alla pace di Aquisgrana (1748)** segnano invece **un momento di passaggio**: al trionfo del gusto e della civiltà delle corti dell'Europa continentale, che si esprime nella piena affermazione del **Rococò**, si affiancano una valorizzazione del razionalismo e le prime spie di una crisi che, da qui a breve, con le grandi rivoluzioni settecentesche, travolgerà gli assetti immobili della società occidentale.

L'*ancien régime*

Tra il 1545 e il 1690 si assiste all'affermazione e al trionfo della **società di corte che si organizza intorno alle grandi monarchie assolute**. Si tratta di un mondo irregimentato, segnato da una rigida divisione tra le classi che vede al vertice l'**aristocrazia**, e stretto nella morsa di un duro controllo che reprime ogni dissenso e ogni diversità. Questo sistema sociale bloccato, chiamato dagli storici *Ancien Régime*, inizia a definirsi già nella seconda metà del Cinquecento ma è solo nel Seicento che si assesta e si rafforza, in concomitanza con gli effetti della terribile crisi economica che investe l'Europa.

Crisi economica e crisi demografica

La **crisi economica** determina un processo di **rifeudalizzazione**, particolarmente forte in Italia e in Spagna: la terra diventa un bene rifugio, cessa di essere oggetto di investimenti. La popolazione europea, che nel corso del Cinquecento, era cresciuta fino a raggiungere, verso la fine del secolo, i 100 milioni di abitanti, ora incomincia a contrarsi: la popolazione malnutrita è affetta dalle conseguenze di guerre, dalle **carestie** e dal propagarsi di nuove **epidemie di peste**, che raggiungono i loro massimi nel 1624-1625 in Europa settentrionale e nel 1630-1631 in Italia. La distanza fra poveri e ricchi si fa spaventosa.

Inghilterra e Olanda

All'interno di questo contesto di crisi generale, la situazione varia da paese a paese. Inghilterra e Paesi Bassi vivono un periodo di grande affermazione. Dopo il lungo regno di **Elisabetta I** (1559-1603), che sconfigge l'"invincibile armata" di Filippo II di Spagna, l'**Inghilterra** attraversa una fase di violenti conflitti politici e religiosi, che però finiscono per rafforzare **il ceto borghese in ascesa**. Nel 1689, quando si chiude la stagione di instabilità politica, che ha portato dapprima alla rivoluzio-

La Reggia di Versailles, dove Luigi XIV spostò la corte nel 1682.

ne liberale guidata da Cromwell e poi alla restaurazione della monarchia, l'Inghilterra si affaccia al nuovo secolo con **un modello istituzionale moderno, basato su una forma costituzionale e parlamentare** che non ha eguali in Europa. Inoltre ha accresciuto la propria **egemonia commerciale sui mari**, imponendosi come **la prima potenza coloniale europea**. A far concorrenza all'Inghilterra è soprattutto l'**Olanda**, anch'essa uscita vittoriosa dalla lunga guerra contro la Spagna e popolata da una **vivace borghesia dedita ai traffici** e ai commerci.

La Francia: il modello del regime assoluto

Un modello opposto a quello dell'Inghilterra e dell'Olanda è rappresentato in Francia dal regime assoluto imposto da **Luigi XIII** e rafforzato durante il lungo regno di **Luigi XIV (1643-1715)**. **La corte diventa il centro politico dello Stato e il potere viene totalmente accentrato nelle mani del sovrano**. Quando, nel 1682, la corte viene spostata nella sfarzosa residenza di Versailles, Luigi XIV può a ben diritto essere chiamato il Re Sole.

La crisi della Spagna

Gli anni che vanno dalla seconda metà del Cinquecento alla fine del secolo successivo sono anche contrassegnati dal progressivo **indebolimento della Spagna**, che nel giro di un secolo sperpera le ricchezze e l'enorme potere derivato dalla colonizzazione dell'America. Sul decadimento della Spagna incide l'**arretratezza delle sue strutture sociali ed economiche, basate ancora su un modello di tipo feudale**. L'afflusso dei metalli preziosi provenienti dall'America conosce una netta flessione all'inizio del Seicento a causa dell'**esaurimento delle miniere**, accrescendo una serie rovinosa di bancarotte. Anche il controllo sui commerci e sulla tratta degli schiavi neri subisce una crisi in seguito alla **concorrenza olandese e inglese**. **La politica di lusso, di spreco e di corruzione che distingue la nobiltà**, la netta prevalenza economica e politica di questa classe, la mancanza di un ricco e intraprendente ceto borghese nel campo delle manifatture collaborano alla decadenza spagnola. Già nel periodo di massima espansione, sotto il regno di **Filippo II (1556-1598)**, la potenza spagnola entra in una crisi irreversibile, confermata e via via acuita da una serie di terribili **sconfitte riportate contro l'Inghilterra, contro l'Olanda e poi contro la Francia** al termine della guerra dei Trent'anni (1618-1648). Quando Filippo IV muore nel 1665 lasciando il trono a un figlio malaticcio e senza eredi (Carlo II), la Spagna, pur disponendo ancora di un vasto impero coloniale e controllando ampie zone in Italia e nel resto d'Europa, è un paese già in ginocchio, sia economicamente che politicamente.

Le altre grandi potenze

La sconfitta nella guerra dei Trent'anni coinvolge anche gli Asburgo, alleati della Spagna. La **pace di Westfalia**, che conclude la guerra, se da un lato pone fine ai conflitti religiosi in Germania imponendo la convivenza fra Stati cattolici e Stati luterani, dall'altro segna il disfacimento economico e

L'Europa e l'Italia al momento della pace di Cateau-Cambrésis (1559)

L'Italia sotto l'egemonia spagnola

politico della **Germania**, rovinata dalla lunga guerra e divisa in piccoli Stati incapaci di una strategia unitaria. La **politica imperiale degli Asburgo** stenta a fronteggiare questa nuova situazione, anche perché distolta dal **pericolo turco**, almeno sino alla grande vittoria di Kahlenberg (1683), con cui ebbe inizio **la crisi dell'Impero ottomano**.

L'**Italia**, che è sotto il dominio della Spagna, partecipa della sua decadenza: **non è più protagonista dei processi culturali** e degli eventi politici, ma diventa la **provincia periferica di un impero in crisi**. Si accentua così il processo di marginalizzazione avviato già nella prima metà del Cinquecento, quando i porti italiani sono stati tagliati fuori dalle grandi rotte commerciali: il Mediterraneo ha ormai perduto gran parte della sua importanza perché i grandi commerci attraversano l'Atlantico e si estendono all'Oceano Indiano. La **pace di Cateau-Cambrésis (1559)** segna l'inizio dell'**egemonia spagnola sull'Italia** (e su buona parte dell'Europa). I funzionari spagnoli amministrano direttamente il Regno di Napoli, quello di Sardegna, il Ducato di Milano e lo Stato dei Presidi sulla costa toscana. Ma subiscono l'influenza spagnola anche Genova e il Granducato di Toscana. Solo la **Repubblica di Venezia** è ancora in grado di sviluppare una politica autonoma, ma talora è costretta ad appoggiarsi anch'essa alla Spagna per contrastare l'espansione turca nel Mediterraneo. Quanto allo **Stato della Chiesa**, ha bisogno della Spagna per avvalersi della sua forza militare e politica nella campagna contro la Riforma luterana e i protestanti. Fra gli Stati minori un ruolo importante comincia ad avere il **Ducato di Savoia** (che comprendeva, oltre la Savoia, il Piemonte e Nizza) che Emanuele Filiberto e il successore Carlo Emanuele I trasformano in uno Stato moderno, fortemente accentrato secondo il modello francese.

Roma come centro della politica controriformistica

Roma, sede del Papato e capitale della politica controriformistica, conosce un notevole **sviluppo artistico e architettonico** nel Seicento grazie soprattutto all'opera dello scultore e architetto barocco **Gian Lorenzo Bernini**, che lavora per i papi Urbano VIII (1623-44), Alessandro VII (1655-67), Clemente X (1670-76). Già nella prima metà del Cinquecento l'affermazione della Riforma luterana, la diffusione dell'erasmismo (la dottrina di Erasmo da Rotterdam), il malcontento e le proteste nei confronti della corruzione della Chiesa avevano indotto una parte consistente del mondo ecclesiastico e dei semplici fedeli a vedere in un grande concilio l'occasione per una riunificazione dei cristiani o almeno di un rinnovamento e di una purificazione dei costumi religiosi.

Il Concilio di Trento (1545-1563)

Il Concilio, indetto da papa Paolo III, si apre a Trento, al confine con il mondo germanico (il che permette ancora di coltivare la speranza di una riunificazione con i riformati), nel dicembre

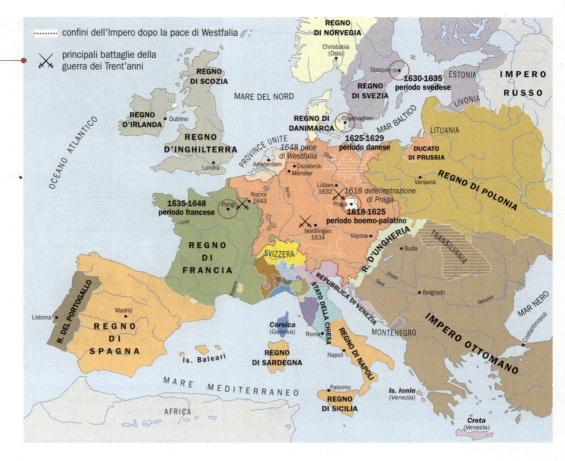

L'Europa dopo la pace di Westfalia (1648).

1545. A esso partecipano soprattutto delegati italiani e spagnoli; i lavori sono varie volte interrotti; in un'occasione esso è anche spostato a Bologna; infine **si conclude nel 1563**. Progressivamente **prendono il sopravvento le forze tradizionaliste**, che fanno capo all'intollerante papa Paolo IV ostile al Concilio (nel periodo del suo pontificato, dal 1555 al 1559, egli si rifiuta di farne tenere le sessioni). La possibilità di una generale riconciliazione del mondo cristiano è esclusa; viene ribadito, contro le posizioni dei luterani e dei calvinisti, il ruolo del papa e confermata **l'autorità della Chiesa nell'interpretazione delle Sacre Scritture**; è sancita l'importanza delle opere e non solo della grazia divina ai fini della salvezza dell'anima.

Il controllo ideologico della Chiesa

A partire dagli anni del Concilio di Trento la Chiesa mette in atto **un'organizzazione capillare della società con lo scopo di controllarla ideologicamente**, di uniformarla e di omogeneizzarla, organizzandone il consenso non solo a un insieme di dottrine e di regole, ma a un complessivo modello di vita e di condotta. La Chiesa attua a questo scopo **una strategia complessiva** che può essere sintetizzata in tre punti.

Persecuzioni ed esclusione del diverso

1. **Normalizzazione o esclusione del "diverso".** Non è ammessa la figura del deviante, del dissidente, dell'anormale. Le categorie di "normale" e di "diverso" vengono ad assumere un rilievo cardinale: la "normalità" viene incoraggiata, la "diversità" combattuta e repressa. Le stesse opere di beneficenza nei confronti delle masse popolari, volte ad assistere gli ammalati o i bambini orfani e abbandonati o i mendicanti e i vagabondi, tendono a formare istituzioni "chiuse" che controllano ed escludono la marginalità e la devianza: nascono così i lazzaretti, i brefotrofi (gli istituti in cui vengono allevati ed educati gli orfani e i bambini abbandonati) e altri ospizi di vario genere. I "diversi" che non possono essere ricondotti alla norma vengono duramente repressi o eliminati: da qui **la persecuzione contro gli ebrei e i *moriscos*** (così vengono chiamati i musulmani rimasti come sudditi in Spagna dopo la caduta, nel 1492, del Regno di Granada) in Spagna, **la caccia alle streghe**, **i processi contro i liberi pensatori**. Per portare avanti questa repressio-

L'Inquisizione

Dalla Controriforma all'età dell'Arcadia. Storia, immaginario, letteratura **capitolo I** **13**

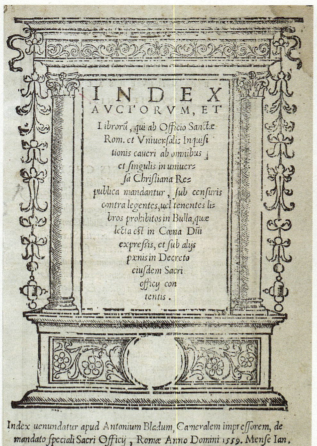

Indice dei libri proibiti stampato a Roma nel 1559. L'Indice condannò le opere complete di 610 autori, ne identificò ulteriori 69 le cui opere erano elencate singolarmente e mise al bando 297 titoli anonimi. L'Indice sarà regolarmente aggiornato negli anni successivi.

La Chiesa trionfante schiaccia l'eresia, sullo sfondo del Concilio di Trento (1588). Affresco di Pasquale Cati nella Chiesa di Santa Maria in Trastevere, Roma.

S • Sono veramente esistite le streghe?
S • Perché le donne praticano la stregoneria più degli uomini (H. Institor, J. Sprenger)

Intolleranza e nicodemismo

ne capillare, la Chiesa si avvale del tribunale dell'Inquisizione, un vero e proprio tribunale parallelo a quello civile e rispondente agli interessi della Chiesa. L'Inquisizione esisteva già da secoli. Ora viene però riorganizzata e sottoposta nel **1542** alla **Congregazione del Sant'Uffizio**, che può intervenire direttamente in tutti gli Stati cattolici che ne accettano il tribunale. In Italia, l'unico Stato che **cerca di mantenere la propria indipendenza è la Repubblica di Venezia** che, anche quando infine è costretta ad accettare il Tribunale dell'Inquisizione, preserva sempre una sua autonomia. In Europa la Francia si oppone a tale limitazione, insopportabile per un moderno Stato laico, mentre **la Spagna ha una propria Inquisizione**, gestita direttamente dalle autorità civili e dallo Stato ma in accordo con la Chiesa e in collaborazione con essa. **In Italia** insomma, se si eccettua in parte la Repubblica di Venezia, **il controllo della Chiesa è più diretto e repressivo** che in altri paesi cattolici. In questo clima di intolleranza diffusa, molti cattolici praticano il **nicodemismo** professando le loro idee in privato ma in pubblico adeguandosi alle norme religiose dominanti (il termine "nicodemismo" deriva dal nome del fariseo che andò a trovare Gesù di notte e di nascosto per non essere riconosciuto).

Il catechismo e l'uniformazione della cultura popolare

2. **Uniformazione e omologazione della cultura popolare e sua distinzione da quella delle classi colte e dei ceti dirigenti.** L'azione di catechizzazione delle masse da parte della Chiesa procede sia attraverso **l'eliminazione dei residui di cultura pagana** (riti, feste, atteggiamenti "carnevaleschi") presenti soprattutto nelle campagne, sia attraverso **il controllo religioso dei parroci sull'educazione popolare**. Viene incoraggiato il culto dei santi e di Maria Vergine in modo da offrire modelli di comportamento nella vita di ogni giorno e un'articolazione di riferimenti religiosi capace di sostituire quella pagana. La religione per il popolo assume l'aspetto del

catechismo, che semplifica la dottrina religiosa riducendola a pochi concetti elementari. Esso è in lingua volgare, mentre **la liturgia e il Vangelo devono essere in latino**, che sempre più diventa la lingua "speciale" e "separata" della Chiesa, una lingua che al popolo appare misteriosa e incomprensibile.

Il controllo sulla cultura dei ceti dirigenti

3. **Formazione culturale dei ceti dirigenti.** La distinzione fra cultura di massa e cultura delle élites e l'omologazione al loro interno di questi due livelli impone **il controllo sulla cultura** – anche quella dei dotti e dei letterati – e **una formazione omogenea dei gruppi dirigenti dei vari Stati cattolici**. L'azione in questo campo si articola in una serie di misure riconducibili a due intenti fondamentali: **la repressione e la riconquista dell'egemonia** in campo culturale ed educativo.

La censura e l'Indice

L'esigenza repressiva si manifesta nella **censura** (cfr. **S4**, p. 16) sulle pubblicazioni a stampa, nell'**istituzione dell'Indice dei libri proibiti** (il primo è del **1559**), nelle **edizioni purgate dei classici**, nei **processi agli eretici e ai liberi pensatori**. Occorre l'autorizzazione ecclesiastica per qualunque libro venga stampato negli Stati cattolici; senza tale autorizzazione (che implicava anche tagli e modifiche del testo originario) niente può essere pubblicato. Tutti i libri che provengono dal mondo luterano o calvinista o anglicano sono comunque proibiti, qualunque fosse il loro argomento. Questa serie di provvedimenti finisce per **isolare la cultura italiana**. Pio V nel 1571 istituisce la Sacra Congregazione dell'Indice con lo scopo di vigilare sulla stampa e di redigere **cataloghi aggiornati di libri proibiti da sequestrare e bruciare**. Vengono messi all'Indice tutte le opere di Machiavelli e anche il *De Monarchia* di Dante. Altre opere vengono purgate, cioè **emendate** dei passi che vengono considerati inconciliabili con la morale e soprattutto con la dottrina ecclesiastica.

IL SIGNIFICATO DELLE PAROLE

• **Emendate**
Il verbo *emendare* significa 'privare da imperfezioni o errori' ed è un composto formato dal prefisso *ex* e dal sostantivo latino *menda* ('errore').

IMMAGINE ATTIVA

El Escorial

Attiviamo le competenze

esercitare le competenze di ascolto
esercitare le competenze di sintesi
stabilire nessi tra testo e contesto

La spiegazione dell'immagine attiva mette a fuoco i tratti esemplari dell'arte controriformista che vengono esibiti nel complesso architettonico dell'*Escorial*. Perché *El Escorial* può essere considerato un simbolo della Controriforma? Dopo aver visto il video rispondi a questa domanda compilando uno schema per punti in cui elenchi gli elementi che testimoniano l'affermazione di una rinsaldata alleanza tra il trono e l'altare.

El Escorial, fatto costruire a Madrid, tra il 1563 e il 1584 da Filippo II, figlio di Carlo V e re di Spagna, era contemporaneamente palazzo residenziale, tempio religioso, luogo di studio e di meditazione. Alla morte dell'architetto Juan Bautista de Toledo, cui era stato commissionato il lavoro, l'opera fu completata da Juan de Herrera, uno dei più famosi rappresentanti del Manierismo europeo.

S4 ITINERARIO LINGUISTICO

Censura

La voce "censura" ha una lunga storia e proprio per questo molti significati. Essa deriva dal latino *censura*, che in epoca romana indicava 'l'ufficio del censore': la censura era infatti una magistratura ricoperta per un periodo di tempo limitato da due magistrati, detti "censori", incaricati di accertare il patrimonio (*census* in latino significa 'censo, censimento') e di valutare la condotta civile e morale dei cittadini, comminando pene in caso di infrazioni (le "censure"). Nel XVI secolo, in epoca controriformistica, la voce "censura" conosce un momento di grande diffusione: ciò che si deve accertare e valutare non sono più però i patrimoni o i comportamenti dei cittadini, ma le potenziali eresie, le critiche a ecclesiastici e sovrani, le tematiche oscene di cui tanta stampa era portatrice. Il controllo sulla cultura viene istituzionalizzato attraverso la pubblicazione dell'*Indice dei libri proibiti* (1559), un elenco di libri considerati peccaminosi e perciò proibiti al pubblico (censurati): la censura poteva riguardare l'intero testo – che veniva allora materialmente eliminato, per esempio attraverso pubblici roghi – o parte di esso. In questo caso, autori ed editori dovevano effettuare tagli nei luoghi del testo giudicati osceni, irriverenti, eretici o generalmente sconvenienti.

Il principale significato odierno di "censura" fa diretto riferimento a quello diffusosi in ambito controriformistico: per "censura" si intende infatti 'il controllo da parte dello Stato o dell'autorità ecclesiastica sulla stampa, sui mezzi di informazione e sugli spettacoli per evitare la diffusione di libri, notizie ecc. ritenuti pericolosi per l'ordine pubblico o lesivi verso il buon costume'.

Il controllo sull'educazione

Nel campo della scuola risulta decisiva l'azione dei **gesuiti**. Questo ordine religioso è stato fondato da **Ignazio di Loyola** (1491-1556) nel 1534 (il riconoscimento da parte del papa è di quattro anni dopo), con lo scopo di dotare la Chiesa di una milizia organizzata sul modello militare. Ignazio di Loyola era un ufficiale dell'esercito spagnolo, e aveva imposto all'ordine la stessa ferrea disciplina e la rigorosa gerarchia di una compagnia militare, con un generale al vertice e responsabili provinciali.

I gesuiti

I gesuiti fanno professione di **obbedienza assoluta**, *perinde ac cadaver* ('come un corpo morto'), e rispondono del loro operato solo al papa (si autodefiniscono "soldati del papa"). Come nel modello militare, la validità dell'azione deve essere confermata dal successo. I gesuiti non tendono all'ascetismo e al distacco dal mondo, ma al **controllo della società**. Il successo pratico è considerato la verifica della vocazione. Di qui il loro fortissimo senso della realtà. In campo scolastico i gesuiti creano le istituzioni attraverso le quali per quasi due secoli essi formeranno le classi dirigenti europee. I loro **collegi** dapprima erano destinati solo ai futuri membri dell'ordine, ma ben presto si aprono anche a studenti esterni. Le regole e l'ordine degli studi vengono fissati in modo rigido e definitivo nel 1599 (è la *Ratio studiorum* [Ordine degli studi]). **Con la istituzione dei collegi in tutta Europa i gesuiti giungono rapidamente a controllare l'educazione di tutto il mondo cattolico.**

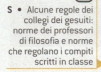

Rubens, *Miracoli di Sant'Ignazio di Loyola*, 1616. Vienna, Kunsthistorisches Museum.

S • Alcune regole dei collegi dei gesuiti: norme dei professori di filosofia e norme che regolano i compiti scritti in classe

Una nuova fase storica: l'età dell'Arcadia e del Rococò

Il controllo ideologico imposto dalla Controriforma si allenta alla fine del Seicento. La data del **1690**, che coincide in Italia con l'anno di fondazione dell'accademia dell'Arcadia, può essere assunta come momento di avvio di una nuova fase storica che si estende fino alla pace di Aquisgrana (**1748**) e che, dal punto di vista artistico, è connotata dal movimento artistico del **Rococò**.

La ripresa economica

La prima metà del Settecento è il periodo della **ripresa economica e demografica** dopo la grande crisi del Seicento. Nella prima metà del secolo si costituiscono inoltre le basi materiali della rivoluzione industriale, che si svilupperà in Inghilterra nella seconda metà del secolo e le basi culturali

L'Italia e l'Europa dopo la pace di Aquisgrana (1748).

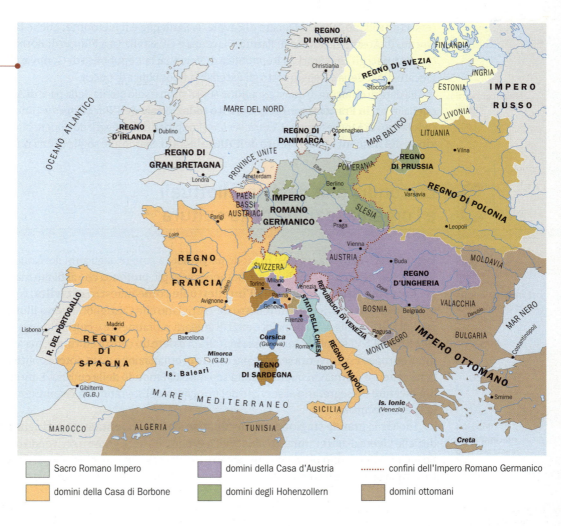

- Sacro Romano Impero
- domini della Casa d'Austria
- .... confini dell'Impero Romano Germanico
- domini della Casa di Borbone
- domini degli Hohenzollern
- domini ottomani

dell'Illuminismo. La ripresa economica è più forte in paesi già in crescita come l'**Inghilterra**, l'**Olanda** e in parte anche la Francia, grazie allo sfruttamento delle colonie, mentre la Spagna continua il suo lento declino.

L'Italia come pedina nello scacchiere europeo

La situazione italiana resta invece caratterizzata dalla dipendenza dalle potenze straniere. **Il nostro paese ha perduto la sua centralità politica** e i suoi stati diventano spesso oggetto di scambio fra le grandi potenze europee. Tuttavia l'Italia non conosce più l'immobilismo del periodo di sottomissione alla Spagna e in poche oasi produttive, come la Lombardia, si registra un vero decollo economico.

Le guerre di successione

Questo periodo è segnato da **tre guerre di successione**: la guerra di successione spagnola (1704-12), la guerra di successione polacca (1733-35), la guerra di successione austriaca (1740-48). La situazione europea, al termine della guerra di successione austriaca (**pace di Aquisgrana, 1748**), presenta profondi cambiamenti rispetto alla fine del Seicento.

Il nuovo assetto politico dell'Italia

Con i trattati di Utrecht (1713) e di Rastadt (1714) che pongono fine alla guerra di successione spagnola, **la Lombardia passa sotto il controllo diretto dell'Impero asburgico**. Con la pace di Vienna (1738) che pone fine alla guerra di successione polacca, il **Meridione (Regno di Napoli e Sicilia) viene ceduto a Carlo di Borbone**, figlio di Filippo V di Spagna (come Stato indipendente e non più come possedimento spagnolo). Nello stesso tempo il Granducato di Toscana, estintasi la dinastia dei Medici, viene offerto nel 1737 a Francesco Stefano di Lorena, marito di Maria Teresa d'Austria (costituisce anch'esso, almeno formalmente, uno stato autonomo). **Il Regno di Sardegna passa ai Savoia** che si rafforzano notevolmente grazie alla spregiudicata politica di Vittorio Amedeo II (essi controllano, oltre al Ducato di Savoia, la Sardegna e il Piemonte, anche la Contea di Nizza e il Ducato di Aosta). Il Ducato di Parma, Piacenza e Guastalla va a Filippo di Borbone. Restano pressoché invariati gli altri Stati: la Repubblica di Venezia; la Repubblica di Genova; lo Stato pontificio; il Ducato di Modena e Reggio sotto gli Estensi; la Repubblica di Lucca.

Nuovi fermenti culturali

La data di chiusura di questa stagione (1748) non è solo quella della pace di Aquisgrana, ma anche quella in cui **in Francia comincia il lavoro redazionale dell'*Encyclopédie*** [Enciclopedia] e appare il capolavoro di Montesquieu, *L'esprit des lois* [Lo spirito delle leggi]: due opere che segnano l'**affermazione del nascente movimento dell'Illuminismo**. Siamo alle soglie di una nuova epoca.

3 La condizione degli intellettuali e l'organizzazione della cultura

La crisi degli intellettuali

Dopo il sacco di Roma (1527) e in modo particolare a partire dagli anni del Concilio di Trento, il ceto intellettuale e la cultura italiana affrontano la crisi più profonda che abbiano mai conosciuto.

L'intellettuale da maestro di civiltà a segretario del principe

Entra in crisi l'immagine dell'intellettuale come maestro di civiltà, come supremo mediatore e pedagogo. La figura di intellettuale-cortigiano che Castiglione aveva illustrato (cfr. vol. 2), capace di trattare alla pari i principi e anzi di guidarli moralmente e culturalmente, non è più possibile. Alla fine del XVI secolo la corte cessa in Italia di essere un centro culturale; ma anche nelle grandi capitali europee essa diventa sempre più centro di emanazione di un potere politico organizzato burocraticamente e ormai in buona misura separato dal mondo della cultura. L'intellettuale può tutt'al più divenire un segretario al servizio del principe o del sovrano, ma è comunque ridotto al compito del puro esecutore.

Fine del mecenatismo rinascimentale

Inoltre **la grande stagione del mecenatismo rinascimentale sta estinguendosi**. È sempre più difficile vivere di letteratura, godendo della generosità del signore o scrivendo opere encomiastiche. Le lettere non danno più da vivere: occorre un'altra attività specifica da cui ricavare uno stipendio. Insomma la pratica letteraria diventa una «pratica collaterale» (De Caprio) e oggettivamente secondaria.

L'intellettuale come gentiluomo laico

Anche **la carriera ecclesiastica non ha più le attrattive di un tempo**. Essa era servita a generazioni di intellettuali umanisti, da Petrarca e Boccaccio a Bembo, per godere di una serie di benefici economici, sociali e politici che permettevano loro di dedicare la maggior parte delle energie alla letteratura. Si assiste invece, dopo il 1560, alla «fine della clericalizzazione» (Dionisotti) degli intellettuali (sulla clericalizzazione degli intellettuali cfr. vol. 2) e alla nascita di una nuova figura: l'**intellettuale come gentiluomo laico**. La Chiesa controriformistica ha sì bisogno di un esercito molto ampio di uomini di cultura al suo servizio, ma questi vengono assunti non in quanto intellettuali autonomi, ma in quanto uomini di religione che devono impegnarsi nella propaganda ideologica o nella burocrazia della curia pontificia. Un intellettuale che voglia vivere esclusivamente di letteratura non può dunque mirare più alla carriera ecclesiastica.

S • Gli intellettuali nell'età Controriforma (G. Procacci)

Le nuove "virtù" dell'intellettuale

Le virtù del gentiluomo laico non sono più quelle del cortigiano di Castiglione, che faceva della "grazia" il proprio emblema distintivo. Le nuove virtù coincidono invece con **la pazienza**, con **la prudenza**, con **la capacità di dissimulazione**: tutti atteggiamenti che indicano la necessità di un adattamento a ruoli subalterni e frustranti. Valori supremi diventano l'onore, la «religione della nobiltà e del sangue» (Dionisotti), la cavalleria come codice di classe e distinzione sociale. Il gentiluomo laico, che molto spesso proviene dalle file della nobiltà vecchia e nuova, si aggrappa insomma a valori statici e conservatori, che devono confermare un suo status sociale in realtà sempre più incerto.

Crisi dell'editoria

Questa situazione è aggravata dalla crescita del numero degli intellettuali che è inversamente proporzionale alla possibilità di un loro impiego. Anche **l'editoria italiana**, che pure nella prima metà del secolo aveva rappresentato una soluzione per intellettuali come Aretino, **non offre più spazio** per attività di rilievo perché non è più in espansione e anzi conosce una fase di recessione: la rigi-

Edwaert Collier, *Vanitas*, 1662. New York, Metropolitan Museum of Art.

dità della politica culturale controriformistica con il suo controllo sulla stampa rischia di soffocarla, provocando l'isolamento della cultura italiana nel contesto internazionale e il restringimento del pubblico nazionale.

Disimpegno e crisi degli intellettuali

Così anche se i letterati continuano a cercare la protezione dei principi e a dedicare loro le opere che scrivono, in realtà si sta verificando **una scissione fra il lavoro intellettuale necessario per guadagnarsi da vivere e l'impegno letterario**. Quest'ultimo fa perciò registrare **un riflusso nel privato**, con un complessivo **disimpegno civile e morale**, che diventa sempre più forte a partire dagli anni Trenta del Seicento.

I "libertini"

In una società rigidamente controllata come quella controriformistica l'intellettuale precario comincia così a sentirsi un "diverso": si moltiplicano le figure di **intellettuali irregolari, avventurieri, "libertini"** (cfr. **S5**). Dato anche il loro grande numero, solo pochi intellettuali potevano tro-

---

S5   INFORMAZIONI

Chi erano i libertini?

Il termine "libertino" proviene dall'aggettivo latino *libertinus*, derivato da *libertus* (lo schiavo affrancato), e comincia a diffondersi nel Cinquecento.

Già nel Medioevo i gruppi di cristiani che rifiutavano l'autoritarismo religioso e la morale tradizionale, rivendicando la libera interpretazione dei testi sacri, erano indicati come «fratelli del libero spirito» e giudicati eretici dalla Chiesa. La parola "libertino" fu tuttavia coniata da Calvino che, nella polemica contro i gruppi dissidenti della Riforma, attaccò duramente la setta dei libertini, sostenitori di dottrine razionaliste (e atei) o panteiste (e dunque seguaci di una religiosità non confessionale).

Tra il Cinquecento e il Settecento sono definiti libertini i liberi pensatori, quelle minoranze intellettuali che, in Olanda, in Germania, in Francia, in Inghilterra, ma anche in Italia (cfr. Giordano Bruno e Tommaso Campanella), lottarono per una maggiore libertà culturale e morale contro il conformismo ideologico della Controriforma e delle stesse Chiese riformate.

Nel XVII secolo il fenomeno ebbe in Francia una notevole diffusione nell'aristocrazia colta e nei settori della borghesia emergente, assumendo varie manifestazioni, dalla polemica contro l'assolutismo monarchico e contro l'ortodossia cattolica alla satira religiosa, sino ad atteggiamenti trasgressivi sul piano del costume.

Libertinage ('libertinaggio') indica in Francia, in questo periodo, non solo miscredenza, ma anche spregiudicatezza nel comportamento morale e sessuale (il mito di Don Giovanni non a caso si afferma nel Seicento).

Nel XVIII secolo, mentre il libertinismo delle idee si fonde con il pensiero illuminista, il termine "libertino" sopravvive e resta in uso fino ad oggi, per indicare esclusivamente un comportamento licenzioso e dissoluto.

vare un impiego nelle corti o nella curia pontificia, e solo pochissimi possono permettersi, come Marino, di passare da corte a corte, scegliendo i propri protettori. Gli altri vivono nelle angustie, divisi da gelosie e rivalità dovute alla concorrenza reciproca e alle esigenze stesse della sopravvivenza. Questa situazione induce molti di loro all'opportunismo e al servilismo nei confronti del potere. Esauritasi **la grande tradizione di orgoglio intellettuale** e di rivendicazione di autonomia, che continua sino a **Sarpi, Campanella, Bruno, Galilei**, comincia a svilupparsi, invece, soprattutto a partire dagli anni Trenta, **il trasformismo** (cfr. **S6**) intellettuale che arriverà sino al nostro secolo ma che nel Seicento assume, in Italia, l'aspetto di una vera e propria **«libidine di servire»** (cfr. **S7**).

Opportunismo e trasformismo

Questa marginalizzazione del lavoro intellettuale è ben colta da due opere significative, il *Ritratto del "privato" politico cristiano* **(1635) di Virgilio Malvezzi** e *Della dissimulazione onesta* **(1641) di Torquato Accetto**. Nella prima opera il termine spagnolesco di "privato" rimanda alla funzione di segretario personale (o, appunto, "privato") del signore, ma allude anche alla condizione di chi è privato «della propria volontà» (Benzoni). Nella seconda, la teorizzazione della dissimulazione (distinta dalla menzogna: chi dissimula non mente, ma si adopera «per non far vedere le cose come sono») è funzionale alla difesa dal mondo del potere e della politica: **la dissimulazione è una forma di resistenza contro la società e insieme un ripiegamento nel privato**.

La marginalizzazione dell'intellettuale nelle opere di Malvezzi e di Accetto

Tre fenomeni accompagnano questa trasformazione della condizione intellettuale: **lo spostamento del maggior numero degli intellettuali e dei centri dell'attività letteraria dal Veneto e dalla Toscana a Roma e a Napoli**; l'egemonia della cultura religiosa su quella laica; il ripiegamento municipalistico. La costante iniziativa della Chiesa in campo culturale le permette di **rovesciare i termini del rapporto con la cultura laica**: mentre nell'epoca umanistico-rinascimentale era la cultura laica a influenzare la cultura ecclesiastica, ora è questa a condizionare e a limitare quella. Ma questo **processo di unificazione ideologica sotto il segno del primato religioso** è pagato a caro prezzo, attraverso **la repressione del libero pensiero e l'isolamento della cultura italiana** nel panorama europeo.

L'egemonia culturale della Chiesa

L'unico strumento di autoriconoscimento e di protezione dell'identità intellettuale è nel nostro paese **l'istituzione delle accademie**, che però costituisce anche **il riflesso più appariscente del ripiegamento municipalistico degli intellettuali italiani**.

Le accademie

Le accademie sorgono numerose già nella seconda metà del Cinquecento e continuano a diffondersi nel Seicento, assumendo in genere **caratteri sempre più chiusi, ritualizzati, strettamente "corporativi"**. Esse prendono denominazioni scherzose (Rozzi, Oziosi, Umidi, Gelati ecc.) e scelgono emblemi, per lo più curiosi, che alludono all'attività che esse intendono svolgere; gli affiliati usano pseudonimi coerenti con l'emblema e dunque con le finalità dell'iniziativa comune; le modalità dell'accesso, le gerarchie, il regolamento delle riunioni sono stabiliti con grande precisione e minuzia.

Le accademie appaiono ormai **lontane dallo spirito di dialogo aperto e di confronto che animava i cenacoli umanisti** (cfr. vol. 2): sono per lo più chiuse in prospettive locali, irretite in rituali e gerarchie che **riflettono l'irrigidimento dell'intero complesso sociale**, dedite soprattutto ad attività di intrattenimento che partono dal presupposto del **carattere del tutto retorico e convenzionale della letteratura**. Inoltre finiscono spesso per essere controllate dal potere politico.

Differenza delle accademie rispetto ai cenacoli umanisti

Ma talora, soprattutto nel territorio della **Repubblica di Venezia** (più libero dalle ingerenze religiose), esse ospitano la spregiudicata ricerca degli **intellettuali libertini**. Le forme ritualizzate permettono d'altronde una certa dissimulazione degli atteggiamenti più spregiudicati.

L'eccezione di Venezia

Anche se prevalgono le accademie letterarie e filosofiche (fino all'affermazione nazionale dell'Accademia dell'Arcadia alla fine del Seicento), importanti sono anche le organizzazioni scientifiche, come l'**Accademia dei Lincei a Roma** (1603-1651), cui aderisce Galilei, voluta dal principe Federico Cesi e così chiamata dall'emblema della lince (con allusione alla sua vista acutissima, necessaria per l'osservazione scientifica); quella fiorentina del Cimento e quella napoletana degli Investiganti, sorte entrambe per iniziativa di allievi di Galilei (mentre sempre a Napoli ha grande successo l'**Accademia degli Oziosi**, che si occupa, oltre che di retorica e di poetica, anche di matematica e di filosofia).

Le accademie scientifiche

S6 — ITINERARIO LINGUISTICO

Trasformismo

Trasformismo è un termine che implica un giudizio negativo. Sul piano morale coincide con l'opportunismo.

In politica, il trasformismo è una 'prassi di governo fondata sulla ricerca di una maggioranza attraverso accordi e concessioni a gruppi politici eterogenei, o a singoli esponenti di partito, allo scopo di impedire la formazione di una vera opposizione'. Per trasformismo intellettuale si intende l'opportunistica capacità degli intellettuali di saper adattare la propria ideologia a quella del ceto dominante, nel desiderio di servirlo per farne parte; questa tendenza è stata particolarmente viva in Italia presso le corti secentesche, ed ha avuto in Vincenzo Monti, tra la fine del '700 e l'inizio dell'800, un suo straordinario rappresentante. Il trasformismo intellettuale, in forme diverse, è vivo anche ai giorni nostri.

S7 — MATERIALI E DOCUMENTI

La libidine di servire

Il secondo capitolo di *Gli affanni della cultura. Intellettuali e potere nell'Italia della Controriforma e barocca* di Gino Benzoni è intitolato *Le libidini della servitù*. In esso Benzoni dimostra tre aspetti della condizione e della ideologia degli intellettuali italiani nel Seicento: 1) il piacere di servire deriva dall'identificazione fra virtù e obbedienza: poiché la virtù deriva dalla nobiltà, cioè dalla nascita, l'intellettuale di corte sarà a sua volta virtuoso solo se obbediente e disposto all'encomio nei confronti dei nobili; 2) la storiografia di corte riduce gli avvenimenti storici a vicende private e a cronache della simulazione e della dissimulazione dei principi, senza più il senso dello Stato e della politica; 3) la stratificazione sociale è considerata immodificabile e, mentre viene esaltata la nobiltà, viene disprezzato il popolo. Il brano che abbiamo scelto tocca il primo e il terzo di questi argomenti. Il libro di Benzoni va visto in implicita opposizione alle tesi di Asor Rosa (cfr. PROMETEO) che invece rivaluta la cultura italiana del Seicento, soprattutto quella inserita nell'organizzazione ecclesiastica.

▶▶ La virtù, dunque, ai potenti o, comunque, a chi, nell'omaggio, è ad essi assimilato; al letterato il merito della "divotissima umiliazione di sviscerato affetto". Si è scivolati ben oltre la posizione subalterna di Tasso. Questi non dubita della propria statura, solo che non vede valorizzazione efficacemente appagante delle sue opere al di fuori della corte, solo che ravvisa nella collocazione soddisfacente in questa il *guidardone*,[1] premio, comunque, meritato ché i suoi "scritti" sono a tal punto validi da dare "gloria" non solo all'autore, ma anche al suo "secolo". Ed è di prestigio pel principe precedere, nell'intendimento, l'assieme dei lettori; l'apprezzamento remunerante[2] del poeta è manifestazione di virtù. Donde, poiché questo non s'è verificato in misura adeguata – più tardi ci si accontenterà d'assai meno –, le sue bizze le sue escandescenze la sua *pazzia*; donde la meschinità, ma anche la grandezza del suo umor malinconico. Ora, nel '600, la gloria è riposta nella servitù, suggellata da un qualche modo di presenza a corte o, in mancanza di meglio, dalla dipendenza da un personaggio, laico o ecclesiastico, influente e abbiente. Prive di valore intrinseco le opere, possono esserne irrorate,[3] dall'esterno, dall'eccellenza del dedicatario che le solleva alla "fama" caricandole sulle "ali" della sua grandezza. Tasso reclama premi adeguati al valore, di cui è pienamente consapevole, della sua poesia; ora è la dedica, attestazione (talvolta ricca di sottintesi ricattatori) di servitù, che crea il valore. Al limite lo scrivere si giustifica come tributo, omaggio, ribadita continuata genuflessione. [...]

L'obbedienza, il motore costante della vita associata, è, non v'ha dubbio, la principale delle virtù. E la servitù, non è, forse, la forma più completa più piena d'obbedienza? Il più servo, allora, è il più virtuoso. Quale miglior esaltazione del potere che la celebrazione dei fasti della servitù? Se così è, brilla sugli altri il letterato che più deciso imbocca il cammino della servitù e che, nel contempo, sappia meglio reclamizzare la sua scelta. [...]

"Io servo – dichiara baldanzoso il Marino –, non ha dubbio, ma non mi posso vergognare della mia servitù, perché servo a un de' primi re del mondo". La "servitù" è opzione morale e, anche, una sorta di poetica. La poesia, lussuosa mirabolante macchina verbale, non può scaturire e sussistere fuori della corte, lo splendore di questa ne è grembo fecondo. A corte la penna luccica preziosa, è, di per sé, aurea; fuori non può scintillare, resta opaca, incapace di barbagli. L'ingegno va spremuto nell'esaltazione del potere, ne deve assecondare complice le rapaci propensioni di fondo: l'orgoglio, l'aggressività, il sangue, la guerra, il sesso. I rivali vanno sbaragliati, umiliati, vilipesi. L'assunzione ai fastigi della prossimità ai potenti[4] implica, per essere redditizia, la caduta in disgrazia dei concorrenti. Il servo fortunato esige l'assolo, non una parte nel coro. [...]

Ceto gelatinoso nebbioso gli intellettuali italiani si qualificano in negativo come rifiuto sprezzante del popolo, sintomo chiassoso del terrore d'essere in questo assorbiti. Ogni baluginio democratico è minaccia alla loro identità, è "horribile anarchia". Guai se "tutti si vogliono rimescolare nel governo", se tutti, persino gli "imperiti",[5] vogliono la loro "parte", se la massa, "sciolta dai legami dell'obbedienza" e fracassati "gli impedimenti della modestia", osa deporre la "reverenza dovuta alla maestà reale"! Perciò non sanno fare a meno della corte; all'avvilente genuflettersi in questa è complementare il livore antipopolare.

G. Benzoni, *Gli affanni della cultura. Intellettuali e potere nell'Italia della Controriforma e barocca*, Feltrinelli, Milano 1978, pp. 101-104, con tagli; p. 121.

1 **guidardone**: *ricompensa, premio.*
2 **remunerante**: *che dà ricompensa, remunerativo.*
3 **irrorate**: *valorizzate.*
4 **ai fastigi...potenti**: all'altezza, al prestigio della vicinanza con i potenti.
5 **"imperiti"**: *inesperti.*

|L'Accademia della Crusca| In ambito letterario e linguistico tra la fine del Cinquecento e i primi anni del Seicento svolge un ruolo importante l'**Accademia della Crusca (1583)**, che si sviluppa a Firenze per iniziativa di Leonardo Salviati, con lo scopo di **vagliare la lingua (togliendole la "crusca" così come si fa per ottenere il fior di farina)** e di compilare un **vocabolario del fiorentino secondo il canone trecentesco**.

|I giornali eruditi| I **primi giornali letterari e scientifici** nascono in relazione alle accademie, per divulgarne le ricerche e i risultati. Così a Parigi, dall'A*cadémie Royale des Sciences* [Accademia reale delle scienze] sorge nel 1665 il «Journal des Savants» [Giornale degli scienziati] e a Londra, legato alla *Royal Society for the Advancement of Learning* [Società reale per il progresso del sapere], viene fondato il «Philosophical Transactions» [Atti (nel senso di "memorie" o "verbali") filosofici]. In Inghilterra e, in misura minore, in Francia, l'intellettuale comincia a essere espressione della **nuova classe che nel primo Settecento sta gradualmente emergendo sulla scena economica e politica: la borghesia**.

|La nascita del giornalismo: lo «Spectator»| L'ascesa della borghesia collabora alla formazione di un'**opinione pubblica** e alla conseguente affermazione del **giornalismo**. **Nel Settecento** la scrittura giornalistica definisce i suoi compiti e i suoi obbiettivi. Questi consistono principalmente nell'esporre i fatti e nell'informare il pubblico, fornendo al lettore tutti gli elementi che gli consentano di comprendere nel modo più chiaro le notizie. Il centro più vivace nella produzione della stampa periodica è l'**Inghilterra**, che nel XVIII secolo si muove a grandi passi sulla strada dell'industrializzazione. A Londra, **tra il 1711 e il 1714 viene pubblicato «The Spectator» [Lo Spettatore]**, un giornale aperto alla saggistica letteraria, alla critica sociale e di costume, che si propone di informare e di intrattenere il pubblico con una commistione di pezzi edificanti e divertenti. Il successo dell'operazione è enorme e va di pari passo all'**ampliarsi della cerchia dei lettori**, che adesso è composta dalla borghesia cittadina, benestante e alfabetizzata.

S • La nascita dell'industria editoriale e del giornalismo moderno in Inghilterra. La situazione europea e italiana

|Gli intellettuali italiani nel Settecento| Anche in Italia si affermano le riviste erudite, ma la situazione è più arretrata. Tuttavia anche nella penisola la disgregazione seicentesca dei letterati, l'individualismo sfrenato, la lotta di ognuno contro tutti, tendono ad attenuarsi e a essere sostituiti da uno spirito di corpo, da un'autocoscienza di ceto. **Ritorna il mito di una "Repubblica delle lettere"** capace di unire tutti gli intellettuali al di là delle loro mansioni specifiche e della loro provenienza da una classe o da un'altra o da un ordine o da un altro.

|La figura dell'abate| Fra gli ecclesiastici nasce una figura nuova, quella dell'**abate** (cfr. **S8**), che, prima ancora di riconoscersi nella Chiesa, si riconosce nella funzione intellettuale. Si tratta di persone che prendono gli ordini minori, vestono l'abito ecclesiastico e godono talora di un piccolo beneficio ecclesiastico, senza avere, in genere, cura di anime.

|La figura dell'erudito| Mentre **in Francia** il ceto intellettuale si costituisce sulla base di una prospettiva polemica, critica e alternativa nei confronti della classe dominante, **in Italia** il processo è più lento e contraddittorio e tendono a prevalere, sino alla metà del secolo, le posizioni più moderate e concilianti. Di questa differenza e di questa contraddittorietà è dimostrazione un'altra figura tipica di intellettuale di questo periodo, **l'erudito**. L'erudito è spesso direttore di una biblioteca; è studioso di storia, appassionato filologo; ricercatore di documenti e autore di biografie; catalogatore di dati raccolti con scrupolo scientifico. Sono grandi eruditi Antonio Magliabechi (1633-1714), **Ludovico Antonio Muratori** (1672-1750), **Scipione Maffei** (1675-1755) e, più tardi, Girolamo Tiraboschi, che visse nella seconda metà del Settecento.

S • La funzione degli eruditi secondo Benzoni e secondo Woolf

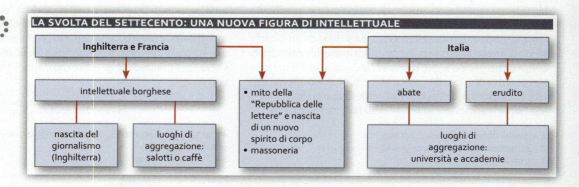

La massoneria

Nella prima metà del Settecento le forme di aggregazione degli intellettuali cominciano a diversificarsi: accanto alle **accademie** in Inghilterra e in Francia acquistano sempre maggiore importanza come luoghi di incontro e di discussione **i salotti e i caffè**. Si diffonde inoltre, anche nel nostro paese, una società segreta con finalità culturali e filantropiche che riunisce intellettuali razionalisti, in genere seguaci del libero pensiero: **la massoneria**. Essa comincia a svilupparsi in Italia solo dopo il 1730, ma era già attiva da tempo in Francia e soprattutto in Inghilterra (cfr. **S9**).

L'Arcadia

In Italia un ruolo di primo piano continua ad essere svolto dalle accademie. La più importante è l'**Accademia dell'Arcadia**, fondata **a Roma nel 1690** da quattordici letterati, fra i quali Giovan Mario **Crescimbeni**, Giambattista Zappi e Gian Vincenzo **Gravina** (che, rispetto a Crescimbeni, sostiene una posizione più aperta a un razionalismo critico e a un programma di laicizzazione del pensiero, e per questo sarà costretto alla scissione).

S8 — ITINERARIO LINGUISTICO

Abate

Il termine "abate" (o "abbate") deriva dal latino ecclesiastico *abbas, -atis*, formato – attraverso il greco biblico – sull'aramaico *ab* che significa 'padre' e, per antonomasia, 'Dio'. Nel mondo cristiano medievale l'abate era il superiore di un monastero, cioè colui che ne dirigeva la vita spirituale e materiale. Grazie all'uso che se ne fece in Francia a partire dal XVI secolo, il termine "abate" venne esteso ad indicare gli ecclesiastici in genere fino a quando, verso la fine del Seicento e per tutto il Settecento, esso divenne un titolo onorifico per chi godeva di benefici ecclesiastici o per chi, vestendo l'abito ecclesiastico, si distingueva per particolari meriti culturali (basti pensare a Metastasio, Galiani, Cesarotti e Parini).

S9 — INFORMAZIONI

Che cos'è e come si organizza la massoneria

Il termine "massoneria" proviene dal francese *maçon*, che significa 'muratore'. Probabilmente la moderna associazione risale all'antica corporazione medievale dei muratori, che, più di ogni altra, era caratterizzata dalla complessità e dalla segretezza dei rituali di iniziazione. Essa forniva ai propri associati non solo le conoscenze tecniche del mestiere, ma anche una cultura filosofica e teologica, che era necessaria alla costruzione e alla decorazione delle chiese.

L'associazione, per il carattere occulto dell'organizzazione, per la libertà di circolazione di cui godevano i suoi membri, chiamati in ogni parte d'Europa dai principi e dalla Chiesa, sopravvisse al XVI e XVII secolo, quando le altre corporazioni entrarono in crisi e furono sciolte. Non solo, ma essa subì un'importante evoluzione poiché accolse nuovi adepti, non più legati al mestiere. Questi erano intellettuali, liberi pensatori, alchimisti, occultisti, che vi trovarono rifugio e protezione, trasformando la massoneria in un'associazione culturale e umanitaria, basata su principi di fratellanza, tolleranza e uguaglianza. Ciò spiega il grande successo di cui essa godette nel Settecento, incontrandosi con i valori culturali dell'Illuminismo.

La moderna massoneria nacque ufficialmente a Londra nel 1717. Alcuni negano la sua provenienza dall'antica corporazione medievale, e attribuiscono al termine *maçon* un significato simbolico, allusivo al progetto di costruire una nuova società, che animava i suoi aderenti. Questi si chiamavano "fratelli" e facevano solenne giuramento di lottare contro ogni forma di assolutismo. Erano divisi gerarchicamente in tre gradi: apprendisti, compagni e maestri. Le associazioni si chiamavano "logge" (è il nome delle capanne vicino alle chiese in cui si riunivano i muratori) e conservarono il simbolismo delle vecchie corporazioni: Dio era raffigurato come il grande architetto dell'universo, il martello era l'insegna del maestro venerabile. La moderna organizzazione conservò e anzi accentuò il carattere segreto di quella antica.

Dall'Inghilterra la massoneria si diffuse rapidamente nel resto d'Europa e, pur generalmente ispirata ai principi umanitari e cosmopoliti dell'Illuminismo, presentò nei vari paesi diverse tendenze ideologiche, differenziandosi in diverse "obbedienze". La massoneria inglese fu caratterizzata essenzialmente dal razionalismo deista, dalla tolleranza e dalla pacifica convivenza di fedi religiose e politiche diverse. Un'altra tendenza, più legata all'antico spiritualismo, fu quella esoterica, sensibile a credenze e pratiche occultistiche e magiche.

In Italia la massoneria si diffuse nei primi decenni del Settecento e fu, come in tutti i paesi cattolici, violentemente avversata dalla Chiesa, che nel 1738 e nel 1751 scomunicò gli appartenenti alla massoneria, mobilitando contro di essa i Tribunali dell'Inquisizione. Tuttavia l'associazione ebbe vasto seguito sia in età napoleonica che dopo l'Unità d'Italia. Nel 1925 fu sciolta dal fascismo e tornò a ricostituirsi nel 1944. Dagli anni Ottanta è tornata alla ribalta a causa della P2 (loggia a cui aderirono politici, militari e finanzieri che si prestarono, sotto la guida del "venerabile" Licio Gelli, a tentativi destabilizzanti della democrazia).

Thomas Cole, *Sogno di Arcadia*, 1838. Denver Art Museum Collection.

Il travestimento e i riti

Il nome "Arcadia" viene da un'antica regione della Grecia, resa famosa anche dal **romanzo pastorale di Sannazaro** (*Arcadia*, appunto) uscito all'inizio del Cinquecento. Al presidente dell'accademia spetta il titolo di "Custode generale", mentre **ogni membro assume un nome pastorale greco**. Insomma il travestimento è d'obbligo, e presuppone la trasposizione in una regione mitica, luogo d'elezione della poesia pastorale. Un complesso rituale presiede le riunioni e regola il funzionamento dell'organizzazione.

Un'accademia "nazionale"

S • L'Arcadia e la "Repubblica delle lettere" [A. Quondam]

All'Arcadia aderiscono non solo i principali intellettuali del tempo, ma anche oscuri letterati di ogni provincia d'Italia. Mentre infatti all'inizio i suoi aderenti sono quasi tutti romani, toscani o napoletani, poi **l'accademia si estende, costituendo "colonie"** (tale era il nome delle associazioni locali) anche nelle città più lontane da questi centri. Essa contribuisce dunque in modo potente a **unificare i letterati italiani, a dare loro una comune coscienza di ceto**.

Caratteristiche e punti di forza dell'Arcadia

Ciò poté avvenire per varie ragioni: anzitutto per l'**organizzazione distesa e capillare** perseguita consapevolmente; poi per la funzione storica, ormai matura e largamente condivisa, di **liquidazione del gusto barocco** e di promozione di un **temperato razionalismo**; infine per la risposta che sa dare a un **bisogno collettivo di identità non solo culturale ma sociale degli intellettuali italiani**, identità che può realizzarsi solo nella **trasposizione utopica del travestimento e del mito** e nella **pratica di una poesia idillica, d'occasione o di evasione.**

Nasce la figura moderna dell'intellettuale

Il bisogno di identità dei letterati che in Italia porta alla nascita dell'accademia dell'Arcadia è vivo in tutta Europa. Nel Settecento, infatti, fortissima è la **tendenza degli intellettuali a prender coscienza di sé come categoria sociale** e a costituirsi in ceto unitario. **Nasce insomma la figura moderna di intellettuale**. In questa autocoscienza si mescolano tuttavia tendenze abbastanza diverse: una, tradizionalistica, particolarmente tenace in Italia, rinvia alla tradizione umanistica e presuppone ancora l'uso del latino e la conoscenza della cultura classica; l'altra, moderna, si ricollega piuttosto all'esperienza del **pensiero libertino** e si esprime nella nuova lingua comune europea degli intellettuali: il francese. L'ideologia della **"Repubblica delle lettere"** poteva risorgere insomma o in chiave moderata e tradizionalista o in chiave innovativa. È questa seconda soluzione che prevale già alla fine del Seicento e nella prima metà del Settecento in Inghilterra e in gran parte anche in Francia. La prima tendenza invece prevale in Italia.

La tendenza all'evasione dell'Arcadia

Infatti **l'immaginario degli arcadi si ricollega alla tendenza classicista** e va visto in correlazione con un'operazione egemonica della Chiesa e con l'ideologia che essa promuove (cfr. **S10**). A differenza di quanto stava accadendo in Inghilterra e in Francia, il complesso rituale di travestimento e la proiezione utopica favoriscono in Italia **un'unificazione di tipo regressivo della categoria dei letterati, incoraggiando la sua costituzione in ceto separato, estraneo alle problematiche politiche e sociali.** Di fronte all'offensiva del nuovo razionalismo e della scienza moderna la Chiesa cerca insomma di impedire che in Italia il ceto intellettuale si unifichi sulla base di un pensiero critico e di un tessuto democratico di base come stava accadendo invece nei paesi più avanzati d'Europa.

S10 — MATERIALI E DOCUMENTI

L'ideologia dell'Arcadia

Il maggiore studioso dell'accademia dell'Arcadia, Amedeo Quondam, ne ha studiato non solo la composizione sociologica e i conflitti interni, ma anche l'ideologia, fondata sul concetto di neutralità della cultura, di una sublimazione e separazione dalla realtà storico-sociale.

▶▶ L'ideologia dell'Arcadia si ricostruisce non soltanto dall'interno dei suoi meccanismi istituzionali e di strategia culturale, ma direttamente è esposta in un testo che, recando in appendice il catalogo degli Arcadi, si pone in una prospettiva ufficiale di diffusione: si tratta dell'*Arcadia* del Crescimbeni, a torto sempre considerato come un racconto pittoresco per l'affollarsi di pastori e per l'insistere nella descrizione del cerimoniale arcadico. [...]

L'*Arcadia* crescimbeniana sancisce in primo luogo la neutralità della cultura, che si colloca istituzionalmente altrove rispetto allo statuto sociale dell'operatore.[1] L'attività intellettuale è altro rispetto alla realtà, ne sublima le divisioni, gli scontri, le articolazioni. In Arcadia tutti i pastori sono tra loro eguali, agiscono all'interno di una «repubblica» perfetta perché ha una connotazione soltanto «letteraria». L'ideologia interclassista dell'Arcadia costituisce un momento di mistificazione della realtà sociale: la costanza dell'equilibrio della composizione sociale dell'Accademia (con la sola fondamentale eccezione delle *Prose*) propone (e progetta) la finzione della pace sociale tra le classi, che possono tutte riconoscersi nella stessa pratica (che è poi in Arcadia anche la teoria) culturale, o meglio tutte tendere all'esercizio (per lo più subalterno e mediato) di una cultura totale e totalizzante,[2] mai elaborata come esperienza di classe, ma universale, priva e privata di attribuzioni che in modo specifico possano risalire a punti di vista parziali e contraddittori se non dialettici.

Il gioco e la maschera: son questi i due elementi che strutturano l'ideologia arcadica, le attribuiscono lo spazio istituzionalmente più rilevante: la maschera pastorale come mistificazione della condizione del singolo sulla scena reale, il gioco del cerimoniale arcadico come mimesi rovesciata degli scontri sociali.[3] Ma sia la maschera che il gioco valgono come sanzione oggettiva dell'illusorietà della finzione scenografica, come avvertimento della precarietà del camuffarsi, dell'impossibilità d'una esistenza reale di un doppio statuto sociale e dell'attribuzione a quello pastorale della funzione di sublimazione di quello storico.[4] E il gioco e la maschera, proprio nell'estrema coerenza interna della loro utilizzazione [...] conferiscono all'Arcadia, e proprio a questa sua struttura cerimoniale, una dimensione di drammatico straniamento che storicamente costituisce il momento più alto e complesso della sua ideologia.

Ma la struttura istituzionale dell'Arcadia ripete di fatto molto da vicino quella della Chiesa cattolica: [...] normativa, integralistica e che non consente differenziazioni.

E quest'ultima osservazione vale come definitivo chiarimento dell'affermazione dell'effettiva organicità dell'Arcadia alle esigenze storiche della strategia politica della Curia romana, che ne costituisce il referente reale.

A. Quondam, *L'istituzione Arcadia. Sociologia e ideologia di un'accademia*, in «Quaderni storici», 23, 1973, pp. 422-424.

---

1 **statuto...operatore**: condizione a carattere sociale dello scrittore.
2 **cultura...totalizzante**: domina nell'*Arcadia* una concezione della cultura come attività neutrale, sganciata dalla concreta realtà delle divisioni sociali. Questa cultura dunque pretende di rappresentare la totalità degli interessi dell'uomo, anziché rimandare alla parzialità dei punti di vista che ogni elaborazione culturale sottende, in quanto non può prescindere dai conflitti e dalle contraddizioni di classe della concreta esperienza storica.
3 **mimesi...sociali**: il rituale arcadico, tutto armonia e idillio pastorale, maschera e capovolge la realtà dello scontro sociale.
4 **sublimazione...storico**: il gioco e la maschera arcadici esprimono il rifiuto di una doppia condizione sociale (quella di scrittore e quella di individuo appartenente a un determinato ceto sociale) e mirano a sublimare la situazione reale, con i suoi conflitti, in una condizione di finzione idillica, che rappresenta una separazione e uno straniamento dalla storia.

---

accademia dei Lincei - Galileo

Il pensiero politico

La cultura della Controriforma e il pensiero di Machiavelli

Il pensiero della Controriforma deve misurarsi di necessità con la **teoria machiavelliana** dello Stato e del potere. E lo deve fare non solo per la vasta rinomanza europea di Machiavelli, ma perché di fatto i vari Stati assoluti si andavano organizzando sulla base di quella effettiva autonomia dalla religione e dalla morale che Machiavelli aveva teorizzato. **La politica diventa sempre più tecnica della politica**. Essa richiede specifici funzionari e appositi meccanismi burocratici e giuridici che funzionano in base a competenze parziali e che comunque rispondono del loro operato solo al re; quest'ultimo, poi, è considerato fonte unica della sovranità.

Ovviamente l'ideologia controriformistica non poteva condividere tale laicizzazione della politica. **L'antimachiavellismo** è dunque la parola d'ordine della battaglia controriformistica, tutta volta a conciliare politica e morale religiosa. Non c'è da stupirsi se si diffonde **una sorta di doppiezza**:

L'antimachiavellismo

|||Il tacitismo||| da un lato Machiavelli viene condannato (le sue opere sono messe all'Indice già nel 1559), dall'altro il machiavellismo (cioè il perseguimento, spregiudicato sino al cinismo e alla crudeltà, degli interessi del principe o del sovrano, in cui si identificano quelli dello Stato) diviene pratica corrente. Per uscire dalla doppiezza **si sostituì Tacito a Machiavelli**, ma si finì per confermarla per altra via. Tacito nei suoi *Annales* [Annali] aveva rappresentato l'imperatore Tiberio come un campione del potere assoluto, mostrandone l'abilità ma condannandone moralmente i comportamenti tirannici. Poteva perciò essere letto sia come maestro di machiavellismo, sia come suo critico. Questa ambiguità ne decretò la fortuna: è il fenomeno del **tacitismo**.

Il concetto di "ragion di Stato"

Il tentativo più organico di conciliare norme morali della religione ed esigenze di una politica assoluta e quindi in qualche misura "machiavellica" fu compiuto dai **gesuiti**. Essi, con il loro realismo, ammettevano che i comportamenti politici dovessero essere particolarmente spregiudicati in quanto corrispondenti alla suprema **"ragion di Stato"**, ma poi identificavano lo scopo di tale "ragione" nel "bene" dello Stato e dunque in una istanza etico-religiosa: il "bene" dello Stato veniva infatti a coincidere con il "bene comune" e quest'ultimo non poteva che essere quello voluto dalle leggi di Dio.

Botero, autore di *Della ragion di Stato*

Si deve proprio a un ex-gesuita, **Giovanni Botero** (1544-1617), il trattato politico in cui meglio si condensa il pensiero controriformistico: è ***Della ragion di Stato***, uscito nel 1589. La conciliazione fra politica e religione è individuata nella persona del principe: questi deve essere persona abile e capace, deve saper conservare e ingrandire il suo Stato ricorrendo agli strumenti peculiari della politica, ma per assicurare il bene pubblico, e dunque anche quello dello Stato, deve essere un buon cattolico assistito da un consigliere spirituale.

Jean Bodin, teorico dello Stato assoluto e dello Stato di diritto

Diversa era la situazione **in Francia**, dove non solo esisteva un grande Stato centralizzato subordinato a un monarca e capace di funzionare come una macchina autonoma, ma era attiva e presente una borghesia che aspirava a leggi che garantissero un'eguaglianza dei cittadini di fronte al diritto. **Jean Bodin**, in *I sei libri della repubblica* (1576), riflette sia la tendenza alla sovranità assoluta della monarchia, sia le esigenze della borghesia, di cui egli stesso faceva parte (era un avvocato). Per queste ragioni, Bodin può essere considerato **il teorico tanto dello Stato assoluto, quanto dello "Stato di diritto"**. Il potere del sovrano è assoluto (sopra di sé ha solo le leggi di Dio e della natura), ma non arbitrario. Così l'assolutezza del potere può già trapassare nel principio della validità universale della legge. Bodin non giunge ancora a tale esito (il monarca, essendo fonte della legge, può modificarla a suo piacimento), e tuttavia il suo pensiero apre già la via alla moderna concezione dello Stato di diritto.

Il pensiero utopico del Seicento

Il realismo politico convive nel Seicento con il **pensiero utopico**. Se l'utopia di **Tommaso Moro** era stata politica (cfr. vol. 2) e quella di **Campanella** religiosa (cfr. cap. II, § 1), l'utopia che meglio esprime le esigenze della visione del mondo del Seicento è quella scientifica, descritta da **Francesco Bacone** nella *Nuova Atlantide* (1627).

La *Nuova Atlantide*

La società utopica della ***Nuova Atlantide* è governata da scienziati e da tecnici** uniti tra loro in stretta collaborazione. La ricerca scientifica e tecnologica è considerata il motore del progresso, la principale fonte di benessere e di felicità. Nella capitale (Betsalem) dell'isola sconosciuta in cui approda la nave europea, l'organizzazione della vita è regolata dalle norme scientifiche. Il centro propulsore della civiltà è la Casa di Salomone, dove vivono come in una sorta di collegio scienziati e tecnici, i quali destinano le loro scoperte all'applicazione pratica e al bene comune e di continuo sperimentano nuove invenzioni e l'utilità pratica di nuovi strumenti (come il microscopio e il telescopio).

Coincidenza fra stato di natura e stato governato dalla ragione. Il giusnaturalismo

In questo tipo di utopia si ha una coincidenza fra stato di natura e stato governato dalla ragione. Negli stessi anni in cui Bacone scriveva la *Nuova Atlantide*, l'olandese **Ugo Grozio** (1583-1645) gettava le basi del **giusnaturalismo**. Si può qui cogliere il legame che unisce questa teoria al pensiero utopico. Il giusnaturalismo infatti sostiene l'esistenza di norme di diritto naturale anteriori a ogni organizzazione giuridica e sociale, norme considerate in sé positive e razionali. Anch'esso si contrappone, come il pensiero utopico, allo stato presente, dominato dall'irragionevolezza della violenza, della guerra, dell'arbitrio. Si ricerca dunque nello **stato di natura** la giustificazione dei diritti (naturali, appunto) dell'uomo: il diritto alla felicità, alla convivenza pacifica, a leggi razionali.

Francesco Bacone, *Dipinto di John Vanderbank*, del 1731 circa, sulla base di un ritratto di artista sconosciuto del 1618 circa. Londra, National Portrait Gallery.

Herman Verelst, *Ritratto di John Locke*, 1689. Londra, National Portrait Gallery.

La riflessione sullo stato di natura

La riflessione sullo stato di natura si sviluppa in Olanda e in Inghilterra, le due nazioni che si trovano all'avanguardia in Europa, sia sul piano economico che su quello politico. Sono olandesi Grozio e Spinoza, inglesi Hobbes e Locke.

Hobbes

Per **Thomas Hobbes** (1588-1679) **l'uomo è naturalmente cattivo** e infatti nello stato di natura infuria la guerra di ciascuno contro tutti (l'uomo è lupo per l'uomo). Però l'uomo ha la possibilità di rinunciare a tali spinte di dominio e di sopraffazione e di affidare al potere politico una gestione della società che ponga fine alla violenza. Insomma, **alla base del potere c'è un contratto** che gli uomini fanno fra loro per delegare i loro diritti a un sovrano o comunque a un superiore organo politico che ponga fine alla guerra di tutti contro tutti. Lo Stato è impersonato dal sovrano assoluto, e da questo punto di vista Hobbes è certamente un teorico dell'assolutismo (particolarmente nell'opera intitolata *Leviatano*, 1651); da un altro punto di vista, tuttavia, poiché alla base del potere ci sarebbe un contratto, si apre la possibilità di far dipendere il potere stesso dalla libera decisione di chi rinuncia ai propri diritti e quindi di fondarlo sulla volontà del popolo.

Spinoza

Anche **Baruch Spinoza** (1632-1677), autore del *Tractatus theologico-politicus* [Trattato teologico-politico], 1670, vede l'uomo in stato di natura dominato dalle passioni e da sanguinosi conflitti, che tuttavia possono essere superati grazie alla ragione, la quale consiglia il ricorso a un **patto sociale** e l'assoggettamento al potere assoluto dello Stato. A differenza di Hobbes, egli insiste però sul carattere razionale del patto, che dovrebbe permettere agli uomini di realizzare nello Stato una convivenza libera e civile. **Lo Stato**, pur presentandosi con le caratteristiche dello Stato assoluto, **assume per Spinoza una valenza etica**: può diventare strumento di liberazione degli uomini, e garantirne la libertà di opinione, di pensiero, di religione. Di qui la ricorrente polemica spinoziana contro le monarchie assolute; e di qui, anche la ragione della grande fortuna di Spinoza in epoca moderna, quando egli è apparso come **il primo teorico della democrazia**.

Locke, teorico dello Stato liberale

Riprende più da vicino le teorie giusnaturaliste **John Locke** (1632-1704). Vissuto, come Hobbes, all'epoca delle guerre civili della rivoluzione inglese, arriva a conclusioni opposte: non già all'**affermazione** dello Stato assoluto, ma a quella del **regime liberale rappresentato dal Parlamento**. Non è certo un caso che i suoi *Due trattati sul Governo* escano proprio nel 1689, l'anno in cui gli Inglesi chiamano al trono Guglielmo III d'Orange e gli fanno firmare la Dichiarazione dei Diritti. Dell'anno successivo è poi la *Lettera sulla tolleranza*, in cui si sostiene la **libertà religiosa dei cittadini** e si contesta il diritto dello Stato di imporre, con la forza o con la legge, una qualunque fede religiosa. A differenza di Hobbes e di Spinoza, Locke ritiene che lo stato di natura sia felice e ragionevole: naturalmente, infatti, gli uomini amerebbero la solidarietà. Però in esso nascono controversie, perché non vi esiste la certezza del diritto. Di qui la **necessità del patto sociale**, il quale tuttavia non comporta la rinuncia ai diritti naturali, ma anzi una loro maggiore salvaguardia. Locke, insomma, è il primo grande **teorico dello Stato liberale**.

De l'esprit des loix di Montesquieu, edizione stampata ad Amsterdam nel 1749. Bordeaux, Bibliothèque municipale.

S • Elogio della proprietà privata (J. Locke)

Montesquieu e il rinnovamento della teoria politica nel Settecento

Nel Settecento, in campo politico le idee più innovative provengono da un aristocratico, che aveva a lungo viaggiato in Europa (anche in Italia) e che aveva soggiornato per due anni in Inghilterra, avendo modo così di assimilare il pensiero di Locke: **Montesquieu** (Charles-Luis de Secondat, barone di La Brède e di Montesquieu, 1689-1755). Montesquieu divenne presto famoso con un romanzo epistolare a carattere filosofico e politico, **Lettres persanes** [Lettere persiane] del 1721. Vi immagina che alcuni visitatori provenienti dalla Persia soggiornino a Parigi e mandino poi in patria le loro osservazioni e le loro riflessioni su quanto vedono. Con una mossa sola l'autore ottiene due distinti effetti di indubbia efficacia. Anzitutto riesce a mettere in risalto quanto sia relativo ogni valore ideale e come ogni consuetudine dipenda da situazioni concrete, per cui, al di fuori di queste, convinzioni e usi non possono che sembrare strani, bizzarri, addirittura paradossali. Insomma, per i persiani che visitano Parigi, "diversi" sono gli occidentali. In secondo luogo gli avvenimenti politici e religiosi, la politica economica e militare della Francia come le contese fra gesuiti e giansenisti, vengono considerati dall'esterno, da una prospettiva straniata, con forti effetti di ironia.

Le *Lettere persiane*

T • Charles-Louis de Montesquieu, *Parigi, il re e il papa visti dai persiani*

Lo spirito delle leggi

L'opera più importante di Montesquieu, quella che segna una data decisiva nella storia del pensiero politico occidentale, è però *Lo spirito delle leggi* (1748). Anche qui Montesquieu ribadisce il proprio **relativismo** e una posizione storicista che gli impedisce di cadere nell'astrattezza delle teorie giusnaturaliste: bisogna partire sempre dalle esigenze di popoli concreti collocati in situazioni storicamente determinate e adeguare il pensiero politico a tali bisogni. Anche il **concetto di libertà** va visto sempre in relazione a situazioni concrete e specifiche. Ebbene, per i popoli dell'Europa occidentale la monarchia assoluta non risponde più alle esigenze dei cittadini, al bisogno concreto di libertà che essi hanno. Per salvaguardare l'efficacia del potere e la libertà individuale occorre perciò praticare la **distinzione dei poteri**: solo la netta separazione e reciproca autonomia di potere legislativo, potere esecutivo e potere giudiziario può impedire l'arbitrio e la prepotenza e tuttavia garantire l'esercizio del potere. In questo modo Montesquieu **prende implicitamente posizione contro la monarchia assoluta** che unisce nella stessa persona (il sovrano) i tre tipi di potere e sancisce i princìpi che caratterizzano le moderne democrazie parlamentari.

La teorizzazione della distinzione dei poteri

S • La teorizzazione della separazione dei poteri (C.-L. di Montesquieu)

La repressione del pensiero critico in Italia

In Italia la filosofia e la scienza conoscono un periodo di isolamento e di crisi. La condanna di Galileo e la repressione della Controriforma impediscono lo sviluppo di un pensiero critico. Coloro che sostengono posizioni materialistiche, rifacendosi alla dottrina epicurea, a Democrito e a Lucrezio, cercano di conciliarle con i principi del cristianesimo, magari approdando, come Lorenzo Magalotti nelle *Lettere familiari contro l'ateismo* (1683-84), a un sostanziale scetticismo che svaluta le possibilità della conoscenza dinanzi alla grandezza della natura. Chi cerca di andare più in là, non riesce a sfuggire alla persecuzione, al processo e alla conseguente repressione.

5 Il pensiero filosofico e scientifico

Il contrasto tra libero pensiero e dogmatismo religioso

Giordano Bruno

Tra la fine del Cinquecento e i primi anni del Seicento, comincia a profilarsi una insanabile contraddizione fra ricerca filosofica e scientifica e dogmatismo religioso, di cui subiscono le terribili conseguenze grandi intellettuali dell'epoca come Giordano Bruno e Bernardino Telesio, la cui opera filosofica basata sull'idea dell'edonismo naturalistico viene posta all'indice.

Giordano Bruno (1548-1600) è una figura di **intellettuale non organico** ad alcun gruppo sociale e dunque condannato alla marginalità e allo sradicamento. Torneremo su di lui in altri capitoli (cfr. cap. V e cap. VI) per valutarne le opere filosofiche e letterarie. In questa sede, basterà ricordare che la sua filosofia deriva da una **matrice di misticismo** neoplatonico, confinante con la magia e con l'occultismo, e che tuttavia appare genialmente **aperta ai risultati più nuovi** e sconvolgenti **delle ricerche scientifiche** più recenti, a partire da quelle di Copernico. Le rivoluzionarie teorie scientifiche di Copernico avevano messo in crisi il sistema geocentrico, di derivazione tolemaico-aristotelica, sostituendovi quello eliocentrico. Non solo Bruno accetta le teorie scientifiche di Copernico ma ne critica i residui medievali, per esempio la teoria di un mondo limitato in cui si presuppone ancora il cielo delle stelle fisse. Viceversa per Bruno **l'universo è infinito** e in esso esistono innumerevoli mondi oltre a quello terrestre.

Bruno e Copernico

S • Bruno illustra la propria filosofia (V. Spampanato)

La condanna di Bruno

Giordano Bruno, arrestato dall'Inquisizione, **fu arso vivo sul rogo a Roma nel 1600**: la Chiesa della Controriforma aveva visto in lui un rappresentante del libero pensiero, di una spregiudicatezza intellettuale che andava assolutamente combattuta e sconfitta se si voleva salvaguardare l'edificio del dogmatismo religioso innalzato dal Concilio di Trento.

Rivalutazione dell'esperienza

Verso l'autonomia della scienza

Nonostante l'opposizione della Chiesa, già alla fine del Cinquecento va emergendo una tendenza a rivalutare l'esperienza e a ricercare un **metodo scientifico** basato sullo studio dei dati empirici e dunque indipendente dalle "visioni del mondo", dalle ideologie e dalla religione. A tale risultato, cioè all'affermazione dell'**autonomia della scienza**, si giungerà solo nel Seicento; ma già ora se ne gettano le premesse. Restano ovviamente molti margini di confusione: la scienza non è ancora distinta chiaramente dalla filosofia, per esempio. Ma si apre un processo che porterà alla "rivoluzione scientifica" del Seicento.

Le scoperte di Keplero e di Galilei

La tesi di Newton

Il Seicento: il secolo della rivoluzione scientifica

Il Seicento si apre con le scoperte astronomiche del tedesco **Keplero** (1571-1630), che studia il movimento dei pianeti intorno al sole e nel 1609 pubblica *Astronomia nova seu physica coelestis* [La nuova astronomia, ossia la fisica celeste], e dell'italiano **Galileo Galilei** che fa uscire proprio nel 1610 il trattato astronomico *Sidereus nuncius* [Nunzio delle stelle]. Termina con l'opera in cui l'inglese **Isaac Newton** (1642-1727), facendo tesoro delle ricerche di Keplero e di Galilei, espone le sue leggi sulla gravitazione universale, *Philosophiae naturalis principia mathematica* [Principi matematici della filosofia naturale], del 1687. **Il Seicento**, insomma, **è il secolo della rivoluzione scientifica**, quello in cui si afferma un nuovo modo di concepire la scienza. La concezione tolemaica e aristotelica dell'universo, già messa in discussione da Copernico nel secolo precedente, viene abbandonata, seppure a prezzo di drammatici contrasti.

L'autonomia della scienza e l'affrancamento dalla magia

Sia quanti sostengono che si è trattato di un processo evolutivo, sia quanti pongono l'accento su una rottura di "paradigma", e cioè sull'affermazione di un modo totalmente nuovo di impostare i problemi scientifici, concordano sul fatto che fra la fine del Seicento e l'inizio del Settecento si può per la prima volta parlare di **autonomia della scienza**. Questa sta diventando indipendente non solo dalla religione, ma anche dalla magia, con cui pure aveva convissuto largamente sino alla metà del secolo e anche oltre. Decisivo risulta, a questo proposito, l'**uso della matematica**, che assume il ruolo di disciplina-guida, costringendo ad abbandonare i procedimenti analogici e le connessioni intuitive della magia, per stabilire fra i fenomeni nessi esatti e rigorosi.

I progressi in medicina, chimica, e biologia

Contemporaneamente anche la **medicina**, la **biologia**, la **chimica** fanno registrare enormi progressi grazie agli studi del fisiologo inglese William Harvey dedicati alla circolazione del sangue, a quelli, svolti ancora in Inghilterra, di Van Leeuwenhoek che scopre con il microscopio gli spermatozoi nel 1679, e alle ricerche del chimico Boyle (1627-1691).

Il mondo come una macchina o un orologio

Ne esce trasformata l'idea del mondo, che da qui in avanti comincia a essere immaginato come una macchina di cui occorre studiare il funzionamento.

Teatro anatomico, fine del XVI secolo. Padova, Palazzo del Bo.

Non casualmente la macchina universale viene vista, già da Keplero, a immagine di un **orologio**, mentre la causa motrice degli astri non viene più pensata come un'"anima" o un'"intelligenza angelica", ma come una "**forza**". Immaginare il mondo come una macchina o un orologio significa vederlo come qualcosa che si può sperimentalmente decostruire e ricostruire, fare a pezzi e rimontare, per capirne il funzionamento (cfr. **S11**).

Importanza della tecnica

Già questa idea mostra l'importanza decisiva che ora assumono l'osservazione diretta, la sperimentazione, la manipolazione tecnica. **La tecnica** cessa di essere considerata un'arte servile e viene giudicata invece un **momento indispensabile dell'indagine scientifica**.

Le macchine, gli strumenti, la tecnologia

È la tecnica che costruisce le macchine e gli strumenti attraverso cui condurre la ricerca. Il telescopio, il microscopio, il termometro, il barometro diventano strumenti indispensabili, e se da un lato essi sono dei prodotti della ricerca scientifica, dall'altro lato essi sono anche produttori di ricerca. **La tecnica tende a diventare tecnologia** e a sposarsi alla ricerca astratta, fondata sulla matematica.

Importanza del metodo

Alla base di tale rivoluzione sta un **modo nuovo di concepire la ricerca**, sia quella filosofica che quella scientifica (d'altronde, per tutto il secolo, scienza e filosofia appaiono ancora indivisibili). Decisivo diventa **il metodo** della ricerca; il suo valore dipenderà, cioè, non dalla sua corrispondenza a una supposta verità generale, ma dal modo con cui viene condotta. Questo modo deve obbedire a un **rigore induttivo, non più deduttivo**; deve seguire procedure rigorosamente "scientifiche" che partano dall'analisi di fenomeni concreti e non da idee precostituite. È il filosofo francese **René Descartes** (o Cartesio, come viene chiamato in Italia), vissuto fra il 1596 e il 1650, a porre in modo radicale la questione del metodo (scrive, infatti, nel 1637 un *Discorso sul metodo*). Il metodo della ricerca deve essere libero da qualsiasi pregiudizio e da qualsiasi autorità. È **il dubbio metodico** – sostiene Cartesio – a ispirare la ricerca, che deve obbedire solo alla propria logica interna. Soltanto la ragione e l'osservazione diretta possono guidare l'indagine filosofica e scientifica.

Il dubbio metodico di Cartesio

Il rapporto fra scienza e potere

Nel corso del Seicento vengono posti tutti i **problemi fondamentali** dell'epoca moderna, da quello dell'**autonomia della scienza** a quello del **rapporto fra scienza e potere**. Nasce in questo secolo un campo di tensioni e di conflitti che è lungi, ancor oggi, dall'essere risolto. Nell'affermazione dello spirito scientifico moderno bisogna notare infatti una **spinta contraddittoria: da un lato** la scienza mira ad affermare la **propria autonomia** da qualsiasi autorità esterna, sia di tipo religioso che di tipo politico, per obbedire solo alle esigenze della propria ricerca e del metodo sperimentale; **dall'altro** lato, invece, ha sempre più bisogno di appoggiarsi al **potere politico** esistente: legandosi

Joseph Wright of Derby, *Esperimento su un uccello nella pompa pneumatica*, 1768. Londra, National Gallery.

alla tecnica, e divenendo tecnologia, ha bisogno di ampi finanziamenti e dunque della protezione del ceto dominante. Di questa lacerante contraddizione (che continua sino a oggi: si pensi alla vicenda dei fisici che hanno inventato la bomba atomica) lascerà drammatica testimonianza, con la sua vita stessa, Galileo Galilei.

Il pensiero di Locke

Tra fine del Seicento e inizio del Settecento la cultura europea appare dominata dall'influenza di pensatori inglesi e francesi. Fra i primi, oltre a Newton, un ruolo di primo piano ha **John Locke**, di cui abbiamo già visto nel § 4 le posizioni politiche favorevoli al liberalismo. Con due saggi, usciti rispettivamente nel 1690 e nel 1695, egli getta le basi dell'**empirismo** e del **deismo**, due tendenze filosofiche che domineranno poi tutto il secolo successivo. Locke sostiene che tutte **le idee derivano dall'esperienza**: prima di essa, la mente è solo una *tabula rasa* ('tavola vuota'). Da questo pri-

L'empirismo e il deismo di Locke

S11 — MATERIALI E DOCUMENTI

Il mondo come un orologio, secondo Keplero

Riportiamo un breve brano di Keplero, in cui si sostituisce all'idea tradizionale dell'universo come animale divino, quella della macchina, e precisamente dell'orologio. Deriverà da qui l'immagine di Dio come orologiaio o architetto o ingegnere del mondo, immagine che presuppone, essa stessa, una rivalutazione della tecnica. Inoltre la causa del movimento è individuata in una forza materiale e non più in un'"anima" o in un'"intelligenza angelica".

▶▶ Il mio scopo è di dichiarare che la macchina dell'universo non è costituita sul modello di un divino animale, ma sul modello di un orologio (colui che ritiene che l'orologio sia animato attribuisce all'opera l'onore proprio del costruttore) e in essa tutti i diversi movimenti si debbono a una semplice forza attrattiva materiale, allo stesso modo che tutti i movimenti dell'orologio sono dovuti a un semplice pendolo. [...]

Al termine "anima" sostituisci il termine "forza" [...]. Un tempo, infatti, ho creduto anch'io che la causa motrice dei pianeti non potesse essere altro che un'anima,[1] imbevuto com'ero dalle dottrine di Giovanni Cesare Scaligero sulle intelligenze motrici. Ma constatai poi che ad una tale causa motrice veniva meno la forza man mano che si allontanava dal Sole, da ciò fui tratto a concludere che questa forza era un qualcosa di corporeo, o almeno di analogo al corporeo.

A. Koirè, *La rivoluzione astronomica*, Feltrinelli, Milano 1966, p. 243.

1   **causa...anima**: le intelligenze motrici angeliche (**anima**), secondo il sistema aristotelico-tomistico, trasmettevano il movimento alle sfere celesti.

Dall'empirismo al sensismo

mato concesso all'esperienza e dunque ai sensi che la percepiscono si svilupperà poi, nel corso del Settecento, il **sensismo**, che avrà nel francese **Condillac** il suo maggiore esponente e che influenzerà largamente le poetiche settecentesche. Fra empirismo e sensismo c'è insomma un legame di continuità.

Una concezione razionalistica della religione

Nel saggio *La ragionevolezza del cristianesimo* Locke getta le basi di una **concezione razionalistica della religione**. Il cristianesimo si sarebbe affermato come portatore di verità naturali, presenti anche nel pensiero di Confucio e di Socrate. Fra verità naturali e verità della ragione ci sarebbe poi una sostanziale coincidenza: è il deismo.

Il deismo, religione naturale e razionale

Il deismo, in genere, non è irreligioso né, tanto meno, ateo. Mira piuttosto a ridurre le religioni storiche a religioni naturali e razionali. L'esistenza di Dio è ammessa come motore dell'universo visto come macchina, ma essa si manifesta non tanto nelle leggi delle gerarchie delle varie Chiese quanto come coscienza di doveri naturali, insiti cioè nella natura e nella ragione umana. In una certa misura, insomma, la legge di Dio finisce per coincidere con quella della natura e della ragione.

Queste tendenze di pensiero si sviluppano soprattutto in Inghilterra dove, a partire dal 1689, esiste ampia libertà religiosa (permangono solo alcune limitazioni per i cattolici) e, a partire dal 1695, vige la libertà di stampa.

6 Le trasformazioni dell'immaginario

Le contraddizioni culturali dell'età della Controriforma

La seconda metà del Cinquecento e l'inizio del Seicento costituiscono **un periodo di grandi contraddizioni**. Da un lato resta la spinta laica e naturalistica della cultura rinascimentale; dall'altro si affermano modelli culturali e comportamentali di tipo dogmatico e clericale. E ancora: da un lato il dogmatismo porta a cristallizzare il sentimento religioso nel rispetto di una convenzione, in una serie di riti e di cerimonie, nell'obbedienza a un'ortodossia; dall'altro esso non può esaurire quel bisogno di una religiosità più intima da cui era nata la Riforma luterana e di cui si era alimentato il sogno di una Riforma cattolica. Infine forte era il contrasto fra l'assolutismo religioso e politico, la rigidità sociale e la chiusura ideologica da un lato e il relativismo e l'apertura derivanti dalle scoperte scientifiche e geografiche dall'altro. Queste laceranti contraddizioni **determinano notevoli cambiamenti** nella sensibilità, nei modelli di comportamento, nell'immaginario collettivo e dunque nella tematica e nei contenuti delle opere letterarie.

Le conseguenze della scoperta di Copernico sull'immaginario: una nuova idea dello spazio

La diffusione delle **tesi copernicane**, che pongono fine a una visione del mondo basata sulla centralità della terra nell'universo e su una concezione antropocentrica dell'uomo, produce un **senso di smarrimento**. Si modifica profondamente la **percezione dello spazio**. Si pensi alla teoria dell'infinità dell'universo elaborata da Bruno, non casuale difensore di Copernico. Si può reagire a questa collocazione nell'infinito con il senso di orgoglio e con la spinta ottimistica di Bruno, ma anche con sentimenti di paura e di turbamento. A un sistema chiuso, chiaro e ben regolato come quello tolemaico-aristotelico se ne sostituisce uno aperto e non ben definito. **L'uomo cessa di essere il re dell'universo** e rischia di diventare un'entità trascurabile che abita uno degli infiniti mondi possibili e non riesce più a determinare con chiarezza il suo posto nello spazio. **Tutto diventa incerto e relativo**; ogni sicurezza si sgretola (cfr. **S12**).

Si modifica l'idea del tempo

Nello stesso tempo le scoperte geografiche e i viaggi ponevano l'uomo occidentale di fronte a una pluralità di culture, di costumi, di civiltà precedentemente sconosciuta. Se era facile sottomettere e cercare di normalizzare la "diversità" rappresentata dal "selvaggio" (su questo tema cfr. vol. 2), più difficile era assumere lo stesso atteggiamento verso l'antica civiltà della Cina. Anzi dalla conoscenza della storia della civiltà cinese emergeva un altro dato sconvolgente: la storia dell'umanità era assai più antica di quella che appariva dalla Bibbia e che comunque l'uomo occidentale era abituato a pensare. **Si modificava così l'idea del "tempo"**. D'altra parte anche i primi studi geologici mostravano come la storia della terra fosse più remota di quanto si fosse ritenuto e sprofondasse in una lontananza ancora tutta da capire e da misurare.

Il senso della norma e l'esclusione del "diverso"

Mentre queste novità turbavano la mentalità e inducevano ad atteggiamenti di tipo problematico e relativistico, **la cultura controriformistica** mirava invece a ricostituire ordini e gerarchie precisi, riproponendo un'immagine del mondo di tipo tradizionale, secondo l'impostazione dell'aristotelismo scolastico e del tomismo. **Sul piano della mentalità e dell'immaginario**, tendeva a porre sotto accusa ogni atteggiamento critico riproponendo un sistema certo di sicurezze; **sul piano psicologico**, mirava a potenziare il senso dell'autorità, rafforzando quella religiosa con la civile e viceversa, e a suscitare sensi di colpa per ogni tipo di trasgressione: il deviante, il marginale, il "diverso", il dissidente dovevano essere ricondotti alla norma oppure esclusi ed eliminati.

La definizione dei comportamenti

Alla fine del Cinquecento **lo stesso comportamento pubblico viene rigidamente codificato**. La tendenza alla definizione dei comportamenti e alla regola che era emersa già all'inizio del Cinquecento (a partire da Machiavelli e Castiglione: cfr. vol. 2) si istituzionalizza in forme di **conformi-**

S12 PASSATO E PRESENTE

«Maledetto sia Copernico!».
Il relativismo come conseguenza della scoperta copernicana

Uno scrittore moderno, Luigi Pirandello, collega la nascita del moderno relativismo (la fine cioè di ogni sicurezza nel campo della conoscenza e anche dell'etica) alla scoperta di Copernico. Ecco come ne rappresenta la nascita in una pagina famosa della *Premessa seconda (filosofica) a mo' di scusa* al *Fu Mattia Pascal* (1904).

▶▶ – Eh, mio reverendo amico, – gli dico io,[1] seduto sul murello, col mento appoggiato al pomo del bastone, mentr'egli attende alle sue lattughe. – Non mi par più tempo, questo, di scriver libri, neppure per ischerzo. In considerazione anche della letteratura, come per tutto il resto, io debbo ripetere il mio solito ritornello: *Maledetto sia Copernico!*

– Oh oh oh, che c'entra Copernico! – esclama don Eligio, levandosi su la vita, col volto infocato sotto il cappellaccio di paglia.

– C'entra, don Eligio. Perché, quando la Terra non girava...

– E dalli! Ma se ha sempre girato!

– Non è vero. L'uomo non lo sapeva, e dunque era come se non girasse. Per tanti, anche adesso, non gira. L'ho detto l'altro giorno a un vecchio contadino, e sapete come m'ha risposto? ch'era una buona scusa per gli ubriachi. Del resto, anche voi, scusate, non potete mettere in dubbio che Giosuè fermò il Sole. Ma lasciamo star questo. Io dico che quando la Terra non girava, e l'uomo, vestito da greco o da romano, vi faceva così bella figura e così altamente sentiva di sé e tanto si compiaceva della propria dignità, credo bene che potesse riuscire accetta una narrazione minuta e piena d'oziosi particolari. Si legge o non si legge in Quintiliano,[2] come voi m'avete insegnato, che la storia doveva esser fatta per raccontare e non per provare?

– Non nego, – risponde don Eligio, – ma è vero altresì che non si sono mai scritti libri così minuti, anzi minuziosi in tutti i più riposti particolari, come dacché, a vostro dire, la Terra s'è messa a girare.

– E va bene! *Il signor conte si levò per tempo, alle ore otto e mezzo precise... La signora contessa indossò un abito lilla con una ricca fioritura di merletti alla gola... Teresina si moriva di fame... Lucrezia spasimava d'amore...* Oh, santo Dio! e che volete che me n'importi? Siamo o non siamo su un'invisibile trottolina, cui fa da ferza un fil di sole, su un granellino di sabbia impazzito che gira e gira, senza saper perché, senza pervenir mai a destino, come se ci provasse gusto a girar così, per farci sentire ora un po' più di caldo, ora un po' più di freddo, e per farci morire – spesso con la coscienza d'aver commesso una sequela di piccole sciocchezze – dopo cinquanta o sessanta giri? Copernico, Copernico, don Eligio mio, ha rovinato l'umanità, irrimediabilmente. Ormai noi tutti ci siamo a poco a poco adattati alla nuova concezione dell'infinita nostra piccolezza, a considerarci anzi men che niente nell'Universo, con tutte le nostre belle scoperte e invenzioni; e che valore dunque volete che abbiano le notizie, non dico delle nostre miserie particolari, ma anche delle generali calamità? Storie di vermucci ormai, le nostre. Avete letto di quel piccolo disastro delle Antille? Niente. La Terra, poverina, stanca di girare, come vuole quel canonico polacco, senza scopo, ha avuto un piccolo moto d'impazienza, e ha sbuffato un po' di fuoco per una delle tante sue bocche. Chi sa che cosa le aveva mosso quella specie di bile. Forse la stupidità degli uomini che non sono stati mai così nojosi come adesso. Basta. Parecchie migliaja di vermucci abbrustoliti. E tiriamo innanzi. Chi ne parla più?

Don Eligio Pellegrinotto mi fa però osservare che, per quanti sforzi facciamo nel crudele intento di strappare, di distruggere le illusioni che la provvida natura ci aveva create a fin di bene, non ci riusciamo. Per fortuna, l'uomo si distrae facilmente. [...]

L. Pirandello, *Tutti i romanzi*, Mondadori, Milano 1957, pp. 268-269.

---

1 gli dico io: Mattia Pascal si rivolge a don Eligio Pellegrinotto, suo amico e aiutante nella biblioteca di Miragno.

2 Quintiliano: scrittore latino del I secolo d.C., autore del più ampio trattato di retorica dell'antichità, le *Institutiones oratoriae* [Fondamenti dell'oratoria], che hanno costituito la base di questa disciplina dal Medioevo all'epoca moderna.

Pieter Paul Rubens, *Quattro studi della testa di un moro*, 1640. Bruxelles, Musée Royaux des Beaux-Arts de Belgique.

Il culto della forma esteriore

smo sociale. La società diventa sempre più ritualizzata; la cerimonialità trasforma i costumi; i sentimenti sono ridotti a maschere e a convenzioni; trionfa il culto della forma esteriore. Nei rapporti interpersonali si impone l'abitudine spagnolesca del "lei"; termini anch'essi di provenienza spagnola, come "puntiglio" o "sussiego" o "sfarzo" diventano non casualmente d'uso comune. Anche chi mantiene la propria autonomia di pensiero nei confronti del conformismo imperante deve in qualche modo adattarvisi negli aspetti esteriori (si veda su questo punto la significativa testimonianza di Paolo Sarpi).

Conflitti culturali, analisi interiore ed esame di coscienza

In questa situazione lacerante si acuiva negli intellettuali la **tendenza all'analisi interiore**. Il conflitto fra naturalismo rinascimentale e spiritualismo controriformistico si interiorizzava divenendo per alcuni insopportabile. D'altra parte, lo stesso senso di colpa favoriva forme di introspezione; e la censura interna si trasformava spesso in autocensura. **La sensibilità diventava sempre più complessa e tortuosa**, oscillando fra il compiacimento letterario per l'intimismo, d'altronde promosso da una ininterrotta tradizione petrarchista, e il vero e proprio dramma interiore, sino talora alla pazzia. È di questo tipo l'esperienza del più grande poeta italiano di questo periodo, Torquato Tasso.

Mutamenti della sensibilità e drammi interiori: il caso di Tasso

La spinta dei sensi censurata dall'ideologia del tempo **veniva così sublimata e deviata**. In alcuni casi la contraddizione fra sensualità e devozione veniva annullata attraverso l'assorbimento del momento erotico in quello mistico-religioso. In Spagna, le esperienze mistiche di **Teresa d'Avila** (1515-1582) e del suo discepolo, il poeta **Juan de la Cruz** (1542-1591), mostrarono un altro modo di vivere la religione, più intimo e più intenso rispetto a quello della religione ufficiale.

La contraddizione fra sensualità e devozione

S • Santa Teresa e l'unione mistica con Dio (Teresa d'Avila)

L'antidogmatismo di Montaigne

Sul piano del pensiero, il più rigoroso interprete della grande tradizione umanistica di tolleranza laica e nello stesso tempo dello spirito delle più recenti scoperte scientifiche e geografiche è un intellettuale francese, **Michel de Montaigne** (1533-1592). Il suo **relativismo critico e problematico** appare in insanabile contraddizione con ogni dogmatismo. Per Montaigne non esistono valori assoluti. I nostri parametri morali e i nostri giudizi dipendono dalla forza della consuetudine e dell'opinione comune, le quali cambiano da epoca a epoca e da luogo a luogo. Egli invita pertanto alla **"sospensione del giudizio"** e al **rispetto del "diverso"**. Al posto della contrapposizione uomo/selvaggio, civiltà/barbarie egli vede una pluralità di culture. Sottopone perciò a critica l'atteggiamento eurocentrico proprio dell'uomo occidentale, irresistibilmente portato ad assumere la cultura europea come norma universale di giudizio. Nel mondo antisistematico di Montaigne di sistematico c'è solo

Metodo del dubbio e spirito critico in Montaigne

il dubbio, la ricorrente coscienza dei propri limiti. Non la certezza ma il dubbio deve caratterizzare l'atteggiamento mentale del saggio; è nell'applicazione del **metodo del dubbio** che può affermarsi, infatti, lo spirito critico e problematico indotto dalla modernizzazione scientifica e dalle scoperte geografiche.

L'autonomia della scienza dalla religione

Il relativismo di Montaigne testimonia la nascita di un nuovo razionalismo; a sua volta la rivoluzione scientifica del Seicento tende a rendere autonoma la scienza dalla religione. Opponendosi alla cosmologia aristotelica, la concezione copernicana e quella galileiana di fatto si opponevano alla dottrina ufficiale della Chiesa, la quale si ispirava alla posizione geocentrica della tradizione aristotelica.

La Chiesa e Galileo

Nel 1616 la Chiesa, attraverso la Congregazione dell'Indice, **"sospese" le opere che sostenevano la teoria eliocentrica** (cioè ne impedì la circolazione, seppure in via cautelativa e provvisoria) e diffidò Galileo dal diffonderne le tesi. Arrivò a concedere solo che la visione copernicana venisse assunta come ipotesi matematica; ma negò risolutamente che essa offrisse una vera rappresentazione dell'universo. Infatti, non solo l'autorità aristotelica, ma vari luoghi della Bibbia facevano riferimento all'immobilità e alla centralità della Terra e al movimento del Sole intorno a essa.

La linea di demarcazione fra verità scientifica e religione è stabilita dalla scienza

La controversia fra Galileo e la Chiesa, conclusasi con la condanna di Galileo nel 1633, dimostra che la linea di demarcazione fra **verità scientifica e religione** non è più tracciata dalla Chiesa, ma dalla scienza. Per secoli era stata la Chiesa a definire ciò che era vero e ciò che era falso nella concezione dell'universo; la ricerca scientifica doveva adeguarsi a illustrare verità precostituite e comunque industriarsi a mostrare come le scoperte fatte fossero del tutto conciliabili con la verità della fede. Ora, invece, **i ruoli cominciano a rovesciarsi**, e ben presto sarà la Chiesa a dover spiegare come le proprie verità non siano in contrasto con le rivelazioni della scienza.

La scienza diventa laica, ma anche relativa

È questo un passaggio decisivo. La scienza, affrancandosi dalla religione, diventa **una ricerca del tutto laica, empirica, sperimentale**. Nello stesso tempo, però, non può più aspirare a dettare verità universali e assolute. Quando la verità scientifica coincideva con quella religiosa, essa dava agli uomini la sicurezza di un valore generale ed eterno. Ora invece acquisisce la coscienza del **valore relativo e precario delle proprie conoscenze**, che nascono da una ricerca umana in perpetuo divenire e dunque suscettibile di ogni mutamento.

S • Lettera di Galileo a Benedetto Castelli

Il cambiamento delle concezioni del tempo e dello spazio

Se si aggiunge che l'uomo avvertiva di essere abbandonato in un universo infinito che non riusciva più a controllare e a padroneggiare mentalmente, mentre la storia del mondo gli appariva assai più antica di quanto sino allora si fosse sospettato e quasi sprofondata in remoti millenni su cui le ricerche geologiche cominciavano appena a fare luce; se si aggiunge, cioè, che, in questo periodo, si modificarono ampiamente le tradizionali concezioni del tempo e dello spazio, si può capire il **senso diffuso di relativismo, di precarietà e di smarrimento** che caratterizza l'immaginario del Seicento.

Finito/infinito

Il sentimento dell'infinito da un lato, **la percezione di un mondo finito e caotico** comunicata dall'**empiria sensoria** dall'altro, sono i due termini estremi della concezione del mondo nell'età del Barocco.

La visione del mondo barocca

Come ha mostrato lo studioso spagnolo Maravall (cfr. **S14**, p. 37), la visione del mondo barocca è dominata dall'idea di un **universo infinito e instabile**, labirintico e confuso, incerto e precario, di una vita in cui le sorti si rovesciano di continuo e le parti si modificano come in un grande teatro, e dall'idea di un'**umanità folle e cattiva**, in cui gli uomini sono lupi tra loro, e tuttavia vivono pervasi dal senso continuo della morte e dall'incubo dello scheletro. Da tale visione del mondo derivano **importanti conseguenze sul piano sociale, religioso e artistico**.

Il bisogno d'ordine

Sul piano sociale, il senso di paura e di precarietà si traduce in un **bisogno d'ordine, di sicurezza** e di autorità. Nasce il concetto di "devianza": i folli, i vagabondi, le streghe, gli omosessuali, gli eretici vengono perseguitati. Il "diverso" – sia esso il "selvaggio" americano o la strega – va emarginato ed eliminato. Nascono gli ospedali e le case di lavoro dove sono internati i vagabondi e i poveri. Si afferma l'opposizione lavoro/ozio come opposizione fra virtù e vizio: il momento produttivo si

L'emarginazione del "diverso"

IL SIGNIFICATO DELLE PAROLE

● **Empiria sensoria**
L'"empiria sensoria" è una conoscenza che si realizza attraverso l'esperienza dei sensi (vista, udito, olfatto, gusto, tatto), in modo non sistematico né organizzato.

trasforma in valore, coerentemente con l'affermazione della nascente ideologia borghese. L'ordine non ha alternative: chi vuole coltivare una sua qualche autonomia – anche solo interiore – deve farlo in segreto, praticando quella «dissimulazione onesta» di cui parla Torquato Accetto.

In campo religioso la nuova percezione della precarietà induce a sottolineare l'umiltà dell'uomo, la sua miseria di fronte all'immensità dell'universo e alla limitatezza dell'esperienza sensoriale e della stessa osservazione scientifica. È questa la posizione del più grande pensatore religioso del secolo, **Blaise Pascal**, che è anche uno dei maggiori scrittori della letteratura francese, la cui esperienza si lega al **giansenismo**.

> *Umiltà e miseria dell'uomo nel pensiero religioso di Pascal*

I giansenisti (cfr. **S13**) partivano da una **concezione pessimistica della natura umana**. Solo la **Grazia divina**, penetrando nell'uomo all'atto della nascita, può salvarlo. L'uomo quindi non può salvarsi con le sue sole forze. **I gesuiti** attaccarono subito questa posizione vedendovi una rinuncia alla teoria cristiana del libero arbitrio. A loro volta i giansenisti criticavano nei gesuiti la morale accomodante e l'atteggiamento mondano, contrapponendovi un deciso rigorismo morale e una vita solitaria, dedita alla meditazione.

> *Il pensiero religioso dei giansenisti*

È su questa base che s'innesta **la riflessione di Pascal**, il quale, dopo aver dedicato la prima giovinezza agli studi scientifici, si rende conto dell'impossibilità della scienza di spiegare il mistero della vita e dell'universo. I suoi *Pensieri* presentano invece una nota fortemente esistenzialistica. «Il silenzio eterno degli spazi infiniti mi spaventa», scrive Pascal. Il senso dell'infinito lo induce insomma a ripiegarsi sull'uomo, a considerarne la miseria e studiarne i limiti (cfr. **S15**, p. 38), ma anche a esaltarne una profondità che si dà tutta nella dimensione esistenziale e morale.

> *Pascal*
>
> *La dimensione esistenziale in Pascal*

Per Pascal, da un lato l'uomo è prigioniero della propria finitezza; dall'altro Dio è infinito e perciò nascosto e misterioso nei suoi disegni. Dalla presenza, nel suo pensiero, di questi **due termini estremi** appare confermata la dialettica fondamentale della cultura barocca.

> *Finitezza dell'uomo e infinitezza di Dio*

Il primo Settecento è un momento di svolta. Secondo un grande studioso francese, Paul Hazard, autore di *La crisi della coscienza europea* (1935), fra il 1680 e il 1715 lo spirito scientifico e razionalistico, che era patrimonio sino allora di un ristretto gruppo di intellettuali, penetra largamente nella società, creando una vera e propria **«crisi della coscienza europea»**. Da un lato si affermano su larga scala il gusto dell'osservazione, le **tendenze sperimentali**, l'empirismo e il sensismo, mentre vengono respinte le concezioni aristoteliche e tolemaiche; dall'altro si diffondono uno **spirito di inquietudine**, di dubbio, di incertezza, ma anche di apertura e di ricerca, come conseguenza non solo delle scoperte della nuova scienza e della tecnologia, ma della internazionalizzazione della vita e del processo di mondializzazione dell'esperienza (basti pensare all'uso di prodotti extraeuropei sia in campo alimentare, per bevande come il caffè e il tè, sia nel campo del vestiario, per il cotone).

> *La svolta del Settecento*

S13 — ITINERARIO LINGUISTICO

Il giansenismo

Il nome deriva da Giansenio (1585-1638), teologo olandese, professore a Lovanio (oggi in Belgio) e autore di un'opera ispirata al pensiero di sant'Agostino, *Augustinus*, pubblicata postuma nel 1640. Secondo Giansenio l'uomo è portato al male; può perciò salvarlo solo la Grazia, concessa a pochi eletti per imperscrutabile disegno divino. Il giansenismo si diffuse in Francia, nell'abbazia di Port-Royal, grazie all'abate di Saint-Cyran, ad Antoine Arnauld e a Pierre Nicole, e successivamente a Blaise Pascal. I gesuiti contrapposero al giansenismo le tesi del gesuita spagnolo Luis de Molina (1535-1600), secondo il quale l'uomo riceve sin dalla nascita una Grazia sufficiente, che egli può, con la sua volontà, rendere o no efficace.

I gesuiti isolarono dall'*Augustinus* cinque proposizioni ereticali che vennero condannate dal papa Innocenzo X nel 1653. Ma i portroyalisti, pur respingendo anch'essi le cinque proposizioni, sostennero che esse erano estrapolate ad arte dal contesto dell'opera, la quale, secondo loro, non conteneva i punti condannati. Alla fine i seguaci del molinismo prevalsero, e Luigi XIV fece distruggere l'abbazia di Port-Royal nel 1709-10.

I cambiamenti dell'immaginario

Possiamo indicare **tre cambiamenti che investono l'immaginario** nella prima metà del Settecento e che sono destinati a prolungarsi sino a influenzare la mentalità dell'uomo d'oggi: **1)** attraverso il newtonianismo, la fisica viene percepita come disciplina-guida; **2)** l'ideale di vita si sposta dalla stabilità all'instabilità e alla varietà dell'esperienza, e il modello educativo dal raccoglimento in un luogo chiuso al viaggio di istruzione e di piacere; **3)** il dibattito sulla superiorità degli antichi o dei moderni si trasforma in coscienza del "progresso".

S14 — MATERIALI E DOCUMENTI

L'immagine del mondo e dell'uomo nell'età barocca

Lo studioso spagnolo Maravall dedica un capitolo (il sesto della sua opera *La cultura del Barocco. Analisi di una struttura storica*, uscita nel 1975 e tradotta in italiano dieci anni dopo) a *L'immagine del mondo e dell'uomo* nel Seicento. Ne forniamo qui alcuni brani relativi a una serie di *topoi* secenteschi: la pazzia del mondo, il mondo alla rovescia, il mondo come labirinto, il mondo come teatro.

▶▶ La coscienza sociale di crisi che grava sugli uomini nella prima metà del diciassettesimo secolo suscita una visione del mondo nella quale trova espressione il profondo disordine in cui gli spiriti dell'epoca si sentono sommersi. [...]

Tutto ciò spiega come si diffondesse quel topos della pazzia del mondo che si insinua così profondamente nelle manifestazioni artistiche e letterarie del Barocco. Certo è che da quando ebbero inizio i mutamenti provocati dalla modernità, non furono pochi a pensare che il mondo e gli uomini erano affetti da grande pazzia. Ma nella crisi del diciassettesimo secolo questa visione si diffonde di fronte all'anormalità – da un punto di vista tradizionale – dei tanti fatti che accadono. [...]

Una manifestazione di tale pazzia consiste nell'effetto dello spostamento che soffrono gli individui nelle loro posizioni abituali, già assegnate dal tradizionale ordinamento dell'universo. [...]

E con questo si tocca l'altro grande topos rivitalizzato dal Barocco: quello del mondo alla rovescia. È uno dei tópoi studiati da E.R. Curtius,[1] il quale da una serie di dati ben ordinati, crede di vedere, in primo luogo, un semplice gioco retorico di enunciazione di «impossibili» da utilizzare poi – lo studioso non manca di raccogliere anche testimonianze del Barocco spagnolo – come satira contro il presente.

Si può supporre che l'immagine del «mondo alla rovescia» sia il prodotto di una cultura marginale dei diseredati ossia di una controcultura popolare, secondo l'ipotesi avanzata da M. Bachtin[2] per il Medioevo e il Rinascimento. Ma io la vedrei piuttosto, soprattutto quando nel Barocco il topos acquista forza, come prodotto della cultura di una società in via di mutamento, in cui le alterazioni subite nella posizione e nella funzione dei vari gruppi creano un sentimento di instabilità che si traduce nella visione di un disordine trabordante. [...]

Siffatta visione del mondo, che insistiamo a considerare legata alla coscienza di crisi, produrrà tuttavia un'altra immagine – o perlomeno ne accentuerà la diffusione – presso gli scrittori del Barocco: il mondo come confuso labirinto che significativamente aveva costituito forse il topos più rappresentativo durante il Manierismo. In epoca più tarda, nel momento centrale che qui interessa, Comenio[3] avverte del pericolo di perdersi nel «labirinto del mondo, soprattutto com'è organizzato al presente». [...]

E infine – ultimo in questa elencazione poiché è il tema più studiato e noto – il «mondo come teatro». [...] Il grandioso topos che Calderón[4] portò a vertiginosa altezza, e che rieccheggia grazie a lui nei secoli, vuol dire molte cose, in cui si condensano in gran parte le figure esaminate nelle pagine che precedono. In primo luogo, il carattere transitorio della parte assegnata al singolo che prova piacere o soffre soltanto nel corso di una rappresentazione. In secondo luogo, la rotazione delle parti, per cui ciò che uno è oggi lo sarà un altro domani. Terzo, la condizione di stato apparente mai sostanziale, per cui quello che ci appare – soprattutto a consolazione di quelli che sopportano i ruoli inferiori – non intacca l'intima essenza della persona, ma resta alla superficie di ciò che appare, spesso in flagrante contraddizione con l'essere e il valere del singolo. Con tutte queste implicazioni, il topos del «gran teatro del mondo» si trasforma in ordigno quanto mai efficace di immobilismo: non c'è ragione di protestare per la sorte toccata al singolo, non c'è motivo di lottare violentemente per cambiare le posizioni assegnate agli individui, giacché, naturalmente, nell'ordine drammatico (non geometrico, al modo di un'orbita o circonferenza) è assicurata la rapida successione dei mutamenti.

J.A. Maravall, *La cultura del Barocco. Analisi di una struttura storica*, Il Mulino, Bologna 1985, pp. 249-277, con ampi tagli.

---

1 Curtius: Ernst Robert Curtius (1886-1956) è un critico e filologo tedesco, autore della celebre opera *Letteratura europea e medioevo latino* (1948).
2 Bachtin: Michail Bachtin (1895-1975) è un critico russo, autore dell'importante saggio *L'opera di Rabelais e la cultura popolare. Riso, carnevale e festa nella tradizione medievale e rinascimentale* (1956).
3 Comenio: nome latinizzato di Juan Amos Komensky (1592-1670), scrittore e pedagogista ceco.
4 Calderón: Calderón de la Barca (1600-1681), drammaturgo spagnolo.

Il newtonianismo e la centralità della fisica

1. **Il newtonianismo e la nuova centralità assunta dalla fisica.** Viene portato a compimento il processo avviato dalle grandi e sconvolgenti scoperte scientifiche dei secoli precedenti: la fisica si appresta a divenire la disciplina-guida anche grazie alle divulgazioni del newtonianismo che si diffondono nella prima metà del secolo.

L'importanza dell'esperienza e del viaggio

2. **L'importanza dell'esperienza e del viaggio.** Poiché la fisica ricava le leggi naturali dall'esperienza concreta e dall'osservazione diretta, si assiste in ogni campo alla rivalutazione del momento, appunto, dell'esperienza e dell'osservazione. Anche **nel settore educativo** e pedagogico, e nell'idea della formazione individuale, comincia a farsi strada il concetto di esperienza. Ha a che fare con tale nozione il **motivo del viaggio** che diventa centrale nell'immaginario dell'uomo

S15 — MATERIALI E DOCUMENTI

L'infinita immensità degli spazi e la piccolezza dell'uomo

In questi passi, tratti dai *Pensieri*, Pascal sottolinea da una parte la piccolezza e lo sgomento dell'uomo (che abita in un «piccolo spazio» e in un'«angusta prigione», e se riflette sulla propria condizione, può provare solo «paura» e «sgomento»), dall'altra l'«immensità infinita» dell'universo, del tempo e dello spazio. Mette sotto accusa la temerarietà dell'uomo che pretende di conoscere il mistero della vita e dell'universo partendo da premesse così piccole e umili. Significativamente, per poter meglio polemizzare contro le pretese della scienza, utilizza anche procedimenti scientifici (d'altronde, da giovane era stato lui stesso scienziato): per esempio, qui, nella rappresentazione di un acaro, minuscolo insetto parassita delle piante che pure appare composto da «un'infinità di universi». Tutto, insomma, è relativo.

▶▶ Quando considero la breve durata della mia vita, sommersa nell'eternità che la precede e la segue, il piccolo spazio che occupo e financo che vedo, inabissato nell'infinita immensità degli spazi che ignoro e che m'ignorano, io mi spavento e stupisco di trovarmi qui piuttosto che là, non essendoci nessuna ragione perché sia qui piuttosto che là, oggi piuttosto che domani. Chi mi ci ha messo? Per ordine e per opera di chi questo luogo e questo tempo furon destinati a me? «Memoria hospitis unius diei praetereuntis».[1] [...]

Sproporzione dell'uomo[2]

[...] L'uomo, ritornato a sé,[3] consideri quel che è in confronto a quel che esiste. Si veda come sperduto in questo remoto angolo della natura; e da quest'angusta prigione dove si trova, intendo dire l'universo, impari a stimare al giusto valore la terra, i reami, le città e se stesso. Che cos'è un uomo nell'infinito?

Ma per presentargli un altro prodigio altrettanto meraviglioso, cerchi, tra quel che conosce, le cose più minute. Un àcaro[4] gli offra, nella piccolezza del suo corpo, parti incomparabilmente più piccole: zampe con giunture, vene in queste zampe, sangue in queste vene, umori in queste zampe, gocce in questi umori, vapori in queste gocce; e, suddividendo ancora queste ultime cose, esaurisca le sue forze in tali concezioni, sicché l'ultimo oggetto cui possa pervenire sia per ora quello del nostro ragionamento. Egli crederà forse che sia questa l'estrema minuzia della natura. Voglio mostrargli là dentro un nuovo abisso. Voglio raffigurargli non solo l'universo visibile, ma l'immensità naturale che si può concepire nell'ambito di quello scorcio di atomo. Ci scorga un'infinità di universi, ciascuno dei quali avente il suo firmamento, i suoi pianeti, la sua terra, nelle stesse proporzioni del mondo visibile; e, in quella terra, animali e, infine, altri àcari, nei quali ritroverà quel che ha scoperto nei primi. E, trovando via via negli altri le stesse cose, senza posa e senza fine, si perda in tali meraviglie, che fanno stupire con la loro piccolezza come le altre con la loro immensità. Invero, chi non sarà preso da stupore al pensiero che il nostro corpo, – che dianzi non era percepibile nell'universo, che a sua volta era impercettibile in seno al Tutto, – sia ora un colosso, un mondo, anzi un tutto rispetto al nulla, al quale non si può mai pervenire?

Chi si considererà in questa maniera sentirà sgomento di se stesso e, vedendosi sospeso, nella massa datagli dalla natura, tra i due abissi dell'infinito e del nulla, tremerà alla vista di tali meraviglie; e credo che, mutando la propria curiosità in ammirazione, sarà disposto a contemplare in silenzio più che a indagarle con presunzione.

Perché, insomma, che cos'è l'uomo nella natura? Un nulla rispetto all'infinito, un tutto rispetto al nulla, qualcosa di mezzo tra il tutto e il nulla. Infinitamente lontano dalla comprensione di questi estremi, il termine delle cose e il loro principio restano per lui invincibilmente celati in un segreto imperscrutabile: egualmente incapace d'intendere il nulla donde è tratto e l'infinito che lo inghiotte.

B. Pascal, *Pensieri*, Einaudi, Torino 1962, p. 100 e pp. 103-108.

---

1 «**Memoria...praetereuntis**»: «*Ricordo dell'ospite di un giorno, che subito passa*». È una citazione biblica tratta dal Libro della sapienza, V, 15.

2 **Sproporzione dell'uomo**: Pascal, dalla negazione dell'antropocentrismo, derivata dalle scoperte scientifiche, approda a una visione pessimistica, in cui non esiste più "proporzione" tra l'uomo e la natura. La finitezza impedisce all'uomo la comprensione della natura, tanto nell'infinitamente grande, quanto nell'infinitamente piccolo.

3 **L'uomo...a sé**: Pascal ha prima invitato l'uomo a guardare l'immensità della natura.

4 **àcaro**: è un insetto parassita delle piante e degli animali: era allora ritenuto il più piccolo animale visibile a occhio nudo.

Giovanni Battista Piazzetta, frontespizio per *Il Newtonianismo per le dame ovvero dialoghi sopra la luce e i colori*, 1737, di Francesco Algarotti.

Giovanni Paolo Panini, *Roma antica*, 1757. New York, Metropolitan Museum of Art.

moderno. A un ideale di vita basato sulla psicologia del permanere e del raccoglimento se ne sostituisce ora uno fondato sulla concretezza e sulla varietà dell'esperienza e dell'osservazione, sul **mutamento** e sull'**irrequietezza** come elementi costitutivi della formazione dell'uomo moderno (cfr. **S16**, p. 40). Il viaggio di istruzione, ma anche di piacere (turistico, si direbbe oggi) si diffonde enormemente nel Settecento, tanto da diventare una moda. Il viaggio non per ragioni mercantili o d'affari, ma per studio era apparso in Europa già nel periodo umanistico-rinascimentale (basti pensare a Erasmo). Ma ora viene a partecipare della formazione dell'uomo la semplice esperienza dei luoghi e dei costumi, anche non accompagnata da ragioni di studio in biblioteche. Nello stesso tempo si sviluppa una **letteratura di viaggio** attenta ai fenomeni geografici, sociali, antropologici, etnologici, urbanistici, artistici. L'aspirazione al *Grand tour* [Grande giro] in Europa o nel mondo oppure al viaggio di formazione in Italia diventa una caratteristica dei gentiluomini e dei letterati di tutta Europa, e incoraggia quel ==cosmopolitismo== che è una delle tendenze tipiche dell'epoca. Nella seconda metà del secolo il fenomeno si sviluppa ulteriormente, mentre il viaggio in Italia diventa un vero e proprio mito.

> Il viaggio d'istruzione e di piacere
>
> La letteratura di viaggio
>
> Il *Grand tour* e il cosmopolitismo
>
>
> S • Cosmopolitismo
>
> L'idea della storia come progresso

3. **La storia come realizzazione del progresso**. L'umanizzazione e la piena laicizzazione della nozione di tempo favoriscono la diffusione di un'idea della storia come progresso, come marcia dalle tenebre verso la luce. Essa si sviluppa solo nella seconda metà del secolo in seguito alla piena affermazione della cultura illuministica. Tuttavia l'opposizione fra le tenebre del passato e la luce presente della ragione e della scienza, che può aprire la via alla felicità umana, è presente già nella prima metà del secolo. **Il dibattito sulla superiorità degli antichi o dei moderni**, che si era acceso nel Seicento, **è ormai superato** perché la prevalenza della seconda ipotesi appare ormai scontata. Alla luce di tale superiorità e del futuro di felicità per cui bisogna operare si defini-

---

IL SIGNIFICATO DELLE PAROLE

• **Cosmopolitismo**
La parola *cosmopolitismo* deriva da *cosmopolite* (= cosmopolita) termine che fu usato all'inizio in Francia, nel Settecento, con il significato di 'cittadino del mondo', dal greco *kósmos* (= cosmo, mondo) e *polites* (= cittadino).

Il giovane si sostituisce al vecchio nella gerarchia dei valori

sce poi la **funzione dell'intellettuale europeo**: i suoi compiti consistono appunto nella lotta per il progresso, contro le tenebre dell'irrazionalismo e della superstizione. Ne deriva una conseguenza assai ricca di implicazioni antropologiche: **la sostituzione del giovane al vecchio** nella gerarchia dei valori. In un mondo in cui la scienza e la tecnologia operano continue innovazioni la saggezza dei vecchi cessa di essere un valore da tutelare, mentre l'avvenire sembra appartenere solo alle giovani generazioni. Comincia a profilarsi, per la prima volta, l'alternativa reazione-progresso, e questa tende a sua volta a configurarsi come scelta fra passato e futuro.

S16 — MATERIALI E DOCUMENTI

La crisi della coscienza europea e la letteratura di viaggio

Uno dei maggiori autori di letteratura di viaggio, Elvio Guagnini, studia i libri di viaggio in relazione alla proposta interpretativa di Paul Hazard. Quest'ultimo, nel saggio *La crisi della coscienza europea* (cfr. **S1**, p. 8), contrappone la psicologia del permanere, della «stabilità» e del «raccoglimento» alla psicologia – che si afferma alla fine del Seicento e all'inizio del Settecento – del «movimento» e dell'«irrequietezza».

▶▶ Paul Hazard [contrappone] la psicologia del *permanere*, della *stabilità*, del *raccoglimento* a una nuova mentalità del *mutamento*, dell'*irrequietezza* incarnati dal viaggio. Non che – prima – non si viaggiasse: si trattava di una questione di valori e prospettive di vita che andavano cambiando. E il passaggio dall'una all'altra mentalità avvenne – afferma l'Hazard – attraverso un «oscuro lavorio»: il lavorio, che era stato sollecitato dall'esplorazione del globo e che era caratterizzato da uno stato di irrequietezza, dalla volontà di scoprire e di confrontare: una ricerca che era sollecitata anche dalla lettura delle relazioni di viaggio che permettevano di venire a contatto – anche a casa propria – con idee, concetti, costumi, costituzioni di altri popoli. Si trattava di una riflessione in cui venivano messi in discussione alcuni concetti-base della società tradizionale: tra essi, quelli di *libertà*, *giustizia* e *proprietà*; una riflessione che sarebbe stata alla base di molti cambiamenti successivi e dello stesso passaggio dall'*ancien régime*[1] a un nuovo ordine, e della stessa relatività delle opinioni e dei princìpi che erano alla base della nuova cultura fondata anche sul dubbio, sul confronto, sulla capacità di contraddire. [...]

Hazard vedeva nel viaggio, cioè in un grande mutamento antropologico di cultura e di sensibilità a questo fenomeno uno degli agenti principali che avevano inciso non solo sui protagonisti attivi di esso (i viaggiatori) ma anche su quelli passivi (i lettori di questa letteratura) che, pur rimanendo seduti nelle proprie case a leggerne i resoconti, venivano in qualche modo sollecitati a mettere in discussione, attraverso confronti, i fondamenti del proprio sapere e della loro fedeltà a princìpi e concetti-base della loro esistenza.

Qualche studioso di problemi filosofici e di storia della cultura ha giustamente cercato di inquadrare, recentemente, il problema del viaggio nel Settecento nell'ambito di una più generale prospettiva di formazione delle scienze umano-sociali in senso moderno, un processo «faticoso e complesso» nel quale, come sottolineava Sergio Moravia (di cui si ricordino i contributi nel volume *Filosofia e scienze umane nell'età dei Lumi*, del 1982), si collocava anche un processo di «liberalizzazione epistemologica»,[2] un processo di «mondanizzazione» dell'uomo;[3] e, ancora, l'«apertura geo-antropologica verso l'Altro», cioè l'attenzione a civiltà diverse rispetto a quella dell'uomo «bianco, occidentale», un'attenzione che avrebbe condotto alla nascita di scienze nuove come l'*antropologia* o l'*etnologia*.[4] Questo mutamento di prospettive e questa attenzione al «diverso» fu certamente favorito – ricorda Moravia – dai viaggi e dalle spedizioni scientifiche, oltreché dalle relazioni che ne derivano.

Un altro motivo che avrebbe caratterizzato la nascita di un nuovo atteggiamento e delle nuove scienze umano-sociali sarebbe infine – è stato anche sottolineato – quello della «scoperta dell'ambiente», dell'interazione cioè tra uomo e ambiente [...].

Naturalmente, non tutti i viaggiatori né tutti i viaggi del secolo risentono di queste aperture; ma, è un fatto che gli atteggiamenti più avanzati dei viaggiatori più sensibili alla nuova cultura ebbero a riflettere una sensibilità del genere anche nelle loro note di viaggio. Era ed è un atteggiamento che può essere riscontrato non solo nei viaggiatori extraeuropei ma anche in quelli – numerosi – che viaggiano in Europa e in Italia. Il viaggio in Europa appare dominante, nel Settecento italiano, e appare quello che – più degli altri – serve a misurare la consistenza della propria entità sul metro delle conquiste dei grandi Stati nazionali o comunque delle civiltà che presentano affinità di rapporti, problemi e sviluppo.

E. Guagnini, *Viaggi e romanzi. Note*, Mucchi, Modena 1995, pp. 14-15 e 55-56.

---

1 *ancien régime*: 'antico regime': si indica con questo termine il periodo della storia europea che va dal XVI al XVIII secolo, caratterizzato da istituti giuridici, politici e sociali ancora feudali, che furono abbattuti dalla Rivoluzione francese.

2 «liberalizzazione epistemologica»: libera ricerca di nuovi metodi di conoscenza.

3 «mondanizzazione» dell'uomo: l'uomo viene ricondotto dal cielo alla terra, viene cioè concepito come creatura essenzialmente terrena, di cui si scopre l'interazione con l'ambiente naturale.

4 *antropologia...etnologia*: scienze che studiano i costumi, la mentalità e la cultura dei vari popoli.

7 L'estetica e le poetiche

I commenti alla *Poetica* di Aristotele

Il **carattere rigidamente normativo** della cultura nell'epoca della Controriforma si riflette anche nell'estetica e nella discussione teorica sulla letteratura. In genere il punto di riferimento del dibattito era costituito dalla **Poetica aristotelica**, riproposta all'attenzione nel 1536 da una nuova traduzione latina, quella di Alessandro de' Pazzi.

I nodi teorici della discussione

La discussione teorica si orienta verso i seguenti punti:
1. l'arte imita la natura, ma non rappresenta direttamente il vero, bensì il verisimile;
2. la poesia ha una natura razionale e dunque va collocata al fianco della logica, della retorica e della grammatica;
3. la caratteristica specifica della poesia, che la differenzia dalla filosofia, sta nel suo tendere non solo all'utile ma al piacevole e cioè di mirare al diletto;
4. sia che si sottolinei lo scopo morale, sia che si privilegi l'aspetto edonistico, la retorica viene ad avere un ruolo centrale: infatti l'arte dello scrivere può servire tanto a persuadere il pubblico da un punto di vista morale, quanto a dilettarlo attraverso l'eleganza della forma, il ritmo dei suoni e degli accenti, la scelta delle parole;
5. da questo incontro fra poetica e retorica derivano una specializzazione e tecnicizzazione del discorso letterario e una nuova attenzione verso gli aspetti formali del discorso poetico, nonché un interesse per il pubblico, per i modi della ricezione letteraria, per le tecniche persuasive dell'oratoria o per l'efficacia catartica della tragedia: di qui la centralità del genere letterario, visto come canale di comunicazione fra autore e pubblico e specifico momento non solo di elaborazione formale ma di fruizione da parte dei lettori e degli spettatori. Grazie a tale tipo di interessi, nasce in questo periodo la critica letteraria nel senso moderno del termine.

Interesse per il genere letterario

Le poetiche del Barocco

Le discussioni di fine Cinquecento sui generi letterari e sulla natura della poesia mettono in crisi la concezione dell'arte rinascimentale e aprono la strada al Barocco. Nel Seicento

Giambattista Tiepolo, *Bellerofonte e Pegaso*, 1746-47. Venezia, Palazzo Labia.

LA POETICA BAROCCA: ALCUNE PAROLE CHIAVE

- **anticlassicismo**
- **acutezza** procedimento stilistico che crea rapporti sottili e inaspettati tra le cose, soprattutto grazie al ricorso alla **metafora**
- **ingegno** intelligenza pronta e acuta, capace di produrre concetti
- **concetto** collegamento sorprendente tra immagini appartenenti a campi diversi o opposti
- **meraviglia** effetto di stupore e di sorpresa che l'arte deve suscitare nel pubblico
- **concettismo** metodo grazie al quale la poesia barocca, mediante l'uso dei concetti, impreziosisce il linguaggio e le immagini, suscitando nel lettore piacere e meraviglia

la nuova visione barocca del mondo si traduce, in campo letterario, in **una estetica anticlassicistica** e in **una poetica della metafora**.

Il Barocco in Spagna e Italia

Soprattutto **in Spagna** e in **Italia** prevale la tendenza al rinnovamento. Mentre il Cinquecento aveva fissato dovunque rigide normative e aveva elaborato un'estetica precettistica, **il Seicento appare secolo più libero e vario**, più volto alla trasformazione e all'innovazione che alla codificazione.

Baltasar Gracián

Il maggior teorico del Barocco letterario è il gesuita spagnolo **Baltasar Gracián** (1601-1658), autore nel 1648 del trattato *Acutezza e arte dell'ingegno*. Già nel titolo appaiono due parole chiave: **"acutezza"** e **"ingegno"**. **La prima** è il procedimento stilistico che concettualizza i rapporti sottili e ambigui esistenti fra le cose; **il secondo** consiste nell'attività di un'intelligenza pronta, arguta e provocatoria che rende possibile tale concettualizzazione. L'acutezza rivela gli accostamenti e le disarmonie del reale, esprimendoli con paradossi, esagerazioni, dissonanze, enigmi, contraddizioni. Essa si serve, a tale scopo, soprattutto della metafora, grazie a cui si scoprono rapporti nuovi tra le cose e dunque si afferma un modo non convenzionale di conoscerle. Insomma **il vero artista** è colui che scopre i legami misteriosi esistenti fra i vari campi della realtà e fra i fenomeni più diversi, rendendoli per la prima volta "visibili". **Il suo scopo** è suscitare l'interesse del lettore attraverso la piacevolezza, a sua volta ottenuta grazie a una vertiginosa varietà di espedienti. Tale piacevolezza nasce nel lettore anche dal gusto tutto intellettuale di saper cogliere i procedimenti ingegnosi dell'arte e, attraverso questi, i nessi segreti delle cose.

L'"acutezza" e l'"ingegno"

Il concettismo

In Spagna e in Italia l'"ingegno" è visto soprattutto come produttore di concetti. **Il "concetto"** è il collegamento, con nessi imprevedibili, di due elementi o immagini appartenenti a campi diversi o opposti (per esempio: vita/morte, luce/buio ecc.), con conseguente effetto di meraviglia e gusto del sorprendente. Di qui il **concettismo**, che prevale soprattutto in poesia e che, attraverso un uso spregiudicato di immagini e metafore ardite, mira a suscitare la meraviglia del lettore.

S • L'opposizione classico-barocco, simbolo-allegoria e il carattere problematico dell'arte barocca (W. Benjamin)

Nel corso del Novecento si è sviluppato un grande interesse per il Barocco (cfr. § 1). Non a caso se ne sono occupati teorici della letteratura contemporanea, come in Italia Luciano Anceschi e in Germania Walter Benjamin, studioso dell'allegorismo ottocentesco e novecentesco. Evidentemente è l'analogia che esiste tra Barocco e Novecento che induce entrambi questi critici a considerare insieme questi due momenti storici. Sulle ragioni dell'interesse novecentesco per il Barocco cfr. **S17**.

L'estetica del Settecento e il concetto di "buon gusto"

L'estetica del Settecento vuole liquidare gli eccessi del Barocco. All'inizio del Settecento nel dibattito sull'arte penetrano **due nuovi concetti**: quello del **"buon gusto"** e quello della **"immaginazione", o "fantasia", o "passione"**. Il primo compare già nel titolo di un'opera di Muratori, *Riflessioni sopra il buon gusto nelle scienze e nelle lettere* (1708). Implica la capacità di discernere (cioè di distinguere) attraverso la luce della ragione e induce dunque a un atteggiamento razionalistico, equilibrato, che si rifà ai classici senza però farsi intrappolare dentro i confini angusti del precettismo pseudo-aristotelico. Il "buon gusto" viene ovviamente **contrapposto al "cattivo gusto"** del Barocco, identificato con l'irrazionalismo e con la bizzarria. Sta al "buon gusto" disciplinare l'immaginazione e la fantasia: è la capacità fantastica infatti a produrre le belle favole. **La riflessione sulla fantasia** dà un carattere specifico alla riflessione estetica degli italiani: attraverso di essa, pur rifacendosi al razionalismo francese, essi affermano un aspetto dell'arte trascurato dei teorici d'oltralpe e ribadiscono così una almeno parziale autonomia della loro ricerca. Inoltre, dietro la teorizzazione della fantasia come carattere specifico dell'arte, si affaccia anche la rivalutazione del sentimento e della passione.

I diritti della fantasia

Un'estetica razionalistica aperta alla considerazione della fantasia

Tuttavia, se si fa eccezione del caso di Vico che esalta la fantasia contro la ragione, l'estetica del primo Settecento è indubbiamente **razionalistica**. Eppure al suo interno fermentano già alcune esigenze volte a sottolineare l'importanza della **fantasia**, del sentimento e della passione, che si affermeranno con forza alla fine del secolo.

S17 — INFORMAZIONI

Il Barocco e il Novecento

Quali sono le ragioni dell'interesse novecentesco per il Barocco e dunque dell'attualità dell'arte di questo periodo? Si possono indicare tre ragioni fondamentali.

1. Una ragione gnoseologica, che ha a che fare, cioè, con il momento della conoscenza. Con la visione del mondo barocca viene meno la capacità di sintesi e di totalità. Da un lato ci sono i sensi, con le loro verità che nascono dall'esperienza ma che sono comunque limitate e precarie; dall'altro il significato universale determinato dalla fede. Tra empiria sensoria (cfr. § 6) e significato si è aperta una frattura, corrispondente a quella fra scienza e religione che abbiamo illustrato nel § 6. Il tempo storico e umano appare diviso dal tempo eterno della redenzione religiosa. Fra i poli del finito e dell'infinito non c'è più l'armonia rinascimentale. Dall'uno si tende all'altro con sforzo, con spasimo, con ansia: al posto della sintesi armonica prevalgono la tensione volontaristica o il sentimento della frustrazione, di impotenza e dello scacco. Questo senso di scissione e di disarmonia è tipico anche della sensibilità contemporanea.

2. Una ragione estetica e artistica: l'arte barocca e l'arte novecentesca sono anticlassiche. Dal punto precedente deriva infatti che l'arte classica viene rifiutata o ritenuta impossibile dai teorici del Barocco. Ebbene, anche l'arte novecentesca (e soprattutto l'arte d'avanguardia) dà congedo all'armonia e alla compiutezza del classicismo. L'arte non esprime più la certezza del Bello e del Vero, ma il lamento di chi è condannato alla precarietà, alla frantumazione. Essa rinuncia perciò alla sua vocazione catartica (e cioè armonizzante e purificatrice). Anzi, l'arte si pone essa stessa in questione: diventa problematica. L'arte non nasce più né da Dio (come nella concezione medievale), né dalla natura (come nel naturalismo rinascimentale), né da un Dio-natura (come nel platonismo anch'esso rinascimentale); non imita né le Sacre Scritture (come era per Dante) né la natura (come per gli autori rinascimentali). Essa esprime solo lo sforzo soggettivo dell'autore, il suo soggettivo "volere l'arte". È perciò una costruzione artificiale, che conserva sempre qualcosa di non-naturale, di non-compiuto, di voluto, di cerebrale, di ostentato. Lo sfarzo spettacolare del Barocco copre una sensazione di miseria, di debolezza, di impotenza, esattamente come l'esibizione di artifici nell'arte novecentesca d'avanguardia nasconde l'impossibilità di raggiungere i significati universali dell'arte tradizionale.

3. Una ragione formale, rappresentata dal ricorso all'allegoria. L'arte rinascimentale, soprattutto quella ispirata al neoplatonismo, è un'arte fondata sul simbolo (cfr. vol. 2), non sull'allegoria: nei particolari l'autore rinascimentale coglie l'universale, e cioè il significato della vita e l'armonia di ogni cosa. Vi prevale la sintesi, il senso della totalità che vive in ogni dettaglio. Il significato, che emana da Dio, penetra in ogni cosa. Viceversa nell'arte barocca fra i dettagli della realtà e il significato universale c'è la frattura di cui abbiamo parlato al punto 1. L'uomo del Seicento ha dinanzi a sé una massa disarticolata di frammenti privi di unità e di sintesi. Il mondo fisico viene posto in primo piano, ma appare sottomesso al trascorrere distruttivo del tempo e dell'insignificanza (di qui il tema ossessivo della caducità, della morte, dello scheletro). I sensi colgono alcune relazioni fra particolari ormai dissociati (di qui l'uso della metafora), ma il significato può essere attribuito loro solo dall'esterno con un atto di volontà razionale. È questo, appunto, il procedimento dell'allegoria. L'arte barocca per un verso è empirica, per un altro è intellettuale e cerebrale. Anche l'arte d'avanguardia del Novecento tende ai giochi metaforici dipendenti dall'empiria sensora da un lato, e al loro raccordo razionale dall'altro, e cioè all'uso dell'allegoria. Mentre infatti il simbolo presuppone sempre nella vita la presenza dell'universale e dunque del significato, l'allegoria moderna (che nasce appunto nel Seicento) sconta la distanza e addirittura l'inaccessibilità della verità ed esprime lo sforzo di cercarla piuttosto che la sicurezza di trovarla. A differenza dell'età classica e di quella medievale, il Seicento è il secolo del dubbio, come il Novecento.

Per approfondire il tema dell'attualità del Barocco si consiglia di leggere nelle espansioni digitali il brano di Benjamin.

8 Il sistema dei generi letterari e il pubblico

Gli anni del Manierismo

Definizione normativa dei generi letterari

Già negli anni Quaranta del Cinquecento le caratteristiche dei generi letterari erano state definite con puntigliosa precisione e ossessività normativa. Dagli anni Quaranta alla fine del secolo i **generi letterari fondamentali** – quelli su cui si concentrava il dibattito italiano – **furono il poema eroico e la tragedia**, che potevano fondarsi su modelli classici e sulle norme aristoteliche.

Crisi della commedia

Si affievolisce invece, alla fine del secolo, il dibattito sulla **commedia**. Come genere letterario, essa **entra in crisi** già a metà del secolo e viene a poco a poco sostituita dalla **"commedia dell'arte"** (su cui cfr. vol. 2), in cui la parola perde ogni importanza a tutto vantaggio della mimica e dell'azione.

Scena di commedia dell'arte in un paesaggio italiano. Dipinto di Peeter van Bredael (1629-1719).

Il carattere critico, ironico, satirico della commedia non si concilia infatti con la dominante cultura controriformistica.

Centralità del pubblico di corte

Complessivamente parlando, **gli unici generi veramente attivi** e capaci di originali evoluzioni sono **quelli teatrali e il poema eroico**. Ciò si spiega con il fatto che il pubblico è ancora soprattutto quello delle corti. È nell'ambiente di corte che ancora vengono letti a voce alta i poemi e recitati i vari spettacoli teatrali. È la corte poi a organizzare direttamente le rappresentazioni sceniche e a impiegare in questo campo l'attività degli intellettuali. E poiché, fra i generi teatrali, la tragedia in Italia continua a essere più scritta che rappresentata, essendo ritenuta poco adatta all'intrattenimento delle corti, strade nuove saranno tentate soprattutto nella **mescolanza dei generi** (per esempio, tragedia e commedia) **o delle arti** (poesia, azione scenica e musica nel melodramma) o nella trasformazione della commedia letteraria in commedia dell'arte.

Il poema eroico e il teatro sono i generi più dinamici e attivi

Mentre dunque **la lirica** e **la novellistica** risultano generi statici, chiusi ancora l'una negli schemi del petrarchismo e l'altra in quelli dell'imitazione boccacciana, **il poema eroico e il teatro appaiono in piena evoluzione**: il primo raggiunge con Tasso i suoi risultati più elevati, il secondo tocca vette altissime di elaborazione letteraria tanto in Inghilterra (con Marlowe e Shakespeare) quanto in Spagna (con Lope de Vega). **In Italia** poi, **il teatro** è contrassegnato da un **notevole grado di sperimentazione**: e infatti nel nostro paese si sviluppano in questo campo generi nuovi o precedentemente appena tentati. Vale la pena di notare che i generi nuovi tendono a dare un ruolo secondario alla parola, maggiormente sottoposta a censura, e a valorizzare il gesto, come nella commedia dell'arte, o la musica, come nel melodramma.

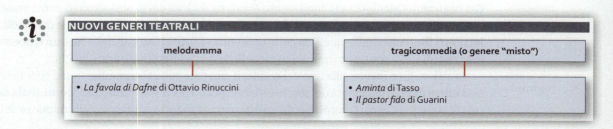

NUOVI GENERI TEATRALI

melodramma	tragicommedia (o genere "misto")
• *La favola di Dafne* di Ottavio Rinuccini	• *Aminta* di Tasso • *Il pastor fido* di Guarini

parte quarta — Il Manierismo, il Barocco, il Rococò. Dalla Controriforma all'età dell'Arcadia (1545-1748)

Il melodramma nasce alla fine del secolo, nell'ambiente fiorentino della **"Camerata dei Bardi"**, un gruppo di letterati e di musicisti che si riunivano in casa del conte Giovanni Bardi con il proposito di ridare vita all'antica tragedia in cui la musica aveva uno spazio di primo piano. Il primo libretto per l'opera in musica risale all'ultimo decennio del Cinquecento: è *La favola di Dafne* di Ottavio Rinuccini.

Si afferma poi un genere teatrale precedentemente appena sperimentato, il genere "misto" o **"tragicommedia"** (su cui cfr. vol. 2): è un dramma pastorale in cui si riscontrano situazioni tristi e drammatiche, come nella tragedia, e un lieto fine, come nella commedia. Già Tasso con l'*Aminta* (1573) si indirizza su questa strada, ma sarà Giambattista **Guarini**, con *Il pastor fido* (1595), a determinare l'affermazione definitiva del genere.

Fuori d'Italia, in Spagna, si diffonde anche un genere che poi nel Seicento avrà largo successo in tutta Europa: **il romanzo in prosa**. Alla fine del Cinquecento e all'inizio del Seicento si colloca l'attività di novelliere e di romanziere di **Cervantes** (il cui capolavoro, il romanzo *L'ingegnoso* hidalgo *don Chisciotte della Mancia* uscì fra il 1605 e il 1615), mentre del 1599 è il romanzo la *Vida del pícaro Guzmán de Alfarache* [tradotto in italiano con il titolo *La vita del furfante*] di Mateo **Alemán**. Ha inizio la tradizione del **romanzo picaresco**, già avviata in Spagna anni prima con il *Lazarillo de Tormes* (su cui cfr. vol. 2). In Italia occorrerà attendere il Seicento per incontrare i primi romanzi, spesso molto lunghi e pieni di digressioni.

L'età barocca

In Italia la crisi degli strati sociali intermedi e soprattutto della borghesia **riduce il pubblico dei lettori**, che tende a limitarsi al ceto nobiliare. Un'altra causa di tale restringimento va cercata nel **declino dell'editoria**. L'editoria italiana si riduce sempre di più a stampare libri di devozione o libri per un pubblico locale e in particolare per la produzione delle accademie. Infatti, a mano a mano che il mecenatismo entra in crisi, la società letteraria tende a ridursi a quella locale delle accademie e delle confraternite, che alimenta una produzione municipale, destinata ai membri di queste associazioni. Ma una produzione di tal genere non poteva certo permettere lo sviluppo dell'editoria né renderla competitiva sul mercato estero.

La riduzione del pubblico lo rende più omogeneo e quindi più facilmente influenzabile. Il letterato avverte con forza crescente **l'influenza delle mode** e per questo comincia a trascurare le sistemazioni organiche e rigide delle poetiche classicistiche per puntare invece su **tecniche capaci di colpire l'immaginazione**, e cioè di creare meraviglia attraverso la bizzarria, lo stupefacente, la ricerca del nuovo a tutti i costi. Questa importanza della moda e questa esigenza del nuovo sono tratti del tutto moderni, riscontrabili pure nella letteratura d'oggi.

Nella letteratura barocca il riferimento alla **tradizione** resta; ma questa è vista soprattutto come un'enciclopedia o **un enorme repertorio** da cui attingere temi e forme per sottoporli ai giochi e agli estri di un'inventività che deve di continuo rinnovarsi.

Ciò favorisce la **trasformazione dei generi, la loro ibridazione** (o mescolanza) o addirittura **la loro parodia**. Il cambiamento e la mobilità si sostituiscono all'immobilità normativa del secolo precedente. Nascono generi nuovi o se ne recuperano di caduti in disuso da secoli.

In Europa si afferma e si diffonde il **romanzo in prosa**, che, su questa scala, è un fenomeno nuovo, tipicamente secentesco. Il primo romanzo psicologico moderno è *La principessa di Clèves* pubblicato in Francia nel 1678 da Madame de La Fayette (cfr. cap. XVIII).

L'esigenza parodica porta a privilegiare la satira, il capitolo, la poesia giocosa e persino a capovolgere in comico il poema eroico: e infatti in Italia nasce, con **Tassoni**, il **poema eroicomico**.

IL SIGNIFICATO DELLE PAROLE

• **Libretto**

Con il termine *libretto* si indica il testo poetico-drammatico delle opere in musica. Il nome (diffusosi subito nelle principali lingue europee) deriva dalla brevità del contenuto e dal suo formato maneggevole e ridotto rispetto a quello dei comuni lavori teatrali.

La trasformazione del poema eroico

Ma, anche quando il **poema eroico** viene praticato in modo serio, esso **subisce profonde trasformazioni**: l'*Adone* di Marino, per esempio, ha per protagonista un personaggio bello e disimpegnato (Adone, appunto) e pone al centro non le armi e l'eroismo, ma la sfera privata dell'erotismo. Inoltre presenta una misura eccezionale e abnorme, che rovescia i princìpi rinascimentali di armonia.

La fiaba

Con Basile in Italia e Perrault in Francia si impone anche il genere della **fiaba**, prima assai poco frequentato (anche se già apparso nel Cinquecento).

Il teatro

Nel teatro, continua la tendenza già manifestata alla fine del Cinquecento: hanno sempre maggior successo la **tragicommedia**, la **commedia dell'arte**, il **melodramma**.

Il trattato scientifico: il dialogo e l'epistola

Data poi la grande importanza assunta dalla scienza, particolare rilievo ha il **trattato scientifico**, che fa ricorso in genere alle forme umanistiche del **dialogo** e dell'**epistola**. Qui più forte è la continuità rispetto al passato rinascimentale.

Il primo Settecento

Il nuovo pubblico borghese della letteratura

Nel Settecento si assiste sia all'allargamento e alla trasformazione del pubblico prodotti da un profondo processo di alfabetizzazione sia alla crescita della borghesia come classe emergente. In questo periodo **in Inghilterra** si sviluppa nell'editoria un moderno sistema imprenditoriale, che comincia a tutelare i diritti degli editori e degli autori, organizza la diffusione del libro attraverso le librerie circolanti e permette agli scrittori, per la prima volta, di vivere del loro lavoro.

Ritardo dell'Italia

In Francia e soprattutto **in Italia** il processo è più lento. Nel nostro Paese occorrerà attendere ancora più di un secolo perché un romanziere possa vivere soltanto del suo lavoro. Inoltre la mancanza di una ricca e diffusa borghesia riduce in Italia l'allargamento del pubblico e ritarda l'affermazione del romanzo, a differenza di quanto sta invece accadendo in Inghilterra e, in parte, anche in Francia.

In Italia permane la superiorità della lirica, mentre in Inghilterra già prevale la prosa

Nel nostro Paese lo spostamento dalla nobiltà alla borghesia è inoltre più graduale. **Resiste** maggiormente in Italia **un sistema tradizionale di generi** basato sul primato dell'**epica**. Inoltre la poesia **lirica**, promossa dagli arcadi, continua a costituire il genere privilegiato dai letterati, laddove in Francia e in Inghilterra è ormai la prosa (saggistica o romanzesca) a predominare.

Sperimentalismo letterario in Italia

Tuttavia anche nel nostro paese si afferma, seppure più timidamente, uno **sperimentalismo letterario** che induce a mescolare parodicamente generi diversi (il poema e la satira, per esempio) e a incrementare l'uso di **generi in prosa** precedentemente meno praticati, come il **racconto autobiografico**, il **resoconto di viaggio**, la **narrazione epistolare**.

Il saggio, il romanzo, l'autobiografia acquistano nuova importanza

Le maggiori novità riguardano non tanto la nascita di nuovi generi quanto **la diversa importanza e diffusione** che generi già noti nel Seicento vengono ora ad assumere. In letteratura le maggiori novità di questo tipo riguardano il saggio, il romanzo, la tendenza all'autobiografia; nel teatro il melodramma.

Caratteri del saggio

Per quanto riguarda **il saggio**, esso domina tutto il secolo. Il trattato abbandona la dimensione classica e diventa esposizione brillante di una tesi personale, talora trasformandosi addirittura in *pamphlet* (libello polemico). Viene respinto uno stile retorico e difficile; si scelgono la chiarezza espositiva e l'andamento razionale dell'argomentazione; chi scrive o esibisce apertamente il proprio punto di vista o comunque lo fa intuire attraverso il gioco complesso dell'ironia e dello "spirito di finezza".

La diffusione del romanzo, genere borghese

Quanto al **romanzo**, esso si afferma all'inizio del Settecento su una scala di grandezza del tutto nuova e con significative **distinzioni interne in sottogeneri diversi**. Accanto al romanzo oggettivo incontriamo il romanzo epistolare; accanto al romanzo di viaggio quello sentimentale o filosofico o umoristico. **In Inghilterra** Defoe e Fielding fondano il romanzo di avventure e di costume, in cui il tema del viaggio si mescola a quello fondato sull'analisi dei meccanismi sociali. Si tratta di un romanzo che esprime il mondo della classe media. Esso **celebra i valori della borghesia** come classe emergente, che crede nella capacità dell'uomo di affermarsi da solo e d'imporsi contro ogni disgrazia. La storia di ***Robinson Crusoe*** (1719) di Defoe bene esprime l'ideale dell'uomo borghese che riesce non solo a sopravvivere a un naufragio, ma a costruire un impero in un'isola solitaria e a imporre la propria autorità sugli indigeni (è il caso del servo Venerdì) prefigurando il nascente colonialismo inglese.

parte quarta Il Manierismo, il Barocco, il Rococò. Dalla Controriforma all'età dell'Arcadia (1545-1748)

Gabriel de Saint-Aubin, *Una scena dell'Armida di Jean-Baptiste Lully a teatro*, 1761. Boston, Museum of Fine Arts.

Tom Jones di Henry Fielding, edizione stampata a Londra nel 1789. Londra, British Library.

Il romanzo e lo schema del viaggio

Il romanzo di viaggi e di avventure (come quelli di **Defoe** e di **Swift**) rivelano la centralità che l'esperienza viene ad assumere nella formazione dell'uomo settecentesco (cfr. § 6). Viaggio, esperienza (con le avventure connesse), romanzo sono anzi fenomeni che sembrano fra loro strettamente intrecciati.

Il romanzo psicologico

Si afferma anche il moderno **romanzo psicologico**, in cui la tematica erotica serve da pretesto per l'introspezione. Ancor più che nelle narrazioni di Defoe e Fielding (come *Moll Flanders*, 1722, e *Lady Roxana* del primo, o *Tom Jones*, 1749, del secondo), esso si riscontra nei romanzi epistolari di **Richardson** o nelle commedie e nei romanzi di **Marivaux**. Dopo il tentativo di romanzo psicologico fatto da Madame de la Fayette nel secolo precedente con *La Principessa di Clèves* (cfr. cap. XVIII), questo tipo di romanzo, che va incontro anch'esso allo spirito delle classi medie, si afferma ora definitivamente.

La tendenza all'autobiografia

Da questa attenzione alla vita come viaggio e come cumulo di esperienze orientate verso un fine – la formazione personale – e da questa propensione all'analisi psicologica e al viaggio dentro di sé deriva poi la **tendenza all'autobiografia** che caratterizza il secolo.

Carattere interclassista e cittadino del teatro

Nella vita mondana **il teatro** mantiene la centralità che già aveva nel Seicento, ma **diventa sempre più interclassista**. La sua interna organizzazione, con la suddivisione fra platea, palchi e gallerie, fornisce l'idea del carattere interclassista del pubblico. Esso è sempre meno teatro di corte e sempre più teatro cittadino, a pagamento. La massiccia presenza del nuovo pubblico favorisce l'**affermazione del melodramma**, che incrementa sempre più i suoi aspetti spettacolari, grazie al predominio della musica e delle scenografie. Il carattere sentimentale vi diventa sempre più evidente, anche se Apostolo Zeno e Pietro Metastasio, con la loro riforma rivolta a dare dignità letteraria al libretto, cercano di associarlo all'elemento eroico (è l'**opera seria**). Ben presto, però, l'aspetto eroico perderà d'importanza e prevarrà quello sentimentale e comico: l'**opera buffa**, nata nel 1733 con *La serva padrona* di Pergolesi, si diffonderà subito in tutta Europa giungendo spesso a prevalere sull'opera seria (cfr. **S18**, p. 48).

L'affermazione del melodramma

S • Il libretto d'opera

L'opera buffa

S18 INFORMAZIONI

L'opera seria e l'opera buffa

L'inserimento di parti comiche all'interno di soggetti drammatici è prassi consueta fin dalle origini dell'opera in musica. La necessità di una maggiore coerenza e linearità di azione (favorita anche dalle poetiche arcadico-razionalistiche) conduce il melodramma di primo Settecento a separare il comico dal drammatico. Nei libretti di Zeno e di Metastasio, la trama si concentra su figure eroiche e virtuose, nel generale rispetto delle unità aristoteliche e con la propensione al patetico-sentimentale.

Ma l'opera seria (aspramente criticata dai letterati arcadi) è divenuta ormai il luogo stereotipo delle "convenienze teatrali", di una prassi interpretativa sclerotizzata in formule ripetitive, funzionali soltanto al virtuosismo dei cantanti, prive di logica, paradossali e retoriche. Letterati e musicisti dedicano opere polemiche e satiriche alla degenerazione del melodramma in prodotto culturale scadente, destinato al soddisfacimento statico di un pubblico cortigiano e superficiale. Scopo della riforma di Gluck e Calzabigi (cfr. cap. XVII, § 2), in effetti, è proprio quello di riportare l'opera a dimensioni più omogenee nelle quali musica, parola, danza, scenografia possano armonizzarsi con unità e rigore drammaturgico, senza cedimenti al gusto dello spettacolo e dell'esteriorità.

Più coerente, per brevità e scioltezza è il nucleo rappresentativo dell'opera buffa, sorta in ambiente napoletano, spesso come intermezzo del genere serio (è il caso della *Serva padrona* di Pergolesi nel 1733). La rappresentazione parigina di quest'ultima apre nel 1752 la cosiddetta *querelle des bouffons* tra i sostenitori della naturalezza melodica del canto italiano e i difensori dell'aulica tradizione tragica francese. Lo schierarsi degli Enciclopedisti e di Rousseau a favore dell'opera italiana assume subito l'aspetto di una contrapposizione allo stile austero dell'*ancien régime*, con risvolti anche politici e morali. Mentre l'opera seria, infatti, viene di solito rappresentata nei teatri di corte e ne mantiene il carattere elitario, il pubblico cui si rivolge l'opera buffa è quello più popolare dei teatri minori e a pagamento; il libretto è scarno e aperto a influssi gergali e dialettali; i cantanti e gli orchestrali sono di levatura più modesta. Ma il ridimensionamento del virtuosismo canoro gioca a favore di uno spiccato senso teatrale che ricorre alla gestualità del quotidiano, alla rappresentazione di conflitti generazionali e sociali, sull'impronta della commedia dell'arte e del teatro classico.

Talora l'opera buffa non è altro che la parodia di quella seria: lo steso Calzabigi ci ha lasciato con *L'opera seria* un testo che mette in ridicolo un mondo teatrale svincolato dai problemi della realtà, convenzionale e distante. La tendenza generale è quella verso un organismo drammaturgico ormai influenzato dallo stile "lacrimevole" dei francesi e pronto a evolversi in senso democratico-borghese. Le virtù eroiche cedono il posto a concreti valori borghesi, all'esaltazione dei sentimenti e delle tenere passioni. Nel momento in cui l'opera seria sprofonda nell'affannoso recupero di tematiche storico-mitologiche, l'ascesa del dramma giocoso e della commedia per musica (genere medio e ibrido, sospeso tra il realismo del quotidiano e il patetismo dei buoni sentimenti) testimonia ormai l'effettivo affacciarsi alla storia di una classe sociale in ruolo di protagonista.

9 La situazione della lingua

Il volgare s'impone sul latino come lingua scritta

Nonostante la scelta della Chiesa di privilegiare il latino sia nella liturgia sia nel testo delle Sacre Scritture, **il volgare s'impone** decisamente sul latino, in ogni campo della vita civile, **come lingua scritta**. Esso diventa dominante anche nei documenti pubblici, negli atti giudiziari, nel linguaggio delle burocrazie e delle cancellerie. Nello stesso tempo il volgare parlato dalle persone colte in tutta Italia tende sempre più a omogeneizzarsi, anche sul piano ortografico, sulla base del toscano.

Il modello bembesco e l'opposizione dell'accademia Fiorentina

Abbiamo già visto (cfr. vol. 2) come la questione della lingua fosse stata risolta, nella prima metà del Cinquecento, con l'affermazione del **modello bembesco**, basato sull'imitazione del linguaggio di Petrarca in poesia e di quello boccacciano in prosa. In un primo momento i fiorentini, sostenitori del primato della lingua contemporanea quale era allora parlata nella loro città, si opposero a Bembo. L'accademia Fiorentina nacque anche in funzione antibembesca per ribadire la superiorità del fiorentino parlato e imporne l'uso.

Il toscano trecentesco come base dell'italiano scritto

Ma la **situazione stava cambiando in senso normativo e arcaicizzante**; e la tendenza a regolare ogni aspetto della vita sottraendolo alla spontaneità e all'immediatezza prevaleva in tutti i settori della società. Di qui, la crisi del progetto di imporre il fiorentino parlato come lingua scritta nazionale e la scelta, invece, del **toscano trecentesco** (e non solo di quello petrarchesco e boccacciano) come base dell'italiano scritto.

Distinzione fra la lingua parlata e scritta, secondo Varchi

Fu l'intervento di **Benedetto Varchi** ad aprire la strada a un compromesso tra fiorentinismo e bembismo. Egli infatti introdusse la distinzione fra **lingua parlata**, a decidere la quale è il popolo, e la **lingua scritta**, che viene invece stabilita dagli scrittori. Anche se Varchi continuava a dare importanza decisiva al fiorentino parlato, la lingua scritta prevalente era quella proposta da Bembo.

La separazione fra lingua parlata e scritta, secondo Salviati

Il compromesso, che in realtà finiva però per accettare la sostanza della posizione bembiana e cioè la netta separazione fra lingua scritta e parlata, fu elaborato da **Leonardo Salviati** (1540-1589) e realizzato dall'**Accademia della Crusca**. Salviati aveva avuto incarico dal duca Cosimo di rivedere il testo del *Decameron*. Lo studio di Boccaccio permise a Salviati di ritornare sulla questione della lingua letteraria nello scritto *Degli avvenimenti della lingua sopra il Decameron* (1584-1586). In quegli anni poi egli entrò a far parte dell'Accademia della Crusca, influenzandone in modo decisivo gli orientamenti. Essa era stata fondata nel

Salviati e l'Accademia della Crusca: un purismo classicistico

1582 per fare «cruscate», cioè "discorsi senza capo né coda" (si tenga presente che quasi tutte le accademie facevano proprio un linguaggio scherzoso): nel **1583**, con l'ingresso di Salviati (che assunse lo pseudonimo di «Infarinato»), il nome stesso cambiò significato: occorreva distinguere la crusca della lingua dal fior di farina, e cioè, fuori di metafora, **procedere in campo linguistico a una scelta tra il buono e il cattivo.** Prevaleva così un purismo classicistico che identificava il meglio della lingua nelle scelte degli scrittori toscani del Trecento. La soluzione della Crusca indicava una lingua scritta ormai lontanissima da quella parlata.

Il progetto lessicografico di Salviati

Salviati progettò un **vocabolario** che doveva avere un **valore normativo**: gli scrittori potevano usare solo i termini in esso contemplati e che si fermavano «innanzi all'anno del 1400». Salviati morì prima che il vocabolario, a cui lavorarono vari membri dell'Accademia della Crusca, venisse completato.

Il *Vocabolario degli Accademici della Crusca* del 1612

Dopo la morte di Salviati la tendenza alla normalizzazione linguistica – del tutto in linea con la cultura controriformistica dell'epoca – si prolunga nel Seicento attraverso l'attività dell'Accademia della Crusca che continua a lavorare, alla fine del Cinquecento e all'inizio del Seicento, secondo le direttive arcaizzanti del suo ispiratore. Esce così, nel **1612**, a Venezia, il *Vocabolario degli Accademici della Crusca*, che si basa sul lessico del Trecento (quello di Dante, Boccaccio, Petrarca e dei minori), appena integrato da termini usati da autori cinquecenteschi di ispirazione bembesca, come l'Ariosto dell'ultima redazione dell'*Orlando furioso* (era escluso perciò Tasso). È «il più grande lessico che allora possedesse una lingua europea», che restò per secoli «un punto di riferimento cardinale» (Poggi Salani); bisognerà attendere sino al 1694 perché anche la Francia ne abbia uno, il *Dizionario dell'Accademia Francese*. Si tratta naturalmente di un **grande evento culturale**. Ma **le sue conseguenze non furono tutte positive**: la netta prevalenza della tendenza purista e classicistica faceva dell'italiano **una lingua esclusivamente scritta, lontana dal parlato**, e quindi favoriva una chiusura su se stessa della lingua letteraria rendendola asfittica e artificiale.

S • Il vocabolario della Crusca (V. Coletti)

La conseguenza negativa del *Vocabolario della Crusca*

La resistenza alla normalizzazione linguistica

Questo enorme sforzo di codificazione linguistica venne però a urtare contro **difficoltà reali**. Anzitutto, in **mancanza di un'unità politica nazionale**, persistevano le parlate locali, mentre la lingua dei letterati era usata solo nei testi scritti e comunque da un'esigua minoranza. In secondo luogo, si assiste nel Seicento a un ripiegamento municipalistico, come conseguenza della **crisi culturale e politica** che investe la società italiana. In terzo luogo, la **Chiesa ricorre al latino** per la liturgia e per l'insegnamento, facendo dunque una scelta opposta rispetto a quella di Lutero in Germania che invece aveva dato un contributo decisivo alla affermazione di una lingua nazionale tedesca.

Le controtendenze innovatrici

Tutti questi fattori favoriscono nel Seicento lo **sviluppo di una letteratura dialettale** che rappresenta una controtendenza rispetto alla codificazione della norma linguistica della Crusca.

La rivendicazione della lingua regionale era più forte là dove più forti erano gli Stati regionali e dove la stessa classe dirigente usava comunemente il dialetto: dunque **a Napoli**, **Venezia**, **Milano**. A Napoli scrive in dialetto Giambattista Basile, che ci dà con *Lo cunto de li cunti* [Il racconto dei racconti], uno dei capolavori (e forse il massimo) della letteratura barocca italiana (cfr. cap. XIV, § 8).

La letteratura dialettale a Napoli, a Venezia e a Milano

Bisogna aggiungere inoltre che il dialetto trovava posto anche nella **"commedia dell'arte"** (certe maschere lo prevedevano esplicitamente) e inoltre veniva generalmente usato nel registro comico. Infatti **nel poema eroicomico** esso appare spesso accanto alla lingua; per esempio, nella *Secchia rapita* di Tassoni non sono infrequenti termini dialettali, soprattutto modenesi, bolognesi e padovani.

Il dialetto nella "commedia dell'arte" e nel poema eroicomico

In complesso si assiste a **un notevole arricchimento della lingua**. In essa penetrano anche numerosi **forestierismi**, come è naturale in un'epoca di dominazione politica e culturale straniera. Essi provengono anzitutto dalla Spagna e poi, a partire dalla seconda metà del secolo, anche dalla Francia.

I forestierismi

In conclusione, anche sul piano linguistico il **Barocco conferma la sua tendenza rinnovatrice**. Quest'ultima non scalza, ovviamente, la centralità del fiorentino letterario quale era stato codificato e quale era in genere praticato dalla maggior parte degli autori. Ma introduce elementi sostanziali di novità, fra i quali uno merita d'essere sottolineato ancora una volta: l'avvio della tradizione delle letterature in dialetto, che nel Settecento e nell'Ottocento annovera alcuni degli autori più importanti della letteratura italiana (basti pensare a Goldoni e a Porta, che scrivono rispettivamente in veneziano e in meneghino).

Le innovazioni linguistiche dell'età barocca

Nel Settecento la riflessione sulla lingua da parte degli empiristi inglesi (soprattutto Locke) e dei sensisti francesi (soprattutto Condillac) pone fine all'unità organica fra l'ordine delle cose, quello del pensiero e quello della lingua. Fra lingua e pensiero da un lato e realtà delle cose dall'altro cade ogni corrispondenza. **Il linguaggio** non coglie più l'essenza delle cose, ma è solo **una convenzione sociale e arbitraria** inventata dall'uomo a scopi pratici. Infatti il nome con cui viene definita la cosa obbedisce solo all'esigenza della comunicazione sociale e non ha alcuna organica relazione con la cosa stessa. Se il linguaggio risponde a un'esigenza di comunicazione sociale, **ogni specifica lingua è vista nella sua storia concreta**, come specchio della vita di un popolo: dunque, nella sua mutabilità, nella sua perpetua trasformazione. È l'uso che se ne fa che ne condiziona i meccanismi.

Il linguaggio come convenzione sociale

Come si vede si passa **da una concezione universale o metafisica** del linguaggio **a una concezione pragmatica e sociale**, che ne favorisce lo studio storico in relazione all'evoluzione concreta dei popoli e delle nazioni. È un grande passo in avanti.

Una visione pragmatica e sociale del linguaggio

Negli stessi anni in cui ciò avveniva, il **predominio culturale della Francia** stava imponendo il **francese come lingua della comunicazione internazionale** non solo fra i dotti, ma fra gli esponenti della classe dominante, nobili e altoborghesi.

Predominio del francese

In Italia **l'influenza del francese fu forte sia sul lessico sia sulla sintassi**. I vocaboli francesi che entrarono a far parte della lingua italiana furono numerosissimi. Ciò avvenne o attraverso un adattamento della parola alla nostra lingua (quando essa giungeva per via popolare) o con il mantenimento della forma francese (quando giungeva per via colta); ma per molti vocaboli si oscillò fra l'una e l'altra forma, cosicché ancor oggi, per esempio, la voce "toilette" compare a volte nella forma francese e altre volte italianizzata in "toletta", "toeletta", o "toelette". Ancora più importante è l'influenza del francese sui costrutti sintattici. I periodi si fanno più brevi. La paratassi si sostituisce all'ipotassi.

L'influenza del francese

Di fronte a queste novità, **gli studiosi italiani si divisero fra innovatori**, favorevoli a una lingua e a una sintassi moderna, **e tradizionalisti**, fautori della purezza della "toscana favella" e della sintassi classica. I tradizionalisti sono perlopiù toscani e legati all'accademia della Crusca, che fra il 1729 e il 1738 fece uscire la quarta edizione del suo *Vocabolario*, privilegiando al solito i trecentisti toscani. In genere i letterati italiani (per esempio, quelli dell'accademia dell'Arcadia) tennero una **posizione equilibrata**: erano d'accordo nell'imitare i classici, ma di fatto seguirono spesso il criterio di una cauta apertura al nuovo.

La divisione fra innovatori e tradizionalisti

Il Settecento è dunque, in Italia, il secolo di una profonda crisi linguistica, che servì tuttavia a superare schemi sintattici e rigori lessicali ormai anacronistici. L'italiano moderno, più agile nei costrutti, più ricco e vario nei vocaboli, adatto alla letteratura più elevata come al giornalismo delle gazzette, nasce di fatto in questo secolo.

La nascita dell'italiano moderno

10 L'Italia e l'Europa

Il prestigio in Europa di Bruno, Campanella, Sarpi, Galileo

Sino all'inizio del Seicento l'Italia aveva continuato ad avere una **posizione di prestigio in Europa**. Bruno, Campanella, Sarpi, Galilei hanno una rete di rapporti internazionali che ne propaga le idee all'estero. In campo letterario anche Marino, che d'altronde soggiorna a lungo in Francia, ha una fama europea. Ma **dopo il secondo processo di Galilei** (1633) la situazione cambia. La cultura italiana deve rinunciare a un ruolo di spicco. La condizione economica e politica della nostra penisola – che appare ormai una provincia periferica dell'Impero spagnolo – e la condizione d'isolamento prodotta dalla Controriforma si ripercuotono negativamente sulla cultura nazionale. **A partire dagli anni Trenta-Quaranta** del Seicento la letteratura, la filosofia, la scienza italiane non reggono più il passo dello sviluppo francese o inglese. Indubbiamente nella musica, nel teatro (con la commedia dell'arte e il melodramma soprattutto) e in parte, grazie a Bernini, nelle arti, gli italiani hanno ancora un ruolo importante. Ma l'epoca d'oro iniziata con Dante, proseguita con Boccaccio e Petrarca e culminata nel Rinascimento con Castiglione, Machiavelli, Guicciardini, Ariosto e Tasso, è ormai tramontata per sempre.

L'isolamento della cultura italiana dopo il 1633

Mentre nella prima metà del secolo XVII è soprattutto la presenza in Italia di intellettuali spagnoli, francesi, inglesi a favorire l'esportazione della nostra cultura, successivamente la situazione si inverte. **Sono gli intellettuali italiani ad andare all'estero**, alla ricerca di corti più potenti e ricche di quelle italiane e soprattutto di una situazione politica e culturale meno repressiva. In genere essi cercano luoghi dove l'elaborazione culturale è più libera: dunque, non si recano in Spagna, dove l'Inquisizione non è meno attiva che in Italia, ma soprattutto **in Francia e in Inghilterra**: basti pensare ai viaggi di Bruno e di Campanella.

Gli intellettuali italiani vanno all'estero

Un settore in cui la cultura italiana ha un ruolo ancora centrale è **quello teatrale**: la "commedia dell'arte" si diffonde in tutti i paesi europei, mentre il melodramma, sorto in Italia, si afferma anche all'estero. Anche nel campo delle **arti figurative** gli italiani continuano ad avere una funzione di punta.

Successo all'estero della "commedia dell'arte" e del melodramma italiano

Per quanto riguarda i tratti specifici delle diverse letterature nazionali, **l'influenza italiana agì in Francia** soprattutto attraverso la diffusione di modelli culturali umanistico-rinascimentali. Essi stanno alla base tanto del relativismo critico e problematico del pensiero di Montaigne (cfr. § 6), quanto del classicismo della Pléiade (cfr. vol. 2).

Lo sviluppo dei modelli culturali umanistico-rinascimentali in Francia

Diversa, invece, **è la situazione in Spagna**. Qui il petrarchismo si complica, si fa sottile e artificioso. Il senso della bellezza sensuale, proprio del naturalismo rinascimentale, entra in conflitto con il clima greve della Controriforma spagnola, in cui moralismo e aristotelismo scolastico confluiscono in atteggiamenti di chiuso dogmatismo. **Il misticismo è l'esito più alto di questo petrarchismo** che riprende situazioni e temi profani per volgerli «a lo divino» (Juan de la Cruz; in italiano: Giovanni della Croce) e in cui intensa spiritualità e complesso intellettualismo tendono a fondersi.

Petrarchismo, misticismo e Manierismo in Spagna

In Spagna si viveva anche un'altra contraddizione: un idealismo estremo, un estremo bisogno di grandezza e di nobiltà, si scontrava con un senso di delusione e di crisi, di precarietà e di sradicamento. Il contrasto fra gli alti ma astratti ideali della cavalleria e la realtà degradata, fra ambizioni da *hidalgo* (è il titolo della piccola nobiltà spagnola) e il disinganno dello squallore piccolo-borghese, attraversa tutta l'età di Filippo II e confluisce particolarmente nel capolavoro del Manierismo spagnolo, il ***Don Chisciotte*** di Cervantes (1547-1616).

Il contrasto fra ideali e realtà nella situazione spagnola: il *Don Chisciotte* di Cervantes

Anche in Inghilterra il Manierismo si afferma mediante l'attraversamento-svuotamento del classicismo rinascimentale. Una sua prima manifestazione è il movimento dell'**eufuismo**, che si impose nell'ultimo ventennio del secolo e all'inizio del successivo, in seguito all'uscita dell'opera *Euphues* (1578-80) di John Lyly (1554-1606), che proponeva una prosa latineggiante sul modello boccacciano, ma impreziosita di artifici retorici, aggettivi ricercati, complesse e ardue metafore. Già Lyly, pur adeguandosi a norme classicheggianti, abbandona ogni nozione di classica armonia.

L'eufuismo in Inghilterra

Ma fu soprattutto **nel teatro** che **il Manierismo inglese dette i suoi risultati più alti**. Qui l'influenza italiana era particolarmente forte. Gli argomenti e i motivi sono presi tutti dal mondo classico; ma di questo è sparita la misura, sono scomparsi il senso dell'equilibrio, la superiore saggezza. Il teatro di

Il Manierismo nel teatro inglese: Marlowe e Shakespeare

Marlowe (1564-1593) è percorso da smisurate ambizioni, da un sogno di illimitata potenza, da un'ansia di infinito che si scontra con la realtà del vuoto. Anche in **Shakespeare** (1564-1616) il mondo classico, pur costituendo ancora un punto di riferimento, è ormai internamente lacerato e contraddittorio: l'assurdità della vita umana, il capovolgimento della follia in saggezza, l'idea stessa che l'esistenza è «una favola raccontata da un idiota, piena di rumore e furore, che non significa nulla» (come si legge nella tragedia *Macbeth*) esprimono, al suo grado più alto e complesso, una tematica di tipo manierista.

Spagna e Italia, Paesi del Barocco

Il **Barocco** trionfò nella letteratura soprattutto in **Spagna** e in **Italia**, Paesi fra loro omogenei, sia per ragioni politiche, sia per l'influenza che su entrambi esercitò la Controriforma. Più limitata fu invece la sua diffusione in Francia, in Inghilterra e nei paesi tedeschi.

Limitata diffusione del Barocco in Francia: il preziosismo

In Francia il Barocco fu ben presto contrastato dalle tendenze auliche e classicistiche promosse dalla corte di Luigi XIV. Lo stesso "**preziosismo**", nato negli anni Trenta come fenomeno non solo letterario ma anche linguistico, culturale, politico e sociale, volto a esaltare l'uomo e la donna mondani facendone dei virtuosi della parola e della sensibilità e a trasformare la letteratura in gioco di società, si isterilì già negli anni Cinquanta in gratuiti esercizi formali e in sofisticati esibizionismi.

In Inghilterra: dall'eufuismo al concettismo di Herbert e Crashaw

In Inghilterra l'eufuismo e la poesia metafisica (cfr. cap. II, § 2) si pongono sul confine incerto fra Manierismo e Barocco. Si collocano nel clima culturale barocco soprattutto due seguaci di Donne, George Herbert (1593-1633) e Richard Crashaw (1612-1649), che aderirono al concettismo. Ma il *wit*, l'arguzia metafisica, appare già in crisi nel poeta e drammaturgo John Dryden (1631-1700), che alla fine della sua vita si vantò di aver purgato la lingua dalle stravaganze dei poeti metafisici. Quanto al maggior poeta del Seicento inglese, **John Milton** (1608-1674), egli prende a modello, per i propri poemi epici, i classici greci (Omero) e latini (Virgilio e Ovidio soprattutto): lungi dall'aderire al Barocco, il suo Umanesimo già sembra precorrere il Neoclassicismo.

John Milton

Le tendenze barocche nella lirica e nella drammaturgia tedesche

La Germania era stata devastata dalla guerra dei Trent'anni, da cui esce completamente distrutta. La crisi economica e politica si trasforma in crisi culturale e letteraria. La pur contrastata e infine declinante influenza della Chiesa e della Spagna favorisce, durante la guerra, una penetrazione delle tendenze barocche nella drammaturgia e nella poesia lirica, nell'eloquenza delle prediche e nella letteratura devota, e soprattutto nel romanzo.

Il Barocco spagnolo: Calderón de la Barca, Quevedo, Góngora

Ma **fu in Spagna che il Barocco dette i suoi maggiori risultati**, sia nel teatro, con **Calderón de la Barca** (1600-1681), sia nel romanzo, con Francisco de **Quevedo** (1580-1645), sia, infine, nella poesia, con Quevedo stesso e con Luis de **Góngora** (1561-1627). Tradizionalmente si distingue il Barocco spagnolo in due scuole: quella del "**concettismo**", facente capo a Quevedo e tendente a porre in primo piano una ricerca di profondità sentimentale, e quella del "**culteranesimo**" o del "gongorismo" (perché sostenuta dai seguaci di Góngora), più colta e raffinata, volta a privilegiare parole rare provenienti dal latino e ardite soluzioni di tipo simbolico. La critica più recente tende a negare valore a tale distinzione e a rintracciare nel Barocco spagnolo una sostanziale unità.

Il concettismo di Quevedo e il culteranesimo di Góngora

Il Settecento: l'Inghilterra e il romanzo

I primi decenni del Settecento invece sono segnati dal **primato culturale di Francia e Inghilterra**. Proprio l'Inghilterra è il luogo in cui si sviluppa e acquista importanza il più fortunato genere letterario della modernità: **il romanzo**.

11 La dissoluzione del classicismo rinascimentale: Manierismo, Barocco, Rococò

Il Manierismo

La crisi del classicismo cinquecentesco, dovuta ai fattori storici che si sono succeduti nel corso del XVI secolo, a partire dal Sacco di Roma del 1527, ha determinato nell'arte figurativa e nell'architettura una reazione immediata. Manierismo è la parola che usiamo per definire questa fase dell'arte e dell'architettura del XVI secolo (che si protrae in realtà fino all'inizio del Seicento con il cosiddetto Manierismo Internazionale) e per indicare la ricerca di un nuovo linguaggio: richiamandosi ai grandi maestri del Rinascimento, l'artista manierista tende alla continua ricerca dell'eleganza, dell'effetto virtuosistico, dell'espressione delle inquietudini personali, anche nella trasgressione della grammatica delle proporzioni e delle geometrie della tradizione.

"Maniera"

La parola "Maniera", che Giorgio Vasari usa come sinonimo di "stile", finisce così con l'esprimere il **rifiuto dell'unità e dell'equilibrio delle forme classiche**: si predilige ora una visione più soggettiva, rivolta all'affermazione di una spiritualità esasperata, che deforma le figure, altera le proporzioni e la prospettiva rinascimentale, sempre rivolta alla sperimentazione formale.

Rosso Fiorentino

La *Deposizione* di Rosso Fiorentino è un testo figurativo che esprime questo cambiamento in modo drammatico: la violenza dei gesti, la forzatura delle espressioni, le figure allungate e spezzate, il contrasto fra la luce tagliente e i colori acidi, tendono a conferire alla scena un forte effetto patetico.

La **dissoluzione dell'unità spaziale** del Rinascimento, che Arnold Hauser ha indicato come l'elemento caratterizzante del Manierismo, è ancora più evidente nella pittura dei grandi maestri veneziani della metà del secolo. Nel *Trafugamento del corpo di San Marco* di Tintoretto domina la scena uno spazio dilatato, descritto dalle spettrali quinte teatrali delle architetture che descrivono la piazza. I rapporti tra le figure non tendono all'unità della rappresentazione, ma ne moltiplicano i fuochi e le conferiscono un aspetto asimmetrico e obliquo.

Tintoretto

Manierismo e bizzarria

Andrea Palladio

In architettura l'esempio più singolare di ricerca di bizzarria manierista è il *Sacro Bosco di Bomarzo*, realizzato alla metà del XVI secolo. All'altro estremo, l'architetto che resta apparentemente più legato al tema dell'imitazione dei modelli classici è Andrea Palladio: il suo classicismo non implica l'osservazione di regole, anzi più spesso indica il loro superamento. Nella Chiesa del Redentore, a Venezia, ad esempio, le esedre che sostituiscono i bracci del transetto danno l'idea di una **elasticità dei volumi** e di una **spazialità infinita** che saranno temi tipici del Barocco.

IMMAGINE ATTIVA

Rosso Fiorentino, *Deposizione*

Attiviamo le competenze

Guarda l'immagine attiva con attenzione e ascolta la spiegazione fornita dalla voce fuori campo, prendendo appunti. Quali caratteristiche di quest'opera rinviano al Manierismo? Cos'è cambiato rispetto all'arte rinascimentale?

- esercitare le competenze di ascolto
- esercitare le competenze di sintesi
- collegare le opere d'arte al contesto storico-culturale di riferimento

Rosso Fiorentino, *Deposizione*, 1521. Volterra, Pinacoteca.

La violenza dei gesti, la forzatura, quasi caricaturale, delle espressioni, le figure eccessivamente allungate e spezzate, il contrasto delle luci e dei colori, tutto tende a creare un forte effetto drammatico attraverso l'esasperazione delle forme. La scena tuttavia comunica un senso di irrealtà, come se i personaggi si muovessero in un'atmosfera di sogno, con l'evidenza e insieme l'astrattezza di una rappresentazione teatrale. Ciò deriva dalla tendenziale abolizione dello spazio, ridotto a poche strutture geometriche: le tre scale funzionano quasi da attrezzi ginnici, su cui sono dislocate, secondo uno studiatissimo gioco formale di corrispondenze, di simmetrie, di rapporti speculari, le varie figure.

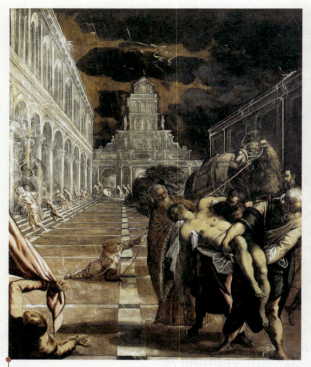

Il Sacro Bosco di Bomarzo, in provincia di Viterbo, realizzato da Pirro Ligorio su commissione del principe Pier Francesco Orsini a metà del XVI secolo.

Tintoretto, *Trafugamento del corpo di San Marco*, 1562. Venezia, Galleria dell'Accademia.

Domina la scena uno spazio vuoto dilatato all'infinito dall'apertura sul fondo. Le architetture della piazza fungono da spettrali quinte teatrali, mentre sono aboliti i normali rapporti di unità e di equilibrio spaziale, sostituiti da molteplici movimenti divergenti: il moto in profondità e verso l'esterno delle evanescenti figurine laterali, quello in avanti del gigantesco gruppo principale, proiettato in primo piano, e, in opposizione a questo, il movimento della figura a sinistra e del lembo che fuoriescono dal quadro. Il senso di inquietudine è accentuato, oltre che dalla luce lampeggiante dei fulmini, dal fatto che il punto di vista prospettico si allontana dal centro, spostando obliquamente l'asse della composizione.

I primi anni del Seicento non presentano caratteri omogenei, né nelle arti figurative né in architettura. Mentre il Manierismo si diffonde in tutta Europa, infatti, in Italia compaiono sulla scena due indirizzi che sono stati sintetizzati nei concetti di accademia e naturalismo.

Accademia e Naturalismo

Annibale Carracci, esponente fondamentale dell'**indirizzo accademico**, con la decorazione della volta della Galleria Farnese, riesce a realizzare una grande impresa decorativa con un criterio compositivo classico che, contemporaneamente, gli consente di dar prova della sua impressionante capacità di rappresentazione realistica da una parte, e della sua capacità di articolazione degli spazi e delle scene che anticipa il Barocco dall'altra.

Caravaggio

D'altro canto il **naturalismo di Caravaggio** rappresenta la maggiore innovazione del linguaggio pittorico del Seicento: nella sua pittura il primato del reale, che è dovuto alla sua origine e formazione lombardo-veneta, si accompagna sempre a una spiccata sensibilità per la rappresentazione delle passioni, anche in quei soggetti sacri che rischiavano, osservati dall'esterno, di rimanere distanti e inespressivi. E invece Caravaggio trasforma l'evento sacro in un fatto attuale, presente, al quale poter assistere.

Il Barocco

Con l'arrivo del Barocco, le cui origini vanno individuate nella scultura di **Gianlorenzo Bernini**, nella pittura di **Pietro da Cortona**, nell'architettura di **Francesco Borromini**, nella musica di **Claudio Monteverdi**, non si crea uno stile unitario. E tuttavia alcune tendenze possono descrivere i caratteri della ricerca artistica barocca:

I caratteri della ricerca artistica barocca

1. **l'interartisticità**, cioè la tendenza alla collaborazione fra architettura, scultura e pittura nella ricerca di effetti spettacolari e scenografici (vi eccelle Bernini);

Modello ligneo della Chiesa del Redentore a Venezia di Andrea Palladio. Vicenza, Palladio Museum.

Annibale Carracci, Volta della Galleria Farnese, 1597-1601. Roma, Palazzo Farnese.

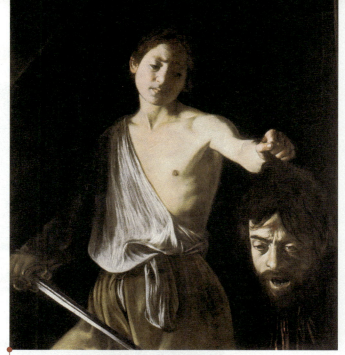

Caravaggio, *Davide con la testa di Golia* (1610-1613). Roma, Galleria Borghese.

Davide vincitore mostra, come un trofeo, la testa mozzata di Golia. Il gesto rimanda all'iconografia tradizionale, ma l'espressione così fortemente caratterizzata dei volti introduce una sconvolgente novità. La luce, proiettata violentemente sulla scena, investe sia il viso stravolto di Golia, che guarda con gli occhi sbarrati la propria morte, sia il petto di Davide, tagliandone a metà il viso, in parte inghiottito dall'ombra. Nel volto del fanciullo si leggono due stati d'animo opposti: un moto di ribrezzo traspare dalle pieghe della bocca, mentre lo sguardo, con le sopracciglia aggrottate, contempla pietoso e dolente il gesto ineluttabile di cui egli è stato artefice. Sia il volto di Davide che quello del gigante sono entrambi autoritratti dell'artista. Un Davide vincitore che nell'uccidere Golia uccide se stesso? È difficile sottrarsi a una lettura della scena in chiave psicoanalitica.

IMMAGINE ATTIVA

Gian Lorenzo Bernini, *Apollo e Dafne*

Attiviamo le competenze

Bernini è l'artista ufficiale della curia romana e riesce a rappresentare pienamente il gusto e la visione del mondo del Barocco. In particolare il gruppo scultoreo *Apollo e Dafne* è un'opera-chiave in cui si può riconoscere il precipitato di tutta l'epoca storica.
Ascolta con attenzione la sceneggiatura dell'immagine attiva, prendendo appunti. Quindi, tenendo sotto gli occhi la riproduzione della scultura, individua tutti i tratti caratteristici dell'opera che risultano esemplari per capire il contesto storico-culturale.

- collegare le opere d'arte al contesto storico-culturale di riferimento
- prendere appunti

Gian Lorenzo Bernini, *Apollo e Dafne* (1622-25). Roma, Galleria Borghese.

IMMAGINE ATTIVA

Rembrandt van Rijn, *Lezione di anatomia del dottor Tulp*

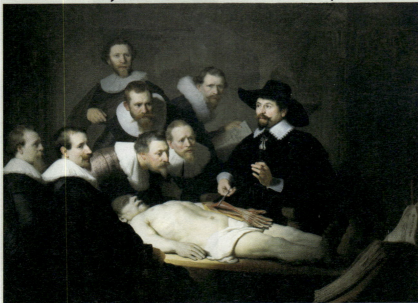

Rembrandt van Rijn, *Lezione di anatomia del dottor Tulp* (1632). L'Aja, Mauritshuis.

Attiviamo le competenze

- collegare le opere d'arte al contesto storico-culturale di riferimento
- fare ricerche
- esporre

Questo quadro del 1632 testimonia l'interesse dell'arte seicentesca per la scienza e pone arditamente in primo piano un cadavere squarciato dal bisturi di un chirurgo. Quali nuove scoperte e quali progressi si affermano nel corso del XVII secolo nell'ambito della medicina e della chirurgia? Documentati in rete e in biblioteca. Quindi riassumi in un'esposizione orale le informazioni che hai acquisito nel tuo lavoro di ricerca.

2. **la predilezione per la forma aperta e inconclusa**, strutturalmente irrazionale («le composizioni dell'arte barocca» – ha scritto Hauser – «paiono sempre più o meno incompiute e sconnesse; sembra che possano proseguirsi in ogni senso e che sempre rinviino a qualcosa che sta oltre di loro»);
3. **la prospettiva inquieta** e disturbata, comunque alterata: si prediligono torsioni, primi piani, contrappunti violenti di ombra e di luce;
4. **la mancanza di un ordinamento gerarchico** degli elementi rappresentati: come il cosmo appare ormai privo di un centro e ridotto a un insieme di parti di eguale valore, così l'arte barocca pone i particolari sullo stesso piano si veda, per esempio la *Lezione di anatomia del dottor Tulp* di Rembrandt;
5. **l'ansia di infinito**, evidente nello sforzo dell'artista di rimandare "altrove" gli scorci prospettici e gli effetti di luce.

L'idea di un universo infinito e senza centro influenza decisamente la rappresentazione dello spazio. Le fughe prospettiche delle chiese e delle piazze barocche, lo sfondamento delle cupole e delle volte, aperte verso il cielo, tolgono ogni confine allo spazio e sembrano testimoniare la fine dell'antropocentrismo rinascimentale.

Il Trionfo della Divina Provvidenza di Pietro da Cortona

Esemplare, sotto questo profilo, è il *Trionfo della Divina Provvidenza* di Pietro da Cortona, il più importante pittore di affreschi della Roma barocca. Nel *Trionfo* viene proposta una nuova concezione figurativa nella decorazione delle volte. Una molteplicità di elementi, naturali e umani forma grappoli di immagini in vorticosa ascensione verso il cielo. Allo spazio aperto, invaso da scene mitologiche, il pittore conferisce unità atmosferica, mescolando realtà e fantasia con un senso gioioso della natura come spettacolo in continuo movimento.

Ma il mondo in cui la scienza influenza l'arte del Seicento è duplice, da un lato porta a Bernini e a Pietro da Cortona, alla natura come spettacolo in continua metamorfosi, dall'altro a **Rembrandt** e a **Vermeer**, il cui compito è di tradurre in termini moderni il gusto fiammingo per una pittura nitida, come proiezione di uno specchio.

Pietro da Cortona, *Trionfo della Divina Provvidenza*, 1633-39. Roma, Palazzo Barberini.

La Palazzina di caccia di Stupinigi, opera di Filippo Juvara, realizzata tra il 1729 e il 1733. Stupinigi è una frazione del comune di Nichelino (Torino).

Il Barocco, superata questa prima fase pionieristica e sperimentale, non esaurisce le sue energie, e anzi, specialmente nell'architettura e nella decorazione, ottiene grandi e importanti esiti che interessano tutte le capitali europee, ma anche l'America Latina. Nella sua fase più tarda, tuttavia, Il Barocco tende a trasformarsi facilmente in un gusto, se non in una retorica, che resta in voga fino ai primi decenni del XVIII secolo. Nel primo Settecento si afferma il Rococò, il gusto erede della teatralità e della fantasia del Barocco.

Il Rococò

Il Rococò (dal francese *rocaille*, una particolare tipologia di decorazione con rocce e conchiglie che veniva usata nelle fontane e nei giardini) è lo stile promosso da Luigi XV di Francia, l'immagine delle scelte estetiche e politiche dell'*ancien régime*, del suo trionfo e del suo imminente declino.

Filippo Juvara

In architettura Filippo Juvara realizza uno dei capolavori della cultura rococò nella palazzina di Stupinigi, una costruzione stellare che ruota intorno a un imponente salone centrale le cui strutture murarie si smaterializzano nelle grandi aperture, nello slancio delle altezze, nella grazia delle decorazioni. A Stupinigi, come Luigi Vanvitelli nella reggia di Caserta, e ancora come accade nei giardini di Versailles, Juvara affronta il tema settecentesco dell'ingegneria del paesaggio, del rapporto fra architettura e natura nelle fontane scenografiche che ridefiniscono e ridisegnano la natura per piegarla alle **esigenze della ragione**.

Edonismo e leggerezza nell'arte

L'edonismo trionfante favorisce un'arte leggera, tutta giocata sul **piacere dei sensi**. L'arte tende a diventare «più umana, più accessibile, meno pretenziosa; non più destinata a semidei e superuomini, ma a comuni mortali, a creature deboli, sensuali, avide di piaceri. Essa non esprime più grandezza e potenza, ma la bellezza e il fascino della vita; non vuol più imporsi e soggiogare, ma attrarre e dilettare» (Hauser). Così, al paesaggio grandioso ed eroico subentrano l'idillio e **il quadretto pastorale**. Il gusto per il ritratto, che prima era appannaggio dell'aristocrazia, si diffonde anche fra i borghesi.

Antoine Watteau, *Imbarco per Citera*, 1718. Berlino, Castello di Charlottenburg.

Jean-Honoré Fragonard, *L'altalena*, 1767. Londra, Wallace Collection.

È un quadro esemplare del gusto rococò per la grazia e leggerezza di tocco, con cui è narrata la scena galante. Anche qui, come in Watteau, il paesaggio boscoso, tipicamente arcadico, gioioso e sereno, esalta il piacere di vivere, il senso di libertà e la divertita malizia della spumeggiante fanciulla. Il movimento dell'altalena la solleva in volo nello spazio verde, come in un amoroso abbraccio della natura, in cui si confondono corteggiatori e statue di amorini. Il vento che scompiglia le gonne e soprattutto i gesti (vedi la scarpetta lanciata in aria) comunicano alla scena un sottile erotismo.

Nuovi temi e nuove forme

Un'arte ispirata al diletto e al piacere dei sensi comporta anche nella rappresentazione pittorica un mutamento di forme e di temi. Al paesaggio grandioso, alle rappresentazioni sacre, agli dèi e agli eroi subentrano il mondo pastorale, **l'idillio naturale e amoroso**. L'imbarco per Citera, l'isola di Venere, è un soggetto emblematico, diffuso nella poesia arcadica (Frugoni), presente nella pittura francese di **Antoine Watteau** (1684-1721). Esso allude alla fuga nell'altrove di una felicità amorosa, non più riservata agli dèi, ma alla società raffinata dell'aristocrazia e della ricca borghesia contemporanea. La vita quotidiana è assunta nell'arte e idealizzata in un contesto idillico.

Antoine Watteau

Jean-Honoré Fragonard

La predilezione per una **aggraziata bellezza femminile** assume in **Jean-Honoré Fragonard** accenti più liberi e piccanti. *L'altalena* è un quadro esemplare del gusto rococò per la grazia e leggerezza di tocco, con cui è narrata la scena galante. Anche qui, come in Watteau, il paesaggio boscoso, tipicamente arcadico, gioioso e sereno, esalta il piacere di vivere, il senso di libertà e la divertita malizia della spumeggiante fanciulla. Il movimento dell'altalena la solleva in volo nello spazio verde, come in un amoroso abbraccio della natura, in cui si confondono corteggiatori e statue di amorini. Il vento che scompiglia le gonne e soprattutto i gesti (la scarpetta lanciata in aria) comunicano alla scena un sottile erotismo. L'amore da passione eroica e drammatica diventa **"galanteria"**, gioco, arte del corteggiamento, un rituale mondano. La fruizione più larga di cui gode l'arte rococò incentiva la diffusione del piccolo quadro, ideale per l'arredo degli interni, e lo sviluppo di generi nuovi in tutta Europa, dal paesaggio, al ritratto, al quadro di genere, in cui emergono tematiche realistiche e borghesi.

Il contributo italiano alla diffusione del Rococò

L'Italia dà un contributo notevole alla diffusione del Rococò in Europa, grazie al numero di artisti, di esperti decoratori e di scenografi, chiamati alle varie corti europee, in Germania, in Austria, in Polonia, in Russia e Spagna. In Italia il panorama è tuttavia complesso e diversificato in rapporto alle varie tradizioni locali.

Gian Battista Tiepolo

Gian Battista Tiepolo (1696-1770) diventa famoso in Europa per le spettacolari celebrazioni di dinastie principesche. Dal 1750 al 1753, prima di essere chiamato alla corte di Madrid, affresca in Germania la fastosa residenza del principe vescovo di Würzburg. Ma Tiepolo è anche il decoratore

IMMAGINE ATTIVA

Giovanni Antonio Canal detto Canaletto, *Piazza San Marco*

Giovanni Antonio Canal detto Canaletto, *Piazza San Marco*, 1735. Roma, Galleria Nazionale di Palazzo Corsini.

Attiviamo le competenze

fare ricerche • collaborare • produrre

Quest'opera di Canaletto è una veduta realistica di Venezia, caratterizzata dalla precisione topografica, dalla luminosità ferma e dalla geometricità. La pittura di Canaletto ebbe particolare successo all'estero, tanto da diffondere in Europa quel mito del paesaggio italiano che nel Settecento attraeva i viaggiatori del *Grand tour*.

Conosci fotografi importanti del Novecento o dei nostri giorni che nei loro scatti hanno saputo ritrarre la città contemporanea in modo altrettanto efficace? Collaborando con un gruppo di compagni, crea una galleria di immagini da intitolare *Ritratti di città dal Settecento a oggi*.

---

dei palazzi e delle ville veneziane, dove la sua arte assume un tono di piacevole familiarità. Gli affreschi di villa Valmarana si ispirano a scene dell'*Orlando furioso*, della *Gerusalemme liberata*, dell'*Eneide*, reinterpretate in **chiave patetica e idillica**, secondo il gusto dell'epoca. In *Angelica che cura Medoro* la scena del poema ariostesco è reinterpretata in chiave rococò, secondo un gusto che fonde il raffinato e il popolare e sdrammatizza il pathos in una idilliaca serenità. L'armonia tra personaggi e natura è suggerita dall'intensa luminosità e dall'accordo cromatico dell'azzurro e del rosa delle vesti e dello sfondo. Il languore di Medoro è contenuto dalla raffinata e maliziosa eleganza di Angelica, abbigliata come una gentildonna veneziana, mentre un robusto contadino si accampa dietro la coppia con il suo enorme cavallo, trasferendo la scena letteraria in una contemporanea e rustica quotidianità.

Angelica che cura Medoro

Altro artista di fama europea, che si distinse invece nel genere della veduta, è **Giovanni Antonio Canal, detto il Canaletto** (1697-1768). Questo genere ebbe particolare fortuna nel Settecento, rispondendo al nuovo gusto della riproduzione naturalistica. Sviluppatosi come pittura di ruderi e di antichità, il **"vedutismo"** assume i caratteri di veduta realistica negli ultimi decenni del Seicento in ambiente veneziano. Canaletto elabora un tipo particolare di veduta, il "capriccio" e la "veduta ideata". Il primo consiste nell'inserimento di rovine e di monumenti antichi in paesaggi fantastici, il secondo nell'assemblaggio di vari elementi architettonici, raffigurati realisticamente, ma estratti dai contesti urbani più vari. Canaletto è soprattutto autore della veduta realistica, che ebbe particolare successo in Italia e all'estero nel Settecento. La precisione topografica delle sue **immagini di città** è esaltata da una luminosità ferma e limpida, che staglia oggetti e figure in rigorose geometriche strutture (*Piazza San Marco*).

Canaletto e il "vedutismo"

L'osservazione realistica non si esercita solo nella veduta, ma alimenta anche in Italia il filone della **pittura di costume**, che si ispira a tematiche popolari e aristocratico-borghesi. A metà del secolo Pietro Longhi ritrae nei suoi numerosi interni la vita dell'alta società veneziana con un acuto senso di verità, che fu particolarmente apprezzato da Goldoni.

Pietro Longhi e la pittura di costume

Gian Battista Tiepolo, *Angelica che cura Medoro*, **affreschi della Villa Valmarana, 1757, Vicenza.**
La scena del poema ariostesco è reinterpretata in chiave rococò, secondo un gusto che fonde il raffinato e il popolare e sdrammatizza il *pathos* in una idillica serenità. L'armonia tra personaggi e natura è suggerita dall'intensa luminosità e dall'accordo cromatico dell'azzurro e del rosa delle vesti e dello sfondo. Il languore di Medoro è contenuto dalla raffinata e maliziosa eleganza di Angelica, abbigliata come una gentildonna veneziana, mentre un robusto contadino si accampa dietro la coppia con il suo enorme cavallo, trasferendo la scena letteraria in una contemporanea e rustica quotidianità.

La musica: l'"arte galante"

In musica il Rococò assume perlopiù la definizione di **"arte galante"**, che si diffonde a partire dal 1730. Adotta tratti di leggerezza e di **decorativismo** affini a quelli riscontrati nell'architettura e nella pittura rococò. Maestro dello stile galante fu il compositore tedesco **Georg Philipp Telemann** (1681-1767), ma nel loro periodo giovanile vi si cimentarono anche **Haydn e Mozart**. In Italia, che in campo musicale resta all'avanguardia sino a metà del Settecento, questo è il momento di **Antonio Vivaldi** (1678-1741), che definisce quelle forme di concerto e di sonata che saranno subito riprese in Germania da **Johann Sebastian Bach** (1685-1750).

I *Concerti delle stagioni* di Antonio Vivaldi

Oltre a concerti come *Il piacere, La notte, La tempesta di mare, Il sospetto, L'inquietudine, Il gardellino, La Pastorella* ecc., il nome di **Vivaldi** rimane legato ai *Concerti delle stagioni* (op. VIII, n. 1-4), ognuna delle quali è preceduta da un sonetto esplicativo di autore anonimo (ma, probabilmente, di Vivaldi stesso). La corrispondenza fra musica e immagini testuali è assoluta e fedele. Talora, anzi, i versi del sonetto sono riportati in partitura e specificati da ulteriori aggiunte programmatiche. L'ambientazione arcadico-pastorale favorisce il ricorso a formule imitative e onomatopeiche (canti degli uccelli, stormire di fronde, latrati di cani, tuoni e lampi, danze di ninfe e di contadini), ma estendendosi anche alla riproduzione di sensazioni fisiche ed emotive (la calura estiva, il sonno dei pastori, il freddo glaciale). La capacità compositiva di Vivaldi si evidenzia nel gioco sapiente di alternanze tra il Solo (violino, flauto, oboe) e il Tutti orchestrale: egli affida al primo gli effetti imitativi e descrittivi (più virtuosistici), all'orchestra il ritornello, i motivi strutturali portanti. Innovazione e tradizione, insomma, si fondono in un organismo di calibrata raffinatezza che si apre al futuro senza rinnegare il passato. Tale forza innovativa, per altro, non sfugge all'attenzione di Bach che trascrive per organo o cembalo ben dieci concerti vivaldiani assumendoli a prototipo dello stile italiano.

Percorso: LO SPAZIO E IL TEMPO

PERCORSI TEMATICI

Copernico e le scoperte geografiche rivoluzionano l'idea di spazio

Il sistema copernicano, incisione del 1660.

Nel 1543 Copernico pubblicò il *De rivolutionibus orbium coelestium* [Le rivoluzioni dei corpi celesti]. L'opera si diffuse rapidamente in Europa, senza scandalo. La Chiesa considerò il modello eliocentrico, proposto dall'astronomo polacco, come una semplice ipotesi matematica, che era già stata avanzata anche nell'antichità.

In realtà la visione copernicana ebbe conseguenze culturali enormi: modificò la percezione dello spazio, promosse la formazione della nuova mentalità scientifica e stimolò la nascita del moderno relativismo (cfr. **S12**).

Con Copernico cambia innanzitutto il modo di concepire l'uomo nell'universo. L'immagine secolare di una struttura gerarchica dello spazio che ha il suo centro nella Terra e nell'uomo viene demolita. La Terra assume ora una collocazione marginale nell'immensità di un universo, in cui l'uomo ha perso il suo ruolo privilegiato. L'universo non ha più un carattere finito e ordinato, né un assetto in cui ogni creatura ha un posto preciso in una catena degli esseri che sale fino a Dio. L'uomo è inserito in un nuovo sistema aperto, e non sa più determinare con chiarezza la propria posizione nello spazio. Tutto diventa incerto e relativo.

Lo scardinamento delle vecchie certezze ha un effetto liberatorio: nasce la libertà di ricerca su cui si basa la scienza moderna. Il dubbio, il rifiuto di ogni verità precostituita, diventano la premessa di ogni vera conoscenza. L'esperienza, come già in **Leonardo da Vinci**, è il fondamento di ogni certezza e apre la strada a nuove scoperte. Da qui la spregiudicatezza intellettuale e l'ottimismo che caratterizzano **Giordano Bruno**. Convinto della superiorità dei moderni sugli antichi, egli accetta la teoria copernicana e ne trae tutte le conseguenze, sostenendo l'idea dell'infinità dell'universo e dell'infinità dei mondi (cfr. § 5). Concependo Dio immanente nella natura, Bruno considera «cosa in-

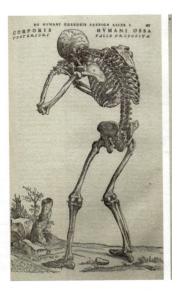
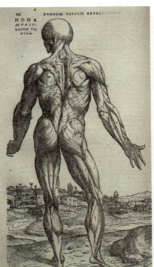
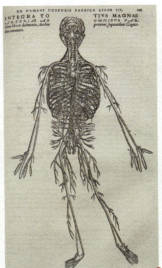

Andrea Vesalio, *Tavole anatomiche*.

Si tratta di tavole anatomiche che illustrano il trattato sul corpo umano (1543) del medico belga Andrea Vesalio. Il corpo umano, alla luce della nuova scienza medica, è composto di ossa, sangue, organi. Vesalio dà un contributo fondamentale alla sua conoscenza per l'estrema precisione con cui sono disegnati la struttura ossea, le vene e i muscoli.

Percorso
LO SPAZIO E IL TEMPO — Copernico e le scoperte geografiche rivoluzionano l'idea di spazio

degna della divina bontà e potenzia che, possendo produr oltra questo mondo un altro ed altri infiniti, producesse un mondo finito». Se l'universo è infinito e privo di centro, non solo viene a cadere ogni ordinamento gerarchico, ma ciascuno degli infiniti mondi simili alla Terra esprime una prospettiva diversa, relativa alla sua collocazione nello spazio. È aperta la strada al relativismo moderno.

Anche le scoperte geografiche modificano la percezione dello spazio terrestre, mettendo in crisi certezze millenarie, mentre il contatto con popoli nuovi, di cui non si sospettava l'esistenza, impone all'uomo europeo un confronto con costumi e civiltà totalmente diverse. La conquista dell'America porta alla distruzione delle culture indigene, ma scardina a livello della riflessione filosofica più avanzata l'idea dell'unicità e della centralità della civiltà europea nel mondo. Montaigne incarna già una mentalità nuova e straordinariamente moderna, che rifiuta ogni concetto assoluto di verità. **Il giudizio positivo sulle società indigene, la critica al concetto di barbarie, la difesa dello stato di natura fanno di Montaigne il primo critico dell'eurocentrismo** e della presunzione europea di giudicare il mondo secondo i propri parametri e le proprie abitudini: «ognuno chiama barbarie quello che non è nei suoi usi; sembra infatti che noi non abbiamo altro punto di riferimento per la verità e la ragione che l'esempio e l'idea delle opinioni e degli usi del paese in cui viviamo. Ivi è sempre la perfetta religione, il perfetto governo, l'uso perfetto e compiuto di ogni cosa».

Un altro nuovo spazio esplorato e sino ad allora sconosciuto è quello del corpo umano: compare ora il corpo anatomico. Sviluppando la lezione di Leonardo da Vinci, **Andrea Vesalio** nel 1543 pubblica il *De humani corporis fabrica libri septem* [Sette libri sulla fabbrica del corpo umano] e segna la nascita della moderna scienza medica. Egli non si lascia condizionare dall'autorità di Galeno (il medico greco più famoso dell'antichità) e, unificando teoria e pratica, procede all'osservazione diretta del corpo ricercando le cause immanenti delle malattie. L'occhio e le mani diventano gli strumenti essenziali del medico, che prima si limitava a disputare in cattedra, commentando i testi antichi, e lasciava che fossero gli inservienti a tagliare e a operare. Gli scorticati rappresentati nelle *Tabulae anatomicae* [Tavole anatomiche] (1538) rivoluzionano l'iconografia medievale, mentre la prospettiva permette di liberare l'interno dei corpi consegnandolo all'osservazione. **L'uomo perde la sacralità che gli derivava dal nascosto**, non è più centro di potenze invisibili o comunque queste non riguardano il campo di indagine del medico, che non si occupa più dell'anima, ma è depositario della conoscenza particolare e limitata del corpo.

Questo atteggiamento nuovo di fronte alla realtà naturale e umana, se dischiude nuovi orizzonti conoscitivi, provoca anche smarrimento e inquietudine. Mentre il principio di autorità entra in crisi nella filosofia e nella scienza, la realtà politica e religiosa del tempo ribadiscono l'assolutismo e il dogmatismo. Ciò provoca un conflitto drammatico tra la libera ri-

Giulio Romano, *La caduta di Giganti* (parete nord), 1532-1535. Mantova, Palazzo Te, Sala dei Giganti.

cerca e la Chiesa, che non esita a mandare al rogo come eretico chiunque la contraddice. Si apre un **contrasto tra fede e ragione** che crea profondi turbamenti nella coscienza degli artisti, fino alla follia (cfr. più avanti il dramma di Tasso). Il controllo ideologico e la repressione degli intellettuali si inseriscono nel clima generale di dispotismo e di intolleranza che porta la Chiesa della Controriforma all'eliminazione di ogni devianza dalla norma, all'esclusione violenta dei diversi, dai selvaggi agli eretici alle streghe.

Anche le arti figurative registrano, nel secondo Cinquecento, la crisi della rappresentazione rinascimentale dello spazio. Il Rinascimento aveva sostituito all'occhio di Dio l'occhio dell'uomo; infatti lo spazio della prospettiva lineare traduceva l'idea di un ordine e una gerarchia delle cose, disciplinata dalla fissità e dalla centralità dell'uomo nella natura.

Ora invece, **nei pittori manieristi, lo spazio si complica in prospettive oblique e molteplici**. L'artificio spettacolare sconvolge i rapporti gerarchici tra le cose e le persone, tra particolari importanti e secondari. Mentre prima lo spazio aveva un limite nel punto di fuga precisamente definito all'interno del quadro, ora si arriva allo sfondamento di questo spazio circoscritto con una fuga infinita. Oppure si abolisce ogni distinzione tra lo spazio della finzione pittorica e quello reale delle pareti, come nella stanza della *Caduta dei giganti* di Giulio Romano, nel Palazzo Te a Mantova. Lo spazio insomma tende ad assumere un carattere irreale, ormai non è più «un sistema coerente, ma una semplice somma di coefficienti spaziali».

Anche lo spazio teatrale tende sempre più all'illusionismo e alla spettacolarità scenografica. Il primo teatro costruito al chiuso è il teatro olimpico di Vicenza ad opera del Palladio (1580), che imita il modello classico, con una gradinata sormontata da colonne e un proscenio architettonico ispirato al teatro romano d'Orange. Lo Scamozzi ne completò l'opera arricchendo la scenografia con molteplici vedute di città, le cui direttive oblique convergono sulla scena movimentando e prolungando all'infinito lo spazio sullo sfondo. L'uso sempre più frequente della scena mobile nelle rappresentazioni teatrali, sostituita più volte nel corso della recitazione, nega ogni unità e fissità spaziale, in nome di una varietà e mobilità che preludono allo spazio barocco (cfr. vol. 2).

Anche il concetto di tempo comincia a subire variazioni non meno sconvolgenti. Il tempo, come lo spazio, si dilata senza limiti. Lo studio dell'antica civiltà cinese mette in crisi la cronologia biblica sull'origine del mondo, giacché si scopre l'esistenza di civiltà più antiche della data della creazione del mondo, fatta risalire a circa quattromila anni a.C. I successivi studi archeologici e geologici porteranno a scoprire mutamenti nella conformazione stessa della Terra, le cui conseguenze sul piano scientifico matureranno solo nell'Ottocento. Ma ormai si sta compiendo il processo di laicizzazione del tempo che era stato già avviato dai mercanti nel Medioevo. Il tempo sacro, biblico, comincia a essere messo in discussione dal tempo della storia, prima dell'uomo e poi della natura.

Giacomo Torelli, incisione di una scenografia per la *Andromeda* di Corneille, 1650.

Percorso
LO SPAZIO E IL TEMPO

Percorsi tematici

Lo spazio in movimento

Francesco Borromini, *Sant'Ivo alla Sapienza*, Roma, 1642-1650.

La chiesa presenta un originale e inquietante movimento spaziale. Alla rientranza concava della facciata sul cortile si oppone la sporgenza convessa dell'alto tamburo sovrastante. Sopra, la piramide è coronata da una lanterna a rientranze concave tra una colonna e l'altra. Infine il movimento a spirale della cuspide lega e libera nello spazio le diverse tensioni dell'edificio, la cui pianta a esagono stellare riproduce nell'interno lo stesso ritmo movimentato e irregolare.

La visione copernicana e galileiana del cosmo distruggeva l'assetto tradizionale dell'universo e, rompendo il legame tra scienza e teologia, metteva in discussione il vecchio ordine morale e sociale. Ciò semina dubbi e incertezze sul piano conoscitivo e morale. Questo smarrimento, unito al periodo di crisi economica e politica, di conflittualità sociali, al ritorno della carestia e della peste, spiega il senso di instabilità e di disarmonia che caratterizza la visione del mondo barocca. I *topoi* della pazzia del mondo, del mondo alla rovescia, del mondo come labirinto o come teatro, incidono sulla nuova rappresentazione dello spazio, che è **uno spazio essenzialmente teatrale**.

Il Seicento non è solo la grande stagione del teatro europeo, ma sperimenta le tecniche del "teatro nel teatro", giocando sullo scambio tra realtà e finzione. La vita stessa, nelle sue principali manifestazioni, viene teatralizzata. Si afferma il gusto delle cerimonie fastose, dello spettacolo emotivamente coinvolgente. Anche la morte è oggetto di messa in scena macabra e grandiosa. Persino gli aspetti più intimi dell'esperienza religiosa, come il rapimento mistico, trovano una rappresentazione spettacolare. **Un esempio della complessa invenzione dello spazio barocco è offerto da Bernini**. L'estasi di santa Teresa, nella cappella Cornaro, è inserita in una scenografia di grande effetto, che fonde tutte le arti, architettura, scultura, luminismo pittorico. La scena è inoltre contemplata dai membri della famiglia Cornaro che si affacciano da palchetti laterali, come in un vero e proprio teatro. Gli spettatori sono così inglobati in uno spazio in cui non esiste più un confine tra realtà e illusione.

Tre aspetti della nuova cosmologia influenzano fortemente l'immaginario spaziale barocco: l'infinità dello spazio, la mancanza di un centro, il movimento dei corpi celesti. Soprattutto il movimento che anima l'intero universo spiega l'ottica cinetica con cui si rappresentano tutti i fenomeni. **Il nuovo spazio è uno spazio dinamico**. Niente

Gian Lorenzo Bernini, *Cappella Cornaro* (1647-1652 circa). Roma, Santa Maria della Vittoria.

è più fermo e stabile. Tutto si muove, i personaggi sono colti nel momento culminante dell'azione, i panneggi si avvolgono in spirali turbinose intorno ai corpi, le mura stesse delle chiese si incurvano in superfici concave e convesse, le cupole si aprono verso il cielo in un illusionismo prospettico che dilata lo spazio all'infinito. La grande fortuna del tema della metamorfosi è legata a questa percezione della realtà come continuo movimento e trasformazione. Predominano le linee curve, aperte, inconcluse, e le prospettive inquiete e policentriche.

Proprio in quegli anni Keplero teorizza il movimento ellittico dei corpi celesti. **Il modello spaziale ellittico affascina l'artista barocco**, nello stesso modo in cui il cerchio e la centralità prospettica affascinavano quello rinascimentale. **Piazza san Pietro è costruita secondo questo principio**: le braccia ellittiche del doppio colonnato non chiudono lo spazio e il loro perimetro a doppia focalizzazione permette diversi punti di vista sulla basilica, la cui facciata appare straordinariamente avvicinata agli spettatori dallo spazio trapezoidale antistante la chiesa. Il movimento spaziale è studiato in funzione di uno spettacolo teatrale, capace di sfruttare al massimo gli effetti emotivi e visivi (la facciata e la cupola). La comunicazione religiosa fa appello all'irrazionalità e alla fascinazione che passa attraverso i sensi, come avevano ben intuito i gesuiti, che scoprivano allora le prime tecniche di persuasione di massa. L'importanza attribuita allo stimolo delle sensazioni è all'origine dell'estetica della meraviglia e rimanda alla consapevolezza di una soggettività nella percezione del mondo, che dà via libera a un movimentato gioco illusionistico nella rappresentazione dello spazio.

L'"empiria sensoria" è anche alla base del naturalismo dell'arte borghese olandese. Essa è caratterizzata da uno sguardo più oggettivo e analitico che tende a penetrare con la stessa acutezza la realtà fisica e umana. Il corpo umano, in quanto oggetto di osservazione scientifica, non differisce da un animale o da una pianta. **Nella *Lezione di anatomia* di Rembrandt** il cadavere è completamente desacralizzato, ridotto a puro oggetto di curiosità (cfr. IMMAGINE ATTIVA, p. 56).

Nasce il genere della natura morta, come viene definita la pittura del soggetto inanimato. Fiori, frutta, cibi, il paesaggio naturale diventano protagonisti autonomi del quadro, cancellando la presenza umana dalla scena. Non esiste più una gerarchia tra gli elementi dell'universo che, privo di centro, appare ridotto a un insieme di parti di uguale valore. E tuttavia l'artista cerca di attribuire, intellettualisticamente, un significato morale a questi frammenti di realtà. Qualcosa di simile accade nella poesia barocca italiana, dove spesso le liriche, nella prima parte, descrivono con precisione analitica oggetti vari (lenti, orologi) e si concludono, nella seconda, con una riflessione morale sulla morte.

Anche il paesaggio diventa un genere autonomo di grande fortuna. Il pittore olandese Van Ruysdael dipinse quasi unicamente paesaggi lacustri; la predilezione barocca per il movimento e il fluire delle acque ha chiare attrattive figurative e simboliche.

Del tutto originale è la percezione dello spazio in Pascal. Dalle scoperte scientifiche egli ricava implicazioni morali e filosofiche pessimistiche. **L'infinità del nuovo universo fa sentire drammaticamente a Pascal la finitezza e l'impotenza dell'uomo**. Da qui il senso di smarrimento e la sfiducia nella possibilità umana di conoscere una natura infinita: «Tutto questo mondo visibile è solo un punto impercettibile nell'ampio seno della natura. Nessuna idea vi si approssima» (cfr. **S15**). L'unico spazio conoscibile su cui conviene concentrare lo sguardo è quello dell'interiorità umana. Se Galileo, nell'avvenuta scissione tra religione e scienza, dà il primato a quest'ultima, Pascal deduce dalla negazione dell'antropocentrismo l'umiltà dell'uomo di fronte alla natura e il primato della morale: «la conoscenza di questa [della morale e del mondo interiore dell'uomo] mi consolerà sempre dell'ignoranza del mondo esteriore».

Salomon van Ruysdael, *Paesaggio fluviale*, 1641. San Gallo, Kunstmuseum.

Roelof Koets e Pieter Claesz, *Natura morta con uva, mele e calice*, 1634. San Gallo, Kunstmuseum.

Percorso
LO SPAZIO E IL TEMPO

PERCORSI TEMATICI

L'importanza del viaggio nell'esperienza dell'uomo del Settecento

Giandomenico Tiepolo, *Mondo Novo* (particolare), 1791. Venezia, Ca' Rezzonico - Museo del Settecento Veneziano, Villa di Zianigo-Portico.

Nel Settecento nasce una nozione nuova di viaggio, che sarà tipica dell'uomo moderno: il viaggio diventa un'esperienza fondamentale e insostituibile nella formazione dell'individuo.
La semplice esperienza di luoghi e costumi diversi assume un valore in sé e il viaggio diventa il tema narrativo di molti romanzi settecenteschi e dà origine al moderno *Bildungsroman* [romanzo di formazione].
Alla base della fortuna di questo tema ci sono anche il senso di mutamento e lo spirito di ricerca che caratterizzano la crisi della coscienza europea fra Sei-Settecento. Di qui l'esigenza di novità, la tendenza all'irrequietezza e al movimento. L'inchiesta di Candido o di Micromegas, attraverso un viaggio intercontinentale o addirittura interplanetario, segnalano un cambiamento della visione del mondo. La ricerca di un senso nuovo da dare alla vita e alla storia non avviene più attraverso la meditazione trascendentale (il viaggio allegorico medievale), ma attraverso l'esplorazione della molteplicità della realtà umana. Il viaggio in paesi lontani permette un confronto tra costumi e abitudini diverse e lo sviluppo di una coscienza critica della propria identità, che tende a superare l'eurocentrismo e anche l'antropocentrismo.

Lo spazio dell'avventura narrativa si è spostato dal Mediterraneo all'Atlantico, a uno spazio aperto non più segnato dalle frontiere religiose. L'America è un polo costante d'attrazione per la fantasia dei romanzieri: qui soggiorna e si arricchisce Moll Flanders (protagonista di un romanzo di Defoe), qui Robinson Crusoe diventa proprietario di piantagioni, qui muore Manon (protagonista di un romanzo di Prévost). Colpiscono tuttavia il movimento, l'intreccio di relazioni internazionali, la molteplicità dei punti di vista che caratterizzano l'immaginario letterario. I persiani vanno a Parigi (*Lettere persiane* di Montesquieu), gli europei in America (*La storia del cavaliere des Grieux e di Manon Lescaut* di Prévost), o in paesi immaginari (*I viaggi di Gulliver* di Swift), gli indigeni in Europa (*L'ingenuo*, di Voltaire): **il viaggio è esperienza della diversità, nei cui confronti ci si pone in modo diverso rispetto al passato**. Di qui si sviluppa lo spirito critico, la conoscenza scientifica, geografica e antropologica. Troviamo in Swift, come in Voltaire e in Montesquieu, una critica ai costumi occidentali e una lezione di relativismo culturale, impensabile nell'epoca precedente. La riflessione si concentra sulla questione vitale, in tutto il XVIII secolo, del rapporto fra natura e civiltà, natura e cultura, uomo e ambiente (cfr. **S16**). Solo ora la cultura europea può riprendere la lezione di Montaigne, sviluppando un nuovo punto di vista sulla conquista dell'America, sulla figura dell'indigeno e sul colonialismo.

L'Oriente tuttavia non perde il suo fascino rispetto al Nuovo Mondo, si traducono per la prima volta *Le mille e una notte*, il che incentiva il gusto per l'orientalismo, che va dalle cineserie alla nuova moda dell'esotismo turco.

Il viaggio non è solo un tema dell'immaginario letterario, fortemente suggestionato dai viaggi transoceanici (Defoe), **ma anche un potente stimolo alla nascita di una coscienza culturale più critica e aperta verso l'altro**. Esso è alla base della fioritura di tutta una letteratura geografica, di costume, sotto forma di resoconti e di memorie biografiche. Diventa, si è visto, una pratica che caratterizza l'educazione del gentiluomo e del letterato, sviluppandone le tendenze cosmopolitiche. **Si afferma infine anche l'idea moderna del viaggio come piacere, del *Grand tour*** [il grande giro], **il viaggio turistico**.

L'Italia continua a essere la meta di artisti e scrittori europei, mentre gli italiani si recano a Parigi, a Ginevra, e sono attratti dai paesi baltici (cfr. *La vita* di Alfieri). Nel Settecento diventano famosi i resoconti del viaggio in Italia di Montesquieu, di Charles de Brosses, del critico d'arte tedesco Winckelmann, dello storico inglese Gibbon fino a Goethe, il cui *Viaggio in Italia* costituirà il *Baedeker* (o la guida) del viaggiatore romantico ottocentesco. Attraverso le opere di questi grandi viaggiatori si va diffondendo un'immagine dell'Italia che entrerà presto a far parte della "vulgata" turistica.

Percorso
L'AMORE E LA DONNA

Sono veramente esistite le streghe?

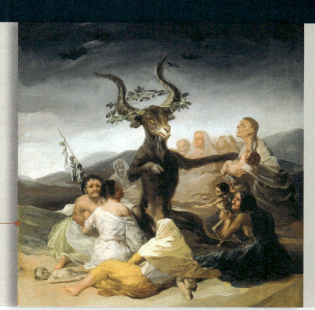

Francisco Goya, *Il sabba delle streghe*, 1797-98. Madrid, Museo Lázaro Galdiano.

La strega è un personaggio singolare della storia europea tra il XIV e il XVII secolo: pur dominando l'immaginario collettivo di questi secoli, **non diventa mai una protagonista della letteratura**. «La repressione selvaggia delle pratiche magiche rappresenta senza alcun dubbio – osserva lo storico francese R. Mandrou – una delle esclusioni, uno dei rifiuti più netti che la società occidentale abbia mai pronunciato» (*Magistrati e streghe nella Francia del Seicento*, Laterza, Bari 1979 I, p. 128).

Pratiche magiche erano esistite per tutto il Medioevo ed erano legate ad una concezione della natura e della vita umana, ancora prescientifica, fortemente permeata dalla presenza del soprannaturale. Ma solo **alla fine del Trecento, nel clima di insicurezza collettiva** suscitato dalle carestie, dalla peste, dalle rivolte sociali e religiose, **inizia una vera e propria lotta contro la stregoneria**, che si intensifica nei secoli successivi.

Il *Malleus maleficarum* [Il martello delle streghe], scritto nel 1487 da due domenicani tedeschi come manuale per i giudici dell'Inquisizione, conobbe una grande e rapida diffusione. **I roghi contro le streghe si accesero a migliaia nell'Europa protestante e cattolica** con il consenso di tutti gli strati dell'opinione pubblica. I processi dapprima riguardarono le zone rurali, poi si estesero ai centri urbani.

Il fenomeno ha cause sociali, politiche e psicologiche radicate nell'esigenza della Chiesa e dello Stato di reprimere individui e gruppi dissidenti; non meno sconvolgente è la ricerca, da parte dell'opinione pubblica, di un capro espiatorio, su cui catalizzare il senso di minaccia che grava sulla comunità. **La paura della strega nasceva infatti dal fatto che si immaginava un complotto, tramato dal diavolo, contro l'umanità con la complicità di esseri umani**. Resta da spiegare perché tale psicosi si concentrò contro la donna-strega.

La maggior parte delle persone incriminate furono infatti donne. Era stato un italiano, Girolamo Visconti, tra il 1460 e il 1470, a identificare la stregoneria con l'elemento femminile. Il *Malleus maleficarum* ne offriva una spiegazione, teorizzando la naturale inferiorità intellettuale e morale delle donne e riassumendo tutti i luoghi comuni del più violento antifemminismo ecclesiastico. **La donna avrebbe una innata inclinazione al male, in quanto è «più carnale dell'uomo»**. Lo stesso termine 'femmina' è fatto derivare da 'fede' e 'meno': la donna ha minor fede e la serba di meno. Dunque essa diventa facilmente uno strumento delle operazioni diaboliche.

Emerge il fantasma della sessualità insaziabile e demoniaca della donna che, per soddisfare la sua libidine, sarebbe disposta ad accoppiarsi con il diavolo, generando esseri mostruosi. Le streghe sono anche un pericolo per la virilità del maschio, capaci di renderlo impotente o di privarlo degli organi sessuali. **Colpisce questa attenzione rivolta al corpo e alla sessualità della strega**. D'altra parte la visita corporale, alla ricerca del segno lasciato dal diavolo, era parte essenziale nei processi, anche nei tribunali laici.

Si assiste alla rinascita dello spirito sessuofobico della cultura monastica, caratterizzata dalla demonizzazione del sesso e della donna. Il fatto che ciò avvenga proprio nell'età rinascimentale, dopo la valorizzazione della figura femminile attuata dal culto mariano, dall'amor cortese, da tutta la poesia e l'arte del Cinquecento, fa dubitare della reale consistenza del processo di rivalutazione della donna e delle sue funzioni sociali nel corso di questi secoli e sembra dare ragione a chi mette in dubbio l'esistenza di un Rinascimento femminile.

Del resto non bisogna dimenticare che questa è proprio l'epoca in cui non solo si ribadisce la subordinazione familiare della donna, attraverso la regolamentazione giuridica dell'istituto matrimoniale, ma la Chiesa esclude sempre più la presenza femminile da qualsiasi funzione in ambito religioso. **Emarginata dal sacro, gestito esclusivamente dagli uomini, alla donna resta la mediazione con il demoniaco**.

PERCORSI TEMATICI

Percorso L'AMORE E LA DONNA — Sono veramente esistite le streghe?

La caccia alle streghe denuncia drammaticamente la persistenza di profondi sentimenti antifemministi, che si radicalizzano nel contesto delle guerre di religione e in quello repressivo della Controriforma.

Come si spiega tuttavia che la credenza nella reale esistenza delle streghe sia stata accettata ampiamente anche ai livelli di istruzione più elevati? Non furono solo i monaci o il popolo superstizioso a credere nelle streghe, ma anche i magistrati dei tribunali dello Stato, che giudicavano i malefici come reati comuni.

La psicosi causata dalle streghe crebbe nella seconda metà del Cinquecento quando i giudici, in seguito ai processi, diffusero un numero impressionante di confessioni, in cui le accusate ammettevano di aver partecipato ai *sabba* (convegni con il diavolo) e di essere penetrate di notte nelle case per succhiare il sangue ai bambini fino a ucciderli. Le confessioni spesso erano estorte con la tortura, altre volte sembrano autentiche. Ciò spiega le dimensioni del massacro: **tra il 1560 e il 1630 ventimila persone — ed è una stima prudente — furono mandate al rogo**.

Non va tuttavia dimenticato un altro aspetto, relativo alle conseguenze della caccia alle streghe: essa segnò **la liquidazione del ruolo di primo piano che la donna esercitava nella terapia empirica della medicina popolare**, del potere magico che, fin dalle origini, aveva avvolto le sue funzioni nella procreazione, nel presiedere al mistero della nascita e della morte. Non a caso i malefici imputati alle streghe riguardavano soprattutto la salute e la procreazione.

Esse erano anche, come risulta spesso dai processi, il settore più debole e indifeso della popolazione, soprattutto quando erano donne sole, malate o vedove. In questo contesto l'eresia (numerosa era stata, per esempio, la presenza delle donne nel movimento cataro) o la stregoneria potevano essere una fuga in un mondo alternativo e una rivincita sulla emarginazione, tramite l'esercizio di un potere femminile temuto e temibile.

Come mai tuttavia la guaritrice, da figura prestigiosa della comunità, si trasforma in questo periodo nella strega?
Il problema resta ancora oscuro, giacché non abbiamo testimonianze dirette delle interessate al di fuori dei verbali dei processi.

Secondo alcuni storici le streghe in parte esistevano davvero ed erano le eredi, nelle regioni marginali di campagna o di montagna, di antichi riti pagani legati ai culti agrari della fertilità della terra, a cui si erano sovrapposte le credenze cristiane e che furono percepiti come diabolici. Il miglior funzionamento dell'apparato giudiziario, in seguito al rafforzamento degli Stati nazionali e al maggior controllo esercitato sui fedeli dalla Chiesa post-tridentina, permisero di reprimere sistematicamente atteggiamenti prima ignorati o tollerati.

Certamente antifemminismo, sessuofobia, repressione delle pratiche folkloriche vanno inquadrati nel clima generale di intolleranza e di violenza che travolse l'Europa della Riforma e della Controriforma, e che colpì indiscriminatamente ogni forma di dissidenza e di devianza. A farne le spese furono le minoranze etniche e religiose, i poveri, i folli e soprattutto le donne.

Salvator Rosa, *Streghe ed incantesimi*, 1646 circa. Londra, The National Gallery.

Salvator Rosa è uno dei pochissimi artisti del tempo che dipingono quadri di stregoneria. Le streghe appartenevano soprattutto ai settori emarginati delle donne sole, anziane, malate. Accentuandone l'aspetto diabolico, l'artista associa la stregoneria alla magia, a un mondo irreale popolato da mostri, a un paesaggio terrificante e dominato dalla distruzione.

parte quarta — Il Manierismo, il Barocco, il Rococò. Dalla Controriforma all'età dell'Arcadia (1545-1748)

DAL RIPASSO ALLA VERIFICA

MAPPA CONCETTUALE — Dalla Controriforma all'età dell'Arcadia

Dalla Controriforma all'età dell'Arcadia

età della Controriforma (1545-1690)

- Concilio di Trento (1545-1563)
- tentativo della Chiesa di difendersi dall'espansione della Riforma luterana e dagli altri movimenti protestanti
- intolleranza e dogmatismo religioso
- censura e controllo della cultura
- dominio spagnolo in Italia
- crisi del ruolo sociale dell'intellettuale: da maestro di civiltà a segretario
- crisi dell'equilibrio rinascimentale
- nuova idea di spazio e di tempo
- metodo sperimentale e nuova scienza
- turbamento e relativismo

Manierismo

- fine del Rinascimento maturo
- bizzarria ed eccesso, sbandamento ed incertezza

- crisi del classicismo rinascimentale
- stile esasperato e artificioso
- trattatistica scientifica e filosofica
- definizione normativa dei generi letterari (poema eroico e tragedia)
- crisi della commedia

Barocco

- estetica anticlassicista
- acutezza e ingegno
- colpire l'immaginazione e suscitare la meraviglia

- poetica della metafora
- ibridazione e parodia dei generi letterari
- gusto dell'eccesso
- interartisticità
- predilezione per la forma aperta e inconclusa

età dell'Arcadia (1690-1748)

- crisi dell'*ancien régime*
- mito della "Repubblica delle lettere"
- autocoscienza del ceto intellettuale
- empirismo e razionalismo

Arcadia

- gusto elegante e classicistico
- funzione antibarocca: ripristino del "buon gusto"
- trasposizione utopica del travestimento e del mito
- classicismo minore e ornamentale
- arte d'intrattenimento ed evasione

- diffusione del romanzo e affermazione del melodramma
- poesia idillica e d'occasione

Rococò

- edonismo e leggerezza nell'arte

DAL RIPASSO ALLA VERIFICA

SINTESI

● L'età della Controriforma

Il Seicento e il Settecento, pur in contrapposizione, introducono alla piena modernità che si afferma compiutamente con la Rivoluzione Francese e con le scoperte dei grandi scienziati, come Keplero, Newton e Galilei, che producono una rivoluzione del modo di concepire l'Universo e portano alla valorizzazione della ragione. Le radici di questo rivoluzionario processo di rinnovamento affondano nella seconda metà del Cinquecento, quando si affermano nuovi atteggiamenti culturali, entra in crisi l'immagine dell'intellettuale come maestro di civiltà e viene a mancare l'equilibrio rinascimentale. In campo linguistico il modello bembesco trova un'ulteriore legittimazione nel *Vocabolario degli Accademici della Crusca* (1612), il cui carattere rigidamente normativo e arcaizzante era del tutto in linea con la cultura controriformistica dell'epoca. La netta tendenza purista e classicista faceva dell'italiano una lingua esclusivamente scritta, lontana dal parlato. Si intende per "Controriforma" il tentativo della Chiesa di Roma di difendersi dall'espansione della Riforma luterana e degli altri movimenti protestanti. L'età della Controriforma va dal Concilio di Trento (1545) agli anni Ottanta del 1600. È suddivisibile in due fasi successive: la prima fase manieristica (1545-1610), la seconda barocca (1610-1690).

● Il Manierismo

Il termine deriva da "maniera", parola usata da Vasari per definire lo stile di un artista. Pur restando interno alla tradizione classicistica, il Manierismo riflette la crisi del Rinascimento, di cui altera ed esaspera i tratti sino all'eccesso e alla bizzarria. Il Manierismo infatti esprime non già la sicurezza, l'armonia, la grazia del Rinascimento maturo, ma una situazione di sbandamento e di incertezza. Tuttavia una parte della letteratura tardo-rinascimentale resta estranea agli artifici della "maniera": essa continua soprattutto nel campo della trattatistica scientifica e filosofica e si attiene ancora a un ideale espressivo di composta eleganza e sobrietà.

● Il Barocco

Il termine Barocco ha una accezione negativa e vuole sottolineare, nella nuova tendenza artistica che tende all'eccesso e alla meraviglia, gli aspetti bizzarri e irrispettosi delle norme. Il Barocco respinge la tradizione di misura e di equilibrio del classicismo perché si ispira a una nuova visione del mondo e a un nuovo modo di percepire le cose, prodotti dalla rivoluzione scientifica e dalla fine delle vecchie certezze. Infatti, la diffusione delle tesi copernicane, che pongono fine a una visione del mondo basata sulla centralità della Terra e dell'uomo nell'Universo, produce un senso di smarrimento. La visione barocca del mondo è dominata dall'idea di un universo infinito e instabile, labirintico e complesso, incerto e precario. La nuova visione del mondo si traduce, in campo letterario, in una estetica anticlassicistica e in una poetica della metafora. Mentre il Cinquecento aveva fissato dovunque rigide normative e aveva elaborato un'estetica precettistica, il Seicento appare più libero e vario, più volto alla trasformazione e all'innovazione che alla codificazione. Acutezza o arguzia, ingegno, concettismo, sono le vie attraverso cui si realizza la nuova poetica.

● L'Arcadia

Nel 1690 a Roma si costituisce l'Accademia dell'Arcadia. Capillarmente diffusa in tutta Italia, contribuisce in modo significativo all'unificazione del ceto intellettuale italiano. Essa nasce in funzione antibarocca per restaurare il "buon gusto" e per proporre una riforma della poesia ispirata ai criteri di semplicità e di chiarezza che di fatto si risolve, però, in un classicismo minore e ornamentale e in un'arte d'intrattenimento e di evasione. Essa mira alla liquidazione del gusto barocco e alla promozione di un temperato razionalismo, al bisogno collettivo di identità non solo culturale ma anche sociale degli intellettuali italiani. La fine della supremazia culturale e organizzativa della Chiesa coincide quindi con l'estenuarsi del Barocco. Segue un periodo di passaggio pieno di contraddizioni: crollano i valori tradizionali, entra in crisi la coscienza europea, si valorizza il razionalismo e la tendenza a un'arte di evasione, idillica, ornamentale, dal gusto elegante e classicistico, prezioso e raffinato.

● Il Rococò

All'inizio del Settecento nel dibattito dell'arte emergono due nuovi concetti: quello del "buon gusto" e quello della "immaginazione" o "fantasia". Il "buon gusto", contrapposto al cattivo gusto barocco, ha il compito di disciplinare l'immaginazione e la fantasia. L'espressione artistica più caratteristica del periodo è il Rococò, uno stile che si realizza soprattutto nell'architettura degli interni e nelle arti applicate (arazzi, mobili, porcellane). Nella diffusione del Rococò si possono distinguere due periodi successivi: nel primo periodo il Rococò è squisitamente aristocratico, nel secondo si va estendendo all'alta borghesia.

DALLE CONOSCENZE ALLE COMPETENZE

1 Collega i movimenti alle date corrispondenti (§ 1)

- età della Controriforma •
- Manierismo •
- Barocco •
- Arcadia e Rococò •

- • 1545-1610
- • 1690-1748
- • 1545-1690
- • 1610-1690

2 La Controriforma segna (§ 1)
- A una rettifica della dottrina cristiana
- B una riorganizzazione della Chiesa di Roma contro il luteranesimo
- C la ridefinizione dell'ortodossia cristiana conto l'Islam
- D un movimento di democratizzazione della Chiesa

3 In che modo il Manierismo, seppure rimane all'interno del Rinascimento maturo, si distanzia dalla tradizione classicistica? (§ 1)

4 Qual è l'origine del termine "Barocco" e quale accezione ha assunto? (§ 1)

5 Tra le parole elencate segna quelle che caratterizzano la poetica barocca (§ 1)
- A misura
- B ingegno
- C equilibrio
- D classicità
- E acutezza

6 La crisi del Seicento si manifesta su vari piani (§ 2)
- demografico, perché ....
- economico, perché ....
- sociale, perché ....

7 Cosa sono le accademie e come influiscono sull'organizzazione della cultura? (§ 3)

8 Gli intellettuali italiani (§ 3)
- A [V] [F] sono autonomi dalla Chiesa
- B [V] [F] sono ancora subordinati alla Chiesa
- C [V] [F] appartengono al ceto borghese
- D [V] [F] provengono dal clero
- E [V] [F] sono spesso nobili

9 Gli intellettuali nel Seicento tendono a (due risposte) (§ 3)
- A rivendicare la loro autonomia
- B subordinare la politica al primato della cultura
- C cambiare idea secondo la situazione
- D assumere un atteggiamento servile verso il potere

10 L'Arcadia (§ 3, S10)
- è un'accademia formata da ....
- si prefigge lo scopo di ....
- propone un immaginario ....

11 L'intellettuale vede aumentare o ridurre i propri margini di autonomia? Come cambiano le sue funzioni? (§ 3, S5, S7, espansioni digitali S, *Gli intellettuali nell'età della Controriforma (G. Procacci)*, espansioni digitali S, *La funzione degli eruditi secondo Benzoni e Woolf*)

12 Quale fattore, secondo Paul Hazard, incide in modo determinante sul mutamento della coscienza europea tra Sei/Settecento? (§ 6, S2)

13 La visione copernicana del mondo si basa sul sistema (§ 6)
- geocentrico, cioè ....
- eliocentrico, cioè ....

DAL RIPASSO ALLA VERIFICA

14 Le idee di spazio e di tempo si ampliano: per quali ragioni e con quali conseguenze? (§ 6)

15 L'autonomia della scienza genera una nuova visione del mondo. Quali sono a tuo avviso le principali ricadute sull'immaginario? (§ 6, S14, S15)

16 Quale genere letterario prevale in Italia nel Settecento? (§ 8)

17 Come si sviluppa la questione della lingua nel Seicento? (§ 9)

18 Nel 1612 esce a Venezia il *Vocabolario degli Accademici della Crusca*. Quale scopo si proponeva e quali sono state le conseguenze? (§ 9)

PROPOSTE DI SCRITTURA

IL SAGGIO BREVE

I "nuovi diversi"

L'età della Controriforma vede il rafforzarsi della cultura dell'intolleranza e l'emergere di "nuovi diversi". Interpreta i documenti in tuo possesso e attua un confronto con la società attuale. Organizza concetti e dati in una scaletta e sviluppala in un saggio breve. Attribuisci al tuo saggio un titolo coerente e ipotizzane una destinazione editoriale (rivista specialistica, fascicolo scolastico di ricerca e documentazione, rassegna di argomento culturale, altro). Non superare le quattro colonne di metà di foglio protocollo.

Documenti:

1.

Theodor de Bry, *Massacro di indigeni nelle Americhe*, 1954.

2. Voglio parlare della scoperta che l'*io* fa dell'*altro*. L'argomento è vastissimo. Non appena lo abbiamo formulato nei suoi termini generali, lo vediamo subito suddividersi in molteplici categorie e diramarsi in infinite direzioni. Possiamo scoprire gli altri in noi stessi, renderci conto che ognuno di noi non è una sostanza omogenea e radicalmente estranea a tutto quanto non coincide con l'io: l'io è un altro. Ma anche gli altri sono degli io: sono dei soggetti come io lo sono, che unicamente il mio punto di vista separa e distingue realmente da me. Posso concepire questi altri come un'astrazione, come un'istanza della configurazione psichica di ciascun individuo; oppure come un gruppo sociale concreto al quale noi non apparteniamo. Questo gruppo, a sua volta, può essere interno alla società: le donne per gli uomini, i ricchi per i poveri, i pazzi per i 'normali': ovvero può esserle esterno, può consistere in un'altra società...

T. Todorov, *La conquista dell'America: il problema dell'altro*, Einaudi, Torino 1984.

3. "L'autentico dialogo e quindi ogni reale compimento della relazione interumana significa accettazione dell'alterità. [...] L'umanità e il genere umano divengono in incontri autentici. Qui l'uomo si apprende non semplicemente limitato dagli uomini, rimandato alla propria finitezza, parzialità, bisogno di integrazione, ma viene esaudito il

proprio rapporto alla verità attraverso quello distinto, secondo l'individuazione, dell'altro, distinto per far sorgere e sviluppare un rapporto determinato alla stessa verità. Agli uomini è necessario e a essi concesso di attestarsi reciprocamente in autentici incontri nel loro essere individuale".

M. Buber, Il principio dialogico e altri saggi, Ed. San Paolo, Milano 1951.

LA TRATTAZIONE SINTETICA

Il dibattito sulla superiorità degli antichi o dei moderni
Nel Settecento, il secentesco dibattito sulla superiorità degli antichi o dei moderni si risolve a favore dei secondi. Spiega perché e a quale nuova idea della storia si connette.

La rivalutazione dell'esperienza
Nel Settecento si assiste in ogni campo alla rivalutazione dell'esperienza e dell'osservazione diretta. Utilizzando § 6 ed espansioni digitali **S**, *Lettera a Benedetto Castelli*, spiega come ciò influisca sul settore educativo e pedagogico e il ruolo che assume il viaggio per la formazione.

- **Materiali per il recupero** L'età della Controriforma e del Manierismo
- **Materiali per il recupero** Il Seicento: il Barocco, la società, la rivoluzione scientifica, l'arte
- **Materiali per il recupero** La prima metà del Settecento: l'Arcadia e il Rococò
- **Indicazioni bibliografiche**

prometeo 3.0

Personalizza il tuo libro selezionando per questo capitolo materiali integrativi da Prometeo (di seguito ti proponiamo un elenco di materiali, ma puoi trovarne altri utilizzando il motore di ricerca).

- **SCHEDA** Il rapporto fra Manierismo e Controriforma nelle arti figurative (A. Hauser)
- **SCHEDA** Carl Theodor Dreyer, *Dies Irae* (1943)
- **SCHEDA** Il conflitto delle interpretazioni. I gesuiti e la cultura umanistica
- **SCHEDA** Come nasce uno stereotipo: il sabba (C. Ginzburg)
- **SCHEDA** L'aumento del numero degli intellettuali, la loro sottoutilizzazione sociale e la crisi della corte come centro culturale (M. Rosa)
- **SCHEDA** La Chiesa e gli intellettuali (A. Asor Rosa)
- **SCHEDA** Come nasce la recensione. Un altro esempio del ritardo del giornalismo italiano rispetto a quello francese e inglese
- **SCHEDA** *Mission* di Roland Joffé
- **SCHEDA** La legittimazione del potere del Leviatano (T. Hobbes)
- **SCHEDA** La libertà non può essere soppressa senza distruggere la religione e la pace dello Stato (B. Spinoza)
- **SCHEDA** Il misticismo di El Greco
- **SCHEDA** Il conformismo sociale: la testimonianza di Sarpi
- **SCHEDA** "Puntiglio" e "sussiego"
- **SCHEDA** Gli europei, i cannibali e la conquista spagnola secondo Montaigne (M. de Montaigne)
- **SCHEDA** Il conflitto fra aristotelismo e platonismo continua nell'estetica contemporanea. La polemica di Della Volpe con Croce
- **SCHEDA** Il Barocco e l'arte contemporanea (C. Cases)
- **SCHEDA** L'industria editoriale in Inghilterra (L. Lowenthal)
- **SCHEDA** La novità della musica barocca: stile concertante, sonata barocca con basso continuo, concerto grosso
- **SCHEDA** Il Rococò e la fine dell'arte aulica (A. Hauser)
- **SCHEDA** I vocabolari italiani
- **TESTO** Charles-Louis de Montesquieu, *L'incertezza sui tabù del persiano Usbek*

Capitolo II
La poesia lirica in Italia e in Europa

My eBook+

Cliccando su questa icona, docenti e studenti accedono ad un'area di personalizzazione che permette di arricchire i contenuti digitali già linkati lungo le pagine del libro. Nell'area di personalizzazione è possibile infatti salvare ulteriori materiali: selezionati da **Prometeo**, prodotti autonomamente o ricercati nella rete.

▶ Per un elenco di materiali integrativi presenti nella biblioteca multimediale di Prometeo o per attivare una ricerca cfr. p. 80

Giuseppe Arcimboldo, *Il bibliotecario*, 1570 circa. Castello di Skokloster (Svezia).

1 La poesia lirica in Italia

La svolta di Torquato Tasso

L'esaurimento del petrarchismo e la nuova tradizione lirica iniziata da Tasso

Gli ultimi trent'anni del Cinquecento fanno registrare il **progressivo svuotamento del petrarchismo**, che si banalizza e si esaurisce in stanche ripetizioni.

È **con Tasso** che il **filone petrarchista viene così profondamente rinnovato** da dare inizio a una nuova tradizione, quella della moderna lirica italiana. Tasso rinnova la poesia lirica sul piano formale, metrico e tematico, introducendo una serie di **motivi nuovi** (il bacio, aspetti del vestiario della donna, animali), relativi anche alla figura femminile, osservata nei momenti di quotidianità o colta in alcuni particolari fisici (la gola, il seno, il neo). La poesia barocca riprenderà ed esaspererà appunto questi aspetti.

Il rinnovamento metrico: l'apporto di Guarini e di Chiabrera

Il rinnovamento fu anche metrico: riguardò la forma e i versi. Su di esso notevole influenza ebbe il rapporto con la musica che l'uso degli intermezzi nelle opere sceniche e poi l'affermazione del melodramma contribuivano a sviluppare in modi nuovi e originali, estranei alla tradizione lirica italiana. Infatti Battista Guarini, attivo tanto nel dramma pastorale quanto nella lirica, nelle sue *Rime* dette grande rilievo – addirittura maggiore che al sonetto – al **madrigale**, mentre Chiabrera sviluppò la **canzonetta** e fece ampio ricorso a versi brevi, facilmente cantabili e musicabili. In questo modo ci si andava liberando dalla tradizione, si abbandonavano le strutture troppo rigide, si cercavano soluzioni più duttili.

Guarini e il madrigale; Chiabrera e la canzonetta

Guarini rinnova l'organizzazione del canzoniere

Battista **Guarini** (1538-1612), autore del celebre dramma pastorale *Pastor fido* (cfr. cap. VI, § 2), **rinnovò il sistema d'organizzazione del canzoniere**, puntando sull'elemento metrico e tematico e non più sull'indicazione di uno sviluppo spirituale. Le sue *Rime* sono infatti suddivise in «Sonetti» e

«Madrigali» (questi hanno per la prima volta nella storia della lirica la prevalenza numerica su quelli) e poi ordinate per argomento (temi amorosi, encomiastici, luttuosi, di corrispondenza e religiosi). Lo stesso madrigale è rinnovato profondamente puntando sulla varietà dei metri e della struttura, resa meno rigida e più articolata.

Nato a Savona nel 1552, **Gabriello Chiabrera**, educato a Roma dai gesuiti, dovette ritornare nella città natale in seguito a una lite con un nobile romano. Ma anche a Savona venne coinvolto in un duello, in cui uccise l'avversario, e dovette allontanarsi dalla città, dove poté ritornare solo nel 1585. Nonostante diversi soggiorni fuori Savona, in questa città tenne costante dimora tornandovi dopo ogni viaggio; e qui morì nel 1638.

Chiabrera **sperimentò numerosi generi**, dal poema epico ai poemetti sacri di argomento biblico, dal teatro ai *Sermoni* (epistole autobiografiche in versi) e ai *Discorsi*, dialoghi morali in prosa. Ma la sua fama è legata alle *Canzoni eroiche, sacre e morali*, composte sul modello pindarico, e soprattutto alle *Canzonette* (in parte già uscite nel 1591) e alle **odicine** (brevi odi) **anacreontiche** (dal nome del poeta greco Anacreonte, 570 a.C. ca.-485 a.C.), scritte per la musica. Qui Chiabrera ottiene i suoi risultati più interessanti puntando sulla stretta connessione di versi, musica e canto, sull'uso di rime tronche e sdrucciole, sull'impiego di diminutivi e di vezzeggiativi, sull'abile mescolanza di elementi popolareggianti e colti. La canzonetta acquista con lui un'importanza che prima non aveva. È con questo genere lirico, infatti, che Chiabrera ottiene i suoi risultati più aggraziati e delicati, che ne faranno un maestro per la poesia arcadica del Settecento.

Tommaso Campanella: la poesia come profezia

Per la personalità di **Tommaso Campanella** (1568-1639), per l'anticonformismo del suo pensiero, che indusse l'Inquisizione a perseguitarlo, per la lunga carcerazione che dovette subire per aver organizzato una sommossa popolare contro gli Spagnoli e per la sua utopia politica affidata alla *Città del sole* rimandiamo più avanti, al capitolo V, § 2.

Le sue poesie furono scritte per lo più **in carcere**. Un gruppo di 89 venne pubblicato nel 1622 in Germania con il titolo *Scelta d'alcune poesie filosofiche di Settimontano Squilla* (nello pseudonimo il cognome allude, per metonimia, a Campanella), accompagnate dal commento dell'autore. Sono sonetti, madrigali, odi e tre elegie, tutti componimenti scritti fra l'inizio del secolo e il 1613.

Non si tratta di un prodotto casuale, né di un'improvvisazione dilettantesca. Sul piano teorico, il suo pensiero ruota su **due presupposti**:
1. il legame fra poesia e magia fa del linguaggio poetico uno strumento di penetrazione della realtà e dunque di conoscenza;
2. la poesia deve rivelare la suprema verità ed evitare perciò le vane favole e le finzioni: non deve dunque mirare a stupire (come, all'inizio del Seicento, sostenevano Marino e i marinisti) né a dilettare, ma a insegnare.

Di qui lo **stretto nesso fra poesia e filosofia**, fra la potenza magica delle immagini e la forza del ragionamento. Il nesso poesia-profezia e poesia-filosofia portava Campanella ad **accostarsi alla poesia di pensiero di Dante e di Lucrezio** o ai versetti profetici della Bibbia. Da Dante egli riprende anche la durezza degli accenti, la tendenza all'espressione energica, densa e concisa, lo sforzo di congiungere un massimo di astrattezza e un massimo di concretezza realistica e talora persino popolaresca (cfr. T1, p. 76).

Le sue poesie partono spesso da **temi autobiografici** (anzitutto quello del carcere) per innalzarsi sino all'**esaltazione della** superiore **missione del poeta**, alla **condanna dei vizi** e delle ipocrisie dominanti, alla riproposizione dei **motivi politici** che parallelamente confluiscono nella *Città del sole*.

T1 Tommaso Campanella
A certi amici

OPERA
Scelta d'alcune poesie filosofiche di Settimontano Squilla

CONCETTI CHIAVE
- la difesa del sapiente

FONTE
T. Campanella, *Poesie*, in G. Bruno e T. Campanella, *Opere*, a cura di A. Guzzo e R. Amerio, Ricciardi, Milano-Napoli 1956.

Questo sonetto risale al 1602-1603, ed è indirizzato a «Certi amici uficiali e baroni, che, per troppo sapere [a causa del fatto che egli sapeva troppo], o di poco governo [di incapacità di vivere secondo le regole pratiche] o di fellonia [empietà] l'inculpavano». Contro di loro, a propria difesa, l'autore argomenta che spesso i sapienti cadono in disgrazia ma poi sono da tutti venerati.

Ben seimila anni in tutto 'l mondo io vissi:
fede ne fan l'istorie delle genti,
ch'io manifesto agli uomini presenti
co' libri filosofici ch'io scrissi.

5   E tu, marmeggio, visto ch'io mi eclissi,
ch'io non sapessi vivere argomenti,
o ch'io fossi empio; e perché il sol non tenti,
se del Fato non puoi gli immensi abissi?

Se a' lupi i savi, che 'l mondo riprende,
10 fosser d'accordo, e' tutto bestia fôra;
ma perché, uccisi, s'empi eran, gli onora?

Se 'l quaglio si disfà, gran massa apprende;
e 'l fuoco, più soffiato, più s'accende,
poi vola in alto e di stelle s'infiora.

METRICA sonetto con rime secondo lo schema ABBA, ABBA; CDD, CCD.

- **1-6** *Io ho vissuto* (**vissi**) [*per*] *ben seimila anni in tutto il mondo: ne sono* (**fan**) *testimonianza* (**fede**) *le storie* (**istorie**) *dei popoli* (**delle genti**) *che io mostro* (**manifesto**) *agli uomini contemporanei* (**presenti**) *con i libri filosofici che scrissi. E tu verme* (**marmeggio**), [*dopo che mi hai*] *visto sparirti davanti* (**mi eclissi**), [*ne*] *deduci* (**argomenti**) *che io non sapessi vivere o che fossi empio; e perché* [*tu*] *non tenti* [*di capire almeno*] *la luce* (**sol**) [*della verità*] *se non puoi* [*penetrare*] *l'immenso mistero* (**immensi abissi**) *del Fato?* La conoscenza del sapiente presuppone le acquisizioni fatte dall'umanità fin dalla sua origine (origine che, al tempo di Campanella, era creduta risalente a circa seimila anni prima). **Marmeggio**: *marmeggia*, larva del coleottero *Dermestes Lardarius*; è, cioè, il verme del formaggio.

- **9-14** *Se i sapienti che il mondo biasima* (**riprende**) *si accordassero* (**fosser d'accordo**) *con i* (**a'**) *lupi* [:*i tiranni*], *esso* (**e'** = egli) [:*il mondo*] *sarebbe* (**fôra**) *tutto* [*dominato dalla*] *bestialità* (**bestia**); *ma perché, se erano empi,* [*il mondo, dopo averli*] *uccisi, li onora?* *Se il caglio* (**'l quaglio**) *si scioglie* (**disfà**), [*fa*] *rapprende*[*re in formaggio*] *una gran massa* [*di latte*]; *e il fuoco, più* [*viene*] *soffiato, più si anima* (**accende**), *poi si innalza* (**vola in alto**) *e si orna* (**s'infiora**) *di stelle* [:*faville*]. Il sonetto termina con due similitudini estremamente concrete, di stampo popolareggiante: come il caglio deve dissolversi per far sì che il latte si rapprenda e diventi formaggio, e come il fuoco deve essere soffiato perché arda con maggiore intensità, così il sapiente deve essere in qualche modo ostacolato e umiliato dal destino perché raggiunga poi le più alte vette.

T1 DALLA COMPRENSIONE ALL'INTERPRETAZIONE

COMPRENSIONE

La struttura e il messaggio Ogni strofa svolge un diverso argomento. **La prima strofa** mostra la sapienza dell'autore che conosce l'intero processo storico; **la seconda** attacca i suoi nemici paragonati a vermi del formaggio che non sanno vedere al di là del limitato orizzonte in cui vivono; **la terza** mostra la contraddizione per cui i sapienti sono perseguitati da vivi e onorati da morti; **la quarta**, coincidente con una similitudine, sottolinea l'importanza della sapienza. Di fatto si ribadisce qui una differenza fra il modo di concepire la vita che hanno gli «uficiali» e i «baroni», per i quali il successo a breve scadenza è fondamentale, e il modo di vivere del sapiente, che non punta alla vittoria immediata ma a illuminare, alla lunga, la mente umana. Probabilmente **il testo nasce come riflessione sulla sconfitta della congiura che Campanella aveva organizzato nel 1599**: in seguito al fallimento di questo tentativo insurrezionale, Campanella era stato arrestato dagli Spagnoli e si andava convincendo della necessità di svolgere un'azione solo intellettuale.

ANALISI

Lo stile L'immagine del «marmeggio» al v. 5 anticipa quella del «caglio» che si disfa e che tuttavia fa rapprendere una gran massa di latte. Siamo nel campo di immagini proprio della **cultura popolare**. Ciò conferisce un tratto realistico a una poesia altrimenti astratta. Questa immagine e quella successiva del fuoco, che, se è sottoposto al soffio di qualcuno, più arde e si leva in alto, hanno un **sapore dantesco** proprio per **l'unione di concretezza realistica e di tensione concettuale**.

INTERPRETAZIONE

La metafora del «marmeggio» A proposito della metafora del «marmeggio» lo stesso autore commenta: «**Marmeggi sono i vermi nati dentro il cacio**, che si pensano non ci esser altra vita né paese che 'l lor cacio». Campanella impiega la metafora del verme per significare la pochezza dell'uomo comune che, al contrario del sapiente, si limita a conoscere ciò che cade direttamente sotto i suoi sensi, così come il «marmeggio» crede che il formaggio in cui vive corrisponda al mondo intero. Di questa natura Campanella considera coloro che giudicavano la prigionia in cui egli stesso era incorso dopo la congiura del 1599 come il segno della sua pochezza, senza tener conto del fatto che, invece, il destino si muove secondo modi e per fini non del tutto conoscibili da parte degli uomini.

Attualizzazione: "vivere nel proprio cacio" Al di là dell'occasione specifica in cui questo testo fu scritto e della tragica vicenda esistenziale che evoca (**la prigionia, che durerà per ben ventisette anni, dal 1599 al 1626**), è possibile individuare nel testo un elemento che lo rende ancora attuale. Anche nel nostro mondo vi sono tanti topi che sono convinti che non ci sia «altra vita né paese che 'l lor cacio», un cacio che essi giudicano saporitissimo. Questa tendenza a "vivere nel proprio cacio" è una costante antropologica, una tentazione a cui è difficile sottrarsi dal momento che seppellendosi nel proprio formaggio e facendone il proprio universo si evita il rischio del confronto con l'altro, del dubbio, del relativismo. È ciò che, in altro modo, dice **Montaigne**: «ognuno chiama barbarie quello che non è nei suoi usi; sembra infatti che noi non abbiamo altro punto di riferimento per la verità e la ragione che l'esempio e l'idea delle opinioni e degli usi del paese in cui siamo. Ivi è sempre la perfetta religione, il perfetto governo, l'uso perfetto e compiuto di ogni cosa» (cfr. cap. I, § 6).

T1 LAVORIAMO SUL TESTO

COMPRENDERE

Amici "marmeggi"

1. A chi si rivolge Campanella?
2. Campanella sostiene
   - A di non sapere vivere
   - B di non puntare alla vittoria immediata
   - C di non essere abbastanza sapiente
   - D di sentirsi in colpa nei confronti degli amici
3. **LINGUA E LESSICO** Che significa «marmeggio»?

ANALIZZARE

4. **LINGUA E LESSICO** Quali proposizioni regge il verbo «argomenti» (v. 6) e qual è il suo soggetto?
5. Cosa intende l'autore con la metafora dell'uomo «marmeggio»?
6. Rintraccia e spiega le metafore presenti nelle terzine.

INTERPRETARE

"Vivere nel proprio cacio"

7. Quale funzione viene attribuita al sapiente nel presente e nel futuro?

2. La poesia lirica in Europa: d'Aubigné, Juan de la Cruz, Shakespeare e John Donne

Affinità di Campanella con d'Aubigné e con Donne

Più che in Italia, l'esperienza poetica di Campanella trova corrispondenze **in Francia**, nella poesia accesamente religiosa e politica dell'ugonotto Agrippa d'Aubigné. Ma una tendenza alla poesia metafisica è presente anche nella **poesia spagnola** d'indirizzo mistico e **in quella inglese** di John Donne.

Crisi del classicismo e inquietudine del Manierismo nella poesia europea

Negli ultimi decenni del Cinquecento il gusto della proporzione, dell'equilibrio classico, della serena contemplazione proprio della cultura rinascimentale tende a entrare in crisi in tutte le letterature europee. **Subentra l'inquietudine tipica del Manierismo**: i temi classici e lo stesso petrarchismo vengono ripresi e insieme profondamente alterati. Il movimento, la passione, l'irrazionale prendono il posto del solido equilibrio rinascimentale.

La situazione in Francia: Théodore-Agrippa d'Aubigné

Questo processo è evidente in Francia, dove la generazione seguente a quella di Ronsard (su cui cfr. vol. 2) abbandona il tranquillo ideale di stabilità e di decoro della Pléiade, pur continuandone certi aspetti classicisti e petrarchisti. È così soprattutto in **Théodore-Agrippa d'Aubigné** (1551-1630), uomo passionale e contrario a ogni compromesso, che seppe unire nei suoi versi l'elemento lirico, quello politico e quello religioso, alternandovi la satira, l'invettiva, l'abbandono ai sentimenti dell'amore, del dolore e dell'odio. **Ugonotto**, quando il re Enrico IV si convertì al cattolicesimo si rifugiò deluso a Ginevra. La sua opera di maggior spicco è il poema *Le tragiche*, in sette canti, in cui vengono rappresentate la repressione terribile subita dagli ugonotti e la vita dissoluta della corte e viene cantata la speranza nella giustizia divina.

Il misticismo spagnolo e Juan de la Cruz

Juan de la Cruz, vissuto fra il 1542 e il 1591, è **il maggiore poeta mistico** dell'epoca della Controriforma in Spagna. Dopo aver studiato con i gesuiti, Juan de la Cruz entrò a far parte dell'ordine dei carmelitani e completò la propria formazione teologica nell'università di Salamanca. Divenne discepolo e collaboratore di santa Teresa d'Avila. Scrisse **quattro trattati**, che contengono composizioni poetiche commentate in prosa e che esprimono un ritmo ascendente, dalla notte dell'anima all'illuminazione divina, sino al matrimonio mistico con Dio.

Il motivo biblico, quello popolaresco e quello petrarchesco

La poesia di Juan de la Cruz ha **tre principali componenti**: quella **biblica**, quella della lirica **popolaresca** e quella della poesia d'amore rinascimentale, di tipo **petrarchesco**. Esse sono amalgamate dal tema mistico-religioso, risolto in armonia e in musica. Si veda la sua poesia più famosa, *Il pastorello*, in cui il momento popolaresco, quello petrarchesco e quello religioso perfettamente si fondono in un accento di trepida delicatezza che riassorbe in sé l'elemento allegorico e dottrinale.

T • Juan de la Cruz, *Il pastorello*

La lirica manierista inglese nel clima dell'eufuismo

In Inghilterra si può parlare di lirica manierista per la generazione attiva nel trentennio fra il 1585 e il 1615 circa. Essa vive nel clima creato dall'**eufuismo** (cfr. cap. I, § 10), una tendenza letteraria inaugurata da John Lyly (1554-1606) e dal suo romanzo *Euphues* (1578), segnato da un preziosismo letterario – l'amore per le antitesi, le allitterazioni, le strane similitudini – che presto si estende dalla prosa alla poesia.

Shakespeare e i 154 *Sonetti*

I due maggiori poeti lirici di questo periodo – e dell'intera età elisabettiana – sono William Shakespeare e John Donne. Di **Shakespeare** (1564-1616) ci occuperemo più avanti (cfr. capp. VII e VIII) quando considereremo la sua attività di drammaturgo. Come lirico, Shakespeare è autore soprattutto di una raccolta di **154 *Sonetti***, scritti fra il 1593 e l'inizio del Seicento e pubblicati nel 1609. I sonetti sono tutti **di tipo elisabettiano** o shakespeariano: tre quartine, seguite da un distico a rima baciata. Un certo numero di essi rientrano nelle convenzioni petrarchiste, ma in altri si rivelano già pienamente l'originalità e il genio dell'autore. Si tratta dei sonetti ove più evidente e appassionata è l'eco della vita vissuta e più forte si manifesta uno sviluppo drammatico che supera ogni convenzionalismo letterario. Proprio questa **nota inquieta e drammatica**, unita a una **raffinatezza letteraria** non ignara della lezione dell'eufuismo, fa dei *Sonetti* uno dei capolavori del Manierismo europeo.

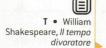

T • William Shakespeare, *Il tempo divoratore*

Jürgen Holtz, Christopher Bell e Angela Schmid, sulla scena di *Shakespeare's Sonnets*, lo spettacolo scritto e diretto da Robert Wilson per celebrare il quarto centenario della pubblicazione della raccolta di Shakespeare.

Vita e opere di John Donne

John Donne (1572-1631) deve la sua fama di poeta lirico alle poesie d'amore ***Canzoni e sonetti***, che risalgono per lo più agli anni 1590-1598, e alle poesie religiose ***Sonetti sacri***, 19 componimenti scritti fra il 1607 e il 1609. Era nato a Londra nel 1572 da famiglia cattolica, aveva studiato ad Oxford e si era poi convertito alla religione anglicana. Perduto il posto di segretario e caduto in gravi ristrettezze economiche, alla morte della moglie amatissima divenne diacono e poi decano nella cattedrale di san Paolo a Londra. Le sue prediche (pubblicate postume, come le poesie, con il titolo di ***Sermoni***) lo resero popolare. Celebre l'ultima sua predica, *Il duello della morte*, capolavoro del secentismo macabro. Morì nel 1631.

Congiunzione di immagine e pensiero, di fantasia e filosofia nella poesia di Donne

T • John Donne, *Congedo, a vietarle il lamento*

Mentre le prose dei *Sermoni* sono già in stile barocco (ma barocca è anche la tematica connessa al tema della caducità), **le liriche hanno la dialettica inquieta e nervosa del Manierismo**. Come il nostro Campanella, anche Donne, che certamente è il maggior lirico europeo di questa età, congiunge immagine e pensiero, fantasia e filosofia, sentimento e raziocinio. Donne tende a una **poesia alta e metafisica**, ma i concetti più astratti sono resi, nei suoi versi, con immagini concrete o addirittura sensuali. Inoltre l'altezza metafisica dell'ispirazione non si accompagna alla compostezza della tradizione petrarchista, ma si esprime piuttosto con voluta asprezza e disarmonicità.

Donne e la moderna cultura scientifica

Da un punto di vista culturale, Donne riprende **dalla cultura medievale** l'aspirazione universalistica e **dalla moderna cultura scientifica** (era a conoscenza delle scoperte di Copernico, di Galileo e di Keplero) la coscienza drammatica della sua impossibilità al presente. Negli *Anniversari*, scritti per la morte di una fanciulla, egli appare consapevole che le recenti scoperte scientifiche rendono incerta e relativa la condizione dell'uomo sulla terra, con la conseguenza che «è tutto a pezzi, sparita ogni coesione». Il **senso di incertezza e di morte** diventa alla fine predominante e pervade già i *Sonetti sacri*.

DAL RIPASSO ALLA VERIFICA

MAPPA CONCETTUALE La poesia lirica

SINTESI

● **La crisi del petrarchismo e la «nuova tradizione» di Torquato Tasso**
Gli ultimi trent'anni del Cinquecento fanno registrare il progressivo svuotamento del petrarchismo, che si banalizza e si esaurisce in stanche ripetizioni. Con Tasso il filone petrarchista viene rinnovato così profondamente da dare inizio a una «nuova tradizione», quella della lirica moderna italiana. Il rinnovamento è anche metrico e riguarda la forma e i versi. Su questo rinnovamento notevole influenza ebbe il rapporto con la musica. Battista Guarini (1538-1612), autore del dramma pastorale *Pastor fido*, rinnova il sistema di organizzazione del canzoniere, puntando sull'elemento metrico e tematico e non più sull'indicazione di uno sviluppo spirituale. Gabriello Chiabrera (1552-1638) sperimenta numerosi generi e scrive per musica la maggior parte dei suoi componimenti.

● **Tommaso Campanella**
Anche Tommaso Campanella (1568-1639) rifiuta il modello petrarchesco e resta estraneo alle nascenti tendenze barocche. Nelle poesie, scritte per lo più in carcere, un forte nesso poesia-filosofia, poesia-profezia conduce Campanella ad accostarsi al pensiero di Dante o ai versetti profetici della Bibbia. Le sue poesie partono spesso da temi autobiografici per innalzarsi sino all'esaltazione della superiore missione del poeta, alla condanna dei vizi e delle ipocrisie dominanti.

● **La poesia in Europa**
Negli ultimi decenni del Cinquecento il gusto della proporzione, dell'equilibrio classico tende ad entrare in crisi in tutte le letterature europee. Alla serena contemplazione propria della cultura rinascimentale subentra l'inquietudine tipica del Manierismo. Questo processo è evidente in Francia, nella poesia di Théodore Agrippa d'Aubigné (1551-1630), nel misticismo spagnolo di Juan de la Cruz (1542-1591), nei sonetti di Shakespeare (1564-1616) e di John Donne (1572-1631) in Inghilterra.

DALLE CONOSCENZE ALLE COMPETENZE

1 Perché Tasso dà inizio alla moderna lirica italiana? Quali novità introduce (§ 1)
- nei temi ....
- nello stile ....

2 In che modo Guarini rinnova il canzoniere? Qual è il suo dramma più celebre? (§ 1)

3 Perché Campanella scrive in carcere gran parte della sua opera? (§ 1)

4 La poesia, secondo Campanella, deve (§ 1)
- [A] stupire
- [B] insegnare
- [C] divertire
- [D] esprimere la propria interiorità

5 Collega i poeti seguenti alle principali tendenze della poesia europea (§ 2)

Juan de la Cruz • • poesia filosofica

John Donne •

Théodore-Agrippa d'Aubigné • • poesia mistica

prometeo 3.0

Personalizza il tuo libro selezionando per questo capitolo materiali integrativi da Prometeo (di seguito ti proponiamo un elenco di materiali, ma puoi trovarne altri utilizzando il motore di ricerca).

- SCHEDA Interpretazione del *Pastorello* di Juan de la Cruz (G. Mancini)
- SCHEDA Campanella e il Barocco. Due interpretazioni critiche
- TESTO   Gabriello Chiabrera, «*Belle rose porporine*»
- TESTO   Tommaso Campanella, *A' poeti*
- TESTO   Tommaso Campanella, *Della plebe*
- TESTO   John Donne, «*Morte, non andar fiera*»

Capitolo III — Torquato Tasso

CORTE DEGLI ESTENSI A FERRARA (MORTE DEL DUCA ESTENSE ↓ FERRARA TORNA IN MANO ALLA CHIESA)

My eBook+

Cliccando su questa icona, docenti e studenti accedono ad un'area di personalizzazione che permette di arricchire i contenuti digitali già linkati lungo le pagine del libro. Nell'area di personalizzazione è possibile infatti salvare ulteriori materiali: selezionati da Prometeo , prodotti autonomamente o ricercati nella rete.

▶ Per un elenco di materiali integrativi presenti nella biblioteca multimediale di Prometeo o per attivare una ricerca cfr. p. 114

Ritratto di Torquato Tasso di autore sconosciuto, 1595 circa. Firenze, Galleria di Palazzo Pitti.

VIDEOLEZIONE
La *Gerusalemme liberata* di Tasso, un capolavoro in controtempo [a cura di Pietro Cataldi]

Ci interessa ancora la *Gerusalemme liberata*? Cosa nelle sue pagine continua a riguardarci? La lezione di Cataldi si apre con queste domande che chiamano in causa il significato e il valore da attribuire oggi al poema di Tasso. Lo studioso valorizza le crepe nell'ortodossia del testo, affermando che il nostro mondo non è quello a tutto tondo incarnato dal personaggio di Goffredo, non è fatto di eroismo e di virtù assoluta, ma è invece contraddittorio come il personaggio di Tancredi. Proprio le contraddizioni, che Tasso cercò con ogni forza di nascondere, rendono quest'opera attuale e affascinante anche per noi lettori moderni.

- Ci interessa ancora la *Gerusalemme liberata*? [4 min. ca.]
- Tancredi, un eroe in controtempo [6 min. ca.]
- Il combattimento di Tancredi e Clorinda: aggressività ed erotismo [4 min. ca.]
- Centralità e ambivalenza dell'amore nel poema [2 min. ca.]
- L'eros nell'*Aminta* e nella *Gerusalemme liberata*: un tema perturbante [3 min. ca.]
- La soluzione "ortodossa" della *Gerusalemme conquistata* e il "nostro" Tasso [2 min. ca.]

Attiviamo le competenze

esercitare le competenze di ascolto
esercitare le competenze di sintesi

Nel discutere la possibile attualità del poema di Tasso, Pietro Cataldi tratteggia dei rapidi ma incisivi ritratti dei personaggi principali dell'opera. Dopo aver ascoltato la videolezione, traccia uno schema che rappresenti il sistema dei personaggi della *Gerusalemme liberata*, affiancando al nome di ciascun personaggio una brevissima spiegazione dei tratti che lo caratterizzano.

1. La vita e la personalità

Tasso e il lettore moderno

La figura e l'opera di Tasso si impongono all'attenzione come **un insieme inquietante di contraddizioni e di misteri**. Il lettore moderno giunto davanti a Tasso è come se riconoscesse un orizzonte familiare, come se avvertisse la presenza di un mondo nuovo, e questo mondo in larga misura gli risultasse il proprio. Con la personalità tassesca **la psiche erompe sulla scena**, conquistando il primo piano. La dimensione estrema della follia si accampa davanti agli occhi come una possibilità nuova, e radicale, di esperienza e di espressione.

Il rapporto intellettuali-potere e il conflitto con l'autorità

La storia della letteratura italiana aveva già mostrato il **complicarsi del rapporto tra intellettuali e potere**, ma mai prima di Tasso queste difficoltà erano apparse altrettanto interiorizzate e viscerali. In Tasso, per la prima volta, lo scontro con le condizioni date entra dentro il soggetto e lo lacera: il potere cessa di avere i contorni definiti di una data condizione storica e acquista i tratti dell'autorità, politica, ideologica, letteraria, soprattutto religiosa. **Il conflitto con l'autorità** fonda un capitolo nuovo nella cultura italiana. E tale conflitto non comporta soluzioni possibili, perché l'autorità non è confinata all'esterno dell'io, ma lo riguarda e lo attraversa, penetrando dentro la sua stessa personalità e dominandone l'ideologia.

Tasso e la Controriforma

Nella vicenda di Tasso meglio che in qualsiasi altra appare nitidamente **l'effetto della nuova società e della nuova cultura della Controriforma**: il controllo sulla vita sociale diviene controllo sulle coscienze, e il potere si esercita innanzitutto come potere culturale e ideologico. Da un certo punto di vista il consenso che Tasso presta all'ideologia controriformistica è un consenso coatto, cui egli non cessa di ribellarsi in nome di una libertà di pensiero ereditata dalla cultura umanistico-rinascimentale. E tuttavia la ribellione stessa è vissuta dal poeta come una colpa per la quale punirsi. Può così accadere che Tasso arrivi ad autodenunciarsi davanti al tribunale dell'Inquisizione, e che venga assolto da questo con sua conseguente paradossale delusione.

Il conflitto tra libertà di pensiero e ortodossia

Il conflitto tra libertà di pensiero e ortodossia assume nella vicenda di Tasso caratteri spiccatamente psicologici, fino a **vere e proprie esplosioni psicotiche**, a un tempo autopunitive e persecutorie, anche sulla base di un profondo rapporto di affetto, e di dipendenza, nei confronti del padre Bernardo.

La nascita, a Sorrento, nel 1544

Torquato Tasso **nasce a Sorrento l'11 marzo 1544**. L'anno seguente papa Paolo III avrebbe inaugurato il Concilio di Trento, aprendo ufficialmente alla nuova cultura della Controriforma che così grande importanza avrebbe avuto per la personalità tassesca.

Un'esistenza sradicata

La nascita a Sorrento fu determinata da ragioni casuali: né il padre né la madre erano campani. Ciò favorì il **sentimento costante di sradicamento** da parte di Torquato, che proseguiva e radicalizzava la tradizione – già aperta da Petrarca – di nascite "in esilio" e di scrittori senza patria.

Fanciullezza e giovinezza. Il padre Bernardo

La fanciullezza e la giovinezza del poeta appaiono segnate dalla deprivazione e dalla sventura. **Il padre, Bernardo**, è lontano al momento della nascita del figlio: nobile di origine bergamasca, Bernardo ha raffinata cultura letteraria e vive costretto a continui spostamenti per la sua attività di cortigiano e di militare; nel 1544 si trova in Piemonte, al servizio di Ferrante Sanseverino, principe di Salerno. È spesso lontano e inaccessibile al figlio, finché la condanna di Ferrante all'esilio, nel 1552 (Torquato ha solo otto anni), non sanziona una lontananza ancor più completa (Bernardo segue il suo signore in Francia). Fino a quel momento, Torquato è vissuto con **la madre** (la nobildonna pistoiese **Porzia de' Rossi**) e **la sorella Cornelia** (maggiore di sette anni), prima a Sorrento (un solo anno), poi a Salerno (dal 1545 al '51), infine a Napoli (dal '51), dove frequenta le scuole dei gesuiti. Quando, nel 1554, il poeta può infine **ricongiungersi al padre**, che lo aspetta a Roma, deve dolorosamente **separarsi dalla madre**. Non la rivedrà mai più: la notizia della sua morte raggiunge Bernardo e Torquato a Roma nel febbraio del '56. La famiglia era intanto colpita dalla confisca dei beni, mentre i parenti della moglie negavano a Bernardo di ottenere la figlia Cornelia.

La morte della madre

Spostamenti continui:

Comincia per il poeta un **periodo di continui cambiamenti**: di luoghi, di ambienti, di riferimenti affettivi. In un primo momento, egli è inviato a Bergamo presso i parenti del padre. Poi Bera Urbino nardo lo richiama con sé, nel '57, a **Urbino**, dove intanto è entrato al servizio del duca Guidubaldo II della Rovere: qui Torquato studia insieme al figlio del duca, Francesco Maria, ricevendo una **raffinata educazione umanistica**. Ma il padre si sposta ancora, questa volta a **Venezia**, e qui Torquato lo

a Venezia raggiunge nel '59. Mentre Bernardo si occupa della stampa del suo *Amadigi* (un poema cavalleresco in cento canti, pubblicato nel '60), Torquato si dedica al suo primo impegno letterario di rilievo: un

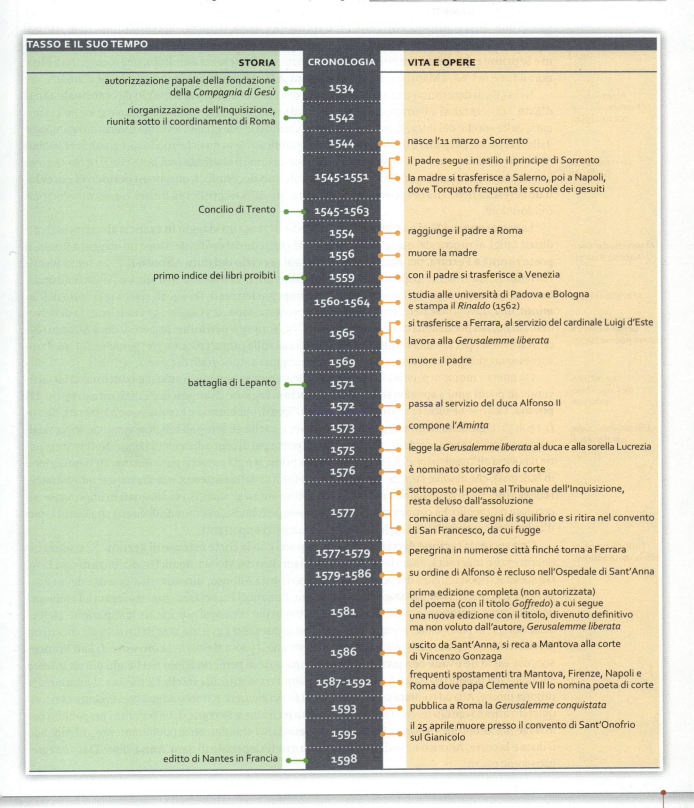

TASSO E IL SUO TEMPO

STORIA	CRONOLOGIA	VITA E OPERE
autorizzazione papale della fondazione della *Compagnia di Gesù*	1534	
riorganizzazione dell'Inquisizione, riunita sotto il coordinamento di Roma	1542	
	1544	nasce l'11 marzo a Sorrento
	1545-1551	il padre segue in esilio il principe di Sorrento; la madre si trasferisce a Salerno, poi a Napoli, dove Torquato frequenta le scuole dei gesuiti
Concilio di Trento	1545-1563	
	1554	raggiunge il padre a Roma
	1556	muore la madre
primo indice dei libri proibiti	1559	con il padre si trasferisce a Venezia
	1560-1564	studia alle università di Padova e Bologna e stampa il *Rinaldo* (1562)
	1565	si trasferisce a Ferrara, al servizio del cardinale Luigi d'Este; lavora alla *Gerusalemme liberata*
	1569	muore il padre
battaglia di Lepanto	1571	
	1572	passa al servizio del duca Alfonso II
	1573	compone l'*Aminta*
	1575	legge la *Gerusalemme liberata* al duca e alla sorella Lucrezia
	1576	è nominato storiografo di corte
	1577	sottoposto il poema al Tribunale dell'Inquisizione, resta deluso dall'assoluzione; comincia a dare segni di squilibrio e si ritira nel convento di San Francesco, da cui fugge
	1577-1579	peregrina in numerose città finché torna a Ferrara
	1579-1586	su ordine di Alfonso è recluso nell'Ospedale di Sant'Anna
	1581	prima edizione completa (non autorizzata) del poema (con il titolo *Goffredo*) a cui segue una nuova edizione con il titolo, divenuto definitivo ma non voluto dall'autore, *Gerusalemme liberata*
	1586	uscito da Sant'Anna, si reca a Mantova alla corte di Vincenzo Gonzaga
	1587-1592	frequenti spostamenti tra Mantova, Firenze, Napoli e Roma dove papa Clemente VIII lo nomina poeta di corte
	1593	pubblica a Roma la *Gerusalemme conquistata*
	1595	il 25 aprile muore presso il convento di Sant'Onofrio sul Gianicolo
editto di Nantes in Francia	1598	

poema sulla prima crociata (*Gierusalemme*), abbozzo del futuro capolavoro (ci restano 116 stanze del I canto). Nel '62, Torquato (ribattezzato il Tassino per distinguerlo dal padre) stampa a Venezia un poema cavalleresco (*Rinaldo*). Evidente è l'influenza del modello paterno.

Tra il 1560 e il '65 Tasso ha modo di **dedicarsi agli studi**, giovandosi di alcune prestigiose amicizie e frequentazioni. A **Padova** studia prima diritto, poi filosofia ed eloquenza. Trasferitosi nel '62 presso l'Università di **Bologna**, ne viene espulso l'anno seguente in quanto riconosciuto colpevole di aver scritto una satira contro docenti e studenti. Tornato a Padova, rafforza i rapporti con Sperone Speroni e stringe amicizia con Scipione Gonzaga. A questi anni risalgono anche l'amicizia con Battista Guarini e **le prime esperienze amorose**: nel '61 si innamora di **Lucrezia Bendidio**, una damigella di Eleonora d'Este; nel '64, a Mantova, di **Laura Peperara**. A entrambe dedica numerose liriche d'amore.

Nel **1565** si determina una svolta nella vita di Tasso, che **entra al servizio del cardinale Luigi d'Este**, trasferendosi a Ferrara. Qui è travolto dal vivace ambiente della corte, dove gode della simpatia delle sorelle del duca, Eleonora e Lucrezia, e dove le sue qualità letterarie vengono stimolate dalla tradizione cittadina e dall'esistenza di un qualificato (e in qualche modo spregiudicato) pubblico di corte. Subito comincia a lavorare a un nuovo poema, il *Goffredo* (poi noto con il titolo *Gerusalemme liberata*), la cui stesura lo impegnerà per circa **un decennio**. È questo **un periodo di eccezionale serenità** nella vita del poeta, turbato solamente dalla morte del padre nel '69, accolta con profondo dolore.

La permanenza a Ferrara è interrotta tra il '70 e il '71 per un **viaggio in Francia** al seguito del cardinale Luigi, al ritorno dal quale Torquato prende congedo dal cardinale. Dopo un viaggio **a Roma**, il poeta ritorna **a Ferrara**, per entrare questa volta **al servizio del duca Alfonso II** ('72), senza incarichi definiti, lautamente stipendiato, e sostanzialmente libero di dedicarsi alla locale vita culturale. La corte ferrarese stimola il poeta a numerosi impegni letterari, fra i quali spicca la stesura dell'*Aminta*, una «favola boschereccia» in versi rappresentata, forse, il 31 luglio 1573 nell'isoletta di Belvedere sul Po, nei pressi della città. Nell'estate del '75, Torquato può infine leggere al duca Alfonso (dedicatario dell'opera) e alla sorella Lucrezia il poema sulla prima crociata. Nel gennaio del '76 il suo successo raggiunge il culmine con la nomina prestigiosa a storiografo di corte.

Da questo momento, però, **l'equilibrio** faticosamente raggiunto **subisce continue crisi**, arrivando in pochi anni a **spezzarsi del tutto. La prima ragione di angoscia è costituita proprio dal poema**. Tasso se ne mostra insoddisfatto: scarta l'idea di pubblicarlo e lo sottopone a letterati, filosofi, teologi. Il giudizio risulta largamente positivo, e anche gli scrupoli religiosi vengono sostanzialmente sedati. Ma una parola di critica vale per il poeta più di cento di rassicurazione. Nel '77 sottopone il poema all'Inquisizione di Ferrara (due anni prima si è già autoaccusato dinanzi all'Inquisizione di Bologna), che assolve l'opera. Tasso non è soddisfatto della sentenza, e la sua inquietudine cresce; i consigli dei revisori vengono ora accolti con furore autolesionistico, ora sdegnati in improvvise accensioni d'orgoglio. La correzione dell'opera prosegue febbrile, risentendo di questi altalenanti stati d'animo; non rari risultano i tagli radicali, anche di parti importanti.

Una seconda ragione di crisi riguarda i **rapporti con la corte estense di Ferrara**. Non senza indelicatezze e ingenuità, Tasso tenta di passare al servizio dei Medici, nemici tradizionali di casa Este. Gli stessi scrupoli religiosi del poeta preoccupano il duca Alfonso, timoroso di ingerenze della Chiesa nella vita interna del suo Stato (dove la madre, Renata di Francia, era rimasta legata ad ambienti della Riforma protestante). Alcuni incidenti fanno in più occasioni precipitare la situazione. Nell'estate del '77, in particolare, mentre conversa con la duchessa Lucrezia, scaglia un coltello contro un servitore dal quale si crede spiato. Alfonso ottiene che il poeta si ritiri nel **convento di San Francesco**; ma Tasso **ne evade** ben presto, iniziando una serie di peregrinazioni nei luoghi più altamente simbolici del proprio passato. A Sorrento si presenta travestito alla sorella Cornelia e le annuncia la propria morte. Alla addolorata reazione di lei, si fa riconoscere e si abbandona brevemente al riconquistato affetto familiare. Nel febbraio del '79 **torna** infine **a Ferrara**, dove fervono i preparativi per le terze nozze del duca Alfonso. L'11 marzo il poeta dà in escandescenze pubblicamente, offendendo il duca e la corte. Alfonso ne ordina la **reclusione nell'Ospedale di Sant'Anna**, dove Tasso è segregato come pazzo.

Carl Ferdinand Sohn, *Torquato Tasso e le due Eleonore*, 1839. Düsseldorf, Museum Kunstpalast.

Nell'Ottocento la figura di Torquato Tasso rinasce nell'immaginario degli autori romantici. In questo quadro del pittore tedesco Sohn rivive il mito di un Torquato Tasso fervente d'amore per due Eleonore, la Principessa Eleonora d'Este e la Contessa Eleonora Sanvitale.

La reclusione nell'Ospedale di Sant'Anna (1579-86)

La prigionia dura circa **sette anni** (dal '79 all'86): dopo i primi quattordici mesi, al poeta è consentito di uscire dall'Ospedale per brevi passeggiate, e di ricevere visite. Febbrile l'attività del poeta durante la reclusione: scrive o rielabora molti dei ventisei *Dialoghi*, corregge continuamente il poema, si dedica, soprattutto, alla stesura di innumerevoli **lettere**. Queste testimoniano il suo **bisogno spasmodico di contatti con la realtà esterna**, l'affidarsi continuo ad amici ed estimatori potenti per ottenerne appoggi e intercedere presso Alfonso per spingerlo alla liberazione. Le lettere ci mostrano anche l'alternarsi di **momenti di lucidità** e di equilibrio e di fasi dominate da **vere e proprie crisi psicotiche**, con allucinazioni e violenti dolori fisici. A Sant'Anna lo visita Montaigne (nel 1580), mentre cresce ovunque, tra gli intellettuali, la stima per il poeta; fino a spingere il duca a liberarlo.

Il successo del poema

Le ragioni della fama crescente di Tasso negli anni di Sant'Anna sono però a loro volta causa di dispiacere e di tormento per il poeta. Infatti è soprattutto la **pubblicazione del poema** a procurargli l'ammirazione dei lettori; e alla pubblicazione egli non ha dato il suo assenso. Già nel '79 viene pubblicato un gruppo di alcuni canti; poi, nel **1580, la prima edizione completa**, benché lacunosa; infine, a partire dal **1581**, molte altre, tra cui quella recante il titolo, poi restato definitivo (contro la volontà del poeta), *Gerusalemme liberata*. Nel **1584** esce infine, a cura di Scipione Gonzaga, un'edizione approvata dall'autore ma recante numerose censure dovute a scrupoli soprattutto religiosi, così che gli studiosi moderni si basano piuttosto sulle edizioni integrali del 1581.

***Gerusalemme liberata* (1581): un titolo non d'autore**

A Mantova con Vincenzo Gonzaga (1586)

Liberato dalla prigione (12 luglio 1586), il poeta segue a Mantova Vincenzo Gonzaga. Ma la ormai consueta irrequietezza lo spinge a cercare **sempre nuove destinazioni**: va a Bergamo, a Roma, a Napoli. Dopo nuove peregrinazioni a Roma ('89) a Firenze ('90) e a Mantova ('91), Tasso divide gli **ultimi anni tra Roma e Napoli**. Nel 1592 conclude il radicale rifacimento del poema, intitolato *Gerusalemme conquistata* (pubblicato nel **'93**). Gli ultimi anni sono dedicati alla stesura e alla progettazione di **opere di argomento devoto**, sotto la protezione di papa Clemente VIII e dei nipoti Cinzio e Pietro Aldobrandini (al primo è dedicata la *Conquistata*). Nel '93 vengono composti e pubblicati i due poemetti in ottave *Le lacrime di Maria Vergine* e *Le lacrime di Gesù Cristo*; fra il '92 e il '94 viene composto (ma la pubblicazione è successiva alla morte dell'autore) il poema in endecasillabi sciolti *Le sette giornate del mondo creato*, l'opera più impegnativa di questo periodo. Da Clemente ottiene una pensione nel novembre del '94, e la promessa di una solenne incoronazione come poeta in Campidoglio. Ma nel marzo successivo il poeta si ammala gravemente, e si fa condurre al convento di Sant'Onofrio sul Gianicolo. **Qui muore il 25 aprile 1595**, e viene sepolto nella chiesa del convento (cfr. **S1**, p. 86).

La *Gerusalemme conquistata* (1593)

Le opere devote

La morte, a Roma, nel 1595

S1 INFORMAZIONI

Il mito di Tasso

L'opera di Tasso ebbe subito grande successo. Era anzi dai tempi di Petrarca che in Italia un letterato non riscuoteva, da vivo, altrettanta ammirazione. E però subito la fortuna critica si intrecciò alla mitizzazione della vita e della personalità tassesche. La rapida diffusione europea dell'opera di Tasso fece poi sì che anche il mito viaggiasse fuori d'Italia, e divenisse tutt'uno con i capolavori del poeta.

Dal punto di vista critico, già i contemporanei riconobbero la novità della lirica tassesca e la svolta da questa impressa alla tradizione petrarchesca. Le peculiarità dello stile di Tasso furono studiate e imitate da numerosissimi poeti, in Italia e in Europa. Il secolo che seguì la morte del poeta si disegnò quasi per intero dentro i confini della sua esperienza: alla compostezza classica e alla ricerca di equilibrio proprie di Petrarca e di Ariosto si sostituirono la ricerca dell'eccesso e delle tensioni. E non solo la poesia, ma l'intera cultura artistica legata al Manierismo e al Barocco ebbero in Tasso uno dei primi e maggiori maestri.

Accanto alla *Gerusalemme liberata* e alle *Rime*, è l'*Aminta* a garantire l'influenza di Tasso sui decenni che seguono la sua morte. La favola pastorale costituisce anzi il modello del melodramma secentesco.

Non bisogna d'altra parte credere che questa straordinaria fortuna sia stata priva di contrasti ed esente da detrattori. Soprattutto attorno al poema maggiore prese anzi piede una accesa polemica.

Mentre gli scritti tasseschi circolavano, vivo ancora l'autore, in un numero incredibilmente alto di copie manoscritte e di edizioni a stampa, spesso scorrette e approssimative, le notizie intorno alla follia del poeta forgiavano il mito che si sarebbe intrecciato al successo, divenendone parte organica. Ben presto fu attuato un tentativo organico di riscattare la follia senza nasconderla: essa sarebbe stata frutto di una simulazione, alla quale il poeta era costretto dalle invidie e dalle meschinità della corte estense. In questo modo acquistava dignità biografica una tesi già serpeggiante vivo il poeta. Questa tesi era basata su un dato di fatto, e cioè sull'elaborazione, tra Umanesimo e Rinascimento, di un modello di follia strumentale e positiva che annovera assertori come Erasmo da Rotterdam (autore di un *Elogio della follia*).

Un testimone illustre del reale squilibrio psichico di Tasso era stato il grande saggista francese Michel de Montaigne, che nel 1580 aveva visitato il poeta a Sant'Anna. La testimonianza lasciata di quell'incontro documenta lo stato di abbrutimento e di ossessione nel quale si trovava Tasso.

Il mito della follia generosa e volontaria – frutto di uno scontro con il potere e con le storture della vita sociale – era destinato a durare e a diffondersi, fino a riesplodere tra la fine del Settecento e l'inizio dell'Ottocento, quando esso sarebbe stato condiviso tanto dalla cultura classicistica quanto da quella romantica. Goethe dedicò a tale mito la tragedia *Torquato Tasso* (1790); Leopardi una delle sue *Operette Morali* (*Dialogo di Torquato Tasso e del suo genio familiare*, 1824).

2. Le *Rime*

Un canzoniere vasto...

Ininterrotta fu in Tasso la composizione di testi lirici. Essi abbracciano perciò **periodi diversi** e presentano una **grande varietà tematica**: vi sono soprattutto liriche d'amore, d'occasione, di devozione.

... e disordinato

Diversamente da Petrarca, il cui modello pure fu ben presente a Tasso, questi **non poté dare alla propria opera lirica un'organizzazione soddisfacente**. Il grande numero di testi prese a circolare, soprattutto durante la reclusione dell'autore a sant'Anna, in edizioni pirata, spesso inattendibili. La questione è resa più spinosa dalla mancanza, a tutt'oggi, di un'edizione critica affidabile dell'intera tradizione conservata.

Le edizioni curate dall'autore

Tasso curò dapprima l'edizione di quarantadue componimenti d'amore nell'antologia di **Rime *degli Accademici Eterei*** padovani (1567); **poi una scelta** in un'edizione antologica delle opere stampata a partire dal 1581; **infine** un'edizione, progettata in tre o forse quattro parti, ma realizzata solamente per le prime due. Questa stampa costituisce quella definitivamente approvata dall'autore, che dedicò a essa laboriose cure, con correzioni e rifacimenti. **Nel 1591** uscì la **prima parte** (di rime amorose); nel **1593**, la **seconda** (di rime encomiastiche). **Dopo la morte** fu pubblicata (1597) una **terza parte**, di rime religiose, senza però il controllo diretto del poeta. Una quarta parte avrebbe forse dovuto comprendere rime varie e occasionali.

La questione filologica delle rime tassesche

Come non è possibile accettare per il poema la scelta di Tasso, che approvò solamente la *Conquistata* e non la *Liberata*, così non è possibile restringere alle sole liriche di questa edizione tarda **il *corpus* della produzione tassesca**. L'ordine che il poeta si sforzò di mettere, negli ultimi anni, nella propria ricca produzione segue criteri assai selettivi (scartando la maggior parte dei testi) e comunque lontani dallo spirito del momento di composizione. Gli studiosi ricorrono dunque anche alla tradizione, manoscritta e a stampa, non approvata dall'autore.

La riflessione teorica: la lirica come fusione di sublime e di familiare in veste musicale

Come per gli altri aspetti del suo impegno letterario, anche per la lirica Tasso accompagna alla scrittura creativa la **riflessione teorica**: scrive commenti e riflessioni sopra le liriche di Della Casa, avvia un commento alla propria stessa produzione. **La scrittura poetica deve essere**, usando le parole impiegate da Tasso stesso per Della Casa, **chiara, pura, facile** «ma d'una chiarezza non plebea, d'una purità non umile, d'una facilità non ignobile». La poesia deve cioè tendere a una fusione di altezza espressiva e di colloquialità, di ricercatezza e di naturalezza, di sublime e di comune. **Fondamentale è poi la musica**, che «è quasi l'anima della poesia». Alla musica spetta soprattutto di comunicare la «piacevolezza», insinuando nelle parole come una seconda anima, sensuale e avvincente.

Una lirica trasparente ma complessa e raffinata

La metrica: cantabilità e rotture (l'*enjambement*)

La scrittura lirica di Tasso si presenta in effetti dotata di una **trasparenza espressiva e concettuale** che costituisce una delle sue principali ragioni di fascino e che collaborò senz'altro all'immediato successo. Ma questa semplicità e immediatezza sono poi inserite in un **impianto formale complesso e raffinato**, che complica e arricchisce il testo. Alla **metrica** innanzitutto è affidata la funzione musicale, protesa ora verso una cantabilità avvolgente e seduttiva, ora verso un andamento singhiozzante e spezzato. Tipico e insuperabile è in Tasso (nella lirica come nel poema) **l'impiego dell'*enjambement***. Agli equilibri e alle rotture sonore giova poi la ripresa, contigua o a distanza, dei medesimi termini, anche con significato equivoco. Al sapientissimo e inquietante **alternarsi di simmetria e asimmetria**, di parallelismo e di irregolarità, sono adibite le frequenti figure retoriche, riguardanti soprattutto la sintassi e la disposizione logica degli elementi discorsivi; frequente in particolare risulta **il chiasmo**, una delle figure chiave del mondo poetico tassesco, con la sua ambigua valenza di equilibratura e di specularità.

Un petrarchismo originale e innovatore, senza un centro equilibratore e linguisticamente aperto

La lirica di Tasso si inserisce nella grande **tradizione del *Canzoniere* petrarchesco** e del petrarchismo cinquecentesco, **ma la attraversa e rinnova** con profonda originalità, arricchendone i futuri sviluppi. Petrarca e i maggiori poeti petrarchisti del Cinquecento sono tutti ben presenti a Tasso, che non manca di imitarli e di utilizzarne locuzioni e interi versi. Ma d'altra parte è estranea alla ricerca tassesca l'individuazione di un centro equilibratore, di un motivo unico o dominante (ciò che qualifica la tradizione del petrarchismo): già a partire dal piano tematico, Tasso si mostra proteso a sperimentare direzioni diverse di indagine, con una **tendenza centrifuga** ben rispondente alla sua personalità. Anche la specializzazione linguistica e formale che caratterizza il petrarchismo è vissuta da Tasso con molta libertà: egli **arricchisce il vocabolario petrarchesco** servendosi di latinismi e di termini settentrionali, non disdegnando il rilancio di reperti lessicali danteschi e stilnovistici, oppure legati alle esperienze liriche quattrocentesche. In tal modo è di fatto respinta la rigida proposta di Bembo (cfr. vol. 2), pure influente sul linguaggio lirico di Tasso.

La varietà di forme e di generi

T • «*Tacciono i boschi e i fiumi*»
T • «*Vecchio ed alato dio, nato col sole*»

La ricchezza di forme e di generi, si è detto, costituisce a sua volta un segno dell'originalità del poeta nell'ambito del petrarchismo cinquecentesco. Accanto alle tradizionali **canzoni** e **sonetti** (cfr. **T1**, p. 88), l'opera lirica di Tasso presenta un gran numero di **madrigali** (cfr. **T2**, **T3**, **T4**, pp. 90, 92, 93).

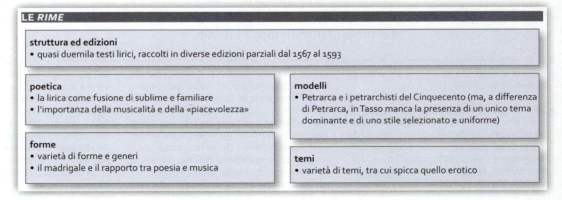

LE *RIME*

struttura ed edizioni
- quasi duemila testi lirici, raccolti in diverse edizioni parziali dal 1567 al 1593

poetica
- la lirica come fusione di sublime e familiare
- l'importanza della musicalità e della «piacevolezza»

modelli
- Petrarca e i petrarchisti del Cinquecento (ma, a differenza di Petrarca, in Tasso manca la presenza di un unico tema dominante e di uno stile selezionato e uniforme)

forme
- varietà di forme e generi
- il madrigale e il rapporto tra poesia e musica

temi
- varietà di temi, tra cui spicca quello erotico

Il madrigale e il ritrovato rapporto con la musica

Ciò corrisponde al ritrovamento di un **rapporto diretto con la musica**, che inverte, sia pure entro ambiti limitati, la tendenza invalsa da oltre due secoli a scindere le parole dalla loro eventuale esecuzione in musica. I madrigali di Tasso vennero musicati innumerevoli volte da musicisti contemporanei (fra cui Monteverdi) e nei secoli successivi.

Le liriche d'amore

Tra i molti temi, quello nel quale la scrittura lirica tassesca tocca i risultati più convincenti è il **tema erotico-galante**. Molti testi sono dedicati a donne realmente amate dal poeta (come Lucrezia Bendidio e Laura Peperara, cfr. T2, p. 90); ma dominano nel complesso le composizioni di elogio di donne legate alla vita delle corti, composizioni dunque d'occasione e di stampo cortigiano. Variato e mutevole è il coinvolgimento del soggetto nei vari testi, a volte tragicamente partecipe, a volte distaccato. **Nuove appaiono le situazioni**, anche sociali, **rappresentate**: la vivace vita di corte trapela nelle descrizioni di abbigliamenti splendidi, di balli e ritrovi mondani, di vezzi e comportamenti legati a una cultura raffinata e galante.

Una raffinata poesia cortigiana

La ricerca di equilibrio psicologico e la necessità di essere protetto e apprezzato concorsero alla stesura di numerosi **testi encomiastici d'occasione**, per ringraziare e lodare l'accoglienza e la generosità dei signori. Spicca in questo ambito la incompiuta *Canzone al Metauro*, dedicata al duca Francesco Maria della Rovere.

La canzone al Metauro

T • *La canzone al Metauro*

Le liriche devote

Nei **componimenti di argomento devoto**, risalenti per la maggior parte alla produzione tarda, le stesse caratteristiche formali dei testi d'amore sono adibite alla confessione addolorata, alla richiesta di aiuto e di perdono, soprattutto alla esaltazione dei grandi temi controriformistici della contrizione, dell'espiazione, della sofferenza risanatrice.

T1 «Vedrò da gli anni in mia vendetta ancora»

OPERA
Rime

CONCETTI CHIAVE
- la bellezza femminile e le devastazioni del tempo
- una vendetta sadica del poeta

FONTE
T. Tasso, *Opere*, a cura di B. Maier, Rizzoli, Milano 1963-1965.

Un giorno, la bellezza della donna amata, che ora disprezza il poeta, sarà devastata dal tempo. Sarà per lui una vendetta, e forse un risarcimento. Il sonetto fu scritto tra il 1565 e il 1567.

> Vedrò da gli anni in mia vendetta ancora
> far di queste bellezze alte rapine,
> vedrò starsi negletto il bianco crine
> ch'ora l'arte e l'etate increspa, e 'ndora;
>
> 5 e 'n su le rose ond'ella il viso infiora
> sparger il verno poi nevi e pruine:
> così 'l fasto e l'orgoglio avrà pur fine
> di costei ch'odia più chi più l'onora.
>
> Sol rimarranno allor di sua bellezza
> 10 penitenza e dolor, mirando sparsi
> suoi pregi, e farne il tempo a sé trofei.

METRICA sonetto con rime secondo lo schema ABBA, ABBA; CDE, CDE.

- **1-4** Un giorno (**ancora**), per mia vendetta, vedrò fare ricco bottino (**alte rapine**) di queste bellezze [: quelle della donna amata] da [parte de]gli anni; vedrò starsene scomposti (**negletto** = trascurato) i capelli (**crine**) [ormai] bianchi, che ora arricciano (**increspa**) e rendono biondi (**<i>ndora**) le cure (**l'arte**) e

l'età. Il tempo vendicherà l'amante rifiutato e le bellezze della donna. Arricciare e tingere i capelli era un'usanza comune già nel Cinquecento.

- **5-8** e [vedrò] poi l'inverno [: la vecchiaia] *spargere neve e brine* (**pruine**) [: il pallore] *su quel colorito roseo* (**le rose**) *grazie a cui* (ond<e>) *ella rende bello* (**infiora**) *il suo viso; così avranno finalmente* (**pur**) *termine la superbia* (**fasto**) *e l'orgoglio di costei, che odia* [di] *più chi la onora più* [di tutti] [: me che la amo e la celebro]. Le metafore dei vv. 5-6 accostano la vecchiaia all'inverno e la giovinezza alla primavera.

- **9-11** Allora della sua bellezza resteranno solo pentimento (**penitenza**) e dolore, mentre ella guarderà (**mirando**) i suoi pregi sconfitti (**sparsi**) e il tempo che ne fa segni della propria vittoria (**trofei**). La perdita della bellezza manifesta il trionfo del tempo.

E forse fia, ch'ov'or mi sdegna e sprezza,
poi brami accolta dentro a' versi miei,
quasi in rogo Fenice rinovarsi.

- **12-14** *E forse accadrà* (**fia**) *che, mentre* (**ov<e>**) *ora mi disdegna e disprezza, poi desideri di essere accolta* (**accolta** = accoglimento) *nei miei versi, come la Fenice che si rinnova dalle fiamme* (**rogo**). La Fenice è il mitico uccello che rinasce dalle proprie ceneri: qui, la donna che, dopo aver perduto la bellezza, rinasce per opera dei versi che la celebrano.

Giorgione, *La vecchia*, 1506 circa. Venezia, Galleria dell'Accademia.
L'eloquente cartiglio in mano all'anziana donna sottolinea il tema umanistico-rinascimentale del trascorrere del tempo e della fine della bellezza.

T1 DALLA COMPRENSIONE ALL'INTERPRETAZIONE

COMPRENSIONE

L'io e la donna: la logica della crudeltà Non troviamo qui il tradizionale masochismo dell'amante che patisce di fronte alla durezza femminile (del resto presente anche in altri testi tassiani), ma al contrario l'atteggiamento sadico di chi gode della propria «vendetta» (l'anafora del «vedrò» sottolinea questo compiacimento, così come il finale). **Masochismo e sadismo** sono le due facce della stessa logica della crudeltà; e in effetti questo è un sonetto di violenza: la **violenza del tempo sulla bellezza**, e la **violenza di un rapporto amoroso impossibile (la donna, infatti, «odia» il poeta)**. Ma la vendetta è resa più crudele dalla disparità fra uomo e donna: mentre questi potrà sempre valersi della forza dei propri versi, destinati a vincere il tempo, **l'amata perderà, con la bellezza, tutto**. La **terzina finale** celebra così, più che una possibile riconciliazione, la **vittoria definitiva del poeta**, il cui potere è superiore a quello stesso della natura devastatrice.

ANALISI

La struttura Il sonetto ha una struttura molto calibrata: la **prima parte** è costituita dalle due **quartine**, rette da «Vedrò»; la **seconda** dalle due **terzine coordinate** («E forse...», v. 12). Grande risalto architettonico ha la sintassi. Nelle quartine ogni frase occupa due versi, come sottolineano l'anafora di «vedrò» ai vv. 1 e 3, la coordinazione del v. 5 (dove «vedrò» è sottinteso) e il nesso «così» al v. 7. Anche le terzine hanno **una struttura sintatticamente compatta**, sottolineata dalla stretta dipendenza degli infiniti (vv. 11 e 14) con il verbo principale. Un ulteriore elemento di coesione è dato dalla **frequenza degli avverbi di tempo**.

Le metafore La figura principale è **la metafora**, che crea **due campi semantici**: il primo, legato alla violenza del tempo, accoglie termini guerreschi («rapine», «trofei»); il secondo alla **natura** e al **passare delle stagioni**, sia in senso positivo («rose», «infiora»), sia negativo («verno», «nevi», «pruine»).

INTERPRETAZIONE

Il tempo e la bellezza Il tema della bellezza è spesso collegato a quello del tempo che scorre: si pensi a *«Erano i capei d'oro a l'aura sparsi»* di Petrarca (cfr. vol. 1), o, in un senso diverso, alla poesia umanistica. In entrambi i casi, tuttavia, il collegamento ha un significato morale, sia pure opposto: cristiano, con l'esortazione a lasciare gli allettamenti mondani per volgersi ai valori eterni; laico-epicureo, con l'invito a godere la fugacità delle cose terrene. Qui, invece, si ha una sfumatura nuova, sebbene preannunciata dal petrarchismo. **Tasso infatti non svolge una riflessione morale**: insiste sull'**azione distruggitrice del tempo, che devasta impietosamente la bellezza fisica** e non risparmia neppure l'integrità psicologica della donna («fasto» e «orgoglio» si trasformano infatti in «penitenza» e «dolor»).

T1 LAVORIAMO SUL TESTO

COMPRENDERE

1. Chi vendicherà il poeta della crudeltà della donna?
   - A il poeta stesso
   - B Dio, punendo i peccati della donna
   - C il tempo

ANALIZZARE

2. Individua le metafore che alludono alla vecchiaia.

INTERPRETARE

3. Evidenzia l'ambiguità del sentimento dell'io lirico nei confronti della donna.

LE MIE COMPETENZE: DIALOGARE, CONFRONTARE

Riportiamo qui, nella traduzione di Eugenio Montale, la poesia *When you are old* dello scrittore irlandese William Butler Yeats (1865-1939), che ha molti punti in comune con il testo di Tasso. Il poeta si rivolge ad una donna che ha ormai raggiunto la vecchiaia e ripensa ai suoi amori passati. Tra quanti l'hanno desiderata, solo il poeta ha amato, oltre alla sua grazia e alla sua giovinezza, anche la sua anima «pellegrina». Ma lei non ha ricambiato il suo sentimento e ora rimpiange ciò che ha perso. Dialogando con i compagni, confronta la poesia di Tasso e quella moderna di Yeats.

> Quando tu sarai vecchia, tentennante
> tra fuoco e veglia prendi questo libro,
> leggilo senza fretta e sogna la dolcezza
> dei tuoi occhi d'un tempo e le loro ombre.
>
> Quanti hanno amato la tua dolce grazia
> di allora e la bellezza di un vero o falso amore.
> Ma uno solo ha amato l'anima tua pellegrina
> e la tortura del tuo trascolorante volto.
>
> Cùrvati dunque su questa tua griglia di brace
> e di' a te stessa a bassa voce Amore
> ecco come tu fuggi alto sulle montagne
> e nascondi il tuo pianto in uno sciame di stelle.

T2 «Ecco mormorar l'onde»

OPERA
Rime

CONCETTI CHIAVE
- il paesaggio-stato d'animo

FONTE
T. Tasso, *Poesie*, cit.

Questo madrigale fa parte delle rime dedicate a Laura Peperara. Il nome della amata è anzi presente, in forma di senhal, al terzo e al penultimo verso. La partecipazione commossa del paesaggio naturale al sorgere del sole è rappresentata come il segreto irraggiarsi di una energia positiva, che infine raggiunge anche il cuore umano.

> Ecco mormorar l'onde
> e tremolar le fronde
> a l'aura mattutina e gli arboscelli,
> e sovra i verdi rami i vaghi augelli
> 5 cantar soavemente
> e rider l'oriente:
> ecco già l'alba appare
> e si specchia nel mare,
> e rasserena il cielo
> 10 e le campagne imperla il dolce gelo
> e gli alti monti indora.

METRICA madrigale composto da quattro endecasillabi e da dieci settenari, disposti a rima baciata, secondo lo schema aaBBccd-deEffGg; d, f e g presentano consonanza (con implicazione della /r/).

- **1-6** *Ecco le onde mormorare e le fronde e gli arboscelli tremolare all'aria* (**a l'aura**) *mattutina, e sopra i rami verdi* [*ecco*] *dolci* (**vaghi**) *uccelli* (**augelli**) *cantare soavemente e* [*ecco*] *l'oriente risplendere* (**rider**). L'alba riporta nel mondo vita, suoni e colori; il verde dei rami è segno del loro giovanile vigore.
- **7-11** *ecco* [*che*] *già l'alba appare e si specchia nel mare, e rasserena il cielo e* [*con*] *la rugiada* (**il dolce gelo**) *imperla le campagne e tinge d'oro* (**indora**) *gli alti monti*. La figura del polisindeto (**e...e...e...**) accresce la musicalità del componimento. Il sintagma **il dolce gelo** ha funzione di soggetto contemporaneamente per il v. 10 e per il v. 11: la rugiada adorna la campagna, e sui monti riflette la luce dorata dei primi raggi mattutini.

parte quarta Il Manierismo, il Barocco, il Rococò. Dalla Controriforma all'età dell'Arcadia (1545-1748)

O bella e vaga Aurora,
l'aura è tua messaggera, e tu de l'aura
ch'ogni arso cor ristaura.

- **12-14** *O bella e amata* (**vaga**) *Aurora, l'aria è tua messaggera, e tu* [lo sei] *dell'aria che ristora* (**ristaura**) *ogni cuore riarso*. Attraverso la figura del *senhal*, di reminiscenza provenzale, la celebrazione dell'atmosfera mattutina si trasforma in un canto d'amore per Laura Peperara: **l'aura** dei vv. 3 e 13 deve intendersi anche come "Laura", la donna amata dal poeta, che al pari dell'aria mattutina è portatrice di vita e di ristoro per il cuore di chi la ama.

T2 — DALLA COMPRENSIONE ALL'INTERPRETAZIONE

COMPRENSIONE

La descrizione dell'alba Questo madrigale è dedicato a **Laura Peperara** (1563-1600), figlia dell'istitutore dei principi Gonzaga. Cantante e arpista, la ragazza giunge alla corte Ferrara nella primavera del 1580: le sue doti musicali sono tali che i più illustri musicisti fanno a gara per comporre testi da farle interpretare. È così che la conosce Tasso, che se ne innamora e le dedica una serie di rime, tra cui questa che abbiamo letto. Nella prima parte del componimento (**vv. 1-11**) è rappresentato uno spettacolo naturale: **il paesaggio si anima al sorgere del sole**; l'alba riporta nel mondo vita, suoni e colori, mentre una leggera brezza agita le foglie, il canto degli uccelli si diffonde e un «dolce gelo» si posa sul mondo. Gli **ultimi tre versi** stabiliscono un **paragone fra l'alba e la donna amata**, che come l'aria mattutina porta ristoro al cuore di chi ama.

ANALISI

Le immagini e la tessitura fonica Il paesaggio è descritto con un linguaggio raffinatissimo che mette in evidenza **le sensazioni pittoriche e musicali**. Nelle sue poesie Tasso delinea spesso quadri animati dalla vibrazione luminosa dell'alba o della luna. Si pensi, in questo madrigale, all'immagine della luce tremolante del sole che si specchia nel mare («ecco già l'alba appare / e si specchia nel mare»). Alla suggestione della luce si unisce poi quella della musica: qui la musicalità è resa, tra l'altro, dal **ricorrere della consonante** /r/ e dalla figura del **polisindeto** («e…e…e…»). La valorizzazione dell'elemento musicale non è casuale: il madrigale è forma metrica musicale per eccellenza.

INTERPRETAZIONE

Il paesaggio-stato d'animo La natura rispecchia i sentimenti del poeta. Lo **stato d'animo gioioso** per l'arrivo dell'amata è espresso dal dilatarsi della luce dell'alba. Il sole che sorge riporta nella natura la vita: le onde mormorano; le fronde tremolano; l'oriente ride (si noti la scelta di verbi che suggeriscono vitalità). L'avvento dell'aurora annuncia quello di Laura: anzi, l'aurora si identifica con la stessa Laura, che al pari dell'aria mattutina è portatrice di vita e di ristoro per il cuore. Tale corrispondenza è sottolineata dall'espediente del *senhal* (il nome fittizio della dama che si presta a giochi di parole): dietro «**l'aura**» dei vv. 3 e 13 si nasconde il nome dell'amata.

T2 — LAVORIAMO SUL TESTO

COMPRENDERE

La donna e la natura

1. A chi è dedicato il madrigale? Dove appare il nome della donna?
2. La lode della donna passa attraverso la sublimazione degli elementi del paesaggio. Individuali nel testo ed elencali.

ANALIZZARE

La musicalità

3. Attraverso quali tecniche il madrigale acquista musicalità e respiro?

L'aura di Laura

4. Il nome dell'amata è presente nella lirica?

Il lessico

5. **LINGUA E LESSICO** Quali verbi avvicinano l'uomo alla natura?

INTERPRETARE

L'aura ristoratrice

6. Acqua, aria, luce sono le coordinate di questo paesaggio: che cosa hanno in comune? Perché sono privilegiate dal poeta?

> **LE MIE COMPETENZE: CONFRONTARE, DIALOGARE**
> Confronta il testo con il sonetto di Petrarca «*Erano i capei d'oro*» che trovi nel vol. 1. Quali sono gli elementi di distanza? Discutine con i compagni e il docente.

T3 «Ne i vostri dolci baci»

OPERA
Rime

CONCETTI CHIAVE
- il bacio, fonte di piacere e di sofferenza

FONTE
T. Tasso, *Poesie*, cit.

Il tema del bacio, assente in Petrarca, non è invece raro in Tasso. Qui vi è gioco sulla doppiezza dei baci ricevuti dall'amata, in paragone con l'ape: alla dolcezza del miele si accompagna la ferita della puntura. Dietro lo scherzo galante balena la rappresentazione ambivalente dell'esperienza erotica.

Ne i vostri dolci baci
de l'api è il dolce mele
e v'è l'ago de l'api aspro crudele:
dunque addolcito e punto
da voi parto in un punto.

METRICA madrigale di quattro settenari e un endecasillabo, con rime, secondo lo schema aBbCc.

1-5 Nei vostri dolci baci [c'] è la dolcezza del miele (**il dolce mele**) delle api, e vi è il pungiglione (**l'ago**) delle api bruciante (**aspro**) [e] crudele: dunque mi allontano (**parto**) da voi [: dalla amata] addolcito e ferito (**punto**) nello stesso tempo (**in un punto**). La rima equivoca ai vv. 4-5 (**punto** è verbo al v. 4, sostantivo al v. 5) sottolinea l'ambivalenza dell'esperienza erotica.

T3 DALLA COMPRENSIONE ALL'INTERPRETAZIONE

COMPRENSIONE

La natura duplice dell'amore Questo breve madrigale, tutto tramato da antitesi paradossali, si basa sul **paragone tra le api e l'amore: la nature dolce e insieme amara** dall'esperienza amorosa è associata alla **duplicità dell'ape**, che porta il miele in bocca ma ha un pungiglione sempre pronto a colpire.

ANALISI

Il madrigale: musica e poesia Il madrigale è una delle forme metriche preferite dal Tasso lirico. Esso è caratterizzato dalla **musicalità** e dalla **brevità**, e risulta pertanto meno impegnativo e più leggero del sonetto. I madrigali di Tasso sono stati messi in musica da alcuni artisti a lui contemporanei, come **Claudio Monteverdi**, e più tardi anche da altri.

INTERPRETAZIONE

L'immagine dell'ape L'immagine metaforica dell'**ape dolce e crudele** ha una grande fortuna nella poesia manierista e in quella barocca. **Questo stesso motivo ritorna**, variato, nell'*Aminta*: nella seconda scena dell'atto primo viene descritto lo stratagemma con cui il pastore Aminta riesce ad ottenere un bacio dall'amata, simulando di essere stato punto da un'ape e ricevendo così il bacio "guaritore" di Silvia. Anche in questo caso però **il bacio dell'amata contiene insieme la «dolcezza» del miele e un «secreto veleno»**. La dolcezza del bacio, infatti, porta con sé la sofferenza d'amore.

L'ambivalenza dell'esperienza erotica Nella sua raffinata brevità questo madrigale affronta un tema ricorrente in Tasso: quello dell'ambivalenza della pulsione erotica. La **contraddittorietà dell'amore** ad esempio caratterizza l'ambiguo rapporto tra due dei personaggi più moderni della *Gerusalemme liberata*: **Tancredi e Clorinda**. La scena del duello tra i due, che si conclude con la morte della donna, rilancia la **centralità dell'opposizione amore/morte**: infatti l'intero combattimento viene presentato come un incontro erotico dalle conseguenze tragiche.

T3 LAVORIAMO SUL TESTO

COMPRENDERE

Il contrario

1. Su quale contraddizione si basa il madrigale?

ANALIZZARE

Il significato

2. Su quale figura retorica di significato si regge il breve testo?

INTERPRETARE

3. **LINGUA E LESSICO** Ricerca nei versi i giochi di parole (uso di termini uguali ma diversi per significato e funzione nel discorso).

Miele crudele

4. La dolcezza di un bacio può anche ferire. Trovi attuale questa considerazione?

T4 «Qual rugiada o qual pianto»

OPERA
Rime

CONCETTI CHIAVE
- la musicalità
- la natura umanizzata

FONTE
T. Tasso, *Poesie*, cit.

 Testo interattivo
 Ascolto
 Alta leggibilità

La separazione dalla donna amata provoca una partecipazione della natura al dolore del poeta. La ricerca di musicalità determina qui un effetto di estenuatezza e di malinconia.

Qual rugiada o qual pianto,
quai lacrime eran quelle
che sparger vidi dal notturno manto
e dal candido volto de le stelle?
5   e perché seminò la bianca luna
di cristalline stille un puro nembo
a l'erba fresca in grembo?
perché ne l'aria bruna
s'udian, quasi dolendo, intorno intorno
10 gir l'aure insino al giorno?
fur segni forse de la tua partita,
vita de la mia vita?

METRICA madrigale di endecasillabi e settenari, con rime, secondo lo schema abABCDdcEeFf.

- **1-4** *Quale rugiada o quale pianto, o quali lacrime erano quelle che vidi spargere dalla volta del cielo* (**dal...manto**) *notturno e dal candido volto delle stelle?* Si tratta di rugiada o di lacrime? Accanto alla notazione oggettiva il poeta affianca, infine preferendola, l'interpretazione soggettiva della natura come rispecchiamento del suo dolore per la separazione dall'amata.
- **5-10** *e perché la luna bianca seminò* [: sparse] *una pura nube* (**nembo**) *di gocce* (**stille**) *cristalline in grembo all'erba fresca? Perché nell'aria notturna* (**bruna**) *si udivano le brezze* (**aure**), *simili a lamenti* (**quasi dolendo**), *scorrere* (**gir**) *tutt'intorno* (**intorno intorno**) *fino* (**insino**) *al* [sorgere del] *giorno?*
- **11-12** *forse erano* (**fur** = furono) *presagi* (**segni**) *della tua partenza* (**partita**), *o vita della mia vita* [: la donna amata]*?* I dati naturali sono presentati come un riflesso del presentimento del poeta circa la partenza dell'amata.

T4 DALLA COMPRENSIONE ALL'INTERPRETAZIONE

COMPRENSIONE

La descrizione dell'alba La poesia è strutturata in **due parti di ampiezza disuguale**. La prima parte, più lunga (**vv. 1-10**), è dedicata alla **rappresentazione della natura** descritta nel **momento notturno**, che si carica di un **sentimento doloroso** (le «lacrime» sparse dalla volta del cielo, le gocce cristalline lasciate sull'erba dalla luna, il suono delle brezze simile a un lamento). Nei due versi conclusivi (**vv. 11-12**) si stabilisce un collegamento **fra il paesaggio notturno e l'allontanamento dell'amata**: i dati naturali sono interpretati come "segni" della partenza della donna.

ANALISI

Lo stile della malinconia Questo breve madrigale è un buon esempio delle caratteristiche metriche e stilistiche del Tasso lirico. Gli strumenti metrici e retorici sono impiegati con abbondanza allo scopo di provocare **una musicalità dolce e languida, estenuata e malinconica**: **le rime** sono disposte ben quattro volte in posizione baciata, collegando sempre la coppia endecasillabo-settenario (vv. 1-3; 6-7; 9-10; 11-12): in questo modo il loro effetto è più percepibile. Vi è poi un frequente ricorso, tipicamente tassesco, all'*enjanbement* (vv. 2-3, 8-9, 9-10), che determina un rallentamento del ritmo e una spezzatura della sintassi; effetti accresciuti dall'inciso «quasi dolendo» al centro del v. 9 e dalle **inversioni** ai vv. 5-7. Un effetto di musicalità è poi conseguito dalla frequenza della **coppia aggettivo-sostantivo** (vv. 3, 4, 5, 6) **e sostantivo-aggettivo** (vv. 7 e 8), nonché dalla **replicazione** di alcune voci («qual.., qual... quai», vv. 1-2; «perché», vv. 5 e 8; «intorno intorno», v. 9; «vita... vita», v. 12).

INTERPRETAZIONE

La musica del dolore Il tema della assenza della donna amata percorre tutta la poesia precedente a quella di Tasso e – in particolare – era stato uno motivi centrali del *Canzoniere* petrarchesco. Ma si veda come in questo madrigale esso sia risolto in musica (e non a caso: il madrigale è una forma metrica musicale per eccellenza, che spesso, infatti, fu musicato anche da grandi musicisti come Monteverdi). Il testo è costruito su **quattro frasi interrogative di lunghezza decrescente** (quattro versi la prima, tre versi la seconda e la terza, due versi la quarta), in tre delle quali (la seconda, la terza e la quarta) l'interrogazione è sottolineata dalla **rima baciata** («nembo... grembo?»; «intorno... giorno?»; «partita... vita?»; nell'ultimo caso il gioco della rima baciata è arricchito dalla rima interna «vita de la mia vita?», v. 12). Questa ripetizione della frase interrogativa e il suo progressivo concentrarsi e affievolirsi fino quasi a ridursi a un sussurro contribuisce a dare al testo un **ritmo musicale trasognato**, cullante e malinconico.

Assenza dell'amata e pianto della natura La separazione della donna amata determina una partecipazione dolorosa della **natura**. Essa viene **umanizzata**: le stelle (che hanno «candido volto») e la luna piangono, le brezze diventano sospiri e lamenti di dolore. E la musicalità di cui si è discusso prima si intreccia con un raffinato **gioco coloristico di chiaroscuri** (si osservino le opposizioni «notturno manto / candido volto»; «bianca luna / aria bruna», in cui la disposizione chiastica di "scuro" e "chiaro" introduce un elemento di **raffinatezza formale**). Infine, la sapienza con cui sono intrecciate sinesteticamente **sensazioni visive** (il pianto delle stelle e della luna), **tattili** (la freschezza dell'erba), **uditive** (il lamento delle brezze) arricchisce il testo di un'altra notazione preziosa.

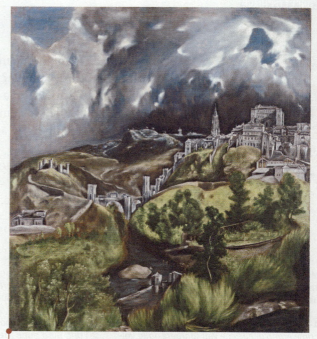

El Greco, *Veduta di Toledo*, 1596-1600. New York, Metropolitan Museum of Art.

T4 LAVORIAMO SUL TESTO

COMPRENDERE

Lacrime

1. Già da una prima lettura quale sentimento emerge nel testo?
2. Si tratta di un paesaggio notturno o diurno? Ameno o triste?

ANALIZZARE

Una melodia melanconica

3. Quali elementi caratterizzano la musicalità del madrigale a livello metrico e sintattico? Che tonalità prevale?

La natura partecipe

4. Che valore ha la metafora "rugiada-pianto"?

INTERPRETARE

La bianca luna

5. Il motivo lunare, introdotto da Tasso, si associa ad una particolare suggestione del paesaggio. Quale funzione hanno in questo contesto le sensazioni cromatiche?

Paesaggio e stato d'animo

6. Rifletti sull'opposizione «partita/vita». In che senso i due versi finali offrono una chiave di lettura dell'intero testo?

LE MIE COMPETENZE: RICERCARE, DIALOGARE

Abbiamo visto che questa poesia è caratterizzata dalla musicalità. Come si è detto, infatti, il madrigale è la forma metrica più musicale, tant'è che tra Cinquecento e Seicento moltissimi madrigali vennero musicati da artisti importanti. Quali sono i tratti caratteristici di questa forma musicale? Chi sono i maggiori madrigalisti dell'epoca? La tradizione del madrigale sopravvive ancora oggi? Fai una ricerca sulla storia del madrigale in musica. In classe confronta le informazioni che hai reperito con quelle trovate dai compagni.

3 | Aminta

La stesura, nella primavera del 1573

Frutto del periodo di più intensa creatività e di più sereno equilibrio nella vita di Tasso è l'**Aminta**, stesa in poco tempo (forse solo pochi giorni) nella **primavera del 1573**, mentre la composizione della *Liberata* volgeva al termine.

Un dramma pastorale

L'*Aminta* è un **dramma pastorale**, o meglio, una **"favola boschereccia"**, ovvero un'azione teatrale ambientata nel mondo dei pastori. Il dramma è suddiviso in **cinque atti**, secondo le norme aristoteliche, **preceduti da un prologo**. Ogni atto è concluso da **un coro**, sul modello della tragedia greca, allo studio della quale Tasso si era dedicato assiduamente.

Le rappresentazioni

L'*Aminta* venne rappresentata nei pressi di Ferrara, sull'isoletta del Belvedere sul Po, nell'estate del '73. Erano presenti il duca Alfonso II e tutta la corte estense. Altre rappresentazioni si tennero negli anni successivi. **Tasso compì via via alcune modifiche**, in particolare aggiungendo i cori conclusivi anche agli atti centrali (che inizialmente ne erano privi), e, forse, prevedendo l'in-

AMINTA (1573)

genere e struttura
- dramma pastorale o "favola boschereccia" (cioè tragicommedia con situazioni tristi a lieto fine), ambientata nel mondo dei pastori. È divisa in un prologo e cinque atti. Ogni atto è concluso da un coro

trama
- il giovane pastore Aminta si innamora della ninfa Silvia. Aiutato da Tirsi e Dafne, riesce a conquistare l'amore di Silvia, dopo che questa lo ha creduto morto

temi
- l'amore (nelle sue diverse sfaccettature)
- il contrasto tra la democrazia utopica di Amore e l'ingiustizia del mondo cortigiano
- il rapporto tra mondo pastorale e mondo della corte: tra idealizzazione e polemica

Bartolomeo Cavarozzi, *Il lamento di Aminta*, 1625 circa. Parigi, Museo del Louvre.

L'azione

T • *Dafne e Silvia, Aminta e Tirsi*

serzione dell'epilogo e degli "intermedi" (ma su quest'ultimo punto gli studiosi non sono tutti d'accordo).

Lo svolgimento dell'azione è estremamente semplice. Il giovane **pastore Aminta** ama la **ninfa Silvia**. Entrambi sono inesperti d'amore, e la timidezza di Aminta gli impedisce di vincere la ritrosia della sua amata. Ad aiutare il giovane si impegnano due personaggi maturi, **Tirsi** e **Dafne**, la seconda cercando di convincere Silvia ad accettare l'amore di Aminta, il primo con consigli rivolti al giovane. Questi è indotto a recarsi dove la ninfa è solita fare il bagno nuda; e qui la trova legata a un albero da **un satiro** che sta per violentarla. Aminta la libera, ma Silvia fugge senza mostrargli alcuna gratitudine. La soluzione della vicenda è infine resa possibile da **una serie di malintesi** e di voci infondate aventi per oggetto **la morte dei due giovani**: dapprima ad Aminta è riferito che Silvia è stata sbranata da un lupo; quindi Silvia, in verità illesa, crede che Aminta si sia ucciso per il dolore. Questa notizia vince le resistenze della giovane, che cede all'amore, disperata per la sorte di Aminta. Il suicidio di Aminta è però fallito: gettatosi da una rupe, il giovane è stato protetto nella caduta da un cespuglio. Può così avere luogo il lieto fine con l'intesa tra i due giovani.

I modelli

L'ambiente culturale ferrarese era senza dubbio propizio all'utilizzazione di un genere letterario originale come la "favola boschereccia". Qui infatti essa contava i suoi pochi precedenti, ben noti a Tasso, tra i quali spicca la *Egle* (1545) di **Giraldi Cinzio** (cfr. vol. 2). Ma la soluzione presentata dall'*Aminta* va per più ragioni oltre i caratteri dei modelli ferraresi dei decenni che la precedono. Il legame con l'egloga pastorale, dalla quale dipende il dramma pastorale, è nettamente interrotto da Tasso: sull'abbandono lirico-sentimentale prevale nel complesso la **dimensione teatrale e drammatica**. È questa un'acquisizione recente del dibattito critico, dopo una protratta sopravvalutazione del puro elemento lirico.

La svolta di Tasso in senso teatrale e drammatico

I complessi riferimenti letterari dell'*Aminta*, volgari e classici

Ma la complessità culturale dell'opera di Tasso è dovuta anche alla **fusione**, in essa, **di due generi letterari** e delle rispettive tradizioni: **il teatro e la lirica d'amore**. Gli stilnovisti, Dante, Petrarca e il petrarchismo cinquecentesco nelle sue numerose varianti, la poesia cortigiana quattro-cinquecentesca (Poliziano, Sannazaro, Boiardo e Ariosto lirici), tutti cooperano alle scelte stilistiche e formali dell'*Aminta*, travolti nella nuova dimensione scenica e dialogica. Più ancora: alla influenza dei modelli volgari si affianca quella dei **grandi modelli classici, greci e latini**. Accanto ai tragici greci (Euripide soprattutto) si collocano il Virgilio bucolico e Catullo, nonché Ovidio e Lucrezio. Tutti prestano qualcosa a Tasso. I nomi di Lucrezio e di Euripide introducono poi una ulteriore questione interpretativa, non meno importante: la eventuale tragicità dell'*Aminta*.

La tragicità dell'*Aminta*: il conflitto delle interpretazioni

La lettura tradizionale dell'opera negava la presenza di un contenuto tragico. L'***Aminta*** **appariva come un'eccezionale parentesi di serenità** nella turbata carriera creativa di Tasso. Questa interpretazione coglie bene un aspetto importante del testo, la tensione verso il piacere, e il corrispondente abbandono stilistico; ma manca di registrare altre rilevanti presenze, tematiche e formali. Non si deve, per esempio, dimenticare che la felice conclusione è raggiunta a seguito di una duplice estrema sfida, visto che tanto Silvia quanto Aminta attraversano una zona d'ombra nella quale i personaggi sulla scena, e il pubblico stesso, li credono morti. Il mondo senza turbamento e privo di tensioni della favola pastorale è dunque scosso e sconvolto dalla passione violenta dell'amore. Sotto la facciata del lieto fine si nasconde questo **rischio di dissoluzione e di morte**; mentre viene sancita la natura ambivalente e contraddittoria dell'amore medesimo. Ed è questo, senza dubbio, uno dei temi capitali dell'*Aminta*.

Una rappresentazione estremistica e radicale del tema amoroso

Le diverse interpretazioni dell'amore:

la visione disincantata di Tirsi e Dafne...

...e quella radicale e appassionata di Aminta

Nell'*Aminta* non esiste un'interpretazione unica **dell'amore**. Al contrario, di esso **vengono presentate concezioni assai diverse**. Proprio su questo argomento fondamentale manca una prospettiva dominante. Siamo in presenza, da questo punto di vista, di una vera e propria **opera "polifonica"**, nella quale cioè si esprimono voci diverse, senza che l'autore le filtri e disponga in ordine gerarchico. **L'amore può essere quello saggio** e disincantato **dei maturi Tirsi e Dafne**, protesi a cogliere solamente le gioie che dall'amore possono derivare, ma consapevoli della minaccia e del potere distruttivo dell'amore-passione; **oppure** può essere **quello radicale ed estremo di Aminta** (appunto un amore-passione), che comporta lo spossessamento dell'individuo e la crisi profonda della sua identità. È bene ripeterlo: Tasso non prende posizione rispetto a questa alternativa. La conclusione dell'opera premia l'audace scommessa di Aminta, ma sul suo trionfo grava l'ombra della morte tentata. E la complessità del tema dell'amore non si limita a questo.

La posizione ideologica dell'opera: l'utopia sociale di Amore

Alla base dell'*Aminta* c'è una **contrapposizione ancora più radicale**, che riguarda direttamente l'ideologia tassesca e la valenza sociale e culturale dell'opera. A recitare il **Prologo** è **Amore** in persona, travestito. Questi si dichiara motore effettivo dell'azione che sta per avere inizio, e poi sostiene **una sorta di utopia sociale**, affermando che il suo potere annulla le differenze tra gli uomini e li ingentilisce, promuovendo una «utopica società dell'oro, dove felicità e benessere non si legano alla ricchezza ma a un patto di solidarietà amorosa» (Anselmi). Interessante è il fatto che questo "miracolo" si presenta come una **riqualificazione culturale e artistica del mondo umile**, promosso al rango di quello raffinato (le «rustiche sampogne» dei pastori, dice il Prologo, diventano simili, grazie ad Amore, alle «più dotte cetre» dei poeti colti; cfr. **T5**, p. 98).

Il rifiuto della riconciliazione sociale sotto l'allegoria della pastoralità

Ma l'operazione di Tasso è a ben guardare più complessa e insinuante: rifiuta il punto di vista della riconciliazione sociale dentro l'orizzonte mitico (o allegorico) della pastoralità. Paradossalmente Tasso si serve di un orizzonte culturale e di uno scenario fantastico favolosi e tradizionalmente privi di conflitti, estranei ai turbamenti, con lo scopo di portare al loro interno, la minaccia della ribellione e della crisi. Ecco così che la utopia sociale proposta dal Prologo in nome dell'amore e della raffinatezza riceve al principio del secondo atto una clamorosa smentita nel lungo e importante **monologo del Satiro** che si appresta a violentare Silvia. Il Satiro spiega il proprio gesto con ragioni schiettamente sociali, e perfino brutalmente economiche: la sua condizione di "povero" lo rende odioso a Silvia, così che egli è comunque escluso dalla partecipazione alle gioie dell'amore; non gli resta perciò altra soluzione che ribellarsi alle leggi della gentilezza, che lo svantaggiano, e ricorrere a quelle della forza, seguendo le quali può sperare di ottenere migliore fortuna.

La ribellione del Satiro: una denuncia della gentilezza quale privilegio economico travestito

L'ideologia cortigiana sotto accusa: l'equazione amore = oro

Il monologo del Satiro porta **in primo piano l'ingiustizia sulla quale si basano ogni raffinatezza e ogni nobiltà**, mettendo implicitamente sotto accusa l'ideologia cortigiana e i suoi valori. Certo, il Satiro rappresenta nella trama la parte del "cattivo", e i suoi stessi tentativi malvagi sono destinati a non avere successo; ma il turbamento portato in scena resta nondimeno attivo. Al centro della sua rivendicazione, il Satiro dichiara «e veramente il secol d'oro è questo / poiché sol vince l'oro e regna l'oro». Ciò determina un abbassamento e una demistificazione del coro con il quale si era concluso l'atto precedente, dedicato appunto a esaltare la mitica età dell'oro; e stabilisce una **equazione amore=oro** che mette sotto accusa l'intero sistema dei valori affermati dagli altri personaggi (i pastori) (cfr. **T6**, p. 100).

Il mondo pastorale e il mondo della corte: idealizzazione e polemica

La denuncia del Satiro pesa sul significato da dare al rapporto tra mondo pastorale e mondo della corte. **Il mondo pastorale per un verso** si propone come evasione dalle convenzioni cortigiane, e quindi come riconquista di un felice stato di natura; **ma per un altro** si fonda su valori e modelli di rapporti sociali che richiamano proprio quelli delle brillanti corti rinascimentali. È infatti possibile riconoscere personaggi storicamente esistiti in molte delle figure della favola, e per esempio in Tirsi si specchia il carattere dello stesso autore. Insomma: **nell'*Aminta* la corte è idealizzata e però anche rispecchiata** non senza implicite punte polemiche. Questa ricchezza problematica **smaschera l'ipocrisia dell'ideologia cortigiana**, mostrando la falsità e la violenza che sottostanno ai rapporti tra gli individui e tra le classi (cfr. **S2**, p. 104). Impotente e illusorio risulta il tentativo condotto dai letterati di riconciliare le tensioni in nome della bellezza e di valori umanisticamente superiori.

S • Innocenza e voluttà nella rappresentazione dell'amore nell'*Aminta*

T5 Prologo

OPERA
Aminta, Prologo, vv. 52-91

CONCETTI CHIAVE
- nessuno può sottrarsi al potere di Amore

FONTE
T. Tasso, *Aminta*, ed. critica a cura di B.T. Sozzi, Liviana, Padova 1957.

Il prologo della favola è recitato da Amore, che mette gli spettatori al corrente della situazione e offre le coordinate ideologiche generali dell'opera.

  Io voglio oggi con questo
  far cupa e immedicabile ferita
  nel duro sen de la più cruda ninfa
55 che mai seguisse il coro di Diana.
  Né la piaga di Silvia fia minore
  (ché questo è 'l nome de l'alpestre ninfa)
  che fosse quella che pur feci io stesso
  nel molle sen d'Aminta, or son molt'anni,
60 quando lei tenerella ei tenerello
  seguiva ne le caccie e ne i diporti.
  E, perché il colpo mio più in lei s'interni,
  aspetterò che la pietà mollisca
  quel duro gelo che d'intorno al core
65 l'ha ristretto il rigor de l'onestate
  e del virginal fasto; ed in quel punto
  ch'ei fia più molle, lancerogli il dardo.
  E, per far sì bell'opra a mio grand'agio,
  io ne vo a mescolarmi infra la turba
70 de' pastori festanti e coronati,
  che già qui s'è inviata, ove a diporto
  si sta ne' dì solenni, esser fingendo
  uno di loro schiera; e in questo luogo,
  in questo luogo a punto io farò il colpo,
75 che veder non potrallo occhio mortale.
  Queste selve oggi ragionar d'Amore
  s'udranno in nuova guisa; e ben parrassi
  che la mia deità sia qui presente
  in se medesma, e non ne' suoi ministri.

METRICA endecasillabi sciolti.

- **52-67** Oggi io voglio con questa [freccia] fare una ferita profonda (**cupa**) e inguaribile (**immedicabile**) nel petto (**sen**) impietoso (**duro**) della ninfa più crudele che mai appartenesse al corteo (**seguisse il coro**) di Diana. Né la piaga di Silvia (dato che questo è il nome della ninfa selvaggia (**alpestre**) [di cui parlo]) sarà (**fia**) minore di quanto (**che**) fosse quella che feci pure io stesso nel tenero (**molle**) petto di Aminta, ora son [trascorsi] molti anni, quando egli (**ei**) [che era] giovanetto (**tenerello**) seguiva lei [che era] giovanetta nelle caccie e nei divertimenti (**diporti**). E, perché il mio colpo si affondi (**s'interni**) di più in lei, aspetterò che la pietà ammorbidisca (**mollisca**) quel duro gelo che intorno al cuore le ha concentrato (**ristretto**) il rigore dell'onestà e dell'orgoglio (**fasto**) di vergine; e in quel punto in cui esso (**ch'ei**) [: il gelo] sarà più molle gli lancerò la freccia. Vengono qui presentati i protagonisti della vicenda, la ninfa Silvia e il pastore Aminta, introducendo in sintesi la loro storia e annunciandone la conclusione felice. **Diana**: dea della caccia; le ninfe sue seguaci non sono inclini all'amore.

- **68-79** E, per compiere (**far**) una così bella opera a mio completo comodo (**grand'agio**), io mi voglio mescolare alla turba dei pastori festanti e incoronati [di fiori], la quale si è già diretta (**inviata**) qui, dove si sta nei giorni festivi (**ne' dì solenni**) per divertirsi (**a diporto**), fingendo di essere uno della loro schiera; e in questo luogo, appunto in questo luogo io lancerò (**farò**) il colpo, il quale (**che**) non potrà vedere (**veder...lo**; **lo** è pleonastico) occhio umano (**mortale**) [: soggetto]. Oggi si udiranno queste selve ragionare d'amore in modo (**guisa**) nuovo; e si vedrà (**parrassi**) bene come la mia deità [: l'Amore] sia qui presente in se stessa, e non [rappresentata] dai suoi ministri. Tasso richiama qui l'attenzione, in modo implicito, sulla novità della propria opera (vv. 76-77).

80 Spirerò nobil sensi a' rozzi petti,
    raddolcirò de le lor lingue il suono:
    perché, ovunque i' mi sia, io sono Amore,
    ne' pastori non men che ne gli eroi,
    e la disagguaglianza de' soggetti
85 come a me piace agguaglio; e questa è pure
    suprema gloria e gran miracol mio:
    render simili a le più dotte cetre
    le rustiche sampogne; e se mia madre,
    che si sdegna vedermi errar fra' boschi,
90 ciò non conosce, è cieca ella, e non io,
    cui cieco a torto il cieco volgo appella.

● **80-91** *Ispirerò sentimenti nobili ai rozzi petti [dei pastori], renderò più dolce il suono delle loro lingue: perché, dovunque io sia, io sono Amore, nei pastori non meno che negli eroi, e rendo uguale* (**agguaglio**) *come a me piace la diseguaglianza di coloro che sono soggetti [a me]; e pure questa è suprema gloria e grande miracolo mio: rendere le rustiche zampogne simili alle cetre più dotte; e se mia madre* [: Venere], *che si sdegna di vedermi errare fra i boschi, non capisce* (**conosce**) *ciò, è cieca ella e non io, che* (**cui**) *il cieco volgo chiama* (**appella**) *cieco a torto.* Ancora in primo piano il tema sociale: Amore annulla le differenze sociali e l'unificazione avviene nel nome dei valori artistici: la poesia dei pastori, cioè la poesia pastorale il cui emblema è la zampogna, è innalzata al livello della poesia dotta (epica e tragica) il cui emblema è la cetra. C'è qui anche una rivendicazione della dignità del genere letterario. La proposta unificatrice di Amore non è però l'unica presente nell'*Aminta*; è quella più ottimistica e idealizzante.

T5 DALLA COMPRENSIONE ALL'INTERPRETAZIONE

COMPRENSIONE

Amore prende la parola Il prologo dell'*Aminta* è **recitato da Amore** e può essere suddiviso in **tre parti**. Una **prima parte**, che qui non è antologizzata, mette gli spettatori al corrente della situazione: Amore è sfuggito alla sorveglianza della madre Venere e si nasconde nei boschi (vv. 1-51). La **seconda parte** (vv. 52-75) dichiara gli intenti di Amore e presenta **i protagonisti della vicenda**: travestito da pastore, Amore mira a mostrare il proprio potere sui cuori umili; in particolare è sua intenzione far innamorare **la ninfa Silvia**, invano amata dal **pastorello Aminta**. Viene anche anticipata la conclusione felice del dramma pastorale. Infine nell'**ultima parte** del prologo (vv. 76-91) Amore sostiene di poter ingentilire i rozzi pastori e di essere in grado di **annullare le differenze tra gli uomini**.

ANALISI

Il genere: le «rustiche sampogne» elevate a «dotte cetre» L'*Aminta* è un **dramma pastorale in versi**: si tratta di un genere teatrale nuovo, in voga nell'ambiente ferrarese (un precedente è costituito, nel 1545, dall'*Egle* di Giambattista Giraldi Cinzio), che propone una soluzione mista di **«tragicommedia»**. Questo genere drammatico nasce dalla **convergenza di più modelli**: da una parte recupera i toni malinconici e sentimentali e l'ambientazione in un mitico mondo di pastori e ninfe che caratterizzavano l'*Arcadia* di Sannazaro; dall'altro drammatizza la forma dell'egloga riprendendo l'esperienza del **teatro di corte** sviluppatosi alla fine del Quattrocento. Di conseguenza risultano significative le parole qui pronunciate da Amore, che valgono come una **dichiarazione di poetica**: il «miracolo» di **Amore**, che **rende le zampogne simili alle cetre**, testimonia la volontà dell'autore di andare oltre le gerarchie di genere, nella **convinzione che anche la poesia pastorale possa rappresentare temi elevati**. L'ingenuità della vita dei pastori si combina così con la sapienza letteraria e con l'artificio: portando a compimento un processo avviato da Sannazaro nel Quattrocento, **Tasso trasforma la dimensione pastorale nello specchio della vita di corte** raffinata e mondana, ma non priva di inquietudini segrete.

INTERPRETAZIONE

La fragile utopia di Amore Amore si presenta qui come colui che è in grado di **annullare le differenze**: non solo cancellando la differenza tra genere alto e dramma pastorale, ma anche annullando le distanze sociali («e la disaguaglianza de' soggetti / come a me piace agguaglio»), ispirando sentimenti nobili «ne' pastori non men che ne gli eroi». Così, dopo aver dichiarato di essere il vero **regista dell'azione** che sta per avere inizio, Amore promuove **una sorta di utopia sociale egualitaria e raffinata. Questa utopia però verrà presto smentita**: all'inizio del secondo atto prende la parola **il Satiro** che si appresta a violentare Silvia. Nel suo monologo rivive la differenza sociale e assumono importanza le ragioni schiettamente economiche: la sua condizione di "povero" lo rende odioso a Silvia; la gentilezza non serve a nulla; perciò non può far altro che ricorrere alla forza e alla brutalità per superare il suo svantaggio (cfr. **S2**, p. 00).

T5 LAVORIAMO SUL TESTO

COMPRENDERE

La situazione

1. Che funzione ha il prologo? Chi è il personaggio che parla?
2. Perché Amore si è travestito da pastore?

ANALIZZARE

«ragionar d'Amore…in nuova guisa»

3. Come è definita l'onestà di Silvia?
4. Che significano i versi 76-77? Perché le selve si udiranno ragionare d'amore in modo nuovo?
5. Che cosa rivendica Amore come sua «suprema gloria» e «gran miracol»?

INTERPRETARE

Il mondo pastorale

6. In che modo il poeta rivendica la dignità della poesia pastorale?
7. **TRATTAZIONE SINTETICA** In una trattazione sintetica (max 20 righe), spiega quali sono il genere, i modelli e le novità dell'*Aminta*.

T6 «O bella età de l'oro»

OPERA
Aminta, atto I, coro

CONCETTI CHIAVE
- l'utopia di un amore "naturale"
- la tirannia di amore, cioè della legge morale

FONTE
T. Tasso, *Aminta*, cit.

Testi in scena

È questo il coro conclusivo del primo atto. La funzione dei cori è, come nella tragedia greca alla quale Tasso s'ispirò, di commentare l'azione scenica.

CORO

O bella età de l'oro,
non già perché di latte
sen' corse il fiume e stillò mele il bosco;
non perché i frutti loro
660   dier da l'aratro intatte
le terre, e gli angui errar senz'ira o tosco;
non perché nuvol fosco
non spiegò allor suo velo,
ma in primavera eterna,
665   ch'ora s'accende e verna,
rise di luce e di sereno il cielo;
né portò peregrino
o guerra o merce a gli altrui lidi il pino;

METRICA canzone di cinque stanze; i versi (endecasillabi e settenari) sono rimati secondo lo schema abC abC, cdee DfF. In chiusura è il congedo XyY.

● **655-688** *O bella età dell'oro*, [bella] non soltanto (**non già**) perché scorreva (**sen' corse** = se ne corse; qui e in seguito i passati remoti sono resi con l'imperfetto) *un fiume di latte e il bosco stillava miele* (**mele**); *non perché le terre producevano* (**dier** = diedero) *i loro frutti senza essere toccate* (**intatte**) *dall'aratro* [: senza bisogno di lavorarle], *e i serpenti* (**gli angui**) *si aggiravano* (**err** = erravano) *senza ferocia* (**ira**) *o veleno* (**tosco** = tossico); *non perché allora nessuna* (**non**) *nuvola fosca distendeva* (**spiegò**) *la sua copertura* (**suo velo**), *ma il cielo, che ora si surriscalda* (**s'accende**) *e gela* (**verna**), *rideva* [: brillava] *di luce e di sereno in eterna primavera;* [*e non perché*] *le navi* (**il pino**; metonimia) *straniere* (**peregrino**) *non*

670 ma sol perché quel vano
nome senza soggetto,
quell'idolo d'errori, idol d'inganno,
quel che dal volgo insano
onor poscia fu detto,
675 che di nostra natura 'l feo tiranno,
non mischiava il suo affanno
fra le liete dolcezze
de l'amoroso gregge;
né fu sua dura legge
nota a quell'alme in libertate avvezze,
680 ma legge aurea e felice
che natura scolpì: "S'ei piace, ei lice".

Allor tra fiori e linfe
traen dolci carole
gli Amoretti senz'archi e senza faci;
685 sedean pastori e ninfe
meschiando a le parole
vezzi e susurri, ed a i susurri i baci
strettamente tenaci;
la verginella ignude
690 scopria sue fresche rose,
ch'or tien nel velo ascose,
e le poma del seno acerbe e crude;
e spesso in fonte o in lago
scherzar si vide con l'amata il vago.

695 Tu prima, Onor, velasti
la fonte de i diletti,
negando l'onde a l'amorosa sete;
tu a' begli occhi insegnasti
di starne in sé ristretti,

Caravaggio, *I musicisti*, 1595 circa. New York, Metropolitan Museum of Art.

(**né**) portavano alle coste altrui (**a gli altrui lidi**) *o guerra o merci*. Dal punto di vista sintattico questa prima strofe è strettamente legata alla seconda (L'età dell'oro era bella non perché... [prima strofe] ma solo perché... [seconda strofe]): l'età dell'oro non deve il suo fascino a tutte le ragioni elencate nella prima strofe, ma tuttavia esse ne rappresentano comunque le qualità generali e l'incanto.

● **669-681** *ma* [l'età dell'oro era bella] *solo perché quel vuoto* (**vano**) *nome senza sostanza* (**senza soggetto**), *quel valore* (**idolo**) *sbagliato* (**d'errori**), [*quel*] *valore ingannevole* (**d'inganno**), *quel* [*valore*] *che poi* (**poscia**) *fu chiamato* (**detto**) *onore dal folle* (**insano**) *popolo* (**volgo**), *che lo rese* (**'l feo** = lo fece) *tiranno del nostro istinto* (**di nostra natura**), *non mischiava i suoi tormenti* (**il suo affanno**) *con* (**fra**) *i felici piaceri* (**le liete dolcezze**) *della schiera degli innamorati* (**de l'amoroso gregge**); *e la sua* *legge crudele* (**dura**) *non* (**né**) *fu nota a quelle anime* (**alme**) *abituate* (**avvezze**) *alla libertà, ma* [*fu loro nota*] *una legge fortunata* (**aurea** = d'oro) *e felice che la natura ha scolpito* [*: stabilito*]*: "Ciò che piace è lecito* (**s'ei piace, ei lice**)*"*. L'esaltazione del desiderio e della libertà dell'istinto si affida a una concezione dello stato di natura come purezza e innocenza. A esso si contrappone la legge civile, incarnata al suo livello più alto, e negativo, dalla città e dalla corte e rappresentata dalla parola-simbolo "onore" (cioè 'dignità', 'rispetto delle norme sociali', 'morale').

● **682-694** *Allora* [*: nell'età dell'oro*] *gli Amorini senza archi e senza fiaccole* (**faci**) *intrecciavano* (**traen**) *dolci balli* (**carole** = girotondi) *tra i fiori e i ruscelli* (**linfe**); *i pastori e le ninfe sedevano mischiando scherzi* (**vezzi**) *e sussurri alle parole, e* [*mischiando*] *ai sussurri i baci appassionatamente* (**strettamente**) *prolungati* (**tenaci**)*; *le giovinette* (**la verginella**; singolare per il plurale) *scoprivano nude le loro* (**sue**) *fresche labbra* (**rose**), *che ora tengono nascoste nel velo, e* [*scoprivano*] *le rotondità* (**le poma** = i frutti) *immature* (**acerbe**; per la giovinezza) *e crudeli* [*: perché seducenti*] *del seno; e spesso si vedevano* (**si vide**) *scherzare in una fonte o in un lago l'innamorato* (**il vago**) *con l'amata*. **Archi** e **faci** sono le insegne dell'Amore e degli Amorini; nell'età dell'oro essi non erano necessari, forse, «perché allora l'amore era istintivo e naturale e non c'era bisogno di provocarlo artificiosamente» (Maier).

● **695-707** *Tu, Onore, hai nascosto* (**velasti**) *per primo la sorgente* (**la fonte**) *dei piaceri* (**de i diletti**), *negando l'acqua* (**l'onde**) [*: la soddisfazione, per metafora*] *alla sete d'amore; tu hai insegnato ai begli occhi di starsene chiusi* (**ristretti**) *in sé* [*: pudichi*] *e* [*a*] *tenere le loro*

(handwritten margin notes: CONCETTISMI = FIGURE RETORICHE MOLTO COMPLESSE (AGUDEZAS); ONORE = INSIEME DI PRATICHE CHE HA FRENATO IL COMPORTAMENTO UMANO; SESSUALITÀ RESA UN TABOO; MANIERISMO)

> e tener lor bellezze altrui secrete;
> 700 tu raccogliesti in rete
> le chiome a l'aura sparte;
> tu i dolci atti lascivi
> festi ritrosi e schivi;
> 705 a i detti il fren ponesti, a i passi l'arte:
> opra è tua sola, o Onore,
> che furto sia quel che fu don d'Amore.
>
> E son tuoi fatti egregi
> le pene e i pianti nostri.
> 710 Ma tu, d'Amore e di Natura donno,
> tu domator de' regi,
> che fai tra questi chiostri,
> che la grandezza tua capir non ponno?
> Vattene, e turba il sonno
> 715 a gl'illustri e potenti:
> noi qui, negletta e bassa
> turba, senza te lassa
> viver ne l'uso de l'antiche genti.
> Amiam, ché non ha tregua
> 720 con gli anni umana vita, e si dilegua.
> Amiam, ché 'l sol si muore e poi rinasce:
> a noi sua breve luce
> s'asconde, e 'l sonno eterna notte adduce.

---

bellezze nascoste (**secrete**) *agli altri* (**altrui**); *tu hai raccolto in una rete i capelli* (**le chiome**), [*che prima erano*] *sparsi all'aria; tu hai reso* (**festi** = facesti) *ritrosi e schivi i dolci atti sessuali* (**lascivi**); *alle parole* (**a i detti**) *hai posto il controllo* (**il fren**), *ai passi* [*hai posto*] *la regola* (**l'arte**): *è soltanto opera tua, o Onore, che quello che* [*prima*] *era* (**fu**) *un dono dell'Amore,* [*ora*] *sia un furto.* Le leggi della morale hanno imposto un controllo e una regola a tutti quei gesti naturali che nell'età dell'oro si svolgevano liberamente, e che hanno invece ora perduto la loro primitiva felicità. Quel che era piacere è diventata colpa (**furto**). La parola **Onore** è scritta con l'iniziale maiuscola in quanto esso è personificato.

● **708-720** *E le sofferenze* (**le pene**) *e i pianti nostri* [: *degli uomini*] *sono tue* [: *dell'onore*] *imprese* (**fatti**) *meravigliose* (**egregi**) [: è ironico]. *Ma tu,* [*che sei*] *signore* (**donno**) *dell'Amore e della natura, tu* [*che sei*] *il domatore dei re* (**regi**), *che fai* [*qui*] *in questi luoghi appartati* (**chiostri**) *che non possono* (**non ponno**) *contenere* (**capir**) *la tua grandezza? Vattene, e turba il sonno agli* [*uomini*] *illustri e ai potenti: lascia noi, gente* (**turba**) *trascurata* (**negletta**) *e umile* (**bassa**), *vivere qui senza di te secondo l'abitudine* (**ne l'uso**) *dei popoli antichi* (**de l'antiche genti**) [: *come nell'età dell'oro*]. *Amiamo, poiché la vita umana non sta ferma* (**non ha tregua**) *con gli anni, e* [*dunque*] *fugge via* (**si dilegua**). L'invito all'onore perché si accompagni al potere e alla grandezza intellettuale, lasciando in pace lo scenario appartato del mondo pastorale, implica una denuncia della civiltà come condizione infelice e inautentica, denuncia che si applica con forza maggiore alla raffinatezza e alle regole sociali della cultura di corte.

● **721-723** *Amiamo, poiché il sole muore* (**si muore**; pseudoriflessivo) *e poi rinasce: a noi si nasconde la sua breve luce, e il sonno* [*della morte*] *porta* (**adduce**) *una notte eterna.* Il tema malinconico della brevità della vita umana, già affrontato nei due versi ultimi della strofa precedente, conclude il coro. È un tema frequente nella poesia classica e moderna.

T6 — DALLA COMPRENSIONE ALL'INTERPRETAZIONE

COMPRENSIONE

Il rimpianto di un mondo perfetto   Qui **a parlare sono dei pastori** che, nel rimpiangere la scomparsa della mitica e felice età dell'oro, attribuiscono all'Onore la responsabilità di aver inaridito ogni fonte istintiva di gioia e di aver trasformato un eden in cui tutto avveniva in modo spontaneo e naturale in un deserto in cui tutto è controllato e regolato dalla legge morale. La **prima strofa** tratteggia infatti una descrizione del paesaggio idilliaco che caratterizzava **l'età dell'oro**, in cui regnava un'eterna primavera. La **seconda strofa** dichiara che l'età dell'oro non deve il suo valore alla natura vitale e fruttifera, ma alla presenza di una **«legge aurea e felice»** («"S'ei piace, ei lice"», v. 681: se una cosa piace, è lecita), contrapposta alla «dura legge» in seguito imposta dall'Onore. Le terza e la quarta strofa hanno al centro **il tema amoroso**: mentre nell'età dell'oro l'amore era vissuto con spontaneità e senza vergogna (**terza strofa**), nell'età dominata da «Onore» esso è soggetto a varie forme repressive (**quarta strofa**). Il coro si conclude con **l'invito rivolto all'Onore perché occupi pure le sedi del potere, le corti, ma lasci in pace i pastori**, preservando il loro mondo appartato dai guasti della civiltà (**quinta strofa**). Gli ultimi versi (vv. 719-723) introducono **il tema della brevità della vita**: l'invito ad amare nasce dalla consapevolezza della fuga del tempo.

ANALISI

"Naturalezza" e letterarietà Il rimpianto di un felice stato di natura, ancora immune dai guasti della civiltà e della cultura, è cantato dal coro in modo tutt'altro che "ingenuo". Nel testo infatti è presente un vero e proprio intarsio di **citazioni**, e dunque sotto le spoglie di una apparente naturalezza esso nasconde **un alto tasso di letterarietà**. Sembrerebbe quasi che nel coro dell'atto I si realizzi la magia sottile del giardino di Armida: «e quel che 'l bello e 'l caro accresce a l'opre, / l'arte, che tutto fa, nulla si scopre» [e l'artificio, che fa tutto (ciò che si vede) non si percepisce affatto: ciò che dà maggiore bellezza e valore alle opere; cap. IV, cfr. T5, p. 162, ottava 9]. Facciamo qualche esempio. Il «[…] vano / nome senza soggetto / quell'idolo d'errori, idol d'inganno» dei vv. 669-671 ha **origini petrar-**

chesche (cfr. nel vol. 1 «*Italia mia, benché 'l parlar sia indarno*», vv, 76-77: «non fare idolo un nome / vano, senza soggetto). Ancora petrarchesche sono le «chiome a l'aura sparte» del v. 702, che richiamano l'*incipit* di un famoso sonetto del *Canzoniere*: «Erano i capei d'oro a l'aura sparsi» (cfr. vol. 1). I tre versi finali «Amiam, che 'l sol si muore e poi rinasce: / a noi sua breve luce / s'asconde, e 'l sonno eterna notte adduce» sono quasi una traduzione dal **carme V di Catullo**: «*Soles occidere et redire possunt: / nobis cum semel occidit brevis lux / nox est perpetua una dormienda*» (nella traduzione di Francesco Della Corte: «Il sole sì che tramonta e risorge; / noi, quando è tramontata la breve luce della vita, / dobbiamo dormire una sola interminabile notte»).

INTERPRETAZIONE

L'ideologia Questo coro ha grande importanza per l'ideologia dell'opera. Esso **esalta l'amore e la condizione di innocenza originaria dell'uomo**, accusando l'onore di aver inquinato e amareggiato la felicità primitiva. Questa viene identificata con la **mitica età dell'oro, descritta secondo la tradizione dei poeti classici**. D'altra parte la condanna dell'onore implica **una condanna simbolica della civiltà moderna, e in particolare della cultura controriformistica** (cha attorno al tema dell'onore costruiva gran parte della propria morale). Vi è poi una contrapposizione tra **la vita nella corte, contrassegnata negativamente**, e la vita agreste, in cui è ancora possibile un contatto con i valori autentici dell'esistenza. Ciò che si chiede nell'ultima strofa del coro è proprio che il mondo ingenuo e "naturale" dei pastori sia risparmiato dalla inautenticità e dalla infelicità – sia pure ammantata di splendore – delle corti.
L'esaltazione dell'amore e del piacere raccoglie qui la tradizione laica umanistico-rinascimentale. È per esempio presente la suggestione della *Canzona di Bacco* **di Lorenzo de' Medici** e di «*I' mi trovai, fanciulle, un bel mattino*» di **Angelo Poliziano** (cfr. vol. 2). Questa tradizione laica ed edonistica viene contrapposta alla nuova cultura dominante, repressiva e bigotta. Anche per questo l'affermazione delle gioie non è senza malinconia e angoscia, e appare piuttosto caratterizzata dal rimpianto che non dall'abbandono. La conclusione dolente del coro segnala una consapevolezza della brevità della vita che esclude comunque l'abbandono alla felicità possibile **in uno stato di natura che è comunque residuale e accerchiato dalla civiltà**.

Da «S'ei piace, ei lice» a «Piaccia, se lice» La «legge aurea e felice» di quell'eden perduto che è l'età dell'oro suona: «S'ei piace, ei lice», che può essere considerato, come abbiamo già visto, **una sorta di manifesto della tradizione laica ed edonistica della cultura rinascimentale**. Ma questa cultura, la cultura dell'esortazione a "cogliere la rosa" finché si è in tempo (cfr. l'Analisi e interpretazione del testo di «*I' mi trovai, fanciulle, un bel mattino*», di Poliziano), è ormai al tramonto, è stata **spazzata via da un'altra cultura, quella controriformistica**, che per molti versi si colloca ai suoi antipodi, ne costituisce il rovesciamento. E difatti nel *Pastor fido* di Battista Guarini nel coro dell'atto IV «S'ei piace, ei lice» diventa: «Piaccia, se lice» (cfr. cap. VI, T1, p. 209). In questa riformulazione guariniana si misura tutta la distanza che separa la civiltà umanistico-rinascimentale da quella controriformistica.

Lavoriamo con la IL TESTO IN SCENA: DAL TESTO ALLA SCENA

In questa messinscena il regista ha deciso di valorizzare gli elementi riferibili alla natura, ad esempio scegliendo come luogo di ambientazione un giardino. Sapresti spiegare il motivo di questa scelta? In quale luogo contemporaneo ambienteresti la scena?

T6 LAVORIAMO SUL TESTO

COMPRENDERE

Il rimpianto del passato

1. Da chi è formato il coro dell'atto I? A chi si rivolge nelle ultime due strofe?
2. Cos'è l'età dell'oro?

ANALIZZARE

L'eden perduto

3. Che funzione hanno le ripetute negazioni della prima strofa?
4. Con quale mito Tasso identifica l'età dell'oro?

La legge dell'«Onor»

5. **LINGUA E LESSICO** Che cosa è, secondo il coro, l'«Onor»? Perché è definito «tiranno» della «nostra natura»? Trova un sinonimo moderno che renda il significato attribuito da Tasso al termine «onor».
6. A quale ambiente, opposto a quello della vita pastorale, è collegato l'onore?

La legge dell'amore

7. Con quali argomenti il poeta difende la morale edonistica del «S'ei piace, ei lice»?

8. **TRATTAZIONE SINTETICA** L'opposizione tra «Onore» e «Amore» rimanda non solo a due diversi ambienti sociali, ma anche ai valori di due diverse culture. Quali? Spiegalo in un testo di dieci righe.

INTERPRETARE

"Cogli l'attimo"

9. Nel finale del coro come è motivato l'invito a godere liberamente delle gioie dell'amore?

> **LE MIE COMPETENZE: INDIVIDUARE COLLEGAMENTI, PRODURRE**
>
> Il brano che abbiamo letto è intessuto di citazioni tratte da testi di autori precedenti a Tasso. Seguendo le puntuali indicazioni fornite in **Dalla comprensione all'interpretazione** individua tutte le fonti citate. Quindi assembla una piccola antologia dei testi richiamati in questo coro. Per ogni testo antologizzato scrivi una sorta di breve cappello introduttivo, in cui indichi l'autore, la data di composizione e ne presenti rapidamente i temi fondamentali. Dai un titolo all'antologia.

S2 MATERIALI E DOCUMENTI

L'amore non rende tutti uguali, ma svela la disuguaglianza e la violenza dei rapporti tra gli uomini

Nel passo seguente l'autore richiama l'attenzione su un episodio dell'*Aminta*, a torto sottovalutato dalla critica. Il discorso del Satiro e il tentato stupro nei confronti di Silvia smentiscono il *topos* stilnovistico e arcadico dell'amore che ingentilisce e rende uguali. L'amore diventa qui il segno che svela la brutale realtà dei rapporti sociali.

▶▶ A partire dalla potenza di Amore, Tasso dispone, lungo l'*Aminta*, un discorso che va oltre i personaggi stessi e si fa più inquietante e complesso: Amore può divenire addirittura il segno che mostra le più radicali contraddizioni sociali entro cui l'uomo si muove. Amore, nel *Prologo*, si presenta, proprio in virtù della sua potenza apparentemente invincibile, come colui che può tutti rendere uguali e tutti «ingentilire», quasi mallevadore[1] di un'utopica società dell'oro, dove felicità e benessere non si legano alla ricchezza ma a un patto di solidarietà amorosa, di bando[2] della violenza rozza e della sopraffazione, di fondazione di rapporti non di potere e di possesso ma di colta, raffinata, reciproca dedizione:

> Spirerò nobil sensi a' rozzi petti,
> raddolcirò de le lor lingue il suono;
> perché, ovunque i' mi sia, io sono Amore,
> ne' pastori non men che ne gli eroi,
> e la disagguaglianza de' soggetti
> come a me piace agguaglio; e questa è pure
> suprema gloria e gran miracol mio:
> render simili a le più dotte cetre
> le rustiche sampogne [...]
>
> (vv. 80-88)

Fin qui potremmo essere (seppure esplicitato con ferma e singolare chiarezza) nell'ambito di un *tópos* già caro agli stilnovisti. [...] Ma ancora una volta Tasso, e con originalità e maestria particolari, esce dall'alveo consueto e, quasi brutalmente, ci pone di fronte al nocciolo non risolto e duro delle contraddizioni sociali, di là di qualsiasi tranquillizzante consolazione idillica. Lo fa, in apertura del secondo atto, ponendo in bocca al Satiro, che si appresta a tentare di usare violenza a Silvia, un discorso, che è una sorta di autolegittimazione sociale[3] del proprio gesto estremo.

Il Satiro, di fatto, nega ciò che Amore ha affermato nel *Prologo*, devasta con incalzanti ragionamenti l'utopia che vi era sottesa: anche il Satiro ama Silvia e l'ama totalmente e senza riserve come Aminta. [...] Ma qualcosa fa scattare la ribellione, trasforma l'*éros* in violenza, introduce il germe della frattura, ed è proprio la disuguaglianza sociale che alcunché, neppure Amore, può colmare e che scatena l'ira del Satiro. [...]

> Non sono io brutto, no, né tu mi sprezzi
> poiché sì fatto io sia, ma solamente
> perché povero sono; ahi, che le ville
> seguon l'essempio de le gran cittadi;
> e veramente il secol d'oro è questo,
> poiché sol vince l'oro e regna l'oro.
>
> (vv. 776-81)

Da qui, da questa ineliminabile frattura sociale, il gesto estremo di violenza, la sua legittimazione, in un intreccio teso ed inquietante di *éros* troppo a lungo represso, di livore antisociale,[4] di concezione della donna come oggetto emblematico su cui scaricare e la componente violenta del desiderio (si guardi alla brutale metafora sessuale dei versi finali) e una sorta di rozza e primitiva ribellione alle gerarchie di casta:

> Ma perché in van mi lagno? Usa ciascuno
> quell'armi che gli ha date la natura
> per sua salute: il cervo adopra il corso,
> il leone gli artigli, ed il bavoso
> cinghiale il dente; e son potenza ed armi
> de la donna bellezza e leggiadria;
> io, perché non per mia salute adopro
> la violenza, se mi fe' Natura
> atto a far violenza ed a rapire?
>
> [...]
>
> Qual contrasto col corso o con le braccia
> potrà fare una tenera fanciulla
> contra me sì veloce e sì possente?
> Pianga e sospiri pure, usi ogni sforzo
> di pietà, di bellezza: che, s'io posso
> questa mano ravvoglierle nel crine,
> indi non partirà, ch'io pria non tinga
> l'armi mie per vendetta nel suo sangue.
>
> (vv. 795-820)

[...] Tasso, privilegiando l'angolatura, più psicologica e soggettiva ma non meno inquietante, della violenza carnale squarcia il velo dell'ipocrisia cortigiana e mette in scena la brutale realtà dei rapporti sociali ed interpersonali: una sorta di contrappunto dolente, duro, lacerante rispetto al *Prologo* e all'*Epilogo*, rispetto alla stessa idillica ambientazione arcadica e pastorale della sua favola. Singolarmente la critica, con qualche recente eccezione sporadica, non ha mai a fondo messo l'accento su questa "disarmonia" espressa dal Satiro, dal suo discorso, dal tentato stupro a Silvia: che pure è ampiamente descritto e svolge un ruolo non secondario nello svolgimento stesso della vicenda, in virtù dell'intervento liberatore di Aminta e della conseguente fuga della sconvolta Silvia.

G.M. Anselmi, *Aminta di Torquato Tasso*, in AA.VV., *Letteratura italiana.. Le opere*, II, a cura di Asor Rosa, Einaudi, Torino 1993, pp. 615-618.

---

1 **mallevadore**: *garante*.
2 **bando**: *messa al bando*.
3 **autolegittimazione sociale**: il Satiro giustifica il proprio gesto di violenza come reazione all'ingiustizia della disuguaglianza sociale che caratterizza i rapporti tra gli uomini, anche quelli amorosi.
4 **livore antisociale**: odio contro una struttura sociale che divide gli uomini in base alla ricchezza: anche l'amore è servo dell'oro.

4 · I *Dialoghi*. Le *Lettere*

I ventisei dialoghi di Tasso

Con il titolo complessivo di *Dialoghi* sono chiamati i **ventisei** dialoghi tasseschi conservati. Si ha notizia anche di altri titoli, risalenti agli anni della giovinezza. I ventisei dialoghi noti sono stati composti **tra il 1578 e il 1595**, con una concentrazione particolare negli anni della reclusione a Sant'Anna.

Il genere del dialogo, assai diffuso nel Rinascimento

Il genere del dialogo, assai diffuso nel Cinquecento, prevede la rappresentazione di un incontro, sempre improntato alla massima socievolezza, tra punti di vista diversi, affidati ciascuno a un personaggio. Tanto il prestigio del quale godeva questo genere letterario quanto la possibilità di mostrare in esso le proprie qualità intellettuali ben spiegano la cura particolare con la quale Tasso si dedicò a questi scritti negli anni di Sant'Anna, sperando di ricavarne prestigio e ammirazione.

I temi dei *Dialoghi* tasseschi

La materia affrontata nei dialoghi tasseschi **è assai varia**: si va da argomenti strettamente filosofici a temi morali o letterari anche legati alla quotidianità e all'autobiografia. Al fondo si intravede un **costante bisogno psicologico di legittimazione**, di autodifesa. Più in generale, i dialoghi permettono di ricostruire l'**itinerario intellettuale tassesco**, dato che la loro composizione è spesso il frutto di letture recenti e dato che le questioni teoriche discusse sconfinano nelle altre opere o portano luce su di esse (compreso il poema maggiore).

Lo stile dei *Dialoghi*

La prosa dei *Dialoghi* mostra una **straordinaria ricercatezza costruttiva**, accresciuta dalle frequenti citazioni e dai riferimenti colti. Come davanti ad altre prove tassesche, non solamente in prosa, si ha l'impressione di trovarsi dinanzi a una rappresentazione pubblica sontuosa sotto la quale prema una verità umana semplice ma indicibile. Qui però più che nelle lettere, meno condizionate dalla finalizzazione letteraria, le complicazioni finiscono spesso con il prevalere, disperdendo la concentrazione e attenuando le ragioni di interesse per il lettore moderno.

Un'estrema aspirazione alla bellezza

Resta comunque suggestivo **il bisogno tassesco di disegnare**, spesso dal chiuso della prigionia e al tramonto della civiltà rinascimentale, **la rappresentazione ideale dei tipi umani e sociali**: quasi l'estrema proposta di un'aspirazione alla bellezza e alla perfezione che il classicismo aveva intimamente sentito e che in Tasso diviene tanto più forte in quanto insicura e minacciata. Così *Il Messaggiero* vede tratteggiarsi la figura ideale di ambasciatore; *Il padre di famiglia* quella, appunto, del responsabile della vita famigliare; *Il Molza overo de l'amore* quella dell'amante; ecc. Tasso giunge addirittura a disporre una trattazione dedicata a definire la forma migliore di dialogo (*Discorso dell'arte del dialogo*). Il momento forse più noto ed esemplare dei dialoghi tasseschi resta l'incontro, nel *Messaggiero*, con uno spirito di natura misteriosa, espressione al tempo stesso del carattere perturbante della realtà oggettiva e delle risorse illimitate della natura umana.

T • *Tasso e lo spirito*

Un epistolario inquietante

L'epistolario di Tasso è uno dei più importanti della nostra storia letteraria; e uno dei più inquietanti. Al modello dell'epistolario petrarchesco, calcolato e organizzato al pari di una vera e propria opera letteraria, Tasso contrappone **un insieme sostanzialmente caotico e incontrollato di lettere**. Né è presente in lui alcun tentativo di fornire attraverso le lettere un'immagine idealizzata di sé: al contrario, non è raro che Tasso si rappresenti in termini umili e quotidiani, insistendo sulle

> **DIALOGHI**
>
> **genere**
> • 26 dialoghi (sul modello del dialogo rinascimentale)
>
> **date di composizione**
> • tra il 1576 e il 1595 (molti dialoghi risalgono al periodo della reclusione a Sant'Anna)
>
> **temi**
> • varietà di temi, che spaziano dalla filosofia alla morale, dalla letteratura agli argomenti di natura autobiografica

Una rappresentazione eroica del dolore e delle sventure

proprie sventure, sulla propria povertà, sui propri bisogni. Ciò rientra in una tendenza tipica del poeta a enfatizzare gli aspetti più torbidi e incresciosi della propria esperienza, mirando a **una sorta di eroismo nella sventura e di grandezza nella miseria**. Ma d'altra parte va anche ricordato che Tasso pensò solo piuttosto tardi a raccogliere le proprie lettere e a curarne una pubblicazione; così che **la scrittura seguì piuttosto esigenze pratiche**, soprattutto quando le necessità di comunicare per ottenere pietà, protezione e aiuto furono più forti, durante la prigionia nell'Ospedale di Sant'Anna. In ogni caso, non può essere ignorata anche una esplicita volontà di dare alle proprie lettere il pregio dell'autenticità e dell'immediatezza piuttosto che quello della cura letteraria. **L'epistolario** tassesco si qualifica dunque innanzitutto come **strumento di intervento e di comunicazione**, prevalentemente rivolto alla tutela della dignità personale dell'autore.

Le lettere quale strumento pratico d'intervento

Eugène Delacroix, *Tasso all'ospedale di Sant'Anna*, 1839. Collezione privata.

Le duemila lettere conservate, e le loro edizioni

L'epistolario di Tasso è costituito, nel suo complesso, da **circa duemila lettere**. Molte di più ne sono state scritte dal poeta, ma la maggior parte è andata distrutta o dispersa. Un gruppo di *Lettere poetiche* fu pubblicato da Tasso con l'*Apologia della Gerusalemme liberata* (1585) e poi con i *Discorsi dell'arte poetica* ('87); mentre due volumi di *Familiari* uscirono, vivo l'autore ma senza il suo controllo, nel 1588.

Una prosa armoniosa e comunicativa

L'immediatezza biografica di molte lettere non toglie che in esse la scrittura in prosa del Cinquecento abbia uno dei suoi momenti più alti e seducenti: **la prosa tassesca, sempre armoniosa e avvolgente**, nell'epistolario congiunge una forte carica comunicativa, un bisogno persino spasmodico di ricevere udienza, alla faticosa investigazione di una identità. Bisognerà attendere l'epistolario di Leopardi (il quale non nascondeva di avere quello di Tasso come modello letterario e umano) per incontrare un'eguale intensità espressiva, un eguale **bisogno di confessione autentica e intera**, protesa a fare dell'autoanalisi il mezzo di un rapporto con gli altri.

Il bisogno di confessione e di autoanalisi

La condizione sociale e culturale in cui si svolse la vicenda di Tasso, con le complicate trafile dei rapporti cortigiani e dentro le gerarchie politiche e religiose dell'età controriformistica, determina un **effetto di accerchiamento e di angustia**, entro il quale si dibatte faticosamente l'urgenza vitale e intellettuale del poeta: **una lotta per l'autenticità** dentro strutture sociali e attraverso rapporti umani tarlati dall'inautenticità. Proprio le lettere di Tasso, che più di tutti i modelli precedenti scoprono l'interiorità dell'autore, più forte comunicano **la sensazione di un'inibizione al dire, di una necessità autorepressiva**, di una sorveglianza censoria. Anche lo stile risente di questa condizione: la ricercatezza stilistica, la complessità del periodo, la raffinatezza delle citazioni e dei riferimenti colti paiono avere anche una funzione di controllo (cfr. T7, p. 108).

Una lotta per l'autenticità

T • *A Maurizio Cattaneo da Sant'Anna*

Lo stile come momento di autocontrollo

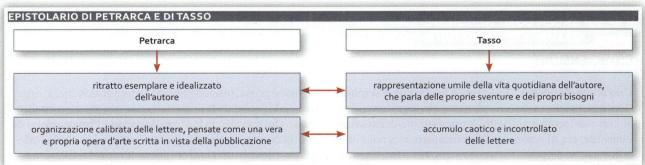

EPISTOLARIO DI PETRARCA E DI TASSO	
Petrarca	Tasso
ritratto esemplare e idealizzato dell'autore	rappresentazione umile della vita quotidiana dell'autore, che parla delle proprie sventure e dei propri bisogni
organizzazione calibrata delle lettere, pensate come una vera e propria opera d'arte scritta in vista della pubblicazione	accumulo caotico e incontrollato delle lettere

Torquato Tasso **capitolo III** 107

T7 A Scipione Gonzaga da Sant'Anna

OPERA
Lettere

CONCETTI CHIAVE
- la testimonianza di una condizione disperata

FONTE
T. Tasso, *Lettere da Sant'Anna*, a cura di F. Costabile, Cappelli, Bologna 1960 (testo secondo l'edizione Guasti).

È questa una delle prime lettere scritte dal poeta durante la reclusione nell'Ospedale di Sant'Anna, iniziata da appena due mesi.

Oi me! misero me! Io aveva disegnato[1] di scrivere oltre due poemi eroici di nobilissimo e onestissimo argomento, quattro tragedie, de le quali aveva già formata la favola,[2] e molte opere in prosa, e di materia bellissima e giovevolissima a la vita de gli uomini; e d'accoppiare con la filosofia l'eloquenza in guisa[3] che rimanesse di me eterna memoria del mondo: e m'aveva proposto[4] un fine di gloria e d'onore altissimo. Ma ora, oppresso dal peso di tante sciagure, ho messo in abbandono ogni pensiero di gloria e d'onore; ed assai felice d'esser mi parrebbe se senza sospetto potessi trarmi[5] la sete[6] da la quale continuamente son travagliato, e se, com'uno di questi uomini ordinari, potessi in qualche povero albergo[7] menar[8] la mia vita in libertà; se non sano, che più non posso essere, almeno non così angosciosamente infermo; se non onorato, almeno non abbominato;[9] se non con le leggi de gli uomini, con quelle de' bruti almeno, che ne' fiumi e ne' fonti liberamente spengono la sete, de la quale (e mi giova il replicarlo) tutto sono acceso. Né già tanto temo la grandezza del male, quanto la continuazione[10] c'orribilmente dinanzi al pensiero mi s'appresenta: massimamente[11] conoscendo ch'in tale stato non sono atto né a scrivere né a l'operare. E 'l timor di continua prigionia molto accresce la mia mestizia; e l'accresce l'indegnità che mi conviene usare;[12] e lo squallore de la barba e de le chiome e[13] de gli abiti, e la sordidezza e 'l succidume[14] fieramente[15] m'annoiano; e sovra tutto m'affligge la solitudine, mia crudele e natural nimica, da la quale anco nel mio buono stato era talvolta così molestato, che in ore intempestive m'andava cercando o andava ritrovando compagnia.[16] E son sicuro, che se colei[17] che così poco a la mia amorevolezza ha corrisposto, in tale stato ed in tale afflizione mi vedesse, avrebbe alcuna compassione di me!...

Di prigione in Sant'Anna, questo mese di maggio, l'anno 1579.

- 1 **aveva disegnato**: *avevo progettato*.
- 2 **favola**: *intreccio*.
- 3 **in guisa**: *in modo*.
- 4 **m'aveva proposto**: *mi ero riproposto*.
- 5 **trarmi**: *togliermi*.
- 6 **sete**: è uno dei tanti disagi fisici che accompagnano le crisi psichiche di cui Tasso soffre durante la reclusione a S. Anna.
- 7 **albergo**: *dimora*.
- 8 **menar**: *condurre*.
- 9 **abbominato**: *disprezzato*.
- 10 **grandezza…continuazione**: ciò che lo spaventa non è tanto l'entità della sofferenza, quanto la sua continuità.
- 11 **massimamente**: *soprattutto*.
- 12 **l'indegnità…usare**: la condizione indegna in cui sono costretto a vivere.
- 13 **e…e…e**: il polisindeto esaspera il senso di angoscia che è nell'enumerazione dei disagi della prigionia.
- 14 **succidume**: *sudiciume*; metatesi.
- 15 **fieramente**: *enormemente*.
- 16 **solitudine…compagnia**: la solitudine accompagna, molestandola, la vita del Tasso anche nei momenti di tranquillità, tanto da spingerlo a ricercare compagnia nei momenti meno opportuni (**ore intempestive**).
- 17 **colei**: Tasso allude con tutta probabilità alla sorella del duca Alfonso, la principessa Leonora, per la quale ha scritto nel 1566 tre canzoni.

T7 DALLA COMPRENSIONE ALL'INTERPRETAZIONE

COMPRENSIONE

Uno sfogo disperato La lettera è indirizzata **a Scipione Gonzaga, patriarca di Gerusalemme e in seguito cardinale**, amico del poeta tra i revisori (e primi editori) della *Gerusalemme liberata*. Al protettore, che tanta parte avrà nella futura liberazione del poeta dalla reclusione, Tasso ha già scritto, un mese prima, una lunghissima lettera di autodifesa, ripercorrendo per intero la propria vicenda esistenziale e intellettuale. Qui prevalgono **lo sfogo doloroso e l'invocazione di aiuto**; mentre si apre **uno spaccato angoscioso della sofferenza e delle condizioni del poeta durante la reclusione**.

ANALISI E INTERPRETAZIONE

La reclusione nell'ospedale di Sant'Anna L'autore scrive questa lettera due mesi dopo il suo internamento nell'Ospedale di Sant'Anna. **I primi disturbi psichiatrici** erano affiorati già due anni prima: nel 1577 Tasso aveva scagliato un coltello contro un servitore da cui si credeva spiato per mania di persecuzione. Due anni dopo dà in escandescenze durante i preparativi delle nozze del duca Alfonso. Dichiarato matto (noi oggi diremmo psicotico, cioè affetto da gravi disturbi mentali che si alternano a momenti di lucidità), Torquato **viene rinchiuso nell'Ospedale di Sant'Anna**, dove resta per **sette anni, dal 1579 al 1586**. Dall'Ospedale scrive numerose lettere come questa, che testimoniano il suo bisogno di contatti con la realtà esterna e la ricerca di appoggi per ottenere la liberazione. Le lettere mostrano anche l'alternarsi di momenti di equilibrio e momenti di crisi, con allucinazioni e violenti disagi fisici: qui ad esempio a dominare è la percezione di una sete terribile e perpetua.

Uno spaccato di vita Ci sono arrivate circa duemila lettere di Tasso. Esse ci consentono di gettare uno sguardo sulla **vita tormentata** dell'autore. A differenza di quello petrarchesco, l'epistolario di Tasso non è steso con l'obiettivo di fornire un'immagine idealizzata dello scrivente, ma ha la forza di una **testimonianza** biografica. L'urgenza della confessione però non deve farci dimenticare la ricercatezza formale che caratterizza questa scrittura privata: la prosa del brano che abbiamo letto è comunque caratterizzata da un **elevato tasso di letterarietà**. Tasso mira a coinvolgere emotivamente il destinatario giustapponendo una dopo l'altra le lamentazioni per il suo stato sventurato in un elenco ininterrotto dei fattori che concorrono ad aggravare la sua «mestizia».

T7 LAVORIAMO SUL TESTO

COMPRENDERE

1. In quale particolare circostanza biografica è stata scritta questa lettera?

ANALIZZARE E INTERPRETARE

2. **LINGUA E LESSICO** Sottolinea nel testo in rosso tutti i termini che rimandano all'area semantica della malattia e in blu quelli che afferiscono all'area semantica della prigionia.

3. **TRATTAZIONE SINTETICA** Quali sono le differenze tra l'epistolario di Tasso e quello celebre di Petrarca? Riassumile in una trattazione sintetica che non superi le dieci righe.

LE MIE COMPETENZE: PRODURRE

La pazzia, le manie di persecuzione, i lunghi ricoveri in manicomio, la vita errabonda: la tormentata vicenda biografica di Tasso sembra illustrare emblematicamente quel legame tra genio e follia, che, nell'immaginario romantico, caratterizza l'immagine dell'artista (cfr. **S1**). Non sorprende quindi che la figura di questo poeta malinconico abbia ispirato scrittori, pittori e musicisti: da Leopardi a Baudelaire, da Donizetti a Goethe. La sua inquietudine rispecchia la crisi di un'intera epoca: non a caso il grande critico Francesco De Sanctis ha parlato di lui come di uno «degli illustri malati delle epoche di transizione».
A partire dagli spunti e dalle sollecitazioni che trovi in questo capitolo, crea una presentazione multimediale che affronti il tema *Torquato Tasso: il genio e la follia*. Presenta il lavoro in classe con l'ausilio della LIM.

5 Il *Re Torrismondo*

L'interesse di Tasso per la tragedia   Al centro del dibattito teorico cinquecentesco intorno ai generi letterari (cfr. vol. 2), la tragedia non poteva non interessare profondamente Tasso, che a quel dibattito partecipò in modo intenso e continuato.

Difficoltoso e irrisolto fu comunque il rapporto creativo dell'autore con il genere della tragedia vera e propria, della quale produsse un unico esempio, il ***Re Torrismondo***.

Da Galealto re di Norvegia...   **Tra il '73 e il '74**, negli anni di fervore creativo presso la corte ferrarese, Tasso lavorò a una tragedia intitolata ***Galealto re di Norvegia***. Ma la lasciò poi interrotta alla quarta scena del secondo atto (cinque dovevano essere gli atti, secondo le norme aristoteliche). Nel 1586, liberato da Sant'Anna, il

RE TORRISMONDO

genere e composizione
- tragedia scritta dopo la liberazione da Sant'Anna

ambientazione
- Medioevo nordico

temi
- amore impossibile
- disperazione
- morte
- mancanza di significato della vita

... al Re Torrismondo *(1586)*

poeta riprese il progetto e lo portò a termine mutando il nome dei personaggi e l'ambientazione. **La nuova tragedia** fu pubblicata a Bergamo, dedicata al protettore Vincenzo Gonzaga, con il titolo di *Re Torrismondo*. La prima rappresentazione teatrale sarebbe avvenuta, più di vent'anni dopo la morte dell'autore, nel teatro Olimpico di Vicenza (1618).

La vicenda

Torrismondo, re di una regione nordica, probabilmente scandinava, ama la principessa norvegese **Alvida** e ne è riamato; ma lo vincola la promessa di darla in nozze all'amico **Germondo**, re di Svezia. Il conflitto tra amore e amicizia (in cui il primo ha la meglio sulla seconda) cede il posto alla scoperta che Torrismondo e Alvida sono fratelli. La donna, ormai consapevole dell'incesto commesso, non regge alla notizia e si uccide; e così fa Torrismondo, sconvolto dalla morte dell'amata.

I modelli: Sofocle, Seneca, Giraldi Cinzio

Il modello di Sofocle (del quale è per certi aspetti rieccheggiato l'*Edipo re*) è rivisitato attraverso il gusto di **Seneca** per temi orrorosi, rilanciato d'altra parte nel Cinquecento da Giraldi Cinzio, come teorico e soprattutto come autore di tragedie (cfr. vol. 2).

L'incupimento dell'ultimo Tasso

Il *Re Torrismondo* ha scarse qualità teatrali, e vale piuttosto come espressione toccante dell'incupimento della scrittura e della prospettiva ideologica dell'autore, collocandosi accanto al rifacimento della *Conquistata* e alle opere ultime, di tema devoto: **la mancanza di significato dell'esistenza** pare essere l'unica legge di una vicenda che precipita senza scampo verso la delusione, la disperazione e la morte.

S • Le opere devote

Percorso
LO SPAZIO E IL TEMPO

PERCORSI TEMATICI

Spazio lirico e spazio mitico nelle *Rime* e nell'*Aminta*

Gaspard Dughet, *Paesaggio con Aminta e Silvia*, 1635 circa. Adelaide, National Gallery of South Australia.

Con Tasso la tradizione petrarchesca del paesaggio-stato d'animo fa un decisivo passo avanti verso la modernità: si comincia a guardare la natura come oggetto poetico (basti pensare alla presenza che d'ora in poi avrà la luna nella poesia e nell'arte).
Nelle *Rime*, come anche nella *Liberata*, al paesaggio è affidata la funzione di esprimere l'emozione lirica (cfr. T4, «*Qual rugiada o qual pianto*», T2, «*Ecco mormorar l'onde*»).
L'evento, che è all'origine della poesia, è appena accennato: la partenza, l'arrivo dell'amata, un invito all'amore nella notte silenziosa. I personaggi non hanno rilievo, la figura femminile è dissolta nella natura, ora perplessa, ora trepidante o assorta. **Lo stato d'animo del poeta si identifica con i movimenti del paesaggio e parla il linguaggio delle sensazioni pittoriche e musicali**. La rugiada diventa pianto, lacrime, «l'aria bruna», associata a «dolendo», è un malinconico segnale della partenza dell'amata.
Caratteristica costante della poesia di Tasso è il contrasto cromatico che qualifica le associazioni metaforiche («notturno manto», «candido volto de le stelle», «cristalline stelle», «aria bruna» in T4, «*Qual rugiada o qual pianto*»).
L'indeterminatezza spaziale e temporale concorre a creare un'atmosfera indefinita. Manca in questi madrigali uno sviluppo logico-cronologico: il presente o il passato, entro cui si dispone l'accumulo delle immagini (cfr. il polisindeto di «*Ecco mormorar l'onde*» o la sequenza di interrogative di «*Qual rugiada o qual pianto*») suggeriscono l'idea della ricorrenza atemporale, di un tempo interiore, in cui affetti, memoria e contemplazione della natura si fondono: in «*Ecco mormorar l'onde*» lo stato d'animo gioioso è espresso dal dilatarsi della luce nel cielo, sul mare e sui monti.
La natura è caratterizzata da pochi oggetti fondamentali — la terra, il cielo, e soprattutto l'acqua e l'aria —, elementi immutabili, ma animati dalla vibrazione luminosa dell'alba o della luna. Ciò conferisce alla realtà permanente della natura apparenze labili, mobili e inquiete. **Nella *Liberata* troverà ampio sviluppo questa capacità tassiana di cogliere attraverso l'inquietudine del paesaggio le zone più profonde e oscure della coscienza**.
Diverso è lo spazio mitico e pastorale dell'*Aminta*. Pur conservando una funzione lirica, il paesaggio si carica di significati ideologici. L'età dell'oro è il paese della libertà e dell'amore, posti sotto il segno dell'innocenza, dove piacere e morale coincidono: «S'ei piace, ei lice» (cfr. T6, «*O bella età de l'oro*»). Nell'armonia tra anima e corpo, tra uomo e natura, priva di costrizioni e divieti, si realizza la felicità di questo giardino d'amore. Si tratta tuttavia di un paradiso perduto, che nemmeno la semplice società pastorale può far rivivere.
Questo regno del piacere felice e innocente è uno spazio diverso dal giardino di Armida. Nella *Gerusalemme liberata* l'istinto erotico diventa cedimento diabolico, ormai in conflitto con le norme sociali e religiose e trova il corrispettivo in una natura manipolata dall'artificio magico. Neanche la società pastorale incontrata da Erminia è paragonabile al paesaggio dell'*Aminta*. La semplicità naturale di quei pastori è un'oasi di pace, lontana dalla violenza della guerra, più che un'oasi di amore.

DAL RIPASSO ALLA VERIFICA

MAPPA CONCETTUALE — Torquato Tasso

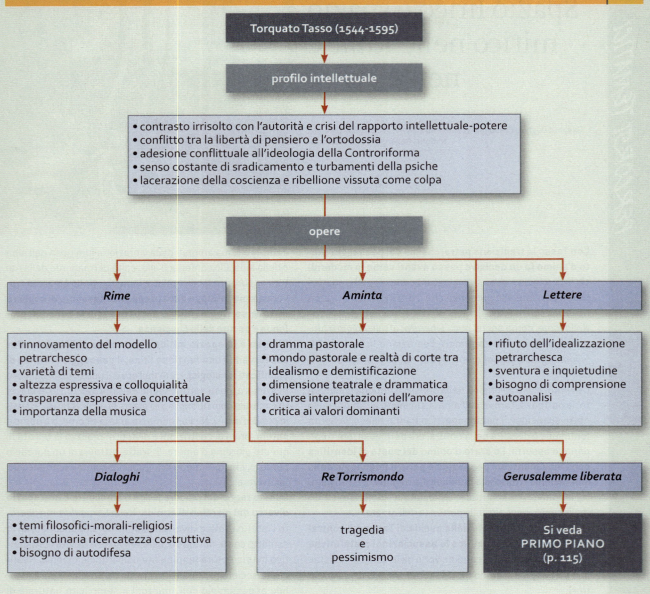

SINTESI

• La vita

Torquato Tasso nasce a Sorrento l'11 marzo 1544. La fanciullezza e la giovinezza del poeta appaiono segnate dalla sventura. Vive lontano dal padre e nel 1956 apprende la notizia della morte della madre. Comincia per il poeta un periodo di continui cambiamenti: di luoghi, di ambienti, di riferimenti affettivi. Nel 1560, mentre è con il padre a Venezia, Torquato inizia un poema sulla prima crociata (*Gierusalemme*), abbozzo del futuro capolavoro. Tra il 1560 e il 1565 Tasso ha modo di dedicarsi agli studi, a Padova e poi a Bologna. Nel 1565 si determina una svolta nella vita di Tasso, che entra al servizio del cardinale Luigi d'Este, trasferendosi a Ferrara. Subito comincia a lavorare a un nuovo poema (la *Gerusalemme liberata*) la cui stesura lo impegnerà per circa un decennio. È questo un periodo di eccezionale serenità nella vita del poeta. Nel 1572 Torquato entra al servizio del duca Alfonso II. Nel 1573 compone l'*Aminta* e nel 1575 può infine leggere al duca il poema sulla prima crociata. Da questo momento, però, l'equilibrio faticosamente raggiunto subisce continue crisi, arrivando in pochi anni a spezzarsi del tutto; ciò induce il duca a far rinchiudere il poeta come pazzo nell'ospedale di Sant'Anna (1579). La prima ragione di angoscia è costituita proprio dal poema di cui Tasso si mostra insoddisfatto, una seconda ragione di crisi riguarda i rapporti con la corte estense di Ferrara. La reclusione dura sette anni, durante i quali scrive ventisei *Dialoghi*, corregge continuamente il poema e si dedica alla stesura di moltissime lettere che testimoniano il bisogno spasmodico di contatti con la realtà esterna. Dopo la liberazione dalla prigionia (1586), la consueta irrequietezza spinge il poeta a cercare sempre nuove destinazioni: Mantova, Bergamo, Roma, Napoli. Nel 1593 pubblica il poema, dopo averlo sottoposto a un sostanziale rifacimento, con il titolo di *Gerusalemme conquistata*. Muore a Roma il 25 aprile 1595.

● Le *Rime*

Diversamente da Petrarca, Tasso non poté dare un'organizzazione soddisfacente alla propria opera lirica. Questa si inserisce nella grande tradizione del *Canzoniere* petrarchesco e del petrarchismo cinquecentesco, ma la attraversa e la rinnova con profonda originalità. I testi lirici abbracciano periodi diversi e presentano una grande varietà tematica: vi sono soprattutto liriche d'amore, d'occasione, di devozione. Come per gli altri aspetti del suo impegno letterario, anche per la lirica Tasso accompagna alla scrittura creativa la riflessione teorica: la scrittura poetica deve essere chiara, pura, facile ma non per questo «plebea»; deve tendere a una funzione di altezza espressiva e di colloquialità, di ricercatezza e di naturalezza, di sublime e di comune. Fondamentale è poi la musica, cui spetta di comunicare la «piacevolezza».

● L'*Aminta*

Rappresentata per la prima volta nell'estate del 1573, l'*Aminta* è una «favola boschereccia», ovvero un'azione teatrale ambientata nel mondo dei pastori. Il dramma è diviso in cinque atti, secondo le norme aristoteliche, preceduti da un prologo; ogni atto è concluso da un coro. Lo svolgimento dell'azione è estremamente semplice e riguarda l'amore, all'inizio contrastato ma destinato a felice conclusione, di Aminta per la ninfa Silvia. Nel dramma non esiste un'interpretazione unica dell'Amore. Al contrario, di esso vengono presentate concezioni assai diverse: può essere quello saggio e disincantato dei personaggi maturi Tirsi e Dafne, protesi a cogliere solamente le gioie d'amore ma consapevoli del potere distruttivo della passione; oppure può essere quello radicale ed estremo di Aminta, che comporta lo spossessamento dell'individuo e la crisi profonda della sua identità. Nell'opera si fondono inoltre due generi letterari e le rispettive tradizioni: il teatro e la lirica d'amore. Nell'*Aminta* la corte è idealizzata e però anche rispecchiata non senza implicite punte polemiche, che smascherano l'ipocrisia dell'ideologia cortigiana, mostrando la falsità e la violenza che sottostanno ai rapporti tra gli individui e tra le classi.

● I *Dialoghi*

I ventisei dialoghi tasseschi conservati furono composti tra il 1578 e il 1595. La materia affrontata è assai varia: si va da argomenti filosofici a temi morali o letterari anche legati alla quotidianità e all'autobiografia. Al fondo si intravede un costante bisogno psicologico di legittimazione, di autodifesa. La prosa mostra una straordinaria ricercatezza costruttiva.

● Le *Lettere*

L'epistolario tassesco, costituito da circa duemila lettere, è uno dei più importanti della nostra letteratura. Al modello dell'epistolario petrarchesco, calcolato ed organizzato come un'opera letteraria, Tasso contrappone un insieme caotico e incontrollato di lettere, nelle quali non è mai presente il tentativo di fornire un'immagine idealizzata di sé.

DALLE CONOSCENZE ALLE COMPETENZE

1 Quali furono le ragioni che misero in crisi l'equilibrio psichico di Tasso? (§ 1)

2 La prima edizione della *Gerusalemme liberata* fu (due risposte) (§ 1)
- A particolarmente agevole
- B particolarmente travagliata
- C messa all'indice
- D rinnegata dal poeta

3 Come definiresti il rapporto di Tasso con la cultura della Controriforma? (§ 1)
- A di convinta adesione
- B di critica moderata
- C di aperta ribellione
- D di consenso e rivolta

4 Quali sono i temi principali delle *Rime* di Tasso? (§ 2)

5 In che modo Tasso rinnova la tradizione lirica petrarchesca? (§ 2)

6 Nella produzione lirica di Tasso si fondono l'altezza espressiva e la colloquialità, il sublime e il comune. Rintraccia nei testi letti parole o frasi che manifestano queste opposte tendenze. (§ 2, T1, T2, T3, T4)

7 Il madrigale è una forma poetica prediletta da Tasso per la sua .... (§ 2)

8 La musica ha una importanza rilevante nella lirica di Tasso. Rintraccia nei testi letti elementi linguistici e metrici particolarmente rilevanti in tal senso. (§ 1, T1, T2, T3, T4)

DAL RIPASSO ALLA VERIFICA

9 L'*Aminta* è (§ 3)
- A una commedia
- B una satira
- C un dramma
- D una elegia

• di tipo .... perché ....

10 Aminta e Silvia riescono a vincere le reciproche reticenze d'amore attraverso dei malintesi, quali sono? (§ 3)

11 Quali opposte concezioni dell'amore hanno Aminta e Silvia, Dafne e Tirsi? (§ 3)

12 Nell'*Aminta*, l'opposizione enunciata nel coro del primo atto (T5) tra Amore e Onore rimanda a una serie di altre opposizioni, cioè
- mondo pastorale / mondo ....
- ....
- ....

13 Perché l'epistolario di Tasso è uno dei più inquietanti della nostra letteratura? (§ 4)

PROPOSTE DI SCRITTURA

LA TRATTAZIONE SINTETICA

Tasso e la Controriforma
Chiarisci in un breve testo il rapporto di Tasso con la cultura della Controriforma.

L'amore tormentato
Spiega in un breve testo quali concezioni dell'Amore hanno i protagonisti dell'*Aminta*.

Mondo della corte e mondo pastorale
Chiarisci in un breve testo che modo vengono rappresentati, nell'*Aminta*, il mondo della corte e il mondo pastorale.

• **Materiali per il recupero** Tasso e la *Gerusalemme liberata*

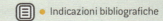
• Indicazioni bibliografiche

prometeo 3.0

Personalizza il tuo libro selezionando per questo capitolo materiali integrativi da Prometeo (di seguito ti proponiamo un elenco di materiali, ma puoi trovarne altri utilizzando il motore di ricerca).

- **MODULO TEMATICO INTERDISCIPLINARE** La follia
- **VIDEO** Guglielmo Pianigiani, *Il trionfo del madrigale italiano*

Capitolo IV — PRIMO PIANO
La *Gerusalemme liberata*

Vedi **videolezione** a p. 81

ARABI → INSIDIANO IL REGNO DEI FRANCHI CHE, SOTTO LA GUIDA DEL CLERO/PAPALE CONTRATTACCANO QUESTA MINACCIA

My eBook+

Cliccando su questa icona, docenti e studenti accedono ad un'area di personalizzazione che permette di arricchire i contenuti digitali già linkati lungo le pagine del libro. Nell'area di personalizzazione è possibile infatti salvare ulteriori materiali: selezionati da **Prometeo**, prodotti autonomamente o ricercati nella rete.

▶ Per un elenco di materiali integrativi presenti nella biblioteca multimediale di Prometeo o per attivare una ricerca cfr. p. 183

Andrea Semino, *Rinaldo guarda Armida nello specchio*, XVI secolo.

1 | La composizione: argomento, datazione, titolo, storia del poema

L'opera di tutta una vita

Capolavoro di Tasso è il **poema in ottave *Gerusalemme liberata***. Esso costituisce la forma criticamente più fortunata, ma niente affatto unica, di un'opera alla quale l'autore lavorò per quasi tutto il corso della propria esistenza, e in particolare dall'età di quindici a quella di quarantanove anni.

L'argomento del poema: la prima crociata (1096-99)

Argomento del poema è **la prima crociata** (cfr. **S1**, p. 116). Essa fu bandita dal papa Urbano II nel 1095 e si svolse tra il 1096 e il 1099 sotto la guida militare di Goffredo di Buglione. Il successo dell'esercito cristiano aveva permesso la conquista di Gerusalemme, sottratta al controllo ottomano.

La minaccia turca al tempo di Tasso

Negli anni della giovinezza di Tasso le minacce della potenza turca e dei pirati saraceni avevano **riproposto all'attualità il tema delle crociate**, d'altra parte perfettamente coerente con il fanatismo religioso della Controriforma. Nel 1558 il poeta rimase turbato dalla scorreria turca nella nativa Sorrento, dove la sorella Cornelia si era potuta mettere in salvo per miracolo; e questo evento, insieme alla suggestione per la visita alla tomba di papa Urbano a Cava de' Tirreni, viene tradizionalmente additato come movente biografico dell'ispirazione tassesca. Al 1571, quando il poema era quasi completato, risale infine la vittoria sui Turchi nella **battaglia navale di Lepanto**, evento destinato a influenzare profondamente l'immaginario cristiano.

Il Gierusalemme, *primo abbozzo del poema (1559-61)*

Il primo abbozzo del poema risale agli anni **tra il 1559 e il 1561**. Il giovanissimo poeta si era però impegnato in un'impresa superiore alle sue forze, ed egli fu costretto ad abbandonarla. Ci restano **centosedici stanze** del primo canto di un poema intitolato *Gierusalemme* e dedicato al duca di Urbino Guidubaldo II della Rovere. Meno impegnativa e più gratificante risultò per Torquato la composi-

Il Rinaldo

zione del *Rinaldo*, un poema di **dodici canti in ottave** che racconta la giovinezza del paladino cugino di Orlando. Esso fu compiuto in meno di un anno e pubblicato nell'**aprile del 1562**, quando l'autore era ancora diciottenne.

S1 — INFORMAZIONI

La prima crociata

Quando a metà dell'XI secolo i Turchi conquistarono la Siria e la Palestina, entrando vittoriosi a Gerusalemme nel 1070, il mondo cristiano entrò in allarme: a differenza degli Arabi, infatti, i Turchi si mostrarono immediatamente intolleranti nei confronti dei cristiani e resero di fatto impossibile l'accesso in Terrasanta e al Santo Sepolcro. Poiché lo stesso Impero d'Oriente era costantemente minacciato dalla pressione dei Turchi, la Chiesa, nella persona di papa Urbano II in particolare, invitò tutta la cristianità a unire le proprie forze contro i Turchi, per difendere l'Impero d'Oriente e soprattutto per liberare il Santo Sepolcro dagli "infedeli".

Hanno così inizio le crociate, che videro impegnati sotto il comune simbolo della croce di Cristo nobili e cavalieri, plebei e contadini, tutti animati da entusiastico fervore religioso, oltre che da spirito d'avventura e dal fascino dell'ignoto. Nel 1096 partì la prima crociata, tra le cui file comparivano i nomi illustri di Baldovino di Fiandra e Goffredo di Buglione, Raimondo di Tolosa, Boemondo di Taranto e il nipote Tancredi. Nel 1099 – stremati e ridotti di numero – i crociati giunsero alle porte di Gerusalemme. Dopo un assedio di oltre un mese, la città santa venne infine occupata, non senza terribili stragi e distruzioni. La prima crociata si trasformò rapidamente da guerra santa in guerra di conquista e il crociato in *conquistador*, in quanto l'entusiasmo religioso che la animava s'inseriva in un contesto di sviluppo economico-politico dell'Europa, desiderosa di ampliare imperialisticamente i propri confini e di garantirsi la continuità degli scambi commerciali con l'Oriente.

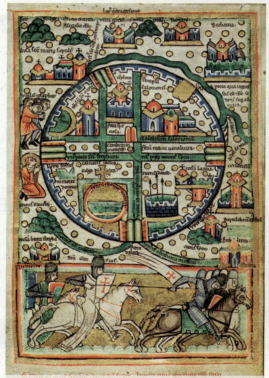

Mappa di Gerusalemme tratta da un manoscritto del XII secolo. L'Aia, Koninklijke Bibliotheek.

Ricerca storica sulla prima crociata e riflessione teorica sul poema eroico

La rinuncia all'argomento della prima crociata non era però definitiva. Si trattava piuttosto, da parte di Tasso, di **rafforzare la propria competenza storica** e di **definire** adeguatamente **sul piano teorico le caratteristiche del poema eroico** quale era sua intenzione realizzarlo. A entrambe queste esigenze l'autore si dedicò in quegli anni, studiando le trattazioni storiche più attendibili (cfr. § 3) e approfondendo la propria riflessione sul genere epico nei *Discorsi sull'arte poetica* (cfr. § 6).

La stesura del poema (1565-75) e il titolo *Goffredo*

Forte di queste premesse, Tasso riprese in mano il progetto e intorno al **1565** si rimise al lavoro. Il poema fu compiuto nell'arco di circa un decennio: esso risulta ultimato nell'aprile **1575**. **Il titolo**, forse provvisorio, assegnato dal poeta alla sua opera era quasi certamente *Gottifredo* (o *Goffredo*), dal nome del condottiero cristiano protagonista. Ma questo titolo non avrebbe mai accompagnato nessuna delle molte edizioni successive, legate a una **vicenda editoriale e a una ricezione assai particolari**.

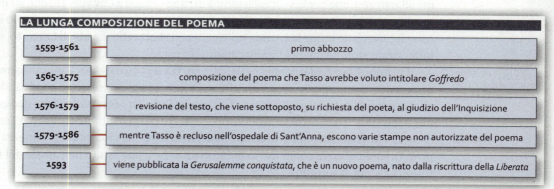

LA LUNGA COMPOSIZIONE DEL POEMA	
1559-1561	primo abbozzo
1565-1575	composizione del poema che Tasso avrebbe voluto intitolare *Goffredo*
1576-1579	revisione del testo, che viene sottoposto, su richiesta del poeta, al giudizio dell'Inquisizione
1579-1586	mentre Tasso è recluso nell'ospedale di Sant'Anna, escono varie stampe non autorizzate del poema
1593	viene pubblicata la *Gerusalemme conquistata*, che è un nuovo poema, nato dalla riscrittura della *Liberata*

L'insoddisfazione di Tasso per ragioni stilistiche e religiose

Primi lettori, e anzi ascoltatori, del poema furono il duca Alfonso II e sua sorella Lucrezia; a essi il poeta lesse l'opera, appena ultimata, nell'**estate del 1575**. Alfonso, dedicatario del poema, ne desiderava la pubblicazione immediata, ma **il poeta mostrava di non esserne interamente soddisfatto**, e voleva rassicurarsi sulla sua effettiva validità e tenuta. Bisogna ricordare che il periodo seguente l'ultimazione dell'opera coincide con i primi evidenti segni di malessere psichico da parte di Tasso: questo fatto aiuta a spiegare la rete di delusioni e di ambivalenze nelle quali egli stava per invischiarsi, e rende in parte ragione dell'intricata vicenda editoriale.

La scelta di otto censori

Preoccupato soprattutto della riuscita stilistica e della correttezza religiosa e morale del poema, **Tasso volle che questo fosse giudicato da alcuni** (otto in tutto) **intellettuali** fra i più prestigiosi con i quali egli era in rapporto. Sulle complesse conseguenze di questa scelta cfr. § 8 e § 9; qui basti ricordare che le **critiche dei censori**, spesso ingiustificate e assurde, furono accolte da Tasso ora con passiva accondiscendenza, ora con furiosa insofferenza, intrecciandosi per altro con la incessante opera di revisione e correzione che egli stesso veniva frattanto compiendo sul testo. Ne conseguirono l'impossibilità di provvedere alla pubblicazione e la complicazione della tradizione testuale.

Una revisione caotica

La reclusione di Tasso e il diffondersi incontrollato del poema

Al momento della reclusione nell'Ospedale di Sant'Anna, nel '79, la situazione era ben lungi dal risolversi, e anzi versava in uno stato di **massima confusione** a causa delle numerose copie manoscritte circolanti, diverse tra loro perché espressione di successivi momenti elaborativi. D'altra parte grande era l'attesa da parte di un pubblico più vasto, e minima diveniva, con la carcerazione e lo squilibrio psichico, la possibilità di controllo del poeta sull'uso dei testimoni in circolazione. Fu così che **alcuni editori si diedero a fornire stampe non autorizzate** e grandemente scorrette per lacunosità, provvisorietà e arbitrî.

Le prime edizioni parziali (1579) e complete (1581, 1584) con il titolo *Gerusalemme liberata*

Già **nel '79** uscì a Genova un'edizione parziale. **Nel 1581**, si ebbero le prime due edizioni integrali che inaugurarono l'intitolazione, poi divenuta definitiva, *Gerusalemme liberata*. **Altre due** furono stampate a Ferrara per cura di **Febo Bonnà**, un giovane letterato amico del poeta. Nel 1584 uscì infine a Mantova l'**edizione curata da Scipione Gonzaga**, anch'egli amico di Tasso e revisore di fiducia del testo. Quest'ultima stampa è stata considerata fino alla fine del secolo scorso quella più attendibile; ma in realtà Gonzaga non fa eccezione allo stile filologicamente disinvolto degli altri editori.

Le scelte filologiche moderne

Gli editori moderni hanno dunque preferito risalire alla **seconda edizione curata dal Bonnà nel 1581**, nella convinzione che essa, benché non risponda ovviamente a sua volta alla volontà ultima dell'autore, tuttavia ne documenti in modo attendibile e coerente un momento particolare, in cui la correzione del poema quale era stato steso tra il '65 e il '75 era ormai da considerarsi compiuta e andava preparandosi la radicale trasformazione di esso, realizzata negli anni successivi per dare vita alla *Gerusalemme conquistata* (che è in tutti i sensi un'opera diversa). Di ciò che riguarda la *Gerusalemme conquistata* tratta più distesamente il paragrafo 9, al quale si rimanda.

Un caso clamoroso di mancato rispetto delle volontà dell'autore

Il titolo poi voluto da Tasso per la stampa, da lui curata nel '93, del rifacimento integrale del poema era già stato dichiarato dall'autore come preferibile nell'82, dopo le prime stampe non autorizzate. Ma questo desiderio, così come le affannose proteste, non poterono alterare il destino semipiratesco della diffusione pubblica dell'opera, la quale mantenne il suo **titolo non d'autore** (e lo mantiene tuttora) e restò (e resta) di gran lunga preferita nella sua forma non autorizzata dallo scrittore.

GERUSALEMME – SION – AL QUDS (moschea)   1571 BATTAGLIA DI LEPANTO

2. La struttura e la trama dell'opera

Un poema di venti canti in ottave

La *Gerusalemme liberata* è suddivisa in **venti canti**. Questi hanno in genere una lunghezza prossima alle cento ottave (il canto più breve è il XV: 66 ottave; il più lungo il XX: 144 ottave). Nella disposizione dei fatti è stato riconosciuto da Ezio Raimondi il **modello della tragedia classica** quale è descritta dalla *Poetica* di Aristotele: i venti canti sarebbero raggruppabili in cinque parti, corrispondenti ai cinque atti della tragedia. Della tragedia, in ogni caso, il poema tassesco presenta l'impianto generale: **rispetto al centro drammatico**, occupato dalla città santa **Gerusalemme**, alla quale l'esercito

Il modello della tragedia classica

TECNICA DELLA PERIPEZIA

cristiano stringe l'assedio, si sviluppano numerose **forze centrifughe**, messe prevalentemente in moto dagli **interventi diabolici**; finché il trionfo progressivo del bene fa nuovamente **convergere l'azione** e l'impegno dei paladini cristiani **sulla città assediata**, decretandone la caduta. Il poema è dunque costruito secondo la **tecnica**, specificamente tragica, **della peripezia**.

Una trama semplice

La trama si presenta piuttosto semplice, soprattutto se confrontata all'intreccio del *Furioso* ariostesco. Tasso si limita a narrare la **fase conclusiva della prima crociata**, relativa all'entrata dell'esercito cristiano in Palestina e all'assedio di Gerusalemme, infine vittorioso.

Le premesse della vicenda

Per uno schema riassuntivo dei venti canti, cfr. **S2** e i paragrafi 10-14. I crociati sono partiti già da sei anni (così dice Tasso nella sesta ottava del primo canto; nella realtà storica gli anni trascorsi sono tre) per liberare il Santo Sepolcro, e ancora l'impresa è tutt'altro che compiuta. L'esercito sta attendendo in Libano la fine dell'inverno, quando **appare a Goffredo di Buglione l'arcangelo Gabriele**,

Goffredo capo dei crociati

che lo invita ad assumere il comando dell'esercito e a portare l'attacco finale contro Gerusalemme. I cristiani accettano di eleggere Goffredo loro **capo supremo** e si mettono in marcia verso la città santa. Qui il re di Gerusalemme **Aladino** si prepara alla difesa. Dopo una serie di alterne vicende, narrate nei canti dal I al III, il canto IV presenta un **concilio di dèi infernali**, presieduto da Plutone, i quali decidono di aiutare i difensori della città, stretta d'assedio dai cristiani. Si rivela efficace in partico-

La maga Armida e il paladino Rinaldo

lare l'intervento della **maga Armida**, che inganna i cristiani con una falsa richiesta di aiuto e ottiene l'**allontanamento di Rinaldo** e di numerosi altri guerrieri. Ciò ha fra l'altro una specifica importanza nella struttura generale dell'opera, dato che Rinaldo è il capostipite della casa d'Este e che in lui converge dunque l'intento encomiastico del poema. Ingannato da Armida, Rinaldo è prigioniero nel paradiso erotico delle **Isole Fortunate**, agli antipodi di Gerusalemme; e solamente **la sua liberazione** a opera di due inviati (canti XIV-XVI) consentirà la conclusione positiva dell'assedio: infatti Rinaldo è destinato a vincere l'incanto malefico della **selva di Saron**, nella quale i cristiani non possono altrimenti procurarsi il legname necessario alla costruzione delle macchine da guerra. Accanto alla defezione di Rinaldo ve ne sono numerose altre, determinate dall'intrecciarsi, negli eroi cristia-

La psicologia dei paladini cristiani, fra dovere e passioni

ni, di una **psicologia doppia**: da una parte animata dal senso del dovere e dall'eroismo, dall'altra fuorviata da passioni e intralciata da smarrimenti psicologici. È anzi questa una delle caratteristiche portanti dell'arte tassesca e dello sviluppo dell'azione.

La vittoria conclusiva dei cristiani

Vinto l'incanto della selva di Saron, i cristiani possono scatenare l'**attacco finale**, inutilmente contrastati dall'eroismo dei nemici e dagli interventi diabolici. Una serie di **duelli conclusivi**, nella quale il giovane Rinaldo ha modo di mettersi ancora in luce, decreta la vittoria cristiana e l'entrata in Gerusalemme.

S2 INFORMAZIONI

Riassunto schematico del poema

I Proemio e dedica. Dio invia l'arcangelo Gabriele per invitare Goffredo a riunire i principi cristiani, che lo eleggono comandante dell'esercito crociato. Rassegna dell'esercito cristiano. Goffredo manda un messaggio al principe dei Dani. A Gerusalemme il re Aladino si appresta alle difese.

II Il mago Ismeno prepara inganni. Olindo e Sofronia si offrono come capri espiatori e vengono salvati dal rogo per intervento di Clorinda. Alete e Argante si recano al campo cristiano come ambasciatori per offrire l'alleanza del re d'Egitto, rifiutata da Goffredo.

III Giunto a Gerusalemme, l'esercito crociato ingaggia i primi scontri con i difensori, Erminia mostra ad Aladino i principi cristiani. Tancredi e Clorinda si battono brevemente. Argante, unitosi ai musulmani, uccide Dudone, cui Goffredo fa tributare alti onori funebri.

IV Concilio degli dèi infernali. Il mago Idraote invia la maga Armida presso il campo cristiano, causando tensioni.

V Accecati dagli inganni di Armida, i paladini si battono tra loro, e Rinaldo uccide Gernando, allontanandosi quindi dal campo. Un gruppo di cavalieri segue Armida. Nel campo cristiano mancano i rifornimenti.

VI Argante sfida i cristiani e intraprende un duello con Tancredi, distratto dalla vista di Clorinda. Il duello viene interrotto al tramonto. Erminia, innamorata di Tancredi, si avvia verso il campo cristiano indossando le armi di Clorinda; ma, avvistata dalle sentinelle, fugge.

VII	Erminia tra i pastori. Tancredi, inseguendo Erminia (che egli crede Clorinda) finisce prigioniero nel castello di Armida. Non potendo Tancredi presentarsi alla ripresa del duello con Argante, il suo posto è preso da Raimondo; ma i demoni trasformano lo scontro in battaglia generale, scatenando poi una tempesta che si abbatte sui crociati.
VIII	Il danese Carlo narra della morte di Sveno. Giunte al campo le armi insanguinate di Rinaldo, lo si crede morto. La furia Aletto spinge Argillano a sobillare i cavalieri italiani, convinti che Goffredo abbia fatto uccidere Rinaldo; ma infine il capitano placa la rivolta.
IX	Solimano, al comando di predatori arabi, assale di notte il campo cristiano. Da Gerusalemme gli danno man forte Argante e Clorinda. L'arcangelo Michele respinge i demoni all'inferno. All'arrivo di cinquanta cavalieri armati in soccorso dei crociati, Solimano si ritira.
X	Solimano è condotto su un carro alato a Gerusalemme dal mago Ismeno, apparendo nel consiglio di Aladino per incitare a resistere. I cinquanta cavalieri (fra i quali è anche Tancredi) narrano la loro liberazione dal castello di Armida a opera di Rinaldo, che è dunque vivo.
XI	Processione al Monte Oliveto. Assalto crociato a Gerusalemme, eroicamente difesa da Argante, Solimano e Clorinda. Goffredo è ferito; ma subito risanato per intervento divino. La notte interrompe la battaglia. I cristiani lavorano a riparare una torre d'assalto rimasta bloccata.
XII	Clorinda e Argante si apprestano a incendiare la torre bloccata. Inutilmente Arsete narra a Clorinda delle sue origini cristiane. L'impresa riesce, ma Clorinda resta poi chiusa fuori della città e, non riconosciuta, è uccisa in duello da Tancredi. Questi è consolato da Pier l'Eremita.
XIII	La selva di Saron è incantata a opera del mago Ismeno. Inutili tentativi dei paladini (e di Tancredi) di vincerne l'incanto. I cristiani sono prostrati dalla siccità e dal caldo; ma le preghiere di Goffredo ottengono infine la pioggia ristoratrice.
XIV	Dopo un sogno, Goffredo manda Carlo e Ubaldo a liberare Rinaldo. Carlo e Ubaldo vengono condotti dal buon mago d'Ascalona – che narra loro degli amori di Rinaldo e Armida – nelle viscere della Terra.
XV	Condotti dalla nave della Fortuna nelle Isole Fortunate, Carlo e Ubaldo giungono dopo varie peripezie nella dimora di Armida.
XVI	Il giardino di Armida. Carlo e Ubaldo convincono Rinaldo a seguirli. Inutili preghiere della maga, che medita vendetta.
XVII	Rassegna dell'esercito egiziano. Armida chiede aiuto contro Rinaldo. Questi intanto giunge presso il mago di Ascalona, che gli fornisce una nuova armatura. Narrazione della genealogia degli Estensi.
XVIII	Rinaldo, tornato al campo cristiano e perdonato da Goffredo, si reca sul Monte Oliveto in meditazione; quindi rompe l'incanto della selva. I crociati possono dunque disporre del legname per le macchine da guerra e concertano l'assalto alla città, che si rivela subito favorevole agli assedianti: Ismeno è ucciso e Rinaldo (con altri guerrieri) riesce a salire sulle mura. La città è di fatto espugnata.
XIX	Duello di Argante e Tancredi e morte di Argante. Rinaldo e gli altri crociati seminano strage dentro la città. Aladino e i suoi si rifugiano nella Torre di David. Vafrino, scudiero di Tancredi, è inviato come spia presso il campo egizio. Incontrata Erminia, insieme si imbattono in Tancredi ferito. La donna lo cura senza farsi riconoscere; mentre Vafrino svela a Goffredo il tradimento di Ormondo.
XX	Schieratosi l'esercito egizio sotto la città, si apre il terribile scontro finale. Inutili, eroiche imprese di Solimano, che viene ucciso da Rinaldo, e di Aladino, ucciso da Raimondo. Armida e Rinaldo si riconciliano, e la donna si converte al cristianesimo. Terminato lo scontro, Goffredo adora il Santo Sepolcro, sciogliendo il voto.

3. Le fonti del poema

Il modello epico classico

L'*Iliade* di Omero

Il riferimento al modello del poema epico classico è centrale nel rinnovamento operato da Tasso. La scelta del tema eroico impone in particolare un **riferimento all'*Iliade*** omerica; per sottolineare il rapporto, Tasso porterà il numero dei canti, nel rifacimento della *Conquistata*, da venti a ventiquattro (quanti sono i libri del poema greco). Appartiene alla tradizione omerica anche la valorizzazione del passato storico quale momento fondativo della identità nazionale: come la vittoria contro i troiani ricompatta l'identità dei greci, così la vittoria dei crociati sui Turchi dovrebbe ricompattare quella dei popoli cristiani. Un ulteriore elemento di analogia con l'*Iliade* è rappresentato dal ruotare dello spazio dell'azione attorno a una città assediata: Gerusalemme in Tasso, Troia in Omero.

L'*Eneide* di Virgilio

Più significativo è comunque il **riferimento al modello dell'*Eneide*** virgiliana, della quale Tasso condivide, fra l'altro, la rappresentazione tragica del tema erotico, la malinconica raffigurazione della virtù (Goffredo ricalca in certa misura le orme del pio Enea), l'importanza assegnata al paesaggio e al suo rapporto con i personaggi e con l'azione.

Il modello lirico volgare e classico

Risulta però essenziale la scelta di utilizzare dentro la struttura solenne e grandiosa del poema eroico le risorse rappresentative e stilistiche della **tradizione lirica, sia nella variante volgare "moderna"** (da Petrarca al petrarchismo cinquecentesco, passando per Poliziano e per Boiardo e Ariosto lirici), **sia nella variante classica** dei lirici latini (Orazio, Properzio, Catullo, Tibullo, ecc.).

Tasso e Petrarca: la morale contro il desiderio

Il rapporto con Petrarca non comporta una dipendenza formale dal *Canzoniere*: Tasso definisce anzi un modello di scrittura che per più aspetti rinnova e oltrepassa i caratteri del petrarchismo. Ciò che conta è piuttosto la relazione strettissima con le tensioni fra dovere morale e pulsione del desiderio che sono alla base della personalità petrarchesca. Tale dissidio è anche in Tasso portatore di una **lacerazione interiore**, la quale diviene anzi tanto più forte in quanto inserita dentro una civiltà e una cultura repressive e rigide come quelle controriformistiche.

Il rapporto con la storiografia rinascimentale e umanistica

Attraverso i maestri Machiavelli e Guicciardini, ben letti e assimilati, Tasso risale poi alla **storiografia umanistica** e ai grandi modelli classici. È anche grazie a queste competenze che egli giunge alla straordinaria abilità nella disposizione dell'intreccio narrativo e nell'alternanza di episodi storici principali e di digressioni secondarie; tecnica nella quale eccellevano molti degli storici tra Umanesimo e Rinascimento.

4 | I personaggi principali

La minaccia della tentazione infernale sui personaggi cristiani

S • Fortini legge la *Gerusalemme liberata*
S • Il destino dei personaggi della *Liberata* (E. Raimondi)

I personaggi pagani possono aprirsi alla salvezza del verbo cristiano: così la morente Clorinda nel canto XII, che chiede e riceve il battesimo dall'uccisore; così la maga Armida, infine convertita all'amore pio per il paladino Rinaldo. Al contrario – e parallelamente – **i personaggi cristiani** sono di continuo minacciati dalle **forze infernali**. Queste agiscono in modo esplicito attraverso aggressioni e inganni che gli eroi cristiani subiscono dall'esterno e davanti ai quali non sempre risultano vincitori; ma anche si annidano nell'intimo dell'animo loro, lacerandone e complicandone l'adesione ai valori morali e militari della crociata (cfr. anche **S3**). In ogni caso, **gli eroi della *Gerusalemme liberata* sono eroi complessi**, dominati da una **interiorità inquieta e contraddittoria**, entro la quale, nel caso dei guerrieri cristiani, solamente a fatica finisce a poco a poco con il prevalere la luce della Grazia, che fa subordinare al senso del dovere lo slancio delle passioni e l'insicurezza psicologica.

L'intreccio del registro epico e di quello lirico-sentimentale

L'intreccio di registro propriamente epico e di registro lirico-sentimentale che connota il poema si fonda innanzitutto sulla caratterizzazione complessa dei protagonisti. Tanto più che Tasso affida lo svolgimento dell'azione soprattutto ai rivolgimenti interiori dei personaggi, così come Ariosto al caso, facendo anzi dell'**interiorità la molla e il terreno principale dello sviluppo narrativo**.

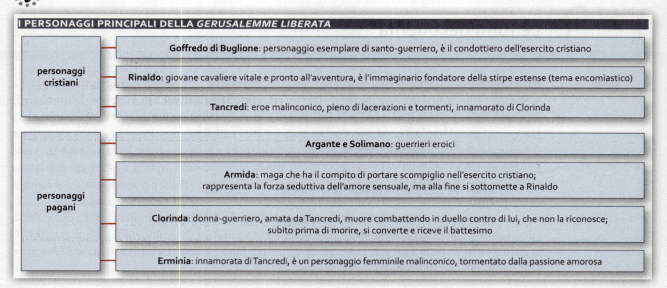

S3 MATERIALI E DOCUMENTI

Un'interpretazione psicoanalitica del poema

Sergio Zatti applica al poema una metodologia riferibile ai princìpi della psicoanalisi, non trascurando però di considerare in modo adeguato anche la prospettiva ideologica dell'opera e il contesto storico in cui essa è inserita.

Lo scontro tra crociati e pagani è letto come uno scontro interno alla civiltà europea (e calato nella ideologia e nella psicologia dell'autore); uno scontro tra due concezioni diverse: quella umanistico-rinascimentale (laica, materialista e perfino edonista) e quella controriformistica (religiosa e repressiva). I pagani rappresenterebbero la prima concezione; i cristiani, la seconda. Dietro il conflitto narrato nel poema si intravede in tal modo la crisi della civiltà rinascimentale e l'avvento della nuova cultura controriformistica.

Tasso aderisce sul piano razionale e ideologico ai nuovi valori della Controriforma, ma a livello inconscio avverte con forza il fascino e l'attrazione dei valori incarnati nei Pagani. Tali valori hanno quindi largo spazio nel poema, e su di essi l'autore si sofferma con compiacimento; ma a patto di presentarli come colpevoli e destinati alla sconfitta o alla conversione.

▶▶ La mia analisi è rivolta a verificare la legittimità di una chiave di lettura figurale[1] dello scontro militare tra Cristiani e Pagani, che costituisce la materia narrativa del poema. Secondo tale prospettiva la guerra per la conquista di Gerusalemme rinvierebbe ad una lotta per l'egemonia che si instaura fra due codici[2] diversi, fra due sistemi di valori antitetici. Dell'uno sono campioni i Pagani e, potremmo dire, schematizzando, che esso si richiama agli ideali di un umanesimo laico, materialista e pluralista; l'altro, di cui sono portatori i Crociati, dà voce alle istanze religiose autoritarie della cultura della Controriforma.

Se la materia storica della narrazione, che il Tasso desume dai cronisti delle Crociate, propone lo scontro tra due religioni e culture contrapposte, è un fatto che, nella concreta vicenda poetica, lo scontro assume piuttosto i connotati di un conflitto tra due codici, divenuti incompatibili, che si genera all'interno di una medesima cultura e di una medesima società, entrambe occidentali e cristiane: tanto è vero che a misurarsi nella guerra, parallela a quella terrena, che si combatte in cielo non sono Dio e «Macometto», bensì Dio e Satana, la verità cristiana trovando come proprio antagonista non già una verità pagana ad essa alternativa, bensì piuttosto i princìpi di negazione ad essa connaturati, cioè l'errore, il male, l'eresia. Proprio come tali, infatti, cioè come negativi, erronei o quantomeno insufficienti, si configurano nella GL[3] quei valori cavallereschi che la tradizione recente del genere aveva rifondato in senso umanistico: ovviamente secondo uno soltanto dei codici, anche se si tratta di quello ideologicamente privilegiato – è il punto di vista di Dio, dei Cristiani, di Goffredo – e di fatto storicamente vincente.

[...]

Se di conflitto fra codici si tratta, come io credo, esso è potentemente radicato nel seno della società italiana tardo-rinascimentale in cui è entrato in crisi quel complesso di valori umanistici che aveva fatto da supporto alla riforma ariostesca del genere cavalleresco. Il nuovo sistema ideologico si era espresso in un codice letterario caratterizzato – secondo la mirabile definizione del De Sanctis – dalla «individualità, quella forza d'iniziativa che fa di ogni cavaliere l'uomo libero, che trova il suo limite in se stesso, cioè a dire nelle leggi dell'amore e dell'onore, a cui ubbidisce volontariamente». Nel clima di restaurazione cattolica si afferma prepotente un'istanza integralista repressiva che confina progressivamente in una zona di sospetto quella dialettica di valori[4] che si esprimeva nel *Furioso* sotto il segno della «varietà». [...]

Il testo legittima una chiave di lettura figurale dello scontro militare fra Cristiani e Pagani: il senso della sconfitta di questi ultimi include la liquidazione storica, causa l'affermazione dell'ideologia cristiana repressiva, di quel codice cavalleresco che ancora mostrava intatto il suo vigore nel *Furioso*. Nel poema ariostesco la distinzione fra Cristiani e Pagani non comporta sostanzialmente nessun tipo di contrapposizione ideologica o di problematica morale. «Oh gran bontà de' cavalieri antiqui!» (*OF*, I, 22) esclama il poeta con bonaria sorpresa di fronte alla stupefacente proposta rivolta da Rinaldo al nemico pagano Ferraù di differire il duello e all'invito di questi ad inseguire sullo stesso cavallo Angelica fuggente.

Nella *GL* invece la vittoria militare di una parte, per il fatto di avere specifiche implicazioni sul piano dell'ideologia, comporta l'assunzione di una carica repressiva che infligge al testo il prezzo di una precisa contraddizione. La negazione del codice pagano, che il processo narrativo persegue, diventa il particolare canale espressivo attraverso cui emerge l'identificazione emotiva dell'autore con i Pagani sconfitti.[5] Nel prendere le distanze da un'ideologia riconoscendola come deviante, il poeta la consegna al testo nella forma di un represso[6] capace di appello alla solidarietà del lettore: e tuttavia il riconoscimento poetico non basta a

---

1 lettura figurale: cioè una lettura che individui dietro i termini del racconto un significato ulteriore. In questo caso, dietro lo scontro tra pagani e cristiani sarebbe possibile intravedere quello tra due diverse concezioni e due diversi momenti della civiltà italiana.
2 codici: sistemi di valori.
3 GL: abbreviazione di *Gerusalemme liberata*. Più avanti si trova *OF* come abbreviazione di *Orlando furioso*.
4 dialettica di valori: cioè possibilità di considerare i valori in termini relativi e problematici, senza dogmatismi e senza costrizioni nell'ortodossia (come invece accade durante la Controriforma).
5 La negazione...sconfitti: cioè negando sul piano razionale il codice pagano, decretandone la sconfitta, Tasso può permettersi di rappresentare in molti aspetti del poema la propria adesione emotiva (cioè inconscia) ai valori da esso rappresentati.
6 represso: è il termine impiegato dal critico Francesco Orlando (al quale qui si rifà Zatti) in luogo del freudiano «rimosso» (= ciò che è stato cancellato dalla sfera conscia e resiste nell'inconscio) per mettere l'accento sulla qualità sociale delle ragioni che hanno costretto il soggetto a censurare dei contenuti considerati sconvenienti o colpevoli. In questo caso, il «represso» è l'adesione di Tasso al mondo raffigurato dai pagani, cioè il mondo dei valori rinascimentali ormai in crisi e condannato dalla

S3

scalfire la certezza della norma storicamente vincente, cui anche quel represso resta assicurato in obbedienza alle istanze repressive dell'ideologia.[7] Si determina così un paradosso, che è tale solo in apparenza: il trionfo poetico del codice qualificato per negativo e deviante è tanto più manifesto quanto più salde e condizionanti sono le coordinate morali e ideologiche del poema. In termini di ideologia, siamo in presenza difatti di un sistema binario di valori radicalmente contrapposti, di un vero e proprio manicheismo[8] etico-religioso – destinato ad accentuarsi poi nettamente col passaggio dalla *Liberata* alla *Conquistata* per le note pressioni esterne e perplessità private che condizionarono il lavoro di revisione del Tasso – che non lascia spazi all'affermazione positiva di contenuti devianti.

[...] Solo a patto di connotarsi sul piano etico-ideologico come devianti e abnormi, e di rappresentarsi su quello storico-narrativo come sconfitti, i valori pagani possono trovare luogo nel contesto poetico della *GL*.

S. Zatti, *L'uniforme cristiano e il multiforme pagano. Saggio sulla «Gerusalemme liberata»*,
Il Saggiatore, Milano 1983, pp. 11-34, con tagli.

cultura controriformistica. Nella *Liberata*, la parte dei pagani sarebbe tuttavia rappresentata, benché colpevole e perdente, in modo da riscuotere la simpatia del lettore (cfr. dopo **solidarietà**).

7 e tuttavia...ideologia: cioè il testo letterario risarcisce l'autore della propria rinuncia ai valori che gli sarebbero cari, ma senza mettere in dubbio la legittimità dei nuovi valori repressivi che gli rendono impossibile l'adesione esplicita a essi. Per questo l'**ideologia** dell'autore, che riconosce valida la cultura controriformistica, reprime il suo sentimento profondo.

8 manicheismo: letteralmente, si tratta di una concezione religiosa che contrapponeva due principi assoluti di male e di bene, senza possibili mediazioni; oggi l'uso del termine, come in questo caso, indica genericamente una contrapposizione di valori positivi e di valori negativi.

La figura di Goffredo, solido moralmente ma inadeguato

Fa in parte eccezione a questa regola il condottiero **Goffredo**, in sé esente dalle tentazioni mondane che affliggono gli altri eroi cristiani, e anzi portatore di «un'istanza d'ordine» che ne fa il **perfetto «eroe controriformistico»** (Ferroni). Egli rappresenta il desiderio di bellezza ideale realizzata nella pienezza della moralità, e dunque un momento importantissimo dell'ispirazione tassesca. Ma egli è poi a sua volta confinato in una dimensione di **malinconica inadeguatezza**: il suo tentativo di dominare l'azione spingendola al bene urta di continuo contro quelle pulsioni terrene e passionali che egli invano rimuove da sé (cfr. **S4**).

Rinaldo: il motivo encomiastico e la suggestione cavalleresca e cortese

Rinaldo è portatore dell'**intento encomiastico** del poema, in quanto immaginario fondatore della stirpe estense. Egli riprende il nome dell'eroe al quale Tasso aveva dedicato il poema cavalleresco giovanile, e si configura in effetti come **il personaggio più strettamente legato alla tradizione cavalleresca e cortese**: in lui l'ardente desiderio di onore e di gloria costituisce l'unica minaccia morale, in quanto capace di fuorviarlo dagli obiettivi morali della guerra; ma mancano l'ambivalenza e la contraddittorietà interiore che si riscontrano invece in altri personaggi. Catturato dalla maga Armida, che fa leva proprio sul suo entusiasmo giovanile e appassionato, Rinaldo può infine recuperare la propria purezza e compiere l'azione decisiva di vincere l'incanto della selva di Saron, rendendo possibile la vittoria finale dell'esercito cristiano. Di più: può convertire la stessa Armida, sancendo la superiorità conclusiva della propria personalità giovanile e luminosa sulle forze del male.

Antoon van Dyck, *Rinaldo conquistato dall'amore per Armida*, 1634-1635. Londra, National Gallery.

Tancredi: un eroe malinconico e sfortunato

Tancredi costituisce l'antitesi del vitale Rinaldo. Quanto questi è trascinato da slancio costruttivo e positivo, tanto Tancredi vive tutto suggestionato dalla propria interiorità malinconica e lacerata: l'amore impossibile per la bella guerriera pagana **Clorinda** ne decreta la sorte sfortunata. Dopo aver di continuo posposto gli obiettivi militari alla ricerca disperata di un contatto con l'amata, Tancredi non la riconosce e, a seguito di un interminabile duello, la uccide. Prima di morire, Clorinda si fa riconoscere e chiede e ottiene dall'uccisore il battesimo. La partecipazione di Tancredi alle fasi conclusive della guerra è segnata dai **sensi di colpa** e dal **dolore** per questa esperienza irreparabile.

I guerrieri pagani: un eroismo primitivo

Non minore attenzione Tasso dedica alla rappresentazione degli **eroi pagani**. Questi appaiono come espressione di un **eroismo primitivo e barbarico**: il loro impegno risponde alle norme più elementari della tradizione cavalleresca. Essi non mancano di una sinistra nobiltà e generosità; ed è questa caratterizzazione umana a rendere più tragica e disperata la fatale sconfitta, da essi affrontata con un inquietante senso di dissolvimento e di morte.

I personaggi femminili del campo pagano

Accanto ai giganteschi eroi delle armi, tra i quali spiccano **Argante** e **Solimano**, Tasso delinea il carattere di **tre personaggi femminili** (Armida, Clorinda ed Erminia), **portatrici di una inquietudine** che le avvicina ai personaggi cristiani, ai quali non casualmente esse, tutt'e tre, sono legate da vincoli sentimentali e dalla conversione.

S4 — MATERIALI E DOCUMENTI

Un giudizio di Leopardi su Goffredo: «stimabile», non «amabile»

Analizzando la efficacia artistica e drammatica dei personaggi della *Liberata*, Leopardi ravvisa la presenza di una contraddizione tra l'importanza assegnata da Tasso a Goffredo, capitano dei crociati, e la sua riuscita come personaggio. In altri luoghi, Leopardi osserva che molto più intensa risulta la caratterizzazione per esempio di Rinaldo, personaggio simpatico e umano. Mentre Goffredo gli pare troppo perfetto, per così dire, cioè troppo idealizzato, per ispirare simpatia o interesse, cioè per essere «amabile». La sua stessa mancanza di difetti gli toglie attrattive agli occhi dei lettori. In questo modo, Leopardi intuisce il collegamento tra la maggiore problematicità dei personaggi sedotti dalle lusinghe terrene (come Rinaldo) e la contraddizione tra l'ideologia di Tasso e il suo mondo psicologico. Quando, come in Goffredo, l'ideologia religiosa agisce in forma pura, l'efficacia viene meno.

▶▶ Goffredo è personaggio pochissimo interessante, e forse nulla, perché i suoi pregi e 'l suo valore son troppo morali. Egli è persona troppo seria, troppo poco, anzi niente amabile, benché per ogni parte stimabile. E come può essere amabile un uomo assolutamente privo d'ogni passione, e tutto ragione? un carattere freddissimo? Difficilmente ancora può farsi amare chi non è o non apparisce capace p. niun modo[1] di amare. Ora il Tasso gli fa un pregio[2] di questa incapacità. [...] Achille è interessantissimo perch'egli è amabilissimo. Ed è amabilissimo non solamente a causa del suo sovrano valor personale, ma eziandio[3] per la stessa ferocia, p. la stessa intolleranza, p. la stessa suscettibilità, veemenza ed impeto di carattere e di passioni, superbia, carattere e maniere disprezzanti (veri mezzi di farsi amare, e forse soli ec.) iracondo, incapace di sopportare un'ingiuria, soverchiatore, un poco *étourdi*, *volage*[4] ec. e per lo stesso capriccio, qualità che congiunte colla gioventù e colla bellezza, e di più col coraggio, la forza e i tanti altri pregi, fortune, circostanze, e meriti reali di Achille, sono sempre amabilissime, e fanno amatissimo chi le possiede. Ciò avviene anche oggidì e sempre avverrà. (E veramente Achille è un personaggio completamente amabile: non sarebbe tale se mancasse dei detti difetti). [...]

Ma Goffredo non ha né ferocia, né capriccio, né impeto, né passione veruna;[5] non è giovane, non risplende per bellezza; il suo coraggio e la sua prodezza di cuore e di mano piuttosto si afferma di quello che si dimostri e si faccia operare; i suoi pregi eroici si riducono ad una somma pietà e devozione e cura e zelo religioso (ma non superstizioso né *passionato* in niun modo[6]) e quasi santità, sì di pensieri, sì di parole e sì di fatti che lo fanno degno di visioni celesti e di conversar cogli Angeli e co' Beati, e d'impetrare[7] o far miracoli [...], e ad un eccellente senno; qualità niente amabili, perché tutte, per così dire, immateriali. Adunque Goffredo non è amabile, ma stimabile solamente. Adunque non è che pochissimo interessante o nulla; massime[8] oggidì ch'è svanito l'interesse dell'impresa, [...] e quel zelo o fanatismo di religione, nel quale il Tasso lo fa singolare.[9]

G. Leopardi, *Zibaldone di pensieri* [ed. Pacella], pp. 3596-3599, 3-6 ottobre 1823.

1. **p. niun modo**: *in nessun modo*. L'abbreviazione «p.» sta in luogo di "per", anche dopo: le abbreviazioni presenti nella scrittura dello *Zibaldone* leopardiano ne testimoniano la funzione privata.
2. **gli fa un pregio**: *gli attribuisce come un merito*.
3. **eziandio**: *anche*.
4. **étourdi, volage**: *distratto, volubile* (francese).
5. **veruna**: *alcuna*.
6. **in niun modo**: *in nessun modo*.
7. **impetrare**: *ottenere*.
8. **massime**: *soprattutto*.
9. **singolare**: *eccezionale*.

Armida: la minaccia inquietante dell'erotismo e la sua sottomissione conclusiva alla morale

La maga Armida ottiene di neutralizzare il paladino Rinaldo, ammaliandolo nell'incanto erotico delle Isole Fortunate; ella in tal modo compie il proprio dovere, cercando di impedire la sconfitta dei suoi. D'altro lato, però, Armida ama Rinaldo, ed è umanamente disperata davanti al suo abbandono; così da disporsi a mutare di campo pur di ricongiungersi, tra le scene finali di distruzione, al paladino. In questo senso, **Armida** rappresenta nella forma più esplicita **la minaccia inquietante dell'erotismo**, cedendo al quale i cavalieri cristiani si distolgono di continuo dal compimento dell'impresa eroica; e rappresenta però la conclusiva sottomissione dell'elemento erotico, la sua ricomposizione entro una struttura armoniosa ed equilibrata, che coincide con la finale vittoria della parte cristiana.

Clorinda, la femminilità guerresca: una sublimazione del dato erotico

Clorinda unisce alle doti di bellezza e di seduzione **il rifiuto della tipologia femminile tradizionale**: armata in modo inconfondibile (la sua armatura è bianca), ella è uno dei più valorosi guerrieri pagani. Avvolta nel mistero, appare e scompare lasciando solamente l'eco del suo valore militare; finché l'amore disperato del nemico Tancredi non ne sollecita le intime contraddizioni al punto da svelarle: ferita a morte in duello, Clorinda abbraccia la religione dell'amante uccisore, memore delle origini cristiane, portando a compimento in forma definitiva la sublimazione della propria carica erotico-sentimentale (cfr. T2, p. 141 e T4, p. 150).

Nicolas Poussin, *I compagni di Rinaldo*, 1633-1634 circa. New York, Metropolitan Museum of Art.

Erminia, la logica della passione

Una caratterizzazione ancora diversa di femminilità è quella incarnata da **Erminia**, ritrosa principessa pagana innamorata di Tancredi (del quale è stata prigioniera). Pronta a misurarsi anche sul terreno dell'impegno eroico, **risponde** comunque **a una logica disperatamente passionale**, che ne fuorvia i passi, costringendola a una continua simulazione.

5 I temi fondamentali del poema

Una trama affidata all'interiorità dei personaggi

La *Gerusalemme liberata* fonda dunque la propria struttura narrativa sui **caratteri dei personaggi**. Mai forse prima di Tasso un'opera narrativa si era affidata in modo altrettanto radicale ai **meccanismi dell'interiorità**, a virtù e passioni, a cedimenti e a riscatti. Ciò vuol dire che il tema fondamentale del poema è costituito in ogni senso dall'interiorità dei protagonisti. Il poeta segue e rappresenta minuziosamente i loro pensieri, i loro desideri, anche quelli più nascosti, affondando lo sguardo sugli aspetti più irrisolti, problematici e conflittuali. **La dimensione della coscienza** non si esaurisce in una prospettiva morale, di tipo religioso e magari edificante; cioè non è soggetta all'ideologia controriformistica pure accolta nella sostanza da Tasso. Piuttosto **la coscienza è lo spazio di una tensione** tra forze e valori moralmente positivi e forze connotate negativamente: non solo contrarie al sistema dei valori cristiani, ma anche, spesso, proprio appartenenti a un ordine ignoto e inquietante, a una **sfera misteriosa e indecifrabile** dalla quale giungono all'uomo segni angosciosi e distruttivi.

L'eroismo dei personaggi tassiani: una lotta contro le zone oscure dell'interiorità...

È **a questa zona oscura** dell'interiorità **che si oppone l'eroismo dei combattenti**. E ciò vale, sia pure in modi diversi, tanto per i guerrieri cristiani quanto per gli "infedeli", anche se la lotta contro l'insensatezza compiuta dai secondi è destinata poi sempre a ripiombare nella vanità, essendole preclusa la sublimazione dei valori cristiani. Proprio per questo **gli eroi pagani sono i portatori di un sentimento tragico e disperato** che rappresenta il più cupo sfondo espressivo e ideologico dell'universo tassesco. In ogni caso l'eroismo è rappresentato come un'immane **lotta contro l'insensatezza**, come una sfida alla casualità e all'irrazionalità dei rapporti umani e delle leggi della materia e della storia.

...e contro l'insensatezza

Pietro Bartolomeo Cittadella, *Rinaldo libera la foresta dall'incantesimo*, inizi del XVIII secolo. Vicenza, Pinacoteca di Palazzo Chiericati.

Il tema della magia, come saldatura tra minacce esterne e minacce interiori

Infatti la stessa zona d'ombra che si annida dentro l'individuo è presente anche nella realtà esterna, e da questa di continuo minaccia l'integrità e l'equilibrio dell'uomo. Non casualmente **il tema della magia** ha nel poema una presenza e un'importanza eccezionali (il che provocò le critiche dei censori); la magia rappresenta il ricorso, per prevalenti fini maligni, alla dimensione sovrannaturale. Essa viene esercitata perlopiù da **agenti diabolici** con lo scopo di collegare la zona d'ombra che avvolge l'individuo con la zona d'ombra che questi porta dentro di sé. E nessuna minaccia risulta più terribile di questa per il destino umano, anche in un'ottica religiosa. Un esempio evidente di tale meccanismo è rappresentato dall'**incanto della selva di Saron**: entrandovi, ciascuno vede comparire ciò che più desidera, o che più vorrebbe dimenticare, o che più teme, e in questo modo, congiungendosi la minaccia esterna a quella interiore, ogni resistenza morale o razionale opposta dal soggetto è destinata a essere travolta.

L'unione di eroismo e di religiosità come ricerca di significato

Solamente la religione indica un itinerario di salvezza, lungo il quale possano venire preservati l'identità e l'equilibrio individuali e contemporaneamente il soggetto sia posto in condizione di agire, di vincere la resistenza durissima che la realtà materiale offre alle sue imprese. È anzi soltanto attraverso **l'unione di eroismo e di religiosità** che può realizzarsi una qualche attribuzione di senso (e da questo punto di vista il pio Goffredo è il vero modello del poema). Ma proprio la necessità di vivere in modo eroico e combattivo la religiosità, ne determina il carattere tutt'altro che appagante e sereno e anzi tormentato e sofferto. **L'eroismo** è un modo per forzare la realtà vincendone l'insensatezza; **la religiosità** è un modo per entrare in contatto con le forze misteriose e inquietanti della realtà senza esserne divorati: e solo i due atteggiamenti uniti, quello eroico e quello religioso, garantiscono la possibilità di scavare un valore solido e autentico. Ma quale impresa immane; e quale spaventosa fatica!

Il paesaggio naturale nel poema: fra mistero e minaccia

Il paesaggio naturale entro il quale si svolge l'azione ben esprime questo sentimento di aspra conquista, da realizzarsi fra le minacce dell'insensatezza e dell'insuccesso. Il paesaggio avvolge le gesta della *Liberata* di un **sentimento prevalente di estraneità o di mistero**, con frequenti mani-

I TEMI PRINCIPALI DEL POEMA	
• interiorità dei protagonisti	• amore
• magia	• guerra assurda ma necessaria
• eroismo e religiosità	• insensatezza del vivere
• paesaggio naturale spesso minaccioso e ostile	

festazioni di ostilità sovrannaturale (tempeste diaboliche, luoghi incantati, ecc.). Solo eccezionalmente si aprono zone franche, destinate all'espiazione o alla sublimazione: occasionali, difficili parentesi di riconciliazione tra l'uomo e la natura.

Il tema dell'amore

L'amore, possibilità di rapporti armoniosi e non guerreschi ma anche eruzione di forze minacciose e immorali

Centrale da ogni punto di vista **è poi il tema dell'amore**; esso è anzi il vero motivo conduttore del poema, e proprio per questo il campo più denso di significati e di contraddizioni. Da una parte l'amore esprime la dimensione felice e rasserenante pur presente in quella zona d'ombra, soggettiva e oggettiva, della quale si è parlato. In questo senso esso disegna una **opportunità di incontro tra gli uomini** che fondi sull'armonia e non sullo scontro i rapporti sociali (non senza una ragione le passioni più forti e trascinanti si scatenano tra personaggi di schieramenti opposti). D'altra parte, però, l'amore è anche il canale privilegiato seguito dalle **forze oscure** che dall'interno minacciano l'individuo allorché erompono e lo dilaniano, fuorviandolo dai doveri sociali e dai valori religiosi. Ed è anche per questa **ambivalenza e** per questa **contraddittorietà** che l'amore occupa il centro tematico del poema e ne rappresenta in modo completo la complessità ideologica ed espressiva.

L'assurdità della guerra e della violenza

Né va dimenticato che **l'amore si contrappone alla guerra**, alla terribile necessità distruttiva che l'eroismo porta con sé. L'"antimilitare" Erminia è pronta a non tenere conto della rivalità guerresca, per unirsi all'amato Tancredi; e questi solo per un equivoco uccide Clorinda: ma nel duello viene pur sempre inscenato uno stravolto atto d'amore, alla cui conclusione spetta di congiungere i duellanti nell'unione, sublimata e tardiva ma intensissima, del battesimo chiesto dalla donna morente. Questi spiragli inquietanti e suggestivi accrescono il sentimento di **assurdità** trasmesso **dalla rappresentazione tassesca della guerra**, dello scontro fisico; aspetto scarsamente presente nella tradizione cavalleresca precedente, Ariosto incluso. Nella *Liberata* la guerra acquista la dimensione dolorosa che ne qualifica spesso la rappresentazione dei secoli successivi. Il che non significa che Tasso svolga una critica della guerra: dello scontro militare egli anzi decreta la necessità proprio sul piano filosofico, non esistendo altra strada che quella eroica per vincere l'insensatezza della vita e della storia; ma proprio in questa **unione di atrocità e di necessità** si annida lo spessore tragico della rappresentazione tassesca, e acquista significato ogni spiraglio che si mostri al di là di questa condizione: fuga pastorale dalla civiltà o utopia amorosa (cfr. **S5**).

S5 MATERIALI E DOCUMENTI

Amore nella *Liberata*

Nell'analisi di Gian Mario Anselmi è individuata l'importante responsabilità del tema amoroso nella *Liberata*. Amore è al tempo stesso l'espressione-chiave delle tensioni e dei conflitti costitutivi della condizione umana, e il suggerimento di una utopica ricomposizione e pacificazione.
Il critico collega anche questa complessità ideologica alle strutture narrative del poema, che affidano all'interiorità dei personaggi una responsabilità di primo piano, dissolvendo la tradizione del poema eroico e aprendo al melodramma e alla narrativa moderna.

▶▶ Sotto il segno della «concordia» e del «conflitto» si vanno articolando le vicende amorose dei principali personaggi della *Liberata*: se per un verso il tema lirico-amoroso è programmaticamente intessuto nel cuore del poema come un altro elemento fondamentale della *variatio* (e subirà perciò nella *Conquistata* i tagli più consistenti)[1] per altro *éros* è il visibile segno della contraddizione e della conciliazione. Aspetto cardine dell'utopia tassiana, che colloca *éros* al centro di un discorso altro rispetto al mondo del perenne *confligere*:[2] anche *éros*, però, nasce e si sviluppa come conflitto, come opposizione, è esso stesso la cartina da tornasole[3] che fa emergere le lacerazioni che dividono, fin nella loro intimità soggettiva, i vari personaggi. Ma *éros* suggerisce anche le strade della conciliazione, dell'abbandono fiducioso, tutte impervie comunque, tutte lastricate dalla presenza incombente della Morte. [...]

In ogni caso Amore è segno di contraddizione, manifesta al livello più intimo delle coscienze il senso dell'universale *confligere*: Olindo ama non corrisposto Sofronia; Tancredi ama Clorinda inconsapevole mentre Erminia si strugge d'amore per l'eroe cristiano; Armida ama, oltre ogni possibile

---

1 *variatio...consistenti*: in riferimento alla maggiore unità del rifacimento del poema, rispetto alla varietà (in latino *variatio*) della *Liberata*.

2 *confligere*: combattere (latino).

3 *la cartina da tornasole*: *l'opportunità di verifica*; l'espressione è tratta dal campo della chimica.

incantamento, Rinaldo e Rinaldo, di là da ogni magia, è lacerato da un amore irrevocabile per Armida [...]. E su tutto e su tutti (da questa commistione mirabile davvero la *Liberata* "inizia" il melodramma) incombe un tragico destino di Morte, al fuoco del quale, solamente, Amore può esplicare la sua coessenziale radicalità;[4] la sua possibilità estrema del *conciliare*, cuore ultimo appunto dell'utopia tassiana: il gesto magnanimo di dedizione di Olindo sul rogo scioglie il cuore di Sofronia; Tancredi "incontra" finalmente Clorinda nel momento supremo della morte dell'eroina; Rinaldo e Armida [...] si proclamano eterna fedeltà d'amore tra gli opposti campi in guerra, in un desolato paesaggio di sangue e di carneficina. Eroi cristiani ed eroine pagane sono "simili": in uno splendido ulteriore gioco di opposizione e di intrecci Amore mescola tutte le carte, sconvolge il terribile, gelido contrap-

porsi delle armi, delle civiltà, delle ideologie. Amore è la frontiera del possibile *oltre*: Tancredi e Rinaldo, pur lacerati, amano donne del campo avverso e simmetrico destino incrocia le vite di Erminia, Clorinda, Armida, le pagane. Ma in quella frontiera d'Amore ogni distinzione perde il senso contingente, si spalanca l'abisso delle intermittenze del cuore,[5] si dipana la storia della mutazione profonda delle coscienze. Per la prima volta, superando in ciò lo stesso modello virgiliano, i personaggi di un poema eroico hanno una compiuta vita interiore, si modificano, sono a tutto tondo: anche in questo Tasso, pur nel solco del poema eroico, ne va dissolvendo gli statuti fondanti, aprendo la strada che conduce per un verso al melodramma e per l'altro alla moderna narrativa.

G.M. Anselmi, *Gerusalemme Liberata*, in *Letteratura italiana*, dir. da A. Asor Rosa, *Le opere. II. Dal Cinquecento al Settecento*, Einaudi, Torino 1993, pp. 646-647.

4 la sua coessenziale radicalità: *il suo significato estremo*, essenziale insieme a quello della Morte. Cioè Amore e Morte costituiscono due poli entrambi fondamentali, e solamente davanti alla Morte Amore può esprimere il proprio potenziale riconciliativo, cioè superare la lacerazione e le tensioni dei conflitti.
5 intermittenze del cuore: momenti di particolare intensità, nei quali si svela al soggetto il significato autentico e profondo della propria esistenza; si tratta di un'espressione usata dal grande romanziere francese del Novecento Marcel Proust.

6 La poetica della *Gerusalemme liberata*: fra Aristotele e il Manierismo

Il bisogno di nuovi fondamenti teorici della cultura controriformistica

L'attività artistica di Tasso si inserisce in una cultura attraversata da un intenso **bisogno di ridefinire i propri punti di riferimento**. Ciò dipende dalla crisi profonda delle strutture sociali che caratterizzavano la civiltà delle corti rinascimentali e si riflette su tutti i campi del sapere. C'è fra l'altro l'urgenza di ridare sistematicità e coerenza alla cultura cattolica, minacciata dalla Riforma protestante; e questa urgenza si riflette nella integrazione tra punto di vista religioso e specifici orizzonti di ricerca. **La cultura della Controriforma** consiste anzi in questo bisogno di integrazione: ogni momento della vita umana (anche quello della scrittura) deve rendere conto alla generale prospettiva cristiana e giustificarsi davanti a essa (cfr. anche **S6**, p. 128).

Riflessione teorica e creazione artistica

Queste premesse spiegano la **costante esigenza tassesca di** accompagnare la propria attività di scrittore con la **riflessione teorica**. Gli scritti teorici si intrecciano alla creazione artistica, e i due piani si influenzano a vicenda.

Gli scritti di Tasso sul poema eroico

La riflessione di Tasso sul poema eroico ha il suo punto di partenza nei giovanili *Discorsi dell'arte poetica e in particolare sopra il poema eroico*. La loro stesura coincide con i primi anni di composizione della *Liberata* e risulta compiuta intorno al **1570**. Le idee fondamentali dei *Discorsi* vengono riaffermate nella *Apologia della Gerusalemme liberata*, diffusa nel **1585** per rispondere alle polemiche scoppiate alla pubblicazione del poema. Un certo irrigidimento teorico si riscontra invece nei più tardi *Discorsi del poema eroico*, pubblicati in sei libri nel **1594**, un anno dopo la stampa della *Con-*

LA POETICA DELLA *GERUSALEMME LIBERATA*

- rispetto delle unità aristoteliche di luogo, tempo e azione
- tema storico e narrazione verosimile
- funzione educativa e prospettiva religiosa
- ricorso al meraviglioso cristiano
- varietà degli episodi secondari (inseriti in una narrazione unitaria) come mezzo per dilettare il pubblico
- fondazione di un nuovo genere: il poema epico cristiano

quistata. Anche il pensiero teorico di Tasso mostra quel bisogno di norme rigide e di coerenza complessiva che caratterizzano il rifacimento del poema.

Alla base della teorizzazione tassesca sta la **tradizione ferrarese del poema cavalleresco**. Egli stesso ne sperimenta le caratteristiche nel poema giovanile *Rinaldo*. Ma agli occhi di Tasso si tratta di un **modello ormai superato** e improponibile. Ciò dipende da **tre ragioni** fondamentali.

1. La concezione aristotelica, che Tasso fa propria anche per l'epica, esclude la varietà e la discontinuità strutturale, e impone all'azione **unità drammatica e organicità compositiva**. L'intreccio di azioni, personaggi e avvenimenti sui quali si fonda il metodo di Ariosto deve dunque cedere il posto a una narrazione ordinata e coerente, dotata di un chiaro centro spaziale e tematico, nonché di compattezza temporale.

Il superamento del modello ferrarese di poema cavalleresco

L'unità aristotelica

S6 — MATERIALI E DOCUMENTI

Tasso e la crisi del Rinascimento

Caretti individua nella vicenda umana e artistica di Tasso l'espressione esemplare della grande trasformazione storica che attraversa la società italiana nella seconda metà del Cinquecento. La crisi del Rinascimento, il bisogno profondo di un rinnovamento spirituale, la reazione della Chiesa cattolica, attraverso la Controriforma, alla Riforma protestante, sono tutti elementi che agiscono profondamente sull'evoluzione di Tasso. Il critico individua la parte più viva e intensa dell'opera tassesca nella fase in cui questa esprime la resistenza al violento moto involutivo che caratterizza la cultura italiana in seguito alla reazione controriformistica, e cioè nel periodo dell'*Aminta* e della *Liberata*; mentre gli ultimi due decenni della vita e dell'opera di Tasso mostrerebbero il cedimento al conformismo dilagante.

▶▶ Una figura così complessa come quella del Tasso, a parte certi eccessi esasperati che richiedono, questi sì, giustificazioni particolari e private, non può essere adeguatamente decifrata con gli strumenti della psicologia autonoma, ma va reinserita nella storia dell'epoca di cui si trovò ad assumere i tratti dominanti, sì che le sue stesse contraddizioni non vengano più attribuite a bizzarrie umorali o a debolezze di carattere, ma siano considerate come il riflesso di una condizione spirituale più vasta e generale, come la testimonianza, sia pure soggettivamente ipersensibilizzata,[1] di quella intensa crisi che si aperse, giusto nel cinquantennio che durò la non lunga vita del Tasso, nelle istituzioni politiche e nella vita intellettuale italiana.

[...] la storia della poesia tassiana rispecchia [...] l'intero arco della crisi e ne riflette tutto il cammino variamente accidentato: dal momento vivo e positivo, che nei suoi aspetti drammatici e intensi era già stato suggestivamente espresso dall'opera di Michelangelo, al momento della chiusura più rigida della restaurazione cattolica. Ciò che conta perciò è tenere d'occhio non l'atto ultimo della resa, quando la voce del Tasso si confonde e veramente si annulla nei colori grigi del tempo, ma il lungo e generoso periodo della resistenza attiva al disgregarsi d'un mondo che era pur sembrato tanto saldo e sicuro di sé. In questo periodo, che giunge almeno sino al compimento della *Liberata*, il Tasso offre l'esempio d'una singolare autonomia intellettuale, di un impegno umano ed artistico commovente, di una ostinazione orgogliosa, di una applicazione intrepida, di una perspicua lucidità critica, di una buona fede schietta e fervida. È il periodo in cui la poesia tassiana riflette il caldo riverbero dell'eredità rinascimentale, ancora operante nelle coscienze dei suoi contemporanei, e viene arditamente innestandovi lo spirito nuovo e inquieto d'una età percossa dall'urto violento della Riforma[2] e intimamente desiderosa d'una sincera *renovatio*[3] morale.

In questo generoso tentativo di conciliazione del classicismo con la moderna ansietà religiosa, il Tasso non muoveva però da una posizione già chiara e sicura, come era accaduto all'Ariosto, ma stava egli stesso nel mezzo della corrente perigliosa e partecipava così, di volta in volta, a tutti gli slanci e alle speranze, ma anche alle incertezze e confusioni sentimentali che caratterizzarono quell'epoca di rottura, di autentico bifrontismo[4] spirituale. E tuttavia nulla lasciò d'intentato prima di cedere alla deriva (non acquietandosi che molto tardi nel puro esercizio formale o nel conformismo religioso) e fece della retorica un'arma della ragione con cui difendersi dall'insidia sempre imminente dell'arbitrarietà degli affetti, sforzandosi nello stesso tempo di approfondire e di chiarire seriamente il significato del vivere, di fronteggiare quel misterioso e conturbante sentimento della precarietà e finitezza umane che ormai corrodeva internamente la mirabile coerenza e perfetta armonia del naturalismo rinascimentale.

L. Caretti, «*Il Tasso e l'epoca sua*», in *Ariosto e Tasso*, Einaudi, Torino 1977, pp. 87-88 e 90-91.

1. **ipersensibilizzata**: *particolarmente sensibile*.
2. **Riforma**: la Riforma protestante.
3. *renovatio*: *rinnovamento*; latino.
4. **bifrontismo**: letteralmente significa 'che ha due facce'. Il termine – impiegato più volte da Caretti e dalla critica tassesca – allude qui alla duplicità della ideologia e della posizione culturale di Tasso, quale è stata definita nelle righe precedenti.

Il vero storico e il verosimile

T • *Il verosimile*

Funzione educativa e prospettiva cristiana

Il diletto: l'importanza del pubblico

La poetica eroica di Tasso: unità e varietà

T • *Unità e varietà*

Il tema storico

Il "meraviglioso cristiano"

Un argomento esemplare di alto valore simbolico

Il "poema epico cristiano"

2. L'invenzione poetica deve tenere conto della **verità storica** e dunque **il ricorso al fantastico** e al meraviglioso (dominante per esempio nell'*Orlando furioso*) **deve essere limitato** e ridotto. Se la storia ha il dovere di rispettare il vero, alla poesia spetta di narrare **il verosimile**, cioè fatti che sarebbero potuti succedere e che rappresentino lo spirito degli avvenimenti storici.

3. Al poema compete una **funzione educativa**, in senso anche spiccatamente morale e religioso. La prospettiva laica della tradizione cavalleresca ferrarese deve cedere il posto a una prospettiva cristiana.

Tasso elabora dunque **una poetica che risponda alle tre fondamentali esigenze** sopra definite e al tempo stesso tenga conto del rapporto che il genere del poema epico intrattiene con il pubblico. Tale rapporto impone di perseguire **il fine del diletto**, cioè dell'interesse e del divertimento.

La narrazione (la favola) deve rispettare **l'unità dell'azione**, ma è anche previsto un arricchimento del racconto con il contributo di episodi secondari. La **varietà** costituisce un modo di tenere conto dei gusti del pubblico. L'essenziale è però inserire gli episodi secondari dentro una struttura che li contenga in modo organico. La varietà deve essere giocata dentro l'unità complessiva del poema.

Il rispetto della verità storica impone di scegliere come fondamento del racconto un evento realmente accaduto e di rispettarne i caratteri. Esso non deve essere né troppo lontano né troppo vicino nel tempo; e piuttosto deve collocarsi in un'epoca «intermedia», che consenta il miglior equilibrio tra suggestione sull'immaginario del pubblico e possibilità per il poeta di fondere ricostruzione storica e invenzione (nell'ambito, sempre, del verosimile). **Il ricorso al meraviglioso** deve essere giustificato dal punto di vista religioso; deve cioè rispondere ai precetti della fede cristiana e mostrarne la fondatezza e la validità. Ciò definisce il **"meraviglioso cristiano"** sostenuto da Tasso, al quale spetta di attrarre il pubblico grazie all'elemento fantastico e sovrannaturale, ma senza scostarsi mai dalle categorie canoniche della ortodossia religiosa.

La funzione educativa del poema si esplica innanzitutto attraverso la **scelta di un argomento di forte significato culturale**. La prima crociata diviene nella *Liberata* sia un modo per riflettere sul bisogno di unità della cristianità minacciata dai Turchi, sia un modo per rappresentare lo scontro tra forze positive e divine e forze negative e diaboliche (e dietro questa contrapposizione non è impossibile intravedere il conflitto tra Riforma luterana e Chiesa cattolica di Roma).

La teorizzazione complessiva di Tasso non costituisce, infine, un tentativo di riformare il poema cavalleresco; ma rappresenta piuttosto la **fondazione di un nuovo genere: il "poema epico cristiano"**. Esso adegua alla nuova cultura del Manierismo i modelli della civiltà rinascimentale, rielaborandone in parte i medesimi riferimenti classici. Il moderno poema epico deve dunque nascere dalla fedeltà all'esempio epico classico (teorizzato da Aristotele) e dalla esigenza di adeguarlo alla prospettiva cristiana controriformistica e ai moderni gusti del pubblico.

L'ideologia tassesca: l'amore, la guerra

L'appropriazione tassesca della civiltà umanistico-rinascimentale

La fondazione del moderno poema eroico cristiano comporta l'attuazione, da parte di Tasso, di **un'operazione letteraria non troppo dissimile da quella compiuta** duecentocinquant'anni prima **da Dante** con la *Commedia*: le strutture e i valori di una civiltà precedente vengono utilizzati e rielaborati secondo una prospettiva nuova che li rifonda e riqualifica. **Dante** applica tale procedimento allo sconfinato territorio della classicità, rifondendolo secondo i presupposti della cristianità medievale; **Tasso** deve operare sulla civiltà umanistico-rinascimentale la stessa azione di appropriazione, secondo la nuova prospettiva della cattolicità controriformistica. La novità principale intervenuta dopo Dante è, rispetto all'individuo, la problematizzazione della dimensione interiore (psicologica e affettiva). La tensione non è più, come in Dante, tra l'individuo e una definita gerarchia di valori, ma si è spostata dentro l'individuo stesso. **La modernità del modello proposto da Tasso** sta in questa problematizzazione della dimensione interiore.

Antonio Tempesta, incisione per la *Gerusalemme liberata*, 1597.

Guerra ed eroismo

La dimensione della guerra è quella che meglio **definisce la prospettiva eroica del poema** voluto da Tasso. Intanto, la condizione del conflitto evidenzia il carattere "perfetto" dei protagonisti, implicito, secondo la poetica tassesca, nella natura dell'eroismo. Perfezione significa qui esemplarità e radicalità: la guerra in quanto dimensione estrema conferisce evidenza a vizi e virtù, smascherando i compromessi e le finzioni, e soprattutto imponendo una soluzione al conflitto interiore degli individui. Da questo punto di vista, la guerra degli eserciti o fra singoli, comunque **la guerra oggettiva, corrisponde alla guerra dentro la coscienza**, alla guerra nei soggetti. Ma, nello scontro, al soggetto è imposto di riacquistare integrità: la necessità di prendere posizione implica la necessità di risolvere le contraddizioni interiori. Si spiega in questo modo la difficoltà con cui alcuni paladini cristiani giungono a impegnarsi nell'impresa bellica (basti pensare a Rinaldo e al suo traviamento; ma anche Tancredi ritarderà a lungo il duello con Argante). È d'altra parte proprio la dimensione dello scontro, portata alle sue estreme conseguenze di distruzione e di morte, a risolvere il segreto dissidio interiore nella guerriera Clorinda, che si converte al battesimo cristiano prima di morire.

La guerra: una condanna necessaria al destino umano

La guerra è la condanna della condizione umana; e la sua assurdità viene amplificata dai tragici scenari delle tecniche belliche moderne (cfr. **S7**). È però solamente dentro questa condanna che il destino umano può realizzarsi, e il pericoloso conflitto interiore può oggettivarsi e risolversi. Tale concezione mostra **la radicalità** (e l'inclinazione socialmente pessimistica) **del pensiero tassesco**. Alla guerra e alla sua tragicità insensata, che nessuna idealizzazione cortese e cavalleresca (come quella presente in Ariosto) può riscattare, non si contrappone, nella *Gerusalemme liberata*, un'idea dello sviluppo della civiltà e della storia. La dimensione del conflitto è connaturata alla condizione dell'uomo, e anzi connaturata all'esistenza. Alla guerra può contrapporsi solamente una **prospettiva di soluzione radicale dei conflitti** (una soluzione perciò non storica, dialettica, relativa, mondana). Tale soluzione si disegna come dimensione integralmente "altra", presagita in termini di tensione utopica; ed è affidata in prevalenza al tema dell'amore (sul tema dell'amore, e sulle ambivalenti rappresentazioni nel poema, cfr. § 5).

S • Il sogno malinconico della *Liberata* (A. Giuliani)

L'amore, un'alternativa utopica alla guerra

S7 — MATERIALI E DOCUMENTI

Insensatezza della guerra

Il sentimento della insensatezza della guerra attraversa a più riprese la *Liberata*, delineando quasi una implicita critica di essa. Nelle tre ottave qui riportate la rappresentazione del massacro che qualifica l'ultima grande battaglia tocca uno dei suoi punti più forti.

50
Così si combatteva, e 'n dubbia lance
co 'l timor le speranze eran sospese.
Pien tutto il campo è di spezzate lance,
di rotti scudi e di troncato arnese,
di spade a i petti, a le squarciate pance
altre confitte, altre per terra stese,
di corpi, altri supini, altri co' volti,
quasi mordendo il suolo, al suol rivolti.

51
Giace il cavallo al suo signore appresso,
giace il compagno appo il compagno estinto,
giace il nemico appo il nemico, e spesso
su 'l morto il vivo, il vincitor su 'l vinto.
Non v'è silenzio e non v'è grido espresso,
ma odi un non so che roco e indistinto:
fremiti di furor, mormori d'ira,
gemiti di chi langue e di chi spira.

52
L'arme, che già sì liete in vista foro,
faceano or mostra paventosa e mesta:
perduti ha i lampi il ferro, i raggi l'oro,
nulla vaghezza a i bei color piú resta.
Quanto apparia d'adorno e di decoro
ne' cimieri e ne' fregi, or si calpesta;
la polve ingombra ciò ch'al sangue avanza,
tanto i campi mutata avean sembianza.

---

50 1-2 *Così si combatteva, e le speranze erano equivalenti al* (**co 'l...sospese**) *timore in dubbio equilibrio* (**lance** = bilancia). Non era cioè ancora chiara la sorte dello scontro. La rima di 50. 1 e 50. 3 è equivoca.
4 **di troncato arnese**: *di armature squarciate*.
5-8 *di spade,* [alcune piantate] *nei petti, altre conficcate* (**confitte**) *nelle pance squarciate, altre stese* [: abbandonate] *per terra, di corpi* [: cadaveri]*, alcuni* (**altri**) *supini, altri con i volti rivolti verso il* (**al**) *suolo, quasi nell'atto di mordere* (**mordendo**; il gerundio vale qui un participio presente) *il suolo.*

51 1 **appresso**: *presso.*
2 **appo**: *accanto.*
4 *il vivo* [: moribondo] *giace sul morto, il vincitore* [giace stremato e morente] *sul vinto* [: su colui che egli stesso ha battuto e ucciso].
5 **espresso**: *distinto.*

52 *Le armi, che prima* (**già**) *erano* (**foro** = furono) *così vivaci* (**liete**) *a vedersi* (**in vista**) [: durante la parata degli eserciti]*, ora facevano mostra spaventosa e triste* (**mesta**): *il ferro ha perduto lo scintillìo* (**i lampi**)*, l'oro* [ha perduto] *la luminosità* (**i raggi**)*, non resta più ai colori nessuna* (**nulla**) *bellezza* (**vaghezza**)*. Tutto ciò* (**quanto**) *che di bello* (**adorno**) *e di nobile* (**decoro**) *appariva nei cimieri e negli adornamenti* (**ne' fregi**)*, ora viene calpestato* (**si calpesta**)*; la polvere occupa* (**ingombra**) *ciò* [: lo spazio] *che non è invaso* (**ch'...avanza**) *dal sangue, a tal punto* (**tanto**) *gli eserciti* (**i campi**) *avevano mutato aspetto* (**sembianza**).

---

8 · Lo stile, la lingua, la metrica

La *Liberata*, all'incrocio di vari generi letterari, apre al romanzo e al melodramma

La *Gerusalemme liberata* si colloca **all'incrocio di vari generi letterari**: rinnovando la tradizione del poema cavalleresco, essa collabora di fatto a fondare la narrativa moderna, operando la funzione che in altri paesi europei è assunta dal romanzo (assente in Italia), e costituisce anche un punto di riferimento importante per la nascita del melodramma. Questa centralità della *Liberata* è dovuta anche alla sua **difficile riconducibilità a un genere letterario definito** (così come avviene per la *Commedia* dantesca). Il poema eroico come viene concepito da Tasso deve anzi abbracciare in modo costitutivo più dimensioni rappresentative e formali, proprio per poter congiungere unità e varietà.

LO STILE DEL POEMA

registro epico	registro lirico
materia eroica	componente intimistica

La varietà stilistica e il superamento del petrarchismo

La **varietà** si definisce anche come compresenza di **diversi registri espressivi e formali**. Nel poema tassesco si ripropone dunque, per la prima volta dopo il severo monolinguismo petrarchesco, una prospettiva stilistica plurima. È anzi questo uno degli aspetti in cui più netto risulta il distacco dal modello formale di Petrarca.

Il pluristilismo di Tasso e quello del modello dantesco

Il pluristilismo della *Liberata* si nutrì senza dubbio anche della **lezione dantesca**. Ma la distanza dalla *Commedia* è significativa: **il pluristilismo di Dante** risponde a un'esigenza prevalentemente realistica, ed esprime dunque una forma di controllo, attraverso la rappresentazione, sul mondo; **in Tasso** la compresenza di diversi registri stilistici è invece il segno, ancora una volta (e al di là dell'intento dichiarato di dilettare i lettori), di una lacerazione, di una impossibilità di mediare dimensioni distinte o stati d'animo contraddittori. Si potrebbe dire, semplificando in una formula, che come Dante domina una variegata gamma stilistica, così Tasso ne è dominato.

I due registri fondamentali dell'epica e della lirica

Il pluristilismo tassesco non abbraccia l'intera gamma delle possibilità, e ruota attorno ai **due registri dell'epica e della lirica**. L'epica e la lirica corrispondono ai **due ambiti fondamentali** della scrittura di Tasso: **quello eroico** (orientato verso il sublime, l'equilibrio e la compostezza) e **quello intimistico** (orientato verso l'espressività più accesa e la raffigurazione psicologica).

La lingua della *Liberata*: complessità e coinvolgimento emotivo

Da una parte il linguaggio epico tassesco si costruisce sui maggiori modelli classici, nella ricerca di altezza e nobiltà espressiva; dall'altra la classicità di tale linguaggio è di continuo minacciata da qualcosa di eccessivo, di sproporzionato, di turbato. I due momenti, inoltre, non sono semplicemente alternati, ma fusi in modo indissolubile e spesso anche con effetti contraddittori. La frequenza, a livello stilistico, di simmetrie e di antitesi, di chiasmi e inversioni, di perifrasi e anafore testimonia l'agitarsi, nella scrittura tassesca, di quelle stesse tensioni manifestate dalla miscela lessicale.

La metrica della *Liberata*: il «parlar disgiunto»

La tensione riscontrabile **nello stile e nel lessico**, teorizzata da Tasso come **«parlar disgiunto»**, ha nella **metrica** uno dei suoi strumenti fondamentali. L'endecasillabo è nella *Liberata* spesso sonoro e avvolgente, ma la sua autosufficienza musicale è sempre minacciata dalla scarsa o mancante corrispondenza tra respiro metrico e respiro logico-sintattico: i versi si prolungano nei successivi (e spesso anche la compattezza delle ottave è alterata dall'espandersi della sintassi da una strofe all'altra). Ne consegue una **presenza eccezionale di** *enjambement*, nella cui valorizzazione Tasso

L'importanza dell'*enjambement*

risentì certamente della lezione di Della Casa. Attraverso l'*enjambement*, Tasso arricchisce di effetti patetici e intensi la sonorità della propria pagina.

9. Il dibattito sulla *Liberata* ai tempi di Tasso e il passaggio alla *Conquistata*

La ricezione del poema: Tasso e i revisori

Eccezionalità della ricezione del poema

La ricezione della *Gerusalemme liberata* si presenta per molti aspetti **eccezionale**. È proprio da tale eccezionalità che dipende, in gran parte, la forma stessa nella quale da secoli viene letto il poema (e in cui lo leggiamo noi stessi).

Un testo diffuso contro la volontà dell'autore

La *Liberata*, come è noto, venne **pubblicata contro la volontà dell'autore** e ottenne straordinario successo in una stesura che Tasso non riconobbe mai come legittima. Si tratta di un paradosso che si spiega facilmente: per utilizzare un "campione" di lettori attraverso i quali saggiare le reazioni del pubblico e la tenuta della propria opera, Tasso dovette **far circolare varie copie del poema prima della sua ultimazione** e revisione. Fu dunque inevitabile che da queste copie venissero tratte stampe, soprattutto allorché l'autore era prigioniero a sant'Anna e ritenuto pazzo.

Il paradosso dei revisori: consapevolezza artistica e insicurezza psicologica di Tasso

Un altro paradosso riguarda la scelta stessa di Tasso di **sottoporre la propria opera a revisori** che ne verificassero la validità artistica e la correttezza morale e religiosa. Infatti, Tasso era del tutto consapevole delle soluzioni artistiche adottate, e la *Liberata* nasceva ben sorretta da riflessione teorica e da lucidità di poetica. In questa prospettiva vanno appunto considerate le reazioni spesso risentite o indignate del poeta davanti alle critiche dei censori; che però egli stesso aveva richiesto loro.

T • *Tasso scrive a un revisore*

Questo secondo paradosso andrà spiegato innanzitutto con **ragioni di ordine psicologico**. Ultimato il poema, Tasso entra in una **fase di profonda instabilità psichica**, nella quale il desiderio di successo convive con la tendenza vittimistica, e la coscienza della propria grandezza si accompagna a sentimenti di indegnità e di colpa. È anche vero, però, che proprio dalla consapevolezza delle proprie scelte artistiche Tasso deriva la coscienza di aver prodotto, con la *Liberata*, un'opera profondamente nuova e audace. Di qui nasce il bisogno di legittimare il poema attraverso la verifica affidata all'autorità dei revisori.

I revisori cui Tasso si rivolse (a partire dal 1575), a vario titolo, furono numerosi. **Le critiche** che essi rivolsero a Tasso **riguardarono soprattutto due aspetti: la struttura del poema**, che pareva poco conforme ai precetti aristotelici dell'unità, e **la sua moralità**, che pareva in più occasioni minacciata dalle scene erotiche (soprattutto quando entra in campo la maga Armida). A entrambe le critiche **il poeta cercò di resistere e controbattere**, con una gran quantità di lettere scritte ai vari revisori. Non è tuttavia raro che Tasso accolga le osservazioni a lui rivolte, dichiarandosi intenzionato a modificare questo o quel particolare. Ciò avviene, in effetti, soprattutto nel rifacimento della *Conquistata*.

Pubblicata, benché contro la volontà dell'autore e senza il suo controllo, **la *Gerusalemme liberata* ebbe vasto, immediato successo**. Le edizioni nuove e le ristampe furono numerose, e presto il poema divenne la più apprezzata novità degli ultimi decenni e ragione di dibattito e di polemica. **Inevitabile fu il confronto con l'altro grande capolavoro rinascimentale, l'*Orlando furioso*** di Ariosto. L'opera di Tasso si mostrava assai più vicina ai precetti della poetica aristotelica (benché non fosse neppur essa irreprensibile, da questo punto di vista); ma d'altra parte risultava linguisticamente ben più lontana dal fiorentino illustre proposto da Bembo, al quale invece Ariosto si era avvicinato significativamente con le correzioni al *Furioso*. In tal modo **i due poemi apparivano entrambi fedeli a una sola delle due questioni più intensamente sentite in quegli anni** (l'unità aristotelica, il canone bembesco); ed entrambi non rispettosi dell'altra. Si comprende bene, dunque, come il dibattito che si inaugurò a pochi anni dall'uscita della *Liberata* vedesse contrapposti, da una parte, i sostenitori della superiorità del poema tassesco in nome della maggiore fedeltà ai principi aristotelici, e, dall'altra, i sostenitori della superiorità di Ariosto in nome della sua maggiore adesione alla norma linguistica bembesca. In ogni caso, la stessa **vivacità della polemica** mostra l'accoglienza strepitosa ricevuta dalla *Liberata*. Al di là dei giudizi espressi su di essa, il mondo letterario italiano percepì almeno una cosa con chiarezza: l'importanza e la novità delle quali il poema tassesco era portatore.

Dalla *Liberata* alla *Conquistata*

In una lettera degli ultimi anni, Tasso così scrive: «Desidero che la riputazione di questo mio accresciuto ed illustrato [perfezionato] e quasi riformato poema [la *Conquistata*] toglia credito a l'altro [la *Liberata*], datogli da **la pazzia degli uomini** più tosto che dal mio giudicio; perché non si può veder quello e questo con egual favore, senza ch'io sia sentenziato a morte». Ma la pazzia degli uomini sarebbe rimasta indifferente al giudizio dell'autore, continuando quasi senza eccezioni a **preferire la versione giovanile del poema**. Ciò non toglie che il rifacimento approvato dall'autore meriti, in quanto unica versione autorizzata, seria considerazione, sia per capire le ragioni che guidarono Tasso nel correggere, sia per meglio valutare il rifiuto, da parte dei lettori e della critica, di sostituire alla gloria della *Liberata* quella della *Conquistata*.

Negli anni più caldi della polemica pubblica intorno alla superiorità del poema tassesco o del *Furioso*, tra il 1584 e il 1586, Tasso stava forse già lavorando a una stesura del poema profondamente rifatta. Dare una data d'inizio a tale attività è reso difficile dal fatto che **il lavoro intorno al poema non venne in realtà mai interrotto**. Si tratta cioè di stabilire non il momento in cui il poeta si mise a correggere la *Liberata*, ma **il momento in cui egli smise di correggere e si accinse a riscrivere**. È probabile che questo sia avvenuto poco dopo la pubblicazione, nel 1581, della *Liberata*, e forse anche in seguito al suo immediato successo e alla conseguente diffusione. O forse furono proprio le polemiche pubbliche scoppiate tra il 1584 e il 1585 a spingere l'autore alla soluzione radicale del rifacimento, che in questo caso sarebbe stato forse intrapreso in coincidenza con la liberazione da Sant'Anna (1586).

Si deve d'altra parte ricordare che al momento della pubblicazione della *Liberata*, Tasso ha già attraversato l'estenuante confronto con le critiche dei revisori da lui stesso nominati. Il successo dell'opera da questi tacciata di imprecisioni storiche, di scorrettezza morale e religiosa, di eccessiva indulgenza verso il diletto (con tradimento del rigore aristotelico) accrebbe le incertezze dell'autore e favorì la sua **resa alla necessità di riformare il poema**.

La pubblicazione della *Conquistata*, a Roma, nel 1593

La *Gerusalemme conquistata*, compiuta già nel 1592, **viene pubblicata a Roma nel 1593**, quando mancano meno di due anni alla morte dell'autore. La dedica al cardinale Cinzio Aldobrandini, nipote di papa Clemente VIII, è già indice della intenzione di ortodossia che anima la riscrittura tassesca.

Un nuovo poema

È necessario considerare la *Conquistata* come **un nuovo poema**, benché il confronto con la *Liberata* sia non solo utile ma necessario. **Una prima differenza macroscopica** fra le due stesure riguarda **la lunghezza e la divisione strutturale**: la *Conquistata* conta 2739 ottave contro le 1927 della *Liberata* (ben 812 di più); **i venti canti diventano ventiquattro libri** (con più stretto richiamo, nel numero, e nella definizione di "libri", all'*Iliade* omerica).

Differenze strutturali fra le due stesure

Alcuni protagonisti hanno un nuovo nome: Rinaldo si chiama Riccardo, Erminia è ribattezzata Nicea.

Gli episodi soppressi nella *Conquistata*

Vi è la **soppressione di vari episodi**, anche di alcuni tra i più apprezzati dal pubblico, come quello di Olindo e Sofronia o quello della sosta di Erminia tra i pastori. **La conclusione nega i parziali "lieto-fine" erotici**: alla maga Armida è preclusa la conversione e il ricongiungimento con Rinaldo-Riccardo, a Erminia-Nicea non è dato di curare le ferite di Tancredi.

Jacopo Ligozzi (su disegno di), *Ritratto di Clemente VIII Aldobrandini*, 1602. Los Angeles, Paul Getty Museum.

Ma più che i tagli, pure significativi, sono gli **episodi nuovi** a caratterizzare la *Conquistata*. Essi si concentrano soprattutto nei **libri XVIII-XXI**, di composizione radicalmente originale. Nel libro **XVIII** è raffigurata la battaglia intorno al muro che protegge le navi dei crociati, incendiate dagli "infedeli". Nel **XIX**, Ruperto indossa le armi dell'amico Riccardo durante uno scontro con l'esercito egiziano, e viene ucciso da Solimano. Nel **XX** è descritta una visione profetica di Goffredo, nella quale si susseguono temi e figure religiosi (legati al Vecchio Testamento) e trafile di papi e imperatori, in una fuga di secoli che porta fino ai giorni del poeta. Nel **XXI**, Riccardo intraprende un cammino di purificazione dopo aver pianto la sepoltura dell'amico ucciso in suo luogo.

I canti XVIII-XXI, interamente originali

Riduzione del "meraviglioso", maggiore continuità narrativa, radicalizzazione di qualità e difetti dei due schieramenti

Le modificazioni operate sortiscono il duplice effetto di **ridimensionare l'importanza del «meraviglioso»**, stringendo il racconto alle testimonianze storiche, e di **assicurare la continuità narrativa**, concatenando gli episodi in modo rigidamente consequenziale. **Il rispetto dell'ortodossia cattolica** è sottolineato dalla radicalizzazione delle parti in causa: il valore e la moralità dei crociati si contrappongono senza la complessa problematicità della *Liberata* alla iniquità dei pagani, ferocemente puniti dal cielo. La vittoria dei "buoni" si compie in modo assai più progressivo e lineare che nel poema della giovinezza. Il rispetto rigido delle regole retoriche dell'aristotelismo e il rispetto della religiosità cattolica controriformistica rispondono a un'unica strategia culturale.

Uniformità espressiva e innalzamento retorico: la fine delle tensioni ideologiche

Lo stesso può dirsi per i **caratteri formali del nuovo poema**, che tendono soprattutto all'uniformità espressiva e all'innalzamento retorico. L'uniformità è perseguita attraverso una costante **regolarizzazione metrica** e per mezzo della **omologazione stilistica**; l'innalzamento viene realizzato grazie all'amplificazione e alla **riqualificazione letteraria del lessico** (dal quale vengono eliminate le punte basse, a vantaggio di termini antiquati, rari e poetici). In tal modo **vengono a cadere alcune delle ragioni costitutive della *Liberata*** (e della sua stessa grandezza artistica): la problematicità dei suoi temi e dei suoi valori, la complessità e ricchezza delle sue strutture formali. È come se Tasso avesse perseguito lo scopo, con la *Conquistata*, di **cancellare le tensioni** (ideologiche, psicologiche, espressive) **del suo capolavoro**. La forza del senso di colpa ha infine cancellato gli oggetti stessi che lo producevano.

- **S** • La ricezione della *Liberata* dalla Crusca al Novecento
- **S** • Le interpretazioni critiche della *Liberata*

10 I canti I-VII

L'inizio del poema. Il canto I

T • *L'arcangelo Gabriele e Goffredo di Buglione*

Il canto I si apre narrando la situazione di stallo. **Le truppe cristiane** sono ormai da sei anni in Oriente, quando Dio, inviando l'arcangelo Gabriele, interviene nello svolgimento dell'azione, facendo sì che il giusto **Goffredo di Buglione**, unico principe cristiano a non essere lacerato da passioni umane, venga eletto comandante supremo della spedizione. Sotto la guida di Goffredo, dopo una rassegna delle truppe cristiane, l'esercito si mette in marcia verso Gerusalemme (cfr. **T1**, p. 136).

Intanto a Gerusalemme è giunta notizia dell'avvicinarsi dell'esercito nemico, così che il re della città, **Aladino**, si appresta alle difese.

Il canto II

I preparativi dello scontro sono descritti anche nel **canto II**. Il **mago Ismeno** ha convinto **Aladino** a sottrarre un'immagine della Madonna da una chiesa cristiana, portandola in una moschea; ma una mano ignota (o forse l'intervento divino) l'ha riportata in chiesa. Aladino, furioso, minaccia di uccidere tutti i cristiani in mancanza di un colpevole. Si autodenunciano così, per salvare gli altri, due giovani: **Olindo e Sofronia**; nobiltà d'animo e amore li spingono al gesto disperato. Essi sono già sul rogo, pronti a essere sacrificati, quando l'intervento della bella guerriera pagana Clorinda (cfr. **T2**, p. 141), che era già stata fuggevolmente presentata nel primo canto, convince il re, già commosso dal comportamento dei due giovani, a graziarli, mutando la condanna a morte in esilio.

Olindo e Sofronia salvati da Clorinda

Intanto, nel campo cristiano, Goffredo rifiuta la neutralità del Sultano d'Egitto; e uno dei due ambasciatori, Argante, si unisce con le sue forze agli assediati di Aladino.

Il canto III. Primi scontri

Con il **canto III** l'azione militare ha effettivamente inizio. Raggiunta Gerusalemme, i cristiani si scontrano con **Argante** e con **Clorinda**, usciti incontro ai nemici. Impegnato in duello con Clorinda, **Tancredi** la riconosce e insegue per punirlo un soldato che l'ha ferita. Argante, risospinto dentro le mura, riesce a uccidere il cavaliere **Dudone**, del quale si celebrano i **funerali solenni**. Dall'alto delle torri di Gerusalemme, **Erminia**, già prigioniera di Tancredi e quindi esperta del campo nemico, indica e presenta ad Aladino i principali combattenti cristiani, non riuscendo a trattenere l'emozione alla vista di Tancredi, che ella ama segretamente. Intanto **Goffredo** fa schierare l'esercito attorno alla città, cingendola d'assedio, e dà ordine che con il legname di una selva vicina si appresentino le macchine atte a espugnarla.

T • *Il primo incontro di Tancredi e Clorinda*
T • *Il primo scontro fra Tancredi e Clorinda*

I canti IV e V. Armida

I **canti IV e V** presentano un primo, massiccio **intervento dell'elemento sovrannaturale**. **Gli dèi infernali, riuniti in concilio**, sono intenzionati a ostacolare con ogni mezzo i cristiani. Tra i crociati viene mandata la **maga Armida**, la quale li seduce con il proprio fascino e li inganna con una falsa richiesta di aiuto. Inutilmente **Goffredo** tenta di conservare il controllo della situazione: alimentate anche da interventi diabolici, **scoppiano nel campo cristiano rivalità e contese**, finché il giovane e passionale **Rinaldo** uccide Gernando ed è costretto ad allontanarsi. Dieci cavalieri cristiani sono infine destinati a seguire Armida e a darle aiuto; ma anche numerosi altri, esclusi dalla scelta, la seguono nascostamente, disertando.

Il canto VI. Le imprese di Argante e di Clorinda

Argante, stanco degli indugi di Aladino, che attende rinforzi, scende in campo a sfidare i più valorosi cavalieri cristiani. Sconfigge Ottone e **impegna in un** sanguinoso, **lunghissimo duello Tancredi**; al tramonto i due sono costretti a separarsi, sfiniti, con l'impegno di riprendere il combattimento dopo sei giorni.

T • *Erminia tenta di entrare nel campo cristiano, ma è costretta alla fuga*

Erminia, innamorata di Tancredi, cerca di raggiungerlo per curarne le ferite, e mette in pratica uno stratagemma rischioso: **indossa di soppiatto le armi di Clorinda** e può così uscire da Gerusalemme. Ma, impaziente, si fa scorgere dalle sentinelle del campo cristiano (che la credono Clorinda) **ed è costretta alla fuga**. Giunge così **presso un pastore** che la consola (cfr. **T3**, p. 143).

Il canto VII. Tancredi nel castello di Armida; battaglia fra cristiani e musulmani

Tancredi, ingannato a sua volta dal travestimento, si dà all'inseguimento; ma finisce prigioniero del **castello di Armida**. Manca dunque all'appuntamento con Argante, venendo meno all'impegno preso; al suo posto combatte **Raimondo**, per scongiurare il disonore. Dal duello prende il via una **furiosa battaglia generale** che vede dapprima i cristiani in vantaggio; ma poi, aiutati dal diabolico scatenarsi di una tempesta, gli assediati giungono quasi fin dentro il campo crociato.

T1 Il proemio

OPERA
Gerusalemme liberata, I, 1-5

CONCETTI CHIAVE
- la poetica del vero e del giusto
- la centralità del tema religioso

FONTE
T. Tasso, *Gerusalemme liberata*, a cura di L. Caretti, Einaudi, Torino 1971.

 Testo interattivo
 Materiali per il recupero
 Ascolto
 Alta leggibilità

La Gerusalemme liberata *si apre, secondo la normale tradizione epica, con la protasi (ottava 1), l'annuncio della materia del poema, l'invocazione alla Musa (ottave 2-3) e la dedica (ottave 4-5). Dedicatario dell'opera è il duca Alfonso II d'Este. Se di taglio tradizionale risultano la protasi (ottava 1) e la dedica (ottave 4-5), più interessanti sono le ottave 2 e 3 che contengono un'implicita dichiarazione di poetica.*

Segue quindi una rassegna dei principi cristiani (ottave 6-10) e il racconto dell'intervento dell'arcangelo Gabriele nelle vicende della guerra (ottave 11-18): questi si presenta a Goffredo di Buglione per invitarlo, mandato da Dio, ad assumere il comando dell'esercito cristiano, lacerato da esitazioni e insicurezze; soltanto in Goffredo l'occhio onnisciente di Dio ha visto equilibrio e fede completa.

1
Canto l'arme pietose e 'l capitano
che 'l gran sepolcro liberò di Cristo.
Molto egli oprò co 'l senno e con la mano,
molto soffrì nel glorioso acquisto;
e in van l'Inferno vi s'oppose, e in vano
s'armò d'Asia e di Libia il popol misto.
Il Ciel gli diè favore, e sotto a i santi
segni ridusse i suoi compagni erranti.

2
O Musa, tu che di caduchi allori
non circondi la fronte in Elicona,
ma su nel cielo infra i beati cori
hai di stelle immortali aurea corona,
tu spira al petto mio celesti ardori,
tu rischiara il mio canto, e tu perdona
s'intesso fregi al ver, s'adorno in parte
d'altri diletti, che de' tuoi, le carte.

● **1** Racconto in poesia (**Canto**) delle armi devote (**pietose** = pie) e del (**'l** = il) capitano [: Goffredo] che liberò [dai musulmani] il venerabile (**gran**) sepolcro di Cristo [: Gerusalemme]. Egli fece (**oprò**) molte cose (**Molto**) con l'intelligenza (**co 'l senno**) e con la forza (**la mano**), sopportò (**soffrì**) molte cose nella conquista (**acquisto**) gloriosa; e inutilmente (**in van**) l'Inferno si oppose a essa (**vi**), e inutilmente si armarono le popolazioni diverse (**misto**) dell'Asia e dell'Africa (**di Libia**). Il cielo [: Dio] gli concesse (**diè** = diede) i [suoi] favori, e [egli] radunò (**ridusse**) i suoi compagni dispersi (**erranti**) sotto i santi vessilli [dell'esercito cristiano]. **Canto**: incipit tradizionale, e segnatamente virgiliano («Arma virumque cano...» [Canto le armi e l'uomo...]: Eneide, I,

1). **Capitano**: sulla figura di Goffredo di Buglione, cfr. § 4. **Molto soffrì**: lo stesso Tasso spiega: «sotto questa voce vengono [sono indicate] le arti diaboliche, e l'armi pagane, e insomma tutti gli episodi a distornimento dell'impresa»; come è d'altra parte più analiticamente specificato ai vv. 5-6. **Santi**: tali sono le insegne cristiane perché vi era rappresentata la croce.

● **2** O Musa, tu che non [ti] circondi la fronte di allori [: trionfi] **caduchi** [: che non hai una gloria mondana e passeggera] in Elicona, ma hai una corona d'oro (**aurea**) di stelle immortali su nel cielo fra i cori beati, tu ispira ai miei sentimenti (**al petto mio**) entusiasmi (**ardori**) religiosi (**celesti**), tu illumina (**rischiara**) il mio canto [: la mia poesia], e tu perdona se intreccio (**intesso**) abbellimenti di fantasia (**fregi**) alla verità (**al ver**) [storica], se adorno in parte le carte di piaceri (**diletti**) diversi (**altri**) dai (**che de'<i>**) tuoi. **Musa**: secondo la maggior parte dei commentatori moderni ci si riferisce a Urania, musa classica della poesia epica trasformata nell'ispiratrice della poesia cristiana. Gli antichi lettori (e qualche moderno) riferiscono invece alla Vergine queste invocazioni; ma il poeta stesso diede smentita. **Elicona**: monte della Beozia, consacrato dal mito alle Muse. **Tu perdona...carte**: è una implicita dichiarazione di poetica: alla base storica della narrazione si intrecceranno numerosi elementi di fantasia, atti ad accrescere l'interesse e la piacevolezza della lettura (cfr. ottava seguente).

3
Sai che là corre il mondo ove più versi
di sue dolcezze il lusinghier Parnaso,
e che 'l vero, condito in molli versi,
i più schivi allettando ha persuaso.
Così a l'egro fanciul porgiamo aspersi
di soavi licor gli orli del vaso:
succhi amari ingannato intanto ei beve,
e da l'inganno suo vita riceve.

4
Tu, magnanimo Alfonso, il qual ritogli
al furor di fortuna e guidi in porto
me peregrino errante, e fra gli scogli
e fra l'onde agitato e quasi absorto,
queste mie carte in lieta fronte accogli,
che quasi in voto a te sacrate i' porto.
Forse un dì fia che la presaga penna
osi scriver di te quel ch'or n'accenna.

5
È ben ragion, s'egli avverrà ch'in pace
il buon popol di Cristo unqua si veda,
e con navi e cavalli al fero Trace
cerchi ritòr la grande ingiusta preda,
ch'a te lo scettro in terra o, se ti piace,
l'alto imperio de' mari a te conceda.
Emulo di Goffredo, i nostri carmi
intanto ascolta, e t'apparecchia a l'armi.

- **3** [*Tu, Musa*], *sai che tutti* (**il mondo**) *corrono dove l'attraente* (**lusinghier**) *Parnaso* [: *la poesia*] *sparga in maggiore quantità* (**più versi**) *le* (**di**) *sue dolcezze, e* (**sai**) *che il vero,* [*se*] *arricchito* (**condito**; *metaforico*) *di versi piacevoli* (**molli**), *ha persuaso* [*perfino*] *i più restii* (**schivi**) *allettando*[*li*]. *Allo stesso modo* (**così**) *porgiamo al fanciullo malato* (**egro**) *gli orli della tazza* (**del vaso**) [*in cui è la medicina*] *spalmati* (**aspersi**) *di sostanze* (**licor**) *dolci* (**soavi**): *egli beve intanto succhi* [: *medicine*] *amari* [*essendo*] *ingannato, e riceve la vita dal suo inganno* [: *riacquistando la salute*]. **Parnaso**: *il monte della Focide consacrato secondo il mito ad Apollo e alle arti.* **Così...riceve**: *la similitudine è ripresa da Lucrezio* (*De rerum natura* I, 936-942).

- **4** [*O*] *magnanimo Alfonso, che* (**il qual**) *sottrai* (**ritogli**) *alla violenza* (**furor**) *della sorte* (**fortuna**) *e guidi in porto* [: *al sicuro, proteggendomi*] *me* [*che sono un*] *esule* (**peregrino**) *vagabondo* (**errante**), *agitato fra gli scogli e fra le onde e quasi sommerso* (**absorto**; *latino* "absorbere" = assorbire), *tu accogli benevolmente* (**in lieta fronte**) *queste mie carte* [: *il poema*], *che offro* (**porto**) *dedicate* (**sacrate** = consacrate) *a te quasi in voto. Forse un giorno* (**dì**) *avverrà* (**fia** = sarà) *che la* [*mia*] *penna profetica* (**presaga**) *si impegni* (**osi**) *a scrivere di te quel che ora* [: *nell'ottava seguente*] *accenna* [*solamente*]. **Alfonso**: *Alfonso II d'Este, dedicatario del poema e protettore del poeta, signore di Ferrara (che governò dal 1559 al 1597). I suoi rapporti con Tasso furono ottimi fino al 1575 (nell'estate di quell'anno Alfonso ascoltò la lettura del poema appena ultimato); poi precipitarono rapidamente fino alla reclusione, nel '79, del poeta a Sant'Anna.*

- **5** *Se* (**s'egli**; **egli**, *pleonasmo*) *avverrà che mai* (**unqua**; *latino* "unquam") *si veda in pace il buon popolo cristiano* (**di Cristo**), *e* [*esso*] *cerchi con navi e cavalli di ritogliere* (**ritòr**) *ai feroci Turchi* (**al fero Trace**) *la grande immeritata* (**ingiusta**) *preda* [: *la Terra Santa*], *è veramente giusto* (**è ben ragion**) *che* [*il popolo cristiano*] *conceda a te* [: *Alfonso*] *il potere* (**lo scettro**) *in terra o, se ti fa piacere, il supremo* (**l'alto**) *potere* (**imperio**) *sui* (**de'** = dei) *mari.* [*O*] *imitatore* (**emulo**) *di Goffredo* [: *Alfonso*], *intanto ascolta i miei versi* (**i nostri carmi**) *e prepàrati* (**e t'apparecchia**) *alla guerra* (**a l'armi**). *Tasso invita Alfonso a guidare una nuova crociata contro i Turchi, e in generale contro gli "infedeli", che occupavano Gerusalemme e le regioni circostanti un tempo appartenute all'Impero romano d'Oriente, la cui capitale Costantinopoli, caduta in mano ai Turchi nel 1453, si trova in Tracia (per cui la denominazione, anacronistica, Trace).*

Dal testo all'opera
Perché è un testo opera?

Perché riassume i temi principali del poema

Una città assediata, un eroe pronto a morire per la causa in cui crede, l'eterna lotta tra il bene e il male. E ancora: l'unità e la disciplina del mondo cristiano contro la varietà caotica e multiforme degli "infedeli", e infine l'avventura e l'ignoto. **Gli ingredienti della *Gerusalemme liberata* sono tutti annunciati già nella prima ottava**. La città si chiama Gerusalemme e l'eroe, il «capitano» **Goffredo di Buglione**, **è un personaggio storico**: fu uno dei capi della **prima crociata**, bandita dal papa Urbano II per liberare il Santo Sepolcro dai Turchi, che si svolse **tra il 1096 e il 1099**. Tasso sceglie come argomento del suo poema eroico la crociata, un evento lontano nel tempo, accaduto ben quattrocentocinquanta anni prima della stesura dell'opera, per due motivi. Da una parte **per i suoi lettori l'antica guerra tra cristiani e musulmani è un argomento di grande attualità**: l'invasione ottomana rappresenta di nuovo un pericolo reale (tanto che nel 1571, quando il poema era quasi completato, a Lepanto si combatté un'importante battaglia tra la flotta turca e quella cristiana, che uscì vincitrice dal conflitto). Il secondo motivo per cui Tasso sceglie di scrivere un poema sulla prima crociata è che in questo modo può dare una risposta al problema dell'identità religiosa. Nell'età della Controriforma **difendere il cattolicesimo** e il primato della Chiesa di Roma è, appunto, per molti, una questione di identità. Pertanto Tasso sceglie di raccontare la prima crociata perché è l'evento storico tramite il quale l'Europa cristiana, ancora unita e priva di divisioni interne, esce dalla condizione di debolezza e di inferiorità che l'aveva contraddistinta per secoli.

Perché ne mette in luce le coordinate ideologiche, ma anche le contraddizioni e le ambivalenze

Queste prime ottave annunciano anche un altro tema ricorrente nella *Gerusalemme liberata*: quello che il critico **Sergio Zatti** ha chiamato **la contrapposizione tra «l'uniforme cristiano»** (Goffredo che riconduce sotto la bandiera cristiana i cavalieri erranti di varie contrade d'Europa) **e il «multiforme pagano»** (il «popol misto», composto da asiatici ed africani). Secondo Zatti il contrasto tra crociati e pagani, in Tasso, nasconde un altro conflitto, tutto interno alla civiltà europea: **lo scontro tra la visione del mondo umanistico-rinascimentale e quella controriformistica**. La prima è laica, materialista, edonista (cioè capace di valoriz-

Paolo Veronese, *Allegoria della battaglia di Lepanto* (1571 ca.). Venezia, Galleria dell'Accademia.

La reintroduzione del tema della guerra santa nell'arte trovò origine nel reale pericolo dell'estensione dell'impero turco verso Ovest. Nella battaglia di Lepanto (in Grecia) del 1571 si scontrano l'esercito turco e un'alleanza cristiana, costituita da spagnoli, veneziani, genovesi e truppe papali. Nonostante la vittoria dell'alleanza cristiana, Veronese non rappresenta il momento del trionfo, ma il carattere caotico e violento della battaglia.

zare nel giusto grado anche i piaceri terreni); la seconda è religiosa, spiritualista e repressiva. I pagani rappresentano la prima concezione, i cristiani la seconda. Pertanto, secondo lo studioso, il tema profondo del poema sarebbe **la crisi della civiltà rinascimentale e la nascita della nuova cultura controriformistica**. Sul piano razionale e manifesto **Tasso aderisce ai nuovi valori della Controriforma**; tuttavia sul piano irrazionale e inconscio **è affascinato dai valori incarnati dai pagani (il piacere, l'erotismo, il corpo)**: questi valori riescono ad avere largo spazio nel poema, ma solo perché l'autore li presenta agli altri e a se stesso come "errori" da sradicare o da correggere.

Perché ne esibisce i modelli letterari

Il proemio della *Gerusalemme liberata* funziona come una sorta di biglietto di presentazione dell'opera. Tasso sceglie di cominciare facendo riferimento ai grandi modelli classici. I tre momenti tradizionali del proemio epico sono qui fedelmente rispettati: **l'esposizione dell'argomento** (la prima crociata, **ottava 1**), **l'invocazione alla Musa** (**ottave 2 e 3**), **la dedica** (ad Alfonso d'Este, **ottave 4 e 5**). Inoltre il verso iniziale è una citazione variata del **primo verso dell'*Eneide*** di Virgilio («Canto le armi e l'uomo» si legge in Virgilio, «Canto l'armi pietose e 'l capitano» in Tasso). In questo modo Tasso segnala l'intenzione di **riprendere il modello epico classico, allontanandosi dal modello cavalleresco di Ariosto**. L'invocazione alla Musa chiarisce poi l'**impianto religioso** dell'opera, mirando dunque ad armonizzare rispetto classicistico delle norme tradizionali e adesione alla religiosità controriformistica. Nella dedica, infine, si incontra una **autorappresentazione del poeta** in termini di «**peregrino errante**» (4, 3) perseguitato dalla sventura: immagine che favorirà il mito romantico di Tasso.

Perché ne annuncia la novità rispetto al *Furioso*

La scelta metrica dell'**ottava** rimanda invece ai poemi cavallereschi di Boiardo e di Ariosto. Al contempo però il proemio della *Gerusalemme* presenta degli **elementi originali** che lo distinguono dalla tradizione cavalleresca. In primo luogo Tasso vuole prendere le distanze dal modello ariostesco. I primi due versi dell'*Orlando furioso* di **Ariosto** mettevano l'accento sulla grande **varietà di contenuti** del poema, intrecciando il tema della guerra con quello altrettanto importante degli amori: «le donne, i cavalier, l'arme, gli amori, / le cortesie, l'audaci imprese io canto», si legge nell'*incipit* ariostesco. Tasso rovescia completamente la prospettiva: **sparisce ogni riferimento al tema dell'amore, decisivo nel *Furioso***, e viene messo in evidenza esclusivamente il tema della guerra "santa". **Le armi sono dette «pietose»**, con quello che per noi è un ossimoro: per l'autore invece le armi, ossia gli strumenti di violenza, sono associate subito alla *pietas* e alla santità. Inoltre, mentre il ritmo delle prime ottave dell'*Orlando furioso*, e di tutto il poema ariostesco, è rapido, scorrevole, persino frenetico, quello del proemio della *Gerusalemme* è **lento, solenne, descrittivo**.

I Crociati raggiungono Gerusalemme, arazzo di Domenico Paradisi raffigurante una scena della *Gerusalemme liberata*, 1738-1739. New York, Metropolitan Museum of Art.

Perché valorizza l'*enjambement* e le antitesi

L'ottava di Tasso richiede molta concentrazione al lettore: **il ritmo è spesso interrotto dagli *enjambement***, soprattutto fra nome e aggettivo, che hanno come effetto quello di arrestare il fluire della narrazione. Altri stilemi tipicamente tassiani sono **la ripetizione e l'antitesi**. In questi versi iniziali, ad esempio, la conquista di Gerusalemme è allo stesso tempo fonte di gloria e di sofferenza («molto soffrì nel glorioso acquisto»), i guerrieri cristiani si riuniscono per mano di Goffredo di Buglione sotto le sacre insegne ma conoscono anche errore e dispersione («sotto a i santi / segni ridusse i suoi compagni erranti»). Questo **prevalere delle forme dell'ossimoro e dell'antitesi** è il segnale del drammatico tentativo di tenere assieme le forze opposte e **le contraddizioni dell'età della Controriforma**.

Perché sintetizza la poetica di Tasso

Nella prima ottava si legge che Goffredo riesce a ricondurre sotto i vessilli della cristianità i suoi «compagni erranti». «Erranti» ha **due significati**: sono «erranti» coloro '**che sbagliano**' (cioè che si lasciano tentare dalla carne e dalle distrazioni che il nemico subdolamente offre loro per sottrarli alla battaglia), ma anche i cavalieri '**che vagano in cerca d'avventure**', come sempre fanno nei romanzi cavallereschi. Il primo significato rinvia all'aspetto morale e religioso. Il secondo al tema dell'avventura e alla tradizione cavalleresca. Rispetto all'*Orlando furioso*, che costituisce il più importante antecedente storico del capolavoro tassiano, nella *Gerusalemme liberata* **l'avventura non è mai fine a se stessa**. Se in Ariosto prevale sempre il piacere del racconto, e l'invenzione fantastica e il gusto dell'impresa sono interessanti di per sé, in Tasso **l'episodio eroico è funzionale al raggiungimento della vittoria sul Male. Il piacere e l'invenzione sono subordinati all'utile morale e al vero**. In questo proemio, in particolare, è affrontata la questione del **rapporto fra piacere e conoscenza** e fra vero e invenzione. Infatti, nella seconda ottava, **il poeta chiede perdono alla Musa per aver abbellito con elementi di fantasia la verità storica** («e tu perdona / s'intesso fregi al ver») e, nella terza ottava, sintetizza con una efficace immagine (desunta da Lucrezio) la propria poetica: la similitudine dell'orlo della tazza spalmato di sostanze dolci («soavi licor») per far bere al fanciullo malato una medicina amara («succhi amari») al fine di guarirlo: **l'inganno del piacere poetico, dunque, è autorizzato esclusivamente dal suo fine didattico e morale**.

T1 LAVORIAMO SUL TESTO

COMPRENDERE

I protagonisti

1. Chi è il dedicatario dell'opera?
2. Quale Musa invoca il poeta?

«L'arme pietose»

3. LINGUA E LESSICO   Quale tema centrale del poema è sottolineato fin dalla prima ottava? Perché le armi sono definite «pietose»? Trova un sinonimo di questo aggettivo.
4. Spiega la similitudine della terza strofa e indica quale finalità Tasso attribuisce alla poesia.

ANALIZZARE

La struttura

5. Quale tipo di modello epico riprende Tasso? Quale rifiuta? Da che cosa lo deduci?

La poetica del vero

6. Che cosa intende il poeta per "vero"? Con quali «fregi» vuole adornarlo e perché?

Tasso e il duca Alfonso

7. Come è caratterizzata la figura del duca Alfonso? Come definisce il poeta se stesso?

LE MIE COMPETENZE: CONFRONTARE

Leggi l'*incipit* dell'*Eneide* di Virgilio e confrontalo con il proemio della *Gerusalemme liberata*, concentrando la tua attenzione su queste questioni:

- gli elementi in comune tra la figura di Goffredo e quella di Enea, per come è presentata da Virgilio
- la ripresa nel proemio di Tasso di espressioni o parole del modello virgiliano
- le ragioni che spingono l'autore a rilanciare il modello dell'epica classica

T2 La presentazione di Clorinda

OPERA
Gerusalemme liberata, II, 38-40

CONCETTI CHIAVE
- Clorinda, donna-guerriera

FONTE
T. Tasso, *Gerusalemme liberata*, cit.

La presentazione di Clorinda, già apparsa fuggevolmente a Tancredi, avviene nel canto II. La guerriera salva dal rogo Olindo e Sofronia, ricorrendo al proprio prestigio militare e al proprio fascino. Le ottave qui riportate descrivono il personaggio.

38
Mentre sono in tal rischio, ecco un guerriero
(ché tal parea) d'alta sembianza e degna;
e mostra, d'arme e d'abito straniero,
che di lontan peregrinando vegna.
La tigre, che su l'elmo ha per cimiero,
tutti gli occhi a sé trae, famosa insegna,
insegna usata da Clorinda in guerra;
onde la credon lei, né 'l creder erra.

39
Costei gl'ingegni feminili e gli usi
tutti sprezzò sin da l'età più acerba:
a i lavori d'Aracne, a l'ago, a i fusi
inchinar non degnò la man superba.
Fuggì gli abiti molli e i lochi chiusi,
ché ne' campi onestate anco si serba;
armò d'orgoglio il volto, e si compiacque
rigido farlo, e pur rigido piacque.

40
Tenera ancor con pargoletta destra
strinse e lentò d'un corridore il morso;
trattò l'asta e la spada, ed in palestra
indurò i membri ed allenogli al corso.
Poscia o per via montana o per silvestra
l'orme seguì di fer leone e d'orso;
seguì le guerre, e 'n esse e fra le selve
fèra a gli uomini parve, uomo a le belve.

- **38** Mentre [Olindo e Sofronia] si trovano (**sono**) in tale rischio [: il rogo], ecco [che arriva] un guerriero (poiché tale appariva [: e invece era una donna]) di aspetto (**sembianza**) nobile (**alta**) e degno; e mostra per le armi e l'abito stranieri che viene da lontano errando (**peregrinando**). La tigre che ha per cimiero sull'elmo attira (**trae**) a sé tutti gli occhi, [essendo] la famosa insegna, l'insegna usata in guerra da Clorinda; per cui (**onde**) [tutti] la credon lei, e il credere non (**né**) sbaglia (**erra**).
- **39** Costei disprezzò tutti gli atteggiamenti (**gl'ingegni**) e le abitudini (**gli usi**) femminili sin dall'età più giovane (**acerba**): ai lavori di tessitura (**d'Aracne**), di cucito (**a l'ago**), di filato (**a i fusi**) non degnò di abbassare (**inchinar**) la mano superba. Evitò (**fuggì**) gli abiti morbidi (**molli**) e i luoghi protetti (**chiusi**), poiché anche nei campi [militari] si può conservare (**si serba**) l'onestà; armò il volto di orgoglio, e fu felice (**si compiacque**) di farlo duro (**rigido**), e piacque anche (**pur**) duro. **Aracne**: è l'abile tessitrice che, secondo il mito classico, sfidò Minerva e, battuta, ne venne trasformata in ragno.
- **40** Ancora bambina (**Tenera**) strinse e allentò il morso di un cavallo (**d'un corridore**) con la mano (**destra**) infantile (**pargoletta**); si esercitò (**trattò**) con la lancia (**l'asta**) e con la spada, e rafforzò (**indurò**) le membra in palestra e le allenò alla corsa. Poi o su sentieri (**per via**) montani o per [sentieri] boscosi (**silvestra**) seguì le orme di leone feroce (**fer**) e di orso; si dedicò alla vita militare (**seguì le guerre**), e in esse e fra i boschi parve una belva (**fèra**) agli uomini, un uomo alle belve.

T2 DALLA COMPRENSIONE ALL'INTERPRETAZIONE

COMPRENSIONE

Il ritratto della donna guerriera Clorinda è descritta narrativamente, vale a dire non in modo statico ma dinamico. Il suo aspetto attuale (**la fierezza, la durezza dell'espressione, i muscoli**) sono il risultato di una **dura disciplina** e di un'educazione iniziata molto tempo prima, quando ancora bambina si allenava con cavalli e armi, sprezzando le abitudini tradizionalmente riservate alle donne. Questo modo di descrivere è drammatico e avvincente, breve ma anche molto efficace.

ANALISI E INTERPRETAZIONE

L'Amazzone La figura di **Clorinda è modellata su quella della Camilla dell'**Eneide** di Virgilio e più in generale sull'**archetipo dell'amazzone**. Cresciuta come un guerriero, del guerriero ha la **forza** e il **coraggio**, ma anche la **nobiltà d'animo** (sarà lei, nelle ottave successive a quelle sopra riportate, a ottenere la liberazione di Olindo e Sofronia, accusati di aver rubato un'immagine sacra da una moschea). Come Camilla, **milita nel campo dei "cattivi"**, di coloro che sono destinati alla sconfitta: ciò è significativo dell'atteggiamento ambivalente di Tasso nei riguardi di questo personaggio, che affascina e seduce ma, proprio per questo, viene censurato e respinto.

Clorinda nel sistema dei personaggi Le **tre eroine** del poema, **Clorinda, Erminia ed Armida, sono tutte pagane** e tutte e tre **amano o sono amate da cavalieri cristiani**. In particolare il personaggio di Clorinda, audace e coraggiosa, è costruito per opposizione alla figura di Erminia, la principessa malinconica disperatamente innamorata del cristiano Tancredi, di cui è stata prigioniera. L'amore non può essere corrisposto, perché Tancredi ama Clorinda.

Paolo Domenico Finoglia, *Tancredi affronta Clorinda*, 1640-1645. Conversano, Palazzo Acquaviva.

T2 LAVORIAMO SUL TESTO

COMPRENDERE

La situazione

1. Riassumi brevemente il testo che hai appena letto.
2. Clorinda sembra rimpiangere la sua femminilità?

ANALIZZARE

Il lessico dell'onore: Clorinda

3. **LINGUA E LESSICO** Come viene presentata Clorinda? Si tratta di una descrizione esclusivamente fisica? Evidenzia le parole nel testo e individua il campo semantico a cui fanno riferimento.
4. Spiega il v. 8 dell'ottava 40, II canto. Che figura retorica riconosci?
5. Nonostante sia abituata a vivere nei boschi, Clorinda è bella e affascinante. Ti sembra che Tasso subisca il fascino del suo personaggio? Motiva la tua risposta.

T3 — Erminia tra i pastori

OPERA
Gerusalemme liberata, VII, 1-22

CONCETTI CHIAVE
- la logica dell'amore in Erminia
- la serenità del mondo pastorale contrapposto alle «inique corti»

FONTE
T. Tasso, *Gerusalemme liberata*, cit.

Da una torre, Erminia ha seguito lo scontro tra Argante e l'amato Tancredi. Ora vorrebbe recarsi nel campo cristiano per curargli le ferite. Invidia la guerriera Clorinda, libera di uscire da Gerusalemme e capace di andare dove più le piaccia. Con una coraggiosa risoluzione, decide di vestirne le armi e di tentare la sorte, intenzionata a raggiungere l'amato.
Travestiti alla meglio anche lo scudiero e l'ancella, Erminia può uscire dalla città e avvicinarsi all'accampamento nemico. A esso manda lo scudiero per informare Tancredi delle sue intenzioni e chiedergli un lasciapassare. Ma poi, impaziente, Erminia si avvicina al campo cristiano. È però avvistata dalle sentinelle e, scambiata per Clorinda, è costretta a una fuga precipitosa. Con questa fuga e questo inseguimento si conclude il canto VI.
Il canto VII si apre sulla fuga di Erminia. Questa, dopo aver corso per un giorno e una notte, giunge a un fiume e cade addormentata. Al risveglio, la mattina seguente, si accorge del fascino incantato del paesaggio naturale che la circonda: il carattere armonioso del contesto pastorale aiuterà la donna a recuperare una mesta serenità, consolandosi delle sue infelicità. Le parole rasserenanti di un vecchio pastore completano l'azione svolta dal paesaggio idillico.

VII

1

Intanto Erminia infra l'ombrose piante
d'antica selva dal cavallo è scòrta,
né più governa il fren la man tremante,
e mezza quasi par tra viva e morta.
Per tante strade si raggira e tante
il corridor ch'in sua balia la porta,
ch'al fin da gli occhi altrui pur si dilegua,
ed è soverchio omai ch'altri la segua.

2

Qual dopo lunga e faticosa caccia
tornansi mesti ed anelanti i cani
che la fèra perduta abbian di traccia,
nascosa in selva da gli aperti piani,
tal pieni d'ira e di vergogna in faccia
riedono stanchi i cavalier cristiani.
Ella pur fugge, e timida e smarrita
non si volge a mirar s'anco è seguita.

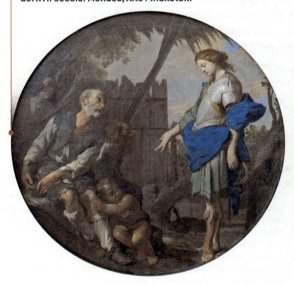

Bernardo Cavallino, *Erminia tra i pastori*, quarto decennio del XVII secolo. Monaco, Alte Pinakotek.

- **VII, 1** Il nuovo canto, aperto con una spia temporale (**Intanto**) che ha la funzione di connettere l'azione che segue alla conclusione del canto precedente, presenta subito la fuga di Erminia, confrontabile con quella di Angelica nel *Furioso* ariostesco (I, 33 sgg.), sia pure più per sottolineare le differenze che non le analogie.
  2 scòrta: *portata*; da "scorgere" = *guidare* (letterario).
  3 Soggetto è **man** e complemento oggetto **fren** (il "freno" è 'la briglia del cavallo').
  4 Il soggetto è di nuovo Erminia, e non la "mano", come sarebbe sintatticamente più corretto: la instabilità della struttura sintattica di questa ottava, con il continuo cambiamento di soggetto, ben rappresenta il carattere disordinato e impaurito della fuga di Erminia.
  6 il corridor: *il cavallo al galoppo*; **in sua balìa**: *in suo potere*; cioè 'secondo la sua volontà'.
  8 ed è ormai inutile (**soverchio**) che qualcuno (**altri**; impersonale) la insegua.
- **2** Introdotti implicitamente da **altri** nella conclusione dell'ottava precedente, sono qui in primo piano gli inseguitori, guidati da Poliferno; e fra i quali è lo stesso Tancredi. A essi è dedicata la similitudine dei vv. 1-6.
  2 anelanti: *affannati*.
  3 la fèra: *la fiera*, cioè *la preda inseguita*; **di traccia**: *quanto alle orme*.
  4 [essendosi la preda] nascosta in una selva [*fuggendo via*] dalle pianure aperte [: e quindi senza riparo].
  6 riedono: *ritornano*.
  7 Ella: Erminia; **pur**: *continuamente*.
  8 s'anco è seguita: *se è ancora inseguita*.

3
Fuggì tutta la notte, e tutto il giorno
errò senza consiglio e senza guida,
non udendo o vedendo altro d'intorno,
che le lagrime sue, che le sue strida.
Ma ne l'ora che 'l sol dal carro adorno
scioglie i corsieri e in grembo al mar s'annida,
giunse del bel Giordano a le chiare acque
e scese in riva al fiume, e qui si giacque.

4
Cibo non prende già, ché de' suoi mali
solo si pasce e sol di pianto ha sete;
ma 'l sonno, che de' miseri mortali
è co 'l suo dolce oblio posa e quiete,
sopì co' sensi i suoi dolori, e l'ali
dispiegò sovra lei placide e chete;
né però cessa Amor con varie forme
la sua pace turbar mentre ella dorme.

5
Non si destò fin che garrir gli augelli
non sentí lieti e salutar gli albori,
e mormorar il fiume e gli arboscelli,
e con l'onda scherzar l'aura e co i fiori.
Apre i languidi lumi e guarda quelli
alberghi solitari de' pastori,
e parle voce udir tra l'acqua e i rami
ch'a i sospiri ed al pianto la richiami.

6
Ma son, mentr'ella piange, i suoi lamenti
rotti da un chiaro suon ch'a lei ne viene,
che sembra ed è di pastorali accenti
misto e di boscareccie inculte avene.
Risorge, e là s'indrizza a passi lenti,
e vede un uom canuto a l'ombre amene
tesser fiscelle a la sua greggia a canto
ed ascoltar di tre fanciulli il canto.

7
Vedendo quivi comparir repente
l'insolite arme, sbigottìr costoro;
ma li saluta Erminia e dolcemente
gli affida, e gli occhi scopre e i bei crin d'oro:
– Seguite, – dice – aventurosa gente
al Ciel diletta, il bel vostro lavoro,
ché non portano già guerra quest'armi
a l'opre vostre, a i vostri dolci carmi. –

8
Soggiunse poscia: – O padre, or che d'intorno
d'alto incendio di guerra arde il paese,
come qui state in placido soggiorno
senza temer le militari offese?
– Figlio, – ei rispose – d'ogni oltraggio e scorno
la mia famiglia e la mia greggia illese
sempre qui fur, né strepito di Marte
ancor turbò questa remota parte.

- **3** 2 **senza consiglio**: *senza risoluzioni*, cioè 'alla cieca'.
3-4 Rappresentazione concisa e intensa della disperazione della donna, interamente chiusa in sé; e rafforzata dal chiasmo al v. 4.
5-6 Cioè al tramonto, in riferimento al mito classico del sole/ Apollo che guida i cavalli (**corsieri**) nell'attraversamento diurno del cielo, per poi riposarsi a sera sotto il mare.
7 **Giordano**: il fiume che scorre a est di Gerusalemme e sfocia nel Mar Morto; in esso fu battezzato Gesù.
8 **si giacque**: *si abbandonò a terra*, stremata dalla fatica e dall'angoscia.
- **4** 1 **già**: *affatto*.
2 **si pasce**: *si nutre*.
5-6 *assopì insieme ai* (**co'<i>**) *sensi i suoi dolori, e distese sopra di lei le sue ali* [: un velo di protezione e di dimenticanza] *calme* (**placide**) *e serene* (**chete**).
7 **né però**: *ma non per questo*; **forme**: cioè *sogni*.
- **5** 1 **garrir**: *cantare* (voce onomatopeica riferita agli uccelli).
2 **sentí**: verbo principale, regge gli infiniti ai vv. 1, 3 e 4; **gli albori**: *le prime luci dell'alba*.
4 **scherzar**: personificazione degli agenti atmosferici; il verbo vale 'colpire leggermente'.
5 **i languidi lumi**: *gli occhi malinconici* (fuor di metafora **lumi** significa 'luci').
6 **alberghi**: *case*.
7 **parle**: *le pare*.
- **6** 1-2 *Ma i suoi lamenti, mentre ella piange, sono interrotti da un suono limpido* (**chiaro**) *che a lei giunge* (**ne viene**).
3 **pastorali accenti**: *canti di pastori*.
4 **misto**: *mescolato*; cioè i suoni delle voci e degli strumenti sono intrecciati tra loro; **boscareccie inculte avene**: *zampogne* (**avene**) *rustiche* (**boscareccie**) *e rozze* (**inculte**).
5 **Risorge**: *Si alza in piedi*.
6 **a l'ombre amene**: *sotto le gradevoli ombre*.
7 **tesser fiscelle**: *intrecciare vimini*; **a canto**: *accanto*.
- **7** 1 **repente**: *improvvisamente*.
2 **insolite**: in quel luogo appartato e tranquillo; **sbigottìr**: *si spaventarono* (il verbo "sbigottire" è qui usato in modo intransitivo pur nella forma attiva). **Costoro**: il vecchio e i tre fanciulli.
4 **gli affida**: *li rassicura*; con le parole e, soprattutto, mostrando di essere una gentile fanciulla.
5 **Seguite**: *Proseguite*; **aventurosa**: *fortunata*.
8 **carmi**: *canti*.
- **8** 5 **Figlio**: forse è generico, in risposta a **padre** del v. 1; o forse il vecchio pastore, ingannato dall'armatura indossata da Erminia, non ha capito che ella è una donna, nonostante la visione dei capelli biondi e del volto (cfr. ott. 7, v. 4). **Oltraggio e scorno**: *aggressione e insulto*.
7 **fur**: *furono*, meglio 'sono state'; **strepito di Marte**: *il rumore della guerra* (essendo Marte la divinità classica della guerra).
8 **remota**: *appartata*.

9
O sia grazia del Ciel che l'umiltade
d'innocente pastor salvi e sublime,
o che, sì come il folgore non cade
in basso pian ma su l'eccelse cime,
così il furor di peregrine spade
sol de' gran re l'altere teste opprime,
né gli avidi soldati a preda alletta
la nostra povertà vile e negletta.

10
Altrui vile e negletta, a me sì cara
che non bramo tesor né regal verga,
né cura o voglia ambiziosa o avara
mai nel tranquillo del mio petto alberga.
Spengo la sete mia ne l'acqua chiara,
che non tem'io che di venen s'asperga,
e questa greggia e l'orticel dispensa
cibi non compri a la mia parca mensa.

11
Ché poco è il desiderio, e poco è il nostro
bisogno onde la vita si conservi.
Son figli miei questi ch'addito e mostro,
custodi de la mandra, e non ho servi.
Così me 'n vivo in solitario chiostro,
saltar veggendo i capri snelli e i cervi,
ed i pesci guizzar di questo fiume
e spiegar gli augelletti al ciel le piume.

12
Tempo già fu, quando più l'uom vaneggia
ne l'età prima, ch'ebbi altro desio
e disdegnai di pasturar la greggia;
e fuggii dal paese a me natio,
e vissi in Menfi un tempo, e ne la reggia
fra i ministri del re fui posto anch'io,
e benché fossi guardian de gli orti
vidi e conobbi pur l'inique corti.

13
Pur lusingato da speranza ardita
soffrii lunga stagion ciò che più spiace;
ma poi ch'insieme con l'età fiorita
mancò la speme e la baldanza audace,
piansi i riposi di quest'umil vita
e sospirai la mia perduta pace,
e dissi: «O corte, a Dio». Così, a gli amici
boschi tornando, ho tratto i dì felici. –

14
Mentre ei così ragiona, Erminia pende
da la soave bocca intenta e cheta;
e quel saggio parlar, ch'al cor le scende,
de' sensi in parte le procelle acqueta.
Dopo molto pensar, consiglio prende
in quella solitudine secreta
insino a tanto almen farne soggiorno
ch'agevoli fortuna il suo ritorno.

● **9** 2 **sublime**: *innalzi*; cioè 'premi e protegga'.
3 **il fòlgore**: *il fulmine*.
4 **eccelse**: *più alte*.
5 **peregrinem spade**: *soldati stranieri; gli invasori.*
6 **minaccia solamente le teste superbe (altere)** *dei gran re.*
7 **a preda alletta**: *seduce a far preda.*
8 **vile e negletta**: *bassa e disprezzata.*

● **10** 1 **Altrui**: *Ad altri;* cioè a quanti aspirano alla ricchezza (cfr. **tesor** al v. sg.) e al potere (cfr. **regal verga**, cioè *scettro di re*, al v. sg.).
3 **cura**: *preoccupazione*.
4 **nel tranquillo**: *nella serenità.*
6 **che io non temo che a essa venga mescolato (che…s'asperga)** *veleno;* in riferimento ai pericoli di tradimenti della vita di corte.
7 **dispensa**: vb. al sing. ma con due sogg.
8 **non compri**: *non acquistati, ma prodotti in proprio.*

● **11** 1 **Ché**: *Dato che,* da riferirsi all'agg. **parca** che chiude l'ott. precedente.
2 **onde**: *di ciò grazie a cui.*

5 **in solitario chiostro**: *in un solitario luogo appartato.*
6 **veggendo**: *vedendo;* regge le tre proposizioni «i capri e i cervi saltare… i pesci guizzare… gli uccellini volare».
8 *gli uccellini aprire* (**spiegar**) *le ali* (**le piume;** sineddoche) *nel cielo.*

● **12** 1-3 *Vi è stata un'epoca* (**tempo già fu**), *nella giovinezza* (**ne l'età prima**) *quando ci si* (**l'uom**; impers.) *illude* (**vaneggia**) *di più, in cui ebbi* (**ch'ebbi**) *un diverso* (**altro**) *desiderio e disprezzai* (**disdegnai**) *di fare il pastore di pecore* (**di pasturar la greggia**).
4 **Menfi**: *città dell'Egitto,* in verità già distrutta al tempo della prima crociata, quando la capitale era Il Cairo; ma Tasso aveva notizie imprecise.
6 **ministri**: *servitori.*
7-8 *e benché fossi* [solamente] *sovrintendente* (**guardian**) *dei giardini* (**orti**) *tuttavia* (**pur**) *vidi e conobbi le ingiustizie delle corti* (**l'inique corti**). Difficile negare che qui Tasso critichi, come pure nell'*Aminta*, la vita di corte quale egli stesso la aveva conosciuta e

sperimentata.

● **13** Tuttavia allettato (**lusingato**) *da temeraria* (**ardita**) *speranza* [: di successo e ricchezza] *sopportai* (**soffrii**) *per molto tempo* (**lunga stagion**) *ciò che più dispiace* [: la servitù]; *ma dopo che insieme alla giovinezza* (**con l'età fiorita**) *vennero meno* (**mancò**; al singolare con due sogg.) *la speranza e l'audace entusiasmo* (**baldanza**), *rimpiansi la serenità* (**i riposi**) *di questa vita umile* [: nei boschi] *e desiderai* (**sospirai**) *la mia tranquillità* (**pace**) *perduta, e dissi «O corte, addio».* Così, tornando agli amici boschi, ho trascorso i giorni felici.

● **14** 1 **ei**: *egli,* cioè il vecchio pastore; **intenta e cheta**: *concentrata e calma;* riferito a Erminia.
4 **de' sensi…le procelle**: *le tempeste delle passioni.*
5-8 Dopo aver molto pensato, decide (**consiglio prende**) *di soggiornare* (**farne soggiorno**) *in quella solitudine appartata* (**secreta**) *almeno fino a tanto che la sorte* (**fortuna**) *agevoli il suo ritorno* [: alla vita civile].

15
Onde al buon vecchio dice: – O fortunato,
ch'un tempo conoscesti il male a prova,
se non t'invidii il Ciel sì dolce stato,
de le miserie mie pietà ti mova;
e me teco raccogli in così grato
albergo ch'abitar teco mi giova.
Forse fia che 'l mio core infra quest'ombre
del suo peso mortal parte disgombre.

16
Ché se di gemme e d'or, che 'l vulgo adora
sí come idoli suoi, tu fossi vago,
potresti ben, tante n'ho meco ancora,
renderne il tuo desio contento e pago. –
Quinci, versando da' begli occhi fora
umor di doglia cristallino e vago,
parte narrò di sue fortune, e intanto
il pietoso pastor pianse al suo pianto.

17
Poi dolce la consola e sì l'accoglie
come tutt'arda di paterno zelo,
e la conduce ov'è l'antica moglie
che di conforme cor gli ha data il Cielo.
La fanciulla regal di rozze spoglie
s'ammanta, e cinge al crin ruvido velo;
ma nel moto de gli occhi e de le membra
non già di boschi abitatrice sembra.

18
Non copre abito vil la nobil luce
e quanto è in lei d'altero e di gentile,
e fuor la maestà regia traluce
per gli atti ancor de l'essercizio umile.
Guida la greggia a i paschi e la riduce
con la povera verga al chiuso ovile,
e da l'irsute mamme il latte preme
e 'n giro accolto poi lo stringe insieme.

19
Sovente, allor che su gli estivi ardori
giacean le pecorelle a l'ombra assise,
ne la scorza de' faggi e de gli allori
segnò l'amato nome in mille guise,
e de' suoi strani ed infelici amori
gli aspri successi in mille piante incise,
e in rileggendo poi le proprie note
rigò di belle lagrime le gote.

20
Indi dicea piangendo: – In voi serbate
questa dolente istoria, amiche piante;
perché se fia ch'a le vostr'ombre grate
giamai soggiorni alcun fedele amante,
senta svegliarsi al cor dolce pietate
de le sventure mie sì varie e tante,
e dica: «Ah troppo ingiusta empia mercede
diè Fortuna ed Amore a sì gran fede!»

---

15 1 **Onde**: *Ragion per cui.*
2 **conoscesti...a prova**: *hai sperimentato che cosa sia il male.*
3 **se non t'invidii**: *possa non toglierti*; desiderativo.
5 **raccogli**: *accogli*; **grato**: *gradevole.*
6 **mi giova**: *mi ristora.*
7-8 *Forse accadrà* (**fia** = *sarà*) *che fra queste ombre il mio cuore si alleggerisca* (**disgombre**) *un poco* (**parte**) *del suo peso* [: *angoscia*] *mortal* [: *che la infelice passione amorosa divenga meno insopportabile*].
16 1 **gemme**: *pietre preziose.*
2 **vago**: *desideroso.*
5 **Quinci**: *Quindi*; cioè 'detto questo'; **fora**: *fuori.*
6 *lacrime* (**umor**) *limpide* (**cristallino**) *e belle* (**vago**) *di dolore* (**doglia**).
7 **fortune**: *vicissitudini.*
8 *L'immagine è sottolineata dall'allitterazione e dalla figura etimologica.*
17 1 **dolce**: *dolcemente.*
2 *come ardendo tutto di amore* (**zelo**) *paterno.*
3 **antica**: *vecchia*; nobilitante.

4 **di conforme cor**: *di sentimenti eguali ai suoi.*
5 **La fanciulla regal**: *la principessa Erminia, di origine regale*; **spoglie**: *vesti.*
6 **s'ammanta**: *si veste.*
18 **Non copre abito vil**: *L'abito umile* (**vil**) *non basta a nascondere* (**non copre**).
3-4 *e la nobiltà* (**la maestà**) *regale traspare* (**traluce**) *all'esterno* (**fuor**) *anche* (**ancor**) *attraverso i gesti* (**per gli atti**) *dell'umile attività* (**essercizio**) [: *di pastora; per cui cfr. i vv. sgg.*].
5 **paschi**: *pascoli*; **la riduce**: *la riconduce.*
7-8 *e dalle mammelle pelose* (**irsute**) [*delle pecore*] *spreme il latte e dopo averlo fatto cagliare* (**e...accolto poi**) *girando* (<i>**'n giro**) *lo comprime* (**lo stringe insieme**) [*a costituire le forme di formaggio*].
19 *Erminia, infelice e sola, incide nella scorza dei faggi il nome di Tancredi e piange: spera solo (ottava 20) che qualche amante fedele, leggendo un giorno la sua «dolente istoria», provi pietà, una dolce pietà, per le sue sventure. Sembra di cogliere in questi versi un'immagine consapevolmente rovesciata dell'episodio centrale dell'Orlando furioso. Il gesto e l'effetto che Erminia si augura possa da esso conseguire sono simmetrici e speculari rispetto a quello di Angelica e Medoro.*
1 **su gli estivi ardori**: *durante la calura* (**gli...ardori**) *estiva.*
4 **segnò**: *scrisse*, incidendolo nel legno; **l'amato nome**: *di Tancredi*, ovviamente; **guise**: *forme.*
5 **strani**: per molte ragioni: *Tancredi era un nemico (colui che aveva tolto il regno al padre di Erminia facendola prigioniera), e d'altra parte un amore per lui si era sviluppato in forme inconsuete e avventurose.*
6 **gli aspri successi**: *gli avvenimenti dolorosi.*
7 **note**: *scritte.*
20 3 **se fia**: *se avverrà* (letteralmente: *se sarà*).
4 **giamai**: *una volta.*
7-8 *e dica: «Ah la sorte* (**Fortuna**) *e l'amore diedero* (**diè**; singolare) *una ricompensa* (**mercede**) *troppo ingiusta e crudele* (**empia**) *a una fedeltà* (**fede**) *così grande!».*
21 2 **affettuoso**: *appassionato*; riferito a

21
Forse averrà, se 'l Ciel benigno ascolta
affettuoso alcun prego mortale,
che venga in queste selve anco tal volta
quegli a cui di me forse or nulla cale:
e rivolgendo gli occhi ove sepolta
giacerà questa spoglia inferma e frale,
tardo premio conceda a i miei martìri
di poche lagrimette e di sospiri;

22
onde se in vita il cor misero fue,
sia lo spirito in morte almen felice,
e 'l cener freddo de le fiamme sue
goda quel ch'or godere a me non lice. –
Così ragiona a i sordi tronchi, e due
fonti di pianto da' begli occhi elice.
Tancredi intanto, ove fortuna il tira
lunge da lei, per lei seguir, s'aggira.

---

prego (= preghiera).
4 **quegli**: Tancredi; **nulla cale**: non importa nulla; **questa spoglia**: il corpo di Erminia; **frale**: fragile; cioè 'deperibile'.
7-8 conceda ai miei tormenti (**martìri**) una tarda ricompensa (**premio**) di poche lacrimucce e di sospiri.
● **22** 1 **onde**: cosicché; **misero**: infelice.

3-4 e il [mio] cadavere (**cener**) freddo goda dell'amore (**fiamme**; metaforico) suo [: di Tancredi] quel che ora a me [: viva] non è concesso (**non lice**) di godere; cioè di vedersi in qualche modo ricambiato, sia pure per pietà, come dimostrano il pianto e i sospiri sperati di Tancredi.
6 **elice**: versa (latinismo).

7-8 Si interrompe qui la parentesi relativa alla fuga di Erminia e si torna, seguendo le vicende di Tancredi, alla narrazione principale. **Ove fortuna il tira**: dove lo trascina la sorte. **Lei**: Erminia, inseguendo la quale, ma lontano da essa (avendone smarrito le orme), Tancredi va in giro (**s'aggira**) senza meta.

T3 DALLA COMPRENSIONE ALL'INTERPRETAZIONE

COMPRENSIONE

Suddivisione del testo L'episodio qui riportato può essere suddiviso in **quattro sequenze** fondamentali. La prima (ottave 1, 2 e vv. 1-4 della 3) descrive **la fuga affannosa di Erminia**. La seconda (ottava 3 vv. 5-8 e ottave 4 e 5) riguarda **la sosta di Erminia presso il fiume Giordano**, il sonno e il risveglio della fanciulla. La terza sequenza (ottave 6-16) narra **l'incontro con i pastori e il dialogo con il vecchio**, e comprende l'importante racconto della deludente esperienza cortigiana di quest'ultimo. La quarta sequenza (ottave 17-22) descrive **l'ingresso di Erminia nella comunità dei pastori** e la vita della fanciulla in mezzo a loro. È da osservare che il trapasso da un momento all'altro del racconto avviene in modo sfumato, a differenza di quanto accade nelle parti guerresche del poema, più mosse e nette.

ANALISI

L'episodio nella struttura del poema: unità e varietà L'episodio precedente a quello qui antologizzato, relativo alla sortita audace di Erminia in cerca di Tancredi, è narrativamente funzionale: esso si inserisce cioè nella trama principale del poema e ne risulta ineliminabile; infatti dal malinteso che spinge Tancredi a inseguirla, credendola Clorinda, si origina la successiva prigionia del cavaliere nel castello di Armida, evento ricco di ripercussioni sulla trama complessiva della *Liberata*. Insomma: **l'avventura di Erminia rientra nei canoni aristotelici dell'unità di azione**. Ma d'altra parte Tasso indugia poi sulle vicende della donna rappresentandone la fuga in modo dettagliato e soffermandosi su **un episodio, quello della sosta tra i pastori, del tutto ininfluente rispetto alla trama principale**, e utile solamente a completare **la caratterizzazione del personaggio di Erminia**. In tal modo, il poeta interpreta con grande libertà l'esigenza di varietà esplicitamente segnalata negli scritti teorici, allontanandosi dal rispetto del principio unitario rigorosamente inteso. Non è senza una ragione, dunque, che l'**episodio della sosta tra i pastori verrà quasi eliminato da Tasso nel rifacimento della *Conquistata***.

Metrica e stile A confronto di quella ariostesca, l'ottava di Tasso appare più lavorata e lenta; portata all'indugio descrittivo, tanto quanto quella di Ariosto è tesa a narrare. Dal punto di vista stilistico si deve notare oltre al **ricorso frequente agli *enjambements*** (cfr. almeno 5, 5-6; 10, 7-8; 11, 1-2; 13, 7-8; 15, 5-6; 17, 5-6; 22, 5-6), soprattutto fra nome e aggettivo, che sottolineano con forza la natura lirica della scrittura, anche la presenza di due figure decisive della poesia tassesca: **la ripetizione** e la contrapposizione. Ripetizioni: «tante... e tante» (1, 5), «fugge... Fuggi» (2, 7 e 3, 1), «tutta... e tutto» (3, 1), «senza...e senza» (3, 2), «che...sue, che... sue» (3, 4), «solo...sol» (4, 2), ecc. **Contrapposizioni**: «e mezza quasi par tra viva e morta» (1, 4), «notte...giorno» (3, 1), «placido soggiorno...militari offese» (8, 3-4), «basso pian...eccelse cime» (9, 4), «avidi...povertà» (9, 7-8), ecc. Curatissima è poi **la distribuzione degli aggettivi, spesso a coppie**; altro segnale del registro piuttosto lirico che epico di questo episodio: 1, 1, 2, 3; 2, 1, 2 e 7 ecc. Di particolare effetto la ripresa della coppia aggettivale «vile e negletta» dalla conclusione dell'ottava 9 nell'attacco dell'ottava 10: caso esemplare di ripetizione e di rovesciamento insieme.

INTERPRETAZIONE

Erminia e la critica della corte e della guerra La divagazione su Erminia può ritenersi superflua rispetto a un criterio che privilegi l'unità e la concatenazione rigida della vicenda generale; e tuttavia acquista un significato importante se viene valorizzata la funzione dei personaggi nell'organizzazione del poema (cfr. anche il punto successivo). Queste prime ventidue ottave del canto VII (come anche le conclusive del canto precedente) risultano importantissime nel definire il carattere di Erminia, il quale è a sua volta decisivo nel sistema complessivo dei personaggi. Innanzitutto, le situazioni qui rappresentate permettono al poeta di mostrare la **complessità psicologica del personaggio**: sbigottito e angosciato nella fuga imprevista (ottave 1-3), disperato e affranto al cospetto del fallimento (ottave 4-6), infine malinconico e fiducioso davanti alla serenità del vecchio pastore e della umile vita agreste (ottave 7 sgg.). Entro la **varietà emotiva e psicologica** del personaggio c'è però un dato costante: **l'incapacità operativa, cioè la inettitudine eroica. All'interno di un poema cavalleresco, Erminia è un'ospite spaesata**. Basti a riprova il confronto con la Angelica ariostesca, la cui vicenda è simile in molti particolari (fuga e travestimento pastorali compresi), ma che è diversissima poi per la sostanziale efficienza entro le coordinate del mondo cavalleresco. Erminia può abbracciare lo slancio eroico, ma ne vive poi sempre le conseguenze secondo una logica destinata fatalmente al fallimento. Erminia porta all'interno di un mondo militarizzato **una prospettiva "altra", diversa e inconciliabile**. In qualche modo **Erminia rappresenta una critica implicita ma fortissima del mondo guerresco**, in quanto portatrice di una logica tutta fedele ad amore, e ignara di guerra. Da questo punto di vista, la sosta tra i pastori costituisce la naturale meta del personaggio e il coronamento della sua inefficacia operativa: nell'episodio che apre il canto VII si incontrano **la critica tassesca alla civiltà della corte (rappresentata dal mondo pastorale)** e **la critica alla dimensione bellica** che domina il poema (rappresentata da Erminia). Il sogno solitario di amore vissuto dalla donna nel ritiro pastorale contiene **un segreto significato utopico**, alludendo a una dimensione non inquinata dai conflitti.

Erminia nel sistema dei personaggi Importante è anche la funzione di Erminia nel sistema dei personaggi. Ella **si inserisce come terza in un "triangolo" erotico**, amando **Tancredi** che ama, non riamato, **Clorinda**. Travestendosi con le armi di Clorinda, Erminia fa in modo di eludere la sorveglianza delle sentinelle cittadine, ma anche diviene, in apparenza, colei che Tancredi ama. Inseguendola, Tancredi crede di inseguire colei che ama, mentre in verità insegue un'altra, che fugge senza saperlo proprio da colui che ama. **Il gioco di specchi e di equivoci**, così frequente nell'*Orlando furioso* ariostesco, ritorna qui a mostrare la forza e insieme la impotenza di Amore, con il sovrappiù di **tragica fatalità che caratterizza il mondo tassesco**. L'equivoco avrà infatti un tragico corrispettivo speculare allorché Tancredi, che ora insegue un'altra perché indossa le armi di Clorinda, non riconoscerà l'amata Clorinda vera, celata sotto armi diverse, e la sfiderà e ucciderà. L'avventura audace e ingenua di Erminia innesca e sorregge anche questi parallelismi strutturali, dando risalto alla **prospettiva pessimistica** che coinvolge tanta parte della *Liberata*.

Attualizzazione e valorizzazione La sosta di Erminia tra i pastori suggerisce un confronto, per altro tradizionale, tra stato di **natura e civiltà**. La civiltà è guardata da un punto di vista fortemente critico e polemico. **Lo stato di natura è dunque sia una meta da recuperare per tornare ai valori autentici della vita**, sia una prospettiva particolarmente adatta a vedere e condannare i limiti della civiltà. Si tratta di tematiche rese via via più forti dal "progresso" moderno, e che coinvolgono in profondità il nostro stesso modo di considerare la civiltà e la natura. In termini strettamente letterari, l'attualità di questo episodio è accresciuta dalla nostra tradizione moderna, che da Leopardi e Verga fino a Pirandello e Montale ha riproposto il confronto tra civiltà e natura quale tema fondamentale di riflessione.

T3 LAVORIAMO SUL TESTO

COMPRENDERE

La situazione

1. Riassumi il contenuto delle quattro sequenze in cui si articola il brano.

ANALIZZARE

Varietà di ritmi

2. Caratterizza la varietà di ritmo dei diversi segmenti narrativi.

Il personaggio di Erminia
3. Descrivi la complessità degli stati d'animo di Erminia.
4. Perché Erminia in un poema cavalleresco è un'ospite spaesata?

Contro la corte, contro la guerra
5. Quali temi pone in primo piano l'incontro di Erminia con i pastori?
6. Quale utopia disegna la società pastorale?
7. **LINGUA E LESSICO** Perché le corti sono definite «inique»? Qual è il significato di questo aggettivo?

INTERPRETARE

Il travestimento
8. Il motivo del travestimento (Erminia con le armi di Clorinda prima, con l'abito da pastorella poi) è solo un espediente romanzesco o nasconde qualcosa di più profondo? A che bisogno ti sembra rispondere?

Erminia personaggio superfluo?
9. **TRATTAZIONE SINTETICA** In un testo di circa venti righe rifletti sull'episodio considerando:
   - il suo rapporto con la struttura del poema: perché Tasso lo eliminò dalla *Gerusalemme conquistata*? In omaggio a quale poetica?
   - l'analogia con la tematica pastorale dell'*Aminta*;
   - il modo diverso con il quale è rappresentata la corte rispetto all'esordio.

11 I canti VIII-XII

Canto VIII. Difficoltà per i crociati
Le difficoltà dell'esercito cristiano raggiungono il culmine. Il principe Sveno è ucciso da Solimano prima di unirsi agli altri crociati, cui portava rinforzi. Finte armi di Rinaldo, rotte e sanguinose, vengono portate all'accampamento e Goffredo viene accusato dell'assassinio; così che con grande fatica il condottiero seda una **ribellione dei paladini legati a Rinaldo** (canto VIII).

Canto IX. La furia di Solimano
All'origine dei risvolti più insidiosi degli avvenimenti sta l'azione terrificante dell'infernale **furia Aletto**; la quale interviene anche su Solimano, spingendolo ad aggredire nottetempo il campo cristiano. Lo scontro provoca una carneficina, ma infine **Solimano è respinto** anche grazie all'intervento di **cinquanta misteriosi cavalieri** che danno man forte ai crociati (canto IX).

Desolato dalla inesorabile sconfitta, cui invano tenta di opporsi con un disperato eroismo, **Solimano** è condotto dal mago Ismeno **a Gerusalemme**, dove distoglie il re Aladino da ogni proposito di trattativa e di resa.

Canto X. L'apoteosi di Rinaldo
Intanto **i misteriosi guerrieri** che erano intervenuti durante l'aggressione notturna si palesano come coloro che avevano seguito Armida; e narrano le vicende della prigionia e la liberazione ricevuta per l'intervento di Rinaldo. Il canto X si conclude appunto con l'esaltazione, legata anche a ragioni encomiastiche, della futura gloria di Rinaldo.

Canto XI. Assalto a Gerusalemme
Dopo una solenne **processione propiziatoria** presso il Monte Oliveto, i crociati danno **l'assalto generale alla città**. È una grandiosa scena militare di massa, che mostra la competenza dell'autore in fatti d'armi, nonché il suo controllo narrativo su una materia complessa. Dopo alterne vicende, il combattimento è interrotto dal calar della sera senza un vero vincitore (canto XI).

Il canto di Clorinda
Il canto XII è il grande canto di Clorinda. La guerriera saracena finora ha vissuto, narrativamente, due identità inconciliabili: indomita e generosa combattente, nelle fugaci apparizioni guerresche; soave creatura di sogno, nelle rappresentazioni del desiderio di Tancredi. In questo canto le due identità raggiungono il loro culmine e, con perfetta catarsi, si fondono.

Tancredi e Clorinda
In un'audace sortita, **Clorinda e Argante** riescono a incendiare la maggior torre d'assalto dei nemici; ma nella fuga precipitosa Clorinda è rinchiusa fuori di Gerusalemme. **Imbattutasi in Tancredi**, che non la riconosce, **ne è ferita a morte**. Solo allora si fa riconoscere e **chiede il battesimo**. La conversione, preparata dal sogno angoscioso e dalla scoperta di essere nata da genitori cristiani, avvenuta proprio quel giorno, congiunge la donna all'amante nel momento stesso della morte. Tancredi resta sulla scena, disperato per l'errore e per la perdita (cfr. **T4**, p. 150).

Intanto Argante giura di vendicare Clorinda e di uccidere Tancredi.

T4 Il duello di Clorinda e Tancredi

TESTO LABORATORIO

OPERA
Gerusalemme liberata, XII, 1-9, 4; 18-19; 48-70

CONCETTI CHIAVE
- un ambiguo duello di amore e di morte
- il significato dell'episodio in prospettiva cristiana

FONTE
T. Tasso, *Gerusalemme liberata*, cit.

 Videolezione analisi del testo

 Ascolto

 Alta leggibilità

Riportiamo qui buona parte del canto XII, tutto dedicato al personaggio di Clorinda. Il canto raggiunge il suo culmine tragico nell'episodio del combattimento di Tancredi e Clorinda. Si tratta di una delle scene più intense e famose del poema (tra le innumerevoli utilizzazioni successive spicca la versione musicata da Monteverdi nel 1638): in essa trova il suo centro la inquieta vicenda passionale di Tancredi, che uccide ignaro la nemica amata, e giunge a compiutezza e a completamento la suggestiva personalità di Clorinda. Originale e tipicamente tassesca è fra l'altro in questo canto la luce di simpatia che illumina le imprese pagane; mentre il successo di Tancredi, pure militarmente importante, esprime la sconsolata relatività dell'impegno umano (anche nella sua forma più alta, di eroismo cristiano).

1
Era la notte, e non prendean ristoro
co 'l sonno ancor le faticose genti:
ma qui vegghiando nel fabril lavoro
stavano i Franchi a la custodia intenti,
e là i pagani le difese loro
gian rinforzando tremule e cadenti
e reintegrando le già rotte mura,
e de' feriti era comun la cura.

2
Curate al fin le piaghe, e già fornita
de l'opere notturne era qualcuna;
e rallentando l'altre, al sonno invita
l'ombra omai fatta più tacita e bruna.
Pur non accheta la guerriera ardita
l'alma d'onor famelica e digiuna,
e sollecita l'opre ove altri cessa.
Va seco Argante, e dice ella a se stessa:

3
«Ben oggi il re de' Turchi e 'l buon Argante
fèr meraviglie inusitate e strane,
ché soli uscìr fra tante schiere e tante
e vi spezzàr le machine cristiane.
Io (questo è il sommo pregio onde mi vante)
d'alto rinchiusa oprai l'arme lontane,
saggittaria, no 'l nego, assai felice.
Dunque sol tanto a donna e più non lice?

4
Quanto me' fòra in monte od in foresta
a le fère aventar dardi e quadrella,
ch'ove il maschio valor si manifesta
mostrarmi qui tra cavalier donzella!
Ché non riprendo la feminea vesta,
s'io ne son degna e non mi chiudo in cella?»
Così parla tra sé; pensa e risolve
al fin gran cose ed al guerrier si volve:

● **1** **1 la notte**: il canto si apre su un'ambientazione notturna densa di sinistri presagi. Evidente l'eco virgiliana di questo *incipit* (cfr. Eneide, IV, 522).
2 le faticose genti: i guerrieri affaticati; soggetto.
3 qui: nell'accampamento crociato, contrapposto a **là** (v. 5), riferito a Gerusalemme: la narrazione è qui compiuta dunque dal punto di vista dei cristiani; mentre dal v. 5 dell'ottava seguente ci si sposterà dentro la città assediata. **Vegghiando**: vegliando. **Nel fabril lavoro**: per riparare la torre mobile, danneggiata nello scontro precedente.
4 a la custodia intenti: vigili nella sorveglianza (della torre).
5-7 e là: [: in Gerusalemme] i pagani andavano (**gìan**) rafforzando le loro difese insicure (**tremule**) e cadenti, e [andavano] restaurando (**reintegrando**) le mura precedentemente (**già**) danneggiate (**rotte**).
8 Verso di pietosa unificazione, nel dolore, della condizione dei due schieramenti.

● **2 1-4** Le ferite (**piaghe**) [erano state] infine curate, e qualcuna delle attività (**opere**) notturne era ultimata (**fornita**); e l'ombra [della notte] divenuta (**fatta**) ormai più silenziosa (**tacita**) e scura (**bruna**), rallentando [: trans.] le altre [attività], invita al sonno.
5-7 Solamente (**Pur**) la guerriera coraggiosa (**ardita**) [: Clorinda] non distende (**accheta**) la [propria] anima desiderosa (**famelica**; metaforico) e inappagata (**digiuna**) di gloria (**d'onor**), e mentre (**ove**) gli altri desistono (**cessa**), [ella] invita all'attività (**sollecita l'opre**). Famelica e digiuna è uno *hýsteron próteron*, dato che la "fame" segue in realtà il "digiuno".
8 seco: con lei.

● **3** «Davvero (**Ben**) oggi il re dei Turchi [: Solimano] e il valoroso (**buon**) Argante compirono (**fèr** = fecero) gesti meravigliosi (**meraviglie**), eccezionali (**inusitate**) e straordinari, poiché uscirono da soli fra numerosissime (**tante…e tante**) schiere [nemiche] e in tali condizioni (**vi** = lì; cioè «fra tante schiere») danneggiarono (**spezzàr**) le macchine [da guerra] dei cristiani. Io protetta (**rinchiusa**) adoperai (**oprai**) dall'alto le armi da distanza (**lontane**) [: arco e frecce], [essendo], non lo nego, una arciera (**saggittaria**) assai abile (**felice**) [: uccidendo molti nemici] (questo è il sommo [: ironico] merito (**pregio**) del quale (**onde**) mi vanto). Dunque a una donna è consentito (**lice**) solamente questo (**sol tanto**) e non di più? Clorinda è dunque insoddisfatta del contributo dato allo scontro; o meglio, è insoddisfatta dell'eroismo del quale ha potuto fare mostra.

● **4** Quanto sarebbe (**fòra**) meglio (**me'**) scagliare (**aventar**) frecce (**dardi e quadrella**; due tipi di frecce) contro le belve (**a le fère**) nei monti o nelle foreste, [piuttosto] che mostrarmi [come una semplice] fanciulla (**donzella**) qui tra i cavalieri, dove si mette in luce (**si manifesta**) il valore maschile! Perché non riprendo le vesti femminili, se io sono degna [solamente] di queste (**ne**), e non mi [rin]chiudo nelle camere (**in cella**)?» Così [Clorinda] dice (**parla**) tra sé; infine (**al fin**) pensa e decide (**risolve**) grandi cose e si rivolge (**si volve**) al guerriero [: Argante, che era con lei: cfr. 2, 8].

5
– Buona pezza è, signor, che in sé raggira
un non so che d'insolito e d'audace
la mia mente inquieta: o Dio l'inspira,
o l'uom del suo voler suo Dio si face.
Fuor del vallo nemico accesi mira
i lumi; io là n'andrò con ferro e face
e la torre arderò: vogl'io che questo
effetto segua, il Ciel poi curi il resto.

6
Ma s'egli averrà pur che mia ventura
nel mio ritorno mi rinchiuda il passo,
d'uom che 'n amor m'è padre a te la cura
e de le care mie donzelle io lasso.
Tu ne l'Egitto rimandar procura
le donne sconsolate e 'l vecchio lasso.
Fallo per Dio, signor, ché di pietate
ben è degno quel sesso e quella etate. –

7
Stupisce Argante, e ripercosso il petto
da stimoli di gloria acuti sente.
– Tu là n'andrai, – rispose – e me negletto
qui lascierai tra la vulgare gente?
E da secura parte avrò diletto
mirar il fumo e la favilla ardente?
No, no; se fui ne l'arme a te consorte,
esser vo' ne la gloria e ne la morte.

Tintoretto, *Tancredi battezza Clorinda* (1586-1600). Houston, The Museum of Fine Arts.

La *Gerusalemme liberata*, fin dalle prime edizioni, stimolò fervidamente la fantasia dei pittori contemporanei. Il quadro di Tintoretto costituisce, secondo lo storico dell'arte G.C. Argan, un esempio di fedele interpretazione di Tasso, per il senso del pathos e per la percezione luministica e spaziale che unisce i due artisti. Lo scorcio audacissimo della scena concentra l'attenzione sugli aspetti più intensamente emotivi, sottolineati dal poema: la testa languidamente riversa, la mano esangue, il gesto di Tancredi che versa dall'elmo l'acqua battesimale. Il chiaroscuro fonde morbidamente le figure allo sfondo naturale, mentre la luce indugia con singolare fermezza su oggetti apparentemente insignificanti. Lo scudo, l'elmo, le armi, splendidamente ornate, brillano di luce propria. I particolari emergono come oggetti in sé e insieme come nudi strumenti del dramma di morte.

● **5** 1 **Buona pezza**: *Da parecchio tempo*.
3 **la mia mente inquieta**: soggetto
4 oppure ognuno (**l'uom**; impersonale) *diventa* (**si face** = si fa) *il proprio* (**suo**) *Dio relativamente alle proprie scelte* (**del suo voler**). Altri spiega però: «Quando l'uomo ha desiderio alcuno, quello all'ispirazione divina è solito d'attribuire» (Guastavini).
5 **vallo**: *steccato*.
6 **con ferro e face**: *con la spada e con una fiaccola*.
7-8 **vogl'io...resto**: *io voglio realizzare* (**che...segua**) *questo risultato* (**effetto**), *il destino* (**il Ciel**) *pensi* (**curi**) *poi* [*pure*] *al resto* [: *accada quel che deve accadere*].
● **6** Ottava musicalmente languida e cantabile, a dire la malinconica trepidazione di Clorinda. L'abbandono è sottolineato anche dall'anastrofe ai vv. 3-4, dalla rima equivoca ai vv. 4-6, dal parallelismo delle due serie **uom-vecchio-quella etate** e **donzelle-donne-quel sesso**.
1-4 *Ma se* (**s'egli**) *pure avverrà che la mia sorte* (**ventura**) *mi impedisca* (**mi rinchiuda**) *il* [*modo di*] *passare* (**passo**) *durante il* (**nel**) *mio ritorno, io lascio a te la cura di* [*quell'*]*uomo* [: Arsete] *che è mio padre quanto all'amore e delle mie care donzelle*. Arsete è uno schiavo eunuco di origine egiziana, al quale Clorinda in fasce era stata affidata dalla madre, la regina della cristiana Etiopia. Infatti la nascita di una bambina di pelle bianca avrebbe attirato su di lei i sospetti del geloso marito. Arsete ha salvato Clorinda portandola con sé in Egitto, senza però darle il battesimo che la madre gli aveva raccomandato. È il racconto che Clorinda si sente rivolgere alle ottave 21-40. La funzione di Arsete è qui analoga a quella che nell'*Eneide* virgiliana (canto XI) ha Metabo rispetto a Camilla.
5 **procura**: *provvedi*.
6 **lasso**: *addolorato*.
8 **quel sesso**: *la condizione femminile delle ancelle*; **quella etate**: *la vecchiaia di Arsete*.
● **7** 1 **ripercosso**: *ferito con forza*; il suffisso ri- esprime qui intensità e non ripetizione.
3 **là**: *nel campo nemico*, per l'impresa incendiaria; contrapposto con forza al **qui** del v. sg.; **negletto**: *abbandonato*.
4 **la vulgare gente**: *la massa dei civili*.
5-6 *E avrò il diletto di osservare* (**mirar**) *il fumo e la fiamma* (**favilla**) *bruciante* (**ardente**) *da un luogo* (**parte**) *sicuro?* **Consorte**: *compagno*; ma non è da scartare un'ambivalenza tutta implicita nel rapporto tra Clorinda e Argante, che nel comune eroismo sublimano forse i caratteri dello scambio erotico.
8 **vo'**: *voglio*.

8
Ho core anch'io che morte sprezza e crede
che ben si cambi con l'onor la vita.
– Ben ne fèsti – diss'ella – eterna fede
con quella tua sì generosa uscita.
Pure io femina sono, e nulla riede
mia morte in danno a la città smarrita;
ma se tu cadi (tolga il Ciel gli augùri),
or chi sarà che più difenda i muri? –

9
Replicò il cavaliero: – Indarno adduci
al mio fermo voler fallaci scuse.
Seguirò l'orme tue, se mi conduci;
ma le precorrerò, se mi ricuse. –
[...]

18
Depon Clorinda le sue spoglie inteste
d'argento e l'elmo adorno e l'arme altere,
e senza piuma o fregio altre ne veste
(infausto annunzio!) ruginose e nere,
però che stima agevolmente in queste
occulta andar fra le nemiche schiere.
È quivi Arsete eunuco, il qual fanciulla
la nudrì da le fasce e da la culla,

19
e per l'orme di lei l'antico fianco
d'ogni intorno traendo, or la seguia.
Vede costui l'arme cangiate, ed anco
del gran rischio s'accorge ove ella gìa,
e se n'affligge, e per lo crin che bianco
in lei servendo ha fatto e per la pia
memoria de' suo' uffici instando prega
che da l'impresa cessi; ed ella il nega.
[...]

48
Aperta è l'Aurea porta, e quivi tratto
è il re, ch'armato il popol suo circonda,
per raccòrre i guerrier da sì gran fatto,
quando al tornar fortuna abbian seconda.
Saltano i due su 'l limitare, e ratto
diretro ad essi il franco stuol v'inonda,
ma l'urta e scaccia Solimano; e chiusa
è poi la porta, e sol Clorinda esclusa.

● **8** 2 *che l'onore si scambia con la vita in modo vantaggioso* (**ben**); cioè che per ottenere onore vale la pena di rischiare anche la morte.
3 *Ella* [: Clorinda] *disse: – Ne hai dato* (**fèsti** = facesti) *davvero* (**ben**) *prova* (**fede**) *eterna*.
4 **uscita**: la sortita in campo aperto, accompagnato dal solo Solimano.
5-6 *Tuttavia* (**pure**) *io sono una femmina, e la mia morte non porta nessun danno* (**nulla riede...in danno**) *alla città atterrita* (**smarrita**) [: Gerusalemme].

● **9** 1-4 *Il cavaliero* [: Argante] *replicò: – Adduci inutilmente* (**indarno**) *scuse inconsistenti* (**fallaci**) *contro la* (**al**) *mia decisione* (**voler**) *irremovibile* (**fermo**). *Se mi porti* (**conduci**) [*con te*], *seguirò le tue orme; ma se mi rifiuti* (**ricuse**), [*allora*] *le anticiperò* (**le precorrerò**). – Cioè: 'sono disposto a seguirti come secondo, se accetti la mia compagnia (e di dividere con me l'onore); ma, se rifiuti, allora non solo parteciperò all'impresa egualmente, ma in più cercherò di precederti in essa, sottraendoti la tua parte di gloria'. Clorinda accetta dunque la compagnia di Argante. Nelle ottave 10-17 Clorinda e Argante espongono il loro piano al re Aladino. Solimano vorrebbe partecipare all'impresa notturna e a fatica Aladino lo convince a desistere. Ismeno prepara una mistura di sostanze infiammabili per appiccare più facilmente il fuoco alla torre.

● **18-19** È qui rappresentato il fatale mutarsi dell'armatura di Clorinda, scelta "mimetica" tatticamente opportuna per essere meno individuabile alla scarsa luce notturna (il bianco consueto della sopraveste avrebbe reso la guerriera troppo visibile), ma anche scelta da cui deriva l'equivoco tragico in cui cadrà Tancredi, non riconoscendo l'amata e uccidendola. Ai tentativi di dissuadere la donna in modo generico, Arsete farà seguire il dettagliato racconto della infanzia di lei (per cui cfr. la nota all'ottava 6, v. 3).

● **18** 1 **spoglie**: armatura; **inteste**: intessuta.
3 **altre**: armi, da legare a **senza piuma o fregio**.
4 **infausto annunzio!**: cattivo presagio! In riferimento al mortuario color nero (legato tradizionalmente alla morte) e forse al pur presente color ruggine, che può far pensare al sangue raggrumato.
5 **però che**: dato che; **agevolmente**: senza difficoltà; da riferire ad **andar** del v. sg.; **occulta**: non vista.

● **19** 1-2 *e trascinando* (**traendo**) *dietro ai passi* (**l'orme**) *di lei* [: Clorinda] *il vecchio corpo* (**l'antico fianco**), *ora la seguiva*.
4 **gìa**: andava (dal verbo "gire").
5-8 *e se ne addolora* (**se n'affligge**), *e insistendo* (**instando**) *prega* [*Clorinda*] *in nome dei capelli* (**per lo crin**) *che ha visto diventare* (**ha fatto**) *bianchi servendo lei e in nome della cara* (**pia**) *memoria dei suoi servigi* (**uffici**) *che desista* (**che...cessi**) *dall'impresa; ed ella rifiuta* (**nega**). Le ottave 20-42 contengono il racconto di Arsete che svela a Clorinda il segreto della sua nascita. Le ottave 43-47 descrivono l'impresa di Argante e Clorinda fino al momento in cui i due guerrieri si accingono a rientrare a Gerusalemme.

● **48** *La Porta Aurea* [*di Gerusalemme*] *è aperta, e lì* (**quivi**) *si è recato* (**tratto è**) *il re* [: Solimano], *che fa disporre in circolo* (**circonda**) *le sue truppe* (**armato il popol suo**), *per accogliere* (**raccòrre**) *i guerrieri* [: Argante e Clorinda] [*reduci*] *da un'impresa* (**fatto**) *così audace* (**gran**), *quando* [*pure costoro*] *abbiano l'occasione favorevole* (**fortuna...seconda**) *a tornare*. *I due* [: Argante e Clorinda] *saltano sulla soglia* (**su 'l limitare**) [*della porta*], *e rapidamente* (**ratto**) *i soldati* (**stuol<o>**) *franchi vi dilagano* (**v'inonda**; metaforico) *dietro ad essi, ma Solimano si scontra con essi* (**l'urta**; **l'** = li) *e* [*li*] *ricaccia indietro* (**scaccia**); *e poi la porta viene* (**è**) *chiusa, e solamente Clorinda* [*resta*] *all'esterno* (**esclusa**: dalla città). Splendida ottava tutta azione: fulmineo è il succedersi degli avvenimenti, fulmineo, il delinearsi della catastrofe. Tutto ha funzionato perfettamente, nel piano degli assediati; ma un particolare minimo, l'ultimo e insignificante di tutta l'impresa, decreta la morte di Clorinda; per una semplice, inavvertita svista ella è chiusa all'esterno delle mura. **L'Aurea porta**: la porta di Gerusalemme che guarda a Oriente, istoriata d'oro. Da essa sarebbe passato Cristo la domenica delle palme; e non è da escludere una possibile valenza simbolica, da questo punto di vista, nell'esclusione di

49
Sola esclusa ne fu perché in quell'ora
ch'altri serrò le porte ella si mosse,
e corse ardente e incrudelita fora
a punir Arimon che la percosse.
Punillo; e 'l fero Argante avisto ancora
non s'era ch'ella sì trascorsa fosse,
ché la pugna e la calca e l'aer denso
a i cor togliea la cura, a gli occhi il senso.

50
Ma poi che intepidì la mente irata
nel sangue del nemico e in sé rivenne,
vide chiuse le porte e intorniata
sé da' nemici, e morta allor si tenne.
Pur veggendo ch'alcuno in lei non guata,
nov'arte di salvarsi le sovenne.
Di lor gente s'infinge, e fra gli ignoti
cheta s'avolge; e non è chi la noti.

51
Poi, come lupo tacito s'imbosca
dopo occulto misfatto, e si desvia,
da la confusion, da l'aura fosca
favorita e nascosa, ella se 'n gìa.
Solo Tancredi avien che lei conosca;
egli quivi è sorgiunto alquanto pria;
vi giunse allor ch'essa Arimon uccise:
vide e segnolla, e dietro a lei si mise.

52
Vuol ne l'armi provarla: un uom la stima
degno a cui sua virtù si paragone.
Va girando colei l'alpestre cima
verso altra porta, ove d'entrar dispone.
Segue egli impetuoso, onde assai prima
che giunga, in guisa avien che d'armi suone,
ch'ella si volge e grida: – O tu, che porte,
che corri sì? – Risponde: – E guerra e morte.

53
– Guerra e morte avrai; – disse – io non rifiuto
darlati, se la cerchi –, e ferma attende.
Non vuol Tancredi, che pedon veduto
ha il suo nemico, usar cavallo, e scende.
E impugna l'uno e l'altro il ferro acuto,
ed aguzza l'orgoglio e l'ire accende;
e vansi a ritrovar non altrimenti
che duo tori gelosi e d'ira ardenti.

Clorinda da quell'entrata: la soglia che ella è già destinata dal cielo a varcare è quella, in uno, della morte e della salvezza. In ogni caso l'esclusione della guerriera dalla città, con il repentino rinserrarsi della porta in faccia a lei, è una potente raffigurazione del suo destino: quasi un'esclusione dal mondo dei vivi (e dei pagani).

• **49** Questa ottava spiega in che modo e perché Clorinda sia stata inavvertitamente rinchiusa fuori delle mura; è quindi un ritorno indietro nell'azione, che giustifica l'evento dichiarato in conclusione dell'ottava precedente, senza nulla togliere alla desolata secchezza di quel primo annuncio.
1 **in quell'ora**: *nel momento in cui*.
3 **incrudelita**: *vendicativa*; **fora**: *fuori*.
4 **Arimon**: uno degli inseguitori, il quale aveva evidentemente colpito Clorinda alle spalle, mentre si ritirava al di là della porta.
5 **Punillo**: *Lo punì*; cioè si vendicò, uccidendolo (cfr. 50, 2 e 51, 7); **avisto**: *reso conto*.
6 **sì trascorsa**: *a tal punto allontanata*.
7-8 dato che la lotta (**pugna**) e la folla (**la calca**) e l'aria scura (**denso**) toglievano ai cuori la cura [degli altri] e la percezione (**il senso**) agli occhi [: la vista].

• **50** 1-4 *Ma dopo che* [Clorinda] *placò* (**intepidì**; metaforico, collegato a **ardente** dell'ottava 49, v. 3) *la mente irata nel sangue del nemico* [: ferendo Arimone] *e ritornò in sé, vide le porte chiuse e* [vide] *che era attorniata* (**intorniata sé**) *dai nemici, e allora si considerò* (**si tenne**) *morta*.
5 **Pur**: *Tuttavia*; **non guata**: *non guarda*.
6 *le venne in mente* (**le sovenne**) *un mezzo originale* (**nov'arte**) *per salvarsi*.
8 **s'avolge**: *si mescola*.

• **51** 1-4 *Poi, come un lupo torna nel bosco* (**s'imbosca**) *silenziosamente* (**tacito**) *dopo un eccidio* (**misfatto**) *non visto* (**occulto**), *e si allontana dalle vie battute* (**e si desvia**), [così] *ella* [: Clorinda] *se ne andava* (**se 'n gìa**) *favorita e nascosa dalla confusione e dall'aria nera* (**fosca**). Similitudine tratta dall'*Eneide* virgiliana (XI, 809-813); e già omerica (*Iliade* XV, 738-741).
5 Colpo di scena: Tancredi, proprio il suo innamorato, la vede e tiene d'occhio, decretandone la morte. E paradossale, rispetto al seguito, risulta il verbo **conosca**: qui tale verbo indica che Tancredi la 'riconosce come nemica', mentre in realtà non la riconosce affatto nella sua identità personale.
6 **sorgiunto**: *sopraggiunto*.
7 **essa**: *ella*, cioè Clorinda; sogg.
8 **vide** [: Clorinda uccidere Arimone] *e la tenne d'occhio* (**segnolla**), *e si mise dietro di* (**a**) *lei* [: la seguì mentre si allontanava dal gruppo].

• **52** Ottava puntata alternativamente sui due personaggi, due versi ciascuno, a rappresentarne il progressivo avvicinarsi e l'incontro impetuoso.
1-2 [Tancredi] *vuole metterla alla prova* (**provarla**) *nelle armi* [: sfidarla a duello]: *la ritiene* (**la stima**) *un uomo valoroso* (**degno**) *con il quale confrontare* (**a cui...si paragone**) *il proprio valore* (**sua virtù**).
3 *Ella* (**colei**) [: Clorinda] *cerca di aggirare* (**va girando**) *la collina montuosa* (**l'alpestre cima**).
4 **dispone**: *ha intenzione*.
6 *che* [egli] *la raggiunga, avviene di modo che* (**in guisa...che**) *risuoni di armi*. Si sente cioè il rumore delle armi di Tancredi, che insegue a cavallo la appiedata Clorinda.
7 **che porte**: *che cosa vuoi*.
8 **Risponde**: soggetto è Tancredi.

• **53** 1 **disse**: soggetto è Clorinda.
2 **dàrlati**: *dartela* [: la morte].
3 **pedon**: *appiedato*.
5 **il ferro**: *la spada*.
6 Chiasmo; soggetto è **l'uno e l'altro**; **orgoglio**: *l'onore guerresco*.
7 **vansi a ritrovar**: *si vanno a scontrare*.
8 La similitudine, di origine virgiliana (*Eneide* XII, 103-106), dà un primo implicito annuncio dell'ambivalenza erotico-guerresca del duello tra i due.

54

Degne d'un chiaro sol, degne d'un pieno
teatro, opre sarian sì memorande.
Notte, che nel profondo oscuro seno
chiudesti e ne l'oblio fatto sì grande,
piacciati ch'io ne 'l tragga e 'n bel sereno
a le future età lo spieghi e mande.
Viva la fama loro; e tra lor gloria
splenda del fosco tuo l'alta memoria.

55

Non schivar, non parar, non ritirarsi
voglion costor, né qui destrezza ha parte.
Non danno i colpi or finti, or pieni, or scarsi:
toglie l'ombra e 'l furor l'uso de l'arte.
Odi le spade orribilmente urtarsi
a mezzo il ferro, il piè d'orma non parte;
sempre è il piè fermo e la man sempre in moto,
né scende taglio in van, né punta a vòto.

56

L'onta irrita lo sdegno a la vendetta,
e la vendetta poi l'onta rinova;
onde sempre al ferir, sempre a la fretta
stimol novo s'aggiunge e cagion nova.
D'or in or più si mesce e più ristretta
si fa la pugna, e spada oprar non giova:
dansi co' pomi, e infelloniti e crudi
cozzan con gli elmi insieme e con gli scudi.

57

Tre volte il cavalier la donna stringe
con le robuste braccia, ed altrettante
da que' nodi tenaci ella si scinge,
nodi di fer nemico e non d'amante.
Tornano al ferro, e l'uno e l'altro il tinge
con molte piaghe; e stanco ed anelante
e questi e quegli al fin pur si ritira,
e dopo lungo faticar respira.

58

L'un l'altro guarda, e del suo corpo essangue
su 'l pomo de la spada appoggia il peso.
Già de l'ultima stella il raggio langue
al primo albor ch'è in oriente acceso.
Vede Tancredi in maggior copia il sangue
del suo nemico, e sé non tanto offeso.
Ne gode e superbisce. Oh nostra folle
mente ch'ogn'aura di fortuna estolle!

● **54** 2 **opre...memorande**: *sarebbero delle opere così degne di essere ricordate*; soggetto 4 **fatto**: *impresa*; complemento oggetto. 5-6 **accetta** (**piacciati**) = *ti piaccia*; *alla "notte"*) *che io lo tragga fuori da lì* (**ne 'l tragga**) [: *dall'oscurità e dalla dimenticanza*] *e lo esponga* (**spieghi**) *e tramandi in piena luce* (**'n bel sereno**) *alle epoche* (**età**) *future*.
7 **loro**: *dei duellanti*.
8 **risplenda** [*anche*] *la nobile* (**alta**) *memoria della tua* [: *della notte*] *tenebra*.

● **55** Come in altre occasioni, Tasso si mostra qui esperto nella tecnica militare del duello, e insuperabile rappresentatore di scontri guerreschi. Tecnici sono molti vocaboli: **schivar, parar, ritirarsi** (tre modi per evitare di essere colpiti: sottrarsi al colpo spostandosi, pararlo con lo scudo, sottrarsi momentaneamente allo scontro indietreggiando); **colpi...finti, pieni, scarsi** (cioè 'finte', 'affondi', 'colpi di assaggio'); **taglio, punta** (due modi di colpire, con la lama o con la punta della spada).
2 **né qui destrezza ha parte**: *e in questo scontro l'accortezza non è impiegata*.
4 *l'oscurità e il furore escludono* (**toglie**; singolare con due soggetti) *l'uso della tecnica* (**de l'arte**).
6 **a mezzo il ferro**: *nel centro della lama*; **il piè...parte**: *il piede non si stacca* (**non parte**) *dalla* [*propria*] *orma*; cioè: *nessuno dei due si sposta* (cfr. anche il verso seguente), in specie per indietreggiare.
8 *né scendono a vuoto inutilmente* (**in van**) *il taglio o la punta* [**della spada**].

● **56** 1-4 *La vergogna* (**L'onta**) [*dei colpi ricevuti*] *eccita* (**irrita**) *l'orgoglio* (**lo sdegno**) *alla vendetta, e poi la vendetta rinnova* [*nell'altro*] *la vergogna* [: *colpendolo*]; *per cui* (**onde**) *nuovo stimolo e nuova ragione si aggiungono sempre al* [*la volontà di*] *ferire,* [*si aggiungono*] *sempre alla fretta* [*di farlo*]. L'attenzione è qui sul meccanismo psicologico che crea un circolo vizioso di affronti e vergogne, originati da una medesima concezione cavalleresca dell'onore.
5-8 *D'ora in ora il combattimento* (**la pugna**) *più si mescola* (**si mesce**) [: *i corpi sono intrecciati*] *e diviene* (**si fa**) *più serrato* (**ristretta**), *ed è inutile* (**non giova**) *adoperare la spada: si colpiscono* (**dansi** = *si danno* [**addosso**]) *con le else* (**co' pomi**), *e inferociti* (**infelloniti**) *e crudeli* [*i due*] *cozzano insieme con gli elmi e con gli scudi*. Il serrarsi del combattimento nel corpo a corpo comporta, anche per lo sfinimento, l'abbandono della dignità cavalleresca: i due si colpiscono in modo irregolare e scomposto. **Infelloniti** è il participio passato del verbo "infellonire" 'infuriarsi'; questo verbo, di uso esclusivamente letterario, è un denominale da "fellone" ('traditore, infido' e 'irato, rabbioso, infuriato') che deriva dal latino medievale *fellonem* 'perfido'. "Infellonito" vale dunque 'sconvolto dall'ira, infuriato', ma anche 'diventato più crudele, inferocito'.

● **57** 3 **si scinge**: *si libera* (il prefisso *s*- rovescia il senso di "cinge").
4 **fer**: *feroce*; **non d'amante**: la negazione allude tuttavia a un'implicita ambivalenza dello scontro.
5-8 Ripreso lo scontro regolare, alla spada, Tancredi e Clorinda sono presto sfiniti e sanguinanti; così che si ritirano entrambi. **Piaghe**: *ferite*. **Respira**: *riprende fiato*; cioè *recupera le forze*.

● **58** 2 **il peso**: da legare a **del suo corpo...**, al v. precedente.
3 **ultima stella**: cioè Venere (propriamente un pianeta), che si mostra poco prima dell'alba: non senza un significato le fasi conclusive del duello e l'uccisione di Clorinda da parte dell'innamorato Tancredi sono sovrastate dalla presenza dell'astro dell'amore. **Langue**: *diviene debole*, per l'iniziale diffondersi, dalla stessa parte del cielo, della luce dell'alba.
5 **copia**: *abbondanza*.
6 **non tanto**: *non altrettanto*; **offeso**: *ferito*.
7 **superbisce**: *insuperbisce*.
8 **ogn'aura...estolle**: *che basta un minimo soffio di fortuna a illudere!* (letteralmente 'a innalzare', cioè 'a rendere superba').

59
Misero, di che godi? oh quanto mesti
fiano i trionfi ed infelice il vanto!
Gli occhi tuoi pagheran (se in vita resti)
di quel sangue ogni stilla un mar di pianto.
Cosí tacendo e rimirando, questi
sanguinosi guerrier cessaro alquanto.
Ruppe il silenzio al fin Tancredi e disse,
perché il suo nome a lui l'altro scoprisse:

60
– Nostra sventura è ben che qui s'impieghi
tanto valor, dove silenzio il copra.
Ma poi che sorte rea vien che ci neghi
e lode e testimon degno de l'opra,
pregoti (se fra l'arme han loco i preghi)
che 'l tuo nome e 'l tuo stato a me tu scopra,
acciò ch'io sappia, o vinto o vincitore,
chi la mia morte o la vittoria onore. –

61
Risponde la feroce: – Indarno chiedi
quel c'ho per uso di non far palese.
Ma chiunque io mi sia, tu inanzi vedi
un di quei due che la gran torre accese. –
Arse di sdegno a quel parlar Tancredi,
e: – In mal punto il dicesti; – indi riprese
– il tuo dir e 'l tacer di par m'alletta,
barbaro discortese, a la vendetta. –

62
Torna l'ira ne' cori, e li trasporta,
benché debili, in guerra. Oh fera pugna,
u' l'arte in bando, u' già la forza è morta,
ove, in vece, d'entrambi il furor pugna!
Oh che sanguigna e spaziosa porta
fa l'una e l'altra spada, ovunque giugna,
ne l'arme e ne le carni! e se la vita
non esce, sdegno tienla al petto unita.

63
Qual l'alto Egeo, perché Aquilone o Noto
cessi, che tutto prima il volse e scosse,
non s'accheta ei però, ma 'l suono e 'l moto
ritien de l'onde anco agitate e grosse,
tal, se ben manca in lor co 'l sangue vòto
quel vigor che le braccia a i colpi mosse,
serbano ancor l'impeto primo, e vanno
da quel sospinti a giunger danno a danno.

64
Ma ecco omai l'ora fatale è giunta
che 'l viver di Clorinda al suo fin deve.
Spinge egli il ferro nel bel sen di punta

● **59** 1 **mesti**: *tristi*.
2 **fiano**: *saranno*.
3-4 *I tuoi* [: *di Tancredi*] *occhi (se resti in vita) pagheranno un mare di pianto* [*per*] *ogni goccia* (**stilla**) *di quel sangue*. *L'iperbato valorizza il sangue dell'amata*.
6 **cessaro alquanto**: *si fermarono un poco*.
● **60** 3-4 *Ma dal momento* (**poi**) *che la* [*nostra*] *sorte malvagia* (**rea**) *fa in modo di negarci* (**vien che ci neghi**; **vien** = *avviene*) *sia* (**e**) *lodi sia testimonianze degne dell'impresa* (**opra** = *opera*).
6 **scopra**: *riveli*.
7-8 *in modo che io sappia chi onori la mia morte o la mia vittoria, a seconda che* (**o**) [*io sia*] *sconfitto* (**vinto**) *o vincitore*.
● **61** 1 **indarno**: *invano*.
2 **ho per uso**: *sono abituata (ma dalla risposta non trapela il sesso di Clorinda);* **non far palese**: *non rendere noto*.
4 **la gran torre**: *quella dei cristiani a uso di assedio (cfr.* 5, 7 *e nota);* **accese**: *incendiò; con riferimento all'impresa compiuta da Clorinda insieme ad Argante*.
6 **In mal punto**: *In un momento sbagliato; sottinteso: per te; cioè: cercando la tua rovina*.
7 **il tuo dir e 'l tacer**: *ciò che dici e ciò che non vuoi dire; cioè: tanto il rifiuto di rivelare il nome quanto la dichiarazione dell'impresa compiuta;* **m'alletta**: *m'invita; da legarsi a* **a la vendetta** *al v. sg.*
8 **barbaro discortese**: *pagano irrispettoso delle leggi della cortesia (cioè della nobiltà cavalleresca)*.
● **62** 2-4 **debili**: *deboli; Caretti (a differenza di altri editori) non pone virgola dopo «debili», e ci distacchiamo pertanto qui, eccezionalmente, dalla sua lezione*. **Oh fera…pugna!**: *O combattimento* (**pugna**) *feroce, in cui* (**u'** = *dove; latino "ubi"*) *la tecnica* (**l'arte**) [*è*] *abbandonata* (**in bando**), *dove ormai* (**già**) *la forza è venuta meno* (**morta**), *in cui* (**ove**), *al posto* (**in vece**) [*di essi*], *combatte il furore di entrambi* [*i duellanti*].
5 **porta**: *apertura, cioè 'ferita' o 'rottura' (in riferimento a* **carni** *e ad* **arme** *del v. 7); metaforico*.
7-8 **e se la vita…unita**: *i due guerrieri cioè non cedono alla morte solo perché l'ira e l'orgoglio ha in loro il potere di tenerli in vita;* **tienla**: *la tiene*.
● **63** *Come* (**qual**) *il profondo* (**alto**; *latino "altus"*) [*mar*] *Egeo non si calma* (**non s'accheta ei**; **ei** = *egli, pleonastico*) *per il solo fatto che* (**perché…però**) *cessino* [*il vento*] *Aquilone* [: *da Nord*] *o Noto* [: *da Sud*], *che prima lo* (**il**) *sconvolse e mosse* (**scosse**) *tutto, ma conserva* (**ritien**) *il suono e il movimento delle onde ancora agitate e grosse, così* (**tal**) *sebbene in loro* [: *Tancredi e Clorinda*] *manca insieme al* (**co 'l** = *con il*) *sangue versato* (**vòto** = *vuotato*) *quel vigore che* [*fino allora*] *mosse le braccia a colpire,* [*tuttavia*] *conservano ancora lo slancio iniziale* (**l'impeto primo**), *e spinti da esso continuano* (**vanno**) *ad aggiungere* (**a giunger**) *danno a danno* [: *a ferire reiteratamente l'avversario già ferito*]. *Similitudine ben equilibrata strutturalmente* (**qual…**, *quattro versi;* **tal…**, *quattro versi) e con efficace corrispondenza tra i due termini del paragone*.
● **64** *È l'ottava del colpo fatale dato da Tancredi a Clorinda, e non può sfuggire la presenza, già a livello di referenti, dell'ambivalenza erotica*.
2 **fin**: *al maschile contiene un'allusione al valore cristiano della morte, e alla importanza dell'oltretomba, che il femminile non avrebbe*. **Deve**: *può sottintendersi "giungere", oppure si deve considerare l'***ora** *come la debitrice della vita di Clorinda alla morte* (**fin**). *La seconda interpretazione è certamente più intensa, e forse preferibile*.

che vi s'immerge e 'l sangue avido beve;
e la veste, che d'or vago trapunta
le mammelle stringea tenera e leve,
l'empie d'un caldo fiume. Ella già sente
morirsi, e 'l piè le manca egro e languente.

65
Segue egli la vittoria, e la trafitta
vergine minacciando incalza e preme.
Ella, mentre cadea, la voce afflitta
movendo, disse le parole estreme;
parole ch'a lei novo un spirto ditta,
spirto di fé, di carità, di speme:
virtú ch'or Dio le infonde, e se rubella
in vita fu, la vuole in morte ancella.

66
– Amico, hai vinto: io ti perdon... perdona
tu ancora, al corpo no, che nulla pave,
a l'alma sì; deh! per lei prega, e dona
battesmo a me ch'ogni mia colpa lave. –
In queste voci languide risuona
un non so che di flebile e soave
ch'al cor gli scende ed ogni sdegno ammorza,
e gli occhi a lagrimar gli invoglia e sforza.

67
Poco quindi lontan nel sen del monte
scaturia mormorando un picciol rio.
Egli v'accorse e l'elmo empié nel fonte,
e tornò mesto al grande ufficio e pio.
Tremar sentí la man, mentre la fronte
non conosciuta ancor sciolse e scoprí.
La vide, la conobbe, e restò senza
e voce e moto. Ahi vista! ahi conoscenza!

68
Non morì già, ché sue virtuti accolse
tutte in quel punto e in guardia al cor le mise,
e premendo il suo affanno a dar si volse
vita con l'acqua a chi co 'l ferro uccise.
Mentre egli il suon de' sacri detti sciolse,
colei di gioia trasmutossi, e rise;
e in atto di morir lieto e vivace,
dir parea: «S'apre il cielo; io vado in pace».

69
D'un bel pallore ha il bianco volto asperso,
come a' gigli sarian miste viole,
e gli occhi al cielo affisa, e in lei converso
sembra per la pietate il cielo e 'l sole;
e la man nuda e fredda alzando verso
il cavaliero in vece di parole
gli dà pegno di pace. In questa forma
passa la bella donna, e par che dorma.

---

4 **avido**: *avidamente*; **beve**: *fa sgorgare*; sogg. è **il ferro** (cioè 'la spada') al v. 3.
5-8 [*Il sangue*] *le empie di un caldo fiume la veste, che, trapunta di bell'oro (d'or vago), stringeva in modo tenero e lieve le mammelle. Ella ormai si sente morire, e le vacilla (le manca) il piede debole e sfinito (egro e languente; dittologia sinonimica).* **La veste** è dunque soggetto (attraverso il pronome **che**) del periodo che segue, retto dal verbo **stringea**; ed è complemento oggetto di **empie**.
65 1-2 Egli [: Tancredi] *persegue la vittoria, e incalza e sottomette (preme) la vergine* [: Clorinda] *trafitta, minacciando[la]*.
4 **estreme**: *ultime*.
5 **novo un spirto ditta**: *ispira un nuovo spirito*.
6 Sono elencate le tre Virtù teologali (Fede, Speranza e Carità), alla base della religione cristiana.
7 **rubella**: *ribelle*.
8 **la vuole**: soggetto è **Dio**; **ancella**: *fedele servitrice*.
66 2 **nulla pave**: *non teme nulla*.

4 **lave**: *lavi*, cioè 'purifichi'; metaforico.
5 **voci languide**: *parole deboli*.
6 *qualcosa* (**un non so che**) *di delicato* (**flebile**) *e dolce* (**soave**).
7 **gli**: a Tancredi; **ammorza**: *spegne*.
67 1 **Poco quindi lontan**: *Poco lontano da lì*.
2 **rio**: *ruscello*.
4 **al grande...pio**: *al compito grande e santo*; cioè al battesimo, come richiesto dalla morente.
6 **sciolse e scoprío**: *liberò* [: dall'elmo] *e scoprí*.
7 **la conobbe**: *la riconobbe*.
8 **e voce e moto**: *sia voce sia capacità di muoversi*; cioè 'restò muto e paralizzato'. **Ahi vista! ahi conoscenza!**: vengono ripresi nella frase esclamativa i termini del verso precedente (a **vista** corrisponde **vide**; a **conoscenza**, **conobbe**).
68 1-4 [*Tancredi*] *non cedette alla morte* (**non morì già**), *perché concentrò* (**accolse**) *in quell'istante* (**punto**) *tutte le sue forze* (**virtuti**) *e le mise a sostegno* (**in guardia**) *del cuore, e reprimendo la sua angoscia* (**il suo affanno**) *si rivolse a dare vita* [: *eterna*] *con l'acqua* [: *il battesimo*] *a chi* [: *Clorinda*] *aveva ucciso* (**uccise**) *con la spada*.
5 **il suon...sciolse**: *pronunciò* (**il suon sciolse**) *la sacra formula* [*del battesimo*].
6 **colei**: *Clorinda*; **di gioia trasmutossi**: *si trasformò assumendo un'espressione felice*.
7 *nell'atteggiamento di una morte lieta e vivificatrice* (**vivace**).
69 1 **asperso**: *sparso*.
2 *come sarebbero* [: *con lo stesso effetto che farebbero*] *viole mescolate* (**miste**) *ai gigli*. Dunque, in realtà, il pallore avanza su un volto che è già bianco, e tuttavia ancora segnato dal roseo dell'incarnato (**le viole**).
3 **affisa**: *fissa*; **converso**: *rivolti* (sogg. sono il **cielo** e il **sole**).
7 **gli dà pegno di pace**: *gli dà* [*la mano*] *come pegno* [: *testimonianza e annuncio*] *di pace*. **In questa forma**: *In questo atteggiamento*; cioè dando la mano a Tancredi.
8 **passa**: *muore*; il verbo "passare", usato da solo, indica il 'passare da questa vita alla vita eterna', e implica perciò un punto di vista religioso.

70
Come l'alma gentile uscita ei vede,
rallenta quel vigor ch'avea raccolto;
e l'imperio di sé libero cede
al duol già fatto impetuoso e stolto,
ch'al cor si stringe e, chiusa in breve sede
la vita, empie di morte i sensi e 'l volto.
Già simile a l'estinto il vivo langue
al colore, al silenzio, a gli atti, al sangue.

- **70** *Non appena* (**come**) *egli* (**ei**) [: Tancredi] *vede uscita [dal corpo] la nobile anima* (**l'alma gentile**) [: di Clorinda], *lascia andare* (**rallenta**) *quelle forze* (**vigor**) *che aveva concentrato; e abbandona* (**cede**) *il libero* [: completo] *controllo* (**imperio**) *di sé al dolore già divenuto* (**fatto**) *violentissimo* (**impetuoso**) *e irrazionale* (**stolto**), *il quale* (**ch'<e>**) *si stringe* [intorno] *al cuore e, mentre la vita è concentrata* (**chiusa...la vita**) *in un piccolo spazio* (**in breve sede**), *riempie i sensi e il volto di morte. Il vivo* [: Tancredi] *è abbandonato* (**langue**) *ormai* (**già**) *come* (**simile**; avv.) *il morto* [: a Clorinda] *quanto al colore* [: pallido], *al silenzio, al comportamento* (**a gli atti**), *al sangue* [versato].

T4 DALLA COMPRENSIONE ALL'INTERPRETAZIONE

COMPRENSIONE

Il canto di Clorinda Riassumiamo **la vicenda** narrata in questo canto, di cui abbiamo letto ampi brani. Non paga del proprio impegno militare nella precedente battaglia, limitato a ferire di arco e frecce, **Clorinda medita, mentre è scesa la notte, di assalire e ardere la grande torre in legno dei cristiani**, fondamentale strumento d'assedio. **A lei si associa Argante**. Prima della sortita, **Arsete, l'eunuco** che ha allevato Clorinda, per trattenerla le narra della sua origine cristiana, confidandole di aver disubbidito all'ordine di farla battezzare ricevuto da sua madre e poi replicato più volte in sogno da **apparizioni inquietanti**. Un sogno particolarmente angoscioso ha egli fatto, anzi, proprio la notte precedente, nel quale veniva annunciata la imminente morte di Clorinda e la sua inevitabile salvezza cristiana. La donna è turbata dal racconto, tanto più che ella stessa ha fatto un sogno analogo; ma rifiuta di rinunciare all'impresa. **Clorinda e Argante raggiungono lo scopo** e, dopo aver fatto strage di nemici, fuggono verso la città. Qui, nella mischia tra i difensori usciti loro incontro e gli inseguitori cristiani, accade che Clorinda sia **inavvertitamente chiusa fuori delle mura**. Vedendosi perduta, **la guerriera si finge un soldato crociato**, profittando della inconsueta armatura nera indossata per essere meno visibile nella sortita notturna. Il trucco riuscirebbe, se Clorinda non fosse stata individuata e tenuta d'occhio proprio da **Tancredi**, il quale **la identifica come nemico** mentre non la riconosce come la propria amata. Mentre la donna si defila tentando di raggiungere un'altra porta, il crociato segue l'ignoto guerriero per misurarsi con lui in duello. **Lo scontro, lungo ed estenuante, si conclude all'alba con la vittoria di Tancredi**. Clorinda, ferita a morte, chiede però all'uccisore di battezzarla. Scoperto il volto di lei per eseguire il rito, **Tancredi** la riconosce e, spirata serenamente la donna, anch'egli **cade a terra privo di sensi e semimorto**. Lo salverà un gruppo di soldati franchi che passa di lì per caso.

ANALISI

Unità e varietà del canto XII Il XII rappresenta un canto esemplare della tecnica compositiva impiegata da Tasso nella *Gerusalemme liberata*. Si alternano infatti **scenari ed episodi assai diversi** tra loro; e però l'insieme esprime un'altissima **coerenza drammatica e narrativa**. I **temi propriamente militari** (l'**impresa di Clorinda e Argante in campo nemico, il duello tra Tancredi e Clorinda**) sono alternati a vaste pause dedicate alla preparazione e alla elaborazione degli episodi essenziali. Una particolare importanza assumono il racconto dell'eunuco Arsete intorno all'origine cristiana di Clorinda, e la disperazione postuma dell'uccisore Tancredi; nonché i propositi conclusivi di vendetta del pagano Argante, ignaro del vincolo religioso frattanto determinatosi tra la compagna morta e il colpevole nemico Tancredi. Ciò testimonia l'esistenza di una **coerenza narrativa pur nella varietà delle situazioni**, coerenza ruotante attorno alla **centralità della morte di Clorinda**, cui fanno direttamente o indirettamente riferimento tutti gli altri momenti del canto, precedenti o successivi. **Il canto XII è dunque il canto di Clorinda**. È innanzitutto la sua vicenda esemplare a dare unità e coesione alla varia materia del canto. Anzi, in linea con i princìpi della poetica tassesca, è proprio l'unione strutturale dei vari elementi compositivi nella loro diversa funzione e caratterizzazione espressiva a sostenere la verosimiglianza e l'unità della narrazione.

Il combattimento di Tancredi e Clorinda nella struttura del poema

La vicenda di Clorinda, pur in se stessa coerente e unitaria, resterebbe però ingiustificata dal punto di vista generale, se essa non avesse profondi legami con l'insieme dell'opera e in particolare con le sue dinamiche interne. Intanto, la morte di Clorinda è l'esito conclusivo di una serie di apparizioni della guerriera disseminate soprattutto nei canti I, II, III; e perciò si raccoglie qui e si compie un tema già ben presente nel poema. Fra l'altro, tale tema avrà poi una ripresa nel canto XIII, allorché sarà la voce lontana della donna a impedire a Tancredi di vincere l'incanto della selva di Saron. Inoltre, il **rapporto tra Clorinda e Tancredi ha un importante rilievo narrativo**, costituendo un lato dell'**infelice "triangolo" erotico Erminia-Tancredi-Clorinda**. E su questa rete di amori non ricambiati e sui relativi travestimenti, scambi, equivoci e illusioni si costruiscono non poche situazioni della *Liberata*. Infine (ed è l'argomento più importante), la morte di Clorinda, soprattutto per il modo in cui essa si verifica, coinvolge molti dei temi portanti del poema e ne annuncia il più profondo significato complessivo: sono il tragico errore e i sensi di colpa che ne derivano a decretare la **maturazione perfetta del malinconico Tancredi** (il personaggio più autobiografico dell'opera); è il compimento paradossale dell'incontro tra i due a definire la tragica visione tassesca dell'esistenza; **è la conversione di Clorinda ad annunciare la futura vittoria dei cristiani**, senza però nascondere il terribile prezzo della conquista.

INTERPRETAZIONE

La contrapposizione amore/guerra e l'ambivalenza delle soluzioni

Il combattimento di Tancredi e Clorinda e la morte e conversione della donna rilanciano la centralità nel poema dell'**opposizione amore/guerra**, proponendone una versione radicale: i due ambiti cessano di essere contrapposti e si fondono, così che il **duello rappresenta, al tempo stesso, un incontro erotico stravolto nell'aggressività e un combattimento intensamente erotizzato**. La conclusione dell'episodio decreta una riconciliazione che conduce al di là dell'amore e al di là della guerra, in una situazione malinconica di pacificazione e di sublimazione in cui la presenza del significato religioso e la sensazione della perdita e del dolore sono strettamente intrecciate. È in nome di questa **ambivalenza** che si fondono, dopo l'esito dello scontro, **la vita data dal battesimo e la morte data dalla spada**.

L'intera vicenda dell'amore di Tancredi e Clorinda nonché la specifica caratterizzazione psicologica della guerriera rappresentano nel poema questa essenziale (e pessimistica) contrapposizione amore/guerra; contrapposizione della quale partecipano anche altri filoni narrativi del poema, e in primo luogo, non casualmente, quello dell'amore della nemica Erminia per il principe Tancredi.

Clorinda e la simbologia cristiana dell'episodio

La morte di Clorinda è accompagnata da numerosi **presagi di sventura**. La scelta della guerriera di indossare, invece della solita veste candida, **armi nere** è in tal senso quasi un consegnarsi alle tenebre della morte; e tale travestimento simbolico, dal quale per altro derivano l'inganno di Tancredi e dunque la morte della donna, è infatti sottolineato da un significativo inciso del narratore – «(infausto annunzio!)»: 18, 4 –. Lo stesso **racconto di Arsete, con la narrazione degli infausti presagi sognati**, e il loro aggiungersi a quelli ricevuti da Clorinda medesima, definiscono la **sortita della eroina come un vero e proprio suicidio, ovvero come un sacrificio**. Questa impressione è confermata dalle ambigue parole con le quali Clorinda annuncia la propria intenzione bellicosa ad Argante, soprattutto là dove ben contempla la possibilità della propria morte (5, 8 - 6, 1-8). Il cammino di Clorinda verso la morte appare dunque per un verso voluto dal destino, e per un altro perfino consapevole e volontario. Si potrebbe dire, tenendo conto dello sviluppo complessivo dell'episodio, che la donna è in cerca di una chiarificazione interiore, e che la radicalità di questo bisogno la porta a una **prova** altrettanto **radicale ed estrema**, lungo la quale non può che incontrare la morte. In questo senso l'**episodio della morte di Clorinda si carica di segrete allusioni e di una profonda simbologia** che assumono, nel loro insieme, uno speciale significato in **prospettiva cristiana**. Un primo simbolo è quello della **porta della città, che viene richiusa prima che Clorinda possa attraversarla** per mettersi in salvo. Tale esclusione annuncia quella dalla vita, separando la guerriera dagli altri compagni. Ma in tale separazione è presagito anche lo **staccarsi di Clorinda dalla comunità degli "infedeli"** e il suo solitario dirigersi, fino alla conversione, verso la società dei cristiani. In tal senso non pare senza significato che Clorinda, esclusa dalla porta che accoglie gli altri pagani, si diriga «verso altra porta, ove d'entrar dispone» (52, 4). Sul piano referenziale si tratta, certo, di un'altra porta di Gerusalemme; ma nell'ordine della simbologia che stiamo considerando è come se il racconto dichiarasse che Clorinda cerca proprio un'altra comunità, un'altra dimensione di valori, benché ancora senza saperlo. È da notare fra l'altro che **la ricerca di Clorinda si svolge salendo verso «l'alpestre cima»** (52, 3), cioè in una **prospettiva di innalzamento** che assume un significato simbolico di tipo religioso. Infine, la porta dalla quale Clorinda resta «esclusa» (48, 8) è quella che si apre nella direzione della Valle di Giosafat, nella quale, secondo la Bibbia, si raduneranno i morti per il Giudizio finale. Un altro simbolo decisivo è quello affidato alla **contrapposizione notte/alba**. Sullo scenario della notte il canto si apre («Era la notte»: 1, 1); e la notte domina la preparazione dell'impresa di Clorinda e Argante, la sua realizzazione e gran parte del duello fra Tancredi e Clorinda. La conclusione del duello e l'uccisione della donna coincidono però con lo spegnersi dell'«ultima stella» (cioè il "pagano" pianeta Venere sacro all'amore) e con l'annunciarsi del «primo albor ch'è in oriente acceso» (58, 3-4). **La morte di Clorinda è dunque rappresentata come un progressivo uscire dalle tenebre del peccato** per dirigersi verso la nuova alba della conversione e della fede fino al «sole» nel frattempo sorto che illumina pietosamente il trapasso della donna (69, 3-4).

Lavoriamo con la VIDEOLEZIONE: ANALISI DEL TESTO

Nella videolezione Pietro Cataldi afferma che Tasso qui si rivela un grandissimo narratore perché imposta la scena in modo «cinematografico». Spiega le ragioni di questa affermazione, intrecciando gli spunti suggeriti dallo studioso con precisi riferimenti al testo.

T4 LAVORIAMO SUL TESTO

COMPRENDERE

Amore vs guerra

1. Sintetizza il contenuto dell'episodio evidenziandone i due temi principali.

ANALIZZARE

Coerenza tra temi e stili

2. Trova nelle ottave 49-58 le figure retoriche che caratterizzano il registro in relazione al tema.
3. Qual è il tono delle ottave 59-70? Da quale tecnica compositiva sono caratterizzate?

Un abbraccio mortale

4. **LINGUA E LESSICO** Analizza il lessico delle ottave 57-64. Quali metafore erotiche rivela il lessico guerresco?

Il personaggio di Clorinda

5. Quale duplice metamorfosi subisce la figura di Clorinda?

L'opposizione notte/alba

6. Chiarisci gli elementi simbolici presenti nel paesaggio.

INTERPRETARE

Gli interventi del narratore

7. Ritrova nel brano gli interventi espliciti dell'autore e rifletti sulla loro funzione all'interno della narrazione. Quindi attua un confronto con gli interventi dell'Ariosto nel *Furioso*, evidenziandone analogie e differenze.

LABORATORIO
Dall'interpretazione alla riappropriazione

ATTUALIZZAZIONE E VALORIZZAZIONE

L'«equivoco fatale»: una situazione ricorrente nell'immaginario occidentale

Il canto XII è forse quello che ha suscitato più ammirazione nei lettori di Tasso per l'episodio fortemente patetico del duello tra Tancredi e Clorinda che porta alla morte dell'eroina. Questa ammirazione è giustificata dalla compresenza di tanti temi che convergono in una sola scena, basata sull'espediente del «fatale equivoco».

La situazione narrativa sceneggiata da Tasso gravita intorno al destino tragico dell'eroina, vestita in abiti maschili, e uccisa proprio perché non è stata riconosciuta la sua identità di donna. Dopo Tasso questo «equivoco» tragico, che mette in gioco il discrimine tra realtà e apparenza, nonché la confusione tra maschile e femminile, è stato riproposto in tante altre opere e continua ad essere ancora oggi uno dei temi ricorrenti dell'immaginario occidentale. In particolare esso ha avuto grande fortuna nella stagione del Romanticismo, che ha valorizzato al massimo il binomio amore-morte. Per fare qualche esempio, basta ricordare l'uccisione di Gilda, travestita da uomo e assassinata al posto del Duca di Mantova, nel *Rigoletto* di Verdi e la morte tragica sulle barricate di Eponine, in abiti maschili, nei *Miserabili* di Victor Hugo.

Tuttavia, rispetto a questi episodi ottocenteschi, il duello di Tancredi e Clorinda è ancora più suggestivo, sia perché è attraversato da una serie di antitesi irrisolte sia perché intreccia temi diversi ed estremamente attuali:

- il rapporto conflittuale tra Occidente e Oriente e il confronto tra le diverse identità religiose (Tancredi è un guerriero cristiano; Clorinda è una combattente saracena);
- la contrapposizione tra maschile e femminile (a scontrarsi sono un uomo e una donna);
- l'ambivalenza della pulsione erotica (il duello è sceneggiato come una sorta di incontro erotico dal finale tragico);
- il tema fondamentale del rapporto tra amore e morte (Tancredi uccide inavvertitamente la donna di cui è innamorato);
- il tema dell'ambivalenza, che ha una perfetta incarnazione nel personaggio di Clorinda. Clorinda è a metà strada fra due campi opposti: partecipa sia del mondo cristiano sia di quello musulmano, dell'universo femminile come di quello maschile. La sua doppia identità le è però nascosta, sconosciuta: crede di essere figlia di Arsete e non sa nulla del proprio passato. Porta in sé le sue origini segrete proprio come porta nel mondo, celato da un'armatura, il proprio corpo di donna.

Nikita, film del 1990 di Luc Besson.

Kill Bill vol. 1, film del 2003 di Quentin Tarantino.

RIAPPROPRIAZIONE

Il mito antico e moderno della donna guerriera

Il mito della donna guerriera, che unisce bellezza e forza, ha sempre affascinato la civiltà occidentale. Nella cultura dell'antica Grecia un intero popolo, quello delle Amazzoni, era composto di temibili donne guerriere. Il loro nome deriva dal greco *amazón*, che significa 'senza seno': le Amazzoni infatti venivano mutilate della mammella destra per impedire lo sviluppo del seno, dare più forza al braccio e facilitare l'uso dell'arco. Quella dell'amazzone è una figura inquietante, perché accosta maschile e femminile, dolcezza e spietatezza, il dare la vita e il dare la morte.

Modellata sulla figura dell'amazzone è poi la vergine guerriera Camilla, un personaggio dell'*Eneide* di Virgilio. Consacrata bambina a Diana (la dea della caccia), cresce nei boschi e combatte valorosamente contro i Troiani approdati nel Lazio al seguito di Enea. La Clorinda di Tasso, deve molto alla figura di Camilla anch'essa vergine e guerriera (e anch'essa combattente nel campo nemico), ma mentre nel poema virgiliano quest'ultima è un personaggio del tutto secondario, nella *Gerusalemme liberata* Clorinda ha un ruolo di grande importanza.

Anche oggi la figura dell'amazzone stimola la fantasia di scrittori e soprattutto di registi, che hanno valorizzato l'ambiguità del personaggio. Se Camilla e Clorinda sono personaggi epici, che combattono in difesa dei valori della collettività cui appartengono, l'amazzone moderna è invece un personaggio "romanzesco", che agisce per sé, obbedendo a motivazioni egoistiche e a istinti individuali, in netto contrasto con la società in cui vive. Così la Nikita dell'omonimo film di Luc Besson (1990), interpretata da Anne Parillaud, è dapprima una criminale eroinomane che, messa di fronte alla scelta se essere uccisa o salvarsi diventando un killer dei servizi segreti francesi, si trasformerà suo malgrado in un'assassina di professione, sottoponendosi ad un duro addestramento che la renderà infallibile e micidiale. La differenza tra il bene e il male, come si vede, qui è molto labile. E lo è ancor di più in un altro film, *Kill Bill*, di Quentin Tarantino (2003), la cui protagonista, la Sposa (Uma Thurman), è una killer esperta di arti marziali che, dopo aver cercato invano di rifarsi una vita lontano dal crimine, si vendicherà degli assassini del marito. Mescolando abilmente il *topos* antico dell'amazzone e l'immaginario fumettistico e cinematografico contemporaneo (i film di kung fu, il western), il film di Tarantino mostra – in modo assolutamente non realistico – una realtà tipica del nostro mondo: l'individualismo, la crisi dei valori, la violenza insita nella società.

Lo spazio della riappropriazione: dalla letteratura alla vita

L'episodio del duello di Clorinda e Tancredi è stato un soggetto molto fortunato per gli artisti di tutti i tempi. Nell'ambito della pittura l'opera più famosa è forse la tela di Tintoretto *Tancredi battezza Clorinda*; mentre il più celebre testo musicale che adatta l'originale di Tasso è *Il combattimento di Tancredi e Clorinda* di Claudio Monteverdi. Anche oggi il canto XII della *Gerusalemme* continua ad ispirare spettacoli e artisti (si pensi ad esempio allo spettacolo dei pupi *Tancredi e Clorinda* del cantastorie e regista teatrale Mimmo Cuticchio, rappresentato in diversi teatri italiani, e all'omonima canzone del 2009 del gruppo musicale Radiodervish). Documentati sul quadro di Tintoretto e sul madrigale di Monteverdi, per capire in che modo viene riletto il testo originale. Quindi rifletti sulla tua esperienza di lettore contemporaneo dell'opera di Tasso. Cosa in questo famoso episodio della *Gerusalemme* trovi ancora attuale? Cosa c'è di noi, o che ci riguardi, in questi versi? Quale testo della contemporaneità (canzone, film, romanzo, fumetto, ecc.), secondo te, può essere collegato al XII canto perché ne ripropone le stesse ambivalenze o gli stessi temi anche in un contesto e con modalità completamente nuove? Discuti la questione con il docente e i compagni.

Marina Abramović e Jan Fabre, *Virgin-Warrior/Warrior-Virgin*, performance del 14 dicembre 2004. Parigi, Palais de Tokyo.

12 I canti XIII-XVI

Canto XIII. La selva incantata di Saron

Il canto XIII segna il culmine delle difficoltà per i crociati. La necessità di costruire nuove macchine d'assedio li spinge nella vicina **selva di Saron** per procurarsi legnami. Ma la selva è stata incantata dal mago Ismeno e i soldati indietreggiano davanti a minacciosi prodigi. Lo stesso Tancredi, che pure appare impavidamente pronto a ogni rischio, è costretto a fermarsi, parendogli di udire il lamento di Clorinda.

La siccità

Un'altra piaga infernale affligge i guerrieri crociati: **la siccità**. E ancora è il paesaggio a occupare il centro dell'azione. Stremati, i cavalieri cominciano a scoraggiarsi e non mancano le prime defezioni. Ma alla preghiera appassionata di Goffredo, ecco cadere la pioggia ristoratrice. Di nuovo **l'aiuto divino** risolve una situazione che pareva irreparabilmente compromessa.

Canti XIV, XV, XVI

I canti XIV, XV e XVI sono dedicati a rappresentare gli **amori di Armida e Rinaldo** e si concludono con il recupero del paladino cristiano ai suoi doveri di combattente, particolarmente importante dato che egli soltanto può vincere l'incanto della selva di Saron.

Armida e Rinaldo

A richiamare Rinaldo ai suoi doveri sono inviati **Carlo** e **Ubaldo**, opportunamente istruiti e aiutati dal buon mago di Ascalona. Questi raggiungono le Isole Fortunate (cioè le Canarie) attraverso un viaggio avventuroso e qui hanno modo di visitare la dimora nella quale Armida ha condotto Rinaldo e lo tiene prigioniero di una invincibile fascinazione erotica. La maga, dapprima impegnata ad allontanare Rinaldo dalla guerra per favorire la parte pagana, si è poi innamorata del giovane paladino; così che quando questi, tornato in sé udendo i richiami dei due compagni, si decide ad allontanarsi, la donna si dispera appassionatamente, giurando vendetta (cfr. **T5**).

T5 Il giardino di Armida

OPERA
Gerusalemme liberata, XVI, 9-10; 17-23, 2; 26-35, 2

CONCETTI CHIAVE
- il labirinto e lo specchio
- la tentazione del piacere

FONTE
T. Tasso, *Gerusalemme liberata*, cit.

Nelle Isole Fortunate si trovano il palazzo e il giardino della maga Armida, presso la quale Rinaldo vive dimentico di sé e dei suoi doveri, ammaliato dai piaceri del luogo e innamorato della maga. Giungono con lo scopo di richiamarlo al suo valore i crociati Ubaldo e Carlo, assistiti dai consigli del mago di Ascalona. Essi riescono in effetti a scuotere il paladino mostrandogli riflesse in uno scudo le sue fattezze effeminate. È questo uno dei luoghi della *Liberata* nei quali Tasso indugia nella rappresentazione del paradiso pagano (e diabolico) dei piaceri carnali, mostrando un'attrazione faticosamente contrastata.

9
Poi che lasciàr gli aviluppati calli,
in lieto aspetto il bel giardin s'aperse:
acque stagnanti, mobili cristalli,
fior vari e varie piante, erbe diverse,
apriche collinette, ombrose valli,
selve e spelonche in una vista offerse;
e quel che 'l bello e 'l caro accresce a l'opre,
l'arte, che tutto fa, nulla si scopre.

● **9** 1-2 *Dopo* (**poi**) *che [Carlo e Ubaldo] lasciarono i sentieri* (**calli**) *intrecciati* (**aviluppati**) [: dopo che uscirono dal labirinto], *apparve loro* (**s'aperse**) *il bel giardino [di Armida] con* (**in**) *aspetto ridente* (**lieto**). Carlo e Ubaldo sono i crociati il cui compito è riportare Rinaldo ai suoi doveri.
3 Cioè laghi e ruscelli (**mobili cristalli** = acque correnti terse come cristallo).
5 **apriche**: *assolate*.
6 **spelonche**: *grotte*; **in una vista offerse**: *mostrò come visione che si può cogliere in un unico sguardo*; soggetto è «il bel giardin» del v. 2.
7-8 *e l'artificio* (**l'arte**), *che fa tutto [ciò che si vede], non si percepisce affatto* (**nulla si scopre**): *ciò* (**quel**) *che accresce bellezza* ('**l bello**) *e valore* ('**l caro**) *alle opere*. Cioè: tutto ciò che si vede è opera degli incanti della maga Armida, ma tutto appare egualmente frutto di estrema naturalezza; anzi, proprio in ciò sta l'incanto. Versi, questi, divenuti quasi la formula di una concezione (soprattutto manierista e barocca) dell'arte in senso proprio.

10
Stimi (sì misto il culto è co 'l negletto)
sol naturali e gli ornamenti e i siti.
Di natura arte par, che per diletto
l'imitatrice sua scherzando imiti.
L'aura, non ch'altro, è de la maga effetto,
l'aura che rende gli alberi fioriti:
co' fiori eterni eterno il frutto dura,
e mentre spunta l'un, l'altro matura.
[...]

17
Fra melodia sì tenera, fra tante
vaghezze allettatrici e lusinghiere,
va quella coppia, è rigida e costante
se stessa indura a i vezzi del piacere.
Ecco tra fronde e fronde il guardo inante
penetra e vede, o pargli di vedere,
vede pur certo il vago e la diletta,
ch'egli è in grembo a la donna, essa a l'erbetta.

18
Ella dinanzi al petto ha il vel diviso,
e 'l crin sparge incomposto al vento estivo;
langue per vezzo, e 'l suo infiammato viso
fan biancheggiando i bei sudor più vivo:
qual raggio in onda, le scintilla un riso
ne gli umidi occhi tremulo e lascivo.
Sovra lui pende; ed ei nel grembo molle
le posa il capo, e 'l volto al volto attolle,

19
e i famelici sguardi avidamente
in lei pascendo si consuma e strugge.
S'inchina, e i dolci baci ella sovente
liba or da gli occhi e da le labra or sugge,
ed in quel punto ei sospirar si sente
profondo sì che pensi: «Or l'alma fugge
e 'n lei trapassa peregrina». Ascosi
mirano i duo guerrier gli atti amorosi.

20
Dal fianco de l'amante (estranio arnese)
un cristallo pendea lucido e netto.
Sorse, e quel fra le mani a lui sospese
a i misteri d'Amor ministro eletto.
Con luci ella ridenti, ei con accese,
mirano in vari oggetti un solo oggetto:
ella del vetro a sé fa specchio, ed egli
gli occhi di lei sereni a sé fa spegli.

● **10** 1-6 Sia le decorazioni (**e gli ornamenti**) sia i luoghi (**e i siti**) ti sembrano (**stimi**; impersonale) del tutto (**sol**; avverbio) naturali (così [**bene**]) l'artificiale (**il culto**) è mescolato (**misto**) al naturale (**co 'l negletto**)). [**Ciò**] sembra (**par**) un artificio della natura, che per divertimento (**diletto**) imiti scherzando la sua imitatrice [consueta; cioè l'arte]. L'aria, nonché tutto il resto (**non ch'altro**), è un prodotto (**effetto**) della maga [Armida], l'aria che rende fioriti gli alberi. Nelle ottave 11-16 continua la descrizione del giardino di Armida.

● **17** 2 **vaghezze**: attrattive.
3 **quella coppia**: Carlo e Ubaldo; **rigida e costante**: seria e imperturbabile.
4 **rende se stessa insensibile** (**se stessa indura**) alle seduzioni (**vezzi**) del piacere.
5-8 Ecco lo sguardo [dei due] penetra avanti (**inante**) tra fronde e fronde, o gli sembra (**pargli**) di vedere, [e] vede infine (**pur**) con certezza l'amante (**il vago**) [: Rinaldo] e la amata (**la diletta**) [: Armida], [vede] che egli sta (**è**) in grembo alla donna, e lei (**essa**) [in grembo, cioè in mezzo] all'erba.

● **18** 1-8 **19** 1-2 Ella [: Armida] ha il velo aperto (**diviso**) davanti al petto, e sparge i capelli ('l **crin**) scomposti al vento estivo; fa la leziosa (**langue per vezzo**), e i bei sudori, biancheggiando, rendono (**fan**) più vivo il suo viso arrossato (**infiammato**): come (**qual**) un raggio [brilla] sull'acqua (**in onda**), negli occhi umidi le brilla (**le scintilla**) un riso fremente (**tremulo**) e sensuale (**lascivo**). Sta china (**pende**) sopra di lui [: Rinaldo]; ed egli (**ei**) le posa la testa (**il capo**) nel grembo morbido (**molle**), e solleva (**attolle**) il volto verso il (**al**) volto, e rivolgendo (**pascendo**) avidamente su di lei i [propri] sguardi di desiderio (**famelici**), si consuma e logora (**strugge**) [per amore].
3-8 [Armida] si china, e spesso (**sovente**) ella ora assapora (**liba**) i dolci baci dagli occhi e ora [li] succhia dalle labbra, e in quel momento (**in quel punto**) si sente sospirare lui così profondamente che viene da pensare (**pensi**; impers.): «Ora l'anima [di Rinaldo] fugge e trapassa in lei [: entra in Armida] [quale] pellegrina». I due guerrieri [: Carlo e Ubaldo] osservano (**mirano**) nascosti gli atti amorosi.

● **20** Dal fianco dell'amante pendeva uno specchio (**un cristallo**) lucido e terso (**netto**) (strumento (**arnese**) inconsueto (**estranio**) [per un guerriero]. [Armida] si alzò (**sorse**), e collocò (**sospese**) fra le mani a lui [: Rinaldo] esso (**quel**) [: lo specchio], scelto (**eletto**) [quale] ministro ai riti (**misteri**) d'amore. Ella con occhi (**luci**) ridenti, egli con [occhi] infiammati (**accese**) [di desiderio], contemplano (**mirano**) un unico oggetto [: Armida] in vari oggetti: ella fa specchio a sé del vetro [: dello specchio], ed egli fa specchi a sé degli occhi sereni di lei. Lo specchio è l'intenso oggetto simbolico del perverso legame erotico tra i due: Armida tutta assorta nella contemplazione narcisistica della propria bellezza, Rinaldo attirato invece dalla donna (della quale è innamorato). È per questo che entrambi ammirano un solo oggetto (cioè Armida), benché guardando in due oggetti diversi (Rinaldo in Armida e Armida nello specchio, dove è l'immagine specchiata della donna).

21
L'uno di servitú, l'altra d'impero
si gloria, ella in se stessa ed egli in lei.
– Volgi, – dicea – deh volgi – il cavaliero
– a me quegli occhi onde beata bèi,
ché son, se tu no 'l sai, ritratto vero
de le bellezze tue gli incendi miei;
la forma lor, la meraviglia a pieno
piú che il cristallo tuo mostra il mio seno.

22
Deh! poi che sdegni me, com'egli è vago
mirar tu almen potessi il proprio volto;
ché il guardo tuo, ch'altrove non è pago,
gioirebbe felice in sé rivolto.
Non può specchio ritrar sí dolce imago,
né in picciol vetro è un paradiso accolto:
specchio t'è degno il cielo, e ne le stelle
puoi riguardar le tue sembianze belle. –

23
Ride Armida a quel dir, ma non che cesse
dal vagheggiarsi e da' suoi bei lavori.
[...]

26
Fine alfin posto al vagheggiar, richiede
a lui commiato, e 'l bacia e si disparte.
Ella per uso il dì n'esce e rivede
gli affari suoi, le sue magiche carte.
Egli riman, ch'a lui non si concede
por orma o trar momento in altra parte,
e tra le fère spazia e tra le piante,
se non quanto è con lei, romito amante.

27
Ma quando l'ombra co i silenzi amici
rappella a i furti lor gli amanti accorti
traggono le notturne ore felici
sotto un tetto medesmo entro a quegli orti.
Ma poi che vòlta a più severi uffici
lasciò Armida il giardino e i suoi diporti,
i duo, che tra i cespugli eran celati,
scoprìrsi a lui pomposamente armati.

28
Qual feroce destrier ch'al faticoso
onor de l'arme vincitor sia tolto,
e lascivo marito in vil riposo
fra gli armenti e ne' paschi erri disciolto,
se 'l desta o suon di tromba o luminoso
acciar, colà tosto annitrendo è vòlto,
già già brama l'arringo e, l'uom su 'l dorso
portando, urtato riurtar nel corso;

---

21 Uno [: Rinaldo] [si vanta] della [propria] servitú, l'altra [: Armida] si vanta (**si gloria**) del [suo] comando (**impero**), [dunque] ella [si vanta] di (**in**) se stessa ed egli in lei. Il cavaliere diceva: – Gira (**volgi**), deh gira a me quegli occhi grazie ai quali (**onde**), [essendo tu] beata, dài beatitudine (**bèi**), dato che (**ché**), se tu non lo sai, la mia passione (**gli incendi miei**) è l'immagine (**ritratto**) vera delle tue bellezze; il mio cuore (**seno**) mostra appieno più dello specchio la loro [: delle bellezze] forma, la meraviglia [che esse provocano]. In questa e nell'ottava seguente si sviluppa il tema dello specchio, tipico della poesia manieristica e barocca. Anche il concettismo delle parole di Rinaldo si ricollega a certe situazioni del Tasso lirico e prefigura gli sviluppi del successivo marinismo.

22 Deh! dato che (**poi che**) sdegni me, almeno [tu] potessi mirare [vedendolo riflesso nella tua passione] come è bello (**com'egli è vago**) il [tuo] proprio volto; perché il tuo sguardo, che non si appaga altrove, rivolto verso di (**in**) sé gioirebbe felice. Nessuno (**non**) specchio può ritrarre un'immagine così dolce, né in un piccolo [pezzo di] vetro può essere (**è**) concentrato (**accolto**) il paradiso [della tua bellezza]: [solamente] il cielo è uno specchio degno di te, e [solamente] nelle stelle puoi ammirare (**riguardar**) le tue belle sembianze.

23 1-2 Armida ride a quelle parole (**dir**), ma non smette (**non che cesse**) di ammirarsi (**dal vagheggiarsi**) e di lavorare a farsi bella (**da' suoi bei lavori**). Nelle ottave 23-25 Armida, con l'aiuto dello specchio, continua a farsi bella.

26 1 [Armida] dopo aver smesso di ammirarsi (**Fine...vagheggiar**) [nello specchio].
3 **n'esce**: si allontana (da Rinaldo).
5-8 Egli [: Rinaldo] rimane, dato che a lui non è concesso (**non si concede**) portare i passi (**por orma; por** = porre) o trascorrere (**trar**) [anche un solo] momento in altro luogo (**parte**), e si aggira (**spazia**) tra gli animali (**le fère**) e tra le piante, [quale] amante solitario (**romito**), eccetto il tempo in cui (**se non quanto**) è con lei [: con Armida].

27 1-2 Ma quando l'oscurità (**l'ombra**) [notturna] richiama (**rappella**) con i silenzi complici (**amici**) gli amanti prudenti (**accorti**) ai loro amori furtivi (**a i furti lor**).
3 **traggono**: trascorrono.
7 **i duo**: i due guerrieri cristiani, cioè Carlo e Ubaldo.
8 **pomposamente**: in modo solenne; ma l'avverbio definisce soprattutto l'improvvisa differenza introdotta dalla armatura dei due guerrieri in quello scenario di seduzioni, e definisce anche già in qualche modo lo stupore di Rinaldo.

28 Come (**qual**) un cavallo (**destrier**) da combattimento (**feroce**) che sia tolto imbattuto (**vincitor**) al faticoso onore delle armi, e si aggiri (**erri**) [quale] stallone (**marito**) lascivo in vile riposo libero (**disciolto**) fra le greggi (**armenti**) e nei pascoli, se lo sveglia (**se 'l desta**) o suono di tromba o una spada (**acciar**) brillante (**luminoso**), in quella direzione (**colà**) corre (**è vòlto**) subito (**tosto**) nitrendo, immediatamente (**già già**) desidera (**brama**) la gara (**l'arringo**) e [desidera] nel torneo (**nel corso**), colpito (**urtato**), colpire a sua volta (**riurtar**), portando sul dorso l'uomo [: il cavaliere]. La similitudine calza perfettamente al carattere della situazione, e ne annuncia già la successiva evoluzione. Si noti in particolare la rappresentazione degradata e avvilente della funzione erotica riservata al cavallo un tempo glorioso.

Nicolas Poussin, *Rinaldo e Armida*, 1630 circa. Dulwich Picture Gallery.

29
tal sì fece il garzon, quando repente
de l'arme il lampo gli occhi suoi percosse.
Quel sì guerrier, quel sì feroce ardente
suo spirto a quel fulgor tutto si scosse,
benché tra gli agi morbidi languente,
e tra i piaceri ebro e sopito ei fosse.
Intanto Ubaldo oltra ne viene, e 'l terso
adamantino scudo ha in lui converso.

30
Egli al lucido scudo il guardo gira,
onde si specchia in lui qual siasi e quanto
con delicato culto adorno; spira
tutto odori e lascivie il crine e 'l manto,
e 'l ferro, il ferro aver, non ch'altro, mira
dal troppo lusso effeminato a canto:
guernito è sì ch'inutile ornamento
sembra, non militar fero instrumento.

31
Qual uom da cupo e grave sonno oppresso
dopo vaneggiar lungo in sé riviene,
tal ei tornò nel rimirar se stesso,
ma se stesso mirar già non sostiene;
giù cade il guardo, e timido e dimesso,
guardando a terra, la vergogna il tiene.
Si chiuderebbe e sotto il mare e dentro
il foco per celarsi, e giù nel centro.

32
Ubaldo incominciò parlando allora:
– Va l'Asia tutta e va l'Europa in guerra:
chiunque e pregio brama e Cristo adora
travaglia in arme or ne la siria terra.
Te solo, o figlio di Bertoldo, fuora
del mondo, in ozio, un breve angolo serra;
te sol de l'universo il moto nulla
move, egregio campion d'una fanciulla.

● **29** 1 **tal**: *così*, cioè come il cavallo dell'ottava precedente; **il garzon**: *il giovane*, cioè Rinaldo; **repente**: *improvvisamente*.
5 **benché**: da collegare a **ei fosse** che chiude il v. sg.
7-8 *Intanto Ubaldo viene avanti, e ha rivolto* (**converso**) *verso di lui* (**in lui**) *il lucido* (**terso**) *scudo di diamante* (**adamantino**). È lo scudo dai magici poteri consegnato ai due guerrieri dal mago di Ascalona.
● **30** 2 **in lui**: *in esso*, cioè nello specchio; **qual siasi**: *come sia*, cioè 'nel suo effettivo aspetto'.
3 **delicato culto**: *effeminata ricercatezza*;

spira: *emana*.
4 **odori e lascivie**: *odori voluttuosi*; endiadi.
5-8 *e guarda* (**mira**) *la spada* (**'l ferro**), *non altro, la spada che ha* (**aver**) *accanto effeminata dal troppo lusso: è adornata* (**guernito**) *in modo tale* (**sì**) *che sembra un inutile ornamento, non un fiero strumento militare*.
● **31** 2 **vaneggiar**: *delirare*.
4 **ma non sopporta** (**non sostiene**) *di guardare oltre* (**già**) *se stesso*.
5 **il guardo**: *lo sguardo*.
6 **guardando**: *in atto di guardare*: il ger. vale qui un part. pres.; **il**: *lo*, riferito a "sguardo".

8 **nel centro**: *nel centro della terra*, cioè 'sotto terra'.
● **32** 3 **pregio**: *gloria*.
4 *ora soffre* (**travaglia**) *nel combattere* (**in arme**) *in Palestina* (**ne la siria terra**).
5 **figlio di Bertoldo**: cioè Rinaldo, indicato qui attraverso una perifrasi che ha la funzione di ricordare al giovane la dignità della propria stirpe, nonché la figura paterna.
6 **serra**: *tiene isolato*.
7-8 *te solo lo sconvolgimento* (**il moto**) *generale* (**de l'universo**) *non muove affatto* (**nulla move**), [o] *egregio eroe* (**campion**) *di una fanciulla*. È esplicita la pungente ironia.

33
Qual sonno o qual letargo ha sì sopita
la tua virtute? o qual viltà l'alletta?
Su su; te il campo e te Goffredo invita,
te la fortuna e la vittoria aspetta.
Vieni, o fatal guerriero, e sia fornita
la ben comincia impresa; e l'empia setta,
che già crollasti, a terra estinta cada
sotto l'inevitabile tua spada. –

34
Tacque, e 'l nobil garzon restò per poco
spazio confuso e senza moto e voce.
Ma poi che diè vergogna a sdegno loco,
sdegno guerrier de la ragion feroce,
e ch'al rossor del volto un novo foco
successe, che più avampa e che più coce,
squarciossi i vani fregi e quelle indegne
pompe, di servitù misera insegne;

35
ed affrettò il partire, e de la torta
confusione uscì del labirinto.

- **33** 2 **virtute**: *valore*; **l'alletta**: *la seduce*.
  5 **fatal**: *segnato dal fato*, cioè 'benedetto da Dio'; **fornita**: *compiuta*.
  6 **comincia**: *cominciata*; **impresa**: *la conquista di Gerusalemme*; **l'empia setta**: *i seguaci della religione pagana*.
  7 **crollasti**: *scuotesti*, cioè 'mettesti in pericolo'.
- **34** 3 **35** 2 *Ma dopo che la vergogna lasciò il posto* (**diè…loco**) *allo sdegno, lo sdegno* [*che è*] *feroce difensore* (**guerrier**) *della ragione, e che al rossore* [*di vergogna*] *del volto seguì* (**successe**) *un nuovo fuoco* [: *il rossore dello sdegno*], *che avvampa di più e brucia* (**coce**) *di più,* [*Rinaldo*] *si strappò* (**squarciossi**) *gli inutili ornamenti* (**i vani fregi**) *e quelle indegne manifestazioni di lusso* (**pompe**), *segni di miserabile servitù; e mise fretta alla partenza* (**ed affrettò il partire**), *e uscì dalla intricata* (**torta**) *confusione del labirinto.*

T5 DALLA COMPRENSIONE ALL'INTERPRETAZIONE

COMPRENSIONE

Suddivisione del testo L'episodio può essere suddiviso in **tre sequenze**. La prima (**ottave 9-17**) mostra **Ubaldo e Carlo**, coppia «e rigida e costante», nel momento in cui, attraversato il labirinto, sono giunti al suo cuore. Qui, nascosti dietro le fronde, **spiano Armida e Rinaldo**. Nella seconda (**ottave 18-26**) è descritto **l'incontro tra i due amanti**, le parole che si dicono, gli atteggiamenti che assumono, fino al momento in cui Armida si allontana. Nella terza (**ottave 27-35**) Ubaldo e Carlo «pomposamente armati» escono dal loro nascondiglio, si rivelano a Rinaldo e Ubaldo riesce con le sue parole, ma soprattutto con i suoi gesti (rivolgere verso Rinaldo il suo **scudo di diamante**, in cui egli possa vedersi riflesso), a **convincere il paladino a uscire «de la torta / confusion […] del labirinto»**.

ANALISI

Lo specchio e il labirinto: i temi e le forme Strumenti malefici attraverso i quali l'eroe è conquistato e fuorviato dalla propria identità e dall'azione sono il labirinto e lo specchio.

Il labirinto separa il paradiso della sensualità e dello smarrimento dal resto del mondo, cioè dalla dimensione dell'impegno. Il labirinto è un'**immagine trasparente di smarrimento e di vanità**. Significato eguale al labirinto hanno an-

che gli ornamenti lussuosi e ricercati di Armida e di Rinaldo, in quanto manifestazioni di una bellezza non finalizzata a nulla.
Lo specchio è a sua volta **simbolo della vanità**, in quanto strumento di contemplazione e di immobilità. Ben diverso è **l'uso rovesciato che dello specchio fa Ubaldo**, mostrando a Rinaldo il suo aspetto effeminato. Anzi: questo specchio ha la funzione di controbilanciare e neutralizzare quello legato all'amore per Armida.
Anche **il linguaggio è dominato**, in alcuni passaggi di questo episodio, **da una caratterizzazione labirintica e dalla specularità**. A quest'ultima sono da ricondurre i numerosi **chiasmi** (per esempio 9, 3 e 4; 10, 7 e 8, ecc.).
Una natura labirintica mostra pure la caratterizzazione concettosa di alcuni passaggi-chiave (come quello dello specchio: 20, 5-22, 4). In generale tutto l'episodio è dominato da **uno stile ricercato e pieno di indugi**, di ammiccamenti, di esitazioni, di rivolgimenti, **di tortuosità**. A esso si oppone la struttura diretta e incalzante delle esortazioni rivolte a Rinaldo da Ubaldo, che culmina nella ruvida e sarcastica definizione «egregio campion d'una fanciulla» con cui Rinaldo viene inchiodato alle sue responsabilità (32 e 33).
Come c'è **una caratterizzazione diabolica della natura**, consistente nella sua complicazione e cioè nel **trionfo dell'artificio e della raffinatezza** – un artificio così sapiente da eclissarsi («e quel che 'l bello e 'l caro accresce a l'opre, / l'arte, che tutto fa, nulla si scopre») e da rendere **indistinguibili le categorie di naturale e artificiale** – così c'è **una caratterizzazione diabolica del linguaggio**. E tra i due piani c'è una profonda corrispondenza.

INTERPRETAZIONE

La contrapposizione tra piacere e virtù In questo episodio è ancora una volta affrontato il tema centrale della *Gerusalemme liberata*, la contrapposizione tra piacere e virtù.
Il piacere non è necessariamente collegato all'amore, che può appartenere alla dimensione tragica di Tancredi o a quella malinconica di Erminia; tuttavia si caratterizza soprattutto **come smarrimento erotico**. Il piacere è lo strumento del quale si serve la **tentazione infernale**. Esso agisce sull'uomo in modo da renderlo dimentico dei propri doveri e della propria stessa natura. Lo smarrimento si compie attraverso **la perdita dell'identità** individuale: il guerriero Rinaldo non sa più di essere un guerriero, non ricorda neppure di essere Rinaldo. Per richiamarlo in sé, basterà che i due crociati gli mostrino la sua immagine riflessa nello scudo specchiante e lo chiamino per nome (attraverso il significativo riferimento alla discendenza paterna).
Il mondo della virtù si definisce dunque come **mondo dell'autocoscienza, dell'identità e della ragione riflessiva**; cioè come dimensione integralmente umana. In ciò consiste la sua configurazione eroica: l'eroe tassesco è appunto colui che si fa carico della propria identità e accoglie nello spazio della coscienza la responsabilità di essere uomo. Questa dimensione **coincide con l'azione e con l'impegno**, ben rappresentati dagli strumenti militari (e qui la spada ha una importanza centrale: essa da «inutile ornamento» torna ad essere «militar fero instrumento»). Rinaldo infatti, non appena esce dalla sua ipnosi erotica e si ridesta dal sonno della ragione, vuole mettersi in cammino.

T5 LAVORIAMO SUL TESTO   ALLEGORIE A CHIAVE

COMPRENDERE

La maga e il paladino

1. Riassumi il contenuto del testo in 20 righe. Quale divinità viene nominata e chi è?

ANALIZZARE

Lo stile

2. Individua alcune figure retoriche che rendono lo stile particolarmente complesso.

Il tema del labirinto

3. «Gli avviluppati calli», la «torta confusione» del «labirinto» aprono e chiudono l'episodio. In che senso definiscono lo spazio dell'avventura di Rinaldo?

Il personaggio di Armida

4. Come è tratteggiato il personaggio di Armida? Quale elemento diabolico unisce la maga alla natura del suo giardino?

5. Precisa il significato simbolico che assume il gioco dei rispecchiamenti (lo specchio, gli occhi, lo scudo).

Il piacere e la virtù

6. **LINGUA E LESSICO** Quali scelte lessicali caratterizzano l'eros come peccato? Descrivi l'atteggiamento di Rinaldo verso Armida.

7. Come è presentato il ritorno di Rinaldo alla virtù? (ottave 31 e 33)

INTERPRETARE

Il tema del giardino

8. Confronta lo spazio del giardino di Armida con quello idillico in cui si rifugia Erminia (cfr. T3, p. 143).

L'amore impossibile

9. L'amore è una forza che unisce personaggi di campi avversi e insieme una minaccia che svia dai doveri morali. Rintraccia questo tema in altri episodi del poema.

LE MIE COMPETENZE: PROGETTARE, PRODURRE

Al centro del brano che abbiamo letto c'è il tema del labirinto. Il giardino incantato di Armida è il labirinto in cui Rinaldo perde la sua identità. Il labirinto è un archetipo antropologico comune ad ogni civiltà e ad ogni epoca. In particolare nell'immaginario occidentale il tema del labirinto si collega spesso al motivo del giardino. Sono tantissimi i labirinti verdi presenti nelle ville e nei giardini storici, dove siepi curate e fitte disegnano vie tortuose e intrecciate in cui perdersi. Progetta un itinerario turistico per visitare i più importanti labirinti botanici d'Italia. Presenta il tuo itinerario in una brochure. La brochure deve proporre in apertura una citazione selezionata da questo canto della *Gerusalemme liberata* e, a seguire, deve presentare un elenco dei labirinti verdi che proponi al turista di visitare. Per ognuno dei labirinti che inserisci nell'itinerario riporta almeno un'immagine e qualche breve informazione.

Villa Pisani a Stra (Venezia).

13 I canti XVII e XVIII

Canto XVII

Dopo l'ampia parentesi favolosa dedicata al recupero di Rinaldo, **ritorna il tema guerresco**. L'esercito egiziano è pronto a intervenire in aiuto degli assediati; e l'impegno è incoraggiato dalla promessa fatta ai più valorosi guerrieri da Armida, di concedersi a colui che le porterà la testa di Rinaldo.

Intanto questi è introdotto dal mago di Ascalona alla purificazione e informato delle glorie passate e future della casa d'Este (canto XVII).

Canto XVIII. Rinaldo spezza l'incanto della selva

T • *Rinaldo nella selva incantata*

La battaglia finale

Compiuto sul Monte Oliveto, assistito da Pier l'Eremita, il **rito di purificazione**, **Rinaldo spezza l'incanto della selva di Saron**. I crociati possono dunque ricostruire le macchine da guerra e prepararsi all'assalto finale. Goffredo decide anzi di accelerare i tempi, informato dell'avvicinarsi dell'esercito egiziano.

Lo scontro intorno alle mura è terribile, ma volge nettamente a vantaggio dei crociati. A Goffredo si mostra la visione dei soldati cristiani morti che combattono al fianco dei vivi nell'ultima decisiva battaglia, mentre le stesse schiere angeliche si mescolano ai soldati. Infine **le mura sono espugnate**: Rinaldo scala per primo le fortificazioni, e Goffredo vi pianta lo stendardo con la croce, tra le acclamazioni dei crociati, che dilagano entro la città colma di cadaveri e di feriti. I pagani si sono intanto asserragliati nel punto più alto di Gerusalemme per l'ultima disperata difesa (canto XVIII).

Jean Honoré Fragonard, *Rinaldo nella selva incantata*, 1761-1765 circa. New York, Metropolitan Museum of Art.

14 · L'epilogo del poema. I canti XIX e XX

Canto XIX. Il duello di Argante e Tancredi

Il solo Argante è rimasto sulle mura invase dai nemici e combatte eroicamente, finché cade dopo un aspro duello con Tancredi (cfr. **T6**). A reggere l'urto degli invasori resta la sola forza disperata ed eroica di **Solimano**.

Intanto Vafrino, scudiero di Tancredi, si incontra con Erminia presso il campo egiziano, dove è stato mandato nascostamente da Goffredo per raccogliere informazioni. Con il suo aiuto, **Erminia può infine raggiungere Tancredi** e curarne amorevolmente le ferite ricevute in duello da Argante (canto XIX).

Erminia accudisce Tancredi

Canto XX. La battaglia finale

Informato da Vafrino sulle intenzioni dell'esercito egizio, Goffredo si risolve ad affrontarlo in campo aperto. Alla **rappresentazione grandiosa dello scontro**, si intrecciano, nell'ultimo canto, le numerose vicende di molti personaggi: **Solimano** muore dopo aver dato le ultime inutili eppur splendide prove del suo valore; **Goffredo**, **Raimondo** e **Tancredi** si coprono di gloria; **Rinaldo** vendica Sveno e, imbattutosi in Armida, ne ottiene la sottomissione in nome del reciproco amore. Infine, ancora insanguinato, **Goffredo** può adorare il Santo Sepolcro e sciogliere il voto.

T6 · Il duello di Argante e Tancredi

OPERA
Gerusalemme liberata, XIX, 20-28

CONCETTI CHIAVE
- l'eroismo del nemico
- la diversa visione della guerra di cristiani e pagani

FONTE
T. Tasso, *Gerusalemme liberata*, cit.

Il canto diciannovesimo, penultimo del poema, è aperto da uno dei numerosi duelli che occupano la parte conclusiva della *Liberata*. Mentre si ostina a difendere le mura già violate di Gerusalemme quasi da solo, Argante è colpito da Tancredi. Trovandosi faccia a faccia, i due guerrieri non possono che riprendere il duello già avviato e non portato a termine, prima per il sopraggiungere della notte e poi per l'assenza di uno dei due combattenti (Tancredi, prigioniero di Armida).
Il duello, di cui riportiamo l'ultima parte, avviene in un luogo isolato, in completa solitudine. Ciò mette in rilievo il diverso carattere dei due contendenti: eroico ma attraversato da una segreta malinconia lo sconfitto Argante; nobile e desideroso di risparmiare la vita all'avversario il vittorioso Tancredi.

20
Esce a Tancredi in più d'un loco il sangue,
ma ne versa il pagan quasi torrenti.
Già ne le sceme forze il furor langue,
sì come fiamma in deboli alimenti.
Tancredi che 'l vedea co 'l braccio essangue
girar i colpi ad or ad or più lenti,
dal magnanimo cor deposta l'ira,
placido gli ragiona e 'l piè ritira:

21
– Cedimi, uom forte, o riconoscer voglia
me per tuo vincitore o la fortuna;
né ricerco da te trionfo o spoglia,
né mi riserbo in te ragione alcuna. –
Terribile il pagan più che mai soglia,
tutte le furie sue desta e raguna;
risponde: – Or dunque il meglio aver ti vante
ed osi di viltà tentare Argante?

- **20** 3-4 *Ormai* [**già**] *nelle* [**loro**] *forze diminuite* (**sceme**) *il furore languisce, così come* [**fa la**] *fiamma con insufficiente* (**in deboli**) *alimentazione*.
  5 **essangue**: *dissanguato*.
  6 **girar**: *ruotare*; cioè 'far partire'.
  8 *gli parla* (**gli ragiona**) *con calma* (**placido**) *e indietreggia* ('**l piè ritira**).

- **21** [*Tancredi dice:*] *– Arrenditi a me* (**cedimi**), [**o**] *uomo forte, sia* (**o**) *che tu voglia riconoscere me come* (**per**) *tuo vincitore sia* [*che tu ne assegni invece il merito al*]*la fortuna*; *non voglio* (**né ricerco**) *da te riconoscimento ufficiale per la vittoria* (**trionfo**) *o premi* (**spoglia**), *né pretendo per me* (**mi riserbo**) *alcun diritto* (**ragione alcuna**) [*nei tuoi riguardi*]. *– Il pagano, terribile più di quanto sia mai stato* (**più che mai soglia**; **soglia** = *sia solito*), *desta e raduna tutte le sue energie* (**furie**; *è più forte*); *risponde: – Così* (**or**) *dunque ti vanti di aver la meglio ed osi incitare* (**tentare**) *Argante alla viltà?*

22

Usa la sorte tua, ché nulla io temo
né lascierò la tua follia impunita. –
Come face rinforza anzi l'estremo
le fiamme, e luminosa esce di vita,
tal riempiendo ei d'ira il sangue scemo
rinvigorì la gagliardia smarrita,
e l'ore de la morte omai vicine
volse illustrar con generoso fine.

23

La man sinistra a la compagna accosta,
e con ambe congiunte il ferro abbassa;
cala un fendente, e benché trovi opposta
la spada ostil, la sforza ed oltre passa,
scende a la spalla, e giù di costa in costa
molte ferite in un sol punto lassa.
Se non teme Tancredi, il petto audace
non fe' natura di timor capace.

24

Quel doppia il colpo orribile, ed al vento
le forze e l'ire inutilmente ha sparte,
perché Tancredi, a la percossa intento,
se ne sottrasse e si lanciò in disparte.
Tu, dal tuo peso tratto, in giù co 'l mento
n'andasti, Argante, e non potesti aitarte:
per te cadesti, aventuroso in tanto
ch'altri non ha di tua caduta il vanto.

25

Il cader dilatò le piaghe aperte,
e 'l sangue espresso dilagando scese.
Punta ei la manca in terra, e si converte
ritto sovra un ginocchio a le difese.
– Renditi – grida, e gli fa nove offerte,
senza noiarlo, il vincitor cortese.
Quegli di furto intanto il ferro caccia
e su 'l tallone il fiede, indi il minaccia.

26

Infuriossi allor Tancredi, e disse:
– Così abusi, fellon, la pietà mia? –
Poi la spada gli fisse e gli rifisse
ne la visiera, ove accertò la via.
Moriva Argante, e tal moria qual visse:
minacciava morendo e non languia.
Superbi, formidabili e feroci
gli ultimi moti fur, l'ultime voci.

27

Ripon Tancredi il ferro, e poi devoto
ringrazia Dio del trionfal onore;
ma lasciato di forze ha quasi vòto
la sanguigna vittoria il vincitore.
Teme egli assai che del viaggio al moto
durar non possa il suo fievol vigore;
pur s'incamina, e così passo passo
per le già corse vie move il piè lasso.

- **22** 1 **Usa la sorte tua**: *Sfrutta [pure] la tua buona fortuna*.
2 **follia**: *presunzione*; quella di ritenersi vincitore e invitare l'avversario alla resa.
3-8 *Come una fiaccola* (**face**) *rinforza le fiamme prima di spegnersi* (**anzi l'estremo**), *ed esce di vita luminosa, così* (**tal**) *egli* [: Argante] *riempiendo d'ira il sangue scarso* (**scemo**) *ridiede vigore* (**rinvigorì**) *all'energia perduta* (**la gagliardia smarrita**), *e volle rendere illustri* (**volse illustrar**) *con una fine eroica* (**generoso**) *le ore ormai vicine alla morte*. Ancora una volta il comportamento di Argante è paragonato, attraverso questa intensa similitudine, a quello di una fiamma (cfr. 20, 4).
- **23** 1 **a la compagna**: alla mano destra.
4 **ostil**: *nemica*; cioè la spada di Tancredi levatasi alla difesa; **la sforza**: *la costringe a cedere*, sfruttando l'energia impressa dal colpo.
5 **costa**: *costola*.
6 **punto**: *momento*; **lassa**: *lascia*.
7-8 *Se Tancredi non ha paura* (**non teme**), [vuol dire che] *la natura non ha fatto quel petto audace capace di timore* [: cioè Tancredi non ha paura di nulla].
- **24** 1 **Quel**: Argante; **doppia**: *replica*.
2 **sparte**: *gettate*.
3 **a la percossa intento**: *attento al colpo*.
5 **Tu**: l'uso improvviso della 2ª personale singolare, cioè il rivolgersi diretto del narratore ad Argante sul punto di morire, concorre alla valorizzazione del personaggio, il cui spessore umano si accresce notevolmente nel corso di questo duello conclusivo.
6 **non potesti aitarte**: *non ti fu possibile mantenere l'equilibrio* (**aitarte**: *aiutarti*).
7 **per te**: *da solo*, cioè in seguito al tuo stesso movimento violento di attacco; **aventuroso**: *fortunato*; **in tanto**: *nella misura in cui*.
8 **altri**: in particolare Tancredi, al quale si deve il merito della caduta del rivale solo perché si è sottratto al suo colpo.
- **25** 2 **espresso**: *spremuto*; **dilagando scese**: *si versò in abbondanza*.
3-8 *Egli punta la sinistra a terra, e si gira* (**si converte**) [verso Tancredi] *dritto sopra un ginocchio per difendersi*. *Il nobile* (**cortese**) *vincitore* [: Tancredi] *gli grida* – Arrenditi – *e gli fa nuove offerte, senza attaccarlo* (**noiarlo**). *Quegli* [: Argante] *intanto vibra* (**caccia**) *la spada furtivamente e lo ferisce* (**il fiede**) *sul tallone, e poi* (**indi**) *lo minaccia*. Vile, certo, il comportamento di Argante, ma egualmente eroico, nel continuare a combattere pur non potendo più neppure stare in piedi.
- **26** 2 **fellon**: *sleale*.
3 **fisse, rifisse**: *ficcò, rificcò*; esprime l'ira furiosa di Tancredi.
4 **ove accertò la via**: la spiegazione più verosimile (ma non l'unica) è: 'dove ritenne e fu certo, avendovi preso la mira, che la spada aveva possibilità di entrare'. L'oscurità di questa espressione fu criticata da Galileo.
6-8 *morendo continuava a minacciare, e non si lamentava* (**non languia**). *Gli ultimi gesti* (**moti**) *e le ultime parole* (**voci**) [di Argante] *furono* (**fur**) *superbi, spaventosi* (**formidabili**) *e feroci*.
- **27** 3-6 *ma la sanguinosa vittoria ha lasciato quasi privo* (**vòto**=vuoto) *di forza il vincitore. Egli teme assai che il suo debole* (**fievol**) *vigore non possa resistere* (**durar**) *al moto del cammino* (**del viaggio**).
7 **pur**: *tuttavia*.
8 **per le già corse vie**: lungo le vie già percorse, insieme ad Argante cercando un luogo adatto al duello; **lasso**: *stanco*.

28
Trar molto il debil fianco oltra non pote
e quanto più si sforza più s'affanna,
onde in terra s'asside e pon le gote
su la destra che par tremula canna.
Ciò che vedea pargli veder che rote,
e di tenebre il dì già gli s'appanna.
Al fin isviene; e 'l vincitor dal vinto
non ben saria nel rimirar distinto.

28 Non può (**non pote**) trascinare (**trar**) molto più in là (**oltre**) il debole corpo (**fianco**; per sineddoche) e tanto più si stanca (**s'affanna**) quanto più si sforza, per cui (**onde**) si siede (**s'asside**) in terra e appoggia (**pon**) la testa (**le gote** = le guance) sulla [mano] destra che pare una canna tremante. Gli pare di veder ruotare (**che rote**) ciò che vedeva, e la luce (**il dì**) già gli si offusca (**gli s'appanna**) di tenebre. Alla fine sviene; e a vedersi (**nel rimirar**), il vincitore non sarebbe (**non...saria**) facilmente (**ben**) distinto dal vinto. È destino di Tancredi concludere i più importanti duelli perdendo i sensi. Lo stesso gli è infatti già avvenuto dopo l'uccisione di Clorinda. Tancredi verrà soccorso e curato dalla innamorata Erminia, nell'ultima sua apparizione tra le pagine del poema.

T6 DALLA COMPRENSIONE ALL'INTERPRETAZIONE

COMPRENSIONE

Collocazione del testo Siamo alle battute conclusive del poema. Per **collocare l'episodio nel suo contesto** ci serviamo delle parole di **Alfredo Giuliani** (*Gerusalemme liberata di Torquato Tasso raccontata da Alfredo Giuliani*, Einaudi, Torino 1970):
«Il **15 luglio del mille e novantanove**, a mezzogiorno, Goffredo di Buglione piantò sugli spalti delle mura espugnate il grande vessillo crociato. Un feroce grido di vittoria – simile a uno scoppio di tuono nella luce balenante – si levò dalle squadre cristiane, e le colline di **Gerusalemme** lo riecheggiarono sbigottite. Aladino e Solimano, in rotta sotto l'incalzare del nemico, portarono in salvo nella torre di Davide, loro ultima fortezza, i resti del corpo delle guardie; altri sbandati musulmani cercarono scampo nel Tempio di Salomone, serrandosi alle spalle le inutili porte di ferro.
Solo Argante non ha abbandonato le mura. S'è lasciato sopravanzare dalle ondate dei crociati senza cedere d'un passo, e nessuno è ancora riuscito ad abbatterlo. Ma ormai la morte gli ha toccato il cuore; il guerriero indomabile è saccheggiato dalla tristezza, come **la città che aveva giurato di difendere è saccheggiata dagli invasori**. Le strade sono stagni di sangue. I feriti giacciono sui morti, e sotto i cadaveri gemono altri corpi mutilati e malvivi [moribondi]. Argante, le occhiaie nere di dolore e le pupille roventi, dopo aver travolto un gruppo di assalitori scagliando loro addosso lo scudo, rotea e punta freneticamente la spada contro un cerchio di armati. **Tancredi**, dal ponte della torre di legno, balza sugli spalti e lo riconosce: – Non ferire! Fate largo! – grida a quanti attorniano il circasso. – Questo nemico è mio. – Ah, sei tu, signorino, – lo schernisce Argante. – Arrivi un po' tardi: ho appena il tempo di ammazzarti. – Se è per questo, il tempo lo abbiamo tutti e due, – risponde Tancredi. E s'avviano al loro ultimo duello».

Un duello senza esclusioni di colpi Argante e Tancredi cercano un **luogo appartato** per lo scontro, lasciandosi alle spalle «la città afflitta». Inizia il duello, che attraversa **fasi diverse**; ciascun combattente sfrutta le proprie qualità: l'uno (Tancredi) la maggiore agilità e l'altro (Argante) la maggiore forza. Presto però **il furore prevale sulle regole e sulle strategie**, e la schermaglia si trasforma in un terribile corpo e corpo. Le ottave che abbiamo letto si riferiscono proprio al momento più feroce del duello, dove anche i **colpi a tradimento** sembrano ammessi: mentre **Tancredi offre la resa al suo nemico, questi ne approfitta per ferirlo sul tallone**. Ma è l'ultima azione del pagano: sotto i colpi ripetuti di Tancredi, «**moriva Argante**, e tal moriva qual visse: / minacciava morendo e non languia» (26, 5-6). Terminato il duello, il vincitore «ringrazia Dio del trionfal onore» (27, 2) e alla fine sviene, come già gli è accaduto al termine del combattimento con l'amata Clorinda (28). Sul campo di battaglia **il vinto e il vincitore si ritrovano così indistinguibili**, l'uno accanto all'altro.

ANALISI

Tasso e la scherma Tasso si rivela anche in questa circostanza **esperto conoscitore della tecnica schermistica** e delle procedure di combattimento, nonché capace di rappresentare le une e le altre con realismo ed efficacia. Nell'ottava 13, qui non riportata, ad esempio, **il duello tra Argante e Tancredi è paragonato**, con una similitudine felice, **a una «pugna naval»** che vede impegnate due navi di stazza diversa: una è superiore per dimensioni ma più lenta, l'altra è più piccola ma più mobile, e non meno pericolosa. Lo scontro fra i due guerrieri come fra le due navi è dunque equilibrato, «egual».

INTERPRETAZIONE

Argante e Tancredi Lo scontro armato di Tancredi e Argante non avviene più, come il precedente (raccontato nel canto VI), al cospetto degli eserciti schierati, in un'atmosfera di pubblico torneo cavalleresco, di teatrale spettacolo, ma si svolge invece, come già quello di Clorinda e Tancredi (cfr. T4, p. 150), **senza testimoni, in una valletta solitaria**. Il duello ha tutti i caratteri di una lotta forsennata, all'ultimo sangue, senza esclusione di colpi, leciti o illeciti, e su di esso incombe sin da principio una luttuosa ombra di morte. Ed è proprio in quest'ultimo duello, nel segno di un destino funesto e irrevocabile, che si manifesta compiutamente il complesso carattere di **Argante**, tuttora **orgoglioso e sprezzante**, accanito nella zuffa sino all'inutile sacrificio, **eroico anche se senza speranza, generoso e irriducibile** («minacciava morendo e non languia»). Nel personaggio di Argante trova felice espressione **la poesia tassiana degli eroi vinti**.

Tancredi non risparmia certo le proprie energie e risponde colpo su colpo, con la spada ma anche con le parole (si veda l'ottava 16, in cui rimbecca l'intempestiva irrisione contenuta nelle parole che Argante pronuncia alla fine dell'ottava 14). Tuttavia, quando vede il suo avversario in condizioni di palese inferiorità, stremato e sanguinante, **è pronto a fermarsi e a dialogare**, cercando lo spazio della ragionevolezza all'interno della violenza più furibonda («dal magnanimo cor deposta l'ira, / placido gli ragiona e 'l piè ritira»), e **giungendo quasi a supplicarlo di arrendersi**. Sembra che **l'ombra dell'uccisione di Clorinda gravi ancora su di lui**, inducendolo al massimo della pietà possibile a un guerriero impegnato in uno scontro mortale. Ma a nulla vale la sua umanità. Alla fine il «vincitor cortese» che rinnova la sua offerta (« – Renditi – grida, e gli fa nove offerte, / senza noiarlo») nella speranza di un esito diverso da quello che pure presagisce, **sarà costretto a uccidere il suo rivale**.

T6 LAVORIAMO SUL TESTO

COMPRENDERE

La situazione

1. Colloca l'episodio nel suo contesto.

ANALIZZARE

Tancredi, impareggiabile spadaccino

2. Sottolinea nel testo i termini riconducibili alla disciplina della scherma e dell'arte del duello.

Due personaggi opposti

3. Sottolinea gli elementi che mettono in luce la diversa psicologia dei due cavalieri.

INTERPRETARE

Vincitori e vinti

4. Tancredi vittorioso non esulta, ma ancora una volta (cfr. il duello con Clorinda, T4) perde i sensi. Rifletti sul significato che in questo caso può avere tale comportamento.

5. Qual è l'atteggiamento dell'autore di fronte all'eroismo pagano?

Percorso
LO SPAZIO E IL TEMPO

PERCORSI TEMATICI

La dimensione spaziale della *Gerusalemme liberata*: realtà, simbolo e magia

Paul Brill, *Paesaggio con ninfe e satiri*, 1623. Oberlin, Allen Memorial Art Museum.

Gli avvenimenti del poema si svolgono nello spazio storico e geografico che fu teatro della prima Crociata (1096-99). Gli eserciti cristiani muovono dalla Siria e dal Libano verso la Palestina dove assediano Gerusalemme. **L'azione principale ha il suo centro nel campo cristiano** attorno alla città santa, sebbene si dirami con avventure secondarie in altre località (il Giordano, il Mar Morto, Gaza).

È ribadita la centralità storica del Mediterraneo: unica fuga nell'immenso oceano, il viaggio magico alle Isole Fortunate (le Canarie), dove si trova il giardino di Armida. Lo spazio è perciò limitato e unitario, in omaggio all'unità d'azione aristotelica, e ai princìpi d'ordine e di unità dell'ideologia integralista della Controriforma, in lotta contro l'anarchia e il molteplice pagano.

La lontananza dal centro è sempre sintomo della devianza morale, che si insinua anche nei guerrieri cristiani, ma solo temporaneamente. **Sui movimenti divergenti dei «compagni erranti»**, rapiti o sviati, **prevale l'accentramento dell'azione guerriera** intorno alle mura di Gerusalemme, che ha in Goffredo un eroe irremovibile.

A questo spazio orizzontale, connotato geograficamente e moralmente, **corrisponde lo spazio verticale della dimensione religiosa**. Lo scontro tra cristiani e pagani è il riflesso terreno dello scontro tra Cielo e Terra, tra Dio e Satana.

Lo spazio epico-guerriero e lo spazio religioso non esauriscono tuttavia la ricchezza del paesaggio della *Liberata*, la cui dimensione più moderna e suggestiva è legata alla profondità interiore, agli oscuri moti del cuore dei personaggi. Le complesse storie psicologiche di Erminia, Tancredi, Armida, Rinaldo sono tutte oggettivate in luoghi che acquistano forme, significato e vibrazioni diverse in rapporto al loro stato d'animo.

La morte e la rinascita cristiana di Clorinda è associata all'alba, dopo un estenuante duello notturno illuminato dagli incendi. La luce del sole nascente, che inonda il volto pacificato di Clorinda, stabilisce una coincidenza tra metafora religiosa («S'apre il cielo; io vado in pace») e cornice naturale. Ed è ancora un elemento della natura (l'acqua del «picciol rio», che evoca «il fonte vivo» della prima apparizione di Clorinda) a sottolineare la catarsi del dramma (cfr. **T4**, *Il duello di Clorinda e Tancredi*).

Erminia evoca invece la celebre notte lunare in cui «l'innamorata donna iva co 'l cielo / le sue fiamme sfogando ad una ad una». «I muti campi e il silenzio amico» accolgono le pene amorose che Erminia non può rivelare a nessuno. Questo paesaggio lirico, di origine petrarchesca, che accorda al cromatismo e al silenzio notturno della luce lunare le effusioni dell'animo, è già ampiamente presente nelle *Rime*. Anche il luogo pastorale, confidente testimone degli infelici amori della donna, fa da specchio allo stato d'animo della protagonista. (cfr. **T3**, *Erminia tra i pastori*).

In modo analogo, la selva è inseparabile dal percorso e dallo stato d'animo della fuggitiva. Manca ogni precisione spaziale: il paesaggio, appena accennato, allude allo smarrimento materiale e psicologico della donna, che non vede altro che le proprie lacrime. Il tempo della fuga è vago (tutta la notte e tutto il giorno), e serve solo a indicare uno spostamento e l'improvviso approdo all'oasi di pace dei pastori. Questa riproduce il *topos* del luogo ameno, anch'esso funzionale alla vicenda di Erminia. L'idillio tra l'uomo e la natura diventa qui il simbolo di una società diversa, alternativa alla guerra: femminile utopia di pace e di amore, che è insieme negazione della società cavalleresca e dei suoi ideali guerrieri. Il tempo si ferma, o ripete il ritmo circolare delle stagioni, in questo sogno di un rifugio impossibile, al di fuori della storia.

Tancredi invece è inseparabile dalla selva incantata di Saron, dove il fantasma insanguinato di Clorinda ne arresta l'impresa. Qui il rapporto tra il paesaggio e il personaggio si fa più inquietante e acquista risvolti psichico-simbolici più profondi.

Percorso
LO SPAZIO E IL TEMPO — La dimensione spaziale della *Gerusalemme liberata*: realtà, simbolo e magia

PERCORSI TEMATICI

La natura presenta un volto ambiguo, misterioso ed estraneo. È percepita come una minaccia costante, che scatena contro i Crociati tempeste infernali, siccità devastanti, incantesimi paurosi. Il furore della natura riflette il furore delle forze del male in lotta contro quelle del bene. **Ma questa natura notturna non è solo espressione del nemico esterno. Essa è la proiezione della zona d'ombra che si cela nell'interiorità dei guerrieri cristiani**, dei desideri inconsci rimossi in nome del senso del dovere religioso e guerriero (cfr. **S4**, *Un'interpretazione psicoanalitica del poema*).

Il ricorso alla magia permette di collegare l'ombra interiore all'ombra esteriore e quindi di esprimerla, relegandola entro una cornice di condanna diabolica. Alterando le forme della realtà naturale, l'incanto magico trasforma la selva in mobile scenario di apparizioni, di fantasmi seducenti e di mostri, in una continua metamorfosi che abolisce ogni confine tra realtà e sogno. Il motivo del sonno, del sogno, della perdita di coscienza ritorna in continuazione nelle avventure dei guerrieri. Rinaldo è rapito dormiente da Armida; i cavalieri (e Tancredi stesso), nella foresta di Saron, si muovono in un'atmosfera di sogno e cedono al terrore delle larve (canto XIII).

In questo incrocio di funzioni diverse (luogo di azione, di effusione lirica, di vagheggiamento utopico, di proiezione alienata dell'inconscio) **il paesaggio della *Liberata* rivisita tutti i *topoi* della tradizione letteraria: lo spazio idillico, il giardino d'amore, la selva infernale, il paradiso terrestre**. La totale estraneità alla guerra accomuna le Isole Fortunate all'idillio pastorale di Erminia. Relegato in uno spazio mitico, una specie di età dell'oro, il **paese di Armida** non è tuttavia un paese innocente. **È il giardino di delizie pagano**, della seduzione erotico-sensuale, dello smarrimento della coscienza; a questo allude chiaramente la natura che lo caratterizza. Il palazzo di Armida ha la forma di un labirinto: al giardino si accede attraverso vie oblique, fallaci avvolgimenti. La natura, troppo ricca e varia, non conosce il ritmo delle stagioni, è dominata dall'artificio. Per questo giardino Tasso si è probabilmente ispirato alla geometria rinascimentale dei parchi estensi e al loro mirabile intreccio fra arte e natura; ma qui l'eccessiva alterazione e complicazione artificiosa sono un segno diabolico. **Tutto è apparenza e inganno**; come ingannevole è il legame amoroso che unisce i due amanti, simboleggiato dallo specchio, segno dell'amore narcisistico di Armida, che ama in Rinaldo se stessa, in un gioco di riflessi che impedisce ogni rapporto con la realtà. La fissità della natura, la circolarità che ritorna su se stessa del gioco degli specchi rimandano a uno stato di smarrimento peccaminoso dell'io (cfr. **T5**, *Il giardino di Armida*).

Rembrandt, *Paesaggio con un ponte di pietra*, 1638. Amsterdam, Rijskmuseum.

Vicino alle tende cristiane sorge invece **la selva di Saron**, «alta foresta / foltissima di piante antiche, orrende, / che spargon d'ogni intorno ombra funesta». Essa **incarna il *topos* della discesa all'inferno**, nel regno dei morti, labirinto oscuro, intricato che occorre attraversare per raggiungere la via della salvezza. Il poeta insiste sul carattere luttuoso dell'oscurità che «gli occhi ingombra di cecità» e «ch'empie di tema [paura] il core». **Questa natura selvaggia, pervasa di spiriti erranti che evocano la profondità della terra, visualizza, nella sua atmosfera onirica, la zona oscura dell'inconscio**, nonché l'angoscia di Tancredi, forte in tutto ma «fievole in amore» (XIV, 46).

Carattere analogo, ma esito diverso ha l'impresa di Rinaldo. **La selva ora rivela tutte le sue potenzialità magiche in rapporto al carattere espansivo e vitale di Rinaldo**, ben diverso dal malinconico Tancredi. Inizia così uno straordinario spettacolo di illusionismo teatrale. La selva che prima era «sì negra» al suo venir «s'allegra» e di «leggiadre forme è rivestita». Ponti d'oro s'inarcano sui fiumi e scompaiono. «Musici stromenti» insieme a una «strana armonia di canto e di querele» fanno da magico concerto alle danze delle ninfe che fuoriescono dalle piante e circondano l'eroe, fino all'apparizione del fantasma di Armida. Rinaldo, questa volta «accorto», non si lascia sedurre e colpisce. Improvvisamente, come in sogno, la maga e le ninfe si trasformano in mostri e in ciclopi orrendi; la terra trema: l'inferno subentra al paradiso di delizie. Rinaldo vince l'incanto e torna la selva al «natural suo stato [...] piena d'orror ma de l'orror innato» (cfr. **espansioni digitali** T, *Rinaldo nella selva incantata*). **Gli spazi "devianti" sono tutti illusori e annientabili**: svaniscono dopo l'incanto, lasciando una natura autentica, squallida e desolata.

Rinaldo vince gli incantesimi diabolici, aprendo la via alla conquista di Gerusalemme, perché reca i segni di un'esperienza di rinascita e di elevazione, espressa anch'essa tramite una rappresentazione paesistica. **L'ascesa al Monte Oliveto, intessuta di riferimenti danteschi, evoca l'immagine del Paradiso terrestre**. L'alba coincide con la salita alle «più eccelse cime» ed è insieme un'ascesa interiore. Con gli occhi alzati egli contempla intorno «bellezze incorruttibili e divine», contrapposte alle bellezze artificiali e illusorie di Armida («torbida luce e bruna» che balena nel «breve confin di fragil viso»). Gli occhi fissi nell'oriente, la luce che indora l'elmo, le armi e le verdi cime, la rugiada che l'asperge e lo ricopre di «lucido candore» sono tutti elementi simbolici di un rito di purificazione. (XVIII, 12-16)

Il poema ritorna così al fulcro dell'azione eroica, riconducendo all'ordine ogni elemento eccentrico, compresa la temibile Armida: lo sfondo epico-guerriero si ricompone nella tragica battaglia e vittoria finale.

Alla fondamentale unità spaziale, risponde la linearità temporale. Il tempo storico dell'impresa bellica è preciso e condensato negli ultimi mesi dell'assedio, fino alla caduta di Gerusalemme, nel luglio del 1099. Non è, quello della *Gerusalemme liberata*, il tempo artificioso, a salti, dell'avventura ariostesca; contiene tutt'al più qualche *flash-back*, nel racconto del passato dei personaggi (cfr. l'episodio dell'infanzia di Clorinda nel canto XII).

Al tempo dell'azione epica si sovrappone tuttavia il tempo psicologico dei personaggi, la cui complessità è all'origine del meccanismo narrativo del poema. Esso è scandito dall'alternanza del giorno e della notte, con una prevalenza dei "notturni", simbolo della fatica e delle difficoltà della lotta per vincere le forze oscure del male. Di qui anche il carattere rasserenante e catartico che assumono le albe.

Il tempo di Erminia è quello dell'affanno interiore, dell'effusione lirica: **è il tempo statico della contemplazione idillica o quello sognante della memoria amorosa**.

Nel giardino di Armida o nella selva di Saron il tempo è fermo, in una circolarità senza sviluppo e senza scopo (eterna primavera, gioco degli specchi) o è magicamente alterato e annientato nell'inganno dei fantasmi, che manipolano la realtà; non è comunque misurabile. Il tempo della selva di Saron, nei canti XIII e XVIII, ha ugualmente la simultaneità e l'incongruenza del sogno.

Ristabilire la naturalità della foresta e uscire dalle larve che paralizzano i cavalieri significa riprendere il possesso di sé e conquistare Gerusalemme. **Il tempo della storia è dunque il tempo della guerra**. Ma la visione tragica che Tasso ha della storia terrena, su cui incombe un senso di vanità e di morte, lo induce a cercare, al di là del «fero [terribile] orror di morte» e del «gran gioco del caso e della sorte», un tempo che vada "oltre" il breve giro della vita umana.

Pieter Paul Rubens, *Paesaggio serale con carro*, 1630-1640. Rotterdam, Museo Boijmans Van Beuningen.

PERCORSI TEMATICI

Percorso: L'AMORE E LA DONNA

Il conflitto d'amore nella *Gerusalemme liberata*

Alessandro Tiarini, *Rinaldo impedisce il suicidio di Armida*, 1630-1640. Modena, Collezione privata.

Non è un omaggio al verosimile storico se nella *Liberata* non c'è traccia di donne nel campo cristiano, fatta eccezione per Gildippe, moglie fedele del barone inglese Odoardo. L'assenza non è casuale, se si pensa alla funzione attribuita alla figura femminile nel meccanismo narrativo del poema.

Le eroine sono tutte pagane e non sono poche. Tasso accenna all'eroismo delle donne pagane che «con chiome sparse e con succinte gonne» corrono a difendere la città, senza mostrare paura «d'esporre il petto per l'amate mura» (XI, 58). Numerose sono le donzelle, al seguito di Armida, che allietano il campo egiziano di Gaza. Si tratta, tuttavia, di fuggevoli accenni. Il poeta, come nota il critico francese Paul Larivalle, riduce la pluralità a unità, concentrando su personalità esemplari ciascuna delle funzioni femminili registrate nelle cronache (cfr. *Poesia e ideologia. Letture della «Gerusalemme Liberata»*, Liguori, Napoli 1987). Così **Clorinda** incarna «il virile ardimento» delle donne saracine e **Armida** i «femminili inganni»: ma questa tipologia "storica" si arricchisce con la mite **Erminia**, opposta sia all'una che all'altra, totalmente estranea alla guerra, ma ugualmente coinvolta da essa, e con **Sofronia** omologa a Erminia, appartenente alla comunità cristiana di Gerusalemme. Pur caratterizzate in modo diverso, queste figure femminili hanno tutte un tratto in comune nella qualità dei loro rapporti affettivi: il loro amore è attraversato dalla guerra.

L'amore unisce sempre personaggi dei campi avversi, sconvolgendo l'opposizione amico-nemico, tuttavia ribadita dalla sua impossibile realizzazione.

Tasso crea un sistema di tensioni affettive, ostacolato dalla lontananza, dal divieto, dal rifiuto. Erminia ama, non riamata, Tancredi, che a sua volta ama, non riamato, Clorinda. Sofronia non ama Olindo, suo disperato amante. Armida, non amante né amata, amerà poi Rinaldo, nemico, sino alla fine del poema.

L'amore nasce e si sviluppa come contrasto, come divisione insuperabile: i personaggi si inseguono, sviati dai travestimenti, non si riconoscono (Tancredi insegue Erminia, credendola Clorinda, sfida a «guerra e morte» Clorinda che ha cambiato insegne). L'incontro avviene solo in punto di morte, quando l'unione è diventata impossibile. Olindo solo sul rogo riesce a parlare e a sciogliere il cuore di Sofronia.

Il conflitto amore e guerra si radicalizza anche tragicamente **nel conflitto amore e morte**. Il duello fra Tancredi e Clorinda è tutto pervaso dall'ambiguità di un abbraccio erotico: «tre volte il cavalier la donna stringe», «nodi di fer nemico, e non d'amante», la spada che penetra «ne l'arme e ne le carni». Chiara è la simbologia sessuale del ferimento mortale: «Spinge egli il ferro nel bel sen di punta, / che vi si immerge, e 'l sangue avido beve; / e la veste, che d'or vago trapunta / le mammelle stringea tenera e leve, / l'empie d'un caldo fiume». «**Tutto converge** – commenta Raimondi – **verso la fatalità di un *eros* che è insieme *thanatos*** [morte], quasi che la stessa Clorinda desideri di morire in una battaglia amorosa» (cfr. **T4**, *Il duello di Clorinda e Tancredi*).

Anche l'affetto di Erminia per Tancredi è tanto più intenso, quanto più è unilaterale e incomunicabile, ripiegato in un vagheggiamento amoroso, a cui non è dato superare il doppio ostacolo delle linee nemiche e dell'indifferenza dell'amato (cfr. **T3**, *Erminia tra i pastori*). Esso resta, sino alla fine, esperienza interiore non svelata; e quando Erminia riuscirà alla fine del poema a curare le ferite di Tancredi non sarà riconosciuta, né si farà riconoscere.

«Amore è segno di contraddizione, manifesta a livello più intimo della coscienza il senso dell'universale *confligere* [combattere]» (cfr. **S6**, *Amore nella* Liberata). La frontiera della guerra ha dunque anche il significato di materializzare le contraddizioni che lacerano internamente i personaggi. **L'amore, in quanto attrazione segreta e sconvolgente per il nemico, è in contrasto con il dovere guerriero**. Tancredi, quando vede sull'altura l'elmo splendente di Clorinda, si incanta e dimentica di combattere contro Argante; e in battaglia è pronto a farsi uccidere da Clorinda. Anche quando ha compiuto, suo malgrado, il proprio dovere, uccidendola, non si libererà mai dal fantasma della donna amata e resterà succube degli incanti della selva di Saron, che ne segna il destino di eroe malinconico e sconfitto (XIII, 42-46).

Il conflitto tra amore e guerra è senza dubbio il nodo tematico più importante del poema. Ce lo conferma il fatto che tre canti centrali della *Gerusalemme* (XIV, XV, XVI) siano dedicati agli amori di Rinaldo e Armida. **La storia della devianza e del rinsavimento di Rinaldo e la finale conciliazione con Armida,** non più maga ma donna virtuosa, **ha un valore esemplare** e permette di cogliere una funzione della figura femminile assai importante nella concezione della *Liberata*.

Nella *Gerusalemme liberata* la vittoria della norma cristiana sul codice pagano è mediata proprio dalla parabola di un'inquietante figura femminile. Armida, donna-maga, sensuale e irresistibile, mettendo in scena il proprio corpo e la propria sessualità, scompiglia l'ordine del campo cristiano e rapisce Rinaldo ai doveri militari nel paese magico delle Isole Fortunate.

La rappresentazione degli amori di Armida e Rinaldo, su cui Tasso indugia con un tono di partecipazione affascinata, **ha un trasparente significato simbolico**. Il palazzo circolare e labirintico, la bellezza avvolgente del giardino alludono alla sessualità femminile e insieme al traviamento di Rinaldo, che coincide con la perdita della sua identità guerriera. Agli occhi dei due compagni che spiano, nascosti, gli atti amorosi, egli appare passivo e impotente in grembo ad Armida, dominatrice assoluta di un universo erotico, dove trionfa il principio del piacere, spazio alternativo e separato dalle norme morali e civili (cfr. **T5**, *Il giardino di Armida*).

Lo specchio, in cui Rinaldo contempla Armida e in lei l'intero universo, **ribadisce l'identificazione alienante di Rinaldo nella donna**. È lo specchio dello scudo, che rimanda a Rinaldo un'immagine di giovane effeminato e profumato, assimilato in tutto ad Armida, a rompere l'incanto e a ripristinare in Rinaldo l'identità guerriera e il senso del dovere. I compagni eretti nelle loro armature ristabiliscono la dialettica nemico-amico, prima smarrita da Rinaldo nell'adesione ai valori pagani. Di qui il brusco mutamento di Rinaldo che di fronte alla donna tornata nemica si mostra insensibile e dimentico di ogni regola cavalleresca.

La storia del traviamento e del rinsavimento di Rinaldo può essere letta come conflitto, all'interno stesso del personaggio, tra codici diversi.

Ma la storia di Armida non si limita a questa parentesi, pur fondamentale nel processo di formazione di Rinaldo (d'ora in poi incorruttibile guerriero). **Armida da maga diventa donna, amante appassionata e delusa,** rientrando anch'essa nella dialettica amore-armi delle altre eroine. Attraverso il dolore, come una sorta di espiazione, **alla fine del poema ella si integra nell'ordine della fede,** consegnandosi totalmente alla legge di Rinaldo: «Ecco l'ancilla tua; d'essa a tuo senno / dispon[...]e le fia legge il cenno» (XX, 136).

La metamorfosi è totale. La maga si trasforma in Vergine negando e sublimando la materialità del corpo femminile nell'ubbidienza alla norma sociale e divina. Così è possibile la riconciliazione finale del poema nel segno della preghiera e dell'amore.

Giovanni Battista Tiepolo, *Rinaldo incantato da Armida*, 1742-1745. Chicago, Art Institute.

Percorso
LA GUERRA E LA PACE

La guerra nella *Gerusalemme liberata*

Tiziano, *Ritratto di Francesco Maria Della Rovere*, 1615-1638. Firenze, Galleria degli Uffizi.

La guerra, nella *Liberata*, non fa da generico sfondo narrativo, ma acquista una rilevanza tematica e ideologica importante. L'avanzata turca nei Balcani e nel Mediterraneo aveva mobilitato di nuovo la cristianità (la battaglia di Lepanto è del 1571) e reso attuale l'idea di crociata. Lo scisma protestante e le guerre di religione avevano indotto la Chiesa di Roma a una reazione integralista e autoritaria: la Controriforma, mentre dichiara guerra a eretici e infedeli, nega i valori laici e umanistici della cultura rinascimentale. Non si dimentichi che la stessa conquista dell'America è considerata una crociata in nome dell'universalismo cristiano e come tale viene celebrata dai poeti italiani, Tasso compreso.
Riemerge in questo clima l'ideologia della guerra santa, che è alla base della rappresentazione eroica e idealizzata della prima crociata fornita da Tasso, quando sappiamo che la realtà storica fu ben diversa (cfr. **S1**).
Nell'esordio del poema Dio stesso interviene a consacrare l'azione di Goffredo e dell'«armi pietose» contro il «popol misto», subito caratterizzato diabolicamente. La divisione fra cristiani e musulmani corrisponde alla divisione fra Cielo e Inferno, tra bene e male (cfr. **T1**, *L'inizio del poema*). Dunque **la guerra è guerra totale e trova la sua legittimazione nell'annientamento del nemico e della conquista del Santo Sepolcro**. Non può prevedere trattative e accordi. Da qui deriva anche la sua radicalità distruttiva. In questa ottica si spiega la risposta di Goffredo all'ambasciatore egiziano che offre ai cristiani una pace "onorevole" (la rinuncia a Gerusalemme in cambio del riconoscimento dei territori conquistati). Non desiderio di possesso terreno («ambiziosi avari affetti») sprona Goffredo all'impresa, ma «onor mondano e vita e regno» sono subordinati al fine di conquistare presso Dio «grazia e merto», liberando le «sacre e venerabil mura» (II, 81-87). Non si tratta di essere guerrafondai («Non creder già che noi fuggiam la pace / come guerra mortal si fugge e pave [teme]»), ma la pace è inconciliabile con il fine religioso. Goffredo rifiuta la logica mondana, di accordo e di pacifica coesistenza tra fedi diverse.
Una diversa concezione della guerra anima cristiani e "pagani" e risulta ribadita dal confronto tra l'esortazione di Goffredo ai capi cristiani e quella rivolta da Argante ad Aladino. Il primo non fa appello ai valori cavallereschi di onore e di gloria, anzi contesta ogni giustificazione mondana della guerra: «né la vita esponemmo al mare infido / ed ai perigli di lontana guerra, / per acquistar di breve suono un grido / vulgare e posseder barbara terra». Sarebbe questo un premio troppo «angusto e scarso» e soprattutto avrebbero sparso il sangue «in danno dell'alme». Le conquiste non furono «opre nostre», ma del Ciel dono in funzione della liberazione di Gerusalemme (cfr. I, 21-27).
Valore e gloria terreni sono invece i valori a cui si ispira il comportamento dei guerrieri nemici. Argante incalza il prudente Aladino, che non vuol dar battaglia prima dell'arrivo dei rinforzi egiziani, perché vuole uscire dall'«oscuro oblio» d'«ignobil morte». Argante ha una concezione temeraria e smodata della virtù guerriera, come metro unico e assoluto del valore personale, perciò chiede di scendere da solo a guerreggiar nel piano: «privato cavalier, non tuo campione / verrò co' Franchi a singolar tenzone» (cfr. VI, 5). **Questo carattere di affermazione personale, mai disgiunto tuttavia dall'amor patrio, qualifica l'eroismo dei guerrieri pagani**. Anche Clorinda perderà la vita in una rischiosissima sortita individuale. Il furore estremo, ma grandioso e magnanimo, di Argante ricorda gli attributi dell'eroe dell'epica classica e romanza (Orlando), sempre caratterizzato dalla "dismisura".
Iniziative individuali e arroganze eroiche non sono invece tollerati nel campo cristiano, dove Dio ha investito Goffredo del compito di subordinare ai «santi segni» i suoi «compagni erranti» (dove "errare" ha perso il significato originario della "ricerca" cavalleresca per assumere quello

morale dell'"errore"). Non che manchino intemperanze e deviazioni, ma sono prudentemente punite o giustificate dall'intervento magico e diabolico.

L'investitura religiosa di Goffredo segna la fine della compresenza di codici diversi, del pluralismo e della tolleranza. La guerra si configura anche come lotta fra valori e comportamenti culturali opposti: da una parte l'affermazione della norma autoritaria e teocentrica dei valori religiosi, dall'altra la libertà, il pluralismo e la tolleranza. Non deve perciò stupire, anche se appare sorprendente, che la difesa di questi valori sia messa sulla bocca di Satana. Nel concilio infernale, convocato nel canto IV, egli accusa Dio di volere sottomettere a sé l'intero mondo, riducendo sotto un unico dominio popoli, lingue e culture diverse: «Deh! non vedete omai com'egli tenti / tutte al suo culto richiamar le genti?» (IV, 12).

La guerra tra cristiani e pagani assume dunque un significato complesso, inscena il conflitto fra codici diversi all'interno della stessa cultura cinquecentesca, conflitto che investe drammaticamente l'esperienza di Tasso (cfr. cap. III, § 1).

Gli eroi pagani esprimono, nella consapevolezza tragica della sconfitta, tutta la vanità degli ideali terreni di virtù e di onore: l'eroismo umano di Argante non salva Gerusalemme che «vinta or cade, e indarno [invano] esser sostegno / io procurai de la fatal ruina» (XIX, 10). Analogo senso di grandezza e di miseria spira dalle parole di Solimano, «altero e grande» anche nella morte, che contempla dall'alto «quasi in teatro od in agone, / l'aspra tragedia dello stato umano, / i vari assalti, e il fero orror di morte, / e i gran giochi del caso e de la sorte» (XX, 73). La visione della guerra diventa nelle parole di Solimano il simbolo della tragica condizione umana. Questa non esprime solo un sentimento di umana pietà di fronte alla grandezza di chi soccombe, ma tradisce l'**identificazione emotiva del poeta con il codice dei vinti**, portatori della sua stessa concezione tragica della vita (cfr. **S4**, *Un'interpretazione psicoanalitica del poema*).

Non a caso **l'amore unisce tra loro personaggi nemici e si intreccia continuamente alla guerra**. È questo doppio movimento di attrazione e di rifiuto, di convergenza e divergenza, ad animare drammaticamente il poema. **Il tema del conflitto non si esaurisce nella chiarezza della contrapposizione ideologica e morale tra nemici; esso rimanda a un'altra guerra che si combatte nella coscienza dei personaggi**. Perciò i guerrieri cristiani, eccezion fatta per Goffredo, sono più problematici di quelli pagani. Essi devono lottare contro il fascino potente esercitato sul loro animo da valori e da desideri "devianti" dalla norma cristiana e a cui pure si abbandonano, vinti da forze magiche. Ma dietro la magia agiscono le passioni e l'insopprimibile istinto dell'eros. Perciò Armida da maga si trasforma in donna e amerà Rinaldo per tutto il poema.

Smarrimenti provvisori ed eccezionali connotano questa convergenza dei guerrieri cristiani sui valori dell'avversario, giacché la guerra, la necessità dello scontro (cfr. la funzione dello scudo, delle armi nel rinsavimento di Rinaldo) impone, sia pur con sofferenze e difficoltà, una soluzione del conflitto interiore. Esemplare in questo senso è la figura di Rinaldo, quasi cavaliere "eletto", il cui travagliato processo di maturazione riafferma l'egemonia totale del codice religioso crociato.

La vittoria tuttavia non ha niente di trionfalistico e coincide con un bagno di sangue. La rappresentazione della guerra, nella *Liberata*, se obbedisce a un gusto spettacolare, nella scenografia delle parate militari, nel movimento d'assalto degli eserciti (cfr. la battaglia finale), non ne occulta il risvolto tragico: essa appare come un enorme massacro, una carneficina di corpi mutilati e doloranti. **La guerra moderna, con le sue stragi di massa, non è rimossa, come nell'*Orlando furioso***, dietro il velo degli ideali cortesi e cavallereschi. Anche nei duelli, pur descritti con insuperabile perizia tecnica, il furore prevale sulle regole e le eleganti schermaglie diventano terribili corpo a corpo, di una spasimante fisicità. Spaventoso è il panorama di sangue e di morte che accompagna la vittoria cristiana (cfr. **S8**, *Insensatezza della guerra*).

Su questa visione tragica della guerra si leva il segno della preghiera di Goffredo e dell'amore di Armida, sola e dolente in mezzo ai morti. Allusione a una nuova, utopica frontiera dell'umanità, già significata dalla pacifica e innamorata Erminia nella "concordia" edenica della società dei pastori? (cfr. **T3**, *Erminia tra i pastori*).

Paris Bordon, *Ritratto di un uomo in armatura con due paggi*. New York, Metropolitan Museum of Art.

DAL RIPASSO ALLA VERIFICA

MAPPA CONCETTUALE | La *Gerusalemme liberata*

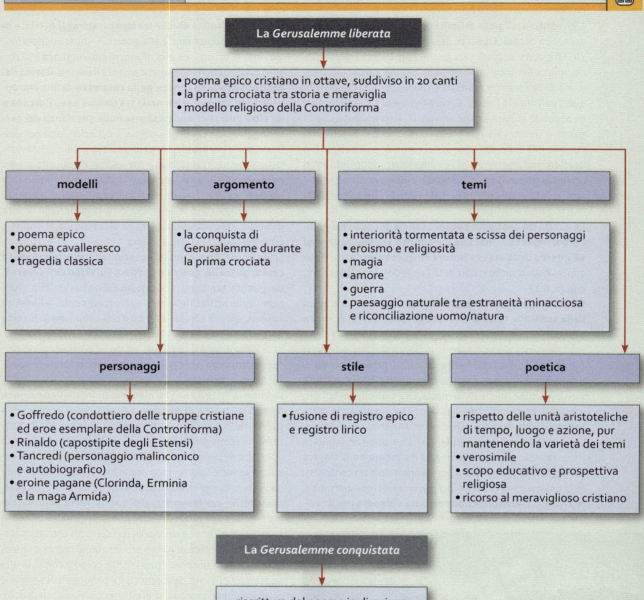

SINTESI

Genesi e vicende compositive
Capolavoro di Tasso è il poema in ottave *Gerusalemme liberata*, il cui argomento è la prima crociata (1096-1099). Il primo abbozzo risale agli anni tra il 1559 e il 1561; ci restano centosedici stanze del primo canto di un poema intitolato *Gierusalemme*. Dopo aver pubblicato nel 1562 il *Rinaldo*, intorno al 1565 Tasso riprese in mano il progetto di un'opera sulla prima crociata, portandolo a compimento nell'arco di circa un decennio (1565-1575). La vicenda editoriale e la storia della ricezione del poema, entrambe complesse e anomale, hanno fatto sì che noi leggiamo un'opera mai approvata dall'autore. Il giudizio di lettori e critici, antichi e moderni, ha sancito infatti la netta superiorità artistica della *Gerusalemme liberata* sulla *Conquistata*, il rifacimento pubblicato da Tasso nel 1593.

La trama
La *Liberata* è suddivisa in venti canti raggruppabili in cinque parti, corrispondenti ai cinque atti della tragedia classica, della quale il poema presenta l'impianto generale. La trama si presenta piuttosto semplice, soprattutto se confrontata all'intreccio del *Furioso* ariostesco. Tasso si limita a narrare la fase conclusiva della prima crociata, relativa all'entrata dell'esercito cristiano in Palestina e all'assedio di Gerusalemme, infine coronato dal successo. Ispirandosi ai maestri della storiografia umanistica e ai grandi modelli classici, Tasso dimostra una straordinaria abilità nella disposizione dell'intreccio narrativo e nell'alternanza di episodi storici principali e di digressioni secondarie.

I personaggi principali
I personaggi principali sono Goffredo di Buglione, il capo dell'esercito crociato; Rinaldo, il paladino capostipite della casa d'Este; Tancredi, eroe malinconico e sfortunato; i guerrieri pagani Argante e Solimano; le figure femminili, tutte legate al campo pagano: la maga Armida, la guerriera Clorinda, l'appassionata Erminia. Gli eroi della *Gerusalemme liberata* sono eroi complessi, dominati da un'interiorità inquieta e contraddittoria: i personaggi pagani possono aprirsi alla salvezza del verbo cristiano; i personaggi cristiani sono di continuo minacciati dalle forze infernali. Negli eroi cristiani si intreccia una psicologia doppia: da una parte animata dal senso del dovere e dell'eroismo, dall'altra fuorviata da passioni e intralciata da smarrimenti psicologici. Gli eroi pagani sono i portatori di un sentimento tragico e disperato.

I temi
Temi fondamentali del poema sono:
1. l'interiorità dei protagonisti, la cui dimensione non si esaurisce in una prospettiva morale, di tipo religioso e magari edificante e la cui coscienza è lo spazio di una tensione tra forze e valori moralmente positivi e forze connotate negativamente;
2. l'eroismo, rappresentato come un'immane lotta contro l'insensatezza, come una sfida alla casualità e all'irrazionalità dei rapporti umani;
3. la magia, ossia il ricorso, con fini maligni ed esercitata da agenti diabolici, alla dimensione sovrannaturale;
4. l'amore, che esprime da un lato una dimensione felice e rassicurante, una opportunità di incontro fra gli uomini e di armonia; dall'altro una minaccia che allontana l'individuo dai doveri sociali e dai valori religiosi;
5. la guerra, contrapposta all'amore, terribile necessità distruttiva che l'eroismo porta con sé, condanna della condizione umana a cui corrisponde sempre la guerra della coscienza interiore;
6. il paesaggio naturale, che avvolge le gesta del poema di un sentimento prevalente di mistero.

Creazione artistica e riflessione teorica
La riflessione teorica di Tasso sul poema eroico s'intreccia alla creazione artistica, e i due piani si influenzano a vicenda. Gli scritti teorici di Tasso, dai giovanili *Discorsi sull'arte poetica e in particolare sopra il poema eroico* (1570), all'*Apologia della Gerusalemme Liberata* (1585), ai tardi *Discorsi del poema eroico* (1594), fissano alcune coordinate fondamentali:
1. La narrazione deve rispettare l'unità dell'azione, ma è anche previsto un arricchimento del racconto con il contributo di episodi secondari (è il tema della varietà nell'unità: la varietà costituisce un modo per tenere conto dei gusti del pubblico);
2. L'invenzione poetica deve tenere conto della verità storica e narrare il verosimile; dunque il ricorso al fantastico deve essere limitato e giustificato dal punto di vista religioso (è il meraviglioso cristiano).

La lingua e lo stile
La *Gerusalemme liberata* si colloca all'incrocio di vari generi letterari. La varietà è data anche dalla compresenza di diversi registri espressivi e formali, che segna il superamento del severo monolinguismo petrarchesco. Il plurilinguismo di Tasso, che guarda al modello dantesco, ruota intorno ai due registri dell'epica e della lirica. La tensione riscontrabile nello stile e nel lessico, ha nella metrica uno dei suoi strumenti fondamentali. L'endecasillabo è spesso sonoro e avvolgente, mentre l'*enjambement*, ampiamente utilizzato, arricchisce di effetti patetici e intensi la sonorità del dettato poetico.

Il successo della *Liberata*
Pubblicata contro la volontà dell'autore e senza il suo controllo, la *Gerusalemme liberata* ebbe vasto e immediato successo, paradossalmente grazie anche alle polemiche subito sorte a proposito della superiorità di Tasso o di Ariosto. Il successo della *Liberata* si misura anche dalle molteplici suggestioni che essa ha esercitato su musicisti e pittori.

DAL RIPASSO ALLA VERIFICA

DALLE CONOSCENZE ALLE COMPETENZE

1 Elenca gli eventi che rendono nuovamente attuale, nel Cinquecento, il tema delle crociate (§ 1)
- la battaglia di Lepanto ....
- ....
- ....
- ....

2 Perché la *Gerusalemme liberata* rappresenta un caso editoriale complesso? (§ 1)

3 Che cos'è la *Gerusalemme conquistata*? (due risposte) (§§ 1, 9)
- A la continuazione della *Liberata*
- B un altro poema sulle crociate
- C la *Gerusalemme* corretta secondo le regole controriformistiche
- D l'unico poema riconosciuto dall'autore

4 Il poema è costruito secondo la tecnica della peripezia. Che significa? (§ 2)

5 La *Gerusalemme liberata* (§§ 2, 3, 6)
- A riprende
  - A il modello ariostesco, perché ....
  - B il modello epico classico, perché ....
- B mira
  - A all'utile, cioè ....
  - B al dilettevole, cioè ....
- C si ispira
  - A alla varietà, cioè ....
  - B all'unità di azione, cioè ....

6 I personaggi (§ 4)
- A quale ruolo è attribuito a Goffredo nell'esordio?
- B quale particolare importanza riveste Rinaldo nel poema?
- C con quale personaggio il poeta si identifica maggiormente?
- D quale personaggio è più strettamente legato alla tradizione cavalleresca e cortese? Chi è il suo opposto?

7 Perché le eroine femminili sono tutte pagane? Tracciane rapidamente il profilo.

8 Quali sono i temi principali del poema? (§ 5)

9 Quali sono gli scritti teorici di Tasso e quali questioni di poetica chiariscono? Perché, inoltre, l'autore rifiuta il modello ferrarese di poema cavalleresco? (§ 6)

10 Perché dal punto di vista stilistico la *Gerusalemme liberata* segna un superamento del modello petrarchesco? (§ 8)

11 Quale tema pone subito in primo piano la prima ottava del proemio? (T1)

12 Tasso nel proemio chiama i cavalieri «compagni erranti», che Goffredo riduce sotto le sacre insegne: il loro "errare" assomiglia a quello dei cavalieri ariosteschi? (T1)

13 Come viene presentato il personaggio di Clorinda? Rintraccia in T2 le peculiarità della protagonista.

14 Che funzione hanno i tortuosi avvolgimenti del giardino di Armida? (T5)

15 Lo specchio di Armida e lo scudo-specchio di Ubaldo materializzano la divisione di Rinaldo tra .... e .... (T5)

16 Rintraccia nei brani letti almeno tre esempi di: (T1, T2, T3, T4, T5, T6)
- antitesi ....
- chiasmo ....
- ossimoro

PROPOSTE DI SCRITTURA

LA TRATTAZIONE SINTETICA

I personaggi
La *Gerusalemme liberata* fonda la propria struttura narrativa sui caratteri dei personaggi. Chiarisci la questione facendo riferimento ad almeno due protagonisti, uno cristiano e l'altro pagano.

L'amore e la guerra
L'amore e la guerra sono tra i temi più significativi del poema. Chiariscine il significato e la molteplicità delle interpretazioni facendo riferimento ai testi letti.

La poetica
Chiarisci quali caratteristiche e quali finalità Tasso attribuisce al poema eroico.

IL TEMA

L'amore nemico
L'amore «nasce e si sviluppa come un conflitto, come opposizione, è esso stesso la cartina di tornasole che fa emergere le lacerazioni che dividono, fin nella loro intimità soggettiva, i vari personaggi» (Anselmi). Verificalo alla luce del duello di Clorinda e Tancredi. (T4)

Il tema della guerra fra passato e presente
La guerra all'interno del poema di Tasso trova la sua giustificazione in una motivazione religiosa, ma qual è l'atteggiamento del poeta di fronte alla violenza inevitabile che da essa deriva? Cerca di attualizzare l'argomento riflettendo sulle guerre (e violenze) che affliggono il nostro presente.

LA RELAZIONE

Natura e magia
Il giardino e la selva sono per lo più terreno di intervento magico-diabolico, ma sono anche parentesi di riconciliazione tra l'uomo e la natura. Mostra in una relazione i diversi aspetti che caratterizzano il paesaggio del poema. (T5)

 • Indicazioni bibliografiche

 prometeo 3.0

Personalizza il tuo libro selezionando per questo capitolo materiali integrativi da Prometeo (di seguito ti proponiamo un elenco di materiali, ma puoi trovarne altri utilizzando il motore di ricerca).

- **SCHEDE** Akira Kurosawa, *I sette samurai* (1954)
- **SCHEDA** Lo spazio manierista: Tasso e Tintoretto (G.C. Argan)
- **SCHEDA** L'*enjambement* nella *Liberata* (M. Fubini)
- **SCHEDA** Le correzioni della *Conquistata* (F. Flora)
- **MODULO INTERCULTURALE** La rappresentazione dell'altro nella *Gerusalemme liberata*

Capitolo V — L'utopia della città ideale

Pieter Bruegel il Vecchio, *La torre di Babele* (particolare), 1563. Vienna, Kunsthistorisches Museum.

My eBook+

Cliccando su questa icona, docenti e studenti accedono ad un'area di personalizzazione che permette di arricchire i contenuti digitali già linkati lungo le pagine del libro. Nell'area di personalizzazione è possibile infatti salvare ulteriori materiali: selezionati da Prometeo, prodotti autonomamente o ricercati nella rete.

▶ Per un elenco di materiali integrativi presenti nella biblioteca multimediale di Prometeo o per attivare una ricerca cfr. p. 204

1 | Tra conformismo ed eresia

Cambiamento del trattato

A partire dal sacco di Roma (1527) e poi, in modo più chiaro, **dopo il Concilio di Trento, il trattato** cessa di essere l'opera attraverso cui gli intellettuali fondano una civiltà e **diventa esposizione delle tecniche di discipline specifiche** (da quella della politica a quelle della letteratura e delle arti). Se Machiavelli e Castiglione, unendo realismo e utopia, avevano delineato grandi progetti di edificazione nel campo della politica e dei costumi della corte, i nuovi intellettuali dell'età della Controriforma si accontentano di fornire una serie di **precetti tecnici**, molto dettagliati e molto particolari:

Il trattato come esposizione di precetti tecnici

la differenza fra il *Galateo* di Giovanni Della Casa (cfr. vol. 2), che si limita a fornire le norme della buona educazione, e il *Cortegiano* di Castiglione (cfr. vol. 2) è di per sé già significativa. Al posto dell'intellettuale legislatore di civiltà **è nato l'intellettuale specialista**. Realismo e utopia si dividono irrimediabilmente.

Il trattato e la storiografia d'opposizione

Accanto a questi **aspetti di differenza e di rottura** se ne possono notare tuttavia anche **alcuni di continuità**, che riguardano particolarmente i **pensatori di opposizione**, e cioè trattatisti come Bruno e Campanella e storici come Sarpi. Essi si ispirano anzitutto ai caratteri di spregiudicatezza e di anticonformismo del Rinascimento, alla sua tradizione di orgoglio intellettuale. Inoltre riprendono le forme letterarie dell'età umanistico-rinascimentale, e cioè il trattato dialogico (Bruno e Campanella), la forma storiografica e l'epistola (Sarpi).

2. Il trattato politico e l'utopia: *La città del sole* di Campanella

Conservazione dello Stato ed elogio della prudenza

In campo politico, la svolta dogmatica e assolutista imposta dalla Chiesa post-tridentina e l'esperienza ristretta dei piccoli Stati regionali italiani contribuiscono a **limitare l'orizzonte della riflessione**, imponendo il rifiuto di Machiavelli, la necessità di conciliare esigenze della politica ed esigenze morali e religiose, la teorizzazione della ragion di Stato "buona" (in opposizione a quella "cattiva" teorizzata da Machiavelli).

Arretratezza della trattatistica politica italiana

In Italia si resta **lontani**, insomma, **dalla spregiudicatezza di grandi teorici stranieri** come Bodin in Francia e Hobbes in Inghilterra. Al metodo razionale e scientifico di Bodin e Hobbes (cfr. cap. I, § 4) gli italiani oppongono il dogmatismo controriformistico o la vuota eloquenza della retorica.

L'eccezione di Campanella: la trattatistica utopica

Sono **poche le eccezioni** – una è rappresentata da Tommaso Campanella –, tutte **nell'ambito della saggistica utopica**. Quest'ultima tende a svilupparsi proprio a causa della chiusura dell'orizzonte politico e dell'impossibilità di percorrere la strada del cambiamento pratico, delle riforme o della innovazione. La situazione, infatti, non lasciava alternative: o la teorizzazione dell'esistente o la fuga nell'utopia.

I caratteri della trattatistica utopica

La saggistica utopica si diffonde dal Cinquecento al Settecento, assumendo soprattutto **due modelli: quello di Tommaso Moro**, autore dell'*Utopia* nel 1516 (cfr. vol. 2), e **quello della *Repubblica* di Platone**.

La saggistica utopica, per quanto diffusa soprattutto dal Cinquecento al Settecento, continua anche nell'Ottocento e nel Novecento, seppure con caratteri diversi, a partire della rivoluzione francese (cfr. **S1**, p. 187).

Tratti caratterizzanti dell'utopia dal '500 al '700

Possiamo indicare i seguenti **tratti caratterizzanti dell'utopia moderna** dal Cinquecento al Settecento:

1. la perfezione della vita civile e dello stato è immaginata **nel futuro o in continenti sconosciuti** e lontani;
2. **la città perfetta** è considerata come un modello statico e assoluto, non migliorabile;
3. **la società** deve essere organizzata **secondo modelli razionali e scientifici** e secondo criteri ispirati alle regole della natura;
4. l'utopia presuppone un **atteggiamento di critica** e di contestazione **della realtà presente**.

Vita di Campanella

L'autore della maggiore opera utopica di questo periodo, *La città del sole* (1602), è **Giovan Domenico Campanella**. Campanella nasce a Stilo in Calabria nel **1568**, da povera famiglia. Entra in un convento domenicano a tredici anni prendendo il nome di **fra Tommaso**. Arrestato a Napoli, dove frequentava Giambattista Della Porta, esperto in magia naturale e in arti occulte, subisce un **primo processo nel 1592**. Fugge viaggiando da una città all'altra, ma a Padova, dove conosce Galileo, è nuovamente arrestato; portato a Roma, dove resta in prigione per alcuni mesi, viene **costretto all'abiura** e poi condannato a ritornare in un convento calabrese. **Nel 1599**, in Calabria, dove le masse contadine

La congiura e la prigionia

LA TRATTATISTICA UTOPICA

modelli
- la *Repubblica* del filosofo greco Platone
- *Utopia* di Tommaso Moro

caratteristiche
- descrizione di un modello di società perfetta, immaginata nel futuro o in paesi lontani o sconosciuti
- critica e rifiuto della società presente

un esempio di trattatistica utopica
- *La città del sole* di Campanella
  (trattato in forma di dialogo tra un cavaliere dell'ordine degli Ospitalieri e un marinaio genovese)

La città di Palmanova, da Georg Braun, Franz Hogenberg, *Civitates Orbis Terrarum*, Colonia 1582-1617.

erano costrette a subire, in terribile miseria, l'oppressione della Spagna e della Chiesa, **organizza una rivolta popolare** che avrebbe dovuto instaurare una società secondo il modello poi esposto nella *Città del sole*. La congiura viene scoperta. Campanella, **arrestato nel novembre 1599**, può salvarsi solo **fingendo di essere pazzo**: i folli, infatti, non potevano essere condannati a morte. Nonostante venga torturato più volte, riesce a resistere alle sofferenze e a restare fedele alla propria finzione. Così viene **condannato all'ergastolo**, a Napoli, **nel 1602**. In carcere resta per **ventisette anni, dal 1599 al 1626**, sottoposto a regime dapprima durissimo, poi più mite. Qui scrive *La città del sole*, le **poesie** (cfr. cap. II, § 1 e T1, p. 76) e molte delle sue opere filosofiche. Per l'intervento del papa Urbano VIII **riottiene la libertà**, dapprima condizionata e limitata, poi definitiva, vivendo a Roma, nella cerchia di intellettuali e di prelati che assistevano il pontefice. Ma nel 1633 la scoperta di una congiura antispagnola, in cui è coinvolto un suo discepolo, lo pone di nuovo in una posizione di pericolo, cosicché l'anno successivo **si rifugia in Francia**, alla corte di Luigi XIII. Qui prepara un piano di pubblicazione delle sue opere in dieci volumi, ma riesce a pubblicarne solo tre, perché **muore nel 1639**.

La città del sole, meglio di ogni altra sua opera, esprime il progetto politico campanelliano. Scritta in carcere in italiano nel 1602, fu pubblicata in una versione latina solo nel 1623 a Francoforte. Vi si immagina un **dialogo fra un Ospitalario**, cioè un cavaliere dell'ordine degli Ospitalieri di san Giovanni a Gerusalemme, **e un Genovese** definito "nochiero" (timoniere) di Cristoforo Colombo. Il primo fa domande al secondo che, circumnavigando il globo, ha scoperto **la Città del sole** in un'isola orientale chiamata **Taprobana** (l'isola di Ceylon o quella di Sumatra) e ne illustra i vari e straordinari aspetti all'interlocutore. Evidente, nell'impostazione, è l'influenza dell'opera di Tommaso Moro; ma possono avere influito su Campanella anche i resoconti provenienti dalle Americhe dove alcune missioni di gesuiti avevano dato vita a tentativi di organizzare società comunistiche.

La città è collocata su un colle, intorno al tempio consacrato al Sole (Dio), ed è circondata da sette ordini di mura, dedicati ciascuno a uno dei pianeti. **Il potere è in mano al Metafisico** (studioso di cose ultraterrene: una sorta di grande sacerdote che detiene anche il potere politico), chiamato, anche lui, Sole. Egli è assistito da **tre autorità**, corrispondenti alla Trinità cristiana: **Pon**, **Sin**, **Mor**. **Pon** è la Potestà, il potere militare; **Sin** la Sapienza, il potere scientifico e culturale; **Mor** è l'Amore e ha il potere di presiedere alla generazione e alla educazione dei figli. **L'organizzazione civile** segue i criteri di una religione naturale corrispondente a un Cristianesimo insieme evangelico e naturalistico, che adora nell'universo l'immagine stessa di Dio; **la proprietà privata è abolita**, come la famiglia; i beni sono in comune, come le donne; **l'educazione** è assicurata a tutti; tutti devono lavorare senza distinzione d'importanza fra lavoro intellettuale e manuale; ognuno ricopre il ruolo adeguato alle proprie inclinazioni naturali e ai propri meriti secondo una struttura gerarchica che tuttavia non ammette soprusi e ingiustizie (cfr. **S2** e T1, p. 188).

Il sogno di una città regolata da giustizia e sapienza ha come presupposto una **critica alla società presente** dove dominano la forza, il machiavellismo, la ragion di stato, l'ipocrisia. Alla contemporanea società italiana ed europea si allude solo rapidamente, per brevi accenni ironici.

S1 INFORMAZIONI

Utopia e antiutopia dal Cinquecento a oggi

L'*Utopia* di Moro (1516) e *La città del sole* di Campanella (1623) disegnano società ideali, alternative alla società europea, e perciò hanno la funzione di denunciare le storture della storia contemporanea, più che di indicare una direzione di marcia.

È la *Nuova Atlantide* (1627) di Bacone ad anticipare l'utopia illuminista e ottocentesca, coniugando lo sviluppo della scienza con il progresso sociale e storico. L'idea è ripresa, nel 1770, da Louis Sebastien Mercier, che pubblica *L'anno 2440*. Nasce il romanzo "ucronico", che elabora un modello di perfezione proiettata in un futuro lontano, ma sicuro. La storia è immaginata come un tragitto orientato dall'uomo verso un fine di libertà, di uguaglianza e di pace, come progressivo compimento di tutti gli ideali illuministi. Il motore del progresso coincide con lo sviluppo della ragione e della scienza.

Ma proprio quando, con la rivoluzione francese e la rivoluzione industriale, l'utopia sembra perdere ogni carattere di irrealizzabilità e diventare storicamente possibile, entra in crisi il legame che aveva stretto in un unico nodo progresso della scienza e avvento della felicità umana.

Frankenstein (1818) di Mary Shelley e *Lo strano caso del dottor Jekyll e del signor Hyde* (1886) di Stevenson mostrano già l'inquietudine che suscita l'idea di uno sviluppo incontrollato della scienza: la sfida alle leggi della natura, la manipolazione della vita, possono produrre mostri e scatenare forze che l'uomo non è più in grado di controllare. Tuttavia questa tendenza resta per il momento minoritaria: la seconda metà dell'Ottocento è infatti dominata dal mito della scienza e dello sviluppo della società industriale. Ne sono un esempio i romanzi di Giulio Verne che, da *Dalla terra alla luna* (1865) a *Ventimila leghe sotto i mari* (1869-1870), celebrano gli sviluppi futuri delle scoperte scientifiche e le loro fantastiche realizzazioni tecnologiche.

Alla fine dell'Ottocento *La macchina del tempo* (1896) di Herbert George Wells segna una svolta decisiva e mette in discussione il mito del progresso con la visione di una umanità regressiva che tende a tornare verso uno stato animale, in cui le leggi dell'evoluzionismo darwiniano funzionano alla rovescia. È aperta la strada al romanzo fantascientifico e antiutopico del Novecento.

Negli anni Trenta *Il mondo nuovo* di Aldous Huxley (1932) e *1984* di George Orwell (1949) prospettano l'utopia rovesciata di un mondo futuro, dominato dallo strapotere della scienza e della tecnica, nuovi terribili strumenti di asservimento dell'uomo. La scienza, subordinata alla produzione economica e al potere, approda a un progetto di razionalizzazione totale, che pretende di controllare i meccanismi di riproduzione della vita per condizionare i comportamenti individuali e sociali.

Huxley, come Orwell, rappresenta nel futuro il compimento delle tendenze distruttive del presente, dell'allora nascente società di massa. Dal "non luogo" (questo è il significato etimologico della parola 'utopia') della libertà e della felicità dell'utopia rinascimentale si passa al luogo della tirannide scientifica e dell'infelicità, a un mondo dove domina la riscrittura della storia, il tempo viene abolito, persiste un eterno presente che approda alla morte. La critica al presente resta senza alternative; di qui la distruzione dell'utopia.

Nella seconda metà del Novecento l'antiutopia prevale nettamente sull'utopia. Fra le molte utopie negative successive a *1984* di George Orwell, vanno citate almeno *Fahrenheit 451* (1955) di Ray Bradbury, da cui nel 1966 François Truffaut ha tratto un film con lo stesso titolo, e il più recente affresco apocalittico di José Saramago (*Cecità*, Einaudi, Torino 1996) che ha una sua continuazione ideale in *Saggio sulla lucidità* (Einaudi, Torino 2004).

Fahrenheit 451, film del 1966 di François Truffaut, tratto dall'omonimo romanzo di Ray Bradbury.

L'utopia della città ideale **capitolo V**

GIORDANO BRUNO + TOMMASO CAMPANELLA

S2 — Caratteri della società utopica

INFORMAZIONI

"Utopia" è parola coniata da Tommaso Moro; significa 'non-luogo' (dal greco *ou-topos*), o 'luogo felice' (da *eu-topos*). Tale luogo è collocato in uno spazio immaginario che assume i contorni dell'isola lontana. Un luogo che non esiste in Europa, ma umanamente possibile e immerso in un tempo presente.

La città utopica rinascimentale, da Moro a Campanella, ha due antecedenti, l'uno popolare e l'altro aristocratico, rispettivamente nel paese di Cuccagna e nell'Arcadia. Attraverso il paese di Cuccagna e l'Arcadia si immagina un leggendario stato di natura, corrispondente al mito dell'età dell'oro o del paradiso terrestre. Entrambi sono collocati in un passato perduto, dove la vita è retta unicamente dal principio del piacere.

Nel Cinquecento nasce un modo nuovo di concepire un paese felice: non è uno spazio mitico immaginato nel passato, alle origini della storia, ma una città ideale che funge da denuncia dei mali del presente e da pietra di paragone di un possibile cambiamento.

Di città ideali, basate su una perfetta armonia degli spazi, abbonda la progettazione urbanistica del tempo. Ma non si tratta solo di un ideale architettonico.

Nell'*Utopia* di Moro (1516) leggi e istituzioni sono a misura degli uomini, e il tempo vi è misurato sul lavoro necessario e creativo. Attraverso il dialogo si delinea una società felice, basata sull'autogoverno e sull'abolizione della proprietà privata e delle classi. Viene fissato così un principio che caratterizza la letteratura utopica successiva, sino a Campanella e agli illuministi.

Nella *Città del sole* (scritta nel 1602 e pubblicata nel 1623) la planimetria dei luoghi è incentrata sulla figura del cerchio. Alla perfetta organizzazione dello spazio corrisponde una perfetta organizzazione interna. La pianificazione della società dei solari rimanda a un modo particolare di concepire il rapporto con la natura. La città riproduce in miniatura il macrocosmo. Le sette mura circolari corrispondono ai sette pianeti. Le quattro porte orientano la comunità verso i punti cardinali. Il tempio rotondo al centro è, in piccolo, un modello del ciclo.

Questo rapporto tra cosmo e città è alla base dell'unità organica che integra cicli umani e cicli naturali. L'agricoltura, l'allevamento e anche l'accoppiamento umano vengono praticati in armonia con i cicli stagionali e astrali. Tutta la vita della comunità è fondata su principi olistici, che sottolineano cioè l'interdipendenza fra parti e tutto, sull'idea di una natura come organismo vivente, al cui interno vive l'uomo. Tutti partecipano alla produzione dei beni necessari, lavorano quattro ore al giorno e dedicano il resto del tempo alla lettura, al gioco, alla vita sociale. La democratizzazione del lavoro, dell'istruzione e del tempo libero sono resi possibili solo dalla comunanza dei beni, che abolisce il mercato finalizzato al profitto e conferisce agli oggetti un valore d'uso esclusivamente in rapporto alla soddisfazione dei bisogni umani. La rigida programmazione di tutti gli aspetti della esistenza comunitaria investe anche il settore della riproduzione della vita umana, subordinandolo a un progetto eugenetico che esclude ogni libertà di scelta nell'unione sessuale. La libertà individuale non esiste come valore nella *Città del sole*. Si tratta di una proposta decisamente sovversiva, che oppone benessere, solidarietà e pace al sistema vigente, dominato dall'«amor proprio», dall'egoismo, dallo sfruttamento e dall'oppressione feudali.

T1 — Tommaso Campanella
La comunione dei beni, l'organizzazione sociale, l'educazione

OPERA
La città del sole

CONCETTI CHIAVE
- l'utopia della Città del sole contrapposta alla società contemporanea

FONTE
T. Campanella, *La città del sole*, Utet, Torino 1941.

In queste pagine viene delineato dal Genovese il modello sociale e istituzionale utopico della Città del sole. *L'ordinamento di questo stato ideale è di tipo comunistico (comunione delle donne e dei beni, assenza della proprietà privata) e meritocratico (chi più merita più ha). All'educazione viene attribuita la massima importanza. Essa non è settoriale o libresca, ma integrale: scienza, filosofia e «arti meccaniche» hanno pari dignità. Infine, l'autorità suprema dello Stato (il Sole) è un sapiente, ma non certo di una sola scienza o di un solo libro. Sarà l'educazione integrale ricevuta a garantire il suo equilibrio, la sua saggezza, la sua apertura mentale.*

Ospitalario[1]   Or dimmi degli offizi[2] e dell'educazione e del modo come si vive; si è republica o monarchia o stato di pochi.

Genovese[3]   Questa è una gente[4] ch'arrivò là dall'Indie,[5] ed erano molti filosofi, che fuggiro la rovina de Mogori[6] e d'altri predoni e tiranni; onde si risolsero di vivere alla filosofica in com-

---

- 1 **Ospitalario**: cavaliere dell'ordine degli Ospitalieri di san Giovanni a Gerusalemme.
- 2 **offizi**: *cariche pubbliche, magistrature.*
- 3 **Genovese**: "nocchiero" (timoniere) di Cristoforo Colombo.
- 4 **Questa è una gente**: il riferimento è agli abitanti della città del Sole.
- 5 **Indie**: si intendeva genericamente l'Oriente asiatico.
- 6 **rovina dei Mogori**: rovinosa offensiva dei Tartari detti Mogori dall'appellativo di Gran Mogor (o Mogol) con cui era chiamato il loro capo. I Tartari si impossessarono saldamente, nella metà del Cinquecento, delle regioni settentrionali dell'India e nel Seicento completarono l'occupazione estendendo il loro controllo alle regioni nord-occidentali e nord-orientali.

mune,[7] si ben la communità delle donne non si usa tra le genti della provinzia loro;[8] ma essi l'usano, ed è questo il modo.[9] Tutte cose son communi; ma stan in man di offiziali[10] le dispense,[11] onde[12] non solo il vitto, ma le scienze e onori e spassi son communi, ma in maniera che non si può appropriare cosa alcuna.[13]

Dicono essi che tutta la proprietà nasce da far casa appartata,[14] e figli e moglie propria, onde nasce l'amor proprio;[15] ché, per sublimar[16] a ricchezze o dignità il figlio o lasciarlo erede, ognuno diventa o rapace publico, se non ha timore, sendo potente; o avaro ed insidioso ed ippocrita, si è impotente.[17] Ma quando perdono l'amor proprio, resta il commune[18] solo.

Ospitalario Dunque nullo[19] vorrà fatigare, mentre aspetta che l'altro fatighi, come Aristotile dice contra Platone.[20]

Genovese Io non so disputare,[21] ma ti dico c'hanno tanto amore alla patria loro, che è una cosa stupenda, più che si dice delli Romani, quanto son più spropriati.[22] E credo che li preti e monaci nostri, se non avessero li parenti e li amici,[23] o l'ambizione di crescere più a dignità,[24] seriano più spropriati e santi e caritativi con tutti.[25]

Ospitalario Dunque là non ci è amicizia, poiché non si fan piacere l'un l'altro.

Genovese Anzi grandissima: perché è bello a vedere, che tra loro non ponno[26] donarsi cosa alcuna, perché tutto hanno del commune; e molto guardano gli offiziali, che nullo abbia più che merita.[27] Però quanto è bisogno[28] tutti l'hanno. E l'amico si conosce tra loro nelle guerre, nell'infirmità, nelle scienze, dove s'aiutano e s'insegnano l'un l'altro. E tutti li giovani s'appellan frati[29] e quei che son quindici anni più di loro, padri, e quindici meno figli.[30] E poi vi stanno l'offiziali a tutte cose attenti, che nullo possa all'altro far torto nella fratellanza.[31]

Ospitalario E come?

Genovese Di quante virtù noi abbiamo, essi hanno l'offiziale:[32] ci è un che si chiama Liberalità, un[33] Magnanimità, un Castità, un Fortezza, un Giustizia criminale e civile, un Solerzia, un Verità, Beneficenza, Gratitudine, Misericordia, ecc.; e a ciascuno di questi si elegge quello, che da fanciullo nelle scole si conosce inchinato a tal virtù.[34] E però, non sendo[35] tra loro latrocini, né assassinii, né stupri ed incesti, adulterii, delli quali noi ci accusamo,[36] essi si accusano d'ingratitudine, di malignità, quando uno non vuol far piacere onesto,[37] di bugia, che abborriscono più

- **7** *onde...commune*: e perciò si decisero a vivere in comune una vita basata sui principi filosofici.
- **8** *si ben...loro*: sebbene il godimento comune delle donne non si usi fra i popoli della loro terra [d'origine]. Tale regola della comunione delle donne era teorizzata anche nella *Repubblica* di Platone.
- **9** *ma...modo*: ma essi la [: la pratica della comunità delle donne] *usano, ed è questa la regola*.
- **10** *offiziali*: funzionari pubblici.
- **11** *dispense*: facoltà di assegnazione dei beni comuni.
- **12** *onde*: di modo che.
- **13** *appropriare cosa alcuna*: rendere di propria esclusiva proprietà nessuna cosa.
- **14** *appartata*: separata [dal resto della comunità].
- **15** *onde...proprio*: cose da cui nasce l'amore di sé e delle proprie cose.
- **16** *sublimar*: elevare.
- **17** *diventa...impotente*: diventa o persona avida di possesso delle cose pubbliche, se non teme nessuno, essendo uomo potente, o avaro, insidioso e ipocrita, se è debole [: privo del potere di impossessarsi dei beni comuni].
- **18** *il commune*: l'amore per i beni comuni.
- **19** *nullo*: nessuno.
- **20** *come...Platone*: Aristotele, nella sua *Politica*, oppone l'obiezione precedentemente esposta al disegno di stato ideale teorizzato da Platone nella *Repubblica*.
- **21** *disputare*: discutere [con argomenti filosofici].
- **22** *c'hanno...spropriati*: che amano tanto la loro patria, cosa che è sorprendente, più di quanto si dice che l'amassero i Romani, [i quali l'amavano tanto] quanto più erano disinteressati [: liberi dal possesso dei beni privati].
- **23** *li parenti e li amici*: l'allusione è alla pratica del nepotismo, molto diffusa nella gerarchia ecclesiastica del tempo.
- **24** *crescer...dignità*: acquistare cariche più alte.
- **25** *seriano...tutti*: sarebbero più disinteressati [al possesso dei beni comuni] e onesti e caritatevoli con tutti.
- **26** *ponno*: possono.
- **27** *molto...merita*: controllano bene gli ufficiali, perché a nessuno sia dato più di quanto non gli spetta.
- **28** *quanto è bisogno*: quanto è necessario.
- **29** *s'appellan frati*: si chiamano [fra di loro] fratelli.
- **30** *e quei...figli*: e quelli che hanno quindici anni più di loro, [li chiamano] padri, e figli quelli che hanno quindici anni di meno. Non esistendo rapporti familiari ristretti e privati e praticando la comunione delle donne, la paternità dei fanciulli della città del Sole era incerta e comunque non rilevante: i rapporti si definivano infatti in base all'età di ogni abitante; per cui tutte le persone si consideravano fra di loro fratelli (**frati**) o figli o genitori a seconda che fossero rispettivamente coetanei o di quindici anni più giovani o di quindici più vecchi.
- **31** *che nullo...fratellanza*: che nessuno possa tradire l'altro violando il patto di fratellanza.
- **32** *Di quante...offiziale*: Essi hanno [tanti] funzionari pubblici per quante virtù abbiamo noi.
- **33** *un*: un [altro].
- **34** *si elegge...virtù*: si sceglie quello che fin da fanciullo nelle scuole si riconosce incline a tale virtù.
- **35** *sendo*: essendoci.
- **36** *delli...accusamo*: dei quali noi ci incolpiamo.
- **37** *quando...onesto*: quando una persona non vuol fare un piacere sincero.

che la peste; e questi rei per pena[38] son privati della mensa commune, o del commerzio[39] delle donne, e d'alcuni onori, finché pare al giudice, per ammendarli.[40]

Ospitalario   Or dimmi, come fan gli offiziali?

Genovese   Questo non si può dire, se non sai la vita loro. Prima è da sapere che gli uomini e le donne vestono d'un modo atto a guerregiare, benché le donne hanno la sopraveste fin sotto al ginocchio, e l'uomini sopra.

E s'allevan tutti in tutte l'arti. Dopo li tre anni li fanciulli imparano la lingua e l'alfabeto nelle mura, caminando in quattro schiere;[41] e quattro vecchi li guidano ed insegnano,[42] e poi li fan giocare e correre, per rinforzarli, e sempre scalzi e scapigli,[43] fin alli sette anni, e li conducono nell'officine dell'arti, cositori,[44] pittori, orefici, ecc.; e mirano l'inclinazione.[45] Dopo li sette anni vanno alle lezioni delle scienze naturali, tutti; ché son quattro lettori della medesima lezione, e in quattro ore tutte quattro squadre si spediscono;[46] perché, mentre gli altri si esercitano il corpo, o fan li publici servizi, gli altri stanno alla lezione. Poi tutti si mettono alle matematiche, medicine ed altre scienze, e ci è continua disputa tra di loro e concorrenza; e quelli poi diventano offiziali di quella scienza, dove miglior profitto fanno, o di quell'arte meccanica, perché ognuna ha il suo capo. Ed in campagna, nei lavori e nella pastura delle bestie pur vanno ad imparare; e quello è tenuto di più gran nobiltà, che più arti impara, e meglio le fa. Onde si ridono di noi che gli artefici appellamo ignobili, e diciamo nobili quelli, che null'arte imparano e stanno oziosi e tengono in ozio e lascivia tanti servitori con roina della republica.[47]

Gli offiziali poi s'eleggono da quelli quattro capi, e dalli mastri di quell'arte, li quali molto bene sanno chi è più atto a quell'arte o virtù, in cui ha da reggere, e si propongono in Consiglio, e ognuno oppone quel che sa di loro.[48] Però non può essere Sole se non quello che sa tutte l'istorie delle genti e riti e sacrifizi e republiche ed inventori di leggi ed arti. Poi bisogna che sappia tutte l'arti meccaniche, perché ogni due giorni se n'impara una, ma l'uso qui le fa saper tutte, e la pittura.[49] E tutte le scienze ha da sapere, matematiche, fisiche, astrologiche. Delle lingue non si cura, perché ha l'interpreti, che son i grammatici loro.

Ma più di tutti bisogna che sia Metafisico e Teologo, che sappia ben la radice e prova d'ogni arte e scienza,[50] e le similitudini e differenze delle cose, la Necessità, il Fato e l'Armonia del mondo, la Possanza,[51] Sapienza ed Amor divino e d'ogni cosa, e li gradi degli enti[52] e corrispondenze loro con le cose celesti, terrestri e marine; e studia molto bene nei Profeti ed astrologia. Dunque si sa chi ha da esser Sole, e se non passa trentacinque anni, non arriva a tal grado; e questo offizio è perpetuo, mentre[53] non si trova chi sappia più di lui e sia più atto al governo.

Ospitalario   E chi può saper tanto? Anzi non può saper governare chi attende alle scienze.

Genovese   Io dissi a loro questo, e mi risposero: «Più certi semo noi, che un tanto letterato sa governare, che voi che sublimate l'ignoranti, pensando che siano atti perché son nati signori, o eletti da fazione potente.[54] Ma il nostro Sole sia pur tristo in governo, non sarà mai crudele,

---

- 38   **e questi...pena**: *e i colpevoli, per punizione.*
- 39   **commerzio**: *contatto, in senso erotico.*
- 40   **ammendarli**: *correggerli, ma anche punirli,* da "ammenda".
- 41   **imparano...schiere**: *imparano l'alfabeto e la lingua camminando in quattro schiere dentro le mura* [: *che cingono la città, cioè all'interno della città*].
- 42   **insegnano**: *istruiscono.*
- 43   **scapigli**: *a capo scoperto.*
- 44   **cositori**: *cucitori.*
- 45   **e mirano l'inclinazione**: *e fanno attenzione a quale attitudine* [dimostrino].
- 46   **ché son...spediscono**: *poiché ci sono quattro insegnanti della stessa lezione* [: scienze naturali], *e* [*poiché le lezioni durano quattro ore per ogni squadra*] *dopo quattro ore tutte e quattro le squadre si liberano.*
- 47   **Onde...republica**: *si concentra, in queste parole, il senso della polemica di Campanella nei confronti dell'ozio dei nobili e contro il disprezzo riservato generalmente agli* **artefici**, *ossia agli artigiani e ai lavoratori manuali.*
- 48   **li quali...loro**: *i quali* [i quattro capi, ossia gli insegnanti] *sanno bene chi è più adatto a quel compito o più dotato di quelle capacità nel campo in cui* [*ognuno di essi*] *deve comandare* (**ha da reggere**), *e* [*gli ufficiali o funzionari pubblici*] *vengono proposti in un Consiglio, e ognuno informa su* (**oppone**) *ciò che conosce di loro.*
- 49   **Poi...pittura**: *Poi bisogna che conosca tutte le attività manuali, perché* [*anche se è vero che*] *se ne impara una ogni due giorni, la pratica* (**l'uso**) *qui le fa conoscere tutte, e* [*fa conoscere anche*] *la pittura.*
- 50   **che sappia...scienza**: *che conosca bene l'origine e le argomentazioni di tutte le arti e le scienze.*
- 51   **Possanza**: *Potenza.*
- 52   **li gradi degli enti**: *la posizione delle cose* [*nell'ordine universale*].
- 53   **mentre**: *finché.*
- 54   **Più certi...potente**: *Abbiamo più ragione noi,* [pensando] *che una persona così sapiente* (**un tanto letterato**) *sa governare, che voi che portate in alto* (**sublimate**) *gli ignoranti, pensando che siano adatti a governare perché sono nati nobili, o eletti da una potente fazione.*

né scelerato, né tiranno un chi tanto sa.⁵⁵ Ma sappiate che questo è argomento che può tra voi dove pensate che sia dotto chi sa più grammatica e logica d'Aristotile o di questo o quello autore,⁵⁶ al che ci vol sol memoria servile, onde l'uomo si fa inerte, perché non contempla le cose ma li libri, e s'avvilisce l'anima in quelle cose morte;⁵⁷ né sa come Dio regga le cose, e gli usi della natura e delle nazioni. Il che non può avvenire al nostro Sole, perché non può arrivare a tante scienze chi non è scaltro d'ingegno ad ogni cosa, onde è sempre attissimo al governo.⁵⁸ Noi pur sappiamo che chi sa una scienza sola, non sa quella né l'altre bene; e che colui che è atto ad una sola, studiata in libro, è inerte e grosso.⁵⁹ Ma non così avviene alli pronti d'ingegno e facili ad ogni conoscenza, come è bisogno che sia il Sole. E nella città nostra s'imparano le scienze con facilità tale, come vedi, che più in un anno qui si sa, che in dieci o quindici tra voi, e mira in questi fanciulli».⁶⁰

Nel che io restai confuso per le ragioni sue e la prova di quelli fanciulli, che intendevano la mia lingua; perché d'ogni lingua sempre han d'esser tre che la sappiano.⁶¹ E tra loro non ci è ozio nullo, se non quello che li fa dotti,⁶² ché però vanno in campagna a correre, a tirar dardo, sparar archibugi, seguitar fiere, lavorare, conoscer l'erbe, mo⁶³ una schiera, mo un'altra di loro.

- **55** Ma…sa: *Ma il nostro Sole, anche se fosse poco abile nel governare, essendo così sapiente, non potrà mai essere crudele, né scellerato, né tiranno.*
- **56** Ma…autore: *Ma sappiate che questo è un ragionamento che vale (può) [anche] per voi, là dove pensate che sia sapiente chi conosce meglio la grammatica e la logica di Aristotele, o di questo o quell'altro autore.*
- **57** al che…morte: *per le quali [conoscenze] ci vuol solo memoria servile, per cui (onde) l'uomo diviene passivo, perché non contempla la realtà ma i libri, e l'anima si avvilisce a causa di quelle cose morte.* C'è qui la critica alla cultura libresca a cui viene contrapposta una conoscenza pratica fondata sul rapporto diretto con le cose e con la realtà.
- **58** scaltro…governo: *pronto d'ingegno in ogni situazione, e perciò (onde) è sempre perfettamente capace di governare.*
- **59** grosso: *grossolano.*
- **60** e mira…fanciulli: *e guarda questi fanciulli,* ossia 'osserva, per avere conferma di ciò che ti dico, questi fanciulli'.
- **61** perché…sappiano: *poiché per ogni lingua che si conosca ci devono essere almeno tre [fanciulli] che la conoscano.*
- **62** E tra…dotti: *E tra loro non c'è ozio, se non quello che erudisce.*
- **63** mo: *ora.*

T1 DALLA COMPRENSIONE ALL'INTERPRETAZIONE

COMPRENSIONE E ANALISI

Collocazione e argomento del testo Il brano antologizzato si trova nelle pagine iniziali del trattato, in cui **il marinaio Genovese espone i criteri dell'organizzazione sociale della Città del sole**. Essi sono basati su quattro punti: 1) è bandita la proprietà privata e promossa la comunità dei beni, in modo che all'«amor proprio» (per sé e per le proprie cose) si sostituisca l'«amor commune»; 2) a tutti deve essere dato secondo il loro bisogno, a ciascuno secondo i suoi meriti; 3) l'educazione deve essere eguale per tutti (nel senso che deve essere impartita a tutti e tutti devono imparare tutti i mestieri, anche manuali, e tutte le scienze); 4) l'autorità suprema deve essere conferita a un «sapiente» che conosce, meglio di ogni altro, soprattutto la metafisica e la teologia, ma anche la storia, le scienze e le «arti meccaniche» o manuali.

Il ruolo dell'Ospitalario L'**Ospitalario** (che è un cavaliere dell'ordine degli Ospitalieri di San Giovanni) non si limita a fare domande, ma gioca il ruolo dell'"avvocato del diavolo", cioè **avanza dubbi e obiezioni in nome della morale corrente** e delle opinioni dominanti. L'Ospitalario insomma è scettico e non crede, all'inizio, agli aspetti positivi della Città del sole illustrati dal Genovese. Campanella fa di lui **il portavoce del senso comune**, che di fronte a una organizzazione comunistica della società obietta che in essa nessuno lavorerà («nullo vorrà fatigare, mentre aspetta che l'altro fatighi») o farà piaceri e doni al prossimo. Ma a poco a poco anche le resistenze del senso comune cederanno di fronte all'assetto razionale della Città del sole e lo stesso Ospitalario alla fine condividerà l'ammirazione del Genovese per la società da questi descritta.

La critica alle consuetudini e ai valori dominanti Vengono rivolti quattro tipi di critica. Anzitutto, **la società occidentale è accusata di eccesso di «amor proprio» e di mancanza di «amor commune»**; da qui derivano lo stesso nepotismo degli uomini di Chiesa e una tendenza generalizzata all'egoismo. In secondo luogo, **si critica il disprezzo per i lavori manuali**, che induce molti a vivere nell'«ozio» e nella «lascivia». In terzo luogo, **è messo sotto accusa il sistema del sapere che in Italia e in Europa tende a privilegiare la grammatica**, la logica, la filologia a danno delle scienze, dello studio della natura e dell'applicazione alla pratica (chi «non contempla le cose ma li libri» ha un'educazione sbagliata). In quarto luogo, **si ironizza sul modo casuale con cui si va al potere**: non viene scelto il migliore né il più sapiente, ma si nasce signori o si è portati al potere senza meriti da una fazione vincente. Il secondo e il terzo punto esprimono una posizione culturale minoritaria nel Rinascimento, ma già presente, per esempio, nel pensiero di Leonardo da Vinci (cfr. vol. 2), che aveva rivalutato le tecniche e criticato la cultura astrattamente libresca. Si osservi anche che Aristotele è citato due volte, e sempre negativamente.

INTERPRETAZIONE

Chi ci salverà dalle utopie? Il bisogno di **disegnare una società perfetta**, retta secondo **princìpi razionali e filosofici**, è antichissimo. L'esigenza di eliminare quanto di casuale, irrazionale, ingiusto si trova nel mondo è già presente nella *Repubblica* di **Platone**. Campanella si inserisce dunque nel solco della tradizione utopica che è delineata in **S1** (p. 187). Tra la fine dell'Ottocento (**Wells**) e il Novecento (**Huxley, Orwell**) incominciano però ad apparire le prime antiutopie o **utopie negative**. Si fa strada, cioè, l'idea che l'utopia di un mondo razionalmente ordinato presenti rischi peggiori dei mali che si vogliono eliminare. Questa consapevolezza è enunciata in modo netto in una citazione dal filosofo russo Nikolaj Berdjaev (1874-1948) che non a caso Aldous Huxley premette alla sua famosa antiutopia, *Il mondo nuovo*: «Le utopie appaiono oggi assai più realizzabili di quanto non si credesse un tempo. E noi ci troviamo attualmente davanti ad una questione ben più angosciosa: come evitare la loro realizzazione definitiva? ... Le utopie sono realizzabili. La vita marcia verso le utopie. E forse un secolo nuovo comincia; un secolo nel quale gli intellettuali e la classe colta penseranno ai mezzi d'evitare le utopie e di ritornare a una società non utopistica, meno "perfetta" e più "libera"». Nella seconda metà del Novecento, grazie anche al nuovo immaginario che la letteratura e i film di fantascienza hanno diffuso, prevale nei confronti dell'utopia un atteggiamento più di sospetto (quando non di paura e di rifiuto) che di fiducia.

T1 LAVORIAMO SUL TESTO

COMPRENDERE

I criteri dell'organizzazione sociale

1. Quali sono i criteri dell'organizzazione sociale della Città del sole?

ANALIZZARE

L'Ospitalario e il Genovese

2. Che ruoli assumono i due protagonisti del dialogo?

3. **LINGUA E LESSICO** Che significato attribuisce Campanella alle espressioni «amor proprio» e amor «commune»? Quale tipo di amore dovrebbe prevalere? (righi 9-12)

Le arti meccaniche

4. Quale rapporto viene istituito tra lavoro manuale e lavoro intellettuale? Quale critica viene rivolta alla società del tempo?

INTERPRETARE

Una società ugualitaria

5. A quale uguaglianza aspira la Città del sole? Indicane presupposti e conseguenze. Può essere confusa con l'uguaglianza tradizionalmente predicata dalla Chiesa?

Contro chi «contempla» i libri e non le cose

6. **TRATTAZIONE SINTETICA** La cultura ha un'importanza fondamentale nell'edificazione della Città del sole: ma quale cultura? In che senso Campanella, mentre polemizza contro la cultura presente, precorre lo spirito dei nuovi tempi? Spiegalo in una trattazione sintetica (max 10 righe).

LE MIE COMPETENZE: PRODURRE

La parola "utopia" è coniata da Thomas More, che intitola così la sua celebre opera del 1516: è un termine che viene dal greco e significa 'non luogo', 'luogo che non esiste' (cfr. **S1**). Nella sua *Utopia* Thomas More descrive una società perfetta, che si trova su un'isola immaginaria: si tratta di un modello ideale di comunità, sulla falsariga di quello proposto nell'antichità dal filosofo greco Platone nella *Repubblica*. Abbiamo visto che *La città del sole* di Campanella si inserisce nella tradizione della saggistica utopica inaugurata da More, coniugando la rappresentazione della città perfetta con un atteggiamento di contestazione nei confronti della realtà e del presente. Prendendo spunto da quanto leggi in **S1** e **S2** crea un prodotto multimediale (mappa concettuale con testo e immagini, presentazione multimediale, galleria di immagini e fotografie, ecc.) intitolato *Vecchie e nuove utopie*, in cui ripercorri brevemente la storia e l'evoluzione della scrittura utopica dal Cinquecento ai giorni nostri, per poi illustrare come, secondo te, dovrebbe essere organizzata la società ideale.

3. I *Ragguagli* di Traiano Boccalini e l'«eroico furore» di Giordano Bruno

I Ragguagli di Parnaso *di Boccalini*

Non trattati ma «ragguagli» – cioè notizie, informazioni – scrisse **Traiano Boccalini**.

Nato a Loreto nel 1556, fu al servizio della Chiesa e visse a lungo a Roma. Amico di Sarpi, si trasferì a Venezia nel 1612 e qui morì l'anno successivo.

Nei ***Ragguagli di Parnaso*** Boccalini immagina di inviare sulla terra resoconti sulle discussioni e sui processi che si svolgono sul monte Parnaso (dove abitano le Muse e regna Apollo, ma dove l'autore traspone anche una folla di letterati e di politici ben noti al pubblico colto) e che hanno per oggetto avvenimenti e personaggi del passato e del presente. Si serve di questo artificio per **sottoporre a satira la vita politica italiana** e soprattutto quella romana, dominata dal delitto, dall'ipocrisia e dalle menzogne. Il quadro negativo della situazione italiana nasce in Boccalini da un senso di impotenza e di sostanziale rassegnazione. La prosa di Boccalini ha caratteri di sobrietà che la distinguono dal barocchismo. Egli va dunque considerato **uno degli ultimi rappresentanti della tradizione tardo-rinascimentale**.

T • Traiano Boccalini, *Un processo nel regno di Parnaso: difesa di Machiavelli e sua condanna*

Bruno, intellettuale antiaristotelico e controcorrente

Ancor più di Boccalini, **Giordano Bruno** fu un **intellettuale controcorrente**. La sua stessa vita di sradicato, perennemente in fuga perché alla ricerca costante di una corte che ne accettasse la spregiudicatezza culturale, è lo specchio di un'**irrequietudine sociale** (quella di un ceto intellettuale ormai privo di sicurezze) ma soprattutto delle difficoltà in cui si trovano a vivere gli scrittori anticonformisti nella seconda metà del Cinquecento.

La vita

Nato a Nola, in provincia di Napoli, nel **1548**, divenuto nel 1565 frate domenicano, già nel 1576, in contrasto con le gerarchie della Chiesa, dà inizio a una vita errabonda che lo porta all'inizio a **Ginevra** (1578-79), dove si accosta al calvinismo, e poi **in Francia** alla corte di Enrico III, dove resta quattro anni (1579-1583) e scrive la commedia *Il candelaio*, in cui dominano la denuncia e la satira della follia e della stupidità umana (cfr. cap. VI, § 2). Successivamente, dal 1583 al 1585 è **in Inghilterra**, alla corte di Elisabetta. Si reca poi **in Germania**, dove sembra accettare la religione luterana. In realtà, sia in Francia che in Inghilterra e in Germania, egli cerca di far passare le sue idee di riforma religiosa, basate sul relativismo, sulla tolleranza e sul rispetto di ogni religione: di qui la sua disponibilità ad accettare le varie confessioni religiose. Nel 1591 il nobile veneziano Giovanni Mocenigo lo invita **a Venezia**, attratto dalla possibilità di imparare da lui l'arte della memoria. Bruno accetta, esponendosi al rischio di tornare in Italia, dove il controllo repressivo della Controriforma non pote-

RAGGUAGLI DI PARNASO DI TRAIANO BOCCALINI
- resoconti brevi e notizie che si immaginano inviate sulla terra dal monte Parnaso, di cui è signore Apollo
- satira della vita politica italiana

DIALOGHI IN VOLGARE DI BRUNO

opere filosofico-scientifiche	dialoghi morali
• *La cena delle ceneri* • *De la causa, principio et uno* • *De l'infinito, universi e mondi*	• *Spaccio de la bestia trionfante* • *Cabala del cavallo pegaseo* • *De gli eroici furori*
date • 1584	**date** • 1584-1585
temi • difesa della teoria copernicana • infinità dei mondi • relativismo	**temi** • virtù civili • amore come «furore», come slancio verso l'infinito

va certo lasciare margini di libertà e di autonomia a un pensatore anticonformista come lui. Denunciato dallo stesso Mocenigo, che era rimasto deluso nelle sue ingenue speranze di apprendimento, viene **arrestato nel 1592** e trasportato a Roma. Dopo un processo durato otto anni, nel quale Bruno inizialmente si mostra disponibile ad accettare i dogmi della religione cattolica a patto di lasciare intatto il nucleo della sua filosofia, alla fine si rifiuta di ritrattare e viene **condannato al rogo** sulla pubblica piazza nel **febbraio 1600**.

Le opere scientifico-filosofiche

Le opere di Bruno sono redatte **sia in volgare, sia in latino** (sono in latino quelle della seconda parte della sua vita, trascorsa in contatto con i gruppi intellettuali europei). L'appoggio alle teorie copernicane, il problema dell'infinità del cosmo, della mancanza in esso di un centro, degli infiniti mondi che lo abitano, del relativismo che ne consegue sono esposti nei dialoghi volgari *La cena de le ceneri*, *De la causa, principio et uno* e *De l'infinito, universi e mondi*, tutti scritti nel 1584 (ognuna di queste tre opere si estende per cinque dialoghi).

Le opere morali

Le **posizioni morali** sono espresse in altre tre opere (ancora dialoghi) in volgare scritte fra il 1584 e il 1585: *Spaccio de la bestia trionfante* («spaccio» significa "cacciata"), che rappresenta la cacciata della «bestia trionfante», cioè dei vizi, da parte degli dèi, i quali li sostituiscono con valori e virtù adatti a favorire lo sviluppo civile; *Cabala del cavallo pegaseo*, che continua il precedente dialogo; e soprattutto *De gli eroici furori*, in dieci dialoghi. In questa opera Bruno vede nell'«eroico furore» la tendenza dell'individuo a superare se stesso e i propri limiti e a unirsi al tutto. Questa tendenza coincide con **l'amore**. Occorre lasciarsi travolgere dall'amore per avere l'esperienza dell'infinito; ma l'amore a cui pensa Bruno non è quello petrarchista della tradizione cortese: non è un amore convenzionale, del tutto stilizzato e normalizzato, ma slancio impetuoso, audacia, **"furore" che non conosce regole**. Bruno insomma riprende, in funzione anticlassicista e antiaristotelica, il concetto platonico della poesia come "furore", come entusiasmo che travolge e invasa. Si ricollega così all'anticlassicismo del primo Cinquecento, quello di Folengo e soprattutto di Aretino, da cui Bruno riprende la tesi che il poeta deve seguire il proprio istinto e la forza della natura e non le norme astratte stabilite dai pedanti.

L'«eroico furore»

T • Giordano Bruno, *Contro il principio di imitazione*

Ettore Ferrari, *Il processo a Giordano Bruno*, **1888.**
Il rilievo fa parte del monumento a Giordano Bruno eretto a Campo dei Fiori, a Roma, nel punto in cui ebbe luogo il rogo.

4 Paolo Sarpi: una lettura laica della storia della Chiesa

Sarpi, erede di Machiavelli e di Guicciardini

Il risultato più grande della storiografia del primo Seicento è quello di Paolo Sarpi. Egli è un vero erede di Machiavelli e soprattutto di Guicciardini, da cui riprende il **razionalismo analitico e lo scrupolo di documentazione storica**, trasponendoli tuttavia – sta qui l'elemento di scandalo della sua opera – nel campo della storiografia sacra, divenuto, dopo il Concilio di Trento, d'importanza decisiva.

Necessità di una rilettura della storia della Chiesa

Infatti la nascita della Riforma luterana e poi **il Concilio di Trento** avevano rappresentato **una frattura nella storia della cristianità** che esigeva una **rilettura** a ritroso della storia della Chiesa, per ritrovare nel passato le ragioni della rottura e della nascita del movimento protestante oppure, al contrario, quelle della fedeltà all'ortodossia.

Vita di Paolo Sarpi

Nato a Venezia nel **1552**, Paolo Sarpi entra nell'ordine dei Servi di Maria e a vent'anni è già teologo a Mantova. Studioso, oltre che di teologia, di filosofia, di matematica, di scienze naturali, si fa ben presto larga fama di uomo di cultura superiore e di religioso impegnato all'interno della Chiesa su posizioni di rinnovamento. Nel 1585 è **a Roma**, procuratore generale presso la corte pontificia. Qui ha modo di frequentare l'archivio della curia e di conoscere documenti storici di cui si avvarrà poi per la sua opera storiografica. Nello stesso tempo può verificare di persona il prevalere, nella gerarchia cattolica, degli interessi privati su quelli religiosi. Dal 1588 torna ai suoi studi veneziani e accentua il suo spirito critico nei confronti della Chiesa. Nel **1605** avviene la **rottura fra lo Stato di Venezia e la Santa Sede**. Lo Stato veneziano, per opporsi all'interferenza di quello pontificio, si rifiuta di consegnare al tribunale religioso due preti responsabili di reati comuni e per questo viene colpito da **scomunica e da interdetto** (questo ultimo escludeva la popolazione dello Stato dai sacramenti religiosi). La Repubblica veneta si avvale allora di Sarpi per sostenere le ragioni della libertà giurisdizionale dello Stato. **Sarpi** interviene con il peso della sua autorità giuridica e con la forza della propria personalità, **rivendicando i diritti dello Stato contro la Chiesa** e appellandosi, contro il pontefice Paolo V, all'autorità del Concilio. Viene perciò **scomunicato**. La storia della controversia fra Venezia e il papato, *Istoria per l'interdetto*, è

Il conflitto fra lo Stato di Venezia e la Santa Sede

Il Concilio di Trento, incisione del XVII secolo.

L'utopia della città ideale **capitolo V** 195

ISTORIA DEL CONCILIO TRIDENTINO DI SARPI

genere e struttura
- opera storica in 8 libri

argomenti e temi
- eventi storici dal pontificato di Leone X (1513-1521) al 1564
- visione laica e pessimistica della storia della Chiesa dalle prime reazioni alla Riforma protestante alla «catastrofe» del Concilio di Trento

modelli
- Machiavelli
- Guicciardini (documentazione storica, analisi razionale dei fatti)

forma e stile
- stile razionale e asciutto
- ironia disincantata
- ritratti psicologici dei personaggi principali

---

da lui composta fra il 1606 e il 1607, ma pubblicata postuma a Ginevra. Intanto la Santa Sede tenta invano di assassinarlo per mano di sicari, ma anche questo fatto contribuisce ad allargare la sua fama intellettuale, che si diffonde in tutta Europa. Sarpi si avvicina in questo periodo alle posizioni luterane senza peraltro abbracciarle. Entra in contatto con i diplomatici stranieri operanti a Venezia e con gli ambienti politici e culturali dell'Inghilterra (dove pensa anche di emigrare). Ciò spiega perché la sua *Istoria del Concilio Tridentino*, scritta nel 1613-1614, esca a Londra nel **1619**. L'opera viene immediatamente posta all'Indice. Paolo Sarpi **muore** pochi anni dopo, **nel 1623**.

I rapporti con l'Inghilterra

Metodo e contenuti dell'Istoria del Concilio Tridentino

L'*Istoria del Concilio Tridentino*, in **otto libri**, racconta gli avvenimenti intercorsi fra il papato di Leone X (1513-1521) e il 1564. Si analizzano dunque i fatti che precedettero e poi quelli che caratterizzarono il Concilio di Trento; questi ultimi sono minuziosamente raccontati in forma di diario. Sarpi si avvale di materiale documentario spesso di prima mano, secondo l'insegnamento di Guicciardini (cfr. T2). E come già aveva fatto questo autore, indaga minutamente la psicologia e il comportamento dei personaggi principali (cfr. T3, p. 199).

La sua è **un'opera rigorosa nell'impianto e nell'esposizione**, con un'attenzione "scientifica" non solo alla documentazione, ma anche all'analisi e alla discussione delle fonti; e tuttavia **è anche un'opera di parte**, in cui si dimostra una tesi precisa.

Visione laica della storia della Chiesa

A Sarpi interessa soprattutto mostrare il gioco di interessi privati e politici, di intrighi, di finzioni, di trame diplomatiche che muoveva i protagonisti. La sua storia del Concilio di Trento è **una storia tutta politica e laica**. La visione di Sarpi è perciò sostanzialmente negativa e pessimistica.

Lo stile freddo e calcolato, fondato sull'ironia

Lo stile di Sarpi è asciutto, freddo, calcolato, razionale, privo di abbellimenti retorici, di aspetti pittoreschi o sentimentali. Vi brilla il sorriso amaro di una superiore e disincantata ironia. Il Concilio di Trento vi è visto, in modo del tutto antiprovvidenzialistico, come un momento negativo di degenerazione e di rovinosa caduta all'interno della storia della cristianità.

T2 Paolo Sarpi
Il «Proponimento» dell'autore

OPERA
Istoria del Concilio Tridentino, Proemio

CONCETTI CHIAVE
- un racconto imparziale dell'«Iliade del secol nostro»

FONTE
P. Sarpi, *Istoria del Concilio Tridentino*, a cura di C. Vivanti, Einaudi, Torino 1974.

Il Proemio della Istoria del Concilio Tridentino *si caratterizza per una dichiarazione di scrupolo storiografico e per una presa di posizione preliminare di contenuto politico. Sul piano della correttezza storiografica, l'autore mostra il proprio metodo di lavoro rivolto ad acquisire il maggior numero di testimonianze e di fonti. Sul piano politico, la critica agli esiti del Concilio è chiara: esso ha avuto come risultato non l'unità e il rinnovamento della Chiesa, ma la divisione della cristianità e il rafforzamento del centralismo della Chiesa.*

Il proponimento mio è di scrivere l'istoria del concilio tridentino, perché, quantunque molti celebri istorici del secol nostro nelli loro scritti n'abbiano toccato qualche particolar successo,[1] e

- **1** n'abbiano...successo: ne abbiano accennato qualche particolare avvenimento.

Giovanni Sleidano,[2] diligentissimo autore, abbia con esquisita diligenza narrate le cause antecedenti,[3] nondimeno, poste tutte queste cose insieme, non sarebbono[4] bastanti ad un'intiera narrazione.

Io subito ch'ebbi gusto delle cose umane, fui preso da gran curiosità di saperne l'intiero,[5] e dopo l'aver letto con diligenza quello che trovai scritto e li publici documenti usciti in stampa o divulgati a penna, mi diedi a ricercar nelle reliquie de' scritti[6] de prelati et altri nel concilio intervenuti, le memorie da loro lasciate e li voti o pareri detti in publico, conservati dagli autori proprii[7] o da altri, e le lettere d'avisi[8] da quella città scritte, non tralasciando fatica o diligenza, onde ho avuto grazia di vedere sino qualche registro intiero di note e lettere di persone ch'ebbero gran parte in quei maneggi.[9] Avendo adunque tante cose raccolte, che mi possono somministrar assai abondante materia per la narrazione del progresso,[10] vengo in risoluzione di ordinarla.[11]

Racconterò le cause e li maneggi d'una convocazione ecclesiastica, nel corso di 22 anni[12] per diversi fini e con varii mezi da chi procacciata e sollecitata, da chi impedita e differita, e per altri anni 18[13] ora adunata, ora disciolta, sempre celebrata[14] con varii fini, e che ha sortita forma e compimento tutto contrario al dissegno di chi l'ha procurata et al timore di chi con ogni studio l'ha disturbata: chiaro documento di rasignare li pensieri in Dio[15] e non fidarsi della prudenza umana.

Imperoché[16] questo concilio, desiderato e procurato dagli uomini pii per riunire la Chiesa che comminciava a dividersi, ha così stabilito lo schisma et ostinate le parti,[17] che ha fatto le discordie irreconciliabili; e maneggiato[18] da li prencipi per riforma dell'ordine ecclesiastico, ha causato la maggior deformazione che sia mai stata da che vive il nome cristiano, e dalli vescovi sperato[19] per racquistar l'autorità episcopale, passata in gran parte nel solo pontefice romano, l'ha fatta loro perdere tutta intieramente, riducendoli a maggior servitù; nel contrario temuto e sfugito dalla corte di Roma come efficace mezo per moderare l'essorbitante potenza, da piccioli principii pervenuta con varii progressi ad un eccesso illimitato, gliel'ha talmente stabilita e confermata sopra la parte restatagli soggetta, che non fu mai tanta, né così ben radicata.[20]

- **2** **Giovanni Sleidano**: Johannes Philippi (1506 ca.-1556) detto Sleidano (da Sleiden, sua città natale, vicino Colonia) scrisse un'opera centrale per la storia della Riforma, il *De statu religionis et reipublicae Carolo V Caesare imperatore commentariorum libri XXVI* [Ventisei libri di commentari sulla condizione della religione e dello stato dedicati all'imperatore Carlo V] riguardante gli anni tra il 1515 e il 1555.
- **3** **e cause antecedenti**: cioè tutti gli eventi che portarono a indire il Concilio stesso.
- **4** **sarebbono**: *sarebbero*, nell'antica desinenza del condizionale.
- **5** **Io subito…l'intiero**: *io non appena ebbi interesse per gli avvenimenti storici* (**delle cose umane**) *fui preso da un gran desiderio di conoscerne la loro interezza*. Sarpi, come ha detto a proposito dello storico tedesco, dimostra con chiarezza la necessità di avere tutti i dati per poter parlare correttamente di un argomento storico: alla base di ogni ricerca è posto l'interesse documentario.
- **6** **nelle reliquie de' scritti**: *negli scritti rimasti*. **Reliquie** è dal verbo lat. "relinquere" = lasciare.
- **7** **proprii**: *stessi*.
- **8** **le lettere d'avisi**: sono i resoconti inviati alle rispettive nazioni e stati osservatori presenti al Concilio.
- **9** **in quei maneggi**: fin dall'Introduzione all'*Istoria*, dunque, il concilio viene presentato come luogo di intrighi internazionali, ben lontano da ogni preoccupazione di tipo etico e religioso (vedi, più sotto, la definizione dell'argomento: «Racconterò le cause e li maneggi d'una convocazione ecclesiastica»).
- **10** **per…progresso**: *per il proseguimento della narrazione*.
- **11** **vengo…ordinarla**: *mi accingo ad esporla con ordine*. Anche questa affermazione dimostra subito il grande scrupolo "scientifico" e filologico dell'autore, sempre attento alla completezza espositiva della propria ricostruzione storica.
- **12** **22 anni**: dal 1523 al 1545.
- **13** **anni 18**: il concilio si svolse con interruzioni, spostamenti di sede, sospensioni (come precisa anche Sarpi) dal 15 marzo 1545 al 4 dicembre 1563.
- **14** **celebrata**: *ricostituita*.
- **15** **e che ha…in Dio**: *e che ha condotto a una forma e a un risultato* (**compimento**) *del tutto opposto al proposito di chi l'aveva promosso e al timore di chi con ogni mezzo l'ha ostacolato: testimonianza chiara del dover rimettersi a Dio* (**rasignare li pensieri in Dio**). Lo stile rigoroso di Sarpi si appoggia a parallelismi lessicali e sintattici che rafforzano l'ordinato procedere dell'analisi.
- **16** **Imperoché**: *Poiché*. La proposizione causale è cifra caratteristica della prosa stringente e conseguente di Sarpi.
- **17** **ha così…parti**: *ha così radicalizzato lo scisma* [: Cattolicesimo/Protestantesimo] *e rese ostili le parti*.
- **18** **maneggiato**: *strumentalizzato*.
- **19** **sperato**: *auspicato*. Si noti la costruzione del periodo su membri contrapposti: da un lato ciò che veniva richiesto (ricomposizione dello scisma, separazione del potere spirituale da quello temporale, equilibrio tra episcopato e sede pontificia), dall'altro gli esiti effettivi delle manovre e degli intrighi.
- **20** **nel contrario…radicata**: Sarpi vuol dire che il Concilio, temuto da Roma per la sua possibilità di temperare lo strapotere pontificio, in realtà lo ha ulteriormente stabilizzato, soprattutto nelle zone direttamente influenzate dalla religione cattolica.

Non sarà perciò inconveniente[21] chiamarlo la Illiade del secol nostro, nella esplicazione[22] della quale seguirò drittamente la verità, non essendo io posseduto da passione che mi possi far deviare.[23] E chi mi osserverà in alcuni tempi abondare, in altri andar ristretto,[24] si ricordi che non tutti i campi sono di ugual fertilità, né tutti li grani meritano d'esser conservati, e di quelli che il mietitore vorrebbe tenerne conto, qualche spica[25] anco sfugge la presa della mano o il filo della falce, così comportando la condizione d'ogni mietitura, che resti anco parte per rispigolare.[26]

- 21 **inconveniente**: *sconveniente*.
- 22 **esplicazione**: *esposizione*.
- 23 **non…deviare**: in realtà la suddetta **esplicazione** sarà "di parte" proprio perché fondata sulla **verità**, sulla inevitabile parzialità di ogni ricostruzione storiografica che in questo suo deciso orientarsi acquista il valore di documento interpretativo: diviene il punto di partenza di una discussione e di un miglioramento.
- 24 **in alcuni…ristretto**: *in alcuni momenti abbondare* [*nell'esposizione*], *in altri essere sintetico*.
- 25 **spica**: *spiga*.
- 26 **così…rispigolare**: *perché così comporta ogni mietitura,* [*cioè*] *che rimanga anche una parte per spigolare di nuovo* [: *per raccogliere le spighe lasciate sul campo*]. Questa immagine conclusiva di Sarpi è un invito agli storici perché riprendano i suoi temi e non facciano cadere la motivazione intellettuale sottesa alla loro attività: la ricerca, polemica e spietata, del "vero".

T2 DALLA COMPRENSIONE ALL'INTERPRETAZIONE

COMPRENSIONE

Il fallimento del Concilio di Trento   Sarpi apre la sua opera dichiarando il suo «proponimento […] di scrivere l'istoria del **concilio tridentino**» e mettendone in luce subito l'esito deludente. Nel secondo capoverso l'autore si sofferma su una questione di metodo, sottolineando l'abbondanza e la **varietà delle fonti consultate**. Grazie a esse, Sarpi potrà illuminare «le cause e li maneggi d'una convocazione ecclesiastica». Nel successivo capoverso (il quarto) emerge con chiarezza il giudizio dell'autore rispetto a «questo concilio», che **ha prodotto effetti opposti rispetto a quelli previsti**: «ha così stabilito lo schisma et ostinate le parti» anziché riunire la cristianità; ha ridotto i vescovi «a maggior schiavitù» anziché riportare un equilibrio fra autorità episcopale e sede pontificia; ha «stabilita e confermata» la potenza della corte di Roma anziché moderarla. Con la metafora finale delle spighe e del mietitore, Sarpi invita gli storici a riprendere e approfondire i temi da lui trattati.

ANALISI

Lo stile   Si noti come la scrittura sia lontana non solo dalla lussureggiante ricchezza metaforica del Barocco, ma anche dallo slancio soggettivo e dall'"eroico furore" dei manieristi come Bruno. Essa resta fedele alla **compostezza** e alle **procedure razionali dell'età umanistico-rinascimentale**. Il rapporto fra frase principale e secondaria è sempre molto scandito. **Le secondarie sono molto spesso** (a partire dal primo periodo, segnato infatti da un «imperocché») **di tipo causale**, perché intendono sottolineare il rapporto di causa ed effetto: cosa significativa perché rivela l'**atteggiamento analitico e razionalistico** dell'autore.

Il metodo   Da un lato l'autore si rifà a **documenti storici** e all'**analisi delle fonti** e dichiara di scrivere senza «passioni» che possano distoglierlo dalla verità oggettiva dei fatti; dall'altro dichiara apertamente **il proprio punto di vista personale che consiste nel sottolineare l'esito paradossale del Concilio di Trento**: questo è stato convocato per restaurare l'unità della cristianità e per limitare l'autorità del papa e si è concluso rafforzando lo scisma luterano e il centralismo papale. In questi due aspetti contraddittori si può cogliere il carattere ormai saggistico assunto dalla moderna storiografia: per un verso essa diventa più scientifica, ma per un altro appare sempre più consapevole che **ogni proposta storiografica contiene anche una interpretazione dei fatti** che corrisponde al punto di vista dell'autore. Così Sarpi riprende e continua la tendenza saggistica già presente in Machiavelli e in Guicciardini.

INTERPRETAZIONE

Guicciardini e Sarpi: storici della contemporaneità?   Proponiamo qui la pagina finale di un saggio di **Alberto Asor Rosa** sulla *Istoria del Concilio Tridentino* di Sarpi. In essa si traccia **un parallelo fra la *Storia d'Italia* di Guicciardini e l'opera di Sarpi**, mostrando come tutt'e due registrino uno scacco storico; si sottolinea poi l'attualità di Sarpi: essa deriva proprio dall'aver posto sul tappeto il tema – politico e religioso insieme – del connubio fra politica e religione, che ha limitato e danneggiato per secoli, e sino a oggi, tanto l'una quanto l'altra. Assai suggestiva, poi, è la considerazione finale di Asor Rosa sulla **"tridentinità" perenne della Chiesa italiana**. È una considerazione che merita una attenta discussione, anche alla luce della recente svolta rappresentata dall'elezione al soglio pontificio di papa Francesco.

«Sarpi comincia esattamente dove Guicciardini finisce. I due hanno in comune molte cose, come abbiamo visto: ma principalmente l'aver concepito la narrazione storica come resoconto di una sconfitta – più in generale, di uno scacco umano nella storia. Ma la *Storia d'Italia* aveva fermato la sua attenzione sulla **dissoluzione di quel mondo italico-rinascimentale**, nel quale molti italiani – e non solo loro – pensavano di ravvisare un vero e proprio culmine della storia umana; la *Istoria del concilio tridentino* descrive invece come sulle macerie di quel mondo dissolto il pontefice e la Curia riescano a **sbarrare la strada anche a un possibile rinnovamento religioso**.

Leggendole insieme, anzi quasi a riscontro, si potrà avere come l'immagine complementare delle **due crisi**, quella **politico-sociale** e quella **religiosa** [...]. Vi si aggiunga la vicenda di Galilei e della sua scuola, e il quadro sarà completato. Guicciardini e Sarpi, cioè, descrivono conformazione e statuti [princìpi e norme di comportamento] profondi, strutture di lunga durata, dell'Italia moderna e contemporanea. Bisognerà pur chiedersi perché in questo momento voci come quelle di Guicciardini e Sarpi (e Machiavelli, s'intende, ma come da una distanza più grande) ci parlino con voci più confidenziali e oserei dire fraterne di quelle di personaggi come – poniamo – Gioberti o Mazzini o De Sanctis. La risposta potrebbe essere che quelli sono più contemporanei nostri che questi. Non arriverò fino a sostenere che il processo di Risorgimento e di unità nazionale non sia stato che una parentesi inefficace di pochi decenni nel corso di una storia italiana secolare. Ma è difficile resistere alla tentazione di pensare che l'Italia del Guicciardini e del Sarpi – ossia, l'Italia in cui fu perduto il filo di una possibile identità nazionale e s'affermò invece un potere religioso curante sopra ogni altra cosa il potere mondano – sia quella con cui abbiamo avuto a che fare in questi ultimi decenni, e anche ora. In particolare, non è privo di senso chiedersi se alla persistenza nella Chiesa cattolica italiana dello spirito tridentino non si debba tanta parte della commistione tra religione e politica, i cui effetti nefasti sulla coscienza pubblica nazionale sono sotto gli occhi di tutti. Ma ha mai smesso la Chiesa cattolica italiana, nonostante il Concilio Vaticano II, di essere compiutamente e profondamente tridentina?» (A. Asor Rosa, *Sarpi*, «*Istoria del concilio tridentino*», in AA.VV. *Letteratura italiana. Le opere II: dal Cinquecento al Settecento*, Einaudi, Torino 1993, pp. 862-863).

T2 LAVORIAMO SUL TESTO

COMPRENDERE

Il «proponimento» dell'autore

1. Qual è il proponimento dell'autore? Quali sono le motivazioni?

ANALIZZARE

Lo stile

2. **LINGUA E LESSICO** Che stile compositivo utilizza Sarpi? Che nesso prevale tra proposizioni principali e secondarie?

Il metodo

3. Che metodo storiografico applica Sarpi? Come concepisce la propria opera storiografica?

INTERPRETARE

Un'opera politica

4. Dichiarando esplicitamente il proprio punto di vista, quale tesi "politica" intorno al Concilio di Trento egli preannuncia nel Proemio?

T3 Paolo Sarpi
Ritratto di Paolo IV

OPERA
Istoria del Concilio Tridentino

CONCETTI CHIAVE
- ritratto psicologico
- la storia come prodotto delle azioni dei grandi personaggi

FONTE
P. Sarpi, *Istoria del Conciclio Tridentino*, cit.

È questo il ritratto di Paolo IV Carafa, che fu papa dal 1555 al 1559, e che ostacolò in ogni modo il Concilio vedendovi un pericolo per l'autorità papale.

È ben cosa certa che Paolo, come quello che[1] era d'animo grande e vasti pensieri, teneva per sicuro[2] di poter rimediare a tutti i disordini con la sola sua autorità pontificale, né riputava aver bisogno in ciò di prencipe alcuno, solito di[3] non parlar mai con ambasciatori, se non intonando-

- 1 **come quello che**: *poiché*.
- 2 **teneva per sicuro**: *aveva la certezza*.
- 3 **solito di**: vi è sottinteso un *essendo*, mentre il **di** è pleonastico.

gli[4] nelle orecchie che egli era sopra tutti gli prencipi, che non voleva che alcuno d'essi si domesticasse seco,[5] che poteva mutar i regni, che era successor di chi ha deposto re et imperatori, e spesso rammemorava per principio dell'autorità essercitata da lui che aveva eretto un regno agl'iberni,[6] e passava tanto inanzi,[7] che in consistoro et anco alla mensa, in publico, in presenza di molte persone, diceva di non voler alcun prencipe per compagno, ma tutti per sudditi sotto questo piede (così diceva percotendo la terra),[8] come è conveniente e come ha voluto chi ha edificato questa Chiesa e ci ha posto in questo grado.[9] Et usava qualche volta d'aggiongere: più tosto che far una viltà, vorressimo morire, rovinar ogni cosa et appizzar fuogo[10] in tutte 4 le parti del mondo.

Il naturale[11] di Paolo IV era di grand'animo et ardire, confidava molto nel suo saper e nella buona fortuna che gli era stata compagna in tutte le imprese, alla quale,[12] aggionto il potere e la fortuna del pontificato, riputava ogni cosa facile. Ma in lui fluttuavano a vicenda 2 umori: uno che per la consuetudine sempre usata di valersi in ogni azzione della religione, l'induceva adoperare la sola autorità spirituale; l'altro gli era eccitato da Carlo Caraffa,[13] suo nipote, che, soldato di valore et essercitato nella guerra, fatto di soldato cardinale, riteneva li spiriti marziali, lo persuadeva a valersi della temporale,[14] dicendo che quella senza questa è disprezzata, ma congionte possono esser istromenti di gran cose.[15] Ma all'avveduto vecchio era molto ben noto che anco s'indebolisce la spirituale, quando si mostra aver bisogno del temporale. Ma stando sempre fisso a[16] voler farsi gran nome, ora dava orrecchie al nipote, ora credendo più a se medesimo. In fine pensò di trattar il temporale in secreto et il spirituale in palese,[17] per poter poi, continuando questo, o aggiongervi le imprese temporali già ordite, o tralasciarle, come dagl'eventi fosse stato consegliato.

- **4 intonandogli**: rintronandoli, composto da "in" + "tonare" nel senso di 'tuonare'. L'uso di questo verbo è comunque indicativo della personalità veemente del pontefice.
- **5 si domesticasse seco**: prendesse [eccessiva] familiarità con lui.
- **6 rammemorava...iberni**: ricordava come esempio dell'esercizio della sua autorità [il fatto] che aveva costituito un regno per gli Irlandesi. Irlanda, infatti, in latino si dice "Hibernia".
- **7 passava...inanzi**: oltrepassava così tanto i limiti.
- **8 così...terra**: immagine efficacissima che rende tutta la burbera imperiosità del personaggio.
- **9 chi...grado**: cioè Dio.
- **10 più...fuogo**: piuttosto che fare una vigliaccheria [: sottomettersi] preferiremmo morire, mandare tutto in rovina e appiccare il fuoco.
- **11 Il naturale**: La natura [: il carattere].
- **12 alla quale**: per la quale.
- **13 Carlo Caraffa**: si tratta di Carlo Carafa (1518-1561), nipote di Paolo IV e da questo creato cardinale nel 1555 dopo un periodo di carriera militare. Carlo ne fu consigliere con inclinazioni politiche contro la Spagna. La sua condotta moralmente scorretta indusse, però, il papa a condannarlo all'esilio.
- **14 riteneva...temporale**: conservava atteggiamenti militareschi, lo persuadeva a usufruire del potere temporale [: politico]. Nei consigli di Carlo l'autorità temporale deve procedere in parallelo con quella spirituale: la loro congiunzione può rivelarsi portatrice di veri vantaggi.
- **15 istromenti...cose**: strumenti per grandi progetti.
- **16 Ma...a**: ma proponendosi continuamente lo scopo di.
- **17 in palese**: pubblicamente. Il pontefice dimostra un atteggiamento simile al nicodemismo (cfr. cap. I, § 2), ma privato di ogni pregiudiziale etica: di nascosto ordisce trame politiche; in pubblico mostra di attenersi a principi di pura spiritualità. È, comunque, un comportamento di sostanziale simulazione assai diffuso nel periodo, anche se qui finalizzato alla realizzazione di interessi esclusivamente privati.

T3 DALLA COMPRENSIONE ALL'INTERPRETAZIONE

COMPRENSIONE

Il papa che ostacolò il Concilio Paolo IV è **una figura odiosa per Sarpi**, il quale tuttavia gli riconosce una certa magnanimità e grandiosità. Il rovescio di questo forte sentire è però costituito dalla mancanza di misura, dalla **presunzione**, dall'**orgoglio eccessivo**. Il ritratto unisce all'analisi psicologica il giudizio politico: il papa non si accontenta del potere spirituale e si avvale anche di quello temporale. Come si dice nella parte del brano qui non antologizzata, per meglio raggiungere i propri obiettivi Paolo IV non esita a contravvenire alle decisioni del precedente conclave e ad allargare il numero dei cardinali, in modo da poterne eleggere alcuni a lui fedeli. Il comportamento del papa, dunque, obbedisce a **criteri esclusivamente politici, non religiosi**.

ANALISI E INTERPRETAZIONE

Storiografia, politica e psicologia Sarpi è molto attento agli aspetti propriamente politici e ideologici della storia: Paolo IV non esprime alcuna considerazione religiosa, ma persegue un piano preciso di **affermazione del proprio potere assoluto**, contro gli altri sovrani e contro i cardinali. Egli è ancora legato a rapporti familiari (come quello con il nipote Carlo Carafa). È questo un elemento tipico della società non solo cinquecentesca, e in particolare della Roma papale. Se questi aspetti fanno di Sarpi **uno storico attuale**, c'è un aspetto che invece va ricondotto a **modelli storiografici antichi e umanistici**: l'**attenzione alla psicologia del singolo personaggio**. Sul carattere del pontefice, uomo «d'animo grande e vasti pensieri», Sarpi insiste molto: ne viene così un ritratto vivo, che cerca conferme anche nei piccoli gesti (il tono con cui Paolo IV afferma di essere «sopra tutti gli prencipi», o il gesto con cui ribadisce che tutti debbono stargli sottomessi). Anche le due diverse possibilità politiche, cioè l'avvalersi della «sola autorità spirituale» oppure far ricorso anche al potere «temporale», sono ricondotte a «due umori», cioè a due predisposizioni psicologiche. Calcolo e carattere si sovrappongono così in un tutt'uno. Questa concezione storiografica presuppone dunque l'idea che **la storia sia il teatro di conflitti che hanno per protagonisti grandi personaggi, e ignora le masse** (che non vengono ancora considerate un soggetto della storia), **sia fattori oggi d'obbligo nell'analisi storica (per esempio l'economia)**.

T3 LAVORIAMO SUL TESTO

COMPRENDERE

1. **TRATTAZIONE SINTETICA** Riassumi in cinque righe i princìpi cui si ispira l'ideologia di Paolo IV.

ANALIZZARE

2. Indica tutti i passi in cui Sarpi si sofferma sul carattere di Paolo IV.

3. Indica tutti i passi in cui Sarpi si sofferma sulla politica e sull'ideologia di Paolo IV.

INTERPRETARE

4. Che ruolo attribuisce Sarpi alle grandi personalità come artefici della storia?

Percorso
LO SPAZIO E IL TEMPO

PERCORSI TEMATICI

Lo spazio della città ideale

Mappa dell'isola di Utopia di Abraham Ortelius, 1595 circa.

Utopia è parola coniata da Tommaso Moro; significa 'non-luogo' (dal greco *ou-topos*), o 'luogo felice' (da *eu-topos*). Tale luogo è collocato in uno spazio immaginario che assume i contorni dell'isola lontana.
La città utopica rinascimentale, da Moro a Campanella, ha due antecedenti, l'uno popolare e l'altro aristocratico, rispettivamente nel paese di Cuccagna e nell'Arcadia. Attraverso il paese di Cuccagna e l'Arcadia si vagheggia un leggendario stato di natura, corrispondente al mito dell'età dell'oro o del paradiso terrestre. Entrambi sono collocati in un passato perduto, dove la vita è retta unicamente dal principio di piacere.
Nel Cinquecento nasce un modo nuovo di concepire un paese felice: una città ideale che funge da denuncia dei mali del presente e da pietra di paragone di un possibile cambiamento.
Nell'*Utopia* di Moro (1516) leggi e istituzioni sono a misura degli uomini, e il tempo vi è misurato sul lavoro necessario e creativo. **Attraverso il dialogo si delinea una società felice, basata sull'autogoverno e sull'abolizione della proprietà privata e delle classi**. Viene fissato così un principio che caratterizza la letteratura utopica successiva, da Rabelais sino agli illuministi. **È evidente l'influenza che sull'immaginario utopico esercita la scoperta dell'America**, se i testimoni e portavoce della società felice sono, sia in Moro che in Campanella, navigatori al servizio di Vespucci e di Colombo. Le notizie sulla vita comunitaria e sullo stato di natura dei popoli indigeni creano termini di confronto nuovi e riattivano la tradizione dell'evangelismo egualitario, reso attuale dalle rivolte contadine, che dalla fine del Trecento al Cinquecento divampano in Europa.
Nella *Città del sole* (scritta nel 1602 e pubblicata nel 1623) la planimetria dei luoghi è incentrata sulla figura del cerchio. Alla perfetta organizzazione dello spazio corrisponde una perfetta organizzazione interna. **La città riproduce in miniatura il macrocosmo**. Le sette mura circolari corrispondono ai sette pianeti. Le quattro porte orientano la comunità verso i punti cardinali. Il tempio rotondo al centro è, in piccolo, un modello del cielo.

Questo rapporto tra cosmo e città è alla base dell'unità organica che integra cicli umani e cicli naturali. L'agricoltura, l'allevamento e anche l'accoppiamento umano vengono praticati in armonia con i cicli stagionali e astrali.
Tutti partecipano alla produzione dei beni necessari, lavorano quattro ore al giorno e dedicano il resto del tempo alla lettura, al gioco, alla vita sociale. **La democratizzazione del lavoro, dell'istruzione e del tempo libero sono resi possibili solo dalla comunanza dei beni**, che abolisce il mercato finalizzato al profitto. La rigida programmazione di tutti gli aspetti della esistenza comunitaria investe anche il settore della riproduzione della vita umana, subordinandolo a un progetto eugenetico che esclude ogni libertà di scelta nell'unione sessuale. La libertà individuale non esiste come valore nella *Città del Sole*. **Si tratta tuttavia di una proposta decisamente sovversiva**, che oppone benessere, solidarietà e pace al sistema vigente, dominato dall'«amor proprio», dall'egoismo, dallo sfruttamento e dall'oppressione feudali.
Con la *Nuova Atlantide* (1627) Francesco Bacone inaugura l'utopia tecnologica. Nell'Europa settentrionale e protestante, agli albori dell'industria manifatturiera capitalista, egli addita nella scienza la forza portante del futuro. La società della Nuova Atlantide è patriarcale e gerarchica; in essa la scienza prende il posto della religione. Gli scienziati costituiscono un'aristocrazia di esperti che «vessano» la natura, promettendo abbondanza, longevità e sicurezza.
Bacone non collega lo sviluppo tecnologico a una trasformazione dei rapporti sociali e delle relazioni umane esistenti. L'accento è posto esclusivamente sull'entusiasmo per l'allargamento delle conoscenze e sulla capacità di realizzare «tutte le cose possibili che potranno essere portate a compimento». **L'opera di Bacone**, destinata a grande successo nell'epoca successiva, **anticipa l'ideologia tecnocratica**, tipica delle classi dirigenti borghesi, di un'espansione quantitativa, che produce abbondanza all'interno di un sistema sociale fondamentalmente immutato.

DAL RIPASSO ALLA VERIFICA

MAPPA CONCETTUALE: Trattatistica e storiografia nell'età della Controriforma

Trattatistica e storiografia nell'età della Controriforma

- trattato come esposizione di argomenti tecnici
- intellettuale specialista che ha perso la sua funzione di legislatore di civiltà

- trattato che si riallaccia alla tradizione rinascimentale
- intellettuale d'opposizione

Campanella → trattato utopico *La città del sole* →
- utopia
- critica alla società presente

Bruno → dialoghi filosofico-scientifici e morali →
- anticonformismo e spregiudicatezza intellettuale
- relativismo
- l'«eroico furore» dell'amore e della poesia

Sarpi → opera storica *Istoria del Concilio tridentino* →
- visione laica e pessimistica della storia della Chiesa

SINTESI

L'evoluzione del trattato
A partire dal sacco di Roma (1527) e poi, in modo più chiaro, dopo il Concilio di Trento, il trattato cessa di essere l'opera attraverso cui gli intellettuali fondano una civiltà e diventa esposizione delle tecniche di discipline specifiche. L'intellettuale specialista ha ormai preso il posto dell'intellettuale legislatore di civiltà. Realismo e utopia si dividono irrimediabilmente.

La trattatistica politica
La trattatistica politica nell'Italia del Cinquecento, condizionata dalla svolta dogmatica imposta dalla chiesa post-tridentina e dal modesto circuito dei piccoli Stati regionali, non può che limitare il proprio orizzonte di riflessione; ben lontana è la spregiudicatezza di Bodin in Francia o di Hobbes in Inghilterra.

La trattatistica utopica
Legata alla trattatistica politica è quella utopica. Quest'ultima tende a svilupparsi a causa della chiusura dell'orizzonte politico e dell'impossibilità di percorrere il cambiamento pratico, delle riforme e della innovazione. I tratti caratterizzanti sono: 1) la perfezione della vita civile e dello stato è immaginata nel futuro; 2) la città perfetta è immaginata come modello statico e assoluto, non migliorabile; 3) l'organizzazione della società secondo modelli razionali e scientifici; 4) critica e contestazione del presente.

Tommaso Campanella
Tommaso Campanella (1568-1639) è l'autore della maggiore opera utopica di questo periodo, *La città del sole*. Scritta in carcere in italiano nel 1602, *La città del sole* fu pubblicata in una versione latina solo nel 1623. Vi si immagina il dialogo fra un Ospitalario, cioè un cavaliere dell'ordine degli Ospitalieri, e un Genovese definito "nochiero" (timoniere) di Cristoforo Colombo. Il primo fa domande al secondo che, circumnavigando il mondo, ha scoperto la Citta del sole in un'isola orientale chiamata Taprobana e ne illustra i vari e straordinari aspetti all'interlocutore. Il sogno di una città regolata da giustizia e sapienza ha come pressupposto una critica alla società presente dove dominano la forza, la ragion di stato e l'ipocrisia. Alla società contemporanea si allude solo rapidamente e ironicamente.

Giordano Bruno
Le opere di Giordano Bruno (frate domenicano nato a Nola nel 1548 e bruciato sul rogo a Roma nel 1600), sia quelle scientifico-filosofiche (*La cena de le ceneri*, *De la causa, principio et uno*, *De l'infinito universo e mondi*) che quelle morali (*Spaccio de la bestia trionfante*, *Cabala del cavallo pegaseo*, *De gli eroici furori*) rivelano la personalità di un intellettuale spregiudicato, condannato dunque dalla sua stessa inquietudine a non integrarsi nel mondo conformistico e dogmatico della Controriforma.

DAL RIPASSO ALLA VERIFICA

● **Paolo Sarpi**
Il risultato più grande della storiografia tardo-rinascimentale è quello di Paolo Sarpi (1552-1623), vero erede di Machiavelli e soprattutto di Guicciardini. La sua *Istoria del Concilio Tridentino*, in otto libri, descrive gli avvenimenti intercorsi tra il papato di Leone X (1513-1521) e il 1564. Si analizzano dunque i fatti che precedettero e poi quelli che caratterizzarono il Concilio di Trento; questi ultimi sono minuziosamente raccontati in forma di diario. La sua storia è politica e laica e la concezione che ne emerge è sostanzialmente negativa e pessimistica.

DALLE CONOSCENZE ALLE COMPETENZE

1. Caratterizza la condizione degli intellettuali dopo il Concilio di Trento. (§ 1)
2. Su quali temi si concentra la trattatistica del Seicento? (§ 2)
3. Quali sono i due modelli assunti dalla saggistica utopica e quali sono i suoi tratti caratterizzanti? (§ 2)
4. Che cos'è la città del sole? (§ 2)
5. Spiega il titolo *Ragguagli di Parnaso* di Traiano Boccalini e qual è l'intento dell'autore. (§ 3)
6. Perché Giordano Bruno fu condannato al rogo? (§ 3)
7. Campanella e Bruno, in piena Controriforma e pagando di persona la loro sfida alla cultura dominante, preparano il terreno alla nascita della scienza moderna. Sai dire perché? (§§ 2 e 3)
8. Perché il papa tentò di fare assassinare Paolo Sarpi? Quale ruolo egli svolse nel conflitto tra lo Stato di Venezia e la Santa Sede? (§ 4)
9. L'*Istoria del Concilio Tridentino* di Paolo Sarpi fu pubblicata a Londra nel 1619 per caso o per necessità? Che visione della Chiesa propone? (§ 4)

prometeo 3.0

Personalizza il tuo libro selezionando per questo capitolo materiali integrativi da Prometeo (di seguito ti proponiamo un elenco di materiali, ma puoi trovarne altri utilizzando il motore di ricerca).

- **INTERSEZIONI** Scienza ed etica
- **MODULO TEMATICO INTERDISCIPLINARE** Scienza ed etica
- **MODULO TEMATICO INTERDISCIPLINARE** L'immagine del potere

Capitolo VI — Il teatro. La commedia dell'arte

My eBook+

Cliccando su questa icona, docenti e studenti accedono ad un'area di personalizzazione che permette di arricchire i contenuti digitali già linkati lungo le pagine del libro. Nell'area di personalizzazione è possibile infatti salvare ulteriori materiali: selezionati da **Prometeo**, prodotti autonomamente o ricercati nella rete.

▶ *Per un elenco di materiali integrativi presenti nella biblioteca multimediale di Prometeo o per attivare una ricerca cfr. p. 217*

Francisco Goya, *Comici ambulanti*, 1793. Madrid, Museo del Prado.

1. Il teatro come visione del mondo

Il trionfo del teatro

Il periodo che va **dalla fine del Cinquecento al Settecento** segna in Europa il **trionfo del teatro**. Esso nasce e si afferma come istituzione nella prima metà del Cinquecento. Ma nel secolo che va dalla fine del Cinquecento a quella del Seicento i principali scrittori europei sono autori teatrali: Marlowe e Shakespeare in Inghilterra, Lope de Vega e Calderón de la Barca in Spagna, Corneille, Racine e Molière in Francia.

Ragioni sociali e culturali del trionfo del teatro

Questo fenomeno si spiega con **ragioni sociali e culturali**. Il teatro è ormai sede di riconoscimento sociale della corte e dei nobili che la frequentano, strumento di politica culturale dei principi e dei sovrani, immagine stessa dello sfarzo e delle feste dei gruppi dominanti. Nelle classi basse o intermedie invece il teatro popolare e borghese esprime e libera esigenze corporali e anticonformistiche che non erano permesse dalla cultura ufficiale della Controriforma.

La visione teatrale della vita

Sul piano culturale e ideologico **si diffonde una visione teatrale della vita**. Nelle classi dominanti e nella Chiesa stessa si afferma un gusto per le scenografie, per cerimonie complesse e spettacolari che rivela un ideale di potenza connesso anche alle manifestazioni esteriori del potere politico e religioso. **Il suddito e il fedele** vengono indotti a trasformarsi sempre di più in **spettatori passivi**. Nello stesso tempo l'abitudine alla "doppia verità", la tendenza alla simulazione e al mascheramento dei sentimenti e delle idee più profondi e l'esigenza di controllare il comportamento pubblico e di adeguarlo a norme precostituite, imposte dalla cultura della Controriforma e dalla educazione dei gesuiti, rafforzano **l'idea che la vita stessa è una commedia** i cui attori sono gli uomini comuni. Ne deriva uno **scambio fra realtà e finzione**, fra vita e sogno che caratterizza l'immaginario di questa epoca.

Teatralità della vita e cultura della Controriforma

La specificità italiana: il dramma pastorale, il melodramma e la commedia dell'arte

Gli autori ricordati all'inizio del paragrafo sono tutti stranieri. **In Italia** infatti il teatro letterario non raggiunge gli altissimi risultati di Shakespeare o di Calderón de la Barca o di Racine. La crisi economica, politica e morale del nostro paese influisce negativamente sullo sviluppo del teatro, che non giunge né all'organizzazione, per certi versi già capitalistica, che esso aveva in Inghilterra, né alle forti contrapposizioni di natura etica dell'arte teatrale spagnola e francese. Tuttavia il nostro paese darà un contributo fondamentale alla storia del teatro in due settori: nel **dramma pastorale** e nella sua evoluzione sino al melodramma e nella **commedia dell'arte**.

2. Il teatro "regolare" italiano tra fine Cinquecento e Seicento

Declino del teatro regolare italiano dopo la metà del Cinquecento

Già con la metà del Cinquecento **il teatro regolare italiano** (se si eccettua il dramma pastorale) cessa di avere quel valore e quell'interesse che l'avevano posto all'avanguardia in Europa. Il fenomeno più rilevante e fortunato sarà infatti il teatro dell'arte, che avrà notevole influsso anche sugli altri paesi, e in particolare sulla Francia.

La tragedia

La tragedia come testo destinato alla lettura

La tragedia rimane al centro dell'interesse teorico dei letterati. Ma proprio per questo essa è più **concepita come testo scritto, da leggersi**, e destinato da dotti ad altri dotti, piuttosto che come opera da rappresentare sulle scene. Il carattere libresco differenzia così nettamente la tragedia italiana da quella inglese o spagnola contemporanea. Dopo il *Re Torrismondo* di Tasso (cfr. cap. III, § 5), le opere di maggior rilievo sono quelle dell'astigiano **Federigo Della Valle** (1560 ca.-1628), vissuto prima alla corte di Carlo Emanuele I di Savoia, poi a Milano, che esprimono lo spirito religioso dell'autore e la sua sincera partecipazione alla cultura della Controriforma.

Federigo Della Valle (1560 ca.-1628)

La commedia

Il *Candelaio* di Giordano Bruno

La commedia letteraria si avvia in questo periodo a **perdere terreno** dinanzi alla commedia come puro spettacolo visivo, gestito da attori professionisti che improvvisano sulla base di una traccia scritta (è il canovaccio del teatro dell'arte). **Un'eccezione** isolata è data dal *Candelaio* del filosofo Giordano Bruno (1548-1600; su Bruno cfr. cap. V, § 3). Si tratta di una **satira contro i pedanti** (cfr. **S1**) e la vecchia cultura, con un intreccio volutamente aggrovigliato e anarchico. Anche in questo caso, l'intento polemico e letterario (lo stile di Bruno è espressivo e parodistico) prevale su quello teatrale.

Le tre trame del *Candelaio*

Il *Candelaio* venne pubblicato a Parigi nel 1582. **La prima delle tre storie** che formano la commedia ha per protagonista un pedante (cfr. **S1**), **Manfurio**, maestro di grammatica. **La seconda trama** ha per protagonista un alchimista, l'avaro e avido **Bartolomeo**, **la terza** un innamorato, il «candelaio» **Bonifacio**, detto così per le tendenze omosessuali che lo rendono insipido e ridicolo amante. Bonifacio, pur avendo una bella moglie, **Carubina**, vorrebbe amare la cortigiana **Vittoria** nei confronti della quale si comporta con tutte le svenevolezze del petrarchista. Ma non meno folli sono Bartolomeo, che pretende di trasformare i metalli in oro, e Manfurio, che riduce ogni cosa ad arida nozione, trasponendola in un mondo libresco. Le tre trame hanno come **motivo unificante le beffe** a cui questi tre personaggi sono sottoposti da parte di un quarto, il pittore Gioan Bernardo, che alla fine conquista l'amore di Carubina.

T • Giordano Bruno, *Il pedante Manfurio*

La denuncia dell'asinità e della follia degli uomini

Se l'asinità e la follia degli uomini, ridotti a maschere ridicole e grottesche, sono denunciate con durezza polemica, l'autore appare consapevole di quanto sia debole e precario il confine che separa follia e saviezza e di come gli opposti convivano e si rovescino l'uno nell'altro. Perciò la sua opera ha **un valore piuttosto critico e distruttivo che costruttivo**: denuncia la follia del mondo ma non afferma in alternativa un diverso ordine di vita.

S1 INFORMAZIONI

Il pedante

Il termine "pedante" è di etimo incerto: esso deriva probabilmente dal latino *pedem* = 'piede', declinato sul modello del participio presente (*pedantem*) con il significato proprio di 'chi accompagna a piedi'. Esso rimanda alla figura del pedagogo, ovvero dell'educatore che in epoca greca e romana accompagnava passo passo i fanciulli nella loro formazione culturale. "Pedante" è dunque sinonimo di 'maestro', ma questo significato assume presto una connotazione spregiativa: in età umanistico-rinascimentale, infatti, il pedante è un educatore di condizione sociale non elevata e di cultura ristretta, e come tale viene fatto oggetto di una tipizzazione letteraria (soprattutto nella commedia) che lo raffigura sempre come letterato rozzo e ottuso ma saccente e presuntuoso, trasandato e sudicio nella persona ma ampolloso e retorico nel modo di parlare.

Il personaggio del pedante è tipico della polemica antiaristotelica. Infatti lo troviamo già nelle commedie dell'antiaristotelico Aretino (cfr. vol. 2), che caratterizzava soprattutto linguisticamente il personaggio. Sono poste così sotto accusa la boria, la supponenza, la chiusura in un mondo astratto e libresco, cui viene implicitamente contrapposta l'esperienza reale del mondo. In realtà ad essere collocati su due piani lontanissimi e inconciliabili sono, da una parte, il dogmatismo della cultura controriformistica, dall'altra, la libertà di ricerca e l'antidogmatismo che condurranno Bruno sul rogo.

Protagonista della prima delle tre storie che formano il *Candelaio* di Giordano Bruno, è appunto un pedante, Manfurio, anch'egli caratterizzato linguisticamente. Ecco come si esprime, ad esempio, nel momento in cui, dopo aver subito un furto, chiede aiuto: «Olà, olà, cqua, cqua, agiuto, agiuto! Tenetelo, tenetelo! Al involatore, al surrettore, al fure, amputator di marsupii ed incisor di crumene! Tenetelo, ché si porta via gli miei aurei solari con gli argentei! [Olà, olà, qua, qua, aiuto, aiuto! Tenetelo, tenetelo! Al rapinatore, al sottrattore, al ladro, troncatore di borse e tagliatore di portafogli! Tenetelo, perché si porta via le mie monete d'oro e anche quelle d'argento] (atto III, scena 12ª)». Naturalmente, nessuno capisce niente, tanto che un altro personaggio, Barra, dirà molto banalmente: «Perché non cridavate: Al ladro?».

Contaminazione e parodia dei registri linguistici

T • Giordano Bruno, *Dal Proprologo del Candelaio*

Anche **sul piano linguistico** Bruno si diverte a mimare il linguaggio latineggiante del pedante, quello scientifico dell'aristotelico alchimista e quello petrarchesco dell'innamorato, per dissacrarli facendone il verso. Così egli **usa e fonde registri linguistici diversi**. Inoltre, gioca con i valori fonici del linguaggio e giunge a inventare parole nuove, trasportando anche sul piano linguistico il gusto dello sberleffo e la trasgressione anarchica.

Il melodramma

Nascita del melodramma

È invece una grande innovazione, nella quale l'Italia manterrà il suo primato europeo sino a tutto l'Ottocento, il melodramma. Esso **nasce a Firenze** nel clima delle discussioni e delle ricerche intorno al modo di rappresentare il teatro greco, nel quale la musica aveva avuto un ruolo fondamentale. I gentiluomini che si riunivano in Casa Bardi fra il 1580 e il 1590 (la cosiddetta **Camerata de' Bardi**) arrivarono alla conclusione che gli attori antichi recitavano cantando, accompagnati dalla musica. Il tentativo di mettere in pratica questo modo di rappresentare un dramma fu attuato da **Ottavio Rinuccini** (1564-1621) con *La favola di Dafne* del 1597 (musiche di Peri e di Corsi) e con l'*Euridice* del 1600 (musiche di Peri). Pochi anni dopo, nel 1607, a Mantova andarono in scena, l'*Orfeo* e l'*Arianna*: questa volta, le musiche erano di uno dei più grandi autori italiani di tutti i tempi, **Claudio Monteverdi** (1567-1643) (cfr. **S2**, p. 208).

La Camerata de' Bardi (1580-1590)

Il ruolo di Monteverdi

Domenico Fetti, *Ritratto di un attore*, 1622. San Pietroburgo, Hermitage.

Successo del melodramma

Il melodramma sarà destinato a un grande successo. Il testo scritto (o libretto) finirà per avere sempre meno importanza, almeno sino alla riforma settecentesca di Metastasio; **prevarranno** naturalmente **la musica**, **il virtuosismo dei cantanti**, **la spettacolarità** dell'apparato scenografico. L'opera italiana sarà esportata in tutte le maggiori corti e città d'Europa, diffondendo così anche la nostra lingua.

Il dramma pastorale: il *Pastor fido* di Guarini

Il dramma pastorale alla corte di Ferrara: il successo dell'*Aminta*

La vita di corte trova la sua immagine idealizzata soprattutto nel dramma pastorale. Esso si sviluppa particolarmente alla corte estense di Ferrara. Fu **Tasso** a portare al successo il dramma pastorale con l'*Aminta* (1573), in cui viene indirettamente rappresentata la corte ferrarese di Alfonso II (cfr. cap. III, § 3). L'opera ebbe numerose edizioni e ampio seguito di imitatori.

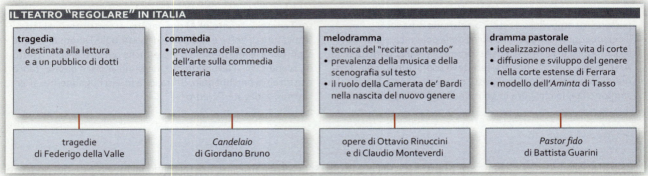

S2   INFORMAZIONI

Il melodramma e Monteverdi

Il melodramma nasce a Firenze nel clima delle discussioni e delle ricerche accademiche intorno ai modi rappresentativi del teatro classico. In questo senso il "dramma per musica" (come veniva solitamente chiamato) appare davvero l'esito estremo dell'Umanesimo e del Rinascimento italiani, in un intersecarsi di erudizione, culto dell'antichità e recupero di modelli classici. Nel manifesto polemico e teorico del 1581, *Dialogo della musica antica e della moderna*, Vincenzo Galilei promuove il ritorno alla presunta tradizione dei tragici greci quale possibilità di articolare il testo in musica nell'assoluto rispetto dei valori poetici e drammaturgici. Come scrive Jacopo Peri nella prefazione dell'*Euridice*, per il compositore si tratta, in pratica, di «imitar col canto chi parla». Con questa proposta, dunque, il melodramma si inserisce, di fatto, in una tendenza manifesta del secondo Cinquecento, consistente nel passaggio dalla sovrapposizione polifonica al canto a voce sola con accompagnamento. Nel Quattrocento e nel primo Cinquecento la polifonia era appannaggio privilegiato delle classi aristocratiche e colte, le uniche che potevano permettersi cantori e musicisti di alta preparazione. Il canto monodico, invece, già diffuso a partire dal Medioevo, incomincia ad attirare nuovo interesse nel secondo Cinquecento per uno spontaneo predominio della voce superiore e per la consuetudine della pratica esecutiva di raggruppare le voci inferiori in un solo strumento di accompagnamento (liuto o chitarrone). Da considerare, inoltre, che rispetto alla complessa artificiosità delle composizioni polifoniche, il canto monodico è percepito come più "naturale" (vicino alla consuetudine espressiva della voce umana) e come forma più flessibile e adattabile ai valori letterari del testo. Esso consente, inoltre, una maggiore sottolineatura dei contenuti fonici e semantici della parola, finalmente liberata dai vorticosi contrappunti della polifonia.

Su questa linea monodica si muovono, da un lato, gli intellettuali della Camerata de' Bardi, dall'altro, Claudio Monteverdi. È evidente in Claudio Monteverdi (1567-1643) la progressiva adozione dello stile monodico non solo nelle opere, ma persino nelle raccolte di madrigali che accolgono forme a voce sola a partire dal 1619.

Occorre tener presente, per altro, che dal 1613 Monteverdi opera in S. Marco a Venezia, in una città, cioè, in cui la passione per il melodramma conduce all'apertura del primo teatro pubblico a pagamento (il San Cassiano, nel 1637). Per questo confronto diretto e più ampio con i cittadini, e a differenza, dunque, di altre realtà culturali, elitarie e circoscritte, la Repubblica veneta favorisce il diffondersi del melodramma nelle sue forme più spettacolari e drammatiche. Il melodramma, allora, si allontana in modo definitivo dall'essenzialità del "recitar cantando" dei fiorentini e si affida sempre più all'edonismo della musica e del canto.

Il Pastor fido *di Battista Guarini*

Accanto agli imitatori ci fu però anche chi tentò di emularne i risultati. Si tratta di **Battista Guarini**, che al dramma pastorale *Pastor fido* dedicò buona parte della sua vita: ci lavorò dal 1580 al 1589, ma continuò a rielaborare l'opera anche dopo che l'ebbe pubblicata nel 1590: l'edizione definitiva è del 1602. Anche Guarini (1538-1612) fu cortigiano a Ferrara; anzi fu dichiarato poeta ufficiale di corte, dopo Tasso. Prima era stato professore di retorica e diplomatico.

Il tema del Pastor fido

Il *Pastor fido* presenta un intreccio abbastanza complesso, fondato non su una sola coppia di innamorati, ma su due: quella di **Mirtillo e Amarilli** e quella di **Silvio e Dorinda** che, dopo una serie di peripezie e anche attraverso il meccanismo dell'agnizione (Mirtillo e Silvio scoprono di essere fratelli), possono felicemente sposarsi. Il dramma pastorale è composto di endecasillabi e settenari. La struttura ricalca quella dell'*Aminta*. L'opera ebbe un enorme successo di pubblico sino alla fine del Settecento, in Italia e in Europa. Gli spettatori potevano piacevolmente abbandonarsi al brivido della sensualità e subito sentirsi moralmente riconciliati con la religione; sfiorare la tragedia e godersi la commedia; abbandonarsi al **pathos** lirico e prender facile diletto dalla trama romanzesca. Il *Pastor fido* insomma **è un felice** e riuscito **compromesso teatrale, letterario, culturale e morale** (cfr. T1).

Un riuscito compromesso teatrale, letterario, culturale e morale

T1 Battista Guarini
L'età dell'oro

OPERA
Pastor fido, atto IV, vv. 1394-1461

CONCETTI CHIAVE
- il trionfo controriformistico dell'«Onestà»: «Piaccia, se lice»

FONTE
B. Guarini, *Il pastor fido*, a cura di L. Fassò, Einaudi, Torino 1976.

È il coro dell'atto IV, ricalcato per il tema su quello che chiude l'atto I dell'*Aminta* (cfr. cap. III, **T6**, p. 100), ma con un rovesciamento ideologico dell'assunto tassiano: non più «S'ei piace, ei lice» ma «Piaccia, se lice».

    CORO
    Oh bella età de l'oro,
1395 quand'era cibo il latte
    del pargoletto mondo e culla il bosco;
    e i cari parti loro,
    godean le gregge intatte,
    né temea il mondo ancor ferro né tòsco!
1400 Pensier torbido e fosco
    allor non facea velo
    al sol di luce eterna.
    Or la ragion, che verna
    tra le nubi del senso, ha chiuso il cielo,
1405 ond'è che il peregrino
    va l'altrui terra e 'l mar turbando il pino.

METRICA canzone di cinque stanze (lo schema è il medesimo del coro conclusivo dell'atto I dell'*Aminta* di Tasso, che riprendeva a sua volta quello della petrarchesca «Chiare, fresche et dolci acque»): endecasillabi e settenari alternati, con rime, secondo lo schema abC abC cdeeDfF. Congedo zZXyY.

● **1394-1406** CORO: *Oh bella età dell'oro, quando il latte era il cibo e il bosco [era] la culla del mondo appena nato* (**pargoletto**); *e le greggi integre* (**intatte**) *godevano i loro cuccioli* (**i...parti**) *amati* (**cari**), *e il mondo non aveva ancora paura* (**né temea**) *di armi* (**ferro** = spada) *né di veleno* (**tòsco**)! *Allora pensieri torbidi e foschi* [: dittologia sinonimica] *non facevano velo* [: non ostacolavano] *al sole della luce eterna* [: Dio]. *Ora* [invece] *la ragione, che è prigioniera* (**verna** = passa l'inverno) *tra le nubi dei sensi, ha chiuso il cielo* [: impedisce qualsiasi rapporto con Dio], *per cui accade* (**ond'è**) *che lo straniero* (**il peregrino**) *va turbando la terra altrui* [: porta guerra] *e le navi* (**il pino**; con metonimia) [*vanno turbando*] *il mare* [: con riferimento alle esplorazioni geografiche]. **E i cari parti...intatte**: perché gli uomini non uccidevano gli animali per cibarsene, così che le greggi erano «intatte» e non temevano di veder morire i loro piccoli. **Pensier torbido...pino**: è sottintesa in questi versi una prolungata metafora. Se Dio è il sole, le nuvole sono gli ostacoli alla vista di esso da parte dell'uomo, e pertanto rappresentano la presunzione intellettuale e l'aggressività dell'uomo, nonché la sua debolezza davanti alle attrattive dei sensi.

Quel suon fastoso e vano,
quell'inutil soggetto
di lusinghe, di titoli e d'inganno,
ch'«onor» dal volgo insano
indegnamente è detto,
non era ancor degli animi tiranno.
Ma sostener affanno
per le vere dolcezze,
tra i boschi e tra le gregge
la fede aver per legge,
fu di quell'alme, al ben oprar avvezze,
cura d'onor felice,
cui dettava Onestà: «Piaccia, se lice».

    Allor tra prati e linfe
gli scherzi e le carole
di legittimo amor furon le faci.
Avean pastori e ninfe
il cor ne le parole;
dava lor Imeneo le gioie e i baci
più dolci e più tenaci.
Un sol godeva ignude
d'Amor le vive rose;
furtivo amante ascose
le trovò sempre, e aspre voglie e crude
o in antro o in selva o in lago;
ed era un nome sol marito e vago.

    Secol rio, che velasti
co' tuoi sozzi diletti
il bel de l'alma, e a nudrir la sete
dei desiri insegnasti
co' sembianti ristretti,
sfrenando poi l'impurità segrete!
Così, qual tesa rete
tra fiori e fronde sparte,
celi pensier lascivi
con atti santi e schivi;
bontà stimi il parer, la vita un'arte;
né curi, e parti onore
che furto sia, pur che s'asconda, amore.

    Ma tu, deh, spirti egregi
forma ne' petti nostri,
verace Onor, de le grand'alme donno!
O regnator de' regi,
deh! torna in questi chiostri,
che senza te beati esser non ponno.
Dèstin dal mortal sonno
tuoi stimoli potenti
chi, per indegna e bassa
voglia, seguir te lassa,
e lassa il pregio de l'antiche genti.

● **1407-1419** *Quel nome* (**suon**) *presuntuoso* (**fastoso**) *e vuoto* (**vano**), *quell'occasione* (**soggetto**) *inutile di lusinghe, di attribuzioni* (**di titoli**) *e di inganno, che è detto erroneamente* (**indegnamente**) *"onore" dal volgo sciocco* (**insano**), *non era ancora padrone* (**tiranno**) *degli animi* [umani]. *Ma sopportare* (**sostener**) *l'ansia* (**affanno**) *per* [provare] *le vere dolcezze* [: *i veri piaceri*], *avere per legge la lealtà* (**la fede**) [vivendo] *tra i boschi e tra le greggi, fu di* (**di**) *quelle anime* (**alme**), *abituate* (**avvezze**) *ad agire bene* (**al ben oprar**), *la felice preoccupazione* (**cura**) *dell'onore, al quale* (**cui**) *l'Onestà suggeriva* (**dettava**): «*Se è lecito* (**se lice**), *piaccia* [pure]». Viene qui distinto il significato della parola "onore" quale essa è usata comunemente, ma in modo improprio, e quale essa valeva invece durante i tempi puri e felici dell'età dell'oro. Il senso corrotto è 'ambizione, merito, vanto, prestigio'; mentre il senso originario implicava un sereno rispetto delle leggi di una morale naturale e divina.

● **1420-1432** *Allora* [: *durante l'età dell'oro*] *i giochi* (**gli scherzi**) *e i balli* (**le carole**) *tra prati e fonti* (**linfe**) *furono le fiamme* (**le faci**) *di legittimo amore* [: *di rapporti coniugali*]. *Pastori e ninfe avevano i sentimenti* (**il cor** = *il cuore*) *corrispondenti alle* (**ne le**) *parole; Imeneo* [: *il matrimonio*] *dava loro le gioie e i baci più dolci e più insistenti* (**tenaci**). *Un unico* (**un sol**) [amante; cioè il marito] *godeva le vive nude rose* [: *bellezze*] *d'Amore;* [ogni] *amante furtivo* [: *illegittimo*] *le trovò* [invece] *sempre nascoste* (**ascose**), *e* [trovò sempre] *secchi rifiuti* (**aspre voglie e crude** = *desideri avversi e crudeli*) *sia* (**o**) *nelle caverne* (**in antro**) *sia nei boschi* (**in selva**) *sia nei laghi; e marito e amante* (**vago**) *erano un unico* (**sol**) *nome*. È l'esaltazione dell'amore coniugale come condizione di sincerità e di pieno godimento reciproco. **Imeneo**: la divinità classica delle nozze.

● **1433-1445** *Epoca peccaminosa* (**secol rio**) [: *quella presente*], *che con i tuoi piaceri* (**diletti**) *sudici* (**sozzi**) *hai nascosto* (**velasti**) *le bellezze* (**il bel**) *dell'anima, e hai insegnato ad alimentare* (**a nudrir** = *a nutrire*) *l'attrattiva dei desideri* (**la sete dei desiri**) *con gli atteggiamenti* (**co' sembianti**) [falsamente] *pudichi* (**ristretti**), *per sfrenare* (**sfrenando**) *poi di nascosto ogni perversione* (**le impurità segrete**)! *Come* (**qual**) *una rete tesa tra fiori e foglie* (**fronde**) *separate* (**sparte**), *così nascondi* (**celi**) *con atteggiamenti* (**atti**) *santi e ritrosi* (**schivi**) *pensieri lascivi; stimi* [che] *la bontà* [sia] *un'apparenza* (**parer**), [e che] *la vita* [sia] *un artificio* (**un'arte**); *e non ti preoccupi* (**né curi**), *e* [anzi] *ti sembra* (**parti** = *ti par*) *un onore, che l'amore sia una colpa* (**furto**), *purché sia* [una colpa] *nascosta*.

● **1446-1456** *Deh, ma tu, vero* (**verace**) *Onore, signore* (**donno**) *delle grandi anime, forma dei nostri animi* (**petti**) *sentimenti* (**spirti**) *nobili* (**egregi**)! *O re* (**regnator**) *dei re, deh!, torna in queste valli* (**chiostri** = *luoghi chiusi*), *che non possono* (**non ponno**) *essere beate senza di te. I tuoi stimoli potenti sveglino* (**dèstin**) *dal sonno mortale* [: *peccaminoso*] *chi, a causa di* (**per**) *desideri* (**voglia**) *indegni e bassi, smette* (**lassa** = *lascia*) *di seguire te, e abbandona* (**lassa**) *le virtù* = *ciò che veniva apprezzato* (**il pregio**) *dei popoli* (**genti**) *antichi*. **Onor**: la maiuscola e l'agg. **verace** servono a differenziare questo onore del quale parla qui il poeta da quello che è comunemente chiamato "onore", e contro cui si sono già scagliati i vv. 1407-1412.

>   Speriam, ché 'l mal fa tregua
>   talor, se speme in noi non si dilegua.
>   Speriam, ché 'l sol cadente anco rinasce,
> 1460 e 'l ciel, quando men luce,
>   l'aspettato seren spesso n'adduce.

• **1457-1461** *Speriamo* [: conserviamo le speranze di un ritorno al rispetto dell'Onore], *poiché* (**ché**) *talora il male concede* (**fa**) *tregua, se la speranza non viene meno* (**non si dilegua**) *in noi. Speriamo, poiché il sole che tramonta* (**cadente**) *rinasce di nuovo* (**anco** = ancora), *e spesso il cielo ci porta* (**n'adduce**) *l'aspettato sereno* [proprio] *quando è meno luminoso* (**men luce**; **luce** è la 3ª persona singolare del verbo "lùcere").

T1 DALLA COMPRENSIONE ALL'INTERPRETAZIONE

COMPRENSIONE E ANALISI

Una rivisitazione controriformistica dell'età dell'oro In questo coro, come in quello dell'atto I dell'*Aminta*, viene esaltata la mitica, primitiva **età dell'oro**. Ma ben diverso è l'orizzonte culturale di Guarini rispetto a quello di Tasso. Qui **amore e onore sono strettamente congiunti**: la massima centrale del brano, «Piaccia, se lice» è agli antipodi di quella tassiana «s'ei piace, ei lice». «Piaccia, se lice» significa che **i piaceri e i desideri devono essere sottoposti alle leggi morali**, anche se viene sottolineata la libera scelta del bene piuttosto che l'obbedienza coatta a esso. Siamo ormai in pieno clima controriformistico. L'intento moralistico dell'autore appare scoperto, così come è evidente l'**opposizione ideologica a Tasso**, che aveva esaltato l'età antica perché in essa l'amore non aveva bisogno dell'onore.

INTERPRETAZIONE

Il confronto con il coro dell'*Aminta* Guarini riprende da Tasso anzitutto il tema, a partire dal primo verso ripetuto parola per parola (anche Tasso inizia: «O bella età dell'oro»). Ma anche la struttura della canzonetta in cinque strofe è identica, così come identiche sono le parole poste in rima. Mentre però **Tasso** sosteneva la tesi che **«S'ei piace, ei lice»** (se una cosa piace, è lecita), **Guarini** capovolge l'assunto: **«Piaccia, se lice»** (v. 1419): una cosa deve piacere solo se è lecita. L'età dell'oro è esaltata da Tasso, perché non ancora corrotta dall'onore, e da Guarini, invece, perché in essa onore e amore vanno congiunti nel matrimonio. È evidente la natura moralistica e controriformistica del messaggio guariniano.

T1 LAVORIAMO SUL TESTO

COMPRENDERE

1. Riassumi il contenuto del testo.

ANALIZZARE

Il «verace Onor»

2. Quale aspetto dell'età dell'oro viene esaltato dal poeta?
3. **TRATTAZIONE SINTETICA** In un testo breve, che non superi le tre righe, spiega l'espressione «Piaccia, se lice». Quali ideali rappresenta?

LE MIE COMPETENZE: CONFRONTARE
Confronta questo coro con quello che chiude l'atto I dell'*Aminta* di Tasso (cap. III, **T6**, p. 100) e verifica se e come ne costituisce il rovesciamento.

3 La commedia dell'arte

Le maschere

Il clima repressivo della Controriforma

Nel Seicento in Italia si vive il clima repressivo della Controriforma cattolica. Si crea **una situazione culturale che induce a togliere importanza alla parola a favore del gesto** (nella commedia dell'arte) **o della musica** (nel melodramma): gesto e musica, infatti, non si possono fissare in significati definiti e per questo sfuggono più facilmente alla censura.

Giovanni Domenico Tiepolo, *Il trionfo di Pulcinella*, 1760-1770. Copenhagen, Statens Museum for Kunst.

Significato della parola "arte" nella denominazione "commedia dell'arte"

Nella parola "arte" della denominazione "commedia dell'arte" confluiscono **due sensi**, legati rispettivamente al **carattere artistico** e a **quello artigianale** dello spettacolo teatrale: il primo pone l'accento sul talento artistico individuale (in una accezione di derivazione rinascimentale), **il secondo** sull'aspetto tecnico-professionale in senso artigianale e corporativo (in un'accezione invece di derivazione medievale).

Fare l'attore diventa un mestiere: nascono i teatri pubblici

In effetti **fare l'attore diventa un mestiere**, riconosciuto e retribuito come tale: comporta una specifica specializzazione. A poco a poco **nascono le compagnie di attori professionisti** (la prima nasce a Padova nel 1545) **e i primi teatri pubblici**, distinti dai teatri di sala delle corti ma anche dagli spazi aperti delle piazze dove si esibiscono i buffoni.

Si afferma l'industria del teatro

All'inizio prevale il significato più positivo della parola "arte", quello di derivazione rinascimentale, e le varie compagnie sottolineano infatti il loro aspetto colto e spesso accademico, la loro libertà di iniziativa e di creazione. **Poi l'aspetto economico prende il sopravvento** ed esse vengono progressivamente sottoposte a un'industria del teatro che fa capo non solo a impresari ma anche al potere politico dei principi.

Le donne attrici

Un ruolo di primo piano, fra gli attori, assumono **le donne**. Esse probabilmente erano in origine le "cortigiane oneste", che si dilettavano di musica e di letteratura e talora tenevano salotto nella società rinascimentale (cfr. vol. 2). Nella società controriformistica, esse non trovano più un tale spazio di libertà e ripiegano sull'attività teatrale, nella quale portano però la tematica petrarchesca e amorosa di cui sono esperte.

I caratteri della commedia dell'arte: 1. I contrasti fra tipi diversi

I caratteri fondamentali della commedia dell'arte sono i seguenti:
1. **svalutazione dell'intreccio e del dialogo** a tutto vantaggio dei contrasti fra tipi diversi, che hanno cioè una funzione scenica diversa: per esempio, servo-padrone, vecchio-giovane, uomo-donna.

2. La tipizzazione

2. **Dal personaggio-individuo si passa al personaggio-tipo**, che rappresenta una pura funzione scenica. Gli innamorati parlano in italiano e senza maschera, mentre le parti comiche esigono il dialetto e la maschera (fra le maschere principali sono i servi Arlecchino e Pulcinella e i vecchi Pantalone e il Dottore; cfr. **S3**).

3. La definizione dei comportamenti attraverso il canovaccio

T • Flaminio Scala, *Esempio di un canovaccio*

S • L'arcivescovo Federico Borromeo scrive a Filippo II contro la commedia dell'arte

3. **Il canovaccio** non definisce le parole ma solo i comportamenti dei personaggi; l'invenzione dei gesti spetta invece all'attore. Negli "scenari" l'autore del canovaccio coordina la presenza dei vari attori.

La società e la Chiesa cercarono di disciplinare compagnie e attori, **la prima** stipendiandoli e così cercando di subordinarli alle regole sociali, **la seconda** emarginandoli. **La Chiesa infatti non tollerava** il carattere imprevedibile e improvvisato delle scene, che poteva consentire agli attori parole e gesti di tipo osceno sottraendoli così, almeno in parte, alla censura preventiva. Inoltre era contraria alle maschere, che coprivano il volto (nel quale si rivela l'aspetto voluto da Dio), e soprattutto alla presenza sulla scena delle donne.

S3 — MATERIALI E DOCUMENTI

Le maschere

La commedia dell'arte, commedia senza testo, basata sull'improvvisazione degli attori, si reggeva su schemi di intreccio e su personaggi fissi. Questi derivavano dalle figure di vecchi, di servi, di innamorati, di parassiti e di spacconi, già presenti nella commedia antica.

Gli attori si specializzavano a recitare uno di questi personaggi, ciascuno dei quali era caratterizzato da un linguaggio e da gesti tipici, fissati in vere e proprie maschere. Gli attori recitavano mascherati, tranne gli innamorati, e, avendo il volto coperto, dovevano sfruttare al massimo la potenzialità espressiva del corpo, esprimendosi attraverso una vivacissima mimica gestuale. L'individuo era assorbito dalla maschera in una tipologia comica e umana costante.

L'origine delle maschere è antica, affonda le sue radici nella cultura popolare del carnevale, di cui esse rappresentano la carica beffarda e ribelle, il bisogno di esorcizzare le tensioni sociali o politiche, le angosce esistenziali profonde.

Arlecchino, la maschera più popolare, rimanda alla figura del servo, lo Zanni (da Zan, Giovanni in dialetto veneto; in Veneto si era affermata la «commedia degli Zanni» da cui deriva la commedia dell'arte) delle commedie cinquecentesche. Poverissimo, con il vestito a toppe, coloratissime nei più strani e casuali accostamenti, contrappone all'ordine della società costituita e alle regole del buon senso lo sberleffo del disordine e la filastrocca del *non-sense*.

Altra celebre maschera, sempre di servo, è quella di Pulcinella; derivata forse da un'antica maschera romana, e cioè dal personaggio di un ingordo, Maccus, che, per il suo largo vestito bianco e per il suo procedere starnazzante, ha fatto pensare a un originario significato di "pulcino, piccolo pollo". Del resto paragoni e imitazioni animali sono sempre stati frequenti nel mondo contadino.

A un ambiente storico e sociale più evoluto appartiene un'altra maschera molto popolare come Brighella (da brigare), ex servo inurbato furbo e spregiudicato. C'è poi capitan Fracassa o Spaventa, un militare spaccone, aggressivo, ma non privo di generosità.

Ogni scenario presentava un abbozzo di intreccio e alcuni ruoli base. Il fulcro dell'azione è costituito da una o due coppie di giovani innamorati, con tutte le possibili varianti dell'amore felice, infelice, del tradimento. Intorno a loro ruotano due vecchi (Pantalone, mercante ricco e avaro, e il Dottore), gretti ed egoisti, che intralciano il loro amore; due servi, uno furbo e uno sciocco; due servette (complici delle loro padrone) che permettono il lieto fine; un capitano. I giovani innamorati non portavano maschere e non parlavano in dialetto. Anche le maschere tuttavia non avevano ruoli fissati una volta per sempre, ma esisteva una certa duttilità.

Rembrandt van Rijn, *Attore nelle vesti di Pantalone* (1635-1639). Amburgo, Hamburger Kunsthalle.

Gli attori e il pubblico

La commedia dell'arte è un fenomeno di lunga durata nella storia del teatro italiano. Esso si protrae dalla metà del Cinquecento fino alla riforma goldoniana, intorno alla metà del Settecento. Ancora oggi la commedia dell'arte costituisce un punto di riferimento importante per molti uomini di teatro e un termine di confronto che gli studiosi di spettacolo non possono ignorare; e infatti **rappresenta lo spartiacque** intorno al quale si può collocare la fondazione del teatro moderno.

I motivi per cui la commedia dell'arte esercita ancora oggi un grande fascino sono molti e riguardano soprattutto il suo **carattere antiaccademico**, legato alla mancanza del testo scritto, al mito dell'abilità scenica dell'attore e alla presenza irriverente delle maschere. Ma la novità principale riguarda l'organizzazione del lavoro teatrale. Il contributo più originale della commedia dell'arte alla storia del teatro è infatti **l'invenzione del professionismo**, che si afferma con la forza di una vera e propria rivoluzione. I comici dell'Arte sono attori di professione e non più dilettanti occasionalmente prestati al palcoscenico; essi vivono del loro mestiere di attori. Questo semplice fatto, per noi oggi del tutto scontato, costituisce una contraddizione dirompente nella cultura teatrale dell'epoca. Nel Cinquecento il teatro si era affermato come istituzione perfettamente integrata nella vita sociale. Tuttavia restava legato a una superiore unità di riferimento, la festa, che ne garantiva il senso, rendendolo funzionale alla realizzazione della politica della corte. Lo stesso vale anche per le manifestazioni spettacolari dell'epoca barocca.

Facendo del teatro una professione, un modo per guadagnarsi da vivere, i comici lo sottraggono all'**«economia di festa»** per inserirlo nell'**«economia di mercato»**. Il **teatro di corte** si svolge secondo un rituale ben preciso, in luoghi e tempi stabiliti da fattori sostanzialmente estranei allo spettacolo, in rapporto cioè all'occasione festiva di cui esso fa parte. Al contrario, **il teatro dei comici** si svolge ovunque e continuamente nel tempo: non è più un evento eccezionale, ma una consuetudine.

Il pubblico della commedia dell'arte **non è aristocratico ma sostanzialmente borghese**. Soprattutto è un pubblico non selezionato: chiunque paghi il biglietto può accedere allo spettacolo. Le rappresentazioni teatrali, a questo punto, obbediscono alla **legge della domanda e dell'offerta** e quindi realizzano un fine economico, piuttosto che un programma estetico-ideologico come accade nel teatro di corte.

Proprio perché prevale una logica economica l'**allestimento delle commedie deve essere il più possibile agile e veloce** e la compagnia deve essere in grado di cambiare repertorio facilmente, a seconda dei gusti del pubblico che si trova di fronte. **L'improvvisazione**, nella quale si identifica la straordinaria perizia scenica dei comici, costituisce innanzitutto una strategia efficace per realizzare un gran numero di spettacoli nel minor tempo possibile, eliminando la mediazione del testo scritto e dell'autore, e consentendo alle compagnie di stare proficuamente sul mercato.

Il professionismo, quindi, determina in maniera radicale e nuova l'attività scenica. Con la commedia dell'arte, per la prima volta, **il progetto teatrale è completamente affidato agli attori**, che gestiscono tutti i suoi aspetti, indipendentemente da qualsiasi vincolo di committenza.

4 Il teatro negli altri Paesi europei: Lope de Vega e Marlowe

Alla fine del Cinquecento **il teatro appare in piena espansione** soprattutto **in Spagna e in Inghilterra**, dove diventa l'espressione privilegiata della vita culturale e una manifestazione artistica capace di contribuire ai processi di unità nazionale che erano in corso in questi paesi.

In Spagna il teatro era diffuso anche a livello popolare: accanto al **teatro di corte**, esistevano infatti il **teatro all'aperto** in occasione di festività religiose e il **teatro dei *corrales*** (cortili), cioè un teatro di strada recitato senza scenari, che consentiva pochissime repliche ed esigeva dunque un continuo rinnovamento dei copioni. Proprio da quest'ultimo tipo di teatro trae ispirazione **Lope de Vega**, la cui riforma della commedia segna una svolta decisiva nella storia del teatro.

Vita di Lope de Vega

Nato a Madrid nel 1562 (qui morirà nel 1635), ebbe una vita varia e ricca, con due matrimoni, altre relazioni d'amore, una delle quali dopo essere divenuto sacerdote nel 1614. Fu **autore fecondissimo**, sia in campo lirico, sia soprattutto in quello drammatico: pare che abbia scritto oltre 1500 commedie e quasi cinquecento "autos" (atti unici). Ebbe poca cura della sua produzione, che era destinata soprattutto alla rappresentazione. Anche per questo ce ne resta solo una parte. **La sua riforma** della commedia venne da lui teorizzata nel **1609**, in *Arte nuova di fare commedie*. Essa **si basa sui seguenti punti**:

La riforma della commedia

1. occorre basarsi sull'esperienza della vita reale e sulle esigenze del pubblico e non su regole astratte;
2. è utile mescolare stili diversi, il tragico e il comico;
3. bando all'unità di luogo e di tempo, invece sostenuta dagli aristotelici;
4. divisione della commedia in tre atti, invece che in cinque.

I temi delle commedie

Ciò si riflette anche sui temi. Le commedie di Lope de Vega possono essere di argomento religioso o mitologico, ispirarsi alla storia antica o alla recente storia nazionale, possono essere ambientate nella borghesia o negli ambienti rurali, trattare motivi e vicende moderni di "cappa e spada" o quelli dell'antica cavalleria e così via. **Le commedie più felici** riguardano la storia passata spagnola, come *Peribáñez e il commendatore di Ocaña* (1613) o *Il miglior giudice è il re* (1620-1623), oppure sono quelle di cappa e spada giocate sull'intrigo, come *L'acciaio di Madrid* (1608-1612). Notevoli anche le commedie di argomento contadino (ricordiamo soprattutto *Il villano nel suo cantuccio*, 1614-1615), in cui spesso l'autore prende le parti dei contadini contro i nobili corrotti.

Il teatro cortese e quello popolare in Inghilterra

Anche in Inghilterra negli ultimi vent'anni del Cinquecento **convivono un teatro cortese e un teatro popolare**, il primo ossequiente alle regole del classicismo, il secondo a esse ribelle. Da questo secondo tipo di teatro, che seppe però accogliere alcuni caratteri del primo, si svilupperà tra la fine del secolo e l'inizio del nuovo la grande stagione teatrale inglese.

Christopher Marlowe

Il maggiore dei drammaturghi inglesi prima di Shakespeare è **Christopher Marlowe** (1564-1593). Singolarissimo personaggio di libero pensatore, ateo e ammiratore di Machiavelli, fu implicato nello spionaggio e trovò morte precoce in una rissa. Della cultura e del gusto manieristici ebbe la fortissima tendenza narcisistica, il gusto inquieto dell'iperbolico, dell'infinito e dell'irregolare. Gli dette subito grande successo il dramma **Tamerlano il grande** (1587-1588), che mette in scena la sete di dominio senza confini del capo dei mongoli. Ma anche **Tragica storia del Dottor Faustus** (1592) rappresenta un altro aspetto di autoaffermazione sfrenata: quello del sapere. **L'ebreo di Malta** (1589) ha per argomento l'implacabile sete di vendetta dell'ebreo Barabba, mentre **Edoardo II** (1592) s'impernia sul forte sentire del protagonista. Se si eccettua quest'ultima opera, più corale e dialogica, le altre sono incentrate su un personaggio isolato, dalle passioni estreme, che si esprime attraverso lunghi monologhi. Shakespeare riprenderà da Marlowe la potenza tragica dei suoi grandi personaggi.

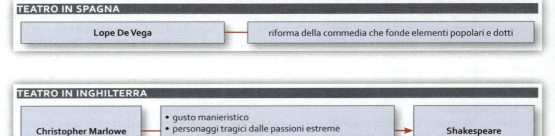

DAL RIPASSO ALLA VERIFICA

MAPPA CONCETTUALE — Il teatro dalla fine del XV al XVIII secolo

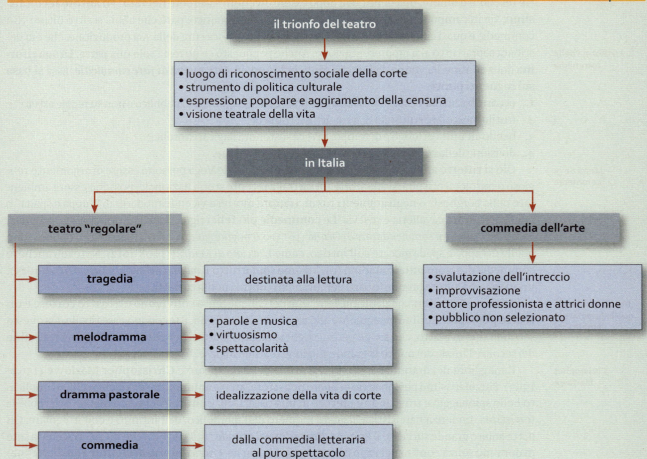

SINTESI

Il trionfo del teatro
Il periodo che va dalla fine del XVI al XVIII secolo segna in Europa il trionfo del teatro. Questo fenomeno si spiega con ragioni sociali e culturali. Il teatro è ormai sede di riconoscimento sociale della corte, strumento di politica culturale dei principi, immagine stessa dello sfarzo e delle feste dei gruppi dominanti. Nelle classi basse o intermedie invece il teatro popolare e borghese esprime una reazione anticonformista alle repressioni della Controriforma. Sul piano ideologico si diffonde una visione teatrale della vita i cui attori sono gli uomini comuni, in uno scambio tra realtà e finzione, tra vita e sogno.

La commedia
La commedia letteraria si avvia in questo periodo a perdere terreno dinanzi alla commedia come puro spettacolo visivo, gestito da attori professionisti che improvvisano sulla base di una traccia scritta. Unica eccezione è il *Candelaio* del filosofo Giordano Bruno. Si tratta di una satira contro i pedanti e la vecchia cultura, con un intreccio volutamente aggrovigliato e anarchico, dove l'intento polemico e letterario prevale su quello teatrale.

Il dramma pastorale e il melodramma
La vita di corte trova la sua immagine idealizzata soprattutto nel dramma pastorale. Dopo l'*Aminta* di Tasso, il dramma pastorale di maggior rilievo è il *Pastor fido* (1590) di Battista Guarini (1538-1612), che ebbe un enorme successo di pubblico in tutta Europa, sino alla fine del Settecento. Nel dramma pastorale il testo scritto cominciò ben presto a perdere importanza a favore della scenografia e della musica. Questo processo sta alla base della nascita del melodramma in cui prevalgono la musica, il virtuosismo dei cantanti e la spettacolarità dell'apparato scenografico.

● **La commedia dell'arte**
Nella seconda metà del Cinquecento la commedia letteraria tende a perdere rilievo dinanzi alla prevalenza della commedia dell'arte, i cui caratteri fondamentali sono: 1) svalutazione dell'intreccio e del dialogo a tutto vantaggio dei contrasti fra tipi opposti; 2) passaggio dal personaggio-individuo al personaggio-tipo; 3) passaggio dal testo scritto al canovaccio.

● **Il teatro in Europa**
Alla fine del Cinquecento il teatro appare in espansione soprattutto in Spagna e in Inghilterra, dove diventa l'espressione privilegiata della vita culturale. In Spagna, il maggior autore è Lope de Vega (1562-1635), scrittore fecondissimo (avrebbe scritto oltre 1500 commedie e quasi cinquecento atti unici). In Inghilterra prima di Shakespeare va ricordato soprattutto Christopher Marlowe (1564-1593).

DALLE CONOSCENZE ALLE COMPETENZE

1 Quali ragioni sociali e culturali determinano il trionfo del teatro durante la Controriforma? (§ 1)

2 Il teatro di corte quale genere di rappresentazione predilige? Chi lo portò al successo? (§§ 1 e 2)

3 Perché il *Candelaio* di Giordano Bruno è stato definito un'"anticommedia"? (§ 2)

4 Qual è la trama del *Pastor fido* di Guarini? Che cosa è il meccanismo dell'agnizione e quali personaggi riguarda? (§ 2)

5 Indica i caratteri che contraddistinguono il melodramma. (§ 2)

6 Il melodramma si distingue dagli altri generi teatrali perché (§ 2)
- A imita la tragedia greca
- B unisce la musica al teatro
- C è solo musica
- D è di difficile comprensione
- E ha successo popolare

7 Completa le affermazioni corrette. La caratteristica della commedia dell'arte sta (§ 3)
- A V F nella valorizzazione del testo scritto, poiché ....
-   V F nel rifiuto del testo scritto, infatti ....
- B V F nel professionismo degli attori, poiché ....
-   V F nel dilettantismo degli attori, infatti ....

8 Spiega come si trasformano nella commedia dell'arte (§ 3)
- gli attori ....
- i personaggi ....
- il pubblico ....

9 Perché la Chiesa condannò la commedia dell'arte? (§ 3)

10 Perché, secondo te, il teatro italiano non raggiunge i livelli del coevo teatro europeo? (§§ 1 e 4)

prometeo 3.0

Personalizza il tuo libro selezionando per questo capitolo materiali integrativi da Prometeo (di seguito ti proponiamo un elenco di materiali, ma puoi trovarne altri utilizzando il motore di ricerca).

- **MODULO TEMATICO INTERDISCIPLINARE** Il gran teatro del mondo
- **LO SPETTACOLO TEATRALE: LA SCENA E GLI ATTORI** La "commedia dell'arte"
- **VIDEO** LE IDEE E LE IMMAGINI Isabella Cosentino, *Lo spettacolo teatrale*
- **VIDEO** LE IDEE E LE IMMAGINI Guglielmo Pianigiani, *Letteratura e musica*
- **TESTO** Battista Guarini, *Il bacio rubato attraverso il gioco*

Capitolo VII — William Shakespeare

My eBook+

Cliccando su questa icona, docenti e studenti accedono ad un'area di personalizzazione che permette di arricchire i contenuti digitali già linkati lungo le pagine del libro. Nell'area di personalizzazione è possibile infatti salvare ulteriori materiali: selezionati da **Prometeo**, prodotti autonomamente o ricercati nella rete.

▶ *Per un elenco di materiali integrativi presenti nella biblioteca multimediale di Prometeo o per attivare una ricerca cfr. p. 271*

Ritratto di William Shakespeare del 1610 circa.

1. Shakespeare, il teatro e noi

Popolarità di Shakespeare

Shakespeare è uno degli autori più popolari della tradizione occidentale – e non solo in Occidente. Come l'opera di altri grandi (soprattutto Omero e Dante, cui, a partire dall'età romantica, è stato unito), **la sua arte** non è solo l'espressione più alta della cultura di un tempo e di un paese, ma **viene sentita come patrimonio comune della civiltà umana**. Più ancora di Omero e Dante, Shakespeare ha trovato una straordinaria diffusione. È stato lo stesso strumento di comunicazione da lui scelto, il teatro, a favorire questa situazione. Il teatro dà immediata evidenza a un pensiero e a una visione del mondo: li materializza sotto i nostri occhi, li pone in azione, suscita in noi un effetto emotivo di cui già gli antichi (e in particolare Aristotele con la teoria della catarsi; sul concetto di catarsi cfr. vol. 2) sottolineavano l'importanza. **Con Shakespeare il teatro è insieme rappresentazione e allegoria dell'esistenza**: rappresentazione, perché la mette in scena (cioè, come dicevano gli antichi è mimesi o imitazione della vita); allegoria, perché collega i destini di questo o di quel personaggio a problemi che riguardano il destino di ogni uomo e hanno perciò un valore universale. Le sue commedie e le sue tragedie sono sempre dentro il loro tempo. Eppure, Shakespeare non rappresenta direttamente il suo tempo con le sue precise coordinate storiche, politiche, sociali. **La realtà è già trasposta su un piano superiore di universalità**. Anche i drammi storici rispondono allo stesso principio. Il passato non vale di per sé, ma per un interesse al tempo stesso legato al presente ed eterno.

Shakespeare e il teatro

Rappresentazione e allegoria dell'esistenza

Il realismo di Shakespeare

Appunto questo puntare, a partire dal proprio tempo, all'eternità dei valori spiega **due caratteri fondamentali** della produzione di Shakespeare. **Il primo è il suo realismo**. La stessa struttura del dramma come si era fissata in età elisabettiana prevedeva la mescolanza di tragico e di comico, di alto e di basso. Anche in Shakespeare, tragedia e commedia sono sempre compresenti. Lo stesso linguaggio di Shakespeare ha una straordinaria ricchezza, ed è aperto alla preziosità più raffinata e aulica come alla volgarità aperta. Ancora una volta, i piani non sono separati, ma compresenti.

Una straordinaria ricchezza linguistica

Le cose come sono e la verità

Il realismo di Shakespeare è dunque **un modo di cogliere il mondo nella sua complessità**: è un realismo che parte sì dall'osservazione dei fatti e delle cose come sono, ma per collegarli a un piano di verità che va al di là di essi. Esso non punta a dare un'immagine precisa di questo o di quell'ambiente storico-sociale: punta a un'immagine del mondo nella sua totalità.

Centralità del personaggio

Un secondo elemento di forza del teatro di Shakespeare **è la centralità del personaggio**. Non è solo questione di definizione psicologica, cioè di verisimiglianza nella resa del carattere. Nei personaggi shakespeariani vive qualcosa di più alto del personaggio stesso, qualcosa che lo trascende come individuo determinato e gli dà la statura tragica e la forza di imporsi nell'immaginario collettivo come mito. Romeo e Giulietta, Amleto, Otello (per citare solo i più popolari) sono diventati le figure proverbiali dell'amore, del dubbio, della gelosia. Naturalmente identificare il personaggio con una "passione" è riduttivo: eppure in questo modo si coglie la sua esemplarità e la sua capacità di parlarci.

Il personaggio come mito

Conflitto e lacerazione tragica

La riduzione non è legittima perché il personaggio tragico shakespeariano non è una maschera fissa, ma **un personaggio lacerato**, che ha in sé i segni di una "passione" e del suo contrario. Con Shakespeare, insomma, nasce non solo una nuova idea di personaggio, ma anche **una nuova idea di persona**. Con Shakespeare nasce la consapevolezza della complessità del reale e della frattura fra coscienza e mondo propria del mondo moderno.

2 La vita

La nascita (Stratford-on-Avon, 1564)

William Shakespeare nacque nell'**aprile 1564** a Stratford-on-Avon, un borgo a 130 km da Londra. **Il padre**, John, era un borghese proprietario di terre: apparteneva cioè alla classe degli *yeomen* (la borghesia proprietaria o affittuaria di terreni) che, sotto il regno di Elisabetta I (1558-1603), ebbero grande importanza economica. I suoi affari, tuttavia, alternavano successi a insuccessi; nel 1596 ottenne comunque il titolo di *gentleman*, che spettava alla piccola nobiltà.

Un'infanzia oscura

Dell'infanzia del poeta non sappiamo molto. Studia con ogni probabilità in una *grammar school*, apprendendo il latino. Nel novembre **1582 si sposa**: alcuni mesi dopo nasce la prima figlia, cui seguono, nel 1585, due gemelli.

Il trasferimento a Londra e il contatto con il mondo teatrale. Gli esordi letterari

Forse poco dopo (ma, secondo alcuni studiosi, già in precedenza) **si trasferisce a Londra**, lasciando la famiglia a Stratford. Qui entra in contatto con gli ambienti teatrali. Inizia con il recitare parti minori e sembra che, come attore, non avesse un talento particolarmente spiccato. Il suo primo dramma certo, *Enrico VI*, è scritto intorno al 1590-92. In questi anni conosce il duca di Southampton, che diviene suo protettore. Grazie al suo appoggio, Shakespeare diventa comproprietario prima del **Globe Theatre**, uno dei più importanti di Londra, quindi del **Blackfriars**. Al 1593-94 risalgono due poemetti mitologici; nello stesso periodo inizia la composizione dei *Sonetti* che verranno pubblicati, in numero di 154, nel 1609, ma contro la volontà e senza il controllo dell'autore.

I Sonetti

Il successo

Negli anni seguenti, il successo e la fortuna economico-sociale di Shakespeare crescono; ma **le notizie che abbiamo su di lui sono scarse** e trasmesse o da atti notarili o dalle date di rappresentazione e di edizione delle sue opere. Nel 1605 il duca di Southampton è coinvolto nella "congiura delle polveri", la ribellione fallita contro la regina Elisabetta guidata dal conte di Essex. Non sembra però che il poeta ne venga coinvolto e danneggia-

La ricostruzione moderna del Globe Theatre, chiamata "Shakespeare's Globe Theatre", inaugurata a Londra nel 1999.

Il periodo dei capolavori

to. È il periodo di grandissimi capolavori. Dopo aver sperimentato il dramma storico, la commedia fantastica (o *romance*) e nera, Shakespeare lega la sua fortuna alla tragedia con **Amleto** (1600-1), *Otello* (1604-5), **Macbeth** (1605-6), **Re Lear** (1605-6).

Il ritiro (1610)

Dal 1610 si ritira a Stratford, dove ha comprato delle proprietà e conduce la vita tranquilla del gentiluomo di campagna. Continua a scrivere e a collaborare con le compagnie teatrali di Londra. **Muore il 23 aprile 1616**; viene sepolto nella chiesa di Old Town.

SHAKESPEARE E IL SUO TEMPO

STORIA	CRONOLOGIA	VITA E OPERE
	1564	nasce a Stratford-on-Avon, in Inghilterra; è il figlio maggiore di John, piccolo proprietario terriero, e Mary Shakespeare
	1582	sposa Anne Hathaway
	1583	nasce sua figlia, Susanna
	1585	nascono i gemelli Hamnet e Judit
	1590-1591	Prima e Seconda parte dell'*Enrico VI*
	1591-1592	Terza parte dell'*Enrico VI*
	1592	un documento attesta la sua presenza a Londra
	1592-1593	*Riccardo III*; *La commedia degli errori*
	1593-1594	*Tito Andronico*; *La bisbetica domata*
	1595	diventa socio della "Compagnia del Lord Ciambellano", una compagnia drammatica che riscuote un vivo successo
	1594-1595	*I due gentiluomini di Verona*; *Pene d'amor perdute*; *Romeo e Giulietta*
	1595-1596	*Riccardo II*; *Sogno di una notte di mezza estate*
	1596	muore il figlio Hamnet, all'età di 11 anni
	1596-1597	*Il mercante di Venezia*
	1597	compra *New Place*, la casa più sontuosa di Stratford
editto di Nantes	1598	
	1597-1598	Prima e Seconda parte dell'*Enrico IV*
	1598-1599	*Molto rumore per nulla*; *Enrico V*
	1599-1600	*Giulio Cesare*; *Come vi piace*; *La dodicesima notte*
nasce la Compagnia inglese delle indie orientali	1600	
	1600-1601	*Amleto*; *Le allegre comari di Windsor*
	1601	muore il padre
	1602-1603	*Tutto bene quel che finisce bene*
	1603	Giacomo I concede la licenza reale alla compagnia di Shakespeare, che cambia nome e diventa "La compagnia degli Uomini del Re"
regno di Giacomo I in Inghilterra	1603-1625	
	1604-1605	*Misura per misura*; *Otello*
	1605-1606	*Re Lear*; *Macbeth*
	1606-1607	*Antonio e Cleopatra*
	1608	muore la madre
	1610	si ritira dalle scene di Londra per risiedere a Stratford
	1610-1611	*Racconto d'inverno*
	1611-1612	*La tempesta*
	1612-1613	*Enrico VIII*; *Due nobili parenti*
	1616	il 23 aprile muore e viene seppellito a Stratford

3. La prima fase del teatro di Shakespeare: *Riccardo III* e *Romeo e Giulietta*

La prima fase della produzione shakespeariana (1590-1600)

Si è soliti distinguere nella produzione di Shakespeare **tre fasi: quella giovanile**, dagli esordi sino al 1600; **quella della maturità** con le grandi tragedie, dal 1600 al 1607; infine, **un ultimo periodo**, dominato dalla commedia e il cui capolavoro è *La tempesta* (1611-12). Le individuano diversi aspetti tematici e formali. **La prima fase è una fase di sperimentazione** di generi diversi, non solo all'interno del teatro.

I *Sonetti*

Appartengono invece al genere della poesia lirica i **154 *Sonetti***, scritti a partire dal 1593 e pubblicati unitariamente nel 1609 senza l'autorizzazione e il controllo di Shakespeare, divenuto già celebre per le opere teatrali. Vi si trovano **elementi convenzionali**, in accordo con la moda petrarchista diffusa ormai in tutta Europa, **ma l'originalità si fa sentire con forza**. Un primo gruppo di testi è dedicato a un *fair youth* ('bel giovane'). È il duca di Southampton, protettore del poeta, esortato a mettere al mondo dei figli così che la sua bellezza e le sue virtù non vadano perdute (ma in questa celebrazione qualcuno ha voluto vedere una testimonianza dell'omosessualità di Shakespeare). Compare poi un nuovo personaggio, la ***dark lady*** ('dama nera'), che introduce il tema dell'amore come tormento e sensualità. *Fair youth* e *dark lady* diventano così i due poli intorno ai quali oscillano il cuore del poeta e l'insieme dei sonetti. Già nei sonetti del primo gruppo è presente il motivo del **tempo divoratore** (cfr. cap. II, § 2). La ricercatezza, la difficoltà di immagini, metafore e concettismi fanno dei *Sonetti* un **capolavoro della lirica europea fra Manierismo e Barocco**.

Il *fair youth*

La *dark lady*

I drammi storici. *Riccardo III*: il tema del potere

La stessa sperimentazione di generi diversi caratterizza la produzione teatrale. Sono **drammi storici** quelli che attingono la loro trama dalle vicende della storia inglese: ***Enrico VI*** (in tre parti, 1590-92), ***Riccardo III*** (1592-3), ***Riccardo II*** (1595-96), *Re Giovanni* (1596-97), ***Enrico IV*** (in due parti, 1597-98), ***Enrico V*** (1598-99). *Riccardo III* pone al suo centro **uno dei temi che più interessano Shakespeare: quello del potere**. L'ambizioso e spietato Riccardo fa uccidere il fratello, re Edoardo IV, e ne sposa la moglie Anna, che ha sedotto sin dal funerale del marito. Quindi fa rinchiudere nella Torre di Londra i giovani eredi al trono e, una volta incoronato, li fa assassinare. Ripudia così Anna, ma i nobili gli si ribellano: scoppia una guerra civile, e l'usurpatore muore combattendo. **Riccardo è un eroe negativo**, segnato dalla bruttezza fisica e dal risentimento, ma ha tuttavia una sua **fosca grandezza**, sia per la sua abilità verbale (memorabile la scena del corteggiamento di Anna), sia per la freddezza calcolatrice, sia per la risolutezza militare.

Un eroe negativo

Le commedie: intreccio e definizione del carattere

Più complesse sono le commedie. In esse possono prevalere aspetti diversi. Ora prevale il gusto per l'intreccio, spesso con travestimenti e scambi di persona, ora invece la definizione del carattere dei personaggi, come in **La bisbetica domata** (1593-94), mentre **Molto rumore per nulla** (1598-

SONETTI
data di pubblicazione • 1609
temi • esaltazione del *fair youth* ('bel giovane') • amore sensuale e tormentato per la *dark lady* ('dama nera') • tempo divoratore che cancella la vita e la bellezza
forme e stile • petrarchismo e originalità • ricercatezza del linguaggio • immagini difficili, metafore, concettismi

LA PRIMA FASE DELLA PRODUZIONE TEATRALE

sperimentazione di generi diversi
• i drammi storici
  (es. *Riccardo III*)
• le commedie
  (es. *Molto rumore per nulla*)
• il *romance*, cioè la commedia fiabesca
  (es. *Sogno di una notte di mezza estate*)
• la *dark comedy* ('commedia nera')
  (es. *Il mercante di Venezia*)
• le tragedie
  (es. *Romeo e Giulietta*)

Romeo e Giulietta, film del 1968, diretto da Franco Zeffirelli.

99) sta fra i due modelli: ha al centro un amore (quello fra Beatrice e Benedetto) nato non dall'esuberanza giovanile o dalla bellezza, ma dal fascino dell'intelligenza. È invece un *romance*, cioè una commedia fiabesca o romanzesca (nel senso dell'antico romanzo, non del romanzo realistico moderno), **Sogno di una notte di mezza estate** (1595-96): qui un complesso intreccio, fra incantesimi, fate e folletti, unisce la mitologia classica a quella nordica. Rientra infine nel genere della *dark comedy* ('commedia nera'), cioè commedia in cui si riscontra un elemento cupo e drammatico nonostante lo scioglimento lieto, *Il mercante di Venezia* (1596-97). Qui Bassanio, per corteggiare la ricca Porzia, contrae un debito con l'amico Antonio, che a sua volta ottiene un prestito dall'usuraio ebreo Shylock. Questi non fissa degli interessi, ma stipula un bizzarro contratto: se i termini del pagamento non saranno rispettati, pretenderà una libbra di carne di Antonio. E in effetti accadrà proprio questo. Porzia, travestita da avvocato, difende Antonio di fronte al doge. La vicenda si scioglie lietamente: l'amore di Porzia e Bassanio si corona, il doge confisca i beni di Shylock, che per metà vanno alla repubblica di Venezia, per metà ad Antonio: ma quest'ultimo vi rinuncia, a patto che l'usuraio si converta al cristianesimo e riaccolga la figlia, precedentemente fuggita per amore con un cristiano. È **Shylock il personaggio più complesso e vivo della commedia**. Egli non è malvagio per ambizione (come Riccardo in *Riccardo III*) o per gusto demoniaco (come sarà Jago nell'*Otello*): vuole vendicarsi di Antonio, che un tempo gli ha fatto dei torti, e soprattutto dell'odio che i cristiani rivelano contro gli ebrei. È sì crudele, ma finisce per farci pietà: la sua perfidia è il risultato di una sofferenza.

Sono due le tragedie di questa prima fase: *Tito Andronico* (1593-94), nel gusto sanguinoso del latino Seneca, e *Romeo e Giulietta* (1594-95). La vicenda di **Romeo e Giulietta** è tratta da una novella dell'italiano Bandello (cfr. vol. 2), che aveva avuto fortuna in Francia e in Inghilterra. Siamo a Verona, dove infuriano le lotte fra le famiglie dei Capuleti e dei Montecchi. I due giovanissimi eredi delle due famiglie si conoscono a una festa, dove Romeo si è introdotto mascherato. Innamorato, veglia sotto la finestra di Giulietta: qui la sente parlare e scopre di essere ricambiato (cfr. **T1**). Si decide un matrimonio segreto, celebrato da frate Lorenzo. Ma in uno scontro in cui è trascinato a forza, Romeo uccide un Capuleti, Tebaldo. Bandito dalla città, fugge a Mantova. Intanto, Giulietta è promessa in sposa al conte Paride. Per evitarle le nozze, frate Lorenzo escogita uno stratagemma, e Giulietta beve un narcotico che la fa sembrare morta. Ma a Mantova Romeo, ignaro di tutto, viene a sapere dei funerali della sposa. Giunto al cimitero di Verona, si avvelena sulla sua tomba. Risvegliandosi, Giulietta scopre il cadavere dello sposo e si pugnala. Frate Lorenzo rivela la verità ai parenti, che si riappacificano. **Romeo e Giulietta** deve il suo straordinario successo soprattutto alla **celebrazione dell'amore adolescenziale**, vissuto come passione innocente che si ribella alle costrizioni sociali.

Sogno di una notte di mezza estate (1595-96)

La dark comedy: Il mercante di Venezia (1596-97)

Shylock

Le tragedie: Romeo e Giulietta (1594-95)

Amore e costrizioni sociali

S • Shakespeare al cinema: *Romeo + Giulietta* di William Shakespeare e *Shakespeare in Love*

T1 — Romeo e Giulietta al balcone

OPERA
Romeo e Giulietta, atto III, scena 3ª

CONCETTI CHIAVE
- L'amore fra istinto e ricerca di riconoscimento sociale

FONTE
W. Shakespeare, *Romeo e Giulietta*, trad. di C. Vico Ludovici, Einaudi, Torino 1964, con qualche modifica.

Romeo ha conosciuto Giulietta al ballo. Ora è notte, e sta sotto il suo balcone («verone»), dopo aver scavalcato il muro di cinta che protegge il giardino di palazzo Capuleti. La vede affacciarsi, poi la sente sospirare e confessare a voce alta, riflettendo, il proprio amore. Allora, interviene. I due giovani amanti si promettono fedeltà e, nonostante l'avversità delle loro famiglie, decidono di sposarsi in segreto. Interrotti dalla balia di Giulietta, alla fine si separano.

Giulietta   O Romeo, Romeo, perché sei Romeo? Rinnega tuo padre, rifiuta il suo nome, o, se vuoi, legati a me anche solo d'un[1] giuramento, e io non sarò più una Capuleti.

Romeo   Devo ascoltare ancora, o risponderle?[2]

Giulietta   Solo il tuo nome è mio nemico; ma tu sei tu, non un Montecchi. Che è un Montecchi? Non è né una mano né un piede, né una faccia né un braccio: nessuna parte di un uomo. O sii tu qualche altro nome! E che è un nome? Quella che noi chiamiamo rosa, anche con un altro nome avrebbe il suo soave profumo. Cosí Romeo, che se non si chiamasse Romeo, conserverebbe un fascino di perfezione, che possiede anche senza quel nome. Romeo, poiché non ti è nulla il tuo nome, buttalo via, e prenditi, in cambio, tutta me stessa.

Romeo   Ti prendo in parola.[3] Chiamami soltanto amore; e cosí ribattezzato, d'ora innanzi non sarò piú Romeo.

Giulietta   Ma tu chi sei che protetto dalla notte inciampi nel[4] mio segreto pensiero?

Romeo   Non posso dirtelo con un nome: il mio nome, cara santa, mi è odioso perché tuo nemico. Se lo avessi qui, scritto, lo straccerei.

Giulietta   Il mio orecchio non ha ancora bevuto[5] cento parole di quella voce, che già ne riconosce il suono. Non sei Romeo? Un Montecchi, tu?

Romeo   No, bella bambina, né l'uno né l'altro, se l'uno e l'altro ti è sgradito.

Giulietta   Come, dimmi, e perché sei entrato qui dentro?[6] Sono erti[7] e aspri da scalare i muri dell'orto: e qui, per te quale sei,[8] se qualcuno di casa mia ti scopre, è luogo di morte.

Romeo   Sulle ali leggere dell'Amore[9] ho scavalcato questi muri. Amore non teme ostacoli di pietra. Amore, quando a una cosa intende,[10] è ardimentoso e pronto. – Perciò non temo i tuoi parenti.

Giulietta   Ti uccideranno, se ti scoprono qui.

Romeo   Ahimè, c'è nei tuoi occhi piú pericolo che in cento loro spade.[11] Se mi guardi tu con dolcezza io sarò a tutta prova[12] contro l'odio dei tuoi.

Giulietta   Ma io non voglio per nulla al mondo che ti trovino qui.

Romeo   Mi nasconde alla vista il mantello della notte.[13] Se tu mi ami, mi trovino pure qui. – Meglio finir la vita per il loro odio che ritardar la mia morte nel vano[14] desiderio del tuo amore.

Giulietta   Come sei arrivato fin qui? Chi ti ha guidato?

- **1   d'un**: *con un*.
- **2   Devo ascoltare...risponderle?**: Romeo pronuncia la battuta dal basso, restando sotto il balcone di Giulietta, fra sé e sé, senza essersi ancora rivelato a lei.
- **3   Ti prendo in parola**: Romeo gioca con le ultime parole pronunciate da Giulietta. È il gusto poetico fra Manierismo e Barocco.
- **4   inciampi nel**: *sorprendi il*.
- **5   bevuto**: *sentito*, ma con una sfumatura di desiderio (perché chi beve soddisfa la sete, cioè un bisogno).
- **6   qui dentro**: nel giardino di casa Capuleti.
- **7   erti**: *ripidi*.
- **8   per te quale sei**: *per te, che sei nemico della mia famiglia*.
- **9   Sulle ali...dell'Amore**: *Ispirato dal mio amore*, metafora; Amore era tradizionalmente raffigurato come un giovane dio alato.
- **10   quando...intende**: *quando si prefigge uno scopo*.
- **11   Ahimè...spade**: perché lo sguardo dell'amata ferisce nel cuore. È il linguaggio galante del petrarchismo europeo.
- **12   a tutta prova**: *pronto a superare ogni ostacolo*.
- **13   il mantello della notte**: *l'oscurità*; metafora.
- **14   vano**: *non corrisposto*.

Romeo   Amor mi ha spinto a cercare, che[15] poi mi prestò il suo consiglio; e io, a lui, prestai i miei occhi.[16] – Io non sono pilota;[17] ma fossi tu lontana quanto la più deserta spiaggia che bagna l'oceano più remoto, per una merce tanto preziosa, mi ci imbarcherei.[18]

Giulietta   Sai bene che una maschera di buio mi copre la faccia, altrimenti mi vedresti ora le guance arrossire d'un pudore di vergine per le parole che mi hai sentito dire questa notte.[19] Vorrei tanto salvare le apparenze: – vorrei, vorrei poter rinnegare quanto ho detto; ma, ormai, addio riguardi.[20] Mi ami? So bene che mi risponderai «sì» – e ti credo sulla parola.[21] Ma non giurare: – per non farti spergiuro.[22] Agli spergiuri degli amanti ride – dicono – Giove.[23] O gentile Romeo, se mi ami, dimmelo francamente. Se pensi che troppo presto ho ceduto, aggrotterò le ciglia, sarò spietata e ti dirò di no, perché tu sia costretto a supplicarmi:[24] altrimenti non te lo direi mai, per nulla al mondo. – È vero, bel Montecchi, io sono troppo innamorata di te; e tu potresti per questo considerarmi leggera. Ma tu credimi, signore: – io ti sarò fedele più di tante più esperte di me nell'arte di farsi ritrose. – E più ritrosa avrei potuto mostrarmi anch'io – lo confesso – se tu non avessi sorpreso, prima che io me ne potessi accorgere, la mai ardente confessione d'amore. – E dunque perdona al mio amore e non ritenerlo troppo leggero, per questo mio abbandono che si è rivelato nell'oscurità della notte.

Romeo   Bambina, per quella sacra luna lassù, che veste d'argento[25] le cime degli alberi di questo giardno ti giuro…

Giulietta   Oh non giurare per la luna incostante che tramuta ogni mese nel suo corso:[26] – non sia mai altrettanto mutevole il tuo amore.

Romeo   Su che cosa devo giurare?

Giulietta   Non giurare. O, se ti piace, giura sulla tua grazia, su te che sei l'idolo della mia adorazione, e ti crederò.

Romeo   Se il mio amore ardente…

Giulietta   Non giurare. Sei tutta la mia gioia. Eppure non mi dà gioia questo incontro di stanotte avventato inatteso e subitaneo, troppo simile al lampo, già svanito prima che uno possa dire «lampeggia». Amore, buonanotte; forse questo germoglio d'amore, che matura al fiato dell'estate, sarà tutto aperto al prossimo incontro.[27] Buonanotte! buonanotte! La dolce pace serena che è già scesa in me, scenda anche nel tuo cuore. Buonanotte.

Romeo   Oh, e mi lascerai così scontento?

Giulietta   Che contentezza potresti avere da me stanotte?

Romeo   Lo scambio dei nostri voti[28] di fedele amore.

Giulietta   Ti ho dato il mio prima che tu me lo chiedessi, e vorrei che ancora fosse da dare.[29]

Romeo   Te lo vorresti riprendere? Per quale motivo, amore?

Giulietta   Per dartelo ancora, e a piene mani. Io desidero solo quello che ho: una generosità sconfinata come il mare è la mia; e profondo più del mare è il mio amore. Più do a te, e più ho io, perché sono inesauribili la mia generosità e il mio amore. Sento qualcuno: amore mio dolce, adieu.[30]

- **15**   **che**: *il quale [Amore]*.
- **16**   **e io…occhi**: perché adesso Romeo guarda con gli occhi dell'amore.
- **17**   **pilota**: *timoniere, navigante*.
- **18**   **ma fossi…imbarcherei**: iperbole; la **merce tanto preziosa** è una metafora che indica Giulietta.
- **19**   **le parole…notte**: la dichiarazione d'amore che Giulietta ha fatto, senza sapere che Romeo era sotto il verone ad ascoltarla.
- **20**   **riguardi**: *rispetto per le convenienze*. Giulietta teme di apparire sfrontata.
- **21**   **Mi ami?…parola**: Giulietta non attende la risposta di Romeo e, fra timore e speranza, lo anticipa.
- **22**   **per non farti spergiuro**: perché [un giorno] tu non debba rivelarti uno spergiuro [: venendo meno al giuramento di adesso].
- **23**   **Agli spergiuri…Giove**: poiché non può prenderli sul serio. È una massima fortunata del poeta latino Ovidio.
- **24**   **aggrotterò…supplicarmi**: cioè si fingerà un'amante crudele, che, non cedendo, salva la propria reputazione.
- **25**   **veste d'argento**: *illumina con la sua luce argentata*.
- **26**   **per la luna…corso**: sono infatti queste le fasi lunari.
- **27**   **questo germoglio…incontro**: questo amore che sta nascendo, e che cresce con il passare del tempo propizio (**al fiato dell'estate**), sarà al suo colmo (**tutto aperto**) al [nostro] prossimo incontro; metafora.
- **28**   **voti**: *promesse*.
- **29**   **e vorrei…dare**: per stare ancora con te, come spiegato sotto.
- **30**   **adieu**: *addio*, nel francese in uso anche in Inghilterra.

Voce della balia di dentro: «Giulietta!»

Giulietta   Eccomi, balia. Dolce Montecchi, restami fedele. (*Sta per andare: si rivolge per un nuovo pensiero*) Aspettami. Un attimo: torno subito. (*Rientra*).

Romeo   O notte santa! Notte santa! Quasi ho paura così, nella notte, non sia tutto un sogno – e un solo un sogno – di troppo dolce lusinga per essere sostanziale.[31]

Riappare in alto Giulietta.

Giulietta   Due parole, Romeo, e poi davvero buonanotte. Se la tua offerta d'amore è onesta, e la tua intenzione è di sposarmi, tu fammi sapere, per uno[32] che ti manderò domani, dove e quando vorrai compiere il rito; io deporrò il mio destino ai tuoi piedi:[33] sarai il mio signore e padrone, e io ti seguirò fino in capo al mondo.

Balia (*di dentro*)   Giulietta!

Giulietta   Eccomi... eccomi! Ma se le tue intenzioni non fossero oneste, allora ti supplico...

Balia (*c.s.*)   Giulietta!

Giulietta   Eccomi, eccomi! ...allora ti supplico, di non più corteggiarmi e di lasciarmi al mio dolore. Domani manderò...

Romeo   Sulla salvezza[34] dell'anima mia.

Giulietta   Mille volte buonanotte! (*Rientra*).

Romeo   Mille volte pessima notte, per me, se mi manca la tua luce. L'amore corre incontro all'amore con gioia, come fuggono dai loro libri gli scolaretti. Ma dall'amore si allontana l'amore con occhi tristi come tornano gli scolaretti a scuola. (*Si avvia lentamente*).

Riappare in alto Giulietta.

Giulietta   Pss! Romeo! Pss! Oh, avere la voce di un falconiere per richiamare a me quel mio falchetto reale.[35] Roca è la voce della clausura[36] e non può farsi sentire, se no, saprei ben io forzar l'antro dove Eco riposa e far la sua voce aerea più fioca della mia a forza di ripetere il nome del mio Romeo.[37]

Romeo   L'anima mia[38] è quella che ora invoca il mio nome. Oh come la notte dà un dolce tintinnio d'argento alla voce degli amanti: musica soavissima all'orecchio che, avido, ascolta.

Giulietta   Romeo!

Romeo   Vita mia!

Giulietta   A che ora domani posso mandare da te?[39]

Romeo   All'ora nona.[40]

Giulietta   Senza fallo.[41] Da ora alle nove ci sono cento anni. Non mi ricordo più perché ti ho richiamato.

Romeo   E io resto qui finché ti sia tornato in mente.

- [31] **di troppo...sostanziale**: *troppo dolce e lusingatore perché sia vero*.
- [32] **per uno**: *tramite un mio servo*.
- [33] **io deporrò...ai tuoi piedi**: *consacrerò a te tutta la mia vita*.
- [34] **Sulla salvezza**: *[Lo giuro] per la salvezza*.
- [35] **quel mio falchetto reale**: la metafora, che indica Romeo, è scelta perché il **falchetto** torna sempre fedelmente al richiamo el padrone.
- [36] **Roca...clausura**: *La voce di chi sta rinchiuso* [: come Giulietta in casa sua] *è rauca*.
- [37] **saprei...Romeo**: *sarei capace di squarciare la caverna in cui sta Eco e rendere la sua voce incorporea* (**aerea**) *più debole della mia a forza di ripetere il nome del mio Romeo*. La ninfa **Eco** si consumò d'amore per Narciso, tanto da perdere il corpo e ridursi a una pura voce. Ora, secondo il mito, sta nelle caverne, e di lì ripete le parole che sono dette dagli altri: Giulietta vorrebbe ripetere così forte e così tante volte il nome di Romeo, da fiaccare la stessa Eco. È un'immagine concettosa, tipica del gusto barocco.
- [38] **L'anima mia**: Romeo allude a Giulietta, indicata con un comune epiteto amoroso (come, sotto, **vita mia**).
- [39] **mandare a te**: *farti venire a chiamare*.
- [40] **All'ora nona**: *Alle tre del pomeriggio*.
- [41] **Senza fallo**: *Senza dubbio*.

Giulietta   E allora io di nuovo me lo scorderò, ricordando soltanto come mi è cara la tua compagnia.
Romeo   E io resterò qui apposta per fartelo scordare ancora, dimenticando di avere casa altrove.
Giulietta   È quasi l'alba: ti vorrei già lontano, però non più lontano dell'uccellino che una bambina capricciosa lascia uscire un attimo dalla gabbia, come un misero prigioniero tenuto alla catena; e poi per il filo di seta se lo riconduce a casa, gelosa come un'amante, di quella breve licenza.[42]
Romeo   Quel prigioniero vorrei essere io.
Giulietta   E anch'io, amore, vorrei. Ma forse ti soffocherei di carezze. Buonanotte... Buonanotte. Salutarti è così dolce pena che vorrei dirti buonanotte fino a domattina. (*Rientra*).
Romeo   Scenda il sonno sui tuoi occhi e la pace nel tuo cuore. Ah, fossi io il sonno e la pace per un così dolce riposo! Da qui me ne andrò alla cella del mio padre spirituale[43] a domandargli il suo aiuto e a raccontargli il mio felice incontro. (*Esce*).

- **42** **però non più lontano...licenza**: la similitudine riprende in tono più grazioso e domestico quella del **falchetto** (cfr. nota 35).
- **43** **del mio padre spirituale**: si tratta di frate Lorenzo, che nel seguito della tragedia celebrerà le nozze fra Romeo e Giulietta.

T1 DALLA COMPRENSIONE ALL'INTERPRETAZIONE

COMPRENSIONE

La suddivisione del testo   La scena può essere divisa in tre parti. **Nella prima parte** Giulietta, affacciata al balcone, confessa a voce alta il suo amore per Romeo non sapendo di essere udita dall'amato. **La seconda parte** comprende il dialogo fra i due personaggi, finché sono interrotti dalla balia. Romeo, che è entrato di nascosto nel giardino di palazzo Capuleti, ha sentito la confessione di Giulietta e vi risponde con altrettante dichiarazioni d'amore. La giovane, che da una parte si rammarica per aver svelato i propri sentimenti, dall'altra ribadisce di essere «troppo innamorata» di Romeo. Prima di separarsi da lei, Romeo chiede di scambiarsi i «voti di fedele amore». A questo punto la balia li interrompe richiamando Giulietta all'interno. **Nella terza parte** Giulietta riappare al balcone per un ultimo scambio di battute: i due si accordano per sposarsi in segreto. Giulietta invierà l'indomani un servo da Romeo per sapere «dove e quando [...] compiere il rito». Infine, gli innamorati si danno la buonanotte.

ANALISI

L'organizzazione dello spazio   La scena si basa su una **duplice opposizione spaziale**: quella fra **alto** (il balcone di Giulietta) e **basso** (il giardino in cui è Romeo) e quella fra **interno** (la casa, da cui proviene la voce della balia) ed **esterno** (sempre il giardino). Il dialogo riceve dunque il suo rilievo drammatico dal fatto che Romeo e Giulietta sono fisicamente separati e che Giulietta è richiamata all'interno, sottraendosi alla vista dell'amato e degli spettatori. **Il balcone è uno spazio di limite**: appartiene alla casa, ma dà sul giardino, mette in contatto con il mondo di fuori, ma trattiene in alto. Giulietta ricerca la libertà dell'amore in questo stato di «clausura» (e anche per questo compare la similitudine dell'uccelletto in gabbia). La distanza acuisce il desiderio e, al tempo stesso, allude alla necessità tragica che l'amore vuole vincere, ma non può superare.

INTERPRETAZIONE

Convenzione teatrale e verità psicologica   La celebrità della scena del balcone è legata, nell'immaginario collettivo, alla verità con cui essa rende **la psicologia dell'innamoramento adolescenziale**: la rapidità, l'impeto, la violazione delle norme sociali (e, in particolare, della volontà dei genitori), l'innocenza. In realtà, questi effetti sono raggiunti attraverso una grande ricercatezza letteraria e grazie alle convenzioni teatrali. **Il linguaggio dei due innamorati** è quello difficile ed elaborato del **petrarchismo europeo**, ricco di metafore, similitudini, concettismi. Quanto all'effetto di rapidità, esso deriva da uno stratagemma teatrale: il fatto che Giulietta parli a voce alta, di notte, e che Romeo, da sotto, la senta. Anche la risolutezza con cui è deciso il matrimonio risponde più alle leggi della rappresentazione scenica (e al suo bisogno che l'azione incalzi senza punti morti) che a quelle della verosimiglianza quotidiana. La verità è dunque un effetto di teatro e di letteratura.

Giulietta come eroina Per quanto l'amore di Giulietta infranga una norma sociale (la proibizione dei genitori), si afferma comunque nel nome del **rispetto di norme sociali**: di qui la sua preoccupazione di non apparire sfrontata a Romeo e **la richiesta di matrimonio**, che legittima **la naturalità della passione** nel sacramento impartito da un'istituzione (la Chiesa). Per essere un'eroina, Giulietta deve dunque nutrire un amore che riconosce le leggi morali più alte: quelle divine, superiori all'odio degli uomini. Quella di Romeo e Giulietta non è dunque una semplice ribellione: è **una ricerca di conciliazione fra l'istinto e la legge**, fra le esigenze autentiche dell'individuo e il loro riconoscimento sociale, che la cecità umana condannerà al fallimento tragico.

T1 LAVORIAMO SUL TESTO

COMPRENDERE

1. Riassumi la scena, mettendo in rilievo le opposizioni spaziali.

ANALIZZARE

Un amore interdetto

2. Quale problema impedisce a Giulietta di amare Romeo? Che soluzione si augura la ragazza nei versi iniziali del brano? Perché fa riferimento alla rosa?

Il dialogo fra Romeo e Giulietta

3. Che risposta dà Romeo ai tormenti della ragazza? In nome di quale valore parla?
4. Come ribatte Giulietta alle dichiarazioni di Romeo? Quali valori ispirano il sentimento della ragazza?

Il linguaggio dell'amore

5. **LINGUA E LESSICO** Il discorso dei due amanti è ricco di metafore vivaci; individuale e mostra la loro funzione all'interno del testo.
6. A quale tradizione letteraria si ispirano le parole di Romeo?

Il balcone e il giardino

7. Come sono disposti i due attori sulla scena? Quale messaggio viene affidato, secondo te, da Shakespeare alla disposizione dei personaggi nello spazio?

INTERPRETARE

Shakespeare e Petrarca

8. Dopo aver risposto alla domanda 7 rifletti sulle caratteristiche specifiche del linguaggio teatrale, ponendo a confronto il brano di Shakespeare con un sonetto petrarchesco a tua scelta nel quale emerga la lontananza, non solo fisica, del poeta da Laura.

LE MIE COMPETENZE: INDIVIDUARE COLLEGAMENTI

Guarda con attenzione la versione cinematografica di *Romeo + Giulietta* di Baz Luhrmann, nella quale Leonardo Di Caprio recita nel ruolo di Romeo; il regista Luhrmann ha inserito in un contesto contemporaneo la vicenda shakespeariana lasciando però immutati i dialoghi. Esprimi il tuo parere sulla possibile attualità della storia dei due giovani; dai infine un giudizio sul tentativo di attualizzazione del regista.

4. La seconda fase della produzione di Shakespeare: le grandi tragedie

La seconda fase della produzione shakespeariana (1600-1607)

Anche la **seconda fase** della produzione shakespeariana comprende **generi teatrali diversi**, ma affrontati con nuova sicurezza e maturità. L'attenzione si concentra ora sulla tragedia, ma anche le commedie rivelano una concezione amara e pessimistica della vita umana. **È l'epoca di grandi capolavori** che hanno segnato la cultura e l'immaginario di tutta la civiltà occidentale moderna.

Le commedie

Fra le commedie spicca una commedia d'intreccio, *Le allegre comari di Windsor* (1600-01): il vecchio Falstaff, che fa le sue profferte amorose a due giovani e scaltre donne sposate, finisce per essere beffato più volte.

Le tragedie classiche

Sono **tragedie di argomento classico** *Giulio Cesare* (1599-1600), *Troilo e Cressida* (1601-02), *Antonio e Cleopatra* (1606-07).

Le grandi tragedie

Infine, fanno gruppo a sé **quattro grandissime tragedie**: *Amleto* (1600-01) – cui è dedicato il capitolo seguente –, *Otello* (1604-05), *Re Lear* (1605-06) e *Macbeth* (1605-06).

Otello (1604-05)

La vicenda di *Otello* è tratta da una novella cinquecentesca dell'italiano Giambattista Giraldi Cinzio (cfr. cap. IX, § 1). **Otello**, generale moro dell'armata veneziana, sposa in segreto **Desdemona**. Il padre di lei lo accusa di fronte al doge di averla sedotta con la magia: ma il moro viene riconosciuto innocente, e parte per combattere i Turchi a Cipro. Vince, e la moglie lo raggiunge sull'isola. Qui è anche il suo alfiere **Jago**: egli odia segretamente Otello e **Cassio**, nominato luogotenente al suo posto. Fa ubriacare quest'ultimo, perché sia sospeso dal suo compito; quindi insinua in Otello il dubbio che Cassio sia l'amante di Desdemona. Come prova decisiva, rivela che il giovane possiede un fazzoletto che il moro aveva donato alla moglie: in realtà, lui stesso ha ordito questo inganno. Folle di gelosia, Otello soffoca Desdemona; ma quando scopre che Jago ha mentito, si uccide. **Otello non è tanto**, in realtà, **la tragedia della gelosia, ma la tragedia del male**. Jago spinge il moro all'omicidio pretestuosamente, quasi per il puro gusto di ordire una catastrofe. È l'erede del diavolo dei misteri, le sacre rappresentazioni religiose affermatesi dal Medioevo. La virtù viene disconosciuta e sopraffatta: Desdemona viene accusata a torto; Otello, subito calunniato per motivi razziali, è travolto dalle trame di Jago. Nulla sembra quel che è: **tutto si consuma in un eccesso di passione** e nell'inarrestabile procedere del meccanismo tragico.

Tragedia della gelosia e tragedia del male

Re Lear (1605-06)

Anche in *Re Lear* torna il tema della virtù disconosciuta; ma (come sarà in *Macbeth*) compare anche quello della lotta per il potere. **Lear**, ormai vecchio, vuole dividere il suo regno fra le tre figlie: **Gonerilla, Regana e Cordelia**. Mentre le prime due dichiarano per il padre amore assoluto e iperbolico, per pudore non fa così l'ultima, la sola, in realtà, che lo ami davvero. Lear la diseredà e bandisce il **conte di Kent**, che la difende, dichiarando sue eredi Gonerilla e Regana. Cordelia sposa il re di Francia, e là si trasferisce. Ma le sue sorelle, ottenuto il potere, scacciano il padre, che, assistito dal buffone e dal fedele Kent, travestito, vaga in preda alla follia in una violenta tempesta. Per difendere il vecchio, il re di Francia sbarca in Inghilterra con Cordelia, che si prende amorosamente cura del padre. Ma i francesi vengono sconfitti, Cordelia è impiccata e Lear muore di dolore. Intanto Gonerilla avvelena Regana e, scoperta mentre trama di assassinare il marito, si suicida. *Re Lear* **è una delle tragedie più cupe e disperate di Shakespeare** (e, secondo alcuni, il suo capolavoro). Lear non riconosce il bene (Cordelia e Kent) e si lascia raggirare dall'ipocrisia di Gonerilla e Regana. Queste ultime sono agitate da una smania omicida di potere, che finirà per travolgerle; ma anche alla nobile Cordelia spetta una fine orribile. Smarrito il senso della verità, Lear è abbandonato a una realtà nemica e spietata. Accanto a lui ha grande rilievo **la figura del buffone**: l'elemento comico da un lato si inserisce nel tragico, arricchendolo (come accade-

Il potere e il bene disconosciuto

Il ruolo del buffone

LA SECONDA FASE DELLA PRODUZIONE TEATRALE (1600-1607)

- commedie (es. *Le allegre comari di Windsor*)
- tragedie di argomento classico (es. *Giulio Cesare*)
- le grandi tragedie (*Amleto, Otello, Re Lear, Macbeth*)

Dalle sbarre alla libertà attraverso Shakespeare

Un uomo, Salvatore Striano, nato e cresciuto nei quartieri spagnoli di Napoli, condannato a 17 anni di carcere per reati di camorra, incontra, nel buio del carcere di massima sicurezza di Rebibbia, il grande William Shakespeare, e, grazie a William Shakespeare, ritrova la sua vita.

> «La notte in cella guardavo fisso il soffitto e non riuscivo ad addormentarmi. Allora leggevo Dante e Shakespeare: sognavo di risvegliarmi in quei testi, non nel grigio racconto del mio compagno di cella. Aggrappandomi alla cultura, mi sono salvato dalla camorra. Il mio San Gennaro si chiama Shakespeare».

La storia del *riscatto* di Salvatore Striano, prima il camorrista di *Gomorra* (di Matteo Garrone), poi il Bruto di *Cesare deve morire* (di Paolo e Vittorio Taviani), poi il *Macbeth* e l'Ariel della *Tempesta* (adattamenti teatrali di Fabio Cavalli), ora un uomo nuovo, impegnato a fondo con il cinema e con il teatro, e in giro per le scuole, dietro le orme di Shakespeare, a portare ai giovani il suo nuovo messaggio di libertà.

▶ Intervista all'attore Salvatore Striano e al direttore della Compagnia Teatrale del Carcere di Rebibbia Fabio Cavalli.
▶ Con un docu-corto su Salvatore Striano, *Il riscatto*, di Giovanna Taviani, Palumbo 2013.

Macbeth (1605-06)

va nel teatro elisabettiano), dall'altro ne rivela i meccanismi segreti, che Lear ignora. Il punto di vista del buffone diventa così il punto di vista della verità.

Macbeth è in linea di continuità con *Re Lear*, di cui accentua il lato terribile. A **Macbeth e Banquo**, generali di **re Duncan**, appaiono **tre streghe**: esse rivelano che il primo sarà re, il secondo padre di re. Quando Duncan giunge al castello di Macbeth, questi, istigato dalla moglie, lo assassina. Divenuto re egli stesso, Macbeth fa uccidere anche Banquo: ma il suo spettro gli appare in un banchetto, terrorizzandolo. Macbeth interroga nuovamente le streghe, che gli fanno oscure profezie.

Macbeth e Lady Macbeth

Malcolm, figlio di Duncan, e un altro nobile, **Macduff**, lo attaccano. Macbeth fa uccidere la moglie e il figlioletto di quest'ultimo; ma ormai è solo e Lady Macbeth, impazzita, muore (cfr. T2, p. 230). Le profezie si compiono: Macbeth cade in battaglia e Malcolm diventa re. **Al centro della tragedia stanno Macbeth e sua moglie, animati da una cupa ambizione**. Il re non perde la sua grandezza neppure nei delitti più disumani; mentre Lady Macbeth è una figura straordinaria e inquietante di giovane donna mossa da un amore sanguinario. Come la morte in battaglia del primo è pur sempre eroica, la fine della seconda, schiacciata dal peso dei propri crimini, esprime tutto il senso tragico di una vita che si è data al male.

Johann Heinrich Füssli, *Lady Macbeth*, 1784. Parigi, Museo del Louvre.
Appassionato di letteratura, Füssli amò soprattutto Dante e Shakespeare. A quest'ultimo dedicò un particolare impegno per la realizzazione, insieme ad altri pittori della Galleria shakespeariana, un ciclo di dipinti con cui illustrare i grandi personaggi del teatro di Shakespeare. Il dipinto rappresenta una scena in cui lo sguardo allucinato di Lady Macbeth sintetizza il carattere inquietante e oscuro del dramma.

T2 La vita come incubo: sonnambulismo e morte di Lady Macbeth

OPERA
Macbeth, atto V, scene 1ª e 5ª

CONCETTI CHIAVE
- il peso dell'inconscio
- l'insensatezza della vita
- il nesso teatro-vita

FONTE
W. Shakespeare, *Macbeth*, in *Amleto – Otello – Macbeth – Re Lear*, trad. di A. Meo, Milano, Garzanti 1974.

 Testo in scena

È l'ultimo atto della tragedia e tutti i nodi drammatici giungono allo scioglimento: Lady Macbeth impazzisce e muore, il marito celebra questa morte con una amarissima considerazione sulla mancanza di senso della vita.

SCENA PRIMA
Dunsinane.[1] Una stanza del castello. Entrano un dottore e una dama di corte.

Dottore Sono due notti che veglio con voi, ma non riesco a veder nulla che confermi la verità di quanto mi avete raccontato. Quando s'è alzata a camminare nel sonno l'ultima volta?

Dama Da quando Sua Maestà è scesa in campo,[2] l'ho veduta alzarsi da letto, gettarsi la vestaglia sulle spalle, aprire il suo scrittoio, cavarne della carta, ripiegarla, scriverci sopra, leggere lo scritto, poi suggellare[3] il foglio e tornare a letto; e tutto questo nel sonno più profondo.

Dottore Grave turbamento di natura, ricevere il beneficio del sonno e nello stesso tempo compiere gli atti della veglia![4] Durante questi movimenti da sonnambula, mentre camminava o faceva altro, le avete mai udito dire nulla?

Dama Cose, signore, che non mi sento di riferire.[5]

10 *Dottore* A me potete dirle; e sarebbe molto opportuno che lo faceste.

Dama Nè a voi nè a nessun altro, non avendo alcun testimone che confermi le mie parole.

Entra Lady Macbeth portando una candela accesa.[6]

Guardate! Eccola qui che viene. Fa proprio così; e profondamente addormentata, come è vero che son viva. Osservatela, restate nascosto.

15 *Dottore* Dove ha preso quella luce?

Dama Mah, l'aveva vicino al letto. Ha sempre un lume a portata di mano; sono i suoi ordini.

Dottore Vedete, i suoi occhi sono aperti.

Dama Sì, ma il senso è chiuso.[7]

Dottore Che cosa fa ora? Guardate come si frega le mani.

20 *Dama* È un'azione abituale per lei, fare come se si lavasse le mani. L'ho vista persistere in quell'atto per dei quarti d'ora.

Lady Macbeth Eppure qui c'è una macchia.[8]

Dottore Ascoltate! Parla. Scriverò quello che esce dalle sue labbra a maggior conferma della mia memoria.

25 *Lady Macbeth* Via, macchia maledetta! Via, dico! Uno; due: ecco, è giunta l'ora di farlo.[9] L'Inferno è tetro. – Via, mio signore,[10] via! Un soldato che ha paura? Che ragione abbiamo di te-

---

- **1 Dunsinane**: il luogo dove sorge il castello di Macbeth.
- **2 Sua Maestà...in campo**: Macbeth sta combattendo contro le truppe di Malcolm, figlio di Duncan, e di Macduff, barone di Fife.
- **3 suggellare**: chiudere con il sigillo.
- **4 Grave...veglia!**: la medicina del tempo interpretava il sonnambulismo come segno di un grave disagio psicologico e morale.
- **5 Cose...riferire**: la rivelazione dei delitti compiuti da Lady Macbeth e da suo marito. L'accenno della dama crea una situazione di *suspense*, che sarà sciolta dall'apparizione della regina.
- **6 Entra...accesa**: la scena, con l'apparizione della donna in veste da notte, nella penombra notturna e con una candela, è di grande effetto suggestivo.
- **7 il senso è chiuso**: il *senso* della vista: Lady Macbeth non vede.
- **8 Eppure...macchia**: Lady Macbeth immagina di avere le mani sporche del sangue delle sue vittime (cfr. nota 14).
- **9 Uno; due...farlo**: la regina conta il suono delle campane che indicano l'ora fissata per compiere un delitto.
- **10 mio signore**: Macbeth, che la regina esorta al crimine.

mere che qualcuno lo sappia, quando nessuno può chiamare il nostro potere a render conto.[11] Eppure chi avrebbe detto che il vecchio avesse tanto sangue nelle vene?[12]

Dottore   Avete udito quelle parole?

Lady Macbeth   Il barone di Fife aveva una moglie.[13] E lei dov'è ora? – Come, non verranno mai pulite queste mani? – Non parliamone più, mio signore, mai più: tu rovini tutto trasalendo a codesto modo.

Dottore   Che orrore! Avete saputo cose che non dovevate.

Dama   Lei ha detto cose che non doveva, ne sono certa. Sa il Cielo le cose ch'ella ha conosciuto!

Lady Macbeth   C'è ancora l'odore del sangue; tutti i profumi d'Arabia non basteranno a profumare questa piccola mano.[14] Oh! Oh! Oh!

Dottore   Che sospiro! Il suo cuore è gravemente oppresso.

Dama   Non vorrei portarmi in petto un cuore simile nemmeno per ornare il resto della persona con un titolo di regina.[15]

Dottore   Bene, bene, bene.

Dama   Preghiamo Iddio che sia così, signore.

Dottore   Questa malattia esce dal mio campo; ho conosciuto di quelli che hanno camminato nel sonno, ma poi sono morti santamente nel loro letto.

Lady Macbeth   Lavati le mani, mettiti la veste da camera; non fare codesta faccia pallida. Torno a dirti che Banquo è sotterrato; non può più venir fuori dalla tomba.[16]

Dottore   Oh, è proprio così?

Lady Macbeth   A letto, a letto: bussano alla porta. Vieni, vieni, vieni, vieni, dammi la mano. Quel ch'è fatto non può essere disfatto. A letto, a letto. (*Esce*)

Dottore   Se ne andrà a letto ora?

Dama   Immediatamente.

Dottore   C'è in giro un sinistro mormorio.[17] Gli atti contro natura generano mali contro natura,[18] le menti malate rovesciano i loro segreti sui loro sordi guanciali. Ha più bisogno del prete,[19] lei, che del medico. – Dio, Dio ci perdoni tutti! Abbiate cura di lei; nascondete ogni cosa con cui possa nuocere a se stessa[20] e continuate a tenere gli occhi su di lei. – E così, buona notte: ella ha sconvolto la mia mente e turbato la mia vista. Penso, ma non oso parlare.

Dama   Buona notte, buon dottore. (*Escono*) […]

SCENA QUINTA

Dunsinane. Nell'interno del castello. Entrano, con i tamburi e bandiere, Macbeth, Seyton[21] e soldati.

Macbeth   Issate le nostre bandiere sulle mure esterne. Il grido è sempre: «Arrivano!».[22] La forza del nostro castello è tale, che si befferà del loro assedio: restino pure qui finchè la fame e la feb-

---

- **11 Che ragione…conto**: il *potere* assoluto del re si pone al di sopra della legge. Ma qui Lady Macbeth risponde alle leggi della coscienza.
- **12 Eppure…vene?**: il *vecchio* è Duncan; l'*eppure* esprime l'orrore del crimine, che perseguita Lady Macbeth nonostante il suo dirsi al di sopra della legge.
- **13 Il barone…moglie**: il barone di Fife è Macduff, nemico di Macbeth (cfr. nota 2): sua moglie e suo figlio sono stati fatti assassinare da lui.
- **14 tutti i profumi…mano**: iperbole. Nell'atto II, scena 2ª, dopo aver ucciso Duncan, Macbeth si chiedeva: «Tutto l'oceano del grande Nettuno basterà a lavar le mie mani di questo sangue?»; e Lady Macbeth ribatteva: «Un po' d'acqua ci netterà di quest'azione». Ora riconosce che aveva ragione il marito.
- **15 Non vorrei…regina**: la dama esprime il punto di vista opposto a quello di Lady Macbeth, che ha compiuto i suoi delitti appunto per diventare regina.
- **16 Lavati…tomba**: immaginando di rivolgersi al marito, Lady Macbeth rivive la scena successiva all'uccisione di Duncan e all'apparizione dello spettro di Banquo (atto II, scena 4ª).
- **17 un sinistro mormorio**: in tutta la tragedia streghe, apparizioni, spiriti rendono visibilmente l'incombere del male. Qui esso si traduce invece in una presenza sonora.
- **18 Gli atti…natura**: rispettivamente, l'omicidio e il sonnambulismo.
- **19 prete**: per confessarsi dei suoi peccati.
- **20 nascondete…se stessa**: il medico teme che la regina possa suicidarsi.
- **21 Seyton**: un ufficiale di Macbeth.
- **22 «Arrivano!»**: le truppe di Malcolm e di Macduff (cfr. nota 2).

60 bre non se li divorino. Non fossero stati rafforzati da quelli che avrebbero dovuto essere dalla nostra parte avremmo potuto affrontarli arditamente, barba contro barba,[23] e rimandarli a casa battuti. Che cos'è quel rumore?

Grida di donne dall'interno.

Seyton   Sono grida di donne, mio buon signore. (*Esce*)
65 *Macbeth*   Ho quasi dimenticato il sapore della paura.[24] Un tempo mi sentivo agghiacciare i sensi all'udire un urlo nella notte, e i miei capelli si rizzavano a un racconto di terrore e tremavano come se vi fosse vita in loro. Ora sono sazio di spaventi: l'orrore, compagno dei miei pensieri omicidi, non può più farmi trasalire.

Rientra Seyton.

70 Perché quel grido?
Seyton   La regina, mio signore, è morta.
Macbeth   Doveva morire in un altro momento.[25] Ci sarebbe stata un'ora adatta per tale parola.[26] – Domani, e domani, e domani... di questo lentissimo passo striscia giorno dopo giorno fino all'ultima sillaba scritta nel libro del tempo;[27] e tutti i nostri ieri hanno illuminato agli
75 sciocchi il cammino verso la polvere della morte.[28] Spegniti, spegniti, breve candela![29] La vita è solo un'ombra che cammina, un povero attore che tutto tronfio si dimena durante la sua ora sulla scena, e poi non se ne sa più nulla; è una storia raccontata da un idiota, piena di clamore e di furia, che non significa nulla.[30]

- **23 barba...barba**: *faccia a faccia*; invece, sono costretti a evitare lo scontro aperto.
- **24 Ho quasi...paura**: i crimini commessi hanno privato di sensibilità Macbeth: egli non può più provare spavento perché, come dice sotto, ne è **sazio**.
- **25 Doveva...momento**: perché, con la battaglia imminente, non potrà essere pianta.
- **26 per tale parola**: cioè per l'annuncio che la regina «è morta», dato da Seyton.
- **27 fino all'ultima...tempo**: la metafora è quella del **libro** in cui Dio (o il destino) ha scritto tutte le cose che sono accadute, accadono e accadranno nel **tempo**. L'**ultima sillaba** non è dunque solo la morte individuale, ma la fine di ogni cosa.
- **28 e tutti i nostri ieri...morte**: Macbeth nega il concetto di esperienza e di apprendimento dalla vita dagli altri: il mondo è popolato di **sciocchi**, e l'unica mèta a cui essi possono essere guidati (**illuminati**) è la morte.
- **29 candela**: metafora per indicare la vita.
- **30 La vita...nulla**: è il momento più desolatamente nichilistico del monologo. L'**attore** che **si dimena** è anzitutto Macbeth: egli esprime tragicamente la consapevolezza dell'inutilità degli sforzi e dei crimini che, insieme alla moglie, ha compiuto per raggiungere il potere; quindi, ogni uomo (cfr. Dalla comprensione all'interpretazione).

T2 DALLA COMPRENSIONE ALL'INTERPRETAZIONE

COMPRENSIONE

La conclusione del dramma   **Nella prima scena**, Lady Macbeth è malata. In una crisi di sonnambulismo rivela, alla presenza di un dottore e di una dama di compagnia, i delitti che ha compiuto con il marito. **Nella quinta scena**, Macbeth si sta preparando alla battaglia decisiva, in cui verrà ucciso. Improvvisamente, giunge la notizia della morte della moglie: pronuncia così un breve, bellissimo monologo, in cui dichiara amaramente l'**inutilità e la follia sanguinosa della vita**.

ANALISI

I protagonisti. Lady Macbeth: la morale, l'inconscio, la persecuzione del male   Nella scena del delirio, Lady Macbeth è perseguitata dal **peso dei crimini** che ha commesso con il marito. Questo peso non si esprime nella sua coscienza, e perciò non può essere definito propriamente rimorso o pentimento, dal momento che il rimorso o il pentimento comportano la consapevolezza – alla luce della coscienza, appunto – del male commesso. Al contrario, esso **riemerge nel momento per eccellenza dell'inconsapevolezza, il sonno**. La volontà e la coscienza di Lady Macbeth sono infatti fermamente orientate a compiere il male per ottenere lo scopo che si è prefisso e che ha ostinatamente perseguito: **raggiungere il potere**. I valori morali non stanno in superficie e alla luce del giorno, cioè nel dominio della ragione. Scacciati da essa, giacciono nel profondo e nella notte: perciò riemergono di lì non nella loro chiarezza, ma come un disturbo patologico (si veda il particolare – che è una spia del senso di colpa di Lady Macbeth – del continuo fregarsi le mani, come per lavarsele). È una straordinaria intuizione che sembra preannunciare le scoperte della psicoanalisi e, al tempo stesso, conserva la statura tragica di **Lady Macbeth**, lacerata tra il suo voler essere regina e una moralità che, respinta ed esiliata nell'inconscio, continua a operare in lei, sino a condurla alla morte.

I protagonisti. Macbeth: una storia che non significa nulla Il monologo di Macbeth nella scena 5ª esprime il senso tragico dell'esistenza maturato da Shakespeare nella seconda fase della sua produzione. Per quanto il male sia stato compiuto per un fine preciso (conquistare e mantenere il potere), tutta **la vita si rivela una furia grottesca** (come l'agitarsi di un «povero attore... tutto tronfio») e **insensata**: è «una storia raccontata da un idiota, piena di clamore e di furia, che non significa nulla». Il destino di Macbeth e di Lady Macbeth, **eroi tragici e foscamente grandiosi**, non è diverso da quello degli «sciocchi»: tutti, egualmente, sono cancellati dalla morte. **La vicenda individuale esprime un senso universale**. L'agitarsi sulla scena del povero attore tutto tronfio è innanzitutto l'agitarsi di Macbeth, ma poi di ogni uomo. Il **pessimismo** di Shakespeare qui si fa nichilismo.

INTERPRETAZIONE

Il teatro come rappresentazione e come allegoria Nelle due scene abbiamo **due diverse idee di teatro**, entrambe centrali nella concezione teatrale dell'età barocca. Nella **scena del sonnambulismo**, il dottore e la dama sono gli spettatori che interpretano le azioni del personaggio. È una specie di rappresentazione nella rappresentazione, di **teatro nel teatro**. Nel **monologo della scena 5ª**, invece, **Macbeth richiama esplicitamente lo spettacolo teatrale**: paragona la vita a un dramma a effetto, pieno di violenza, scucito e privo di senso, recitato da attori incapaci e grotteschi. La scena diventa quindi allegoria del mondo; e anzi l'elemento più specificamente teatrale (la convenzionalità della recitazione e della trama, persino nei suoi aspetti deteriori) è quello che meglio esprime l'essenza della realtà. In entrambi i casi **il teatro è un artificio separato dalla vita, ma che ne illumina il senso**.

Lavoriamo con il TESTO IN SCENA

Lady Macbeth si presenta allo spettatore avvolta in una veste bianca e alle sue spalle si intravede un muro squarciato. Quali aspetti del personaggio di Lady Macbeth emergono dall'ambientazione della messinscena e dall'interpretazione dell'attrice?

T2 LAVORIAMO SUL TESTO

COMPRENDERE

La tragedia del potere

1. Riassumi il testo sottolineando la diversa impostazione delle due scene.

ANALIZZARE E INTERPRETARE

Il sonnambulismo di Lady Macbeth

2. Il testo sottolinea in apertura il fatto che da tempo Lady Macbeth è affetta da sonnambulismo: perché? E perché la donna persiste anche per quindici minuti nel gesto di lavarsi le mani?

3. Nel suo sonnambulismo Lady Macbeth rievoca alcuni degli omicidi più spietati del dramma: da quale punto di vista? Quali aspetti sembra che la tormentino ancora?

4. Che ruolo sembrano assumere il dottore e la dama?

5. Che atteggiamento assume Macbeth davanti ai crimini commessi?

6. **LINGUA E LESSICO** Nel brano aleggia un cupo senso di morte, che deriva dal passato delittuoso; nel brano di *Romeo e Giulietta* invece dominava un presagio di morte. Sottolinea nei due testi le diverse scelte espressive e lessicali che consentono a Shakespeare di ottenere i due diversi effetti.

> **LE MIE COMPETENZE: DIALOGARE**
>
> Nelle parole finali di Macbeth si afferma l'analogia fra scena e vita reale; il teatro viene quindi proposto come allegoria del mondo. Tuttavia, secondo il personaggio, la vita dell'uomo è priva di senso, almeno per gli sciocchi. In che senso la vita può essere paragonata ad una scena teatrale? La teatralità del vivere è una spia della sua insensatezza? Discuti questi temi con i compagni sulla base della tua esperienza personale e alla luce della lettura attenta del brano proposto.

5. La terza fase della produzione di Shakespeare: *La tempesta*

La terza fase della produzione di Shakespeare (1607-1613)

L'ultima fase del teatro di Shakespeare va dal 1607 alla morte. **La tensione negativa** accumulata nelle grandi tragedie **si scioglie** e cede il passo a **una visione della vita** sempre consapevole della sua drammaticità, ma **più meditativa e serena**. Dal punto di vista strutturale, prevalgono **due aspetti**: la scelta di **argomenti classici** e quella del *romance* o dramma romanzesco-fiabesco, portato a una nuova maturità e complessità rispetto al *romance*-commedia precedente.

Le tragedie classiche e i *romances*

Dopo due tragedie di argomento classico, ***Coriolano*** (1607-08) e ***Timone di Atene*** (1607-08) che rappresentano un momento di passaggio, Shakespeare scrive quattro *romances*: ***Pericle*** (1608-09), ***Cimbelino*** (1609-10), il ***Racconto d'inverno*** (1610-11) e ***La tempesta*** (1611-12). In essi l'intreccio è sempre molto elaborato, avventuroso e fiabesco, talvolta sino al gusto del romanzesco in sé.

John William Waterhouse, *Miranda e la tempesta*, 1916. Collezione privata.

La tempesta (1611-12)

Particolare rilievo spetta alla **Tempesta**. Siamo su un'isola. Qui vive **il mago Prospero**, un tempo duca di Milano, ma spodestato dal **fratello Antonio**, con **la figlia Miranda** e una piccola corte di spiriti suoi servitori, fra cui **il folletto Ariele** e **il selvaggio Calibano**. In seguito a una tempesta scatenata dai suoi incantesimi, naufragano sull'isola appunto **Antonio**, il re di Napoli **Alonso** e suo figlio **Ferdinando**. Quest'ultimo si innamora, ricambiato, di Miranda e viene tenuto prigioniero da una magia di Prospero. Antonio e Alonso vengono spaventati dagli spiriti, così da pentirsi delle ingiustizie commesse. Prospero libera Ferdinando e gli concede la figlia in sposa; poi perdona il fratello, che gli rende il trono del ducato. Così, rinunciando alla magia, egli lascia liberi gli spiriti, dà a Calibano il potere sull'isola e parte con i naufraghi e i nuovi sposi per l'Italia. Nella *Tempesta* **il tema del potere**, trattato tragicamente così spesso nelle prime due fasi della produzione shakespeariana, **assume una nuova forma**. Sulla violenza (quella di Antonio, ma anche quella di Calibano che tenta una rivolta) vince infatti la clemenza e la superiore saggezza di Prospero. La magia è una sorta di proiezione fantastica che permette di sanare i mali sociali. Siamo dunque in **un clima fiabesco** e insieme (anche per l'ambientazione isolana) in **un'utopia**, poiché si arriva alla definizione di un regno utopico di giustizia rappresentato sia dal ducato di Milano, restituito a Prospero, sia dalla stessa isola, affidata a Calibano e dove gli spiriti tornano a essere liberi. Prospero educa alla civiltà tanto gli uomini civili quanto i selvaggi. Il dramma va dunque verso la riconciliazione: la stessa visione dell'esistenza di Shakespeare muta e, pur restando consapevole della presenza del male, si apre a uno spazio di raggiunta e malinconica serenità (cfr. **T3**).

Un nuovo approccio al tema del potere

Clima fiabesco e utopia

T3 La vita come sogno: il monologo di Prospero

OPERA
La tempesta, atto IV, scena 1ª

CONCETTI CHIAVE
- i temi del sogno e della magia nel *romance*

FONTE
W. Shakespeare, *La tempesta*, trad. di S. Quasimodo, Milano, Mondadori 1981.

 Testo in scena

Prospero ha promesso in sposa sua figlia Miranda a Ferdinando, figlio del re di Napoli Alonso, in modo da realizzare i suoi progetti di riconciliazione. Ai festeggiamenti partecipano per incanto ninfe, spiriti e creature fantastiche. Ora Prospero li fa scomparire: deve scongiurare il tentativo di rivolta contro di lui del selvaggio Calibano. La rivolta verrà domata senza spargimento di sangue e alla fine Calibano, che è brutale ma non corrotto dalla civiltà, otterrà da Prospero il governo. Ora Prospero pronuncia un breve monologo, in cui riflette sul carattere effimero e di sogno dell'esistenza.

Entrano, nel loro costume, alcuni mietitori che, a coppie con le ninfe, cominciano una danza graziosa; verso la fine del ballo, Prospero si alza improvvisamente e parla; subito dopo gli spiriti svaniscono lentamente fra un rumore strano, cupo e confuso.

    Prospero   Più non pensavo alla vile congiura
del bruto Calibano e dei suoi complici
contro la mia vita: ed è quasi l'ora
del loro agguato. – Bene! Andate! Basta![1]

5   *Ferdinando*   Strano: vostro padre è scosso da forte
turbamento.

    Miranda   Mai fu preso dall'ira
con più impeto.

● **1** **Bene...Basta!**: questa battuta è rivolta agli spiriti.

Prospero   Mi pare, figlio mio,
10 che tu sia agitato come da paura:
non temere. Il nostro gioco è finito.[2]
Gli attori,[3] come dissi, erano spiriti,
e scomparvero nell'aria leggera.
Come l'opera effimera[4] del mio
15 miraggio,[5] dilegueranno le torri
che salgono su alle nubi, gli splendidi
palazzi, i templi solenni, la terra
immensa e quello che contiene,[6] e come
la labile finzione[7] lentamente
20 ora svanita, non lasceranno orma.[8]
Noi siamo di natura uguale ai sogni,
la breve vita è nel giro[9] d'un sonno
conchiusa.
Sono turbato, signore:[10] perdono,
25 sono debole, la mia vecchia mente
vacilla. Non vi agitate per questa
mia sofferenza. Se volete, intanto,
andate nella grotta a riposare;
io farò qualche passo qui d'intorno
30 per calmare lo spirito sconvolto.

Ferdinando e *Miranda*   Vi auguriamo quiete.

Escono.

- **2**   **Il nostro gioco**: la festa in onore di Ferdinando e Miranda.
- **3**   **Gli attori**: appunto gli spiriti e le ninfe che hanno rallietato la festa; ma il termine richiama il motivo del "teatro nel teatro".
- **4**   **effimera**: *che non dura*.
- **5**   **miraggio**: lo spettacolo suscitato dall'incantesimo di Prospero.
- **6**   **le torri…contiene**: cioè tutte le opere degli uomini, emblematizzate dagli edifici più splendidi, e la terra stessa.
- **7**   **la labile finzione**: *il fuggevole spettacolo di magia*.
- **8**   **orma**: *traccia*.
- **9**   **giro**: *spazio, limite*, ma appunto insistendo sull'idea di chiusura.
- **10**   **Sono turbato, signore**: si rivolge a Ferdinando. Il motivo del turbamento è la rivolta di Calibano, non la consapevolezza del carattere effimero dell'esistenza.

T3   DALLA COMPRENSIONE ALL'INTERPRETAZIONE

COMPRENSIONE

«Noi siamo di natura uguale ai sogni»   Nel monologo di Prospero alta e malinconica è la consapevolezza del **carattere effimero delle opere e delle vicende umane**: svanirà tutto, senza lasciare traccia, come sono spariti «nell'aria leggera» gli spiriti, il «miraggio» evocato dalla magia di Prospero, perché questi e quelle altro non sono che una «labile finzione», **la vita ha la stessa natura di un sogno** e si conclude appunto nel breve «giro di un sogno».

ANALISI

Lo svolgimento della scena e la "regia" di Prospero   Lo svolgimento della scena passa fra momenti scenici ed emotivi molto intensi e diversi fra loro: prima è la volta della **danza degli spiriti**, evocati dalla magia di Prospero; poi del suo **improvviso turbamento al ricordo della congiura di Calibano**; quindi della **riflessione che paragona lo svanire della magia allo svanire delle nostre vite**. **Prospero** ha un ruolo di assoluta preminenza: è lui che ha suscitato l'incantesimo, lui che domerà la rivolta, lui che medita in termini così alti. Egli è come il **regista dell'azione**: dispone danze e canti, regge lo svolgimento dell'azione, ce ne espone il significato allegorico. La stessa varietà degli effetti emotivi che la scena risveglia nello spettatore è mossa da lui.

Il *romance* come conciliazione della tragedia Il monologo di Prospero esprime una visione della vita che parte dal pessimismo delle tragedie della seconda fase. Lo si può paragonare con il monologo di Macbeth (cfr. T2, p. 230), in cui compaiono gli stessi temi del teatro, dello scorrere del tempo e della cancellazione finale; o anche con il monologo di Amleto (nel capitolo seguente: T1, p. 223). Eppure, qui dalla cupezza senza possibilità di salvezza della tragedia si giunge a una meditazione più serena. È la stessa **struttura del *romance*** [dramma romanzesco o fiabesco] che la consente: il richiamo ai **temi del sogno e della magia** è infatti proprio di questo genere letterario, e qui è in suo nome che si supera l'angoscia e la sconfitta di Amleto e di Macbeth.

INTERPRETAZIONE

Utopia politica e sogno La scena ha un ruolo molto importante nella struttura della *Tempesta*: l'annunciato matrimonio fra Miranda e Ferdinando prepara la conciliazione fra Prospero e il duca suo fratello, che ne aveva usurpato il trono; la vittoria sulla rivolta di Calibano porterà a instaurare l'ordine sull'isola. La consapevolezza che «noi siamo di natura uguale ai sogni» si ha dunque nel momento in cui più si agisce sulla vita per mutarla e modellarla su un ideale di giustizia. In questo modo **le lotte per il potere** (altro tema centrale nello Shakespeare delle due fasi precedenti) vengono viste da una **prospettiva più conciliante, che ne attenua la drammaticità** e la violenza mostrandone l'inutilità e l'inconcludenza.

Lavoriamo con il TESTO IN SCENA

La messinscena è dominata dalla presenza incombente del mare. Descrivi la scena in cui si svolge il monologo di Prospero e prova a motivare l'ambientazione scelta dal regista.

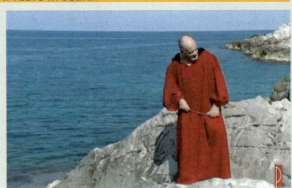

T3 LAVORIAMO SUL TESTO

COMPRENDERE

1. Chi sono i personaggi della breve scena antologizzata e qual è il loro ruolo nell'opera?
2. Dove si svolge la vicenda?
3. Perché *La tempesta* viene definita un *romance*?

ANALIZZARE

«Il nostro gioco è finito»

4. Qual è il ruolo di Prospero in questa scena, centrale nella struttura della *Tempesta*?
5. Ferdinando e Miranda pensano che Prospero sia scosso da sentimenti negativi. Quali?
6. Prospero ammette di essere turbato. Per quale motivo?
   A perché la vita è troppo breve
   B perché la vita è effimera come i sogni
   C perché è vecchio
   D per la rivolta di Calibano

«Noi siamo di natura uguale ai sogni»

7. **LINGUA E LESSICO** Sottolinea nel testo le espressioni e i termini riconducibili al campo semantico del sogno.

INTERPRETARE

8. Pensi che le parole di Prospero («Noi siamo di natura uguale ai sogni») siano adeguate al clima festoso del fidanzamento fra Miranda e Ferdinando? Motiva la risposta.
9. **TRATTAZIONE SINTETICA** Spiega in una trattazione sintetica quali analogie e quali differenze trovi fra le parole di Prospero e quelle di Macbeth (**T2**).

DAL RIPASSO ALLA VERIFICA

MAPPA CONCETTUALE — William Shakespeare

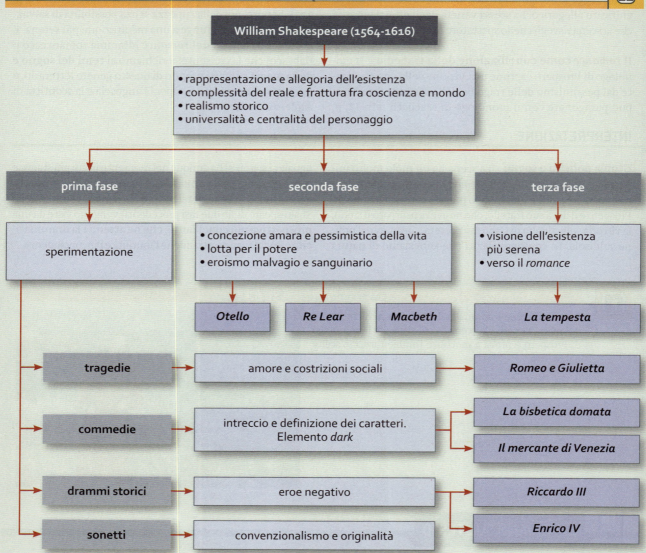

SINTESI

● La vita
Shakespeare nasce a Stratford-on-Avon nel 1564. Dopo le scuole e il matrimonio, si trasferisce a Londra, dove entra in contatto con gli ambienti teatrali e nobiliari. Del 1590-92 è il suo primo dramma certo, *Enrico IV*. Segue una serie di successi anche economici, che gli permette di diventare comproprietario di importanti teatri cittadini. Dal 1610 si ritira nella cittadina natia, dove conduce la vita tranquilla del gentiluomo di campagna e dove muore nel 1616.

● La prima fase della produzione di Shakespeare
La prima fase della produzione di Shakespeare va dal 1590 al 1600 ed è una fase di sperimentazione. Comprende opere poetiche (*Sonetti*), drammi storici (tra cui spiccano *Riccardo III*, *Enrico IV*, *Enrico V*), commedie (soprattutto *La bisbetica domata*, *Molto rumore per nulla*, *Sogno di una notta di mezza estate*, *Il mercante di Venezia*), tragedie (in particolare *Romeo e Giulietta*).

● **La seconda fase**
La seconda fase va dal 1600 al 1607 ed è quella in cui matura una visione amara dell'esistenza. È l'epoca dei grandi capolavori che hanno segnato la cultura e l'immaginario di tutta la civiltà occidentale moderna. Fra le commedie va ricordata *Le allegre comari di Windsor*, fra le tragedie *Giulio Cesare*, *Antonio e Cleopatra* e quattro capolavori: *Amleto*, *Otello*, *Macbeth* e *Re Lear*.

● **La terza fase**
La terza e ultima fase va dal 1607 alla morte (1616). La visione del poeta si rasserena e domina il *romance*, cioè la commedia fiabesca o romanzesca. Il capolavoro di questo periodo è *La tempesta*.

DALLE CONOSCENZE ALLE COMPETENZE

1 Quali rapporti Shakespeare ebbe con il teatro? (Segna la risposta sbagliata) (§ 2)
- A fu attore
- B fu scrittore di testi
- C fu comproprietario del Globe Theatre
- D ebbe un successo postumo e visse poveramente

2 Shakespeare trovò un sostegno alla propria attività teatrale (§ 2)
- A nel padre
- B nella regina Elisabetta
- C nel duca di Southampton
- D nella moglie

3 Qual è la trama della tragedia *Romeo e Giulietta*? Come viene rappresentato l'amore adolescenziale? (§ 3, T1)

4 Che cosa è la *dark comedy*? (§ 3)

5 Completa lo schema indicando le caratteristiche peculiari che caratterizzano ciascun personaggio. (§ 4, T2)

personaggio	caratteristiche
Otello	
Re Lear	
Lady Macbeth	

6 In T2 il medico, ascoltando il delirio di Lady Macbeth, osserva: «Gli atti contro natura generano mali contro natura». Spiegane il significato alla luce del dramma della regina.

7 Le fasi della produzione di Shakespeare sono tre: caratterizzale e cita per ciascuna almeno un'opera (§§ 3, 4 e 5)
- A 1590-1600: sperimenta generi diversi, ...
- B 1600-1607: ....
- C 1607-1613: ....

8 Che cosa è il *romance*? (§ 5)

9 A quale genere teatrale è soprattutto legata la fortuna di Shakespeare? (§ 4)

DAL RIPASSO ALLA VERIFICA

PROPOSTE DI SCRITTURA

LA RELAZIONE

Il tema del potere
La lotta per il potere è un tema centrale nei drammi shakespeariani. Seguine l'evoluzione da *Riccardo III* a *Re Lear*, a *Macbeth*, alla *Tempesta* ed esprimi, in una relazione, il tuo parere sulla sua attualità. (§§ 3, 4 e 5)

LA TRATTAZIONE SINTETICA

Passato e presente in *Romeo e Giulietta*
In *Romeo e Giulietta* il tema dell'amore si presta a un'immediata attualizzazione. Ma oltre agli aspetti vicini alla nostra sensibilità, quali sono i tratti che esprimono la cultura del tempo di Shakespeare? Chiariscilo in una trattazione sintetica (§ 3, T1).

Realismo e allegoria
Chiarisci quali sono le caratteristiche del teatro di Shakespeare e in che senso è possibile definirlo rappresentazione e allegoria dell'esistenza.

L'ARTICOLO

Shakespeare al cinema
Shakespeare ha trovato nel cinema un grande mezzo di diffusione e di popolarità. Se ne hai la possibilità, prova a confrontare, in un articolo, versioni differenti di uno stesso dramma e a riflettere sull'interpretazione che ne offrono.
Scegli tra:
- *Romeo e Giulietta* di Franco Zeffirelli (1968) e di Baz Luhrmann (1996)
- *Amleto* di Laurence Olivier (1948) e di Kenneth Branagh (1997)
- *Otello* di Orson Welles (1952) e di Olivier Parker (1995)

Capitolo VIII *Amleto*
PRIMO PIANO

My eBook+

Cliccando su questa icona, docenti e studenti accedono ad un'area di personalizzazione che permette di arricchire i contenuti digitali già linkati lungo le pagine del libro. Nell'area di personalizzazione è possibile infatti salvare ulteriori materiali: selezionati da **Prometeo**, prodotti autonomamente o ricercati nella rete.

▶ Per un elenco di materiali integrativi presenti nella biblioteca multimediale di Prometeo o per attivare una ricerca cfr. p. 271

Eugène Delacroix, *Amleto e Orazio nel cimitero*, 1827-1828. New York, Metropolitan Museum of Art.

1. La composizione: datazione e storia del testo

Il 1601, anno dell'Amleto

La critica è oggi quasi unanime nel datare l'*Amleto* attorno al **1601**, tanto grazie a documenti e a testimonianze contemporanee, quanto sulla base di considerazioni che riguardano lo stile e il modo in cui il drammaturgo ormai affrontava, e risolveva, certe problematiche di stampo sociale, psicologico e individuale.

L'Amleto avvia una nuova fase della produzione shakespeariana

Shakespeare aveva dunque **trentasei anni** nel momento in cui lo scrisse; era già un autore affermato e acclamato. **Con l'*Amleto* avviò una nuova fase della sua carriera teatrale**, che continuerà nei successivi sette o otto anni (in essa vanno annoverate le tragedie *Otello*, *Re Lear* e *Macbeth*). Il tono di questi nuovi drammi si baserà su sentimenti quali la disperazione, la frustrazione, l'amarezza, il cinismo e la delusione, tutti presenti, per l'appunto, in *Amleto*.

L'edizione del 1603 (o "Q1")

Il testo di *Amleto* ci è pervenuto in **varie redazioni**. Il dramma venne pubblicato per la prima volta nel **1603**. Questa prima edizione a stampa è conosciuta come **"primo in-quarto"** (o **"Q1"**) e, anche, come *the bad quarto* [quarto difettoso]; si tratta, infatti, di una edizione pirata, apocrifa e non autorizzata dalla compagnia drammatica di Shakespeare. Essa è più breve del testo oggi accettato.

L'edizione del 1604 (o "Q2")

La compagnia di Shakespeare s'affrettò allora a dare alle stampe la versione "autentica" del testo; quest'ultima apparve **verso la fine del 1604** con l'avvertenza sul frontespizio che era «conforme alla copia autentica e completa». Questa è conosciuta come **"secondo in-quarto"** (o **"Q2"**): è assai più lunga e arreca diverse varianti significative. Dell'*Amleto* esiste un'ulteriore, e finale, redazione: quella del **"primo in-folio"** (o **"F"**), pubblicato nel **1623** dalla compagnia di Shakespeare sette anni dopo la sua morte e che raccoglie tutte le sue più importanti opere teatrali. **La versione "F"** è più breve della "Q2" (contiene 200 battute in meno) ma vi appaiono molti brani che invece sono assenti nella "Q2". Ha, inoltre, il merito di rispecchiare il modo con cui veniva messo in scena il testo dalla stessa compagnia shakespeariana, giacché tutte le sue omissioni hanno lo scopo di rendere l'azione più

L'edizione del 1623 (o "F")

scorrevole; quasi tutti questi tagli, infatti, coincidono con quelli effettuati oggi dai registi che desiderano snellire lo spettacolo.

Il titolo — Il dramma s'intitola, per intero, *The Tragicall Historie of Hamlet, Prince of Denmarke* [La tragica storia di Amleto, principe di Danimarca]; titolo che racchiude, in sintesi, la vicenda di Amleto e della sua tragica vendetta contro re Claudio, suo potente avversario e zio paterno.

Le fonti — **La fonte principale dell'*Amleto*** è il quinto volume delle *Histoires tragiques* [Storie tragiche, 1576] di un narratore francese, François de Belleforest, a sua volta basato sulle *Historiae Danicae* [Storie della Danimarca] scritte da Saxo Grammaticus in latino attorno alla fine del XII secolo. Non sembra che Shakespeare conoscesse il testo di Saxo Grammaticus e probabilmente, dunque, la storia del principe di Danimarca gli è giunta tramite il volume di Belleforest.

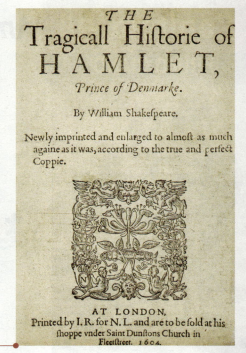

Frontespizio della seconda edizione (Q2) dell'*Amleto* di Shakespeare stampata a Londra nel 1604.

2 | La struttura generale dell'opera

Caratteri dell'*Amleto* — L'*Amleto* è una **tragedia in cinque atti, in versi e in prosa**; è la più lunga delle opere drammatiche di Shakespeare ed è anche quella che contiene la parte più lunga, quella di Amleto. **È senz'altro il dramma più popolare del drammaturgo di Stratford**, nonché quello più frequentemente rappresentato sulle scene e che ha suscitato il maggior numero di commenti e di interpretazioni.

L'atmosfera — Il dramma si apre sugli spalti del castello danese di Elsinore e fin dalle prime parole (dal primo interrogativo: «Chi va là?») tutto appare strano, immerso in **un'atmosfera inquietante e indicibile**; regnano la paurosa quiete della notte, il freddo tagliente, il buio profondo.

Il tema della penombra e della morte — L'intera tragedia è contrassegnata **dal colore nero e dal predominio della penombra**; il suo tono è crepuscolare, cimiteriale, malinconico: il dramma **ci parla continuamente di morte, di omicidio, di suicidio**, e su di esso sovrasta la presenza costante dell'aldilà e dell'oltretomba.

Un testo labirintico e cupo — *Amleto* è **un testo labirintico** che mette in primo piano lo smarrimento, l'alienazione e la vertigine del cadere dentro gli abissi più profondi dell'anima. La tragedia è essa stessa il prodotto di un'epoca di dubbio: il Rinascimento e la gloriosa età elisabettiana andavano incontro al declino. Shakespeare stesso, come si è già accennato sopra, stava per entrare nella valle oscura delle sue *dark tragedies* ('tragedie nere').

3 | L'intreccio

La prima e la seconda fase — La tragedia di Amleto si presta a una suddivisione in **quattro parti**, o fasi. **Nella prima fase**, che occupa tutto l'Atto Primo, il principe danese scopre che suo zio Claudio è l'assassino di suo padre e decide di vendicarsi. **La seconda fase** parte dalla Prima Scena dell'Atto Secondo e arriva fino alla Seconda Scena dell'Atto Terzo, quando Amleto e Claudio cercano di carpire i loro reciproci segreti;

Amleto diretto da Dominic Dromgoole per il Globe Theatre di Londra, 2015.

La terza fase conseguentemente alla recita del dramma-nel-dramma, Amleto e Claudio si riconoscono come nemici mortali e decidono di eliminarsi a vicenda. **Nella terza fase** – cha va dalla Terza Scena dell'Atto Terzo fino alla fine del Quarto Atto – Amleto, scambiando Polonio per Claudio, lo trafigge con la spada; da questo gesto scaturiscono varie conseguenze, quali l'allontanamento di Amleto, inviato in Inghilterra, il suicidio di Ofelia e la decisione di Laerte di vendicare la morte del padre Polonio. Nel corso della **quarta fase** (che occupa l'intero Atto Quinto), Amleto torna dall'Inghilterra e, infine, riesce a uccidere Claudio ma viene, a sua volta, ferito mortalmente da Laerte.

La quarta fase

La prima fase

Amleto e lo Spettro del padre **Il vecchio Amleto, re di Danimarca**, è morto e **suo fratello Claudio** è asceso al trono, sposandone la **vedova Gertrude**. **Il giovane Amleto**, di ritorno dall'università di Wittenberg, viene informato dallo **Spettro del padre**, che gli appare sugli spalti del castello di Elsinore, che egli è stato assassinato da suo fratello Claudio tramite un veleno che gli è stato versato nell'orecchio. Lo Spettro chiede vendetta ma vuole che Gertrude venga risparmiata.

Amleto finge la pazzia Amleto promette d'obbedire alle volontà del padre. Chiama l'amico **Orazio** e le guardie **Bernardo e Marcello** e li fa giurare di non riferire a nessuno ciò ch'è successo quella notte; li avvisa, inoltre, che da allora in poi **fingerà di esser pazzo**, per evitare il sospetto che egli voglia minacciare la vita del re Claudio.

Ofelia La corte intera è preoccupata per via dello strano comportamento adottato da Amleto: si pensa che a turbargli la mente sia il suo amore per **Ofelia, figlia del ciambellano Polonio**, che il principe ha corteggiato in passato ma che ora tratta con crudeltà.

La natura malinconica di Amleto gli impedisce di compiere la vendetta, anche perché non è sicuro che il fantasma da lui visto sia veramente lo spettro del padre oppure un'apparizione diabolica che lo vuole ingannare.

La seconda fase

L'arrivo degli attori e il teatro nel teatro Subito dopo aver recitato **il monologo più famoso della storia del teatro** («Essere o non essere»), **Amleto ripudia Ofelia** (cfr. **T1**, p. 250). Successivamente, ogni sua minima mossa viene spiata sia da re Claudio che dal ciambellano Polonio. L'arrivo di **una *troupe* di attori** a Elsinore gli offre l'occasione per verificare il racconto dello Spettro: egli farà recitare, dinanzi al re, un dramma che riproporrà le circostanze del delitto dello zio (cfr. **T2**, p. 258). È un caso di **teatro nel teatro** (cfr. **S1**, p. 244). Claudio, in preda all'agitazione, non sa dominare le proprie reazioni e si tradisce, rivelando così la propria colpa ad Amleto; allo stesso tempo, però, Amleto ha fatto capire allo zio di essere a conoscenza della verità circa la morte del padre.

Verso la catastrofe finale

Da quel momento in poi, **sia Amleto sia Claudio congiurano l'uno contro l'altro**. Questa seconda fase costituisce il fulcro stesso del dramma, giacché l'azione, fin qui differita, si avvia – lentamente – verso la catastrofe finale.

La terza fase

Amleto si trattiene dall'uccidere lo zio Claudio ma uccide Polonio

Il principe si trattiene dall'uccidere il re mentre questi sta pregando perché, uccidendolo così, la sua anima sarebbe accolta in cielo, mentre Amleto lo vuole all'inferno.

Nella scena successiva, che si svolge nelle stanze della regina, Amleto, convinto che il re stia origliando dietro un arazzo, trae la spada e **trafigge** invece **Polonio**, padre di Ofelia (cfr. T3, p. 262).

Frans Hals, *Ritratto di giovane con teschio*, 1626-1628. Londra, National Gallery.

Claudio, deciso più che mai a sbarazzarsi di Amleto, **lo invia in missione in Inghilterra** con **Rosencrantz** e **Guildenstern** – che hanno ricevuto l'ordine di ucciderlo – ma il gruppo viene catturato dai pirati; Amleto si salva, gli altri muoiono.

La pazzia di Ofelia

Ofelia, addolorata perché Amleto non solo l'ha ripudiata ma le ha anche ucciso il padre, **impazzisce**.

La quarta fase

Scontro fra Amleto e Laerte

Amleto, tornato dall'Inghilterra, scopre che Ofelia è morta annegata; il fratello di lei, **Laerte**, è giunto dalla Francia per vendicare la morte del padre. **Amleto e Laerte s'incontrano nel cimitero**, dove si sta svolgendo il funerale di Ofelia, e si scontrano sulla sua fossa.

S1 — INFORMAZIONI

Il teatro nel teatro

Si chiama teatro nel teatro una particolare tecnica teatrale nota anche con la denominazione francese di *mise en abîme* ('messa in abisso'): durante la recita si mette in scena un'altra recita. Gli attori sulla scena assistono a un'altra rappresentazione teatrale e si trasformano essi stessi in spettatori. Uno spettacolo ne contiene un secondo. Realtà e finzione in tal modo si scambiano le parti, si alternano e si mescolano, cosicché diventa difficile distinguerle. È questa una tecnica che si sviluppa nell'età del Manierismo e in quella del Barocco. È infatti collegata a quella visione teatrale del mondo di cui si è parlato nel cap. VI, § 1: ogni uomo è nello stesso tempo attore e spettatore, recita una parte e assiste alla recita altrui. E nella sua vita è ormai impossibile distinguere quanto è finzione o artificio e quanto è autenticità.

Proprio l'ambiguità connaturata allo scambio fra realtà e finzione è un tema modernissimo, che dal Manierismo trapassa al Novecento. Essa implica infatti una visione relativistica della realtà, che allora nasceva dalla scoperta di Copernico, dall'idea dell'infinità dell'universo, dalla caduta dei valori e delle concezioni del mondo tradizionali e che nel Novecento ritorna in seguito alla diffusione di altre teorie scientifiche pure relativistiche (si pensi alla teoria della relatività di Einstein). Basterà ricordare che Luigi Pirandello, il più grande drammaturgo italiano del Novecento, ha scritto una trilogia da lui denominata appunto "teatro nel teatro". Si tratta di *Sei personaggi in cerca d'autore* (1921), *Ciascuno a suo modo* (1923), *Questa sera si recita a soggetto* (1928-29).

Hamlet, film del 1996 diretto da Kenneth Branagh.

Il duello e l'inganno di Claudio

Il re li convince a gareggiare non tanto in un duello ma in una specie di prova d'armi incruenta che suggelli il perdono. In realtà però la spada di Laerte ha la punta avvelenata, così come avvelenato è il vino da offrire ad Amleto. **Amleto viene ferito**, ma, avendo scambiata l'arma con quella avvelenata di **Laerte**, lo uccide; quindi colpisce il **re suo zio** e fa bere a lui il vino avvelenato.

Amleto uccide lo zio

Anche Gertrude, che ha bevuto dalla stessa coppa destinata ad Amleto, **muore**. Infine lo stesso Amleto è ucciso dal veleno della spada di Laerte.

La conclusione

La scena si colma di cadaveri: quelli di Amleto, di Laerte, di Gertrude e di Claudio. Prima di morire, Amleto affida all'amico **Orazio** l'incarico di narrare la sua storia tragica. Il dramma si chiude con l'**arrivo di Fortebraccio**, principe di Norvegia, che rende omaggio alla salma di Amleto concedendogli gli onori di un funerale militare. Sarà lui il nuovo sovrano della Danimarca.

4 I motivi principali della tragedia

La malinconia di Amleto...

Malinconia e follia in Amleto

Secondo molti critici, sarebbe lo **stato di malinconia** e di depressione a indurre Amleto all'inazione, al dubbio e alla stasi. **È il troppo riflettere a impedire ad Amleto di agire**. In realtà, Amleto è sempre sul punto di agire ma qualcosa in lui (la sua malinconia) non gli permette di compiere il gesto voluto.

T • *Debolezza e malinconia di Amleto*

...e le sue cause

Occorre osservare che **tale malinconia risale a prima che si apra il dramma** e che è dovuta alla morte del padre ma, soprattutto, a un senso di nausea per l'affrettato matrimonio che la madre ha contratto con lo zio Claudio e che, per le leggi morali del tempo, equivale a una vera e propria unione incestuosa.

Il primo monologo di Amleto mira a mostrarci il suo stato d'animo di dolore per le nozze reali che si stanno svolgendo nel castello, prima che gli sia apparso lo Spettro del padre ed egli sospetti minimamente che lo zio è l'assassino del padre.

Malinconia e follia

Una volta che gli appare lo Spettro, egli diventa consapevole del fatto che, d'ora in poi, non potrà più agire spensieratamente come prima; almeno fin quando non avrà compiuto la volontà dettatagli dal padre. **Amleto decide allora «di** assumere un umor fantastico», e **fingersi pazzo**. Quella follia è, al tempo stesso, un travestimento, un rifugio, ma è anche un segno esteriore della sua più cupa malinconia, qualcosa di molto simile, insomma, a quella che oggi chiamiamo **depressione**. È appunto la malinconia a permettere ad Amleto di giocare la parte del "folle", di sputare sentenze apparentemente senza senso, ma che sono invece tutte indirizzate a suggestionare Claudio e a indurlo a tradirsi e a rivelare la propria colpa.

È veramente pazzo Amleto?

Il **problema della follia di Amleto è centrale** nella tragedia giacché è ricorrente in tutta l'azione (o, per meglio dire, l'inazione) del dramma. Amleto finge, oppure è veramente pazzo?

«C'è del metodo, in questa follia»

Se non è folle, il suo comportamento è tuttavia considerato strano da parte di tutti i cortigiani; ma, allo stesso tempo, **nessuno pensa che egli sia veramente fuori di senno**: persino Polonio (che è l'unico a considerarlo davvero pazzo) giunge a dire che «nonostante sia [quella di Amleto] pazzia bell'e buona, pure c'è del metodo in essa». Il re intuisce benissimo che le parole del principe, per quanto strane, non sono insensate (cfr. **S2**, p. 246).

Il sarcasmo

La finta follia di Amleto trova la sua massima espressione nel **linguaggio sarcastico** che egli adopera nei confronti di coloro verso cui prova ostilità perché avverte che lo stanno ingannando: Polonio, Ofelia, Rosencrantz e Guildenstern. Questo sarcasmo è la cortina dietro la quale egli tenta di celare il suo nuovo rapporto con il mondo: un rapporto indubbiamente disturbato e traumatizzato, almeno dal momento in cui gli è apparso lo Spettro. La sua coscienza si trova così a metà strada tra la ragione e la follia, in bilico precario fra le due.

S • *Il linguaggio della follia* (V. Gentili)

Lo Spettro e i fantasmi dell'inconscio

Rivelandogli la verità, e spingendolo alla vendetta, **lo Spettro provoca in lui una crisi violenta**. Di colpo sottrae ad Amleto tutte le sue più profonde convinzioni: il suo amore per il padre, il sentimento che fino ad allora lo aveva legato agli amici, alla donna da lui corteggiata, al suo paese. La sua filosofia, il suo sapere, la sua religione non gli bastano più per far fronte a questa nuova esperienza così complessa e terribile. **Amleto sprofonda nell'amarezza e nella disperazione**. È in preda a una tempesta interiore da cui non riesce a uscire. Gli si spalanca davanti un altro mondo, agitato dai fantasmi dell'inconscio, un mondo che gli fa sentire la voce sotterranea dell'abisso.

L'inclinazione al dubbio e l'etica della vendetta

Amleto non può accettare le convenzioni della società corrotta in cui si trova a vivere né, ancor meno, data la sua inclinazione al dubbio, può accettare **l'etica della vendetta** senza prima rifletterci sopra attentamente. È inoltre dilaniato dall'angoscia di dover prendere una decisione immediata da cui dipende il destino del suo paese.

La vendetta

La tragedia della vendetta

Il tema della vendetta (*revenge*), in Inghilterra, risale all'epoca elisabettiana: anzi, la *revenge tragedy* era un genere di vasta popolarità. Essa richiedeva un'azione veloce e uno spargimento di sangue

---

S2 — La follia di Amleto

INFORMAZIONI

Il tema della follia circola con insistenza nel teatro inglese tra Cinquecento e Seicento e trova in Shakespeare l'autore che ne esplora maggiormente le potenzialità psicologiche e teatrali. L'attenzione alla problematica della follia segnala un mutamento importante nell'atteggiamento del drammaturgo verso la natura umana. Shakespeare tende a esplorare il carattere esistenziale del male che minaccia l'uomo: «Io stesso sono abbastanza onesto, e tuttavia potrei accusarmi di tali cose che sarebbe meglio mia madre non mi avesse mai generato... Siamo canaglie matricolate tutti quanti» (atto III, 1). Di questa irrimediabile debolezza, da analizzare e da comprendere, più che da condannare secondo discriminanti moralistiche, la pazzia costituisce la metafora più significativa.

Il principale fascino della figura di Amleto sta proprio nell'ambiguità della sua follia, che resta un mistero mai svelato. Essa dà origine a molteplici maschere: è un modo per nascondersi, per difendersi, uno strumento di libertà, un mezzo per scoprire la verità.

Indubbiamente la follia di Amleto sembra scattare per una simulazione machiavellica, come mezzo per porre in atto la vendetta. E in effetti essa diventa strumento di inchiesta, un mezzo per mettere a nudo le verità più nascoste: i personaggi, attraverso Amleto, sono posti davanti a uno specchio, costretti a guardarsi nel fondo dell'anima.

Ma è follia vera quella di Amleto? Durante il violento confronto con la madre (cfr. **T3**, p. 262), il dialogo del principe con il fantasma che gli riappare in camera fa pensare alla regina che egli sia davvero pazzo. Anche il comportamento con Ofelia (cfr. **T1**, p. 250) appare immotivato e contraddittorio. Perché egli spinge l'innocente Ofelia alla follia e al suicidio?

Amleto gioca sulle contraddizioni, dice e disdice, ma insieme rivela verità profonde del comportamento umano, dove anormalità e norma si fronteggiano o si confondono.

Il dialogo "folle" di Amleto con Ofelia (cfr. **T1**) può essere illuminato dal dialogo che il principe ha con la madre alla fine dell'atto III (cfr. **T3**), in cui egli la rimprovera di aver tradito il padre e di averne sposato l'assassino. La perdita di un'immagine positiva della madre scatena nel figlio il rifiuto della figura femminile, dell'amore e il disgusto del sesso (cfr. § 4).

L'incidenza che ha su Amleto l'incesto della madre, più che la morte del padre, ha più volte sollecitato, sin da Freud, la critica psicoanalitica. Questa spiega l'inazione di Amleto e la sua difficoltà a compiere la vendetta con una inibizione e una sorta di paralisi provocata dal complesso edipico: l'amore per la madre e l'odio per il padre, rimossi da tempo, sarebbero stati ridestati dagli eventi traumatici dell'assassinio del padre e del nuovo matrimonio della madre. L'avversione di Amleto verso lo zio sarebbe determinata dall'invidia, in quanto questi avrebbe realizzato i desideri inconsci di Amleto di uccidere il padre e prenderne il posto sposando la madre.

Altri invece spiegano l'incapacità di agire di Amleto con una visione pessimistica del rapporto tra colpa, avvertita come irrimediabile, e giustizia.

Quello che più conta, tuttavia, è sottolineare l'uso che Shakespeare fa del tema della follia. L'ottica della follia gli permette di creare un personaggio nuovo, per cui non valgono più le regole classiche della coerenza e dell'unità psicologica. Cade il canone dell'eroe tradizionale, tutto proiettato nell'azione, e nasce un personaggio chiuso nella propria soggettività, in una dolorosa solitudine della coscienza, incapace di identificarsi con il mondo.

Il meccanismo della follia, oltre a creare un personaggio nuovo, ha una funzione teatrale importante: permette di trasformare il dramma tradizionale di azione e di vendetta in dramma problematico. Ciò che conta non sono gli eventi, ma il motivo per cui essi accadono. Il dramma è un'inchiesta sui moventi, mai univoci, delle azioni, inchiesta che resta inconclusa. La pazzia diventa specchio di una realtà conturbante, altrimenti indicibile, censurata dalla coscienza individuale e dalle norme sociali: la pazzia di Amleto fa paura a tutti, mentre quella di Ofelia suscita solo compassione.

in ogni atto; il che ha fatto pensare a più di un critico che l'*Amleto* non vi appartenga giacché il sangue vi compare solo nell'ultimo atto.

In realtà però il **tema della vendetta** è quello che salda insieme tutti gli altri elementi del dramma shakespeariano. Esso **si manifesta sotto un triplice aspetto**: innanzitutto vi è la **vendetta di Amleto** contro il re; successivamente, c'è la **vendetta di Laerte**, il quale vuol punire Amleto, che gli ha ucciso il padre, Polonio, e che ha condotto la sorella Ofelia alla pazzia e al suicidio; infine, ma in modo meno palese, vi è anche la **vendetta di Fortebraccio**, al cui padre erano stati sottratti dal padre di Amleto i territori della Danimarca, che ora egli può recuperare.

La locandina dell'*Amleto* di Franco Zeffirelli, 1990.

La conclusione: il personaggio di Fortebraccio

Nell'ultima scena del dramma, **Fortebraccio** ritorna trionfante dalla Polonia, giusto in tempo per occupare il trono danese, lasciato vacante dalla morte di Claudio e di Amleto; quest'ultimo, vedendo in lui quel sovrano che finalmente libererà il suo paese dalla corruzione, gli indirizza le sue ultime parole, prima di spirare: «Non vivrò tanto da udire le notizie dall'Inghilterra, ma posso profetizzare che sarà eletto Fortebraccio: egli ha il mio voto di moribondo. Informatelo di questo e anche delle circostanze che han condotto a tale... il resto è silenzio». [*Muore*].

Amleto, revenger *e* revenged

Dall'Atto Primo fino alla scena – contenuta nell'Atto Terzo – del dramma-nel-dramma, **Amleto è il *revenger*** (il vendicatore) che si è addossato il compito di vendicare l'omicidio del padre; dal momento che, inavvertitamente, trafigge con la spada Polonio, fino alla fine della tragedia, Amleto **diventa, a sua volta, un *revenged*** (vale a dire l'oggetto di una vendetta), da parte di Laerte che vuole lavare col sangue l'offesa subita.

La donna, l'amore e la corruzione della carne

La figura della donna

Un altro **tema importante** dell'*Amleto* è quello che si riferisce alla **figura della donna**; la malinconia di Amleto – come si è detto sopra – è dovuta tanto alla morte del padre quanto al matrimonio "incestuoso" che la madre ha contratto con lo zio Claudio: tutto ciò l'ha portato a provare **disgusto verso il matrimonio**, in generale, **e verso la donna e il sesso** in particolare. Anzi, il disgusto deriva più dalla "colpa" della madre che non dall'azione commessa dallo zio.

La sessualità nella figura materna

L'*Amleto* è un dramma che ci parla anche dell'**effetto che la colpa di una madre suscita in un figlio**, il quale non riesce a sopportare la degradazione della madre. L'"incesto" di Gertrude, a sua volta, ispira nel suo animo un senso di **orrore verso la carne e le funzioni del corpo**; nella scena che ha luogo nelle stanze della regina, poco prima che Amleto uccida Polonio, il principe rimprovera alla madre, soprattutto, il suo comportamento lussurioso (cfr. T3, p. 262).

La repulsione verso la sessualità e il rifiuto di Ofelia

Amleto incorpora il suo più intimo disgusto all'interno della sua "pazzia"; questa ossessione lo porta a interrogarsi su che cosa sia il matrimonio e, infine, a rifiutare la persona amata. Spinto dalla repulsione verso la sessualità, **si scaglia con veemenza anche contro Ofelia** giacché ha capito che ella è al servizio del re e che viene usata da costui per verificare la sua presunta follia. «Vattene in convento», egli ripete a Ofelia, perché altrimenti l'unione fisica con lei potrebbe produrre altre creature a loro volta condannate a sperimentare la corruzione della carne. Per capire fino in fondo tutta la portata delle parole di Amleto (e la loro forte carica di disgusto erotico), va tenuto a mente che *nunnery* (o convento), nel linguaggio volgare elisabettiano, aveva anche il significato di "bordello".

John Everett Millais, *Ofelia*, 1851 circa. Londra, Tate Gallery.

La passività di Ofelia

Ofelia subisce passivamente tutto ciò che passa per la mente del padre, del fratello e del principe che l'aveva corteggiata. Ofelia e Gertrude, in effetti, occupano in *Amleto* una posizione di mezzo che, alla fine, si scopre essere la loro stessa tragedia. **La corte di Elsinore è un universo maschile**, fatto di soldati che vanno alla ricerca del potere attraverso la guerra che lascia poco spazio alle donne, relegandole così nella penombra. Tutti parlano troppo in *Amleto*, eccetto le due protagoniste femminili, vittime del sistema patriarcale, che le vuole mute e inermi ascoltatrici dei discorsi, dei sermoni, degli ordini e dei capricci dei loro uomini: **Gertrude** è legata alla regalità corrotta di Claudio, mentre **Ofelia** è lo strumento di Polonio. La fanciulla, alle pressioni fattele dal padre, conosce un'unica risposta – «obbedirò» – anche se è consapevole (nella scena in cui Laerte le fa una predica sull'onore e sulla castità) che esiste una **doppia, e ipocrita, etica sessuale**: una indirizzata alle donne, l'altra agli uomini, che però raramente praticano quel che predicano.

Le donne, vittime del sistema patriarcale

5 Complessità e contraddizioni dell'*Amleto*

L'*Amleto* come somma di diversi episodi tragici

L'*Amleto*, a livello strutturale, si presenta come una **mescolanza di situazioni e di schegge di episodi**; ogni sua singola situazione, ogni singolo episodio, potrebbe offrire lo spunto a un'altra tragedia. Ogni suo personaggio potrebbe assumere il ruolo di protagonista in un altro dramma. **L'*Amleto* è la somma**, anzi il culmine, **di tante tragedie diverse** (oltre a quella di Amleto, c'è quella di Ofelia, di Claudio, di Gertrude, di Laerte); queste tragedie singole non vengono esplorate fino in fondo ma rimangono soltanto accennate, intuite, indicate; **è dalla loro unione che sorge "la tragedia delle tragedie"** ed è dalla loro contiguità che si può spiegare la sua natura disarmonica ed enigmatica.

Il fuori-scena

Da tutto ciò segue che quello che è fondamentale nella tragedia non è tanto ciò che viene svolto, ed espresso, sulla scena, quanto ciò che, confusamente, si avverte dietro gli avvenimenti e i discorsi e che incombe su di essi, sprofondandoli in quell'atmosfera inquietante che è la caratteristica di quest'opera. In effetti, **tutto ciò che nel dramma vi è di importante** – a parte la catastrofe finale – **accade fuori scena**, e anche questo elemento contribuisce alla natura indeterminata e sfuggente del dramma: così, per esempio, l'assassinio del padre di Amleto, l'uccisione del Vecchio Fortebraccio, il matrimonio di Gertrude con Claudio, l'amore di Amleto per Ofelia, la lotta con i pirati, la morte di Rosencrantz e Guildenstern, il suicidio di Ofelia vengono narrati piuttosto che rappresentati e se ne ha notizia soltanto dai resoconti che, volta per volta, ne vengon fatti.

Le incoerenze del testo

Molte cose si chiariscono se si tiene presente la **storia della trasmissione del testo**, con le sue molteplici redazioni i tagli e le aggiunte. Non mancano perciò le **incoerenze**: Amleto, che all'inizio ci viene presentato come un giovane studente di circa diciott'anni iscritto all'università di Wittenberg, nell'ultimo Atto, secondo quanto informa il Primo Becchino, avrebbe invece trent'anni. Un'altra incongruenza risiede nella figura di **Orazio**, l'amico di Amleto, che, a un certo punto, sembra essere del tutto estraneo alle abitudini locali (è, quindi, un forestiero), e poi, subito dopo, parlando alle guardie del palazzo, sembra conoscere meglio di loro l'effettiva efficacia delle forze armate danesi; infine, c'è da notare che, nell'Atto Quinto, **Claudio** comincia a ordire, insieme a Laerte, un nuovo complotto contro Amleto, senza ancora sapere dell'insuccesso del suo intrigo precedente.

Diverse interpretazioni del personaggio di Amleto

S • Le interpretazioni critiche dell'*Amleto*

Tante incongruenze hanno dato vita ad **altrettanti commenti contraddittori**; ogni singola situazione è stata infatti interpretata in modi diametralmente opposti. Nell'*Amleto* si può così trovare conferma per tesi anche molto diverse. Il dramma, in effetti, abbonda di domande, ma si rifiuta di fornire una netta risposta finale.

6. Ideologia e linguaggio

I monologhi di Amleto

Tutti **i monologhi di Amleto** altro non sono se non squarci che illuminano momentaneamente le vicissitudini della sua anima: ci offrono un quadro degli avvenimenti in corso e aiutano anche a portare avanti l'azione, commentandola.

La malattia di Amleto e quella della Danimarca

Amleto è malato, così come lo è la Danimarca, dal perfido re fino ai becchini, che, giocando con i teschi, mostrano chiaramente qual è il prezzo della corruzione della carne. **Le immagini concernenti la malattia** sono presenti sin dalle prime battute del dramma, quando la guardia Francisco asserisce di essere *sick at heart* (di provare una pena al cuore). "Al cuore" può essere preso alla lettera oppure metaforicamente, come "il centro" della Danimarca; la quale, infatti, è malata nella sua parte più "centrale": vale a dire a corte, dove il corrotto Claudio costituisce il "cuore" del suo paese. Come recita una famosa battuta di un soldato (atto I, scena 4ª), «c'è del marcio nel regno di Danimarca».

Le metafore della malattia e della corruzione

Tutto ciò dà origine ad una **catena di metafore** che si rincorrono per tutto il testo e che hanno a che vedere con malattie interne: pustole, ulcere e cancri; **l'infezione interiore si riflette nel marcio esteriore**. La nausea e la corruzione, come si è già visto, sono associate anche all'idea del sesso, dell'amore e della carne.

Il cancro è Claudio stesso che sta corrodendo ogni tessuto del corpo sociale da lui avvelenato: il re è proclamato tale per volontà di Dio, ma Claudio, da quando ha sfidato l'ordine divino e ha usurpato il trono, è diventato un agente di quel Male che sta infestando la Danimarca.

Il tema del veleno

L'avvelenamento del padre di Amleto viene così a inserirsi in una **fitta rete di allusioni che collegano la corruzione del corpo individuale a quella del corpo sociale**. Entro la fine dell'ultimo atto, tutti i protagonisti principali moriranno avvelenati; ma tale distruzione scaturisce dall'iniziale gesto malvagio di Claudio che ha sovvertito l'ordine prestabilito dalla Provvidenza. E quando un monarca come Claudio sovverte l'ordine prestabilito, allora prorompe il caos che infetta la società intera; il compito di Amleto, dunque, non è soltanto quello di vendicare il padre, ma anche quello di restaurare l'ordine.

Il linguaggio di Amleto

Per quanto riguarda **il linguaggio**, bisogna notare che linguaggio pungente di Amleto si contrappone a quello fossilizzato, e convenzionalmente retorico, di Polonio e di Claudio.

L'uso della prosa e della canzone

C'è da osservare anche che Shakespeare, in linea con altri drammaturghi a lui contemporanei, preferisce adottare **la prosa** (e non i versi) non solo per i personaggi socialmente umili e per i "folli" (quali i *clowns*; funzione svolta nell'*Amleto* dai becchini) ma anche per i personaggi (come Ofelia) che sono impazziti. Nei deliri di Ofelia, Shakespeare fa uso, inoltre, di un altro mezzo espressivo utilizzato dai drammaturghi elisabettiani per caratterizzare la pazzia: **la canzone**.

T1 — La follia di Amleto: le trame di re Claudio, «Essere o non essere...», il dialogo con Ofelia

TESTO LABORATORIO

OPERA
Amleto, atto III, scena 1ª

CONCETTI CHIAVE
- Amleto, eroe del dubbio
- la tragicità della condizione umana
- disgusto di Amleto verso le donne

FONTE
W. Shakespeare, *Amleto*, a cura e con trad. di G. Baldini, Rizzoli, Milano 1990.

 Ascolto

 Alta leggibilità

Re Claudio, appoggiato dal vecchio Polonio e con l'assenso della Regina, fa spiare Amleto per comprendere la natura e le origini della sua follia. A questo scopo, dà l'incarico di osservare il principe prima a due suoi vecchi compagni, Rosencrantz e Guildestern, poi a Ofelia. Polonio e il Re si ritirano per osservare non veduti, quando entra Amleto: egli riflette sul destino umano, sul timore della morte, sulla sua incapacità di passare immediatamente all'azione (è il celebre monologo «Essere o non essere...»). Quindi compare Ofelia: con lei il principe è duro e ironico, nega di averla mai amata e la allontana da sé.

ATTO TERZO
SCENA PRIMA

Una stanza della reggia.
Entrano il Re, la Regina, Polonio, Ofelia, Rosencrantz, Guildenstern, e Signori del seguito

Re E non potreste voi, con qualche mezzo adatto, indurlo a confessare perché mai si conduce in modo tanto dissennato, e così aspramente fa stridere le sue giornate, un tempo tranquille, con questa turbolenta e perniciosa follìa?[1]

Rosencrantz[2] Confessa, bensì,[3] di sentirsi egli medesimo fuori di senno; ma per qual ragione non vuol dirlo assolutamente.

Guildenstern Né lo troviamo in alcun modo disposto a lasciarsi studiare e scandagliare; ed anzi, egli riesce a mantenersi alla larga dai nostri sguardi scrutatori grazie a una sorta d'astuta follìa, tutte le volte che vorremmo persuaderlo a rivelare la vera natura del suo stato.

Regina Vi ha accolto bene?

Rosencrantz Molto cortesemente.

Guildenstern Ma invero forzando alquanto la sua inclinazione.[4]

Rosencrantz Piuttosto avaro nel far domande, ma generoso nel rispondere.

Regina Avete cercato di attirarlo a un qualche svago?

Rosencrantz È accaduto, signora, che incontrassimo e sopravanzassimo,[5] per via, alcuni attori, e avendolo noi informato di questa circostanza, subito parve ch'egli fosse invaso da una specie di novella[6] gioia. Essi son qui a corte, ed io credo che abbian già ricevuto l'ordine di recitar stasera per lui.

Polonio È proprio così. Ed egli m'ha incaricato anche di pregar le vostre maestà, acciocché vengano a sentire e veder lo spettacolo.

Re Con tutto il cuore: e mi fa molto piacere saperlo in questa bella disposizione d'animo. Buoni signori: cercate di stimolarlo sempre più a concedersi piaceri simili.

Rosencrantz Così faremo, signor mio.

[*Exeunt*[7] *Rosencrantz e Guildenstern*]

Re Diletta Gertrude, lasciaci soli anche tu; perché, a sua insaputa, abbiam fatto in modo che Amleto se ne venga a questa volta, così che possa, quasi per caso, incontrarsi con Ofelia.

- **1 fa...follìa?**: con questa turbolenta e dannosa follia egli inasprisce e agita le sue giornate un tempo tranquille?
- **2 Rosencrantz**: è, insieme a Guildenstern, un vecchio compagno di Amleto, assoldato da re Claudio per spiarlo.
- **3 bensì**: è vero; intercalare concessivo.
- **4 forzando...inclinazione**: cioè comportandosi in modo non del tutto naturale.
- **5 sopravanzassimo**: superassimo.
- **6 novella**: nuova.
- **7 Exeunt**: Escono (in latino).

Suo padre ed io, legittimi spioni,[8] ci colloccheremo in luogo che, non veduti vedendo, possiam giudicare in modo equanime il tenore e il carattere del loro incontro, ed arguir,[9] dal modo come si comporta, s'egli soffre o meno per una pena d'amore.

Regina Vi obbedirò. E per parte tua, Ofelia, vorrei proprio che la tua sana bellezza fosse la causa felice delle stravaganze d'Amleto: così com'io spero che vorranno essere le tue virtù a ricondurlo nuovamente sul sentiero che egli era uso percorrere un tempo; con onore d'entrambi.

Ofelia Anch'io desidero, signora, che così avvenga.

Amleto e Ofelia, fotogramma da *Amleto*, film del 1990 diretto da Franco Zeffirelli.

[*Exit*[10] *la Regina*]

Polonio Ofelia, tu passeggerai qui. Se vostra grazia[11] lo consente, andremo al nostro posto. Tu leggerai in questo libro. La mostra d'un tale esercizio dia parvenza di verità alla tua solitudine.[12] Sovente siamo da biasimare – e ciò è anche troppo provato – perché, col volto della devozione e con atti di pietà, inzuccheriamo il demonio[13] medesimo.

Re Oh, è anche troppo vero! E qual cocente colpo di frusta non infliggono queste parole alla mia coscienza! La gota d'una cortigiana, sotto la crosta del belletto che ad arte la rende avvenente, non è più laida, a paragone di quel che l'aiuta, di quanto non lo siano le mie azioni a paragone delle parole che meglio mi riesce d'affatturare.[14] Ah, il pesante fardello![15]

Polonio Sento ch'è[16] per giungere; ritiriamoci, signor mio.

[*Exeunt*]

Entra Amleto

Amleto Essere o non essere, questo è il problema. È forse più nobile soffrire, nell'intimo del proprio spirito, le pietre e i dardi scagliati dall'oltraggiosa fortuna, o imbracciar l'armi, invece, contro il mare delle afflizioni, e, combattendo contro di esse metter loro una fine?[17] Morire per dormire. Nient'altro. E con quel sonno poter calmare i dolorosi battiti del cuore, e le mille offese naturali di cui è erede la carne![18] Quest'è una conclusione da desiderarsi devotamente.[19]

- 8 **legittimi spioni**: l'ossimoro rivela la duplicità delle intenzioni di Claudio.
- 9 **arguir**: *comprendere*.
- 10 **Exit**: *Esce*.
- 11 **vostra grazia**: titolo di omaggio rivolto al re.
- 12 **La mostra…solitudine**: *il mostrarti in questa occupazione* [: leggere] *renderà plausibile la tua solitudine*.
- 13 **inzuccheriamo il demonio**: *rendiamo piacevole il demonio,* addolciamo gli atti peccaminosi.
- 14 **La gota…affatturare**: *La guancia di una sgualdrina, sotto lo strato del trucco che la rende bella artificialmente, non è più ripugnante a confronto di ciò che la aiuta* [: del trucco stesso], *di quanto non siano* [ripugnanti] *le mie azioni in confronto alle parole che riesco a mettere insieme così bene.* I trucchi di Claudio sono ripugnati quanto le arti seduttive di una prostituta.
- 15 **fardello**: *peso* [della colpa].
- 16 **ch'è**: *che sta*.
- 17 **le pietre…fine**: le due distinte metafore guerresche (quelle della battaglia di terra e di mare) indicano i tormenti esterni e interni della vita.
- 18 **offese…carne**: offese che non sono eliminabili perché connaturate alla vita e alla natura umana.
- 19 **devotamente**: è detto ironicamente, perché il desiderio di morire è condannato dalla religione.

> 60 Morire per dormire. Dormire, forse sognare. È proprio qui l'ostacolo; perché in quel sonno di morte, tutti i sogni che possan sopraggiungere quando noi ci saremo liberati dal tumulto, dal viluppo[20] di questa vita mortale, dovranno indurci a riflettere. È proprio questo scrupolo a dare alla sventura una vita così lunga! Perché, chi sarebbe capace di sopportare le frustate e le irrisioni del secolo,[21] i torti dell'oppressore, gli oltraggi dei superbi, le sofferenze dell'amore non corri-
> 65 sposto, gli indugi della legge,[22] l'insolenza dei potenti e lo scherno che il merito paziente riceve dagli indegni, se potesse egli stesso dare a se stesso la propria quietanza[23] con un nudo pugnale?[24] chi s'adatterebbe a portar carichi, a gèmere e sudare sotto il peso d'una vita grama,[25] se non fosse che la paura di qualcosa dopo la morte – quel territorio inesplorato dal cui confine non torna indietro nessun viaggiatore – confonde e rende perplessa la volontà, e ci persuade a sop-
> 70 portare i malanni che già soffriamo piuttosto che accorrere verso altri dei quali ancor non sappiamo nulla. A questo modo, tutti ci rende vili la coscienza, e l'incarnato naturale della risoluzione è reso malsano dalla pallida tinta del pensiero,[26] e imprese di gran momento e conseguenza, devìano per questo scrupolo le loro correnti, e perdono il nome d'azione.[27]
>
> Ma silenzio! la bella Ofelia! Ninfa,[28] ricordati di tutti i miei peccati, nelle tue orazioni.
>
> 75 *Ofelia*   Mio buon signore, com'è stata vostra altezza negli ultimi giorni?
>
> *Amleto*   Vi ringrazio umilmente. Bene, bene, bene.
>
> *Ofelia*   Mio signore, conservo certi oggetti che m'avete regalati perché mi ricordassi di voi, e che da tempo desideravo restituirvi. Vi prego, ora, di volerli riprendere.
>
> *Amleto*   Ah, no certo. Io non v'ho dato mai nulla.
>
> 80 *Ofelia*   Mio venerato signore, so benissimo che siete stato voi a darmeli, e insieme ad essi m'avete offerto parole composte d'un alito così dolce da render quegli oggetti anche più preziosi. Una volta perduto il loro profumo, riprendeteli, perché uno spirito nobile, quando il donatore si mostra crudele, sente scadere il valore dei doni.[29] Eccoli, mio signore.
>
> *Amleto*   Ah, ah! siete onesta?
>
> 85 *Ofelia*   Mio signore!
>
> *Amleto*   Siete bella?
>
> *Ofelia*   Che vuol dire la signoria vostra?
>
> *Amleto*   Che se siete onesta e bella, la vostra onestà non dovrebbe ammettere alcuna conversazione[30] con la vostra bellezza.
>
> 90 *Ofelia*   E quale miglior commercio[31] potrebbe aver la bellezza, mio signore, che con l'onestà?
>
> *Amleto*   Sì, proprio. Ché la potenza della bellezza trasformerà l'onestà in una mezzana[32] prim'ancora che la forza dell'onestà riesca a tradur[33] la bellezza a sua immagine e somiglianza. Un tempo, questo era un paradosso. Ma il secolo ha dimostrato ch'è vero. Vi ho amato, una volta.
>
> 95 *Ofelia*   In verità, signore, me lo avete fatto credere.

- **20 viluppo**: *groviglio*.
- **21 secolo**: *mondo, società*.
- **22 indugi della legge**: *le lentezze della giustizia*.
- **23 dare...quietanza**: *attestare che la somma dovuta è stata pagata*.
- **24 nudo pugnale**: *la morte appare nelle parole di Amleto come l'unica occasione di azione energica e virile*.
- **25 grama**: *di stenti*.
- **26 l'incarnato naturale...pensiero**: *il colore naturale della risolutezza è reso malato dal pallore del pensiero*. Secondo le credenze del tempo un bel colore naturale indica salute e forza di carattere, il pallore invece era sintomo di malattia e associato all'incertezza e all'indecisione.
- **27 imprese...d'azione**: *imprese di grande importanza deviano per questo scrupolo del pensiero dal corso della loro decisione e non si traducono più in azione*.
- **28 Ninfa**: *bella giovane*; propriamente, creatura mitologica abitatrice dei boschi.
- **29 quando...doni**: Ofelia restituisce i doni ricevuti da Amleto perché così consigliata dal fratello e dal padre che, nell'atto secondo, avverte la figlia di non prendere sul serio l'attenzione di Amleto. Data la differenza di livello sociale, Amleto certamente non può avere intenzioni serie verso di lei.
- **30 non dovrebbe...conversazione**: *non dovrebbe avere nulla a che fare*. Il senso della battuta è spiegato subito dopo.
- **31 commercio**: *rapporto*.
- **32 mezzana**: *ruffiana*, cioè, propriamente, un'istigatrice della prostituzione.
- **33 tradur**: *trasformare*. Le donne belle, dice Amleto, sono sempre di facili costumi.

Amleto Non avreste dovuto credermi. Perché la virtù non si può innestare nel vecchio ceppo della nostra natura peccaminosa senza che, dei nostri peccati, ci resti un po' di gusto.[34] Io non vi ho amata.

Ofelia Tanto più, per questo, m'avete ingannata.

100 **Amleto** Vattene in convento.[35] Perché vorresti mettere al mondo dei peccatori? io stesso sono abbastanza onesto, e tuttavia potrei accusarmi di tali cose che sarebbe meglio mia madre non mi avesse mai generato. Sono assai orgoglioso, vendicativo, ambizioso, e con molte più colpe ai miei comandi[36] che pensieri in cui metterle, fantasia per dar loro forma, e tempo per porle in opera. Che cosa dovrebbero fare le persone che, come me, strisciano fra il cielo e la ter-
105 ra? Siamo canaglie matricolate tutti quanti. Non devi credere a nessuno di noi. Vattene per la tua strada in convento.

- **34** **senza…gusto**: *senza che si dimentichino le nostre inclinazioni peccaminose.*
- **35** **convento**: *in inglese c'è un doppio senso perché, gergalmente, la parola indica il postribolo.*
- **36** **con molte più colpe ai miei comandi**: *con molti più peccati a portata di mano, sempre pronti a obbedire ai miei desideri.*

T1 DALLA COMPRENSIONE ALL'INTERPRETAZIONE

COMPRENSIONE

I tre momenti della scena Il **primo momento** è un **dialogo a sei voci**: il re, Rosencrantz, Guildenstern, la regina, Polonio e Ofelia si interrogano sul preoccupante comportamento di Amleto, che appare colpito da una follia «turbolenta e perniciosa» e insieme «astuta». Claudio e Polonio escogitano un piano: far incontrare il principe con Ofelia per verificare se il turbamento di Amleto dipenda da una pena d'amore. Il re e il ciambellano si nascondono per spiare l'incontro. Entra Amleto. **Il secondo momento** è occupato dal celebre **monologo del protagonista**, che pone se stesso di fronte a un'alternativa radicale: «Essere o non essere», cioè vivere nelle avversità che accompagnano l'esistenza, o abbandonarsi al nulla. «Morire per dormire» sarebbe «una conclusione da desiderarsi devotamente»; ma «la paura di qualcosa dopo la morte – quel territorio inesplorato dal cui confine non torna indietro nessun viaggiatore» trattiene l'individuo, invischia la sua volontà, lo condanna all'inazione. **Nel terzo momento** ritorna il dialogo: **Amleto ripudia Ofelia** con parole aggressive, invitandola infine a chiudersi in convento (l'originale *nunnery* in gergo assume però anche il significato di 'bordello').

ANALISI

La struttura drammatica In questa scena (la prima dell'atto III) abbiamo distinto tre momenti: quello del dialogo fra il Re, Rosencrantz, Guildestern, la Regina, Polonio e Ofelia; il monologo di Amleto; il dialogo fra Amleto e Ofelia. Si costruisce un **ritmo di pieni e di vuoti scenici** (prima sei personaggi, poi il solo protagonista, quindi due personaggi, ma spiati da altri): **il centro è sempre Amleto**, sia che agisca direttamente sul palcoscenico, sia che si parli di lui in sua assenza. In questo modo, **il personaggio è sottoposto a continui mutamenti di prospettiva**, e cambia sotto i nostri occhi: oggetto di incomprensione e di indagine nel primo momento, eroe melanconico che riflette in termini di altissima poesia nel secondo, pazzo (o presunto tale) sarcastico e brutale nell'ultimo. In tutti e tre i casi, Amleto non è un personaggio chiaro e definito, fatto di affermazioni (quelle degli altri sul suo conto e le proprie). Al contrario, **è un personaggio fatto di domande**: quelle che si rivolgono sul suo conto nel primo momento (è folle? e perché?), quella che lui stesso si pone nel secondo («Essere o non essere?»), quelle che noi ci poniamo nel terzo (perché tratta così Ofelia, che amava?). Si rivela così **il carattere integralmente problematico del personaggio**, ed è questa problematicità che lo rende moderno.

INTERPRETAZIONE

La violenza del potere Nel **primo momento** Amleto è vittima degli intrighi orditi dal Re e da Polonio per comprendere la natura del suo turbamento. **Il potere è qui un subdolo stravolgimento dei rapporti naturali e degli af-**

T1 TESTO LABORATORIO

fetti: Rosencrantz e Guildestern, vecchi amici, diventano spie, la Regina coopera all'accerchiamento del figlio, persino l'amata Ofelia diventa uno strumento di indagine. L'immagine della gota della cortigiana (rigo 47) esprime appunto questo stravolgimento: come nella prostituta il trucco maschera un amore falso (e in realtà solo l'avidità sessuale e di denaro), così in questa scena la preoccupazione del Re sulla salute di Amleto nasconde la sua volontà di dominio.

La domanda radicale L'interrogativo che Amleto si pone con il famoso monologo **«Essere o non essere» riguarda in modo radicale il senso dell'esistenza**. La scoperta della corruzione della propria famiglia, nascosta sotto le apparenze, non induce subito Amleto ad assumere il ruolo del vendicatore che ristabilisce l'ordine e la giustizia, ma a dubitare di ogni certezza. La sua vita è distrutta da eventi atroci e non riducibili a fatti contingenti (anche se l'assassinio del padre e l'incesto della madre sono gli eventi che scatenano il suo tormento). **La presenza del male**, da semplice dato biografico e politico, diventa nella coscienza di Amleto **una dimensione ineliminabile della vita umana e perciò irreparabile**. Solo il terrore dell'ignoto dopo la morte dà «alla sventura una vita così lunga». È questo **senso di negatività** che induce Amleto all'impossibilità di agire e al desiderio di autodistruzione. **L'incapacità di adattarsi alla realtà e il senso di impotenza** di fronte al compito di raddrizzare il mondo («Il tempo è fuori di sesto. Sorte dannata, che proprio io dovessi esser nato per rimetterlo a posto», si dice in un'altra scena) fanno di Amleto l'**eroe del dubbio**.

La violenza dell'amore Nel dialogo con Ofelia, **Amleto si rivela sarcastico sino alla brutalità** (la battuta «Vattene in convento», come abbiamo visto, contiene un doppio senso osceno: «Va' a fare la puttana»). Certo, Amleto deve fingersi pazzo, perché non siano scoperti i suoi progetti di vendetta del padre; e quale comportamento più folle che trattare in un modo simile la donna che sino ad allora si è amata? Ma l'accanimento di Amleto va al di là di questo compito. Lo spettatore non può fare a meno di chiedersi perché il principe sia violento sino a questo punto. Shakespeare non dà risposte. Quello che vediamo, è **il disgusto di Amleto per l'amore e per la donna**: un disgusto che non possiamo non collegare a quello nutrito per la madre, che ha tradito la memoria del padre e si è unita in nozze incestuose a Claudio. Ofelia dunque non è più solo e semplicemente Ofelia, ma sta per un'idea di femminilità colpevole che tormenta Amleto, e che si rivelerà anche nella scena con la madre (cfr. **T3**, p. 262).

Amleto e Ofelia, fotogramma da film *Hamlet* del 1996 diretto da Kenneth Branagh.

T1 LAVORIAMO SUL TESTO

COMPRENDERE
1. Riassumi la scena nelle tre sequenze principali.

ANALIZZARE
La struttura
2. Distingui i vari momenti in cui si articola la scena in base
   - alla diversa presenza dei personaggi
   - alla diversa focalizzazione su Amleto

Il tema dell'«inchiesta»
3. Perché il re definisce se stesso e Polonio «legittimi spioni»? Che ruolo ha il motivo dell'inchiesta sulla struttura del dramma?

Il dubbio di Amleto
4. Quale visione dell'esistenza emerge dal monologo di Amleto?
5. **LINGUA E LESSICO** Nel monologo di Amleto compaiono termini ed espressioni riconducibili al tema del male e a quello della morte. Individuali e sottolineali nel testo.

INTERPRETARE
La pazzia di Amleto
6. **TRATTAZIONE SINTETICA** Il dialogo di Amleto con Ofelia rimanda alla sua «follia»; spiegane le ragioni in un testo di dieci righe considerando
   - la logica su cui è costruito il discorso di Amleto
   - i possibili moventi della sua crudeltà

LABORATORIO
Dall'interpretazione alla riappropriazione

ATTUALIZZAZIONE E VALORIZZAZIONE

Amleto come eroe intellettuale della modernità inquieta

Nel brano che abbiamo letto è centrale il personaggio di Amleto: ma questo centro viene attraversato in successione da punti di vista molto diversi tra loro. Durante il proprio monologo il protagonista ci appare come un vero e proprio "eroe che pensa", cioè come un campione dell'autoriflessione e del dubbio; durante il dialogo con Ofelia, maltrattandola, può apparire invece come un pazzo brutale. Amleto è infatti un eroe instabile, indefinito, un personaggio vettore di dubbi, di interrogazioni. Il suo famosissimo monologo contiene il dilemma più celebre di tutta la storia della letteratura: «Essere o non essere?». Non a caso l'espressione "dubbio amletico" indica ancora oggi un dilemma irrisolvibile o un dubbio che paralizza.

Amleto è uno dei personaggi più importanti dell'intero immaginario occidentale. È un personaggio antico: appare già in un mito finnico per poi ripresentarsi nell'opera del danese Saxo Grammaticus (autore nel XIII secolo dell'opera storica *Gesta Danorum*, cioè 'Le gesta dei danesi'). In tutte le versioni della storia Amleto si finge pazzo e tiene discorsi ritenuti senza senso per evitare che vengano sventati i suoi piani di vendetta. Amleto, infatti, nasce essenzialmente come eroe vendicatore. Una volta scoperto che il proprio padre è stato assassinato, deve smascherare e uccidere, a sua volta, l'assassino, un usurpatore che tradisce un consanguineo per impadronirsi del suo trono e sposarne la vedova.

Con Shakespeare il personaggio si trasforma: il vendicatore diviene un personaggio malinconico e incerto. Il principe di Shakespeare mette in scena, nei suoi soliloqui, la tragedia del pensiero che corrode alle radici la volontà: *Amleto* è quindi la tragedia dell'inazione e il suo protagonista assume i caratteri che lo rendono un eroe moderno e problematico.

Molti critici hanno infatti affermato che con Amleto muore l'eroe tragico antico e nasce l'eroe tragico moderno. Anche Luigi Pirandello, in un celebre brano del *Fu Mattia Pascal*, sceglie il protagonista del dramma shakespeariano quale rappresentante di un nuovo tipo di personaggio emblematico della modernità, che per l'autore novecentesco è l'epoca del dubbio, dell'incertezza e del relativismo etico. Nel dialogo tra Mattia Pascal (che ha preso il falso nome di Adriano Meis) ed Anselmo Paleari, Amleto viene messo a confronto con Oreste, eroe del mito e della tragedia greca, che non esitò ad uccidere la madre ed il suo amante colpevoli dell'assassinio del padre.

Manifesto dell'ottava edizione del *Festival di Teatro delle scuole. Con gli occhi aperti*, Macerata 2012. In questa edizione è stato presentato dall'I.T.C. «G. Toniolo» lo spettacolo *Danimarca Mon Amour! - ovvero c'è un Amleto in ognuno di noi*.

– La tragedia d'Oreste in un teatrino di marionette! – venne ad annunziarmi il signor Anselmo Paleari. – Marionette automatiche, di nuova invenzione. Stasera, alle ore otto e mezzo, in via dei Prefetti, numero cinquantaquattro. Sarebbe da andarci, signor Meis.

– La tragedia d'Oreste?

– Già! D'après Sophocle, dice il manifestino. Sarà l'*Elettra*. Ora senta un po' che bizzarria mi viene in mente! Se, nel momento culminante, proprio quando la marionetta che rappresenta Oreste è per vendicare la morte del padre sopra Egisto e la madre, si facesse uno strappo nel cielo di carta del teatrino, che avverrebbe? Dica lei.

– Non saprei, – risposi, stringendomi ne le spalle.

– Ma è facilissimo, signor Meis! Oreste rimarrebbe sconcertato da quel buco nel cielo.

– E perché?

– Mi lasci dire. Oreste sentirebbe ancora gl'impulsi della vendetta, vorrebbe seguirli con smaniosa passione, ma gli occhi, sul punto, gli andrebbero lì, a quello strappo, donde ora ogni sorta di mali influssi penetrerebbero nella scena, e si sentirebbe cader le braccia. Oreste, insomma, diventerebbe Amleto. Tutta la differenza, signor Meis, fra la tragedia antica e la moderna consiste in ciò, creda pure: in un buco nel cielo di carta.

L. Pirandello, *Il fu Mattia Pascal*, Einaudi, Torino 2005.

TESTO LABORATORIO
LABORATORIO
Dall'interpretazione alla riappropriazione

Globe to Globe Hamlet è un tour di due anni per portare Amleto in tutti i Paesi del mondo (205 nazioni). Partito dal Globe Theatre di Londra il 23 aprile 2014, in occasione del quattrocentocinquantesimo anniversario della nascita di Shakespeare, è diretto da Dominic Dromgoole, direttore artistico del Globe Theatre.

Oreste, eroe antico, crede ancora in valori assoluti, sa distinguere il bene dal male senza dubbi. Perciò è pronto ad uccidere senza esitazioni. Amleto invece è un eroe moderno che non possiede sicuri criteri di giudizio ed anzi ritiene che sia impossibile distinguere il bene dal male. Per questo non può decidersi a mettere in atto la sua vendetta.

La differenza tra mondo antico e mondo moderno è provocata, secondo Pirandello, dallo «strappo nel cielo di carta», che rappresenta l'irruzione della vita, e di una nuova consapevolezza, sul palcoscenico di cartapesta. La volta celeste è stata stappata da Copernico, più volte "maledetto" nel romanzo. La sua teoria eliocentrica ha infatti mandato in frantumi l'universo tolemaico, chiuso e rassicurante, e ha segnato il passaggio tra il mondo antico ed il mondo moderno. *Amleto* pertanto è una tragedia della modernità.

RIAPPROPRIAZIONE

Amleto come eroe della non-violenza

René Girard, antropologo, critico e filosofo francese, ha proposto un'interpretazione della figura di Amleto che affonda le radici nella nostra esperienza di oggi. Per lui *Amleto* è una tragedia contro la vendetta: a suo giudizio, Shakespeare usa le convenzioni del teatro elisabettiano per contestarne contenuti e ideologia. Secondo Girard, infatti, Amleto, fedele al messaggio evangelico che impone il perdono, esita ad agire perché rifiuta l'etica della vendetta e, se alla fine accetta il ruolo di vendicatore, è solo per non deludere le aspettative del pubblico. Per il filosofo francese, dunque, l'attualità del personaggio di Shakespeare risiede nel suo rifiuto della violenza e l'irresolutezza del personaggio è il frutto di una precisa scelta etica.

Il progresso tecnico ha reso le nostre armi così distruttive che la loro utilizzazione si scontrerebbe contro qualsiasi piano razionale d'aggressione. Per la prima volta nella storia dell'Occidente, possiamo nuovamente comprendere il terrore ancestrale della vendetta. L'intero pianeta assomiglia a un'unica tribù primitiva ma noi non disponiamo più di culti sacrificali che ci consentano di trasfigurare, esternare, ed esorcizzare la minaccia della nostra stessa violenza.

Nessuno vuole dare inizio a un ciclo di rappresaglie che potrebbe letteralmente annientare l'umanità, ma d'altra parte nessuno è disposto ad accantonare veramente l'idea della vendetta. Come Amleto, siamo in bilico tra una vendetta totale e nessuna vendetta, incapaci di decidere, incapaci a un tempo di compiere la nostra vendetta o di rinunciarvi del tutto [...].

È giunto anche il momento di comprendere l'*Amleto*.

A sentire i critici, leggere l'*Amleto* come un'opera contro la vendetta è un anacronismo. Certo, ma non potrebbe darsi che Shakespeare giochi rispettando quelle regole che, su un altro piano, sovverte? [...] Numerosi indizi ci mostrano che in altre opere egli si comporta esattamente in questo modo: pur offrendo al pubblico il tipo di spettacolo che richiede, allo stesso tempo inserisce fra le righe, per coloro che riescono a leggerla, una critica distruttiva dello spettacolo stesso.

Se temiamo che, alla luce di questa prospettiva, l'*Amleto* diventi un pretesto per parlare del mondo attuale, proviamo a considerare l'alternativa. Il punto di vista tradizionale è lungi dall'esser neutrale: consiste nel considerare l'etica della vendetta come un dato di fatto, impedendo di conseguenza che sia sollevata la vera questione dell'opera. Il problema di Amleto non è la vendetta in sé, ma l'esitazione a compierla. Come mai, ci si chiede, un giovane di buona educazione può avere delle remore ad assassinare il fratello di suo padre, che è anche il re del suo paese e il marito di sua madre? Un vero enigma, in effetti. Ciò che sorprende non è che non abbiamo mai trovato una risposta soddisfacente a questa domanda, ma che ci ostiniamo a cercarne una.

Se l'enorme massa di lavoro dedicata all'*Amleto* per oltre quattro secoli finisce un giorno nelle mani di gente del tutto ignara dei costumi dei nostri tempi, sarebbe considerata senza dubbio come l'opera di un popolo estremamente selvaggio e sanguinario. Dopo quattro secoli di controversie incessanti, la temporanea riluttanza di Amleto davanti all'assassinio continua ad apparirci così aberrante che ogni giorno si scrivono nuovi libri per cercare di risolvere il mistero. L'unico modo in cui i nostri discendenti potranno spiegarsi questo flusso curioso di critica letteraria sarà quello di supporre che all'epoca, nel XX secolo, al primo segnale di qualche fantasma, il professore di letteratura era capace di sterminare la propria famiglia senza battere ciglio.

Contrariamente a quel che raccomandano i critici, inserire Shakespeare nella nostra situazione contemporanea, con particolare riferimento a qualcosa in apparenza alieno dalla letteratura come i nostri problemi nucleari o ecologici, ci riporta alla realtà, invece di allontanarci da essa, e alla funzione propria della critica che è quella di leggere il testo.

R. Girard, *Shakespeare. Il teatro dell'invidia*, Adelphi, Milano 1998.

Amleto non sembra ritenere la vendetta una prassi naturale e necessaria, a differenza degli eroi antichi che aderivano ad un codice etico sanguinario. Per Girard questo è il segno più appariscente dell'attualità di Amleto, in cui si rispecchiano i nuovi valori della civiltà occidentale, che rifiuta la vendetta personale in nome del diritto e della giustizia.

Lo spazio della riappropriazione: dalla letteratura alla vita

In teatro il personaggio di Amleto è stato proposto in chiavi diverse, a seconda dell'aspetto del carattere che si voleva mettere in risalto. Spesso la sua figura è stata attualizzata in modo sfrenato, come nella recente e dissacrante riscrittura scenica del regista francese Dan Jemmett: la messa in scena dell'*Hamlet* alla Comédie Française (2013) ha suscitato molto scalpore. Il regista ha scelto di ambientare la vicenda in un pub dei nostri giorni. Claudio è trasformato in un barista arricchito, appassionato solo di football e musica dance, volgare e ignorante, interessato al bere, al divertimento e al sesso. Amleto scrive il suo monologo su uno specchio ed è un personaggio aggressivo e allo stesso tempo fragile e insicuro. In bilico tra farsa e tragedia, lo spettacolo si svolge in una scena che sembra una discoteca illuminata da luci psichedeliche.

Fai una ricerca sugli altri adattamenti della tragedia shakespeariana che si sono succeduti negli ultimi anni. Concentra la tua attenzione soprattutto sulle scenografie scelte dai registi contemporanei. Quale tra le messe in scena che hai passato in rassegna ti sembra riproporre la tragedia di Amleto nella nostra epoca in modo da evidenziarne tutta l'attualità senza però tradire il testo originale? Motiva la tua scelta e confronta la tua opinione con quella dei compagni.

La Tragédie d'Hamlet di William Shakespeare, per la regia di Dan Jemmett. Compagnia della Comédie-Française, Parigi 2013.

T2 — Il teatro nel teatro: la recita a corte

OPERA
Amleto, atto III, scena 2ª

CONCETTI CHIAVE
- il teatro capace di illuminare la verità

FONTE
W. Shakespeare, *Amleto*, trad. di C. Rusconi, Gulliver, Rimini 1985, con alcuni ritocchi.

A corte si dà uno spettacolo, organizzato da Amleto. Il principe scambia alcune amare e pungenti battute con Ofelia, poi gli attori mettono in scena una pantomima e una recita in cui un uomo avvelena il re suo fratello per ottenere il trono e per sposarne la moglie. Quando Claudio coglie l'allusione a quello che lui stesso ha fatto, si alza sconvolto, nel turbamento generale e nella cupa gioia di Amleto.

[*Entrano il Re, la Regina, Polonio, Ofelia, Rosencrantz, Guildenstern, ed altri del séguito, Guardie con fanali ecc. Marcia danese. Squillo di trombe*]

[...]

Re   Come sta il nostro nipote Amleto?
5   Amleto   Benissimo, in fede; vivo del cibo del camaleonte,[1] cioè mangio l'aria condita di speranza. Voi non potete alimentar così i capponi.
Re   Non ho nulla a che fare con una tal risposta: queste parole non son per me.
Amleto   Né per me. E voi, signore [*a Polonio*], voi dite che recitaste una volta all'università?
Polonio   Sì, principe: e fui stimato un buon attore.
10   Amleto   E che parte recitaste?
Polonio   Quella di Giulio Cesare; fui ucciso in Campidoglio: fu Bruto che mi ammazzò.
Amleto   Fu un bruto davvero a immolare un così bel manzo!...[2] Che siano pronti gli attori?
Rosencrantz   Sì, principe; essi aspettano il vostro cenno.
Regina   Vieni qui, mio caro Amleto, siedi vicino a me.
15   Amleto   No, buona madre, qui vi è calamita più attraente.[3]
Polonio   Oh, oh! udiste ciò?[4] [*al Re*]
Amleto   [*sedendo ai piedi d'Ofelia*] Signora, potrò giacermi in grembo a voi?[5]
Ofelia   No, signore.
Amleto   Intendo, adagiare il capo sul vostro grembo?
20   Ofelia   Sì, principe.
Amleto   Pensate ch'io volessi dire cosa villana?
Ofelia   Non penso nulla, signore.
Amleto   È un bel pensiero, quello di giacere tra le gambe d'una fanciulla.[6]
Ofelia   Cosa mai, signor mio?
25   Amleto   Nulla.
Ofelia   Siete allegro, signore.
Amleto   Chi, io?
Ofelia   Sì, principe.
Amleto   Oh Dio, sono il vostro giullare e null'altro. Che cosa di meglio ha da far l'uomo che
30   di essere allegro? Guardate come il contento[7] traspira dagli occhi di mia madre e non son due ore che mio padre è morto.

- **1 cibo del camaleonte**: è impossibile dare una spiegazione precisa delle battute di Amleto quando si finge folle. I concetti sono sconnessi ma tuttavia sarcasticamente allusivi, tendono a colpire in questo caso il re. L'immagine del camaleonte richiama l'idea dell'uomo pronto a cambiare idea a seconda delle circostanze. Si noti comunque, per capire il passo successivo, che Amleto fa riferimento alla credenza secondo la quale il camaleonte si nutriva d'aria.
- **2 manzo**: *giovenco, vitello*. Nell'antica Roma sugli altari venivano sacrificati degli animali. Amleto fa capire ironicamente che Polonio è un animale.
- **3 qui...attraente**: allude a Ofelia.
- **4 Oh...ciò?**: Polonio sottolinea la battuta perché, secondo lui, prova che Amleto è pazzo per amore di Ofelia.
- **5 Signora...a voi?**: la battuta ha un doppio senso osceno.
- **6 È un bel...fanciulla**: Amleto ribadisce l'oscenità.
- **7 il contento**: *la contentezza*.

Ofelia No, principe, sono due volte due mesi.

Amleto Tanto tempo? Allora, il diavolo porti il lutto, ch'io indosserò una tunica di tessuto più fino.⁸ Oh cielo! Morto son già due mesi e non ancora dimenticato? In tal caso vi è da sperare che la memoria di un grand'uomo possa sopravvivergli almeno un mezzo anno; ma, per la Madonna, converrà perciò che abbia piamente eretto delle chiese, o altrimenti correrò rischio di essere obliato come l'animale, il cui epitaffio è, *Lù, lù, il cavallino dimenticato è!*⁹

Edwin Austin Abbey, *La scena del teatro in* Amleto, 1897. New Haven, Yale University Art Gallery.

[*Squillo di trombe: comincia la pantomima.*¹⁰ *Entrano un Re ed una Regina, che si prodigano mille carezze; ella s'inginocchia e dichiara con effusione il suo amore; ei la rialza e poggia il capo sul di lei seno; poi si assidono entrambi sopra un banco di fiori, dove il Re si addormenta ed è da lei lasciato. Un altro uomo sopraggiunge che toglie al Re la corona, la bacia, e versata una fiala di veleno nell'orecchio del dormiente, se ne va. La Regina ritorna, trova il Re morto e fa atti disperati. L'avvelenatore torna anch'egli con due o tre persone dietro, e sembra partecipare al di lei dolore. Il morto corpo è portato altrove. L'avvelenatore corrompe con doni la Regina; ella pare sdegnata dapprima, poi si arrende al suo amore. Escono*]

Ofelia Che significa ciò, signore?

Amleto Perdinci, un malanno perfetto significa catastrofe.

Ofelia Forse questa pantomima esprime l'argomento del dramma.

Amleto Lo sapremo da costui [*accennando al Prologo*¹¹ *che entra*]: i commedianti non han nulla di segreto, dicono tutto.

Ofelia Ci dirà egli quale fosse il senso di questa pantomima?

Amleto Sì, e di qualunque altra pantomima che vorrete mostrargli senza averne vergogna, lui non avrà vergogna a dirvi cosa ciò significa.¹²

Ofelia Siete cattivo, siete cattivo; voglio badare al dramma.

Prologo Per noi e per la nostra tragedia imploriamo umilmente la vostra clemenza e vi supplichiamo di attenzione.

Amleto È questo un prologo o il motto d'un anello?¹³

Ofelia È breve, signore.

Amleto Come l'amor della donna.

[*Entrano due attori: un* Re *ed una* Regina]. [...] (*Gli attori mettono in scena, dialogando, il dramma preannunciato dalla pantomima*).

Amleto Signora, vi piace questo dramma?

● **8 Allora...fino**: se neppure la vedova porta il lutto, non lo porterà nemmeno Amleto: che lo porti il diavolo. È un commento sarcastico.
● **9 essere obliato...dimenticato è**: l'epitaffio è l'iscrizione funeraria. Qui si allude a un personaggio tipico dei *May Games* (rappresentazioni popolari recitate nel mese di maggio), il quale soleva cavalcare un cavalluccio di legno.
● **10 pantomina**: azione teatrale muta.
● **11 Prologo**: l'attore che recita il prologo, cioè l'introduzione al dramma.
● **12 Sì...significa**: altra allusione oscena (la **pantomima** diventa l'atto sessuale).
● **13 il motto d'un anello**: per la sua brevità, come nota sotto Ofelia.

Regina La dama promette troppo, mi sembra.[14]

Amleto Oh! Ma terrà parola, lei.[15]

Re Conoscete l'argomento? Vi è nulla che possa offendere?

Amleto No, no, quelli celiano,[16] è un veleno da burla; non v'è un male alcuno!

Re Come si intitola questo dramma?

Amleto «La trappola del sorcio». Con qual significato? Per metafora. In questo dramma si rappresenta un'uccisione commessa a Vienna; il nome del duca è Gonzago; sua moglie si chiama Batista;[17] vedrete fra poco: è un lavoro ribaldo. Ma, e con questo? Vostra Maestà e noi, che abbiamo l'anima netta, siamo a questo indifferenti.[18] La rozza scorticata si accasci, i nostri garretti sono illesi.[19] [*Entra Luciano attore*] Questi è un certo Luciano, nipote del re.[20]

Ofelia Voi siete un buon coro,[21] principe.

Amleto Potrei farmi interprete fra voi e il vostro amante, se vedessi i movimenti dei due fantoccini.

Ofelia Siete pungente, mio signore, siete pungente.

Amleto Vi costerebbe un gemito, annusarmi la punta.[22]

Ofelia Sempre meglio, e peggio.

Amleto E con progressione simile[23] dovete voi pure eleggere i mariti. [*Rivolto all'attore*] Comincia assassino: lascia le tue dannate smorfie, e comincia. Va', il corvo gracchiante stride per la vendetta.[24]

Luciano Tenebrosi pensieri, mani pronte, succhi efficaci, ora propizia, stagione complice, e nessuno per vederlo. Tu negra mistura, spremuta a mezzanotte da erbe selvatiche, tre volte maledette, tre volte infette, tu, magica pozione, somministrata dalla natura, che tanta terribile forza possiedi, spegni immediatamente questa florida vita.[25] [*Versa il veleno in un orecchio dell'addormentato*][26]

Amleto Lo avvelena nel giardino per carpirgli il dominio. Ha nome Gonzago: la storia esiste ancora scritta in buon italiano. Vedrete fra poco come l'uccisore si acquista l'amore della moglie di Gonzago.

Ofelia Il re si alza.

Amleto Che? Atterrito da un colpo a salve?

Regina Che avete signore?

Polonio Sospendete la rappresentazione.

Re Fate lume...[27] andiamo!

Tutti Lumi! lumi! lumi! [*Tutti escono, fuorché Amleto e Orazio*]

Amleto Il cervo ferito innalzi i suoi gridi, e il cerbiatto illeso al suo posto saltelli, è forza che alcuni veglino quando altri dormono, e così va il mondo.[28] Ebbene, amico, se la fortuna mi trattasse alla turca,[29] non basterebbero questi versi, insieme con una foresta di penne, con due rosette alla provinciale nei miei nitidi calzaretti, per darmi dritto ad essere aggregato ad una schiera di commedianti?[30]

- **14** **La dama...mi sembra**: La **dama** è l'attrice che impersona la Regina e che **promette** di non risposarsi più dopo l'uccisione del marito. Sulla bocca di Gertrude, la battuta ha un sapore amaramente ironico: il personaggio rappresenta infatti lei stessa.
- **15** **lei**: *lei* [: a differenza di te]. Amleto si protegge dietro la sua follia per alludere alla verità senza farsi capire.
- **16** **quelli celiano**: *loro scherzano* [: mentre tu, Claudio, uccidesti per davvero].
- **17** **Batista**: nel Rinascimento, in effetti, il nome era usato al femminile.
- **18** **La trappola...indifferenti**: con la figura dell'ironia, Amleto rivela il senso reale della rappresentazione.
- **19** **La rozza...illesi**: *Un vecchio cavallo malconcio scalci per il dolore, il nostro cavallo è sano*. I garretti costituiscono un'articolazione degli arti posteriori dei cavalli.
- **20** **Questi...re**: il personaggio che sta per Claudio.
- **21** **Voi...coro**: nella tragedia, infatti, il coro ha il compito di commentare l'azione.
- **22** **Vi costerebbe...punta**: gioco di parole e nuova allusione oscena.
- **23** **con progressione simile**: cioè procedendo **sempre meglio, e peggio** (cfr. battuta precedente). L'allusione va alle seconde nozze della regina, migliori delle prime solo ironicamente, e in realtà ben peggiori.
- **24** **la vendetta**: quella di Amleto su Claudio. Il **corvo** è tradizionalmente un uccello di malaugurio.
- **25** **Tenebrosi...vita**: il monologo dell'attore è in uno stile volutamente ampolloso. **Infette**: impure; **pozione**: filtro, bevanda.
- **26** **addormentato**: l'attore che fa la parte del re padre di Amleto.
- **27** **Fate lume**: il re chiede che si faccia luce in sala e si interrompa così la recita.
- **28** **Il cervo...mondo**: la parte in corsivo è detta da Amleto come continuando la recita. Il **cervo ferito** sembra alludere a Claudio, il **cerbiatto illeso** ad Amleto stesso.
- **29** **se...turca**: *se la fortuna mi facesse ricco come un turco*.
- **30** **non basterebbero...commedianti**: i cappelli con il pennacchio e le scarpe annodate con eleganti nastri a forma di rosa erano i requisiti essenziali dei commedianti per aver diritto (**dritto**) a entrare a far parte della categoria dei commedianti.

T2 DALLA COMPRENSIONE ALL'INTERPRETAZIONE

COMPRENSIONE

Suddivisione del testo La scena si divide in **due momenti**. **Il primo è quello dell'attesa della recita**, ed è incentrato sul **dialogo fra Amleto e Ofelia**: il principe rivolge alla giovane battute sprezzanti e dal doppio senso osceno («Signora, potrò giacermi in grembo a voi?», rigo 17) che colpiscono anche la madre («Guardate come il contento traspira dagli occhi di mia madre e non son due ore che mio padre è morto», righi 30-31). **Il secondo momento è quello della pantomima e poi della recita** dei commedianti: Amleto commenta in modo pungente la rappresentazione; finché Claudio, colta l'allusione alla sua vicenda, fa sospendere lo spettacolo. Come fosse un attore del gruppo dei commedianti, Amleto conclude la recita con una battuta dal significato metaforico: «*Il cervo ferito* [: Claudio] *innalzi i suoi gridi, e il cerbiatto illeso* [: Amleto stesso] *al suo posto saltelli*».

ANALISI

Una doppia recita: la follia di Amleto e la rappresentazione dei commedianti La struttura della scena si basa su una **opposizione**: gli **spettatori** della recita dei commedianti (cioè Amleto, Ofelia, re Claudio, la regina Gertrude e la corte) e **gli attori** stessi. Ma in realtà **la recita è doppia**, e si svolge anche fra gli spettatori. Re Claudio nasconde, finché può, la propria colpevolezza sotto la maschera del buon sovrano; ma **è soprattutto Amleto** (dopo aver predisposto, come un perfetto regista, lo spettacolo) **a simulare** (cfr. la battuta finale). Nelle sue parole c'è un'astuta e calcolata mescolanza di insensatezza e verità profonda. Già nelle battute con Polonio egli svela la natura del personaggio, uno sciocco intrigante. Nel dialogo con Ofelia, mostra poi il suo disgusto per le donne, dettato dal comportamento della madre. Ofelia, letteralmente, sostituisce la regina: così va interpretata la scelta di sedersi ai piedi della giovane anziché di Gertrude, nonostante il suo invito (righi 14-17). Così la battuta sulla brevità dell'«amor della donna» si collega direttamente alle considerazioni sulla brevità del lutto portato da Gertrude. Anche le spiegazioni date dopo la pantomima, nella loro apparente volontà di sminuirla («quelli celiano, è un veleno da burla») o di rifugiarsi nell'insensatezza («Il corvo gracchiante stride per la vendetta», «*Il cervo ferito innalzi i suoi gridi...*») rivelano verità profonde. Amleto usa dunque **le figure dell'ironia e dell'enigma**: lo spettatore può coglierne il senso nascosto, mentre Ofelia, il Re e la Regina – cui esse si rivolgono – ne sono quasi frastornati.

INTERPRETAZIONE

La «trappola del sorcio» e il meccanismo dell'inchiesta Nell'*Amleto* ci sono **inquisitori e inquisiti che si scambiano le parti**, ci sono scene osservate di nascosto da personaggi che da attori diventano spettatori e commentano e giudicano ciò che hanno visto. **I punti di vista si moltiplicano**, la realtà assume varie facce.
Il meccanismo dell'inchiesta diventa il metodo di rappresentazione di un modello di dramma nuovo rispetto a quello classico e rinascimentale, il cui carattere essenziale è **la problematicità**. Il conflitto dei personaggi non ha per oggetto un obiettivo preciso, la conquista del potere o della donna amata, ma consiste in un dibattito sulla ricerca della verità, che non può essere univoca perché l'indagine è rivolta ai moventi delle azioni, alle cause degli eventi. Lo spettro del vecchio Amleto, re di Danimarca, ha detto la verità? Occorre appurarlo. È veramente il fantasma del padre o un'apparizione infernale? L'apparizione dello spettro non avvia un'azione di vendetta, ma dà origine alla finta follia di Amleto, che si presenta innanzitutto come uno strumento di indagine e utilizza a questo scopo anche uno spettacolo teatrale. È proprio **durante la recita** che alcuni attori girovaghi fanno alla corte di Danimarca che **avviene la rivelazione della verità** e si raggiunge, dunque, il punto culminante del dramma.

Il teatro nel teatro e la verità Se le parole di Amleto sono all'insegna dell'ironia e dell'enigma (cioè, nel momento stesso in cui alludono alla verità, la coprono), **la recita dei commedianti è piuttosto un'allegoria della verità**. Essa, infatti, traveste un fatto reale modificandolo appena e, addirittura, lo moltiplica: prima con la pantomima muta, poi con le parole degli attori. Il suo effetto è quello di una **violenta illuminazione**, che sconvolge il Re (l'unico, con Amleto e gli spettatori reali della tragedia shakespeariana, a comprenderne a fondo il significato). La recita non è dunque solo uno straordinario mezzo per dare, con un colpo di scena, una svolta decisiva al dramma; è anche **un manifesto della concezione shakespeariana del teatro**, visto come «funzione intesa alla scoperta e alla comunicazione della verità» (Melchiorri). **È dunque attraverso la finzione che la verità si rivela**, capovolgendo le nostre abituali categorie di pensiero.

T2 LAVORIAMO SUL TESTO

COMPRENDERE
1. Riassumi il testo in forma essenziale.

ANALIZZARE
La struttura della scena
2. Su quale opposizione si basa la struttura della scena?
3. Quale ruolo assume Amleto rispetto ai commedianti? Quale funzione viene assegnata dal principe e quindi da Shakespeare al teatro?
4. Quale significato assumono le battute che Amleto scambia con Ofelia? Da cosa sono caratterizzate?
5. Quali tormenti e quali propositi sono racchiusi nella battuta finale di Amleto?

INTERPRETARE
Verità e finzione nei mass media
6. **TRATTAZIONE SINTETICA** Puoi estendere le riflessioni di Amleto sul rapporto fra verità e rappresentazione anche al mondo del cinema e della televisione? Concentra in una ventina di righe le tue osservazioni.

> **LE MIE COMPETENZE: ESPORRE (ATTIVITÀ CLIL)**
> Con una ricerca in biblioteca o in rete reperisci il testo dell'*Amleto* in lingua originale e individua nel libro il brano che abbiamo riportato sopra in traduzione (atto III, scena 2ª). In classe leggi ad alta voce l'ultima parte della scena che culmina nella sospensione della recita, bruscamente interrotta da Claudio, e nella battuta finale di Amleto. Quindi, rielaborando gli spunti interpretativi forniti in **Dalla comprensione all'interpretazione**, argomenta in lingua inglese la valenza e la funzione che qui Shakespeare assegna allo stratagemma della recita teatrale.

T3 Amleto, la madre e lo spettro paterno

OPERA
Amleto, atto III, scena 4ª

CONCETTI CHIAVE
- il conflitto madre-figlio

FONTE
W. Shakespeare, *Amleto*, trad. di C. Pavolini, Rizzoli, Milano 1951.

Nel dialogo con la madre Amleto usa parole che «trafiggono come pugnali», di una violenza inaudita («Ah! e tutto per vivere nel lezzo di lenzuola bisunte, crogiolandovi insieme nella corruzione, teneramente accoppiandovi sul fetido letame!»). Anche dopo l'apparizione dello spettro del padre non si placa l'inflessibile requisitoria del principe, che alla fine esorta la madre a pentirsi del male compiuto ed evitare di compierne altro.

SCENA QUARTA
Lo studiolo della regina. Entrano la Regina e Polonio

Polonio   Sta per venire.[1] Non risparmiatelo: fateglicapire che le sue stravaganze sfrontate hanno varcato il limite del tollerabile, e che è stata la vostra intercessione a proteggerlo dalla collera del re. Io me ne starò zitto zitto qua dietro. Ve ne scongiuro, fermezza.

Amleto   [*fuori scena*] Madre... madre!
Regina   Non dubitate. Ma ritiratevi: eccolo. [*Polonio si nasconde dietro l'arazzo. Entra Amleto*]
Amleto   Ebbene, madre: che c'è?
Regina   Amleto, tu hai molto offeso tuo padre.[2]
Amleto   Voi, madre, avete molto offeso mio padre.[3]
Regina   Su, su, niente risposte evasive.
Amleto   Via, via, niente domande aggressive.
Regina   Che storia è questa, Amleto?
Amleto   Già per l'appunto: che storia è?

- [1] **Sta per venire**: il soggetto è Amleto.
- [2] **tuo padre**: re Claudio, con la recita (cfr. T2, p. 258).
- [3] **mio padre**: il defunto re Amleto, non rispettando il lutto.

	Regina	Dimentichi chi sono io?
15	Amleto	No, sulla croce di Cristo, no certo: voi siete la regina: la moglie del fratello di vostro marito. E siete, ahimè, anche mia madre.
20	Regina	Se è così che rispondi, ti farò interrogare da chi sappia farlo meglio di me.
	Amleto	Orsù: venite qui, sedetevi;[4] e non vi muoverete né ve ne andrete finché io non vi abbia messo dinanzi uno specchio in cui vedrete riflessa la vostra più segreta coscienza.
25	Regina	Che vuoi fare? Assassinarmi?... Aiuto! aiuto!
	Polonio	[*da dietro l'arazzo*] Ehilà... aiuto! aiuto!
30	Amleto	Cosa c'è, un topo? [*Sguaina la spada*] Poco ci vorrà a sbarazzarsene. [*Trapassa l'arazzo con un colpo di lama*]
	Polonio	Ah... sono morto. [*Cade e muore*]
	Regina	Ohimè, che hai tu fatto?...
35	Amleto	Non so: è il re? [*Solleva l'arazzo e scorge il corpo di Polonio*]
	Regina	Oh, gesto pazzo e sanguinario!
	Amleto	Poco men tristo, mia buona madre, uccidere un re e sposarne il fratello.[5]
	Regina	Come, uccidere un re?!...
40	Amleto	Sì, signora: così ho detto. [*A Polonio*] Malcauto,[6] scriteriato, sciocco intrigante, addio! T'avevo preso per uno da più di te.[7] Ben ti sta la tua sorte. Ora sai che è pericoloso darsi troppo da fare... [*Alla regina*] E voi smettetela di smaniare e di torcervi le mani. Sedete qui, che voglio io torcervi il cuore: purché, s'intende, sia ancora malleabile; purché la familiarità col delitto non l'abbia così indurito da renderlo refrattario ad ogni sentimento.
	Regina	Che ho io commesso, perché tu ardisca scagliarti così aspramente contro di me?
45	Amleto	Una tale azione, che contamina la grazia e il pudore della verecondia;[8] che fa dire ipocrita la virtù; che strappa la rosa dalla bella fronte d'un puro amore e vi mette invece una pustola; che rende i voti coniugali falsi come giuramenti di marinaio. Una tale azione, da svuotare un contratto di nozze della sua essenza profonda e da far della santa religione una vana cantilena! Avvampa di rossore fin la faccia del cielo; fin la dura faccia di questa compatta massa terrestre si àltera in una smorfia di sofferenza a simile azione, quasi nascesse il dì del Giudizio.
50	Regina	Ahimè, che sarà mai il dramma, se già il prologo rugge e tuona così?
	Amleto	Orsù, guardate questa immagine: e guardate quella. Sono i ritratti di due fratelli.[9] Vedete qual nobile grazia aleggiava su questo volto: i riccioli d'Iperione[10] e la fronte di Giove;[11] per la minaccia e il comando l'occhio di Marte;[12] come portamento l'araldo Mercurio[13] disceso

Heinrich Füssli, *Gertrude, Amleto e il fantasma del padre di Amleto* (1793). Parma, collezione privata.

- **4 Orsù...sedetevi**: Amleto trascina a forza la madre.
- **5 Poco men tristo...fratello**: è questa la prima volta che Amleto rivela esplicitamente la verità a sua madre.
- **6 Malcauto**: *Incauto*.
- **7 T'avevo... di te**: cioè per re Claudio.
- **8 verecondia**: *pudore*.
- **9 Sono ...fratelli**: non è chiaro se Amleto pone la madre di fronte a due ritratti veri o se la spinge a ricordare e confrontare mentalmente l'aspetto fisico dei due fratelli. Sembrerebbe più probabile la prima ipotesi, ma rimane il dubbio se i due ritratti si trovino, come sembrerebbe da poco oltre, appesi al muro uno accanto all'altro, oppure se si trovi il solo ritratto dello zio nello studiolo della regina mentre Amleto porta con sé quello del padre. In alcune edizioni sceniche il ritratto di Claudio è portato al collo, con un medaglione, da Gertrude.
- **10 Iperione**: è epiteto del Sole. Si tratta in realtà, nella mitologia greca, di un titano, padre di Sole, Luna, Aurora.
- **11 Giove**: il re di tutte le divinità dell'Olimpo.
- **12 Marte**: il dio della guerra.
- **13 Mercurio**: il dio alato, messaggero dell'Olimpo.

55 su una vetta dal cielo: un tale assieme di doti, che ciascun dio sembrava avervi apposto il suo sigillo per attestare al mondo la perfezione dell'uomo: questo era il vostro sposo. E ora guardate l'altro, il vostro nuovo consorte: simile a spiga infetta che abbia contaminato la sua gemella. Avete occhi? Come cessaste di nutrirvi su quella bella montagna per pascervi in questa palude? Ah, ah, avete occhi? Amore non potete chiamarlo, perché all'età vostra i calori del sangue sono
60 ormai sbolliti, ormai sottomessi alla ragione: e come potrebbe la ragione preferir questo a quello? Sensi non vi mancano, altrimenti non potreste volere: ma debbono esser colpiti da paralisi, ché non si sbaglierebbe tanto di grosso la pazzia stessa:[14] né della pazzia i sensi furono mai così schiavi da non riserbarsi[15] un ultimo barlume di criterio per sceglier fra cose talmente diverse! Che demonio fu quello che vi adescò, accecandovi così? Gli occhi senza il tatto, il tatto senza la
65 vista, gli orecchi senza le mani e senza gli occhi, l'odorato senza tutto il resto, o anche solo il difetto di un unico senso non saprebbero essere sciocchi a codesto punto.[16] Oh, pudore, dove sono i tuoi rossori? E se hai potuto, diabolico spirito, scatenarti vittorioso nelle vene d'una matrona,[17] la virtù dell'ardente giovinezza si sciolga allora come cera al proprio fuoco; né mai più si gridi all'onta quando una smania imperiosa trascina a peccare, visto che il ghiaccio stesso oggi
70 brucia e la ragione fa da ruffiana ai pruriti![18]

Regina Non dir più, Amleto... Tu mi fai volgere gli occhi verso il fondo dell'anima mia; e vi scorgo macchie così cupe, così tenaci, che non si cancelleranno in eterno.

Amleto Ah! e tutto per vivere nel lezzo[19] di lenzuola bisunte, crogiolandovi insieme nella corruzione, teneramente accoppiandovi sul fetido letame!

75 *Regina* Non dir più! Le tue parole mi trafiggono come pugnali. Basta, mio Amleto!...

Amleto Un assassino, un vile; uno schiavo che non vale la millesima parte del vostro primo sposo; un fantoccio di re, un ladruncolo del trono, che ha rubato da un cassetto il prezioso diadema e se l'è cacciato in tasca.

Regina Non più!

80 *Amleto* Un re tutto stracci e rattoppi... [*Entra lo Spettro*] Stendete sopra di me le vostre ali e salvatemi, angeli custodi!... Che vuoi, amata apparenza?

Regina Ohimè, è folle!

Amleto Certo vieni a sollecitare il tuo pigro figliolo, che consumando il tempo e l'impulso non adempie il tuo ordine tremendo? Oh, parla!

85 *Spettro* Non dimenticare! Vengo soltanto per affilare il taglio smussato del tuo proposito.[20] Ma guarda: tua madre è in preda al terrore... Oh, mettiti fra lei e la sua coscienza che si dibatte; più potente opera l'immaginazione nei deboli. Parlale, Amleto!

Amleto Che avete, signora?

Regina Ahimè, dimmi tu cos'hai, che fissi lo sguardo nel vuoto e parli all'aria! Una ferocia
90 belluina[21] ti traluce dagli[22] occhi; e come soldati dormienti che si riscuotono a un allarme, i lisci capelli, quasi percorsi da un fluido, ti si drizzano irti sul capo. Oh mio gentile figliolo, versa un poco di fresca calma sull'ardore della tua eccitazione. Che vedi?

Amleto Lui! Lui! Guardate di che pallida luce risplende! Il suo aspetto, la sciagura ond'è[23] vittima... farebbe piangere i sassi, che dico? darebbe loro intelletto, se li implorasse. [*Allo Spet-*

- **14 ché...stessa**: *poiché la pazzia stessa non provocherebbe un errore tanto grosso.*
- **15 né della pazzia...riserbarsi**: *né i sensi furono mai così schiavi della pazzia da non lasciarsi.*
- **16 non...punto**: *non saprebbero* [: *i sensi presi uno per uno*] *essere torbidi* [*fino*] *a questo punto.*
- **17 matrona**: *donna maritata di ceto sociale elevato. Amleto rimprovera, con estrema violenza, alla madre di essere ca-*

duta così in basso spinta non dall'amore, poiché alla sua età l'ardore cede al giudizio, ma da una volontà accecata da un delirio peccaminoso.
- **18 né mai più...pruriti**: *né si gridi più al disonore* (**onta**) *quando il prepotente impulso dei sensi spinge a peccare, visto che il ghiaccio stesso oggi arde* [*per la fiamma dei sensi*] *e la ragione asseconda i desideri* [*dei sensi*]. **Ghiaccio** *è riferito alla madre che, per la sua condizione di donna matura (**matrona**),*

Amleto vorrebbe fredda come il ghiaccio agli attacchi dei sensi.
- **19 lezzo**: *puzzo*. Queste immagini grottesche e caricate alludono alle seconde nozze della regina.
- **20 per affilare...proposito**: metafora: la volontà di Amleto è come una spada che va riaffilata.
- **21 belluina**: *bestiale*.
- **22 traluce dagli**: *brilla negli*.
- **23 ond'è**: *di cui è*.

95 *tro*] Non guardarmi così! Non voglio che il tuo appello alla pietà mi allontani dal fatale proposito:²⁴ perché allora l'azione che debbo compiere perderebbe il suo vero colore, invece di sangue sarebbero lagrime.

  Regina A chi dici questo?
  Amleto Non lo vedete, là?
100   *Regina* No: eppur vedo bene.
  Amleto E non avete udito?…
  Regina Nient'altro che le nostre voci.
  Amleto Ma guardate! guardate come si allontana! Mio padre, come quando era in vita. Ecco, esce ora dalla porta! [*Lo Spettro esce*]
105   *Regina* Questa è creazione del tuo cervello. Il delirio suscita spesso fantasmi.
  Amleto Delirio? Il polso mi batte regolare come il vostro, scandendo la musica della salute. Non è pazzia quel che ho detto. Mettetemi alla prova: ripeterò ogni cosa, parola per parola. Un pazzo non ne sarebbe capace.²⁵ Madre, se volete misericordia, non blandite²⁶ l'anima vostra con l'illusione che a parlare non sia la vostra colpa, ma la mia demenza. Potrete con ciò dissimulare
110 la piaga; ma dentro di voi, non vista, la turpe infezione²⁷ avanza, corrode e avvelena. Confessatevi al cielo; pentitevi del male compiuto ed evitate di compierne altro, invece di concimare la gramigna²⁸ per farla crescer più folta! E a me perdonate questa mia virtù… poiché in quest'epoca gonfia di turpitudini la virtù deve chieder perdono al vizio; sicuro: inchinarsi anzi a domandargli licenza di fare il bene!
115   *Regina* Oh, Amleto, mi hai spezzato il cuore in due.
  Amleto Bene: gettatene via la parte peggiore e vivete più puramente con l'altra. Buona notte: ma non andate al letto di mio zio; fingete onestà, anche se non ne avete. L'abitudine, questo mostro, questo demonio che riduce in polvere tutti i nostri sentimenti, è tuttavia un angelo nel suo porgere anche alle azioni degne e belle un abito, una livrea che agevolmente
120 s'indossa. Astenetevi questa notte, e vi sarà più facile l'astinenza di domani; quella di domani faciliterà ancora la successiva… perché l'uso può quasi mutar lo stampo della natura, può l'abitudine tenere in soggezione il Maligno,²⁹ o espellerlo addirittura con meravigliosa potenza. Ancora una volta, buona notte. E quando vi risolverete ad invocare la benedizione celeste, allora chiederò a voi la vostra. (*Additando il corpo di Polonio*) Quanto a quell'uomo mi dolgo:³⁰ ma al
125 cielo è piaciuto così, di punir me per mezzo suo e lui per mio mezzo.³¹ Io non sono stato che strumento e ministro dell'ira divina. Provvederò a trasportarlo via e risponderò della sua morte. Di nuovo, buona notte. Se voglio giovarvi³² debbo esser crudele. È un cominciare col male: ma per tener indietro il peggio. Ancora una parola, signora.
  Regina Che debbo fare?
130   *Amleto* Il contrario di quanto ora io vi dirò.³³ Lasciate che il pingue³⁴ sovrano vi attiri nel suo letto, vi palpi lascivamente la guancia, vi chiami il suo topolino; che con un paio di sporchi baci, o carezzandovi il collo con le sue dita dannate, v'induca a rivelargli ch'io non son pazzo davvero, ma soltanto per artificio! Sarebbe bene che glielo faceste sapere: perché chi mai, tranne una regina bella, pudica e saggia,³⁵ vorrebbe nasconder cosa di tanto momento³⁶ a un

---

- **24 fatale proposito**: la vendetta.
- **25 Delirio?…capace**: Amleto abbandona la simulazione della follia, proprio nel momento in cui essa pare più credibile. Quello che infatti deve affermare è la sua missione di giustizia vedicatrice.
- **26 blandite**: *raddolcite* [: dalla consapevolezza della colpa].
- **27 la turpe infezione**: *la vergognosa corruzione* [*morale*].
- **28 gramigna**: *erbaccia*; metafora per il *peccato*.
- **29 il Maligno**: *il demonio*.
- **30 mi dolgo**: *mi rattristo* [: di averlo ucciso].
- **31 di punir…mezzo**: Amleto è punito dal cielo con il peccato dell'omicidio; Polonio, per il suo carattere intrigante, con la morte.
- **32 giovarvi**: *aiutarvi*.
- **33 il contrario…dirò**: dipingendo come grottesca e raccapricciante l'unione con Claudio, Amleto intende distoglierne la madre.
- **34 pingue**: *grasso*.
- **35 chi mai…sappia**: quindi Gertrude, che non è più **bella** (in quanto abbruttita dal peccato) né **pudica** né **saggia**, dovrà tacere.
- **36 cosa di tanto momento**: *cosa di tanta importanza*.

135 rospo, a un pipistrello, a un gattaccio? Chi mai lo vorrebbe?... Eh, no! Al diavolo il buon senso e la riservatezza: aprite la gabbia lassù sul tetto e lasciatene fuggir via gli uccelli; poi entrateci voi, nella gabbia, come la famosa bertuccia,[37] per provarvi a spiccare il volo: e rompetevi il fil della schiena![38]

  Regina Sta' certo che se per le parole occorre fiato e per il fiato occorre vita, io non ho vita
140 per fiatar sillaba di quanto mi hai detto.

- [37] **come la famosa bertuccia**: il riferimento è a una favola, oggi perduta, che ha per protagonista una scimmia.
- [38] **e rompetevi...schiena**: *e rompetevi l'osso del collo*. È il terribile augurio rivolto da Amleto alla madre.

T3 DALLA COMPRENSIONE ALL'INTERPRETAZIONE

COMPRENSIONE

Un atto d'accusa spietato   La regina ha convocato il figlio Amleto nella propria stanza per interrogarlo sul suo comportamento. Nascosto dietro un arazzo, **Polonio spia la scena**. **Il principe** si accorge della sua presenza e, credendolo Claudio, **lo trafigge con la spada, uccidendolo**. Quindi rivela alla madre che Claudio ha ucciso il re suo padre e la accusa con violenza di aver tradito la memoria del defunto e di essere un'incestuosa, avendo preferito a una «bella montagna» (il marito) una «palude» (Claudio). Ma proprio allora appare, visibile solo ai suoi occhi, **lo spettro del vecchio Amleto**, che lo esorta a vendicarlo. Il principe chiede quindi alla madre di ravvedersi e di non rivelare nulla di quanto sa.

ANALISI

Una struttura drammatica complessa: interiorità ed esteriorità   La grande forza drammatica di questa scena si fonda su due aspetti: da una parte, **la violenza del conflitto psicologico e morale fra Amleto e la madre**, che si svolge tutto in una dimensione interiore; dall'altro, **la violenza degli eventi esterni** che intramezzano il dialogo: **l'omicidio di Polonio e l'apparizione dello spettro**. In realtà anche questi due eventi possono essere letti in rapporto all'interiorità dei personaggi: anzi, sono una proiezione del mondo interiore di Amleto. L'omicidio di Polonio avrà un ruolo narrativo decisivo, giacché causerà la morte di Ofelia e la vendetta di Laerte, dunque la fine stessa di Amleto. Ma, qui, esso è da un lato un segno dello sconvolgimento del principe, dall'altro un segno della necessità e dell'impossibilità di uccidere Claudio. Quanto all'apparizione dello **spettro**, essa è letteralmente **una proiezione dell'animo di Amleto**: non a caso, solo lui può vederla. Essa rappresenta l'emergere del dovere morale, vissuto però come terribile e perturbante, legato più all'oscurità dell'inconscio che alla luce della ragione e della consapevolezza. La specificità del linguaggio teatrale sta dunque nel **rendere visibili le forze interiori** dell'individuo e nel farne concretamente i motori dell'azione.

Madre e figlio   L'anima di Amleto è tormentata dalla figura della madre. Egli **vuole punirla** per avergli distrutto la vita, rinfacciandole la colpa di aver sposato l'assassino del padre. È stato osservato come Amleto sia più sconvolto dall'incesto di Gertrude che dal delitto di Claudio. La scena, interpretata in chiave psicoanalitica, offre uno spunto per capire il dramma del protagonista. L'amore deluso per la madre e il naufragio della sua immagine positiva producono un danno irreparabile all'identità di Amleto, vittima di un **complesso edipico** (per cui ogni bambino vorrebbe avere tutta per sé la madre e vede perciò nel padre un rivale, cfr. **S3**) irrisolto. **Il desiderio rimosso per la madre** riemerge di fronte all'uccisione del padre da parte di Claudio. Questo spiegherebbe non solo la violenza con cui Amleto si accanisce contro la regina, ma anche **il disgusto per la figura femminile in genere** – compresa Ofelia – e la riluttanza a uccidere lo zio, che in qualche modo aveva trasformato in realtà i suoi inconsci desideri di eliminare la figura paterna.

INTERPRETAZIONE

Il dramma di Amleto come complesso edipico   **Paola Bravo** fornisce una interessante **interpretazione psicanalitica del comportamento di Amleto**. Ecco che cosa sostiene la studiosa: «Hamlet non può accettare la sessualità della madre, che è diventata palese con il matrimonio dello zio; se da bambino aveva alla fine accettato il ruolo di suo padre nella sfera affettiva della madre, ora ricompare il desiderio infantile di sostituire il padre e non può accettare che un altro uomo realizzi questo suo desiderio. Quindi nello zio egli vede realizzati due desideri infantili: l'assassinio del padre e il possesso della madre. [...] **L'intensità del disprezzo di Hamlet per le donne, in particolare per Ophelia**, dimostra quanto fosse potente la rimozione sessuale nei confronti della madre. Egli, trovandosi dopo il matrimonio della madre nell'impossibilità di esaudire il suo desiderio infantile, rimosso dopo la morte del padre, tenta quindi di ottenere l'amore di Ophelia, ma riceve da lei un rifiuto, si sente quindi respinto dalle due donne che egli sentiva di amare e dalle quali voleva essere amato. In seguito a questi due fatti, il principe incomincia ad avere un malessere mentale; i suoi sentimenti repressi trovano sfogo in diversi modi: irascibilità ed irritazione verso Rosencrantz e Guildenstern, verso Polonius, rimproveri verso la madre, odio e avversione verso Claudius. È anche importante per comprendere lo stato mentale di Hamlet il suo **rapporto con lo zio-padre Claudius**. Egli nutre verso di lui un'avversione derivata dall'**invidia** in quanto egli inconsciamente vede nello zio colui che ha realizzato i suoi desideri infantili: **uccidere il padre e sposare la madre. Claudius, quindi, incarna la parte più profonda e segreta dell'animo di Hamlet**, cosicché quest'ultimo non può ucciderlo senza uccidere se stesso. Infatti riuscirà ad uccidere lo zio, quando sarà lui stesso ferito e vicino alla morte» (P. Bravo, *Le voci della follia*, Atheneum, Firenze 1990, pp. 37-38).

T3 LAVORIAMO SUL TESTO

COMPRENDERE

1. Riassumi il testo in forma essenziale.

ANALIZZARE

Il ruolo di Polonio

2. Per quale ragione Polonio si nasconde nello studiolo della regina?

Amleto e Gertrude

3. Qual è la battuta culminante della schermaglia iniziale fra Amleto e la madre?
4. Quali emozioni sono provocate nell'animo della regina dall'assassinio di Polonio e dalle parole di Amleto? Che conseguenze ha l'omicidio nello sviluppo dell'azione?
5. Cosa rimprovera Amleto alla madre? In nome di quali valori?

Amleto e lo spettro

6. Che ruolo ha l'apparizione dello spettro? Che cosa vuole da Amleto?

INTERPRETARE

Il tema della colpa

7. **TRATTAZIONE SINTETICA** Sia la regina Gertrude che Lady Macbeth sono due donne tormentate dal rimorso; in una trattazione sintetica sottolinea analogie e differenze fra le loro condizioni psicologiche e illustra gli strumenti drammatici a cui ricorre Shakespeare per costruire i due personaggi.

> **LE MIE COMPETENZE: INDIVIDUARE COLLEGAMENTI, ESPORRE**
> Molti film di successo degli ultimi anni si sono misurati con l'opera e con la figura di Shakespeare (cfr. anche cap. VII ed espansioni digitali). Alcuni registi, come Baz Luhrmann e Kenneth Branagh, hanno proposto sullo schermo le versioni cinematografiche dei capolavori shakespeariani; altri, come Al Pacino, hanno tratto spunto dai testi teatrali per mettere a nudo i meccanismi della rappresentazione; altri ancora hanno messo in scena Shakespeare come un vero e proprio personaggio: questa è la soluzione adottata da John Madden in *Shakespeare in love* e da Roland Emmerich in *Anonymous*. Scegli un film tra quelli che rielaborano l'opera o la vita di Shakespeare, guardalo con attenzione e quindi prova ad analizzarne la struttura, la trama, i personaggi, lo stile, mettendo a fuoco gli elementi di fedeltà al modello shakespeariano e quelli di novità e di rottura. Esponi i risultati della tua analisi alla classe.

S3 ITINERARIO LINGUISTICO

Complesso edipico

La parola "complesso" significa 'insieme, raggruppamento'. In psicoanalisi, vale 'gruppo di immagini, di pulsioni, di sensazioni che crea una particolare situazione psicologica ed emotiva destinata a rimanere per lo più inconscia e che può produrre disturbi di tipo nevrotico'. L'aggettivo "edipico" deriva da Edipo, personaggio del mito nell'antica Grecia. Edipo, ignorando le proprie origini familiari, uccide il padre e sposa la madre. Scoperta la verità, si acceca per la disperazione. Il dramma di Edipo fu messo in scena da Sofocle, uno dei massimi autori tragici dell'antica Grecia (496-406 a.C.). Per il fondatore della psicoanalisi, Sigmund Freud (1856-1939), la vicenda di Edipo rappresenta il dramma di ogni bambino che vorrebbe avere tutta per sé la madre e vede perciò nel padre un rivale.

Percorso
L'ANIMA E IL CORPO

PERCORSI TEMATICI

Amleto: follia "vera" o "finta"?

Gerhard Richter, *Teschio con candela*, 1983. Collezione privata.

Il tema della follia circola con insistenza nel teatro inglese tra Cinquecento e Seicento e trova in Shakespeare l'autore che ne esplora maggiormente le potenzialità psicologiche e teatrali.
Nella predilezione per questa tematica confluiscono varie ragioni. Anzitutto la consapevolezza che la ragione aristotelica era insidiata dalle nuove incertezze provocate dalla fine delle vecchie sicurezze filosofiche e cosmologiche. Inoltre il gioco della simulazione esercita una forte attrazione su tutta l'arte del tempo anche per altri motivi d'ordine culturale e sociale. Da un lato c'è una crescente attenzione medica per i fenomeni di alterazione psichica, che cominciano a essere spiegati in termini naturalistici. Dall'altro lato, malinconia ed eccentricità accomunano il principe defraudato del potere e l'intellettuale, che vede ridotto il proprio ruolo, per l'insufficienza di sbocchi che lo Stato e la Chiesa gli offrono.
L'attenzione alla problematica della follia segnala infine un mutamento importante nell'atteggiamento del drammaturgo verso la natura umana. Shakespeare tende a esplorare il carattere esistenziale del male che minaccia l'uomo: «Io stesso sono abbastanza onesto, e tuttavia potrei accusarmi di tali cose che sarebbe meglio mia madre non mi avesse mai generato... Siamo canaglie matricolate tutti quanti» (atto III, 1). **Di questa irrimediabile debolezza**, da analizzare e da comprendere, più che da condannare secondo discriminanti moralistiche, **la pazzia costituisce la metafora più significativa**.
La follia, in *Amleto*, non è più rappresentata alla maniera classica, come punizione di una sfrenata superbia individuale, o come momentaneo oscuramento della ragione provocato da eventi esterni, ma come una malattia latente che si annida nel fondo oscuro dell'irrazionalità comune a tutti gli uomini.
Il principale fascino della figura di Amleto sta proprio nell'ambiguità della sua follia, che resta un mistero mai svelato. Essa dà origine a molteplici maschere: è un modo per nascondersi, per difendersi, uno strumento di libertà, un mezzo per scoprire la verità.
Tutti i personaggi notano un cambiamento radicale nella personalità del giovane principe. Tuttavia il re e anche Polonio non credono alla sua follia. A Ofelia, invece, Amleto appare veramente pazzo. La realtà non è così semplice.
Amleto si definisce ammalato di malinconia e ne attribuisce la causa a fatti esteriori (il precoce matrimonio della madre). **Ma già nel primo monologo (II, 2) e ancor più nel celebre monologo del III atto** (cfr. **T1**) **egli manifesta un malessere esistenziale, profondo e diffuso, che investe interamente il suo rapporto con il mondo**. Tutte le cose hanno perso valore ai suoi occhi. Questo male è inoltre complicato dal fatto che Amleto, dopo l'apparizione del fantasma del padre, dice di doversi fingere pazzo. Ciò comporta un'alternanza di atteggiamenti, caratterizzati ora da un linguaggio pieno di giochi di parole, che ricorrono alla logica paradossale e alle catene analogiche tipiche del pazzo, ora da una lucida penetrazione; una libertà di parola arguta, provocatoria o sarcastica si mescola a una disperata e furiosa aggressività. Diversi atteggiamenti si susseguono in modo sconcertante, tanto che nessuno, per quanto si sforzi, riesce a decifrare il comportamento di Amleto.
Indubbiamente **la follia di Amleto sembra scattare per una simulazione machiavellica**, come mezzo per porre in atto la vendetta. **E in effetti essa diventa strumento di inchiesta**, un mezzo per mettere a nudo le verità più nascoste: i personaggi, attraverso Amleto, sono posti davanti a uno specchio, costretti a guardarsi nel fondo dell'anima. Così è per il re come per la regina; tutti sono messi in crisi, compresa Ofelia. **La follia di Amleto è una minaccia**: sia la madre che Claudio non possono sottrarsi alla presa di coscienza della colpa e del proprio autoinganno.
Mentre, sul piano astratto della conoscenza, la follia è uno strumento di rivelazione della verità profonda dell'animo

umano, sul piano concreto della pratica non aiuta affatto il principe a porre in atto la vendetta. L'obiettivo dichiarato (compiere la vendetta), per cui la pazzia è simulata, viene invece continuamente eluso e sarà perseguito per caso, in uno scatto di ira, solo alla fine.

Follia vera allora? Durante il violento confronto con la madre (cfr. **T3**), il dialogo del principe con il fantasma che gli riappare in camera fa pensare alla regina che egli sia davvero pazzo. Anche il comportamento con Ofelia (cfr. **T1**) appare immotivato e contraddittorio. Perché egli spinge l'innocente Ofelia alla follia e al suicidio?

La personalità di Amleto è rappresentata come una successione di gesti contraddittori. In questo la sua follia si differenzia da quella di Ofelia, a cui il doppio trauma del rifiuto di Amleto e dell'assassinio del padre da parte dell'amato fa perdere il senso della realtà. Il vaneggiamento di Ofelia (atto IV, 5) esprime anch'esso, nella ricorrenza ossessiva delle immagini di amore e di morte, le cause di un'insostenibile angoscia interiore, ma non ha la complessità e non pone gli interrogativi della presunta follia di Amleto.

Amleto gioca sulle contraddizioni, dice e disdice, ma insieme rivela verità profonde del comportamento umano, dove anormalità e norma si fronteggiano o si confondono. Il dialogo "folle" di Amleto con Ofelia (cfr. **T1**) può essere illuminato dal dialogo che il principe ha con la madre alla fine dell'atto III, in cui egli la rimprovera di aver tradito il padre e di averne sposato l'assassino. La perdita di un'immagine positiva della madre scatena nel figlio il rifiuto della figura femminile, dell'amore e il disgusto del sesso (cfr. **T3**).

L'incidenza che ha su Amleto l'incesto della madre, più che la morte del padre, ha più volte sollecitato, da Freud a Lacan, la critica psicoanalitica. Questa spiega l'inazione di Amleto e la sua difficoltà a compiere la vendetta con una inibizione e una sorta di paralisi provocata dal complesso edipico (cfr. **S3**): l'amore per la madre e l'odio per il padre, rimossi da tempo, sarebbero stati ridestati dagli eventi traumatici dell'assassinio del padre e del nuovo matrimonio della madre. L'avversione di Amleto verso lo zio sarebbe determinata dall'invidia, in quanto questi avrebbe realizzato i desideri inconsci di Amleto di uccidere il padre e prenderne il posto sposando la madre.

Altri invece spiegano l'incapacità di agire di Amleto con una visione pessimistica del rapporto tra colpa, avvertita come irrimediabile, e giustizia.

Quello che più conta, tuttavia, è sottolineare l'uso che Shakespeare fa del tema della follia. L'ottica della follia gli permette di creare un personaggio nuovo, per cui non valgono più le regole classiche della coerenza e dell'unità psicologica. Cade il canone dell'eroe tradizionale, tutto proiettato nell'azione, e nasce un personaggio chiuso nella propria soggettività, in una dolorosa solitudine della coscienza, incapace di identificarsi con il mondo.

La contraddizione, la coesistenza degli opposti (il rifiuto di Ofelia e il riaffermato amore sulla tomba della fanciulla, la volontà di agire e l'impossibilità a farlo) **caratterizzano Amleto, nel quadro di una crisi di valori a cui l'individuo, da solo, non può fare fronte.** La tragedia storica (la decadenza del regno di Danimarca) si interiorizza in un dubbio esistenziale, gravido di tendenze distruttive. Il rifiuto di Ofelia, dell'amore, dell'azione, tutto è collegato all'avvertimento profondo di un malessere in cui il vizio, la disonestà, la corruzione permeano tutta la realtà esteriore e interiore.

Il meccanismo della follia, oltre a creare un personaggio nuovo, ha una funzione teatrale importante: permette di trasformare il dramma tradizionale di azione e di vendetta in dramma problematico. Ciò che conta non sono gli eventi, ma il motivo per cui essi accadono. Il dramma è un'inchiesta sui moventi, mai univoci, delle azioni, inchiesta che resta inconclusa. **La pazzia diventa specchio di una realtà conturbante, altrimenti indicibile**, censurata dalla coscienza individuale e dalle norme sociali: la pazzia di Amleto fa paura a tutti, mentre quella di Ofelia suscita solo compassione.

Vito Acconci, immagini della performance Blindfolded Catching, 1970.

DAL RIPASSO ALLA VERIFICA

MAPPA CONCETTUALE *Amleto*

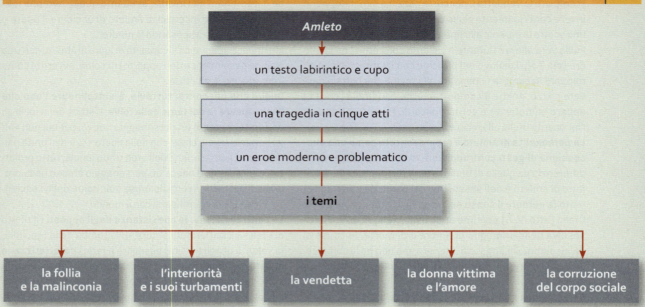

SINTESI

• Composizione, storia e temi dell'*Amleto*
L'*Amleto* fu scritto fra il 1600 e il 1601 e apre la seconda fase della produzione di Shakespeare. Ne sono conservate tre versioni a stampa: una del 1603, una del 1604, una del 1623. Quella che leggiamo oggi si basa sulle ultime due. La prima edizione, infatti, non è autentica. Il dramma si intitola, per intero, *The tragicall historie of Hamlet, prince of Denmarke*, titolo che racchiude, in sintesi, la vicenda di Amleto e della sua tragica vendetta contro re Claudio. I temi centrali della tragedia sono la vendetta, il rapporto complesso con la madre, il disgusto per la sessualità, la decadenza e la corruzione come stati della condizione umana.

• Le quattro fasi dell'intreccio dell'*Amleto*
La tragedia è in cinque atti, in versi e in prosa. Nell'intreccio si possono individuare quattro fasi.
Prima fase: sugli spalti del castello di Elsinore compare lo spettro del vecchio Amleto, re di Danimarca da poco morto. Egli rivela al figlio, di nome anch'egli Amleto, di essere stato avvelenato dal proprio fratello, Claudio, che poi ne ha sposato la vedova, Gertrude, ed è diventato suo successore. Il principe Amleto deve perciò vendicarlo: egli, per essere più sicuro, si fingerà pazzo.
Seconda fase: Amleto è spiato da Claudio e dal suo ciambellano, Polonio. Nella sua follia simulata, ripudia la giovane amata, Ofelia, figlia di Polonio. L'arrivo di una *troupe* di commedianti gli dà l'occasione di far recitare un dramma che allude all'omicidio del padre: re Claudio ne è sconvolto.
Terza fase: Amleto rimanda la pur possibile uccisione di Claudio. In un drammatico dialogo con la madre, il principe la accusa di essere traditrice e incestuosa. Assassina allora Polonio, che lo spiava. È quindi inviato in Inghilterra per essere ucciso, ma si salva. Ofelia impazzisce per la morte del padre e per la crudeltà di Amleto e muore annegata.
Quarta fase: Laerte, figlio di Polonio e fratello di Ofelia, giura vendetta contro Amleto. Questi torna in Danimarca e i due, per volere del re, si scontrano. I giovani, come anche il Re e la Regina, muoiono sanguinosamente. La scena si colma di cadaveri.

• Amleto eroe problematico
Amleto è un eroe moderno, in quanto problematico. Lo tormenta la malinconia, cioè un turbamento profondo, che gli impedisce di agire. Dopo l'apparizione dello spettro del padre, Amleto decide «di assumere un umor fantastico», e fingersi pazzo. Quella follia è, al tempo stesso, un travestimento, un rifugio, ma è anche il segno esteriore della sua più cupa malinconia. Lo spettro provoca in Amleto una crisi violenta che lo sottrae da tutte le sue più profonde convinzioni e lo fa sprofondare nell'amarezza e nella disperazione. Amleto non può accettare, infatti, le convenzioni della società corrotta in cui si trova a vivere, né l'etica della vendetta.

DALLE CONOSCENZE ALLE COMPETENZE

1. Dell'*Amleto*, indica le edizioni, il genere, il luogo e il tempo in cui si svolge la vicenda, i temi trattati, i principali personaggi. (§§ 1, 2, 3)
2. Perché l'*Amleto* apre la fase delle "tragedie nere"? (§ 2)
3. Che funzione ha nella struttura del dramma l'apparizione dello spettro paterno? (§ 3, T3)
4. Elenca le cause che scatenano il tormento di Amleto. (§§ 3, 4 e T1)
5. Individua le stranezze di Amleto e come sono interpretate dai vari personaggi. (§3)
6. «A questo modo, tutti ci rende vili la coscienza, e l'incarnato naturale della risoluzione è reso malsano dalla pallida tinta del pensiero, e imprese di gran momento [...] deviano per questo scrupolo le loro correnti, e perdono il nome d'azione» (T1). Quale spiegazione dà Amleto della propria incapacità a fare subito giustizia?
7. Perché Ofelia impazzisce? La sua follia assomiglia a quella di Amleto? (§§ 3, 4)
8. In che cosa consiste la tecnica del teatro nel teatro? (S1) Che uso ne fa l'autore in T2?

PROPOSTE DI SCRITTURA

LA TRATTAZIONE SINTETICA

Amleto e le donne
Il rapporto tra madre e figlio si presta a una lettura psicoanalitica abbastanza convincente (§ 4). Descrivilo quale appare in T3 e spiega le ragioni dell'aggressività di Amleto verso le donne (T2).

prometeo 3.0

Personalizza il tuo libro selezionando per questo capitolo materiali integrativi da Prometeo (di seguito ti proponiamo un elenco di materiali, ma puoi trovarne altri utilizzando il motore di ricerca).

- MODULO TEMATICO INTERDISCIPLINARE   La follia
- MODULO TEMATICO INTERDISCIPLINARE   La malattia d'amore
- MODULO TEMATICO INTERDISCIPLINARE   Il gran teatro del mondo
- MODULO TEMATICO INTERDISCIPLINARE   L'immagine del potere
- VIDEO LE IDEE E LE IMMAGINI   Isabella Cosentino, *Lo spettacolo teatrale*

Capitolo IX — La narrativa in prosa

Benvenuto Cellini, *Progetto per un sigillo dell'Accademia del Disegno*. Londra, British Museum.

My eBook+

Cliccando su questa icona, docenti e studenti accedono ad un'area di personalizzazione che permette di arricchire i contenuti digitali già linkati lungo le pagine del libro. Nell'area di personalizzazione è possibile infatti salvare ulteriori materiali: selezionati da **Prometeo**, prodotti autonomamente o ricercati nella rete.

▶ Per un elenco di materiali integrativi presenti nella biblioteca multimediale di Prometeo o per attivare una ricerca cfr. p. 277

1 La novellistica

La crisi della novella

La novellistica nell'età della Controriforma è come **paralizzata dai divieti di natura morale**. L'elemento erotico, la polemica antiecclesiastica, il gusto per la beffa mal si conciliano con il nuovo clima culturale.

***Hecatommiti* di Giraldi Cinzio**

L'opera di novellistica destinata a maggior successo è scritta da **Giambattista Giraldi Cinzio**, che trasporta nella novellistica i temi delle sue tragedie (cfr. vol. 2). Si tratta di *Hecatommiti* (1565), una raccolta di cento novelle (più altre dieci riunite in una deca separata), con cui ha inizio la novellistica post-tridentina. Il termine *Hecatommiti*, italianizzato in *Ecatommiti*, significa appunto **"cento novelle"**.

La cornice e l'ideologia della Controriforma

Una brigata, dopo essersi rifugiata in un castello romano durante il sacco di Roma (dunque, anche qui, come in Boccaccio, siamo di fronte a un «orrido cominciamento»), parte poi per nave alla volta di Marsiglia per fuggire dalla pestilenza sopraggiunta. Durante il viaggio i venti novellatori raccontano le novelle. Le novelle sono intramezzate da un trattato in cui si espongono le teorie politiche della Controriforma.

2 Verso il romanzo: *Le sottilissime astuzie di Bertoldo*

La tendenza al romanzesco

In Italia, a differenza che in Spagna, **il romanzo in prosa stenta ad affermarsi**. Nel nostro paese, la tendenza al romanzesco è presente, alla fine del Cinquecento, sia nel dramma pastorale sia nella novellistica, ma non riesce a darsi la struttura del romanzo moderno. In questo periodo **appaiono sì delle opere che tendono al romanzo, ma esse conservano i tratti di altri generi letterari**. Si

***Le sottilissime astuzie di Bertoldo*, raccolta di facezie**

tratta del romanzo in volgare emiliano *Le sottilissime astuzie di Bertoldo* di Giulio Cesare Croce, che però assume piuttosto la forma di una raccolta di facezie, e della *Vita* di Benvenuto Cellini, che però ha l'aspetto di una autobiografia.

In realtà **l'opera di Giulio Cesare Croce** non ha una vera e propria struttura narrativa romanzesca, ma **sembra una raccolta di aneddoti** unificati dalla figura del protagonista, il villano Bertoldo, e oscillanti fra la forma teatrale delle farse carnevalesche, che venivano recitate in ambiente contadino, e l'esposizione di facezie, sentenze, proverbi.

Giulio Cesare Croce: le opere

Giulio Cesare Croce (1550-1609) era un popolano bolognese, divenuto cantastorie, esperto nella rappresentazione di dialoghi e scene popolari in prosa e in versi. Le sue opere più famose, rimaste popolari sino ai nostri giorni, sono *Le sottilissime astuzie di Bertoldo* (1606) e *Le piacevoli e ridicolose semplicità di Bertoldino* (1608). La prima opera è un rifacimento di un anonimo testo latino del tardo Medioevo, il *Dialogus Salomonis et Marcolphi* [Dialogo di Salomone e Marcolfo]. Qui al posto del saggio Salomone abbiamo il re longobardo Alboino, che vive nella leggendaria corte di Verona, e al posto di Marcolfo il villano Bertoldo. Mentre però Marcolfo era un contestatore dell'ordine vigente (e forse un eretico), **Bertoldo è il villano della cultura controriformistica**. È sì astuto e pronto nelle risposte, tanto da poter tenere testa al re, ma non ne contesta affatto l'autorità e i valori (cfr. T1). L'ideologia di Bertoldo tende non alla contrapposizione polemica, ma a un moderato buon senso volto sostanzialmente a sopravvivere all'interno dell'ordine vigente. La seconda opera ha per protagonista **il figlio sciocco di Bertoldo, Bertoldino**; e ha tratti quasi esclusivamente comici: Bertoldino fa ridere per la sua ingenuità e rozzezza.

Bertoldo, continuatore di Marcolfo, protagonista del Dialogus Salomonis et Marcolphi

Elogio del buon senso

Bertoldino, figlio di Bertoldo

T1 Giulio Cesare Croce
«Piacevolezza» di Bertoldo

OPERA
Le sottilissime astuzie di Bertoldo

CONCETTI CHIAVE
- teatralità
- accettazione delle differenze sociali

FONTE
G.C. Croce, *Le astuzie di Bertoldo e le semplicità di Bertoldino*, a cura di P. Camporesi, Garzanti, Milano 1993.

Nel breve capitolo qui riportato il villano Bertoldo mostra le sue doti di «piacevolezza» e, insieme, si rivela perfettamente consapevole della invalicabilità delle gerarchie sociali.

PIACEVOLEZZA DI BERTOLDO

A queste parole Bertoldo, scostatosi alquanto dal Re e ritiratosi nella corte, si calò le brache, mostrando di voler fare un suo servigio corporale; laonde,[1] veduto il Re tal atto, gridando, disse:

5
Re   Che cosa vuoi tu fare manigoldo?[2]
Bertoldo   Non dici tu ch'io mi serva della tua corte in ogni mia occorrenza?
Re   Sì, ho detto; ma che atto è questo?
Bertoldo   Io me ne voglio servire adunque a scaricare il peso della natura,[3] il quale tanto m'aggrava ch'io non posso più tenerlo.

10
Allora uno di quelli della guardia del Re, alzato un bastone, volse[4] percuoterlo, dicendogli: «Brutto poltrone,[5] va' alla stalla dove vanno gli asini pari tuoi, e non fare queste indignità innanzi al Re, se non vuoi ch'io t'assaggi le coste con questo legno».[6] A cui Bertoldo rivolto, disse:

Bertoldo   Va' destro,[7] fratello, né voler tu fare il sofficiente,[8] perché le mosche che volano sulla testa ai tignosi[9] vanno sulla mensa regale ancora e cacano nella propria scodella del Re e

---

- **1 laonde**: *per la qual cosa.*
- **2 manigoldo**: *furfante.*
- **3 a...natura**: *per fare i miei bisogni.* Bertoldo insiste sull'aspetto del tutto normale del suo atto.
- **4 volse**: *volle.*
- **5 poltrone**: *fannullone.*
- **6 ch'io...legno**: *che io provi* [: *colpisca*] *le tue costole con questo bastone.*
- **7 Va' destro**: *Stai accorto.*
- **8 sofficiente**: *presuntuoso,* per i motivi di uguaglianza (relativa) che Bertoldo spiega subito dopo.
- **9 tignosi**: *miserabili,* propriamente *affetti da tigna,* che è una malattia contagiosa del cuoio capelluto.

pure esso mangia quella minestra; e io dunque non potrò fare i miei servigi[10] in terra, che è cosa necessaria? E tanto più che il Re ha detto ch'io mi serva della sua corte in ogni mio bisogno? E qual maggior bisogno per servirmene poteva venirmi che in questo fatto?

Intese il Re la metafora di Bertoldo e si cavò di deto[11] un ricco e precioso anello e, volto a lui, disse:

Re   Piglia questo anello, ch'io te lo dono; e tu, tesoriero, va', porta qui mille scudi ch'io gliene voglio far un presente[12] or ora.
Bertoldo   Io non voglio che tu m'interrompa il sonno.
Re   Perché interrompere il sonno?
Bertoldo   Perché quand'io avessi quell'anello e tanti danari io non poserei mai,[13] ma mi andarei lambiccando il cervello di continuo, né mai più potrei trovar pace né quiete. E poi si suol dire: chi l'altrui prende, se stesso vende. Natura mi fece libero, e libero voglio conservarmi.[14]
Re   Che cosa poss'io dunque fare per gratificarti?
Bertoldo   Assai paga, chi conosce il beneficio.[15]
Re   Non basta conoscerlo solamente, ma riconoscerlo ancora con qualche gratitudine.
Bertoldo   Il buon animo è compìto pagamento all'uomo modesto.
Re   Non deve il maggiore cedere al minore di cortesia.[16]
Bertoldo   Né deve il minore accettar cosa che sia maggiore del suo merito.[17]

- **10   i miei servigi**: *i miei bisogni corporali*. Non è da escludere un uso ironico della parola **servigi**, di solito indicante le disponibilità del suddito nei confronti del suo signore.
- **11   di deto**: *dal dito*.
- **12   un presente**: *un regalo*, dal verbo franc. "présenter" = offrire.
- **13   non poserei mai**: *non mi riposerei mai* [: non sarei mai tranquillo].
- **14   E poi…conservarmi**: la filosofia di Bertoldo si ispira alla condizione naturale nelle sue presunte doti di autonomia e di libertà. Di fatto essa si pone come difesa dello *status quo* e di valori conservativi che non devono essere mai oltrepassati.
- **15   Assai…beneficio**: *Chi riconosce il vantaggio [della libertà], ne è ripagato*.
- **16   Non…cortesia**: il re sostiene che ogni uomo comunque superiore nel sistema sociale deve dimostrare al massimo grado le doti di liberalità e di cortesia che sono prerogative di "classe", di un ruolo da rispettare.
- **17   Né…merito**: secondo Bertoldo è opportuno che il suddito abbia sempre la consapevolezza della propria inferiorità e non osi superare i limiti imposti dalla natura delle cose: nel teatro del mondo ciascuno deve recitare il ruolo che gli viene assegnato.

T1   DALLA COMPRENSIONE ALL'INTERPRETAZIONE

COMPRENSIONE

Un villano "piacevole" ma rispettoso   Nel capitoletto qui riportato, **Bertoldo** dapprima prende alla lettera una promessa del re (quella di servirsi della corte per ogni suo bisogno) e va nel cortile per un bisogno corporale, poi rifiuta un ricco dono del sovrano per restare libero da obblighi nei suoi confronti.

ANALISI

La struttura   La diegesi (o tessuto narrativo) è ridotta a **brevi brani**, che risultano funzionali al **dialogo fra Bertoldo e il re**, dialogo che assume l'aspetto quasi teatrale della farsa. Le battute di altri personaggi minori (per esempio, qui quella della guardia del re) sono poste in secondo piano e quasi riassorbite all'interno della diegesi. Ciò indica la volontà dell'autore di dare **rilievo maggiore alla parte dialogica che a quella narrativa**. Anche per questa ragione siamo ancora lontani dalla forma-romanzo. La struttura dell'opera sembra piuttosto orientata da un lato a **valorizzare l'elemento teatrale** e dall'altro a sottolineare la «piacevolezza» delle battute di Bertoldo, come accadeva nel **genere della facezia**.

INTERPRETAZIONE

L'ideologia e la morale   Il brano vuole sottolineare la **capacità di Bertoldo di restare al suo posto di «minore»** **nella scala gerarchica** («Né deve il minore accettar cosa che sia maggiore del suo merito») senza aspirare alle ricchezze degli strati superiori, e di mantenere il «buon animo» di «uomo modesto». In questo rispetto dei ruoli e delle distanze sociali e nelle ragioni morali dichiarate da Bertoldo nell'atto di rifiutare il dono del re, è evidente l'**accettazione della cultura sociale e morale della Controriforma**.

T1 LAVORIAMO SUL TESTO

COMPRENDERE

1. Riassumi in cinque righe il brano che hai letto.

ANALIZZARE

2. Sottolinea nel testo le parti narrative che fanno da raccordo al dialogo tra Bertoldo e il re.

INTERPRETARE

3. **TRATTAZIONE SINTETICA** In un testo che non superi le dieci righe spiega in che modo il brano che hai letto lascia emergere l'accettazione dell'ideologia e i valori della Controriforma.

3 Un capolavoro del Manierismo italiano: *La Vita* di Benvenuto Cellini

La Vita di Cellini: quale genere?

Alla struttura del romanzo si avvicina anche l'autobiografia dell'artista, orafo e scultore, Benvenuto Cellini. *La Vita* che Cellini in parte scrisse e in parte dettò a un garzone di bottega rientra nel genere dei diari di bottega degli artisti e delle scritture di famiglia tenute dai mercanti fiorentini, ma indubbiamente risente anche delle *Vite* di Vasari (la cui prima edizione è del 1550) e in particolare, in questa opera, della vita di Michelangelo (su Vasari cfr. vol. 2).

L'influenza delle *Vite* di Vasari

Vita e opere di Cellini

Benvenuto Cellini era nato da modesta famiglia fiorentina nel 1500. Visse una vita avventurosa, fra risse e omicidi (uccise, per vendetta o per altri motivi, tre persone). Dopo un periodo trascorso fra **Firenze** e **Roma**, si trasferì in questa ultima città al servizio prima di Clemente VII e poi di Paolo III. **Imprigionato nel 1538** a Castel Sant'Angelo con l'accusa di aver rubato i gioielli di papa Clemente VII, riuscì a fuggire, ma venne ripreso e poté ottenere la liberazione solo per intervento del cardinale Ippolito d'Este, grazie al quale poté rifugiarsi in **Francia** alla corte di Francesco I. Qui visse dal 1539 al 1545. A causa dell'ostilità della favorita del re, Madame d'Étampes, fuggì da Parigi e si recò al servizio di Cosimo I de' Medici a **Firenze**. Qui scrisse due trattati dedicati all'oreficeria e alla scultura e *Discorsi sull'arte*. A Firenze egli restò sino alla morte, avvenuta nel **1571**, seppure con diversi soggiorni in altre città.

La statua del *Perseo*

A Firenze i suoi rapporti con il duca Cosimo I non furono buoni. Nonostante l'ammirazione suscitata nel duca dalla statua in bronzo del ***Perseo***, finita nel 1553 (cfr. **S1**, p. 276), Cosimo si dimostrò freddo e ostile, non mantenendo nemmeno gli impegni che aveva assunto con lo scultore. In questa situazione di inattività forzata, Cellini **nel 1558 cominciò a comporre *La Vita*** e continuò a lavorarvi sino all'inizio del 1567. Si interruppe quando si rese conto che l'opera sarebbe spiaciuta ai Medici e ai gruppi dominanti delle varie corti italiane, in quanto troppo insolente. Così il resoconto dei fatti autobiografici si ferma al 1562.

La composizione della *Vita*

Il contenuto della *Vita*

La Vita, concepita dall'autore senza divisioni interne, è organizzata nelle edizioni moderne in **due libri**. Il primo giunge sino alla fuga in Francia. Nel secondo libro si descrive prima la corte francese, poi quella fiorentina. Nelle pagine fiorentine compare l'episodio celebre del *Perseo*.

Carattere autodifensivo dell'opera

L'autobiografia è orientata in senso autodifensivo. L'autore vuole illustrare la propria «virtù» (parola ricorrente più di ogni altra), intesa sia come bravura professionale e capacità di artista, sia come ingegno individuale, coraggio, forte volontà: tutta l'opera, insomma, deve documentare l'eccezionalità del protagonista. **Il *cliché* dell'artista in quanto artefice-creatore**, tipico della civiltà umanistico-rinascimentale, viene ripreso ma anche modificato da una sensibilità tipicamente manieristica: al posto del genio classico, tranquillo e sereno, compare qui **l'idea del genio che poi sarà**

L'artista come genio irregolare e ribelle

T • Benvenuto Cellini, *La fusione del Perseo*

Il rapporto intellettuale-potere

Caratteri romanzeschi della *Vita*

S • La lingua di Cellini secondo Baretti, Segre, Altieri Biagi

cara ai romantici: irregolare e ribelle, impetuoso e scapigliato, generoso e violento. L'io insomma è l'unico protagonista, l'eroe incontrastato del racconto. Proprio per tale individualismo, *La Vita* è la **prima autobiografia moderna**.

In questo individualismo esasperato si esprime anche una **precisa condizione storica dell'intellettuale dopo il sacco di Roma. Da un lato** Cellini si atteggia a intellettuale libero, che obbedisce solo al proprio genio; dall'altro, di fatto, egli è sempre più dipendente dai signori che gli commissionano i lavori e dalle regole che essi impongono.

L'opera si presenta come **un insieme di generi diversi** (novelle, aneddoti, testi poetici, riflessioni, spunti religiosi, considerazioni tecniche sull'arte della scultura e dell'oreficeria) unificati dall'intento autodifensivo e polemico dell'autobiografia: è costante la **polemica contro i principi**, in quanto cattivi mecenati, **e contro i rivali**. Accanto alla cronaca di fatti reali Cellini introduce una **libera invenzione romanzesca**; ed è proprio questo interscambio fra resoconto cronachistico e invenzione che avvicina la sua autobiografia al romanzo.

La prosa è vivace, vicina al **fiorentino parlato**, ricca di movimenti spontanei. È dunque estranea alla tradizione del classicismo rinascimentale e del boccaccismo teorizzato da Bembo.

S1 INFORMAZIONI

Il *Perseo* di Benvenuto Cellini

Tornato a Firenze nel 1545, dopo un lungo soggiorno in Francia alla corte di Francesco I, dove si era affermato come orafo, Benvenuto Cellini ebbe dal duca Cosimo I l'incarico di creare la statua in bronzo del *Perseo*. Essa doveva esser posta nella Loggia dei Lanzi, in Piazza della Signoria, a fianco dei capolavori di Donatello (*Giuditta e Oloferne*) e di Michelangelo (*David*). Era questa per Cellini l'occasione di affermarsi come scultore e artista di successo. Ciò spiega l'enfasi eroica con cui egli, nella *Vita*, celebra l'impresa: l'eccezionale prestazione tecnica e l'impeto del furore creativo danno vita a un'opera «la quale mai non lo promette l'Arte, né si può fare in modo nissuno» (cfr. espansioni digitali **T** *La fusione di Perseo*).

Cellini riprende nella fusione del *Perseo* la tecnica della fusione a cera già usata, nel Quattrocento, da Ghiberti (1378-1455) per le formelle della Porta del Paradiso del Battistero di Firenze. Questa tecnica, assai elaborata, prevedeva cinque fasi: la preparazione del modello in cera, la cottura del modello, il getto di fusione, la rottura della forma e la rifinitura della scultura. Proprio questo modo estremamente sensibile di trattare il metallo permette a Cellini di fondere l'arte dell'orafo con quella dello scultore e di raggiungere l'effetto di manieristica eleganza che caratterizza il gruppo. Il corpo di *Perseo* è preziosamente modellato nei minimi particolari, dalla cesellatura dei riccioli, al disegno dell'elmo, al gioco sottile della muscolatura, ai raffinatissimi calzari: la bellissima testa di medusa compendia l'elegante armonia dell'insieme. La posizione di Perseo, bloccata frontalmente lungo la linea verticale, in un atteggiamento statico, conferisce tuttavia all'eroe un senso di classico decoro, suggerito dai vicini esempi di Donatello e di Michelangelo. Una fantasiosa ricerca formale si sbizzarrisce invece liberamente nella decorazione e nelle figurine del basamento.

Benvenuto Cellini, *Perseo*, 1545-1554. Firenze, Loggia dei Lanzi.

DAL RIPASSO ALLA VERIFICA

MAPPA CONCETTUALE — La narrativa in prosa

SINTESI

● **La novellistica della Controriforma**
La novellistica dell'età della Controriforma è come paralizzata dai divieti di natura morale. L'opera novellistica di maggior successo è una raccolta di cento novelle, gli *Hecatommiti* (1565) di Giambattista Giraldi Cinzio.

● **Il romanzo in Italia**
In Italia il romanzo in prosa stenta ad affermarsi. In questo periodo appaiono sì delle opere che tendono al romanzo, ma esse conservano i tratti di altri generi letterari; ne sono autori Giulio Cesare Croce e Benvenuto Cellini.

● **Giulio Cesare Croce**
Le sottilissime astuzie di Bertoldo (1606) e *Le piacevoli e ridicolose semplicità di Bertoldino* (1608), di Giulio Cesare Croce (1550-1609) non hanno una vera e propria struttura narrativa romanzesca, ma sembrano una raccolta di aneddoti unificati dalla figura di Bertoldo e del suo figlio sciocco, Bertoldino. Oscillano fra la forma teatrale delle farse carnevalesche e l'esposizione di facezie, sentenze, proverbi.

● **Benvenuto Cellini**
Alla struttura del romanzo si avvicina anche *La Vita* dell'artista, orafo e scultore Benvenuto Cellini (1500-1571). L'opera si presenta come un insieme di generi diversi (novelle, aneddoti, testi poetici, riflessioni, spunti religiosi, considerazioni tecniche sull'arte della scultura e dell'oreficeria) unificati dall'intento autoapologetico, difensivo e polemico dell'autobiografia.

DALLE CONOSCENZE ALLE COMPETENZE

1. Chi è il maggiore scrittore di novelle in Italia dell'età della Controriforma? Come è intitolata la sua raccolta di novelle e qual è il significato del titolo? (§ 1)

2. In che cosa la sua opera segue le orme del *Decameron* di Boccaccio? (§ 1)

3. Cosa significa il termine "post-tridentino"? (§ 1)

4. Quali finalità si propone la novellistica della Controriforma e perché i temi sono totalmente diversi da quelli trattati nel *Decameron* di Boccaccio? (§ 1)

5. Quali sono le maggiori opere in prosa in Italia dell'età della Controriforma? (§§ 2 e 3)

6. *Le sottilissime astuzie di Bertoldo* appartengono al genere comico o tragico? (§ 2)

7. *La vita* di Benvenuto Cellini a quale genere letterario appartiene? (§ 3)

8. In base al brano antologizzato (espansioni digitali T *La fusione di Perseo*) e all'immagine riportata in S1 descrivi la statua del Perseo e rifletti sul valore che essa ha avuto nella storia dell'arte oltre che nella vita dell'autore.

PROPOSTE DI SCRITTURA

LA SCRITTURA AUTOBIOGRAFICA

Scrivi una pagina autobiografica, mettendo per iscritto un episodio che ha avuto importanza nella tua formazione.

prometeo 3.0

Personalizza il tuo libro selezionando per questo capitolo materiali integrativi da Prometeo (di seguito ti proponiamo un elenco di materiali, ma puoi trovarne altri utilizzando il motore di ricerca).

● **SCHEDA** Nascita della figura dell'artista moderno
● **TESTO** Benvenuto Cellini, *L'evasione da Castel Sant'Angelo*

Capitolo X — PRIMO PIANO
Don Chisciotte della Mancia di Cervantes

My eBook+

Cliccando su questa icona, docenti e studenti accedono ad un'area di personalizzazione che permette di arricchire i contenuti digitali già linkati lungo le pagine del libro. Nell'area di personalizzazione è possibile infatti salvare ulteriori materiali: selezionati da Prometeo, prodotti autonomamente o ricercati nella rete.

▶ Per un elenco di materiali integrativi presenti nella biblioteca multimediale di Prometeo o per attivare una ricerca cfr. p. 310

Honoré Daumier, *Don Chisciotte sulle montagne*, 1850 circa. Tokyo, Bridgestone Museum of Art.

1. Cervantes: la vita e l'opera

Mentre in Italia il romanzo stenta ad affermarsi, in Spagna appare uno dei maggiori capolavori narrativi di tutti i tempi, il romanzo *Don Chisciotte della Mancia* di Cervantes.

L'esperienza italiana

Miguel de Cervantes Saavedra nasce ad Alcalá de Henares, in Nuova Castiglia, il **9 ottobre 1547**. Dopo un periodo di studi umanistici, nel 1569 Cervantes è **a Roma** al seguito del cardinale Giulio Acquaviva. Viaggia molto, prima in qualità di cortigiano e poi di soldato ed ha modo di conoscere **varie città italiane**, tra cui Firenze, Venezia, Ferrara, Palermo e Napoli, dove risiede per più di un anno. I ricordi entusiastici dell'Italia che si ritrovano nelle sue opere rimandano ai numerosi viaggi fatti in quel periodo. È certo inoltre che **l'esperienza italiana** costituisce un momento molto importante anche per la sua formazione culturale.

La guerra contro i Turchi e la prigionia ad Algeri

Nel **1570** Cervantes **si arruola nell'esercito** e nel '71 entra nella compagnia riunita da Diego de Urbina per la guerra contro i Turchi. Nello stesso anno prende parte alla **battaglia di Lepanto**. Per le ferite riportate in quella memorabile giornata, perde l'uso della mano sinistra ed è ricoverato nell'ospedale di Messina. L'anno seguente lo troviamo a combattere a Navarino, a Tunisi e alla Goletta. Nel 1575 parte per Napoli con il fratello Rodrigo per far ritorno in Spagna. Preso da corsari turchi, resta **cinque anni prigioniero ad Algeri**.

Il ritorno in Spagna

Tornato finalmente in Spagna, passa qui **anni difficili**: il ritorno, da cui si aspettava riconoscimenti e ricompense per l'eroismo dimostrato come soldato e prigioniero cristiano, si rivela in realtà segnato dall'indifferenza, dalle ristrettezze economiche e da molte umiliazioni.

La produzione letteraria e teatrale

Nel **1584** sposa Catalina de Salazar y Palacios, ma il matrimonio non dovette essere felice né la modesta dote recata dalla moglie riuscì a risolvere i suoi problemi finanziari. Si impiega così come **commissario di vettovagliamento per l'Invincibile Armata** e poi come riscossore di imposte in varie località dell'Andalusia. È in questi anni che **comincia a dedicarsi al teatro** facendo rappresentare a Madrid una ventina di opere, delle quali ci sono pervenute solo *La vita ad Algeri* e *L'assedio di Numanzia*. Nel **1585** pubblica **La Galatea**, romanzo pastorale da cui si attende la fama. Ma intanto la situazione precipita: l'Invincibile Armata – per cui Cervantes ha scritto una canzone augurale – vie-

CERVANTES E IL SUO TEMPO		
STORIA	**CRONOLOGIA**	**VITA E OPERE**
Concilio di Trento	1545-1563	
	1547	(9 ottobre) nasce ad Alcalá de Henares, vicino a Madrid
Filippo II re di Spagna	1556-1598	
pace di Cateau-Cambrésis	1559	
chiusura del Concilio di Trento	1563	
	1563-1568	studia prima a Siviglia presso i gesuiti e poi a Madrid sotto la guida dell'umanista Juan López de Hoyos
	1570	si arruola in un reggimento di fanteria dell'esercito di Marcantonio Colonna, che si raccoglie a Napoli per la guerra contro i Turchi
battaglia di Lepanto	1571	partecipa alla battaglia di Lepanto
	1572	combatte a Navarino, Tunisi e La Goletta
	1573-1575	è a Napoli, dove studia le opere dei poeti e dei trattatisti contemporanei
	1575	nel viaggio di ritorno in Spagna, la nave su cui è imbarcato viene assalita da corsari turchi
	1575-1580	è prigioniero ad Algeri
indipendenza dei Paesi Bassi dalla Spagna (repubblica delle Sette Provincie Unite)	1579	
	1580	è riscattato dal frate Juan Gil. Rientra in Spagna ed è prima a Valenza e poi a Madrid
	1580-1587	compone e fa rappresentare diverse opere teatrali; scrive e completa *La vita ad Algeri* e *L'assedio di Numanzia*
	1584	nasce la figlia Isabel e sposa Catalina de Salazar y Palacios
	1585	è a Siviglia quale commissario del vettovagliamento per l'Invincibile Armata e viaggia per l'Andalusia come esattore di imposte. Pubblica la prima parte del romanzo pastorale *La Galatea*
	1586-1597	a causa di problemi economici, svolge varie attività. Subisce accuse e scomuniche. Compone scritti di vario genere, soprattutto novelle
sconfitta dell'Invincibile Armata spagnola a opera della flotta inglese	1588	
	1602	è in carcere per presunte irregolarità nella sua attività di riscossore delle imposte; qui probabilmente inizia la stesura del *Chisciotte*
pace di Londra fra Spagna e Inghilterra	1604	
	1605	prima edizione di *El ingenioso hidalgo don Quijote de la Mancha*
tregua di dodici anni fra Spagna e Paesi Bassi	1609-1621	
editto spagnolo contro i *moriscos*	1609	
	1613	escono le *Novelle esemplari*
	1614	esce *Il viaggio nel Parnaso*, la più lunga delle sue composizioni poetiche
	1615	la *Segunda Parte del ingenioso hidalgo don Quijote de la Mancha*
	1616	(22 aprile) muore a Madrid
	1617	esce postumo *I travagli di Persiles e Sigismonda*

L'esperienza del carcere

ne sconfitta. Anche la sua vita privata diventa sempre più difficile. A **Siviglia** entra in contatto con gli ambienti della malavita della città. Il fallimento economico dei suoi fornitori (aveva l'incarico della fornitura di viveri per l'esercito) lo fa condannare, scomunicare e gettare in **carcere** per ben due volte (1592 e 1597). È forse qui, nel carcere di Siviglia, dove, sempre per problemi finanziari, lo troviamo ancora una volta nel 1602, che, stando a ciò che dice nel *Prologo*, egli abbozza l'idea del suo romanzo.

A Valladolid e poi a Madrid

In seguito si stabilisce a **Valladolid**, dove viene coinvolto nell'uccisione di un cavaliere. Seguendo Filippo III, che aveva trasferito la corte a **Madrid**, va a vivere in questa città, dove nel **1605** pubblica la **Prima Parte del *Don Chisciotte***. Nel 1613 escono le *Novelle esemplari*; nel 1614 il *Viaggio nel Parnaso*; nel 1615 seguono le *Otto commedie e otto intermezzi* e la **Seconda Parte del *Chisciotte***. Infine, postumo, nel 1617, esce *I travagli di Persiles e Sigismonda*, terminato qualche giorno prima della morte, avvenuta il **22 aprile 1616**.

Le due fasi della vita

La vita di Cervantes si può dunque considerare sostanzialmente **divisa in due parti**. **La prima**, che corrisponde agli **anni giovanili** e alla **piena maturità**, vede lo scrittore direttamente coinvolto nei principali avvenimenti della storia del suo tempo, protagonista di fatti straordinari, dalla battaglia di Lepanto alle spedizioni di Navarino, Tunisi e La Goletta; **nella seconda**, segnata dai duri anni della **prigionia di Algeri** e dall'amarezza per il mancato riconoscimento dei suoi meriti di soldato, è sempre più respinto ai margini della storia ufficiale, alle prese con problemi di ogni tipo, dai debiti, dalle ristrettezze economiche, dal carcere.

Disincanto personale e crisi storica

Questa **dolorosa storia privata** della seconda parte della vita, permette a Cervantes di vedere in una luce nuova anche gli avvenimenti della prima parte, e gli consente di cominciare a leggere e a **decifrare l'immagine del suo tempo** in una dimensione meno mitica ed esaltante e, proprio per questo, più acuta e dolorosa. A ciò lo induceva anche la crisi della potenza spagnola.

La Spagna fra grandezza e decadenza

Gli anni che vanno dal 1598 al 1620 segnano infatti un periodo cruciale per la **Spagna**, in bilico fra grandezza e decadenza. Dopo il 1620 questo processo di **decadenza** diventa **irreversibile**, segnando la progressiva scomparsa del grande impero spagnolo dalla scena politica europea.

Sullo sfondo di questa crisi si colloca **la lunga elaborazione del *Chisciotte***, esattamente nella fase che segna il passaggio tra ascesa e caduta dell'impero, tra Rinascimento maturo e Barocco, in quell'area culturale che si è soliti chiamare **Manierismo**.

2 Complessità e modernità del *Don Chisciotte*

La cultura di Cervantes

Per lungo tempo, a partire dai contemporanei, **Cervantes è stato considerato uno scrittore irregolare**, un intelletto creativo, ma **ingenuo** che, pur senza possedere una cultura superiore, riesce con la sua genialità a creare un capolavoro come il *Don Chisciotte*. Oggi invece, dopo gli studi novecenteschi, nessuno mette più in discussione la cultura di Cervantes.

Le interpretazioni critiche

S • Le interpretazioni critiche del *Chisciotte*

Cervantes e il *Chisciotte* sono stati al **centro dell'attenzione degli intellettuali e degli studiosi** nei momenti cruciali della storia culturale europea. Negli ultimi due secoli, poi, da Hegel a Marx, da Unamuno a Lukács, da Sklovskij a Segre e a Rico, il romanzo cervantino ha visto crescere l'interesse e le interpretazioni secondo prospettive di analisi diverse e spesso antitetiche (cfr. **S1**).

Dal romanzo cavalleresco verso il romanzo moderno

Analizziamo il problema delle scelte teoriche su cui è costruito il romanzo. Cervantes intravede nella varietà dei generi praticabile e nella diversità dei materiali offerti dai libri di cavalleria una possibile via di uscita per il romanzo, genere nuovo, e, come tale, non riconducibile ai canoni ufficialmente consacrati. Il punto di vista che Cervantes adotta nell'inoltrarsi su un terreno mai battuto prima è quello della **manipolazione parodica dei generi letterari utilizzati**, dal romanzo pastorale e cavalleresco alla novella italiana, per giungere nella Seconda Parte fino all'autoparodia e a elementi di romanzo nel romanzo.

S1 PASSATO E PRESENTE

Cervantes, Borges, Menard

In *Pierre Menard autore del «Chisciotte»*, il romanzo di Cervantes diventa pretesto per una delle tante "finzioni" borgesiane. Riportiamo qui un passo tratto dal racconto di Borges, contenuto in *Finzioni*. Il *Chisciotte* "riscritto" risulta identico all'originale di Cervantes, ma Pierre Menard è tutt'altro che un volgare plagiario: egli *diventa* Cervantes.

▶▶ [Pierre Menard] Non volle comporre un altro *Chisciotte* – ciò che è facile – ma *il Chisciotte*. Inutile specificare che non pensò mai a una trascrizione meccanica dell'originale; il suo proposito non era di copiarlo. La sua ambizione mirabile era di produrre alcune pagine che coincidessero – parola per parola e riga per riga – con quelle di Miguel de Cervantes.

«Il mio proposito è certo sorprendente, – mi scrisse il 30 settembre 1934, da Bayonne. – Ma l'oggetto finale d'una dimostrazione teologica o metafisica non è meno dato e comune del divulgato romanzo che mi propongo. La sola differenza è questa: che i filosofi pubblicano in gradevoli volumi le tappe intermedie del proprio lavoro, e io ho risoluto di cancellarle». Nel testo definitivo, infatti, non v'è alcuna correzione, alcuna aggiunta, che attesti questo lavoro di anni.

Il metodo che immaginò da principio, era relativamente semplice. Conoscere bene lo spagnolo, recuperare la fede cattolica, guerreggiare contro i mori o contro il turco, dimenticare la storia d'Europa tra il 1602 e il 1918, essere *Miguel de Cervantes*. [...]

Il raffronto tra la pagina di Cervantes e quella di Menard è senz'altro rivelatore. Il primo, per esempio, scrisse (*Don Chisciotte*, Parte Prima, capitolo IX):

...la verità, la cui madre è la storia, emula del tempo, deposito delle azioni, testimone del passato, esempio e notizia del presente, avviso dell'avvenire.

Scritta nel secolo XVI, scritta dall'*ingenio lego* Cervantes, quest'enumerazione è un mero elogio retorico della storia. Menard, per contro, scrive:

...la verità, la cui madre è la storia, emula del tempo, deposito delle azioni, testimone del passato, esempio e notizia del presente, avviso dell'avvenire.

J.L. Borges, *Finzioni*, Einaudi, Torino 1971.

Mentre **da un lato egli procede in pieno accordo con le poetiche rinascimentali, dall'altro ne infrange continuamente i limiti**, scavalcandole e puntando in direzione del Barocco. Da ciò derivano la **complessità del romanzo di Cervantes e la sua modernità**.

3 La composizione: datazione, titolo e storia del testo

La pubblicazione delle due parti (1605 e 1615)

La Prima Parte del romanzo fu pubblicata nel **1605** a Madrid, in **52 capitoli**, con il titolo *El ingenioso hidalgo don Quijote de la Mancha* [L'ingegnoso *hidalgo* don Chisciotte della Mancia]. Come si desume dal *Prologo*, la stesura doveva risalire agli anni precedenti, trascorsi in carcere. **La Seconda Parte** apparve, sempre a Madrid, nel **1615** (*Segunda parte del ingenioso hidalgo don Quijote de la Mancha*) in **74 capitoli**.

Fra la prima e la seconda parte del romanzo trascorrono dunque **dieci anni**. Nella Prima Parte don Chisciotte effettua due sortite che occupano rispettivamente i capitoli I-VI e VII-LII. Dopo aver ricondotto a casa il suo eroe, Cervantes, pur accennando a una successiva sortita alla volta di Saragozza, dà l'impressione di aver posto fine alla storia. **La spinta a riprendere e a completare il romanzo** risale probabilmente al **1614**, quando uscì a Tarragona un **apocrifo** *Segundo tomo del ingenio-*

Il Don Chisciotte apocrifo del 1614

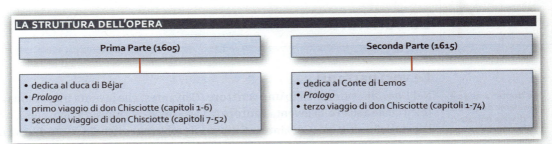

Illustrazione di Gustave Doré per il *Don Chisciotte* di Cervantes.

so hidalgo don Quijote de la Mancha, a cura di **Alonso Fernández de Avellaneda**, pseudonimo che non è stato possibile decifrare. Si tratta di **una continuazione del *Don Chisciotte* scritta in polemica con l'opera di Cervantes**. Questo fatto induce Cervantes a riprendere il *Don Chisciotte* o ad accelerarne una continuazione già iniziata. **Questa seconda parte**, oltre a essere fortemente polemica con il *Chisciotte* di Avellaneda, serve anche, per Cervantes, come una difesa della propria opera. Egli tende infatti a caratterizzare il suo don Chisciotte, quello "vero", in contrasto esplicito con quello dell'apocrifo, e arriva addirittura a modificarne la trama: al capitolo 59 della Seconda Parte, don Chisciotte, che avrebbe dovuto recarsi alle giostre di Saragozza, cambia itinerario quando apprende che a Saragozza è già stato il don Chisciotte di Avellaneda. Il contrattacco dell'autore è affidato, oltre che alla **Dedica al Conte di Lemos**, suo protettore, al *Prologo* della Seconda Parte, a conclusione del quale, rivolgendosi al lettore, egli afferma: «...né a te voglio dire altro se non avvertirti di considerare che questa seconda parte del Don Chisciotte che ti offro è tagliata dallo stesso artigiano e dallo stesso panno della prima, e che in essa ti mostro don Chisciotte continuato, e infine, morto e sepolto, affinché nessuno si azzardi più a produrgli nuovi testimoni» [cioè a pubblicare nuove testimonianze delle sue avventure].

La polemica con il Don Chisciotte *apocrifo*

4 La scrittura

Le voci narranti

Nel *Don Chisciotte* abbiamo **uno scrittore** (Cervantes) che inventa **un personaggio** (don Chisciotte), il quale a sua volta inventa **l'autore** (Cide Hamete, il cronista arabo) che servirà come **fonte** per l'opera dello scrittore (Cervantes). Ciò pone il problema critico del punto di vista narrativo.

La "fonte" araba e il problema del punto di vista narrativo

Il rapporto ambiguo con la "fonte" araba

Questa costruzione permette a Cervantes di dare scherzosamente la colpa di ciò che è narrato a un miscredente (che per questo non merita nessuna fiducia) e per di più mago (depositario, cioè, di un sapere che nessun mortale possiede); così facendo, **Cervantes può sdoppiarsi**, atteggiandosi ora a relatore irresponsabile, ora a critico che contesta o rivede le affermazioni della fonte. **Cide Hamete Benengeli**, evocato da don Chisciotte fin dalla prima uscita, è il sapiente che dovrà narrare la storia vera delle sue imprese (I, 2). Egli prende nome e corpo nel capitolo IX, quando la battaglia fra don Chisciotte e il biscaglino si interrompe per mancanza di documenti e altri scritti sulla vicenda. Fino a questo momento la storia era stata condotta su testimonianza degli archivi della Mancia da un non ben definito «autore di questa storia» (I, 8).

Cide Hamete

A questo punto, con nostra sorpresa, **entra in scena lo stesso Cervantes**, che, passeggiando per il mercato di Toledo, trova per caso degli scartafacci in arabo e si accorge che essi contengono una *Historia de don Quijote de la Mancha, escrita por Cide Hamete Benengeli, historiador arábigo*; incuriosito, Cervantes decide di assoldare un moro cristianizzato per tradurre il testo. Da questo momento in poi, la presenza di Cide Hamete si farà sentire frequentemente nel romanzo. L'autore della storia, chi narra, è dunque ufficialmente Cide Hamete: un artificio letterario non nuovo, anzi tradizionale, nei libri di cavalleria, che Cervantes riprende con intenzione parodica.

Menzogna e verità

Cide Hamete Benengeli, lo scrittore della «verace storia», è un **«historiador arábigo»**, scrive cioè nella lingua degli infedeli, menzognera per natura (I, 9); dunque **Cide Hamete è bugiardo e veritiero insieme**, rispecchiando anche in questa contraddizione la più generale ambivalenza tra falso e vero operante nel romanzo. Ma egli è anche «sabio encantador», cioè mago e, come tale, è onnisciente.

Lo sdoppiamento di Cervantes

Cervantes, l'autore onnisciente effettivo, **si sdoppia così in un suo sosia comico**, con il quale instaura un continuo rapporto parodico, anche se è difficile stabilire dove una voce finisca e inizi l'altra.

La struttura a intreccio

Nel *Don Chisciotte* la successione lineare degli avvenimenti (le avventure di don Chisciotte e Sancio) viene spesso interrotta da **inserti narrativi** che a volte si innestano sulla trama, a volte restano estranei.

Somiglianza con il romanzo picaresco e con il poema cavalleresco

Come nel romanzo picaresco, il viaggio dell'eroe produce non solo **una serie di avventure** che lo coinvolgono, ma anche numerosi incontri con altri personaggi, che a volte restano estranei all'azione principale, a volte invece si intrecciano con essa. **Il procedimento dell'intreccio delle narrazioni**, o dell'*entrelacement*, deriva dai modelli dei poemi cavallereschi. Evidentemente, infatti, Cervantes si è rifatto al modo con cui Ariosto utilizza le novelle.

L'amore utopico di don Chisciotte e quello terreno e realistico della sua società

Nel *Don Chisciotte* quasi tutte **le novelle** inserite all'interno della narrazione principale **hanno come elemento comune l'amore**. Don Chisciotte ama Dulcinea in maniera astratta e quasi metafisica, ama l'immagine che si è fatto di lei, senza però concedere niente alla realtà. Alla fissità del sogno di don Chisciotte corrispondono invece negli inserti novellistici ampi squarci di realtà: i personaggi si muovono seguendo il filo delle loro passioni sulla base di avventure tutte terrene. Ciò permette di definire il senso fallimentare della *quête* (ricerca) del personaggio. **La rappresentazione realistica dell'amore e della società, affidata alle novelle**, serve dunque come controcanto alle avventure del cavaliere follemente utopista e idealista; come in Ariosto, serve a svelarne il senso, rovesciandone la prospettiva.

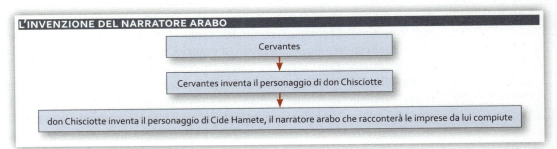

L'INVENZIONE DEL NARRATORE ARABO

Cervantes → Cervantes inventa il personaggio di don Chisciotte → don Chisciotte inventa il personaggio di Cide Hamete, il narratore arabo che racconterà le imprese da lui compiute

Il "prospettivismo"

Il saggio di Spitzer

Il problema dello stile del *Chisciotte* è stato indagato con grande rigore filologico dal critico austriaco **Leo Spitzer**, in un saggio, *Prospettivismo linguistico del Chisciotte*, rimasto per molti aspetti insuperato.

L'instabilità dei nomi attribuiti a don Chisciotte

Il lettore del *Chisciotte*, dice Spitzer, viene colpito dalla **instabilità dei nomi** attribuiti ai principali personaggi del romanzo. Per esempio, nel capitolo I, Cervantes afferma che il protagonista è stato chiamato tanto Quijada quanto Quesada o Quijana. Fra questi nomi, l'*hidalgo* sceglie quello che dovrà portare per tutto il libro: Quijote. Alla fine, guarito dalla sua febbre, riprende il suo nome originale: «io non son più don Chisciotte della Mancia, ma Alonso Quijano, a cui i suoi costumi meritarono il nome di Buono» (II, 74). E altrettanto accade con i nomi di Dulcinea, di Giovanna Panza, di Hamete Benengeli.

La polionomasia e la plurivalenza dei significati

Questo procedimento linguistico, che nel romanzo trova il suo potente motore in Sancio, il quale spesso altera i nomi in conformità dei rapporti di idee più coerenti con la sua levatura intellettuale, crea l'**effetto della polionomasia o pluralità dei nomi**. Secondo Spitzer, Cervantes si avvale di polionomasia e polietimologia (pluralità delle derivazioni etimologiche dei nomi) per poter rivelare la plurivalenza di significati che le parole assumono nelle menti dei vari personaggi. Lo stesso ricorso a **prospettive multiple** (poliprospettivismo) è usato da Cervantes nel trattamento dei nomi comuni. Rientra pure nella struttura del prospettivismo linguistico l'atteggiamento di Cervantes verso **dialetti e gerghi**, che egli considera sistemi espressivi in grado di riflettere i diversi aspetti della realtà.

I dialetti e i gerghi

Polivalenza delle parole e pluralismo delle verità

Il fatto che le parole siano polivalenti, che assumano cioè diversi significati per le diverse menti umane, fa emergere il **pluralismo presente nei vari aspetti della realtà**. Questo procedimento consente a Cervantes di non attribuire alle cose un carattere di verità assoluta e di sottolineare, al contrario, la loro molteplicità e mutevolezza. **Le parole** non sono più depositarie di verità, come nel Medioevo, e neppure manifestazione di libera creatività, come nel Rinascimento: esse **rappresentano ora l'aspetto ingannevole della realtà**, che, per l'artista manierista, è mutevole e prismatica, «inganno degli occhi», illusione, sogno.

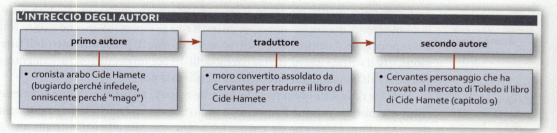

L'INTRECCIO DEGLI AUTORI

primo autore	traduttore	secondo autore
cronista arabo Cide Hamete (bugiardo perché infedele, onnisciente perché "mago")	moro convertito assoldato da Cervantes per tradurre il libro di Cide Hamete	Cervantes personaggio che ha trovato al mercato di Toledo il libro di Cide Hamete (capitolo 9)

5 I temi della follia e della cavalleria

Il tema della follia nella letteratura del Cinquecento

Nel corso del Cinquecento **l'immagine della follia** comparve con grande frequenza e ricchezza di valori nella letteratura. Si pensi, per esempio, a **Erasmo** o ad **Ariosto**, che la utilizzarono per analizzare in profondità i comportamenti dell'uomo o le situazioni sociali. Il tema della follia appare anche in **Shakespeare** e ovviamente in **Cervantes**, nei quali si carica di elementi tragici, mettendo a nudo le contraddizioni, le paure e le passioni degli uomini.

La confusione fra letteratura e vita

La follia di don Chisciotte ha un'origine ben precisa: **la lettura dei libri di cavalleria**. Ma leggere libri è dunque una colpa? È chiaro che Cervantes non intende condannare tanto la passione per quei libri, quanto la **confusione fra letteratura e vita** che ne deriva. Don Chisciotte parla e si muove come un eroe dei suoi romanzi, sogna continuamente di resuscitare le imprese dei più famosi ca-

Robert Smirke, *Illustrazione per il Don Chisciotte di Cervantes*, 1818. Londra, Tate Gallery.

valieri erranti e tutta la storia non è altro che «un confronto fra il romanzo da scrivere e quello effettivamente scritto coi fatti, cioè il fallimento» (Segre). **La condanna, dunque, non colpisce i libri, ma l'uso che se ne può fare** ed è chiaro che l'errore di don Chisciotte consiste proprio nel tentativo assurdo di voler adeguare quelle imprese alla realtà, facendole rivivere.

L'opposizione follia-saggezza

La sua pazzia si attiva solo in determinate condizioni: don Chisciotte è saggio quando non viene contraddetto sulle presunte verità del suo mondo immaginario ed è folle quando qualcuno tenta di ricondurlo alla ragione. Su questa opposizione follia-saggezza si basa l'interpretazione del personaggio e, a seconda che prevalga l'una o l'altra tesi, don Chisciotte diventa l'eroe del «comico» o del «tragico».

Decadenza reale e sopravvivenza letteraria della cavalleria

La cavalleria, già a partire dal primo Cinquecento, è in decadenza (cfr. vol. 2). Eppure, la sua figura letteraria mantiene una certa vitalità, anche se aggiornata alle nuove esigenze storico-sociali. L'aspetto della decadenza reale è al centro del *Don Chisciotte* di Cervantes, scritto quando ormai, al principio del Seicento, il processo è irreversibile. Il protagonista del romanzo è **un *hidalgo***, cioè appartiene alla piccola nobiltà. **La sua idealizzazione della cavalleria**, operata su testi fantastici, è appunto una risposta alla perdita di una funzione sociale. Don Chisciotte crede di combattere per il bene e la giustizia in un mondo che non ha alcun bisogno di lui. Lo stato moderno, per quanto consenta ancora la sopravvivenza di zone arretrate e "feudali", comporta un'organizzazione che non gli concede spazio. Le straordinarie avventure che la sua follia inventa servono a compensare una vita quotidiana modesta se non triste: le rendite sono scarse, il suo abbigliamento è povero e ben lontano dallo sfarzo che si impone a corte, la servitù si riduce a una governante e a un garzone tuttofare. L'*hidalgo* è cioè schiacciato fra la grande nobiltà e la borghesia che si arricchisce con i traffici nel Nuovo Mondo. **Don Chisciotte è così un sopravvissuto, legato non solo a un'ideologia tramontata**, ma anche a un sistema di vita e a modi di produzione sorpassati. Incapace di amministrare saggiamente le sue proprietà, disinteressato alla fine anche a una pratica nobiliare per eccellenza come la caccia, il buon uomo **cerca nella letteratura un riscatto esistenziale**. Quello che era uno svago o un intrattenimento, diviene il centro della vita. La follia del personaggio è in questo scambio e in questa perdita d'identità.

Idealizzazione, follia e perdita di funzione sociale

Il finale edificante: trionfo dei principi controriformistici

Negli ultimi capitoli del romanzo, don Chisciotte attraversa **una nuova pazzia**, questa volta **non cavalleresca ma pastorale**: segno che le mode letterarie mutano. Ma alla fine, e ancora attraverso la lettura, si converte a una vita devota e muore rasserenato. La letteratura non è più follia, ma ammaestramento edificante: i principi della Controriforma trionfano.

6. La dinamica dei personaggi: don Chisciotte e Sancio Panza

Don Chisciotte e Sancio Panza, due personaggi opposti e complementari

La dinamica interiore che guida i personaggi del *Chisciotte* costituisce uno dei temi più contrastati della critica cervantina, almeno a partire dal Romanticismo. È in quest'epoca che si prende coscienza del **dualismo fra don Chisciotte e Sancio**: il primo, alto, magro, allampanato, troverebbe un naturale contrappunto nella rotondità corposa e tutta terrena del secondo. Al cavaliere dell'ideale, perennemente in lotta con la realtà, si opporrebbe lo scudiero materialista e positivo. Ma un'opposizione così rigida finisce inevitabilmente per mettere in ombra il rapporto che unisce i due in maniera sì antitetica eppure anche complementare. Si può dire, in effetti, che se don Chisciotte si muove sulla linea follia-saggezza, Sancio si muove sulla linea parallela di credulità-buonsenso.

Evoluzione di Sancio

La definizione di **Sancio** deve tener conto, ancora più di quella di don Chisciotte, dello **sviluppo del personaggio attraverso il romanzo**. **Inizialmente** infatti si ha una specie di mimetismo dello scudiero rispetto al cavaliere, **ma poi**, gradatamente, assistiamo a una progressiva integrazione dei due personaggi. **Nella Prima Parte** infatti è soprattutto Sancio che aderisce al mondo e alle visioni di don Chisciotte, ne assimila il linguaggio, fa suo il codice cavalleresco; **nella Seconda**, Sancio, che si è ormai impossessato dei meccanismi intellettuali del suo padrone, si trasforma invece nel suo principale ingannatore. Si attua così quella che il critico spagnolo Salvador de Madariaga ha chiamato la **«sancizzazione» di don Chisciotte**, in contrapposizione alla **«chisciottizzazione» di Sancio**.

La perdita dell'equilibrio in don Chisciotte e in Sancio

Ciò che unisce don Chisciotte e Sancio è il fatto che **ambedue**, a un certo momento della vita, **perdono l'equilibrio a causa di un'illusione**: nel primo, questa è rappresentata dal **desiderio di gloria e dall'amore per Dulcinea**, nel secondo da un'**ambizione materiale**, quella di **governare un'isola**. In realtà l'elemento che muove entrambi è la fede nei valori della cavalleria errante.

La sapienza di Sancio

Il personaggio che subisce una maggiore evoluzione è comunque Sancio. Ciò che lo caratterizza è soprattutto il **buonsenso**, che, progressivamente, **diventa vera e propria saggezza**. Questa ha il suo fondamento nei proverbi, che consentono di esprimere una visione della vita e del mondo. Proprio la mescolanza di una sapienza popolare e una letteraria assimilata da don Chisciotte porta Sancio a elevarsi gradualmente e a fissare una propria scala di valori. Sancio, addirittura, avrà modo di **esercitare questa saggezza durante il governo dell'isola di Barattaria**. È in questa occasione che egli deve mettere in atto, con il suo realismo e la sua concretezza, una sapienza che don Chisciotte mantiene sempre sul piano dell'astrazione (cfr. **S2**).

Pablo Picasso, *Don Chisciotte*, 1955.

S2 MATERIALI E DOCUMENTI

Il personaggio di Sancio Panza: un possibile archetipo culturale

Riportiamo qui un passo di un saggio di Bachtin che analizza in chiave antropologica il ruolo di Sancio nel romanzo. Per Bachtin il comico e il riso derivano dallo scontro fra modelli culturali diversi e dall'improvvisa irruzione degli strati bassi, materiali, della vita dentro i modelli della cultura.

▶▶ Il grosso ventre di Sancio ("Panza"), il suo appetito e la sua sete, sono ancora profondamente carnevaleschi;[1] il suo desiderio di abbondanza e di pienezza non ha ancora un carattere egoista e personale: è il desiderio di abbondanza generale. Sancio è il discendente diretto degli antichi demoni panciuti della fecondità, che troviamo raffigurati, per esempio, in alcuni celebri vasi corinzi. Perciò nelle immagini del mangiare e del bere è ancora vivo, in questo caso, l'elemento del banchetto popolare e della festa. Il materialismo di Sancio – la sua pancia, il suo appetito, i suoi abbondanti escrementi – sono il "basso"[2] assoluto del realismo grottesco:[3] è la gioiosa tomba corporea (pancia, ventre, terra), scavata per l'idealismo di Don Chisciotte, un idealismo isolato, astratto e necrotizzato;[4] e in questa tomba il "cavaliere dalla triste figura" sembra dover morire per nascere di nuovo, migliore e più grande; è il correttivo materiale, corporeo e universale alle pretese individuali, astratte e spirituali, ed è inoltre il correttivo popolare del riso alla serietà unilaterale di queste pretese spirituali (il "basso" assoluto ride senza tregua: è la morte che ride e che dà la vita). Il ruolo di Sancio in rapporto a Don Chisciotte potrebbe essere paragonato a quello delle parodie medievali in rapporto alle ideologie e al culto ufficiale, al ruolo del buffone in rapporto al cerimoniale serio, a quello di *Charnage* in rapporto a *Carême*,[5] ecc. Il gioioso principio rigeneratore, anche se in forma indebolita, esiste ancora nelle immagini materializzanti di tutti quei mulini a vento (giganti), taverne (castelli), prostitute (nobili dame), ecc. Tutto ciò non è altro che un tipico carnevale grottesco che trasforma la battaglia in cucina e in banchetto, le armi e le armature in utensili domestici e catini da barbiere, il sangue in vino (l'episodio della battaglia con le botti di vino). Questo è il primo aspetto carnevalesco della vita di tutte le immagini materiali e corporee nelle pagine del romanzo di Cervantes. Ma è proprio questo aspetto che crea il grande stile del realismo di Cervantes, la sua universalità e la sua profonda utopia popolare.

M. Bachtin, *L'opera di Rabelais e la cultura popolare*, Einaudi, Torino 1979, pp. 27-28.

1 sono…carnevaleschi: nel Medioevo le festività di tipo carnevalesco avevano un posto considerevole nella vita del popolo. Esse si opponevano alla cultura ufficiale, sia feudale che ecclesiastica. Tutte queste forme (divertimenti di piazza, parodie, riti e culti comici) possedevano una loro unità ed erano parti integranti della cultura comica popolare, opposta a quella conformistica delle classi dominanti.
2 sono il "basso": secondo Bachtin il riso popolare è sempre legato al «basso» materiale corporeo. «L'alto è il cielo; il basso è la terra; la terra è il principio dell'assorbimento (la tomba, il ventre) ed è nello stesso tempo quello della nascita e della resurrezione (il seno materno)».
3 del realismo grottesco: Bachtin chiama «realismo grottesco» una concezione estetica che dal Medioevo giunge fino al Rinascimento (Rabelais, Cervantes); essa si fonda sul principio materiale e corporeo, eredità della cultura comica popolare, «presentato nel suo aspetto universale, utopico e festoso».
4 necrotizzato: propriamente: 'che ha subito un processo di necrosi'; qui vale 'morto, imbalsamato'.
5 *Charnage…Carême*: Carnevale opposto a Quaresima, ma in termini alimentari, cioè come periodo in cui si può mangiare la carne senza restrizioni (*Charnage*).

La lingua di Sancio e quella di don Chisciotte

L'entrata di Sancio nel romanzo comporta anche alcuni **cambiamenti sul piano della narrazione**. **Nella prima uscita**, don Chisciotte era solo, per cui il narratore doveva riferire i pensieri e le azioni del personaggio, usando i modi del discorso indiretto, intercalato dal monologo. Quando Sancio entra in scena, Cervantes adotta invece **un punto di vista dialogico** che gli consente di mettere a confronto **due diversi livelli linguistici**: più immediato ed espressivo, quello di Sancio; più raffinato e altamente letterario, quello di don Chisciotte. **La lingua di Sancio**, con i suoi proverbi e con le sue comiche storpiature, consente, attraverso l'impiego di vari registri linguistici, una più ampia rappresentazione della realtà e dei diversi punti di vista che la compongono.

Il *Prologo* del *Don Chisciotte*

Il *Prologo* della Prima Parte

Nel **Prologo** della Prima Parte, Cervantes scherza amabilmente sul fatto di non avere a disposizione la consueta attrezzatura dei prologhi tardo-rinascimentali – sonetti, epigrammi, elogi –, che fanno la fortuna di un'opera. Mentre riflette, incerto sul da farsi, entra per caso un amico che tenta di con-

Il libro è rivolto ai lettori non colti, ma dotati di tempo libero

vincerlo a pubblicare il libro così com'è, senza preoccuparsi molto del *Prologo*. Nel corso di questo immaginario colloquio, Cervantes ha occasione di sottolineare la novità del libro, indirizzato a un **«desocupado lector»**, cioè a un lettore non colto, che ha invece a disposizione la qualità fondamentale del lettore moderno, il tempo necessario per la lettura dei romanzi. **Si tratta dunque di un *Prologo* nuovo** non solo perché racconta se stesso nel momento in cui si fa, ma anche perché si rivolge a un pubblico nuovo, quello dei lettori di *novelas* (cioè di romanzi), che non hanno bisogno dell'autorità di Aristotele per giudicare un libro buono o cattivo, ma dispongono del loro «libero arbitrio come chiunque altro» e possono esprimere il loro giudizio sull'opera senza preconcetti.

8 | La vicenda del romanzo: la prima uscita di don Chisciotte (Parte Prima, capitoli I-VI)

Don Chisciotte, dopo avere letto molti poemi cavallereschi, si fa cavaliere errante

In un paese della **Mancia** vive un **povero *hidalgo*** di circa cinquant'anni, il cui cognome è Quijada o Quesada, anche se l'autore suppone che si chiamasse Quijana. «Di corporatura vigorosa, secco, col viso asciutto», egli **passa il suo tempo a leggere libri di cavalleria**, dei quali discute con **il barbiere** del paese, mastro Nicola, e con il curato, uomo colto, laureato a Siguenza. Ma, a forza di passare notte e giorno su quelle letture, gli si inaridisce il cervello in maniera che **«perde il giudizio»**. Completamente immerso nel suo mondo fantastico, **decide di farsi cavaliere errante** «per accrescere il proprio nome e servire la patria». Dopo avere a lungo pensato, sceglie un nome per il suo cavallo – che chiama Ronzinante – e si risolve a chiamarsi don Chisciotte, aggiungendo al suo nome quello della sua patria, la Mancia, in onore del famoso cavaliere Amadigi di Gaula. E sembrandogli degno di un cavaliere dedicarsi completamente a una donna, **sceglie come dama** dei suoi pensieri una giovane contadina «di aspetto avvenente», di cui un tempo era stato innamorato, di nome Aldonza Lorenzo e la chiama **Dulcinea del Toboso** (cfr. **T1**). Terminati i suoi preparativi, parte, ma, rendendosi conto di non essere stato armato cavaliere, decide di rimediarvi alla prima occasione; dopo aver vagato tutto il giorno, la sera giunge in una locanda che egli scambia per un castello. Dal castellano – in realtà l'oste – **si fa armare cavaliere** dopo una regolare veglia d'armi. All'alba don Chisciotte riparte per andare, su consiglio dell'oste, a provvedersi di denaro e di uno scudiero: strada facendo, compie **il suo primo atto di giustizia**: obbliga un contadino a smettere di picchiare il suo garzone. Ma, allontanatosi don Chisciotte, il garzone vedrà raddoppiata la dose di frustate.

Prime avventure

Ritorno a casa

Don Chisciotte prende poi un sacco di botte da alcuni **mercanti toledani** che egli vorrebbe costringere a rendere omaggio all'impareggiabile bellezza di Dulcinea. Infine, stremato e fuori di sé, **è raccolto da un contadino del suo paese che lo riporta a casa** dove la nipote e la governante lo stavano aspettando con ansia. Durante la notte, il curato e il barbiere fanno **un rogo dei libri** trovati nella sua biblioteca, responsabili della follia del loro amico, salvandone ben pochi.

Honoré Daumier, *Don Chisciotte e Sancho Panza*, 1866-1868. Berlino, Alte Nationalgalerie.

T1 La follia di un «hidalgo»

OPERA
Don Chisciotte della Mancia, I, 1

CONCETTI CHIAVE
- la degradazione del presente
- la critica ai romanzi cavallereschi, responsabili della follia del protagonista

FONTE
Qui è utilizzata la traduzione di Vittorio Bodini, *Don Chisciotte della Mancia*, Einaudi, Torino 1957.

È questo il primo capitolo del Don Chisciotte, *nel quale Cervantes presenta il suo eroe, definendone la condizione sociale e le abitudini di vita. Alto, magro, allampanato, don Chisciotte è un hidalgo ["nobiluomo"] di provincia che vive della rendita di una modesta proprietà e occupa il tempo libero dedicandosi alla caccia e alla lettura dei libri di cavalleria. Delineati rapidamente i caratteri del personaggio, Cervantes ci introduce subito all'interpretazione della sua pazzia. Convinto della possibilità di far rivivere i valori della cavalleria errante, don Chisciotte decide di andare per il mondo in cerca di avventure: ripulisce le armi, sistema il suo ronzino e sceglie una dama cui dedicare tutte le imprese che dovrà compiere.*

In un paese della Mancia, di cui non voglio fare il nome, viveva or non è molto uno di quei cavalieri che tengono la lancia nella rastrelliera, un vecchio scudo, un ossuto ronzino e il levriero da caccia.[1] Tre quarti della sua rendita se ne andavano in un piatto più di vacca che di castrato, carne fredda per cena quasi ogni sera, uova e prosciutto il sabato, lenticchie il venerdì e qualche piccioncino di rinforzo alla domenica.[2] A quello che restava davano fondo il tabarro di pettinato[3] e i calzoni di velluto per i dì di festa, con soprascarpe dello stesso velluto, mentre negli altri giorni della settimana provvedeva al suo decoro[4] con lana grezza della migliore. Aveva in casa una governante che passava i quarant'anni e una nipote che non arrivava ai venti, più un garzone per lavorare i campi e far la spesa, che gli sellava il ronzino e maneggiava il potatoio.[5] L'età del nostro cavaliere sfiorava i cinquant'anni; era di corporatura vigorosa, secco, col viso asciutto,[6] amante d'alzarsi presto al mattino e appassionato alla caccia. Ritengono che il suo cognome fosse Quijada o Quesada, e in ciò discordano un poco gli autori che trattano questa vicenda; ma per congetture abbastanza verosimili si può supporre che si chiamasse Quijana.[7] Ma questo, poco importa al nostro racconto: l'essenziale è che la sua narrazione non si scosti di un punto dalla verità.[8]

Bisogna dunque sapere che il detto gentiluomo, nei momenti che stava senza far nulla (che erano i più dell'anno), si dedicava a leggere i libri di cavalleria[9] con tanta passione, con tanto gusto, che arrivò quasi a trascurare l'esercizio della caccia, nonché l'amministrazione della sua proprietà, e arrivò a tanto quella sua folle mania che vendette diverse staia di terra da semina per comprare romanzi cavallereschi da leggere, e in tal modo se ne portò in casa quanti più riuscì a procurarsene, e fra tutti, non ce n'erano altri che gli piacessero quanto quelli composti dal famoso Feliciano de Silva,[10] poiché il nitore della sua prosa e quei suoi ingarbugliati ragiona-

---

- **1 cavalieri...da caccia**: lancia, scudo, ronzino erano i segni distintivi di un *hidalgo* di campagna.
- **2 Tre quarti...alla domenica**: questo elenco di pasti di ripiego caratterizza la condizione sociale del personaggio. Si tenga conto che la carne di vacca a quel tempo costava meno di quella di montone (**castrato**) e che la precisazione **lenticchie il venerdì** è, secondo Castro, maligna, perché era credenza comune che le lenticchie predisponessero alla pazzia.
- **3 tabarro di pettinato**: mantello di lana, per lo più ampio e pesante.
- **4 provvedeva al suo decoro**: portava abiti di lana grezza, di minor pregio, ma ugualmente decorosi.
- **5 potatoio**: nome generico di oggetti taglienti usati per potare (roncola, coltello, forbici).
- **6 L'età...viso asciutto**: il ritratto di don Chisciotte richiama le caratteristiche fisiche che Huarte de San Juan attribuisce alle persone che si distinguono per indole collerica e malinconica, facilmente soggetta a manie. Si noti inoltre che l'età di don Chisciotte coincide con quella dell'autore e contrasta quindi con l'immagine tradizionale del giovane eroe.
- **7 Ritengono...Quijana**: la composizione del nome spagnolo "Quijote", formato dalla radicale "quij"-'mascella' + il suffisso -"ote", che in castigliano ha un valore dispregiativo, è probabilmente modellata sul *Lanzarote* («Lancillotto») la cui storia era molto diffusa in Spagna. La scelta del nome assume pertanto una bivalenza di significato che suona comica per il lettore (Spitzer).
- **8 l'essenziale...verità**: è l'imitazione del vero che riprende il concetto classico della *mimesis* aristotelica (*Poetica*, 1).
- **9 i libri di cavalleria**: nella Spagna del Cinquecento i lettori di questo genere di letteratura erano assai numerosi; si andava dalle persone più umili a personaggi come Lope de Vega, Santa Teresa o lo stesso imperatore Carlo V. Il fenomeno di lettori impazziti a causa di questo tipo di letture è testimoniato da fonti che precedono di molti anni il *Don Chisciotte*.
- **10 Feliciano de Silva**: «Poeta spagnolo che raggiunse grande celebrità assecondando i gusti del suo tempo con una serie di continuazioni dei testi letterari più in voga» (Moro Pini). Soprattutto nel romanzo cavalleresco ottiene notevole fama con l'*Amadís de Grecia* che prosegue l'*Amadís de Gaula* di García Rodríguez de Montalvo (1508).

menti gli parevano una delizia, specie quando arrivava a leggere quelle dichiarazioni amorose o quelle lettere di sfida, dove in certi punti trovava scritto: «La ragione dell'irragionevole torto che alla mia ragione vien fatto, mortifica in tal modo la mia ragione, che con ragione mi dolgo della vostra bellezza». O quando leggeva: «...gli alti cieli che nella vostra divinità divinamente con le stelle vi fortificano e vi fanno meritare il merito che merita la grandezza vostra».[11]

Con questi ragionamenti il povero cavaliere perdeva il giudizio, e stava sveglio la notte per capirli e cavarne fuori un senso, dove non avrebbe saputo cavarcelo e capirci nulla nemmeno Aristotele in persona, se fosse risuscitato apposta.[12] Non lo persuadevano molto le ferite che Belianigi[13] dava e riceveva, considerando che per quanto lo avessero curato grandi chirurghi, non poteva fare a meno di avere il viso e tutto quanto il corpo intieramente coperto di cicatrici e di ricordi. Ma con tutto ciò, ne lodava l'autore, perché chiudeva il libro promettendo il seguito di quell'interminabile avventura, e molte volte gli venne il desiderio di prendere la penna e scriver lui la fine, prendendo alla lettera l'invito dell'autore;[14] e certamente lo avrebbe fatto, e vi sarebbe riuscito, se altri pensieri più importanti e più assidui non gliel'avessero impedito. Più volte si trovò a discutere con il curato del paese (che era un uomo colto, laureato a Siguenza)[15] su chi era stato il miglior cavaliere: se Palmerino d'Inghilterra o Amadigi di Gaula; ma maestro Nicola, barbiere della medesima località, diceva che non c'era nessuno che arrivasse al Cavaliere di Febo, e che se qualcuno gli si poteva paragonare era Galaor,[16] fratello di Amadigi di Gaula, perché aveva eccellenti virtù in ogni cosa; non era un cavaliere svenevole, né lagrimoso come il fratello, e in quanto a valore non gli restava indietro.

Insomma, tanto s'immerse nelle sue letture, che passava le nottate a leggere da un crepuscolo all'altro, e le giornate dalla prima all'ultima luce; e così, dal poco dormire e il molto leggere gli s'inaridì il cervello in maniera che perdette il giudizio. La fantasia gli si empì di tutto quello che leggeva nei libri, sia d'incantamenti che di contese, battaglie, sfide, ferite, dichiarazioni, amori, tempeste ed altre impossibili assurdità; e gli si ficcò in testa a tal punto che tutta quella macchina d'immaginarie invenzioni che leggeva, fossero verità, che per lui non c'era al mondo altra storia più certa. Egli diceva che, sì, il Cid Ruiz Díaz era stato un ottimo cavaliere, ma non aveva niente a che spartire con il Cavaliere dall'Ardente Spada,[17] che con un solo rovescio aveva spaccato a mezzo due feroci e immani giganti. Aveva più simpatia per Bernardo del Carpio,[18] perché in Roncisvalle aveva ucciso Orlando il fatato, valendosi dell'astuzia di Ercole che strozzò fra le braccia il figlio della Terra, Anteo. Diceva molto bene del gigante Morgante,[19] perché, pur appartenendo a quella genia di giganti, che son tutti scostumati e superbi, lui invece era affabile e educato. Ma fra tutti, prediligeva Rinaldo di Montalbano, specie quando lo vedeva uscire dal suo castello e depredare tutti quelli che incontrava, o quando in terra d'oltremare rubò quell'idolo di Maometto, tutto d'oro massiccio, a quel che dice la sua storia. Per poter dare a quel traditore di Gano di Maganza[20] una bella scarica di calci, avrebbe dato la governante che aveva, e magari per giunta la nipote.

- **11** «**La ragione...grandezza vostra**»: la parodia che Cervantes fa dello stile vuoto e frondoso di Feliciano de Silva costituisce una satira dello stile barocco che andava affermandosi in Spagna.
- **12 Con questi ragionamenti...apposta**: è questo il primo accenno a quella confusione fra letteratura e vita che porterà poi don Chisciotte a voler far coincidere le finzioni libresche con la realtà.
- **13 Belianigi**: protagonista del romanzo cavalleresco *Don Belianís de Grecia*, di Jerónimo Fernández; l'eroe, nel corso del romanzo, dà ampia prova del suo carattere rissoso, sferrando e ricevendo un'infinità di colpi.
- **14 l'invito dell'autore**: al termine del romanzo, «l'autore raccomanda che chi trovi l'originale greco del savio Fristón – che egli finge di tradurre – lo continui» (Moro Pini).
- **15 laureato a Siguenza**: «Era oggetto di scherzi l'esser laureati a Siguenza, perché l'università di una così piccola cittadina non godeva molto credito» (Carlesi).
- **16 Palmerino...Galaor**: si tratta di eroi dei romanzi cavallereschi che costituiscono la biblioteca di don Chisciotte.
- **17 Cid Ruiz Díaz...il Cavaliere dell'Ardente Spada**: il Cid è lo storico eroe della *reconquista* spagnola, morto nel 1099, le cui imprese furono celebrate nel poema *Cantar de mio Cid* e nei *romances* che formano il *Romancero del Cid*. Il secondo personaggio è Amadigi di Grecia, eroe del romanzo di Feliciano de Silva. Il paragone è istituito a tutto favore di un personaggio interamente fittizio.
- **18 Bernardo del Carpio**: eroe leggendario, nemico di Orlando che uccise a Roncisvalle.
- **19 Morgante**: gigante protagonista dell'omonimo poema di Luigi Pulci.
- **20 Gano di Maganza**: personaggio dell'epopea francese che con il suo tradimento causò la morte di Orlando a Roncisvalle.

Così, con il cervello ormai frastornato, finì col venirgli la più stravagante idea che abbia avuto mai pazzo al mondo, e cioè che per accrescere il proprio nome, e servire la patria, gli parve conveniente e necessario farsi cavaliere errante, e andarsene per il mondo[21] con le sue armi e cavallo, a cercare avventure e a cimentarsi in tutto ciò che aveva letto che i cavalieri erranti si cimentavano, disfacendo ogni specie di torti e esponendosi a situazioni e pericoli da cui, superatili, potesse acquistare onore e fama eterna. Si vedeva già, il poveretto, incoronato, dal valore del suo braccio, almeno almeno dell'impero di Trebisonda,[22] e così, con queste affascinanti prospettive, spinto dallo strano piacere che vi provava, si affrettò a porre in atto le sue aspirazioni. E la prima cosa che fece fu ripulire certe armi[23] che erano state dei suoi bisavoli, che, prese dalla ruggine e coperte di muffa, stavano da lunghi secoli accantonate e dimenticate in un angolo. Le ripulì e le rassettò come meglio poté, ma s'accorse che avevano un grave inconveniente, e cioè che invece di una celata a incastro, non c'era che un semplice morione;[24] ma vi trovò un rimedio la sua abilità, perché fece una specie di mezza celata di cartone, che incastrata nel morione, dava un aspetto di celata intera. Vero è che per vedere se era forte e se poteva corre l'alea[25] d'un colpo di spada, egli prese la sua e le assestò due fendenti, e già col primo e in un solo istante rovinò tutto il lavoro d'una settimana. Naturalmente, la facilità con cui l'aveva fatta a pezzi non mancò di produrgli una cattiva impressione, e per prevenire questo pericolo tornò a rifarla, mettendoci stavolta dei sostegni di ferro dalla parte interna; così rimase soddisfatto della sua resistenza e, senza voler fare altra prova, la giudicò e la ritenne una finissima celata a incastro.

Andò poi a guardare il suo ronzino, e benché avesse più crepature agli zoccoli e più acciacchi del cavallo del Gonnella,[26] che *tantum pellis et ossa fuit*, gli parve che non gli si potesse comparare neanche il Bucefalo di Alessandro o il Babieca del Cid. Passò quattro giorni ad almanaccare che nome dovesse dargli; perché (come egli diceva a se stesso) non era giusto che il cavallo d'un cavaliere così illustre, ed esso stesso così dotato di intrinseco valore, non avesse un nome famoso; perciò, ne cercava uno che lasciasse intendere ciò che era stato prima di appartenere a cavaliere errante, e quello che era adesso; ed era logico, del resto, che mutando di condizione il padrone, mutasse il nome anche lui,[27] e ne acquistasse uno famoso e sonante, più consono al nuovo ordine e al nuovo esercizio che ormai professava; così, dopo infiniti nomi che formò, cancellò e tolse, aggiunse, disfece e tornò a rifare nella sua mente e nella sua immaginazione, finì col chiamarlo *Ronzinante*,[28] nome, a parer suo, alto, sonoro e significativo di ciò che era stato *ante*, quando era ronzino, e quello che era ora, primo ed *innante* a ogni altro ronzino al mondo.

Avendo messo il nome, con tanta soddisfazione, al suo cavallo, volle ora trovarsene uno per sé, e in questo pensiero passò altri otto giorni, finché si risolse a chiamarsi *don Chisciotte*;[29] dal che, come s'è detto, gli scrittori di questa autentica storia dedussero che doveva certamente chiamarsi Quijada, e non già Quesada, come piacque ad altri sostenere. Ma ricordandosi che il valoroso Amadigi non s'era accontentato di chiamarsi Amadigi e basta, e aveva aggiunto il nome del suo regno e della sua patria, per renderla famosa, così, da buon cavaliere, volle egli aggiungere al suo il nome della sua patria e chiamarsi *don Chisciotte della Mancia*, e così a parer suo

---

- **21 andarsene per il mondo**: è il grande tema del viaggio, della *quête* (ricerca), che dall'*Odissea* arriva sino al romanzo moderno.
- **22 impero di Trebisonda**: città sulle coste del Mar Nero il cui nome ricorreva spesso nei libri di cavalleria, in un alone favoloso.
- **23 certe armi**: don Chisciotte decide di andare all'avventura con armi della fine del Quattrocento, confermando in tal modo che «Don Chisciotte era un arcaismo vivente» (M. de Riquer).
- **24 celata...morione**: la **celata** serviva a coprire la fronte e gli occhi. Il **morione** era un *elmo* medievale che non copriva per intero la testa. Comincia con questa ricerca il tentativo di don Chisciotte di dar corpo e concretezza alla sua pazzia.
- **25 correr l'alea**: affrontare il rischio.
- **26 più acciacchi del cavallo del Gonnella**: Pietro Gonnella è un famoso buffone della corte di Ferrara, al quale sono dedicate alcune novelle del Sacchetti; la citazione in latino ("fu solo pelle e ossa") è tratta invece da un epigramma di Teofilo Folengo.
- **27 mutasse il nome anche lui**: l'epicizzazione del nome del cavallo ha anche qui esiti comici.
- **28 *Ronzinante***: il nome è una parodia delle etimologie medievali; il cavallo era cioè «un *rocín antes*, il che può significare che fin da prima era un ronzino, oppure era più ronzino di tutti gli altri ronzini» (Spitzer). In realtà il nome Ronzinante deriva da "rocín" (ronzino) con l'aggiunta del suffisso «nobile e letterario -ante che ricorreva in nomi epici come Baligant e Tarvagant» (Moro Pini).
- **29 *don Chisciotte***: il **don** è titolo cavalleresco, ma in questo caso suona come parodia in quanto il protagonista non lo usa in maniera legittima.

egli veniva a dichiarare apertamente il suo lignaggio[30] e la sua patria, e la onorava, assumendone il soprannome.

100 Ripulite dunque le armi, fatta del morione una celata, battezzato il ronzino e data a se stesso la cresima,[31] si convinse che non gli mancava ormai nient'altro se non cercare una dama di cui innamorarsi: perché un cavaliere errante senza amore è come un albero senza né foglie né frutti o come un corpo senz'anima. Egli diceva fra sé: «Se io, per dannazione dei miei peccati, o per mia buona ventura, andando in giro m'imbatto in qualche gigante, come di solito accade ai cavalieri
105 erranti, e lo atterro al primo incontro, o lo fendo in due, o infine lo vinco e lo costringo ad arrendersi, non sarà bene che abbia a chi ordinargli di presentarsi, e che entri e s'inginocchi dinanzi alla mia dolce signora, e dica con voce umile e sottomessa: – Io sono, signora, il gigante Caraculiambro, signore dell'isola Malindrania,[32] che è stato vinto a singolar tenzone dal non mai abbastanza lodato cavaliere don Chisciotte della Mancia, il quale mi ha ordinato di presentarmi davanti alla
110 grazia vostra, perché la vostra grandezza disponga di me a suo talento –?» Oh, come si rallegrò il nostro buon cavaliere quand'ebbe fatto questo discorso, e più ancora quand'ebbe trovato colei a cui dar nome di sua dama! Ed è che, a quanto si crede, in un paesetto vicino al suo c'era una giovane contadina di aspetto avvenente, di cui un tempo egli era stato innamorato, benché, a quanto è dato di credere, essa non ne seppe mai nulla e non se ne accorse nemmeno. Si chiamava Aldonza
115 Lorenzo: ed è a costei che gli parve bene dare il titolo di signora dei suoi pensieri; e cercandole un nome che non disdicesse molto dal suo, e che s'incamminasse a esser quello di una principessa e gran dama, la chiamò *Dulcinea del Toboso*,[33] perché era nativa del Toboso: nome che gli parve musicale, prezioso e significativo, come tutti gli altri che aveva imposto a se stesso e alle proprie cose.

- **30 il suo lignaggio**: *la sua stirpe*, il suo casato.
- **31 data a se stesso la cresima**: nel sacramento della cresima talvolta avveniva il cambiamento del nome.
- **32 il gigante Caraculiambro...Malindrania**: nomi di conio burlesco; il secondo suggerisce l'idea di "malandrino", rendendo anche in questo caso comico l'omaggio del cavaliere alla sua donna.
- **33 Si chiamava...***Dulcinea del Toboso*: per i contemporanei di Cervantes il nome Aldonza era usato in una connotazione volgare per indicare ragazze disponibili e, come tale, suonava comico; Dulcinea è invece nome ispirato dalla poesia bucolica e in analogia con "dolce", a sua volta corretto dall'amplificazione toponomastica "del Toboso", che era un villaggio del centro della Mancia di circa novecento anime.

T1 DALLA COMPRENSIONE ALL'INTERPRETAZIONE

COMPRENSIONE

Il protagonista e la sua «stravagante idea» L'inizio del romanzo è occupato dalla **presentazione del protagonista**: un nobiluomo di quasi cinquant'anni, che conduce una vita modesta «in un paese della Mancia». Egli ha una grande passione: «leggere i libri di cavalleria», preferendo quelli di Feliciano de Silva con i loro «ingarbugliati ragionamenti». Già a questo punto si affaccia **il tema della follia del personaggio**, che «con questi ragionamenti [...] perdeva il giudizio»; finché, per le troppe letture, «gli s'inaridì il cervello». La follia si presenta come **confusione fra letteratura e vita**: secondo il protagonista, «non c'era al mondo altra storia più certa» di quella che si legge negli amati libri di cavalleria. **Di qui la «stravagante idea» di «farsi cavaliere errante»**. Per mettere in atto il suo piano e partire in cerca di avventure, deve munirsi di tutti gli "strumenti" necessari: le armi, il destriero, una dama a cui dedicare le sue imprese. Non basta: **il ronzino, la dama ed egli stesso devono essere ribattezzati** con nomi consoni alla grandezza dell'impresa. Sceglie perciò i nomi Ronzinante (per il cavallo), don Chisciotte della Mancia (per se stesso) e Dulcinea del Toboso (per la donna amata, che in realtà corrisponde alla contadina Aldonza Lorenzo).

ANALISI

La struttura narrativa Si noti l'**importanza dell'*incipit***: «In un paese della Mancia, di cui non voglio fare il nome...», una frase volutamente ambigua, per la quale sono state avanzate numerose ipotesi: secondo una prima ipotesi, l'autore non menziona il luogo per ragioni personali; secondo un'altra ipotesi, questo *incipit* riprende l'avvio dei romanzi popolari; secondo una terza ipotesi, di tipo storico-letterario, il *Chisciotte* si contrappone parodisticamente fin dalle prime battute alla tecnica dei romanzi cavallereschi. Questa **ambiguità** risulta tutta costruita sul rapporto fra **primo au-**

tore (**Cide Hamete**) e **secondo autore (Cervantes)**, entrambi già presenti fin dall'inizio della narrazione («gli autori che trattano questa vicenda»; «gli scrittori di questa autentica storia»), fino a riemergere con chiarezza alla fine del romanzo: «Questa fu la fine che fece il fantastico cavaliere don Chisciotte della Mancia, il cui paese Cide Hamete non volle precisare per far sì che tutti i villaggi e i paesi della Mancia dovessero contendersi il diritto di adottarlo e farlo proprio, così come si contesero Omero le sette città di Grecia» (II, 74).

INTERPRETAZIONE

La poetica   È evidente che, fin dal primo capitolo, ci troviamo in presenza di un **romanzo-saggio**, il quale presenta al suo interno precise dichiarazioni di poetica e interventi nel dibattito letterario contemporaneo. L'intervento è costituito in questa sede dalla **polemica contro i romanzi cavallereschi**, sui quali viene espresso, seppure indirettamente, un parere negativo in quanto responsabili della pazzia di don Chisciotte. Altri riferimenti possono essere indicati nella **citazione ironica dei romanzi di Feliciano de Silva** o nel **richiamo alla moda di fare continuazioni di romanzi**, all'epoca ampiamente diffusa.

L'ideologia   La presentazione del protagonista è caratterizzata dalla sua **appartenenza a una classe sociale, la piccola nobiltà degli** *hidalgos*, ormai nettamente in declino. Don Chisciotte vive della rendita di una modesta proprietà che serve a malapena per l'esistenza quotidiana, anche se «la lancia nella rastrelliera, un vecchio scudo, un ossuto ronzino e il levriero da caccia» rimandano a un diverso passato. Non a caso **il tema della pazzia**, derivata da troppe letture cavalleresche, serve a puntualizzare meglio il contrasto fra una **realtà ormai degradata e antieroica** (si veda, ad esempio, la minuta descrizione della "dieta" e del guardaroba di don Chisciotte, righi 3-7) e **un mondo, quello degli ideali cavallereschi, che ormai non è più leggibile se non attraverso lo schermo della follia**. Su questa linea interpretativa don Chisciotte diventa il simbolo della **crisi storica della Spagna** che si era riconosciuta durante la sua ascesa negli ideali del Cid, dell'Amadigi di Gaula, dei poemi eroici, e si confronta ora, al crepuscolo, con le visioni idealizzate e deliranti di un povero *hidalgo*, colpevole solo di continuare a credere in quei valori.

I nomi e le cose   Una importanza particolare in questo brano, come in tutto il *Chisciotte*, rivestono i nomi. Del protagonista non si sa se si chiami Quijada, Quesada o, appunto, Quijote (Chisciotte); il suo cavallo, tutto pelle e ossa, viene ribattezzato Ronzinante, ma **la trasfigurazione epica del nome** non è sufficiente a nascondere la sua vera natura, quella di un miserabile ronzino; Aldonza Lorenzo – nome che suona tutt'altro che nobile in spagnolo – diventa, nel delirio onomastico di don Chisciotte, Dulcinea del Toboso. Nella stralunata e prolungata allucinazione del Cavaliere dalla Trista Figura, in cui la letteratura rompe gli argini e straripa nella vita, **i nomi non corrispondono più alle cose**, e la necessità di "rinominare" il mondo è una parte non insignificante della follia che lo ha colto.

T1 LAVORIAMO SUL TESTO

COMPRENDERE

Come nasce il cavaliere errante

1. La presentazione del protagonista rovescia l'immagine dell'eroe tradizionale. Indicane
   - l'età
   - gli attributi fisici
   - le abitudini di vita

ANALIZZARE

2. Che cosa spinge l'*hidalgo* a farsi «cavaliere errante»? Individua le espressioni ironiche con le quali Cervantes presenta la sua decisione.

La realtà ribattezzata

3. **LINGUA E LESSICO**   Don Chisciotte, Ronzinante, Dulcinea del Toboso sono tutti nomi che il protagonista stesso inventa: a quale logica ubbidiscono?

INTERPRETARE

Eroismo e disincanto

4. Perché Cervantes polemizza contro i romanzi cavallereschi?
5. Qual è il punto di vista dello scrittore di fronte agli ideali eroici? Come spieghi il suo disincanto?

LE MIE COMPETENZE: PRODURRE

A causa delle troppe letture di poemi cavallereschi, don Chisciotte perde il senno e decide di andare in cerca di avventure. Egli scambia dunque il mondo di carta degli eroi letterari con il mondo reale. Questo conflitto fra parole e cose, fra idee e realtà è un tema tipico della cultura manierista e barocca, ma anticipa una condizione caratteristica della modernità e in particolare della più recente cultura postmoderna: nelle illusioni dell'*hidalgo* spagnolo possiamo riconoscere le illusioni e i mondi virtuali in cui si rifugiano gli uomini di ogni tempo per sfuggire alla realtà. Come immagini un don Chisciotte dei nostri tempi? Descrivi un don Chisciotte del Duemila e fanne il protagonista di un testo scritto da te (un racconto, il testo di un radiodramma, una poesia, un articolo, ecc.).

9 La seconda uscita di don Chisciotte (Parte Prima, capitoli VII-LII)

Scelta di uno scudiero e nuova partenza

Appena guarito, don Chisciotte si rimette in azione: **sceglie uno scudiero**, di nome **Sancio Panza**, promettendogli ricchi guadagni e lasciandogli intravedere la possibilità di diventare governatore di un'isola; lo mette a cavallo di un asino e riparte per nuove avventure.

Contro i mulini a vento

La prima grande impresa è quella contro i mulini a vento, che don Chisciotte scambia per giganti (cfr. T2). Nonostante il fatto che Sancio lo richiami alla realtà, don Chisciotte si precipita, lancia in resta, contro il primo mulino, ma la pala lo fa rotolare tramortito a terra, assieme al suo cavallo. Giustificato lo smacco con l'intervento di un maligno incantatore, il cavaliere si rimette in marcia per andare incontro a nuove avventure.

Altre avventure del «Cavaliere dalla Trista Figura»

Dopo un **idillico soggiorno presso alcuni caprai**, l'azione narrativa conduce il lettore in una **locanda** dove, a causa della serva Maritornes e di un mulattiere geloso di lei, Sancio e don Chisciotte vengono picchiati. **Le avventure** ora si ripetono con lo stesso andamento: don Chisciotte scambia pecore e montoni per eserciti nemici; attacca e mette in fuga nella notte alcuni preti che trasportano una bara; veglia armato un'intera notte a causa di un rumore misterioso, immaginando imprese eroiche, e scopre al mattino che si tratta del rumore prodotto dai magli di una gualchiera (un impianto meccanico per la concia dei pellami). Il **«Cavaliere dalla Trista Figura»** – nome ideato da Sancio per il suo padrone in un momento di felice creatività – conquista infine l'elmo di Mambrino, che altro non è che il bacile di un barbiere.

Don Chisciotte libera i galeotti

Don Chisciotte e Sancio incontrano poi degli **uomini incatenati** che vengono condotti in galera in quanto riconosciuti colpevoli di svariati delitti. Dopo aver ascoltato le loro storie, spinto da un idealistico e quanto mai astratto senso di giustizia, **don Chisciotte decide di liberarli** e in cambio chiede loro di recarsi nel Toboso e di presentarsi dinanzi alla Signora Dulcinea per raccontarle, per filo e per segno, i particolari di questa avventura. Quelli non solo si rifiutano di farlo, ma lo prendono anche a sassate, privandolo delle poche cose che possiede. Accettando i consigli di Sancio, don Chisciotte decide allora di **ritirarsi nella Sierra Morena**. Qui incontra il giovane **Cardenio**. Questi vive fra quelle montagne come un selvaggio perché si crede tradito dall'amata **Lucinda**, che gli ha preferito **Fernando**, il quale, a sua volta, ha abbandonato **Dorotea**, sinceramente innamorata di lui. La vicenda delle due coppie si interseca e interferisce con la storia principale dal capitolo XXIII al XXXVI e viene narrata a vicenda dai diversi personaggi.

Si rifugia sulla Sierra Morena

T • *Don Chisciotte nella Sierra Morena*

Catturato da queste storie e dalla solitudine dei boschi, **don Chisciotte decide di "impazzire" alla maniera dei cavalieri erranti** e di restare tale fintanto che Sancio non sarà tornato con la risposta a una lettera da lui inviata a Dulcinea.

Sancio vuole riportare a casa don Chisciotte

Mentre don Chisciotte resta a far penitenza nella selva, Sancio capita nuovamente alla locanda, dove incontra il **curato** e il **barbiere** del suo paese. Insieme **inventano un espediente per riportare a casa don Chisciotte**: Dorotea si finge la principessa Micomicona e supplica don Chisciotte di aiutarla a recuperare il suo regno usurpato da un terribile gigante. Il cavaliere acconsente e così tutti si mettono in cammino e giungono nuovamente alla locanda. Mentre tutti si divertono alle spalle del cavaliere, **scoppia una lite con alcuni sbirri**, uno dei quali riconosce in don Chisciotte il ricercato dalla giustizia per la liberazione dei galeotti. Interviene il curato, che li convince della pazzia di don Chisciotte, il quale può così recuperare la libertà. Intanto viene studiato un espediente per riportarlo a casa.

Rinchiuso in una gabbia don Chisciotte viene ricondotto a casa

Rinchiuso dentro una gabbia, don Chisciotte viene ricondotto al paese. Dopo sei giorni il carro vi arriva, in pieno giorno, di domenica, per cui tutti corrono a vedere il compaesano che ritorna in quelle condizioni. Accorrono la nipote e la governante e accorre anche la moglie di Sancio, Giovanna Panza, e mentre fra i due si svolge un rapido resoconto della prima uscita, don Chisciotte viene spogliato e disteso sopra il suo letto.

A questo punto **Cervantes accenna a una terza uscita di don Chisciotte** per recarsi a Saragozza, ma dice di non essere riuscito, nonostante le diligenti ricerche compiute, a scoprire nulla di preciso circa la sua conclusione.

T2 — L'avventura dei mulini a vento

OPERA
Don Chisciotte della Mancia, I, 8

CONCETTI CHIAVE
- le illusioni del cavaliere
- il contrasto fra don Chisciotte e Sancio Panza

FONTE
M. de Cervantes, *Don Chisciotte della Mancia*, trad. it. di L. Falcone, Garzanti, Milano 2000.

Riportiamo la prima parte del capitolo ottavo, dove viene descritta la famosa avventura di don Chisciotte contro i mulini a vento. Don Chisciotte, che ha convinto un contadino del suo paese, Sancio Panza, a fargli da scudiero, si mette in cammino nottetempo per andare in cerca di avventure. Sancio lo segue sul suo asino e continua a rimuginare sulla promessa fattagli dal suo padrone di nominarlo governatore di un'isola. Camminano tutta la notte e all'alba scoprono in lontananza dei mulini a vento. Don Chisciotte non ha dubbi che si tratti di giganti e si prepara subito ad affrontarli. Anche dopo lo scontro continua a credere alla sua illusione: se ora i giganti appaiono mulini è solo colpa dell'incantesimo del mago Frestone.

In quel mentre scoprirono trenta o quaranta mulini a vento che si trovano in quella campagna, e non appena don Chisciotte li vide, disse al suo scudiero:

«La fortuna guida le nostre cose meglio di quel che potremmo desiderare; perché, guarda lì, amico Sancho Panza, dove si scorgono trenta, o poco più, smisurati giganti con i quali mi propongo di venire a battaglia e di ucciderli tutti, in modo che con le loro spoglie cominceremo ad arricchirci, ché questa è buona guerra,[1] ed è rendere un gran servizio a Dio togliere questa mala semenza dalla faccia della terra».

«Che giganti?» domandò Sancho Panza.

«Quelli che vedi lì», rispose il suo padrone, «dalle lunghe braccia, ché alcuni possono averle di quasi due leghe».

«Badi la signoria vostra», replicò Sancho, «che quelli che si vedono là non son giganti, ma mulini a vento,[2] e ciò che in essi sembrano braccia sono le pale che, girate dal vento, fanno andare la pietra del mulino».

«È chiaro», disse don Chisciotte, «che non te ne intendi di avventure; quelli sono giganti; e se hai paura, togliti da qui e mettiti a pregare, mentre io combatterò con essi un'aspra e impari battaglia».

E, così dicendo, diede di sprone al suo cavallo Ronzinante, senza badare a quello che il suo scudiero Sancho gli gridava per avvertirlo che, senza alcun dubbio, erano mulini a vento e non giganti quelli che andava ad attaccare. Ma egli era talmente convinto che si trattasse di giganti da non udire le grida del suo scudiero Sancho, né accorgersi, sebbene fosse già molto vicino, di quello che erano; anzi andava gridando a gran voce:

«Non fuggite, gente codarda e vile, ché è un cavaliere solo ad attaccarvi».

Nel frattempo si alzò un po' di vento, e le grandi pale cominciarono a muoversi; don Chisciotte, visto ciò, disse:

«Anche se moveste più braccia del gigante Briareo,[3] me la pagherete».

E, così dicendo, raccomandandosi ardentemente alla sua dama Dulcinea, chiedendole che lo soccorresse in tale frangente, ben coperto dalla rotella,[4] con la lancia in resta, lanciò Ronzinante a gran galoppo e assalì il primo mulino che gli stava davanti; ma, avendo egli dato un colpo di lancia alla pala, il vento la fece girare con tanta violenza che ridusse in pezzi la lancia, portandosi via dietro cavallo e cavaliere, il quale rotolò molto malconcio per terra. Sancho

---

- **1 è buona guerra**: *guerra lecita*, giusta; secondo le consuetudini cavalleresche potevano considerarsi giuste le guerre contro gli infedeli, i mostri, i prepotenti.
- **2 non son giganti, ma mulini a vento**: la confusione di don Chisciotte fra mulini e giganti richiama in senso ironico alcuni passi dell'*Inferno* dantesco (canti XXXI e XXXIV).
- **3 del gigante Briareo**: il più terribile dei giganti, figlio di Urano e della Terra. Secondo la tradizione mitologica era rappresentato con cento braccia e cinquanta teste dalle cui cinquanta bocche vomitava fuoco.
- **4 rotella**: piccolo scudo di forma rotonda.

Illustrazione di Gustave Doré per il *Don Chisciotte* di Cervantes.

Panza accorse a dargli aiuto, con l'asino a tutta carriera, e, quando lo raggiunse, trovò che non si poteva muovere, tale era stato il colpo che aveva dato con Ronzinante.

«In nome di Dio!» disse Sancho. «Non l'avevo detto io alla signoria vostra che stesse bene attento a quel che faceva, perché non erano se non mulini a vento, e solo chi ne avesse altri in testa poteva non accorgersene?».

«Sta' zitto, amico Sancho», rispose don Chisciotte; «ché le cose della guerra, più di ogni altra, sono soggette a continui mutamenti; tanto più che io penso, ed è certamente così, che quel mago Frestone[5] il quale mi ha rubato la stanza e i libri, ha cambiato questi giganti in mulini per togliermi la gloria di vincerli, tale è l'inimicizia che nutre per me; ma, alla resa dei conti, le sue male arti avranno poco valore di fronte alla bontà della mia spada».

«Così voglia Iddio, che tutto può», rispose Sancho Panza.

E quando egli l'ebbe aiutato ad alzarsi, don Chisciotte rimontò su Ronzinante che era mezzo spallato.[6] Così, parlando della passata avventura, continuarono ad andare in direzione di Puerto Lápice, perché don Chisciotte diceva che lì non era possibile che non si dovessero incontrare molte e varie avventure, essendo un luogo di gran transito, ma era molto dolente che gli fosse venuta a mancare la lancia e, parlandone al suo scudiero, gli disse:

- **5 mago Frestone**: don Chisciotte addebita al mago Frestone – il cui nome richiama il mago Fristón da cui si fingeva scritto il *Belianís de Grecia* – la scomparsa dei suoi libri e della sua biblioteca, che erano stati invece bruciati, in un domestico autodafé, dal curato e dal barbiere, con l'aiuto della governante e della nipote.
- **6 spallato**: *sfiancato*, esausto.

«Mi ricordo di aver letto che un cavaliere spagnolo, di nome Diego Pérez de Vargas, essendogli rotta la spada in battaglia, asportò da una quercia un grosso ramo o tronco, con il quale fece tali cose in quella giornata e massacrò tanti mori che gli rimase il soprannome di Massacra, e da allora in poi tanto lui quanto i suoi discendenti si chiamarono Vargas Massacra.[7] Ti ho detto questo perché penso anch'io di asportare dalla prima quercia o rovere che mi si presenti un ramo, grosso e forte come immagino fosse quello; e mi propongo di compiere con esso tali imprese che tu ti debba stimare ben fortunato di aver meritato di vederle e di essere testimone di fatti che a stento potranno esser creduti».

«Con l'aiuto di Dio», disse Sancho, «io credo a tutto ciò, proprio come la signoria vostra dice;[8] ma stia un po' più diritto, perché sembra che penda tutto da una parte, forse per la spossatezza della caduta».

«È proprio così», rispose don Chisciotte; «e se non mi lamento per il dolore è perché non è concesso ai cavalieri erranti lamentarsi per ferita alcuna, anche se da essa gli vengano fuori le budella».

«Se le cose stanno così, non ho nulla da obiettare», rispose Sancho; «ma sa Iddio se io sarei contento che la signoria vostra si lagnasse quando le duole qualcosa. Quanto a me, posso dire che mi lamenterò al più piccolo dolore, tranne che cotesta regola di non lamentarsi non si intenda estesa anche agli scudieri dei cavalieri erranti».

Don Chisciotte non si trattenne dal ridere per l'ingenuità del suo scudiero e gli dichiarò che poteva benissimo lamentarsi come e quando gli pareva, ne avesse voglia o no; perché fino a quel momento non aveva letto nulla in contrario nell'ordine della cavalleria.[9] Sancho gli fece notare che era ora di mangiare. Don Chisciotte gli rispose che per il momento non ne aveva bisogno; che mangiasse pur lui quando ne avesse voglia. Con questo permesso, Sancho si accomodò come meglio poté sul suo asino e, tirando fuori dalle bisacce ciò che vi aveva posto, camminava e mangiava seguendo molto lentamente il suo padrone, e di quando in quando sollevava l'otre, con tanto gusto da far invidia al più raffinato taverniere di Malaga. E mentre egli beveva così con frequenza, non ricordava più alcuna promessa fattagli dal suo padrone né gli sembrava in nessun modo una fatica, ma un vero riposo, andare in cerca di avventure, per quanto pericolose esse potessero essere.

- **7 Vargas…Massacra**: episodio di un *romance* che si riferisce all'assedio di Jerez (1250). Questo richiamo conferma il carattere della pazzia di don Chisciotte che, nel suo desiderio di resuscitare la cavalleria errante, dà corpo e sostanza a qualunque situazione alluda a temi o personaggi cavallereschi.
- **8 io credo…dice**: emerge, in questa bonaria accettazione di Sancio della pazzia del suo padrone, un elemento che diverrà sempre più importante nel corso del romanzo: l'adesione di Sancio al mondo di don Chisciotte, una identificazione nella pazzia a livello più umile, che culminerà nell'episodio del volo su Clavilegno.
- **9 lamentarsi…cavalleria**: per don Chisciotte anche il dolore fisico esiste se è previsto negli statuti della cavalleria e, poiché il non lamentarsi riguarda solo i cavalieri, concede bonariamente a Sancio di farlo a suo piacere.

DALLA COMPRENSIONE ALL'INTERPRETAZIONE

COMPRENSIONE

Due sequenze L'episodio può essere suddiviso in due sequenze.
- **La sequenza iniziale** (righi 1-41) è dedicata al racconto dell'**assalto ai mulini a vento**: ignorando le parole di Sancio, don Chisciotte si scaglia contro quelli che crede essere «trenta, o poco più, smisurati giganti», venendo subito atterrato. Lo scudiero va in soccorso del cavaliere, che, restando fedele alla propria illusione, attribuisce ora al mago Frestone la trasformazione dei giganti in mulini.
- **Nella seconda sequenza** (righi 42-75) **vengono rappresentati i protagonisti mentre si allontanano dal**

luogo dell'accaduto, discutendo del comportamento dei cavalieri erranti e della loro capacità di sopportare il dolore. L'episodio è concluso dalla descrizione dell'abbondante cena di Sancio.

ANALISI

Il tema della pazzia   La pazzia di don Chisciotte comincia ad apparire sempre più determinata. Si osservi per esempio, al rigo 37: «tanto più che io penso, ed è certamente così», dove «la veridicità dell'asserto [dell'affermazione] si appoggia alla soggettività della convinzione, di cui si trasforma in conseguenza» (C. Segre).
A conferma di questa volontà di credere, sempre ostacolata dalla realtà, don Chisciotte opera un preciso **ribaltamento del rapporto illusione/realtà**: non è la sua fantasia ad averlo ingannato, ma il mago Frestone che, invidioso, fa apparire i giganti come mulini a vento.

Dal discorso monologico a quello dialogico   L'irruzione di Sancio nel romanzo provoca il passaggio dal discorso monologico, che aveva caratterizzato la prima uscita di don Chisciotte, a quello dialogico. Il primo si caratterizza come universo concluso e definito in cui la coscienza dell'autore assorbe in sé le altre voci; il secondo si adegua invece a un universo aperto, che permette alla scrittura di muoversi su più livelli e di accogliere i diversi punti di vista.
L'**asse dialogico** portante di tutto il romanzo è rappresentato dalla **dualità don Chisciotte/Sancio Panza**, le cui voci si alternano, si mescolano, si urtano, provocando a volte autentiche frizioni nel linguaggio, che derivano dalla **contrapposizione fra la parola libresca e tutta letteraria del primo e la lingua concreta, corposa, popolare del secondo**.

INTERPRETAZIONE

Don Chisciotte e Sancio, due "stili" opposti   L'opposizione dei diversi registri linguistici risulta evidente sia nell'**enfasi dei discorsi di don Chisciotte** («trenta, o poco più, smisurati giganti»; «con i quali mi propongo di venire in battaglia»; «Non fuggite, gente codarda e vile», ecc.), sia nel contrasto con **il parlato di Sancio** («e solo chi ne avesse altri in testa poteva non accorgersene»; «ma stia un po' più diritto, perché sembra che penda tutto da una parte»; «ma sa Iddio se io sarei contento che la signoria vostra si lagnasse quando le duole qualcosa», ecc.).

A questa **differenziazione linguistica** corrisponde poi una **divaricazione non meno netta dei comportamenti**. Mentre don Chisciotte digiuna, Sancio mangia e beve con gran gusto, al punto che, dopo aver notevolmente alleggerito l'otre di vino che si era portato dietro, «non ricordava più nessuna promessa fattagli da padrone né gli sembrava in nessun modo una fatica, ma un vero riposo, andare in cerca di avventure».

T2 LAVORIAMO SUL TESTO

COMPRENDERE

La situazione
1. Riassumi il contenuto del brano.

ANALIZZARE

Mulini o giganti?
2. È questa la prima avventura che mette a confronto don Chisciotte e Sancio Panza. Quali diversi punti di vista sulla realtà incarnano i due personaggi?

Un cavaliere libresco e uno scudiero ignorante
3. LINGUA E LESSICO   Caratterizza i due opposti linguaggi che si intrecciano nel testo.

Una battaglia proverbiale
4. LINGUA E LESSICO   Spiega quale significato ha oggi l'espressione "lottare contro i mulini a vento".

INTERPRETARE

I giganti diventano mulini
5. Rifletti su come don Chisciotte spiega il proprio fallimento: perché, dopo essersi scontrato con la realtà, continua a negarla?

10 La terza uscita di don Chisciotte (Parte Seconda, capitoli I-LXXIV)

La pubblicazione delle avventure di don Chisciotte

Trascorso circa un mese da quando il curato e il barbiere avevano riportato a casa don Chisciotte, Sancio si presenta a don Chisciotte per annunciargli che il **bacelliere Sansón Carrasco** è appena tornato da Salamanca pieno di meraviglia per le loro avventure, che erano state da poco stampate e si leggevano ovunque con grande curiosità. **Fra il baccelliere, don Chisciotte e Sancio si svolge una buffa conversazione** tesa a definire particolari che alla lettura lasciano adito a dubbi, con correzioni e aggiunte di Sancio per ristabilire la verità e raccontare avvenimenti degni di essere conosciuti.

Don Chisciotte e Sancio decidono di ripartire

Sollecitati da questi discorsi, **don Chisciotte e Sancio decidono di rimettersi in cerca di avventure**, complice il baccelliere, che li spinge a ripartire. Prima di allontanarsi, però, don Chisciotte vuole prendere congedo da Dulcinea **e si avvia verso il Toboso** con l'idea di affidare a Sancio un'ambasciata per la donna.

Sancio inventa la storia di Dulcinea trasformata in contadina

T • Dulcinea incantata

Sancio, che già una volta aveva riferito al suo padrone di aver incontrato Dulcinea senza per altro averla mai vista, **inventa ora un nuovo stratagemma** per cavarsi dai guai e, vedendo tre contadine avanzare a dorso d'asino lungo una strada, decide di giocare fino in fondo sulla follia di don Chisciotte: gli riferisce che **Dulcinea è "incantata"** e si trova nascosta sotto le spoglie di una ragazza di paese.

Il duello con Carrasco, mascherato da Cavaliere del Bosco

Continuando nel viaggio, i due si trovano davanti all'improvviso il **Cavaliere del Bosco** o Cavaliere degli Specchi, che altri non è se non il **baccelliere Carrasco**, il quale, come abbiamo detto, aveva favorito questa uscita di don Chisciotte con l'intenzione di farglisi incontro durante una tappa, sfidarlo a duello e, dopo averlo vinto, ricondurlo nuovamente a casa. Ma le cose vanno ben diversamente perché egli esce malconcio e bastonato dall'incontro con l'*hidalgo*.

L'incontro con i leoni

Don Chisciotte e Sancio riprendono la strada commentando l'avventura, quando si imbattono nel **Cavaliere dal Verde Gabbano**, un nobiluomo di nome **don Diego de Miranda**, che li invita a far sosta e a ristorarsi nella sua casa. Durante il cammino, incontrano un **carro che trasporta due leoni**, dono del generale di Orano per la Corte. Don Chisciotte decide subito di battersi con i leoni e, nonostante Sancio tenti di dissuaderlo, ordina al carrettiere di aprire la prima gabbia. Ma lo scontro non avviene, perché i leoni non lo degnano della loro attenzione. Fiero comunque del coraggio dimostrato, don Chisciotte vuole ora che si cambi il suo nome da Cavaliere della Trista Figura in **Cavaliere dei Leoni**. Dopo aver passato alcuni giorni nella casa dell'*hidalgo*, i due si rimettono in viaggio per recarsi ai tornei di Saragozza.

Il soggiorno presso i Duchi

Dopo aver attraversato l'Ebro su una barchetta che credono incantata, fra il verde dei boschi incontrano una **coppia di Duchi** che, riconoscendo in loro i due personaggi del libro, ne approfittano per divertirsi un po' alle loro spalle e **li ospitano a corte**. Qui don Chisciotte si trova a vivere in una situazione che rispecchia il mondo cavalleresco, imitato burlescamente per lui. **Il soggiorno presso i Duchi**, che occupa i capitoli XXX-LVII, presenta un **intreccio di vicende**, tra le quali ricorderemo almeno: **l'apparizione di Mago Merlino**, che profetizza il "disincantamento" di Dulcinea a condizione che Sancio si affibbi tremilatrecento frustate «su entrambe le natiche», cosa che finirà per creare una certa tensione fra don Chisciotte e il suo scudiero per tutto il resto del viaggio; **l'avventura della contessa Trifaldi**, che culmina nel fantastico volo compiuto su **Clavilegno**, un cavallo volante fatto di legno, da don Chisciotte e Sancio, per raggiungere la lontana isola di Candaja; l'esperienza di **Sancio** cui per burla è affidato il **governatorato dell'isola di Barattaria**.

IL SIGNIFICATO DELLE PAROLE

• **Bacelliere**
È chi nelle università medievali aveva conseguito un primo titolo accademico, inferiore a quello di maestro e di dottore. Il termine è ancora vivo nel francese *bachelier* e nell'inglese *bachelor*.

Hippolyte Lecomte, *Il ritorno di Don Chisciotte*, 1857 circa. Collezione privata.

Sancio governatore dell'isola di Barattaria

Finalmente convinto di poter governare l'isola dei suoi sogni, Sancio parte facendo tesoro dei buoni consigli che gli dà il suo padrone, ma ben presto deve prendere atto della vanità del potere e degli oneri che questo comporta. Costretto alla fame, **dopo solo dieci giorni**, Sancio, che pure dà prova di grande sapienza e di un autentico ingegno nel districarsi in situazioni tanto complesse, **abbandona il suo regno**, dopo essere stato bastonato ancora una volta da supposti cortigiani che si fanno passare per nemici o invasori.

Le avventure apocrife di don Chisciotte

Finita questa avventura di Sancio, preso congedo dai Duchi, **i due ripartono verso Saragozza** ma, giunti a una locanda, apprendono da alcuni cavalieri della pubblicazione di una seconda parte delle loro avventure. Indignato per gli errori contenuti nel libro, don Chisciotte decide di cambiare itinerario e, anziché recarsi a Saragozza, dove si sarebbero dovute svolgere, secondo il libro, le sue false avventure, si dirige verso **Barcellona**. Arrivati in città, dopo essere incappati nei banditi di **Rocco Guinart**, i due sono coinvolti nell'avventura della figlia di un amico di Sancio, il <mark>morisco</mark> Ricote, di cui viene narrata tutta la complicata storia.

A Barcellona

Carrasco sconfigge don Chisciotte e gli ordina di tornare a casa

Nel frattempo arriva a Barcellona il **Cavaliere della Bianca Luna**, che altri non è che il **baccelliere Carrasco**, che sfida don Chisciotte a duello e questa volta lo sconfigge. Don Chisciotte vive con tristezza questa sconfitta e chiede la morte dal cavaliere misterioso, ma il vincitore impone che vengano rispettati i patti e **ordina a don Chisciotte di tornare a casa per un anno**.

Sulla via del ritorno: Sancio finge di frustarsi per disincantare Dulcinea

Sulla via del ritorno, don Chisciotte va fantasticando di un'arcadica vita pastorale, ma nottetempo **viene travolto da un branco di porci**, cosa che gli sembra essere «il giusto castigo del cielo» per un cavaliere errante che, come lui, sia stato sconfitto. Intanto cerca di persuadere Sancio a portare a termine il suo compito per **disincantare Dulcinea**; Sancio, che non se la sente proprio di sottoporsi all'iniqua imposizione delle frustate, inventa uno stratagemma per fingere di obbedire e così superare l'ostacolo: si mette, fra urla e gemiti, a dare colpi di sferza sugli alberi.

Don Chisciotte si ammala e muore dopo aver rinnegato le sue letture

Finalmente i due raggiungono il paese, dove **don Chisciotte si ammala**. Prima di morire, tornato finalmente in possesso del suo giudizio, **don Chisciotte rinnega tutte «le squallide letture dei detestabili libri cavallereschi»** che gli avevano offuscato la mente, riconosce la propria stoltezza e dichiara di non essere più don Chisciotte della Mancia, ma «Alonso Quijano a cui i suoi costumi meritarono il nome di Buono». Fatto testamento, ricade nel letto e muore serenamente e da buon cristiano. Sulla ricezione del *Don Chisciotte* cfr. **S4**, p. 305.

IL SIGNIFICATO DELLE PAROLE

• **Morisco**
Col termine *moriscos* si indicano i musulmani rimasti in Spagna dopo il 1492 e il completamento della *Reconquista*.

T3 — Rinsavimento e morte di don Chisciotte

OPERA
Don Chisciotte della Mancia, II, 74

CONCETTI CHIAVE
- l'eroe beffato
- conflitto tra illusione e realtà

FONTE
M. de Cervantes, *Don Chisciotte della Mancia*, trad. it. F. Carlesi, Mondadori, Milano 1974.

Riportiamo il finale del romanzo. Sconfitto in duello, don Chisciotte ha fatto ritorno a casa. Qui si ammala e, prima di morire, rinsavisce, rinnegando le proprie follie cavalleresche.

Poiché tutte le cose umane, e più specialmente la vita umana, non sono eterne ma vanno anzi sempre declinando da un principio a una fine, e poiché la vita di Don Chisciotte non aveva dal cielo ricevuto alcun privilegio che la potesse rattenere[1] sul proprio corso, giunse alla propria fine quando egli meno se l'aspettava. Sia per l'avvilimento che gli causava il sapersi vinto,[2] sia che così avesse disposto il cielo, fu colto da una febbre, che lo tenne sei giorni a letto, durante i quali fu molte volte visitato dal curato, dal baccelliere[3] e dal barbiere suoi amici, mentre il suo bravo scudiero Sancio non si scostò mai dal suo capezzale. Essi ritenendo che il dispiacere di vedersi vinto e di non veder compiuto il suo desiderio della liberazione e disincanto di Dulcinea[4] fosse la causa che lo manteneva in quello stato, cercavano con tutti i mezzi possibili e immaginabili di tenerlo allegro.

– Su, su, coraggio! – gli diceva il baccelliere. – Pensi a levarsi: bisogna pur cominciare questa vita pastorale![5] Io ho già composto un'egloga, che quelle del Sannazzaro non ci son per nulla,[6] e ho già comprato a mie spese due cani da pastori magnifici, uno chiamato Barcino e l'altro Butrone: me li ha venduti un mandriano di Quintanar.

Ma Don Chisciotte continuava ad esser malinconico. I suoi amici chiamarono il medico, che gli tastò il polso e non rimase troppo soddisfatto, anzi disse che a scanso di guai pensasse ad assicurarsi l'anima, perché, secondo lui, c'era pericolo. Don Chisciotte ricevette la notizia con animo tranquillo; ma non così la nipote, la governante e lo scudiero, che cominciarono a piangere dirottamente, come se fosse bell'e morto. Il parere del medico fu che la causa della malattia doveva ricercarsi nei dispiaceri e nell'avvilimento. Don Chisciotte li pregò a lasciarlo solo, perché voleva dormire un momento. Subito lo contentarono, ed egli fece tutta una tirata, come si suol dire, per più di sei ore, tanto che la nipote e la governante temevano che non si dovesse svegliar più. Si destò invece quando s'è detto, e dando in un grande urlo disse:

Benedetto sia il Signore Onnipotente, che mi ha tanto beneficato! La sua misericordia non ha limiti, e i peccati degli uomini non la impediscono né la diminuiscono.

La nipote che aveva ascoltato attentamente quelle parole dello zio, le trovò più ragionevoli di quelle ch'era solito a dire per lo meno durante quella malattia, e gli domandò:

– Che dice, signore zio? C'è qualcosa di nuovo? Che cos'è questa misericordia e questi peccati degli uomini?

– La misericordia, nipote mia – disse Don Chisciotte – è quella che in questo momento Dio ha usato con me, senza che i miei peccati, come ho detto, lo abbiano impedito. Il mio intelletto è ora libero e chiaro senza le ombre caliginose[7] dell'ignoranza, in cui lo aveva avvolto la continua e detestabile lettura dei libri di cavalleria. Io riconosco ora le loro stravaganze e i loro inganni, e mi duole soltanto d'essermene accorto troppo tardi, poiché non mi resta più

---

1. **rattenere**: *trattenere*. Don Chisciotte, come tutti gli uomini, è mortale.
2. **il sapersi vinto**: don Chisciotte era stato vinto in duello dal Cavaliere della Bianca Luna, che in realtà era il baccelliere Sansone Carrasco (cfr. n. 5).
3. **baccelliere**: noi diremmo *laureando*. Questo personaggio ha letto la prima parte del romanzo di Cervantes e ha deciso di seguire don Chisciotte per vincerlo in duello, ricondurlo al suo paese e guarirlo dalla follia.
4. **liberazione…Dulcinea**: don Chisciotte credeva infatti che Dulcinea fosse vittima di una magia.
5. **questa vita pastorale**: negli ultimi episodi del romanzo, don Chisciotte si imbatte in una comunità di pastori: il baccelliere Carrasco vuole infatti indurlo a lasciare la vita cavalleresca, conformandosi però a un nuovo modello letterario.
6. **un'egloga…nulla**: *un'egloga che [al confronto] quelle di Sannazzaro non valgono nulla*. L'**egloga** o bucolica è il tipo di poesia propria del genere pastorale, rilanciato dall'umanista napoletano Jacopo **Sannazzaro** con la sua *Arcadia* (1501-1504).
7. **caliginose**: *dense, scure*; metafora.

tempo di compensare il mio fallo[8] con la lettura d'altri libri che possano illuminarmi l'anima.[9] Io mi sento in punto di morte, nipote mia, e vorrei morire in modo da far capire che la mia vita non è stata tanto cattiva da meritarmi la riputazione di pazzo; perché sebbene lo sia stato, non vorrei confermare questa verità con la mia morte. Chiamami, cara, i miei buoni amici: il curato, il baccelliere Sansone Carrasco e maestro Nicola il barbiere, perché voglio confessarmi e far testamento.

Ma in quel mentre i tre amici entrarono in camera e così risparmiarono alla nipote questa fatica. Appena li vide, Don Chisciotte esclamò:

– Rallegratevi con me, signori miei, perché ormai io non son più Don Chisciotte della Mancia, ma Alonso Chisciano, a cui gli esemplari costumi meritarono il nome di Buono.[10] Ormai son nemico di Amadigi di Gaula[11] e di tutta l'infinita caterva[12] di quelli della sua stirpe,[13] ormai mi sono odiose tutte le storie mondane della cavalleria errante; ormai conosco la mia stoltezza e il pericolo a cui mi esposi leggendole, e ormai, avendone per misericordia di Dio fatta esperienza a mie spese, le detesto.

Quando i tre amici gli sentirono fare questo discorso, credettero che gli fosse presa una nuova forma di pazzia, e Sansone gli disse:

– Come, signor Don Chisciotte?! Ora che la signora Dulcinea è disincantata,[14] lei m'esce fuori con questi discorsi? Ora che siamo a un pelo di diventar pastori e passare cantando la nostra vita come prìncipi,[15] lei sì vuol fare eremita? Stia zitto per carità, ritorni in sé e lasci da parte queste sciocchezze.

– Quelle che ho commesso fin qui – replicò Don Chisciotte – e che mi sono state veramente dannose, la mia morte le deve rivolgere con l'aiuto del cielo a mio vantaggio. Io, signori, sento di avvicinarmi a gran passi alla morte: lasciamo dunque gli scherzi da parte; ora ci vuole un prete che mi confessi e un notaro che scriva il mio testamento, ché in dei momenti come questo l'uomo non deve scherzare con la salute[16] dell'anima, e quindi vi prego, intanto che il signor curato mi confessa, d'andarmi a cercare il notaro.

Si guardarono in faccia gli uni con gli altri meravigliati dei discorsi di Don Chisciotte, e sebbene rimanessero sempre un po' in dubbio, gli vollero credere; e uno dei segni da cui s'accorsero che moriva davvero, fu quel rinsavire tutto ad un tratto, perché ai discorsi già fatti ne aggiunse altri molti, detti così bene, così cristiani e con tanta logica, che i loro dubbi sparirono completamente, e si persuasero che era realmente rinsavito. Allora il curato fece uscir tutti, e rimasto solo con lui lo confessò. Il baccelliere andò a cercare il notaro, e di lì a poco ritornò con lui e con Sancio Panza, il quale, avendo già saputo dal baccelliere in che condizioni era il suo padrone, trovate la nipote e la governante che piangevano, cominciò anche lui a fare il broncio e poi a piangere dirottamente. Finita la confessione, il curato uscì di camera e disse:

– Muore davvero, e davvero è in sé Alonso Chisciano il Buono: possiamo quindi entrare, perché faccia testamento.

Questa notizia dette una grande spinta agli occhi gonfi della nipote, della governante e del suo bravo scudiero Sancio Panza, in modo che scoppiarono in lacrime e uscirono dal loro petto mille profondi sospiri. Perché realmente Don Chisciotte, come già diverse volte s'è detto, tanto quando era stato semplicemente Alonso Chisciano il Buono, come quando era stato Don Chisciotte della Mancia, sempre aveva avuto un carattere affabile e dei modi cortesi, e per questo era benvoluto non solo da quelli di casa sua, ma anche da tutti quelli che lo conoscevano. [...]

- 8 **fallo**: *errore, peccato*.
- 9 **altri libri...anima**: libri religiosi e devoti.
- 10 **Alonso...Buono**: questo è in effetti il vero nome dell'*hidalgo*; l'epiteto di **Buono** se lo è meritato con il suo comportamento sempre retto e onesto nonostante la pazzia.
- 11 **Amadigi di Gaula**: uno dei cavalieri più noti, protagonista dell'omonimo romanzo dello spagnolo García Rodríguez de Montalvo.
- 12 **caterva**: *mucchio*.
- 13 **quelli...stirpe**: cioè gli altri cavalieri erranti dei romanzi.
- 14 **Ora...disincantata**: è una notizia che il baccelliere dà a don Chisciotte in questo momento.
- 15 **diventar...prìncipi**: secondo i *topoi* della poesia pastorale.
- 16 **salute**: *salvezza*.

Finalmente dopo aver ricevuto tutti i sacramenti e dopo aver rinnegato con molte ed efficaci parole i libri cavallereschi, giunse per Don Chisciotte l'ultima sua ora. Il notaro vi si trovò presente, e disse che non aveva mai letto in nessun libro cavalleresco che un cavaliere errante fosse morto nel suo letto tanto quietamente e tanto cristianamente come Don Chisciotte; il quale fra la compassione e le lacrime dei presenti esalò il suo spirito, ossia morì. Veduto ciò, il curato domandò al notaio un regolare certificato in cui si attestasse come Alonso Chisciano il Buono, chiamato comunemente Don Chisciotte della Mancia, era proprio morto e passato all'altra vita. Questo attestato fu richiesto per togliere ogni occasione che un qualche autore all'infuori di Cide Hamete Benengeli[17] lo facesse risuscitare falsamente, e scrivesse interminabili storie delle sue gesta.

La Plaza de España a Madrid, con al centro il monumento dedicato a Miguel de Cervantes e le sculture in bronzo di don Chisciotte e Sancho Panza.

- **17 un qualche…Benengeli:** **Cide Hamete** è l'autore da cui Cervantes finge di attingere; l'allusione è alla Seconda parte del *Don Chisciotte* pubblicata da Avellaneda, rivale di Cervantes.

T3 DALLA COMPRENSIONE ALL'INTERPRETAZIONE

COMPRENSIONE

"Guarire" dalla follia Rientrato a casa, don Chisciotte è preso dalla **febbre**. Qui lo assistono la nipote, la governante, Sancio Panza, il curato, il barbiere e il baccelliere Carrasco, che credono la sua malattia dovuta all'avvilimento. Ma don Chisciotte accoglie con serenità la notizia di essere in pericolo di vita e, addormentatosi, **si risveglia lodando Dio: è rinsavito**. Rinnega così la propria follia cavalleresca, di cui si è pentito, e chiama a raccolta gli amici. Dapprima, questi pensano che egli sia vittima di una nuova forma di pazzia, ma presto si convincono del contrario. Così, don Chisciotte, ridiventato Alonso Chisciano, fa testamento e **si spegne serenamente**, fra il cordoglio di tutti.

ANALISI

Un finale edificante Con il finale, il *Don Chisciotte* va verso un nuovo tipo di narrazione romanzesca. Non leggiamo più un romanzo che fa la parodia della tradizione cavalleresca, attingendo alle risorse del comico, ma **un racconto persino edificante**, sebbene gli aspetti patetici siano temperati da qualche nota buffa. «Lasciamo gli scherzi da parte», dichiara lo stesso protagonista: di fronte alla «salute dell'anima» occorre serietà. Don Chisciotte, che sino ad allora era stato lo zimbello di tutti, diventa ora **un eroe esemplare** per bontà e nobiltà d'animo.

Una morale controriformistica e barocca Il **rinsavimento** di don Chisciotte avviene d'un tratto, per un'improvvisa illuminazione interiore. Risvegliatosi improvvisamente dal sonno, egli loda Dio, riconosce i propri peccati, si pente e si confessa. È significativo che **le parole dell'hidalgo ricalchino da vicino i Decreti del Concilio di Trento**: Cervantes ha avuto dunque in mente un preciso ideale religioso, di stampo controriformistico, nel proporre una morale edificante. Al tempo stesso, il finale ripropone **il tema barocco del *desengaño*** [disinganno]: don Chisciotte-Alonso Chisciano riconosce infatti **la vanità** di tutte le sue passate occupazioni, per abbracciare la fede. Al romanzo spetta così il compito di insegnare una morale adeguata ai tempi.

INTERPRETAZIONE

Don Chisciotte Don Chisciotte rinnega più volte e con forza la propria passione per i romanzi cavallereschi. Del resto, era incappato da poco in una nuova follia libresca: quella pastorale, fomentata dal baccelliere Carrasco. Eppure, almeno in un punto il suo amore per i libri resiste: quando si rammarica di non avere più tempo di «compensare il *suo* fallo con la lettura d'altri libri che possano illuminar*gli* l'anima». La contrapposizione di **libri educativi, giusti, per di più approvati dall'autorità ecclesiastica**, a libri di puro intrattenimento, inverosimili e pericolosi rispecchia un'**ideologia controriformistica**. C'è però un ulteriore, inquietante elemento barocco. **Anche l'episodio del cavaliere che, morendo, si converte e diviene religioso è previsto nei romanzi cavallereschi** (per esempio, in quelli su Lancillotto). Questa allusione non è occulta, ma rivelata al lettore dall'osservazione del notaio, «che non aveva mai letto in nessun libro cavalleresco che un cavaliere errante fosse morto nel suo letto tanto quietamente e tanto cristianamente quanto don Chisciotte» (si osservi che il notaio non nega di aver letto romanzi in cui i cavalieri muoiono da buoni cristiani, ma che i cavalieri di cui ha letto non si sono comportati così santamente come don Chisciotte). In questo caso, però, Cervantes non fa la parodia della tradizione romanzesca, quanto piuttosto la riusa riqualificandola con l'ideologia religiosa. La conclusione è che, bene o male, tutta quanta la vita di don Chisciotte-Alonso Chisciano si è consumata all'ombra delle parole scritte e delle favole già raccontate.

T3 LAVORIAMO SUL TESTO

COMPRENDERE

1. Perché don Chisciotte può essere detto a ragione Alonso Chisciano il Buono?

ANALIZZARE

2. Individua e commenta tutti i passi in cui don Chisciotte rinnega la sua passione per i libri cavallereschi e si comporta da buon cristiano.

3. **LINGUA E LESSICO** Sottolinea nel brano tutti i vocaboli che rimandano al tema barocco del *desengaño*.

INTERPRETARE

4. **TRATTAZIONE SINTETICA** Secondo te, don Chisciotte è davvero guarito dalla sua ossessione libresca? Esprimi il tuo parere in un testo che non superi le dieci righe.

S3 INFORMAZIONI

Cervantes e Ariosto

Nella storia della letteratura occidentale il folle don Chisciotte ha un precedente illustre ed è l'*Orlando furioso* di Ludovico Ariosto. Cervantes conosceva e ammirava il capolavoro di Ariosto e lo tenne presente nel comporre il *Chisciotte* (dall'*Orlando furioso*, tra l'altro, Cervantes riprese l'inserto narrativo dell'*Indagatore indiscreto*). Nel *Furioso* la pazzia del protagonista è una follia d'amore, l'esito di una passione frustrata: Angelica, amata dal paladino Orlando, non lo ricambia e anzi gli preferisce il saraceno Medoro. Per la delusione il cavaliere perde il senno. Ariosto indaga il furore irrazionale che travolge l'eroe, la cui pazzia richiama perciò al senso del limite della ragione, in implicita polemica con la concezione cortese e neoplatonica dell'amore totalizzante. Don Chisciotte impazzisce leggendo libri di cavalleria. Non è la realtà, una persona o un fatto a renderlo folle, ma un eccesso d'immaginazione: la sua follia ha quindi un'origine intellettuale. Con essa Cervantes non ci richiama ad un armonico senso del limite, ci mostra piuttosto che la follia riempie un vuoto, la vita monotona e antieroica di un *hidalgo* di provincia. Attraverso la follia del cavaliere errante, Cervantes ci comunica perciò un senso di crisi tipico del Barocco: il mondo delude e l'io si perde in esso.

La differenza di prospettive dei due autori si coglie ancor meglio valutandone il diverso stile. Ariosto scrive un poema in ottave dalla forma armoniosa ed equilibrata. Attraverso l'adozione di uno stile medio esibisce un senso di distacco e di controllo verso i fatti raccontati. Cervantes, invece, scrive in prosa, assume un linguaggio realistico e adotta vari registri stilistici, da quello comico-parodico a quello lirico ed illustre. Sia Ariosto che Cervantes, infine, ricorrono ai procedimenti dell'ironia, ma con esiti anche qui molto diversi. Ariosto ironizza sui limiti degli uomini, stigmatizzandone gli eccessi, oppure, fa dell'autoironia presentandosi ai lettori come un autore indaffarato alle prese con la propria opera. Cervantes ironizza su tutti gli aspetti della narrazione: l'autore, le fonti, i personaggi, lo stile, il genere sono sottoposti a corrosione ironica, con l'effetto di rendere il mondo raccontato precario e la verità romanzesca incerta. Possiamo perciò dire che se Ariosto irride le debolezze degli uomini, Cervantes si fa invece beffa delle loro certezze. Il disincanto di Ariosto verso la sorte mutevole degli esseri umani è divenuto in Cervantes smarrimento.

S4 INFORMAZIONI

La ricezione del *Chisciotte*: dai contemporanei a Borges e Kundera

Il *Don Chisciotte* è uno di quei capolavori che hanno ispirato nel tempo scrittori, pittori, incisori (da Gustave Doré a Picasso), filosofi, critici di ogni livello. Don Chisciotte e Sancio appartengono ormai al ridottissimo numero di personaggi senza morte. Quando vide la luce, il *Chisciotte* era però lungi dal godere l'ammirazione che noi oggi gli tributiamo. Abbiamo scarsa conoscenza di giudizi espliciti sull'opera da parte dei contemporanei, ma i riferimenti indiretti che possediamo ci portano sul piano di una lettura prevalentemente comica del testo (così, per esempio, in Calderón, Quevedo, Góngora). Più avanti, nel Settecento, si passò invece a un prevalente atteggiamento di simpatia e di compassione nei confronti del protagonista, mentre un'interpretazione più "seria" si sostituiva a quella comica. Il *Chisciotte* si affermò soprattutto al di là dei Pirenei, in Francia e in Inghilterra, dove compaiono derivazioni, imitazioni e commenti. Proprio in Inghilterra il capolavoro spagnolo fu uno dei principali modelli ai quali si ispirò il nascente romanzo borghese. Henry Fielding, prima come autore teatrale (*Don Chisciotte in Inghilterra*, 1734) e poi al suo esordio di narratore (*Joseph Andrews*, 1742) guardò alla parodia cervantina sia nel delineare le figure che nella scelta delle situazioni. Ma il *Tristram Shandy* (1760-1767) di Laurence Sterne è la prima opera che si appropria della carica polemica e demistificante contenuta nel *Don Chisciotte*, sviluppandone i suggerimenti strutturali (il poliprospettivismo, l'alternarsi dei punti di vista, l'ironia). È nel corso del Settecento che si comincia a classificare il *Chisciotte* nel genere della satira o della parodia. Nello stesso tempo, però, ci si comincia a rendere conto che il romanzo è qualcosa di più della semplice invettiva contro i libri di cavalleria.

Questa convinzione costituisce una delle acquisizioni più durature del Romanticismo. La lettura è quella proposta da Schelling: «Il tema [del *Chisciotte*] è la lotta del reale con l'ideale»; e tutta romantica è anche la caratterizzazione di don Chisciotte rimasta prevalente fino a oggi. In questa prospettiva si capisce come il Romanticismo si rifiutasse di percepire nell'opera la satira dei libri di cavalleria, e come si potesse giungere per questa strada alla trasformazione operata, sempre dai romantici, del *Don Chisciotte* nel massimo simbolo della Spagna, quasi la sua stessa incarnazione, in nome del principio dell'opera d'arte come espressione dello spirito di un popolo.

Molto significativi sono i romanzi dell'Ottocento che per vie diverse si possono ricollegare al *Don Chisciotte*, dal *Circolo Pickwick* di Dickens all'*Idiota* di Dostoevskij. Perfino nei *Promessi Sposi* di Manzoni alcuni studiosi, dal D'Ovidio al Getto, hanno rintracciato la presenza attiva del capolavoro cervantino, soprattutto per quello che riguarda la finzione del manoscritto e la figura di don Ferrante.

L'occasione per la riapertura di un dibattito sul *Chisciotte* è offerta dal terzo centenario della pubblicazione del libro. Nel 1905, in Spagna, esce il commento di Miguel de Unamuno, *Vida de Don Quijote y Sancho*, che rivendica l'autonomia del personaggio, svincolandola del tutto dalla sua paternità, cioè dalla figura biografica dell'autore. *Don Chisciotte* rispecchia sì in maniera esemplare il «sentimento tragico della vita» di Cervantes, ma proprio il suo essere un personaggio del tutto letterario gli consente di superare il contrasto illusione/realtà e di vivere di una vita autonoma.

Come si vede, siamo lontani dalla lettura che in questi stessi anni Pirandello fa del *Don Chisciotte* nel saggio *L'umorismo* (1908). Per Pirandello infatti, il «sentimento del contrario» fa sì che anche l'ammirazione nei confronti del comico cavaliere si tinga di «infinita tenerezza» e che noi siamo indotti al «compatimento» e perfino alla «simpatia» per l'eroe. Tale effetto è da ricondurre alla identificazione fra scrittore e personaggio che porta Pirandello a ipotizzare una genesi autobiografica del libro.

Ma lo scrittore cui Cervantes è intimamente più congeniale è senza dubbio Jorge Luis Borges, che considera il *Chisciotte* come «il libro in cui tutto viene dato come possibile e dove la letteratura agisce come la vita; e i personaggi diventano romanzi e i romanzi personaggi». Borges sostiene che il *Don Chisciotte* è «realista», ma di un realismo diverso da quello prodotto dal secolo diciannovesimo: «Nel *Don Chisciotte*, a un mondo poetico, immaginario, viene contrapposto un mondo vero e prosaico; alle vaste geografie dell'*Amadigi di Gaula*, le piste polverose e le sordide osterie della Castiglia». Il reale e il poetico sono per Cervantes delle antinomie ed egli «si compiace di confondere l'oggettivo e il soggettivo, il mondo del lettore e quello del libro». Da qui a *Pierre Menard autore del Chisciotte*, in cui il romanzo di Cervantes diventa pretesto per una delle tante finzioni borgesiane, il passo è breve.

Recentemente Milan Kundera, interrogandosi sul destino del romanzo nel mondo moderno, pone Cervantes fra i fondatori dei "Tempi moderni" insieme a Galileo e Descartes: «Mentre Dio andava lentamente abbandonando il posto da cui aveva diretto l'universo e il suo ordine di valori, separato il bene dal male e dato un senso ad ogni cosa, Don Chisciotte uscì di casa e non fu in grado di riconoscere il mondo», che apparve all'improvviso «in una terribile ambiguità». Se Descartes fu eroico nel porre l'uomo da solo di fronte all'universo, altrettanto eroico fu Cervantes nell'affrontare il mondo come ambiguità, possedendo come sola certezza «la saggezza dell'incertezza».

Come si vede le interpretazioni di Borges e di Kundera sottolineano gli aspetti più "novecenteschi" del romanzo, quelli che più trovano corrispondenza nella loro stessa opera: lo scambio fra realtà e finzione, la crisi dell'antropocentrismo, il relativismo che ne deriva.

Percorso
L'ANIMA E IL CORPO

La pazzia di don Chisciotte

Mappa del mondo sotto il berretto del matto, disegno di un anonimo artista d'inizio Seicento.

Il tema della follia domina il *Don Chisciotte*. Non è un tema nuovo nella letteratura del Cinquecento. Ha un illustre precedente nell'*Orlando furioso*. La pazzia di Orlando, come quella di Tristano, è il furore d'amore di una passione delusa, che travolge il senno di un paladino esemplare. In realtà Ariosto, attraverso una drammatica indagine sulla natura irrazionale del sentimento amoroso, vuol fornire un saggio richiamo al senso del limite nei confronti del totalizzante idealismo neoplatonico e cortese.
La follia di don Chisciotte è diversa e segna la svolta di un'epoca. Don Chisciotte, a cinquant'anni, si sveglia in un mondo che non riconosce e che gli è totalmente estraneo.

Honoré Daumier, *Don Chisciotte e Sancho Panza*. New York, Metropolitan Museum of Art.

Si è incrinato il rapporto tra l'io e la realtà, tra le parole e le cose, che egli tuttavia cerca di leggere secondo i modelli e i segni della letteratura cavalleresca, unico sistema di riferimento della sua esperienza mentale. Da qui l'origine astratta e intellettualistica, rispetto a quella dei suoi illustri predecessori, della pazzia dell'*hidalgo*. La folle mania dei libri di cavalleria gli fa perdere il giudizio.

La pazzia, tuttavia, scatta quando la lettura diventa da rifugio dell'anima strumento di intervento sul mondo, in nome degli ideali di patria e di gloria degli antichi cavalieri erranti. L'allestimento delle armi e l'invenzione di Dulcinea mettono subito a fuoco il meccanismo tipico della pazzia, di negazione e di trasfigurazione della realtà mediante le proiezioni immaginarie (cfr. **T1**, *La follia di un «hidalgo»*). Così don Chisciotte, come un fantasma uscito dai secoli passati, figura allampanata e senza corpo, si mette a girare il mondo. L'idea astratta, la ragione, si è separata dal corpo, rappresentato dal panciuto scudiero, che costituisce un continuo controcanto realistico per tutta la prima parte del romanzo.

Questo passaggio all'azione carica la follia inerte e solitaria dell'*hidalgo* di un segno di crisi epocale di prospettive e di valori. Alla perdita di ruolo della casta guerriera, alla caduta di senso e di ordine del mondo don Chisciotte reagisce riempiendo quel vuoto (il deserto e la desolazione caratterizzano gran parte del paesaggio delle avventure) di un sogno, di un ideale eroico. Non ci possono essere mediazioni. Il punto di partenza è questa scissione *a priori* tra idea e realtà, mentre l'affermazione dei valori può esprimersi solo in un radicale velleitarismo.

La totale assenza di un rapporto fra l'eroe e l'ambiente condanna ogni azione al fallimento e fa scattare il paradosso dell'avventura comica. **L'avventura dei mulini a vento è diventata l'emblema di questo irriducibile dualismo della visione del mondo**. Neppure la verifica sperimentale induce don Chisciotte a riconoscere la realtà (cfr. **T2**, *L'avventura dei mulini a vento*). Egli è tutto preso dall'unica preoccupazione di cercare nelle cose il linguaggio dei libri: mulini, greggi, fantesche, locande somigliano a giganti, castelli, dame, eserciti. E se la somiglianza è delusa, è colpa del mago maligno che ha trasformato i giganti in mulini.

Nella fissazione di don Chisciotte, l'autore non esprime solo una parodica condanna della letteratura cavalleresca. Alle soglie della rivoluzione scientifica qui emerge la coscienza della fine del modo di leggere e di conoscere il mondo che caratterizza l'epoca medievale e rinascimentale. **Perciò la pazzia di don Chisciotte appare così comples-**

Salvador Dalí, *Don Chisciotte e i mulini a vento*, 1945.

Percorso L'ANIMA E IL CORPO — La pazzia di don Chisciotte

sa e non si esaurisce nel segno comico della risata liberatoria.

Non solo, ma talora essa si carica anche d'altre valenze, sembra anche l'unica condizione di sopravvivenza di una generosa illusione in un mondo degradato da una follia criminale ben più pericolosa di quella dell'eroico *hidalgo*. La novità della sua rappresentazione sta nella continua, irriducibile collisione tra la pazzia e la realtà. **Proprio il rifiuto del disinganno e la perdita del senso della realtà possono indurre don Chisciotte a sfidare l'ordine esistente**: «Io sono nato, per volere del cielo, nella nostra età del ferro – egli dice – per riportare in vita l'età dell'oro» (I, 20). Nel celebre episodio della liberazione dei deportati, egli mette in pratica la sua fede nella libertà umana contro ogni forma di schiavitù e di oppressione, «perché a me pare dura vicenda far schiavi coloro i quali Dio e la natura fecero liberi» (I, 22).

Certo la maggior parte delle avventure è innocua, gli eroici princìpi non scalfiscono la scorza opaca del reale. La mente, separata dalle cose, è produttrice di idee generose, ma sterili. **Da qui l'ambivalenza dell'eroe, santo e insieme pazzo. Ma anche saggio**. È stata notata la continua alternanza tra saggezza e pazzia in don Chisciotte per disegnare il profilo di un eroe essenzialmente comico (cfr. espansioni digitali S, *Il conflitto delle interpretazioni. La follia di Don Chisciotte. Le posizioni di Auerbach e di Segre*).

Quello che invece più turba, ma aiuta forse a capire meglio la natura della follia di don Chisciotte, è **la lucida coscienza del proprio autoinganno**. In don Chisciotte il rapporto tra illusione e realtà è mediato da un «volontarismo della pazzia», come unico modo per dare un senso alla propria vita (cfr. espansioni digitali S, *La follia di Don Chisciotte. Le posizioni di Auerbach e di Segre*).

Nella Seconda Parte del romanzo, la volontà di credere di don Chisciotte s'incrina sempre di più, e non solo per gli ostacoli continuamente opposti dalla realtà. **Una dialettica crescente viene a stabilirsi tra don Chisciotte e Sancio Panza**, che contagia l'ambiente circostante.

Si invertono i ruoli, ma la pazzia cambia segno. Mentre la Prima Parte del romanzo registra un continuo scontro fra realtà e follia, si passa ora a una nuova dimensione più sfaccettata, mobile e relativa del reale, in cui la distinzione tra essere e apparire perde consistenza. La pazzia è derisa, normalizzata e riassorbita nella festa (cfr. i capp. XXXLVII, e la divertita imitazione del mondo cavalleresco, recitata per don Chisciotte al castello dei duchi). In questo contesto, don Chisciotte a poco a poco rinsavisce: è saggezza o sconfitta? La sua morte scongiura comunque per sempre la minaccia del suo esempio inquietante.

Marc Chagall, *Don Chisciotte*, 1974. Collezione privata.

DAL RIPASSO ALLA VERIFICA

MAPPA CONCETTUALE: Cervantes e il *Don Chisciotte*

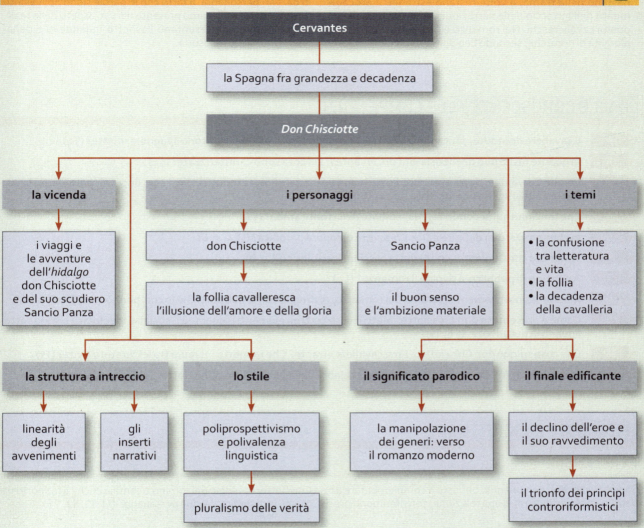

SINTESI

Composizione e vicenda del *Don Chisciotte*

Il *Don Chisciotte* (pubblicato in due parti, la prima nel 1605, la seconda nel 1615) racconta le vicende di un povero *hidalgo* ["nobiluomo"] di provincia di circa cinquant'anni che, a forza di leggere libri di cavalleria, «perde il giudizio». Completamente immerso nel suo mondo fantastico, decide di farsi cavaliere errante. Dopo essersi provvisto di un nome adeguato (don Chisciotte della Mancia), di una dama (Dulcinea del Toboso) e di uno scudiero (Sancio Panza), ha mille avventure fino a quando, tornato in possesso del suo giudizio, prima di morire rinnega tutte le letture dei «detestabili libri cavallereschi» che gli avevano offuscato la mente, riconosce la propria stoltezza e dichiara di non essere più don Chisciotte della Mancia.

La poetica di Cervantes

L'originalità della poetica di Cervantes consiste nell'aver applicato al romanzo princìpi e materia dei libri di cavalleria, cercando di rispettare il criterio della varietà, senza contraddire alla compiutezza unitaria e utilizzando allo stesso tempo il procedimento parodico per assumere nuovi punti di vista sulla realtà. Da ciò deriva la complessità del *Don Chisciotte* e la sua modernità. I temi principali del romanzo sono: 1) la follia, intesa come confusione tra letteratura e vita, cui si oppone anche la saggezza di un eroe insieme comico e tragico; 2) la cavalleria, tra idealizzazione e decadenza.

La struttura e lo stile

Nel *Don Chisciotte* la successione lineare degli avvenimenti

DAL RIPASSO ALLA VERIFICA

viene spesso interrotta da inserti narrativi che a volte si innestano nella trama, a volte restano estranei. Il procedimento dell'intreccio delle narrazioni deriva dai modelli dei poemi cavallereschi. Nel romanzo è presente, inoltre, una pluralità di nomi che, secondo Leo Spitzer, serve a rivelare la plurivalenza di significati che le parole assumono nelle menti dei vari personaggi. Il fatto che le parole siano polivalenti fa emergere il pluralismo presente nei vari aspetti della realtà. Le parole rappresentano l'aspetto ingannevole della realtà mutevole e illusoria.

DALLE CONOSCENZE ALLE COMPETENZE

1. Il cavaliere decaduto, protagonista del *Don Chisciotte*, quale fase della storia spagnola riflette? (§ 1)
2. In quante fasi si può dividere la vita di Cervantes? Da cosa sono caratterizzate? (§ 1)
3. Perché Cervantes, dopo aver pubblicato la sua opera nel 1605, fu indotto, dieci anni dopo, a continuarne la storia e ad aggiungervi una seconda parte? (§ 1)
4. Che funzione ha, secondo te, l'espediente della fonte araba? (§ 4)
5. In che senso si può definire il *Don Chisciotte* un'opera parodica? (§§ 4, 5, 6)
6. Ti sembra che Cervantes condanni la passione per i libri? (§§ 4, 8)
7. A che tipo di pubblico si rivolge il romanzo? (§ 7)
8. Riassumi sinteticamente la trama del romanzo, distinguendo le due parti che lo compongono. (§§ 7, 8, 9, 10)
9. Come è presentato don Chisciotte? Metti in luce tutti gli elementi (economici, sociali e ideologici) che ne sottolineano la decadenza. (§ 6, T1)
10. Che cosa spinge don Chisciotte a farsi cavaliere errante? Che rapporto instaura tra letteratura e vita? (T1)
11. L'episodio dei mulini a vento è il primo test celebre della pazzia di don Chisciotte. Spiega perché. (T2)

PROPOSTE DI SCRITTURA

LA RELAZIONE

Sancio Panza è un personaggio opposto e complementare a don Chisciotte; nel corso del romanzo cambia anche il rapporto tra padrone e servo. Illustra, in una relazione, con riferimenti precisi ai testi, la dinamica dei due personaggi. (T1, T2, S2, § 6)

IL CONFRONTO TRA TESTI

La follia di don Chisciotte, come tutte le follie, nega la realtà e la trasfigura proiettandovi i propri fantasmi mentali: ciò spinge all'avventura comica (T2), ma è anche spia di una generosa illusione che rifiuta di accettare il mondo così com'è. Per questo il protagonista si oppone a ogni disinganno (T3). Esamina i testi mettendo a fuoco l'ambivalenza del personaggio e della sua pazzia.

 • Indicazioni bibliografiche

prometeo 3.0

Personalizza il tuo libro selezionando per questo capitolo materiali integrativi da Prometeo (di seguito ti proponiamo un elenco di materiali, ma puoi trovarne altri utilizzando il motore di ricerca).

- LO SPETTACOLO TEATRALE: LA SCENA E GLI ATTORI   La follia
- SCHEDA   La follia di Don Chisciotte: le posizioni di Auerbach e di Segre

Capitolo XI — La trattatistica scientifica e Galileo Galilei

My eBook+

Cliccando su questa icona, docenti e studenti accedono ad un'area di personalizzazione che permette di arricchire i contenuti digitali già linkati lungo le pagine del libro. Nell'area di personalizzazione è possibile infatti salvare ulteriori materiali: selezionati da **Prometeo**, prodotti autonomamente o ricercati nella rete.

▶ Per un elenco di materiali integrativi presenti nella biblioteca multimediale di Prometeo o per attivare una ricerca cfr. p. 367

Justus Sustermans, *Ritratto di Galileo Galilei*, 1636. Greenwich, National Maritime Museums.

VIDEOLEZIONE
La rivoluzione problematica di Galileo (a cura di Pietro Cataldi)

Con Galileo nasce un nuovo metodo scientifico, in cui la sperimentazione empirica si completa con la riflessione teorica, mentre la riproducibilità dell'esperimento garantisce la verificabilità della teoria. Al tempo stesso Galileo fonda una nuova prosa scientifica e saggistica, che rinnova il genere tradizionale del trattato, rendendolo adatto ad una comunicazione diretta e ad un pubblico più vasto. In questa videolezione Pietro Cataldi mette a fuoco questi elementi di novità della figura e dell'opera di Galileo, soffermandosi anche sul rapporto contrastato tra scienza e fede, tra ricerca e potere politico: una questione problematica che segnò drammaticamente la vita e l'attività del grande scienziato seicentesco.

- Galileo e lo spazio della letteratura [7 min. ca.]
- Il "metodo" scientifico [4 min. ca.]
- La rivoluzione del *Sidereus nuncius* [5 min. ca.]
- Il *Dialogo sopra i due massimi sistemi* e il punto di vista dell'autore [5 min. ca.]
- Il principio di autorità e la forza della conoscenza concreta [5 min. ca.]
- Scienza e fede ieri e oggi [4 min. ca.]
- La scienza di fronte al potere [4 min. ca.]

Attiviamo le competenze

esercitare le competenze di ascolto · dialogare

Ascolta con particolare attenzione l'ultima parte del contributo video: qui Cataldi riflette sulla modernità della lezione di Galileo, la cui attività si è dovuta scontrare con l'opposizione della Chiesa. Il problema della conciliabilità tra scienza e fede negli ultimi anni si è fatto prepotentemente attuale. Quali temi nel dibattito odierno su scienza e fede sono più problematici? Dove si deve fermare la scienza? Quali sono le responsabilità etiche di uno scienziato? È giusto stabilire dei limiti alle reciproche competenze della pratica scientifica e della fede religiosa, così come sosteneva Galilei? Prendi posizione su questi temi, argomentando la tua opinione in classe e dialogando con i compagni.

1 Galileo Galilei e la sua scuola

Galileo, continuatore della linea anticonformistica di Sarpi, Campanella e Bruno

La trattatistica scientifica del Seicento è dominata dalla personalità di Galileo Galilei, sia come scienziato e filosofo, sia come scrittore. Sul piano scientifico e filosofico egli **si collega alla ricerca degli intellettuali anticonformisti** a cavallo fra Cinquecento e Seicento, come **Sarpi**, **Campanella** e **Bruno**. Può essere accostato soprattutto a Bruno, che per primo aveva ripreso in Italia le teorie copernicane, aveva teorizzato il carattere infinito dell'universo e intravisto la fine del privilegio antropocentrico (l'uomo non è più il centro dell'universo) e la relatività di ogni acquisizione nel campo della conoscenza. Ma mentre Bruno era restato su un piano filosofico e metafisico, **Galileo inaugura un metodo scientifico di studio** e può perciò dare fondamenti più solidi e duraturi alla stessa teoria copernicana. Ne nasce una controversia con la Chiesa che segna uno spartiacque storico.

Galileo riprende e rinnova la tradizione umanistico-rinascimentale

L'uso dell'epistola e la nascita di una comunità scientifica internazionale

Sul piano letterario, Galileo riprende dalla tradizione umanistica l'uso del dialogo e dell'epistola, ma rinnova anche profondamente il genere della trattatistica, rendendolo adatto a una comunicazione più vasta e varia e a un pubblico più ampio e generico. **Il dialogo** gli permette di rendere l'argomentazione più mossa, problematica, drammatica; **l'epistola** gli serve per comunicare in forma scientifica con tutti i dotti dell'epoca, da Keplero a Sarpi, dai libertini francesi (teorici del "libero pensiero") a Campanella. Galileo stabilisce insomma **una formidabile rete di comunicazione** che lo unisce non solo ai suoi allievi ma agli studiosi di tutta Europa e che è documentata dall'epistolario. Con Galileo nasce insomma una **comunità scientifica internazionale**. E in effetti egli è l'ultimo grande intellettuale italiano che abbia avuto fama e séguito in ogni paese d'Europa.

L'invenzione del rendiconto scientifico

È proprio Galileo, inoltre, a dar vita, con il *Sidereus nuncius* [Nunzio delle stelle], a un sottogenere del trattato destinato ad avere grandissima diffusione in epoca moderna: **il rendiconto scientifico** che comunica al mondo i risultati di ricerche sperimentali.

L'uso del volgare

Come scrittore, Galileo introduce un'importante innovazione: **usa il volgare fiorentino**, d'altronde del tutto naturale in lui, toscano di nascita e di famiglia. Grazie alla sua autorità, la trattatistica scientifica sarà redatta di qui in avanti in volgare. Questo idioma diventa con lui e con la sua scuola una lingua non solo letteraria ma scientifica, e dunque ormai sottratta alla subordinazione al latino, che era stato per secoli la lingua dei dotti, della filosofia e della scienza (anche Galileo lo aveva usato nei suoi primi scritti e per la sua prima opera importante, *Sidereus nuncius*). Egli impone l'uso di rinunciare, per i termini scientifici, ai latinismi e di trovare invece degli equivalenti nel linguaggio comune in volgare ai quali attribuire, per analogia, uno specifico significato. **Ovviamente ciò comporta un cambiamento del pubblico**: Galileo e i suoi allievi non si rivolgono solo agli specialisti ma a tutte le persone colte, svolgendo così un compito non solo rigorosamente scientifico ma anche di alta divulgazione.

Il pubblico di Galileo

La lingua scientifica di Galilei

La lingua scientifica di Galileo e della sua scuola, sobria e razionale, esprime pure la **reazione di Firenze al gusto barocco** che domina invece a Roma. In una certa misura la contrapposizione a Roma e alla Controriforma (che preferisce il latino come lingua dei dotti e incoraggia l'uso di un barocco moderato nella scrittura) è dunque anche linguistica.

Gli allievi di Galileo

Fra gli allievi di Galileo occorre ricordare, oltre a **Evangelista Torricelli**, inventore del barometro, **Antonio Castelli** (1578-1643), che assunse il nome di Benedetto quando divenne frate benedettino, autore del trattato *Della misura dell'acque correnti* (1628), tutt'oggi testo fondamentale dell'idraulica moderna.

Altri due trattatisti: Francesco Redi e Lorenzo Magalotti

Nella tradizione della trattatistica toscana rientrano anche due aretini, che ebbero un ruolo di primo piano all'interno di una delle accademie scientifiche che continuarono la lezione di Galileo, quella del Cimento (sulle accademie cfr. cap. I, § 3): **Francesco Redi** e **Lorenzo Magalotti** (che nacque a Roma, ma era di famiglia aretina).

Le opere di Redi

Redi (1626-1698) fu anche poeta (cfr. più avanti cap. XIV, § 7) e membro dell'Accademia della Crusca, ma dedicò la maggior parte della sua vita agli studi di medicina, di biologia, di scienze naturali. Fra i suoi trattati occorre ricordare le *Osservazioni intorno alle vipere*, del 1664, e, sotto forma di epistola, *Esperienze intorno alla generazione degl'insetti*, del 1668, in cui si schiera contro la teoria, sostenuta dalla scienza gesuitica, della generazione spontanea degli insetti.

Magalotti (1637-1712), segretario dell'accademia del Cimento a Firenze, fu al servizio di Cosimo III dei Medici. Ritiratosi a vita privata, scrisse fra l'altro, ispirandosi al metodo galileiano, *Lettere scientifiche ed erudite*.

Estraneo alla cultura galileiana e legato all'ambiente romano fu invece il gesuita **Daniello Bartoli** (1608-1685), uno dei maggiori prosatori del secolo, volto a esaltare nella varietà e nella ricchezza della natura la potenza creatrice di Dio. Di Bartoli (su cui cfr., più avanti, cap. XIII, § 3) vanno ricordati almeno due trattati scientifici, *Del suono, dei tremori armonici e dell'udito* e *Del ghiaccio e della coagulazione*.

2 | Vita e opere di Galileo Galilei

La vita di Galileo Galilei è ricca di scoperte e di opere, di relazioni e di tensioni anche drammatiche (cfr. GALILEI E IL SUO TEMPO, p. 314).

Possiamo distinguerla in quattro periodi principali.

1. **Il periodo della formazione e delle prime ricerche scientifiche (1564-1592)**. Dopo l'**infanzia pisana** (1564-1574), la **giovinezza fiorentina** (1574-1589; ma con un'interruzione di quattro anni, dal 1581 al 1585, per studiare medicina a Pisa), densa di interessi scientifici e letterari, si conclude con il **primo incarico di insegnamento** di matematica **presso l'Università di Pisa** (1589-1592).

   In questo periodo Galileo si occupa di matematica applicata; scopre la legge dell'**isocronismo** del pendolo e inventa la bilancetta idrostatica per determinare il peso specifico dei corpi; studia il moto dei gravi (pubblica il *De Motu* [Sul movimento]), usando un **metodo induttivo**, fondato sull'esperienza. Inoltre **si interessa di letteratura**, partecipa al dibattito su Tasso (scrive *Considerazioni al Tasso*) e Ariosto parteggiando per quest'ultimo, e ricostruisce con rigore geometrico la topografia dell'*Inferno* dantesco. Scrive anche versi burleschi e liriche petrarcheggianti.

2. **Il periodo dell'egemonia culturale (1592-1615)**. Questo periodo coincide con l'insegnamento di matematica presso l'**università di Padova** (1592-1610), con la pubblicazione del *Sidereus nuncius* (1610), in cui Galileo informa delle scoperte fatte grazie al telescopio, e con il primo quinquennio successivo al suo **ritorno a Firenze**, dove viene proclamato «filosofo e matematico primario» alla corte di Cosimo II de' Medici. In questi anni Galileo **professa apertamente la teoria copernicana** e riesce ad attrarre verso le proprie posizioni vasti ambienti culturali e politici esercitando una effettiva **egemonia culturale**; e infatti arriva a godere di larghi appoggi anche fra i gesuiti a Roma, dove si avvale delle amicizie e dei legami che la sua adesione all'accademia dei Lincei gli procurano.

   È cruciale l'esperienza di **insegnamento a Padova**, città della Repubblica di Venezia, e dunque meno sottoposta al controllo della Chiesa, più libera e spregiudicata. Qui dominava ancora l'aristotelismo, ma d'impronta laica e non cattolica. Nei diciotto anni trascorsi a Padova (1592-1610) conosce Sarpi, formula le leggi sulla caduta dei gravi, **sperimenta il telescopio** (1609) sulla base di notizie giuntegli dall'Olanda (dove già, seppure in modo imperfetto, si erano costruiti i cannocchiali). **Frequenta i tecnici e gli ingegneri dell'Arsenale di Venezia**, rafforzando così la sua propensione a unire allo studio delle leggi astratte della matematica quello concreto della tecnica, delle macchi-

---

IL SIGNIFICATO DELLE PAROLE

● **Isocronismo**
L'*isocronismo* del pendolo è un principio fisico, scoperto da Galilei, secondo il quale in più pendoli di uguale lunghezza le oscillazioni hanno la stessa durata, anche se hanno diversa ampiezza. Il termine deriva dal greco *isókhronos*, composto da *ísos* = uguale e *khrónos* = tempo.

● **Induttivo**
L'aggettivo *induttivo* designa un metodo, un ragionamento o una scienza, basati sull'esperienza, che partono da dati empirici particolari e dall'osservazione della loro uniformità per arrivare alla formulazione di una legge o di una regola generale. Il metodo induttivo si contrappone a quello *deduttivo*, che segue un criterio opposto: da una verità generale arriva a una conclusione particolare.

ne e degli strumenti. Egli stesso costruisce vari strumenti, come il "compasso geometrico e militare" (una sorta di regolo calcolatore), l'orologio a pendolo, macchine per l'irrigazione. Entra in corrispondenza con scienziati e filosofi stranieri, primo fra tutti l'astronomo Keplero. **Attraverso il telescopio** scopre la natura montuosa della luna e quattro satelliti del pianeta Giove.

GALILEI E IL SUO TEMPO

STORIA	CRONOLOGIA	VITA E OPERE
	1564	nasce il 12 febbraio a Pisa, figlio del fiorentino Vincenzo Galilei, noto musicologo
istituzione della Congregazione dell'Indice (il primo Indice dei libri proibiti è del 1559)	1572	
	1574	si trasferisce a Firenze
	1581-1585	studia medicina a Pisa
	1589	ottiene un insegnamento di matematica presso l'Università di Pisa
	1591	muore il padre e deve farsi carico di mantenere la famiglia
	1592	viene chiamato a ricoprire la cattedra di matematica presso l'Università di Padova
	1597	aderisce alla teoria copernicana
editto di Nantes	1598	
nasce la Compagnia inglese delle Indie orientali	1600	
fondazione dell'Accademia dei Lincei, di cui Galileo sarà membro	1603	
regno di Giacomo I d'Inghilterra	1603-1625	
	1604	formula la legge sulla caduta dei gravi
	1609	costruisce il cannocchiale e lo offre a Venezia
	1610	pubblica il *Sidereus nuncius*. Cosimo lo richiama a Firenze con l'incarico di «primario matematico e filosofico» granducale
	1611	compie un viaggio a Roma, dove viene ben accolto dai gesuiti e accettato nell'Accademia dei Lincei
	1613	scrive la famosa lettera a Benedetto Castelli: è la prima delle "lettere copernicane"
	1615	è denunciato all'Inquisizione e scrive, per difendersi, altre tre "lettere copernicane". In dicembre parte per Roma per cercare di impedire un provvedimento contro di lui
condanna della teoria copernicana da parte del Santo Uffizio	1616	riceve un'ammonizione ufficiale da parte dell'Inquisizione e del cardinale Bellarmino che gli intima di rinunciare a professare la teoria copernicana
guerra dei Trent'anni, conclusa dalla pace di Westfalia (1648)	1618-1648	
	1623	pubblica *Il Saggiatore*, in seguito a una polemica con il gesuita Orazio Grassi
	1624	si reca a Roma per ossequiare il nuovo papa Urbano VIII, di cui spera di ottenere l'appoggio
Richelieu primo ministro di Luigi XIII	1624-1642	
	1630	è di nuovo a Roma per ottenere l'autorizzazione a pubblicare il *Dialogo sopra i due massimi sistemi del mondo, tolemaico e copernicano*
	1632	esce il *Dialogo*, ma dopo poche settimane viene sequestrato. Galilei riceve l'ordine di recarsi a Roma davanti al commissario dell'Inquisizione
	1633	si svolge il processo e Galilei viene condannato. Grazie all'abiura ottiene di essere scarcerato e di stabilirsi nella sua villa di Arcetri, presso Firenze
	1637	è gravemente ammalato e perde la vista
	1642	muore ad Arcetri l'8 gennaio

Joseph-Nicolas Robert-Fleury, *Galileo di fronte al Sant'Uffizio*, 1847. Parigi, Museo del Louvre.

Il *Sidereus nuncius*

Di queste e di altre scoperte dà notizia in ***Sidereus nuncius***, dedicato a Cosimo II de' Medici e pubblicato nel **1610**, anno in cui va a risiedere presso i Medici, a Firenze. **L'opera gli dà un grande successo**: i maggiori poeti dell'epoca, Marino e Tassoni, lo esaltano. Galileo vuole approfittarne per convincere gli ambienti ecclesiastici ad accettare le sue teorie e si reca a questo scopo **a Roma nel 1611**, ottenendo ampio credito anche presso i gesuiti. Quando però scrive, fra il 1613 e il 1615, una serie di **lettere famose sulla teoria copernicana** (cfr. **S1**, p. 316), affrontando anche il tema pericoloso dei rapporti fra scienza e Sacre Scritture (cfr., per esempio, la lettera a Benedetto Castelli, in espansioni digitali), **i gesuiti e soprattutto i domenicani cominciano ad attaccarlo**, finché nel 1615 viene denunciato all'Inquisizione da un predicatore domenicano, Niccolò Lorini. Nel dicembre 1615 Galileo compie un secondo viaggio a Roma per evitare un provvedimento a lui contrario. Ma nel **febbraio 1616 il cardinale Bellarmino condanna le teorie copernicane** e lo invita ad astenersi dall'insegnarle e dal professarle.

Le "lettere copernicane" (1613-1615)

La denuncia all'Inquisizione (1615)

La condanna di Bellarmino (1616)

La controversia con la Chiesa e la ricerca di un compromesso

Il terzo periodo (1616-1632)

3. **Il periodo della controversia con la Chiesa e della ricerca di un compromesso con le sue dottrine (1616-1632)**. Dopo i **primi ammonimenti della Chiesa** che lo invita nel **1616** ad astenersi dall'insegnare o dal professare la teoria copernicana, Galileo cerca di ripiegare sulla tesi secondo cui la teoria copernicana sarebbe una pura ipotesi matematica, non una rappresentazione della verità. Pubblica *Il Saggiatore* (1623) e lavora al *Dialogo sopra i due massimi sistemi del mondo*, uscito nel **1632**. **In questo periodo** Galileo **si trova più isolato** a causa della morte del principe Cesi, che aveva fondato l'accademia dei Lincei ed era il suo protettore romano. Invano egli spera nel nuovo papa Urbano VIII, ostile ai gesuiti. Ma lo sperato appoggio di papa Urbano VIII viene a mancare. **Nel luglio 1632 il *Dialogo* viene sequestrato** dalla censura.

Il processo, l'abiura, la segregazione. Il quarto periodo (1633-1642)

4. **Il periodo del processo, dell'abiura e della segregazione ad Arcetri (1633-1642)**. **Nel quarto periodo**, viene **processato** per aver pubblicato il *Dialogo sopra i due massimi sistemi* **e condannato** per aver trasgredito all'ingiunzione del 1616. È costretto all'umiliazione drammatica dell'**abiura**, in ginocchio, dinanzi alla Congregazione del Sant'Uffizio. Galilei, ormai vecchio e ammalato, diventa cieco (nel 1637). Può tuttavia avvalersi della solidarietà internazionale degli scienziati e della frequentazione dei discepoli, uno dei quali, Vincenzo Viviani, lo assiste sino al giorno della morte. Galileo muore nel 1642 ad Arcetri, vicino Firenze, dove si era ritirato forzatamente dopo l'abiura.

IL SIGNIFICATO DELLE PAROLE

● **Abiura**

Per lo più legata all'ambito ecclesiastico è la voce *abiura*, forma derivata dal verbo 'abiurare', che significa – come il latino *abiurare*, da cui deriva – 'negare con un giuramento'. Il vocabolo si è diffuso a partire dal XVI secolo, quando il Tribunale dell'Inquisizione costringeva i sospetti eretici a rinunciare con un giuramento solenne alla dottrina professata. È il caso di Galileo Galilei.

S1 INFORMAZIONI

Il sistema tolemaico e quello copernicano

Nel IV secolo a.C. Aristotele elabora una visione del cosmo che viene ripresa nel II secolo d.C. dall'astronomo alessandrino Tolomeo. Nasce il sistema tolemaico o aristotelico, detto anche geocentrico (fondato cioè sulla centralità della Terra). Secondo questa concezione, al centro del cosmo è la Terra, composta di materia corruttibile; intorno stanno le sfere celesti, eterne e incorruttibili, e ruotanti intorno alla Terra: l'ultima di queste è quella delle stelle fisse e segna i confini ultimi del mondo. L'universo dunque è immaginato pieno e finito. Durante il Medioevo questo sistema viene fatto proprio dalla Chiesa attraverso la filosofia scolastica, e infatti è illustrato anche da Dante nella *Commedia*. La rivoluzione copernicana è del 1543, anno in cui esce il *De revolutionibus orbium coelestium* [Le rivoluzioni dei corpi celesti] dell'astronomo polacco Niccolò Copernico (1473-1543). Copernico sostituisce a un sistema geocentrico un sistema eliocentrico (fondato sulla centralità del Sole). Anche per Copernico il cosmo è pieno e finito, ma egli trasferisce al Sole molte delle funzioni che prima aveva la Terra. Più tardi Bruno, riprendendo e sviluppando – più in senso filosofico che astronomico o scientifico – tesi copernicane, penserà invece a un universo immenso e infinito, senza più un centro definito. Anche Galilei e il tedesco Keplero (1571-1630), il quale scoprì che il movimento dei pianeti intorno al Sole era ellittico e non circolare, si muovono su questa strada indicata da Copernico e immaginosamente sviluppata da Giordano Bruno. Prima di Keplero e di Galilei l'astronomo danese Tycho Brahe (1546-1601) aveva tentato una mediazione, cercando un compromesso fra sistema tolemaico e sistema copernicano: secondo lui, i pianeti ruotano intorno al Sole, ma la Luna e il Sole ruotano intorno alla Terra. Ma la sua ipotesi fu nettamente rifiutata da Galilei.

Sfera armillare costruita secondo il sistema copernicano: il globo dorato del Sole è posto al centro, mentre la Terra è rappresentata da un cerchietto che ne sostiene un altro più piccolo raffigurante la Luna. Fu realizzata probabilmente da Jean Pigeon nel 1775 circa.

3 Il *Sidereus nuncius* e l'immaginario dell'uomo barocco

Le scienze matematiche e le invenzioni tecniche

Nel periodo passato a Padova Galileo dovette impiegare molto del suo tempo per rispondere alle esigenze della Repubblica di Venezia che gli richiedeva **sempre nuove invenzioni di tipo tecnico e pratico** (per esempio: macchine per l'irrigazione). Ciò da un lato lo disturbava, impedendogli di concentrarsi su opere di largo respiro scientifico-filosofico (e questo motivo lo indurrà alla lunga a lasciare Padova per Firenze), ma dall'altro assecondava quel **rapporto della matematica con le macchine e con gli strumenti** che indubbiamente è alla base delle innovazioni rivoluzionarie introdotte da Galileo. Proprio a contatto con l'ambiente dei tecnici e degli artigiani, e in particolare con i vetrai di Murano, che sapevano levigare le lenti di cristallo, nel **1609** Galileo, prendendo spunto da esemplari di cannocchiale provenienti dall'Olanda, fece costruire il **primo telescopio**. Nell'inverno del 1609 egli passò la maggior parte delle notti a puntare il cannocchiale verso il cielo, scoprendo che la superficie della Luna non era diversa da quella della Terra, il numero delle stelle era infinito, e Giove aveva dei satelliti che gli ruotavano intorno creando un sistema che, in piccolo, era identico a quello solare e che quindi contribuiva ad abbattere il "paradigma" aristotelico-tolemaico. Mentre di notte lavorava, di giorno Galilei trascriveva le proprie scoperte lavorando al ***Sidereus nuncius*** ['Nunzio delle stelle', o, anche, 'Annunzio sidereo' o, si direbbe oggi, 'Rendiconto sulle stelle']: si trattava

La costruzione del telescopio

Le scoperte astronomiche

Il *Sidereus nuncius*

S • Il frontespizio del *Sidereus nuncius*

L'opera rivoluziona l'immaginario dell'uomo secentesco

di un rendiconto scientifico che comunicava ai dotti di tutto il mondo (di qui l'uso del latino) le nuove scoperte.

L'opera, dedicata a Cosimo II de' Medici, era scritta in **un latino semplice, sobrio, asciutto**: nonostante il titolo che rivela un «iperbolico gusto barocco» (Battistini), l'autore bada all'essenziale e si limita a una **rigorosa esposizione scientifica**. L'opera di Galilei ebbe **una fortuna immensa**, rivoluzionando l'immaginario dell'uomo secentesco e segnando una svolta epocale. **L'uomo cessava di essere il centro del mondo**. L'universo non era finito e delimitato dalle Stelle Fisse, ma infinito e popolato da infiniti mondi, come già Giordano Bruno aveva sostenuto. La rigida gerarchia dello spazio che dall'antichità si era prolungata sino a tutto il Medioevo veniva sconvolta. E, soprattutto, le nuove acquisizioni erano alla portata di tutti: bastava sottoporle a verifica concreta e controllarne l'esattezza attraverso l'uso del telescopio (cfr. **S2**).

Una pagina del *Sidereus nuncius* (1610).

10 anni dopo la morte di Giordano Bruno (1600)

SIDEREUS NUNCIUS

genere	lingua	argomenti	destinatari
• trattato	• latino	• sostegno alla teoria copernicana • infinità dell'universo • satelliti di Giove • superficie della Luna • composizione della via Lattea	• i dotti di tutto il mondo

S2 — MATERIALI E DOCUMENTI

La svolta epocale del *Sidereus nuncius*

Andrea Battistini mostra l'entusiastica ricezione dell'opera di Galileo e il modo con cui essa sconvolse l'immaginario dell'uomo secentesco, distruggendo rapidamente le vecchie certezze, aprendo la via a una nuova maniera di concepire lo spazio e il rapporto fra l'uomo e l'universo e incoraggiando l'audacia umana a sfidare l'ignoto. Nell'immaginario dei poeti e degli scienziati, Galileo viene paragonato a Cristoforo Colombo, mentre il cannocchiale, rivelando nuovi mondi, alimenta anche la nascita della prosa fantascientifica.

▶▶ Il *Sidereus Nuncius*, pubblicato il 13 marzo 1610 con una tiratura di 550 copie, dopo meno di una settimana era già introvabile, mentre la fama di questo libretto sensazionale si diffondeva a macchia d'olio, cambiando profondamente l'esistenza di Galileo, che da docente solito muoversi nel ristretto perimetro delle aule universitarie, della sua officina a ridosso dell'abitazione e di qualche salotto veneziano si ritrovò improvvisamente un personaggio pubblico, sulla bocca di tutti, in breve conosciuto in ogni angolo del mondo. [...] Benedetto Castelli, amico e discepolo di Galileo, appena ricevuta l'opera, si mise subito a leggerla «più di dieci volte con somma meraviglia e dolcezza grande d'animo». Né la fama del «libretto ammirabile et miracoloso» restò circoscritta ai soli intendenti,[1] dal momento che i suoi

1 **intendenti**: gli *specialisti*, cioè gli studiosi di astronomia.

▶ **S2**

contenuti erano di quelli suscettibili di colpire l'immaginario collettivo, al punto che se ne diffuse «prima assai il grido che l'opera». [...]

Vista la celerità con cui si propagò, mai opera ebbe titolo più appropriato del *Sidereus Nuncius*: nel 1612 il suo «messaggio» delle scoperte celesti arrivava a Mosca e in India; tre anni dopo se ne ebbe una sintesi in lingua cinese; nel '31 il cannocchiale fu segnalato in Corea e nel '38 in Giappone, mentre nel '40, grazie alla sua popolarità, il nome di Galileo venne traslitterato in cinese, ove diventò Chia-Li-Lueh. [...]

Di sicuro il *Sidereus* era un testo che segnava una svolta epocale, destinata a far riflettere e a incidere durevolmente non solo sugli astronomi, ma sugli epistemologi,[2] sui filosofi e persino sui letterati e sugli artisti. [...]

Di là dalle mere scoperte fattuali,[3] le poche decine di pagine pubblicate da Galileo abbattevano d'un tratto le credenze più radicate e incrollabili. Da tempi immemorabili si riteneva che il cielo fosse inalterabile e perenne, incorruttibile perché costituito di etere, una quintessenza solida, cristallina, trasparente, del tutto diversa dalla Terra, sede di ogni metamorfosi, della nascita e della morte, della formazione e della distruzione. All'improvviso, la configurazione del paesaggio lunare, scabro, ineguale, con rilievi e avvallamenti, dimostrò che non esisteva alcuna differenza sostanziale tra la Terra e gli altri corpi celesti, nel senso che anche questi sono esposti alla corruzione e alla contingenza del fenomenico.[4] Era poi ferma la convinzione che l'universo, per quanto esteso, fosse finito, cinto dal cielo delle stelle fisse. Adesso invece le nebulose e la Via Lattea risultavano formate da un numero inquietante di stelle, ciascuna delle quali pari se non molto maggiore al volume della Terra. E per quanto Galileo non lo nominasse mai, era facile giungere attraverso le sue scoperte a confermare le tesi audacissime e pericolose di Giordano Bruno. L'autorità di Aristotele e il senso comune suggerivano che la Terra era immobile e al centro dell'universo quand'ecco che l'individuazione dei quattro satelliti ruotanti attorno a Giove, formando una specie di modello in scala ridotta dell'universo copernicano, indicava la possibilità che esistessero altri sistemi planetari e comunque provava la presenza di altri centri di rotazione oltre alla Terra. Nell'insieme, Galileo smentì la gerarchizzazione degli spazi, distinti nell'antichità e nel Medioevo tra celesti e terrestri, sacri e profani, proibiti e accessibili. [...]

A causa della viscosità delle convenzioni letterarie il paradigma ordinato, chiuso e monocentrico del mondo continuò per altro a esistere ancora a lungo, ma è certo che dopo la comparsa del *Sidereus* andò in frantumi la descrizione unitaria e concorde del cosmo, unanimemente accettata da Aristotele a Dante e da allora, se non altro, costretta a subire l'alternativa degli spazi infiniti e della «temeraria siderum dispositio».[5] Ancorché discusse e osteggiate, le sue acquisizioni furono indelebili. [...]

Con il *Sidereus* Galileo cessava di essere, per quanto già stimato, un semplice professore di università per assurgere a emblema del moderno, personalità rappresentativa di una nuova epoca per avere abbattuto credenze secolari. [...]

I viaggi aerei sulla rotta tracciata dal cannocchiale suggerirono instintivamente l'immagine di Galileo navigatore, con la sua vista lincea,[6] negli spazi siderali. E per analogia lo scienziato che scoprì le irregolarità della luna o i satelliti di Giove venne paragonato a Cristoforo Colombo, contribuendo a ridestare nell'immaginario secentesco gli echi di un'impresa ormai lontana della quale nel Rinascimento, a parte poche eccezioni, si era avuta scarsa coscienza. In comune, i due valorosi esploratori avevano osato superare le colonne d'Ercole e l'esito fortunato della spedizione verso le Americhe lasciava presupporre che anche la via tracciata nel *Sidereus* poteva essere percorsa.

A. Battistini, *Introduzione* a G. Galilei, *Sidereus nuncius*, a cura di A. Battistini, Marsilio, Venezia 1993, pp. 147-148.

---

2 **epistemologi**: studiosi di metodologia della scienza.
3 **mere scoperte fattuali**: semplici scoperte dei fatti.
4 **contingenza del fenomenico**: precarietà dei fenomeni sensibili.
5 **«temeraria siderum dispositio»**: *la temeraria disposizione degli astri* (in latino).
6 **lincea**: *acuta come quella della lince*.

---

4 Le "lettere copernicane" e la politica culturale di Galileo

Con Keplero contro Brahe

Il successo del *Sidereus nuncius* e le altre scoperte relative alle macchie solari e alle fasi di Venere (Galileo scoprì che questo pianeta si muoveva intorno al Sole avvalorando così di nuovo, per altra via, le teorie eliocentriche copernicane) inserirono lo scienziato toscano nel **grande dibattito degli astronomi europei**, collocandolo dalla parte di Keplero (che nel 1611 intervenne a favore dell'italiano) contro il danese Tycho Brahe, sostenitore di una teoria di compromesso fra sistema tolemaico e sistema copernicano (cfr. **S1**, p. 316). Nello stesso tempo, però, esponevano Galileo alle **critiche dei pensatori ortodossi** e tradizionalisti e alle **diffidenze delle gerarchie ecclesiastiche**, che avevano da poco condannato al rogo Giordano Bruno, sostenitore di idee non molto diverse in campo astronomico. Di qui il tentativo galileiano, **fra il 1611 e il 1615**, di rassicurare la Chiesa e addirittura di ricercarne l'alleanza. Galileo non intende affatto rinunciare alle proprie idee, ma anzi cerca di svilup-

La politica culturale di Galileo

"LETTERE COPERNICANE"

date
- 1613-1615

destinatari
- Benedetto Castelli
- Pietro Dini
- Granduchessa di Toscana Cristina di Lorena

argomenti
- dimostrazione della teoria copernicana
- fiducia nella ragione e nella scienza

obiettivo
- ottenere il sostegno dei nobili e degli ambienti romani

La teoria copernicana non è solo un'ipotesi, ma una rappresentazione vera dell'universo

pare una **politica culturale** potenzialmente egemonica nei confronti della Chiesa, convincendola che le proprie posizioni, e più in generale quelle copernicane, non mettono affatto a repentaglio né la fede cattolica (di cui si dichiara sempre fedele seguace) né l'autorità religiosa. D'altra parte, sino a quel momento, la Chiesa non aveva espressamente condannato le teorie copernicane e anzi concedeva che esse potessero circolare sotto forma di ipotesi matematiche. Galileo, però, non sta a questo compromesso. La sua ambizione è più elevata: **vuole convincere la Chiesa che le teorie copernicane** da lui stesso accettate e convalidate scientificamente **costituiscono non una ipotesi, ma una rappresentazione vera**, perché scientificamente esatta, dell'universo. Alza, insomma, la posta della scommessa. È spinto a ciò sia dalla fiducia nella forza persuasiva della ragione e della scienza (cfr. **S3**), sia dalla speranza nel sostegno del ceto nobiliare (al quale si rivolge espressamente più volte) e nell'appoggio degli ambienti romani (religiosi e civili: concordavano con lui la maggior parte degli scienziati gesuiti di Roma, il principe Cesi e gli altri membri dell'accademia dei Lincei). D'altra parte egli era persuaso dell'utilità pubblica della scienza e quindi voleva conquistare alle proprie posizioni i rappresentanti istituzionali del potere (anzitutto i nobili e la Chiesa), gli unici che avrebbero potuto socializzare le conquiste della scienza, nonché finanziarne e sostenerne la ricerca (sulla politica culturale di Galileo, cfr. **S2**).

Le "lettere copernicane"

Galileo conduce questa battaglia culturale con le cosiddette **"lettere copernicane"**, scritte fra il 1613 e il 1615. Si tratta di quattro lettere: quella a Benedetto Castelli (cfr. espansioni digitali), due lettere a monsignor Pietro Dini e infine una lunga epistola alla granduchessa di Toscana Cristina di Lorena.

L'epistola alla granduchessa Cristina di Lorena

Nella **epistola alla granduchessa Cristina** (cfr. **T1**, p. 321), Galileo esalta la volontà della umana conoscenza ed esorta la Chiesa a non pretendere che gli scienziati neghino di vedere quello che vedono: proibire la teoria copernicana vorrebbe dire «vietar agli uomini guardar verso il cielo». Per studiare l'universo, il punto di partenza della ricerca deve essere l'universo stesso e non la Bibbia. **Galileo sostiene insomma la validità scientifica del metodo induttivo e sperimentale**. Sta ai teologi – afferma coraggiosamente Galileo – dimostrare che la Bibbia è in accordo con la scienza e non viceversa.

S3 — PASSATO E PRESENTE

La fiducia di Galileo nella ragione e nella scienza: Bertolt Brecht

In un dramma scritto nel 1938-39, ma ritoccato nel dopoguerra, *Vita di Galileo*, il drammaturgo tedesco Bertolt Brecht pone in risalto l'entusiasmo dello scienziato e la sua fiducia nella ragione e nella scienza, in occasione della scoperta, fatta con il telescopio, dei movimenti dei satelliti intorno a Giove. Nel brano che presentiamo, all'amico Sagredo, che lo invita alla prudenza e gli evoca i pericoli ai quali può andare incontro con la sua scoperta, Galileo risponde ribadendo la propria fede appassionata nella ragione umana e il proprio convincimento di poter persuadere ogni dubbioso e anche le autorità della Chiesa. Questa interpretazione di Brecht coglie in effetti un dato reale della psicologia e della mentalità del grande scienziato.

▶▶ *Galileo* Ora ti mostrerò una nebulosa della Via Lattea: ha uno splendore biancastro, come il latte, appunto. Dimmi un po': di che è composta?

Sagredo Sono stelle: innumerevoli.

Galileo Nella sola costellazione di Orione vi sono cinquecento stelle fisse. Sono i molti, gl'infiniti altri mondi, gli astri lontanissimi, di cui parlava quel condannato al rogo. E lui non li aveva visti, solo presentiti!

Sagredo Ma, ammesso pure che la nostra terra sia una stella, c'è ancora un'enorme distanza da quello che dice Copernico, e cioè che ruoti intorno al sole. Non c'è nessun astro, in cielo, intorno a cui ne ruotino altri; mentre intorno alla terra ruota pur sempre la luna.

Galileo È quel che mi domando, Sagredo. Da ier l'altro me lo domando. Ecco Giove. (*Punta il telescopio*) Vicino a lui ci sono quattro stelle minori, visibili solo con l'occhiale. Le vidi lunedì, ma non feci molto caso alla loro posizione. Le rividi ieri, e avrei giurato che s'eran mosse, tutt'e quattro. Ne ho preso nota... Ecco, si sono mosse ancora! Ma come! Ne avevo pur viste quattro! (*Spostandosi*) Guarda tu!

Sagredo Ne vedo tre.

Galileo E la quarta? Prendiamo le tavole. Dobbiamo calcolare i movimenti che hanno potuto compiere.

Si siedono tutti infervorati al lavoro. La scena si oscura, ma all'orizzonte si continua a vedere Giove e i suoi satelliti. Quando torna la luce, i due sono sempre seduti, avvolti nei pesanti mantelli.

Galileo È dimostrato. La quarta non può che trovarsi dietro Giove, dove noi non possiamo vederla. Ed eccoti un astro intorno al quale ne ruota un altro.

Sagredo Ma, e la calotta di cristallo su cui è fissato Giove?

Galileo Già, dove va a finire? Come può Giove essere una stella fissa, se altre stelle gli ruotano attorno? Non ci sono sostegni nel cielo, non c'è nulla che stia fermo nell'universo! C'è un altro sole, piuttosto!

Sagredo Calmati. Pensi troppo in fretta.

Galileo Macché in fretta! Sveglia, amico! Quello che vedi tu, non l'ha ancora visto nessuno. Avevano ragione!

Sagredo Chi? I copernicani?

Galileo E anche l'altro! Tutto il mondo era contro di loro, e loro avevano ragione. Questa sì che piacerà ad Andrea! (*Fuori di sé, corre alla porta e grida verso l'esterno*) Signora Sarti! Signora Sarti!

Sagredo Ora calmati, Galileo!

Galileo Ora svegliati, Sagredo! Signora Sarti!

Sagredo (*scostando il telescopio*) Vuoi smetterla di strillare come un ossesso?

Galileo E tu, vuoi smetterla di startene lì come un citrullo, quando abbiamo scoperto la verità?

Sagredo Non sto affatto qui come un citrullo: semplicemente, il pensiero che possa essere la verità, mi fa tremare.

Galileo Che?

Sagredo Hai proprio perso ogni barlume di raziocinio? Davvero non ti rendi conto dei guai in cui ti cacci, se quello che hai visto è vero? Se ti metti a gridare sulle pubbliche piazze che la terra è una stella e non il centro del creato?

Galileo Sì, e che l'intero, smisurato universo con le sue stelle non gira affatto intorno alla nostra minuscola terra, come tutti hanno potuto credere!

Sagredo E dunque, che esistono solo delle stelle? Dov'è Dio, allora?

Galileo Che vuoi dire?

Sagredo Dio! Dov'è Dio?

Galileo Lassù, no! Allo stesso modo che non sarebbe quaggiù sulla terra, se gli abitanti di lassù venissero qui a cercarlo!

Sagredo E allora dov'è?

Galileo Io non sono un teologo! Sono un matematico.

Sagredo Tu sei un essere umano, prima di tutto. E io ti domando: dov'è Dio, nel tuo sistema dell'universo?

Galileo In noi, o in nessun luogo!

Sagredo (*grida*) Come ha detto il condannato al rogo?

Galileo Come ha detto il condannato al rogo!

Vita di Galileo di Bertolt Brecht, regia di Antonio Calenda, con Franco Branciaroli. Produzione del Teatro Stabile del Friuli-Venezia Giulia e del Teatro de Gli Incamminati, 2008.

Sagredo Ma proprio per questa ragione l'hanno bruciato! Nemmeno dieci anni fa!

Galileo Perché non è riuscito a darne le prove! Perché lo ha solo affermato! Signora Sarti! Signora Sarti!

Sagredo Galileo, ti ho sempre conosciuto per uomo assennato. Pazientemente, a centinaia di scolari, per diciassette anni a Padova e per tre a Pisa, hai insegnato il sistema tolemaico, proclamato dalla Chiesa, confermato dalle Sacre Scritture su cui poggia la Chiesa. Lo hai ritenuto erroneo, concordando con Copernico: però lo hai insegnato.

Galileo Perché non potevo dare nessuna prova.

Sagredo E credi che questo basti a far cambiare le cose?

Galileo Totalmente, cambiano! Guarda qui dentro, Sagredo! Io credo nell'uomo, e questo vuol dire che credo alla sua ragione! Se non avessi questa fede, la mattina non mi sentirei la forza di levarmi dal letto.

Sagredo Allora stammi a sentire: io non ci credo. In quarant'anni di esistenza tra gli uomini, non ho fatto che constatare come siano refrattari alla ragione. Mostragli il pennacchio fulvo di una cometa, riempili di inspiegabili paure, e li vedrai correre fuori dalle loro case a tale velocità da rompersi le gambe. Ma digli una frase ragionevole, appoggiala con sette argomenti, e ti rideranno sul muso.

Galileo Non è vero. È una calunnia. Non capisco come tu possa amare la scienza, se sei convinto di questo. Solo i morti non si lasciano smuovere da un argomento valido!

Sagredo Ma come puoi confondere la loro miserabile furbizia con la ragione!

Galileo Non parlo della loro furbizia. Lo so: dicono che un asino è un cavallo quando vogliono venderlo, e che un cavallo è un asino quando vogliono comprarlo. E questo per la furbizia! Ma la vecchia donna che, la sera prima del viaggio, pone con la sua mano rozza un fascio di fieno in più davanti al mulo; il navigante che, acquistando le provviste, pensa alle bonacce e alle tempeste; il bambino che si ficca in testa il berretto quando lo hanno convinto che pioverà, tutti costoro sono la mia speranza: perché tutti credono al valore degli argomenti. Sì: io credo alla dolce violenza che la ragione usa agli uomini. A lungo andare, non le sanno resistere. Non c'è uomo che possa starsene inerte a guardarmi, quando io (*prende in mano un sasso e lo lascia cadere a terra*) lascio cadere un sasso e dico: questo sasso non cade. Non c'è essere umano in grado di far questo. Troppo grande è il potere di seduzione che emana dalla prova pratica; i più cedono subito, e alla lunga tutti. Il pensare è uno dei massimi piaceri concessi al genere umano.

I capolavori di Brecht, Einaudi, Torino 1963, pp. 30-33.

T1 Galileo Galilei
Dalla lettera a Cristina di Lorena: la scienza e le Sacre Scritture

OPERA
Lettera a Cristina di Lorena

CONCETTI CHIAVE
- autonomia della scienza dalla religione
- rifiuto di un astratto principio d'autorità

FONTE
G. Galilei, *A Madama Cristina di Lorena granduchessa di Toscana*, in Id., *Opere*, a cura di F. Flora, Ricciardi, Milano-Napoli 1953.

 Testo interattivo
 Ascolto
 Alta leggibilità

Galileo ribadisce in queste pagine, tratte dalla lettera a Cristina di Lorena, che, in caso di contraddizione fra scienza e Sacre Scritture, l'errore starà non nella scienza ma nella pretesa di prendere alla lettera il linguaggio immaginoso della Bibbia. Osserva inoltre che la Bibbia offre scarsissime informazioni sull'universo e che, se ci limitassimo a esse, non sapremmo in realtà quasi nulla della natura che ci circonda. Le Sacre Scritture si pongono infatti l'obiettivo «d'insegnarci come si vadia al cielo e non come vadia il cielo». Occorre dunque basarsi sulle «sensate esperienze» (le esperienze dei sensi) e sulle «dimostrazioni» scientifiche che se ne possono trarre, rifiutando un astratto principio d'autorità.

Il motivo, dunque, che loro[1] producono per condennar l'opinione della mobilità della Terra e stabilità del Sole, è, che leggendosi nelle Sacre Lettere, in molti luoghi, che il Sole si muove e che la Terra sta ferma, né potendo la Scrittura mai mentire o errare, ne séguita per necessaria conseguenza che erronea e dannanda sia la sentenza di chi volesse asserire, il Sole esser per sé stesso immobile, e mobile la Terra.[2]

Sopra questa ragione parmi primieramente da considerare, essere e santissimamente detto e prudentissimamente stabilito, non poter mai la Sacra Scrittura mentire, tutta volta che si sia penetrato il suo vero sentimento,[3] il qual non credo che si possa negare esser molte volte recondito e molto diverso da quello che suona il puro significato delle parole. Da che ne séguita, che qualunque volta alcuno, nell'esporla, volesse fermarsi sempre nel nudo suono literale, potrebbe, errando esso,[4] far apparire nelle Scritture non solo contradizioni e proposizioni remote dal vero, ma gravi eresie e bestemmie ancora: poi che[5] sarebbe necessario dare a Iddio e piedi e mani ed occhi, e non meno affetti corporali ed umani, come d'ira, di pentimento, d'odio, ed anco tal volta la dimenticanza delle cose passate e l'ignoranza delle future; le quali proposizioni, sì come, dettante lo Spirito Santo,[6] furono in tal guisa profferite da gli scrittori sacri per accomodarsi alla capacità del vulgo assai rozo e indisciplinato,[7] così per quelli che meritan d'esser separati dalla plebe[8] è necessario che i saggi espositori ne produchino i veri sensi, e n'additino le ragioni particolari per che e' siano sotto cotali parole profferiti: ed è questa dottrina così trita e specificata appresso tutti i teologi, che superfluo sarebbe il produrne attestazione alcuna.

Di qui mi par di poter assai ragionevolmente dedurre, che la medesima Sacra Scrittura, qualunque volta gli è occorso di pronunziare alcuna conclusione naturale, e massime delle più recondite e difficili ad esser capite, ella non abbia pretermesso questo medesimo avviso, per non aggiugner confusione nelle menti di quel medesimo popolo e renderlo più contumace contro a i dogmi di più alto misterio.[9] Perché se, come si è detto e chiaramente si scorge, per il solo ri-

---

- **1 loro**: si riferisce ai commentatori delle Sacre Scritture, chiamate da Galileo **Sacre Lettere**.
- **2 ne séguita...Terra**: ne deriva come necessaria conseguenza che deve essere considerata erronea e degna di condanna (**dannanda**) l'opinione di chi volesse sostenere che il Sole sia di per se stesso immobile, e mobile [invece] la Terra. **Esser** è infinito dipendente da **asserire** con tipica costruzione latina dei verbi di dire.
- **3 Sopra...sentimento**: *Per questo motivo mi sembra soprattutto da considerare che sia detto con rispetto religioso* (**santissimamente**) *e stabilito con assoluta prudenza che la Sacra Scrittura non può mai mentire, una volta che si sia afferrato il suo vero significato* (**sentimento**).
- **4 errando esso**: *poiché sta sbagliando* (incidentale corrispondente all'ablativo assoluto latino). Galileo vuol mostrare l'errore del commentatore che non considera la Scrittura un testo "poetico" e non riesce a scindere il «nudo suono letterale» dalla successiva interpretazione: per il teologo lettera e senso coincidono (con le conseguenze negative esposte subito dopo).
- **5 poi che**: *poiché*.
- **6 dettante...Santo**: *sotto la dettatura dello Spirito Santo*, quindi ispirate da Dio (per la forma sintattica cfr. nota 4).
- **7 indisciplinato**: *incolto*, in quanto privo di disciplina, di istruzione.
- **8 per quelli...plebe**: *cioè gli studiosi e gli uomini di cultura che non si accontentano della "semplicità" scritturale e richiedono più approfondite spiegazioni.*
- **9 Di qui...misterio**: *Da ciò mi pare di poter dedurre con ragione che la stessa Sacra Scrittura, ogni volta che ha dovuto pronunciare qualche affermazione sulla natura e soprattutto quelle più problematiche e difficili da capire, non abbia tralasciato* (**pretermesso**) *questo medesimo criterio [di semplicità], per non aggiungere confusione nella mente del popolo e allontanarlo maggiormente* (**renderlo più contumace**) *dai dogmi di più assoluto mistero.*

Scipione Pulzone, *Ritratto di Cristina di Lorena*, **1590 ca.** Firenze, Galleria degli Uffizi.

Il dipinto fa parte della cosiddetta "serie aulica", un gruppo di oltre 40 ritratti ufficiali di membri della famiglia Medici oggi conservati agli Uffizi. Cristina di Lorena sposò Ferdinando I nel 1589, e a qualla data, molto probabilmente, deve farsi risalire la commissione del ritratto a Scipione Pulzone. Il dettaglio della corona granducale, riconoscibile per il grande giglio fiorentino tempestato di pietre preziose, indica il rango del personaggio.

spetto d'accomodarsi alla capacità popolare non si è la Scrittura astenuta di adombrare principalissimi pronunziati,[10] attribuendo sino all'istesso Iddio condizioni lontanissime e contrarie alla sua essenza, chi vorrà asseverantemente sostenere che l'istessa Scrittura, posto da banda cotal rispetto, nel parlare anco incidentemente di Terra, d'acqua, di Sole, o d'altra creatura, abbia eletto di contenersi con tutto rigore dentro ai puri e ristretti significati delle parole?[11] e massime[12] nel pronunziar di esse creature cose non punto concernenti al primario instituto delle medesime Sacre Lettere, cioè al culto divino ed alla salute dell'anime, e cose grandemente remote dalla apprensione del vulgo.[13]

Stante, dunque, ciò, mi par che nelle dispute di problemi naturali non si dovrebbe cominciare dalle autorità di luoghi delle Scritture, ma dalle sensate esperienze e dalle dimostrazioni necessarie:[14] perché procedendo[15] di pari al Verbo divino la Scrittura Sacra e la natura, quella come dettatura dello Spirito Santo, e questa come osservantissima essecutrice de gli ordini di Dio; ed essendo, di più, convenuto nelle Scritture, per accomodarsi all'intendimento dell'universale, dir molte cose diverse, in aspetto e quanto al nudo significato delle parole, dal vero assoluto;[16] ma, all'incontro,[17] essendo la natura inesorabile ed immutabile, e mai non trascendente i termini delle leggi impostegli, come quella che nulla cura che le sue recondite ragioni e modi d'operare sieno o non sieno esposti alla capacità degli uomini; pare che quello degli effetti naturali che o la sensata esperienza ci pone dinanzi a gli occhi o le necessarie dimostrazioni ci concludono, non debba in conto alcuno esser revocato in dubbio, non che condannato, per luoghi della

- **10 non si è...pronunziati**: *la Scrittura non si è astenuta dall'esprimere principi fondamentali*.
- **11 chi vorrà...parole?**: *chi vorrà affermare con certezza che la stessa Scrittura, messo da parte tale rispetto [verso il popolo], nel parlare anche casualmente della Terra, dell'acqua, del Sole o di altre creature, abbia scelto di attenersi con estremo rigore ai semplici e limitati significati delle parole?* Si tratta di una domanda retorica che sottintende una risposta negativa: nessuno sosterrà questo perché lo stile scritturale prevede sempre una irrinunciabile finalità "pedagogica" non scientifica.
- **12 massime**: *soprattutto*, dal latino "maxime".
- **13 nel pronunziar...vulgo**: Galileo vuol ribadire che l'interpretazione letterale della Scrittura pone talora il testo in contraddizione con se stesso e lontano dalla comprensione (**apprensione**) del popolo.
- **14 dalle sensate...necessarie**: *dalle esperienze sensoriali e dalle dimostrazioni scientifiche*. La "necessità" di tali dimostrazioni deriva dalla base empirica e sperimentale dei procedimenti, costantemente sottoposti a verifica.
- **15 perché procedendo**: *dal momento che procedono*. Soggetti sono «la Sacra Scrittura e la natura».
- **16 ed essendo...assoluto**: *ed essendo inoltre convenuto, per adeguarsi alla comprensione del [significato] universale, di dire nelle Scritture molte cose diverse, per apparenza e rispetto al puro e semplice significato delle parole, dal vero assoluto*.
- **17 all'incontro**: *al contrario*.

Scrittura che avessero nelle parole diverso sembiante;[18] poi che non ogni detto della Scrittura è legato a obblighi così severi com'ogni effetto di natura, né meno eccellentemente ci si scuopre Iddio negli effetti di natura che ne' sacri detti delle Scritture: il che volse per avventura intender Tertulliano in quelle parole: *Nos definimus, Deum primo natura cognoscendum, deinde doctrina recognoscendum: natura, ex operibus; doctrina, ex praedicationibus*.[19]

Ma non per questo voglio infierire, non doversi aver somma considerazione de i luoghi delle Scritture Sacre: anzi venuti in certezza di alcune conclusioni naturali, doviamo servircene per mezi accomodatissimi[20] alla vera esposizione di esse Scritture ed all'investigazione di quei sensi che in loro necessariamente si contengono, come verissime e concordi con le verità dimostrate.[21] Stimerei per questo che l'autorità delle Sacre Lettere avesse avuto la mira a persuadere principalmente a gli uomini quegli articoli e proposizioni,[22] che, superando ogni umano discorso, non potevano per altra scienza né per altro mezo farcisi credibili, che per la bocca dell'istesso Spirito Santo: di più, che ancora in quelle proposizioni che non son *de Fide*[23] l'autorità delle medesime Sacre Lettere deva esser anteposta all'autorità di tutte le scritture umane, scritte non con metodo dimostrativo, ma o con pura narrazione o anco con probabili ragioni, direi doversi reputar tanto convenevole e necessario, quanto l'istessa divina sapienza supera ogn'umano giudizio e coniettura.[24] Ma che quell'istesso Dio che ci ha dotati di sensi, di discorso e d'intelletto, abbia voluto, posponendo l'uso di questi, darci con altro mezo le notizie che per quelli possiamo conseguire, sì che anco in quelle conclusioni naturali, che o dalle sensate esperienze o dalle necessarie dimostrazioni ci vengono esposte innanzi a gli occhi e all'intelletto, doviamo negare il senso e la ragione, non credo che sia necessario il crederlo,[25] e massime in quelle scienze delle quali una minima particella solamente, ed anco in conclusioni divise,[26] se ne legge nella Scrittura; quale appunto è l'astronomia, di cui ve n'è così piccola parte, che non vi si trovano né pur nominati i pianeti, eccetto il Sole e la Luna, ed una o due volte solamente, Venere, sotto nome di Lucifero. Però[27] se gli scrittori sacri avessero avuto pensiero di persuadere al popolo[28] le disposizioni e movimenti de' corpi celesti, e che in conseguenza dovessimo noi ancora dalle Sacre Scritture apprender tal notizia, non ne avrebbon, per mio credere, trattato così poco, che è come niente in comparazione delle infinite conclusioni ammirande[29] che in tale scienza si contengono e si dimostrano. [...]

Dalle quali cose descendendo più al nostro particolare, ne séguita per necessaria conseguenza, che non avendo voluto lo Spirito Santo insegnarci se il Cielo si muova o stia fermo, né se la sua figura sia in forma di sfera o di disco o distesa in piano, né se la Terra sia contenuta nel

---

- **18** **pare che...sembiante**: è evidente che ciò che ci è posto davanti agli occhi dall'esperienza sensoriale o ciò che ci portano a dedurre le dimostrazioni scientifiche non può essere in nessun modo posto in dubbio, e neppure condannato, in base a passi della Scrittura che mostrassero un diverso significato letterale (**diverso sembiante**). In Galileo il principio di autorità si sposta dal testo sacro al libro della natura, regolata da leggi immutabili che non richiedono interpretazione arbitraria, ma soltanto di essere scoperte, lette, analizzate per quello che sono. L'affermazione forte e polemica di Galileo sostiene che Dio è presente in esse non meno che nelle Scritture.
- **19** **il che...praedicationibus**: questo, per caso, volle intendere Tertulliano con quelle parole: «Noi stabiliamo che Dio deve essere conosciuto in primo luogo nella natura, poi riconosciuto nella dottrina: nella natura, per mezzo delle opere; nella dottrina, attraverso la predicazione». Quinto Settimio Florente Tertulliano è il noto scrittore latino del II-III sec. d.C. convertitosi al cristianesimo intorno ai trent'anni e suo vigoroso difensore. Galileo lo cita in quanto sostenitore di tesi realistiche, attente alla concretezza dell'esperienza umana, sia pure fortificata dalla fede.
- **20** **per mezi accomodatissimi**: quali strumenti adattissimi.
- **21** **anzi venuti...dimostrate**: in queste parole è possibile vedere la potenza davvero "copernicana" del pensiero di Galileo: la Scrittura può eventualmente solo confermare quanto scoperto in campo scientifico, ma non viceversa. Il primato appartiene alla scienza della natura.
- **22** **persuadere...proposizioni**: *convincere principalmente gli uomini riguardo a quegli articoli e proposizioni*. **Persuadere** è costruito come nei verbi latini "suadeo", "persuadeo".
- **23** **che non son *de Fide***: *che non concernono verità di fede* [: non sono dogmatiche].
- **24** **direi...coniettura**: è questa la proposizione principale che regge la subordinata «di più, che...ragioni» (in posizione prolettica).
- **25** **Ma che...crederlo**: anche in questo caso la principale è posta in fine di frase con effetto enfatico («non credo che sia necessario il crederlo»). Si noti nel periodo la sottolineatura dei «sensi», del «discorso» [: ragionamento] e dell'«intelletto» quali doni di Dio che guidano l'uomo nelle sue «sensate esperienze» e nelle «necessarie dimostrazioni» (e tali sintagmi ricorrono, non a caso, per la terza volta). **Doviamo** sta per *dobbiamo*.
- **26** **divise**: *contraddittorie*.
- **27** **Però**: *Perciò*.
- **28** **persuadere al popolo**: cfr. nota 22.
- **29** **ammirande**: *degne di ammirazione*.

centro di esso o da una banda,[30] non avrà manco avuta intenzione di renderci certi di altre conclusioni dell'istesso genere, e collegate in maniera con le pur ora nominate, che senza la determinazion di esse non se ne può asserire questa o quella parte; quali sono il determinar del moto e della quiete di essa Terra e del Sole. E se l'istesso Spirito Santo a bello studio ha pretermesso d'insegnarci simili proposizioni, come nulla attenenti alla sua intenzione, cioè alla nostra salute, come si potrà adesso affermare, che il tener di esse questa parte, e non quella, sia tanto necessario che l'una sia *de Fide*, e l'altra erronea?[31] Potrà, dunque, essere un'opinione eretica, e nulla concernente alla salute delle anime? o potrà dirsi, aver lo Spirito Santo voluto non insegnarci cosa concerne alla salute dell'anime? o potrà dirsi, aver lo Spirito Santo voluto non insegnarci cosa concernente alla salute? Io qui direi quello che intesi da persona ecclesiastica costituita in eminentissimo grado, cioè l'intenzione dello Spirito Santo essere d'insegnarci come si vadia al cielo, e non come vadia il Cielo.[32]

- **30 da una banda**: *in un lato* [dell'universo].
- **31 E se...erronea?**: *E se lo stesso Spirito Santo ha volutamente* (**a bello studio**) *tralasciato di insegnarci simili principi, in quanto in nulla rispondenti alla sua intenzione, cioè alla nostra salvezza* (**salute**), *come si potrà ora affermare che l'attenersi di essi [principi] a questa parte* [: la quiete] *e non a quella* [: il moto] *sia così necessario poiché l'una è data per fede mentre l'altra è erronea?* Galileo propone, dunque, una netta separazione degli ambiti: ciò che interessa alla Scrittura (la salvezza dell'anima) non ha bisogno di appoggiarsi a corrette disquisizioni scientifiche: nella Bibbia i riferimenti naturali ai pianeti, al loro movimento e forma, sono componenti inessenziali di un discorso del tutto diverso.
- **32 l'intenzione...Cielo**: *che lo scopo dello Spirito Santo è quello di insegnarci come si vada in cielo, e non come vada il Cielo.* Galileo gioca ironicamente sulla doppia accezione del verbo "andare": nel primo caso corrisponde ad 'ascendere', nel secondo a 'essere, trovarsi' (in quanto struttura regolata e indagabile razionalmente).

T1 DALLA COMPRENSIONE ALL'INTERPRETAZIONE

COMPRENSIONE

Il filo del discorso Il discorso di Galileo procede in modo logico e rigoroso. Seguiamo il filo del suo ragionamento:

- **le Sacre Scritture non vanno interpretate alla lettera**. Il vero significato è «molte volte recondito e molto diverso da quello che suona il puro significato delle parole». Inoltre, lo Spirito Santo, nell'ispirare il testo biblico, ha tenuto conto delle capacità di comprensione del «vulgo assai rozzo e indisciplinato» (primo e secondo capoverso);
- **da questa premessa deriva la tesi principale di Galileo**: «Stante dunque ciò, mi par che ne le dispute di problemi naturali non si dovrebbe cominciare dalle autorità di luoghi delle Scritture, ma dalle **sensate esperienze** e dalle **dimostrazioni necessarie**» (terzo capoverso);
- d'altra parte, è Dio stesso che ha dotato l'uomo dei **sensi e dell'intelligenza** che valgono come strumenti per l'interpretazione della natura e soprattutto delle scienze, come appunto l'astronomia, «delle quali una minima particella solamente, ed anco in conclusioni divise, se ne legge nella Scrittura»;
- **nella conclusione Galileo sostiene la separazione dei saperi**: lo Spirito Santo, attraverso le Sacre Scritture, non vuole insegnarci teorie scientifiche, ma indicarci la via per la salvezza dell'anima. Perciò, i riferimenti contenuti nella Bibbia a proposito dei pianeti sono elementi superflui di un discorso religioso. Insomma, «l'intenzione dello Spirito Santo essere d'insegnarci come si vadia al cielo, e non come vadia il cielo». Quest'ultimo aspetto (la descrizione del cosmo) è, invece, di competenza della scienza.

ANALISI

Lo stile: una prosa rigorosamente razionale ed estranea al gusto barocco La scrittura di Galileo è tutta tesa all'**argomentazione logica**: segue con coerente rigore il filo del ragionamento, ponendo sempre al primo posto l'aspetto razionale, senza concessioni a elementi patetici o bizzarri o comunque irrazionali. I nessi sono quasi sempre di natura causale: «Da che ne seguita» [Da ciò deriva], «poi che» [poiché], «Di qui», «Perché», «dunque», «per questo» ecc., perché intendono sottolineare gli snodi logici del discorso.

È abbastanza evidente, inoltre, **la formazione umanistica** di Galileo, in cui rientra anche il genere dell'epistola. Il suo discorso, pur sobrio, ricorda spesso la sintassi latina, con **periodi lunghi**, dove la ipotassi domina quasi incontrastata. La distinzione fra proposizioni principali e secondarie è netta, perché rigorosamente subordinata all'evidenza logica dell'argomentazione. Non mancano increspature d'umore, sotto forma di **domande retoriche** o di **battute di spirito**, come nella parte conclusiva del brano (si veda la battuta di spirito pronunciata da «persona ecclesiastica costituita in eminentissimo grado»); ma, nel complesso, **la superficie del discorso è egualmente pacata e distesa**. Insomma Galileo vuole convincere gli interlocutori con **la calma e il rigore del ragionamento**. La sua prosa, per questo rispetto della tradizione umanista, appare dunque esente, nella sostanza, dagli artifici e dal gusto metaforico tipici del barocco (qualche eccezione non manca, come si può vedere nel frontespizio del *Sidereus nuncius*, ma resta, nell'insieme, poco caratterizzante).

INTERPRETAZIONE

La politica culturale e l'ideologia Questo tipo di scrittura, così fiduciosa nella capacità di persuasione del **ragionamento argomentativo**, serve a cercare di **persuadere non solo la classe nobiliare**, rappresentata dalla diretta destinataria, dai dotti, dalle gerarchie ecclesiastiche, **ma anche** le persone genericamente colte e **un pubblico non specialistico** (**di qui l'uso del volgare**). Ovviamente a Galileo non sfugge che decisiva, in ultima analisi, è l'opinione della classe dominante, e dunque del ceto nobiliare e delle autorità della Chiesa: per questo la "lettera copernicana" più lunga e impegnata è diretta a una nobile, la granduchessa Cristina di Lorena. La lettera esprime una ideologia (quella dell'**autonomia della scienza**) e una politica culturale (che ha l'obiettivo di tradurre in pratica quell'ideologia). Essa da un lato manifesta una capacità offensiva, espansiva, **un tentativo egemonico della scienza nei confronti della religione**: infatti **l'autore non accetta l'ipotesi del copernicanesimo come pura teoria matematica**, ma invece sostiene la tesi che solo gli scienziati possono giungere a una reale conoscenza della natura, cosicché, di fatto, la linea di confine fra scienza e religione viene fissata dagli studiosi della natura, non dai teologi; dall'altro lato, essa manifesta invece **lo sforzo di trovare un terreno comune con le autorità religiose**, alle quali viene indicata la possibilità di una spartizione dei compiti: **la scienza non invaderà il campo dell'etica e delle verità di fede,** cosicché alle autorità religiose spetterà mostrare come andare in cielo («come si vadia al cielo»), agli scienziati rivelare come è, in effetti, il cielo («come vadia il Cielo»); alle une il campo della fede, agli altri quello della natura.

T1 LAVORIAMO SUL TESTO

COMPRENDERE

Legge divina e leggi di natura

1. La tesi in discussione nelle "lettere copernicane" è il movimento della Terra intorno al Sole, negato dalla Chiesa. Con quali argomenti gli avversari di Galileo condannano il sistema copernicano?
2. Secondo lo scienziato, quale errore commettono i teologi nella lettura della Bibbia?

ANALIZZARE

Lo stile dell'argomentazione

3. Evidenzia, con almeno un esempio, la razionalità del ragionamento di Galileo schematizzandone l'organizzazione sintattica.
4. Spiega il significato di «sensate esperienze» e «necessarie dimostrazioni».

INTERPRETARE

Il progetto di Galileo

5. **TRATTAZIONE SINTETICA** L'uso del volgare, il ricorso al genere dell'epistola, la stessa destinataria, Cristina di Lorena, si distaccano dalla tradizionale comunicazione scientifica. In una trattazione sintetica (max 15 righe) illustra quale idea nuova Galileo ha della scienza.

LE MIE COMPETENZE: RICERCARE, COLLABORARE, PRODURRE

Con Galileo nasce la scienza moderna: le sue opere sono alla base della cosiddetta «rivoluzione scientifica», che si fonda sul metodo sperimentale. Collaborando con i compagni, crea un prodotto multimediale intitolato *Galileo e la nascita della scienza moderna* in cui siano illustrate le principali ricerche e scoperte galileiane nel campo dell'astronomia e della fisica. Per restituire il senso del profondo rinnovamento promosso da Galileo, che, al di là delle singole scoperte, riguarda più in generale il modo stesso di concepire la ricerca scientifica, inserisci nel tuo lavoro alcune citazioni tratte dai testi antologizzati che ritieni emblematiche e significative.

S4 INFORMAZIONI

La politica culturale di Galileo: la difesa di Copernico e i silenzi su Bruno

Un grande filosofo della scienza, Ludovico Geymonat, ricostruisce qui la politica culturale di Galileo nei confronti della Chiesa, le ragioni per cui lo scienziato ritenne decisivo impegnarsi in favore di Copernico e rinunciare invece a difendere Bruno e Campanella (che egli mai rammenta). Quest'ultima scelta non è dovuta tanto a ragioni di opportunità quanto a convinzioni profonde: Galileo non pensa mai a invadere il terreno strettamente filosofico-teologico come invece avevano fatto Bruno e Campanella. Mira invece a convincere i potenti (i principi e la Chiesa), in quanto rappresentanti dell'interesse pubblico, dei vantaggi che sarebbero derivati dal riconoscimento dell'autonomia della ricerca scientifica.

▶▶ Più trascorrevano gli anni, e più Galilei si convinceva che una cosa sopra tutte era necessaria: diffondere fra strati sempre più larghi la fede nel copernicanesimo, far sorgere, attraverso di esso, lo spirito scientifico moderno nel maggior numero possibile di persone. Questo spirito propagandistico [...] diventerà la nota dominante di alcune celebri lettere (non pubblicate, ma fatte circolare tra amici), in cui il Nostro cercherà di dimostrare l'accordabilità della teoria copernicana con il dogma cattolico. Trattasi della *Lettera a Benedetto Castelli*, in data 21 dicembre 1613, delle due *Lettere a Monsignore Pietro Dini*, in data 16 febbraio e 23 marzo 1615, e della *Lettera a Madama Cristina di Lorena, granduchessa di Toscana*, scritta in più riprese e portata a termine nel secondo trimestre del 1615.

Per renderci conto del valore attribuito da Galileo alla difesa e diffusione della teoria copernicana, dobbiamo anzitutto comprendere il nuovo senso che egli riconosce a questa teoria.

Già in alcuni precedenti pensatori, ad esempio in Bruno, il copernicanesimo aveva assunto un significato assai più ampio di quello originale, prevalentemente astronomico: essi avevano cioè interpretato l'adesione a tale sistema come rottura con tutto il vecchio mondo aristotelico medievale, e come inizio di una nuova concezione della realtà. Orbene, qualcosa di analogo si può ripetere anche per Galileo: con alcuni caratteri, però – come ora cercheremo di spiegare –, nettamente diversi.

Bruno tende ad ampliare la teoria copernicana in una direzione puramente filosofica o meglio ancora metafisica, priva di precise conseguenze scientifiche. Egli fa del sistema eliocentrico il punto di partenza per giungere ad una filosofia della natura, ricchissima di nuove concezioni, ma paurosamente povera di rigore. [...]

Galileo riprende il programma bruniano in una direzione completamente diversa. La concezione copernicana acquista per lui il valore di punto di convergenza di tutte le nuove ricerche scientifiche – dalla matematica, all'astronomia, alla meccanica – sicché accettarla o respingerla significa accettare la metodologia che rende possibili tali scienze, o rimanere invece legati a tutti i vecchi pregiudizi. [...]

Tenendo presenti le differenze ora accennate fra i due grandi pensatori, diventa agevolmente spiegabile il motivo per cui Galileo non sentirà mai il bisogno di citare il nome di Bruno. [...] Galileo percepì con perfetta chiarezza la profonda antitesi esistente fra i caratteri dell'indagine scientifica, per cui egli stava combattendo, e i caratteri della filosofia della natura (non importa se vecchia o nuova) propugnata invece da Bruno: un qualsiasi accenno che potesse portare a confondere le due posizioni doveva apparirgli gravemente pericoloso per le sorti della propria battaglia culturale, e quindi da evitarsi col massimo scrupolo. Pressoché le medesime considerazioni potrebbero venir ripetute anche nei confronti del Campanella; proprio esse valgono a spiegarci i motivi della freddezza costantemente dimostrata da Galileo verso lo sventurato frate. [...]

La profonda diversità fra Bruno e Galileo trova infine un'ulteriore, decisiva convalida nella posizione di quest'ultimo rispetto alla Chiesa cattolica. [...]

Diversamente da Bruno, Galileo non si pose mai il problema di un rinnovamento del patrimonio filosofico-teologico della Chiesa. Essendo nato in un paese cattolico, egli era cattolico praticante; ma il problema religioso non costituiva per lui il benché minimo assillo: egli non provava cioè alcun interesse né per le prove dell'esistenza di Dio né per le controversie tra una confessione cristiana[1] e l'altra. Ciò che, invece, lo interessava al massimo grado, suscitando la sua più viva e sincera ammirazione, era la potenza organizzativa della Chiesa cattolica; non bisogna infatti dimenticare che da alcuni anni il Cattolicesimo si stava rapidamente rinvigorendo e aveva già riguadagnato parecchio terreno nei confronti delle Chiese riformate.

Abbiamo già accennato, parlando dei «pianeti medicei»,[2] che Galileo si propose – imponendo loro questo nome – di legare in qualche modo la sorte del loro riconoscimento alle fortune della potente famiglia dei granduchi di Toscana; possiamo ora aggiungere che tale suo atto si inseriva in un piano generale: quello di ottenere alla nuova scienza il favore e l'appoggio di tutti i potenti della Terra, dai prìncipi alla Chiesa. [...]

Di qui il particolarissimo interesse del Nostro per la Chiesa cattolica; interesse tanto più vivo e sincero quanto più evidente era la potenza organizzativa di tale grandioso istituto, quanto più diffusa era la sua influenza soprattutto nella sfera della cultura. Di qui la convinzione radicatasi nel suo animo, che occorreva tentare ogni mezzo per convertire la Chiesa alla causa della scienza, per impedire che sorgesse fra esse una frattura che avrebbe pericolosamente ritardato lo sviluppo della ricerca scientifica.

Ecco perché il problema dei rapporti fra copernicanesimo e dogma cattolico assunse agli occhi di Galileo un'importanza di primissimo piano.

L. Geymonat, *Galileo Galilei*, Einaudi, Torino 1957, pp. 108-110.

---

1 **confessione cristiana**: *Chiesa cristiana*; ci si riferisce alla Chiesa cattolica e a quelle protestanti.

2 **pianeti medicei**: i satelliti di Giove, che Galileo aveva chiamato medicei in onore del granduca di Toscana, Cosimo II.

5 | Il *Saggiatore* e il *Dialogo sopra i due massimi sistemi*

Pubblicazione del *Saggiatore* (1623)

Dopo l'interdetto del 1616, Galileo rinunciò per qualche anno a professare apertamente il proprio copernicanesimo. Ma quando, **nel 1623**, divenne papa Urbano VIII, che egli considerava suo potenziale alleato, **ritornò sulla scena pubblica con *Il Saggiatore***.

La mediazione dell'accademia dei Lincei e la ricerca di un compromesso con il papa

Il libro è la prima importante opera in volgare di Galileo, che resta così fedele alla scelta di politica culturale inaugurata con le «lettere copernicane». È un **trattato polemico e scientifico che assume la forma dell'epistola**. È infatti indirizzato a un accademico dei Lincei, **Virginio Cesarini**. L'opera stessa è pubblicata a cura degli accademici Lincei e da loro dedicata al nuovo papa. Il destinatario dell'opera, i suoi curatori, la dedica al papa mostrano la complessità dell'operazione culturale e politica con cui Galileo, forte dell'appoggio dell'accademia dei Lincei, tenta di aprirsi la strada a un compromesso con le autorità religiose.

La controversia sulle comete fra Orazio Grassi e Mario Guiducci

Il Saggiatore nasce come libro di **polemica contro un astronomo gesuita, Orazio Grassi**. Costui, nel 1618, aveva studiato tre **comete** arrivando a conclusioni volte a convalidare le teorie dell'astronomo danese Tycho Brahe (1546-1601) secondo cui: 1) le comete sono dei corpi celesti; 2) i pianeti ruotano intorno al Sole, ma la Luna e il Sole ruotano intorno alla Terra (è questa una teoria di compromesso fra le tesi tolemaica e quella copernicana; cfr. **S1**, p. 316). Avendo un allievo di Galilei, **Mario Guiducci**, sostenuto che invece le comete erano semplici effetti ottici senza reale consistenza, Grassi gli rispose, con lo pseudonimo di **Lotario Sarsi**, in un trattato in latino, ***Libra astronomica ac philosophica*** [Bilancia astronomica e filosofica], **in cui attaccava anche Galilei**.

L'intervento di Galileo e la ragione del titolo *Il Saggiatore*

A questo punto **Galileo entrò direttamente in campo scrivendo *Il Saggiatore***, che, già nel titolo, intende confutare il trattato di Grassi: se questi aveva usato la bilancia (*Libra*), Galileo vuole far ricorso al "saggiatore", una bilancetta per valutare il peso dell'oro e degli altri metalli preziosi. E infatti egli commenta a uno a uno vari passi in latino di Lotario Sarsi (o Grassi che dir si voglia), facendoli seguire dalle proprie osservazioni in volgare.

Il contrasto fra il latino scolastico del gesuita e il volgare ironico di Galileo

Sul piano stilistico, il testo è giocato con grande perizia sul contrasto fra il grigio e anonimo latino scolastico e la vivacità del volgare, fra il procedimento plumbeo del gesuita e il gusto vivo dell'ironia e della battuta elegante dello scienziato umanista, che non esita a raccontare aneddoti, a fare digressioni, a tirare di fioretto con un avversario che sa usare solo una pesante spada.

La difesa del metodo sperimentale

Sul piano dei contenuti, la tesi scientifica di Galileo (che negava la consistenza materiale delle comete) era sbagliata. Ma ciò assume una importanza secondaria rispetto al tema di fondo del trattato: **la difesa della verifica sperimentale** come unico metodo corretto di leggere il libro della natura in opposizione al metodo dogmatico di fondare la filosofia e la scienza su autorità libresche e precostituite (cfr. **T2**, p. 328).

Il *Dialogo sopra i due massimi sistemi*. I tre interlocutori

Il *Dialogo sopra i due massimi sistemi del mondo, tolemaico e copernicano* è successivo di quasi dieci anni (uscì nel **1632**). Prende la forma del **dialogo** fra tre personaggi, il fiorentino Filippo **Salviati**, portavoce dell'autore, un personaggio di nome **Simplicio** che espone le posizioni aristoteliche e tolemaiche, e il veneziano Giovan Francesco **Sagredo**.

IL SAGGIATORE	
dedicatario • papa Urbano VIII	**lingua** • volgare
genere • trattato scientifico in forma di epistola in cui Galileo polemizza contro le teorie dell'astronomo gesuita Orazio Grassi	**argomenti** • difesa della validità del metodo sperimentale • difesa della teoria copernicana • rifiuto della teoria per cui le comete hanno una consistenza materiale (questa tesi scientifica di Galileo però si dimostrò errata)

La forma del dialogo serve a rendere complessa e problematica, e talora volutamente ambigua e sfuggente, la tesi copernicana sostenuta dall'autore. Inoltre vi si abbraccia l'impostazione, che la Chiesa aveva qualche anno prima autorizzato, di parlare della visione copernicana come di una pura ipotesi matematica (nel dialogo Salviati dice di sostenerla solo «per capriccio matematico»). Ma queste cautele non bastarono, e **l'opera venne condannata**. Su di essa si rinvia al Primo Piano nel prossimo capitolo (cap. III).

Il libro successivo, **Discorsi e dimostrazioni intorno a due scienze nuove** (1638), ha un contenuto più strettamente matematico e scientifico. Vi si dimostra infatti che esiste un'unica fisica, sia per i fenomeni celesti che per quelli terrestri.

Discorsi e dimostrazioni intorno a due scienze nuove

L'incisione, tratta dalla *Astronomiae instauratae mechanica* (1598) di Tycho Brahe, raffigura il quadrante murale con cui misurare il moto stellare realizzato dallo stesso Brahe all'osservatorio di Uraniborg.

T2 Galileo Galilei
La natura, un libro scritto in lingua matematica

OPERA
Il Saggiatore

CONCETTI CHIAVE
- rifiuto del principio d'autorità
- l'espressione della natura attraverso la "lingua matematica"

FONTE
G. Galilei, *A Madama Cristina di Lorena granduchessa di Toscana*, cit.

La filosofia non è, secondo Galileo, un libro fatto di astrazioni o di fantasia, ma il grande libro dell'universo, ossia della realtà. L'autore di questo libro «scritto in lingua matematica», i cui «caratteri son triangoli, cerchi, ed altre figure geometriche», è Dio. L'uomo può leggere e comprendere, attraverso la propria esperienza diretta, la verità che è nella natura e nell'universo proprio grazie alla conoscenza di quella lingua matematica, senza la quale è destinato ad aggirarsi «vanamente per un oscuro laberinto».

Parmi, oltre a ciò, di scorgere nel Sarsi ferma credenza, che nel filosofare[1] sia necessario appoggiarsi all'opinioni di qualche celebre autore, sì che la mente nostra, quando non si maritasse col discorso d'un altro,[2] ne dovesse in tutto rimanere sterile ed infeconda; e forse stima che la filosofia sia un libro e una fantasia d'un uomo,[3] come l'*Iliade* e l'*Orlando furioso*, libri ne' quali la
5   meno importante cosa è che quello che vi è scritto sia vero.[4] Signor Sarsi, la cosa non istà così. La filosofia è scritta in questo grandissimo libro che continuamente ci sta aperto innanzi a gli

- **1 filosofare**: per filosofia si intendeva ogni forma di speculazione sulla verità, compresa quella relativa alle scienze naturali. Solo alla fine del Seicento teologia, scienza e filosofia conquisteranno una loro reciproca autonomia.
- **2 quando...altro**: *quando il nostro discorso non si fondesse con il discorso di un altro [celebre autore]*. Sarsi ha accusato Galileo di vanità e di debolezza del suo filosofare poiché non tiene conto del pensiero e dell'*autorità* degli autori classici (e cioè di Aristotele) e dei recenti (e cioè di Tycho Brahe).
- **3 e forse...uomo**: Galileo denuncia il fatto che Sarsi considera la filosofia come un libro su cui occorre speculare astrattamente, in modo scolastico, non fondandosi su un metodo induttivo e sull'esperienza ma basandosi su quanto è stato scritto precedentemente.
- **4 come...vero**: Galileo distingue la filosofia dalla poesia, al cui genere appartengono opere come l'*Iliade* e l'*Odissea* e in cui quel che conta è l'invenzione e non la verità storica o scientifica di ciò che si narra. A differenza della poesia, la filosofia fonda la propria autorità proprio sulla veridicità di ogni affermazione che riguardi la realtà e la sua interpretazione.

occhi (io dico l'universo⁵), ma non si può intendere se prima non s'impara a intender la lingua, e conoscer i caratteri, ne' quali è scritto. Egli è scritto in lingua matematica, e i caratteri son triangoli, cerchi, ed altre figure geometriche, senza i quali mezi è impossibile a intenderne umanamente parola; senza questi è un aggirarsi vanamente per un oscuro laberinto. Ma posto pur anco,⁶ come al Sarsi pare, che l'intelletto nostro debba farsi mancipio dell'intelletto d'un altr'uomo⁷ (lascio stare ch'egli, facendo così tutti, e se stesso ancora, copiatori, loderà in sé quello che ha biasimato nel Signor Mario⁸), e che nelle contemplazioni de' moti celesti si debba aderire ad alcuno, io non veggo per qual ragione ei s'elegga Ticone,⁹ anteponendolo a Tolomeo e a Nicolò Copernico,¹⁰ de' quali due abbiamo i sistemi del mondo interi e con sommo artificio costrutti e condotti al fine;¹¹ cosa ch'io non veggo che Ticone abbia fatta, se già al Sarsi non basta l'aver negati gli altri due e promessone un altro, se ben poi non esseguito.¹²

- **5 La filosofia...l'universo**: in Galileo ricorre frequentemente il concetto, di derivazione medievale, della natura come libro.
- **6 Ma...anco**: Ma anche ammesso.
- **7 che...altr'uomo**: che la nostra mente debba farsi serva (**mancipio**) del pensiero (**intelletto**) altrui (**d'un altr'uomo**).
- **8 lascio...Mario**: tralascio [il fatto] che egli [: Sarsi], riducendo così [: a dei pedissequi **copiatori**] tutti quanti [: gli studiosi], e anche se stesso, riterrà cosa lodevole per sé quello [: il copiare i Maestri] che ha biasimato nel Signor Mario [: il Guiducci].
- **9 ei s'elegga Ticone**: egli preferisca [come maestro] Ticone. Ticone è la forma italianizzata di Tycho Brahe, astronomo danese vissuto fra il 1546 e il 1601 e sostenitore di una teoria di compromesso fra Tolomeo e Copernico. Era perciò tenuto in gran conto dai gesuiti.
- **10 Tolomeo...Copernico**: sulle teorie di Tolomeo e di Copernico cfr. **S1**, p. 316.
- **11 de' quali...fine**: dei quali due [: Tolomeo e Copernico] abbiamo i sistemi dell'universo ben compiuti (**interi**) e costruiti con grande arte (**artificio**) e condotti a perfezione (**al fine**).
- **12 se già...non esseguito**: se al Sarsi non basta che [Ticone] abbia confutato gli altri due [: sistemi] e ne abbia poi promesso un altro, sebbene (**se ben**) poi non portato a termine. È da leggere di seguito alla frase precedente: «io non veggo per qual ragione ei [: il Sarsi] s'elegga Ticone», su cui cfr. nota 9. **Se già al Sarsi non basta**: è espressione ironica. Sarsi preferisce Ticone che proclama di voler fondare un terzo sistema ma che poi non sa mantenere questa promessa.

T2 DALLA COMPRENSIONE ALL'INTERPRETAZIONE

COMPRENSIONE

Il libro della natura In questa pagina del *Saggiatore* Galileo si pronuncia **contro il principio di autorità** (per cui bisognerebbe sempre appoggiarsi a verità già note, precedentemente sostenute da qualche maestro) e sostiene che invece lo scienziato deve imparare a **leggere direttamente la «lingua matematica» in cui si esprime la natura**. Galileo inoltre mette in evidenza **le contraddizioni di Sarsi**, l'astronomo contro cui polemizza. Questi da un canto afferma che occorre seguire e imitare i maestri antichi e recenti, dall'altro critica Mario Guiducci, allievo di Galileo, che non fa altro che seguire il suo maestro; inoltre sceglie la teoria di Tycho Brahe, che è incompleta, senza spiegare perché rifiuta quelle di Tolomeo e di Copernico che sono compiute e perfette.

ANALISI

Lo stile Si osservi come **la lingua e lo stile** di Galileo siano **eleganti, nobili, dignitosi e insieme vivaci** e immediati, ricchi di **inflessioni del parlato e del toscano vivo**. Si veda, per esempio, il numero alto di subordinate nel **primo periodo**, segno di uno **stile elevato e complesso**: a una oggettiva introdotta da «che» segue una consecutiva («sì che...») che a sua volta comprende una ipotetica («quando» con valore di "se"). Ma il **periodo successivo è invece breve e fulminante**: ha lo scatto brusco del parlato. E infatti si rivolge direttamente, attraverso l'apostrofe, all'interlocutore: «Signor Sarsi, la cosa non istà così».

INTERPRETAZIONE

Il «libro dell'universo» e la filosofia di Galileo Galileo ripropone qui l'immagine tradizionale, di origine medievale, della natura come libro scritto da Dio, riformulandola però in modo nuovo. Galileo non è solo uno scienziato sperimentale, legato a ipotesi esclusivamente induttive. Egli parte infatti da un'idea del mondo come armonia creata da Dio.
La filosofia per lui, come per tutti gli studiosi della sua epoca, coincide con **la scienza**, e questa viene concepita come **l'arte di leggere il libro della natura**. Se la filosofia è cono-

scenza del mondo, deve essere appresa direttamente dalla natura, senza passare prima attraverso precedenti autorità. Ciò non significa però restare prigionieri dell'empirismo immediato dell'esperienza: l'osservazione non basta, per la comprensione è necessario anche il possesso degli strumenti matematici. In altri termini, senza una concettualizzazione astratta e rigorosa, l'esperienza risulta insufficiente. Il fatto che Galilei parta dall'**ipotesi di un Dio «geometra» e matematico**, che ha composto l'universo secondo la legge dei numeri e delle misure, autorizza a pensare all'influenza di teorie neopitagoriche e platoniche largamente presenti nella filosofia umanistica e rinascimentale.

Anche se è difficile ricondurre integralmente il pensiero di Galileo al platonismo, certo è che il **pur fondamentale metodo induttivo è sempre ricondotto da lui a una teoria generale dell'universo**. In altri termini, Galileo sapeva benissimo che un fenomeno verificato attraverso l'**esperienza concreta** è conoscibile nel suo significato solo se inserito in **una teoria complessiva** che serve come ipotesi interpretativa del reale.

T2 LAVORIAMO SUL TESTO

COMPRENDERE

I protagonisti

1. A chi si rivolge Galileo in questo passo? Perché?

ANALIZZARE

L'unità dei saperi

2. Perché Galileo usa il termine «filosofia» per indicare la scienza?

Contro il principio di autorità

3. Individua le metafore attraverso cui è difesa la libertà di giudizio.

INTERPRETARE

Poesia e scienza

4. Che differenza c'è, secondo lo scienziato, tra l'*Iliade* e il libro dell'universo? Ti sembra scontata ai tempi di Galileo l'insistenza su questo punto?

Il linguaggio della natura

5. A quali condizioni l'uomo è in grado di leggere il libro della natura? Ritieni che Galileo si affidi solo all'empirismo?

LA LINGUA attraverso i testi
Galileo e la lingua della scienza

Scrivere di scienza in volgare

Nel Seicento la lingua scritta normalmente usata negli studi filosofici e scientifici è ancora il latino. Appare pertanto rivoluzionaria la decisione di Galileo Galilei di scrivere le sue opere più importanti – *Il Saggiatore* e *Dialogo sopra i due massimi sistemi del mondo* – in volgare. Questa scelta è legata alla volontà di prendere le distanze dalla lingua usata dalla cerchia degli intellettuali chiusa e arenata sulle teorie tramandatesi nei secoli e considerate verità inconfutabili (come quella aristotelica), perché troppo distante dalla vita reale e inadatta a rivolgersi agli uomini del proprio tempo.

Da scienziato e intellettuale arguto quale è, Galilei considera il mezzo linguistico come uno strumento indispensabile per la sua missione scientifica. Il suo proposito è quello di fornire dei testi accessibili anche ai non specialisti; ecco dunque che la scelta di un linguaggio chiaro – seppur non arido o impersonale – per sviluppare considerazioni e dimostrazioni scientifiche, diventa obbligata. Ciononostante occorre ricordare che nel Seicento il latino rimane la lingua europea della cultura e che per questo motivo gli editori e i librai richiedono a Galileo, oltre alla versione in volgare dei suoi scritti, anche la traduzione in latino.

Lo scienziato pisano può, senza dubbio, essere considerato l'iniziatore della prosa scientifica in volgare; è infatti tramite questa scelta linguistica che riesce a coniugare il rigore dimostrativo della scienza alla piacevolezza della letteratura.

Un giudizio novecentesco sulla lingua di Galileo

Lo scrittore Italo Calvino (1923-1985) in *Due interviste su scienza e letteratura* scrive:

LABORATORIO La lingua attraverso i testi • **Galileo e la lingua della scienza**

Leopardi nello *Zibaldone* ammira la prosa di Galilei per la precisione e l'eleganza congiunte. E basta vedere la scelta di passi che Leopardi fa nella sua *Crestomazia* della prosa italiana, per comprendere quanto la lingua leopardiana – anche del Leopardi poeta – deve a Galilei. Galileo usa il linguaggio non come uno strumento neutro, ma con una coscienza letteraria, con una continua partecipazione espressiva, immaginativa, addirittura lirica. [...] L'ideale di sguardo sul mondo che guida anche il Galilei scienziato è nutrito di cultura letteraria. Tanto che possiamo segnare una linea Ariosto-Galilei-Leopardi come una delle più importanti linee di forza della nostra letteratura.

I. Calvino, *Una pietra sopra*, Mondadori, Milano 1980.

La lingua del *Saggiatore*

Rileggiamo ora il brano del *Saggiatore*, questa volta evidenziando tra parentesi e in neretto i cambiamenti rispetto all'italiano corrente e lasciando invece invariato tutto il resto.

Parmi (**mi pare**), oltre a ciò, di scorgere nel Sarsi ferma credenza, che nel filosofare sia necessario appoggiarsi all'opinioni di qualche celebre autore, sì che la mente nostra, quando non si maritasse col discorso d'un altro, ne dovesse in tutto rimanere sterile ed infeconda; e forse stima che la filosofia sia un libro e una fantasia d'un uomo, come l'*Iliade* e l'*Orlando furioso*, libri ne' (**nei**) quali la meno importante cosa è che quello che vi è scritto sia vero. Signor Sarsi, la cosa non istà (**sta**) così. La filosofia è scritta in questo grandissimo libro che continuamente ci sta aperto innanzi a gli occhi (io dico l'universo), ma non si può intendere se prima non s'impara a intender la lingua, e conoscer i caratteri, ne' (**nei**) quali è scritto. Egli (**esso**) è scritto in lingua matematica, e i caratteri son triangoli, cerchi, ed altre figure geometriche, senza i quali mezi (**mezzi**) è impossibile a intenderne umanamente parola; senza questi è un aggirarsi vanamente per un oscuro laberinto (**labirinto**). Ma posto pur anco (**anche**), come al Sarsi pare, che l'intelletto nostro debba farsi mancipio (**schiavo**) dell'intelletto d'un altr'uomo (lascio stare ch'egli, facendo così tutti, e se stesso ancora, copiatori, loderà in sé quello che ha biasimato nel Signor Mario), e che nelle contemplazioni de' (**dei**) moti celesti si debba aderire ad alcuno, io non veggo (**vedo**) per qual ragione ei (**egli**) s'elegga (**preferisca**) Ticone, anteponendolo a Tolomeo e a Nicolò Copernico, de' (**dei**) quali due abbiamo i sistemi del mondo interi e con sommo artificio construtti (**costruiti**) e condotti al fine; cosa ch'io non veggo (**vedo**) che Ticone abbia fatta, se già al Sarsi non basta l'aver negati gli altri due e promessone un altro, se ben poi non esseguito (**eseguito**).

G. Galilei, *Il Saggiatore*.

La grafia

Nel consonantismo secentesco non è ancora ben determinato l'uso delle consonanti scempie o doppie, come la *z* in «me**z**i» anziché "mezzi", o come nelle parole con *es-* o *ess-* iniziale (dal latino *ex*) quali «**ess**eguito» anziché "eseguito". Da notare anche la prostesi vocalica (aggiunta di una vocale) davanti a *s* impura come «**i**stare» per "stare".

La morfologia e la sintassi

Preposizioni articolate

Nella composizione delle preposizioni articolate spesso l'apostrofo sostituisce l'articolo dopo la preposizione semplice: «ne'» e «de'» al posto di "nei" e "dei".

Pronome terza persona singolare

Il pronome personale «egli», spesso usato anche nella sua forma sincopata «ei», può riferisi sia alla persona, sia a cose, come nel caso di «Egli è scritto...» (rigo 8) in cui «Egli» sta per il "gran libro dell'universo".

Il congiuntivo

L'uso del congiuntivo nelle subordinate è simile a quello contemporaneo.
Ad esempio, nella frase dichiarativa «credenza che nel filosofare *sia* necessario», il congiuntivo *sia* indica che la subordinata esprime un'opinione del Sarsi e non una verità oggettiva.

Costruzione del periodo

La proposizione reggente «Parmi» (**mi pare**) dà avvio a un lungo e complesso periodo che giunge sino al quinto grado di subordinazione. Nonostante la complessità della costruzione sintattica, la lucidità del ragionamento e l'uso di termini del parlato ne facilitano la comprensione, così come la presenza di frasi lapidarie che suggellano il regionamento spezzando il susseguirsi di periodi complessi (ad es. «la cosa non istà così», rigo 5).

Il lessico

Riunendo i sostantivi usati nel brano in insiemi o famiglie di parole e mettendo tra parentesi i sotto insiemi, scopriamo come il discorso di Galilei sia molto vicino al linguaggio della matematica, non solo metaforicamente.

- *credenza – opinioni*
- *autore – libro*

LABORATORIO La lingua attraverso i testi • **Galileo e la lingua della scienza**

- mente – fantasia – intelletto
- occhi – contemplazioni
- discorso – lingua (matematica) – caratteri (triangoli, cerchi, figure geometriche) – parola
- mancipio – copiatori
- universo – laberinto – moti celesti – sistemi del mondo

Le metafore

Il parlar figurato, o parlare per metafore, è una caratteristica della scrittura letteraria, soprattutto nel Seicento, tanto che la stessa prosa scientifica galileiana non ne è immune. Segnaliamo le principali espressioni metaforiche del brano. In questo caso non si tratta però di puro esercizio retorico: la metafora fa parte integrante del ragionamento, così come era stato per Machiavelli.

- «quando non si maritasse col discorso d'un altro, ne dovesse in tutto rimanere sterile ed infeconda»
- «in questo grandissimo libro che continuamente ci sta aperto innanzi a gli occhi (io dico l'universo)»
- «Egli è scritto in lingua matematica, e i caratteri son triangoli, cerchi, ed altre figure geometriche»
- «senza questi è un aggirarsi vanamente per un oscuro laberinto»
- «l'intelletto nostro debba farsi mancipio dell'intelletto d'un altr'uomo»

LABORATORIO LINGUISTICO

▶ **1.** Inserisci in ogni insieme evidenziato nella sezione Lessico un altro termine a tua scelta che ne possa far parte e trova per ciascuno un sinonimo adeguato al significato complessivo del brano.

Per aiutarti nell'esercizio ti forniamo il significato dell'unico vocabolo oggi poco usato: «mancipio».
Il termine è di origine latina, deriva dall'unione di *manus* ('mano') e *capere* ('prendere') e, nell'antico diritto romano, esprimeva il diritto di proprietà su uomini e cose. In senso figurato assume il significato di 'persona messa sotto la potestà di qualcuno, ovvero servo o schiavo'.

▶ **2.** Rintraccia nel testo tutte le forme verbali al congiuntivo, indica di quale tipo di subordinate esse costituiscano il predicato e motivane l'uso.

Galileo scrittore: il linguaggio, lo stile e il legame fra scienza e letteratura

Connessione fra scienza e letteratura in Galileo

Nel progetto di egemonia culturale sviluppato da Galileo **scienza e letteratura erano strettamente connesse**. Solo lo strumento letterario e l'uso del volgare potevano consentirgli un'operazione di politica culturale varia e complessa – di rigorosa esposizione scientifica ma anche di alta divulgazione – come quella da lui tentata. **Il trattato scientifico in lingua volgare** italiana doveva diventare, nelle sue intenzioni, un modello da proporre a livello internazionale. Galileo perseguiva insomma un'alternativa al latino della Chiesa e delle chiuse accademie dei dotti: **un'alternativa linguistica, letteraria, culturale**. Egli si rivolge sia agli ambienti dei letterati e degli intellettuali, sia al mondo dei tecnici, degli ingegneri, degli artigiani per creare un consenso alla sua proposta, anche se sa bene che è decisivo conquistare soprattutto i nobili e trovare un punto di accordo con le autorità ecclesiastiche. Solo una prosa letteraria e scientifica insieme, raffinata ed elegante ma anche precisa e concreta, poteva essere all'altezza di tale progetto (cfr. S5). La secca aridità del linguaggio scientifico nel latino scolastico dell'epoca sarebbe rimasta sicuramente al di sotto del disegno egemonico di Galileo. In questa proposta alta egli è **l'ultimo grande erede della tradizione umanistico-rinascimentale** che arriva sino a Sarpi, Bruno, Campanella, e della linea di orgoglio intellettuale che essa rivendica sino agli inizi del XVIII secolo.

Un'alternativa al latino della Chiesa e delle accademie

L'influenza dell'Umanesimo fiorentino e la tendenza al realismo

L'aiutarono in ciò la **formazione culturale fiorentina** e i naturali agganci che essa conservava con la tradizione dell'umanesimo e di un classicismo moderato, equilibrato o ben temperato. Dal toscano, ma probabilmente anche dall'esperienza padovana, trasse inoltre la sua **tendenza al realismo**, al rifiuto di soluzioni astratte, talvolta al parlato. Anche nella scelta dei nuovi vocaboli tecnici e scientifici da usare per la prima volta nei trattati egli fece ricorso alla lingua comune d'uso toscano, rifiutando i latinismi o i grecismi.

Chiarezza e ironia della prosa

La chiarezza cristallina e la forza argomentativa del ragionamento, unite però a una vivacità che respinge ogni schematica freddezza, esprimono un senso di calma superiorità. Non per nulla Galileo è un maestro dell'ironia e amava uno scrittore aereo e ironico come Ariosto.

Significato dell'uso del dialogo: una concezione processuale della verità

E tuttavia tale calma superiore non si trasforma mai in un atteggiamento dogmatico o non problematico o scarsamente dialettico. **L'uso del dialogo è organico a una concezione processuale e problematica** (interdialogica, potremmo dire) **di verità**. Quest'ultima è considerata sempre in divenire: un processo più che una stabile acquisizione. Il libro della natura è infinito e infinita sarà la sua comprensione.

Il rigore argomentativo e l'estraneità allo stile barocco

Quanto alla precisione della prosa galileiana, essa costituisce indubbiamente il **primo grande modello di prosa scientifica moderna**. Dalla matematica, di cui egli assume non solo la coerenza logica e l'astratto rigore, ma anche la struttura argomentativa, egli deriva quella **nettezza espositiva** che lo allontana, nonostante qualche occasionale analogia, dalle soluzioni barocche. Nello stesso tempo proprio tale rigore rende impossibili quelle aperture al mondo analogico della magia che persistevano invece in Bruno e in Campanella. Anche da tale punto di vista Galileo apre la strada alla scienza moderna.

S5 — IL CONFLITTO DELLE INTERPRETAZIONI — MATERIALI E DOCUMENTI

Letteratura e scienza in Galileo nelle interpretazioni di Altieri Biagi e Orlando

Il connubio di letteratura e scienza in Galileo: l'interpretazione di Altieri Biagi

Una studiosa della lingua, Maria Luisa Altieri Biagi, mostra, in questa pagina, tre aspetti importanti dell'operazione culturale galileiana: 1) Galileo tratta argomenti tecnici e meccanici sollevandoli a livello scientifico e nobilitandoli con l'uso di una lingua letteraria, distruggendo così la barriera che separava la ricerca sperimentale dalla scienza speculativa; 2) Galileo si rivolge a un pubblico vasto e non specialistico che coincide con il mondo delle lettere (la «repubblica litteraria»); 3) una lingua scientifica nuova era indispensabile per sostenere argomenti nuovi in un linguaggio non ancora compromesso dalla terminologia della vecchia scienza ufficiale.

▶▶ A Galileo doveva essere riservato il compito di inverare[1] con i suoi scritti la difesa delle arti meccaniche e di superare il solco, esistente da secoli, fra la scienza speculativa e la ricerca sperimentale; il compito, cioè, di trattare argomenti meccanici sollevandoli a livello scientifico attraverso il «discorso» matematico e il discorso letterario, presentandoli ad un pubblico vasto, non necessariamente specialistico, che coincide con la «repubblica litteraria»: *non con i «volgari meccanici», non con i filosofi «dottori di memoria»*. [...]

In realtà la battaglia contro il latino e tutto ciò che esso significa, non è con Galileo alla prima tappa. C'è tutta una tradizione di scritti tecnici e scientifici in volgare: dai trattati dei pittori ed architetti del Quattrocento alle opere di Alessandro Piccolomini, di Tartaglia, Danti, Baldi, ecc., dalle opere degli architetti ed ingegneri militari a quelle della folta schiera dei traduttori di opere scientifiche latine.

Ma Galileo è il primo che unisce al genio matematico e all'ampiezza degli interessi, la convinzione che una «azione di propaganda culturale» si può svolgere solo su un piano letterario e ad un livello artistico elevato. [...]

Il pubblico di Galileo non è quello degli specialisti [...], ma quello degli uomini di lettere fra cui la nuova scienza e il nuovo metodo vanno diffusi proprio perché la nuova scienza non è una disciplina riservata ad una categoria ma è, come dice L. Geymonat, «un germe fecondo, che non conosce confini, e tende, per intima energia, a pervadere il mondo e trasformarlo».

A questi uomini di lettere bisogna rivolgersi con una lingua che sia chiara e rigorosa, non specialistica e astrusa, che sia esatta ma non accademica, che non sia sprovvista di «qualche spirito e vaghezza».[2]

Il rifiuto del latino per l'adozione del volgare non è il rifiuto della lingua dotta per l'accettazione di una lingua accessibile a livelli artigianali: è rifiuto della lingua peripatetica[3] piena di comode formule illusorie e mistificatorie, che nessuno si permette di analizzare o di sottoporre a una nuova definizione perché tutto è già definito da secoli [...].

Quindi accettazione di un volgare arricchito da secoli di esperienze letterarie: uno strumento di cui Galileo sa sfruttare tutte le possibilità. E, d'altra parte, una lingua tutta nuova nell'applicazione ad argomenti scientifici che reintroduce la necessità di definire, di precisare i significati, di far piazza pulita di tutta la terminologia-tabù della scienza ufficiale.

M.L. Altieri Biagi, *Galileo e la terminologia tecnico-scientifica*, Olschki, Firenze 1965, pp. 14-15.

---

1 **inverare**: *conferire verità e concretezza.*
2 **vaghezza**: *bellezza.*
3 **lingua peripatetica**: la lingua usata dai seguaci dell'aristotelismo.

S5
Il divorzio tra letteratura e scienza in Galileo: l'interpretazione di Orlando

Se, come si è visto, Maria Luisa Altieri Biagi mette in rilievo la letterarietà della lingua di Galileo, in questo brano il critico Francesco Orlando (1934-2010) punta invece l'attenzione sulla sua condanna degli eccessi e degli artifici della letteratura barocca. Galileo rifiuta qualsiasi confusione tra verità e finzione, tra scienza e arte. Esemplare a questo proposito è la sua critica alla *Gerusalemme liberata* di Tasso: una critica che non riguarda i contenuti, ma il lussureggiante linguaggio metaforico del poema. Prendendo le distanze dall'irrazionalità della letteratura, Galileo inaugura un nuovo modello di prosa scientifica, basato sul primato della logica, sull'aderenza ai dati reali e sulla chiarezza espositiva.

▶▶ Un esempio eccezionalmente chiaro d'intolleranza razionalistica alla densità del tessuto [metaforico] sarà quello [...] di Galilei che confuta due versi della *Gerusalemme* [...]. La sirena magicamente fittizia, nel poema del Tasso, cantava della fama dei mortali così:

è un'eco, un sogno, anzi del sogno un'ombra,
ch'ad ogni vento si dilegua e sgombra.

Galilei protestava:

Non ho più saputo che il vento abbia la proprietà di sgombrare e dileguare l'eco, il sogno e l'ombra, ma si bene il fumo, la nebbia, le nugole e cose tali. Però, per non guastar la metafora, si potria dire:
"Che in un momento si dilegua e sgombra".[1]

[...] Se Galilei fornisce la sua piatta correzione per salvare una metafora, è perché di metafore non ne può accettare che una alla volta: e non due sovrapposte [...]. Ci aspetteremmo invano, del resto, di veder reagire Galilei contro quell'atteggiamento già tematicamente magico-morboso-melanconico, contro quella potenza del negativo nella *Gerusalemme*, che ne sono a parer mio la novità di più lunga e internazionale portata storica – oltre a farne un *unicum* o press'a poco entro le tradizioni, sempre misurate al riguardo, della letteratura italiana. Di fronte al canto IV per esempio, dove viene creata una così terribile complicità col grande antagonista infernale sconfitto, Galilei annota tranquillo: «Questo concilio di diavoli mi par tutto bonissimo». E se trova da ridire su un altro dei canti più modernamente torbidi, qual è il XIII con la sua medievale foresta incantata, pretende che sia solo per difetto di funzionalità narrativa e conseguente prolissità: «È pur anche un bel dire, consumar stanze a incantarla e discantarla! e perché? per far le torri e le machine per l'assalto». Il fastidio verso l'elaborazione formale assorbe qualsiasi antipatia che potrebbe emanare da una novità di contenuti; questi rimangono come non visti, dato che appunto se ne nega la consistenza: «mancandogli ben spesso la materia, è constretto andar rappezzando[2] insieme concetti spezzati e senza dependenza e connessione tra loro...». Su un racconto così deficiente gravano inoltre le forzature dell'allegoria, ed è questa che viene detta a un certo punto «stravagantemente imgombrata di chimere e fantastiche e superflue imaginazioni». Ma non si esce dal malinteso per cui la stravaganza dell'inventiva non è altro che verbale o concettuale: la potenza delle identificazioni emotive in personaggi e situazioni intimamente compromessi col male, che tormentò l'autore di scrupoli morali sino a fargli riscrivere il poema, non fa problema per un lettore pur così critico. La regressione inflitta alla sua razionalità di lettore dalla gratuita esuberanza del gioco con le parole, ecco la trasgressione che il suo giudizio reprime.[3]

Il giovane Galilei infastidito dal gioco con le parole – e non di un Marino nato dopo di lui, ma già di un poeta nato vent'anni prima – contesta la figuralità di un linguaggio [...]. Ma il Galilei anziano impegnato nella schermaglia fra astronomi del *Saggiatore* (1623), quando rimprovera al suo avversario gesuita[4] l'intrusione della metafora in una dissertazione latina sulle comete, inaugura un confine esemplarmente moderno nel dividere le due zone. L'importante ora non è riservare una zona franca dove la metafora sia gradita o almeno consentita, bensì preservare la purezza della zona da cui è ricacciata; e non per severità, come ornamento superfluo, bensì per rigore indispensabile, come disturbo, evasione e mistificazione. [...] Non è innocua [...] quella confusione tra zone di linguaggio che diventa confusione tra zone di pensiero, appena la logica di un certo linguaggio pretenda surrogare la logica ben altrimenti esigente di un certo pensiero. Cito [...] omettendo la precisazione della questione astronomica (perché qui è indifferente, e non perché oggi sappiamo che le tesi luminosamente sostenute nel *Saggiatore* erano erronee):[5]

Ma che in una questione massima e difficilissima [...] la mente mia debba quietarsi e restare appagata d'un fioretto poetico, al quale non succede poi frutto veruno, questo è quello che il Signor Mario[6] rifiuta, e con ragione e con verità dice che la natura non si diletta di poesie: proposizion verissima, ben che il Sarsi[7] mostri di non la credere, e finga di non conoscer o la natura o la poesia, e di non sapere che alla poesia sono in maniera necessarie le favole e finzioni, che senza quelle non può essere; le quali bugie son poi tanto aborrite dalla natura, che non meno impossibil cosa è il ritrovarvene pur una, che il trovar tenebre nella luce.

---

1. Questa e le successive citazioni di Galileo sono tratte dalle *Considerazioni al Tasso*.
2. **rappezzando**: ricucendo.
3. **La regressione...reprime**: Galileo non deplora il contenuto fantastico e malinconico della *Gerusalemme liberata*, ma condanna l'eccesso di metafore e i giochi verbali. La sua è una critica tutta formale, che esclude qualsiasi scrupolo moralista.
4. **avversario gesuita**: si tratta di Orazio Grassi, l'astronomo gesuita contro cui Galileo polemizza nel *Saggiatore*.
5. **le tesi...erronee**: la tesi sostenuta da Galileo nel *Saggiatore*, secondo cui le comete sarebbero semplici effetti ottici, si è rivelata sbagliata.
6. **Il Signor Mario**: Mario Guiducci, allievo di Galileo.
7. **Sarsi**: Lotario Sarsi è lo pseudonimo con cui il gesuita Orazio Grassi firma il suo trattato astronomico.

Il gesuita astronomo continuava a contare su una omogeneità e di linguaggio e di pensiero ormai in via avanzata di scioglimento, con ingenuità a un tempo effettiva e simulata. Di contro Galilei, come Bacone, rende di nuovo ragione all'essenza fittizia della poesia nell'atto stesso di screditarla per allontanarla dal vero: diffidenza e indulgenza trapassano l'una nell'altra anche qui.[8] E se si premette questo, non conosco una pagina dove il rapporto fra i discorsi scientifico e letterario sia fissato più significativamente per tutta un'epoca che arriva a noi, e, dopo tutto, più giustamente. Non bisogna leggervi una esigenza repressiva che ritengo in pratica irrealizzabile (e Galilei lo sapeva): quella di bandire ogni figuralità di linguaggio [...] da ogni discorso che si voglia vero. [...] L'esigenza che vi si esprime è di non gabellare[9] mai per discorso integrale di verità quel discorso la cui speciale verità sta nell'assoluta libertà di finzione; di non permettere mai che la logica del principio del piacere serva da strumento a pigrizie, o paure, o peggio interessi, che comunque rifuggono dal principio della realtà.[10] Perciò, sia detto di passaggio, l'attualità di questa pagina di Galilei mi sembra scottante.

F. Orlando, *Illuminismo, barocco e retorica freudiana*, Torino, Einaudi 1982, pp. 89-93.

8 Di contro...qui: Galileo si mostra al tempo stesso critico e indulgente nei confronti della poesia: da un lato diffida dalla letteratura perché questa è finzione, dall'altro ne giustifica gli eccessi e le invenzioni proprio in virtù della sua natura fittizia. Al contrario, la scienza, che ha per soggetto il vero, deve escludere le «favole» e le «finzioni» tipiche del linguaggio letterario.
9 gabellare: *spacciare*.
10 la logica...realtà: usando una terminologia ripresa da Freud, Francesco Orlando sostiene che, per Galileo, nella letteratura scientifica la spinta a gratificare il lettore e il suo senso estetico (il «principio di piacere») non deve mai indebolire la forza del «principio di realtà», ossia la coerenza logica, l'aderenza al reale e la funzionalità pratica del discorso.

La fortuna di Galileo e la sua attualità

La condanna del 1633 e l'abiura: loro contenuto

Nel 1633 le opere di Galileo – quelle già pubblicate e quelle eventuali che avrebbe potuto pubblicare – **furono proibite**. E infatti l'ultimo suo lavoro uscì in un paese protestante, l'Olanda, non in Italia. Le motivazioni della condanna si ricollegavano al decreto con cui nel 1616 la Chiesa aveva messo sotto accusa la teoria copernicana, definita «stulta et absurda» [stolta e assurda] sul piano scientifico, «erronea» e «haeretica» [eretica] su quello religioso, perché sosteneva la tesi dell'immobilità del Sole e negava che la Terra fosse il centro immobile dell'universo. Conseguentemente nella sua abiura Galileo è costretto a respingere come «falsa» la teoria che il Sole sia il centro del mondo e che la Terra si muova (cfr. **S8**, p. 338).

La circolazione delle opere nella seconda metà del Seicento

Dopo la sua morte gli allievi ebbero vita difficile nel cercare di diffonderne il messaggio, come dimostra, tra l'altro, il fatto che nel 1667 l'accademia del Cimento, fondata a Firenze da allievi di Galileo, è costretta alla chiusura. Tuttavia, **nella seconda metà del Seicento**, può circolare un'edizione delle opere galileiane (uscita nel 1655-56), priva del *Dialogo* e della più importante fra le lettere copernicane, quella a Cristina di Lorena. Un'edizione completa uscirà solo nel 1710, ma senza l'autorizzazione della Chiesa e dunque clandestina.

La rivalutazione del Settecento

Il giudizio di Foscolo

Il clima cambia nella **seconda metà del Settecento**, con gli illuministi che si considerano i veri eredi della libertà di pensiero sostenuta da Galileo. Di qui l'importanza crescente attribuita a Galileo; di qui, anche, il noto giudizio di **Foscolo**, che dedica allo scienziato alcuni versi di grande intensità lirica nell'inno secondo delle *Grazie* e lo celebra nei *Sepolcri* con accenti famosi che lo presentano come anticipatore di Newton e creatore dell'astronomia moderna. Su questa strada, nell'Ottocento, **Gioberti** può vedere in Galileo una riprova del «primato» italiano. Quanto a **De Sanctis**, pur elogiando il suo stile «tutto cose e tutto pensiero», considera Galileo ancora troppo legato al classicismo rinascimentale e per questo gli preferisce Bruno.

Gioberti e De Sanctis

Ma è **nel Novecento** che la lezione di Galileo diventa oggetto di un dibattito appassionante, che riguarda la religione, la filosofia, il rapporto fra scienza e potere, la letteratura. Possiamo indicare **quattro campi di interesse**.

L'atteggiamento della Chiesa e la cancellazione della condanna nel 1992	1. **Il campo religioso** e la controversia fra libero pensiero laico e pensiero della Chiesa. A partire dall'Illuminismo sino al razionalismo critico novecentesco Galileo appare un maestro di libero pensiero in contrapposizione al carattere chiuso e dogmatico della teologia ufficiale della Chiesa. D'altra parte quest'ultima solo con molto ritardo ha cominciato a rivedere la propria posizione su Galileo. La stessa **cancellazione della condanna di Galileo** è avvenuta da parte della Chiesa solo il **31 ottobre 1992**, sotto papa Giovanni Paolo II, dopo tredici anni di studi effettuati da una commissione di nomina pontificia.
Il conflitto delle interpretazioni filosofiche	2. **Il campo filosofico**. Nel corso del Novecento si sono contrapposte due posizioni. Da un lato, quella dei **filosofi neopositivisti** (per esempio, Paolo Rossi), che hanno visto in Galileo il campione della ricerca scientifica moderna, ispirata ai criteri laici della razionalità e della esperienza empirica, e dei **filosofi marxisti** (per esempio, Ludovico Geymonat) che hanno sottolineato nel suo pensiero il momento della rivalutazione della pratica, cioè dell'aspetto tecnico, e della sua importanza nella fondazione della teoria. Dall'altro **i seguaci del filosofo tedesco Heidegger e i teorici della "crisi della ragione"** (per esempio: Emanuele Severino), che vedono invece in Galileo il responsabile dell'affermazione in Occidente di un pensiero tecnologico e utilitaristico e di una ragione che si realizza solo nella efficienza industriale allontanando l'uomo dalla considerazione profonda del proprio essere.
Il rapporto fra scienza e potere	3. **Il campo del rapporto della scienza con il potere**. C'è chi vede in Galileo il **teorico dell'autonomia della scienza** da ogni altra autorità, religiosa e politica, e chi invece trova nella sua scelta di lasciare uno Stato repubblicano come Venezia per uno Stato assolutista come il Granducato di Toscana, nella sua ricerca di un compromesso con la Chiesa e poi nella sua abiura la riprova della **subordinazione** di Galilei e poi della ricerca scientifica moderna **nei confronti del potere costituito**, dei suoi finanziamenti ma anche dei suoi interessi politici, economici e militari. È interessante a questo proposito **l'oscillazione di giudizio** che si può cogliere nel grande drammaturgo tedesco **Bertolt Brecht** (1898-1956), autore del dramma *Vita di Galileo*. Nella **prima redazione** dell'opera, scritta nel 1938-39, Brecht addossa la responsabilità dell'abiura alla politica assolutistica e dogmatica della Chiesa: all'allievo che lo rimprovera dicendogli «Sventurata la terra che non ha eroi», il protagonista del dramma, Galileo, risponde «No. Sventurata la terra che ha bisogno di eroi» (cfr. **S6**). Nella **seconda redazione**, scritta nel 1945, dopo la bomba atomica scoppiata a Hiroshima, e nella **terza redazione** di qualche anno dopo, il personaggio di Galileo fa, prima di morire, una dura autocritica: egli ora vede nella propria abiura un cedimento nei confronti del potere che ha trasformato la natura della scienza, subordinandola non agli interessi del popolo ma a quelli esclusivi dei ristretti gruppi dominanti che possono usarla a scopi di dominio, di guerra, di sopraffazione (cfr. **S7**).
La posizione di Brecht: la *Vita di Galileo*	
L'interesse per Galileo in campo letterario: la posizione di Italo Calvino	4. **Il campo letterario**. È interessante in questo campo seguire soprattutto la posizione di **Italo Calvino**, che si occupa di Galileo sia nei saggi raccolti in *Una pietra sopra* (1980), sia nelle *Lezioni americane*, scritte poco prima della morte avvenuta nel 1988. L'attualità di Galileo, secondo Calvino, consiste nell'aver scoperto e valorizzato **la velocità del pensiero e l'insostituibilità della comunicazione scritta** in un mondo dove sembra contare solo la velocità della motorizzazione. Insomma per Calvino Galileo Galilei rappresenta, paradossalmente per uno scienziato, l'importanza dei valori qualitativi e non misurabili quali quelli della mente umana: per questo è tanto più attuale oggi, in un momento in cui dominano solo i valori quantitativi e misurabili. Ma Calvino rende attuale Galileo anche nei suoi racconti, e soprattutto in *Palomar* (1983), in cui un personaggio che si diletta di astronomia può misurare, con angoscia, tutta la distanza che separa i moderni dall'ordine rinascimentale del cielo: **Galileo è il primo dei moderni** proprio perché con le sue scoperte ha «dissolto l'ordine impassibile delle sfere» abbandonando l'uomo allo smarrimento dell'ignoto. È questa una tematica presente anche in Pascal (cfr. cap. I, § 6); ma, a differenza di Pascal, i contemporanei, e Calvino con essi, non hanno più una solida fiducia in una salvezza trascendente.

S • Galileo e la rapidità mentale secondo Calvino

S6 — PASSATO E PRESENTE

«Sventurata la terra che ha bisogno di eroi»: Bertolt Brecht

Nella scena XIII di *Vita di Galileo*, Brecht mostra tre discepoli dello scienziato (Andrea, Fulgenzio e Federzoni) che con la figlia di Galileo, Virginia, aspettano l'esito del processo contro il maestro all'interno dell'ambasciata fiorentina a Roma. A un certo punto si odono i rintocchi della campana di San Marco che annunciano l'abiura di Galilei e arriva, libero, lo scienziato. Andrea gli rimprovera il cedimento e l'abiura.

▶▶ *Virginia (balzando in piedi)* La campana di San Marco! Non è dannato!

Dalla via si ode un banditore leggere l'abiura di Galileo.

Voce del banditore «Io, Galileo Galilei, lettore di matematica nell'Università di Firenze, pubblicamente abiuro la mia dottrina che il sole è il centro del mondo e non si muove, e che la terra non è il centro del mondo e si muove. Con cuor sincero e fede non finta abiuro, maledico e detesto i suddetti errori ed eresie, e qualunque altro errore, eresia e setta contraria alla Santa Chiesa».

La scena si oscura. Quando torna la luce, si odono ancora i rintocchi della campana, che però cessano subito. Virginia è uscita; i tre discepoli di Galileo sono sempre in scena.

Federzoni Non t'ha mai pagato decentemente per il tuo lavoro! Non sei mai riuscito a pubblicare un libro tuo, e neanche a comprarti un paio di calzoni. Ecco il bel guadagno che hai fatto a «lavorare per la scienza»!

Andrea (forte) Sventurata la terra che non ha eroi!

Galileo è entrato. Il processo lo ha trasformato radicalmente, fin quasi a renderlo irriconoscibile. Ha udito le parole di Andrea. Per alcuni istanti si ferma sulla soglia, aspettando un saluto. Ma poiché nessuno lo saluta, anzi i discepoli si allontanano da lui, egli avanza lentamente, col passo incerto di chi ci vede male fino al proscenio; qui trova uno sgabello e si siede.

Andrea Non posso guardarlo. Fatelo andar via.
Federzoni Sta' calmo.
Andrea (grida a Galileo) Otre da vino! Mangialumache! Ti sei salvata la pellaccia, eh? (*Si siede*) Mi sento male.
Galileo (calmo) Dategli un bicchier d'acqua.

Frate Fulgenzio esce e rientra portando un bicchier d'acqua ad Andrea. Nessuno mostra di accorgersi della presenza di Galileo, che siede in silenzio, nell'atto di ascoltare. Giunge di nuovo, da più lontano, il grido del banditore.

Andrea Adesso riesco a camminare, se mi aiutate un po'.

Gli altri due lo sorreggono fino all'uscita. In questo momento Galileo incomincia a parlare.

Galileo No. Sventurata la terra che ha bisogno di eroi.

I capolavori di Brecht, cit., pp. 104-105.

S7 — PASSATO E PRESENTE

L'autocritica di Galileo: Bertolt Brecht

È un brano della scena XIV della *Vita di Galileo* di Brecht. È dunque la scena immediatamente successiva alla precedente. Si tratta di una aggiunta inserita nella seconda redazione del dramma, scritta nel 1945 sotto l'impressione della strage effettuata dalla bomba atomica, nella quale Brecht vede l'ultimo esito di una "scienza borghese", subordinata agli interessi dei gruppi dominanti. In una nota per la rappresentazione americana del dramma (a Beverly Hills, in California, nel 1947, con Charles Laughton nella parte di Galileo) Brecht scrive: «Il misfatto di Galileo può esser considerato il "peccato originale" delle scienze naturali moderne. Della moderna astronomia, che interessava profondamente una classe nuova, la borghesia, perché appoggiava le correnti sociali rivoluzionarie dell'epoca, egli fece una scienza specialistica strettamente limitata, la quale naturalmente, proprio grazie alla sua "purezza", ossia alla sua indifferenza per il sistema di produzione, poté svilupparsi relativamente indisturbata. La bomba atomica, come fenomeno tecnico non meno che sociale, è il classico prodotto terminale delle sue conquiste scientifiche e del suo fallimento sociale» (in *op. cit.*, pp. 127-8).

▶▶ Se gli uomini di scienza non reagiscono all'intimidazione dei potenti egoisti e si limitano ad accumulare sapere per sapere, la scienza può rimanere fiaccata per sempre, ed ogni nuova macchina non sarà fonte che di nuovi triboli per l'uomo. E quando, coll'andar del tempo, avrete scoperto tutto lo scopribile, il vostro progresso non sarà che un progressivo allontanamento dall'umanità. Tra voi e l'umanità può scavarsi un abisso così grande, che ad ogni vostro eureka[1] rischierebbe di rispondere un grido di dolore universale... Nella mia vita di scienziato ho avuto una fortuna senza pari: quella di vedere l'astronomia dilagare nelle pubbliche piazze. In circostanze così straordinarie, la fermezza di un uomo poteva produrre grandissimi rivolgimenti. Se io avessi resistito, i naturalisti avrebbero potuto sviluppare qualcosa di simile a ciò che per i medici è il giuramento d'Ippocrate: il voto solenne di far uso della scienza ad esclusivo vantaggio dell'umanità. Così stando le cose, il massimo in cui si può sperare è una progenie di gnomi inventivi, pronti a farsi assoldare per qualsiasi scopo. Mi sono anche convinto, Andrea, di non aver mai corso dei rischi gravi. Per alcuni anni

---

[1] **eureka**: parola greca, divenuta proverbiale, attribuita ad Archimede. Significa 'ho trovato'.

S7

ebbi la forza di una pubblica autorità; e misi la mia sapienza a disposizione dei potenti perché la usassero, o non la usassero, o ne abusassero, a seconda dei loro fini. (*Virginia è entrata con un vassoio: resta immobile ad ascoltare*). Ho tradito la mia professione; e quando un uomo ha fatto ciò che ho fatto io, la sua presenza non può essere tollerata nei ranghi della scienza.

I capolavori di Brecht, cit., pp. 115-116.

S8 — MATERIALI E DOCUMENTI
L'abiura di Galileo

Ecco il testo di abiura che Galileo, il 22 giugno 1633, fu costretto a leggere e sottoscrivere di fronte alla Congregazione del Sant'Uffizio.

▶▶ Io Galileo, fig.lo del q. Vinc.o[1] Galileo di Fiorenza, dell'età mia d'anni 70, constituto[2] personalmente in giudizio, e inginocchiato avanti di voi Emin.mi e Rev.mi Cardinali, in tutta la Republica Cristiana contro l'eretica pravità[3] generali Inquisitori; avendo davanti gl'occhi miei li sacrosanti Vangeli, quali[4] tocco con le proprie mani, giuro che sempre ho creduto, credo adesso, e con l'aiuto di Dio crederò per l'avvenire, tutto quello che tiene,[5] predica e insegna la S.a Cattolica e Apostolica Chiesa. Ma perché da questo S. Off.o,[6] per aver io, dopo d'essermi stato con precetto dall'istesso giuridicamente intimato che omninamente dovessi lasciar la falsa opinione che il sole sia centro del mondo e che non si muova e che la terra non sia centro del mondo e che si muova, e che non potessi tenere, difendere né insegnare in qualsivoglia modo, né in voce né in scritto, la detta falsa dottrina, e dopo d'essermi notificato che detta dottrina è contraria alla Sacra Scrittura, scritto e dato alle stampe un libro nel quale tratto l'istessa dottrina già dannata e apporto ragioni con molta efficacia a favor di essa, senza apportar alcuna soluzione,[7] sono stato giudicato veementemente[8] sospetto d'eresia, cioè d'aver tenuto e creduto che il sole sia centro del mondo e immobile e che la terra non sia centro e che si muova;

Pertanto volendo io levar dalla mente delle Eminenze V.re e d'ogni fedel Cristiano questa veemente sospizione,[9] giustamente di me conceputa,[10] con cuor sincero e fede non finta abiuro, maledico e detesto li sudetti errori e eresie, e generalmente ogni e qualunque altro errore, eresia e setta contraria alla S.ta Chiesa; e giuro che per l'avvenire non dirò mai più né asserirò, in voce o in scritto, cose tali per le quali si possa aver di me simil sospizione; ma se conoscerò alcun eretico o che sia sospetto d'eresia lo denonziarò[11] a questo S. Offizio, o vero all'Inquisitore o Ordinario[12] del luogo, dove mi troverò.

Giuro anco e prometto d'adempire e osservare intieramente tutte le penitenze[13] che mi sono state o mi saranno da questo S. Off.o imposte; e contravenendo ad alcuna delle dette mie promesse e giuramenti, il che Dio non voglia, mi sottometto a tutte le pene e castighi che sono da' sacri canoni e altre constituzioni[14] generali e particolari contro simili delinquenti imposte e promulgate. Così Dio m'aiuti e questi suoi santi Vangeli, che tocco con le proprie mani.

Io Galileo Galilei sodetto[15] ho abiurato, giurato, promesso e mi sono obligato come sopra; e in fede del vero, di mia propria mano ho sottoscritta la presente cedola di mia abiurazione e recitatala di parola in parola,[16] in Roma, nel convento della Minerva, questo dì 22 giugno 1633.

Io, Galileo Galilei ho abiurato come di sopra, mano propria.

G. Galilei, *Opere*, Barbera, Firenze 1968, vol. XIX, pp. 406-407.

---

1 **fig.lo…Vinc.o**: *figliolo del fu Vincenzo*.
2 **constituto**: *comparso*.
3 **eretica pravità**: *malvagità degli eretici*.
4 **quali**: *che*.
5 **tiene**: *considera vero*.
6 **S. Off.o**: *Santo Offizio*.
7 **per aver io…soluzione**: per aver io va collegato, dopo la lunga incidentale, a **scritto e dato alle stampe**: *per aver io scritto e pubblicato un libro (il Dialogo sopra i due massimi sistemi del mondo), in cui tratto la stessa dottrina già condannata e porto a favore di essa argomenti molti efficaci, senza arrivare a una chiara presa di posizione contro di essa, dopo essermi stata fatta intimazione formale* [: dal Santo Offizio, nel 1616] *di abbandonare del tutto* (**omninamente**) *la falsa opinione che il sole sia il centro del mondo e che non si muova e che la terra non sia il centro del mondo e che si muova, e di non difendere, e non insegnare, né a voce, né per scritto, la suddetta falsa dottrina, e dopo essermi notificato che tale dottrina è contraria alle Sacre Scritture*.
8 **veementemente**: *gravemente*.
9 **veemente sospizione**: *grave sospetto*.
10 **conceputa**: *concepita*.
11 **denonziarò**: *denunzierò*.
12 **Ordinario**: l'ecclesiastico che aveva la giurisdizione ordinaria, a differenza dell'Inquisitore che aveva poteri straordinari, attinenti per lo più a tutto ciò che riguardava l'eresia.
13 **penitenze**: si riferisce alla condanna al carcere, che sarà poi commutata nel domicilio coatto ad Arcetri, alla recita dei Salmi penitenziali una volta la settimana per tre anni.
14 **sacri…constituzioni**: *leggi canoniche e altre disposizioni legislative*.
15 **sodetto**: *suddetto*.
16 **cedola…parola**: *documento della mia abiura e l'ho recitata parola per parola*.

DAL RIPASSO ALLA VERIFICA

MAPPA CONCETTUALE Galileo Galilei

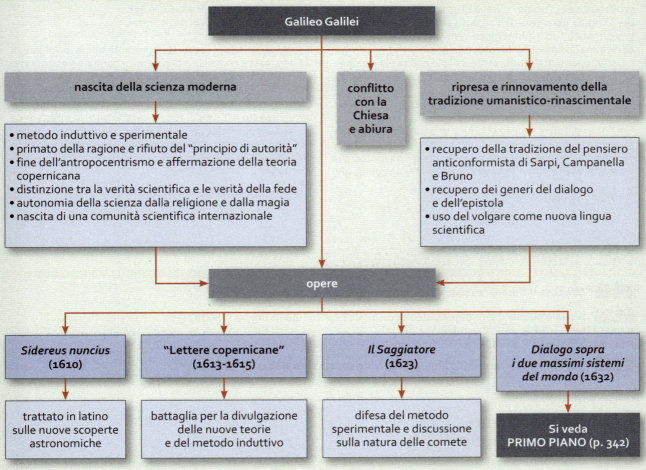

SINTESI

La trattatistica scientifica e Galileo

La trattatistica scientifica del Seicento è dominata dalla personalità di Galileo Galilei, sia come scienziato e filosofo, sia come scrittore. Sul piano letterario, Galileo riprende dalla tradizione umanistica l'uso del dialogo e dell'epistola: il dialogo gli permette di rendere l'argomentazione più mossa, problematica, drammatica; l'epistola gli serve per comunicare con tutti i dotti dell'epoca. Rinnova anche profondamente il genere della trattatistica, rendendolo adatto a una comunicazione più vasta e varia e a un pubblico più ampio. Galileo e i suoi allievi non si rivolgono solo agli specialisti ma a tutte le persone colte. È questo cambiamento di pubblico che giustifica l'uso del volgare: Galileo intende svolgere un compito non solo rigorosamente scientifico, ma anche di alta divulgazione.

La vita e l'attività scientifico-letteraria

La vita di Galileo (1564-1642) può essere distinta in quattro principali periodi: 1) Il periodo della formazione e delle prime ricerche scientifiche (1564-92); 2) Il periodo dell'egemonia culturale (1592-1615); 3) Il periodo della controversia con la Chiesa e della ricerca di un compromesso (1616-32); 4) Il periodo del processo, dell'abiura e della segregazione ad Arcetri (1633-42). Nel primo periodo, Galileo scopre la legge dell'isocronismo del pendolo e studia il moto dei gravi. Nel secondo, è cruciale l'esperienza di insegnamento a Padova; nei diciotto anni qui trascorsi (1592-1610) formula le leggi sulla caduta dei gravi e, grazie al telescopio, compie le osservazioni astronomiche di cui dà notizia nel *Sidereus nuncius* [Nunzio delle stelle, 1610]. Nonostante i tentativi volti a convincere gli ambienti ecclesiastici ad accettare le sue teorie, nel 1616 esse vengono condannate. Dopo il suo ritorno a Firenze (1610), nel 1623 pubblica *Il Saggiatore*. Nel terzo periodo viene processato per aver pubblicato il *Dialogo sopra i due massimi sistemi del mondo tolemaico e copernicano* (1632). Viene condannato e costretto all'abiura (1633). Galileo, vecchio e ammalato, trascorre il quarto periodo nella sua villa di Arcetri. Nel 1638 compare in Olanda l'ultimo suo grande trattato: *Discorsi e dimostrazioni matematiche intorno a due nuove scienze attinenti alla meccanica ed i movimenti locali*.

DAL RIPASSO ALLA VERIFICA

● **Il *Sidereus nuncius***
Il *Sidereus nuncius* ebbe una fortuna immensa e segnò una svolta epocale: l'uomo cessava di essere il centro del mondo; la rigida gerarchia dello spazio che dall'antichità si era prolungata a tutto il Medioevo veniva sconvolta. L'opera, dedicata a Cosimo II de' Medici, è scritta in un latino semplice, sobrio, asciutto: nonostante il titolo che rivela un «iperbolico gusto barocco» l'autore bada all'essenziale e si limita a una rigorosa esposizione scientifica.

● **Le "lettere copernicane"**
Fra il 1611 e il 1615 Galileo conduce una battaglia culturale per cercare di rassicurare la Chiesa, convincendola che le teorie copernicane, che non costituiscono una ipotesi ma una rappresentazione vera, non mettevano a repentaglio né la fede né l'autorità religiosa. Testimonianza di questa battaglia culturale (perduta), sono le cosiddette "lettere copernicane", scritte fra il 1613 e il 1615.

● **Il *Saggiatore***
Il *Saggiatore* (1623), la prima importante opera in volgare di Galileo, nasce come libro di polemica contro un astronomo gesuita, Orazio Grassi. Sul piano dei contenuti, la tesi scientifica di Galileo (che negava la consistenza materiale delle comete) era sbagliata. Ma ciò assume un'importanza secondaria rispetto al tema di fondo del trattato: la difesa della verifica sperimentale come unico metodo corretto di leggere il libro della natura in opposizione al metodo dogmatico di fondare la filosofia e la scienza su autorità libresche e precostituite.

DALLE CONOSCENZE ALLE COMPETENZE

1. Che cosa differenzia il sistema copernicano da quello tolemaico? (**S1**)

2. A quale pubblico si rivolge Galileo e con quale finalità? Quale lingua utilizza? (§ 1)

3. Quali forme letterarie predilige e quali funzioni gli attribuisce? (§ 1)

4. Galileo nei confronti della Chiesa (segna la risposta errata) (§ 2)
   - A cercò lo scontro
   - B mirò al compromesso
   - C sollecitò l'appoggio
   - D accettò la sottomissione

5. Quale tribunale processò Galileo? Quali accuse gli furono mosse? Quando e come si conclude il processo? (§ 2)

6. Quando e con quale opera Galileo annunziò al mondo le scoperte fatte al telescopio? (§ 3)

7. Quale esposizione scientifica viene presentata nel *Sidereus nuncius*? (§ 3, **S2**)

8. La Chiesa sosteneva che la teoria copernicana era (due risposte esatte) (§§ 2-4)
   - A un assioma di natura anche teologica
   - B una pura ipotesi matematica
   - C una rappresentazione della verità
   - D non una rappresentazione della verità

   Quale giudizio esprime Galileo nelle "lettere copernicane"? (§ 4)

9. Le "lettere copernicane", come i trattati successivi sono scritte in volgare. A che cosa è dovuta tale scelta? (§§ 4 e 5)

10. Qual è il tema centrale del *Saggiatore*? (§ 5)

11. L'uomo, secondo Galileo, è capace di leggere nel libro della natura senza bisogno di altri libri? Motiva la tua risposta. (§ 5, **T2**)

12. La prosa di Galileo si differenzia da quella degli altri scrittori barocchi e fonda un linguaggio scientifico in volgare del tutto nuovo. Mostra con qualche esempio i caratteri dello stile galileiano. (§ 6, **T2**, *La lingua attraverso i testi*)

PROPOSTE DI SCRITTURA

IL SAGGIO BREVE

Scienza e potere: dubbi e paure dello scienziato

Una delle questioni su cui la lezione di Galileo si è rivelata più attuale nel Novecento riguarda il rapporto tra scienza e potere. Sviluppa l'argomento in forma di saggio breve, utilizzando i seguenti documenti:

1. **S2**.
2. **S3**.
3. **S5**.
4. **Espansioni digitali** S, *Galileo e la rapidità mentale secondo Calvino*.
5. – «E tuttavia il ventesimo secolo non si trova a suo agio con la scienza che è il suo risultato più straordinario e da cui esso dipende. Il progresso delle scienze naturali è avvenuto sullo sfondo di un bagliore di sospetti e paure, che di quando in quando si è acceso in vampate di odio e di rifiuto della ragione e di tutti i suoi prodotti. [...] I sospetti e la paura verso la scienza sono stati alimentati da quattro sentimenti: che la scienza è incomprensibile; che le sue conseguenze pratiche e morali sono imprevedibili e forse catastrofiche; che essa sottolinea la debolezza dell'individuo e mina l'autorità. Né infine dobbiamo trascurare il sentimento che, nella misura in cui la scienza interferisce con l'ordine naturale delle cose, essa risulta intrinsecamente pericolosa».

   E. Hobsbawm, *Il secolo breve*, Rizzoli, Milano 1995.

6. – «Mi ricordo un colloquio che ebbi dopo la guerra con E. Fermi, poco prima che venisse sperimentata la prima bomba all'idrogeno nel Pacifico. Discutemmo di questo progetto, ed io lasciai capire che, considerate le conseguenze biologiche e politiche, si doveva abbandonare un simile esperimento. Fermi replicò: "Eppure è un così bello esperimento". Questo è probabilmente il motivo più profondo che sta alla base dell'interesse per l'applicazione pratica della scienza; lo scienziato ha bisogno di sentirsi confermare da un giudice imparziale, dalla natura stessa, di aver compreso la sua struttura. E vorrebbe verificare direttamente l'effetto dei suoi sforzi».

   W. Heisenberg, *La tradizione nella scienza*, Garzanti, Milano 1982.

7. – «Ho speso tutta la mia vita per la libertà della scienza e non posso accettare che vengano messi dei chiavistelli al cervello: l'ingegno e la libertà di ricerca è quello che distingue l'Homo Sapiens da tutte le altre specie… Solo in tempi bui la scienza è stata bloccata. Oggi più che mai bisogna affermare il principio che gli scienziati hanno il diritto di partecipare alle decisioni politiche piuttosto che essere vittime di movimenti oscurantisti ed antiscientisti».

   R. Levi Montalcini, dal Discorso tenuto il 13 febbraio 2001 nella sala della biblioteca di Montecitorio.

LA TRATTAZIONE SINTETICA

Spiega in una trattazione sintetica:
- su quali elementi si fonda il metodo galileiano
- quale rapporto esiste tra verità scientifica e verità di fede

IL TEMA

Il nostro presente scientifico e tecnologico trova le sue basi negli studi e nelle scoperte dei grandi scienziati del Cinquecento e del Seicento, Copernico e Galilei. Perché le loro teorie hanno dato origine a una vera e propria "rivoluzione"? Cerca nel passato le motivazioni culturali del presente.

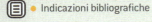
- Indicazioni bibliografiche

Capitolo XII
PRIMO PIANO

Dialogo sopra i due massimi sistemi del mondo

Stefano Della Bella, frontespizio del *Dialogo sopra i due massimi sistemi del mondo*, 1632.

My eBook+

Cliccando su questa icona, docenti e studenti accedono ad un'area di personalizzazione che permette di arricchire i contenuti digitali già linkati lungo le pagine del libro. Nell'area di personalizzazione è possibile infatti salvare ulteriori materiali: selezionati da **Prometeo**, prodotti autonomamente o ricercati nella rete.

▶ Per un elenco di materiali integrativi presenti nella biblioteca multimediale di Prometeo o per attivare una ricerca cfr. p. 367

1 La composizione: datazione, titolo e storia del testo

L'elezione di Urbano VIII nel 1623

Nel 1623 si verificò l'evento decisivo che fece sorgere in Galileo Galilei la speranza di poter pubblicare, senza incorrere nella temibile ostilità della Chiesa, un vero e proprio "manifesto copernicano": **l'elezione al pontificato** del cardinale Maffeo Barberini, che assunse il nome **di Urbano VIII**. Il nuovo papa, fiorentino, estimatore di Galileo e dei Lincei, aveva già accolto favorevolmente *Il Saggiatore*. Occorreva dunque **sfruttare la congiuntura propizia** procedendo per gradi: il primo passo fu, nel **1624**, la stesura della **Lettera a Francesco Ingoli**, una risposta in forma di epistola a un intervento contro il moto della Terra recapitatogli nel lontano 1616. La lettera, tuttavia, non aveva come vero interlocutore quel funzionario pontificio, accanito aristotelico. In realtà **Galileo usò quella vecchia polemica come pretesto** per rivolgersi allo stesso Urbano VIII, "amatore della verità", vero interlocutore ideale dell'epistola, e rendergli noti in forma sintetica molti dei più importanti argomenti che sarebbero stati poi ripresi e ampliati nel *Dialogo sopra i due massimi sistemi*.

La *Lettera a Francesco Ingoli*

1624-1630: elaborazione della prima stesura del *Dialogo*

Il secondo passo consistette nella **progettazione di un'opera complessiva**, in forma di dialogo, in grado di agire come detonatore non solo contro i **peripatetici**, ma anche contro le radicate obiezioni che il senso comune opponeva all'ipotesi del moto della Terra. Galileo si gettò nell'impresa di slancio all'indomani della lettera all'Ingoli, seguito con entusiasmo da tutti i suoi allievi e amici che attendevano ansiosamente la pubblicazione di una tale arma polemica e divulgativa. Il lavoro subì diversi rallentamenti ed ebbe termine solo nel gennaio del **1630**. L'opera avrebbe dovuto avere co-

Il vecchio titolo

IL SIGNIFICATO DELLE PAROLE

● **Peripatetici**
I seguaci dell'aristotelismo, nell'età di Galilei, erano chiamati "peripatetici", da Peripato (in greco *Perípatos* da *peripatêin* 'passeggiare'), il nome del viale del Liceo dove Aristotele discuteva con i discepoli passeggiando.

me titolo **Dialogo sopra il flusso e il reflusso del mare** per concentrare l'attenzione del lettore sul fenomeno fisico del movimento delle maree che, secondo Galileo, avrebbe potuto provare in modo inconfutabile l'ipotesi del movimento della Terra, sia intorno al Sole che intorno al proprio asse. Per aggirare la barriera della censura ecclesiastica e ottenere l'autorizzazione a pubblicare l'opera, Galileo dovette invece apportare **numerose variazioni**. Non solo modificò il proemio e le conclusioni ma **sostituì il vecchio titolo** con il più neutrale *Dialogo di Galileo Galilei Linceo, dove ne i congressi di quattro giornate si discorre sopra i due massimi sistemi del mondo, tolemaico e copernicano*, che poteva indurre il lettore superficiale a scambiare l'intero lavoro per una pura discussione accademica e astratta in cui si presentava il "pro" e il "contro" dei sistemi tolemaico e copernicano, senza alcuna pretesa di pervenire a sentenze definitive.

Il nuovo titolo

L'opera in tal modo **ottenne l'imprimatur del papa** e poté finalmente uscire nel **febbraio del 1632** a Firenze. A ben vedere, tuttavia, il nuovo titolo reca in sé una ferma intenzione polemica nei confronti delle difese elevate dai gesuiti contro la rivoluzione copernicana. Le parole **"due massimi sistemi"** sottolineano infatti la volontà dell'autore di escludere dai due principali modelli dell'universo quello di **Tycho Brahe**, sistema di compromesso fatto proprio dalla Compagnia di Gesù (cfr. cap. XI, **S1**, p. 316), lasciando dunque in campo solo due interpretazioni nettamente avverse.

L'imprimatur del 1632
Il riferimento ai due sistemi

La decisione di Galileo di dare al proprio lavoro la **forma di dialogo** è di capitale importanza sul piano della strategia comunicativa. Dal punto di vista dei generi letterari la scelta quasi obbligata per lo scienziato che intendeva esporre le proprie teorie nel Seicento era il trattato in lingua latina. Galileo si rivolge invece alla **lingua italiana** e alla lunga tradizione del genere dialogico, codificata da Platone e da Cicerone, come forma legata al problema dialettico della ricerca della verità mediante l'intreccio delle **voci di diversi interlocutori**. Il dialogo, poi, aveva ricoperto un ruolo fondamentale anche nei principali dibattiti umanistico-rinascimentali ed era stato impiegato da Coluccio Salutati, Leonardo Bruni, Valla, Pontano, Alberti, Bembo e Castiglione.

L'uso del dialogo e del volgare

Il dialogo galileiano dunque **riprende una tradizione platonica e rinascimentale, ma allo stesso tempo la innova profondamente**, introducendo la struttura che nel Seicento divenne il vero modello per il genere dialogico di tipo scientifico: è infatti impostato su **tre personaggi**, due dei quali, scienziati, rappresentano i due "sistemi" cosmologici contrapposti, mentre il terzo, "intendente di scienza" non specialista, contribuisce con argomentazioni più colloquiali e divulgative a

I tre personaggi e le posizioni teoriche che esprimono

IL SIGNIFICATO DELLE PAROLE

● **Mondo**

Il termine 'mondo' è impiegato da Galileo nel significato etimologico di 'universo', come derivato dal latino *mundus* che traduce a sua volta il greco *kósmos*. Il titolo del *Dialogo* galileiano dunque allude allo scontro tra due opposte concezioni cosmologiche, cioè tra due diverse interpretazioni della struttura dell'universo, quella "tolemaica" e quella "copernicana".

DIALOGO SOPRA I DUE MASSIMI SISTEMI DEL MONDO

date	genere	lingua
• 1624-1630 → prima stesura • 1632 → pubblicazione	• dialogo in 4 giornate	• volgare

personaggi	argomenti	forme
• Salviati → copernicano, portavoce delle tesi di Galileo • Sagredo → "intendente di scienza", orienta la discussione • Simplicio → aristotelico, sostenitore della teoria tolemaica	• critica dell'aristotelismo e difesa della teoria copernicana • autonomia della scienza dalla religione e dalla magia • primato della ragione, del dubbio, dell'esperienza • primato del metodo scientifico empirico e induttivo	• ironia • parodia dell'aristotelismo • concretezza, realismo, comicità • nuovo lessico scientifico • sintassi chiara e argomentazione rigorosa

Gli atti del processo di Galileo Galilei, Roma 1616-1633. Archivio di Città del Vaticano.

La riabilitazione dello scienziato da parte della Chiesa iniziò nel 1822 con l'accettazione della teoria eliocentrica. Solo nel 1992 la Chiesa ha ammesso l'ingiustizia della condanna nei confronti di Galileo Galilei.

orientare l'intreccio delle voci. **La scelta sul piano dei generi è dunque strategica**: si tratta di un efficace mezzo che permetterà all'autore da un lato di introdurre nella conversazione argomenti atti a catturare l'attenzione del pubblico colto intorno ai problemi della nuova scienza, dall'altro di presentare le prove a favore del copernicanesimo senza impegnarsi personalmente in esse.

La reazione della Chiesa

A causa del successo del libro in poco tempo l'atteggiamento della Chiesa nei confronti di Galileo mutò radicalmente. **Il *Dialogo* fu esaminato da una commissione pontificia** per stabilire se possedesse, come asserivano i numerosi nemici di Galileo, un carattere inequivocabilmente copernicano, nonostante le asserzioni contrarie inserite nel titolo stesso, nel Proemio e nelle conclusioni. Nel luglio del **1632** arrivò da Roma l'**ordine di sospendere la vendita dei *Massimi sistemi***. Nel gennaio

Proibizione di diffondere il libro

1633 Galileo, ormai anziano e ammalato, **è costretto a recarsi a Roma davanti al tribunale del Sant'Uffizio**. Il processo si concluse con la **condanna dello scienziato**, costretto alla sottomissione

La condanna e l'abiura

e all'abiura, cioè al riconoscimento della falsità della propria convinzione riguardo alla tesi eliocentrica e a quella del moto della Terra (cfr. cap. XI, **S8**, p. 338). Nel giugno del 1633 il *Dialogo* venne inserito nell'Indice dei libri proibiti.

2 La struttura generale

I tre interlocutori: il copernicano Salviati, l'«intendente di scienza» Sagredo e l'aristotelico Simplicio

Gli interlocutori del *Dialogo* sono tre: il nobile fiorentino Filippo Salviati (1583-1614), **copernicano** appartenente alla cerchia degli amici di Galileo e accademico dei Lincei; **il nobile veneziano Giovan Francesco Sagredo** (1571-1620), molto vicino a Galileo negli anni dell'insegnamento padovano e **rappresentante di quel pubblico di persone curiose ma non specialiste** che costituisce il destinatario ideale dell'intera opera di divulgazione galileiana; e **l'aristotelico Simplicio**, un personaggio immaginario che ricorda col suo nome un celebre commentatore di Aristotele vissuto nel VI secolo.

Il luogo e la durata del dibattito: quattro giornate a Venezia

Si immagina che i tre protagonisti **si riuniscano per quattro giornate a Venezia**, nel palazzo Sagredo sul Canal Grande, a discutere amichevolmente intorno alle ragioni a favore o contro il sistema eliocentrico. La divisione in quattro "giornate" è indice di un inequivocabile **riferimento alla tradizione della commedia letteraria** toscana che aveva acquisito la convenzione di chiamare "giornate" i propri atti, in omaggio alla struttura del *Decameron*. È dunque il segno che la situazione presentata nel *Dialogo* vuole essere, almeno in parte, improntata alla comicità (cfr. § 1).

La forma della conversazione

Fatta salva la strutturazione temporale scandita dalle quattro giornate entro cui si svolge l'azione, Galileo non fornisce l'indicazione dell'argomento principale affrontato in ciascuna di esse, come avveniva nella tradizione dei dialoghi rinascimentali. **Il colloquio si muove in modo apparente-**

mente casuale, con continue e numerose digressioni. In questo modo il *Dialogo sopra i due massimi sistemi del mondo* incorpora, nella forma fortuita e contingente della conversazione a più voci, non solo gli argomenti schematicamente esposti nella lettera all'Ingoli (cfr. § 1), ma tutti i temi della precedente attività scientifica galileiana.

3 La lingua e lo stile

La scelta del volgare

Le scelte linguistiche di Galileo obbediscono all'intento fondamentale del *Dialogo*: **raggiungere un vasto pubblico** formato non solo da studiosi di professione ma anche da "intendenti" che si dilettano di studi scientifici. La lingua impiegata dunque non è il latino, normalmente usato per esporre le nuove teorie nei trattati scientifici e compreso dagli specialisti di tutta Europa, ma **il volgare**, più adatto a divulgarle e a difenderle.

Il problema della terminologia scientifica

L'aperta **rottura con la tradizione aristotelica** si può verificare anche **sul piano terminologico**. Ogni teoria scientifica, infatti, ha bisogno di una specifica terminologia per descrivere i fenomeni di cui si occupa. Un procedimento frequente è quello di coniare nuovi vocaboli prelevandoli dalle lingue classiche: basti pensare alla proporzione enorme che gli elementi greci e latini hanno assunto nella terminologia medica. Galileo invece preferisce ricorrere a **parole usuali** adibendole a una nozione specifica.

Il carattere convenzionale della denominazione secondo Galileo

S • Contro la confusione fra parole e cose (M.L. Altieri Biagi)

L'influenza stilistica del Principe *di Machiavelli*

Mentre gli aristotelici considerano i nomi come "cose", cioè come essenze reali, **Galileo** ha chiara la distinzione tra parole e cose ed è consapevole della convenzionalità della lingua. **Utilizza** dunque **i nomi come puri strumenti** per combattere l'indeterminatezza: quel che conta per lui è il fenomeno concreto che viene indagato e l'esattezza con cui l'osservazione può nominarne gli aspetti. I nomi scelti per designarlo possono dunque essere convenzionalmente tratti a piacere dal repertorio della lingua comune, purché aiutino a diminuire il margine di arbitrarietà e confusione. È importante cioè definire con molta chiarezza ed evidenza il nuovo significato che i termini vengono ad assumere nel contesto della nuova scienza, dando loro precisione e univocità. Per tale motivo **uno dei modelli linguistici e stilistici della prosa del** *Dialogo* **è costituito dal** *Principe* **di Machiavelli**. Dal *Principe* Galileo eredita infatti lo stile dilemmatico e disgiuntivo, l'esclusione delle doppie verità, il rigore di scelte contrapposte che si escludono reciprocamente.

La scelta del dialogo e del registro comico

Consideriamo ora le ragioni che hanno indotto Galileo ad assumere il genere dialogico e a fare ricorso al comico. La scelta di inserire la dimostrazione del copernicanesimo in una cornice teatrale risponde a **due specifici obiettivi**:

1. alimentare l'impressione del lettore che tutto il libro sia una neutrale discussione di due diverse teorie cosmologiche;
2. intrattenere i lettori con una piacevole rappresentazione, una gradevole conversazione in cui le argomentazioni scientifiche siano efficacemente accompagnate da situazioni teatrali e comiche.

Le ragioni del dialogo

Il genere del trattato scientifico, incentrato sul tradizionale modo enunciativo di tipo monologico, era infatti meno adatto a comunicare le nuove scoperte a un pubblico di lettori il più ampio possibile. **Il dialogo**, invece, incarnando nelle voci dei diversi personaggi le diverse opinioni, poteva permettere la ricostruzione, per successive approssimazioni e digressioni, di tutte le fasi del conflitto fra due modi di pensare antagonisti. **La teatralizzazione delle due concezioni del mondo** serve perciò a rendere il lettore partecipe di questo conflitto: mentre **Salviati** si dichiara subito copernicano, **Sagredo** assume ufficialmente il ruolo di arbitro, ma si rivela in realtà il più efficace e divulgativo sostenitore delle nuove idee. È infatti dotato di uno spiccato senso di concretezza: i suoi numerosi esempi tratti dalla realtà sensibile di tutti i giorni sostengono vivacemente l'evidenza sperimentale delle teorie copernicane. La stessa situazione scenica, con la sua gestualità concreta, riporta i lettori alla solida realtà delle cose, fornendo il *Dialogo* di una robusta cornice narrativa di tipo realistico. **La**

Il senso della concretezza, del realismo e del comico

La parodia dell'aristotelismo

visione del mondo di Simplicio, viceversa, è progressivamente demolita con l'arma della comicità. Il vanitoso nemico di ogni cambiamento è raffigurato in modo tale che il carattere negativo della sua personalità discrediti di riflesso l'intero aristotelismo. **Il suo stesso nome**, oltre che rinviare al celebre **commentatore di Aristotele**, poteva far pensare a **un uomo sempliciotto e sciocco**. Il suo linguaggio viene sottoposto a parodia deformante da parte degli altri due protagonisti. La lingua sillogistica, imprecisa, metaforeggiante di Simplicio viene sconfitta dall'eleganza ironica, dalla precisione e dalla concretezza della lingua di Salviati e di Sagredo.

4 L'ideologia

Un progetto tendente ad affermare l'autonomia della scienza dalla teologia

Galileo è ancora convinto, nel momento della stesura del *Dialogo*, di poter conquistare le più alte gerarchie ecclesiastiche al copernicanesimo, dimostrando loro l'evidenza della teoria eliocentrica. **Il suo progetto** tuttavia non mirava a trovare un compromesso fra copernicanesimo e dogma ecclesiastico, bensì ad **affermare la completa autonomia delle scienze naturali** dall'ambito della teologia. Infatti:

- **il discorso scientifico non ha bisogno di appoggiarsi su alcuna autorità** ad esso estranea. Per mezzo dei personaggi copernicani Salviati e Sagredo, Galileo nel *Dialogo* fa continuamente appello alla superiorità coraggiosa del dubbio, alla passione della ricerca spregiudicata e sincera, alla superiorità delle cose sulle parole;
- in tutto il libro **la ragione della scienza è guardata con una fiducia immensa**, mentre la mancanza di coerenza e precisione della vecchia metafisica, chiusa in formule ripetitive e confuse, è smascherata con l'arma dell'ironia;
- per Galileo **è di primaria importanza divulgare presso tutti gli uomini la funzione liberatrice della ragione** per renderli via via più coscienti: per questo il libro è concepito come un'opera pedagogica, capace non solo di persuadere ma anche di educare il lettore al ragionamento critico, distruggendo i pregiudizi e le abitudini mentali tradizionali.

Dal punto di vista ideologico, cioè, **il *Dialogo*** non **mise in gioco** solo le teorie astronomiche accettate da secoli, ma **lo stesso fondamento dell'autorità su cui si reggeva la tradizionale concezione del mondo**. Per questo motivo la fiducia nell'efficacia persuasiva ed educativa della ragione, dominante in ogni pagina del *Dialogo*, si trovò a subire la dura e intransigente reazione della Chiesa.

S • Interpretazioni di Galileo nel Novecento

ITIS Galileo di Francesco Niccolini e Marco Paolini, interpretato da Marco Paolini, 2010.

5. Il Proemio e la prima giornata

Il *Proemio* — Pur di vedere stampato il suo libro, Galileo accettò le aggiunte imposte dai revisori ecclesiastici. Si comportò dunque in modo analogo a Osiander, l'editore del libro di Copernico, che nel 1543 aveva anteposto la prefazione che dichiarava **pure ipotesi matematiche**, del tutto indipendenti dalla realtà concreta, le tesi eliocentriche. Queste cautele emergono in modo evidente dal **Proemio**, in cui Galilei si rivolge «**al discreto lettore**», cioè al destinatario capace di distinguere l'**ironia** e la dissimulazione.

La critica alla perfezione del numero tre e la corruttibilità dei corpi celesti — **La prima giornata** si apre invece con una dura critica condotta da Salviati alla presunta "perfezione" attribuita sia dagli aristotelici che dai pitagorici al numero tre. Da tale pregiudizio essi ricavavano infatti la pretesa che l'universo fosse perfetto perché fornito di tre tipi di moto: circolare, retto e misto. **La critica alla presunta perfezione del numero tre**, che ben si accordava col dogma della trinità, **è tuttavia solo un pretesto per una più generale critica di tutta la fisica aristotelica** e soprattutto della distinzione fra la Terra corruttibile e i corpi celesti immutabili e perfetti. I risultati sperimentali delle osservazioni telescopiche degli astri si sostituiscono così alla pura speculazione filosofica e dimostrano inequivocabilmente l'identità di natura fra la Terra e i corpi celesti, entrambi soggetti a grandi mutamenti.

S • La questione del metodo: Galileo "razionalista" o "empirista"? (E. Cassirer - G. Della Volpe - L. Geymonat)

T1 Proemio

OPERA
Dialogo sopra i due massimi sistemi del mondo

CONCETTI CHIAVE
- ironia e antifrasi
- approvazione della teoria copernicana
- rifiuto delle teorie aristoteliche
- scelta del genere del dialogo

FONTE
G. Galilei, *Dialogo sopra i due massimi sistemi del mondo*, a cura di A. Crescini, Studio Tesi, Pordenone 1988.

Tutta l'avvertenza iniziale, rivolta «al discreto lettore» e concordata con il frate domenicano Niccolò Riccardi, risponde all'esigenza di sollecitare i tempi di stampa tranquillizzando la censura ecclesiastica. L'editto emanato dal Sant'Uffizio nel 1616 che condannava la tesi del movimento della Terra è detto dunque «salutifero», ossia portatore di salvezza rispetto alle false credenze, mentre la teoria copernicana è presentata come una pura ipotesi matematica. Riassumendo poi il contenuto della trattazione, Galileo divide l'opera in tre parti: riguardo alla controversia sulla mobilità della Terra, che costituisce il primo argomento, afferma che tutte le esperienze sono del tutto insufficienti per concludere se la Terra si muova o se sia immobile nel cosmo. Riguardo al secondo argomento, cioè l'ipotesi copernicana, avverte che si fingerà di presentarla come vittoriosa solo per spiegare con maggiore facilità ipotesi matematiche indipendenti dalle leggi concrete della natura. Riguardo infine alla terza questione, cioè la tangibile esistenza del moto delle maree da lui posta in relazione al moto della Terra, Galileo si affretta a dichiarare che si tratta solo di "fantasia ingegnosa", quindi di una congettura.

Al discreto lettore

Si promulgò a gli anni passati in Roma un salutifero editto, che, per ovviare a' pericolosi scandoli dell'età presente, imponeva opportuno silenzio all'opinione Pittagorica della mobilità della Terra.[1] Non mancò chi temerariamente asserì, quel decreto essere stato parto non di giudizioso esame, ma di passione troppo poco informata, e si udirono querele che consultori totalmente
5 inesperti delle osservazioni astronomiche non dovevano con proibizione repentina tarpar l'ale a gl'intelletti speculativi. Non poté tacer il mio zelo in udir la temerità di sì fatti lamenti.[2] Giudi-

---

1 Si promulgò...Terra: il riferimento è all'editto (**salutifero**, nel senso letterale di "portatore di salvezza", con palese significato ironico) emanato dal Sant'Uffizio il 24 febbraio 1616 mediante il quale la Chiesa condannava sia la tesi che il Sole fosse immobile sia quella che la Terra si muovesse. Quest'ultima tesi è detta **Pittagorica** perché venne sostenuta per la prima volta nel V secolo a.C. da un discepolo di Pitagora, Filolao.

cai, come pienamente instrutto di quella prudentissima determinazione, comparir pubblicamente nel teatro del mondo,³ come testimonio di sincera verità. Mi trovai allora presente in Roma; ebbi non solo udienze, ma ancora applausi de i più eminenti prelati di quella Corte; né senza qualche mia antecedente informazione seguì poi la pubblicazione di quel decreto. Per tanto è mio consiglio nella presente fatica mostrare alle nazioni forestiere, che di questa materia se ne sa tanto in Italia, e particolarmente in Roma, quanto possa mai averne imaginato la diligenza oltramontana;⁴ e raccogliendo insieme tutte le speculazioni proprie intorno al sistema Copernicano, far sapere che precedette la notizia di tutte alla censura Romana,⁵ e che escono da questo clima non solo i dogmi per la salute dell'anima, ma ancora gl'ingegnosi trovati per delizie degl'ingegni.⁶

A questo fine ho presa⁷ nel discorso la parte Copernicana, procedendo in pura ipotesi matematica, cercando per ogni strada artifiziosa di rappresentarla superiore, non a quella della fermezza della Terra assolutamente,⁸ ma secondo che si difende da alcuni che, di professione Peripatetici, ne ritengono solo il nome, contenti, senza passeggio, di adorar l'ombre, non filosofando con l'avvertenza propria, ma con solo la memoria di quattro principii mal intesi.⁹

Tre capi principali si tratteranno. Prima cercherò di mostrare, tutte l'esperienze fattibili nella Terra essere mezi insufficienti a concluder la sua mobilità, ma indifferentemente da potersi adattare così alla Terra mobile, come anco quiescente;¹⁰ e spero che in questo caso si paleseranno molte osservazioni ignote all'antichità. Secondariamente si esamineranno li fenomeni celesti, rinforzando l'ipotesi copernicana come se assolutamente dovesse rimaner vittoriosa, aggiungendo nuove speculazioni, le quali però servano per facilità d'astronomia, non per necessità di natura.¹¹ Nel terzo luogo proporrò una fantasia ingegnosa.¹² Mi trovavo aver detto, molti anni sono,¹³ che l'ignoto problema del flusso del mare potrebbe ricever qualche luce, ammesso il moto terrestre. Questo mio detto, volando per le bocche degli uomini, aveva trovato padri caritativi che se l'adottavano per prole di proprio ingegno.¹⁴ Ora, perché non possa mai

---

- **2 si udirono querele...lamenti**: *si sentirono delle lamentele secondo le quali i teologi del Sant'Uffizio* (**consultori**), *del tutto ignari dei risultati delle osservazioni astronomiche, non avrebbero dovuto tarpare le ali ai ricercatori con una così risoluta decisione. Non potei che intervenire prontamente udendo tali sconsiderate lamentele*. Galileo, costruendo il suo discorso sulla base dell'ironia, finge di dare torto alle posizioni degli scienziati speculativi e ragione al provvedimento dei teologi del Sant'Uffizio.
- **3 Giudicai...mondo**: *Essendo pienamente al corrente di quella saggissima decisione* [: l'atteggiamento della Chiesa a proposito delle tesi condannate dall'editto del 1616 era infatti già stato reso noto a Galileo dal cardinale Bellarmino nel 1615] *ritenni doveroso dichiararmi pubblicamente*. L'espressione in uso nell'età barocca impiegata da Galilei con riferimento alla decisione di rendere pubbliche le sue opinioni a favore dell'editto (**teatro del mondo**), rafforza l'impostazione ironica dell'intero brano. Come l'attore che recita sul palcoscenico, anche Galileo dissimula davanti alla Chiesa le sue vere convinzioni.
- **4 possa...oltramontana**: *quanto possa aver concepito la ricerca degli scienziati delle nazioni poste al di là delle Alpi*.
- **5 e raccogliendo...Romana**: *e raccogliendo tutte le mie indagini* (**speculazioni proprie**) *riguardo al sistema cosmologico di Copernico, far sapere che la pubblicazione* (**notizia**) *di esse precedette l'editto di censura del Sant'Uffizio*.
- **6 e che...ingegni**: *e che escono dall'Italia* (**questo clima**) *non solo i dogmi ecclesiastici adatti alla salvezza dell'anima ma anche le ingegnose scoperte adatte al piacere della ricerca*.
- **7 presa**: *sostenuta*.
- **8 cercando...assolutamente**: *ricorrendo a ogni artificio per mostrarla superiore, non alla tesi dell'immobilità* (**fermezza**) *della Terra in assoluto*.
- **9 ma...intesi**: *ma a quella tesi così come viene difesa da alcuni che, professandosi Peripatetici, ne conservano solo il nome, accontentandosi, senza passeggiare, di adorare le ombre, filosofando non con il proprio giudizio, ma sulla base della memoria di quattro principi filosofici male compresi*. Si ricordi che i seguaci di Aristotele venivano chiamati Peripatetici per l'abitudine dei primi suoi discepoli di ascoltare le parole del maestro passeggiando con lui sotto il portico del Liceo ateniese.
- **10 Tre capi...quiescente**: *Tre argomenti saranno trattati. In primo luogo cercherò di illustrare che tutte le esperienze che si possono svolgere sulla Terra sono mezzi insufficienti per concludere che essa si muove, ma possono viceversa adattarsi sia all'ipotesi della Terra mobile che a quella della Terra immobile*.
- **11 Secondariamente...natura**: *In secondo luogo si esamineranno i fenomeni celesti, assecondando l'ipotesi copernicana come se dovesse risultare del tutto vittoriosa, portando [a favore di questa] nuove congetture, le quali tuttavia avranno [solo] lo scopo di rendere più facile la spiegazione di certi fenomeni astronomici, non quello di rispondere a effettive leggi di natura*.
- **12 fantasia ingegnosa**: Galilei si riferisce alla spiegazione del movimento delle maree, che costituisce l'argomento dell'ultima giornata del *Dialogo* e, a suo avviso, la prova tangibile del moto della Terra.
- **13 molti anni sono**: il riferimento riguarda l'ipotesi espressa nel 1616 ed esposta nel *Discorso del flusso e del riflusso del mare*. Questo testo tuttavia non fu dato alle stampe perché Galileo aveva ricevuto l'intimazione del cardinale Bellarmino. Venne fatto circolare in alcune copie manoscritte, e a quella circolazione non formale si riferisce il successivo **volando per le bocche degli uomini**.
- **14 Questo mio detto...ingegno**: *Quanto avevo allora esposto, passando di bocca in bocca, aveva trovato studiosi che, come padri caritatevoli, l'avevano adottato come frutto del loro ingegno*. È detto ironicamente: in realtà quegli studiosi, usurpatori piuttosto che caritatevoli, si erano impossessati dell'ipotesi galileiana.

comparire alcuno straniero che, fortificandosi con l'armi nostre,[15] ci rinfacci la poca avvertenza in uno accidente così principale, ho giudicato palesare quelle probabilità che lo renderebbero persuasibile, dato che la Terra si muovesse.[16] Spero che da queste considerazioni il mondo conoscerà, che se altre nazioni hanno navigato più, noi non abbiamo speculato meno, e che il rimettersi ad asserir la fermezza della Terra, e prender il contrario solamente per capriccio matematico, non nasce da aver contezza di quant'altri ci abbia pensato,[17] ma, quanto altro non fusse,[18] da quelle ragioni che la pietà, la religione, il conoscimento della divina onnipotenza, e la coscienza della debolezza dell'ingegno umano, ci somministrano.

Ho poi pensato tornar molto a proposito lo spiegare questi concetti in forma di dialogo, che, per non esser ristretto alla rigorosa osservanza delle leggi matematiche, porge campo ancora a digressioni, tal ora non meno curiose del principale argomento.[19]

- [15] **fortificandosi...nostre**: *facendosi forte del nostro stesso silenzio in proposito.*
- [16] **ho giudicato...muovesse**: *ho ritenuto opportuno esplicitare quelle ipotesi che renderebbero credibile (**persuasibile**) [il fenomeno delle maree] se si supponesse che la Terra si muova.*
- [17] **non nasce...pensato**: *non consegue dal fatto di non aver conoscenza (**contezza**) di quanto altri hanno pensato in proposito.*
- [18] **quanto altro non fusse**: *se non ci fosse altra ragione.*
- [19] **Ho poi pensato...argomento**: *Ho inoltre ritenuta particolarmente adatta a questi concetti la forma del dialogo, che, non essendo vincolata all'osservanza delle leggi del trattato rigorosamente scientifico, lascia spazio a digressioni, talvolta non meno interessanti (**curiose**) dell'argomento principale.* In questo passo Galileo rivela la massima consapevolezza delle potenzialità comunicative del genere dialogico.

T1 DALLA COMPRENSIONE ALL'INTERPRETAZIONE

COMPRENSIONE

Suddivisione del testo Il testo è suddiviso in quattro capoversi o paragrafi. **Il primo** (righi 1-16) **serve all'autore come difesa preventiva** che dovrebbe ingannare o fuorviare gli organi ecclesiastici addetti alla censura: esprime infatti un giudizio smaccatamente positivo sull'editto con cui il Sant'Uffizio aveva condannato nel 1616 la tesi copernicana affermante il movimento della Terra. Nell'editto viene infatti definito «salutifero» e «opportuno» il silenzio imposto allora ai copernicani, mentre le loro tesi vengono chiamate «pericolosi scandoli» (righi 1-2). L'autore informa anche di voler informare le nazioni straniere sulle ricerche che si svolgono in Italia, compiute prima di quell'editto. **Nel secondo capoverso** (righi 17-21) **si arriva al tema del *Dialogo***: si chiarisce che l'autore sosterrà sì la tesi copernicana, ma solo come «pura ipotesi matematica» e per polemica con gli aristotelici che, invece di stare ai dati reali, adorano le ombre cercando solo di restare fedeli a quattro princìpi, per giunta «mal intesi». **Nel terzo** (righi 22-39) **si espongono i tre argomenti che saranno affrontati nel corso dell'opera**: l'impossibilità di trarre dalle esperienze fatte argomenti decisivi a favore o contro l'immobilità della Terra; lo studio di alcuni fenomeni celesti per dimostrare la superiorità dell'ipotesi copernicana; la congettura per cui le maree deriverebbero dal moto della Terra. **Infine nel quarto** (righi 40-42) **l'autore dichiara di aver usato la forma del dialogo** perché essa ha un carattere meno rigoroso dal punto di vista scientifico ma più "narrativo", più adatto a suscitare l'interesse del lettore mediante l'introduzione di digressioni e di questioni curiose. Quest'ultimo punto è importante perché contribuisce a spiegare la ragione per cui Galileo ha scelto il genere letterario del dialogo.

ANALISI

La figura del destinatario e i caratteri del testo Il testo è **il Proemio del *Dialogo sopra i due massimi sistemi* (1632)**. Precede dunque l'opera, fornendone **una sorta di introduzione**. Tale introduzione appare rivolta a un destinatario, che assume la figura del **«discreto lettore»**, vale a dire **di un lettore capace di distinguere**, e cioè, in questo caso, **di discernere il vero dal falso** e precisamente ciò che viene detto per ironia e ciò che viene detto invece sul serio. Il destinatario dell'opera è così anche il dedicatario di essa: il *Dialogo* è non solo rivolto ma dedicato a un lettore la cui figura viene valorizzata al massimo, essendo esaltata nella sua capacità di intendere il testo e dunque di andare al di là del suo significato immediato per comprendere quello nascosto. Si preannuncia così il carattere stilistico del Proemio: **l'ironia**, che contiene in sé un appello a un lettore accorto che sia in grado d'intenderla.

Il ricorso all'ironia L'ironia costituisce il carattere stilistico principale del brano. Per comprendere correttamente il messaggio contenuto nel Proemio bisogna infatti distinguere **due diversi destinatari**: oltre a **quello esplicito, il «discreto lettore»**, c'è nel brano un **destinatario implicito**, rappresentato dai **censori ecclesiastici**. Per rassicurare questi ultimi, si afferma che la teoria copernicana viene presentata nel *Dialogo* come vittoriosa solo «artificiosamente», cioè «non per necessità di natura» ma «per capriccio matematico». Il secondo invece, che coincide col vasto pubblico colto presso cui Galileo vuol divulgare il sistema eliocentrico, è chiamato a decodificare queste negazioni e a ritenerle vere e proprie nascoste affermazioni dell'assoluta evidenza fisica e materiale della mobilità della Terra. È ragionevole supporre, dunque, che **le numerose ambiguità del testo** possano essere comprese solo ammettendo che esso si regga interamente sullo statuto dell'ironia. Se **l'ironia consiste nell'affermare una cosa intendendo l'opposto**, solo il «lettore discreto», colui "che sa discriminare", ossia distinguere, il vero dal falso, potrà **decifrare correttamente il messaggio rovesciandone il senso**. Si spiegano così anche le frequenti sottolineature ironiche e i doppi sensi nascosti tra le pieghe del discorso: l'allusione alla metafora barocca del «teatro del mondo», utile a sottolineare che quanto segue è una pura finzione, la speranza che si palesino «molte osservazioni ignote all'antichità», l'invettiva contro i Peripatetici, intenti a «adorar l'ombre». Galilei dunque confida nella superiore capacità conoscitiva del «discreto lettore» e nella miopia dei censori domenicani: il primo in grado di rovesciare la falsa ammirazione di quel «salutifero editto» nell'autentico disprezzo di un «pestifero editto», i secondi incapaci di operare tale rovesciamento. In un primo tempo questa strategia avrà successo; al processo del 1633, tuttavia, venne chiesto a Galilei di rispondere proprio di tale occultamento ironico dei contenuti del Proemio.

INTERPRETAZIONE

La storicizzazione Il Proemio mostra le astuzie a cui un grande intellettuale doveva ricorrere per superare la **censura ecclesiastica**. Il ricorso all'ironia e l'appello al «discreto lettore» rivelano la duplice chiave di lettura del brano: da un lato **il censore è chiamato a prendere sul serio la condanna iniziale delle tesi copernicane**, dall'altro il lettore attento deve invece penetrare sotto il gioco dell'ironia e capire che l'autore intende invece sostenere la tesi (proibita dalla Chiesa) del moto della Terra intorno al Sole. Anche Galileo è costretto alla **dissimulazione**: è indotto a recitare. Come un artista finge sul palcoscenico, così lui si muove sul «teatro del mondo» (rigo 8). Un brano come questo del Proemio è inseparabile dalla cultura e dal costume del Seicento e dall'atmosfera della Controriforma. Fanno parte della cultura del Seicento l'interesse per il teatro e l'idea della vita come recita (si pensi a come il tema sia presente in Calderòn de la Barca, per esempio; ma si trova anche nell'episodio del Principe Padre e di Gertrude presentata al monastero, nei *Promessi sposi* di Manzoni, romanzo ambientato appunto nel Seicento). Inoltre la dissimulazione era imposta dalla politica seguita dalle autorità ecclesiastiche dopo il Concilio di Trento. **Il clima della Controriforma** ha indotto allora la Chiesa a un atteggiamento dogmatico e persecutorio nei confronti degli spiriti liberi. Si pensi che pochi anni prima del *Dialogo* galileiano **Giordano Bruno** era stato condannato al rogo e **Campanella** all'ergastolo. Anche **Galileo**, nonostante l'astuzia e l'ironia del suo *Dialogo*, sarà processato e costretto all'**abiura**, mentre la sua opera sarà inserita nell'Indice dei libri proibiti.

Attualizzazione e valorizzazione L'intelligenza si difende con **l'ironia**, che **è l'arma della ragione**. L'ironia è un'arma difensiva: dice una cosa per far capire l'opposto, **afferma negando**. L'ironia presuppone l'intelligenza non solo di chi scrive ma di chi legge o ascolta. Essa contiene dunque **un appello alla ragione umana**, che risulta tanto più drammatico quanto più ne è impedito il libero esercizio. D'altronde la forma stessa del dialogo, scelta da Galileo, indica una volontà di comunicazione, un'esigenza di colloquio libero e intelligente. Nei momenti difficili restano solo il ricorso alla ragione propria e la fiducia in quella del prossimo e nella possibilità di un'intesa reciproca al di là delle barriere poste da un potere ostile e opprimente. L'attualità del brano e il suo stesso valore storico stanno in questa testimonianza e in questo messaggio, in cui si sono riconosciuti gli uomini liberi nel corso di quasi quattro secoli.

T1 LAVORIAMO SUL TESTO

COMPRENDERE
Aggirare la censura
1. Dividi e riassumi il testo nelle principali sequenze.
2. Quali sono i tre argomenti principali del dialogo?

ANALIZZARE
Il «discreto lettore»
3. **LINGUA E LESSICO** Che cosa significa «discreto lettore»?

Il moto della Terra come «capriccio matematico»

4. Di quale mezzo si serve Galileo per far emergere e al contempo celare le sue reali posizioni? Rintraccia nel testo qualche esempio.

Le armi dell'ironia

5. **LINGUA E LESSICO** Spiega l'espressione «teatro del mondo».

INTERPRETARE

Un editto «salutifero»?

6. Quale opinione sembra avere Galileo dell'editto che ha condannato la dottrina copernicana? Quale ti sembra essere l'intento del dialogo?

Opportunismo politico?

7. Galileo sembra dare peso alla pietà, alla religione, alla divina onnipotenza, alla debolezza dell'ingegno umano: quanto, secondo te, contano veramente per lui questi fattori? Quanto credi che debbano pesare per lo scienziato moderno?

LE MIE COMPETENZE: DIALOGARE

Nonostante le sue cautele, l'opera di Galileo viene condannata dalla Chiesa e lo scienziato è costretto ad abiurare le proprie posizioni per salvare la vita. Abbiamo visto come, tra la fine del Cinquecento e il Seicento, la Chiesa si serva del Tribunale dell'Inquisizione e della censura per mettere a tacere il dissenso. La censura, però, non è un fenomeno tipico solo del Seicento; al contrario è uno strumento di cui il potere si è sempre servito per limitare la libertà degli artisti e bloccare la diffusione e la circolazione delle loro opere. Anche in tempi più recenti si è assistito all'uso indiscriminato della censura e a ripetuti attacchi contro la libertà di espressione: basti pensare nel Novecento al controllo imposto dal regime fascista sulla stampa o, in anni più vicini a noi, alla *fatwā* (cioè alla sentenza di condanna a morte) che Khomeini ha emanato contro lo scrittore indiano Rushdie per la presunta blasfemia del suo romanzo *I versi satanici*. Rifletti sul rapporto tra libertà di espressione e censura. Si tratta di una questione che senti ancora attuale? Discutine con la classe.

T2 Una nuova concezione della conoscenza

OPERA
Dialogo sopra i due massimi sistemi del mondo

CONCETTI CHIAVE
- la possibilità della scienza di competere con l'intelligenza divina attraverso il metodo matematico e geometrico

FONTE
G. Galilei, *Dialogo sopra i due massimi sistemi del mondo*, cit.

Alla fine della prima giornata, giunta la sera, si profila il rinvio della conversazione all'indomani. Simplicio in quest'ultima fase resta in ombra e vengono invece in primo piano le riflessioni di Sagredo e Salviati riguardo al tema della potenza della conoscenza umana.

Sagredo Estrema temerità mi è parsa sempre quella di coloro che voglion far la capacità umana misura di quanto possa e sappia operar la natura;[1] dove che, all'incontro, e' non è effetto alcuno in natura, per minimo che e' sia, all'intera cognizion del quale possano arrivare i più specolativi ingegni.[2] Questa così vana prosunzione[3] d'intendere il tutto non può aver principio da 5 altro che dal non avere inteso mai nulla, perché, quando altri avesse esperimentato una volta sola a intender perfettamente una sola cosa ed avesse gustato veramente come è fatto il sapere, conoscerebbe come dell'infinità dell'altre conclusioni niuna ne intende.[4]

Salviati Concludentissimo[5] è il vostro discorso; in confermazion del quale abbiamo l'esperienza di quelli che intendono o hanno inteso qualche cosa, i quali quanto più sono sapienti, tanto più conoscono e liberamente confessano di saper poco; ed il sapientissimo della Grecia, e per tale sentenziato da gli oracoli, diceva apertamente conoscer di non saper nulla.[6]

Simplicio Convien dunque dire, o che l'oracolo, o l'istesso Socrate, fusse bugiardo, *predicandolo quello per sapientissimo, e dicendo questo di conoscersi ignorantissimo.*[7]

- **1** **Estrema...la natura**: *Mi è sempre sembrato un comportamento estremamente incauto e sconsiderato quello di coloro che vogliono misurare le capacità della natura sulla base di quanto l'uomo può operare.*
- **2** **dove che...ingegni**: *mentre al contrario non vi è alcun fenomeno naturale, per minimo che esso (e'; corrisponde alla forma impersonale «egli», con valore neutro) sia, alla piena comprensione del quale possano giungere an-* che i più dotati di capacità speculative tra gli ingegni umani.
- **3** **prosunzione**: *presunzione.*
- **4** **conoscerebbe...intende**: *saprebbe come dell'infinità delle altre non ne conosce nessuna.*
- **5** **Concludentissimo**: *Tale da giungere a conclusioni estremamente coerenti.*
- **6** **il sapientissimo...nulla**: *il più sapiente di tutta la Grecia, dichiarato tale dagli oracoli,* diceva apertamente di non sapere nulla. Il filosofo Socrate (470-399 a.C.), che l'oracolo di Delfi indicava come il più sapiente degli ateniesi, diceva che il suo unico sapere era sapere di non sapere.
- **7** **predicandolo...ignorantissimo**: *considerandolo quello [: l'oracolo] sapientissimo, e asserendo questo [: Socrate] di sapersi ignorantissimo.* L'obiezione di Simplicio è basata sul principio aristotelico di non contraddizione.

Salviati   Non ne séguita né l'uno né l'altro, essendo che amendue i pronunziati posson esser veri.[8] Giudica l'oracolo sapientissimo Socrate sopra gli altri uomini, la sapienza de i quali è limitata; si conosce Socrate non saper nulla in relazione alla sapienza assoluta, che è infinita; e perché dell'infinito tal parte n'è il molto che 'l poco e che il niente[9] (perché per arrivar, per esempio, al numero infinito tanto è l'accumular migliaia, quanto decine e quanto zeri),[10] però ben conosceva Socrate, la terminata sua sapienza esser nulla all'infinita, che gli mancava.[11] Ma perché pur tra gli uomini si trova qualche sapere, e questo non egualmente compartito a tutti,[12] potette Socrate averne maggior parte de gli altri, e perciò verificarsi il responso dell'oracolo.

Sagredo   Parmi di intender benissimo questo punto. Tra gli uomini, Sig. Simplicio, è[13] la potestà di operare, ma non egualmente participata da tutti: e non è dubbio che la potenza d'un imperadore è maggiore assai che quella d'una persona privata; ma e questa e quella è nulla in comparazione dell'onnipotenza divina. Tra gli uomini vi sono alcuni che intendon meglio l'agricoltura che molti altri; ma il saper piantar un sermento di vite in una fossa,[14] che ha da far col saperlo far barbicare, attrarre il nutrimento,[15] da quello scierre[16] questa parte buona per farne le foglie, quest'altra per formarne i viticci, quella per i grappoli, quell'altra per l'uva, ed un'altra per i fiocini,[17] che son poi l'opere della sapientissima natura? Questa è una sola opera particolare delle innumerabili che fa la natura, ed in essa sola si conosce un'infinita sapienza, talché si può concludere, il saper divino esser infinite volte infinito.[18]

Salviati   Eccone un altro esempio. Non direm noi che 'l sapere scoprire in un marmo una bellissima statua ha sublimato l'ingegno del Buonarruoti[19] assai assai sopra gli ingegni comuni degli altri uomini? E questa opera non è altro che imitare una sola attitudine e disposizione di membra esteriore e superficiale d'un uomo immobile; e però che cosa è in comparazione d'un uomo fatto dalla natura, composto di tante membra esterne ed interne, de i tanti muscoli, tendini, nervi, ossa, che servono a i tanti e sì diversi movimenti? Ma che diremo de i sensi, delle potenze dell'anima, e finalmente dell'intendere? non possiamo noi dire, e con ragione, la fabbrica d'una statua cedere d'infinito intervallo alla formazion d'un uomo vivo, anzi anco alla formazion d'un vilissimo verme?[20]

Simplicio   O io non sono un di quegli uomini che intendano,[21] o 'n questo vostro discorso è una manifesta[22] contradizione. Voi tra i maggiori encomii,[23] anzi pur per il massimo di tutti, attribuite all'uomo, fatto dalla natura, questo dell'intendere; e poco fa dicevi con Socrate che 'l suo intendere non era nulla; adunque bisognerà dire che né anco la natura abbia inteso il modo di fare un intelletto che intenda.[24]

Salviati   Molto acutamente opponete;[25] e per rispondere all'obbiezione, convien ricorrere a una distinzione filosofica, dicendo che l'intendere si può pigliare in due modi, cioè *intensive* o vero *extensive*:[26] e che *extensive*, cioè quanto alla moltitudine degli intelligibili,[27] che sono infiniti,

- **8   Non ne...veri**: Non ne consegue né l'una né l'altra conclusione, poiché entrambe le affermazioni possono essere vere.
- **9   perché...niente**: perché partecipano dell'infinito sia il molto, che il poco e il niente.
- **10   perché...zeri**: perché in una serie numerica tendente all'infinito è esattamente la medesima cosa mettere assieme le migliaia di unità, o le decine o gli zeri.
- **11   ben conosceva...mancava**: ben conosceva Socrate quanto la sua limitata sapienza fosse nulla rispetto alla sapienza infinita a cui non avrebbe potuto pervenire.
- **12   non egualmente...tutti**: non equamente suddiviso fra tutti gli uomini.
- **13   è**: esiste, si trova.
- **14   un sermento...fossa**: un tralcio di vite in un solco.
- **15   che ha...nutrimento**: che ha a che fare col farlo radicare nel terreno (**barbicare**), estrarre dalla terra il nutrimento.
- **16   da quello scierre**: da quel [nutrimento] scegliere.
- **17   fiocini**: i semi d'uva contenuti nel chicco.
- **18   esser...infinito**: essere tante volte infinito quante sono le **innumerabili** opere della natura.
- **19   ha sublimato...Buonarruoti**: ha reso sublime l'ingegno del Buonarroti. Michelangelo Buonarroti (1475-1564) è il celebre artista toscano.
- **20   non possiamo noi...verme?**: non possiamo dunque considerare, ragionevolmente, la costruzione (**fabbrica**) di una statua infinite volte inferiore alla formazione di un uomo vivo, anzi anche alla formazione di un vilissimo verme?
- **21   O io...intendano**: O io sono uno di quegli uomini che non capiscono. Le parole di Simplicio acquistano, malgrado la volontà di questi, un significato ironico.
- **22   manifesta**: ben visibile, lampante.
- **23   encomii**: pregi.
- **24   né anco...intenda**: nemmeno la natura ha imparato il modo di creare un intelletto in grado di intendere.
- **25   opponete**: controbatte.
- **26   l'intendere...extensive**: il procedimento del capire può essere considerato in due modi, cioè "intensamente" (*intensive*) oppure "estesamente" (*extensive*). Si tratta di due avverbi latini, il primo riferito alla profondità, il secondo alla quantità. Con essi Galilei intende l'atto del capire relativo al singolo oggetto e l'atto di capire riferito al numero di cose che possono essere accolte dalla mente.
- **27   moltitudine...intelligibili**: al numero degli argomenti di cui è possibile la comprensione.

l'intender umano è come nullo, quando bene egli intendesse mille proposizioni, perché mille rispetto all'infinità è come un zero; ma pigliando l'intendere *intensive*, in quanto cotal termine importa intensivamente, cioè perfettamente,[28] alcuna proposizione, dico che l'intelletto umano ne intende alcune così perfettamente, e ne ha così assoluta certezza, quanto se n'abbia l'istessa natura; e tali sono le scienze matematiche pure, cioè la geometria e l'aritmetica,[29] delle quali l'intelletto divino ne sa bene infinite proposizioni di più, perché le sa tutte,[30] ma di quelle poche intese dall'intelletto umano credo che la cognizione agguagli la divina[31] nella certezza obiettiva, poiché arriva a comprenderne la necessità,[32] sopra la quale non par che possa esser sicurezza maggiore.

Simplicio Questo mi pare un parlar molto resoluto ed ardito.

Salviati Queste son proposizioni comuni e lontane da ogni ombra di temerità o d'ardire e che punto non detraggono di maestà alla divina sapienza, sì come niente diminuisce la Sua onnipotenza il dire che Iddio non può fare che il fatto non sia fatto.[33] Ma dubito, Sig. Simplicio, che voi pigliate ombra per esser state ricevute da voi le mie parole con qualche equivocazione.[34] Però, per meglio dichiararmi,[35] dico che quanto alla verità di che ci danno cognizione le dimostrazioni matematiche, ella è l'istessa che conosce la sapienza divina; ma vi concederò bene che il modo col quale Iddio conosce le infinite proposizioni, delle quali noi conosciamo alcune poche, è sommamente più eccellente del nostro, il quale procede con discorsi e con passaggi di conclusione in conclusione,[36] dove il Suo è di un semplice intuito:[37] e dove noi, per esempio, per guadagnar la scienza d'alcune passioni del cerchio,[38] che ne ha infinite, cominciando da una delle più semplici e quella pigliando per sua definizione, passiamo con discorso ad un'altra, e da questa alla terza, e poi alla quarta etc., l'intelletto divino con la semplice apprensione della sua essenza comprende, senza temporaneo discorso, tutta la infinità di quelle passioni.[39]

- **28 in quanto...perfettamente**: poiché questo termine (*intensive*) comporta la conoscenza del singolo oggetto in profondità, vale a dire in maniera perfetta.
- **29 dico...aritmetica**: affermo che l'intelletto umano comprende alcune singole cose così perfettamente, e arriva ad avere su di esse così assoluta certezza, quanta ne possiede la stessa natura; e tali sono le scienze matematiche pure, vale a dire la geometria e l'aritmetica.
- **30 delle quali...tutte**: intorno alle quali [: le scienze matematiche pure] l'intelletto divino ne sa infinite volte di più, perché le conosce nella loro totalità.
- **31 ma di quelle...divina**: ma riguardo a quelle poche comprese dall'intelletto umano credo che la conoscenza umana eguagli quella divina.
- **32 la necessità**: il principio primo da cui discendono le ragioni dell'esistenza di un fenomeno.
- **33 e che punto...fatto**: e che nulla tolgono alla grandezza della sapienza divina, così come non diminuisce per niente la Sua onnipotenza affermare che Dio non può fare in modo che quanto è compiuto non sia compiuto.
- **34 Ma dubito...equivocazione**: Ho tuttavia il sospetto, Sig. Simplicio, che voi vi alteriate (**pigliate ombra**), per aver inteso le mie parole con qualche fraintendimento.
- **35 per meglio dichiararmi**: per spiegarmi meglio.
- **36 procede...in conclusione**: procede attraverso dimostrazioni (**discorsi**) e passaggi logici consequenziali.
- **37 dove...intuito**: mentre la conoscenza divina è puramente intuitiva.
- **38 per guadagnar...del cerchio**: per raggiungere la conoscenza di alcune proprietà (**passioni**) del cerchio.
- **39 l'intelletto divino...passioni**: l'intelletto divino con l'istantanea conoscenza (**apprensione**) delle essenze di tutti i fenomeni, senza necessità della dimostrazione graduale del ragionamento matematico, comprende tutta l'infinità di quelle proprietà.

T2 DALLA COMPRENSIONE ALL'INTERPRETAZIONE

COMPRENSIONE

Limite e valore della conoscenza umana Per **Sagredo** è segno di presunzione ritenere l'intelletto umano capace di comprendere il modo complessivo in cui opera la natura divina. Viceversa **la coscienza dei limiti del sapere umano** in rapporto alla vastità della consapevolezza assoluta, sarebbe la caratteristica del vero scienziato. Così si comportava infatti Socrate, che l'oracolo di Delfi qualificava come l'ateniese più sapiente e che tuttavia dichiarava di non sapere nulla. Al contrario **Salviati** delinea una distinzione fra «l'intendere intensive» e «l'intendere extensive»: mentre dal punto di vista dell'estensione, della totalità, l'intelletto umano non può certo eguagliare quello divino, **in un campo limitato e intensivo la scienza umana può competere con l'intelligenza divina mediante il metodo matematico e geometrico**. L'intelletto degli uomini, benché limitato e parziale, non va disprezzato o considerato incapace di conoscere. Perfino il più semplice degli strumenti dell'intelletto, la scrittura, con i suoi «venti caratteruzzi di carta» rivela di possedere una forza immensa, capace di comunicare le idee degli uomini nello spazio e nel tempo.

ANALISI E INTERPRETAZIONE

La delimitazione del campo dell'intelletto Viene qui enunciato un nuovo sistema di conoscenza secondo cui **la sola base da cui può procedere l'intelligenza umana è la conquista dell'umiltà**, già esposta nel *Saggiatore* nella pagina sulla varietà dei suoni (cfr. cap. XI, § 5). Il sistema della conoscenza tradizionale, viceversa, su cui erano saldamente arroccati gli aristotelici come **Simplicio**, esclude tanto il dubbio quanto la ricerca, poiché presuppone che la conoscenza universale sia già garantita una volta per tutte dal **"principio di autorità"**. **La coscienza del limite e la delimitazione del campo operativo dell'intelletto**, invece, non solo non vanificano la capacità di ricerca ma sono le sue autentiche e concrete condizioni di partenza. Tutto ciò che sembra infimo e privo di valore nella concezione del mondo tradizionale (il nascere e il morire dei corpi, come il limitato e imperfetto desiderio di conoscenza degli uomini) viene così portato ai massimi livelli dalla concezione galileiana. Le forze della generazione della natura e quelle dell'intelletto umano, entrambe svilite dalla fissità aristotelica, vengono ora esaltate.

La risoluzione in termini matematici dell'esperienza sensibile Se il sapere dell'uomo è infinite volte inferiore a quello divino, ciò non significa dunque che esso non possa compiere operazioni su particolari oggetti di ricerca tali da eguagliare il livello conoscitivo raggiunto dall'onnisciente intelletto divino riguardo all'universalità dei fenomeni. Ciò è reso possibile mediante successivi passaggi logici che traducono le **"sensate esperienze"** in cognizioni geometrico-matematiche. Come nel *Saggiatore*, anche nel *Dialogo* viene cioè affermato che solo col linguaggio matematico si può accedere al «grandissimo libro» della natura i cui caratteri sono costituiti da figure geometriche. Nel finale della prima giornata dunque si profilano i due momenti su cui si fonda il metodo galileiano: **la sensata osservazione dei fenomeni e la successiva loro scomposizione e rappresentazione attraverso il linguaggio matematico**. Tuttavia Galileo non espone mai in modo organico cosa egli intenda per **"metodo" o "teoria" scientifica**, né si pronuncia: di qui le opinioni contrastanti, in proposito, di critici, scienziati, filosofi.

T2 LAVORIAMO SUL TESTO

COMPRENDERE

1. Riassumi il contenuto del brano.

ANALIZZARE

«Intendere *intensive*» e «intendere *extensive*»

2. Come Simplicio da una parte e Sagredo e Salviati dall'altra concepiscono la conoscenza?

INTERPRETARE

Il dubbio metodico

3. Su cosa si fonda il metodo galileiano?
4. **TRATTAZIONE SINTETICA** In un testo che non superi le dieci righe confronta questo brano con il T2 del cap. XI (p. 328) e spiega come la posizione espressa da Galileo si oppone al sistema di conoscenza tradizionale.

6 La seconda giornata

Sagredo oppone il «mondo sensibile» al «mondo di carta»

La seconda giornata si apre con il discorso di Sagredo che, per porre in ridicolo la sicurezza con cui Simplicio si affida all'"autorità" degli scrittori del passato, racconta **l'aneddoto dello studioso di anatomia**, o «notomista». Ne segue una discussione sul tema dell'autorità del «mondo di carta» contrapposta alle esperienze del «mondo sensibile». Poi la seconda giornata prosegue con la **discussione sul moto diurno della Terra**, vale a dire sul movimento rotatorio intorno all'asse terrestre, e la confutazione da parte di Salviati delle obiezioni tradizionali di Aristotele e Tolomeo diligentemente riferite da Simplicio. L'obiezione rivolta contro il moto diurno si basava sul fatto che i gravi cadono a perpendicolo e non obliquamente. Secondo Simplicio, dunque, se la Terra si fosse mossa attorno al proprio asse, un corpo lasciato cadere da una torre avrebbe dovuto comportarsi come quello caduto dall'albero di una nave in movimento. A tale argomentazione Salviati oppone il principio della "relatività galileiana": invita all'**esperimento consistente nel rinchiudersi in un «gran navilio»** con «mosche, farfalle» e altri animaletti volanti. Come all'interno di una nave che proceda con moto uniforme non si avverte alcuna alterazione nel movimento degli animaletti perché il moto universale della nave è comunicato all'aria e alle cose in essa contenute, così accade per il moto terrestre, non avvertibile lasciando cadere anche da grande altezza un grave.

La discussione sul moto rotatorio della Terra

T3 — Per il «mondo sensibile», contro il «mondo di carta»

TESTO EPOCA

OPERA
Dialogo sopra i due massimi sistemi del mondo

CONCETTI CHIAVE
- l'importanza delle esperienze fatte attraverso i sensi
- rifiuto dell'inutile «principio di autorità»

FONTE
G. Galilei, *Dialogo sopra i due massimi sistemi del mondo*, cit.

 Videolezione analisi del testo

 Materiali per il recupero

 Ascolto

 Alta leggibilità

Sagredo racconta l'aneddoto del «notomista» che, sezionando un cadavere, mostra a un dotto peripatetico come, in contrasto con l'opinione di Aristotele, il fascio dei nervi parta dal cervello e non dal cuore. La risposta del testimone peripatetico è esemplare: non vuol credere alla propria esperienza visiva in quanto nel testo di Aristotele è scritto il contrario.
Davanti agli attacchi sferzanti e ironici di Salviati e Sagredo, non rivolti contro Aristotele ma contro i suoi seguaci «pusillanimi» e vili, che procedono sempre al riparo della sua autorità fino a negare le stesse evidenze sensibili, Simplicio, sbigottito, muta la propria sicurezza in costernazione: «Ma quando si lasci Aristotile, chi ne ha da essere scorta nella filosofia? nominate voi qualche autore». Salviati allora esemplarmente lo invita alle «ragioni» e alle «dimostrazioni» scientifiche intorno al «mondo sensibile» e a rigettare lo sterile «principio di autorità» che al mondo materiale antepone «un mondo di carta».

Simplicio Io vi confesso che tutta questa notte sono andato ruminando[1] le cose di ieri, e veramente trovo di molte belle nuove e gagliarde[2] considerazioni; con tutto ciò mi sento stringer assai più dall'autorità di tanti grandi scrittori, ed in particolare...[3] Voi scotete la testa, Sig. Sagredo, e sogghignate, come se io dicessi qualche grande esorbitanza.[4]

Sagredo Io sogghigno solamente, ma crediatemi ch'io scoppio nel voler far forza di ritener le risa maggiori, perché mi avete fatto sovvenire di un bellissimo caso, al quale io mi trovai presente non sono molti anni, insieme con alcuni altri nobili amici miei, i quali vi potrei ancora nominare.

Salviati Sarà bene che voi ce lo raccontiate, acciò forse il Sig. Simplicio non continuasse di creder d'avervi esso mosse le risa.[5]

Sagredo Son contento. Mi trovai un giorno in casa un medico[6] molto stimato in Venezia, dove alcuni per loro studio, ed altri per curiosità, convenivano tal volta a veder qualche taglio di notomia per mano di uno veramente non men dotto che diligente e pratico notomista.[7] Ed accadde quel giorno, che si andava ricercando l'origine e nascimento de i nervi,[8] sopra di che è famosa controversia tra i medici Galenisti ed i Peripatetici;[9] e mostrando il notomista come, partendosi dal cervello e passando per la nuca, il grandissimo ceppo de i nervi si andava poi distendendo per la spinale e diramandosi per tutto il corpo,[10] e che solo un filo sottilissimo come il refe arrivava al cuore,[11] voltosi ad un gentil uomo ch'egli conosceva per[12] filosofo peripatetico, e per la presenza del quale egli aveva con estraordinaria diligenza scoperto e mostrato il tutto,[13] gli domandò s'ei restava ben pago[14] e sicuro, l'origine de i nervi venir dal cervello e non dal cuore; al

---

- **1 ruminando:** *ripensando*. Il lavoro mentale di Simplicio è tuttavia descritto utilizzando un verbo che rinvia alla digestione dei bovini: ha dunque un senso indirettamente comico.
- **2 gagliarde:** *convincenti*.
- **3 mi sento...in particolare:** *mi sento molto più vincolato dall'autorità di tanti grandi, e soprattutto...* Simplicio vorrebbe pronunciare il nome di Aristotele ma viene trattenuto da un sogghigno di Sagredo. Tutta la scena è interessata da un forte contrasto scenico: le risate trattenute a stento e lo scuotimento di capo di Sagredo interrompono con la concretezza dei gesti il discorso di Simplicio rigorosamente improntato al "principio d'autorità".
- **4 esorbitanza:** *una grande bestialità*.
- **5 acciò...le risa:** *affinché il Sig. Simplicio non creda d'essere stato lui ad avervi suscitato le risa*.
- **6 in casa un medico:** *in casa di un medico*. Toscanismo.
- **7 convenivano...notomista:** *si riunivano talvolta per assistere a qualche dissezione anatomica eseguita da un professionista di anatomia che aveva esperienza e pratica non inferiori alle conoscenze teoriche*.
- **8 l'origine...nervi:** *il punto da cui hanno origine e si diramano i nervi*.
- **9 sopra di che...Peripatetici:** *intorno alla cui questione vi è una celebre controversia tra i medici seguaci di Galeno e i medici seguaci di Aristotele*. Claudio Galeno di Pergamo (129-200 d.C. circa) è un famoso medico greco.
- **10 partendosi...corpo:** *originandosi dal cervello e diramandosi per la nuca il grandissimo fascio dei nervi si estendeva per la spina dorsale e si ramificava per tutto il corpo*.
- **11 solo...cuore:** *solo un nervo sottile come il filo di cotone* (**refe**) *arrivava al cuore*. Ciò contraddice la tesi degli aristotelici, che ritenevano il cuore come luogo d'origine del fascio dei nervi.
- **12 per:** *come*.
- **13 per la presenza...il tutto:** *a causa della presenza del quale* [: il filosofo peripatetico] *egli* [: l'anatomista] *aveva eseguito tutta la dissezione in modo straordinariamente accurato*.
- **14 pago:** *soddisfatto*.

quale il filosofo, doppo essere stato alquanto sopra di sé,[15] rispose: «Voi mi avete fatto veder questa cosa talmente aperta e sensata,[16] che quando il testo d'Aristotile non fusse in contrario, che apertamente dice, i nervi nascer dal cuore, bisognerebbe per forza confessarla per vera».[17]

Simplicio Signori, io voglio che voi sappiate che questa disputa dell'origine di i nervi non è miga così smaltita e decisa come forse alcuno si persuade.[18]

Sagredo Né sarà mai al sicuro, come si abbiano di simili contradittori;[19] ma questo che voi dite non diminuisce punto la stravaganza[20] della risposta del Peripatetico, il quale contro a così sensata esperienza non produsse altre esperienze o ragioni d'Aristotile, ma la sola autorità ed il puro *Ipse dixit*.[21]

Simplicio Aristotile non si è acquistata sì grande autorità se non per la forza delle sue dimostrazioni e della profondità de i suoi discorsi: ma bisogna intenderlo, e non solamente intenderlo, ma aver tanta gran pratica ne' suoi libri, che se ne sia formata un'idea perfettissima, in modo che ogni suo detto vi sia sempre innanzi alla mente; perché e' non ha scritto per il volgo,[22] né si è obligato a infilzare i suoi silogismi col metodo triviale ordinato, anzi, servendosi del perturbato, ha messo talvolta la prova di una proposizione fra testi che par che trattino di ogni altra cosa:[23] e però bisogna aver tutta quella grande idea, e saper combinar questo passo con quello, accozzar questo testo con un altro remotissimo; ch'e' non è dubbio che chi averà questa pratica, saprà cavar da' suoi libri le dimostrazioni di ogni scibile,[24] perché in essi è ogni cosa.

Sagredo Ma, Sig. Simplicio mio, come l'esser le cose disseminate in qua e in là non vi dà fastidio, e che voi crediate con l'accozzamento e con la combinazione di varie particelle trarne il sugo, questo che voi e gli altri filosofi bravi farete con i testi d'Aristotile, farò io con i versi di Virgilio o di Ovidio, formandone centoni ed esplicando con quelli tutti gli affari e i segreti della natura.[25] Ma che dico io di Virgilio o di altro poeta? io ho un libretto assai più breve d'Aristotile e d'Ovidio, nel quale si contengono tutte le scienze, e con pochissimo studio altri se ne può formare una perfettissima idea: e questo è l'alfabeto;[26] e non è dubbio che quello che saprà ben accoppiare e ordinare questa e quella vocale con quelle consonanti o con quell'altre, ne caverà le risposte verissime a tutti i dubbi e ne trarrà gli insegnamenti di tutte le scienze e di tutte le arti, in quella maniera appunto che il pittore da i semplici colori diversi, separatamente posti sopra la tavolozza, va, con l'accozzare un poco di questo con un poco di quello e di quell'altro, figurando[27] uomini, piante, fabbriche,[28] uccelli, pesci, ed in somma imitando tutti gli oggetti visibili,

---

- [15] **sopra di sé**: *pensieroso*.
- [16] **sensata**: *percepibile coi sensi*.
- [17] **che quando…per vera**: *se il testo di Aristotele, in cui si dice esplicitamente che i nervi si originano dal cuore, non sostenesse il contrario, bisognerebbe ammettere che ciò che voi avete dimostrato è vero. Il filosofo aristotelico, ciecamente legato alla dottrina del maestro, rifiuta dunque di credere ai propri occhi.*
- [18] **non è miga…persuade**: *non è mica risolta del tutto come qualcuno vuol credere. Anche Simplicio dunque, come il filosofo peripatetico dell'episodio narrato da Sagredo, è portato a negare in nome dei testi aristotelici l'evidenza dell'esperimento sensibile.*
- [19] **Né sarà…contradittori**: *Né sarà mai questione risolta, fino a quando (***come***) si abbia a che fare con simili oppositori (***contradittori***).*
- [20] **stravaganza**: *assurdità*.
- [21] ***Ipse dixit***: "L'ha detto lui". È la frase latina, divenuta proverbiale, con cui gli aristotelici invocavano il principio di autorità ("lui" è riferito ad Aristotele) contro l'evidenza delle esperienze.
- [22] **per il volgo**: *per le persone incolte*.
- [23] **infilzare…altra cosa**: *[Aristotele] non si è preoccupato di ordinare i propri sillogismi con ovvia e banale (***triviale***) chiarezza, viceversa, procedendo in modo non sistematico (***perturbato***), ha talvolta posto la prova di un'affermazione in testi che sembra trattino di tutt'altro argomento*. Il sillogismo è quel tipo di discorso logico che da una premessa maggiore ("Gli uomini sono mortali") e da una minore ("Socrate è un uomo") trae una conseguenza ("Dunque Socrate è mortale").
- [24] **aver tutta…scibile**: *occorre conoscere interamente il suo sistema filosofico, collegare questo passo con quello, accostando (***accozzar***) fra loro passi lontanissimi; dal momento che non c'è dubbio che chi avrà questa conoscenza, saprà ricavare dai suoi libri le dimostrazioni di ogni cosa passibile d'essere conosciuta.*
- [25] **come l'esser…natura**: *visto che non vi dà fastidio la disseminazione disordinata degli argomenti e che credete di ricavare il senso (***sugo***) dall'accostamento e dalla combinazione di tante parti separate, la stessa operazione che voi e gli altri esperti filosofi fate sui testi di Aristotele, io la farò coi versi di Virgilio e di Ovidio, facendone dei centoni e pretendendo di spiegare con quelli tutti i segreti della natura*. I **centoni** erano componimenti comuni nel Medioevo costruiti combinando insieme frasi o versi tolti da varie opere di uno stesso autore.
- [26] **e questo è l'alfabeto**: la polemica di Sagredo contro l'**accozzare**, cioè contro il metodo di combinare assieme passi tratti dai testi di Aristotele per spiegare tutti i fenomeni, passa dall'ironia all'esplicito sarcasmo: combinando assieme le lettere dell'alfabeto certo si può dire ogni cosa a piacere senza bisogno di accostare fra loro passi tratti dai testi aristotelici.
- [27] **va…figurando**: *rappresenta*.
- [28] **fabbriche**: *edifici*.

senza che su la tavolozza sieno né occhi né penne né squamme né foglie né sassi: anzi pure è necessario che nessuna delle cose da imitarsi, o parte alcuna di quelle, sieno attualmente tra i colori, volendo che con essi si possano rappresentare tutte le cose; ché se vi fussero, v.g., penne, queste non servirebbero per dipignere altro che uccelli o pennacchi.[29]

55 **Salviati** E' son vivi e sani alcuni gentil uomini che furon presenti quando un dottor leggente in uno Studio famoso,[30] nel sentir circoscrivere il telescopio, da sé non ancor veduto,[31] disse che l'invenzione era presa[32] da Aristotile; e fattosi portare un testo, trovò certo luogo dove si rende la ragione onde avvenga[33] che dal fondo d'un pozzo molto cupo si possano di giorno veder le stelle in cielo; e disse a i circostanti: «Eccovi il pozzo, che denota il cannone; eccovi i va-
60 pori grossi, da i quali è tolta l'invenzione de i cristalli; ed eccovi finalmente fortificata la vista nel passare i raggi per il diafano più denso e oscuro».[34]

[...]

Simplicio Io credo, e in parte so, che non mancano al mondo de' cervelli molto stravaganti, le vanità de' quali non dovrebbero ridondare in pregiudizio d'Aristotile,[35] del quale mi par che
65 voi parliate talvolta con troppo poco rispetto; e la sola antichità, e 'l gran nome che si è acquistato nelle menti di tanti uomini segnalati, dovrebbe bastar a renderlo riguardevole appresso di tutti i letterati.[36]

Salviati Il fatto non cammina così, Sig. Simplicio: sono alcuni suoi seguaci troppo pusillanimi, che danno occasione, o, per dir meglio, che darebbero occasione, di stimarlo meno, quando
70 noi volessimo applaudere alle loro legereze.[37] E voi, ditemi in grazia, sete così semplice che non intendiate che quando Aristotile fusse stato presente a sentir il dottor che lo voleva far autor del telescopio, si sarebbe molto più alterato contro di lui che contro quelli che del dottore e delle sue interpretazioni si ridevano?[38] Avete voi forse dubbio che quando Aristotile vedesse le novità scoperte in cielo, e' non fusse per mutar opinione e per emendar[39] i suoi libri e per accostarsi alle
75 più sensate[40] dottrine, discacciando da sé quei così poveretti di cervello che troppo pusillanimamente s'inducono a voler sostenere ogni suo detto,[41] senza intendere che quando Aristotile fusse tale quale essi se lo figurano, sarebbe un cervello indocile, una mente ostinata, un animo pieno di barbarie, un voler tirannico, che, reputando tutti gli altri come pecore stolide, volesse che i suoi decreti fussero anteposti a i sensi, alle esperienze, alla natura istessa?[42] Sono i suoi seguaci
80 che hanno data l'autorità ad Aristotile, e non esso che se la sia usurpata o presa; e perché è più fa-

---

- **29 anzi...pennacchi**: *anzi è necessario che nessuna delle cose che il pittore vuole imitare siano presenti tra i suoi colori; perché qualora vi fossero, ad esempio (**v.g.**=verbi gratia; latino) penne, queste non servirebbero a dipingere che uccelli o pennacchi. È inutile perciò servirsi della combinazione dei frammenti degli sterminati volumi del filosofo per descrivere i fenomeni visibili: sarebbero d'impaccio come le penne, le squame o i sassi usati al posto dei colori per imitare la natura.*
- **30 dottor leggente...famoso**: *un docente che insegnava in una famosa università.*
- **31 nel sentir...veduto**: *sentendo descrivere il telescopio che egli non aveva ancora veduto.*
- **32 presa**: *copiata.*
- **33 si rende...avvenga**: *si spiega come accada.*
- **34 «Eccovi il pozzo...oscuro»**: *Ecco il pozzo che rappresenta il tubo del telescopio (**cannone**), ecco i vapori del pozzo che hanno suggeri-*
to l'invenzione delle lenti (**cristalli**), ed ecco infine resa più potente la vista per il fatto che i raggi luminosi passano attraverso un mezzo trasparente (**diafano**) più denso e scuro.
- **35 le vanità...d'Aristotile**: *le sciocchezze dei quali non dovrebbero gettare discredito su Aristotele.*
- **36 e 'l gran nome...letterati**: *e la larga fama che si è conquistato presso le menti di tanti uomini illustri dovrebbe essere sufficiente a renderlo degno di rispetto presso tutte le persone colte.*
- **37 Il fatto...legereze**: *Le cose non stanno così, Sig. Simplicio: sono alcuni suoi seguaci troppo vili e meschini che danno, o per meglio dire darebbero, ragione di stimarlo di meno (-**lo** è riferito a Aristotele), nel caso volessimo dar credito alle loro sciocchezze.*
- **38 sete...si ridevano?**: *siete talmente ingenuo (**semplice**) da non capire che, se Aristotele si fosse trovato presente ad ascoltare il professore che gli voleva attribuire l'invenzio-*
ne del telescopio, si sarebbe di gran lunga più arrabbiato con lui che con quelli che si prendevano gioco del professore stesso e delle sue interpretazioni? Abbandonato il tono ironico, inizia alta e forte l'invettiva di Salviati che finirà per atterrire e confondere Simplicio.
- **39 emendar**: *correggere.*
- **40 sensate**: *verificate con l'esperienza sensibile, con gli esperimenti.*
- **41 discacciando da sé...detto**: *cacciando lontano da sé quei suoi presunti seguaci, dall'intelligenza così misera, che con grande viltà si accingono a sostenere ogni sua parola.*
- **42 senza intendere...istessa?**: *senza capire che, qualora Aristotele fosse come essi se lo immaginano, risulterebbe un'intelligenza indisciplinata, una mente cocciuta, un animo pieno di rozzezza, una volontà autoritaria che, considerando gli altri uomini come pecore stupide (**stolide**), desiderasse vedere le proprie affermazioni anteposte all'esperienza sensibile, alla stessa natura?*

...cile il coprirsi sotto lo scudo d'un altro che l' comparire a faccia aperta, temono né si ardiscono d'allontanarsi un sol passo,⁴³ e più tosto che mettere qualche alterazione nel cielo d'Aristotile, vogliono impertinentemente negar quelle che veggono nel cielo della natura.⁴⁴

[...]

Simplicio Ma quando si lasci Aristotile, chi ne ha da essere scorta nella filosofia?⁴⁵ nominate voi qualche autore.

Salviati Ci è bisogno di scorta ne i paesi incogniti e selvaggi, ma ne i luoghi aperti e piani i ciechi solamente hanno bisogno di guida; e chi è tale, è ben che si resti in casa, ma chi ha gli occhi nella fronte e nella mente, di quelli si ha da servire per iscorta.⁴⁶ Né perciò dico io che non si deva ascoltare Aristotile, anzi laudo il vederlo e diligentemente studiarlo, e solo biasimo il darsegli in preda in maniera che alla cieca si sottoscriva a ogni suo detto⁴⁷ e, senza cercarne altra ragione, si debba avere per decreto inviolabile; il che è un abuso⁴⁸ che si tira dietro un altro disordine estremo, ed è che altri non si applica più a cercar d'intender la forza delle sue dimostrazioni. E qual cosa è più vergognosa che 'l sentir nelle pubbliche dispute, mentre si tratta di conclusioni dimostrabili, uscir un di traverso con un testo, e bene spesso scritto in ogni altro proposito, e con esso serrar la bocca all'avversario?⁴⁹ Ma quando pure voi vogliate continuare in questo modo di studiare, deponete il nome di filosofi, e chiamatevi o istorici o dottori di memoria;⁵⁰ ché non conviene che quelli che non filosofano mai, si usurpino l'onorato titolo di filosofo. Ma è ben ritornare a riva,⁵¹ per non entrare in un pelago infinito,⁵² del quale in tutt'oggi non si uscirebbe. Però⁵³ Sig. Simplicio, venite pure con le ragioni e con le dimostrazioni, vostre o di Aristotile, e non con testi e nude autorità, perché i discorsi nostri hanno a essere intorno al mondo sensibile, e non sopra un mondo di carta.⁵⁴

- **43 perché...passo**: poiché è più comodo mettersi al riparo di un altro piuttosto che affrontare a faccia aperta la discussione, hanno timore e non osano distaccarsi da lui di un solo passo. I seguaci di Aristotele sono raffigurati come incapaci, per viltà, di correre il rischio della ricerca, della discussione e del dubbio, procedendo sempre al riparo delle affermazioni del loro maestro.
- **44 più tosto...natura**: piuttosto che ammettere qualche modifica nel cielo aristotelico, preferiscono negare sconsideratamente le alterazioni che vedono nel cielo della natura. L'opposizione fra **cielo d'Aristotile** e **cielo della natura** è simmetrica a quella successiva fra **mondo di carta** e **mondo sensibile** (cfr. nota 54).
- **45 Ma quando...filosofia?**: Ma se si deve lasciare Aristotele, chi ci dovrà servire da guida nella filosofia? Simplicio, sgomento, arriva a concepire la possibilità di lasciare Aristotele solo a patto di essere fornito di un altro maestro. È incapace di abbandonare il "principio di autorità" e di rivolgersi alla concreta esperienza.
- **46 i ciechi solamente...iscorta**: solo chi è cieco ha bisogno di una guida, e chi è tale farebbe bene a restare a casa, ma chi ha gli occhi per vedere che per ragionare, solo questa sua facoltà dovrà servirgli come guida. Il tono solenne della risposta di Salviati è rafforzato dalla figura degli **occhi nella fronte e nella mente**, che esemplifica il metodo galileiano: gli uni rappresentano la capacità di raccogliere dati con l'esperienza dei sensi, gli altri la facoltà di tradurli con il ragionamento in modelli logico-matematici. Simplicio, bisognoso di una guida, viene viceversa sdegnosamente paragonato a un cieco.
- **47 Né perciò...detto**: Né per questo io dico che non si debba ascoltare Aristotele, anzi approvo che sia studiato con cura, e condanno solo chi si abbandona a lui in modo tale che ciecamente si sottoscriva ogni suo detto.
- **48 abuso**: errore.
- **49 E qual cosa...avversario?**: E quale cosa è più vergognosa che vedere nelle pubbliche discussioni, mentre si affrontano argomentazioni dimostrabili con le esperienze, qualcuno prendere la parola a sproposito (**di traverso**), con un testo dedicato a un argomento completamente diverso da quello su cui si sta discutendo, e con quello chiudere la bocca all'avversario?
- **50 deponete...memoria** abbandonate il titolo di filosofi e fatevi chiamare storici o dottori di memoria. La definizione è fortemente polemica e ironica: **dottori di memoria** allude alla pigra attitudine degli aristotelici a riportare a memoria brani del maestro.
- **51 ritornare a riva**: ritornare all'argomento proposto per la discussione della seconda giornata: la rotazione della Terra.
- **52 in un pelago infinito**: in una discussione interminabile. **Pelago**, dal latino "pelagus", significa 'mare'. Qui è impiegato in senso figurato.
- **53 Però**: Per questo. Qui usato non con l'attuale significato avversativo, ma col significato latino di "per hoc".
- **54 mondo sensibile...mondo di carta**: questa contrapposizione, come quella precedente fra **cielo della natura** e **cielo d'Aristotile** (cfr. nota 44), esemplifica splendidamente il conflitto fra i due "massimi sistemi del mondo" che dà il titolo al *Dialogo* galileiano: in esso si contrappongono le **ragioni** e le **dimostrazioni** della nuova scienza sperimentale ai **testi** e alle **nude autorità** dell'ordine cosmologico tradizionale.

Dal testo al contesto storico-culturale
Perché è un testo epoca?

Perché dà voce al pensiero razionale e scientifico che si afferma nel Seicento

Questa celebre pagina della seconda giornata del *Dialogo sopra i due massimi sistemi del mondo*, percorsa dalla contrapposizione tra «mondo sensibile» e «mondo di carta», affronta alcuni **nodi cruciali per la cultura del Seicento** e permette di comprendere come la linea del libero pensiero vada modificando in senso moderno la concezione dell'uomo e dell'esistenza. Il discorso di Sagredo, che racconta l'aneddoto dell'anatomista peripatetico sull'origine dei nervi, serve infatti a porre in ridicolo la sicurezza con cui Simplicio si affida ciecamente all'autorità libresca di Aristotele. Ridicolizzando la posizione dogmatica di Simplicio, Galileo porta avanti in nome del **metodo scientifico** una battaglia contro ogni tipo di sapere precostituito e di pregiudizio. Proprio grazie a opere come *Il dialogo sopra i due massimi sistemi del mondo*, accanto alla visione "barocca" dell'esistenza **si impone, nel corso del Seicento, anche una linea di pensiero più razionale**, erede dello spirito umanistico-rinascimentale che, pur non mettendo in discussione i fondamenti religiosi e la stessa dottrina cattolica, rivendica uno spazio di libertà gnoseologica per interpretare il mondo della natura. **La scienza ambisce, insomma, alla propria autonomia nei confronti della fede.** I presupposti di questa esigenza sono fondati sulle scoperte del secolo precedente: a partire dalla rivoluzione copernicana si è fatta strada, infatti, la possibilità per l'uomo di conoscere alcuni misteri dell'universo attraverso le proprie capacità intellettuali, e di dominarli con il proprio ingegno. Ora il mondo sembra obbedire a leggi che la mente umana può individuare e ricostruire con lo studio e l'esperienza.

Perché esprime un nuovo paradigma conoscitivo

La perdita del centro che caratterizza la visione del mondo barocca genera negli uomini due atteggiamenti: da una parte induce un senso di precarietà e di smarrimento nei confronti di un mondo che di colpo ha allargato i suoi confini; dall'altro spinge a ricercare **nuovi strumenti di conoscenza per dominare la realtà** e riorganizzarne il senso sulla base delle facoltà razionali. In questa direzione si muovono quegli intellettuali e scrittori che aprono la strada all'**indagine scientifica e sperimentale**, inaugurando l'elaborazione di un paradigma gnoseologico rivoluzionario, destinato a cambiare per sempre la visione dell'universo. L'esercizio del libero pensiero incide in modo profondo sulla concezione religiosa della storia e dell'esistenza. Fare appello alle possibilità conoscitive della mente umana presuppone infatti un rinnovamento culturale sostanziale: superata la fede cieca ed esclusiva nella verità delle Sacre Scritture, mostratesi da tempo inadeguate a giustificare le scoperte in campo astronomico e geografico, vengono rivendicati la liceità, i vantaggi e le specificità di un sapere prettamen-

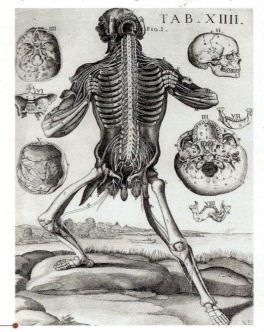

Pietro da Cortona, *Tavola anatomica*, dalla serie *Tabulae Anatomicae*, Roma 1741.

Pietro da Cortona, uno dei protagonisti del Barocco romano, autore del celebre *Trionfo della Divina Provvidenza* (1633-1639) di Palazzo Barberini (cfr. p. 57), voluto da Urbano VIII, è autore di una serie di 27 tavole anatomiche i cui disegni furono realizzati nel 1618, ma le cui incisioni furono stampate solo nel 1741.

te umano. Così nella pagina che abbiamo letto **Galileo rifiuta il sapere basato sull'autorità**: in particolare i righi 26-61 sono dedicati alla confutazione del credo libresco degli aristotelici che obbediscono all'autorità dell'«*Ipse dixit*» ('l'ha detto lui stesso', cioè Aristotele) e cercano, combinando e accozzando passi diversi del maestro, di trovare una risposta per ogni nuovo problema posto dall'esperienza pratica. Infine l'ultima parte del testo (righi 62-102) contiene l'**elogio dell'esperienza e della ragione**, rappresentate come le uniche guide possibili per orientarsi nei labirinti del reale: al «mondo di carta» di Simplicio e degli altri aristotelici, che si rifanno al principio d'autorità e ai libri del passato in cui tale principio risiederebbe, viene opposta la concretezza del «mondo sensibile». In questo, come in molti altri suoi scritti, le affermazioni di Galileo sono sostenute da una profonda **fiducia nella ragione umana**: limitata quanto a estensione, rispetto a quella divina, essa ha però la medesima dignità; per di più, appartiene indistintamente a tutti gli uomini, a prescindere dalle gerarchie sociali. Liberata dal senso di colpa e di peccato che la contraddistingueva nell'età medievale, **nel Seicento la ragione è perciò elevata a strumento di conoscenza del mondo**.

Perché affronta il tema del conflitto tra scienza e fede centrale nell'età della Controriforma

La drammatica portata ideologica dell'**alternativa fra «mondo sensibile» e «mondo di carta»** non è comprensibile al di fuori del **contesto storico della Controriforma**. La **lotta contro il principio d'autorità** colpisce in pieno il pilastro ideologico costruito dalla Chiesa a partire dal Concilio di Trento. Opporsi all'«*Ipse dixit*» (rigo 29) significa mettere in discussione non solo l'autorità di Aristotele ma quella della Chiesa; combattere non solo un principio scientifico e filosofico, ma la pratica politica degli organi ecclesiastici e dei loro bracci secolari (gli Stati). Insomma guardare alla materialità delle cose e stare alle risultanze dell'esperienza e della ragione, senza affidarsi più all'autorità dei libri antichi e dei loro interpreti attuali, vuol dire **porre in crisi non solo tutto il sapere tradizionale, basato su princìpi dogmatici, ma un intero sistema politico e sociale**. Di qui lo "scandalo" del *Dialogo* e la condanna di Galileo.

Perché inaugura un nuovo modello di prosa scientifica

L'importanza della pagina che abbiamo letto risiede non solo nei contenuti che affronta, ma anche nella forma che adotta. Galileo inaugura **un nuovo modello di prosa scientifica, basato sul primato della logica**, sull'aderenza ai dati reali e sulla **chiarezza espositiva**. Allo stesso tempo però il *Dialogo* prende le distanze dal trattato erudito e **si serve delle armi della letteratura per vivacizzare l'esposizione**. Ad esempio **l'aneddoto dell'anatomista peripatetico** è una digressione rispetto all'argomento principale del libro di Galileo (che affronta la questione delle maree e della mobilità della Terra). E tuttavia ha un'importanza fondamentale, perché attraverso questo inserto aneddotico l'autore fa ricorso ad una strategia ironica per porre in ridicolo i sostenitori dei saperi tradizionali, fondati sull'autorità e non sull'esperienza. La scelta del genere dialogico permette a Galileo di adottare **una forma argomentativa che si nutre di ironia e di teatralità**, dove lo scontro filosofico e scientifico fra diverse verità assume evidenza grazie alla contrapposizione dei personaggi, perfettamente delineati anche nelle loro psicologie. **Simplicio** mostra il bisogno di sicurezza e di dipendenza quasi infantile che lo induce a una fede cieca e astratta nell'autorità dei testi aristotelici; **Salviati** ha la sicurezza dell'adulto abituato a ra-

Olivier van Deuren, *Un giovane astronomo*, 1685 circa. Londra, National Gallery.

gionare con la propria testa, e infatti giudica pusillanime tale atteggiamento (da «pecore stolide», più che da uomini liberi) e gli contrappone l'elogio dell'audacia sperimentale e della ragione; **Sagredo** rappresenta il sano buon senso dell'uomo intelligente, che, pur cercando di capire e di mediare, non può non stare dalla parte di Salviati. In questo modo Galileo dà vita ad un nuovo stile di scrittura saggistica e scientifica, che si rivolge ad **un pubblico ampio e non specialistico** e mira a comunicare **una concezione problematica della verità intesa come processo**, in continuo divenire.

Lavoriamo con la VIDEOLEZIONE: ANALISI DEL TESTO

Ascolta la videolezione, prendendo appunti. Alla fine, tenendo sotto gli occhi i tuoi appunti, delinea oralmente le caratteristiche dello stile di Galileo che emergono dal brano.

T3 LAVORIAMO SUL TESTO

COMPRENDERE

1. Dividi il testo in sequenze e riassumile in forma essenziale.

ANALIZZARE

Ipse dixit

2. Quale angustia intellettuale tormenta il povero Simplicio per tutto il brano?

Non credere ai propri occhi

3. Cosa contrappone il peripatetico dell'aneddoto al «notomista»? Perché il peripatetico si rifiuta di accettare la realtà?

Il mondo di carta...

4. In cosa consiste, secondo Simplicio, la forza delle argomentazioni di Aristotele?

... e il mondo sensibile

5. Cosa replica Sagredo al ragionamento di Simplicio?
6. Quale comportamento, secondo Salviati, terrebbe Aristotele davanti alle dispute fra i suoi seguaci e i rappresentanti della scienza nuova?

Gli occhi della fronte e della mente

7. **LINGUA E LESSICO** Chi sono i peripatetici e perché devono chiamarsi «istorici» o «dottori di memoria» piuttosto che filosofi? Cosa vuol dire invece "usare gli occhi della fronte e della mente"?

La scelta del volgare

8. **LINGUA E LESSICO** Perché Galileo sceglie di scrivere il *Dialogo* in volgare e non in latino, tradizionalmente usato nei trattati scientifici?

INTERPRETARE

Galileo pioniere della scienza moderna

9. Pensi che il modo di scrivere e di argomentare di Galileo sia proprio di un uomo che usa lui per primo gli occhi della mente e della fronte? Motiva la tua risposta con esempi opportuni tratti dai vari brani letti.
10. Da un lato Galileo sottolinea spesso il carattere infinito del sapere e i limiti della conoscenza umana; dall'altro, nel brano che stiamo analizzando, sottolinea che l'uomo nel mondo cammina per «luoghi aperti e piani»; ti sembra che i due punti di vista siano fra loro contraddittori?

Una mentalità ancora pregalileiana?

11. Nelle ultime righe Salviati usa parole dure per condannare l'obbedienza cieca alla filosofia di Aristotele contro l'evidenza sperimentale; perché? Puoi trovare nella società contemporanea esempi di atteggiamenti simili? Pensi che meritino le stesse parole di condanna severa usate da Galileo?

LE MIE COMPETENZE: ESPORRE, DIALOGARE

La lotta contro il principio d'autorità caratterizza tragicamente l'età della Controriforma, ma è presente, in forme non necessariamente così drammatiche, in ogni epoca storica e dunque anche nella nostra. Ogni novità, non solo in campo scientifico ma in ogni settore del sapere e della cultura, deve affermarsi contro le resistenze della tradizione e della consuetudine e contro la tendenza naturale degli uomini all'acquiescenza: prova ad argomentare questa affermazione in una discussione in classe, portando a sostegno di questa tesi esempi significativi tratti dalla tua esperienza o dall'attualità.

7 La terza e la quarta giornata

La bassa marea a Venezia e il problema del moto della Terra intorno al Sole

Il terzo giorno si apre con un'**invenzione scenica** che conferma la presenza dell'ironia come procedimento retorico dominante del *Dialogo*. Infatti Simplicio arriva tardi all'appuntamento proprio perché **la sua gondola rimane arenata nei canali veneziani a causa del fenomeno della bassa marea**. Occorre tener presente che Galileo considerava le maree un vero e proprio "asso nella manica" che avrebbe persuaso i suoi lettori dell'evidenza fisica del sistema copernicano in generale e del moto terrestre in particolare. La giornata prosegue dunque discutendo proprio intorno al fenomeno fisico che il ritardo dell'ingenuo aristotelico Simplicio implicitamente dimostrava: il moto della Terra intorno al Sole. **La giornata si chiude** infine **con una disputa sul magnetismo terrestre**.

La questione delle maree addotta a prova della teoria copernicana

La quarta giornata è dedicata all'argomento del **flusso e reflusso del mare**, considerato erroneamente da Galilei come vero e proprio elemento probatorio dell'ipotesi copernicana. Questa spiegazione avrebbe dovuto ricondurre il fenomeno delle maree a leggi puramente meccaniche, escludendo **l'interpretazione dell'astronomo tedesco Keplero** (1571-1630) che, legato alla tradizione dell'ermetismo e dell'astrologia, ricercava nell'influenza lunare la spiegazione delle maree. La rotazione diurna della Terra intorno al proprio asse e la rivoluzione annua intorno al Sole mescolandosi assieme avrebbero impresso all'elemento fluido dell'acqua una spinta da Oriente verso Occidente e viceversa. **Oggi sappiamo che riguardo alle maree aveva ragione Keplero**, pur con la sua ambigua teoria degli "influssi", e non Galileo. Resta comunque rilevante il tentativo di legare la teoria eliocentrica a una prova fisica e tangibile, attuato da Galileo per bocca di Salviati che descrive l'alternarsi della marea nella laguna di Venezia e poi nell'intero bacino del Mediterraneo, come il respiro di una «immensa e smisurata balena».

La conclusione: l'argomento teologico

Il *Dialogo* si conclude con una concessione alla dottrina degli avversari. Si tratta ancora di una modifica introdotta successivamente, che, come il Proemio, mirava ad attenuare e occultare la portata dirompente del libro. I tre personaggi si accomiatano dirigendosi ciascuno alla propria gondola. **Simplicio**, prima di lasciare gli amici, fa proprio il cosiddetto "argomento teologico" del papa Urbano VIII, già caro al cardinale Bellarmino: è impossibile vincolare la sapienza divina alla «fantasia particolare» dello scienziato. Dunque **tutto quanto è stato discusso è solo «fantasia»**. Ma posto in bocca a Simplicio, personaggio che aveva ricoperto il ruolo dello sciocco, anche l'argomento teologico ne esce svalutato.

PERCORSI TEMATICI
Percorso — LO SPAZIO E IL TEMPO

Lo spazio celeste: «bellissima cosa vedere il corpo della Luna»

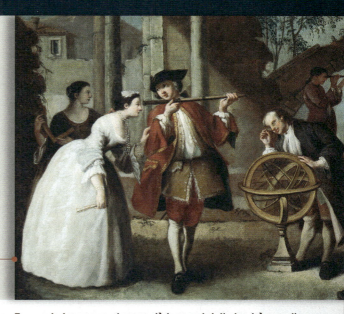

Allegoria dell'Astronomia, dipinto del XVIII secolo attribuito a Francesco Zugno. Collezione privata.

Il telescopio, puntato da Galileo verso il cielo, abbatté d'un tratto, con l'evidenza delle cose viste, una configurazione dell'universo incrollabile da millenni. Queste le «meraviglie» annunciate dal *Sidereus nuncius* [Nunzio delle stelle]. La Via Lattea si rivelò un insieme incalcolabile di stelle che dilatavano i confini dell'universo, non più chiuso dal cielo delle stelle fisse. La scoperta dei quattro satelliti ruotanti intorno a Giove provava la presenza di altri centri di rotazione oltre alla Terra, la possibilità di altri sistemi planetari. **L'universo si ampliava all'infinito, mentre la Terra rimpiccioliva: non era più il centro di un cosmo chiuso, ordinato e monocentrico**.

La varietà e il movimento, un'immagine dinamica dell'universo e una concezione della natura in continua trasformazione subentravano alla visione fissa e immobile delle solide sfere di cristallo, in cui si credevano incastonati i pianeti.

La Terra era emarginata, ma anche innalzata al livello degli altri corpi celesti. È soprattutto la nuova faccia della Luna, rivelata dal cannocchiale, ad affascinare Galileo: l'emozione è estetica e intellettuale. La configurazione del paesaggio lunare smentiva la gerarchizzazione degli spazi, «distinti nell'antichità e nel Medioevo tra celesti e terrestri, sacri e profani, proibiti e accessibili». Non più sostanza eterea e cristallina, sfera perfettamente liscia e splendente, la Luna rivelava all'improvviso all'occhio umano un paesaggio rugoso, ineguale, «proprio come la faccia della Terra, piena di grandi sporgenze, profonde cavità e anfratti».

Galileo spiega le macchie lunari con la diversa riflessione della luce solare su una superficie piena di rilievi e avvallamenti. Cadeva la spiegazione metafisica e religiosa (la diversa luminosità delle intelligenze angeliche che animano la Luna) che accoglie anche Dante nel *Paradiso*.

La Luna, prima lontana ed estranea, viene straordinariamente avvicinata all'esperienza terrestre. **Il rapporto tra la Terra e la Luna non si pone più in termini di alterità, ma di affinità**. Scomparsa la distinzione aristotelica tra fisica celeste e fisica terrestre, un'unica legge presiedeva a tutti i fenomeni. **L'opposizione tra il Cielo perfetto e la Terra corruttibile**, a cui il Cristianesimo aveva fatto corrispondere il luogo del bene e del male, **non ha più ragione di esistere**.

Se così stanno le cose, forse anche la Luna è abitata o su di essa esistono forme di vita, pur diverse da quelle che conosciamo sulla Terra? Questa ipotesi non è esclusa da Galileo. Nel *Dialogo sopra i due massimi sistemi* egli torna a parlare della Luna. Contro l'antica idea di perfezione, identificata con l'immutabilità e con l'incorruttibilità, Sagredo esalta la legge del movimento e della trasformazione: la vita è nel divenire. La terra, come *humus* da cui nasce la vita, è preferibile al bellissimo diamante. Quando fosse «una vasta solitudine d'arena o una massa di diaspro» o un «globo immenso di cristallo, dove mai non nascesse né si alterasse... cosa veruna», Sagredo stimerebbe la Terra «un corpaccio inutile al mondo», un «animale morto»; «ed il medesimo dico della Luna, di Giove e di tutti gli altri globi mondani» (cfr. cap. XII, espansioni digitali T, *La ripugnanza per il mutamento nasconde la paura della morte*).

In questa dimensione ormai sconsacrata dello spazio, la Terra non è più «sentina (fogna) di tutte le immondizie», ma neanche centro e fine dell'Universo. L'idea della mobilità e dinamicità del reale, e delle possibili forme di vita in altre parti dell'universo, vanifica la visione finalistica del mondo considerato in funzione dell'uomo.

La forza dell'impatto di queste scoperte stava nell'evidenza sensibile, nell'efficacia irrefutabile delle cose viste e che ciascuno poteva vedere. **Soprattutto la Luna colpiva l'immaginario degli artisti e degli scrittori e ne influenzava la rappresentazione**.

In Italia, Ludovico Cardi, detto il Cigoli, pittore amico di Galileo, ed egli stesso appassionato di astronomia, dipinge sotto i piedi della Beata Vergine una luna galileiana,

Percorso LO SPAZIO E IL TEMPO
Lo spazio celeste: «bellissima cosa vedere il corpo della Luna»

con la superficie frastagliata da crateri, come appare nelle illustrazioni del *Sidereus nuncius*. Anche il pittore tedesco Adam Elsheimer nella *Fuga in Egitto* rappresenta un paesaggio notturno secondo criteri scientifici: nel cielo la Via Lattea e la Luna sembrano quasi osservate al telescopio.

La fantasia degli scrittori si riappropria in modo nuovo della Luna. Si cominciano a immaginare viaggi spaziali diversi da quelli descritti dagli antichi scrittori (cfr. *Una storia vera* di Luciano di Samosata) o dallo stesso **Ariosto**, dove la fantasia, quando si passa a descrivere la topografia lunare, deve lasciare il posto al reale paesaggio indagato dal cannocchiale. Adone, nell'omonimo poema (1623) di Giambattista **Marino**, visitando le meraviglie del cosmo si imbatte nella Luna, che viene così descritta: «Or ti fo saver che quel pianeta / non è, com'altri vuol, polito e piano, / ma ne' recessi suoi profondi e cupi / ha, non men che la terra, e valli e rupi».

Così è nel *Sogno* di Keplero, pubblicato postumo nel 1634. Egli immagina un'ascesa sulla Luna con mezzi ancora magici, ma descrive la Luna come luogo simile alla Terra, in cui tutto accade in scala smisurata. Essa è abitata da esseri che hanno aspetti multiformi, decisamente diversi dagli esseri umani. L'intento di Keplero, pur facendo ricorso alla fantasia, è tuttavia scientifico; egli descrive i fenomeni naturali (ad esempio l'eclisse) come apparirebbero dalla Luna ed è attratto dall'influenza che un ambiente diverso da quello terrestre esercita sugli esseri che lo popolano.

Ha invece un fine satirico il viaggio sulla Luna immaginato dallo scrittore francese **Cyrano de Bergerac** nel racconto *Gli stati e gli imperi della Luna* (1640). Qui lo spazio è attraversato da una macchina ingegnosa in grado di vincere la forza di gravità, mentre la descrizione della società lunare diventa l'occasione di una critica alle idee e ai costumi degli uomini. Lo scrittore inaugura l'ottica estraniata, extraterrestre, che sarà ripresa nel Settecento da Swift e Voltaire, per giudicare i vizi degli uomini e la loro presunzione antropocentrica.

Mentre questa visione laica dello spazio e il relativismo conoscitivo che ne consegue fondano nel XVII e XVIII secolo la fiducia nella ragione umana e nel progresso della scienza (cfr. cap. XI, **S3**, *La fiducia di Galileo nella ragione e nella scienza*), più tardi gli scrittori avvertiranno acutamente la crisi delle certezze, aperta dallo sconvolgimento della visione del cosmo operata da Galileo. «Maledetto sia Copernico!» esclama Pirandello, nella prefazione al *Fu Mattia Pascal* (1903), sintetizzando il dramma della fine dell'antropocentrismo, ribadito dalle scoperte di Galileo (cfr. cap. I, **S12**, *«Maledetto sia Copernico!». Il relativismo come conseguenza della scoperta copernicana*). Il telescopio, per Pirandello, non è solo il simbolo della nuova scienza, ma anche una «macchinetta infernale», il «terribile strumento» che smonta l'orgogliosa immagine che l'uomo si è fatta dell'Universo e «subissa la terra e l'uomo e tutte le nostre glorie e grandezze».

L'universo scoperto da Galileo è ancora quello stesso contemplato da Palomar, dopo i viaggi spaziali e il lancio del Voyager 2 verso Saturno. La visione del cielo stellato, di Saturno, di Giove non comunica al protagonista del racconto di **Calvino** il senso di sicurezza che ne traevano gli antichi, ma «un sapere instabile e contraddittorio», privo di sicurezze e carico di solitudine. È lo stesso senso di angoscia e di smarrimento che provava Pascal di fronte all'immensità dello spazio infinito, non compensato però in Calvino dalla fiducia nel trascendente: appeso al filo del dubbio, l'uomo contemporaneo «di ciò che sa diffida, ciò che ignora tiene il suo animo sospeso».

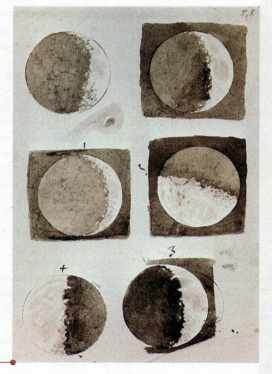

Galileo Galilei, *Disegni della Luna*, 1609. Firenze, Biblioteca Nazionale Centrale, Ms. Gal. 48, c. 28r.

Il foglio fa parte di una serie di sei acquerelli delle fasi della Luna realizzati da Galileo nell'autunno del 1609. È la prima rappresentazione realistica della Luna.

DAL RIPASSO ALLA VERIFICA

MAPPA CONCETTUALE — *Dialogo sopra i due massimi sistemi del mondo*

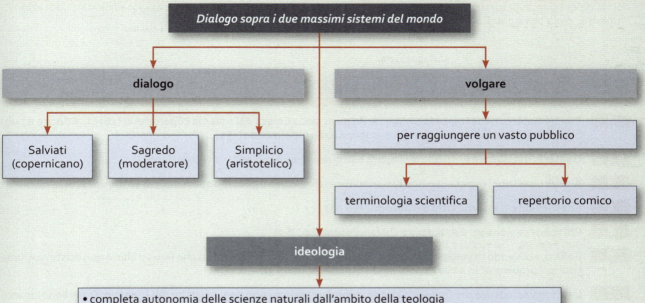

SINTESI

Composizione dell'opera
Galileo nel 1624 inizia la progettazione di un'opera concepita come un vero e proprio "manifesto copernicano". Il lavoro di stesura termina nel 1630. Per aggirare la barriera della censura ecclesiastica ed ottenere l'autorizzazione a pubblicare l'opera, Galileo modifica il proemio e le conclusioni e sostituisce il titolo originale (*Dialogo sopra il flusso e il reflusso del mare*) con il più neutrale *Dialogo sopra i due massimi sistemi del mondo, tolemaico e copernicano*. Ottenuto in tal modo l'*imprimatur* del papa, l'opera viene pubblicata a Firenze nel febbraio del 1632.

L'inizio del volgare
La decisione di Galileo di servirsi del volgare e di dare al proprio lavoro la forma di dialogo è fondamentale sul piano della strategia comunicativa: il dialogo è un efficace mezzo che permette all'autore, da un lato, di introdurre nella conversazione argomenti atti a catturare l'attenzione del pubblico colto, e, dall'altro, di presentare le prove a favore del copernicanesimo senza impegnarsi personalmente in esse.

Il processo e l'abiura
Nel 1632, dopo che il libro era stato esaminato da una commissione pontificia, arriva da Roma l'ordine di sospendere la vendita del *Dialogo sopra i due massimi sistemi*. Galileo, ormai anziano e ammalato, deve recarsi a Roma davanti al Tribunale del Sant'Uffizio ed è costretto all'abiura (gennaio 1633). Nel giugno 1633 Il *Dialogo* viene inserito nell'Indice dei libri proibiti.

Gli interlocutori del *Dialogo*
Gli interlocutori del *Dialogo* sono tre: il nobile fiorentino Salviati, copernicano; il nobile veneziano Sagredo, rappresentante di quel pubblico di persone curiose ma non specialiste che costituisce il destinatario ideale di tutta l'opera di divulgazione galileiana; l'aristotelico Simplicio, un personaggio immaginario. Si immagina che i tre protagonisti si riuniscano per quattro giornate a Venezia, nel palazzo Sagredo, a discutere amichevolmente intorno alle ragioni a favore o contro il sistema eliocentrico. Il colloquio si muove in modo apparentemente casuale con continue e numerose digressioni. Le scelte linguistiche obbediscono all'intento di raggiungere un vasto pubblico formato non solo da studiosi di professione ma anche di "intendenti" che si dilettano di studi scientifici.

La cornice teatrale
La scelta di Galileo di inserire la dimostrazione del copernicanesimo in una cornice teatrale risponde a due obiettivi specifici: 1) alimentare nel lettore l'impressione che tutto il libro sia una neutrale discussione di due diverse teorie cosmologiche; 2) intrattenere i lettori con una gradevole conversazione in cui le argomentazioni scientifiche siano accompagnate da situazioni teatrali e comiche.

DAL RIPASSO ALLA VERIFICA

● **L'autonomia della scienza dalla teologia**
Il progetto di Galileo mira a propugnare la completa autonomia delle scienze naturali, a cui si guarda con fiducia immensa, dalla teologia. Dal punto di vista ideologico, dunque, il *Dialogo* non mette in gioco solo le teorie astronomiche accettate da secoli, ma lo stesso fondamento dell'autorità su cui si reggeva la tradizionale concezione del mondo.

DALLE CONOSCENZE ALLE COMPETENZE

1. Perché Galileo, nonostante la condanna da parte della Chiesa del sistema copernicano (1616), si decise a pubblicare, nel 1632, il *Dialogo sopra i due massimi sistemi del mondo*? (§ 1)
2. Qual era, inizialmente, il titolo dell'opera e su quale fenomeno poneva l'attenzione? (§ 1)
3. A quali condizioni l'opera ottenne l'*imprimatur* ecclesiastico e perché dopo fu messa all'Indice? (§ 1)
4. Che funzione vi assume l'uso del dialogo? (§ 2, T1)
5. Chi sono i personaggi del *Dialogo* e chi rappresentano? (§ 2)
6. Galileo, scrivendo in volgare, si trova a dover creare una lingua scientifica che fino ad allora non esisteva. Come risolse il problema? È, a tuo avviso, riuscito nell'intento? (§ 3)
7. La struttura teatrale del *Dialogo* e lo stile comico-realistico sono denunciati fin dal Proemio. Quali sono, secondo te, le ragioni di questa scelta? (§ 3, T1)
8. Quali sono i mezzi di conoscenza dell'intelletto umano per Galilei? (due risposte esatte) (T1)
   - A intendere *intensive*
   - B intendere *extensive*
   - C uso del linguaggio matematico
   - D esclusione del dubbio
   - E rispetto del principio di autorità
9. Come possono essere spiegate le numerose ambiguità contenute nel Proemio? Quale strumento usa Galileo per farsi intendere dal «discreto lettore»? (§ 5, T1)
10. Con quali argomenti Galileo combatte il principio di autorità? (T3)

PROPOSTE DI SCRITTURA

GUIDA ALL'ARTICOLO

La forza della ragione e quella del pregiudizio: Salviati e Simplicio. Attualità di un confronto

A Leggiamo il titolo. Il *Dialogo sopra i due massimi sistemi del mondo* non ha solo lo scopo di mostrare la validità della teoria copernicana, ma ha anche una funzione pedagogica, quella di "rifare i cervelli" degli uomini, di indurli cioè ad assumere un atteggiamento razionale verso la realtà. Sulla scorta dei testi di Galileo e di Brecht antologizzati e della tua personale esperienza, verifica quanto la battaglia di Galileo contro i pregiudizi sia ancora attuale.

B materiali: T1, S3 e espansioni digitali *Primo piano*.

C Elementi utili. Ecco una possibile lista:
  - Galileo afferma la fiducia nella ragione, nella forza dell'evidenza, delle prove e dell'esperienza.
  - Riconosce però, come tutti i fondatori del pensiero scientifico, gli ostacoli che impediscono una conoscenza corretta della realtà
    – la forza del passato e della tradizione
    – la paura del mutamento

- la tendenza a proiettare nel funzionamento del mondo il proprio bisogno di ordine
- la tendenza a scegliere i dati che confermano le proprie opinioni
- la tendenza a lasciarsi influenzare dai dati che colpiscono di più l'immaginazione
- l'uomo non è solo ragione, ma è sopraffatto spesso dalle passioni, dai timori, dai bisogni
- è condizionato dall'educazione ricevuta
- è fuorviato dalle false teorie
- ....

- Tra queste barriere, quali vietano a Simplicio di usare la propria ragione? Quali persistono anche oggi?
- I pregiudizi diventano insormontabili quando sono appoggiati dal potere, da chi ha l'egemonia sull'immaginario della gente.
- Ai tempi di Galileo era la Chiesa a esercitare il potere nella formazione delle idee, ritieni che sia così anche oggi? Se, a tuo avviso, così non è, chi o cosa ha assunto il ruolo che fu della Chiesa controriformistica?
- I pregiudizi sono scomparsi dalla moderna società razionalista e tecnologica? Sono forse inerenti al funzionamento stesso della mente umana?
- Dal confronto tra passato e presente emergono
  - analogie: persistenza di pregiudizi e stereotipi, per esempio il razzismo...
  - differenze: da espliciti i pregiudizi sono diventati impliciti cioè, negati dalla ragione, informano i comportamenti; la maggiore cultura e la libertà di discussione facilitano però la lotta contro di essi...

Organizzare il testo

D Ordina ora le idee in una scaletta con una

    INTRODUZIONE che prenda spunto da qualche fatto recente per porre il problema: i pregiudizi sono eliminabili?

    ARTICOLAZIONE che sviluppi l'argomento assumendo la battaglia di Galileo come caso esemplare, mostrando, da una parte, quanto essa sia condizionata dal contesto della Controriforma, dall'altra, quanto sia attuale

    CONCLUSIONE che esponga, sulla scorta della propria personale esperienza, una opinione sulla questione

E Dopo avere scelto la destinazione editoriale dell'articolo, stendi infine il testo, usando un linguaggio chiaro e spigliato, comunque adeguato al pubblico a cui intendi rivolgerti. Poiché si tratta di un articolo è necessario dare un taglio attuale al discorso, partendo per esempio da un fatto di cronaca. Scegli quindi un titolo accattivante, ma non fuorviante.

  • **Materiali per il recupero** Per il «mondo sensibile», contro il «mondo di carta»   • **Indicazioni bibliografiche**

prometeo 3.0

Personalizza il tuo libro selezionando per questo capitolo materiali integrativi da Prometeo
(di seguito ti proponiamo un elenco di materiali, ma puoi trovarne altri utilizzando il motore di ricerca).

- **INTERSEZIONI** Scienza ed etica
- **MODULO TEMATICO INTERDISCIPLINARE** Scienza ed etica
- **SCHEDA** Palomar, il cielo stellato e Galileo: Italo Calvino
- **SCHEDA** La ricezione del *Dialogo* da Milton a Leopardi
- **TESTO** Galileo Galilei, *Il mondo dei suoni, ovvero la ricchezza inesauribile della natura*
- **TESTO** Galileo Galilei, *La ripugnanza per il mutamento nasconde la paura della morte*

Capitolo XIII — La trattatistica letteraria e morale e la storiografia

Evert Collier, *Vanitas* (particolare), 1669. Denver Art Museum.

My eBook+

Cliccando su questa icona, docenti e studenti accedono ad un'area di personalizzazione che permette di arricchire i contenuti digitali già linkati lungo le pagine del libro. Nell'area di personalizzazione è possibile infatti salvare ulteriori materiali: selezionati da Prometeo, prodotti autonomamente o ricercati nella rete.

▶ Per un elenco di materiali integrativi presenti nella biblioteca multimediale di Prometeo o per attivare una ricerca cfr. p. 375

1 La nascita della critica letteraria: Emanuele Tesauro

Nascita della critica e sue ragioni sociali

Nel Seicento la critica diventa un vero e proprio genere letterario. Già nella seconda metà del Cinquecento le polemiche letterarie erano frequenti: si scrivevano libelli a favore o contro uno scrittore, e si sviluppavano accaniti dibattiti, come quello su Ariosto e Tasso, a cui partecipò anche Galilei. Ma nel Seicento la spietata concorrenza fra i letterati (cfr. cap. I, § 3), il bisogno assoluto di affermazione e di consenso, la consapevolezza della forza delle mode anche in campo artistico favorirono la diffusione della critica e della trattatistica letteraria. **Il critico divenne un mediatore privilegiato** rispetto a un pubblico che occorreva conquistare a ogni costo, e quindi acquistò un'autorità maggiore che in passato. Inoltre **la stessa critica venne concepita come un'operazione stilistica** tesa ad accattivarsi la simpatia dei lettori: anche il critico mirava perciò a una scrittura densa di metafore e di concetti, **adottando procedimenti concorrenziali rispetto al testo letterario** discusso o analizzato.

Caratteri dello stile critico nel Seicento

I teorici del Barocco: Matteo Peregrini e Pietro Sforza Pallavicino

I primi teorici italiani dello stile barocco furono essenzialmente moderati. Essi scrivono assai tardi, quando già si era affermato da tempo il fenomeno del marinismo e si erano esaurite le discussioni sull'*Adone*. La loro riflessione nasce dunque da un'esigenza di sistemazione e di messa a punto, che intende sì accettare le nuove tendenze ma anche evitarne gli eccessi. Si tratta di **Matteo Peregrini** (1595-1652), autore di due trattati, *Delle agutezze* (1639) e *I fonti dell'ingegno* (1650), e di **Pietro Sforza Pallavicino** (1607-1667), a cui si deve il trattato *Del bene* (1644) e il *Trattato dello stile e del dialogo* (1646).

La posizione moderata di Bartoli

Su posizioni moderate si colloca anche un altro gesuita, **Daniello Bartoli** (su cui cfr. più avanti § 3) nel trattato *Dell'uomo di lettere difeso ed emendato* (1645), che prende già le distanze dal concettismo (cfr. cap. I, § 14).

Ma il maggior teorico del Barocco letterario è in Italia Emanuele Tesauro, ben più radicale di Peregrini, di Sforza Pallavicino e di Bartoli.

Vita di Emanuele Tesauro

Emanuele Tesauro nacque nel **1591** a Torino e qui risiedette. Fece parte della Compagnia dei gesuiti dal 1611 al 1635, quando ne uscì per un dissidio con un confratello. Dopo essere stato predicatore ufficiale di Cristina di Savoia, fu al servizio del principe Tommaso di Carignano e poi precettore dei figli. Morì nel **1675**, dopo che il Municipio di Torino, per rendergli onore, aveva fatto pubblicare l'edizione definitiva di tutte le sue opere (1669-74). Anche il *Cannocchiale aristotelico*, uscito per la prima volta nel 1654 in un'edizione non autorizzata dall'autore, trova qui, nel 1670, la sua redazione definitiva.

***Cannocchiale aristotelico*: sue ragioni**

Il titolo *Cannocchiale aristotelico* implica un riferimento a uno strumento scientifico moderno, il cannocchiale, e uno alla massima autorità della tradizione, Aristotele. Vuole suggerire un approfondimento conoscitivo condotto nel rispetto della *Retorica* aristotelica. **Già la figura del titolo** immerge il lettore nel mondo delle arguzie e delle metafore di cui l'autore si occupa. **Apparentemente si tratta di una conciliazione fra antico e moderno**, fra norma e innovazione; **in realtà, però, prevale il secondo aspetto**. Anche se Tesauro vuole unire, al solito, piacere ed educazione morale, è il primo aspetto a predominare.

Prevalenza dell'innovazione e dell'edonismo sulla norma e sulla moralità

Ragioni ideologiche e sociali dello stile «esquisito»

L'uomo "ingegnoso" deve attenersi, secondo Tesauro, al **discorso «esquisito»**, comprensibile a pochi, quello della poesia e della conversazione fra dotti e gentiluomini, **mentre il discorso «concertativo»** è destinato alla persuasione del popolo. Parlare per arguzie e per concetti fa dunque parte dello stile «esquisito» ed è segno di distinzione sociale. **L'uso della metafora** manifesta insomma la libertà intellettuale e sociale dell'uomo ingegnoso; deve allontanarlo dalla banalità e inserirlo in una «civile conversazione» destinata a pochi eletti. Appare qui il **carattere** chiuso, **elitario**, tipicamente "di corte", **della letteratura secentesca** italiana.

T • Emanuele Tesauro, *Elogio e caratteri della metafora*

2 La trattatistica morale: Torquato Accetto

La modificazione del ruolo dell'intellettuale e le sue conseguenze nella trattatistica morale

La trattatistica morale e quella di comportamento continuano per tutto il Cinquecento e il Seicento sul **modello del *Cortegiano*** di Baldassar Castiglione (cfr. vol. 2). Ma mentre Castiglione era un legislatore di civiltà e suggeriva modelli culturali e civili che facevano del cortigiano il protagonista della società rinascimentale, a partire dalla seconda metà del Cinquecento questo ruolo protagonistico è ormai venuto meno. **Il cortigiano diventa un sottoposto**, spesso un segretario (cfr. cap. I, § 3): deve imparare l'arte della obbedienza e della servitù, della prudenza, della cautela, della dissimulazione. **La stessa corte cessa d'essere il luogo mitico e splendido**, in cui il cortigiano di Castiglione realizzava pienamente la propria vita, per divenire sinonimo di servitù e luogo in cui trionfano le rivalità e le gelosie più meschine.

Decadenza della vita di corte: l'esigenza della dissimulazione

Si apre una frattura sempre più netta fra la sfera dei valori ideali e quella pratica della vita di corte. In questa, infatti, l'esistenza si svolge in modo ormai alienato, in una finzione continua, in un costante sforzo di dissimulazione e di controllo per adattarsi all'ambiente e non farsi travolgere dai capricci del signore e dalla rivalità degli altri cortigiani. Tenere insieme ideale e reale non è più possibile; fra mondo della verità e mondo della pratica non è possibile conciliazione.

Torquato Accetto e il suo trattato *Della dissimulazione onesta*. Il titolo

È questo l'orizzonte teorico e morale in cui si colloca il trattato ***Della dissimulazione onesta*** (**1641**) di Torquato Accetto, su cui abbiamo scarse notizie. Era nato forse a Trani, in Puglia; scrisse *Rime* e probabilmente fece parte dell'Accademia napoletana degli Oziosi.

L'intento di Accetto: unire la dissimulazione e l'onestà

Il titolo, *Della dissimulazione onesta*, è tipico della cultura barocca a causa del suo forte valore simbolico. Si tratta di un ossimoro: **indica un paradosso e sottolinea una difficoltà**: quella di unire la pratica del mascheramento e della dissimulazione a quella dell'onestà e della virtù. Dato che **il cortigiano** deve vivere nell'ambiente di lupi della corte e ha a che fare con gli «orrendi mostri» del potere (cfr. T1, p. 370), **deve attuare una strategia difensiva** che si ispira alla ragione e alla pruden-

La dissimulazione come strategia difensiva

za, **imparare a portare una maschera** e dunque a dissimulare. La dissimulazione perciò non è menzogna o simulazione: si limita a nascondere, non afferma una cosa al posto di un'altra. «La dissimulazione è una industria di non far veder le cose come sono. Si simula quello che non è, si dissimula quello che è». Attraverso la dissimulazione, la verità non viene negata, ma rimandata o differita. La dissimulazione può perciò essere «onesta».

La vita quotidiana delle corti e la dissimulazione

D'altra parte, la verità potrà risplendere solo nel giorno del giudizio universale. Nella vita quotidiana l'uomo, per sopravvivere in una società ostile, deve imparare a controllare la manifestazione dei sentimenti e a praticare la dissimulazione, in modo da salvare al proprio interno i valori in cui crede senza però manifestarli pubblicamente. Fra valori e pratica sociale non esiste più alcuna possibilità d'intesa. È chiaro il **risvolto amaro, pessimistico e spesso apertamente malinconico** di questa strategia difensiva. Ma proprio la dissociazione fra i valori superiori della religione e le esigenze di una morale quotidiana, laica, consapevolmente relativa e parziale denuncia l'attualità di Torquato Accetto.

S • Il contenuto etico della «dissimulazione onesta» e la sua attualità nell'epoca moderna (M. Palumbo)

T1 Torquato Accetto
Del dissimular all'incontro dell'ingiusta potenzia[1]

OPERA
Della dissimulazione onesta, cap. XIX

CONCETTI CHIAVE
- necessità della dissimulazione nella vita politica

FONTE
T. Accetto, *Della dissimulazione onesta*, a cura di S. Nigro, Costa & Nolan, Genova 1983.

In questo capitolo si affronta più direttamente la tematica politica. Spesso bisogna vivere sottoposti a principi ingiusti e a tiranni e dunque, a maggior ragione, occorre praticare la dissimulazione. Si vede qui anche l'influenza del tacitismo (cfr. cap. I, § 11), il fenomeno culturale per cui ci si appellava allo storico latino Tacito (qui esplicitamente citato) per evitare di ricordare Machiavelli e per rappresentare la vita sotto la tirannide. Si noti infine la bizzarra (tipicamente barocca) disposizione grafica dell'ultimo periodo.

Orrendi mostri son que' potenti che divorano la sostanza[2] di chi lor soggiace; onde ciascuno, che sia in pericolo di tanta disaventura, non ha miglior mezzo di rimediar che l'astenersi dalla pompa[3] nella prosperità e dalle lagrime e da' sospiri nella miseria; e non solo dico del nasconder i beni esterni, ma que' dell'animo; onde la virtù, che si nasconde a tempo, vince se stessa assicu-
5 rando le sue ricchezze,[4] poiché il tesoro della mente non ha men bisogno talora di star sepolto che il tesoro delle cose mortali. Il capo che porta non meritate corone ha sospetto d'ogni capo dove abita la sapienza; e però spesso è virtù sopra virtù il dissimular la virtù,[5] non col velo del vizio,[6] ma in non dimostrarne tutt'i raggi, per non offender la vista inferma dell'invidia e dell'altrui timore.[7] Anche lo splendor della fortuna ha da esser cauto nel palesarsi, già che, pas-
10 sando a dimostrazioni di soverchi arnesi e di oziosi ornamenti,[8] oltre al distrugger il capital[9] nelle spese suol accender gran fuoco nella propria casa, destando gli occhi degl'ingordi a pretendere parte e forse il tutto.[10] Ma più dura è la fatica di dover pigliare abito[11] allegro nella presenza de' tiranni, che soglion metter in nota[12] gli altrui sospiri, come di Domiziano disse Tacito:[13] *Praecipua sub Domitiano miseriarum pars erat videre et aspici, cum suspiria nostra subscriberen-*

- **1 all'incontro...potenzia**: [come strumento] contro l'ingiusto potere.
- **2 la sostanza**: i beni, le proprietà, non solo materiali ma anche psicologiche e spirituali dell'individuo.
- **3 non ha...pompa**: non ha altro rimedio che evitare l'esibizione [della propria ricchezza materiale e spirituale].
- **4 vince...ricchezze**: supera se stessa tenendo al sicuro le proprie ricchezze.
- **5 e però...virtù**: e perciò spesso la dissimulazione della virtù è virtù superiore rispetto alla virtù stessa.
- **6 non...vizio**: la dissimulazione non deve realizzarsi attraverso la menzogna (**vizio**): non deve cioè divenire simulazione.
- **7 ma...timore**: ma [la dissimulazione consiste] nel non mostrare tutti gli aspetti (**tutt'i raggi**) [della propria virtù] per non attirare lo sguardo insano (**la vista inferma**) degli invidiosi e di coloro che possono provare un senso di inferiorità (**timore**) nei confronti dell'altrui grandezza.
- **8 a dimostrazioni...ornamenti**: all'esibizione di un numero eccessivo di beni materiali [: oggetti o abiti] e inutili ornamenti.
- **9 capital**: patrimonio.
- **10 destando...tutto**: sollecitando la vista delle persone ingorde in modo da (a) pretenderne [: del patrimonio] una parte e forse anche tutto.
- **11 pigliare abito**: atteggiarsi, mostrarsi.
- **12 metter in nota**: annotare, tener presenti.
- **13 Domiziano...Tacito**: Domiziano fu imperatore di Roma dall'81 al 96. Tacito è uno storico latino vissuto fra il 54-55 e il 120 ca.

15 *tur, cum denotandis tot hominum palloribus sufficeret saevus ille vultus et rubor, a quo se contra pudorem muniebat.*[14] Sì che non è permesso di sospirare quando il tiranno non lascia respirare, e non è lecito di mostrarsi pallido[15] mentre il ferro va facendo vermiglia la terra con sangue innocente, e si niegano[16] le lagrime che dalla benignità della natu-
20 ra son date a' miseri come
propria dote per formar
l'onda che in così pic-
ciole stille suol por-
tar via ogni
grave noia[17] e la-
25 sciar il cuor, se
non sano, al-
men non
tanto
oppresso.

- **14** *Praecipua…muniebat*: «Sotto Domiziano la miseria più grande era vedere ed essere veduti, mentre si registravano i nostri sospiri, e a prender nota di quanti impallidivano bastava che su di esso si fissasse quel suo terribile volto dal colorito rosso, con il quale [Domiziano] nascondeva la vergogna». Il brano è tratto dall'opera di Tacito, *Agricola*, XL.
- **15** *e non è…pallido*: e non è consentito di impallidire.
- **16** *e si niegano*: e sono proibite.
- **17** *che…noia*: che [le lacrime] sono concesse ai miseri dalla natura benevola come dote personale per formare l'onda che con così piccole gocce [: le lacrime] *suole trascinare via ogni angoscia*. Si osservi il carattere barocco dell'espressione tutta giocata sull'analogia fra i fiumi in natura e i fiumi (metaforici) di lacrime.

T1 DALLA COMPRENSIONE ALL'INTERPRETAZIONE

COMPRENSIONE

La «dissimulazione onesta» L'arte della dissimulazione di cui Accetto tesse l'elogio deve riguardare non soltanto i **«beni esterni»**, ma anche quelli **«dell'animo»**. Nel primo caso (i beni materiali), la prudenza suggerisce di **non fare alcuna ostentazione delle proprie ricchezze** per non dare ai potenti, la cui forza è fondata sull'ingiustizia, l'occasione di esercitare la propria rapacità divorando «la sostanza di chi lor soggiace». Nel secondo caso (le virtù), la dissimulazione è indispensabile per **allontanare da sé le rappresaglie di chi guarda con sospetto la saggezza** e la virtù perché riconosce in esse i più pericolosi nemici di un potere che si è autolegittimato attraverso l'ingiustizia, la violenza, la crudeltà, che sono appunto l'antitesi e la negazione di saggezza e virtù. Delle due dissimulazioni assai più penosa è la seconda, perché entra in conflitto con un dato naturale, con quella *pietas* che è un prezioso dono della «benignità della natura».

ANALISI E INTERPRETAZIONE

Lo stile Lo stile resta in genere lontano dalle artificiosità estreme del Barocco: in genere è **sobrio e asciutto**. Mira a raggiungere i suoi effetti più forti attraverso la **rapidità** e lo scorcio. L'influenza barocca si nota nella **disposizione grafica dell'ultimo periodo** che non è una vana bizzarria ma serve a potenziare il significato delle singole parole (per esempio, dell'ultima, che chiude il capitolo e che compare isolata: «oppresso»).

La storicizzazione: i riferimenti culturali e la pratica delle citazioni nell'epoca della Controriforma Il principale riferimento del brano è **Tacito** (*Agricola*, XL). Si tratta di una citazione significativa, attraverso la quale, in modo allusivo, l'autore vuole suggerire concetti non del tutto esplicitati. D'altra parte **la pratica delle allusioni** è tipica dell'età della Controriforma, quando la censura rendeva impossibile la comunicazione diretta dei pensieri e imponeva la pratica della dissimulazione. Per esempio, per poter parlare di Machiavelli si parla di Tacito; per rappresentare la servitù della vita di corte si parla genericamente di «ingiusta potenza» (cioè di tiranni ingiusti), e **ci si riferisce alla storia dell'antica Roma** e a Domiziano, come qui fa Accetto, **invece che ai principi contemporanei**. Il fenomeno del "tacitismo" implica anche questo ricorso a **messaggi cifrati**.

Messaggio morale e ideologia della rassegnazione Il testo presenta forti momenti di **tensione morale** che si accompagnano sempre a una crescita di **tensione stilistica** e di intensità espressiva. Particolarmente efficace è il passo «non è lecito di mostrarsi pallido mentre il ferro va facendo vermiglia la terra con sangue innocente». Questo inarcamento del linguaggio e dello stile rivela l'energia morale dell'autore, e cioè la sua sotterranea ribellione al male, che pure occorre fingere di non vedere. E tuttavia questa forza morale non può rivelarsi pienamente: è costretta a dissimularsi, come Accetto afferma nel capitolo XXIII del suo trattato, sino al giorno del Giudizio universale (cfr. espansioni digitali T, *In un giorno solo non bisognerà la dissimulazione*). Questo limite viene presentato non tanto come un fatto storico, dovuto alla specifica forma di vita della società controriformistica, quanto come un dato astorico connesso da sempre al tempo e alla vicenda degli uomini. **La verità divina risplenderà solo alla fine del tempo** e della storia degli uomini. Fra storia e verità, fra mondo degli uomini e sfera di Dio, si è verificata una frattura decisiva. Il **pessimismo** che ne deriva assume così tratti non storici, bensì assoluti. Di qui la **rassegnazione**, che fa parte integrante dell'ideologia di Accetto.

T1 LAVORIAMO SUL TESTO

COMPRENDERE

«Dissimular la virtù»

1. Cosa intende Accetto per «dissimulazione onesta»?

ANALIZZARE

Lo stile

2. Cosa sottolinea la disposizione grafica dell'ultimo periodo?

3. Spiega la metafora «tesoro dela mente».

Il tacitismo

4. Perché l'autore allude a Tacito?

INTERPRETARE

Il messaggio etico

5. Ritieni attuale il contenuto etico della *Dissimulazione onesta*?

3 | La cultura dei gesuiti. Daniello Bartoli

La trattatistica di Daniello Bartoli

La trattatistica morale viene praticata anche dal gesuita **Daniello Bartoli**, autore di **trattati d'argomento letterario**, come *Il torto e 'l dritto del non si può* e *Dell'uomo di lettere difeso ed emendato*, di **trattati scientifici**, quali *Del suono, dei tremori armonici e dell'udito* (cfr. cap. II, § 1), e di **un'opera storiografica**, *Historia della Compagnia di Gesù*.

La cultura gesuitica diventa "la cultura"

L'attività letteraria di Bartoli è inseparabile da quella complessiva della Chiesa di Roma e della Compagnia di Gesù. In Italia, a partire all'incirca dal secondo processo a Galilei (1633), **la cultura gesuitica tende a diventare "la cultura"**, subordinando o inglobando la cultura laica.

La vita di Bartoli

Bartoli, nato a Ferrara nel **1608**, dopo essere entrato nella Compagnia di Gesù, vistasi respinta dall'ordine la richiesta di fare il missionario, **visse a Roma** con l'incarico di scrivere la storia della Compagnia e poi di dirigere il Collegio Romano. Morì nel **1685**.

I due trattati morali di Bartoli

Bartoli è fra i maggiori prosatori del secolo. La sua produzione riguarda, oltre a opere di devozione e alla *Historia della Compagnia di Gesù*, ogni campo della trattatistica, da quella morale a quella letteraria a quella scientifica. Vi spiccano **i due trattati d'argomento morale**, *L'uomo al punto* (1668) e *La ricreazione del savio* (1659).

L'uomo al punto

Il titolo completo del primo trattato è **L'uomo al punto, cioè l'uomo in punto di morte**. Si tratta di un genere di trattatistica molto diffuso nel Seicento, dove il senso della morte e della caducità della vita sono temi che prevalgono largamente nell'immaginario dell'epoca per le ragioni a suo tempo illustrate (cfr. cap. I, § 6).

La ricreazione del savio

Il titolo per intero del secondo trattato suona *La ricreazione del savio in discorso con la natura e con Dio*. Già nel titolo natura e Dio sono accostati: la «ricreazione» dell'uomo saggio consiste appun-

Cornelis Blomaert, Frontespizio della *Historia della Compagnia di Gesù del R.P. Daniello Bartoli della medesima Compagnia*, Roma 1659.

Spirito scientifico e spirito religioso conciliati in Bartoli

to nell'ammirare, nelle magnificenze naturali, la realizzazione della potenza divina. Quindi lo spirito scientifico di osservazione minuta e precisa può perfettamente convivere sia con lo spirito religioso sia con la preziosità stilistica.

La storia della Compagnia di Gesù continente per continente

Bartoli ebbe l'incarico di celebrare la Compagnia di Gesù nel centenario della sua fondazione (1540-1640). Lavorò a quest'**opera storica** dal 1648 alla morte, senza riuscire a completarla. **La trattazione era suddivisa per continenti**, per seguire in ogni angolo del mondo l'attività educatrice e missionaria dei gesuiti: Europa, Asia, Africa, America. **Ma ne uscirono solo singole parti**, pubblicate a mano a mano che erano pronte: *L'Asia* nel 1653, *Il Giappone* nel 1660, *La Cina* nel 1663, *L'Inghilterra* nel 1667, *L'Italia* nel 1673. L'opera venne scritta da Roma, attraverso un enorme lavoro di documentazione condotto soprattutto sulle relazioni inviate da ogni parte del mondo dai gesuiti missionari.

Precisione scientifica e gusto narrativo nella *Historia della Compagnia di Gesù*

Come accade per la natura, vista nella prospettiva divina, così le vicende umane sono considerate dal punto di vista di un disegno provvidenziale voluto da Dio. Ma come la natura vive di una sua ricchezza e varietà, così la storia umana è fatta di avventure, di viaggi, di imprese epiche, i missionari sono degli eroi in lotta con l'ambiente e con la sorte avversa. **La *Historia* di Bartoli può così avere un ritmo epico, oppure tendere alla precisione scientifica** nella rappresentazione di realtà storiche e antropologiche diverse da quelle occidentali, oppure distendersi in lunghe descrizioni di ambienti e di paesaggi quasi per puro gusto narrativo. L'aspetto etico non viene mai dimenticato, e vi si allude anche in modo non esplicito, a proposito di popoli lontani. **Viene tenuta presente** – come sempre, d'altronde, nella pubblicistica secentesca – **la prospettiva del pubblico** che va informato ed educato, va solleticato nella sua curiosità per ambienti e paesaggi esotici ma anche indotto ad atti di pietà e di religione.

T • Daniello Bartoli, *I Cinesi: il comportamento e le doti dell'animo*

Lo stile

Qui, come nei trattati morali, **lo stile** di Bartoli, **vario e ricco, ma anche sobrio e solenne**, si presenta esemplarmente come espressione equilibrata e "moderata" del gusto barocco.

Percorso
LO SPAZIO E IL TEMPO

Il sentimento del tempo nell'arte barocca

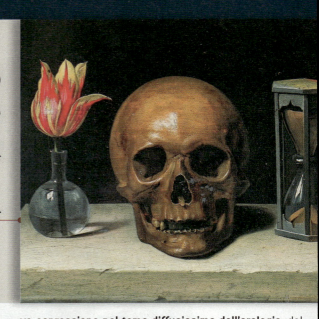

Philippe de Champaigne, *Vanitas*, 1644. Mans, Musée de Tessé.

Il Seicento, più di ogni altra epoca, ebbe un sentimento tragico del tempo. Il Medioevo aveva svalutato la vita terrena considerandola un semplice transito verso l'eternità, ma ciò dava al presente la speranza del futuro. La percezione del tempo come "attimo fuggente" indusse gli uomini del Rinascimento a trasformare la precarietà della vita mondana in occasione di gloria e di memoria storica.

Il sentimento del tempo si fonde nel XVII secolo con il sentimento della vita stessa come instabilità, precarietà. Il principio del movimento su cui si basa la nuova visione dell'universo implica l'idea di mutamento, di varietà. La vita non è un viaggio verso una meta definita, ma una successione di avventure. Il tema religioso dell'uomo *viator* [passeggero] trova una versione laica in quello della peripezia, nella perenne peregrinazione dei protagonisti del romanzo picaresco europeo.

La trattatistica religiosa sfrutta questo senso diffuso del procedere impetuoso e inesorabile del tempo per persuadere alle certezze rassicuranti della fede. **Daniello Bartoli**, per sottolineare la caducità della vita, ricorre all'analogia naturalistica e riprende un motivo caro all'immaginario barocco, per la sua volubilità e mutevolezza, quello delle acque, delle fonti e sorgenti, che sgorgano, s'interrano, scorrono e spariscono.

Il tempo è percepito essenzialmente come tempo distruttore. Tutto si trasforma e trascorre veloce verso la morte. **L'idea della morte incombe ovunque**. È ancora Bartoli a dedicare al tema dell'imminenza della morte *L'uomo al punto*. E se la letteratura religiosa cerca di addolcirne il passo, intensificando la produzione di trattati sulla "buona morte" del buon cristiano, per lo più lo sguardo dei poeti si arresta sulla sua immagine desolata, senza alcuna prospettiva verso l'eternità.

La vita vola, è effimera come un fiore, la culla diventa in un attimo una tomba. **Questa ossessione del tempo trova espressione nel tema diffusissimo dell'orologio**, dal poeta spagnolo Quevedo ai lirici marinisti (cfr. cap. XIV, § 4, **T5**, Ciro di Pers, *L'orologio a rote*). La clessidra, gli orologi a ruote e da sole, tutti evocano il vetro, la polvere, l'ombra, metafore della fragilità e della morte. Quevedo rifiuta la misurazione del tempo, divenuta così importante nelle transazioni finanziarie e nel commercio europeo, perché avverte il tempo come puro e insensato trascorrere verso la distruzione: «misero pellegrino, / giro intorno alla nera sepoltura. / Ben so che sono alito fuggente; / ormai io so, e temo e anche spero / d'essere polvere, come te, se muoio; / e che sono vetro, come te, se vivo» (*La clessidra*).

La stessa rilevanza ha il tema delle rovine, sempre più diffuso nei poemi e nei quadri, **che sottolinea, di fronte alla stabilità della natura, l'inevitabile fugacità e distruzione delle più grandi opere umane**. In questa visione puramente laica del tempo anche la speranza nel futuro mondano della gloria appare insidiata.

La morte non può essere esorcizzata e sublimata, ma suscita orrore nell'età barocca. Ciò spiega la predilezione per il macabro, la curiosità e la diffusione delle immagini anatomiche, la presenza del teschio e dello scheletro nell'iconografia del tempo. Anche la natura morta si carica di un messaggio di allegoria funebre. Al monito sulla fugacità della bellezza del fiore o del frutto il pittore unisce spesso un'allusione mortuaria.

Questo sentimento della vita terrena, dominata dalla morte, è presente anche nel più grande pensatore religioso del Seicento. Il senso dell'infinità spaziale e temporale scatena in **Pascal** l'angoscia della estrema finitezza e della nullità dell'uomo. Accomuna Pascal alla sensibilità del secolo anche il senso drammatico del mutamento e del fluire perenne di tutte le cose: «È una cosa orribile il sentir scorrere via tutto ciò che fa parte di noi».

DAL RIPASSO ALLA VERIFICA

MAPPA CONCETTUALE La trattatistica e la storiografia

SINTESI

● **La critica letteraria, Emanuele Tesauro**
Nel Seicento la critica diventa un vero e proprio genere letterario. Essa viene concepita come un'operazione stilistica tesa ad accattivarsi la simpatia dei lettori: anche il critico mirava perciò a una scrittura densa di metafore e di concetti, adottando procedimenti concorrenziali rispetto al testo letterario discusso e analizzato.
Il maggior teorico del Barocco letterario in Italia è Emanuele Tesauro (1591-1675). Con il suo *Cannocchiale aristotelico* Tesauro propone apparentemente una conciliazione tra antico e moderno, fra norma e innovazione; in realtà prevale il secondo aspetto. Sul piano letterario il *Cannocchiale aristotelico* si occupa soprattutto dell'«elocuzione», cioè dei modi di espressione, che devono essere ingegnosi, capaci di cogliere acutamente i nessi imprevedibili delle cose.

● **La trattatistica morale. Torquato Accetto**
La trattatistica morale e quella di comportamento continuano per tutto il Cinquecento e il Seicento, sul modello del *Cortegiano* di Castiglione. Ma ormai la corte ha cessato di essere un luogo mitico e splendido per diventare sinonimo di servitù e luogo in cui trionfano le rivalità e le gelosie più meschine. È questo l'orizzonte teorico e morale in cui si colloca il trattato *Della dissimulazione onesta* (1641) di Torquato Accetto, che si propone lo scopo di unire la pratica del mascheramento e della dissimulazione a quella dell'onestà e della virtù.

● **Daniello Bartoli**
Fra i maggiori prosatori del secolo è Daniello Bartoli (1608-1685). La sua produzione riguarda, oltre a opere di devozione, ogni campo della trattatistica, da quella morale (*L'uomo al punto* e *La ricreazione del savio*) a quella letteraria (*Il torto e 'l dritto del non si può* e *Dell'uomo di lettere difeso ed emendato*) a quella scientifica (*Del suono, dei tremori armonici e dell'udito*). Scrisse anche una vasta *Historia della Compagnia di Gesù* che per il suo stile vario e ricco, ma anche sobrio e solenne, si presenta esemplarmente come espressione "moderata" del gusto barocco.

DALLE CONOSCENZE ALLE COMPETENZE

1 Quali sono le ragioni sociali della nascita della critica come genere letterario nel Seicento? (§ 1)

2 Qual è il modello della trattatistica morale del Seicento? Per quali aspetti i moralisti del Seicento si differenziano da esso? (§ 2)

3 I titoli dei trattati di Tesauro e Accetto, il *Cannocchiale aristotelico* e *Della dissimulazione onesta*, sono un esempio tipico di metafora barocca, che collega due concetti contrastanti attraverso la figura dell'ossimoro. Spiegane il significato. (§§ 1 e 2)

4 Quali temi e caratteri della cultura barocca possono essere rintracciati nei trattati di Bartoli? (§ 3, espansioni digitali T, *I Cinesi: il comportamento e le doti dell'animo*)

5 *Della dissimulazione onesta* teorizza la necessità di mascherarsi, di nascondere la verità per resistere in una società autoritaria. Come giudichi questo atteggiamento? Ti pare vile e rinunciatario o ha una sua dignità morale? (§ 3, espansioni digitali T, *I Cinesi: il comportamento e le doti dell'animo*, espansioni digitali S, *Il contenuto etico della «dissimulazione onesta» e la sua attualità nell'epoca moderna*)

prometeo 3.0

Personalizza il tuo libro selezionando per questo capitolo materiali integrativi da Prometeo (di seguito ti proponiamo un elenco di materiali, ma puoi trovarne altri utilizzando il motore di ricerca).

● TESTO Torquato Accetto, *In un giorno solo non bisognerà la dissimulazione*
● TESTO Daniello Bartoli, «*Tutti siam qui giù passeggeri*»
● TESTO Daniello Bartoli, *Le chiocciole*

Capitolo XIV
La poesia lirica, il poema eroico e la narrativa in versi e in prosa

My eBook+

Cliccando su questa icona, docenti e studenti accedono ad un'area di personalizzazione che permette di arricchire i contenuti digitali già linkati lungo le pagine del libro. Nell'area di personalizzazione è possibile infatti salvare ulteriori materiali: selezionati da Prometeo, prodotti autonomamente o ricercati nella rete.

▶ Per un elenco di materiali integrativi presenti nella biblioteca multimediale di Prometeo o per attivare una ricerca cfr. p. 414

Cornelis Norbertus Gysbrechts, *Trompe l'oeil. Bacheca con lettere e spartiti*, 1668. Copenaghen, Statens Museum for Kunst.

1. La poesia lirica: la trasformazione del genere

Il gusto barocco nella lirica

I primi trenta-trentacinque anni del Seicento segnano una **profonda rottura rispetto al classicismo e al petrarchismo** sino ad allora dominanti. In particolare, si ha una grande **fioritura del genere lirico**, che è ancora considerato, insieme con quello epico o eroico, la chiave del successo di corte.

La tendenza al nuovo e Marino

Il momento di piena affermazione del nuovo gusto coincide con la pubblicazione della raccolta di liriche ***La Lira* di Giambattista Marino**, nel **1614**. Ma la poetica barocca del concettismo (cfr. cap. I, § 7) comincia a diffondersi già alla fine del Cinquecento e all'inizio del Seicento. Si riprende in questo periodo, e si estremizza, la tendenza al nuovo che già era apparsa verso la fine del secolo con le *Rime* di Tasso. **I canzonieri**, per esempio, **non raccontano più una storia unitaria**, una organica vicenda d'amore, ma vengono organizzati in modo tematico (in sezioni dedicate a liriche d'argomento amoroso o di argomento religioso, o d'encomio e così via). **Prevalgono il frammento, l'elemento casuale** e disorganico. Il modello petrarchesco viene perciò rifiutato nel suo aspetto fondamentale: quello di rappresentare in una storia d'amore una vicenda esemplare.

I nuovi canzonieri: organizzazione tematica e prevalenza del frammento

Le mode letterarie

Le rivalità reciproche, il bisogno di affermazione, l'esigenza di colpire l'attenzione del pubblico portano a una **costante ricerca del nuovo** sia sul piano della rappresentazione grafica della scrittura e della pagina, sia su quello tematico. È il momento delle **mode**, che si alternano velocemente nella ricerca di sempre nuovi modi di stupire i lettori.

La poesia figurata

Sul piano grafico si sviluppa la **poesia figurata**, cioè una tendenza a rappresentare tipograficamente nomi e oggetti attraverso i colori e soprattutto attraverso la disposizione dei versi e delle parole. Gli espedienti più usati da questa "poesia visiva" sono l'acrostico e il calligramma (cfr. **S1**).

La tendenza alla dispersione dei particolari

Sul piano tematico, prevalgono la **frammentazione dei particolari**, la dispersione aneddotica o la tendenza alla narratività. Le poesie vengono dedicate a piccoli particolari del corpo femminile isolati dal resto (orecchi, capelli, occhi, seno), ad aspetti del vestiario, ad atti minuti della vita quoti-

376 parte quarta Il Manierismo, il Barocco, il Rococò. Dalla Controriforma all'età dell'Arcadia (1545-1748)

Jan Vermeer, *Ragazza col turbante* o *Ragazza con l'orecchino di perla*, 1665-1666 circa. L'Aia, Mauritshuis.

Bernardo Strozzi, *Vanitas*, 1637 circa. Mosca, Museo Puškin.

Il brutto e l'osceno	diana (pettinarsi, guardarsi allo specchio ecc.). **L'idealizzazione petrarchesca della figura femminile s'attenua** e anzi spesso scompare addirittura. **Il brutto e l'osceno** possono comparire in primo piano. Per esempio, si può parlare di una donna perché è vecchia o balbuziente o priva di un dente.
La poesia come "gioco di società"	Ne deriva un **drastico ridimensionamento dell'aspetto intimo**, esistenziale, psicologico e sentimentale. La nuova poesia tende a essere **un gioco di società** dove domina la finezza dell'"ingegno", non la profondità dello scavo interiore.
Il tema funebre e il motivo dello scheletro	Sotto l'esuberanza delle immagini e i giochi esibiti delle metafore si percepisce però, a mano a mano che si procede nel tempo, e soprattutto dopo il '30, la **presenza di temi funebri**, come il terrore per la morte e per la caducità della vita o il motivo del teschio e dello scheletro. Anche la natura può essere rappresentata in modi mostruosi e deformi o nella sua forza distruttiva.

S1 — ITINERARIO LINGUISTICO

La poesia figurata. Acrostico e calligramma

La poesia figurata già in uso nell'antichità classica e nel Medioevo, si afferma soprattutto nell'età barocca. È una poesia che sottolinea i propri contenuti anche attraverso la disposizione grafica delle parole o la loro evidenziazione cromatica; una poesia, cioè, da leggere e da "guardare". Gli artifici maggiormente utilizzati dalla poesia figurata sono l'acrostico e il calligramma.

L'acrostico è un componimento poetico nel quale le prime lettere di ogni verso, lette di seguito in senso verticale, formano una nome (per esempio quello della persona a cui è dedicato), una parola o una frase di senso compiuto. Il termine deriva dal greco tardo *akróstikhon* (= estremità del verso).

Il calligramma (dal greco *kalós* = bello, e *grámma* = lettera) è invece una poesia realizzata attraverso una studiata disposizione tipografica dei versi, volta a sintetizzare graficamente, cioè attraverso figure, il contenuto del componimento. Famosi sono i calligrammi di un poeta veneto della prima metà del '600, Guido Casoni, che nella *Passione di Cristo* dispone i versi in modo da rappresentare in immagini gli strumenti della Passione: il chiodo della croce, per esempio, è così reso:

> Piangi
> adora
> bacia
> e ta-
> ci

Sia l'*acrostico* che il calligramma sono stati ripresi dalle avanguardie novecentesche; il secondo in particolar modo da G. Apollinaire, che nel 1918 pubblicò una raccolta intitolata appunto *Calligrammi*.

2. La poetica barocca: la meraviglia e la metafora

Rompere le regole per adattarsi ai gusti del pubblico

La poetica barocca non rispetta più le regole del mondo classico. Anzi intende consapevolmente violarle in modo da suscitare maggiore meraviglia, giocando sull'effetto di imprevisto. In una lettera del 1624, Marino scrive: «**La vera regola è saper rompere le regole** a tempo e luogo, accomodandosi [adattandosi] al costume corrente ed al gusto del secolo». Dunque: bisogna rompere le regole per venire incontro ai gusti mutati del pubblico. La poetica del Barocco vuole: 1) **adeguarsi al pubblico e alle mode**, adattandosi di volta in volta alle attese dei lettori, al bisogno di novità, alla volubilità del gusto; 2) **suscitare effetti di stupore e di meraviglia** sul pubblico. Essa dunque non tende all'immobilità delle regole classiche, ma è del tutto legata alla varietà delle situazioni.

L'effetto di stupore e di meraviglia

L'obiettivo del piacere estetico

Anche coloro i quali sostengono che il fine dell'arte è morale teorizzano l'importanza del piacere estetico come strumento per diffondere il messaggio morale. Insomma bisogna che il poeta sia in grado di **provocare piacere** nel lettore, e **la strada per ottenere tale effetto viene vista nella meraviglia** che possono produrre le metafore e i concetti. **La metafora** istituisce analogie fra campi diversi e lontani, solitamente considerati inconciliabili; il 'concetto' (da cui deriva la pratica del concettismo) spiega tali ardite connessioni attraverso una trovata arguta che dà loro un senso. La capacità dell'arguzia deriva dall'«**ingegno**»: è dunque squisitamente intellettuale. Si può dire dunque che il poeta barocco cerca di **stimolare nel lettore un piacere intellettuale**: mira non a fargli "sentire" particolari sentimenti, ma a farlo pensare a cose nuove, a indurlo a collegamenti strani e bizzarri, provocandogli un piccolo shock, un sobbalzo di stupore o di meraviglia.

La metafora e il concetto

L'«ingegno» e la ricerca di un piacere intellettuale

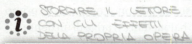

LE TRASFORMAZIONI DELLA POESIA LIRICA

la nuova poetica	le nuove forme	i nuovi temi
• il concettismo • il gusto della metafora • l'esuberanza delle immagini • l'effetto di stupore e di meraviglia sul pubblico	• la lontananza dal modello di Petrarca • i nuovi canzonieri, organizzati per temi, frammentari e disorganici • la poesia figurata	• i particolari isolati del corpo femminile (capelli, occhi, seni, ecc.) • i particolari del vestiario e gli atti minimi della vita quotidiana (pettinarsi, guardarsi allo specchio, ecc.) • la rappresentazione del brutto, del deforme • temi funebri (morte, cadavere, putrefazione) e meditativi (lo scorrere del tempo e l'orologio) • la natura distruttiva o deforme

3. Giambattista Marino

Marino fra opportunismo e rivolta

Giambattista Marino fu il poeta italiano che ebbe maggior successo nel nostro paese e in Europa. Seppe creare una vera e propria moda, sia con le opere che con lo stile di vita. Dotato di **sfrenato narcisismo** e di una **straordinaria volontà di affermazione**, e per questo disposto a ogni opportunismo, sino all'esaltazione sfacciata dei potenti che potevano influire sulla sua carriera di letterato e di cortigiano, non era privo tuttavia di uno **spirito inquieto** e insofferente che poteva indurlo all'insubordinazione, alla fuga e alla rivolta, come anche ai rischi dell'intrigo e dell'inganno.

Da Napoli a Roma

Nato a **Napoli** nel **1569**, la sua formazione letteraria è fortemente influenzata dal modello manierista di Torquato Tasso. Da giovane, fu ospitato da nobili famiglie napoletane che lo accolsero nelle loro dimore dopo che era stato cacciato di casa dal padre che disapprovava la sua vita scapestrata. Dopo due incarcerazioni in seguito ad accuse di immoralità, fuggì a **Roma**, dove risiedette per **cinque anni** (1600-1605).

Da Ravenna a Torino	Dopo tre anni a **Ravenna**, nel 1608 passò a **Torino**, al servizio del duca Carlo Emanuele di Savoia. Nel 1609 ricevette da Carlo Emanuele la nomina a cavaliere e si scontrò con il segretario del duca, il poeta genovese **Gaspare Murtola**, invidioso del suo successo a corte. I due si scambiarono versi satirici e violentemente polemici. Murtola arrivò ad aggredirlo per strada sparandogli contro con una pistola.
Il conflitto con Murtola	
	A Torino Marino visse **sette anni, sino al 1615**. Finì tuttavia in disgrazia e passò diversi mesi in carcere, pare per maldicenza e per versi offensivi contro il duca. Nel **1614** riunì i suoi versi lirici (anche quelli che erano usciti nel 1602) sotto il titolo unitario **La Lira**. È l'opera che determinò il suo successo e la sua fama. Nello stesso anno pubblicò anche le *Dicerie sacre*, esempio di oratoria religiosa.
La Lira	

Frans Pourbus il Giovane, *Ritratto di Giambattista Marino*, 1621 circa. Detroit, Detroit Institute of Arts.

A Parigi	**Dal 1615 al 1623** Marino fu a **Parigi** alla corte di Francia, chiamatovi da Maria de' Medici, vedova di Enrico IV. Quando Luigi XIII nel 1617 giunse al potere e l'influenza di Maria de' Medici venne drasticamente ridimensionata, Marino conobbe un periodo difficile. Riuscì tuttavia a superarlo ingraziandosi il giovane sovrano. Nel 1616 pubblicò gli **Epitalami**, poesie per nozze; nel 1619 **La Galeria**, liriche dedicate a opere o a oggetti d'arte; nel 1620 **La Sampogna**, idilli mitologici e pastorali. Infine nel **1623** dette alle stampe lo sterminato poema **L'Adone**, di oltre 40.000 versi, dedicato al re Luigi XIII, non senza aver incontrato qualche ostacolo da parte della censura ecclesiastica.
Epitalami, *La Galeria*, *La Sampogna*, *L'Adone*	
A Napoli	Nello stesso anno (**1623**) decise, per ragioni di salute, di **tornare in Italia, a Napoli**, dove **morì nel 1625**. Postumi uscirono il poema d'argomento religioso **La strage degli innocenti**, scritto in gran parte durante il soggiorno parigino, e varie raccolte di **Lettere** (uscite postume tra il 1627 e il 1629), che per vivacità, spiriti polemici e capacità di autoesaltazione possono ricordare un personaggio come Pietro Aretino.
Le *Lettere*	
La meraviglia, obiettivo della poesia	Appunto nelle *Lettere* si incontrano alcuni fra i più significativi **documenti della poetica dell'autore**. Bisogna tuttavia ricordare anche una celebre terzina della *Fischiata XXXIII* (Marino chiamò "fischiate" i suoi sonetti di scherno contro Gaspare Murtola), dove si sostiene che **il fine**

LE OPERE DI MARINO			
La Lira (1614) • canzoniere organizzato per generi e temi • primato della vista • nuovi temi: particolari del corpo della donna e atti minuti della vita quotidiana • ricerca della meraviglia • trionfo della metafora	**Dicerie sacre (1614)** • oratoria religiosa	**Epitalami (1616)** • poesie per le nozze	**La Galeria (1619)** • poesie dedicate a opere d'arte
La Sampogna (1620) • idilli mitologici e pastorali	**Adone (1623)** • poema mitologico in ottave diviso in 20 canti • mito ed erotismo • prevalenza del privato e dell'amore sull'epica e sulla guerra • struttura policentrica, piena di digressioni • trionfo della metafora barocca e ricorso all'allegoria • Adone come eroe non-violento ed emblema dell'amore	**La strage degli innocenti (pubblicazione postuma)** • poema religioso	**Lettere (pubblicazione postuma)** • vivacità del dettato • spunti polemici • narcisismo

principale del poeta consiste **nella meraviglia** che egli deve saper suscitare nel lettore: «È del poeta il fin la meraviglia / (parlo de l'eccellente, non del goffo): / chi non sa far stupir, vada alla striglia» [chi non riesce a far stupire il lettore deve cambiare mestiere e diventare uno stalliere, uno che striglia i cavalli].

«Leggere col rampino»

Nella lettera premessa alla *Sampogna* si professa un altro tipo di spregiudicatezza: quello di **«leggere col rampino [con il gancio]»**, traendo spunto, cioè, da ogni tipo di lettura, attingendo a piene mani da classici e moderni, accozzando e variando, senza timore di riprodurre testi altrui o di riprendere motivi da altri autori (e poco importa se «razzolando col detto ronciglio [rovistando i testi col suddetto gancio]» si commette qualche «povero furtarello»). **Non si tratta di imitazione** perché l'autore non intende affatto ispirarsi ai valori degli autori classici; **si tratta di metaletteratura**, cioè di letteratura che nasce dalla letteratura, ispirandosi a essa e rivelando apertamente il proprio carattere di finzione e di costruzione. La letteratura del passato diventa un enorme serbatoio a cui attingere in modo indiscriminato.

T • Giambattista Marino, *«Leggere col rampino»*

La poesia lirica: *La Lira*

Le tre parti della Lira *e il titolo*

La Lira **uscì nel 1614**, ma comprende testi scritti a partire dal 1592. Il titolo complessivo allude allo strumento a corde (la lira) assunto a simbolo della poesia e dunque a tutte le varie possibilità tecniche e tematiche che le sono proprie e che il poeta sarebbe stato capace di realizzare.

Una suddivisione per generi e per temi

La suddivisione del canzoniere è per generi e per temi. Esso non scandisce più una storia unitaria d'amore dotata di un suo significato complessivo, com'era nel modello petrarchesco. **L'attenzione** non è più posta sulle vicende interiori, psicologiche, sentimentali del soggetto poetico, ma **è tutta proiettata su dati esterni, su particolari** oggettivi (le chiome della donna, cfr. T1, p. 382; i suoi occhi, il seno), **su quadretti di vita comune** (la donna che cuce, che munge, che si pettina). **Prevale insomma un atteggiamento visivo**: è il senso della vista che predomina. In altri casi l'interesse consiste nello **svolgimento nuovo di motivi poetici tradizionali**, nel loro trattamento paradossale, nella loro combinazione inedita e stupefacente (cfr. T2, p. 384).

T • Giambattista Marino, *Seno*
T • Giambattista Marino, *Donna che cuce*
T • Giambattista Marino, *Donna che si pettina*

Freddezza cerebrale e controllo razionale

Quella della *Lira* è una **poesia improntata a freddezza cerebrale**, in cui la partecipazione sentimentale è nulla. Proprio tale controllo razionale fornisce tuttavia all'autore un suo equilibrio. A veder bene, **Marino resta lontano da astruserie eccessive**: la tendenza paradossale della sua poesia non valica mai i confini della ragione. Di qui la sua fortuna nel Seicento: essere un grande innovatore e tuttavia compiere questa operazione di rinnovamento senza inutili estremismi e anzi saccheggiando il repertorio della tradizione lirica – sempre ben visibile nei suoi versi – giovò alla sua ricezione rendendolo ben accetto a settori diversi di pubblico. **Questa moderazione si coglie anche nel linguaggio**: Marino rifiuta la lingua poetica teorizzata da Bembo (il fiorentino del Trecento quale era stato impiegato da Petrarca) e introduce neologismi, parole desunte dal volgare, dai dialetti, dal latino ecc., ma amalgama tale impasto sulla base della lingua poetica di Tasso e di Guarini che costituiva allora la lingua poetica prevalente.

Il linguaggio

La Galeria e *La Sampogna*

La Galeria, un'opera *"metapittorica"*

Nel 1619 Marino pubblica ***La Galeria***. Come dice il titolo è un tentativo di rendere in versi una galleria di pitture e di sculture: e infatti il libro poetico è scandito in ***Pitture* e *Sculture***. L'autore aveva sempre nutrito una viva passione per la pittura e per la scultura, aveva perciò pensato all'inizio di comporre un «libro figurato» in cui a incisioni artistiche si unissero poesie raffiguranti quadri e sculture, quasi per una emulazione del verso nei confronti di queste arti. Il tentativo fallì, e allora Marino si limitò a pubblicare i testi poetici di argomento artistico da lui composti nel decennio precedente. Se Marino tende sempre alla metaletteratura (cioè a fare letteratura traendo spunto dalla letteratura altrui), **ora fa della "metapittura" e della "metascultura"**. In ogni caso, è l'artificio ciò che gli interessa non la natura. La sua scrittura tende a essere di secondo grado: non cerca di rendere l'immediatezza e l'autenticità della natura, ma la sua mediazione e rappresentazione.

La Sampogna, otto idilli mitologici e quattro pastorali

Questo tema ritorna anche in **La Sampogna** (1620) che riunisce otto idilli mitologici e quattro pastorali scritti fra il 1607 e il 1619. Le fonti dell'opera sono numerose: poeti classici, autori più recenti come Pontano e Sannazaro e autori stranieri. **Gli argomenti sono spesso erotici**, e ricorrente è il tema del ratto e della violenza sessuale (presente in quattro idilli mitologici, *Europa*, *Proserpina*, *Dafne* e *Siringa*). Ma anche in questo caso manca l'abbandono della passione: **la poesia di Marino resta astratta e cerebrale**. Il fatto è che all'amore Marino non crede, esattamente come non crede a una natura intatta e autentica. **È estremamente significativo l'idillio pastorale *La ninfa avara***: in esso Fileno cerca senza successo di convincere all'amore la ninfa Filaura (il cui nome è rivelatore: significa 'amante dell'oro'). La ninfa non vuol saperne di un discorso che sarà anche «dotto», ma è soprattutto «trito e commune» [scontato e banale]; se Fileno vuole ottenere qualche risultato dovrà rinunciare alle «favolette» che ha imbastito e «per novo camino / dietro a nuovi pensier muovere il corso». **Entra così apertamente in crisi la poetica idillica di Tasso e di Guarini**, fondata sul modello di una natura maestra d'amore. La spinta dei sensi ha a che fare più con la forza del denaro (dunque della civiltà e dell'artificio) che con quella spontanea della natura.

La ninfa avara e la crisi della poetica idillica

Il capolavoro del Barocco italiano: *L'Adone*

Il poema ***L'Adone*** fu pubblicato a **Parigi nel 1623**, con dedica dell'autore al re di Francia Luigi XIII. Marino vi aveva lavorato tutta la vita, a partire dagli ultimi anni del Cinquecento. **All'inizio** era stato concepito come **un poemetto idillico-mitologico**; poi divenne un **vero e proprio poema**, immaginato in opposizione o in competizione con la *Gerusalemme liberata* di Tasso, e anzi volutamente più ampio e complesso. In effetti i **venti canti** dell'*Adone* constano di **5033 ottave**: si tratta del **poema più lungo della nostra letteratura**.

L'Adone, poema in venti canti e 5033 ottave

Formalmente il poema appartiene al **genere epico**, ma qui siamo di fronte a un **poema di pace più che di guerra**. Il privato e l'amore prevalgono ampiamente sul tema pubblico e sulla guerra. La sensualità idillica ha la meglio sulla drammaticità dell'epica. Inoltre, al posto della congiunzione fra storia e religione, che era a fondamento del poema tassesco, qui si realizza quella fra **mito ed edonismo**. Le preoccupazioni del verosimile e del meraviglioso cristiano che avevano tanto turbato Tasso non appartengono alla fantasia di Marino, che si limita a qualche concessione esteriore per evitare la censura ecclesiastica: ma ciò non bastò, e infatti la Chiesa nel 1624 pose all'Indice *L'Adone*.

Il privato e l'amore prevalgono sul pubblico e sulla guerra

L'opera non segue un ordine narrativo consequenziale e rigoroso, ma **procede attraverso digressioni ed episodi secondari**, dando al poema un aspetto ridondante di colori e di vicende, conferendogli una varietà e una molteplicità che ben riflette la nuova prospettiva policentrica e multiforme della sensibilità barocca.

Una prospettiva digressiva, policentrica e multiforme

Per quanto concerne la trama, i venti canti possono suddividersi in **quattro blocchi**:

1. **i primi quattro canti** espongono l'evento iniziale: Cupido, per vendicarsi della madre, Venere, che lo ha battuto, la induce a innamorarsi di un mortale, Adone, approdato all'isola di Cipro (cfr. **T3**, p. 386);

I primi quattro canti: l'amore di Adone e di Venere

2. **i canti V-XI** narrano come Adone venga iniziato alle delizie dei cinque sensi nel giardino del piacere e successivamente a quelle dell'intelletto, delle arti (cfr. **T4**, p. 389) e della scienza moderna (compare qui anche l'esaltazione di Galileo). Nel frattempo Mercurio congiunge i due amanti in matrimonio;

I canti V-XI: l'iniziazione di Adone

3. **i canti XII-XVI** narrano le peripezie di Adone, che deve superare una serie di prove di iniziazione. In particolare egli deve difendersi (aiutato da un anello fatato datogli da Venere) dagli agguati di Marte, geloso di Venere, ed è costretto a fuggire da Cipro;

I canti XII-XVI: le peripezie di Adone

4. **i canti XVII-XX** hanno per oggetto la partenza di Venere dall'isola di Cipro, la morte di Adone, ucciso da un cinghiale mandatogli contro da Marte e reso furioso dall'amore (Adone lo aveva ferito con una freccia di Cupido), il processo al cinghiale (assolto perché mosso da amore), la sepoltura del protagonista e gli spettacoli e i giochi indetti da Venere in onore del defunto.

I canti XVII-XX: la morte di Adone

Il poema è interessante non solo per singoli brani famosi, ma per il suo **disegno complessivo, che scopre un intento allegorico**. Il regno di Cipro si presenta nel poema come luogo antitetico rispetto ai valori della cosiddetta società civile e cortigiana, un luogo ideale dove dominano la nonviolenza, l'amore, il gioco e l'arte. Esso appare improntato a una concezione del vivere che si propone di creare una seconda Natura, raffinata e migliorata dall'Arte. Se si aggiunge **il carattere del per-**

L'uso dell'allegoria nell'*Adone*

Il significato allegorico di Adone

S • Un poema che nega l'epica, esautora il racconto e abolisce l'eroe (G. Pozzi)

sonaggio di Adone (eroe non-violento che rifiuta il potere e sceglie l'amore: dunque, come sostiene Pozzi, un «aeroe») e il parallelo finale – appena adombrato e nondimeno percepibile – fra la passione di Adone e quella di Cristo, sembra che dal poema emerga, attraverso la struttura allegorica, un **messaggio ideologico** volto a sacralizzare l'elemento erotico o a esaltare gli effetti benefici dell'amore per cui sono morti Cristo e Adone. L'Adone vuole essere sì **un inno ai sensi, ma ai sensi educati dall'arte**, dalla tecnica, dalle scoperte scientifiche e, insomma, dalla civiltà.

La prima edizione dell'*Adone* di Giambattista Marino stampata a Parigi nel 1623. Parigi, Bibliothèque nationale de France.

T1 Giambattista Marino
Rete d'oro in testa della sua donna

OPERA
La Lira, II, 109

CONCETTI CHIAVE
- la sensualità fredda e cerebrale
- il trionfo della metafora

FONTE
G. Marino, *Amori*, a cura di A. Martini, Rizzoli, Milano 1955; si tratta di un'antologia di testi tratti da *La Lira*.

In questo madrigale l'autore gioca sull'immagine dei capelli biondi della donna avvolti da una reticella d'oro. I capelli di per sé costituiscono una rete metaforica in quanto capaci di catturare il cuore del poeta; la presenza di una seconda reale rete (quella che effettivamente tiene fermi i capelli della donna) apre la strada all'acutezza ingegnosa attraverso la quale i due tipi di rete sono accostati dall'autore nel verso finale.

> Porta intorno madonna
> lacci a lacci aggiungendo ed oro ad oro,
> d'aurea prigion l'aurea sua chioma avolta.
> Alma libera e sciolta
> 5 fra quel doppio tesoro
> ove n'andrai, che non sii presa alfine,
> s'ella ha rete nel crine e rete è il crine?

METRICA madrigale, composto da tre settenari e da quattro endecasillabi, secondo lo schema aBCcbDD. Il v. 1 è in assonanza con i vv. 3 e 4.

• **1-7** La mia donna (**madonna**) porta avvolta (**avolta**) intorno alla sua bionda (**aurea**) chioma una reticella d'oro (**aurea prigion**), aggiungendo [così] ai lacci e all'oro [dei capelli] i lacci e l'oro [della rete]. Anima (**alma**) [mia, che sei] libera e senza legami (**sciolta**), se lei (**ella**) ha una rete [d'oro] nei capelli (**crine**), ed essi stessi (**il crine**) [sono] una prigione (**rete**) [dorata per il tuo cuore], come potrai muoverti (**ove n'andrai**) fra quel duplice oro (**tesoro**) senza esserne alla fine catturata (**che non sii presa alfine**)? **Lacci**: nodi, vincoli, legami, ma anche, metaforicamente, trappole. **Che…alfine**: subordinata con valore consecutivo.

T1 DALLA COMPRENSIONE ALL'INTERPRETAZIONE

COMPRENSIONE

Il gioco del doppio Il modulo che Marino persegue sapientemente nella costruzione del testo è quello del **raddoppiamento**. Dei sette versi che lo compongono, infatti, solo **il verso 4 è isolato** al centro del componimento: l'«Alma libera e sciolta» risulta così imprigionata fra due blocchi di tre versi ciascuno (un settenario e due endecasillabi), uno precedente, l'altro seguente. La **prima terzina** introduce l'immagine su cui ruota l'intera poesia: i capelli della donna sono avvolti in una reticella dorata, così che ai «lacci» e all'«oro» dei capelli si aggiungono i «lacci» e l'«oro» della reticella: l'**elemento concreto** si aggiunge cioè all'**elemento metaforico** (i capelli sono metaforicamente una rete perché sono capaci di catturare il cuore del poeta). La **seconda terzina** ribadisce la duplicazione: c'è un «doppio tesoro» (v. 5) e una doppia «rete» (v. 7). L'anima del poeta non potrà che esserne catturata.

ANALISI

La struttura formale Già il secondo verso dà il via al regime metaforico che governa il testo. **La sovrapposizione dell'«oro» della reticella a quello, metaforico, dei capelli (biondi)** viene raddoppiata dall'altra che pone in correlazione due diversi «lacci», quello, reale, della reticella e quello, metaforico, dei capelli che imprigionano l'amante. Il **tema del «doppio tesoro»** è d'altronde esplicito al v. 5. Infine al v. 7 si ha una nuova **duplicazione**: due volte ritorna il termine «rete» e due volte «crine»: da un lato la donna ha la rete (cioè la reticella) nei capelli, dall'altro i capelli sono, essi stessi, una rete. Ma si noti il valore duplice, reale e metaforico, anche del solo primo emistichio («s'ella ha rete nel crine»): la donna ha la rete nei capelli perché porta una reticella ma anche perché con essi cattura l'amante. Il regime del doppio vale anche nella struttura complessiva del testo di sette versi (vedi Comprensione). Il testo, insomma, è perfettamente organizzato e calibrato intorno alla **figura doppia della metafora** (doppia perché la metafora sovrappone sempre due campi diversi) che dunque da puro espediente retorico diventa immagine e struttura che genera l'organizzazione del testo.

INTERPRETAZIONE

L'eros cerebrale di Marino Il tema dei capelli biondi era un *topos* della poesia lirica dalle origini al petrarchismo. In **Petrarca**, però, il particolare dei capelli faceva parte di una **idealizzazione dell'immagine femminile**: esso non era isolato dal resto della figura (cfr. vol. 1). **Qui invece la donna non si vede**: si vedono solo i suoi capelli e la reticella che li ricopre. La figura umana nella sua interezza sparisce: **si riduce a una serie di particolari smembrati** che non compongono un tutto. Inoltre il gioco metaforico a cui Marino sottopone il *topos* dei capelli biondi già toglie la carica di sensualità e di turbamento che aveva in Petrarca. Quando si parla di sensualismo di Marino bisogna perciò intendersi: se per sensualismo si vuole indicare l'attenzione ai particolari fisici, naturali, e persino, talora, osceni, si può essere d'accordo. Ma se per sensualismo si intende adesione del poeta a una spinta passionale, non si può essere più d'accordo: il sensualismo di **Marino è sempre frigido e cerebrale**, dunque distaccato, privo di turbamenti e di partecipazione emotiva. Mentre Petrarca guarda incantato la trepida sensualità dei capelli di Laura sparsi al vento, Marino si limita a un **gioco di acutezze**, all'**ingegnosità di un concetto astratto**, quello che unisce la rete reale, rappresentata dalla reticella, a quella metaforica dei capelli che catturano il cuore del poeta.

T1 LAVORIAMO SUL TESTO

COMPRENDERE

1. Fai la parafrasi del testo.

ANALIZZARE

Un'«aurea prigion»

2. **LINGUA E LESSICO** Perché la chioma della donna è un'«aurea prigion»? Spiega la funzione dell'ossimoro.

Il linguaggio metaforico

3. **LINGUA E LESSICO** Individua le metafore presenti nel componimento e spiegane il significato.

4. Il raddoppiamento della realtà nella metafora è reso anche dalla struttura del componimento. Spiega come.

INTERPRETARE

I mitici capelli biondi

5. Il *topos* della lirica amorosa, che trasformava le donne in angeli e ninfe, che fine fa in Marino? L'anima «libera e sciolta» del poeta da chi è catturata? Da una donna o da un gioco di parole?

T2 Giambattista Marino
Bella schiava

OPERA
La Lira, III, 10

CONCETTI CHIAVE
- il paradosso come strumento per stupire il lettore
- contaminazione alto/basso

FONTE
G. Marino, *Amori*, cit.

Il gusto della novità induce Marino a esaltare una bellezza di colore, una schiava nera. Il tema era stato introdotto, con cautela, da Tasso; ma ora serve all'autore a rovesciare i canoni tradizionali di bellezza e a porre in primo piano una serie di antitesi e di ossimori, legati al motivo del «leggiadro mostro».

> Nera sì, ma se' bella, o di Natura
> fra le belle d'Amor leggiadro mostro.
> Fosca è l'alba appo te, perde e s'oscura
> presso l'ebeno tuo l'avorio e l'ostro.
>
> 5 Or quando, or dove il mondo antico o il nostro
> vide sì viva mai, sentì sì pura,
> o luce uscir di tenebroso inchiostro,
> o di spento carbon nascere arsura?
>
> Servo di chi m'è serva, ecco ch'avolto
> 10 porto di bruno laccio il core intorno,
> che per candida man non fia mai sciolto.
>
> Là 've più ardi, o sol, sol per tuo scorno
> un sole è nato, un sol che nel bel volto
> porta la notte, ed ha negli occhi il giorno.

METRICA sonetto con schema ABAB BABA, CDC DCD.

- **1-4** [*Tu*] *sei* (**se'**) *nera sì, ma bella, o magnifico* (**leggiadro**) *portento* (**mostro**) *di Natura fra le belle d'Amore* [: le donne belle care al dio Amore]. [*Perfino*] *l'alba è oscura* (**fosca**) *al tuo confronto* (**appo te**), *l'avorio e la porpora* (**l'ostro**) *perdono* [brillantezza] *e si oscurano, avvicinati al nero* (**presso l'ebeno**) *tuo* [: della tua pelle]. L'*incipit* si rifà a quello del madrigale tassiano «Bruna sei tu, ma bella». **Leggiadro mostro**: contrapposizione apparentemente ossimorica: in realtà il termine **mostro**, di derivazione latina significa 'portento, miracolo', senza connotazioni negative. **Ebeno tuo**: l'ebano è un legno pregiato nero e durissimo, tradizionalmente utilizzato come qualificazione del colore nero (così come i successivi **avorio** e **ostro** lo sono del bianco e del rosso). **Ostro**: etimologicamente, la conchiglia da cui si estrae la porpora, quindi, letterariamente, il colore stesso.
- **5-8** [*Ma* (**or**)] *quando, ma dove mai il mondo antico o il nostro videro una luce così pura scaturire* (**uscir**) *dal nero* (**di tenebroso**) *inchiostro, o sentì un calore* (**arsura**) *così vivo nascere dal* (**di**) *carbone spento?* Marino sottolinea il contrasto tra il colore scuro della pelle della schiava e la luminosità che ne emana. **Arsura**: qui usato in senso latino per indicare il fuoco e il desiderio amorosi. **Vide/viva, sentì/pura**: la purezza è più propriamente caratteristica della luce, mentre la vividezza lo è della fiamma (e della passione): tutta la quartina è giocata su scambi chiastici nella disposizione dei termini (si veda in proposito anche **luce/inchiostro...carbon/arsura**). **Inchiostro**: come i precedenti **ebeno**, **avorio** e **ostro**, è figurazione coloristica, qui relativa al 'nero'. **Spento carbon**: il carbone spento è nero, a differenza del carbone incandescente. Il senso di questi versi è che mai un amore altrettanto puro o una passione altrettanto ardente sono scaturiti da una bellezza nera, in riferimento al *topos* classico del candore quale attributo di bellezza.
- **9-11** [*Servo di chi mi è serva, ecco che porto avvolto* (**avolto**) *intorno al* (**il**) *cuore un laccio bruno, che non sarà* (**fia**) *mai sciolto da* (**per**) *mano candida*. Marino definisce i capelli della donna **laccio** che imprigiona il cuore di chi la ama. La donna è una **serva** che ha però il potere di rendere schiavo chi la ama. L'amore per la sua bellezza scura non sarà mai vinto dal candore della pelle di altre donne.
- **12-14** *Là dove* (**'ve**) *più ardi, o sole, è nato soltanto* (**sol**) *per umiliarti* (**per tuo scorno**) *un sole, sole che porta la notte nel* [*suo*] *bel volto, ed ha il giorno negli occhi*. Anche se bruna, perché nata in terre africane (là dove il sole brilla più forte), la donna è un **sole**, così come vuole la tradizione petrarchesca; ma è un "sole notturno" che ha negli occhi la luce. Si noti l'elaborazione formale di questi ultimi versi: il bisticcio legato al termine **sol**, impiegato sia come sostantivo (sole) che come avverbio (solamente), le due raffigurazioni ossimoriche di "sole nero" (**sol che nel bel volto/porta la notte**) e "notte diurna" (**notte...ha negli occhi il giorno**).

T2 DALLA COMPRENSIONE ALL'INTERPRETAZIONE

COMPRENSIONE

Una bellezza atipica In questo sonetto della raccolta *La Lira* (III,10) **Marino esalta la bellezza, atipica e inconsueta per l'epoca, di una schiava di colore**. Nella **prima quartina** il poeta gioca con **l'ambiguità della parola «mostro»**, che ol-

parte quarta Il Manierismo, il Barocco, il Rococò. Dalla Controriforma all'età dell'Arcadia (1545-1748)

tre al significato negativo oggi corrente ne ha anche un altro, etimologico e vuol dire '**portento, meraviglia**' (dal lat. *moneo*, 'ammonire, avvisare di un miracolo'). Nella **seconda quartina** sottolinea **il contrasto tra il colore scuro** della pelle della donna e **la luminosità** metaforica (cioè la bellezza) che sprigiona. All'idea di luminosità è associata quella di «arsura», di sete inestinguibile provocata dal calore intenso prodotto da quella luce (dal punto di vista retorico «arsura» è metonimia per 'caldo intenso' e sta a significare la passione amorosa). La **prima terzina** contiene un'ennesima antitesi: **la donna, pur essendo una schiava, è padrona del cuore del poeta**, che in questo senso è suo servo. La figura dell'ossimoro domina anche nelle due immagini finali ospitate nell'**ultima terzina**: quella del **sole notturno** («sol che nel bel volto/ porta la notte») e quella della **notte diurna** (cioè della notte che «ha negli occhi il giorno»). Anche se di pelle scura, perché nata in Africa (là dove il sole brilla più forte), la donna è un sole, secondo la tradizione petrarchesca. Però è un sole notturno, che ha la luce negli occhi, perché la luminosità degli occhi della schiava risalta ancora di più sul nero della pelle.

ANALISI

Antitesi e meraviglia   Se per Marino **il fine della poesia è la meraviglia**, come afferma lui stesso nella *Fischiata XXXIII*, il mezzo stilistico con cui in questo sonetto raggiunge l'obiettivo è **l'uso esasperato dell'antitesi**. Marino riprende infatti il motivo petrarchesco dell'omaggio galante alla donna ma lo carica di ossimori e antitesi in un vertiginoso e sconcertante crescendo: il mostro è leggiadro, l'alba è fosca, l'avorio e la porpora si oscurano, la luce scaturisce dal nero inchiostro, il calore nasce dal carbone spento, il poeta è servo di chi gli è serva, fino alla doppia, paradossale, immagine conclusiva del sole nero e della notte diurna.

Il tema   Il **tema della bellezza nera** serve all'autore per elaborare una serie inedita di immagini volte a provocare **un effetto di shock sul lettore**: un effetto prodotto dalla delusione delle attese di chi si aspetta il consueto elogio del candore e dello splendore della donna amata. Mentre i poeti petrarchisti lodano il candore luminoso della pelle (un *topos* più antico di Petrarca: basterà qui ricordare i versi del *Paradiso* – III, 10-15 – in cui si accenna a una perla che «in bianca fronte» è appena percepibile allo sguardo), Marino svolge **un elogio paradossale** al suo colore bruno e tenebroso.

Sul tema della bellezza nera, si può notare che da un lato Marino abbassa la condizione della donna, facendone addirittura **una schiava**, dall'altro, però, **«dà piena cittadinanza lirica alla bellezza nera»**. È stato osservato che si tratta di due scelte parallele e fuori del comune (in **Tasso** la donna nera compare in un madrigale, ma come ancella – non schiava – e solo come possibile intermediaria del poeta rispetto alla signora, non come oggetto diretto d'amore), e tuttavia «conseguenti all'uso dei poeti» barocchi di «introdurre nei loro canzonieri la più vasta tipologia possibile di donne amabili» (Martini).

INTERPRETAZIONE

Una nuova rappresentazione della donna   Vari elementi concorrono a **innovare la tematica femminile nella poesia barocca**. L'esigenza di esplorare la realtà in tutti i suoi aspetti, anche i più inediti, s'incontra perfettamente con la poetica della meraviglia. **L'immagine tradizionale della donna, tutta bellezza e idealità, sparisce dai canzonieri**, non più costruiti su esemplari storie d'amore. La rappresentazione della donna si arricchisce di **determinazioni più concrete**, che la raffigurano negli atteggiamenti più diversi, anche i più umili e impoetici: **la donna che cuce** (Giambattista Marino, *Donna che cuce*; cfr. espansioni digitali T), che munge, che cavalca (Girolamo Preti, *Bella donna a cavallo*), che vende polli (Agostino Augustini, *La bella pollarola*), che chiede l'elemosina (Claudio Achillini, *Bellissima mendica*), che rilega libri (Gian Francesco Maia Materdona, *Bella libraia*), che balbetta (Scipione Errico, *Bella balbuziente*), che nuota (Girolamo Fontanella, *Bella nuotatrice*), che porta gli occhiali (Giuseppe Artale, *Bella donna con gli occhiali*), che fa la lavandaia (Paolo Zazzaroni, *Innamorossi di bella lavandaia*), che si pettina (*Donna che si pettina*; cfr. espansioni digitali T), che pettina capelli i quali – scandalo supremo in una logica petrarchesca – sono infestati da pidocchi (Anton Maria Narducci, «*Sembran fere d'avorio in bosco d'oro*»).

La tipologia della figura femminile si allarga dunque a **tutte le categorie sociali**, dalla signora alla schiava alla mendicante. E compare nella poesia anche **la bellezza nera**, capovolgendo un mito secolare della bellezza femminile occidentale. In *Bella schiava* Marino celebra il «mostro leggiadro», la seduzione della schiava, «nera sì, ma bella», rivelando **la suggestione tipicamente barocca per l'irregolare, lo strano, l'esotico**. Si tratta di una modificazione del gusto che rompe gli schemi tradizionali della sublimazione femminile e del naturalismo erotico rinascimentale. Nel contesto della società repressiva e autoritaria della Controriforma si scontrano due diverse esigenze: da una parte la coscienza di una realtà naturale e umana sempre più complessa, che richiede una spregiudicata libertà di indagine, dall'altra l'imposizione di un conformismo morale che induce i poeti a esprimere i desideri del loro immaginario erotico in forme rimosse o deviate. Quello di Marino è comunque **un eros cerebrale** (cfr. T1, Dalla comprensione all'interpretazione). Non a caso *Bella schiava* inizia con una citazione neanche tanto occulta di un testo di solare sensualità, il *Cantico dei Cantici* («Nera sì, ma se' bella», «*Nigra sum, sed formosa*»), ma è poi tutto costruito sul gioco intellettuale della fuga di antitesi e ossimori che devono provocare la «meraviglia» del lettore.

T2 LAVORIAMO SUL TESTO

COMPRENDERE

1. Fai la parafrasi del testo.

ANALIZZARE

Bellezza nera

2. La poesia si apre e si chiude con un'antitesi. Quale? Individua le altre opposizioni su cui si struttura il testo.

3. **TRATTAZIONE SINTETICA** Quale canone di bellezza è ripreso e capovolto? Spiegalo in un testo di cinque righe.

INTERPRETARE

«Servo di chi m'è serva»

4. La donna non è più signora, ma serva. Secondo te, ciò risponde a un suo abbassamento, a un abbassamento dell'amante, a una provocazione o a una semplice smania di novità?

LE MIE COMPETENZE: DIALOGARE, CONFRONTARE

Molte tele del pittore Paul Gauguin (1848-1903), che lasciò la Francia per andare a vivere in Polinesia e a Tahiti, rappresentano il fascino esotico delle donne tahitiane, la cui nudità esprime una bellezza pura e originaria, diversissima dai canoni estetici occidentali ed è indice di una serenità e di una sintonia con la natura che l'uomo europeo civilizzato ha perduto. In *Manao tupapau* ('Lo spirito dei morti veglia') la ragazza è riversa sul letto, nuda, e guarda l'osservatore con un'espressione a metà tra l'attesa e la paura. Sullo sfondo, l'immagine dello spirito dei morti riporta alla dimensione animistica e misteriosa della cultura polinesiana. Discutendo con la classe, confronta il testo di Marino con la tela di Gauguin.

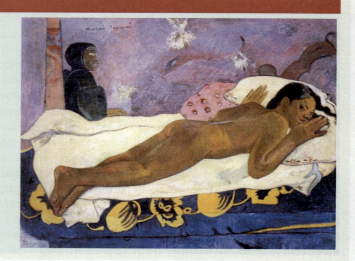

Paul Gauguin, *Lo spririto dei morti veglia* (*Manao Tupapau*), 1892. Buffalo, Museo Albright-Knox.

T3 Giambattista Marino
L'elogio della rosa

OPERA
L'Adone, III, 156-161

CONCETTI CHIAVE
- una insistita sequenza metaforica
- la rivisitazione di un *topos*

FONTE
G. Marino, *L'Adone*, a cura di G. Pozzi, Adelphi, Milano 1988.

L'elogio della rosa è pronunciato da Venere nel canto III. Mentre Adone è addormentato, Venere lo vede e se ne innamora. Quando il giovane si sveglia, vorrebbe fuggire, ma Venere lo prega di curarle il piede ferito da una spina di rosa. Adone accetta e, toccando le membra della dea, se ne innamora. Di qui l'elogio della rosa messo in bocca a Venere. Si noti che la rosa, nella tradizione lirica, è sempre simbolo della persona amata: dunque, qui, di Adone stesso.

156
Rosa riso d'amor, del ciel fattura,
rosa del sangue mio fatta vermiglia,
pregio del mondo e fregio di natura,
dela terra e del sol vergine figlia,
d'ogni ninfa e pastor delizia e cura,
onor del'odorifera famiglia,
tu tien d'ogni beltà le palme prime,
sovra il vulgo de' fior donna sublime.

METRICA ottave.

● **156** *Rosa, sorriso di amore, creatura (**fattura**) del cielo, rosa divenuta (**fatta**) rossa (**vermiglia**) per il (**del**) mio sangue, decoro (**pregio**) del mondo e ornamento (**fregio**) della natura, vergine figlia della (**dela**) terra e del sole, [fonte di] delizia e preoccupazione (**cura**) di ogni ninfa e [di ogni] pastore, vanto (**onor**) della profumata (**odorifera**) famiglia [dei fiori], tu sei la prima (**tien le palme prime**) in bellezza (**d'ogni beltà**) [tra tutti gli altri fiori], signora (**donna**) eccelsa (**sublime**) tra (**sovra**) i fiori comuni (**vulgo de' fior**).* **Rosa riso d'amor**: il *topos* classico vuole che il sorriso di Venere abbia il potere di fecondare la terra. **Vermiglia**: Venere si è punta con la spina di una rosa, e il fiore ha assunto la colorazione del sangue della dea. Adone medica questa ferita, e da questo contatto nasce l'amore fra i due (l'episodio è narrato nelle ottave 66-67 dello stesso canto). **Figlia**: la rosa cresce grazie al nutrimento della terra e alla luce del sole. **Palme prime**: la palma è un simbolo di trionfo, ed è attributo dei vincitori. **Donna**: è la *padrona del vulgo de' fior* (dello stesso autore cfr., per questa espressione, l'idillio *Europa*, v. 133: «popol de' fiori»).

157
Quasi in bel trono imperadrice altera
siedi colà su la nativa sponda.
Turba d'aure vezzosa e lusinghiera
ti corteggia dintorno e ti seconda
e di guardie pungenti armata schiera
ti difende per tutto e ti circonda.
E tu fastosa del tuo regio vanto
porti d'or la corona e d'ostro il manto.

158
Porpora de' giardin, pompa de' prati,
gemma di primavera, occhio d'aprile,
di te le Grazie e gli Amoretti alati
fan ghirlanda ala chioma, al sen monile.
Tu qualor torna agli alimenti usati
ape leggiadra o zefiro gentile,
dai lor da bere in tazza di rubini
rugiadosi licori e cristallini.

159
Non superbisca ambizioso il sole
di trionfar fra le minori stelle,
ch'ancor tu fra i ligustri e le viole
scopri le pompe tue superbe e belle.
Tu sei con tue bellezze uniche e sole
splendor di queste piagge, egli di quelle,
egli nel cerchio suo, tu nel tuo stelo,
tu sole in terra, ed egli rosa in cielo.

Francisco de Zurbarán, *Tazza e rosa su un piatto d'argento*, 1630 circa. Londra, National Gallery.

160
E ben saran tra voi conformi voglie,
di te fia 'l sole e tu del sole amante.
Ei de l'insegne tue, dele tue spoglie
l'Aurora vestirà nel suo levante.
Tu spiegherai ne' crini e nele foglie
la sua livrea dorata e fiammeggiante;
e per ritrarlo ed imitarlo a pieno
porterai sempre un picciol sole in seno.

161
E perch'a me d'un tal servigio ancora
qualche grata mercé render s'aspetta,
tu sarai sol tra quanti fiori ha Flora
la favorita mia, la mia diletta.
E qual donna più bella il mondo onora
io vo' che tanto sol bella sia detta,
quant'ornerà del tuo color vivace
e le gote e le labra. – E qui si tace.

● **157** Tu stai (**siedi**) [sopra il tuo stelo] là dove sei nata (**su la nativa sponda**) come (**quasi**) una superba (**altera**) imperatrice (**imperadrice**) su di (**in**) un bel trono. Un vorticare (**turba**) dolce (**vezzosa**) e piacevole (**lusinghiera**) di brezze (**aure**) [primaverili] ti muove intorno come una corte (**ti corteggia**) e ti segue (**seconda**) e una schiera armata di guardie pungenti [: le spine] ti protegge (**difende**) e ti circonda da ogni parte (**per tutto**). E tu porti una corona d'oro [: gli stami] e il manto porporino (**d'ostro**) [: i petali], orgogliosa (**fastosa**) della tua dignità (**vanto**) regale (**regio**). *Guardie...schiera*: perifrasi. Dalla metafora della rosa-regina scaturiscono, per traslato, numerose corrispondenze tra i due campi semantici: si vedano i successivi "corona d'oro", "manto d'ostro", riferiti rispettivamente ai gialli stami e ai rossi petali.

● **158** Rosso (**porpora**) dei giardini, orgoglio (**pompa**) dei prati, germoglio (**gemma**) di primavera, luce (**occhio**) di aprile, di te le Grazie e gli Amoretti alati fanno ghirlande per i capelli (**ala chioma**), gioielli (**monile**) per il (**al**) seno. Quando (**qualor**) un'ape gentile (**leggiadra**) o un venticello (**zefiro**) leggero (**gentile**) tornano a [suggere dal tuo calice] gli alimenti consueti (**usati**) [: il nettare], tu offri (**dai**) loro da bere gocce (**licori**) di rugiada (**rugiadosi**) e di nettare (**cristallini**) in un calice (**tazza**) [rosso] come il rubino (**di rubini**). *Torna a gli alimenti usati...zefiro gentile*: anche il vento sembra nutrirsi di nettare, dal momento che ne diffonde il profumo.

● **159** Non si inorgoglisca (**superbisca**) il sole ambizioso di troneggiare (**trionfar**) fra le stelle minori, perché tu mostri (**scopri**) le tue grazie (**pompe**) superbe e belle [trionfando] anche (**ancor**) fra i ligustri e le viole. Con le tue bellezze incomparabili (**uniche e sole**) tu sei lo splendore dei campi della terra (**queste piagge**), il sole (**egli**) [lo è] di quelli [del cielo], egli nella sua orbita (**cerchio**) è la rosa del (**in**) cielo, tu, sul tuo stelo, [sei] il sole della (**in**) terra. *Ligustri...viole*: piante nobili, i colori delle quali erano solitamente usati come attributi della bellezza femminile.

● **160** E giustamente (**ben**) i vostri desideri (**voglie**) saranno similari (**conformi**), tu sarai amante del sole, e il sole [lo] sarà (**fia**) di te. Egli (**ei**), al suo sorgere (**nel suo levante**), vestirà l'Aurora del colore (**insegne**) dei tuoi petali (**spoglie**). Tu distenderai (**spiegherai**) nei [tuoi] petali (**crini**) e nelle [tue] foglie la sua veste (**livrea**) dorata e luminosa (**fiammeggiante**); e per somigliargli (**ritrarlo**) e imitarlo completamente (**a pieno**), porterai sempre un piccolo (**picciol**) sole dentro di te (**in seno**) [: il pistillo].

● **161** E perché ancora [ci] si aspetta da (**a**) me una ricompensa (**render qualche grata mercé**) di un tale servizio (**servigio**) [che mi hai reso favorendo l'amore tra me e Adone], tu sola (**sol**) sarai la mia favorita, la mia diletta, tra quanti fiori possiede (**ha**) la [dea] Flora. E qualunque donna il mondo onora [come la] più bella, io voglio (**vo'**) che sia detta bella soltanto (**tanto sol**) [per] quanto ornerà le [sue] guance (**gote**) e le [sue] labbra del tuo vivido (**vivace**) colore». *E qui tace*. L'ultima ottava raggiunge il culmine del virtuosismo tecnico: le numerose metafore si intrecciano, e scaturiscono addirittura l'una dall'altra.

T3 DALLA COMPRENSIONE ALL'INTERPRETAZIONE

COMPRENSIONE E ANALISI

Il virtuosismo delle metafore L'**ottava 156** si apre con una **paronomasia**: «rosa riso» non solo hanno le stesse consonanti, ma differiscono solo per una vocale (hanno in comune la *o*, ma, come seconda vocale, una parola presenta una *a*, l'altra una *i*). Si chiude poi con una **metafora** che proietta il proprio senso anche sulle ottave successive: **la rosa è la signora («donna») del popolo dei fiori**. Infatti subito dopo, nell'ottava successiva, viene presentata come un'«imperadrice» sul trono, circondata da una corte in cui i cortigiani sono rappresentati da una folla di dolci venticelli e le guardie dalle spine (e infatti l'autore parla di «guardie pungenti», al v. 5 dell'**ottava 157**). Il gioco delle metafore continua ai versi 7 e 8 con gli accostamenti fra la corona d'oro e gli stami della rosa, il mantello di porpora e i petali (ma il secondo termine del parallelo – e cioè i cortigiani, gli stami e i petali – non è rammentato: è il lettore che deve immaginarlo). Nell'**ottava 158** si affolla una fitta sequenza di metafore, secondo un procedimento tipico della poesia di Marino; particolarmente arguta quella dell'«occhio d'aprile», costruita probabilmente in relazione alla vivida lucentezza del colore della rosa. Poi, alla fine dell'**ottava 159**, viene introdotto un altro accostamento: non più interno all'immagine della rosa = regina, ma esterno a questa immagine, fra la rosa e il sole: **la rosa è il sole in terra, il sole è la rosa del cielo**. Si stabilisce quindi una seconda equivalenza quella tra la rosa e il sole, che viene articolata con ulteriori variazioni sul tema: il sole vestirà l'aurora del colore dei petali della rosa, questa, a sua volta, muturà dal sole il colore dorato dei petali e delle foglie, e, per imitare a pieno il suo doppio celeste porterà dentro di sé un piccolo sole (il pistillo). Per tutti questi motivi la rosa sarà la favorita di Venere e l'ornamento delle guance e delle labbra di tutte quelle donne che, solo grazie ad esso, potranno essere dette belle.

Il significato della rosa Ma qual è il senso di questo accumulo di metafore e dell'elogio del fiore? Dal punto di vista strettamente narrativo la risposta è semplice: **Venere ringrazia con le sue parole la rosa perché, pungendosi con le sue spine, ha potuto incontrare Adone**. Tuttavia c'è anche un secondo e più profondo significato nelle parole di Venere, e soprattutto nella seconda parte del suo elogio: **la rosa** (che nella tradizione poetica è sempre il simbolo della persona amata) **rappresenta Adone, la cui bellezza è meravigliosa ma caduca, essendo lui un mortale**. Il sole è invece **Venere stessa**, e come la dea dell'amore è fonte di vita e di rigenerazione. E così come la terra (la rosa) e il cielo (il sole), congiungendosi, rendono fertile il mondo e danno vita alla natura, allo stesso modo dall'**unione tra l'umano (Adone) e il divino (Venere)** nasce quel sentimento amoroso che è per metà un fenomeno naturale (l'istinto riproduttivo, di cui sono dotati anche gli animali) e per metà celestiale e divino.

INTERPRETAZIONE

Il tema della rosa nella poesia e il giudizio di De Sanctis Il **tema della rosa** è presente in **numerosi poeti dell'età umanistico-rinascimentale**. Limitandosi qui a **Poliziano** (cfr. la canzone «I' mi trovai, fanciulle, un bel mattino», nel vol. 2), ad **Ariosto** (cfr. *Orlando furioso*, I, 42, nel vol. 2) e a **Tasso** (cfr. *Gerusalemme liberata*, XVI, 14), in questi autori la rosa è il simbolo dell'incanto fascinoso ma anche della **fugacità della bellezza**: alla nota del piacere si aggiunge quella della malinconia, più forte in Tasso, più lieve nei primi due poeti. In ogni caso, la rosa serve di spunto per una riflessione sul destino delle cose terrene. La poesia di Marino è invece tutta concentrata sul gioco metaforico della rosa = regina e sul parallelo, anch'esso metaforico, con il sole. Di qui il **carattere astratto e artificioso dei procedimenti mariniani**, che indussero **Francesco De Sanctis** a una dura condanna, proprio attraverso il paragone con gli autori citati prima. Scrive De Sanctis che in Marino «non ci è il sentimento della natura e non la schietta impressione della rosa. Hai combinazioni astratte e arbitrarie dello spirito, cavate da somiglianze accidentali ed esterne, che adulterano e falsificano le forme naturali». Il punto di vista di De Sanctis è romantico: per lui la natura e il sentimento hanno valore in sé. Invece Marino alla natura preferisce e contrappone l'arte, intesa anche come artificio, tecnica, ricostruzione della natura. Il punto di vista di Marino non è lontano da quello di molta arte d'avanguardia novecentesca, che parte dal presupposto della fine della natura in un mondo dominato dall'industrializzazione e dalla tecnica (cfr. espansioni digitali **S**, *Il giudizio di De Sanctis su Marino*).

Juan Van Der Hamen, *Natura morta con fiori, carciofi, ciliegie e oggetti di vetro*, 1627. Madrid, Museo del Prado.

T3 LAVORIAMO SUL TESTO

ANALIZZARE

La metafora barocca

1. Attraverso quali associazioni (similitudini, metafore) l'immagine della rosa è messa in contatto con altri piani della realtà umana e naturale?

Il trionfo della vista

2. La visività è una caratteristica della rappresentazione di Marino. Puoi trovare una conferma anche in questo testo?

INTERPRETARE

Il trionfo dell'arte

3. Secondo De Sanctis, Marino stabilisce somiglianze arbitrarie ed esterne che «falsificano le forme naturali». Fai almeno tre esempi che giustifichino tale giudizio.

LE MIE COMPETENZE: COLLABORARE, PROGETTARE

L'immagine della rosa ha attraversato i secoli ed è stata via via rappresentata come emblema della precarietà della vita, della bellezza femminile e persino della perfezione divina. Collaborando con i compagni progetta una mostra dedicata al tema della rosa tra arte e letteratura. Struttura un progetto che specifichi i seguenti punti:
- il titolo della mostra
- la scelta delle opere d'arte da esporre
- la scelta dei testi letterari
- la strategia per far dialogare letteratura e arte
- lo spazio espositivo in cui organizzare la mostra
- i modi per pubblicizzarla.

T4 Giambattista Marino
Il canto dell'usignolo

OPERA
L'Adone, VII, 32-37

CONCETTI CHIAVE
- superiorità dell'arte sulla natura
- virtuosismo di Marino

FONTE
G. Marino, L'Adone, cit.

I canti VI, VII, VIII si svolgono nel giardino del piacere. Ad Adone vengono mostrati i segreti dei cinque sensi: egli passa quindi attraverso i giardini della vista, dell'odorato, dell'udito, del gusto e del tatto. Nel canto VII, nel giardino dell'udito, Mercurio, che guida i due amanti, loda il canto dell'usignolo e poi racconta la gara fra il «musico» e l'usignolo, e cioè fra un artista e uno di questi uccellini. È significativo – perché rivela la concezione del mondo di Marino che ritiene l'Arte superiore alla Natura – che sia il «musico» a vincere: l'usignolo finisce per scoppiare per lo sforzo di imitare il suono dell'artista. Qui riportiamo solo le ottave in cui si descrive il canto dell'usignolo.

32
Ma sovr'ogni augellin vago e gentile
che più spieghi leggiadro il canto e 'l volo
versa il suo spirto tremulo e sottile
la sirena de' boschi, il rossignuolo,
e tempra in guisa il peregrino stile
che par maestro del'alato stuolo.
In mille fogge il suo cantar distingue
e trasforma una lingua in mille lingue.

33
Udir musico mostro, o meraviglia,
che s'ode sì, ma si discerne apena,
come or tronca la voce, or la ripiglia,
or la ferma, or la torce, or scema, or piena,
or la mormora grave, or l'assottiglia,
or fa di dolci groppi ampia catena,
e sempre, o se la sparge o se l'accoglie,
con egual melodia la lega e scioglie.

METRICA ottave.

- **32** *Ma l'usignolo* (**il rossignuolo**), *la sirena dei boschi, effonde* (**versa**) *il suo spirito palpitante* (**tremulo**) *e esile* (**sottile**) *più di ogni* (**sovr'ogni**) *uccellino* (**augellin**) *grazioso* (**vago**) *e gentile che* [*nel modo*] *più aggraziato* (**leggiadro**) *emetta* (**spieghi**) *il canto e dispieghi* (**spieghi**) [*le ali per*] *il volo; e forma* (**tempra**) *il ricercato* (**il peregrino**) *stile in modo* (**in guisa**) *che sembri* (**par** = pare) *maestro della* schiera (**stuolo**) alata. In mille maniere (**fogge**) differenzia (**distingue**) il suo cantare e trasforma una lingua in mille lingue [: modula il suo canto in mille modi diversi]. La **sirena de' boschi**: l'usignolo, come le Sirene, ha il potere di avvicinare e ammaliare l'uomo con il fascino del suo canto.

- **33** Oh [quale] meraviglia [è] udire un prodigio (**mostro**) musicale (**musico**) che si ode sì ma a stento (**apena**) si distingue (**discerne**) come ora (**or**) interrompa (**tronca**) la voce, ora la riprenda (**ripiglia**), ora la fermi, ora la attorcigli (**torce**), ora [la] attenui (**scema**), ora la faccia traboccare (**piena**), ora la mormori [con modulazione] profonda (**grave**), ora l'assottigli, ora emetta (**fa**) una estesa concatenazione (**ampia catena**) di dolci grovigli (**groppi**) [di note], e, sia (**o**) che la [: la voce] distenda, sia che la condensi (**o se la sparge o se l'accoglie**), sempre la lega e [la] sciolglie con una melodia continua (**egual**). **Mostro**: dal latino "monstrum" = prodigio.

34
O che vezzose, o che pietose rime
lascivetto cantor compone e detta.
Pria flebilmente il suo lamento esprime,
poi rompe in un sospir la canzonetta.
In tante mute or languido, or sublime
varia stil, pause affrena e fughe affretta,
ch'imita insieme e 'nsieme in lui s'ammira
cetra flauto liuto organo e lira.

35
Fa dela gola lusinghiera e dolce
talor ben lunga articolata scala.
Quinci quell'armonia che l'aura molce,
ondeggiando per gradi, in alto essala,
e, poich'alquanto si sostiene e folce,
precipitosa a piombo alfin si cala.
Alzando a piena gorga indi lo scoppio,
forma di trilli un contrapunto doppio.

36
Par ch'abbia entro le fauci e in ogni fibra
rapida rota o turbine veloce.
Sembra la lingua, che si volge e vibra,
spada di schermidor destro e feroce.
Se piega e 'ncrespa o se sospende e libra
in riposati numeri la voce,
spirto il dirai del ciel che 'n tanti modi
figurato e trapunto il canto snodi.

37
Chi crederà che forze accoglier possa
animetta sì picciola cotante?
e celar tra le vene e dentro l'ossa
tanta dolcezza un atomo sonante?
O ch'altro sia che da liev'aura mossa
una voce pennuta, un suon volante?
e vestito di penne un vivo fiato,
una piuma canora, un canto alato?

- **34** *Oh che seducenti (**vezzose**), o che commoventi (**pietose**) rime [l'usignolo], voluttuoso (**lascivetto**) cantore, compone e detta! Prima (**pria**) [egli] esprime il suo lamento debolmente (**flebilmente**), poi interrompe (**rompe**) la canzonetta con (**in**) un sospiro. Con (**in**) tanti mutamenti (**mute**) ora languido, ora sublime varia stile, ritarda (**affrena**) le pause e affretta le fughe in modo che (**ch'**) [egli] allo stesso tempo (**insieme**) imita e si ammirano contemporaneamente (**'nsieme**) in lui cetra, flauto, liuto, organo e lira.*
- **35** *Talora [l'usignolo] rende (**fa**) con la (**dela**) gola che è fonte di gioia e di dolcezza (**lusinghiera e dolce**) una scala assai (**ben**) lunga [e] articolata. Quindi quell'armonia che accarezza (**molce**) l'aria (**l'aura**) esala verso l'alto (**in alto**) ondeggiando per gradi, e dopo che (**poich'<e>**) si sostiene alquanto e si appoggia (**folce**), infine (**alfin**) si cala precipitosa a piombo. Quindi alzando a gola spiegata (**a piena gorga**) lo scoppio, forma un doppio contrappunto di gorgheggi (**trilli**).*
- **36** *Pare che [egli] abbia dentro la gola (**le fauci**) e in ogni parte del suo essere (**fibra**) una rapida ruota o un turbine veloce. La lingua, che si muove (**volge**) e vibra, sembra una spada di schermitore abile (**destro**) e feroce. Se [egli] inarca (**piega**) e ondula (**'ncrespa** = increspa), o se sospende e equilibra (**libra**) la voce in distesi (**riposati**) ritmi (**numeri**), [tu] lo chiamerai (**il dirai**) spirito del Cielo [: angelo] che in tanti modi sciolga (**snodi**) il canto figurato e ricamato (**trapunto**).*
- **37** *Chi crederà che una animuccia (**animetta**) così piccola possa contenere (**accoglier**) tante (**cotante**) forze? E [chi crederà] che un atomo canoro (**sonante**) [possa] celare tra le vene e dentro le ossa tanta dolcezza? O [chi crederà] che sia qualcos'altro (**ch'altro**) che una voce rivestita di penne (**pennuta**), un suono volante mosso da una lieve brezza (**aura**)? E [chi crederà] che un vivo fiato, una piuma canora, un canto alato rivestiti di penne? **Una voce pennuta, un suon volante, un vivo fiato, una piuma canora, un canto alato**: è una serie ininterrotta di sineddochi. L'adesione all'elemento vitalistico (rappresentata, in questo caso, dal canto gioioso dell'usignolo) non è mai immediata ma sempre distanziata da una forte esigenza analitica e cerebrale.*

T4 DALLA COMPRENSIONE ALL'INTERPRETAZIONE

COMPRENSIONE

Suddivisione interna del testo Le sei ottave possono essere distinte in tre gruppi. Il primo è formato dalla prima ottava antologizzata (l'ottava n. 32), il secondo dalle tre ottave successive (ottave nn. 33-35), il terzo dalle ultime due (ottave nn. 36 e 37). **L'ottava iniziale** (n. 32) **introduce l'argomento presentando l'usignolo**, paragonandolo agli altri uccelli e affermandone la superiorità nel canto. Il secondo gruppo di ottave contiene una rappresentazione diretta del **canto dell'usignolo**, che viene descritto con cura nei minimi particolari. L'uccello è capace di fare cose prodigiose (è un «musico mostro»): modula la voce, varia stile di canto, fa con la gola una scala lunga e articolata, gorgheggia in un doppio contrappunto. Infine il gruppo conclusivo è occupato da alcune **considerazioni e riflessioni generali sul canto** precedentemente descritto, che è simile a quello di un angelo («spirto… del ciel»), talmente dolce che è difficile che provenga da una «voce pennuta».

ANALISI

Il virtuosismo artistico di Marino Il poeta qui gareggia con l'usignolo, vuole imitarne la bravura canora e quasi sfidarlo sul suo stesso piano, quello musicale. In altri termini, **l'arte (qui la poesia) gareggia con la natura**, assumendo su di sé tutti gli artifici della musica (arte, anch'essa, "artificiale", in quanto inventata dagli uomini). Il poeta tenta di riprodurre, nel suono e nella cadenza musicale dei versi, la varietà e l'intensità melodica del canto dell'usignolo. Il suo **virtuosismo** è una prova di **abilità tecnica** che rivela la conoscenza degli strumenti musicali (evocati all'ultimo verso dell'ottava n. 34) e del linguaggio specifico della musica (si vedano, al v. 2 dell'ottava n. 35, «articolata scala» e al v. 8, «contrapunto doppio»).

Le figure retoriche e la poetica barocca di Marino Il meccanismo di trasferimento o di spostamento di significato, tipico dello stile barocco, viene realizzato sia attraverso **la metafora** che attraverso **la metonimia**, nella forma specifica della **sineddoche**. Entrambi questi procedimenti ottengono l'effetto di **produrre «meraviglia»**, parola-chiave della poetica mariniana, che non a caso compare al v. 1 dell'ottava n. 33. È una metafora, per esempio, «la sirena dei boschi» (v. 4 dell'ottava n. 32), attraverso la quale vengono messi in correlazione, mediante il canto (che unisce l'usignolo alla sirena), mondi fra loro lontani come quello dei boschi e quello del mare. Sono sineddochi le figure che incontriamo nella ottava n. 37: «atomo sonante», «voce pennuta», «suon volante», «piuma canora», «canto alato». Infatti attraverso singole parti o aspetti alludono all'usignolo nella sua interezza. Nello stesso tempo però l'accostamento di un **aggettivo inaspettato** rispetto al sostantivo (per esempio: «voce pennuta», che poi viene rovesciato in «piuma canora», dove il precedente aggettivo diventa sostantivo e il sostantivo viene invece aggettivato) mette **in correlazione metaforica campi diversi e di solito separati** (relativi ai suoni e alle ali), provocando un nuovo effetto di meraviglia. L'indubbia **precisione descrittiva** e naturalistica è insomma finalizzata a uno scopo poetico conforme alla poetica dell'autore.

INTERPRETAZIONE

La storicizzazione: interesse per la musica, interartisticità e "artificializzazione" della natura Il testo presenta diversi caratteri che consentono di storicizzarlo. Anzitutto **l'interesse per la musica**, che giunge sino all'uso di **una specifica terminologia musicale** (nell'ottava n. 35, v. 2 e v. 8). Si ricordi che il Seicento è, in Italia, da Frescobaldi a Vivaldi, un secolo di decisiva importanza per la storia della musica e che lo stesso Galileo rivela nel *Saggiatore* un'attenzione privilegiata al mondo dei suoni. In secondo luogo, è un elemento storicizzante **l'interartisticità**, cioè la tendenza a unire arti diverse, sovrapponendole e mescolando tecniche da esse desunte. L'interartisticità è una caratteristica tipica della poetica e della cultura del Barocco. Infine, è importante per la contestualizzazione **il tema della "artificializzazione" della natura**. È stato notato, per esempio, che la rappresentazione dell'usignolo resta nel suo insieme artificiosa ed esteriore. «Marino dimostra qui di essere sensibile soprattutto al fascino di fenomeni che abbiano un sapore e un andamento d'ordine meccanico. Si ha l'impressione, insomma, che l'usignolo qui descritto non sia un uccello di carne e di sangue, ma un giocattolo automatico, privo di vita, ma francamente stupefacente. Notiamo qui, cioè, quel processo di incipiente "artificializzazione" della natura che è tipico della sensibilità e della cultura del **Barocco**» (Asor Rosa).

L'attualizzazione e la valorizzazione Il virtuosismo qui messo in campo da Marino sarà particolarmente apprezzato e imitato da **d'Annunzio**, un altro autore che leggeva «col rampino», che nel romanzo *L'innocente* (1892) descrive in modi analoghi a quelli di Marino il canto dell'usignolo. Anche d'Annunzio si sforza di rivaleggiare con l'usignolo rendendone con le parole la melodia e, per riuscirvi, si avvale del linguaggio "speciale" della musica (cfr. espansioni digitali S, Gabriele d'Annunzio, *Il canto dell'usignolo*). Ma al di là di questo caso specifico, una delle ragioni fondamentali dell'interesse attuale per l'arte mariniana sta nel tema dell'**artificializzazione della natura** di cui abbiamo appena parlato. A Marino preme l'artificiale assai più del naturale per precise ragioni storiche. Egli coglie in realtà **il processo di trasformazione della natura a opera dell'uomo che nel Seicento**, attraverso gli incipienti processi di meccanizzazione e di industrializzazione, stava appunto alterando il mondo naturale e creando una "seconda natura" artificiale. Non per nulla nell'episodio da cui sono tratte le ottave qui antologizzate l'artista-musico sconfigge l'usignolo che, nel tentativo di rivaleggiare con lui, finisce con lo scoppiare per lo sforzo. **L'arte, intesa come artificio, è più forte della natura**. Con il cannocchiale inventato da Galileo gli uomini vedono più lontano di quanto potrebbero ad occhi nudi. **Comincia la modernità** di cui Marino, in qualche modo, è un precursore.

Carel Fabritius, *Il cardellino*, 1654. The Hague, Mauritshuis.

T4 LAVORIAMO SUL TESTO

COMPRENDERE

1. Fai la parafrasi del testo, suddividendo le ottave per tema.

ANALIZZARE

La poetica della meraviglia

2. **LINGUA E LESSICO** Evidenzia i termini più ricercati e le metafore che ti sembrano più ardite. Che impressione intendono suscitare nel lettore?

3. **LINGUA E LESSICO** Le impressioni descritte sono musicali e insieme visive: a quale figura retorica è affidato questo effetto? Sottolinea nel testo gli accostamenti più ingegnosi tra aggettivi e sostantivi, volti a suscitare la meraviglia del lettore.

INTERPRETARE

Natura e artificio

4. L'usignolo, di cui il poeta riproduce il canto con impareggiabile bravura, ci comunica anche la sua vitalità o assomiglia più a un giocattolo meccanico? Motiva la tua risposta.

4 Marinisti, antimarinisti, barocchi moderati. Ciro di Pers

I poeti marinisti

T • Claudio Achillini, *Bellissima spiritata*
T • Giacomo Lubrano, *Cedri fantastici*

Gli antimarinisti: i poeti classicisti

Gli antimarinisti barocchi

T • Tommaso Stigliani, *Desiderio di luna*

I barocchi moderati

Girolamo Fontanella e Ciro di Pers

L'autore che ebbe maggior successo, Marino, dette il proprio nome, marinismo, alla prevalente tendenza barocca. È per questo motivo che tra i poeti di questo periodo si distingue una **linea marinista** da una **antimarinista**. Furono **marinisti** poeti come **Claudio Achillini** (1574-1642), **Girolamo Preti** (1582-1626), **Giuseppe Artale** (1628-1679) e **Giacomo Lubrano** (1619-1692). Essi accolgono l'invito di Marino a mettere in discussione il modello petrarchesco, a sperimentare nuovi temi e nuove forme linguistiche, a inventare nuove metafore, a stupire il lettore.

Furono **antimarinisti** i poeti classicisti, come **Gabriello Chiabrera** (1552-1638), e il ferrarese **Fulvio Testi** (1593-1646). La loro tendenza classicistica, debole nella prima metà del secolo, si rafforzò notevolmente nella seconda andando poi a confluire nel movimento dell'Arcadia.

Occorre ricordare poi **una serie di poeti** che si rifiutarono di riconoscersi in Marino e talora gli si opposero, ma **che in realtà condividevano il nuovo gusto** e praticavano anch'essi il concettismo, come **Tommaso Stigliani** (1573-1651). Altri marinisti, pur accettando la pratica della metafora e il concettismo, ne fecero un uso più temperato, restando lontani dagli eccessi e dagli aspetti più futili della nuova tendenza e privilegiando temi meditativi o funebri. Questo gruppo di poeti viene talora posto sotto l'etichetta di **barocchi moderati**.

Del gruppo di barocchi moderati sono notevoli gli esempi di **Girolamo Fontanella** (1610-1614) e soprattutto di **Ciro di Pers** (1599-1663), nella cui poesia domina il tema del tempo, della caducità e della morte; spiccano, in questa sua estrema produzione, molti sonetti dedicati all'orologio (cfr. **T5**).

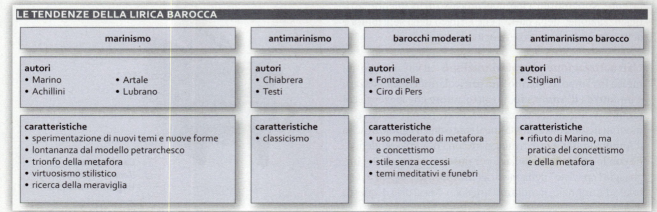

LE TENDENZE DELLA LIRICA BAROCCA			
marinismo	antimarinismo	barocchi moderati	antimarinismo barocco
autori • Marino • Artale • Achillini • Lubrano	**autori** • Chiabrera • Testi	**autori** • Fontanella • Ciro di Pers	**autori** • Stigliani
caratteristiche • sperimentazione di nuovi temi e nuove forme • lontananza dal modello petrarchesco • trionfo della metafora • virtuosismo stilistico • ricerca della meraviglia	**caratteristiche** • classicismo	**caratteristiche** • uso moderato di metafora e concettismo • stile senza eccessi • temi meditativi e funebri	**caratteristiche** • rifiuto di Marino, ma pratica del concettismo e della metafora

T5 Ciro di Pers
L'orologio a rote

CONCETTI CHIAVE
- il tema del trascorrere del tempo
- fugacità della vita umana

FONTE
AA.VV., *Lirici marinisti*, a cura di B. Croce, Laterza, Bari 1910.

Il trascorrere del tempo scandito dall'orologio segna l'avvicinarsi della morte; i suoi rintocchi sembrano quelli con cui si picchia a una porta perché ci venga aperta, ma questa porta è quella della tomba.

Mobile ordigno di dentate rote
lacera il giorno e lo divide in ore
ed ha scritto di fuor con fosche note
a chi legger le sa: *Sempre si more*.

5   Mentre il metallo concavo percuote
voce funesta mi risuona al core
né del fato spiegar meglio si puote
che con voce di bronzo il rio tenore.

    Perch'io non speri mai riposo o pace
10 questo che sembra in un timpano e tromba
mi sfida ogn'or contro a l'età vorace

    e con que' colpi onde 'l metal rimbomba
affretta il corso al secolo fugace
e, perché s'apra, ogn'or picchia a la tomba.

METRICA   sonetto con rime secondo lo schema ABAB, ABAB; CDC, DCD.

- **1-4**   *Mobile congegno* (**ordigno**) *di ingranaggi* (**dentate rote**) [: l'orologio] *lacera il giorno e lo suddivide* (**divide**) *in ore ed ha scritto esternamente* (**di fuor**) *con segni* (**note**) *cupi* (**fosche**) *per* (**a**) *chi è in grado* (**sa**) *di decifrarli* (**legger le**): «*In ogni momento* (**sempre**) *si può morire* (**si more**)». **Lacera**: questo verbo introduce con forza l'idea dominante del sonetto, quella del potere distruttore del tempo, portatore di morte.
- **5-8**   *Mentre* [il congegno interno] *percuote il metallo concavo* [della campana che lo racchiude], *una voce luttuosa* (**funesta**) *mi risuona nel* (**al**) *cuore, né si può* (**puote**) *spiegare meglio che con* [questa] *voce metallica* (**di bronzo**) *il procedere* (**tenore**) *perverso* (**rio**) *del destino* (**fato**). **Bronzo**: è il metallo con cui sono costruite le campane. **Tenore**: nel senso etimologico di 'tenuta, continuità, comportamento'.
- **9-11**   *Perché io non speri* [di raggiungere] *mai quiete* (**riposo**) *o pace, questo che sembra allo stesso tempo* (**in un**) [il suono di] *timpano e* [di] *tromba mi spinge* (**sfida**) *ogni momento* (**ogn'or**) *contro al tempo* (**età**) *divoratore* (**vorace**). Il **timpano** è uno strumento a percussione simile al tamburo.
- **12-14**   *E con quei colpi di cui* (**onde**) *la campana* (**'l metal**) *rimbomba*, [l'orologio] *affretta il cammino* (**corso**) *di* (**al**) [questa] *età* (**secolo**) *che sfugge* (**fugace**), *e picchia a ogni ora sopra* (**a**) *la tomba affinché* (**perché**) *si apra*.

T5   DALLA COMPRENSIONE ALL'INTERPRETAZIONE

COMPRENSIONE

L'orologio, il tempo, la morte   L'orologio, «mobile ordigno», cioè congegno, macchina ingegnosa, con le sue ruote dentate «lacera il giorno», lo fa a pezzi (**l'idea del «tempo divoratore» attraversa ossessivamente il Seicento**) suddividendolo in ore, e così facendo richiama ineluttabilmente l'approssimarsi della morte; i colpi di cui rimbomba la campana a cui è collegato sono colpi battuti sulla tomba, verso cui affrettano il cammino. **Lo scorrere del tempo**, misurato dall'orologio, è insomma **un procedere inesorabile e luttuoso verso la morte** e, insieme, un richiamo alla caducità della vita.

ANALISI

Il gioco dei significanti e il significato   Il gioco dei suoni o dei significanti (cioè delle parole prese non nel loro significato ma nel loro valore fonico) è estremamente ricco e intenso, rivelando un'abilità nettamente fuori del comune. Esso tuttavia non resta fine a se stesso ma serve a comunicare il senso, rafforzando così il significato che emerge dal livello semantico. Limitiamoci a due esempi, e cioè all'analisi del primo verso e del **sistema delle rime, delle assonanze e delle ripetizioni** nel sonetto. Nel primo verso «dentate rote» sono termini in quasi rima (*-ATE*, *-OTE*). In esso inoltre compare una serie di dentali (*orDIgno DI DEnTATE roTE*) che unite con le loro vocali ritornano nei due versi successivi: *DIviDE* al v. 2 e *DI fuor* al v. 3. Ma nel primo verso compare anche **il gruppo di suoni legato a OR e a RO** (rovesciamento di OR): *ORdigno*, *ROte*. Ebbene questo suono ritorna in quasi tutti i versi del sonetto: *giORno* e *ORe* al v. 2, *fuOR* al v. 3, *mORe* al v. 4, *cORe* al v. 6, *bROnzo* e *tenORe* al v. 8, *tROmba* al v. 10, *OR* e *vORace* al v. 11, *cORso* al v. 13, *OR* al v. 14. In questo modo il suono fondamentale della parola morte o «*more*» (in rima al v. 4) che coincide con un'ossessiva indicazione temporale (*OR* = ora), si propaga per tutta la poesia, come un funebre rintocco, rafforzandone il senso luttuoso. Quanto alle rime, nei primi otto versi, oltre alle quattro rime in -*ORE*, va notata l'assonanza con *OTE* negli altri quattro versi, che ritorna anche in altri quattro casi: *fOschE* al v. 3, *vOcE* al v. 6 e ancora *vOcE* al v. 8 e *OndE* al v. 12. La ripetizione dei suoni accresce il senso del martellamento inesorabile che scandisce il trascorrere del tempo. Di qui l'alto numero delle iterazioni (vedi anche «ogn'or» al v. 11 e «ogn'or» al v. 14).

INTERPRETAZIONE

L'orologio nel Seicento Come vetri e specchi, anche l'orologio rappresenta, per l'uomo del Seicento, qualcosa di più di un semplice strumento. Esso assume infatti svariati valori allegorici:

- è, innanzitutto, un prodotto dello sviluppo tecnico, **un'invenzione ingegnosa** perfezionata dall'uomo per quantificare, scandire, perciò **"controllare" il tempo** in base a precisi calcoli matematici;
- negli scritti di intellettuali e scienziati diventa **emblema della moderna concezione meccanicistica dell'universo**, concepito dalla nuova scienza come una macchina complessa ma razionalmente organizzata, passibile di essere smontata e ricomposta, cioè conosciuta, nelle sue singole parti;
- in questa poesia, e più in generale nell'arte e nella letteratura seicentesche, esprime **l'inarrestabile flusso del tempo** e ricorda l'impossibilità di essere davvero padroni della propria esistenza. Il succedersi dei minuti e delle ore corrisponde infatti al progressivo consumarsi della vita e all'avvicinamento dell'inevitabile meta finale: la morte.

T5 LAVORIAMO SUL TESTO

COMPRENDERE

1. Cosa si intende per «orologio a rote»?

ANALIZZARE

Significanti e significato

2. Il gioco dei suoni e dei significanti è fine a se stesso o rafforza il valore semantico del testo? Che relazione c'è tra i nomi e l'oggetto rappresentato?

INTERPRETARE

Confronto tra testi

3. **TRATTAZIONE SINTETICA** Confronta in una trattazione sintetica (max 10 righe) la funzione attribuita all'orologio dal poeta con l'immagine di Keplero del cosmo come un orologio (cap. I, **S11**, p. 31). A quale diversa prospettiva ideologica rimanda l'orologio nei due autori?

LE MIE COMPETENZE: COLLABORARE, PRODURRE

Questa poesia affronta un tema tipico della cultura barocca: quello del tempo, percepito e rappresentato come corsa inesorabile verso la morte. Nel Seicento il tempo diventa laico, mondano; la prospettiva della redenzione si fa remota, imperscrutabile. Teschi, simboli di morte, vecchie deformi, orologi e clessidre che segnano il passare delle ore sono i soggetti tipici dell'arte e della letteratura del Seicento, in cui la vita è concepita come sogno, come illusione, destinata a sparire in fretta. Per verificare l'importanza che la cultura barocca assegna a questo tema, già presente in Tasso, collaborando con un gruppo di compagni, crea una galleria di immagini dell'arte barocca da cui emerga il modo in cui nel Seicento viene rappresentato il trascorrere del tempo.

5. La poesia in Europa: Quevedo, Góngora, Milton

Dopo il 1633 si invertono i rapporti fra l'Italia e l'Europa

Marino è l'ultimo poeta italiano ad avere fama europea. Dopo di lui e dopo il processo a Galileo del 1633, l'influenza italiana in Europa viene progressivamente riducendosi; è anzi la cultura italiana a essere condizionata da quella spagnola sino alla metà del Seicento e da quella classicistica francese nella seconda metà del secolo.

La cultura barocca trionfa in Spagna

Il rapporto privilegiato con la poesia spagnola si spiega non solo con ragioni politiche (l'Italia era una provincia dell'impero spagnolo), ma anche per la comune cultura barocca dei due paesi, entrambi sottoposti alla repressione della Controriforma. Non è certo un caso che i due maggiori poeti barocchi siano spagnoli: Quevedo e Góngora.

Concettismo e culteranismo

Quevedo e **Góngora** sono i capiscuola rispettivamente del **concettismo** e del **cultismo** o culteranismo. La differenza fra le due scuole sta in questo: quella di Góngora è una variante particolare del concettismo, perché più colta e più chiusa, quasi iniziatica.

Quevedo

La produzione di **Francisco Gómez de Quevedo y Villegas** (1580-1645) fu all'inizio prevalentemente satirica e scherzosa; dopo prevalentemente meditativa e grave. Oggetto della sua satira è anzitutto Góngora, a cui rivolge accuse violente (comprese quelle di essere ebreo e omosessuale). Ma risalgono a questo periodo anche i *Sogni e discorsi di verità scopritrici di abusi, vizi e inganni in tutte le professioni e stati*, una sorta di viaggio fantastico-immaginario nei vizi della vita quotidiana, e il romanzo picaresco *Storia della vita del pitocco chiamato Pablo*.

Le opere

Le poesie

Le sue poesie sono distinte dai curatori moderni in *Poesie metafisiche*, *Poesie morali*, *Poesie religiose*, *Poesie amorose*. È in esse che il suo concettismo raggiunge una densità allegorica non certo inferiore a quella di Góngora.

Góngora

Luis de Góngora y Argote (1561-1627) fu autore di testi teatrali, di vari componimenti poetici minori, fra i quali spiccano gli splendidi sonetti, di **due poemi d'argomento eroico ed encomiastico** *Canzone per la presa di Larache* e *Panegirico per il duca di Lerma*, indirizzato al favorito di Filippo III. Ma suoi capolavori sono **due poemi di argomento mitologico e pastorale** scritti fra il 1610 e il 1613, *Fábula de Polifemo y Galatea* [Fiaba (= racconto mitologico) di Polifemo e Galatea] e *Solitudini*, di cui restano la *Solitudine prima* e un frammento della *Solitudine seconda*.

T • Luis de Góngora, *Alla memoria della morte e dell'inferno*
T • Luis de Góngora, *Della brevità ingannevole della vita*

Una cifra stilistica dotta e ardua

Góngora ama una poesia estremamente concentrata, tanto da apparire **oscura** o addirittura ermetica. Il suo gusto aristocratico per la forma, se da un lato gli provocarono la condanna di molti coetanei (a partire da Quevedo), dall'altro è una delle ragioni della sua fortuna novecentesca.

Dal poema eroico al poema sacro

Nel corso del Seicento **il poema eroico tende ad assumere spesso l'aspetto del poema sacro di argomento biblico**. Anche Marino con la *Strage degli innocenti* aveva dato un contributo all'evoluzione del genere in questo senso. Ma sarà in Inghilterra, con John Milton (1608-1674), che questo tipo di evoluzione darà i suoi risultati più alti.

Il *Paradiso perduto* di Milton

Il contenuto

T • John Milton, *La fine del poema: Adamo ed Eva cacciati dal Paradiso*
S • La conclusione del poema: dubbi e problemi (F. Kermode)

Elementi di contraddizione nel *Paradiso perduto*

T • John Milton, *Satana osserva Adamo ed Eva nell'Eden*

Paradiso perduto è il capolavoro di **Milton**. La cultura biblica e il classicismo (i modelli sono Omero, Virgilio, Ovidio) vi si fondono perfettamente. Milton vuole esaltare il libero arbitrio e mostrare come la caduta di Eva e di Adamo sia dovuta alla loro debolezza e al loro sterile orgoglio, che li rende facile preda di Satana. **Nei primi due libri** protagonisti sono Satana e Dio: **il primo** è volto a cercare i modi con cui condurre la sua rivolta contro il Cielo, **il secondo** a porre alla prova la fedeltà di Adamo. **Dal terzo all'ottavo libro** si descrivono la vita nell'Eden, le prime tentazioni di Eva da parte di Satana, le ammonizioni di Dio ad Adamo tramite Raffaele. **Nel nono libro** Satana appare a Eva nelle forme del serpente e la persuade a mangiare il frutto proibito. **Nel libro X** Dio manda il Figlio a giudicare i trasgressori. **Nei libri XI e XII**, Dio, dopo aver mostrato ad Adamo attraverso Michele la sorte futura dell'umanità e il riscatto di Cristo, caccia Adamo ed Eva dal Paradiso.

Ovviamente il poema ha un **intento educativo e religioso**. E tuttavia esso deve conciliare **spinte contrastanti**. Una è data dalla **figura di Satana**, presentato come personaggio bello e malinconico: egli rappresenta qualcosa che sta molto a cuore a Milton, l'energia eroica. Un altro elemento di contraddizione è costituito dalla **spinta sensuale** che emerge dalla descrizione stessa dell'Eden (in cui ritorna l'eco tassiana dell'elogio dell'età dell'oro, nell'*Aminta*). Nel rimpianto della felicità perduta Milton può così proiettare sia il bisogno religioso di purezza e di innocenza, sia il naturalismo sensuale della sua formazione umanistico-rinascimentale.

6 Il romanzo in prosa in Europa e il poema eroicomico in Italia

Il romanzo

Dal romanzo cavalleresco al romanzo moderno

Sino alla fine del Cinquecento, il piacere della narrazione era tradizionalmente soddisfatto, ancor più che dalla novella in prosa, dal **romanzo cavalleresco in versi**. Le narrazioni romanzesche in prosa, quasi del tutto assenti in Italia, erano poco praticate anche negli altri paesi europei. **Nel Cinquecento** i maggiori narratori in prosa di tipo romanzesco erano stati **Rabelais** in Francia e gli autori del romanzo picaresco in Spagna (cfr. vol. 2). **Con il Seicento comincia invece a svilupparsi su larga scala la narrazione in prosa**. Essa deriva dal poema o romanzo cavalleresco la qualifica di "romanzo".

Le derivazioni da altri modelli: dalla favola pastorale al genere epistolare

Il legame con il romanzo cavalleresco è evidente, per esempio, nel capolavoro romanzesco di Cervantes, il ***Don Chisciotte*** (cfr. cap. X). Tuttavia il nuovo genere si sviluppa anche attraverso il **recupero di altri generi** e di altre forme letterarie. Una di queste è la **favola pastorale**, quale già era stata sperimentata alla fine del Quattrocento con l'*Arcadia* di Sannazaro (cfr. vol. 2). Un altro modello è rappresentato dal **romanzo greco del periodo ellenistico** (II-III sec. d.C.) – romanzo d'amore e di peripezie – che ebbe grande diffusione nella seconda metà del Cinquecento. Infine ebbero una grande influenza anche la **commedia**, la **novellistica** e soprattutto il **genere epistolare**, che si era andato sviluppando attraverso l'osservazione dei costumi e i resoconti della cronaca. Il legame con il genere epistolare dà origine a un tipo particolare di romanzo, il romanzo epistolare.

Varietà di forme e di temi nel romanzo

Da questa **varietà di modelli** deriva la **varietà di formule e di temi** del romanzo in prosa, che ora si ispira a vicende fantastiche, cavalleresche o mitologiche o pastorali, ora invece si rifà alla contemporaneità e alla rappresentazione realistica dei costumi e della cronaca, anche politica, del presente, ora tende a coniugare la prima con la seconda possibilità, puntando su soluzioni ibride e abnormi, tipiche del nuovo gusto barocco. D'altra parte tale varietà era funzionale anche a un mercato che in questo settore appare in continua crescita. **Il romanzo è un genere di consumo**, che si rivolge non solo ai nobili e ai cortigiani e ai settori elevati del clero, ma agli strati intermedi della popolazione (studenti, medici, artigiani, notai, avvocati ecc.).

IL POEMA EROICOMICO

la parodia del poema eroico e delle regole aristoteliche — *La secchia rapita* di Tassoni

Marie La Fayette

Il romanzo, non la novella, è l'espressione tipica della narrativa del Seicento nei maggiori paesi d'Europa. In Francia **Marie Madeleine La Fayette** (1634-1693) scrive **La principessa di Clèves**, **il primo romanzo psicologico moderno**. In esso la scrittrice analizza in modo minuto e partecipe, e con forza sottile di introspezione psicologica, gli stati d'animo della protagonista. Nella vicenda del romanzo un posto di primo piano ha il vivo atteggiamento morale dell'autrice. Infatti la passione d'amore della protagonista, moglie del principe di Clèves, per il duca di Nemours, non giunge mai a compimento per gli scrupoli morali della donna. Quando il marito, a cui ella ha confessato il suo amore nascosto e irrealizzato, muore di dolore, ella si rifiuta di accettare il matrimonio che il duca di Nemours le propone, e si ritira per sempre in un convento.

Aphra Behn

In Inghilterra la prima scrittrice "di professione" è **Aphra Behn** (1640-1689), autrice di numerose commedie e romanzi, tra i quali *Lettere d'amore tra un gentiluomo e sua sorella* (1684-86) e *Oronooko, lo schiavo reale* (1688). È soprattutto in Inghilterra che si svilupperà il romanzo. In questo paese, la presenza di un pubblico di borghesi colti, in Italia quasi assente, costituirà l'humus naturale per la sua grande diffusione fino al giorno d'oggi.

Cyrano de Bergerac

Anticipatore del romanzo fantastico è **Cyrano de Bergerac** (1619-1655). Nei suoi due romanzi, *L'altro mondo o gli stati e gli imperi della Luna* e *Gli stati e gli imperi del Sole*, all'elemento fantastico se ne unisce uno filosofico: entrambi sostengono la teoria del movimento della Terra, dell'eternità e dell'infinità dei mondi, della costituzione atomica dei corpi. Le narrazioni di Cyrano preludono per qualche aspetto a Verne (per esempio, per il tema del viaggio nello spazio) e per altri, invece, a Swift e a Voltaire.

Il poema eroicomico: Alessandro Tassoni

In Italia, invece, anche se non mancano romanzieri, il più importante dei quali è Francesco Fulvio Frugoni (1620-1689), il romanzo non raggiunge queste vette. Si continua piuttosto a scrivere in versi e a comporre poemi. Poiché però si avverte che il genere epico non è più proponibile, si ricorre alla parodia e al comico. **Nasce così il poema eroicomico**, che assume lo stesso strumento metrico del poema eroico, l'ottava, e ne riprende i temi, stravolgendoli però nel ridicolo. Iniziatore del genere fu il modenese **Alessandro Tassoni** (1565-1635), con *La secchia rapita* (1622).

Il poema eroicomico

La secchia rapita di Tassoni

T • Alessandro Tassoni, *L'inizio della Secchia rapita*
T • Alessandro Tassoni, *Il concilio degli dèi*

La commistione dei generi, degli stili, dei linguaggi

Il poeta dichiarò che l'aveva scritta «per burlare i poeti moderni» che continuavano a prendere a modello l'*Iliade* da un lato e la *Gerusalemme liberata* dall'altro. L'opera rispetta volutamente i principi aristotelici di unità e di verosimiglianza, ed è strutturata seguendo tutti i procedimenti formali dell'epica. Il rispetto della storia è però più apparente che reale: nel raccontare la **guerra fra Modena e Bologna**, l'autore mescola episodi storici diversi e lontani, e inoltre fa nascere il conflitto da motivi futili (il ratto non della bellissima Elena, come nell'*Iliade*, ma di una «infelice e vil secchia di legno» da parte dei modenesi). La **commistione dei generi** (è lo stesso Tassoni a parlare di «eroicomico») **porta poi a una commistione di stili e di linguaggi**, che vanno dal basso all'alto, dal futile al grave, dalla satira alla lirica (cfr. **T6**).

T6 Alessandro Tassoni
Presentazione del conte di Culagna e suo duello con Titta

OPERA
La secchia rapita, III, ottave 12 e 13; XI, 35-45

CONCETTI CHIAVE
• la parodia di un duello

FONTE
A. Tassoni, *La secchia rapita. Rime e prose scelte*, a cura di G. Ziccardi, Utet, Torino 1952.

Il conte di Culagna – in cui l'autore rappresenta un suo nemico, Alessandro Brusantini, autore di uno scritto infamante contro di lui – è mostrato per la prima volta durante la rassegna dei capitani che combattono per Modena, nel canto III (ottave 12-13). È protagonista di vari episodi comici, in cui si distingue per viltà e dabbenaggine. Nel canto XI (ottave 35-45) è rappresentato il duello con l'amante della moglie, Titta, da lui sfidato nella sicurezza di non doverlo affrontare sul campo. Titta infatti è in prigione, per un atroce scherzo giocato allo stesso Culagna. Titta ottiene però la libertà e può accettare la sfida. Al primo colpo Culagna scambia un nastro rosso per una ferita insanguinata e si crede morto.

12

Quest'era un cavalier bravo e galante,
filosofo, poeta e bacchettone;
ch'era fuor de' perigli un Sacripante,
ma ne' perigli un pezzo di polmone.
Spesso ammazzato avea qualche gigante,
e si scopriva poi ch'era un cappone;
onde i fanciulli dietro, di lontano,
gli soleano gridar: «Viva Martano».

13

Avea ducento scrocchi in una schiera,
mangiati da la fame e pidocchiosi;
ma egli dicea ch'eran duo mila, e ch'era
una falange d'uomini famosi:
dipinto avea un pavon ne la bandiera
con ricami di seta e d'or pomposi;
l'armatura d'argento, e molto adorna;
e in testa un gran cimier di piume e corna.

[...]

35

Armato il cavalier di tutto punto,
e compartito il sole ai combattenti,
diede il segno la tromba: e tutto a un punto
si mossero i destrier come due venti.
Fu il cavalier roman nel petto giunto,
ma l'armi sue temprate e rilucenti
ressero; e 'l conte a quell'incontro strano
la lancia si lasciò correr per mano.

36

Ei fu còlto da Titta a la gorgiera,
tra il confin de lo scudo e de l'elmetto,
d'una percossa sì possente e fiera,
che gli fece inarcar la fronte e 'l petto.
Si schiodò la goletta, e la visiera
s'aperse, e diede lampi il corsaletto;
volâro i tronchi al cielo de l'asta rotta,
e perdé staffe e briglia il conte allotta.

37

Caduta la visiera il conte mira,
e vede rosseggiar la sopravesta;
e: «Oimè son morto», e' grida, e 'l guardo gira
a gli scudieri suoi con faccia mesta
«Aita, che già 'l cor l'anima spira»,
replica in voce fioca, «aita presta».
Accorrono a quel suon cento persone,
e mezzo morto il cavano d'arcione.

METRICA ottave.

- **12** *Questi* [: il conte di Culagna] *era un cavaliere valoroso* (**bravo**) *e gentile* (**galante**), *filosofo poeta e bigotto* (**bacchettone**); *che fuori dei pericoli era un Sacripante* [: un eroe], *ma nei pericoli* [era] *un pezzo di polmone* [: un codardo]. *Spesso* [egli] *aveva ammazzato qualche gigante* [: diceva di avere ammazzato...], *e poi si scopriva che era un cappone: per cui* (**onde**) *i fanciulli erano soliti* (**soleano**) *gridargli dietro, di lontano:* «*Viva Martano*». **Bacchettone**: colui che ostenta devozione nelle pratiche religiose, ipocrita; deriva probabilmente da "bacchetto" con allusione al costume medievale di flagellarsi per penitenza o per devozione. **Sacripante** è un eroe dell'*Orlando furioso*; anche **Martano** è un personaggio del poema ariostesco famoso, però, per la sua viltà.

- **13** [*Il conte*] *aveva un esercito* (**in una schiera**) *di duecento scrocconi* (**scrocchi**), *mangiati dalla fame e pidocchiosi; ma egli diceva che erano duemila, e che era uno schieramento* (**falange**) *di uomini famosi: aveva dipinto un pavone sulla* (**ne la**) *bandiera con ricami sfarzosi* (**pomposi**) *di seta e d'oro; l'armatura* [era] *d'argento e molto lavorata* (**adorna**); *e in testa* [aveva] *un grande elmo* (**cimier**) *di piume e corna*. La **falange**: nell'antica Grecia era uno schieramento di soldati disposti su file compatte e armati di lance.

[...]

- **35** *Una volta che il cavaliere fu armato completamente* (**di tutto punto**), *e il sole* [fu] *diviso* (**compartito**) *fra* (**ai**) *i combattenti* [: una volta assegnata la posizione ai due contendenti rispetto al sole] *la tromba diede il segnale* (**il segno**): *e ad un tratto* (**tutto a un punto**) *i cavalli* (**destrier**) *si mossero veloci come due venti. Il cavaliere romano* [: Titta] *fu colpito nel petto, ma le sue armi resistenti* (**temprate**) *e splendenti* (**rilucenti**) *ressero* [il colpo]; *e* (**'l**) *il conte* [di fronte] *a quel violento* (**strano**) *contatto* (**incontro**) [: a quello scontro] *si lasciò scivolare* (**correr**) *la lancia di* (**per**) *mano*.

- **36** *Egli* (**ei**) [: il conte] *fu colpito* (**còlto**) *da Titta alla gorgiera, tra il limite* (**il confin**) *dello scudo e dell'elmetto, con un urto* (**percossa**) *così potente* (**possente**) *e violento* (**fiera**), *che gli fece inarcare la fronte e il petto. La gorgiera si schiodò, e si aprì* (**s'aperse**) *la visiera, e la corazza lampeggiò* (**diede lampi**); *i tronchi dell'asta rotta volarono* (**volâro**) *in cielo, e allora* (**allotta**) *il conte perdette le staffe e la briglia*. La **gorgiera** è una parte delle antiche armature che copriva e proteggeva la gola. La **goletta** è sinonimo di **gorgiera**.

- **37** [*Una volta*] *caduta la visiera il conte guarda* (**mira**), *e vede la sopravveste tingersi di rosso* (**rosseggiar**); *ed egli* (**e'**) *grida: «Oimè sono* (**son**) *morto», e gira lo sguardo* (**'l guardo**) *verso i* (**a gli**) *suoi scudieri con il volto* (**faccia**) *afflitto* (**mesta**). *«Aiuto* (**aita**), *che ormai* (**già**) *il cuore esala* (**spira**) *l'anima» ripete* (**replica**) *con voce flebile* (**fioca**), *«aiuto* (**aita**) *sollecito* (**presta**) [: soccorretemi subito]». *A quella voce* (**suon**) *accorrono cento persone, e lo* (**il**) *estraggono* (**cavano**) *dalla sella* (**arcione**) *mezzo morto*. La **sopravesta** veniva indossata dai cavalieri sopra l'armatura.

38
Il portano a la tenda, e sopra un letto
gli cominciano l'armi e i panni a sciôrre.
Il chirurgo cavar gli fa l'elmetto,
e il prete a confessarlo in fretta corre.
Tutti gli amici suoi morto in effetto
il tengono: e ciascun parla e discorre
che non era da porre a tal cimento
un uom privo di forza e d'ardimento.

39
Ma Titta poi che l'avversario vede
per morto riportar ne le sue tende,
passeggia il campo a suon di trombe, e riede
dove la parte sua lieta l'attende:
fastoso è sì che di valor non cede
a Marte stesso; e de l'arcion discende,
e scrive pria che disarmar la chioma,
e spedisce un corriero in fretta a Roma.

40
Scrive ch'un cavalier d'alto valore
di quelle parti, uom tanto principale
che forse non ve n'era altro maggiore
né ch'a lui fosse di possanza eguale,
avuto avea di provocarlo core,
e di prender con lui pugna mortale;
e ch'esso degli eserciti in cospetto
gli avea passato al primo incontro il petto.

41
Spedì il corriero a Gaspar Salvïani
decan de l'Academia de' Mancini,
che ne desse l'aviso ai Frangipani
signor di Nemi e ai loro amici Ursini,
e al cavalier del Pozzo e ai due romani
famosi ingegni, il Cesi e 'l Cesarini;
ed al non men di lor dotto e cortese
Sforza gentil Pallavicin marchese;

42
che tutti disser poi ch'egli era matto,
quando s'intese ciò ch'era seguito. Intanto avean
spogliato il conte, a fatto
dal terror de la morte instupidito;
e gìan cercando due chirurghi a un tratto
il colpo onde dicea d'esser ferito:
né ritrovando mai rotta la pelle,
ricominciâr le risa e le novelle.

43
Il conte dicea lor: «Mirate bene,
perché la sopravesta è insanguinata;
e non dite così per darmi spene,
ché già l'anima mia sta preparata:
venga la sopravesta». E quella viene,
né san cosa trovar di che segnata
sia, né ch'a sangue assomigliar si possa.
eccetto un nastro o una fettuccia rossa,

● **38** [*I soccorritori*] *lo* [: *il conte*] *trasportano* (**portano**) *alla tenda, e sopra un letto cominciano a liberarlo* (**sciôrre** = *sciogliere*) *dai vestiti* (**panni**) *e dalle armi. Il chirurgo gli fa togliere* (**cavar**) *l'elmetto, e il prete corre in fretta a confessarlo. Tutti i suoi amici lo considerano* (**il tengono**) *morto* (**morto**) *veramente* (**in effetto**): *e ognuno* (**ciascun**) *parla e discute* [*del fatto*] *che un uomo privo di forza e coraggio* (**ardimento**) *non era da sottoporre ad una simile* (**tal**) *prova* (**cimento**).

● **39** *Ma Titta dopo che* (**poi che**) *vede riportare l'avversario come morto nelle sue tende, percorre* (**passeggia**) *il campo al suono delle trombe* [: *facendo suonare le trombe*], *e torna* (**riede**) *dove il suo schieramento* (**la parte sua**) *lo attende: è solenne* (**fastoso**) *a tal punto* (**sì**) *che per coraggio* (**di valor**) *non è inferiore allo stesso Marte: e scende dalla sella* (**de l'arcion**), *e prima di disarmare la capigliatura* (**la chioma**) [: *prima di togliersi l'elmetto*] *scrive e spedisce in fretta un corriere a Roma.*

● **40** [*Egli*] *scrive che un* (**ch'un**) *cavaliere di quelle parti* [*dotato*] *di nobile* (**alto**) *coraggio* (**valore**), *uomo tanto importante* (**principale**) *che forse non ve n'era* [*un*] *altro a lui superiore* (**maggiore**) *né che fosse eguale a lui per forza* (**di possanza**), *aveva* (**avea**) *avuto il coraggio* (**core**) *di provocarlo, e di intraprendere* (**prender**) *con lui un combattimento* (**pugna**) *mortale; e che egli* (**ch'esso**) [: *Titta*] *in presenza* (**in cospetto**) *degli eserciti gli aveva trapassato il petto al primo scontro* (**incontro**).

● **41** [*Titta*] *spedì il corriere a Gaspare Salviani decano dell'accademia dei* (**de'**) *Mancini, il quale* (**che**) *ne* [: *della notizia*] *riferisse* (**desse l'aviso**) *ai Frangipani signori di Nemi, e ai loro amici Ursini, e al cavaliere del Pozzo, e ai due famosi ingegni romani, il Cesi e il Cesarini; e al gentile marchese Sforza Pallavicini non meno colto* (**dotto**) *e cortese di loro* (**lor**); *Gaspar Salvïani*, nato a Città di Castello, visse a Roma. Fu promotore dell'accademia degli Umoristi detta anche accademia dei Mancini poiché le riunioni avevano luogo in casa di Paolo Mancini. I **Frangipani** erano soci dell'accademia. Anche «i signori Orazio e Maerbale» della famiglia **Ursini** erano affiliati all'accademia. Il **cavalier del Pozzo** era il biellese Cassiano del Pozzo, amico del Tassoni, che si stabilì a Roma dal 1610 ed ebbe alti incarichi di corte. Federico **Cesi**, matematico e filosofo, fondò l'accademia dei Lincei di cui sembra che facesse parte lo stesso Tassoni. Anche Virginio **Cesarini**, poeta classicista romano, fu accademico Linceo. Il marchese **Sforza Pallavicin**<i>, poi cardinale, scrisse nel 1630 la *Storia del Concilio di Trento*.

● **42** *Tutti costoro* (**che** = *i quali*) *dissero poi che egli era matto, quando si venne a sapere* (**s'intese**) *ciò che era accaduto* (**seguito**) [*dopo*]. *Intanto* [*i soccorritori*] *avevano spogliato il conte, completamente* (**a fatto**) *instupidito dal terrore della* (**de la**) *morte; e due chirurghi andavano* (**gìan**) *cercando insieme* (**a un tratto**) [*il segno del*] *colpo a causa del quale* (**onde**) [*il conte*] *diceva* (**dicea**) *di essere ferito: e non* (**né**) *ritrovando mai la pelle lacerata* (**rotta**), *le risate* (**risa**) *e le chiacchiere* (**novelle**) *ricominciarono.*

● **43-44** *Il conte diceva loro* [: *ai medici*]: «*Guardate* (**mirate**) *bene, poiché la sopravveste è insanguinata; e non dite così per darmi speranza* (**spene**), *poiché* (**ché**) *l'anima mia è* (**sta**) *preparata* [*alla morte*]: *si faccia portare qui* (**venga**) *la sopravveste*». *E quella* [: *la sopravveste*] *arriva* (**viene**), *e non* (**né**) *sanno trovare di cosa sia macchiata* (**segnata**), *né qualcosa che possa assomigliare al sangue, tranne* (**eccetto**) *un nastro o una fettuc-*

44
ch'allacciava da collo, e sciolta s'era
e pendea giù per fino a la cintura.
Conobber tutti allor distinta e vera
la ferita del conte e la paura.
Egli accortosi al fin di che maniera
s'era abbagliato, l'ha per sua ventura;
e ne ringrazia Dio, levando al cielo
ambe le mani e 'l cor con puro zelo.

45
E a Titta e a la moglier sua perdonando,
si scorda i falli lor sì gravi e tanti
e fa voto d'andar pellegrinando
a Roma a visitar quei luoghi santi,
e dare in tanto a la milizia bando
per meglio prepararsi a nuovi vanti.
Così il monton, che cozza, si ritira,
e torna poi con maggior colpo ed ira.

---

cia rossa, che [il conte] allacciava dal collo, e s'era sciolta e pendeva giù fino alla cintura. Tutti allora compresero (**conobber**) [quale fosse] l'evidente (**distinta**) e vera ferita del conte e la sua paura. Egli, resosi conto (**accortosi**) infine di come (**di che maniera**) si fosse sbagliato (**s'era abbagliato**), la considera (**l'ha**) sua buona sorte (**ventura**); e di questo (**ne**) ringrazia Dio, levando al cielo tutte e due (**ambe**) le mani e il cuore con sincero ardore (**con puro zelo**).

● **45** E perdonando Titta e sua moglie (**la moglier sua**), [il conte] scorda i loro così gravi e numerosi (**tanti**) errori (**falli**), e fa voto di andare in pellegrinaggio a Roma a visitare quei santi luoghi, e abbandonare (**dare...in bando**) intanto la professione di soldato (**la milizia**) per prepararsi meglio a nuove glorie (**vanti**). Così [fa] il montone che si scontra, si ritira, e poi torna con urto (**colpo**) più intenso (**maggior**) e con più furore (**ira**).

T6 DALLA COMPRENSIONE ALL'INTERPRETAZIONE

COMPRENSIONE

Un duello ridicolo Nelle **ottave 12 e 13 del Canto III viene presentato il conte di Culagna**, personaggio comico caratterizzato dalla bigotteria, dalla vigliaccheria e dalla millanteria: non a caso l'animale rappresentato nella sua bandiera è il pavone (Culagna si pavoneggia molto quando è lontano dai pericoli, ma quando deve affrontarli davvero è un pusillanime: i giganti che si vanta di avere ucciso altro non sono che dei capponi).
Nelle **ottave 35-45 del Canto XI** è descritto **il duello tra Culagna e Titta, che è tra i più brevi e ridicoli della storia della cavalleria**. Esso infatti viene interrotto subito dopo il primo scontro perché il conte, colpito da Titta, scambia per sangue, segno inequivocabile di una ferita mortale, il rosso di un nastro che ha indosso e che si è sciolto in seguito all'urto. Il duello viene sospeso e, mentre Titta spedisce a Roma lettere in cui incautamente si vanta di avere trapassato il petto dell'avversario, il conte viene visitato dai chirurghi che non trovano traccia alcuna di ferita né lieve né tanto meno mortale. Alla fine, quando viene portata la sopravveste che Culagna ritiene insanguinata, l'equivoco si chiarisce, ma il conte ha preso una paura così grossa, anche se del tutto ingiustificata, che fa voto di visitare i luoghi santi a Roma e – soprattutto – di abbandonare il mestiere delle armi.

ANALISI

Il personaggio del conte di Culagna Il conte di Culagna viene presentato nell'**ottava 12**. I primi sei versi sono costruiti per coppie (vv. 1-2; 3-4; 5-6). In ognuno di questi distici il primo verso contiene elementi positivi che sono in opposizione a quelli negativi del secondo (nel v. 1 si dice che è «bravo e galante», mentre nel v. 2 che è «bacchettone»; nel v. 3 che è un Sacripante e nel v. 4 «un pezzo di polmone»; nel v. 5 che aveva ammazzato qualche gigante e nel v. 6 che si trattava solo di qualche cappone). Questo **ritratto per antitesi** (figura cara al gusto barocco) vuole colpire **l'ipocrisia del personaggio, la differenza fra apparenza e realtà**, fra parole e azioni. Si noti poi che viene presentato come «filosofo, poeta e bacchettone»: un modo, questo, per rendere trasparente l'identificazione di Culagna con Alessandro Brusantini. La sua **vigliaccheria** risalta nella scena del duello, a cui è costretto, ma a cui si sottrae scambiando per sangue un nastro rosso.

INTERPRETAZIONE

La società letteraria all'inizio del Seicento D'altra parte anche **Titta** è probabilmente un personaggio della società letteraria romana, **un nipote del papa, Giovan Battista Vettori**. E infatti nell'ottava 41 Titta manda messaggi di vittoria proprio all'ambiente culturale di Roma, quello dell'accademia degli Umoristi e dell'accademia dei Lincei: viene ricordato per esempio Virgilio Cesarini, che era membro di questa accademia, poeta classicista e interlocutore di Galileo. Dai contatti con queste accademie, e soprattutto con quella dei Lincei, proveniva lo stesso atteggiamento antiaristotelico di Tassoni. Questi **riferimenti alla società letteraria dell'epoca** (e dunque del tutto fuori tempo rispetto a una vicenda ambientata invece nel Medioevo) mostrano una componente importante della genesi del poema: **il desiderio di polemica e di rivalsa tutto interno alle rivalità e alle gelosie che dividevano i letterati** e che costituivano una delle caratteristiche della condizione degli intellettuali nel tempo della Controriforma.

T6 LAVORIAMO SUL TESTO

COMPRENDERE

1. Dividi il brano in sequenze e riassumine il contenuto.

ANALIZZARE

Il Conte di Culagna

2. Quale figura retorica utilizza il poeta per descrivere il conte? A che scopo?
3. Chi era Martano, a cui l'autore paragona il conte di Culagna?

Titta

4. Anche la figura del vincitore non è esente da ironia. Perché?

La vera ferita del conte

5. L'effetto comico culmina nelle strofe finali: grazie a quale particolare?

INTERPRETARE

«Battaglie maccheroniche»

6. In che cosa differisce lo scontro tra il conte e Titta dal consueto duello cavalleresco? Che tipo di operazione culturale mette in atto l'autore?

Eroe e antieroe

7. TRATTAZIONE SINTETICA   In un testo breve (max 10 righe) confronta la figura del conte di Culagna con quella del don Chisciotte di Cervantes e individua analogie e differenze.

7 La poesia giocosa, burlesca e satirica: Francesco Redi

La poesia burlesca: la linea bernesca e la linea sperimentale

La poesia giocosa, burlesca e satirica è ampiamente praticata nel corso del Seicento sia per una tendenza della cultura barocca al paradosso, al grottesco, all'abnorme, sia per i conflitti tra i letterati e per le polemiche che li dividevano (si pensi per esempio alla *Murtoleide* di Marino e alla *Marineide* di Murtola). **Si possono distinguere due linee**: una continua la linea inaugurata da Berni nel Cinquecento, l'altra pratica uno sperimentalismo volto a introdurre elementi di novità e di meraviglia.

Bacco in Toscana di Redi

La tendenza a uno sperimentalismo secentista, unita però a un solido gusto classico, caratterizza anche il famoso **ditirambo** *Bacco in Toscana* dello scienziato aretino **Francesco Redi** (per cui cfr. cap. XI, § 1).

L'occasione del ditirambo

Il componimento nacque come brindisi in occasione di uno "stravizzo" (pranzo o cena sociale) organizzato dall'Accademia della Crusca fra i soci. Il brindisi iniziale, composto a gara con un altro scienziato-letterato, **Lorenzo Magalotti**, venne poi ampliato, sino a raggiungere la forma di un ditirambo di **979 versi**. In esso si immagina che Bacco e Arianna, di ritorno dall'India, si fermino in Toscana e passino in rassegna i cinquecento migliori vini di questa regione, per dare poi la palma al vino di Montepulciano. Poiché, a forza di assaggiare il vino, Bacco si inebria sempre di più, il ritmo dei versi cerca di rendere il progressivo vaneggiamento dell'ubriacatura ma anche la prorompente gioiosità data dal vino. Di qui **lo sperimentalismo**: il componimento infatti è caratterizzato da un'assoluta **libertà metrica e linguistica**. Redi, ovviamente, non è un marinista, ma è indubbiamente abilissimo nel riprendere proposte e spunti provenienti dall'area del marinismo. Anche sul piano lessicale, egli alterna termini dotti e popolareschi, precisione filologica e gusto del non-senso e del futile.

Il tema

T • Francesco Redi, «*Bacco in Toscana*»

Lo sperimentalismo metrico e linguistico

8. La letteratura dialettale: *Lo cunto de li cunti* di Basile

La letteratura dialettale

Un posto importante ha, nel Seicento, la **letteratura dialettale**. Si tratta, è bene chiarire subito, di un gioco di società, praticato a fini di divertimento letterario. Non è, dunque, l'espressione degli strati popolari, anche se spesso li descrive; manifesta invece il punto di vista di nobili o di borghesi che si dilettano a usare la lingua del popolo tenendo però presente una prospettiva letteraria nazionale (cfr. cap. I, § 9).

Giovan Battista Basile

Nella prima metà del Seicento la letteratura dialettale raggiunge i suoi risultati più significativi a Napoli, soprattutto per opera di **Giovan Battista Basile** (1575-1632), che scrisse all'inizio opere in lingua italiana, e solo in un secondo momento cominciò a usare il dialetto. In dialetto scrisse *Le Muse napolitane* (1635), in versi, e *Lo cunto de li cunti, overo lo trattenemiento de' peccerille* (1634-36) [Il racconto dei racconti, ovvero il trattenimento dei piccoli] in prosa. **La prima opera** contiene **nove dialoghi in versi**, che l'autore chiama egloghe: ciascuno di essi è dedicato a una Musa (di qui il titolo). **La seconda**, *Lo cunto de li cunti*, **racconta cinquanta fiabe in cinque giornate**, ed ebbe perciò anche il titolo di *Pentamerone*. Entrambe uscirono postume con lo pseudonimo di Gian Alesio Abbattutis.

Nonostante il titolo, che sembra rivolgere l'opera all'intrattenimento dei bambini, *Lo cunto de li cunti* non è una semplice raccolta di fiabe, ma **un libro composto per adulti esperti di cose letterarie** e infatti destinato alla lettura dei membri dell'accademia napoletana degli Oziosi. Esso riunisce sì **fiabe** desunte dal **folklore** napoletano, **ma le tratta con sapienza letteraria, come vere e proprie novelle**. Di qui la definizione di novelle-fiabe proposta dalla critica. Il materiale è di origine popolare: ma ai tratti magici e comici della letteratura popolare e del dialetto si sovrappone **un meraviglioso letterario** che consapevolmente punta sull'uso barocco della metafora, sulla serie delle immagini stupefacenti, sull'elenco dei nomi e degli aggettivi. L'opera presenta **una cornice** dalla quale nascono gli altri quarantanove racconti narrati per cinque giornate. Alla fine, con l'ultima fiaba, si ritorna alla vicenda della cornice, che così trova la sua conclusione (cfr. **T7**).

Fiabe trattate letterariamente come novelle

S • «Il mondo alla rovescia» di Giovan Battista Basile (P. Citati)

La vicenda della cornice

La principessa **Zoza**, che non riesce più a ridere, riprende a farlo alla vista di una **vecchia** che scivola e poi fa un gesto osceno di protesta. La vecchia si vendica della risata con una maledizione: Zoza potrà sposarsi solo con il **principe Tadeo**, che però giace addormentato in un sepolcro e riuscirà a svegliarsi solo se una fanciulla in tre giorni riempirà un'anfora con le sue lacrime. Zoza inizia l'impresa; l'anfora è quasi colma quando, stremata, si addormenta. Allora **una schiava moresca** si sostituisce a lei, versa le ultime lacrime e si fa sposare dal principe. Zoza però riesce a infondere nella schiava il desiderio di ascoltare fiabe: **dieci orribili vecchie** raccontano una novella ciascuna al giorno per cinque giorni. Alla fine però **Zoza si sostituisce all'ultima novellatrice**, raccontando la propria storia come ultima novella. Così il principe viene a conoscenza dell'inganno che le è stato teso, condanna a morte la schiava moresca e sposa Zoza.

T • Giovan Battista Basile, *Viola*

La fortuna di Basile all'estero…

Lo cunto de li cunti è oggi considerato il **capolavoro della prosa barocca italiana**, e tuttavia è noto e apprezzato soprattutto all'estero. **Fuori del nostro paese**, l'opera si diffuse grazie all'interesse che essa suscitò nei fratelli Wilhelm e Jakob Grimm, che vi si ispirarono per la loro raccolta di fiabe, *Kinder und Hausmärchen* [Fiabe per bambini], del 1812-1822. Come esempio della circolazione europea delle fiabe di Basile, si può citare il caso di *Cenerentola*, ripresa prima da Charles Perrault (*Cendrillon*) e poi dai fratelli Grimm (*Aschenbrödel*).

…e la sfortuna in Italia

In Italia *Lo cunto de li cunti* ha conosciuto una sorte peggiore. Ciò è dovuto solo in parte alla difficoltà di lettura provocata dal dialetto napoletano e raddoppiata dall'uso barocco della metafora. **Le**

IL SIGNIFICATO DELLE PAROLE

● **Folklore**

Il termine *folklore* deriva dalle parole inglesi 'folk' = popolo e 'lore' = sapere, dottrina. Esso designa il complesso delle tradizioni popolari (fiabe, canti, proverbi, feste, ecc.) di un gruppo etnico.

La gatta Cennerentola è un'opera teatrale tratta da *Lo cunto dei li cunti* di Giovan Battista Basile. Scritta da Roberto De Simone nel 1976 in dialetto napoletano, è musicata facendo ampio ricorso alla contaminazione fra musica d'autore e musica popolare.

cause della "sfortuna" di Basile sono soprattutto culturali e hanno a che fare con la condanna che l'opera subì nel corso del Settecento e dell'Ottocento da parte della cultura illuministica e poi romantico-risorgimentale. Solo alla fine dell'Ottocento uno studioso napoletano, **Vittorio Imbriani** (1840-1886), spirito bizzarro e acuto, ne rivalutò l'importanza, aprendo così la strada agli studi di **Benedetto Croce**. Quest'ultimo lo ristampò nel 1891 e ne tradusse le prime due giornate nel 1925, facendole precedere da un proprio saggio critico, sperando così di renderne più agevole e diffusa la conoscenza. E tuttavia Croce, che muoveva sempre da un solido pregiudizio antibarocco, poté apprezzare Basile solo perché vide nel suo stile un «ironizzamento del barocco».

Solo negli ultimi venti anni, caduta la pregiudiziale antibarocca, l'opera di Basile ha cominciato a circolare con maggiore frequenza: se ne contano infatti ben quattro edizioni, fra il 1974 e il 1994. La prima di queste è prefata da **Italo Calvino**, che vede nel *Cunto de li cunti* «il sogno di un deforme Shakespeare partenopeo».

Imbriani e Croce

S • La cultura e la fiaba popolare in Basile, secondo Imbriani e secondo Croce

Il giudizio di Calvino

T7 Giovan Battista Basile
La gatta Cennerentola

OPERA
Lo cunto de li cunti, Prima giornata, novella VI

CONCETTI CHIAVE
• Zezolla, l'antenata di Cenerentola

FONTE
G. Basile, *Il racconto dei racconti*, a cura di R. Guarini e A. Burani, Adelphi, Milano 1994.

È questa la famosa favola di Cenerentola. La fiaba, di origine popolare, verrà ripresa alla fine del Seicento da Charles Perrault (*Cendrillon*) e, nell'Ottocento, dai fratelli Grimm (*Aschenbrödel*). Data la difficoltà del dialetto napoletano seicentesco di Basile, presentiamo il testo soltanto nella traduzione di R. Guarini.

Sempre l'invidia, nel mare della malignità, ebbe in cambio di vesciche l'ernia,[1] e dove crede di vedere un altro annegato a mare si trova essa stessa o sott'acqua o cozzata contro uno scoglio; come di certe figliole invidiose mi viene in testa di raccontare.

---

1 **ebbe...l'ernia**: Basile riporta qui un detto popolare per cui l'ernia vien causata dall'invidia e per entrambe si può "crepare".

Sappiate dunque che c'era una volta un principe vedovo, il quale aveva una figlia così cara che non vedeva per altri occhi;[2] le aveva dato una maestra di cucito di prima classe che le insegnava le catenelle, il punto in aria, le filettature e l'africo traforato,[3] dimostrandole tanta affezione che non bastano le parole. Ma essendosi il padre riammogliato di fresco, e avendo pigliato[4] una rabbiosa, malvagia e maligna indemoniata, questa maledetta femmina cominciò ad avere in fastidio[5] la figliastra, facendole cere[6] truci, facce storte, occhi torvi da spaurire, tanto che la povera piccolina si lagnava sempre con la maestra dei maltrattamenti che le faceva la matrigna, dicendole: «Oh Dio, ma non potresti essere tu la mammarella mia, che mi fai tanti broccoli[7] e moine?». E tanto continuò a fare questa cantilena, che messole un vespone nell'orecchio,[8] quella, accecata da un diavolicchio,[9] una volta le disse: «Se tu vuoi fare a modo di 'sta capa pazza,[10] io ti sarò mamma, e tu mi sarai cara come le visciole[11] di questi occhi». Voleva continuare a parlare quando Zezolla[12] (così si chiamava la fanciulla) disse: «Perdonami se ti spezzo la parola in bocca. Io so che mi vuoi bene, perciò zitto e *zuffecit*:[13] smaliziami nell'arte, ché vengo da fuori: tu scrivi, io firmo».[14] «Orsù», replicò la maestra «sentimi bene, apri le orecchie, e te ne verrà un pane bianco come i fiori.[15] Quando tuo padre esce, di' alla tua matrigna che vuoi uno di quei vecchi vestiti che stanno dentro il cassone grande del ripostiglio, per risparmiare questo che porti addosso. Lei, che vuole vederti tutta pezze e stracci,[16] aprirà il cassone e dirà: "Tieni il coperchio". E tu, tenendolo, mentre lei andrà rovistando là dentro, lascialo cadere di botto, così si romperà il collo. Dopodiché, tu sai che tuo padre farebbe monete false per accontentarti, perciò, quando ti accarezza, pregalo di pigliarmi per mogliera,[17] ché, beata te, sarai la padrona della vita mia». Dopo aver sentito questo, a Zezolla ogni ora parve mille anni. Eseguì dunque a puntino il consiglio della maestra e, dopo che si fece il lutto per la disgrazia alla matrigna, cominciò a toccare i tasti[18] al padre affinché si sposasse con la maestra. Dapprima il principe la pigliò a burla. Ma la figlia tanto tirò di piatto finché non colpì di punta,[19] ed egli all'ultimo si piegò alle parole di Zezolla e, pigliatasi per mogliera Carmosina, che era la maestra, fece una festa grande. Ora, mentre gli sposi frascheggiavano, affacciatasi Zezolla a un gaifo[20] della casa sua, una palombella,[21] volata su un muro, le disse: «Quando ti viene voglia di qualcosa, manda a chiederla alla palomba delle Fate nell'isola di Sardegna,[22] ché l'avrai subito». La nuova matrigna per cinque o sei giorni affumicò[23] di carezze Zezolla, facendola sedere al miglior posto della tavola, dandole i migliori bocconi, mettendole i migliori vestiti; ma passato a malapena un po' di tempo, mandato a monte e scordatasi affatto del servizio ricevuto (oh trista l'anima che ha mala padrona!), cominciò a mettere sul cocuzzolo[24] sei figlie sue che fino ad allora aveva tenuto segrete; e tanto fece che al marito, prese in grazia le figliastre, le cadde dal cuore la figlia propria, tanto che, sca-

---

- [2] **cara...occhi**: cioè l'aveva cara come i propri occhi, come la cosa più preziosa che avesse (cfr. l'espressione "costare un occhio della testa").
- [3] **le catenelle...traforato**: sono tutte tipologie di ricamo: piccole catene, punto a giorno, filettature, orlo traforato.
- [4] **pigliato**: preso [per moglie].
- [5] **avere in fastidio**: odiare.
- [6] **cere**: facce.
- [7] **broccoli**: carezze.
- [8] **messole...orecchio**: messale una pulce nell'orecchio [: fattale venire un'idea].
- [9] **diavolicchio**: detto anche «scazzamauriello», cioè scaccia-maurino (monaco dell'Ordine dei S. Mauro). È uno spiritello della casa che compie piccoli furti e dispetti, di solito vicino al focolare; qualche volta ha funzione positiva, preavvertendo su sciagure, guarigioni, numeri al lotto.
- [10] **a modo...pazza**: a modo di questa testa matta [*che sono io*] [: come dico io, che sono una donna bizzarra].
- [11] **visciole**: *pupille*, per metafora dal significato di 'ciliegie rosso scure'.
- [12] **Zezolla**: Lucreziuccia.
- [13] **zuffecit**: e basta. In latino "sufficit" significa 'è sufficiente'.
- [14] **smaliziami...io firmo**: rendimi smaliziata in quel che devo fare (**arte**), perché non sono di qui [: sono inesperta]; tu progetti (**scrive**) [e] io eseguo (**firmo**).
- [15] **te ne verrà...fiori**: avrai sempre pane bianco di fior di farina (il migliore); cioè: ti andrà come meglio non potrebbe.
- [16] **vederti...stracci**: vedere sempre [vestita di] pezze e stracci.
- [17] **per mogliera**: come moglie.
- [18] **i tasti**: i punti deboli, per convincerlo.
- [19] **tanto...punta**: Basile si riferisce a modi di dire della scherma: colpire di piatto è inoffensivo, mentre di punta o di lama ferisce e penetra.
- [20] **gaifo**: è un terrazzo pensile al primo piano delle case.
- [21] **palombella**: *colombella*; e sotto, **palomba**: *colomba*.
- [22] **Sardegna**: qui sta per luogo lontano e misterioso.
- [23] **affumicò**: metafora, per dire che 'avvolse completamente', ma anche che le carezze erano solo 'fumo', cioè inganno.
- [24] **mettere sul cucuzzolo**: mettere a sedere, ma in posto di privilegio.

pita oggi, manca domani,²⁵ finì che lei si ridusse dalla camera alla cucina, dal baldacchino al focolare, dagli sfarzi di seta e d'oro alle mappine,²⁶ dagli scettri agli spiedi, né cambiò solo stato ma anche nome, giacché non più Zezolla fu chiamata ma Gatta Cenerentola.²⁷

Seguì che, dovendo il principe andare in Sardegna per cose necessarie allo Stato suo, domandò a una per una a 'Mperia, Calamita, Shiorella, Diamante, Colommina e Pascarella,²⁸ che erano le sei figliastre, che cosa volevano che portasse loro al ritorno: e chi gli chiese vestiti da sfoggiare, chi galanterie per la testa, chi belletti per la faccia, chi gingilli per passare il tempo, e chi una cosa e chi un'altra. Per ultimo, e quasi per dileggio, disse alla figlia: «E tu, che vorresti?». E lei: «Nient'altro se non che mi raccomandi alla palomba delle Fate, dicendole che mi mandino qualcosa; e se te lo scordi che tu non possa andare né avanti né indietro. Tieni a mente quello che ti dico: anima tua, manica tua».²⁹ Il principe partì, fece i fatti suoi in Sardegna, comprò quanto gli avevano chiesto le figliastre, e Zezolla gli uscì di mente; ma quando si fu imbarcato sopra un vascello, facendo vela non fu proprio possibile che la nave si staccasse dal porto, sembrava che fosse impedita dalla remora.³⁰ Il comandante del vascello, che era quasi disperato, si mise a dormire per la stanchezza, e vide in sogno una Fata che gli disse: «Sai perché non potete staccare la nave dal porto? Perché il principe che viene con voi ha mancato di promessa alla figlia, ricordandosi di tutte fuorché del sangue proprio». Il padrone si sveglia, racconta il sogno al principe, e questi, confuso per la mancanza commessa, andò alla grotta delle Fate e, raccomandata loro la figlia, disse che le mandassero qualcosa. Ed ecco uscì fuori dalla spelonca una bella giovane, che vedevi un gonfalone,³¹ e gli disse di ringraziare la figlia della buona memoria e che se la godesse per amor suo: così dicendo gli diede un dattero, una zappa, un secchietto d'oro e una tovaglia di seta, dicendo che l'uno era per seminare e gli altri per coltivare la pianta.³² Meravigliato da questo presente,³³ il principe si licenziò dalla Fata volgendosi verso il suo paese e, dato a tutte le figliastre quanto avevano desiderato, diede infine alla figlia il dono che le faceva la Fata. E quella, con un'allegrezza che non stava nella pelle, piantò il dattero in un bel vaso, lo zappettava, lo adacquava³⁴ e con la tovaglia di seta lo asciugava mattina e sera, tanto che in quattro giorni, cresciuto alla statura di una femmina, ne uscì fuori una Fata che le chiese: «Che desideri?». A quella Zezolla rispose che desiderava uscire qualche volta fuori di casa, ma non voleva che le sorelle lo sapessero. Replicò la Fata: «Ogni volta che ti gusta,³⁵ vieni alla pianta e di':

    Dattero mio dorato,
    con la zappetta d'oro t'ho zappato,
    col secchietto d'oro t'ho adacquato,
    con la tovaglia di seta t'ho asciugato;
    spoglia te e vesti me!³⁶

E quando vorrai spogliarti, cambia l'ultimo verso dicendo: "Spoglia me e vesti te"». Ora mo'³⁷ venne un giorno di festa, e le figlie della maestra uscirono tutte spampanate, agghindate,

---

- **25 scapita...domani**: *con quell'andazzo*; è un modo di dire proprio del linguaggio economico per un capitale che si assottiglia inesorabilmente.
- **26 mappine**: *tovaglie e tovaglioli*.
- **27 Gatta Cenerentola**: cioè gatta impolverata dalla cenere del focolare, presso il quale ama stare.
- **28 'Mperia...Pascarella**: *Imperia, Calamita, Fiorella, Diamante, Colombina, Pasqualina*.
- **29 anima tua, manica tua**: espressione che equivale "peggio per te se non rispetti la parola data".
- **30 remora**: la remora è un pesce dotato di ventosa con la quale si attacca ad altri pesci o imbarcazioni per farsi trasportare. Ne parla già Plinio nella sua *Storia naturale* come di un impedimento alla navigazione.
- **31 una bella...gonfalone**: *una giovane [così] bella, che [sembrava di] vedere un gonfalone*. Il "gonfalone" è il vessillo degli eserciti. Qui rinvia all'immagine grandiosa e aerea della Fata.
- **32 così...pianta**: il senso di questo regalo è spiegato subito dopo.
- **33 presente**: *regalo*.
- **34 adacquava**: *annaffiava*.
- **35 ti gusta**: *ti fa piacere*.
- **36 spoglia...me**: la ragazza, cioè, deve chiedere alla pianta di effettuare uno scambio delle parti, una metamorfosi legata a quelle parole magiche.
- **37 Ora mo'**: *proprio allora*; *mo* ha valore pleonastico.

impiastricciate,[38] tutte nastrini, sonaglini e fronzolini, tutte fiori e odori, cose e rose. Allora Zezolla corse subito alla pianta e, dette le parole imbeccatele[39] dalla Fata, fu bardata come una regina e, messa sopra una chinea[40] con dodici paggi lindi e pinti, andò dove andavano le sorelle, che fecero la sputazzella[41] per le bellezze di quella elegante palomba. Ma, come volle la sorte, venne in quello stesso luogo il re che, vista la spropositata bellezza di Zezolla, ne fu subito affatturato,[42] e disse al servitore più intrinseco[43] che si fosse informato su come potersi informare su quella bella creatura, e chi fosse, e dove stava. Il servitore le corse dietro all'istante: ma lei, accortasi dell'agguato, gettò una manciata di scudi ricci[44] che si era fatti dare dal dattero a questo effetto. Quello, infiammato dai pezzi luccicanti, si scordò di seguire la chinea per riempirsi le branche di quattrini, e lei si ficcò di slancio in casa dove, non appena si fu spogliata come le aveva insegnato la Fata, arrivarono quelle arpie[45] delle sorelle che, per farla cuocere di rabbia, dissero le tante cose belle che avevano visto. Nel frattempo il servitore tornò dal re e gli disse il fatto degli scudi; e quello, avvampando di un'ira grande, gli disse che per quattro monete cacate aveva venduto il gusto suo, e che a ogni buon conto, alla prossima festa, avesse procurato di sapere chi fosse la bella giovane e dove s'annidasse quel bell'uccello.[46] Venne la nuova festa e le sorelle, tutte apparate e galanti, uscirono lasciando la disprezzata Zezolla al focolare; e quella subito corre al dattero, e dette le parole solite, ecco che uscì una manciata di damigelle, chi con lo specchio, chi con la boccettina d'acqua di cocozza,[47] chi col ferro per i riccioli, chi con la pezza del belletto,[48] chi col pettine, chi con gli spilli, chi coi vestiti, chi con il diadema e le collane, e, fattala bella come un sole, la misero in una carrozza a sei cavalli, accompagnata da staffiere e paggi in livrea. E giunta nel medesimo posto dov'era stata l'altra festa, aggiunse meraviglia nel cuore delle sorelle e fuoco nel petto del re.

Ma ripartita, e andatole dietro il servitore, per non farsi raggiungere gettò una manata di perle e gioielli; ed essendo rimasto quel dabbenuomo a becchettarseli,[49] ché non era cosa da perdere, ella ebbe il tempo di rimorchiarsi a casa e di spogliarsi come il solito. Il servitore tornò lungo lungo[50] dal re, il quale disse: «Per l'anima dei morti miei, se tu non trovi quella ti faccio una mazziata[51] e ti darò tanti calci in culo per quanti peli hai a 'sta[52] barba». Venne un'altra festa e, uscite le sorelle, lei tornò al dattero e, ripetendo la canzone fatata, fu vestita superbamente e messa dentro una carrozza d'oro con tanti servitori intorno che pareva una puttana fermata al passeggio e attorniata da sbirri;[53] e, andata a far gola[54] alle sorelle, se ne partì, e il servitore del re si cucì a filo doppio alla carrozza. Ma Zezolla, vedendo che quello le era sempre alle costole, gridò: «Tocca,[55] cocchiere!» ed ecco che la carrozza si mise a correre di tutta furia, e la corsa fu così grande che le cascò una pianella,[56] che non si poteva vedere più leggiadra cosa. Il servitore, che non poté raggiungere la carrozza che volava, raccattò la pianella da terra e la portò al re, dicendogli quanto gli era successo. Allora il re, pigliata in mano la pianella, disse: «Se lo zoccolo è così bello, che sarà la casa? O bel candeliere, dove stava la candela che mi strugge! O treppiede della bella caldaia dove bolle la vita! O bei sugheri attaccati alla lenza d'Amore, con la quale ha pesca-

---

- **38 tutte…impiastricciate**: *tutte aperte come un fiore, leziosamente abbellite, truccate.* Si noti, in tutto il periodo, l'accostamento per asindeto degli aggettivi e dei nomi con effetto di accumulo e di ironica sovrabbondanza.
- **39 imbeccatele**: *che le erano state suggerite.*
- **40 una chinea**: *un cavallo bianco.* Era un tributo che annualmente i Re di Napoli dovevano offrire allo Stato della Chiesa.
- **41 fecero la sputazzella**: *avevano, cioè, la bava alla bocca per l'invidia.*
- **42 affatturato**: *incantato, stregato.*
- **43 più intrinseco**: *più in confidenza* [con lui].

- **44 scudi ricci**: erano monete d'oro coniate nel 1582 sotto il regno di Filippo II di Spagna.
- **45 arpie**: *streghe.*
- **46 bell'uccello**: alcune righe sopra, infatti, Zezolla è definita **penta palomma** (*elegante colomba*).
- **47 d'acqua di cocozza**: *d'acqua di zucca*, olio profumato ricavato da quella pianta.
- **48 chi col ferro…belletto**: il **ferro** è quello che, riscaldato, serve ad arricciare i capelli; il **belletto** è il trucco.
- **49 becchettarseli**: si dice, propriamente, degli uccelli; il verbo fa scattare subito l'immagine del servitore come di un animale interessato soltanto a mangiare.

- **50 lungo lungo**: *triste e mortificato.*
- **51 ti faccio una mazziata**: *ti prendo a botte.*
- **52 a 'sta**: *in questa.*
- **53 che pareva…sbirri**: le prostitute non potevano mostrarsi pubblicamente al passeggio: rischiavano l'arresto e il carcere.
- **54 far gola**: *fare invidia.*
- **55 Tocca**: *Incita* [*i cavalli*] [: *accelera*].
- **56 una pianella**: qui non si intende, come di solito, una pantofola, ma un tipo di scarpa con il tacco altissimo in sughero o in legno che si aggiungeva alla normale calzatura per non sporcare le lunghe vesti.

110 to quest'anima![57] Ecco, vi abbraccio e vi stringo e, se non posso arrivare alla pianta, adoro le radici; e, se non posso avere i capitelli, bacio le basi! Già foste ceppi di un bianco piede, mo' siete tagliole di un afflitto cuore;[58] per voi era alta un palmo e mezzo di più chi tiranneggia 'sta vita, e per voi cresce altrettanto di dolcezza 'sta vita, mentre vi guardo e vi possiedo». Così dicendo chiama lo scrivano, comanda il trombetta[59] e *tu, tu, tu* fa gettare un bando, che tutte le femmi-
115 ne della terra vengano a una festa imbandita e a un banchetto che si è messo in testa di fare. E venuto il giorno destinato, oh bene mio, che pappatoria[60] e che cuccagna si fece! Da dove vennero tante pastiere e casatielli, da dove i sottostati e le polpette, da dove i maccheroni e i raffioli?[61] Tanto che ci poteva mangiare un esercito al completo. Venute le femmine tutte, e nobili e ignobili, e ricche e pezzenti, e vecchie e giovani, e belle e brutte, dopo che ebbero ben pettina-
120 to,[62] il re, fatto il profizio,[63] provò la pianella a una a una a tutte le convitate per vedere a chi andasse a capello[64] e bene assestata, sì da poter conoscere dalla forma della pianella quella che andava cercando; ma non trovando un piede che vi andasse a sesto,[65] stava per disperare. Ciò nondimeno, fatti stare tutti zitti, disse: «Tornate domani a fare un'altra volta penitenza con me; ma se mi volete bene non lasciate nessuna femmina a casa, e sia quale sia».[66] Allora disse il prin-
125 cipe: «Ho una figlia, ma sta sempre a guardare il focolare, perché disgraziata e dappoco, e non è meritevole di sedere dove mangiate voi». E il re disse: «Questa sia in capo alla lista, ché l'ho caro».[67] Così partirono e il giorno dopo tornarono tutte, e con le figlie di Carmosina venne Zezolla, la quale, non appena fu vista dal re, gli sembrò quella che desiderava; tuttavia dissimulò.[68] Finito quindi di macinare,[69] si arrivò alla prova della pianella che, non appena si accostò al piede di
130 Zezolla, si lanciò da se stessa al piede di quel coccopinto d'Amore[70] come il ferro corre alla calamita. Veduta la qual cosa, il re corse a farle morsa con le braccia[71] e, fattala sedere sotto il baldacchino, le mise la corona in testa, comandando a tutte che le facessero inchini e reverenze, come alla regina loro. E le sorelle, vedendo questo, crepando d'invidia, non avendo lo stomaco di vedere questo scoppio del loro cuore, se la filarono quatte quatte[72] verso la casa della mamma,
135 confessando a dispetto loro

Che è pazzo chi contrasta con le stelle.[73]

- **57** **Se lo...anima**: nel discorso del re si susseguono metafore ispirate dal suo sentimento amoroso. Il **pedamento** (*zoccolo*) è il basamento del **casa**, come la pianella su cui si erge Cenerentola. Il **canneliero** (*candeliere*) e la **caudara** (*caldaia*) rimandano al fuoco della passione. Il **suvare** (*sughero*) è quello che fa galleggiare parte del filo da pesca al quale, metaforicamente, ha abboccato il re innamorandosi. Il gusto è quello del concettismo barocco.
- **58** **se non posso arrivare...cuore**: continua la serie metaforica: adesso la scarpa è come la radice di un albero, la base di una colonna; come i sugheri impedivano (per la loro altezza) un passo spedito, così adesso divengono, una trappola (**tagliole**) per il

cuore dell'innamorato.
- **59** **il trombetta**: *il banditore*, seguito da tipico, onomatopeico segnale («*tu tu tu*»).
- **60** **pappatoria**: *mangiata*.
- **61** **pastiere...raffioli**: la pastiera, il casatiello e i graviuoli sono dolci tipici napoletani; i sottostati sono stufati di carne di vitello.
- **62** **dopo che...pettinato**: *dopo aver mangiato e bevuto molto*.
- **63** **profizio**: *prosit*, (lat., giovi, ti faccia bene); è la formula augurale dei brindisi, come il nostro "alla salute".
- **64** **a capello**: *a pennello*.
- **65** **a sesto**: *giusto*.
- **66** **e sia quale sia**: è questa la nuova richiesta del re che apre la speranza di Zezolla:

tutte le donne, anche quelle di condizione inferiore, dovranno provare la calzatura.
- **67** **ché l'ho caro**: *perché così mi piace*.
- **68** **dissimulò**: *fece finta di niente*.
- **69** **macinare**: *mangiare*.
- **70** **coccopinto d'Amore**: *il coccobello d'Amore*, cioè il preferito, il prediletto da Amore stesso (in questo caso Zezolla).
- **71** **a farle...braccia**: *a sorreggerla [stringendola] con le braccia*.
- **72** **quatte quatte**: *chine e di nascosto*, per la vergogna e per l'offesa ricevuta nel non essere state scelte.
- **73** **con le stelle**: *con il volere del cielo*. È la morale della favola, secondo la quale l'uomo non può opporsi al destino.

DALLA COMPRENSIONE ALL'INTERPRETAZIONE

COMPRENSIONE

La favola di Zezolla Cenerentola Zezolla, figlia di principe e orfana di madre, è maltrattata dalla matrigna ma coccolata dalla sua maestra di cucito, Carmosina, a tal punto da far desiderare a Zezolla che sia questa la «mammarella» sua. Ed è proprio ciò che avviene: grazie a un piano ordito da Carmosina, **Zezolla uccide la matrigna** e convince il padre a sposare la maestra di cucito. Il cambiamento, però, è tutt'altro che felice perché **la seconda matrigna si rivela peggiore della prima**: tratta Zezolla come una sguattera, relegandola in cucina tra spiedi e cenere (**Zezolla cambia così non solo stato, ma anche nome, diventando Gatta Cennerentola**), e non ha occhi che per le sue sei figlie. La svolta nella triste vicenda di Cennerentola si ha quando essa ottiene che il padre le porti dalla Sardegna, dove si è recato per affari di Stato, il prezioso dono di una fata: un dattero che, piantato e amorosamente curato, diventa la pianta magica che consente a Cennerentola di **partecipare, all'insaputa delle sorellastre e della matrigna, alle feste del re**. Questi, subito stregato dalla bellezza di Zezolla, fa di tutto per scoprire l'identità dell'affascinante sconosciuta e ci riesce, dopo qualche tentativo fallito, grazie alla **scarpina** che Cennerentola ha perso e che solo il suo piede calza. **Il re fa di Cennerentola la sua regina** e... "vissero tutti felici e contenti", tutti meno le sorellastre che «crepando d'invidia [...] se la filarono quatte quatte verso la casa della mamma».

ANALISI

Lo stile Lo stile di Basile si fonda su una abilissima **sovrapposizione di linguaggio letterario**, fondato sulla **centralità barocca della metafora, al linguaggio popolare**, con i suoi modi di dire fantasiosi e i suoi proverbi. Si veda subito all'inizio come il modo di dire popolare che colpisce l'invidia equiparandola all'ernia (nella concezione popolare, l'invidia è come l'ernia, perché sia di invidia che di ernia "strozzata" si può crepare) trapassa di paragone in paragone e **di metafora in metafora**: come l'invidia gode nel vedere un ammalato di vesciche ma poi viene essa stessa colpita da ernia, così colui che si rallegra nel vedere un altro affogato nel mare sta in realtà per essere lui stesso sommerso dalle acque; e questa medesima cosa – aggiunge la novellatrice istituendo un nuovo parallelo – accade ad alcune ragazze invidiose di Cenerentola (e cioè alle sorellastre di lei). Si osservi poi che il passaggio dalla metafora medica a quella marinaresca è favorito dalla presenza, nella prima, di un'altra immagine metaforica, quella del «mare della malignità», che serve a introdurre la seconda (righi 1-3). Segnaliamo poi questi altri **modi popolari di dire**: «smaliziami nell'arte, che vengo da fuori», cioè insegnami l'arte, perché sono inesperta degli usi del posto, e subito dopo: «tu scrivi, io firmo» (rigo 17). Una similitudine tratta dal **mondo popolare** è anche la successiva «te ne verrà un pane bianco come i fiori» (righi 17-18), mentre un proverbio popolare è, subito dopo, «scapita oggi, manca domani», (righi 36-37). Ma tutto il testo pullula di **espressioni popolari, colorite, vitalmente plebee**. Il re ad esempio, dopo essersi lamentato una prima volta con il suo servo che invece di seguire la bella sconosciuta si è lasciato distrarre da «quattro monete cacate», quando questi fallisce per la seconda volta la sua missione lo apostrofa assai poco regalmente con queste parole: «Per l'anima dei morti miei, se tu non trovi quella ti faccio una mazziata e ti darò tanti calci in culo per quanti peli hai a 'sta barba» (righi 98-99). O ancora, poche righe più sotto, si veda come è descritto il folto corteo con cui Zezolla va al palazzo del re: «con tanti servitori intorno che pareva una puttana fermata al passeggio e attorniata da sbirri» (righi 101-102). Va notato infine il piacere della **enumerazione in serie di aggettivi e sostantivi**, in cui il gusto popolaresco del cumulo meraviglioso di dettagli e della cantilena rimata si unisce a quello della sovrabbondanza e dell'eccesso tipico della cultura barocca e alla ricerca di ritmi musicali letteratissimi, come ai righi 72-73: «le figlie della maestra tutte spampanate, agghindate, impiastricciate, tutte nastrini, sonaglini e fronzolini, tutte fiori e odori, cose e rose».

INTERPRETAZIONE

Il gusto barocco della metamorfosi Il **fenomeno della metamorfosi**, cioè della trasformazione di una cosa in un'altra, affascina l'uomo barocco. In un mondo incerto quale quello rivelato dalla nuova scienza galileiana, ogni cosa è priva di stabilità e può diventare un'altra. La figlia del principe può diventare una cenerentola e poi trasformarsi in regina; la pianta di datteri può mutarsi in una fata, e così via. Il **gusto del meraviglioso** che è tipico della fiaba è alimentato dalle suggestioni di una cultura barocca che aveva fatto delle *Metamorfosi* del poeta latino Ovidio (43 a.C.-17 o 18 d.C.) il proprio testo preferito di lettura.

Le varie versioni della fiaba di Cenerentola La versione della fiaba di Cenerentola dataci da Basile non è quella oggi più nota, che deriva invece dalla favola *Cendrillon* [Cenerentola] di **Charles Perrault**, autore dei *Contes de ma mère l'Oye* [Racconti di mia madre l'Oca], usciti nel 1697 (undici racconti di fate, otto in prosa e tre in poesia, ripresi dall'antica tradizione orale della favolistica popolare). In Basile infatti **Zezolla** non esita a uccidere la prima matrigna (la morte, come nei sogni infantili che la fiaba riflette, non è altro che scomparsa della persona temuta; per questo può essere procurata con tanta indifferenza), e inoltre **ha un ruolo attivo e protagoni-**

stico (si veda il modo con cui impone al padre di portarle un regalo dalla Sardegna). Invece, **in Perrault, il personaggio è molto più passivo e remissivo, più dolce e indifeso**. Nell'autore francese, poi, di matrigne ce n'è una sola e le sorellastre hanno un ruolo persecutorio molto più pronunciato e netto; e manca inoltre il tema fantastico della pianta del dattero. La versione di Perrault è stata assunta come testo base per la *Cinderella*, cartone animato prodotto da **Walt Disney** nel 1950, e per il film omonimo di Kenneth Branagh (2015). Quella di Basile, che proviene probabilmente da una fiaba cinese del IX secolo a.C. (di qui il particolare della piccolezza del piede quale simbolo di bellezza femminile, tipico della cultura cinese), è stata invece ripresa in Germania dai fratelli **Wilhelm e Jakob Grimm** nella loro raccolta di fiabe (1812-22), uscita in pieno clima romantico.

T2 LAVORIAMO SUL TESTO

COMPRENDERE

La storia

1. Zezolla, per liberarsi della sua matrigna
   - A la uccide
   - B la chiude in un baule
   - C la costringe ad andarsene lontano
   - D convince il padre a sposare un'altra donna

2. Zezolla è denominata «Gatta Cennerentola» perchè
   - A è agile e furba
   - B veste sempre di grigio e di nero
   - C ha come amica una gatta grigia
   - D passa le sue giornate vicino al focolare

3. Il padre al ritorno dal viaggio porta a Zezolla
   - A un dattero, una zappa, un vaso, una gatta
   - B un vaso, un dattero, una zappa, della cenere
   - C un dattero, una zappa, un sacchetto d'oro, un asciugatoio di seta
   - D un sacchetto d'oro, un asciugatoio di seta, un vestito, dei gioielli

4. L'aiutante magico di Zezolla è
   - A il tè
   - B una gatta
   - C una zappa
   - D una colomba

ANALIZZARE E INTERPRETARE

La struttura della fiaba

5. Il critico russo Vladimir Propp (1895-1970) ha studiato la morfologia della fiaba, rintracciandovi uno schema basato sulla ripetibilità di alcune azioni e funzioni dei personaggi. Egli individua nel "danneggiamento" o nell'"avvertimento di una mancanza" la funzione fondamentale che mette in moto l'azione narrativa vera e propria. Sai rintracciarla nel testo?

6. Nella *Gatta Cennerentola* il personaggio della seconda matrigna Carmosina ricopre il ruolo di (indica fra le opzioni quella corretta e motiva la tua scelta)
   - A protagonista
   - B antagonista
   - C oppositore
   - D aiutante

Stile barocco e popolare

7. Completa lo schema inserendovi gli elementi più vistosi dello stile barocco e del linguaggio popolare.
   - tema ....
   - metafore ....
   - tecnica dell'accumulo ....
   - termini popolari ....

LE MIE COMPETENZE: CONFRONTARE

Confronta la fiaba di Basile con *Cendrillon* di Perrault o con le versioni cinematografiche della Disney di Wilfred Jackson e di Kenneth Branagh (*Cinderella*, 1950 e 2015). Quali differenze noti?

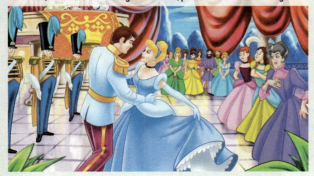

Cenerentola (Cinderella), film d'animazione del 1950 diretto da Wilfred Jackson, Hamilton Luske e Clyde Geronimi, prodotto dalla Walt Disney.

Cenerentola (Cinderella), film del 2015 diretto da Kenneth Branagh, prodotto dalla Walt Disney.

Percorso
LO SPAZIO E IL TEMPO

PERCORSI TEMATICI

Il tempo e la morte nella lirica secentesca

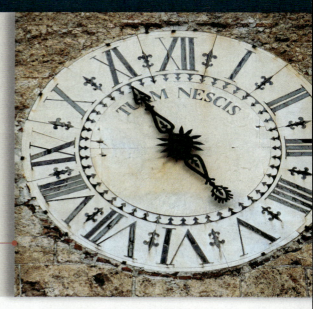

Orologio della torre campanaria. Monreale, Duomo.

L'iscrizione *Tuam nescis*, 'Non conosci la tua', allude all'impossibilità di conoscere la propria ora proprio perché, come sottolinea il testo di Ciro di Pers, «sempre si more» (cfr. **T5**).

La cultura barocca – l'abbiamo già osservato nel capitolo XIII – **manifesta un sentimento tragico del tempo**, percepito e rappresentato come corsa inesorabile verso la morte. **Il tempo sta diventando laico, mondano**; la prospettiva della redenzione si fa remota, imperscrutabile.

È significativa l'attrazione quasi ossessiva, dimostrata dai poeti, per il tema dell'orologio, che conferisce serietà simbolica alla curiosità tipicamente secentesca per la novità tecnica. In ***L'orologio a rote* Ciro di Pers** non esalta l'invenzione dello strumento: anzi, la precisione meccanica con cui l'orologio scandisce il tempo («lo divide in ore») è posta sotto l'insegna della distruzione («dentate rote», «lacera il giorno»). La fugacità del tempo non induce a un richiamo all'intensità vitale, ma il rintocco metallico e lugubre («Sempre si more») non fa che accelerare la corsa dell'«età vorace» verso la tomba (**T5**).

Il sentimento stesso della vita è pervaso dal senso dell'annientamento. Si precipita nella tomba fin dalla nascita. La morte si cova nell'«assiduo calor», nel «nido vitale» del letto, che è anche «notturno sepolcro» e «funesto feretro» (così dice Ciro di Pers nel sonetto *Al proprio letto*; cfr. espansioni digitali). **Il gusto barocco del contrasto sottolinea una visione drammatica dell'esistenza, dominata, in ogni momento, dall'incubo della fine**. Il poeta non osa addormentarsi nel letto, perché sa «che del tempo un sol momento avaro (quello della morte) / ivi de' (deve) alfin rapire il mio riposo».

Altrove il trascorrere del tempo è rappresentato come fragilità e inconsistenza delle forme, una mutevole e perenne trasformazione della bellezza e della gioia nel loro contrario. Il tempo incide infatti anche sulla natura, che è avvertita come qualcosa di mobile, sfuggente, metamorfico.

Più tragico e luttuoso appare il senso del tempo nel poeta spagnolo Góngora. La vita è inganno, ombra. Il tempo non è vissuto nel presente o nel passato, ma concepito come, proiezione in un futuro di morte, laicamente rappresentata come puro annientamento della vita.

Nel componimento ***Alla memoria della morte e dell'inferno*** (cfr. espansioni digitali) la fuga del tempo si materializza in una metafora crudele: **il tempo è «carnefice dei giorni»**. La morte, sottratta sia alla sublimazione religiosa che alla rimozione della pietà umana, si rivela nell'orrore dei nudi scheletri, delle «raggelate ceneri»; è «abisso infernale», che solo la memoria, la forza del pensiero, può vincere, se l'uomo ha il coraggio di guardarla in faccia. Ma anche il pensiero è una dote laica e mondana. Anche da questo punto di vista, la concezione della vita è ormai pienamente moderna, lontana dalla luce della redenzione che il trascendente conferiva alla stessa tematica durante il Medioevo.

Gaetano Zummo, *Trionfo del Tempo*, ultimo decennio XVII secolo. Firenze, Museo della Specola.

Entrato a servizio del Granducato di Toscana, Gaetano Zummo elabora una serie di composizioni in cera dedicate a temi macabri. Nel *Trionfo del Tempo* i diversi stadi di decomposizione dei cadaveri, un tema strettamente scientifico, viene affrontato in una composizione tipicamente barocca in cui, a fianco alla figura allegorica del Tempo alato, trova spazio un piccolo autoritratto dell'autore.

Percorso
L'AMORE E LA DONNA

La frantumazione dell'immagine femminile nella poesia barocca

Jan vermeer, *La merlettaia*, 1670 circa. Parigi, Museo del Louvre.

Vari elementi concorrono a innovare la tematica femminile nella poesia barocca. L'esigenza di esplorare la realtà in tutti i suoi aspetti, anche i più inediti, s'incontra perfettamente con la poetica della meraviglia. **L'immagine tradizionale della donna, tutta bellezza e idealità, sparisce dai canzonieri**, non più costruiti su esemplari storie d'amore.
La rappresentazione della donna si arricchisce di determinazioni più concrete, che la raffigurano negli atteggiamenti più diversi. Non esiste più un canone preciso che distingua il bello dal brutto: tutto diventa oggetto di poesia, anche i pidocchi nella chioma dell'amata. **La tipologia della figura femminile si allarga a tutte le categorie sociali**, dalla signora alla schiava alla mendicante. Compare nella poesia anche la bellezza nera, capovolgendo un mito secolare della bellezza femminile occidentale. In *Bella schiava* Marino celebra il «mostro leggiadro», la seduzione della schiava, «nera sì, ma bella», rivelando la suggestione tipicamente barocca per l'irregolare, lo strano, l'esotico (cfr. **T2**).
La donna amata non è più un angelo, può essere un'indemoniata. *Bellissima spiritata* di Achillini sintetizza, in un significativo ossimoro, il fascino tutto moderno che emana dal demoniaco. La donna ha gli occhi stralunati, il volto infuriato, «par che contra Dio la lingua arroti», eppure è bellissima e il poeta gioca sull'ambiguità di una situazione in cui sacro e profano, bello e brutto, bene e male si confondono.
Si tratta di una **modificazione del gusto che rompe gli schemi tradizionali della sublimazione femminile e del naturalismo erotico rinascimentale**. Nel contesto della società della Controriforma si scontrano due diverse esigenze: da una parte la coscienza di una realtà naturale e umana sempre più complessa, che richiede una spregiudicata libertà di indagine, dall'altra l'imposizione di un conformismo morale che induce i poeti a esprimere i desideri del loro immaginario erotico in forme rimosse o deviate.
La novità più rilevante della lirica amorosa dell'epoca è la **frammentazione cui è soggetto il corpo femminile**. La donna intera scompare: restano particolari isolati: capelli, occhi, seni, guance, bocca. Talora sono gli oggetti della donna, lo specchio, gli occhiali, la tazza a cui essa ha bevuto, che assumono la funzione quasi di una sostituzione feticistica. Ma è soprattutto il vecchio tema dei capelli d'oro che ritorna, ossessivamente, in infinite variazioni, con un significato diverso da quello petrarchesco. In **Rete d'oro in testa della sua donna** (**T1**) Marino innova l'immagine tradizionale dei capelli come lacci. In Petrarca i capelli d'oro erano un elemento di idealizzazione della donna, qui la donna è eclissata dietro il gioco metaforico della «rete» e dell'«aureo splendore», quasi un «doppio tesoro», una preziosa e seducente decorazione.
Un altro aspetto originale, che ricorda la contemporanea pittura di genere, riguarda il realismo quotidiano attraverso cui le donne sono spesso ritratte: la donna munge, cuce, scrive, si pettina, si specchia, insegna, talora, più spericolatamente, è acrobata o nuotatrice. Il particolare fisico e realistico diventa tuttavia un puro pretesto da cui far scattare il gioco ingegnoso delle metafore, che unisce il registro basso della descrizione a quello elevato della trasfigurazione mitica.
Il rapporto tra realismo descrittivo e allusione simbolica è più evidente nell'analogia tra ago e strale, fra filo rosso del ricamo e filo del destino nella **Donna che cuce**. L'osservazione minuziosa non risponde a un intento di concretezza realistica, ma offre l'occasione di analogie impreviste che attivano sorprendenti significati simbolici («il fil che tira, / tronca, annoda, assottiglia, attorce e gira» è «il fil de la mia vita»), in un contesto che unisce la quotidianità della cucitrice a una sua trasvalutazione mitica (Aracne e le Parche). Questa figura femminile, contemplata come puro oggetto e occasione di accensioni metaforiche, risponde perfettamente alla mancanza di turbamento e di coinvolgimento passionale da parte dei poeti che la cantano. **Anche l'amore diventa gioco e talora spettacolo.**

DAL RIPASSO ALLA VERIFICA

MAPPA CONCETTUALE — Letteratura barocca

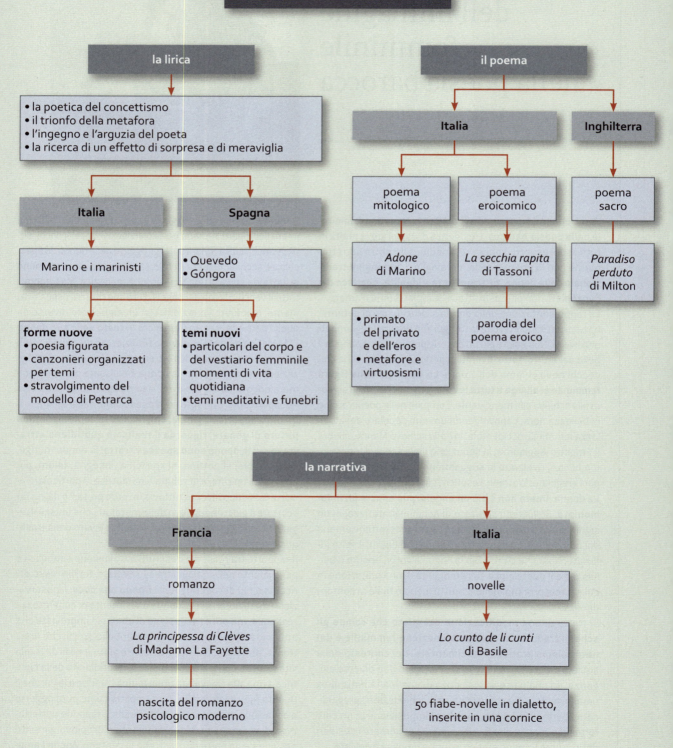

SINTESI

● **La trasformazione della poesia lirica**
Il periodo di più profonda rottura del canone classicistico e petrarchesco e di massima innovazione si registra nei primi trentacinque anni del Seicento. Il genere lirico subisce profonde trasformazioni: la disorganicità (i canzonieri non raccontano più una storia unitaria), il ricorso agli artifici della poesia figurata, la tendenza al decentramento dei particolari (orecchi, capelli, occhi, seno), l'attenuazione o la scomparsa dell'idealizzazione petrarchesca della figura femminile sono alcune delle novità della lirica barocca.

● **La poetica della meraviglia**
Il principio ispiratore della poetica barocca è la meraviglia. Il poeta deve essere in grado di provocare piacere nel lettore, e la strada per ottenere tale effetto viene vista nella meraviglia che possono produrre le metafore e i concetti più arditi.

● **Giambattista Marino**
Giambattista Marino, nato a Napoli nel 1569, lascia questa città nel 1600 dopo due incarcerazioni in seguito ad accuse di immoralità. Risiede per cinque anni a Roma (1600-1605) e per tre anni a Ravenna (1605-1608), sempre al servizio del cardinale Aldobrandini. Dal 1608 al 1615 è a Torino, alla corte di Carlo Emanuele di Savoia. Dal 1615 al 1623 vive a Parigi, dove era stato chiamato da Maria de' Medici, vedova di Enrico IV. Nel 1623 decide, per ragioni di salute, di tornare in Italia, a Napoli, dove muore nel 1625.

● **La Lira, La Galeria e La Sampogna**
La Lira (1614) è un canzoniere suddiviso per generi e temi e non più unitario come quello petrarchesco. L'attenzione non è più posta sulle vicende interiori, psicologiche, sentimentali del soggetto poetico, ma è tutta proiettata su dati esterni, su particolari oggettivi, su quadretti di vita comune. Nel 1619 Marino pubblica *La Galeria*, un tentativo di rendere in versi una galleria di pitture e sculture, e nel 1620 *La Sampogna*, che riunisce otto idilli mitologici e quattro pastorali. Fin qui la poesia di Marino resta astratta e cerebrale.

● **L'Adone**
Il capolavoro di Marino, *L'Adone*, viene pubblicato a Parigi nel 1623. Si tratta di un poema in venti canti per un totale di 5033 ottave (è il poema più lungo della letteratura italiana). L'opera non segue un ordine narrativo rigoroso, ma, nel raccontare la favola di Venere e Adone, procede per digressioni ed episodi secondari. La varietà e la molteplicità dell'*Adone* ben riflette la nuova prospettiva policentrica e multiforme della sensibilità barocca. Il poema è chiaramente allegorico e comunica un messaggio ideologico volto a sacralizzare l'elemento erotico e a esaltare gli effetti benefici dell'amore.

● **Marinisti, antimarinisti e barocchi moderati**
Marino dà il proprio nome, marinismo, alla prevalente tendenza barocca. Alcuni poeti, i marinisti, si ispirano a questo modello, mentre altri, gli antimarinisti, sono in polemica con Marino. Vi è poi chi, pur accettando la pratica della metafora e il concettismo, ne fa un uso più moderato: sono i cosiddetti barocchi moderati.

● **Il poema eroicomico. Alessandro Tassoni**
In Italia la crisi del poema eroico conduce ad una mutazione all'insegna della parodia e del comico, nasce così il poema eroicomico, che assume lo stesso strumento metrico del poema eroico, l'ottava, e ne riprende i temi, stravolgendoli però nel ridicolo. Iniziatore di questo genere è Alessandro Tassoni (1565-1635), con il poema *La secchia rapita*.

● **La letteratura dialettale, Giovan Battista Basile**
Nella prima metà del Seicento la letteratura dialettale raggiunge i suoi risultati più significativi a Napoli con *Lo cunto de li cunti* di Giovan Battista Basile (1575 ca.-1632). Non si tratta di una semplice raccolta di fiabe per bambini, ma di un libro composto per adulti esperti di cose letterarie. In esso vengono raccontate cinquanta fiabe in cinque giornate. Le fiabe sono desunte dal folclore napoletano e vengono trattate con sapienza letteraria come vere e proprie novelle.

DALLE CONOSCENZE ALLE COMPETENZE

1 La lirica barocca (§ 1)
- [A] riprende il modello petrarchesco
- [B] rifiuta il modello petrarchesco
- [C] si ispira alle regole classiciste
- [D] idealizza la figura femminile

2 Che cosa è la "poesia figurata"? Cosa sono l'acrostico e il calligramma? (S1)

3 Il "concetto", nella poetica barocca, è (§ 2)
- [A] un'analogia ardita tra fenomeni lontani e diversi
- [B] una riflessione filosofica tradotta in immagini
- [C] una trovata arguta che spiega le analogie bizzarre
- [D] l'idea che ispira la poesia

4 Delinea i nuovi temi della lirica secentesca. (§ 2)

5 Spiega l'espressione mariniana «È del poeta il fin la meraviglia». (§ 3)

DAL RIPASSO ALLA VERIFICA

6 Perché, in riferimento all'opera *La Lira* è possibile parlare di "poesia visiva"? Su quali particolari Marino concentra la sua attenzione? (§ 3)

7 Come cambia l'immagine femminile rispetto alla tradizione petrarchesca? Rintraccia situazioni e particolari su cui si concentra l'attenzione di Marino. (§ 3, T1, T2, espansioni digitali T *Seno*, espansioni digitali T *Occhi*)

8 Qual è il significato allegorico dell'*Adone*? (§ 3)

9 Delinea le principali novità dell'*Adone* rispetto alla tradizione epico-cavalleresca precedente. (§ 3)

10 Dopo Marino, quali furono le tendenze poetiche prevalenti? (§ 4)

11 «leggiadro mostro» è l'antitesi che domina la poesia di Marino *Bella schiava* (T1). In quali altri modi i poeti barocchi rovesciano i canoni della bellezza rinascimentale?

12 Cosa si intende per poema eroicomico? Chi è l'iniziatore del genere? (§ 6)

13 A che genere appartiene *Lo cunto de li cunti* e a quale pubblico è indirizzato? Descrivine la struttura. (§ 8)

PROPOSTE DI SCRITTURA

LA TRATTAZIONE SINTETICA

La rottura del canone classicistico
Esponi in una trattazione sintetica le caratteristiche della poesia del Seicento e spiegane l'originalità rispetto alla tradizione lirica petrarchesca.

La poetica della meraviglia
«È del poeta il fin della meraviglia / (parlo de l'eccellente, non del goffo): / chi non sa far stupir, vada alla striglia». Chiarisci la dichiarazione poetica di Marino facendo riferimento ai testi letti.

 • Indicazioni bibliografiche

prometeo 3.0

Personalizza il tuo libro selezionando per questo capitolo materiali integrativi da Prometeo
(di seguito ti proponiamo un elenco di materiali, ma puoi trovarne altri utilizzando il motore di ricerca).

- **SCHEDA** Il conflitto delle interpretazioni. Il giudizio di De Sanctis su Marino
- **SCHEDA** Giambattista Marino, *Il canto dell'usignolo*
- **SCHEDA** La crisi in Marino della poetica idillica e del rapporto tardo-rinascimentale fra natura e civiltà (M. Guglielminetti)
- **SCHEDA** Il conflitto delle interpretazioni. La ricerca critica contemporanea di Pozzi e di Guardiani nel giudizio di A. Martini
- **SCHEDA** Il sonetto *Alla memoria della morte e dell'inferno*: le traduzioni di Ungaretti e di Fortini
- **TESTO** Giambattista Marino, *Fileno e Filaura*
- **TESTO** Giambattista Marino, *Occhi*
- **TESTO** Giambattista Marino, *Ninfa mungitrice*
- **TESTO** Giambattista Marino, *Elogio del telescopio di Galileo*
- **TESTO** Giambattista Marino, *Il giardino del tatto*
- **TESTO** Claudio Achillini, «Sudate, o fochi, a preparar metalli»
- **TESTO** Ciro di Pers, *Al proprio letto*
- **TESTO** Girolamo Fontanella, *Alla lucciola*
- **TESTO** Francisco de Quevedo, *Affetti vari del suo cuore, fluttuando sulle onde dei capelli dell'amata*

Capitolo XV — Il Seicento, secolo del teatro

Teatro della Pergola, Firenze.

My eBook+

Cliccando su questa icona, docenti e studenti accedono ad un'area di personalizzazione che permette di arricchire i contenuti digitali già linkati lungo le pagine del libro. Nell'area di personalizzazione è possibile infatti salvare ulteriori materiali: selezionati da **Prometeo**, prodotti autonomamente o ricercati nella rete.

▶ *Per un elenco di materiali integrativi presenti nella biblioteca multimediale di Prometeo o per attivare una ricerca cfr. p. 449*

1. Il teatro europeo del Seicento

Il carattere teatrale della cultura barocca

Il Seicento è il secolo del teatro. La fine del Cinquecento è in Spagna l'epoca di Lope de Vega e, in Inghilterra, di Shakespeare, mentre in Italia si affermano e rapidamente si diffondono la commedia dell'arte e il melodramma. La teatralità, la spettacolarità, lo scambio fra finzione e realtà, il gusto della metamorfosi, del travestimento, della maschera sono tratti che caratterizzano in profondità la cultura barocca e che favoriscono il **trionfo del teatro come la forma d'arte più adatta a esprimere la nuova sensibilità e la nuova concezione del mondo** (per un'attualizzazione del tema barocco del «gran teatro del mondo» cfr. **S1**, p. 421).

La situazione italiana

Anche **in Italia** il teatro raggiunge il culmine del successo di pubblico, ma piuttosto attraverso la **commedia dell'arte** e il **melodramma** – in cui decisivi erano elementi extraletterari, come l'improvvisazione degli attori e la musica – che attraverso la tragedia e la commedia letterarie. A un grande numero di spettacoli corrispondono quindi nel nostro Paese risultati letterari molto più limitati. Dal punto di vista politico e culturale, **la nostra vita nazionale aveva ormai dimensioni provinciali** che non potevano non ripercuotersi negativamente sul teatro. Se si aggiunge che **l'azione repressiva della Controriforma** era in Italia più attenta e tenace e che le opere affidate al gesto e alla musica si sottraevano alla censura più facilmente dei testi letterari, si può capire perché allo sviluppo della commedia dell'arte e del melodramma non si accompagni quello della commedia e della tragedia scritte.

Il teatro a pagamento

Il teatro divenne, anche nel nostro Paese, **un genere di spettacolo, un costume, una forma di civiltà.** Esso trionfò soprattutto nelle grandi città: Venezia, Firenze, Roma, Napoli. Fra la fine del Cinquecento e l'inizio del Seicento divennero numerose le «stanze», prime forme di teatri stabili al chiuso, dotate di un palcoscenico. È nelle grandi città che si passò dai primi timidi tentativi di giungere a un teatro a pagamento, che già si erano registrati nel corso del Cinquecento, a forme di teatro stabile, in cui gli spettatori sono ammessi solo pagando il biglietto d'ingresso.

S1 — CINEMA

Peter Weir, *The Truman Show* (1998)

La trama
Il giovane impiegato Truman Burbank conduce una vita idilliaca e incolore nella linda cittadina di Seahaven. Un giorno, però, Truman comincia a sospettare di essere spiato e controllato e, a mano a mano, scopre la verità che gli spettatori del film già conoscono: la sua vita è una messinscena ripresa attimo per attimo da innumerevoli telecamere, trasmessa in diretta televisiva. Il mondo in cui vive è fittizio, le persone che lo circondano sono attori pagati per recitare una parte e lo stesso Truman è il protagonista inconsapevole di uno *show* con risate preregistrate seguito da milioni di spettatori. Prigioniero di un universo di finzione creato dal regista-demiurgo Christof, Truman si ribella e infine riesce ad evadere, applaudito come un eroe dai telespettatori che, in ogni angolo del pianeta, assistono con *suspense* crescente al suo tentativo di fuga. La vita vera si spalanca dinanzi a lui come un abisso sconosciuto: arrivato alle soglie del mondo, Truman spalanca la porta nascosta nella volta dipinta del cielo e, dopo un inchino, esce nel buio.

Il gran teatro del mondo
Il tema centrale del film è la confusione tra finzione e realtà e, in questo senso, *The Truman Show* va interpretato come un apologo sul potere invasivo della televisione e sulla spettacolarizzazione del reale nella contemporaneità. Nel contesto della società di massa, il *topos* barocco del teatro del mondo si rinnova e si amplifica. I nuovi media hanno il potere di creare illusioni che hanno l'aspetto di realtà e, insieme, riescono a trasformare la realtà in finzione. Truman è un uomo qualunque che conduce una esistenza noiosa, ma la sua vicenda, proprio perché comune, è anche esemplare: è a disposizione di tutti e somiglia alla vita di tutti. Nella sua banalità si rispecchiano e si riconoscono gli spettatori di tutto il mondo. La storia narrata da Weir sembra presagire e anticipare l'impatto e la diffusione che di lì a poco i *reality show* avrebbero avuto sul palinsesto televisivo. Nel film l'invadenza dei media si combina con il trionfo delle logiche pubblicitarie. Nel mondo di Truman nulla è lasciato al caso, ogni oggetto fa la sua apparizione sulla scena solo per essere sponsorizzato: le telecamere si soffermano ad inquadrare sfacciatamente le marche dei prodotti, dando vita a veri e propri intermezzi pubblicitari. Lo scambio tra realtà, cinema e televisione è sottolineato dall'uso sapiente della macchina da presa che, ricorrendo ad inquadrature fortemente sbilanciate e all'uso insistito dei primi piani, riproduce lo stile tipico della regia televisiva.

Una satira della società contemporanea
Come in un sofisticato gioco di specchi, il mondo fittizio in cui è rinchiuso Truman riflette il mondo reale, restituendone un'immagine patinata e grottesca. Con le sue stradine linde, le sue villette immacolate, gli abitanti sempre sorridenti, le automobili tirate a lucido, la cittadina di Seahaven è un'incarnazione stereotipata del sogno americano. Non è un caso che le scene ambientate nel grande studio televisivo, che è la Seahaven del film, siano state girate da Weir in una cittadina reale: la ricca Seaside, in Florida. In questo modo, il regista australiano scaglia la sua satira contro i miti vuoti e illusori di una felicità sintetica. Una felicità fasulla è anche quella sperimentata dagli spettatori dello show che, coinvolti da una trama appassionante, parteggiano per la buona riuscita della fuga di Truman. Una volta che il loro beniamino esce di scena, sono pronti a cambiare immediatamente canale, alla ricerca di nuove emozioni.

Una tragicommedia
La provocazione intellettuale si mescola all'ironia, la malinconia si tinge di note grottesche: Weir è abile nell'intrecciare il registro comico e il registro drammatico. Quella di Truman è una tragicommedia che diverte e, al tempo stesso, commuove lo spettatore. In un crescendo di emozioni, la lotta di Truman si fa via via più disperata, mentre il ritmo della narrazione diventa sempre più veloce e incalzante. In breve tempo la simulazione televisiva cede il passo al dolore di un'esperienza esistenziale: Truman è un uomo solo che s'interroga sul senso della vita.

Un "uomo vero"
Il film offre diverse chiavi di lettura e può essere interpretato anche come una riflessione sul destino dell'uomo. Truman, prigioniero di un destino prestabilito, di una biografia scritta su misura per lui da un'agguerrita équipe di sceneggiatori, si ribella e oppone il suo rifiuto alla presunta onnipotenza del regista-creatore, il cinico Christof. La sua è una scelta di libertà. Per essere padrone di sé, Truman deve rinunciare ad una vita televisiva preordinata e rassicurante. Ad aspettarlo è il buio di un'esistenza sconosciuta e imprevedibile. Alla fine Truman sceglie di essere un «true man», un "uomo vero".

The Truman Show, regia di Peter Weir; interpreti: Jim Carrey, Laura Linney, Edd Harris; soggetto e sceneggiatura: Andrew Niccol; montaggio: William M. Anderson, Lee Smith; fotografia: Peter Bizou; durata: 102 minuti; USA 1998.

2. Il teatro in Spagna: la figura di Don Giovanni in Tirso de Molina

Carattere interclassista e nazionale del teatro spagnolo

Il teatro in Spagna era un patrimonio comune a tutti i ceti sociali. Questo suo solido carattere interclassista e nazionale gli consente di rappresentare ogni aspetto della società e di contare su un pubblico tanto vasto quanto differenziato. Nel teatro circolava insomma una **cultura nazionale ricca e varia,** che poteva essere nello stesso tempo popolare, borghese, aristocratica.

L'acquisizione della riforma teatrale di Lope de Vega

Nel secondo decennio del secolo **le innovazioni introdotte da Lope de Vega** (cfr. cap. VI, § 4) sono ormai largamente acquisite. Le riassumiamo brevemente. Le unità di luogo, di tempo e d'azione non vengono più rispettate; la distinzione fra tragedia e commedia non è più praticata; si propone invece una "commedia" caratterizzata dalla presenza di temi comici, seri, drammatici, morali, dalla molteplicità dei luoghi, dall'intreccio fra azioni diverse, dalla durata variabile della vicenda. Quando la commedia assume caratteri spiccatamente drammatici, viene chiamata anche "tragicommedia".

Charles Ricketts, *Don Juan*, 1911 circa. Londra, Tate Gallery.

Tirso de Molina: *Il beffatore di Siviglia e Convitato di pietra*

Sulla strada indicata da Lope de Vega si muove **Tirso de Molina** (1584-1648). **La sua produzione vastissima** (si dice che abbia composto più di trecento commedie anche se ne sono rimaste meno di cento) **appare bipartita: da un lato** commedie d'amore e di avventura, **dall'altro** drammi religiosi. La commedia più nota di Tirso de Molina unisce entrambi questi temi: si tratta di *Il beffatore di Siviglia e Convitato di pietra* del 1630. Per un verso questa è una commedia "di cappa e spada", d'amore e di avventure; per un altro, invece, è un *auto sacramental* [atto sacro] a forte impronta morale e religiosa. Il protagonista è **Don Giovanni**, che da questo momento entra a far parte della cultura occidentale come prototipo dei seduttori (cfr. **S2**, p. 418).

Il personaggio di Don Giovanni

La vicenda

Sin dall'inizio del dramma Don Giovanni inganna e seduce, **a Napoli,** una nobile fanciulla, facendosi passare per suo fidanzato. Fugge per nave e, dopo un naufragio, viene curato da una bella pescatrice, che finisce, anche lei, sedotta e abbandonata. Giunto **a Siviglia,** Don Giovanni cerca di sostituirsi all'amato di Anna, figlia di **Don Gonzalo de Ulloa;** ma la donna si accorge dell'inganno e chiama aiuto. Accorre il padre, che Don Giovanni uccide per darsi di nuovo alla fuga. Intanto l'uomo amato da Anna viene sospettato di omicidio e chiuso in carcere. Durante la sua fuga, il protagonista assiste alle nozze di due giovani e riesce a sostituirsi al marito e a ingannare il padre della ragazza promettendogli grandi ricchezze e giurando di mantenere le promesse: se non rispettasse il giuramento, si augura di mo-

IL TEATRO IN SPAGNA	
Tirso de Molina	Calderón de la Barca
Il beffatore di Siviglia e Convitato di Pietra	*La vita è sogno*
il personaggio di Don Giovanni	temi della vita come sogno e del mondo come teatro

rire per mano di un uomo morto. Tornato a Siviglia, Don Giovanni vede **la statua di pietra di Don Gonzalo** (il padre di Anna, da lui assassinato), che nel frattempo il re ha fatto elevare per onorarlo. Per scherno la invita a cena. La sera la statua di Gonzalo si reca effettivamente a cena, fra il terrore dei servi, e invita a sua volta a cena Don Giovanni nella cappella di Ulloa. Don Giovanni sfrontatamente vi si reca, ma al momento di congedarsi è preso per mano dal convitato di pietra e trascinato nell'inferno.

Sovrapposizione del dramma sacro alla commedia di costume

La commedia vive tutta sul carattere del protagonista, sulla sua cinica e beffarda vitalità, sulla sfrontatezza demoniaca con cui egli porta a termine, con ogni tipo di inganno, le sue seduzioni. Il dramma sacro appare come sovrapposto alla commedia di costume, cosicché l'opera non risulta unitaria. Ma **il personaggio di Don Giovanni giganteggia** nel ricordo dello spettatore e del lettore.

S2 — INFORMAZIONI

La figura di Don Giovanni

La ragione del successo secentesco del dramma di Tirso de Molina sta sia nel tema della trasformazione, fondamentale in quel secolo, sia in quello del potere e dell'affermazione di una oscura volontà di potenza. Da un lato Don Giovanni si traveste di continuo, di continuo si sostituisce ad altre persone. Dall'altro, egli rappresenta la sete di dominio e di seduzione, l'aspirazione al potere, la forza della "ragion di Stato" (seppure applicata questa volta al sesso e alla conquista della donna) che percorrono il secolo. Il tema della metamorfosi riguarda anche il Convitato di pietra, Don Gonzalo, che, «morto, diventa statua e, statua, torna ad essere personaggio» (Macchia). Ma si noti che il motivo stesso del convito e della cena, centrale nella simbologia religiosa cristiana, si trasforma, nel dramma di Tirso de Molina, in una sorta di cena demoniaca e infernale.

La figura del seduttore affascinò subito spettatori e lettori, e venne ripresa da altri commediografi, a partire dal francese Molière, autore nel 1667 di *Don Giovanni o il convito di pietra*; cfr. § 6.

Il personaggio di Don Giovanni passa nel Settecento in una tragicommedia in versi del giovane Goldoni, *Don Giovanni Tenorio o sia il dissoluto* (1736) e in vari melodrammi. All'inizio dell'Ottocento si ripresenta nelle opere dei francesi Mérimée e de Musset e in un poema del poeta inglese George Byron, *Don Juan* (1819-24).

In campo musicale, occorre ricordare che, alla fine del Settecento, Mozart aveva musicato il dramma giocoso *Don Giovanni* (1787) su libretto di Da Ponte. Nonostante la vivacità, la gaiezza e la grazia dell'opera, non mancano, come nel prototipo spagnolo, una nota demoniaca e drammatica, un gusto per la sfida, un orgoglio quasi eroico da parte del protagonista.

A poco a poco, con il passare del tempo, la figura di Don Giovanni si è liberata da quella del convitato di pietra: il pubblico oggi vede nella sua figura il «trionfo della vita» e non quello della morte e della punizione divina: «il significato religioso» del dramma di Tirso de Molina si è attenuato «sempre di più» (Macchia). Nel nostro Novecento lo scrittore siciliano Vitaliano Brancati poteva scrivere, con *Don Giovanni in Sicilia* (1941), un'opera essenzialmente leggera, comica, volta a esaltare la vita pigramente sensuale dei meridionali contro l'efficientismo settentrionale.

Don Giovanni di Wolfgang Amadeus Mozart su libretto di Lorenzo da Ponte, regia di Franco Zeffirelli. Teatro dell'Opera di Roma, 2006.

3. *La vita è sogno* e le altre opere di Calderón de la Barca

Calderón de la Barca riprende e supera Lope de Vega

Il più grande drammaturgo del *Siglo de oro* [Secolo d'oro] spagnolo è **Calderón de la Barca, che riprende ma anche supera la lezione di Lope de Vega**: ne continua sì gli aspetti fondamentali della riforma teatrale, ma si allontana progressivamente dal suo realismo per tendere a opere più astratte e allegoriche.

Vita di Calderón

Calderón nacque a **Madrid** nel **1600** da nobile famiglia; fu allievo di un collegio dei gesuiti e poi frequentò le migliori università spagnole studiando teologia. Delle problematiche religiose dell'epoca restano, nelle sue opere, tracce profonde. Subì l'influenza anche della cultura poetica del tempo. Dedicò tutta la vita al teatro, con interessi sempre più spiccatamente religiosi. Si fece **sacerdote** a cinquantuno anni. **Morì nel 1681**, lasciando 80 commedie, 80 *autos* [atti sacri] e altri lavori minori.

La produzione teatrale

Calderón esordì come **commediografo** nel **1623**. Nella sua prima produzione si alternano i drammi storici, le commedie d'intreccio, i drammi agiografici e sacri. **Intorno alla metà degli anni Trenta** i suoi drammi acquistano in concentrazione drammatica, in spessore psicologico, in serietà di impegno etico-religioso, con una accentuazione dell'aspetto filosofico e allegorico. È questo **il periodo dei suoi capolavori**, che si prolunga per un ventennio: i drammi storici e leggendari *Il sindaco di Zalamea* e *La figlia dell'aria*, il dramma filosofico *La vita è sogno*, l'*auto Il grande teatro del mondo*. Nell'ultimo periodo della vita Calderón scrive quasi soltanto *autos* sacri.

Il sindaco di Zalamea

Fra i capolavori, **Il sindaco di Zalamea** è l'opera più vicina a Lope de Vega (da cui viene ripreso anche l'argomento). La commedia mette in scena il **conflitto fra un ricco contadino, Pedro Crespo, e un ufficiale, Alvaro de Ataide**, che ne rapisce e violenta la figlia. Il contadino, che nel frattempo è stato eletto "alcade" (sindaco e giudice), dopo aver tentato invano di persuadere l'ufficiale a riparare con il matrimonio, lo condanna a morte in virtù della propria carica, provocando il risentimento dei capi dell'esercito e della nobiltà. Il conflitto fra potere militare e potere civile viene risolto dal re, che approva l'alcade e lo conferma a vita nella carica. Il dramma vive soprattutto nella **grande figura del padre contadino**, il cui senso dell'onore e della giustizia finisce per trionfare sulle prepotenze dei nobili e degli ufficiali.

La figlia dell'aria

Più potente e, per certi versi, sinistra è **La figlia dell'aria**, cioè Semiramide, moglie di Nino e regina di Assiria, che deve il suo appellativo di "figlia dell'aria" al fatto che – secondo la leggenda – fu salvata da colombe che le portarono di che nutrirsi nel deserto in cui la madre, la dea siriaca Derceto, l'aveva esposta alla nascita per farla morire. La protagonista vi giganteggia chiusa nella propria smisurata sete di grandezza e di dominio. Si tratta di **una grande tragedia del destino**: Semiramide obbedisce sino alle estreme conseguenze alla propria sorte seguendo unicamente la propria volontà di potenza. Il suo dramma, per quanto analogo a quello di Sigismondo, protagonista di *La vita è sogno*, se ne differenzia per l'assenza di quella volontà orientata verso il bene che alla fine trionfa nel protagonista del capolavoro di Calderón.

Il grande teatro del mondo

Anche **Il grande teatro del mondo** si avvicina per significato a *La vita è sogno*. **La vita** vi appare come teatro o sogno; **è vanità e inganno** in cui è difficile distinguere fra apparenza e realtà, e da cui siamo liberati solo con la morte, che ci risveglia riconducendoci alla verità e al significato vero dell'esistenza.

La vita come recita e il "teatro nel teatro"

In questa opera si assiste a **una sorta di "teatro nel teatro"**. L'autore invita il Mondo a preparargli uno spettacolo, allestendogli un palcoscenico. Su di esso, su cui campeggiano due porte che rappresentano la Culla e la Tomba, l'autore colloca **sette personaggi esemplari**: il Ricco, il Re, il Contadino, il Mendicante, la Bellezza, la Discrezione, il Bimbo. Uscendo dalla culla, ciascuno dei personaggi, che rappresentano la vita degli uomini, dovrà recitare una parte, improvvisando, sino al momento di calare nella tomba.

Sigismondo in prigione. *La vita è sogno* di Pedro Calderón de la Barca, per la regia di Richard Clifford. Snow Black Box Theatre, Brigham Young University-Idaho, 2011.

L'allegoria di *La vita è sogno*

T • Calderón de la Barca, *I soldati liberano Sigismondo che si pone alla loro testa*

S • L'interpretazione di Benjamin di *La vita è sogno*

Consapevolezza della relatività della vita e dei significati e impegno etico

In **La vita è sogno** (1635), il protagonista, **il principe Sigismondo**, vive imprigionato in una torre, perché **il padre, Basilio**, è stato avvertito da un indovino che dal figlio verranno grandi disgrazie per il regno. Basilio obbedisce a un astratto razionalismo. Sempre per freddo calcolo, vuole sperimentare cosa accadrebbe se il figlio fosse libero: lo fa narcotizzare e portare a corte. Ma subito gli istinti non controllati di Sigismondo si sfrenano e allora il padre lo fa rinchiudere di nuovo nella torre. Quando **Sigismondo** si sveglia, è facilmente indotto a credere che quanto ha vissuto a corte sia stato solo un sogno (cfr. T1). Però il popolo si solleva, caccia Basilio e pone sul trono Sigismondo. Questi **ha compreso che la vita non è che un sogno**, ma proprio da tale relativismo apprende l'arte della saggezza. Sarà un re giusto e generoso: risparmia dunque il padre che gli si getta ai piedi e, per quanto ami Rosaura, vi rinuncia per concederla a un antico innamorato e per sposare una principessa sua parente. **Il dramma rappresenta il progressivo superamento del caos delle passioni** e dello stato di colpa originario, simboleggiato dalla prigionia del protagonista: alla fine Sigismondo giunge alla luce della ragione attraverso un conflitto drammatico fra la spinta terrena della volontà di potenza e di vendetta e l'esigenza religiosa del controllo e della sublimazione. A differenza del padre, egli ha capito che la vita è solo sogno, apparenza, finzione; ma da tale relativismo trae la forza etica per prendere coscienza del carattere effimero e limitato delle passioni e delle conoscenze terrene e dunque per assumere, nella prospettiva religiosa, un atteggiamento giusto e saggio.

Il tema della vita-sogno o del mondo-teatro è tipico del Barocco e più in generale della cultura del Seicento: lo abbiamo trovato **anche in Shakespeare** (cfr. cap. VII, T3, p. 235). La scelta morale non nasce, come nel mondo medievale, da una sicura e organica visione del mondo da cui derivi una certezza di significati; ma viceversa dalla consapevolezza della precarietà e della relatività di ogni significato. **Il mondo di Calderón**, nonostante la soluzione positiva della *Vita è sogno*, **resta pessimistico**, con sfumature addirittura di scetticismo. La ragione, l'impegno morale, la fiducia nel libero arbitrio sono indubbiamente strumenti a disposizione del soggetto; ma su uno scenario in cui dominano ormai la fine delle certezze e il disinganno.

T1 Calderón de la Barca
Il risveglio di Sigismondo

TESTO EPOCA

OPERA
La vita è sogno, atto II, scena 18ª, vv. 1104-1161 e scena 19ª, vv. 1162-1201

CONCETTI CHIAVE
- la vita come sogno e illusione

FONTE
Calderón de la Barca, *La vita è sogno*, a cura di L. Orioli, Adelphi, Milano 1993 [1967].

 Ascolto
 Alta leggibilità

Sigismondo, trasportato nella corte narcotizzato perché viva da principe, ha cercato di uccidere il vecchio Clotaldo, suo maestro. Il tentativo di Basilio, che voleva sperimentare come si sarebbe comportato il figlio una volta libero, ha dato dunque un risultato fallimentare. Il re si convince sempre di più che i presagi del cielo (che gli avevano annunciato sventure da parte del figlio) sono giusti e che Sigismondo va tenuto chiuso nella torre. Al momento del risveglio, il principe si trova dunque di nuovo incatenato. Alla fine della scena diciottesima dell'atto II, nella conversazione con Clotaldo (a cui assiste, di nascosto, anche il padre), si convince facilmente di aver vissuto solo in sogno quanto ha fatto sotto effetto di narcotico. Nella scena successiva, ormai solo, si persuade che «vivere è sognare» e che solo la morte costituirà il risveglio.

SCENA DICIOTTESIMA
Sigismondo. Già mi debbo ridestare?
1105 *Clotaldo.* Certo, è l'ora di destarsi.
Tutto il giorno vuoi restare
a dormire? Da quando io
quell'aquila[1] che volò
con lento volo, ho seguito,
1110 sei rimasto qui, hai dormito
senza mai svegliarti?
Sigismondo. No,
né ancora mi son destato,
ché, se è giusto quel che intendo,
io sto ancora qui dormendo,
1115 e un inganno non è stato.
E se fu tutto sognato
quel che vidi chiaro e certo,
quel che vedo sarà incerto;
perché, misero giacendo,
1120 è giusto, se vedo dormendo,
che sogni quando son desto.
Clotaldo. Dimmi il tuo sogno, ti prego.
Sigismondo. Ammesso che un sogno fu mai,
non dirò cosa sognai,
1125 ti dirò quel che vedevo.
Ridestandomi, giacevo
(che lusinga menzognera!)[2]
in un letto che pareva,
per la luce dei colori,
1130 quasi un tappeto di fiori
che intrecciò la primavera.
Mille nobili, riuniti

- **1** **quell'aquila**: è l'aquila che Clotaldo ha mostrato a Sigismondo dicendogli che essendo l'uccello più forte aveva diritto a dominare.
- **2** **lusinga menzognera**: inganno lusinghiero, piacevole.

ai miei piedi, mi chiamavano
principe, e mi portavano
1135 trine, gioielli e vestiti.
Poi, nei miei sensi smarriti,³
tu infondesti l'allegria,
dicendo la sorte mia:
perché se ora mi dispero,
1140 principe di Polonia ero.⁴
  Clotaldo. Premiavi la mia cortesia.⁵
  Sigismondo. Non proprio; eri un traditore,
e con cuore ardito e forte,
due volte ti davo morte.
1145   *Clotaldo.* Tu, per me, tanto rigore?
  Sigismondo. Sì, di tutto fui signore,
di tutti mi vendicavo,
solo una donna amavo;
e non fu irrealtà, mi pare,
1150 perché tutto ormai scompare,
solo a lei resto legato. (*Il re se ne va*)
  Clotaldo. (*tra sé*) Il re, dopo averlo ascoltato,
si è allontanato commosso...
(*A Sigismondo*) Finito il nostro discorso
1155 sull'aquila, addormentato,
il tuo sogno un regno è stato;⁶
ma anche in sogno conveniva
onorare chi la vita
ti guidò con tanto impegno,⁷
1160 Sigismondo, ché anche in sogno,
la virtù non va smarrita. (*Esce*)

SCENA DICIANNOVESIMA
Sigismondo. È vero, sì, reprimiamo
questa fiera condizione,
quest'ira, questa ambizione,
1165 perché poi, forse, sogniamo;
ed ormai so che esistiamo
in un mondo singolare
dove vivere è sognare,
e l'esperienza mi insegna
1170 che l'uomo che vive sogna
fino a farsi ridestare.
Sopra il re il suo trono, e vive
nell'inganno, comandando,
disponendo e governando,
1175 e l'applauso che riceve
in prestito, al vento scrive,
e in cenere lo converte
la morte – sventura forte!
Chi ancora vorrà regnare,
1180 dovendosi ridestare
nel sogno della morte?
Sogna il ricco la ricchezza,
che continui affanni gli offre;
sogna il povero, che soffre
1185 la miseria e la tristezza;
sogna chi agli agi s'avvezza,
sogna chi nell'ansia attende,
sogna chi ferisce e offende,
e nel mondo, in conclusione,
1190 sogna ognuno la passione
ch'egli vive, e non lo intende.⁸
Io sogno la prigionia
che mi tiene qui legato,
e sognai che un altro stato⁹
1195 mi rendeva l'allegria.
Che è la vita? Frenesia.¹⁰
Che è la vita? Un'illusione,
solo un'ombra, una finzione,
e il maggior bene, un bisogno
1200 del nulla,¹¹ la vita è un sogno,
e i sogni sogni sono.

- **3 sensi smarriti**: *sensi confusi*.
- **4 dicendo...ero**: *svelandomi la mia condizione di principe ereditario: perché anche se ora sono ridotto così, ero il principe di Polonia*.
- **5 Premiavi...cortesia**: *Mi davi una ricompensa*. Clotaldo finge di ignorare quello che è avvenuto nel giorno della liberazione di Sigismondo.
- **6 il tuo sogno...stato**: *il tuo sogno è stato un sogno di regni, cioè di potere*. L'aquila è simbolo del dominio e dell'impero.
- **7 chi...impegno**: *chi ti ha guidato nella vita con tanto impegno*.
- **8 sogna...intende**: *ciascuno sogna quello che è, e non lo capisce*.
- **9 stato**: *condizione*.
- **10 Frenesia**: *Delirio*.
- **11 e il maggior...nulla**: *e il maggior bene è un'inezia, è nulla*.

Dal testo al contesto storico-culturale
Perché è un testo epoca?

Perché dà voce allo smarrimento dell'uomo di fronte ad un universo "barocco"

Questo brano di Calderón de la Barca ci permette di evidenziare un punto chiave della concezione dell'esistenza e della cultura nel Seicento europeo: **il senso di smarrimento dell'uomo di fronte all'irrazionalità dell'universo**. Nei versi che abbiamo letto, infatti, il protagonista **Sigismondo, incapace di distinguere tra sogno e realtà, riflette sul significato misterioso della vita**. In particolare nella scena diciottesima il precettore Clotaldo fa credere al principe di aver dormito a lungo, in modo che egli interpreti ciò che ha realmente vissuto come un sogno. Sigismondo è confuso, disorientato e non sa rendersi conto di quale delle due condizioni sia sogno e quale realtà; racconta perciò ciò che ha visto («Ammesso che un sogno fu mai, / non dirò cosa sognai, / ti dirò quel che vedevo»): era principe di Polonia, immerso nell'ambiente lussuoso della corte, desideroso di vendicarsi di chi lo aveva allontanato dal trono e innamorato di una donna («di tutti mi vendicavo / solo una donna amavo»). **La confusione di Sigismondo rispecchia la crisi di un'intera civiltà**: a seguito dell'allargamento dei confini del mondo conosciuto e delle nuove scoperte scientifiche, gli uomini del Seicento vedono sovvertiti i parametri di tempo e spazio, considerano inadeguati i tradizionali valori di riferimento e maturano la consapevolezza della propria condizione di precarietà. **Insicurezza e senso di smarrimento sono all'origine sia della diffusione di una concezione relativistica del sapere sia della ricerca della "meraviglia"** che nel Barocco costituisce non solo una categoria estetica, ma anche una modalità di rapporto con il mondo.

Perché concepisce la vita come teatro e come sogno

La scena diciannovesima è occupata dal **monologo di Sigismondo** che riflette sul senso della vita: l'esperienza vissuta insegna al protagonista che **«vivere è sognare»** e che **l'unica realtà è quella della morte**; perciò sono inutili l'ira e l'ambizione («è vero, sì, reprimiamo / questa fiera condizione, / quest'ira, questa ambizione»; «Chi vorrà ancora regnare / dovendosi ridestare / nel sogno della morte?»). La conclusione del monologo ribadisce questa presa di coscienza: «Che è la vita? Un'illusione, / solo un'ombra, una finzione, [...] la vita è un sogno, / e i sogni sogni sono». Questo **monologo di Sigismondo drammatizza in modo esemplare la visione barocca del mondo**: la realtà esterna, nelle sue manifestazioni storiche e naturali, appare infatti all'uomo del Seicento come un**'illusione, un sogno, un labirinto** in cui si è smarrita ogni certezza. Senso di insicurezza e precarietà si riflettono anche nella **identificazione tra esistenza e teatro**, tra individuo e maschera, che è un altro dei grandi *topoi* drammatizzati della tragedia di Calderón: la vita viene cioè concepita come una grande rappresentazione, limitata nel tempo e sostanzialmente inautentica. Dello spettacolo essa mantiene la scenografia grandiosa ma anche la sua natura di ambiguo travestimento, di metamorfosi, di scambio tra i ruoli. **La sovrapposizione fra realtà e finzione, fra vita e sogno caratterizza l'immaginario dell'intera epoca**: così nella vita di società si afferma **il gusto per le scenografie, per le cerimonie complesse e spettacolari**; nello stesso tempo l'abitudine alla simulazione e al mascheramento dei sentimenti e delle idee, coltivata per sfuggire ai rigidi meccanismi di controllo dalla civiltà della Controriforma, rafforza l'idea che la vita stessa sia una commedia i cui attori sono gli uomini comuni. **Tutto il Seicento europeo trova quindi nel teatro la sua espressione più piena e più alta**: basti pensare, oltre a Calderón de la Barca in Spagna, ad altri autori importantissimi come Marlowe e Shakespeare in Inghilterra, Corneille, Racine e Molière in Francia.

Antonio de Pereda, *Il sogno del nobiluomo*, 1650. Madrid, Museo de la Real Academia de Bellas Artes de San Fernando.

T1 TESTO EPOCA

Perché riflette sul tema cruciale del potere

Nel momento in cui Calderón de la Barca scrive il suo dramma, si assiste al **trionfo della società di corte che si organizza intorno alle grandi monarchie assolute**. È la **società dell'*Ancien Régime,*** segnata da una rigida divisione tra le classi che vede al vertice l'aristocrazia, e stretta nella morsa di un duro controllo che reprime ogni dissenso e ogni diversità. In questi anni il dibattito politico si concentra in particolare sul tema del **conflitto tra le necessità del potere (la "ragion di Stato") e la dimensione dei valori etici**. Con la sua opera Calderón prende posizione sulla questione. Il brano che abbiamo letto illustra **la contraddizione fra il simbolo dell'aquila e il tema dell'ambizione da un lato, e il motivo della vita come sogno dall'altro**. Suscitando in lui un'«ambiziosa superbia», Clotaldo aveva mostrato a Sigismondo un'aquila, la regina degli uccelli, spiegando che, per la sua regalità, essa aveva il diritto di imporre il suo dominio sugli altri alati. Trasportato a corte, Sigsmondo aveva seguito l'impulso superbo del carattere e si era comportato appunto come quell'aquila. Tuttavia, riflettendo su quanto ha veduto e su quanto ha cercato di fare a corte, Sigismondo si rende conto che «questa ambizione» smodata e innata va repressa (vv. 1162-1164) perché la vita terrena non è che un sogno da cui ci risveglierà il sonno della morte (il bisticcio di parole dei vv. 1180-1181 è tipico del gusto barocco). Nella vita non facciamo che recitare una parte, appunto come accade in una finzione teatrale o in un sogno notturno: recitiamo (o sogniamo) di essere dei re, e così comandiamo, disponiamo, governiamo, ma l'unica realtà è quella della «cenere» (v. 1177) e della morte. La vita è «un'illusione, solo un'ombra, una finzione» (vv. 1197-1198). Se la forza crudele della natura umana è la base della crudeltà del potere politico e della ragion di Stato, per Sigismondo l'unico antidoto al sopruso è **la ragione umana** che, ispirata dalla grazia divina e in virtù del libero arbitrio, può sconfiggere la spinta degli istinti e **addolcire le leggi del potere**. La conclusione di *La vita è sogno* ricerca un punto di equilibrio: essa appare **una riconferma dell'istituzione monarchica,** come l'unica in grado di arginare una società minacciata dal senso di precarietà e dalla paura della rovina, ma, nel contempo, ribadisce che **il potere deve essere esercitato con moderazione e saggezza cristiana**.

Francesco Balsamo, *Omaggio a Don Chisciotte*, 2005. Collezione privata.

T1 LAVORIAMO SUL TESTO

COMPRENDERE

I protagonisti

1. Chi sono i protagonisti della scena? Dove si trovano?

ANALIZZARE

Sogno o realtà?

2. **LINGUA E LESSICO** Quale dubbio turba Sigismondo? Quale verbo è posto in antitesi al sognare?
3. **LINGUA E LESSICO** Sottolinea nel testo i termini riconducibili al campo semantico del sogno.
4. In quale parte del testo si evidenzia maggiormente l'illusorietà del dato sensibile?

Il tema della violenza e del potere

5. Che interpretazione Clotaldo dà del "sogno" del principe e del motivo dell'aquila?
6. Perché Sigismondo si convince che bisogna reprimere l'ira e l'ambizione? (vv. 1161-1165)

INTERPRETARE

Natura e ragione

7. Quale lezione trae Sigismondo dall'acquisita consapevolezza che «vivere è sognare»? Come cambia il suo atteggiamento verso il potere?

LE MIE COMPETENZE: INDIVIDUARE COLLEGAMENTI, ESPORRE

La metafora della vita come teatro compare, oltre che nell'ambito letterario, in tutta l'arte del XVII secolo. Soprattutto in architettura, il Barocco si manifesta in tutta la sua grandiosità. Si realizzano complessi urbani e monumentali fastosi, destinati a celebrare la grandezza del potere ma anche a svolgere un compito persuasivo di educazione morale nei confronti dello spettatore. Seleziona l'immagine di un monumento seicentesco che sintetizza dal punto di vista architettonico i tratti della cultura barocca. Esponi alla classe le motivazioni della tua scelta.

4. Il teatro in Francia: Corneille e la tragedia

Relativo ritardo del teatro francese al principio del Seicento

In Francia la condizione del teatro, fra la fine del Cinquecento e l'inizio del Seicento, **non era così sviluppata come in Inghilterra e in Spagna**. Mentre a Londra c'erano già alcuni teatri stabili e in Spagna proliferavano i teatri pubblici, a Parigi c'era un solo teatro, l'Hôtel de Bourgogne (che risaliva al 1547).

Nascita di compagnie teatrali stabili e allargamento del pubblico

Questo ritardo della situazione francese viene colmato a partire dal terzo decennio del secolo. Nel **1629 Luigi XIII** autorizza i "Commedianti del re" a formare una compagnia stabile, e cinque anni dopo **Richelieu** ne fa nascere una seconda presso il Teatro di Marais, favorendo la competizione e la rivalità fra le due. **Il pubblico stesso comincia a cambiare**: oltre a borghesi e popolani ora lo frequentano anche i nobili, le persone colte e le signore dell'alta società. Questo **pubblico interclassista** richiede da parte degli autori maggiore versatilità e maggiore impegno culturale, ideologico e politico. Si creano così le condizioni per il grande sviluppo del teatro francese. Esso fu favorito dall'**appoggio del re**, che vedeva nel teatro la possibilità di sviluppare una propria politica culturale. Il **teatro** ormai era divenuto **una vera e propria istituzione statale**. È con Molière e con Racine che, nei primi quattro decenni del regno di Luigi XIV (e cioè fra il 1638 e il 1678), la letteratura francese, attraverso il teatro, cominciò a esercitare un'egemonia in Europa che durerà per due secoli. È il teatro a rappresentare l'ideale razionale dell'epoca classica, il senso di ordine, di chiarezza, di organizzazione e insieme di mondano decoro del *grand siècle* [grande secolo].

Il classicismo di Pierre Corneille (1606-1684), fondatore del teatro francese

Il vero fondatore del teatro francese fu **Pierre Corneille** (1606-1684), che gli dette **un'impronta rigorosamente classicistica**. Egli vive nell'epoca del conflitto con gli Ugonotti e dell'instaurazione, da parte del Richelieu, di uno Stato assoluto e centralizzato. Pur abitando per quasi tutta la sua vita, e precisamente sino al 1662, in provincia, a Rouen, e dunque lontano dalla politica parigina, Corneille appare **assai sensibile al tema dell'autorità del sovrano** e della necessaria subordinazione delle volontà singole a quella del re.

***Medea* (1634) e *Il Cid* (1636)**

Dopo una prima tragedia, *Medea* (1634), Corneille scrisse il suo capolavoro, *Il Cid*, composto nel 1636 e rappresentato nel gennaio 1637. Non è una vera tragedia, ma piuttosto una tragicommedia, dato che vi si intravede una conclusione felice.

L'argomento del *Cid*

L'argomento è tratto dalle vicende epiche dell'eroe spagnolo Cid. **Jimena e Don Rodrigo** si amano, ma questi deve vendicare l'onore del padre, schiaffeggiato dal padre di lei. Pur diviso fra amore e onore, **Rodrigo sfida il padre di Jimena e lo uccide**. A questo punto **la ragazza** vive lo stesso conflitto e **si rivolge al re** per avere giustizia contro Rodrigo, che pure ella continua ad amare. Rodrigo accoglie il consiglio del padre, che lo induce ad andare a **combattere i Mori**: compiendo gloriose imprese potrà forse capovolgere il destino sfavorevole. Rodrigo sconfigge i Mori e viene per questo lodato dal re, a cui però Jimena chiede di nuovo, ma ancora invano, giustizia. Allora ella si promette in sposa a **Don Sancho** a patto che questi si batta con Don Rodrigo. Quando però, dopo lo scontro, vede comparirsi davanti Don Sancho, per un equivoco ella crede che l'amato sia morto e inveisce contro di lui. Don Rodrigo, in realtà, è vivo e vincitore. **Il saggio Re Fernando risolve il conflitto**: per un anno il giovane dovrà compiere nuove imprese e la ragazza tenere il lutto per la morte del padre; poi, probabilmente, i due potranno sposarsi.

T • Pierre Corneille, *Colloquio di Jimena con Don Rodrigo che ne ha appena ucciso il padre*

Il drama sta in equilibrio fra spinte diverse: da un lato è un'opera politica e didattica, che esalta la monarchia (qui rappresentata dal re Fernando), la sua capacità di amministrare lo Stato e la giustizia, il senso dell'onore, le virtù eroiche e cavalleresche, il rispetto della legge del dovere; **dall'altro** il dramma rivela la drammatica incertezza in cui vivono i due protagonisti, come ben mostra il famoso dialogo fra i due dopo il duello fra Don Rodrigo e il padre di lei.

Il dibattito sul *Cid*

L'opera ebbe **grande successo** di pubblico, ma sollevò **un accanito dibattito** fra i letterati: fu rimproverata a Corneille l'inverosimiglianza (in poche ore Don Rodrigo uccide il padre di Jimena, sconfigge i Mori e si batte in duello con Don Sancho), il mancato rispetto delle regole (l'unità di tempo supera le ventiquattro ore canoniche), le situazioni moralmente condannabili.

Orazio e *Cinna* (1640)

La discussione amareggiò e disorientò Corneille, che tacque per diverso tempo. Quando, nel 1640, compose altre due tragedie, *Orazio* e *Cinna*, d'argomento romano, egli rispettò tutte le regole classiche e si preoccupò di assolvere in modo rigoroso al mandato che il potere gli assegnava. **Nella prima** di queste due opere, infatti, il dovere trionfa sui sentimenti senza alcun cedimento (in *Orazio* l'eroe non esita a uccidere la sorella che piange la morte del nemico da lui ucciso), mentre **nella seconda** il sovrano (Augusto, in *Cinna*), perdonando chi congiura contro di lui, mostra il perfetto controllo della propria volontà da parte di uno spirito e di un'autorità superiori.

Poliuto martire (1642), tragedia cristiana

Dopo l'esaltazione della grandezza romana, del dovere patriottico e del potere politico, Corneille scrisse nel 1642 quella della grandezza cristiana, con *Poliuto martire*, **«tragedia cristiana»**. Poliuto, pagano, si converte al Cristianesimo dopo essersi da poco sposato con la figlia del governatore romano, Paolina, e progetta di lasciare la sposa a un cavaliere romano che ella ama. Ma l'eroismo di Poliuto conquista la moglie, che lo aveva sposato solo per dovere e che ora si innamora di lui. Alla morte del marito, martirizzato dai Romani, anche lei si converte.

Il Cid, *Orazio*, *Cinna*, *Poliuto martire* **sono i capolavori di Corneille**, che scriverà poi numerose altre tragedie e commedie, senza raggiungere però l'intensità di queste quattro. Nell'ultima parte della sua vita la sua fortuna dovette cedere a quella del nuovo astro nascente della tragedia francese, Racine.

5 Racine e la *Fedra*, capolavoro del teatro della ragione

Il teatro della ragione

Racine dà un contributo decisivo alla fondazione di un **teatro della ragione** e alla **svolta classicistica**, sia sul piano formale che su quello dei contenuti. **Sul piano formale** egli ripudia, vedendovi un segno di irrazionalità, l'inventività metaforica del teatro manierista e barocco e si rifà in modo scrupoloso alle regole aristoteliche. La vicenda dura un solo giorno; l'azione è semplice; l'intrigo assente; in primo piano sono poste le passioni dei personaggi che precipitano verso la soluzione finale. **Sul piano dei contenuti** egli ispira le sue tragedie agli autori classici, sia greci (Euripide su tutti) sia latini (oltre a Seneca, Virgilio), e deriva i suoi argomenti dal mondo greco-romano.

Fonti classiche e rispetto delle regole aristoteliche

La vita di Racine

Nato nel **1639**, educato a **Port Royal**, centro di diffusione del giansenismo (cfr. cap. I, **S13**, p. 36) in Francia, Jean Racine inizia a **Parigi** nel **1664** la sua carriera di autore drammatico, rompendo con l'ambiente religioso della giovinezza (i giansenisti erano contrari al teatro per ragioni morali), che lascia comunque nella sua cultura radici profonde. Conosce Boileau, il teorico del classicismo francese di cui resterà amico per tutta la vita, e **Molière**, con la cui compagnia mette in scena due tragedie, *La Tebaide* e *Alessandro il Grande*. Il successo della seconda, con cui Racine voleva indirettamente esaltare il re, lo induce a rompere con Molière e poi a **creare una propria compagnia**. Ormai è inserito nella politica culturale di Luigi XIV e del suo primo ministro Colbert, che promuove, proprio negli anni Sessanta, una mobilitazione degli intellettuali a sostegno della politica assolutistica e accentratrice del sovrano. Nel decennio **fra il 1667 e il 1677 Racine scrive i suoi capolavori**: *Andromaca*, *Britannico*, *Berenice*, *Bajazet*, *Mitridate*, *Ifigenia*, *Fedra*. Dopo quest'ultima tragedia, rinuncia al teatro divenendo storiografo del re, e si riconcilia con i giansenisti. Dopo un breve ritorno al teatro (1689-91) con due tragedie di argomento biblico e religioso, *Esther* e *Atalia*, **muore nel 1699** a Parigi. Viene sepolto per propria volontà a Port-Royal.

Il decennio dei capolavori: 1667-1677

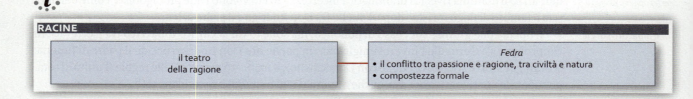

RACINE

| il teatro della ragione | *Fedra*
• il conflitto tra passione e ragione, tra civiltà e natura
• compostezza formale |

Fedra di Jean Racine, regia di Michael Marmarinos. Parigi, Comédie Française, 2013.

Il pessimismo giansenista sulla natura umana	A differenza di Corneille, allievo dei gesuiti, **Racine muove dal pessimismo giansenista sulla natura umana**. I suoi personaggi non sono eroi della volontà, come quelli di Corneille, ma vengono travolti dalle passioni: **l'eros spesso nei suoi drammi ha una funzione distruttiva**. Questa dinamica si rivela nell'opera più alta di Racine, *Fedra*.
L'argomento della *Fedra*	L'argomento di ***Fedra*** deriva dall'autore tragico greco **Euripide** (485-406 a. C.), da cui sono desunti il motivo dell'**amore incestuoso** della matrigna, Fedra, per il bellissimo figliastro, **Ippolito**, e quello della falsa accusa della donna: poiché il giovane non corrisponde ai suoi desideri, ella lo calunnia dicendo che l'ha violentata. Anche in Racine, Fedra ama il figliastro Ippolito, ma la colpa è attenuata: l'idea di accusare falsamente Ippolito non è di Fedra ma della nutrice e la calunnia non riguarda più l'effettiva violenza carnale ma solo l'intenzione di attuarla.
La vicenda del dramma T • Jean Racine, *La gelosia di Fedra*	**Nel dramma di Racine**, Fedra, moglie di Teseo, ritiene morto il marito e si reca da Ippolito per raccomandargli i figli; ma durante il colloquio gli rivela il suo amore colpevole, quell'amore che aveva già confessato alla nutrice Enone (cfr. **T2**, p. 428). Invece Teseo è vivo e ritorna. Ella sta per confessargli la verità quando viene a sapere che Ippolito ama un'altra, Aricia. Tormentata dalla gelosia, medita vendetta e morte e lascia che la nutrice accusi falsamente Ippolito presso Teseo. Il marito invoca l'ira di Nettuno contro il figlio innocente. Allora il dio manda un mostro marino contro Ippolito, che muore travolto dai suoi cavalli in fuga. Fedra, disperata, si avvelena e muore davanti a Teseo confessandogli la propria colpa (cfr. **T3**, p. 432).
Il conflitto fra ragione e passione, fra civiltà e natura	**Il conflitto è fra ragione e passione, fra civiltà e natura**, tema centrale in tutta la cultura del Seicento. Consapevole dei limiti dell'uomo, Racine indaga la violenza e la contraddittorietà delle pulsioni più profonde e proibite.
Il conflitto dentro il linguaggio S • Fedra, la tragedia del ritorno del represso e della sua negazione (F. Orlando)	**Il conflitto penetra dentro il linguaggio**. Nel corso del dramma la storia dell'amore proibito deve lottare, per essere pronunciata, non solo contro un'**interdizione**, una proibizione **morale**, ma anche contro un'**interdizione linguistica** (cfr. **T2**). E infatti il registro lessicale della *Fedra* è estremamente ridotto, castigato; e sul piano retorico scarsissima è la presenza delle metafore e di altre figure. Insomma, la glaciale compostezza complessiva fa da contrappunto formale alla pressione disordinata dell'eros dominante sul piano tematico. Ma – come insegna la psicoanalisi – proprio la forza della negazione, con cui vengono represse le pulsioni, finisce indirettamente col dare loro voce.

T2 — Jean Racine
La confessione di Fedra, o la parola interdetta

OPERA
Fedra, atto I, scena 3ª

CONCETTI CHIAVE
- le domande incalzanti di Enone
- la reticenza di Fedra
- la "fiamma nera" dell'incesto

FONTE
J. Racine, *Fedra*, a cura e con trad. it. di G. Raboni, Rizzoli, Milano 1984.

Nella scena terza dell'atto I, Fedra rivela alla nutrice Enone il suo terribile e inconfessato amore per il figliastro. Ella tenta tuttavia, sino all'ultimo, di non farsi sfuggire il nome di Ippolito.

SCENA TERZA
Fedra, Enone

Fedra. Non andiamo oltre, cara Enone. Fermiamoci.
Non mi reggo più: la forza m'abbandona.
La luce che rivedo m'abbaglia, le ginocchia
mi vengono meno, tutte tremanti.[1] Ahimé!
                    [*Si siede*]

5 *Enone.*[2] Dei onnipotenti, vi plachi il nostro pianto!
Fedra. Come mi pesano questi vani ornamenti, questi veli!
Quale mano importuna, con tanti nodi, sulla fronte
ha voluto riunire i miei capelli?
Tutto m'affligge e mi nuoce, tutto cospira a nuocermi.
10 [...]
Enone. Come? qualche rimorso vi tortura?
Da quale delitto può venirvi tanta angoscia?
Del sangue innocente vi cola dalle mani?
Fedra. Grazie al cielo, le mie mani sono monde.[3] Così
15 lo fosse anche il mio cuore!
Enone.   E che progetto
tremendo ha dunque partorito, il cuore,
perché ne abbiate ancora tutto questo spavento?
Fedra. Basta, ho parlato troppo.[4] Fammi grazia del resto.[5]
20 Muoio per non svelare questo nodo funesto.
Enone. Morite dunque, e serbate un silenzio inumano;
ma per chiudervi gli occhi cercate un'altra mano.[6]
Anche se non vi resta più d'un fioco lume,
farà prima la mia anima a scendere fra i morti.[7]
25 Sono mille le strade, sempre aperte, e saprà
scegliere la più corta il mio giusto dolore.
Crudele! la mia fedeltà vi ha mai delusa? non pensate
che fui io ad accogliervi appena nata fra le braccia?
Il paese, i figli, ho lasciato ogni cosa
30 per restarvi vicino. E questo è il premio?
Fedra. Da tanta violenza cosa speri d'ottenere?
Se rompo il mio silenzio, tremerai d'orrore.

- **1 La luce...tremanti**: il malessere di Fedra si manifesta anche nei sintomi fisici, le ginocchia sono deboli, tremanti: Fedra si siede, con un gesto imprevisto nella tragedia, dove i personaggi sono sempre in piedi. Sul significato simbolico di questo atto confronta la Guida alla lettura.
- **2 Enone**: è la nutrice e confidente di Fedra.
- **3 monde**: *pulite, pure*.
- **4 Basta...troppo**: nei versi qui non riportati, Fedra ha alluso oscuramente al desiderio di stare nelle foreste o nelle arene (luoghi frequentati da Ippolito, cacciatore e esperto nelle corse con i carri).
- **5 Fammi...resto**: *Risparmiami* [*di dover dire*] *il resto*.
- **6 un'altra mano**: piuttosto che quella di Enone. La donna si rifiuta di farsi complice della sofferenza (e della morte) di Fedra.
- **7 farà...morti**: *sarò io prima a morire*. La nutrice, offesa dalla reticenza della padrona, minaccia di uccidersi e di precederla nel regno dei morti, pur restando a Fedra così poco da vivere (**un fioco lume**).

  Enone. E che potrete dirmi che sia pari all'orrore
di vedervi morire, o Dei, sotto i miei occhi?
  Fedra. Se saprai la mia colpa, e la sorte che mi schiaccia,
non morirò di meno, morirò più colpevole.
  Enone. In nome delle lacrime che ho versate per voi,
per le deboli ginocchia che v'abbraccio, toglietemi
dalla mente, signora, questo dubbio funesto.
  Fedra. Sei tu a volerlo. Alzati.
  Enone.   Vi ascolto.
  Fedra. Cielo! che dirle? e come cominciare?
  Enone. Basta, vi prego, offendermi con assurdi timori!
  Fedra. O corruccio[8] di Venere! o collera fatale!
In quali errori si smarrì mia madre
per amore…
  Enone. Tacciamone, signora.
Che un eterno silenzio li nasconda.[9]
  Fedra. E tu Arianna,[10] sorella, abbandonata
sui lidi dove a morte ti feriva l'amore…
  Enone. Ma che fate, signora? quale tedio mortale[11]
vi prende adesso contro il vostro sangue?[12]
  Fedra. Di quel misero sangue io per ultima, io
più misera perisco, poiché Venere vuole.
  Enone. Amate?
  Fedra.   Dell'amore soffro ogni furia.
  Enone. E chi?
  Fedra.   Stai per udire il colmo degli orrori.
Amo… Al nome fatale rabbrividisco, tremo.
Amo…
  Enone. Chi dunque?
  Fedra.   Conosci il figlio dell'Amazzone,
il principe che a lungo fu mia vittima?[13]
  Enone. Ippolito?
  Fedra.   Sei tu che l'hai detto.
  Enone.   O cielo!
il sangue mi si ghiaccia nelle vene. Sventura!
Abominio![14] Povera, incresciosa stirpe![15]
Che viaggio maledetto![16] E bisognava
toccare i tuoi lividi bordi, riva sciagurata?
  Fedra. Viene da più lontano il mio male. M'ero appena
legata al figlio d'Egeo con il patto d'imene[17]

Nadar, Sarah Bernhardt interpreta la *Fedra* di Racine, 1874. Los Angeles, The J. Paul Getty Museum.

- **8 corruccio**: *ira*.
- **9 In quali errori…nasconda**: è, esplicitamente designata, la figura retorica della reticenza. Né Fedra né Enone nominano il toro, al quale si congiunse mostruosamente Pasifae, **madre** della protagonista.
- **10 E tu Arianna**: Arianna, sorella di Fedra, si era innamorata di Teseo, lo aveva aiutato a orientarsi nel labirinto di Creta e a uccidere il Minotauro. Fuggita con l'eroe, fu da questi abbandonata nell'isola di Nasso dove si uccise. L'evocazione della madre e della sorella, della colpa bestiale e della pura innocenza, allude alla coesistenza nel sangue di Fedra di queste due eredità, comunque unite da un comune destino di sventura. Lo stesso Racine afferma nella prefazione che Fedra non era del tutto innocente, né del tutto colpevole.
- **11 tedio mortale**: *tristezza, malessere mortale*.
- **12 il vostro sangue**: *la vostra stirpe*.
- **13 il figlio…vittima**: la perifrasi evita a Fedra di pronunciare direttamente il nome di Ippolito, lasciato a Enone.
- **14 Abominio!**: *Orrore!*
- **15 incresciosa stirpe**: *deplorevole stirpe*: come prima «sangue» aveva sottolineato la trasmissione di un destino familiare di sciagura.
- **16 viaggio maledetto**: è il viaggio compiuto da Fedra per raggiungere la reggia di Teseo.
- **17 legata…imene**: *unita in matrimonio a Teseo* (**figlio d'Egeo**). Imene è il dio greco delle nozze.

e calma e gioia m'erano certezza
quando Atene mi mostrò il nemico superbo.[18]
75 Lo vidi: rossore, pallore m'invase a quella vista;[19]
lo scompiglio entrò nell'anima perduta;
i miei occhi non vedevano, non potevo parlare;
sentii il mio corpo ardere e gelare.
Riconobbi Venere e i suoi fuochi, tortura
80 tremenda e inevitabile d'un sangue
insidiato dalla Dea.[20] Credetti di stornarli
con voti assidui:[21] le eressi un tempio, e l'adornai.
Circondata di vittime, cercavo
nei loro fianchi, con furia, la mia mente perduta.[22]
85 Illusori rimedi a un amore incurabile!
Invano bruciavo l'incenso sugli altari:
quando imploravo il nome della Dea,
era Ippolito che adoravo; lo vedevo di continuo,
persino lì, ai piedi degli altari fumanti,
90 e a lui, al dio che non osavo nominare,[23]
offrivo tutto. Lo evitavo. Ma, o colmo di miseria!
lo incontravo[24] nei tratti di suo padre. Infine,
ribellandomi a me stessa, ebbi tanto coraggio
da diventare sua persecutrice.
95 Per bandire il nemico che idolatravo, finsi
le ire di un'ingiusta matrigna;
chiesi il suo esilio, e con eterni strepiti
lo strappai dalle braccia di suo padre.
Respiravo, Enone. Ebbi dalla sua assenza
100 giorni meno agitati, momenti d'innocenza.
Sottomessa allo sposo, celando le mie pene,
mi dedicavo ai frutti del suo fatale imene.[25]
Cautele vane, sorte crudele! Proprio lui,
il mio sposo, mi condusse a Trezene,[26] e lì rividi
105 il nemico che avevo allontanato:
la mia ferita, troppo viva, riprese a sanguinare.
Non più un fuoco nascosto nelle vene:[27]
Venere intera, adesso, sta addosso alla sua preda.[28]
Io guardo alla mia colpa con un giusto terrore;
110 ho in odio la mia vita, la mia fiamma in orrore.
Volevo, morendo, salvare la mia gloria,
e sottrarre alla vista una fiamma così nera:[29]
ho ceduto al tuo pianto, alla tua lotta;

- **18 quando Atene...superbo**: appunto ad **Atene** Fedra ha conosciuto Ippolito.
- **19 Lo vidi...vista**: il verso esprime il rapido e incontrollabile sorgere di emozioni contrastanti.
- **20 d'un sangue...Dea**: per una stirpe [:la mia] perseguitata dalla dea [Venere].
- **21 Credetti...assidui**: credetti di allontanarli con frequenti offerte e sacrifici.
- **22 cercavo...perduta**: cercavo nelle viscere degli animali sacrificati lumi e indicazioni che la mia ragione smarrita non riusciva più a darmi.
- **23 e a lui...nominare**: un'altra esplicita designazione della reticenza (cfr. nota 9).
- **24 incontravo**: riconoscevo.
- **25 ai frutti...imene**: ai figli (**frutti**) avuti dal suo matrimonio (**imene**), voluto dal destino (**fatale**) [:e quindi, funesto].
- **26 Trezene**: città dell'Argolide, dove Ippolito fu mandato in esilio.
- **27 un fuoco...vene**: cioè una passione soffocata e tenuta segreta.
- **28 Venere...preda**: l'amore, cioè, si impadronisce completamente e implacabilmente di Fedra.
- **29 fiamma così nera**: quasi un ossimoro, che colpisce tanto più in uno stile così sobrio.

115 ti ho confessato tutto; non mi pento – ma tu
rispetta, ora, l'appressarsi della mia morte, e smetti
d'affliggermi con rimproveri ingiusti, e non sforzarti
più, con vani soccorsi, di rinvigorire
un resto di calore che sta ormai per svanire.

T2 DALLA COMPRENSIONE ALL'INTERPRETAZIONE

COMPRENSIONE

Il dialogo di Fedra ed Enone e l'emergere di una verità mostruosa Nelle scene precedenti gli spettatori hanno appreso che la regina da giorni non esce dalle sue stanze e si sta lasciando morire di fame; come Enone essi non sanno perché, e solo nel corso di questo dialogo scopriranno che **Fedra ama Ippolito**, che non è in grado di soffocare questa passione, e che non conosce altro modo di cancellare la propria colpa che sopprimendo se stessa. La coscienza di Fedra le vieta di parlare del suo amore mostruoso, ma il desiderio preme e si fa strada per uscire all'esterno. **La confessione di Fedra è perciò dominata dalla figura della reticenza, è tortuosa, si dipana a fatica.** Sarà Enone e non lei, ad esempio, a pronunciare il nome dell'oggetto del suo amore maledetto, Ippolito, e, poco prima del momento culminante del suo dialogo con la nutrice, **l'evocazione delle vicende della madre Pasifae allude alla colpa senza dichiararla apertamente**; l'amore che infrange ogni legge e confine, e che può avere come esito solo morte e distruzione, ricorre nella storia familiare di Fedra e le si impone come inevitabile destino. Com'era avvenuto a Pasifae e alla sorella Arianna, **Fedra è condannata a subire un amore che rifugge ogni freno e così distrugge sé e gli altri**. Le emozioni che Ippolito suscita in lei sono avvertite come una vera e propria persecuzione, che si definisce in forme sempre più esplicite – dal fragile lamento «Tutto m'affligge e mi nuoce, tutto cospira a nuocermi», fino alla feroce immagine di Venere che, «tutta intera, sta addosso alla sua preda». A nulla è valso il tentativo di allontanare da sé il male accusando ingiustamente Ippolito e facendolo allontanare dalla corte, perché sarà proprio Teseo a condurla a Trezene dove il figlio era stato mandato in esilio. Lì Fedra lo rivede e si riaccende, implacabilmente, la «fiamma nera» della sua passione proibita.

ANALISI

Stile e inconscio, retorica e psicologia Abbiamo già visto che nella confessione di Fedra domina la **figura della reticenza**. **Le parole alludono, rinviano, mascherano**. Fedra confessa solo dopo che si è sparsa la falsa notizia della morte del marito Teseo, e solo dopo molta resistenza e su richiesta insistente della nutrice. La passione incestuosa appare – a lei e all'autore – impronunciabile, e perciò si fa strada a poco a poco nel linguaggio, attraverso negazioni, **ambiguità, silenzi, accostamenti improvvisi**. Non a caso, pochi versi prima della confessione conclusiva, Fedra allude, apparentemente in modo immotivato, agli amori bestiali della madre Pasifae, accoppiatasi con un toro: da questa unione mostruosa nascerà il Minotauro, espressione simbolica di quelle forze incontrollabili della natura a cui Fedra si è arresa. Il proprio amore colpevole viene collegato inconsciamente a quello della madre e così indirettamente espresso. **La reticenza, insomma, è il modo con cui si esprime una parola interdetta**. Ma c'è anche un altro modo di negare e di **reprimere le pulsioni proibite dell'eros**, anche quando queste riescono comunque a manifestarsi (come qui accade alla fine): quello di imprigionarle nella perfezione classica della scrittura e della metrica. **L'ordine della forma esorcizza il caos delle pulsioni**.

INTERPRETAZIONE

Il significato simbolico di un gesto inusuale sulla scena: Fedra si siede «L'assoggettamento di Fedra alla cieca volontà della carne è reso perfettamente appena entra in scena. È una invenzione teatrale memorabile: stanca del peso degli ornamenti e della capigliatura, **Fedra si mette a sedere; è un solenne segno di sottomissione; lo spirito si piega sotto la volgare tirannia del corpo**. Generalmente in Racine e nel teatro classico **i personaggi tragici non siedono**. Fedra è diversa. Reca dentro di sé un oscuro e violento peso del sangue. Le grava sullo spirito, ed ella siede. Questa piccolissima concessione sottolinea una sottomissione più grave, quella all'irrazionale. Ed è proprio perché la **scena neoclassica** è così spoglia e la forma così astratta, che il drammaturgo con la sola presenza di una sedia può creare allusioni così ricche e violente. Quando Fedra siede, lascia scivolare le redini della ragione» (Steiner).

Il motivo sangue-fuoco Dal principio alla fine del dramma **le immagini simboliche del fumo, delle fiamme, del sangue** dominano l'immaginario di Fedra. Ella insiste di continuo sul **carattere bruciante e distruttivo della passione** («Riconobbi Venere e i suoi fuochi [...] Non più un fuoco nascosto nelle vene [...] ho in odio la mia vita, la mia fiamma in orrore»; per il motivo sangue-fuoco cfr. anche **T3**). Contemporaneamente, sempre nell'ultima parte della confessione, alla fine della scena, ella si autorappresenta circondata da vittime sacrificali che evocano il sangue e le viscere (cfr. vv. 83-84 «Circondata di vittime, cercavo nei loro fianchi, con furia, la mia mente perduta» e sgg.). D'altra parte il fuoco non riscalda soltanto: arde, divora, distrugge. **La «fiamma» della passione non è rossa, ma «nera»: ha il colore del lutto.** «Nello scenario di corte, delimitato con tanta precisione dalle notazioni formali e dalla cadenza dello stile neoclassico, irrompe qualcosa di arcaico, di incomprensibile e barbaro. Fedra è la figlia dell'inumano; discende direttamente dal sole, nelle sue vene scorrono i fuochi primordiali della creazione» (Steiner).

T2 LAVORIAMO SUL TESTO

ANALIZZARE E INTERPRETARE

Un tormento visualizzato

1. Quale valore assume il gesto di Fedra di sedersi sulla scena? Perché tutto sembra darle fastidio e pesarle?
2. Quale aspetto dello stato d'animo di Fedra colpisce inizialmente la nutrice? Quali parole della regina le fanno intuire che è tormentata da un male concreto?

La reticenza di Fedra

3. Perché Fedra non vuole parlare? Che valore sembra assumere per lei la parola? Perché parla della «violenza» della nutrice?

Sangue e fuoco

4. Che significato simbolico assume il continuo rimando al motivo del sangue e del fuoco?

> **LE MIE COMPETENZE: DIALOGARE**
>
> Racine afferma nella prefazione alla tragedia che Fedra non è né assolutamente colpevole, né assolutamente innocente; sulla base del brano letto, e soprattutto delle parole di Fedra, esprimi la tua opinione in proposito dialogando con i compagni.

T3 Jean Racine
Le parole finali di Fedra

OPERA
Fedra, atto V, scena 4ª

CONCETTI CHIAVE
- le confessioni di Fedra a Teseo
- Fedra e Medea: una "sorellanza" solo apparentemente incongrua

FONTE
J. Racine, *Fedra*, a cura e con trad. di R. Carifi, Feltrinelli, Milano 1993.

Alla fine del dramma, Fedra si avvelena e va a morire davanti a Teseo per confessargli la sua colpa e attestargli che Ippolito è morto innocente.

    Fedra.   Ascoltatemi, Teseo, ho il tempo contato;
    Io su quel figlio casto e rispettoso
    Osai posare il mio sguardo incestuoso.
    Il cielo mi accese d'un fuoco funesto,
5   L'esecrabile Enone fece il resto.
    Temeva che Ippolito, saputo il mio furore
    Rivelasse un fuoco che gli faceva orrore:
    Abusando, la perfida, della mia debolezza
    Corse da voi ad accusarlo lei stessa.
10   Si è punita da sola, la mia ira ha evitato,
    Troppo lieve supplizio nei flutti ha cercato.[1]
    Già la mia sorte dal ferro era segnata;
    Ma nei sospetti lasciavo una virtù umiliata;

● 1 **Troppo lieve...cercato**: Enone si è uccisa affogandosi.

>   Volli, confessandovi i miei torti,
> 15 Per una via più lenta scendere tra i morti.
>   Ho preso, ho fatto scorrere nelle mie arse vene
>   Un veleno che Medea[2] portò ad Atene.
>   Ormai nel mio cuore il veleno è entrato
>   E vi diffonde il segreto d'un respiro gelato;
> 20 Già vedo attraverso una nube, un denso velo,
>   Lo sposo offeso dalla mia presenza, il cielo;
>   E la morte, togliendo ai miei occhi la chiarezza,
>   Al giorno che insozzavo rende la sua purezza.

● 2 **Medea**: innamorata di Giasone, lo aiutò con le sue arti magiche a conquistare il vello d'oro. Abbandonata da Giasone, Medea si vendicò uccidendo i figli avuti da lui.

T3 DALLA COMPRENSIONE ALL'INTERPRETAZIONE

COMPRENSIONE

Fedra e Teseo Nelle ultime battute della tragedia **Fedra rivela a Teseo la sua terribile colpa**: il «fuoco funesto» che si è impossessato di lei facendole amare di un **amore incestuoso** un figlio «casto e rispettoso»; le macchinazioni di Enone che **ha accusato ingiustamente Ippolito** presso Teseo e che poi, travolta dal senso di colpa, si è uccisa gettandosi in mare; **la decisione di togliersi la vita con un veleno** portato ad Atene da Medea, veleno che nel momento in cui Fedra pronuncia le parole della sua confessione a Teseo sta già compiendo il suo effetto mortale.

ANALISI E INTERPRETAZIONE

Civiltà e natura Ritorna qui **il motivo del fuoco distruttore** («Il cielo mi accese di un fuoco funesto»), già incontrato anche nel brano precedente. Nelle parole di Fedra, il fuoco della passione incontrollabile viene a coincidere con un veleno estraneo alla civiltà. **Fedra si assimila a una regina barbara, Medea**, venuta da un **mondo magico e primitivo** a portare i propri veleni nella culla della civiltà, ad Atene. Si riprende così **il motivo della discendenza mostruosa**, estranea al regno della serena classicità greca. La figlia di Pasifae si sente sorella di Medea, che proveniva dalla lontana e barbara Colchide (l'attuale Georgia, sul versante meridionale del Caucaso) e che per gelosia e per odio contro il marito che l'aveva tradita aveva ucciso non solo la rivale, ma i propri figli. **Il mondo dei mostri può dunque penetrare nella roccaforte della ragione**. La Parigi di Luigi XIV può essere come l'Atene dell'antica Grecia. Questo è il pericolo che Racine intende esorcizzare. Non per nulla le ultime parole di Fedra battono sulla rima, densa di significato, «clarté-pureté» [«chiarezza-purezza»]. Alla fine, il **trionfo della purezza è anche quello della chiarezza razionale; è il trionfo della civiltà sulla natura**.

T3 LAVORIAMO SUL TESTO

ANALIZZARE

Il fuoco della passione

1. Come definisce Fedra la sua passione per Ippolito?
2. **LINGUA E LESSICO** Perché Enone viene definita «esecrabile»? Qual è il significato di questo aggettivo?

Il veleno di Medea

3. A chi si paragona Fedra? Perché?

INTERPRETARE

Chiarezza e purezza

4. **TRATTAZIONE SINTETICA** Rifletti sulla conclusione del brano e spiega in un testo breve (max 10 righe) qual è, secondo te, il pericolo che Racine vuole esorcizzare.

6. La commedia in Francia: Molière

Molière, creatore della commedia francese e moderna

In Francia mancava la tradizione della commedia letteraria. Il pubblico si compiaceva di rappresentazioni popolari a carattere farsesco, oppure si appassionava alla commedia dell'arte italiana. **A creare la commedia francese è Molière**, i cui primi maestri furono appunto i comici italiani e quelli della farsa popolare francese. Il risultato è la commedia moderna, che nel Settecento troverà in Goldoni uno dei massimi cultori.

La giovinezza e le prime commedie

Jean-Baptiste Poquelin prese, come uomo di teatro, il nome di **Molière**. Figlio di un ricco tappezziere, studiò nel collegio dei gesuiti a Parigi, dove era nato nel 1622. Nel **1655** mise in scena a Lione la sua prima commedia letteraria, *Lo stordito*, cui l'anno dopo fece seguire *Il dispetto amoroso*. È questo **il primo periodo dell'arte di Molière**, che durerà sino al 1661.

Le preziose ridicole

In esso compare la prima opera importante di Molière, la commedia in un atto *Le preziose ridicole*, 1659, che ebbe grande successo e suscitò vivaci discussioni. Infatti Molière vi prendeva di mira lo stile pretenzioso dei salotti in cui le signore "preziose" si atteggiavano a riformatrici del linguaggio e dei sentimenti della buona società.

La scuola dei mariti e La scuola delle mogli

Già in *La scuola dei mariti* Molière si presenta come un difensore della naturalezza della vita, della giovinezza e degli slanci spontanei e vitali, contro ogni autoritarismo e ogni forma di costrizione, qui rappresentati dal rigorismo odioso di Sganarello. Anche nel suo primo capolavoro, *La scuola delle mogli*, 1662, Molière continua a colpire il dogmatismo autoritario, la gelosia, l'egoismo, l'ignoranza. *La scuola delle mogli* affronta il tema del matrimonio, analizzato nel suo duplice significato di istituzione sociale e di esperienza affettiva. I personaggi principali, Arnolfo e Agnese, incarnano due logiche antitetiche che esprimono la tensione, presente nella società e nella cultura del tempo, fra un modello pubblico autoritario e repressivo, per cui la volontà individuale deve piegarsi alla norma dominante, e un modello più problematico, sensibile ai desideri naturali, che nonostante tutto agiva nella quotidianità dei rapporti.

I caratteri principali delle commedie di Molière:
1. un teatro d'azione
2. il realismo
3. uno spirito critico e anticonformistico

A partire da questa opera le **caratteristiche dell'arte molieriana** sono già chiare. Le possiamo sintetizzare come segue:

1. **Sul piano formale**, il teatro di Molière è essenzialmente d'azione, basato sul movimento e sulla vivacità delle battute. L'azione non è dovuta però a un superficiale gusto dell'intrigo, ma serve a rivelare la trasformazione degli stati d'animo dei personaggi, sempre analizzati nella loro psicologia.
2. **Sul piano dei contenuti**, Molière è un grande realista, un osservatore attento dei meccanismi sociali, dei costumi e delle psicologie come della caratterizzazione sociale e culturale del linguaggio.
3. **Sul piano della moralità e dell'ideologia**, Molière riprende dalla tradizione di Rabelais e di Montaigne uno spirito critico e anticonformistico. Deriva da qui l'identificazione fra ragione e natura e la loro difesa contro quanti vogliono soffocare i diritti naturali, con la conseguente critica dell'intolleranza e dell'ipocrisia.

MOLIÈRE	
fondatore della commedia moderna	
caratteristiche	**opere principali**
• teatro di azione • analisi psicologica dei personaggi • realismo dei contenuti e del linguaggio • critica sociale e anticonformismo	• *La scuola delle mogli* • *Tartufo* • *Don Giovanni o il convito di pietra* • *Il misantropo* • *L'avaro* • *Il malato immaginario*

Il secondo periodo dell'arte di Molière (1662-1666)

Mentre i primi due aspetti restano costanti, il terzo si manifesta soprattutto nel **secondo periodo dell'arte di Molière**. Esso si apre nel 1662 con *La scuola delle mogli* e continua sino al 1666. Escono in questi quattro anni i capolavori di Molière, le sue opere più alte, le più inquietanti e più impegnate sul piano morale e ideologico. Dopo *La scuola delle mogli*, si succedono **Tartufo** (1664), **Don Giovanni o il convito di pietra** (1665), e infine **Il misantropo** (1666).

Il terzo periodo (1667-1673)

Nel terzo periodo, la produzione di Molière si fa più varia, leggera, brillante, ma anche meno impegnata. Fra le varie commedie di questa fase ricordiamo **Anfitrione** e **L'avaro** (1668), derivate da Plauto, **Il borghese gentiluomo** (1670), *Le donne saccenti* (1672), il capolavoro di questa fase, in cui viene ripreso il tema di *Le preziose ridicole*, e *Il malato immaginario*, mandato in scena poco prima della **morte, avvenuta nel 1673**.

Pierre Mignard, *Ritratto di Molière*, 1659 circa. Chantilly, Musée Condé.

La critica all'ipocrisia religiosa e a quella di corte

Le opere del secondo periodo nascono tutte da un senso di malessere e **di disgusto per la società**. Se nel *Tartufo* si colpisce soprattutto l'ipocrisia religiosa, nel *Dom Juan* (il tema è lo stesso di Tirso de Molina; cfr. § 2) Molière prende di mira il cinismo del gran signore dell'alta società, seduttore e ingannatore. Il protagonista del *Misantropo*, Alceste, è un rigorista che non sopporta l'ipocrisia e che finisce per ritirarsi in campagna per fuggire la corruzione della società.

Il misantropo

La vicenda

L'azione si svolge **a Parigi nella casa di Celimene**, una vedova giovane e attraente. Essa desidera essere circondata da una nutrita schiera di pretendenti, anche se un posto speciale sembra riservarlo ad Alceste, sempre adirato con il mondo intero perché non lo trova conforme ai suoi rigorosi princìpi di onestà, sincerità e rettitudine. Per questo egli intende sapere da Celimene se veramente lo ama e se è disposta per lui a rinunciare a tutti gli altri corteggiatori. Ma la donna sfugge ai suoi tentativi di costringerla a una scelta inequivocabile. Nel frattempo **Alceste**, a causa della sua sincerità, si procura l'inimicizia di **Oronte**, uno dei rivali, per il pessimo giudizio espresso su di un sonetto da lui composto. Ne nasce una questione d'onore che procede per vie legali, fino a condurre Alceste in tribunale. **Filinte**, amico di Alceste dotato di buon senso e capace di accettare le persone per quello che sono, cerca di convincerlo a qualche compromesso con la realtà, ma senza risultati. Rimasto solo con Arsinoe, una dama che nutre invidia per i successi amorosi di Celimene, Alceste viene a sapere, con tanto di prove, che l'amata lo tradisce. Messa alle strette, lei mente in maniera palese. Ma ormai i fatti parlano chiaro: Celimene non vuole scegliere neppure fra Alceste e Oronte, e alla richiesta definitiva del primo, che le avrebbe perdonato ogni tradimento se avesse abbandonato la società galante per ritirarsi insieme a lui in solitudine, risponde ancora con un rinvio. Vedendosi sconfitto da ogni parte, **Alceste decide di isolarsi dagli uomini e dai loro costumi**.

Malinconia e realismo amaro

Uno dei motivi che probabilmente causarono lo scarso successo del *Misantropo* è il fatto che **la comicità risulta sempre temperata da una vena di malinconia** che impedisce al pubblico di sciogliersi in un riso privo di pensieri. Sappiamo che Molière, quando interpretava la parte di Alceste, sottolineava i risvolti comici del personaggio. Ma lo spettatore è chiamato a immedesimarsi con lui, quindi ad assumerne anche il punto di vista, finendo così per vedere con i suoi occhi i vizi di una società frivola e falsa. Per questo *Il misantropo*, ancor più degli altri capolavori dello stesso periodo, è **una commedia segnata dal pessimismo e dall'amarezza al punto tale da farla sconfinare con la tragedia**. Il **realismo di Molière** diventa strumento impietoso di analisi, capace di mettere a fuoco la vanità di un mondo che si vanta della sua stessa superficialità e la trasforma in costume.

Honoré Daumier, *Il malato immaginario*, 1860-1862. Philadelphia Museum of Art.

Le tre versioni del *Tartufo*

L'opera più provocatoria di Molière è *Tartufo*. Proprio per il suo carattere anticonformistico – colpiva l'ipocrisia religiosa – essa **incontrò fortissime resistenze e fu subito proibita** nel 1664. Dopo una **seconda versione** (anch'essa proibita) intitolata *L'impostore* (1667), la commedia poté andare in scena, con diverse forzate correzioni, solo **nel 1669**.

***Tartufo*, commedia di carattere**

Tartufo presenta **tre ragioni fondamentali di interesse**. Anzitutto è **una commedia di carattere**, che mostra in profondità la psicologia di **Orgone**. Questi, sicuro della buona fede dell'insinuante e bigotto **Tartufo**, vuole dargli in sposa la figlia, lo lascia libero di fare la corte alla moglie **Elmira** (cfr. T4) e infine gli cede in eredità i beni di famiglia che spetterebbero al figlio **Damide** (colpevole, ai suoi occhi, di calunniare Tartufo perché, avendo assistito ai tentativi di seduzione che questi ha messo in atto nei confronti della madre, lo ha denunciato al padre). Solo alla fine, quando la moglie lo fa assistere ai tentativi di seduzione di Tartufo nei propri confronti, egli si ricrede e lo caccia di casa. Ma a questo punto Tartufo lo ricatta con documenti che gli ha trafugato, e giunge a farlo arrestare e a estrometterlo di casa. Fortunatamente si scopre che Tartufo è un volgare malfattore; la polizia lo arresta e la commedia può sciogliersi felicemente.

T • Molière, *Il ritratto di Tartufo nelle parole di Dorina e Orgone*

S • *Tartufo e Don Giovanni, l'ipocrita e il seduttore*

Commedia d'azione

Già da questo riassunto della trama si intravede il secondo motivo di interesse della commedia: *Tartufo* è anche **una commedia d'azione**, ad alta qualità drammatica. La terza ragione di interesse è nel **realismo critico di Molière**, che si conferma qui osservatore acuto della società. La sua poetica potrebbe essere condensata nella formula: l'osservazione come metodo.

***Il malato immaginario*: polemica e studio psicologico**

Il motivo polemico è presente anche nell'ultima commedia, *Il malato immaginario*, ma questa volta si sposta **sui medici** e sulle pretese di una scienza che, in realtà, viola l'ordine naturale per puro interesse di guadagno. Il vero centro dell'opera è il protagonista, **Argante**, un ipocondriaco, ossessionato dalle sue malattie inesistenti. Egli vuole dare in sposa **la figlia Angelica** – che ama **Cleante** – a un giovane medico imbecille e ridicolo, **Purgone**: avrà così un dottore in famiglia. **La seconda moglie, Belina**, è in realtà indifferente, e anzi attende la morte di Argante per ereditarne i beni. Sono invece **la serva Tonina** e il **fratello Beraldo** che tentano di ricondurlo alla ragione. Ci riusciranno solo facendogli simulare la morte, e rivelando, dalle loro reazioni, il cinismo di Belina e il sincero affetto di Angelica. La commedia si conclude con la promessa delle giuste nozze fra Angelica e Cleante e una buffonesca investitura di Argante stesso a medico. **Le vere malattie di Argante** sono la chiusura su se stesso e l'incapacità di distinguere chi lo ama da chi non lo ama. La sua ostinazione infantile, il suo carattere iroso, la sua volontà tirannica nascondono insicurezza e cecità. **La malattia immaginaria è la difesa paradossale che Argante ha costruito contro il mondo**: quella che gli permette di imporsi e lo esenta dal confrontarsi realmente con gli altri (giacché, essendo malato, nessuno lo deve contrariare). Eppure la commedia ha **un tale brio e invenzioni così travolgenti** che l'amarezza di questo ritratto non la incrina. Il genio comico di Molière qui si rivela dunque nell'unione di acuta indagine psicologica e di brillante costruzione drammatica (cfr. T5, p. 441).

La malattia come difesa dal mondo

S • *Il teatro in Inghilterra e in Germania*

Sull'evoluzione del teatro in Inghilterra e Germania, cfr. espansioni digitali.

T4 Molière
Tartufo cerca di sedurre Elmira, moglie dell'amico

OPERA
Tartufo, atto III, scene 2ª e 3ª

CONCETTI CHIAVE
- il trionfo dell'ipocrisia e della doppiezza

FONTE
Molière, *Il Tartufo o l'impostore*, trad. di C. Muscetta, Einaudi, Torino 1974.

 Testo in scena

Presentiamo due scene dell'atto III. Nella prima Tartufo mostra il proprio carattere ipocritamente devoto, offrendo alla serva, Dorina, un fazzoletto perché si copra il seno. Nella seconda tenta di sedurre Elmira che ha voluto incontrarlo da sola per convincerlo a non accettare la proposta del marito. Questi infatti intende dargli in sposa la figlia, che invece ama un altro.

SCENA SECONDA
Tartufo, Lorenzo, Dorina

Tartufo. (*scorgendo Dorina si mette a parlare ad alta voce al suo servo che è di là*) Lorenzo, riponete il cilicio e la disciplina,[1] e pregate il Cielo che v'illumini. Se viene qualcuno a cercarmi, io vado a visitare i carcerati, a distribuire le elemosine che ho raccolto.
Dorina. (*tra sé*) Che affettazione![2] Che furfanteria!
5 *Tartufo.* Cosa desiderate?
Dorina. Volevo dirvi...
Tartufo. (*tira fuori un fazzoletto*) Oh Dio! vi prego, non parlate ancora, prendete questo fazzoletto.
Dorina. Perché?
10 *Tartufo.* Copritevi il seno, ch'io non lo veda. Siffatti spettacoli offendono le anime e ispirano cattivi pensieri.
Dorina. Allora siete facile alle tentazioni, la carne impressiona troppo i vostri sensi! Davvero non sapevo che vi venissero i calori. Per me, non sono così pronta a certe bramosie, e potrei vedervi nudo da capo a piedi: tutta la vostra pelle non riuscirebbe a tentarmi.
15 *Tartufo.* Abbiate un po' di modestia quando parlate, altrimenti non mi resta che lasciarvi ai casi vostri.
Dorina. No, no, sarò io lasciarvi in pace. Ho solo due parole da dirvi. La signora scenderà qui a momenti, e vi chiede la cortesia di un breve colloquio.
Tartufo. Oh, molto volentieri.
20 *Dorina.* (*tra sé*) Come diventa dolce! Per me l'ho sempre detto e ci credo.[3]
Tartufo. E verrà subito?
Dorina. È lei, mi sembra. Sì, proprio lei. Vi lascio soli.

SCENA TERZA
Elmira, Tartufo

Tartufo. Sempre sia lodato il Cielo, per la sua infinita bontà, e possa sempre donarvi la salute dell'anima e del corpo, e coprire di benedizione i vostri giorni, conforme al desiderio del più
25 umile dei cuori ispirati dall'amor divino.
Elmira. Vi sono obbligatissima per queste sante parole di augurio. Non vogliamo sederci, per stare più comodi?
Tartufo. (*seduto*) Vi siete dunque rimessa?[4]

- **1 il cilicio e la disciplina**: sono entrambi strumenti per fare penitenza; il cilicio era una veste ruvida di setole di cavallo annodate, la disciplina un mazzo di funicelle annodate che usavano i religiosi per percuotersi.
- **2 affettazione**: *finzione, impostura*.
- **3 Per me...credo**: Dorina sospetta che Tartufo sia un falso devoto e faccia la corte alla sua padrona.
- **4 Vi siete...rimessa?**: Elmira era stata poco bene.

Elmira. (*seduta*) Completamente guarita. La febbre ormai è scomparsa.

Tartufo. Le mie modeste preghiere non hanno il merito che occorre per poter dire d'aver ottenuto per voi la grazia celeste. Ma in tutte le mie suppliche c'era un pensiero per la vostra convalescenza.

Elmira. Troppa pena s'è data per me la vostra devozione.

Tartufo. Mai abbastanza per la salute che più d'ogni altra mi è cara, e a tal segno, che avrei sacrificato volentieri la mia.[5]

Elmira. Tanta carità cristiana è veramente sublime: vi sono obbligatissima per la vostra bontà.

Tartufo. Faccio poco, molto meno di quanto non meritiate.

Elmira. Volevo parlarvi in segreto, e sono tranquilla, perché qui nessuno ci ascolta.

Tartufo. Ne sono felice anch'io. È davvero una cosa dolcissima, signora, trovarmi qui da solo a sola, con voi. È un'occasione che ho invocato più volte dal Cielo, e sol ora mi è finalmente concessa.

Elmira. Io per me non desidero che poche parole ma sincere, col cuore: non dovete nascondermi nulla.

Damide,[6] *senza farsi vedere, schiude lo sportello della credenza in cui s'è nascosto, per ascoltare il colloquio.*

Tartufo. Anch'io desidero, grazie a Dio, di rivelarvi tutto il mio cuore. Il chiasso che ho fatto per le visite che qui rendono omaggio alla vostra bellezza,[7] vi giuro che non è stato mica per un risentimento contro di voi. Voglio dire che sono stato preso da un impeto di zelo, un moto sincerissimo…

Elmira. Appunto, l'avevo capito che era così e credo che se vi date tanta pena è per la mia salvezza.

Tartufo. (*stringe la punta delle dita di Elmira*) Certo, signora, certo, e mi sento così infervorato…

Elmira. Oh, mi stringete troppo.

Tartufo. Eccesso di zelo, scusatemi, non pensavo minimamente di farvi male. Preferisco piuttosto… (*Le mette la mano sulle ginocchia*).

Elmira. E questa mano che c'entra?

Tartufo. Palpavo il vestito, signora, che stoffa!

Elmira. Oh, vi prego lasciate: soffro tanto il solletico. (*Elmira si ritrae con la sedia; Tartufo si fa più avanti*).

Tartufo. (*palpa lo scialle di Elmira*) Oh Dio, che bello questo lavoro, che ricamo! Oggigiorno si è arrivati a dei veri miracoli. Cose mai viste, dico, in tutti i generi.

Elmira. È vero. Ma torniamo al nostro discorso. Corre voce che mio marito voglia venir meno ai suoi impegni[8] e darvi in isposa la figlia. È proprio vero?

Tartufo. Sì, mi ha detto qualcosa, ma, signora, se volete sapere la verità, non è questa la meta della mia beatitudine. Altrove, altrove io vedo l'incanto meraviglioso di quella felicità che desidero e spero.

- **5 Mai…mia**: il corteggiamento di Tartufo, pur avvolto nelle forme allusive del linguaggio religioso, è subito chiaro a Elmira che risponde con ironia.
- **6 Damide**: è il figlio di Orgone, e il figliastro di Elmira, decisamente contrario all'intenzione del padre di dare la sorella in sposa a Tartufo. All'avvicinarsi di Tartufo si era nascosto nell'armadio e così assiste al tentativo di seduzione.
- **7 Il chiasso…bellezza**: Orgone aveva affidato la direzione della casa a Tartufo e costui, geloso degli amici che la frequentavano, aveva deciso di porre fine alle visite.
- **8 mio marito…impegni**: Orgone non intende più mantenere gli impegni presi con Valerio, a cui aveva promesso in sposa la figlia Marianna.

Elmira. Certo, voi non amate nessuna cosa di questa terra.

70 *Tartufo.* Oh, nel mio petto non c'è un cuore di sasso.

Elmira. E invece io sono sicura che ogni vostra aspirazione è rivolta al Cielo e non si abbassa a desiderare nulla, quaggiù.

Tartufo. L'amore dell'eterna bellezza non può soffocare in noi gli amori terreni.
Ai nostri sensi è così facile subire il fascino delle meravigliose creazioni di Dio.
75 Il raggio divino si riflette negli esseri come voi, ma in voi sola risplende in tutta la sua rara magnificenza. Sul vostro volto ha profuso bellezze che abbagliano la vista, inebriano i cuori, e io non posso guardarvi, o creatura di perfezione, senza riconoscere in voi l'Autore dell'Universo, senza sentire il petto infiammato d'amore di fronte al più bel ritratto che Egli abbia mai dipinto a sua immagine e simiglianza. Dapprima ebbi timore che questo fuoco secreto fosse un
80 astuto inganno del Maligno, e decisi perfino che dovevo fuggire il vostro sguardo. Vedevo in voi l'ostacolo vivente della mia salvazione. Ma poi compresi, finalmente, o adorabile bellezza! che in questa passione mia non può esserci ombra di colpa, che non c'è contraddizione con la mia purezza, e per questo sento che il mio cuore si può confidare. Sono stato troppo audace, lo ammetto, osando farvi offerta del mio cuore. Ma nelle mie preghiere ho rimesso tutto alla vostra
85 bontà, e non mi aspetto nulla dalle mie povere forze. Siete voi la mia speranza, il mio bene, la mia pace, da voi attendo la dannazione o la beatitudine. Eccomi al vostro giudizio, signora: felice, se volete, o infelice, se a voi così piacerà.[9]

Elmira. Dichiarazione degna d'un perfetto corteggiatore. Ma a dirvi il vero, mi sorprende alquanto. Mi pare che dovreste armare meglio il vostro petto contro certi pensieri. Rifletteteci
90 un po': un sant'uomo come voi, col nome che vi siete fatto...

Tartufo. Sono un uomo di Chiesa, ma son sempre un uomo. E al cospetto delle vostre celestiali bellezze l'anima è conquistata e non ragiona più. Lo so, un discorso come questo, fatto da me, può sembrarvi strano. Ma, in fin dei conti, signora, io sono un angelo; e se volete condannare la confessione che vi ho fatto, dovreste incolpare un po' anche il fascino della vostra persona.
95 Da quando vidi splendere questa luce più che umana, voi diventaste la regina dell'anima mia. L'ineffabile dolcezza del vostro sguardo divino superò l'ostinata resistenza del cuore. Fu più forte di tutto, preghiere, lacrime, digiuni: tutti i miei desideri si rivolsero a voi. E non ve l'hanno forse già detto mille volte i miei sguardi, i miei sospiri? Ora sono stato più esplicito, e vi ho parlato. Ah, se voi voleste considerare con un po' di benevolenza le tribolazioni del vostro indegno
100 servo, se voi foste così pietosa da consolarmi un poco, se vi degnaste di scendere sino a me che son nulla, oh, in eterno io sentirei per voi, o creatura ineffabile, il culto sconfinato della mia devozione. La vostra virtù, accanto a me, non corre alcun rischio, non ha da temere disavventure da parte mia. Questi damerini di corte di cui s'invaghiscono le femmine agiscono senza discrezione e poi sono vanitosi, parolai, non fanno che menar vanto delle loro conquiste. Ogni mini-
105 mo favore lo spiattellano a tutti. Non sanno tenere la bocca chiusa, e guai a fidarsi di questa gente che disonora l'altare dell'anima. Le persone come noi no: covano la fiamma in segreto e si può avere fiducia illimitata.[10] L'amore per la nostra reputazione è una garanzia assoluta per la persona amata che solo in noi, se accetta la nostra offerta, può trovare l'amore senza lo scandalo e il piacere senza il timore.

● **9** **Sul vostro volto...piacerà**: la dichiarazione di Tartufo tocca il culmine della doppiezza nel tentativo di coprire con un fraseggio chiesastico e devoto la sua proposta sfrontata.

● **10** **Le persone...illimitata**: Tartufo depone alla fine la sua doppiezza e si rivela integralmente in questo aperto elogio dell'ipocrisia come garanzia di riservatezza. Solo delle «persone come noi», che non mostrano il volto, ma conservano la maschera dell'onestà, ci si può fidare. Sono gli altri, gli onesti, che «disonorano l'altare dell'anima» mostrandolo pubblicamente senza ritegno.

T4 DALLA COMPRENSIONE ALL'INTERPRETAZIONE

COMPRENSIONE

L'ipocrisia come stile di vita La **scena seconda** è occupata dal **breve dialogo fra Tartufo e la serva**: il primo rivela la sua ipocrisia nella richiesta alla donna di coprirsi il seno perché «siffatti spettacoli offendono le anime e ispirano cattivi pensieri»; Dorina, da parte sua, ha perfettamente colto la vera natura del suo interlocutore e non esita a provocarlo («Allora siete facile alle tentazioni, la carne impressiona troppo i vostri sensi!»). Nella **scena terza** il dialogo è fra **Tartufo ed Elmira**, mentre Damide assiste nascosto in una credenza. Tartufo approfitta di questo incontro per sedurre Elmira: dopo aver cercato un contatto fisico con lei («*stringe la punta delle dita di Elmira*», «*Le mette la mano sulle ginocchia*», «*palpa lo scialle di Elmira*»), pronuncia una «dichiarazione degna di un perfetto corteggiatore», infarcita di riferimenti religiosi (Elmira è il «più bel ritratto che Egli [: Dio] abbia mai dipinto a sua immagine e simiglianza»). Ma la donna è contrariata: «Mi pare che dovreste armare meglio il vostro petto contro certi pensieri». La risposta di Tartufo contiene **un elogio della simulazione: l'amore deve rimanere clandestino e non destare scandali** («L'amore per la nostra reputazione è una garanzia assoluta per la persona amata che solo in noi, se accetta la nostra offerta, può trovare l'amore senza lo scandalo e il piacere senza il timore»). Condannando le persone sincere che «non sanno tenere la bocca chiusa», Tartufo esalta gli ipocriti, capaci di nascondere i propri sentimenti e fingere onestà.

ANALISI

Il contrasto fra le due scene e fra le parole e i fatti Molière gioca sui **contrasti comici**. Il primo contrasto è **fra la scena seconda e la scena terza**. Nella scena seconda, infatti, Tartufo esibisce la propria pietà religiosa (dice di andare a visitare i carcerati) e gli strumenti della mortificazione della carne (il cilicio e la disciplina), e affetta un singolare senso di pudicizia (fa coprire il seno di Dorina con un fazzoletto); nella scena terza mostra invece la propria viscida sensualità e si comporta come un volgare seduttore, che fa finta di lodare lo scialle di Elmira per toccarla, le mette una mano sulle ginocchia, e così via. **Il secondo contrasto è fra le parole e i fatti**. Esso è palese nella contrapposizione fra le due scene ma è presente anche all'interno della scena terza, durante la quale, mentre Tartufo continua a usare un linguaggio ipocritamente devoto, compie gesti di ben diversa natura. La sua stessa dichiarazione d'amore vorrebbe essere, insieme, una lode del Signore e una lode della bellezza della donna. **Molière si rivela realistico osservatore non solo dei costumi, ma del linguaggio** dell'epoca, della sua retorica basata sulla doppiezza e sulla reticenza. Alla fine Tartufo giunge a una proposta finalmente esplicita. Questa volta le sue parole cessano di essere ambigue e corrispondono all'azione che prospettano. Tuttavia la **doppiezza** si ripropone a un altro livello: Tartufo suggerisce infatti **una pratica della ipocrisia** e una permanente **dissociazione fra apparenza e realtà**. Infatti egli prospetta alla donna una relazione clandestina garantendole la riservatezza e promettendole che essa resterà ignota tutti: solo degli **ipocriti**, infatti, ci si potrebbe fidare! Soltanto con gli ipocriti, che sanno mascherare i propri sentimenti e fingere l'onestà, è possibile «trovare l'amore senza lo scandalo e il piacere senza il timore». **Solo l'ipocrisia garantirebbe a un tempo il rispetto della moralità ufficiale la soddisfazione del piacere.**

INTERPRETAZIONE

La morale antigesuitica di Molière e lo scontro sul *Tartufo* Da quanto precede derivano alcune conseguenze riguardanti l'ideologia di Molière. **L'autore colpisce la pratica opportunistica e la morale accomodante** e ipocrita allora largamente praticata, soprattutto dai gesuiti. A proposito della posta in palio (la libertà di espressione) e delle forze in gioco (Curia e Corte) nello scontro sul *Tartufo*, osserva Luigi Lunari: «Il vero oggetto del contendere [...] era ancora una volta la libertà del pensiero, dell'espressione, della ricerca, così pericolosa per l'ordine costituito. Ma non è a credersi [...] che pro e contro Il *Tartufo* si schierassero i progressisti e i reazionari, e cioè i fautori della libertà di ricerca e di coscienza, e i rappresentanti dell'antico concetto di autorità. Le due "grandi potenze" (grosso modo: la Curia e la Corte) che si misurarono sul *Tartufo* nutrivano un identico interesse ad un'organizzazione e una gestione autoritaria della vita sociale [...]. In questa situazione storica, tra questi ingranaggi tanto più grandi e potenti di lui, Molière si mosse con un senso tattico che gli assicurava il massimo dei risultati concretamente e realisticamente ottenibili. Suo scopo era il coerente – e dunque criticamente e moralmente esatto – **ritratto di un tipo umano e di un costume sociale** ben presente e influente nella società del suo tempo: questo scopo egli perseguì difendendo la propria assoluta intransigenza sull'essenziale con i più cinici ed eleganti "cedimenti" su tutto ciò che essenziale non era».

Lavoriamo con il TESTO IN SCENA

Descrivi in una breve didascalia l'ambientazione della scena e le azioni che compie Tartufo prima dell'inizio del dialogo.

T4 LAVORIAMO SUL TESTO

COMPRENDERE

1. Riassumi il testo in forma essenziale, scena per scena.

ANALIZZARE

2. Quali caratteristiche del personaggio di Dorina denotano la sua condizione servile?

«Copritevi il seno»

3. Che obiezioni rivolge Dorina a Tartufo? Da quale atteggiamento dell'uomo sono giustificate?
4. **LINGUA E LESSICO** Quale registro espressivo adotta Tartufo con Elmira all'inizio della scena terza?
5. **LINGUA E LESSICO** Che significato diverso assume per Elmira e per Tartufo l'espressione «poche parole ma sincere, col cuore»?
6. Come replica Elmira, a differenza della serva Dorina?

«L'amore senza lo scandalo»

7. Quali sono i punti salienti dell'argomentazione di Tartufo per sedurre Elmira?

INTERPRETARE

Il tuo punto di vista

8. Dopo avere attentamente sintetizzato le argomentazioni di Tartufo chiediti se siano omogenee fra loro, ed esprimi poi il tuo personale punto di vista sulla proposta che egli fa a Elmira e sui valori che guidano la sua condotta.

Una previsione

9. Come nel dialogo fra Amleto e la madre (cfr. cap. VIII, T3, p. 262), anche in questa scena un personaggio è nascosto ad origliare; prova a prevedere come potrà andare a finire stavolta, e motiva brevemente la tua ipotesi sulla base degli elementi del testo che stai analizzando.

T5 Molière
Il dottor Purgone seppellisce Argante con le sue minacce

OPERA
Il malato immaginario, atto III, scene 6ª e 7ª

CONCETTI CHIAVE
- denuncia contro i presunti miracoli della medicina

FONTE
Molière, *Il malato immaginario*, con intr. e trad. it. di Lorenzo Gigli, Paravia, Torino, s.d.

Argante sta discutendo con il fratello Beraldo: questi lo rimprovera per l'insensatezza della sua ipocondria e per la pretesa di dare in sposa la figlia a un imbecille che ha l'unico merito di essere medico. Nella discussione, Beraldo fa allontanare un dipendente di Purgone, dottore di Argante, perché non li interrompa. Allora entra in scena, adirato e terribile, Purgone stesso. Questi profetizza ad Argante, reo di aver rifiutato le sue cure, una morte orribile. Il povero Argante si sente schiacciato e a nulla valgono i tentativi del fratello di condurlo alla ragione.

SCENA SESTA
Purgone, Argante, Beraldo, Tonina.[1]

Purgone   Alla porta mi hanno riferito delle belle novità. Qui si ride delle mie ricette e si rifiutano i rimedi da me prescritti.
    Argante   Signore, non è...[2]

- **1** **Tonina**: è la serva di Argante.
- **2** **non è...**: *non è colpa mia*, poiché è stato Beraldo a mandare indietro l'inviato di Purgone con il suo clistere.

	Purgone	Ecco una inaudita temerità,[3] una strana ribellione d'un malato contro il suo medico.
5	*Tonina*	È una cosa spaventosa.[4]
	Purgone	Un clistere che avevo avuto cura di comporre io stesso.
	Argante	Non sono io...
	Purgone	Inventato e composto con tutte le regole dell'arte.
	Tonina	Egli[5] ha torto.
10	*Purgone*	E che doveva produrre nelle vostre budelle un effetto meraviglioso.
	Argante	Mio fratello...
	Purgone	Respingerlo con disdegno!
	Argante	(*indicando Beraldo*). È lui...
	Purgone	È un'azione abbominevole.
15	*Tonina*	Questo è vero.
	Purgone	Un attentato orribile contro la medicina.
	Argante	(*c. s.*). Il responsabile è lui...
	Purgone	Un crimine di lesa Facoltà[6] che non sarà mai punito abbastanza.
	Tonina	Avete ragione.
20	*Purgone*	Vi dichiaro che rompo ogni rapporto, con voi.
	Argante	È mio fratello...
	Purgone	Non voglio più stringere parentela con voi.[7]
	Tonina	Farete benissimo.
	Purgone	E, per rompere ogni rapporto con voi, ecco cosa faccio della donazione[8] destinata a
25		mio nipote in favore del suo matrimonio. (*Lacera la donazione e ne disperde con rabbia i frammenti*).
	Argante	È mio fratello la causa di tutto questo guaio.
	Purgone	Disprezzare il mio clistere!
	Argante	Fatelo portare, lo prenderò subito.
	Purgone	Vi avrebbe rimesso in salute in poco tempo.
30	*Tonina*	Egli non lo merita.
	Purgone	Stavo per ripulire il vostro corpo ed espellerne completamente i cattivi umori.[9]
	Argante	Ah, fratello mio!
	Purgone	Non occorreva più di una dozzina di medicine per vuotare il fondo del sacco.[10]
	Tonina	È indegno delle vostre cure.
35	*Purgone*	Ma poiché non avete voluto avere la guarigione dalle mie mani...
	Argante	Non è colpa mia...
	Purgone	Poiché vi siete sottratto all'obbedienza che si deve al proprio medico...
	Tonina	È una cosa che grida vendetta.
	Purgone	Poiché vi siete dichiarato ribelle ai rimedi che vi ordinavo...
40	*Argante*	Ma no! Non è vero.
	Purgone	Vi dichiaro che vi abbandono alla vostra cattiva costituzione; al disordine delle vostre viscere, alla corruzione del vostro sangue, all'acredine[11] della vostra bile e alla densità dei vostri umori.
	Tonina	Fate benissimo.
45	*Argante*	Mio Dio!
	Purgone	E vi auguro che prima di quattro giorni vi riduciate in uno stato incurabile.

- **3** **temerità**: *sfrontatezza*.
- **4** **È una cosa spaventosa**: Tonina si beffa sia di Purgone, cui dà ragione ironicamente, sia di Argante.
- **5** **Egli**: Argante.
- **6** **lesa Facoltà**: calco ironico sull'espressione "lesa maestà": rivela l'arroganza di Purgone, che paragona i medici a sovrani.
- **7** **Non voglio più...voi**: il giovane medico che Argante aveva scelto come marito per la figlia è infatti nipote di Purgone.
- **8** **donazione**: un regalo di nozze.
- **9** **umori**: secondo la medicina antica, il buon funzionamento dell'organismo era regolato da **umori** o essenze fluide.
- **10** **il fondo del sacco**: il basso ventre; ma, ironicamente, anche i beni di Argante, che spende patrimoni per le proprie cure.
- **11** **acredine**: *acidità*; la bile è secreta dal fegato.

	Argante	Ah! Misericordia!
	Purgone	Che precipitiate nella bradipepsia.¹²
	Argante	Signor Purgone!
50	*Purgone*	Dalla bradipepsia nella dispepsia.¹³
	Argante	Signor Purgone!
	Purgone	Dalla dispepsia nell'apepsia.¹⁴
	Argante	Signor Purgone!
	Purgone	Dall'apepsia nella lienteria.¹⁵
55	*Argante*	Signor Purgone!
	Purgone	Dalla lienteria nella dissenteria.
	Argante	Signor Purgone!
	Purgone	Dalla dissenteria nell'idropisia.¹⁶
	Argante	Signor Purgone!
60	*Purgone*	E dall'idropisia nella privazione della vita, alla quale vi avrà condotto la vostra follia.¹⁷

SCENA SETTIMA
Argante, Beraldo

Argante Ah! Mio Dio! Sono morto! Fratello mio, tu mi hai perduto!
Beraldo Io? Perché?
Argante Non ne posso più. Sento già che la medicina si vendica.¹⁸
Beraldo In fede mia, fratello, tu sei pazzo, e non vorrei per nessuna cosa al mondo che qualcuno ti vedesse fare quello che fai. Ritorna un poco in te stesso, ti prego, rimettiti e non cedere alla tua immaginazione.
Argante Tu hai sentito, fratello mio, le terribili malattie delle quali mi ha minacciato.
Beraldo Sei proprio un ingenuo!
Argante Dice che tra quattro giorni diventerò incurabile.
Beraldo Che importa che lo dica? Ha forse parlato un oracolo? Sembra, a sentirti, che il signor Purgone tenga in mano il filo della tua vita e che abbia la facoltà suprema di allungartelo o di accorciartelo a suo piacere. Pensa che il principio della tua vita è in te medesimo e che l'ira del signor Purgone ha tanto il potere di farti morire quanto i suoi rimedi di farti vivere.¹⁹ Ecco una buona occasione, se vuoi, per disfarti dei medici; oppure, se assolutamente non puoi farne a meno, è facile trovarne un altro col quale, fratello mio, tu possa correre qualche rischio di meno.
Argante Ah, fratello mio! Egli conosce perfettamente la mia costituzione e il modo di curarmi.
Beraldo Bisogna riconoscere che sei un uomo pieno di idee fisse, e che vedi le cose con strani occhi.

- **12 bradipepsia**: difficoltà nella digestione. Di qui in poi, Purgone pronuncia malattie dai terribili e oscuri nomi di origine greca, tutti legati comicamente dalla rima in *-ia*.
- **13 dispepsia**: sempre una difficoltà nella digestione, ma più grave della precedente.
- **14 apepsia**: interruzione della digestione.
- **15 lienteria**: una specie di dissenteria, nominata sotto.
- **16 idropisia**: malattia che, per ritenzione idrica, porta a orribili rigonfiamenti degli arti.
- **17 follia**: la parola suggella, con la rima, la serie di nomi di malanni.
- **18 si vendica**: lasciandomi morire.
- **19 ha tanto il potere...vivere**: cioè, nessun **potere**.

T5 DALLA COMPRENSIONE ALL'INTERPRETAZIONE

COMPRENSIONE

Un medico furibondo e un malato immaginario La **scena sesta** è incentrata sulla **"vendetta" del medico Pur**gone, che, offeso perché **Argante** ha rifiutato il clistere da lui inviato («un attentato orribile contro la medicina»), predice al paziente un aggravarsi dei mali in un crescendo di oscuri termini medici («bradipepsia», «dispepsia», «apepsia», «lienteria», «dissenteria», «idropisia»), fino alla morte. Argante si dispera accusando il fratello di essere «la causa di tutto questo guaio». Tra le minacce di Purgone e i balbettii di Argante si inseriscono **i commenti ironici della serva Tonina**, in cui l'antifrasi produce un irresistibile effetto comico. Nella **scena settima** Beraldo prova a far ragionare Argante, spiegandogli che non deve dar credito al malaugurio di Purgone, e consigliandolo di trovarsi un altro medico. Alla fine **è Beraldo che dà la vera diagnosi: Argante è un malato immaginario** che si è costruito una malattia inesistente per sfuggire alle responsabilità della vita. La malattia di Argante è indotta dalle sole parole: ognuno dei minacciosi termini che Purgone gli abbatte addosso come clave è sufficiente per suscitare in lui il terrore irrazionale di chi si sente già con un piede nella fossa («Ah! Mio Dio! Sono morto! Fratello mio, tu mi hai perduto!»).

ANALISI

La struttura La sequenza delle due scene mostra bene i due elementi del teatro di Molière: quello **comico**, giocato con grande abilità e affidato alla buffa schermaglia fra Purgone e Argante, cui si unisce il **controcanto ironico di Tonina**; e quello della **definizione psicologica del personaggio**, affidato alle reazioni di Argante e ai commenti di Beraldo.

Comicità e parodia L'effetto comico della prima scena si basa su vari elementi. Anzitutto, la **protervia e l'arroganza di Purgone**, che già il nome denuncia nella sua ambivalenza: da una parte, egli tuona terribile, in uno stile altisonante per elaborazione retorica e per abuso di linguaggio scientifico; dall'altra, tutto quello di cui sta parlando non è altro che un clistere. L'elemento scatologico (cioè basso e addirittura fecale) è da sempre uno degli ingredienti della comicità. Qui si unisce alla **parodia letteraria dei linguaggi alti**, particolarmente efficace nell'**elenco di malattie**, unite dalla rima (bradipepsia, dispepsia, apepsia, lienteria, dissenteria, idropisia). In secondo luogo, la reazione di Argante, che non può parlare, balbetta, accusa il fratello, implora, e alla fine non riesce a far altro che ripetere terrorizzato «Signor Purgone!», crea una **buffa sproporzione fra la realtà delle cose e il modo in cui le vive il protagonista**. L'ironia di Tonina, che finge di dar ragione a Purgone pur considerandolo un truffatore, acuisce sia il carattere buffamente comico della scena, sia il senso di accerchiamento di Argante, che ha così l'impressione di essere solo contro una implicita alleanza generale.

INTERPRETAZIONE

Uno studio di psicologia: l'ipocondriaco Alla falsa diagnosi medica di Purgone segue la vera **diagnosi psicologica di Beraldo**. Argante è **malato di immaginazione**: si è costruito la fissazione di una malattia inesistente per non guardare alla realtà e non comportarsi responsabilmente da padrone della propria vita («Pensa che il principio della tua vita è in te medesimo»). Da un lato, egli vuole costantemente imporsi agli altri; dall'altro si difende dalle loro critiche e dal confronto con loro frapponendo lo scudo della malattia. Ma Argante è anche **un malato di parole**: è bastato il minaccioso elenco di Purgone per ridurlo in fin di vita. Nel suo mondo, anzi, le parole, quelle terribili parole minacciosamente in rima, hanno preso magicamente il sopravvento sulle cose, sostituendole. Se Purgone può invocare – con un effetto comico irresistibile – il delitto di "leso clistere", è solo perché Argante considera salvifico quel clistere e ripone una fede cieca in quello che, in una sineddoche scatologica, rappresenta il potere taumaturgico del medico.

T5 LAVORIAMO SUL TESTO

ANALIZZARE

L'arroganza del medico

1. Quale scopo vuole ottenere Purgone dalla relazione con Argante? Quali aspetti della personalità del paziente glielo consentono con facilità?

Il terrorismo linguistico

2. **LINGUA E LESSICO** A quali artifici linguistici e retorici ricorre Purgone per persuadere Argante?

Il personaggio di Argante

3. Quale visione delle cose è rivelata dalle parole di Argante «Sento già che la medicina si vendica»?

La voce dell'ironia e della psicologia

4. Quale funzione rivestono sulla scena Beraldo e Tonina? E sul piano delle tecniche argomentative?

Percorso
L'AMORE E LA DONNA

La condizione femminile nella commedia e nella tragedia

Artemisia Gentileschi, *Autoritratto come allegoria della pittura*, 1638-1639. Londra, Kensington Palace.

Molière e le rivendicazioni delle "Preziose"

La condizione femminile toccò in Europa, nel XVII secolo, il massimo della degradazione e dell'esclusione. Giunse allora a compimento il lungo processo di spoliazione economica della donna iniziato nel Trecento. Privata dell'eredità, riservata al figlio maschio primogenito, essa fu anche esclusa dalla gestione della propria dote, affidata all'amministrazione del marito (dote per altro limitata alla figlia maggiore, mentre le figlie minori erano avviate alla monacazione). In questo giro di vite della dipendenza economica e morale della donna dal potere maschile, **la Chiesa della Controriforma trovò un potente alleato nella legislazione delle monarchie nazionali.** Tutto il mondo dei giuristi, in Francia, ispirandosi al diritto romano, tese a rafforzare contemporaneamente la proprietà privata, il potere del sovrano e l'autorità paterna e maritale: la famiglia, in quanto microcosmo sociale, fu strutturata secondo il modello dello Stato assoluto e sacralizzata dalla Chiesa, che ribadì il sacramento del matrimonio; quest'ultimo, d'altro canto, diventa sempre più un affare, un contratto basato su interessi economici o di casta, deciso dai padri e completamente estraneo all'amore. **Amore, affetto, attaccamento sono sconosciuti all'etica familiare del Seicento.** Moglie e figli avevano solo il dovere dell'obbedienza assoluta al padre e al marito. **Questa concezione del matrimonio si trova al centro delle commedie di Molière**, anche se, a differenza di quanto avveniva nella realtà, le giovani donne di Molière riescono infine a sposare colui che amano.

Ma proprio in questo secolo di irrigidimento oppressivo e misogino delle strutture familiari e sociali nasce in Francia la rivolta delle donne. **Le *Preziose* e le *Donne saccenti* danno vita a un vero e proprio movimento femminista**, rifiutando apertamente il dominio maschile e rivendicando alle donne l'accesso alla cultura. Dal 1610 al 1665 il circolo delle Preziose, che si riuniva all'hôtel de Rambouillet, frequentato da Mademoiselle de Scudéry, Madame de Sevigné e Madame de La Fayette, diventò una vera e propria istituzione della vita mondana e culturale parigina.

Artemisia Gentileschi, *Giuditta uccide Oloferne*, 1620. Firenze, Galleria degli Uffizi.

La pittrice Artemisia Gentileschi torna più volte sul tema della violenta uccisione di un uomo da parte di una donna. La violenza subita da ragazza da parte del pittore Agostino Tassi, e la richiesta di un matrimonio riparatore avanzata tramite vie legali dal padre di Artemisia hanno certamente segnato la sua vita privata e di artista. Nella scelta degli episodi biblici di Giuditta e di Giaele, Artemisia racconta di due figure femminili che ristabiliscono l'ordine e la giustizia uccidendo il nemico. L'eroina tragica messa in scena da Artemisia Gentileschi, da questo punto di vista, svolge una funzione opposta rispetto al personaggio di Fedra in Racine.

Percorso
L'AMORE E LA DONNA — La condizione femminile nella commedia e nella tragedia

PERCORSI TEMATICI

Nella seconda metà del secolo migliora l'istruzione delle donne, aumenta il numero delle donne scrittrici che organizzano salotti letterari e che intervengono nel dibattito intellettuale. **In nome di un'educazione sentimentale raffinata** (*l'amour délicat*), del tutto sconosciuta ai costumi dell'epoca, **le Preziose si battono per rivoluzionare i rapporti tra uomo e donna**. Si mette sotto accusa e si arriva a rifiutare il matrimonio: il sentimento, la sensibilità, la tenerezza, l'intesa spirituale, l'amore sono opposti all'egoismo e alla sopraffazione maschile, alla brutalità che caratterizzava i rapporti familiari.

Nonostante gli eccessi polemici e l'affettazione di certi atteggiamenti, quello delle Preziose non è un mondo di smancerie e di svenevolezze, secondo l'immagine tradizionale che ci è stata trasmessa, dalle *Preziose ridicole* di Molière al *Cyrano de Bergerac* dello scrittore ottocentesco Rostand. **Ma è un modo del tutto nuovo di imporre i valori e il punto di vista femminile nella cultura e nei costumi del tempo**.

Le commedie di Molière, attento osservatore della realtà sociale contemporanea, **documentano l'importanza di questa battaglia femminile nella vita familiare**.

Nelle *Preziose ridicole* (1659) Molière fa la parodia delle due giovani provinciali, Magdelon e Cathos, rispettivamente figlia e nipote del borghese Gorgibus, che vogliono imitare l'atteggiamento delle Preziose. Molière non prende posizione sulle teorie rivoluzionarie delle Preziose; tuttavia, pur sotto le vesti della parodia, non può non registrare la contestazione della tradizionale pratica del matrimonio, l'affermazione del diritto femminile alla soddisfazione del proprio desiderio, alla tenerezza, al corteggiamento e a scegliersi un marito di proprio gusto.

Molière, sensibile al nuovo clima, mette alla berlina nella *Scuola delle mogli* ogni concezione oppressiva e autoritaria della vita familiare e simpatizza, in nome della spontaneità dell'istinto amoroso, con le giovani donne che si ribellano alla tirannia dei padri e dei mariti. **Ma il suo sostegno alle rivendicazioni delle donne si ferma qui**. Quando si tratta di affrontare la questione dell'uguaglianza dei due sessi, nelle *Donne saccenti*, si schiera contro questo principio troppo rivoluzionario. L'istruzione delle donne richiesta dalle donne è più pericolosa del sentimento delle Preziose, perché mette in discussione la gerarchia dei ruoli su cui si basa il potere maschile e quindi la struttura patriarcale della società.

Jimena e Fedra, due eroine tragiche

Il teatro di Corneille e di Racine è dominato dal conflitto tra amore e ragione, tra passione e onore, di cui la donna costituisce la chiave di volta. Dopo le guerre di religione e gli ultimi sussulti della prepotenza feudale, nell'ordine restaurato dall'assolutismo monarchico e dal classicismo imperante la tragedia esprime le tensioni represse, le forze oscure e latenti delle passioni, sottoposte alla disciplina della ragione. Queste forze prendono sempre un volto di donna.

Può essere esemplare il confronto tra il personaggio di Jimena del *Cid* (1636) di Corneille e quello di Fedra (1677) di Racine. La prima è una figura femminile in qualche modo rassicurante: vive all'interno dello stesso sistema di valori di Rodrigo; anch'essa divisa tra l'amore e senso dell'onore, fa da specchio al conflitto di Rodrigo e insieme si eleva su un piano di superiore civiltà, rinunciando alla vendetta e chiedendo invece giustizia al re. La passione d'amore ha un ruolo antagonista rispetto alle virtù eroiche e cavalleresche, ma alla fine il conflitto si compone, grazie alla saggia mediazione del sovrano (cfr. **espansioni digitali T**, *Colloquio di Jimena con Don Rodrigo, che ne ha appena ucciso il padre*). Anche Racine inscena lo stesso dramma, ma la passione, e la donna che l'incarna, pur condannate e sconfitte, rappresentano l'esplosione distruttiva degli istinti, vissuti come forze arcaiche e demoniache sempre latenti nella natura; perciò **Fedra è personaggio terribilmente inquietante**. Il conflitto tra ragione e passione diventa un conflitto tra civiltà e natura, una natura umana concepita, giansenisticamente, come violenta, irrazionale e perversa. Fedra concentra in sé pulsioni proibite (incestuose) e istinti ancestrali che evocano mostri. Di qui l'insistenza sulla madre Pasifae, sul Minotauro, l'evocazione di Medea, dei simboli cosmici del Sole e degli Inferi. Queste tendenze del caos, una volta scatenate, hanno la forza di un destino umanamente invincibile senza l'intervento della grazia divina.

Fedra, perciò, rappresenta la minaccia di un'irruzione delle forze barbariche e mostruose nella roccaforte della civiltà. Parigi può diventare una novella Atene. Contro questo pericolo Racine mobilita le forze della ragione. Ma tra i due poli non c'è mediazione, solo la repressione della passione e la negazione del disordine possono garantire la "chiarezza" e la "purezza" nell'ordinata razionalità dello Stato moderno (cfr. **T2**, *La confessione di Fedra, o la parola interdetta*, **T3**, *Le parole finali di Fedra*).

Artemisia Gentileschi, *Giaele e Sisara*, 1620. Budapest, Szépművészeti Múzeum.

DAL RIPASSO ALLA VERIFICA

MAPPA CONCETTUALE | Il teatro nel Seicento

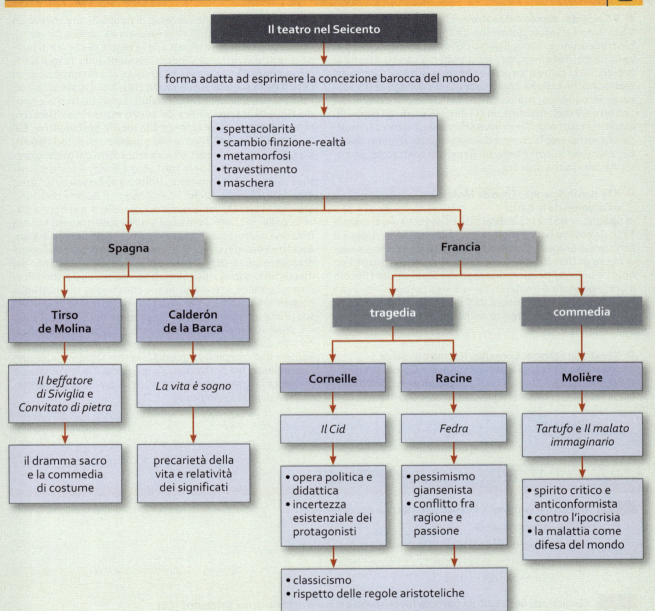

DAL RIPASSO ALLA VERIFICA

SINTESI

- **Il Seicento, secolo del teatro**

Il Seicento è il secolo del teatro. La spettacolarità, lo scambio tra finzione e realtà, il gusto della metamorfosi, del travestimento, della maschera sono tratti che caratterizzano in profondità la cultura barocca e che favoriscono il trionfo del teatro. Anche in Italia il teatro raggiunge il culmine del successo di pubblico, ma piuttosto attraverso la commedia dell'arte e il melodramma, in cui decisivi erano gli elementi extraletterari, come l'improvvisazione degli attori e la musica, che attraverso la commedia e la tragedia. Il teatro divenne, anche nel nostro Paese, un genere di spettacolo, un costume, una forma di civiltà.

- **Il teatro in Spagna: Tirso de Molina e Calderón de la Barca**

In Spagna, sulla strada indicata da Lope de Vega, si muove Tirso de Molina (1584-1648). La sua commedia più nota è *Il beffatore di Siviglia e Convitato di pietra* (1630), con cui nasce la figura di Don Giovanni, destinata a diventare presto un mito. Il più grande drammaturgo del *Siglo de oro* [Secolo d'oro] spagnolo è Calderón de la Barca (1600-1681). Fra i suoi capolavori vanno ricordati *Il sindaco di Zalamea*, *La figlia dell'aria*, *Il grande teatro del mondo* (1633), *La vita è sogno* (1635).

- **Il teatro in Francia: Corneille, Racine e Molière**

Il fondatore del teatro francese fu Pierre Corneille (1606-1684). *Il Cid* (1637), *Orazio* (1640), *Cinna* (1640) e *Poliuto martire* (1642) sono i capolavori di Corneille. *Il Cid*, in particolar modo, ebbe un grande successo di pubblico, ma sollevò un dibattito fra i letterati: fu rimproverata a Corneille l'inverosimiglianza, il mancato rispetto delle regole dell'unità di tempo e le situazioni moralmente condannabili. Jean Racine (1639-1699) dà un contributo decisivo alla fondazione di un teatro della ragione e alla svolta classicistica, sia sul piano formale che su quello dei contenuti. Sul piano formale ripudia l'inventività metaforica del teatro manierista e barocco, rifacendosi scrupolosamente alle regole aristoteliche. Sul piano dei contenuti ispira le sue tragedie agli autori classici, sia greci sia latini, e deriva i suoi argomenti dal mondo greco-romano. Nel decennio fra il 1667 e il 1677 Racine scrive i suoi capolavori: *Andromaca*, *Britannico*, *Berenice*, *Bajazet*, *Mitridate*, *Ifigenia*, *Fedra*. I personaggi di Racine non sono eroi della volontà, come quelli di Corneille, ma vengono travolti dalle passioni: l'eros spesso nei suoi drammi ha una funzione distruttiva. A creare la commedia francese è Jean-Baptiste Poquelin che prende, come uomo di teatro, il nome di Molière (1622-1673). Molière è un osservatore attento dei meccanismi sociali e psicologici. Spirito critico e anticonformista, conduce, attraverso le sue commedie, una battaglia contro l'intolleranza e l'ipocrisia. Nel 1659 mette in scena la sua prima opera importante: *Le preziose ridicole*. Tra il 1662 e il 1666 escono i suoi capolavori: *La scuola delle mogli*, *Tartufo*, *Don Giovanni o il convito di pietra*, *Il misantropo*. Tra il 1667 e il 1673 la produzione di Molière si fa più varia, leggera e brillante, ma anche meno impegnata. Tra le commedie di questa fase ricordiamo *Anfitrione*, *L'avaro*, *Le donne saccenti* e *Il malato immaginario*.

DALLE CONOSCENZE ALLE COMPETENZE

1 Il teatro trionfa nel Seicento perché (due risposte) (§ 1)
- A ha l'appoggio della Chiesa
- B riflette la visione teatrale della vita della cultura barocca
- C trae vantaggio dalla crisi degli altri generi letterari
- D ha il sostegno dei sovrani

2 Quali tratti della cultura barocca favoriscono il trionfo del teatro nel Seicento? (§ 1)

3 In Italia si diffusero: (due risposte esatte) (§ 1)
- A il melodramma
- B la tragedia
- C la commedia
- D la commedia dell'arte
- E la mimica

in cui decisivi erano elementi .... come ad esempio ....

4 Che cos'è un "teatro stabile"?

5 Tirso de Molina con *Il beffatore di Siviglia e Convitato di pietra* inaugura il mito europeo di (§ 2)

6 Quale mito incarna la figura di don Giovanni nell'immaginario moderno? (§ 2, S2)
- A del miscredente
- B dell'ipocrita
- C del seduttore
- D dell'avventuriero

7 La riforma di Lope de Vega si impone rapidamente nel teatro spagnolo e consiste (due risposte) (§ 2)
- A nel rispetto delle tre unità aristoteliche
- B nella netta distinzione tra commedia e tragedia
- C nell'intreccio fra azioni diverse
- D nella compresenza di temi comici, seri e drammatici

8 Nell'ultimo periodo della sua attività Calderón de la Barca si concentra su (§ 3)
- A drammi storici
- B drammi filosofici
- C drammi leggendari
- D drammi sacri

9 La vita come recita, come teatro è un tema diffuso nella cultura barocca. Chiarisci in quali forme si cala nel teatro di Calderón de la Barca e come si concilia con l'etica religiosa (T1).

10 Quali accuse, dopo *Il Cid*, spinsero Corneille a tacere per diverso tempo? (§ 4)

11 Che ruolo ebbe la monarchia francese nello sviluppo di un teatro nazionale? (§ 4)

12 In che modo Racine dà una svolta classicistica al teatro? Quali modifiche apporta alla forma e ai contenuti? (§ 5)

13 In cosa si differenziano i personaggi di Racine e quelli di Corneille? (§§ 4, 5)

14 L'animo di Fedra è scisso da un conflitto insanabile tra forze opposte; a quale soluzione approda? (T2, T3, espansioni digitali T, *La gelosia di Fedra*)

15 Quali sono le caratteristiche principali delle commedie di Molière (§ 6)
- A sul piano formale
- B sul piano dei contenuti
- C sul piano ideologico

16 Nel personaggio di *Tartufo* quali storture del mondo rivela Molière? (§ 6, T4)

PROPOSTE DI SCRITTURA

LA TRATTAZIONE SINTETICA

La fortuna del teatro
Esponi, in una trattazione sintetica, le caratteristiche del teatro del Seicento e le ragioni della sua fortuna.

Il teatro come specchio della società
In che modo Molière, in *Tartufo* (§ 6, T4), persegue l'idea di una commedia attenta alla psicologia dei personaggi e al costume della società francese?

prometeo 3.0

Personalizza il tuo libro selezionando per questo capitolo materiali integrativi da Prometeo (di seguito ti proponiamo un elenco di materiali, ma puoi trovarne altri utilizzando il motore di ricerca).

- **MODULO TEMATICO INTERDISCIPLINARE**   Il gran teatro del mondo
- **LO SPETTACOLO TEATRALE: LA SCENA E GLI ATTORI**   Il teatro barocco
- **SCHEDA**   Racine impone le forme limpide della ragione a un mondo arcaico e demoniaco (G. Steiner)
- **SCHEDA**   Molière e l'osservazione come metodo (L. Lunari)
- **VIDEO** LE IDEE E LE IMMAGINI   Isabella Cosentino, *Lo spettacolo teatrale*

Capitolo XVI
La trattatistica del Settecento e Giovan Battista Vico

My eBook+

Cliccando su questa icona, docenti e studenti accedono ad un'area di personalizzazione che permette di arricchire i contenuti digitali già linkati lungo le pagine del libro. Nell'area di personalizzazione è possibile infatti salvare ulteriori materiali: selezionati da **Prometeo**, prodotti autonomamente o ricercati nella rete.

▶ Per un elenco di materiali integrativi presenti nella biblioteca multimediale di Prometeo o per attivare una ricerca cfr. p. 477

Bartolomé Esteban Murillo, *Autoritratto*, 1670-1673. Londra, National Gallery.

1. Scientificità ed erudizione nella trattatistica del Settecento

Dal trattato al saggio
Il metodo razionale dell'esposizione

La tendenza a trasformare il trattato nel saggio moderno era in atto già da Machiavelli e Guicciardini, ma **si completa nel corso del Settecento**. Il trattato cessa di essere un'opera retorica e letteraria, e tende a diventare un'esposizione logicamente argomentata di una verità frutto di un pensiero soggettivo che tuttavia viene espressa in forme rigorose e quasi scientifiche. Ora a contare è solo il **metodo razionale dell'esposizione**, che elenca i dati oggettivi dell'esperienza che possono comprovare la validità dell'argomentazione. Il saggio moderno, letterario, storico o filosofico, tende a riprodurre dunque i modi del trattato scientifico postgalileiano.

La storiografia diventa scientifica

Subisce profonde variazioni soprattutto la **storiografia**. Per influenza della ricerca erudita, essa **tende a diventare scientifica**, a documentare le fonti, a cercare conferme o smentite nei documenti rintracciati negli archivi, ad avvalersi di discipline minori (la cronologia, la numismatica, l'epigrafia), a divenire sempre più agguerrita sul piano filologico. L'opera storica cessa insomma di essere opera letteraria per divenire storia erudita. È questo il significato, per esempio, dell'opera storiografica di Ludovico Antonio Muratori.

La critica, la teoria, la storiografia letterarie moderne: Gravina e Muratori

Lo studio sulla natura dell'arte

Agli inizi del Settecento si assiste a un significativo spostamento dell'attenzione teorica in campo letterario: non si considerano più le norme necessarie all'elaborazione dell'opera, ma **si cerca piuttosto di definire la natura**, o l'«essenza» (Muratori), **dell'opera d'arte** in quanto tale e di studiare i meccanismi psicologici che possano favorirne la ricezione.

Gian Vincenzo Gravina

Il nuovo pensiero razionalista non obbedisce ad alcuna autorità data e tenta addirittura, con **Gian Vincenzo Gravina** (1664-1718), di attribuire alla moderna poetica il valore e lo statuto di una

LA TRATTATISTICA ITALIANA DEL SETTECENTO

Gravina
- riflessione sull'utilità e sulla natura della poesia

Muratori
- opere storiografiche ed erudite
- critica al Barocco in nome della ragione
- scientificità della ricostruzione storiografica

Giannone
- esponente del giurisdizionalismo meridionale

Istoria civile del Regno di Napoli
- storia delle istituzioni civili
- critica contro la Chiesa

Vico
- (cfr. § 2)

Vita scritta da lui medesimo
- resoconto autobiografico di una vicenda intellettuale
- laicismo ed eticità

Della ragion poetica

«scienza». Nella sua opera principale, ***Della ragion poetica***, Gravina vuole fondare una poetica di carattere universale, basata su un **classicismo non precettistico**: egli riconosce **un ruolo alla fantasia e all'immaginazione**, attraverso cui la sapienza razionale riesce a "travestirsi" e a parlare anche agli incolti, svolgendo così un compito didattico ed educativo (cfr. **S1**, p. 452).

Ludovico Antonio Muratori

Ludovico Antonio Muratori (1672-1750) era bibliotecario della Biblioteca Ambrosiana a Milano. **Fu il maggiore erudito della sua età**. La sua produzione ha sempre una spiccata tensione civile che ne caratterizza la lunga attività in un senso che potrebbe apparire preilluminista, se dall'Illuminismo non lo allontanassero la tendenza alla moderazione e alla conciliazione e la persistente fiducia nell'elemento trascendente e religioso. Muratori mostra un'attenzione specifica al metodo storiografico: lo storico deve rifarsi sempre alle fonti e ai documenti, analizzarli con spirito scientifico per giungere poi alla loro interpretazione filosofica (cfr. **T1**, p. 453).

Tommaso Mercandetti, Verso della medaglia dedicata a Ludovico Antonio Muratori raffigurante *La Storia d'Italia vendicata dall'ingiuria del Tempo*, 1806.

Le grandi opere storiografiche e documentarie di Muratori

Fra il 1714 e il 1716 Muratori viaggiò per gli archivi italiani, per rintracciare cronache e fonti documentarie che poi saranno da lui pubblicate e serviranno da base alla sua attività storiografica. Nascono così **opere di eccezionale importanza**, ancor oggi insostituibili: *Rerum italicarum scriptores* [Scrittori di vicende italiane], in **28 volumi** pubblicati fra il 1723 e il 1751, che raccoglie le fonti medievali della storia d'Italia, e *Antiquitates italicae Medii Aevi* [Antichità italiane del Medioevo], in **6 volumi** pubblicati fra il 1738 e il 1742, dedicata alle istituzioni e ai costumi medievali. Infine Muratori compone un vasto disegno della storia d'Italia: *Annali d'Italia dal principio dell'era volgare sino all'anno 1749*, in **12 volumi** usciti fra il 1744 e il 1749.

S • Il pensiero civile di Muratori (G. Falco)

Per una "Repubblica delle lettere" civilmente impegnata

Nella trattatistica letteraria *I primi disegni della repubblica letteraria d'Italia* danno voce al programma di una "Repubblica delle lettere" impegnata in senso erudito, morale e civile. Nel successivo *Della perfetta poesia italiana* Muratori continua la critica al Barocco in nome della ragione: tuttavia mira a salvaguardare alcuni aspetti che anche la letteratura barocca aveva perseguito, come la tendenza dei poeti a produrre la meraviglia del lettore e l'esaltazione della fantasia come «magazzino» di immagini.

L'impegno storiografico e filosofico della cultura napoletana: Pietro Giannone

Materialismo e razionalismo a Napoli

Alla fine del Seicento, si diffonde a Napoli una cultura che si ispira al materialismo. Per quanto attaccata dalla Controriforma, essa mantiene salde radici e influenza il "ceto civile" napoletano, vale a dire un ceto borghese, formato da notai, avvocati, giuristi, funzionari governativi che opera alle dipendenze dei viceré spagnoli o dei baroni. Costoro sostengono i diritti dello Stato contro le prete-

Il giurisdizionalismo meridionale

se territoriali della Chiesa attraverso ricerche storiche ed erudite, e difendono l'autonomia del potere statuale dalle influenze ecclesiastiche. È il movimento del **giurisdizionalismo meridionale**, a cui si collegano Giannone e in parte anche Vico.

Vita di Giannone

Pietro Giannone, nato a Ischitella, in Puglia, nel **1676**, a diciott'anni si trasferì a Napoli dove studiò scienze giuridiche, divenendo avvocato. Nel **1703** cominciò a scrivere l'*Istoria civile del Regno di Napoli*, che pubblicò, dopo vent'anni di lavoro, nel **1723**, in quattro volumi. Perseguitato dalla Chiesa, dovette fuggire a **Vienna** e poi a **Venezia** e a **Ginevra**. Qui venne spinto da una spia a entrare in territorio sabaudo, dove venne **arrestato** nel **1736** dai gendarmi di re Carlo Emanuele II, su richiesta del Papato. Passò in carcere gli ultimi dodici anni di vita. **Morì nella prigione di Torino nel 1748**.

S1 — MATERIALI E DOCUMENTI

Gian Vincenzo Gravina, *Della utilità della poesia*

Gravina espone qui la sua idea della poesia, per un verso espressione della passione, della fantasia, del «delirio», per un altro della ragione che la indirizza a fini educativi di utilità sociale. Lo stesso mito serve a rendere evidente e corposa la sapienza razionale, altrimenti troppo astratta.

▶▶ Ma per ridurci al nostro principio,[1] è la poesia una maga, ma salutare, ed un delirio che sgombra le pazzie.[2] È ben noto quel che gli antichi favoleggiarono d'Anfione e d'Orfeo,[3] dei quali si legge che l'uno col suon della lira trasse le pietre e l'altro le bestie; dalle quali favole si raccoglie[4] che i sommi poeti con la dolcezza del canto poteron piegare il rozzo genio degli uomini e ridurli alla vita civile. Ma questi son rami e non radici, e fa d'uopo cavar più a fondo per rinvenirle ed aprire per entro le antiche favole un occulto sentiero onde si possa conoscere il frutto di tali incantesimi e 'l fine al quale furono indrizzati.[5] Nelle menti volgari, che sono quasi d'ogni parte involte tra le caligini della fantasia, è chiusa l'entrata agli eccitamenti del vero e delle cognizioni universali.[6] Perché dunque possano ivi penetrare, convien disporle in sembianza proporzionata alle facoltà dell'immaginazione ed in figura atta a capire adeguatamente in quei vasi;[7] onde bisogna vestirle d'abito materiale e convertirle in aspetto sensibile, disciogliendo l'assioma universale ne' suoi individui[8] in modo che in essi, come fonte per li suoi rivi,[9] si diffonda e per entro di loro s'asconda, come nel corpo lo spirito.[10] Quando le contemplazioni avranno assunto sembianza corporea, allora troveranno l'entrata nelle menti volgari, potendo incamminarsi per le vie segnate dalle cose sensibili; ed in tal modo le scienze pasceranno[11] dei frutti loro anche i più rozzi cervelli.

Con quest'arte Anfione ed Orfeo risvegliarono nelle rozze genti i lumi ascosi della ragione, e facendo preda delle fantasie coll'immagini poetiche l'invilupparono nel finto, per aguzzare la mente loro verso il vero che per entro il finto trasparìva: sicché le genti, delirando, guarivano dalle pazzie.[12]

G.V. Gravina, *Della ragion poetica*, in ID., *Scritti critici e teorici*, a cura di A. Quondam, Laterza, Bari 1973.

---

1 **al nostro principio**: al fondamento della nostra trattazione.
2 **è la poesia...pazzie**: il carattere di finzione e di artificio (**è...maga**) che è proprio della poesia realizza un alto compito pedagogico (**salutare**), così come la sua capacità di eccitare la fantasia ([**è**] **un delirio**) spinge a liberarsi dalle passioni (**sgombra le pazzie**).
3 **Anfione...Orfeo**: mitici poeti dell'antica Grecia.
4 **si raccoglie**: si deduce.
5 **Ma questi...indrizzati**: *Ma questo è il significato più superficiale* (**son rami**) [*delle favole di Anfione e di Orfeo*], *occorre scavare più a fondo per rinvenire il senso nascosto* (**radici**) *e intraprendere* (**aprire**) *un'accurata indagine* (**un occulto sentiero**) *all'interno degli antichi miti, in seguito alla quale* (**onde**) *si possano conoscere gli effetti* (**il frutto**) *che le finzioni poetiche* (**tali incantesimi**) *produssero sulla sensibilità del pubblico e il fine a cui furono indirizzate tali reazioni.*
6 **Nelle menti...universali**: *Nelle menti del volgo, che sono prevalentemente* (**quasi d'ogni parte**) *avvolte tra le nebbie* (**le caligini**) *della fantasia, l'interesse* (**eccitamenti**) *per la verità e le questioni filosofiche* (**cognizioni universali**) *non trova spazio* (**è chiusa l'entrata**). Il senso è: l'attività fantastica e immaginosa è tanto più forte quanto più gli uomini, e in particolare il popolo, non sono abituati all'esercizio della riflessione.
7 **convien...vasi**: *conviene dotare* [*la verità e i concetti filosofici*] *di una struttura familiare* (**in sembianza proporzionata**) *all'immaginario* (**alle facoltà dell'immaginazione**) [*popolare*] *e con una forma* (**in figura**) *capace* (**atta**) *di essere contenuta* (**capire**) *in quei cervelli* (**vasi**: è una *metafora). Gli intelletti del volgo sono paragonati ai vasi, nei quali gli oggetti non possono entrare se non adeguandosi alla loro forma.
8 **disciogliendo...individui**: *spiegando il concetto teorico* (**l'assioma**) *di validità generale* (**universale**) *con esempi particolari e concreti* (**ne' suoi individui**).
9 **come fonte per li suoi rivi**: *come una sorgente* (**fonte**) *per i suoi ruscelli*.
10 **come nel corpo lo spirito**: il principio morale deve celarsi, come l'anima (**lo spirito**) dentro il corpo, sotto il travestimento popolaresco e immaginoso dei miti se si vuole "aguzzare", come l'autore scrive più sotto, la mente del pubblico.
11 **pasceranno**: *nutriranno*.
12 **sicché...pazzie**: si faccia attenzione al rigore scientifico con cui procede il ragionamento: dopo averne dimostrato la validità logica, l'autore può adesso ripetere quanto aveva scritto all'inizio dell'esposizione («è la poesia...un delirio che sgombra le pazzie»).

L'*Apologia*, il *Triregno* e la *Vita*

Nel periodo viennese Giannone aveva scritto un'*Apologia*, mentre a Ginevra aveva terminato di comporre un vasto trattato storico, religioso e filosofico, il *Triregno*. L'opera deve il titolo all'argomento che vi viene trattato, suddiviso **in tre parti**. **La prima** è dedicata al «regno terreno», corrispondente all'epoca precristiana, quando l'umanità viveva in uno stato di natura; **la seconda** al «regno celeste», iniziato con l'incarnazione di Cristo e coincidente con l'affermazione dell'autentica esperienza religiosa cristiana; **la terza** al «regno papale» istituito dai pontefici a partire dall'epoca di Costantino: regno tutto terreno e temporale, dimentico dei veri valori religiosi.

L'*Istoria civile del Regno di Napoli*

L'*Istoria civile del Regno di Napoli* è per molti versi un lavoro unico in Italia. Giannone non pone attenzione alle guerre e alle vicende diplomatiche, ma alla **storia delle istituzioni civili**. L'autore non si limita a rivendicare l'autonomia dello Stato nei confronti della Chiesa e a elencare le usurpazioni compiute da quest'ultima ai danni del potere civile, ma offre un resoconto completo sia della formazione degli istituti civili dello Stato napoletano, sia della storia della Chiesa a partire dalla fine dell'epoca romana.

T • Pietro Giannone, *Dall'introduzione all'*Istoria civile

La *Vita* di Pietro Giannone

Fra il 1736 e il 1737 fu scritta, in carcere, la ***Vita* di Pietro Giannone**. Essa non è affatto una confessione né esibisce analisi di stati d'animo; vuole essere invece **il bilancio rigoroso di una vicenda intellettuale e la testimonianza di una battaglia culturale** lasciata ai posteri perché possano giudicarla. A mano a mano che la narrazione procede, cresce nell'autore l'amara consapevolezza della propria solitudine intellettuale. Ma egli oppone alla persecuzione che lo colpisce la forza laica della ragione e l'alta coscienza della propria dirittura morale (cfr. T2, p. 457).

T1 — Ludovico Antonio Muratori
Sul metodo storiografico

OPERA
Riflessioni sopra il buon gusto nelle scienze e nelle arti

CONCETTI CHIAVE
- l'interpretazione: tra filologia e "filosofia"
- la responsabilità dello storico

FONTE
L.A. Muratori, *Opere*, a cura di G. Falco e F. Forti, Ricciardi, Milano-Napoli 1964.

Offriamo un passo tratto dal capitolo tredicesimo della Parte Seconda di Riflessioni sopra il buon gusto nelle scienze e nelle arti *in cui Muratori individua i fondamenti del metodo storiografico.*

Hassi a scrivere un'istoria.[1] Non tocca al nostro cervello il cavarla[2] da' suoi gabinetti.[3] Bisogna solo raccogliere e distendere[4] quello che è stato od è e senza che noi di nostro capriccio vi possiamo aggiugnere azioni e cose nuove o mutar le vecchie, siccome è lecito, anzi lodevole ai poeti, purché dal verisimile non si dipartano e non offendano il vero[5] e certo[6] in quella parte che riguarda il fine e la sostanza delle azioni famose. S'ha dunque da cercare fuori di noi tutta la materia per ordire e tessere questa nobile tela.[7] Nulla in tal caso servirebbe la filosofia,[8] nulla il più vigoroso ingegno, ove mancassero i fonti[9] esterni da trarne le notizie pertinenti all'istoria proposta. Se questi fonti si possono trovare, la filosofia vuol tutti, per quanto è lecito, avergli in sua balìa[10] e attentamente considerarli. Poscia comincia a disaminare,[11] a confrontare i luoghi, i tempi, i passi.[12] Truova diversità e contrarietà[13] negli autori: acutamente s'ingegna di conciliare

---

- **1 Hassi...istoria**: [poniamo che] si debba (**hassi**: da "si ha", con enclisi del pronome e raddoppiamento sintattico) *scrivere una storia* (**istoria**, dal latino "historia").
- **2 cavarla**: *tirarla fuori*.
- **3 da' suoi gabinetti**: *dalle sue stanze più riservate*, secondo il significato con cui il termine "gabinetto", derivato dal francese, fu introdotto in Italia alla fine del Cinquecento.
- **4 distendere**: sulla pagina, e dunque *scrivere*.
- **5 non offendano il vero**: *non arrechino danno alla verità dei fatti*.
- **6 certo**: *senza dubbio*.
- **7 per ordire...tela**: il compito dello storico nell'organizzazione della materia da trattare è paragonato a quello del tessitore che deve disporre i fili in senso longitudinale (**ordire**) sul telaio e poi intrecciarli (**tessere**) con un filo perpendicolare a essi (detto "trama") per formare la stoffa.
- **8 la filosofia**: *la riflessione teorica*.
- **9 i fonti**: *le fonti*.
- **10 in sua balìa**: *sotto il suo controllo*. Nei comuni medievali la balìa era un collegio straordinario di magistrati con poteri eccezionali.
- **11 disaminare**: *esaminare*.
- **12 i passi**: *i brani dei singoli testi*.
- **13 diversità e contrarietà**: *affermazioni diverse e contrastanti*.

una tal dissensione.[14] Non si può? Mettesi ad osservare quale degli autori e de' libri meriti maggior fede[15] in quel racconto. Non si fida dei testi e documenti stampati, ricorre ai manoscritti più antichi, più autentici e talora truova un gran soccorso da una sola differente parola.[16] Anzi la grande ansietà di trovar pure[17] il vero qui non si ferma. Pesca eziandio[18] nelle più polverose librerie[19] e ne' più riposti archivi opere non mai pubblicate, antichi diplomi, epistole ed altre memorie sepolte. Gran benefizio in vero ci prestano coloro, i quali non contenti di purgare[20] per quanto si può e concordare[21] con gli originali e coi migliori manuscritti i libri già pubblici,[22] tirano anche dalle tenebre fragmenti, trattati e libri non pria da noi veduti, la conservazione de' quali dinanzi pendeva[23] da un codice solo, ben facile a perire[24] col tempo. Se non primi, secondi padri di tali opere debbono dirsi costoro; e a' nostri giorni ha l'istoria sacra e profana ben profittato di molto, mercé della diligenza usata in questa parte[25] da' vari eruditi, fra i quali massimamente o si sono segnalati, o seguono a distinguersi, i padri d'Achery, Mabillon, Martene, Ruinart, Martianay, Montfaucon[26] ed altri benedettini della Congregazione di S. Mauro in Francia, siccome ancora i padri gesuiti d'Anversa, Bollando, Henschenio, Papebrochio, Janningo, Baerzio[27] ecc. Oltre a ciò si vuol[28] consultare ogni altra memoria antica, che forse avrà che fare coll'argomento, quali sono l'iscrizioni, le medaglie, i cammei,[29] i bassi rilievi ed altre sì fatte antichità.

Non si può negare: il disotterar[30] dei nuovi e più sicuri documenti per formare un'istoria intiera[31] o per trattarne qualche parte e il trovare ne' libri più comuni de' passi non prima avvertiti,[32] che servano di fondamento stabile alla decisione[33] di qualche dubbio istorico e di luce a qualche oscurità, sono frutti dell'industria,[34] non della filosofia degli scrittori. Anche il non filosofo, purché infaticabile e attento, può fare gran provvisione[35] di nuove o non volgari[36] notizie. Ma è da dire ancora[37] che senza la filosofia non varrà[38] la massa delle cose, tuttoché nuove e pellegrine.[39] Ci vuol costei,[40] la quale minutamente le disamini e le pesi tutte,[41] e scelga le buone e sprezzi le cattive. Non tutti gli autori e documenti meritano credenza,[42] e se la meritano altrove, qui non s'ha loro per avventura[43] da dare. Si possono di leggieri[44] prendere degli abbagli, ove non si conosca bene quale autorità s'abbia da antiporre o posporre all'altra. La filosofia, il cui impiego si è[45] d'investigar le cagioni delle cose e i loro effetti e le loro dependenze,[46] qualità e relazioni, cerca di sapere, avanti di credere all'altrui affermazione o negazione, se costui abbia probabilmente in questo o in quel luogo voluto per malizia e parzialità,[47] mentire o ingan-

- 14 **dissensione**: *divergenza*.
- 15 **fede**: *fiducia*.
- 16 **talora...parola**: *talora ricava un grande aiuto* (**soccorso**) [*per la sua ricerca*] *da una sola parola* [*presente nei manoscritti antichi*] *riportata in modo diverso* (**differente**) [*dai testi e documenti stampati*].
- 17 **pure**: *solamente*.
- 18 **eziandio**: *anche*.
- 19 **librerie**: *scaffalature*.
- 20 **purgare**: *ripulire*; Muratori si riferisce all'esercizio filologico della "*emendatio*", vale a dire della correzione degli errori riportati dalla tradizione manoscritta di un'opera, che si compie attraverso il confronto ("*collatio*") fra le "varianti" (le diverse versioni) presenti nei "testimoni" (le copie che hanno tramandato il testo originale andato perduto).
- 21 **concordare**: *confrontare*.
- 22 **pubblici**: *pubblicati*.
- 23 **pendeva**: *dipendeva*.
- 24 **perire**: *andare perduto*.
- 25 **mercé...parte**: *grazie* (**mercé**) *alla scrupolosa precisione* (**diligenza**) *esercitata* (**usata**) *in questa disciplina* (**parte**).
- 26 **d'Achery...Montfaucon**: sono i nomi dei benedettini francesi, appartenenti alla **Congregazione di S. Mauro**, che nei primi decenni del Seicento elaborarono e diffusero, con i loro studi di erudizione, le basi della moderna ricerca storico-filologica.
- 27 **Bollando...Baerzio**: sono i nomi italianizzati dei gesuiti belgi detti "bollandisti" da Jean Bolland (1596-1665), che si impegnò nella realizzazione della grande opera agiografica *Acta Sanctorum* (Atti dei Santi). La più importante acquisizione filologica dei "bollandisti" consiste nell'attenzione alle stratificazioni successive operatesi attorno a uno stesso testo, in relazione alle trasformazioni della coscienza dei copisti nelle successive epoche.
- 28 **si vuol**: *è opportuno*.
- 29 **cammei**: *figure scolpite in bassorilievo sulle pietre preziose*.
- 30 **disotterar**: *riportare alla luce*.
- 31 **istoria intiera**: *lo studio di un'intera epoca storica*.
- 32 **avvertiti**: *apprezzati nel loro giusto valore*.
- 33 **decisione**: *risoluzione*.
- 34 **industria**: *operosità*.
- 35 **provvisione**: *provvista*.
- 36 **volgari**: *banali*.
- 37 **ancora**: *anche*.
- 38 **varrà**: *avrà valore*.
- 39 **tuttoché...pellegrine**: *per quanto* [*possano essere*] *nuove e originali*.
- 40 **costei**: *la filosofia*.
- 41 **le pesi tutte**: *valuti il grado di attendibilità di ciascuna*.
- 42 **credenza**: *credito*.
- 43 **per avventura**: *a caso*.
- 44 **di leggieri**: *facilmente*.
- 45 **si è**: *è quello*.
- 46 **dependenze**: *implicazioni*.
- 47 **malizia e parzialità**: *cattiva fede e spirito di favoreggiamento*.

nare; o s'egli si sia ingannato per passione[48] o per ignoranza. Tien sempre davanti agli occhi l'intenzione e il genio[49] di qualunque autore: secondo questa,[50] non secondo le vane meditazioni altrui, interpreta le loro parole e i passi oscuri o pur li corregge. Appresso ella si guarda dall'appoggiare i suoi giudizi e le sue asserzioni sopra autori supposti,[51] libri apocrifi[52] e documenti battuti alla macchia;[53] e va con riguardo a fidarsi dei traduttori[54] e ricorre sempre alle fonti, per quanto può, e non ai ruscelli. Sa eziandio alle occorrenze,[55] o per via di congetture,[56] o col mezzo de' mss.[57] correggere e supplire i passi o manchevoli o adulterati[58] degli autori. Finalmente sempre sta argomentando[59] e sopra tutto s'industria nelle cose dubbiose e controverse; e da altri princìpi[60] e da notizie disparate e lontane, altre ne cava non men sicure per deduzione,[61] e accozzando insieme ad un tempo[62] le persone, i fatti, i luoghi e i tempi, giunge bene spesso a scorgere il vero d'imprese e cose anche lontanissime. [...]

Oltre all'industria dunque nel trovar nelle cose, o nelle pruove delle cose, molto nuovo,[63] se si può, ed oltre a tutto quello che può fare al proposito[64] dell'istoria che vogliam trattare, egli è necessaria l'acutezza della filosofia per discoprire nell'antichità e nelle favole stesse e ne' dispareri[65] degli scrittori, ciò che è vero. Bisogna nel medesimo tempo saper correggere gli antichi o i loro libri; e per via d'argomentazione, di confronto e d'induzione[66] cavar fuori quella verità, che altri o aveva adulterata, o non avea conosciuta. E notisi bene che l'*erudizione* non digerita[67] dalla *filosofia*, altro non può, o non suol essere, che un ammassamento o mescuglio di cose, parte delle quali saran false e parte saranno bensì vere, ma senza sapersene[68] il vero perché; e pure il tutto verrà dallo scrittore come certo[69] e vero consegnato alle carte.[70] Il filosofo ben educato[71] nulla riceve, nulla vende senza il dovuto esame.[72] Le cose da lui trovate solamente verisimili e probabili, non diventano certe e sicure ne' suoi scritti, ma ritengono la sola aria della verisimiglianza.[73] Le cose dubbiose non c'è dubbio che sieno da lui se non come tali proposte, e colla medesima sincerità e franchezza egli dirà: – Questa cosa mi par falsa o favolosa, – con cui egli dice: – Quest'altra io la reputo vera e certa. – Si guarda dal dir delle bugie per inavvertenza;[74] e senza comparazione più[75] si tien lontano dal dirne per malizia.

- **48** **passione**: *interesse*.
- **49** **genio**: *inclinazione*. Dal latino "genius", lo spirito buono o cattivo che assiste gli uomini nella loro vita.
- **50** **questa**: *l'intenzione dell'autore*.
- **51** **autori supposti**: *opere di incerta attribuzione*.
- **52** **apocrifi**: *non autentici*. Nel suo significato proprio il termine indica i testi religiosi a cui la Chiesa non riconosce l'ispirazione spirituale e che dunque non sono compresi nel canone delle Sacre Scritture.
- **53** **battuti alla macchia**: *di provenienza sconosciuta*. Si tratta dei libri che per sfuggire ai controlli statali erano sprovvisti sul frontespizio dell'indicazione del luogo di stampa.
- **54** **con riguardo...traduttori**: *si affida con prudenza alle traduzioni*.
- **55** **alle occorrenze**: *al bisogno*.
- **56** **congetture**: *conclusioni basate su indizi probabili*.
- **57** **mss.**: *manoscritti*.
- **58** **adulterati**: *falsati*.
- **59** **Finalmente...argomentando**: *infine si basa sempre sull'interpretazione razionale dei dati*.
- **60** **altri princìpi**: *fonti diverse*.
- **61** **deduzione**: *procedimento logico che consiste nel ricavare dalle premesse generali le conseguenze particolari*.
- **62** **accozzando...tempo**: *collegando contemporaneamente* (ad un tempo).
- **63** **molto nuovo**: *molti nuovi dati*.
- **64** **fare al proposito**: *essere utile*.
- **65** **dispareri**: *pareri discordanti*.
- **66** **induzione**: *è il procedimento logico opposto alla "deduzione" e consiste nel ricavare i principi generali dai casi particolari*.
- **67** **digerita**: *riassorbita*.
- **68** **senza sapersene**: *senza che se ne sappia*.
- **69** **certo**: *accertato*.
- **70** **consegnato alle carte**: *affidato all'opera scritta*.
- **71** **ben educato**: *secondo i rigorosi principi del metodo filologico*.
- **72** **nulla...esame**: *non accoglie* (**riceve**) [*dagli altri testi*] *né divulga* (**vende**) [*nelle proprie opere*] *nessun dato che non sia stato sottoposto a uno scrupoloso* (**dovuto**) *esame*.
- **73** **ritengono...verisimiglianza**: *mantengono soltanto l'aspetto delle verosimiglianza* [: *non sono spacciate come informazioni sicure*].
- **74** **inavvertenza**: *distrazione*.
- **75** **senza...più**: *senza paragone ancor di più*.

T1 DALLA COMPRENSIONE ALL'INTERPRETAZIONE

COMPRENSIONE

Come fare storia Nel testo Muratori sostiene:
1. **la necessità di partire sempre dalle fonti** e dai documenti e dunque dalle ricerche erudite negli archivi e nelle biblioteche;

2. **la necessità di fondere filologia e filosofia**, vale a dire spirito scientifico, volto alla ricerca della documentazione, e ragionamento inteso a individuare le cause dei fenomeni e i loro rapporti di interdipendenza.

ANALISI

Lo stile: la drammatizzazione della ricerca intellettuale Qui Muratori dichiara esplicitamente di rifarsi alla scuola storico-filologica di san Mauro, di cui fece parte Jean Mabillon (1632-1707), uno dei più grandi eruditi del Seicento. Tuttavia, nel suo stile, non si avverte affatto l'impassibilità del filologo. **La ricerca erudita viene invece vissuta con trepidazione e con ansia**: essa obbedisce infatti a un **bisogno di verità** e il suo fine è la conoscenza senza pregiudizi. Ciò induce al **metodo del dubbio**, al vaglio incessante dei documenti per paragonarli fra loro e assicurarsi della validità o meno di una notizia o di una informazione. Lo stile tradisce l'entusiasmo con cui l'autore celebra la ricerca storica. Le varie fasi, da quella del ritrovamento dei documenti a quella del dubbio e della verifica, sono descritte con **una vivacità che sfiora la drammatizzazione**. Particolare forza drammatica hanno i **verbi** che Muratori usa: la storia non può essere «cavata» dai recessi (anzi dai «gabinetti») del cervello, ma va trovata nelle fonti e nei documenti; l'erudito «pesca» le proprie informazioni anche nelle «più polverose librerie e ne' più riposti archivi opere non mai pubblicate»; anche «dalle tenebre» «tira» «frammenti, trattati, libri»; «dissotterra» «nuovi e più sicuri documenti», ecc.

INTERPRETAZIONE

L'etica della ricerca e della responsabilità Questo entusiasmo ha una radice morale. Muratori è convinto che **la ricerca può aiutare a scoprire la verità e aiutare l'umanità nel suo percorso civile**. Di qui il grande senso di **responsabilità dello storico**, non solo nel vagliare i documenti, ma nell'interpretarli. Egli non dovrà rinunciare al proprio giudizio, ma non dovrà mai neppure nascondere i propri dubbi. Anche qui sono i verbi, con la loro intensità, a documentare questo **fervore morale**: «Il filosofo ben educato nulla *riceve*, nulla *vende* senza il dovuto esame» (e si noti che il secondo verbo contiene una nota polemica contro i ricercatori troppo frettolosi e superficiali, dunque non eticamente impegnati sul fronte della verità).

Filologia e "filosofia" La ricerca erudita ha il suo presupposto indispensabile nel minuzioso lavoro dei filologi. A essi Muratori attribuisce un ruolo di straordinaria importanza, giungendo a definirli «se non primi, secondi padri» delle opere che hanno scoperto e curato. È l'«industria» del filologo che offre al "filosofo", cioè allo storico, i materiali su cui fondare la sua riflessione teorica. Eppure Muratori comprende bene che **la filologia senza la "filosofia" è monca**. «Ma è da dire ancora che senza la filosofia non varrà la massa delle cose, tuttoché nuove e pellegrine». I materiali forniti dalla ricerca filologica, anche se originali, restano inerti se su di essi non agisce lo sguardo "filosofico", perché «l'*erudizione* non digerita dalla *filosofia*, altro non può, o non suol essere, che un ammassamento o miscuglio di cose, parte delle quali saran false e parte saranno bensì vere, ma senza sapersene il vero perché». L'**elogio della "filosofia"**, che occupa buona parte del brano qui antologizzato, costituisce dunque un non comune esempio di apertura (e onestà) intellettuale, tanto più significativo se si pensa che è pronunciato da un uomo il cui spirito è eminentemente filologico, come le raccolte dei *Rerum italicarum scriptores* e delle *Antiquitates italicae medii Aevi* dimostrano ampiamente.

T1 LAVORIAMO SUL TESTO

COMPRENDERE

1. Dividi il brano in sequenze e dà un titolo a ciascuna di esse.

ANALIZZARE

Un nuovo metodo storiografico

2. Individua nel testo le varie fasi della ricerca che deve compiere uno storico scrupoloso.

Filologia e filosofia

3. Quale rapporto stabilisce Muratori tra ricerca erudita e riflessione teorica? Che ruolo ha il "dubbio" nel processo di conoscenza?

INTERPRETARE

L'etica della ricerca

4. Le varie fasi della ricerca storica sono descritte con uno stile che sfiora la drammatizzazione. Qual è, secondo te, il motivo di questo entusiasmo?

T2 Pietro Giannone
Traversie successive all'arresto

OPERA
Vita scritta da lui medesimo

CONCETTI CHIAVE
- ironia e distacco nel racconto autobiografico

FONTE
P. Giannone, *Opere*, a cura di S. Bertelli, Ricciardi, Milano-Napoli 1971.

In questo brano della sua autobiografia Giannone racconta le vicende immediatamente successive al suo arresto.

Due ore prima del mezzo giorno di quella domenica si partì da Vesenà.[1] E nell'entrar col mio figliuolo nel galesse,[2] io vidi che avea raccolto più di cinquanta uomini armati, i quali, a forma di sguadrone,[3] circondavano il galesse; i quali, secondo che si passava per i villaggi che s'incontravano per istrada, si mutavano, affinché la mostra fosse più pomposa. Posti che fummo in galesse, fu licenziato Chénevé, al quale raccomandai[4] le mie robe lasciate in sua casa, e che avrei da Champéry[5] scritto a monsieur Vernet ciò che dovea farne. Fu veramente cosa non men degna di compassione che di riso,[6] il vedere il Guastaldi alla testa delle sue truppe, a cavallo, col mio ritratto alla mano, secondo ch'[7] entrava in un villaggio mostrarlo a que' contadini, i quali, uomini e donne, correvano a truppe allo spettacolo.[8] E come se conducesse preso re Marcone di Calabria, o Rocco Guinart di Barzellona, l'un famoso bandito del Regno di Napoli, l'altro di Catalogna, vantava a quella rozza e credula gente sue prodezze; e mossi alcuni da curiosità, dimandandogli chi io fossi e qual delitto avea commesso, egli non rispondeva altro, se non che avea preso un grand'uomo.[9] Alcuni semplici, spezialmente le donne, alla risposta rimanevano stupidi.[10] Altri, più accorti, fra di loro pien di maraviglia, borbottavano: «costui va preso, per essere un grand'uomo. Bisognerà, adunque, esser uom picciolo e da niente, per non inciampare a simili disgrazie».[11]

Nell'entrar d'una grossa terra,[12] chiamata San Giuliano, ci avvenne un fatto, non men da compiangere che da ridere. Il Guastaldi precorse,[13] col ritratto in mano, e postosi nella piazza, a cavallo, a guisa di ciarlatano[14] facevane mostra, e per esser giorno di domenica, unì gran moltitudine di gente[15] che vi accorse.

Eravi ivi il governadore, che chiamavano il barone, il quale, mosso anch'egli da curiosità, fu ad incontrarci; e fatteci mille grate accoglienze e cortesie, volle che smontassi dal galesse e mi fermassi in una vicina casa, fin che il Guastaldi non unisse la nuova gente, per cambiarla con quella che ci avea ivi condotto. Smontati che fummo, ci offerì del cafè, ed ancorché si rifiutasse, volle che in ogni modo lo prendessimo; sicome, per non abusarci di tanta gentilezza, si fece.[16] Ed avuti insieme vari discorsi, ed egli mostrando gran compatimento del mio caso, fecemi grandi esibizioni, piene di somma cordialità ed affezione. Licenziato che si fu, appena voltate le spalle, nel volerci riporre nel galesse ci vidimo[17] un suo ufficiale avanti, il quale ci fece un presente[18] di un paio di manette di ferro, dicendoci che il costume ivi era che a' priggionieri che passavano per quella terra e suo distretto, perché fosse più sicura la lor custodia, si ponevan le

---

- **1 Vesenà**: località della Savoia.
- **2 galesse**: *calesse*, vettura a due ruote e un solo cavallo.
- **3 sguadrone**: *squadrone*.
- **4 raccomandai**: *affidai*. Il verbo, con il significato di *assicurai*, regge anche il seguente «che avrei».
- **5 Champéry**: è il capoluogo della Savoia, oggi Chambéry.
- **6 compassione...riso**: sono i due sentimenti che si combattono nell'animo di Giannone: la compassione e l'implicita ironia nell'assurdo comportamento del militare. Vedi più avanti: «ci avvenne un fatto, non men da compiangere che da ridere».
- **7 secondo ch'**: *quando*.
- **8 spettacolo**: un arresto, cioè, si è trasformato in occasione di divertimento.
- **9 un grand'uomo**: la risposta del Guastaldi è corretta ed evasiva nello stesso tempo.
- **10 stupidi**: *attoniti*, senza ricavarne chiarimento.
- **11 costui...disgrazie**: è una morale spicciola: se gli uomini importanti vengono arrestati, allora tanto vale rimanere umili e sconosciuti.
- **12 terra**: *città*. Si tratta di Saint Julien («San Giuliano»), presso Ginevra.
- **13 precorse**: *corse avanti*.
- **14 ciarlatano**: è la figura del venditore ambulante, in accezione negativa.
- **15 gente**: *truppa*.
- **16 sicome...fece**: *e così fu fatto, affinché non offendessimo tanta gentilezza*.
- **17 vidimo**: *vedemmo*.
- **18 presente**: *regalo*, detto, ovviamente, con ironia, com'è nello spirito di tutto il brano.

manette; onde avessi la pazienza di sofferirle.[19] E preso il mio braccio sinistro col destro del mio figliuolo, ci avvinse chiudendo colla chiave i ferri, dandoci un soldato affinché ci accompagnasse fino la sera, nell'osteria dove dovevamo pernottare; il quale ce le avrebbe tolte e riportate indietro, come fu fatto. E ritornandosene il soldato, gli dissi che in mio nome rendesse al signor barone le debite grazie,[20] per tanta cura che s'era compiaciuto avere della mia persona, riputandola così cara che, non bastandogli la custodia di quel numeroso accompagnamento del Guastaldi, avea voluto aggiungervi anche la sua.

- 19 **sofferirle**: *sopportarle*, dal significato latino.
- 20 **le debite grazie**: *i giusti ringraziamenti*.

T2 DALLA COMPRENSIONE ALL'INTERPRETAZIONE

COMPRENSIONE

Il trasferimento di Giannone verso il carcere Giannone racconta come, **subito dopo il suo arresto**, venga portato di paese in paese e **mostrato ai contadini**, quasi si trattasse di un celebre brigante finalmente catturato. Il suo trasferimento in calesse, con la scorta armata e il Guastaldi che mostra il ritratto del «grand'uomo» appena catturato, **si trasforma in uno spettacolo** ad uso e consumo dei contadini, uno spettacolo che Giannone non manca di definire «cosa non men degna di compassione che di riso». Arrivati a San Giuliano, il governatore, che chiamavano il barone, accoglie l'arrestato e i suoi carcerieri con grande cordialità (offre loro persino il caffè), ma poi impone al prigioniero, per tutta la permanenza sul suo territorio, la costrizione delle manette. "Regalo" di cui Giannone ironicamente ringrazia.

ANALISI E INTERPRETAZIONE

Impassibilità stilistica e umorismo La scena dell'arresto e quelle successive dell'esibizione dell'arrestato sono raccontate senza alcun cenno alle reazioni delle vittime, quindi **senza alcun patetismo** e senza alcuna nota di autocommiserazione. **L'autore si limita a registrare freddamente gli avvenimenti**. L'unico commento è indiretto: è quello dell'**ironia**, strumento tipico della razionalità offesa. L'arrestato viene mostrato in giro come se fosse un famoso bandito del Regno di Napoli o della Catalogna, mentre il capo della truppa che lo ha preso prigioniero, il Guastaldi, si comporta come un «ciarlatano» che esibisce la merce per venderla ai contadini. Anche l'episodio delle manette è inserito con una nota d'umorismo, con cui si canzona il barone governatore che da un lato accoglie la comitiva e lo stesso prigioniero con grande esibizione di cordialità e dall'altro gli impone le manette. Alla fine l'unico commento dell'arrestato è ancora ironico: egli ringrazia il barone perché ha avuto così tanta cura della sua persona che, «non bastandogli la custodia» dei soldati di scorta, «avea voluto aggiungervi anche la sua» (attraverso, s'intende, la coercizione delle manette).

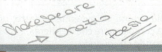

T2 LAVORIAMO SUL TESTO

ANALIZZARE

L'ironia della razionalità offesa

1. Che atteggiamento ha Giannone nei confronti dei suoi carcerieri? Come definisce il capo della truppa?
2. Come si comporta il barone? Come risponde Giannone?

INTERPRETARE

Una morale spicciola

3. Esprimi un commento all'espressione della saggezza popolare riportata nel brano: «Bisognerà, adunque esser uom picciolo e da niente, per non inciampare a simili disgrazie».

2. Giovan Battista Vico

Vico, fondatore della scienza nuova dell'interpretazione applicata alla storia

Giovan Battista Vico vuole essere **il fondatore di una "scienza nuova", quella dell'interpretazione** (o ermeneutica), **che può applicarsi correttamente solo alla storia**. A suo avviso, infatti, l'uomo può conoscere solo ciò che ha fatto. Alla mente umana non può che sfuggire il senso complessivo della natura e della vita, che Vico infatti fa derivare dalla fede religiosa (questo elemento, insieme ad altri, lo allontana dalla cultura illuministica). Alle cose umane possono applicarsi invece con successo il metodo sperimentale e la filologia. **Vico**, insomma, **trasporta il metodo sperimentale «dalle cose naturali alle umane cose civili»** (come egli stesso scrive). È questo il nucleo teorico della "scienza nuova" (così si intitola, significativamente, il suo capolavoro) che Vico intende fondare.

Vico, fondatore dell'ermeneutica e dello storicismo

La straordinaria novità di Vico sta dunque nel suo porsi come **fondatore dell'ermeneutica** (cfr. **S2**) **e dello storicismo** (cfr. **S3**, p. 460) e anzi nello stabilire un nesso fra queste due nozioni: se l'uomo può conoscere solo la sua storia, l'ermeneutica applicata alla storia diventa l'unica disciplina in grado di fondare la scienza.

Vita e opere

La giovinezza

Giovan Battista (o Giambattista) **Vico** nacque nel **1668 a Napoli**, figlio di un modesto libraio. Studiò presso i gesuiti, indirizzandosi inizialmente verso il diritto. Poi divenne **precettore presso la nobile famiglia dei Rocca**, vivendo per qualche anno lontano da Napoli, nel Cilento. **Nel 1695 tornò a Napoli**, dove ottenne una **cattedra di eloquenza** all'università. Del 1710 è la prima opera importante, sempre in latino: il ***De antiquissima italorum sapientia*** [Sull'antichissima sapienza italica], esposizione di una supposta "filosofia italica" dedotta dai significati originari di alcune parole la-

---

S2 — ITINERARIO LINGUISTICO

Ermeneutica

Il termine "ermeneutica" deriva dal verbo greco "hermenéuo" che significa 'interpreto'; tale parola è in collegamento con la figura mitologica di Ermes, il messaggero degli dei che aveva il compito di tradurre nel linguaggio dei mortali il volere delle divinità. L'ermeneutica ha inizialmente un compito simile a quello di Ermes: deve trasferire il significato di un testo da un contesto estraneo a uno familiare, ovvero dall'oscurità alla comprensione; essa è insomma nell'antica filosofia greca l'attività che permette di cogliere il senso profondo di un testo, soprattutto religioso.

In età alessandrina (323-30 a.C.), lo sviluppo della filologia pone accanto ai problemi strettamente linguistico-grammaticali quelli interpretativi, ovvero evidenzia il bisogno di una interpretazione dei testi che vada oltre il significato evidente (letterale) per cercare quello nascosto.

L'interpretazione allegorica (passaggio dal senso letterale a quello morale e da questo a quello spirituale) è alla base, in ambito cristiano, dell'ermeneutica teologica, cioè dell'arte della corretta interpretazione delle Sacre Scritture. Nel XVI secolo si assiste a un ritorno all'interpretazione letterale delle Scritture. Viene sostenuta l'assoluta comprensibilità del testo alla luce di un sistema unitario di regole interpretative, in contrasto con il mondo cattolico che delegava alla sola Chiesa (ribadendolo in quegli anni nel Concilio di Trento) la corretta interpretazione della Scrittura.

L'elaborazione di regole generali per l'interpretazione dei testi, proposta dai riformatori luterani, viene ripresa e proseguita dall'ermeneutica illuministica (XVIII secolo). Questa esigenza di "universalità" ermeneutica è fatta propria in particolare dal filosofo e teologo tedesco F. Schleiermacher (1768-1834) ed è in parte ripresa e rilanciata da W. Dilthey (1833-1911).

Nel Novecento, in particolar modo dalla fine degli anni Venti, la riflessione sull'ermeneutica ha subito una svolta decisiva, soprattutto a partire dalla pubblicazione, nel 1927, di *Sein und Zeit* [Essere e tempo] del filosofo tedesco M. Heidegger (1889-1976), il quale vede nell'ermeneutica non tanto un metodo di conoscenza ma il motivo di fondo dell'esistenza umana, assegnandole il compito di portare all'espressione l'esistenza stessa. Sulla scia delle riflessioni di Heidegger si muove il pensiero di un altro grande filosofo tedesco, H.G. Gadamer (1900-2002), secondo il quale la comprensione non è il frutto di una ricostruzione oggettiva di dati ma un'integrazione soggettiva di presente e passato («fusione di orizzonti») che garantisce la continuità della tradizione tra testi e interprete.

S3 Storicismo

ITINERARIO LINGUISTICO

Il termine "storicismo" (dal greco *historikós* attraverso il latino *historicus* = storico) indica genericamente tutte le dottrine accomunate dall'interesse per la storia.

Tra il XVII e il XVIII secolo, e in particolare con l'opera di G. B. Vico e poi degli illuministi, la storia non è più solo ricostruzione di eventi ma diventa oggetto di riflessione filosofica. Nella *Scienza nuova* Vico stabilisce un principio di identità tra "verum" (verità) e "factum" (fatto), in base al quale si può conoscere solo ciò che si fa: di conseguenza, mentre è impossibile una scienza della natura – in quanto non è opera dell'uomo –, è possibile una scienza della storia che – in quanto opera dell'uomo – è la sola realtà suscettibile di una conoscenza vera e autentica.

L'idea vichiana della storia come continuo rinnovarsi di cicli secondo un ordine progressivo (età primitiva, età poetica ed età civile) è ripresa dagli illuministi che concepiscono la storia come un costante progresso dell'uomo, ovvero come un suo allontanarsi sempre di più dai vincoli naturali e sovrannaturali grazie al prevalere della ragione sulle passioni e sui sentimenti; però, a differenza di Vico, secondo il quale i «corsi e ricorsi» storici sono guidati dalla Provvidenza, gli illuministi affidano alla sola ragione la capacità dell'uomo di affrancarsi dallo stato primitivo, rifiutando il riferimento a un ordine provvidenziale che garantisca alla storia un significato ultimo.

In epoca romantica, lo storicismo recupera l'idea vichiana della Provvidenza considerando ogni momento storico come la manifestazione di un principio universale e assoluto implicito nella storia e che attraverso la storia stessa si va chiarendo e realizzando. Tale concezione idealistica della storia, che unisce il filosofo tedesco G.W.F. Hegel (1770-1831) al filosofo italiano B. Croce (1866-1952), considera insomma il corso storico come la manifestazione progressiva (in un ordinato succedersi di cause ed effetti) di un principio universale. Dalla visione idealistico-romantica dello storicismo si distacca presto il cosiddetto storicismo tedesco, ovvero una corrente di pensiero sviluppatasi in Germania alla fine dell'Ottocento che ha in W. Dilthey (1833-1911) il suo fondatore. Secondo Dilthey la storia non è altro che il risultato dell'opera dell'uomo, un essere finito che si muove e costruisce all'interno delle specifiche coordinate spazio-temporali della civiltà in cui vive: la storia si riferisce allora soltanto all'esperienza umana ed è perciò individuale e irripetibile; perciò, se le scienze naturali spiegano gli avvenimenti, quelle storiche si sforzano di comprendere i fenomeni umani e di coglierne l'unicità attraverso un'identificazione tra soggetto e oggetto della conoscenza che Dilthey definisce «esperienza vissuta» (*Erlebnis*) del soggetto conoscente.

Una forma particolare di storicismo è quello che deriva dal pensatore tedesco Karl Marx (1818-1883), secondo il quale il progresso storico deriva dalla lotta di interessi economici e sociali contrapposti e dunque è strettamente connesso al conflitto delle classi. Questo tipo di storicismo viene chiamato materialistico per distinguerlo da quello idealistico che da Hegel giunge sino a Croce.

Il *De antiquissima italorum sapientia* — tine. Intanto Vico era costretto, per mantenere la numerosa famiglia (otto figli), a dare lezioni private. **Viveva appartato**, lontano dall'attività pubblica, dedito esclusivamente agli studi, afflitto dalla cattiva salute e dai problemi familiari. In questi stessi anni scrisse, sempre in latino, alcune opere poi definite con il titolo generale di ***Diritto universale*** (1720-21). Il rifacimento su nuove basi di questo lavoro portò nel **1725** alla **prima edizione della *Scienza nuova***, pubblicata a proprie spese. **Una seconda**, diversa edizione dell'opera uscì **cinque anni dopo**. **La terza** edizione della *Scienza nuova* fu pubblicata **nel 1744**, qualche mese dopo la morte, avvenuta nello stesso anno.

Le tre edizioni della *Scienza nuova*

Gli scritti su Dante

Gli scritti su Dante e l'evoluzione del giudizio vichiano — Nella sua opera Vico torna più volte su Dante: nella *Scienza nuova* del 1725 (o *Scienza nuova prima*), in una lettera a Gherardo degli Angiolini del 1728 e in uno scritto composto fra il 1728 e il 1730 e intitolato ***Discoverta del vero Dante***. Si assiste, in questi scritti, a un'**evoluzione del pensiero** vichiano: nella *Scienza nuova prima* Vico rimprovera a Dante di essere troppo filosofico e teologico, mentre successivamente, una volta elaborata la tesi dei corsi e dei ricorsi storici, il giudizio cambia e diventa del tutto positivo. **Dante appare allora a Vico come il poeta della «ritornata barbarie d'Italia»**: la sua poesia esprime cioè l'imbarbarimento, ma anche la fantasia e la passionalità, la violenza e la collera generosa ed eroica dell'umanità medievale. **Di qui l'implicito parallelo con Omero**: se questi rappresenta la poesia delle origini del popolo greco, Dante rappresenta l'inizio di un nuovo ciclo e le origini del popolo italiano.

Il parallelo fra Omero e Dante

La poetica del sublime — Vico inoltre trova realizzata in Dante quella **poetica del sublime** che egli stesso professava per evidente influenza del trattato greco *Sul sublime* (d'autore ignoto, ma a lungo attribuito al retore greco Cassio Longino, vissuto nel III secolo d.C.). La grande arte – quella sublime – <u>nasce per forza d'ispirazione e dunque non può essere appresa attraverso lo studio delle regole</u>. Tuttavia non si deve credere che Vico voglia esaltare le forze misteriose dell'interiorità in senso esistenzialistico. <u>Sentimento del sublime significa per lui grandezza d'animo, capacità di vivere le virtù pubbliche, passione civile per la giustizia</u>. Di nuovo **l'orizzonte di Vico è eminentemente pragmatico e civile**.

T • Giovan Battista Vico, *Dante e la poetica del sublime*

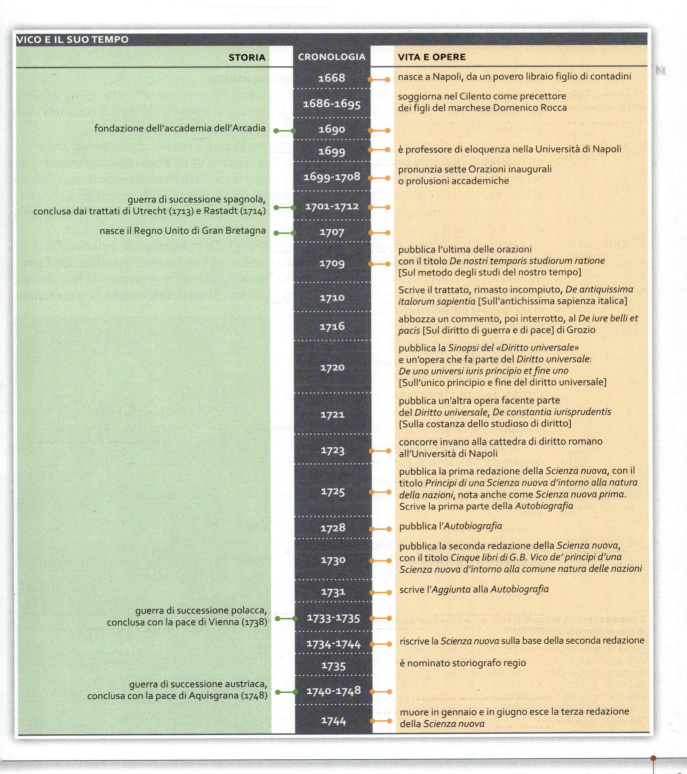

VICO E IL SUO TEMPO		
STORIA	**CRONOLOGIA**	**VITA E OPERE**
	1668	nasce a Napoli, da un povero libraio figlio di contadini
	1686-1695	soggiorna nel Cilento come precettore dei figli del marchese Domenico Rocca
fondazione dell'accademia dell'Arcadia	1690	
	1699	è professore di eloquenza nella Università di Napoli
	1699-1708	pronunzia sette Orazioni inaugurali o prolusioni accademiche
guerra di successione spagnola, conclusa dai trattati di Utrecht (1713) e Rastadt (1714)	1701-1712	
nasce il Regno Unito di Gran Bretagna	1707	
	1709	pubblica l'ultima delle orazioni con il titolo *De nostri temporis studiorum ratione* [Sul metodo degli studi del nostro tempo]
	1710	Scrive il trattato, rimasto incompiuto, *De antiquissima italorum sapientia* [Sull'antichissima sapienza italica]
	1716	abbozza un commento, poi interrotto, al *De iure belli et pacis* [Sul diritto di guerra e di pace] di Grozio
	1720	pubblica la *Sinopsi del «Diritto universale»* e un'opera che fa parte del *Diritto universale*: *De uno universi iuris principio et fine uno* [Sull'unico principio e fine del diritto universale]
	1721	pubblica un'altra opera facente parte del *Diritto universale*, *De constantia iurisprudentis* [Sulla costanza dello studioso di diritto]
	1723	concorre invano alla cattedra di diritto romano all'Università di Napoli
	1725	pubblica la prima redazione della *Scienza nuova*, con il titolo *Principi di una Scienza nuova d'intorno alla natura della nazioni*, nota anche come *Scienza nuova prima*. Scrive la prima parte della *Autobiografia*
	1728	pubblica l'*Autobiografia*
	1730	pubblica la seconda redazione della *Scienza nuova*, con il titolo *Cinque libri di G.B. Vico de' principi d'una Scienza nuova d'intorno alla comune natura delle nazioni*
	1731	scrive l'*Aggiunta* alla *Autobiografia*
guerra di successione polacca, conclusa con la pace di Vienna (1738)	1733-1735	
	1734-1744	riscrive la *Scienza nuova* sulla base della seconda redazione
	1735	è nominato storiografo regio
guerra di successione austriaca, conclusa con la pace di Aquisgrana (1748)	1740-1748	
	1744	muore in gennaio e in giugno esce la terza redazione della *Scienza nuova*

L'*Autobiografia*

La composizione dell'*Autobiografia*, resoconto di una vicenda intellettuale

Molti dei dati della vita sono forniti da Vico stesso nella sua *Autobiografia*, che, scritta in gran parte nel **1724-25**, uscì solo nel 1728 su una rivista veneziana. I tre anni di ritardo permisero all'autore di accrescerla con il resoconto della pubblicazione della *Scienza nuova* del 1725. Più tardi l'opera venne aggiornata sino al 1731. **L'*Autobiografia* è resoconto** quasi storiografico (l'autore adotta addirittura la terza persona) **di una vicenda intellettuale**, narrata però in uno **stile vibrante**, epico-eroico. Vico vede infatti tutta la propria vita orientata verso un compito superiore: quello di dare gloria all'Italia attraverso un libro, la *Scienza nuova*. Ogni dettaglio e ogni esperienza anche negativa vengono perciò interpretati alla luce della carriera intellettuale dell'autore, quasi la guidasse una segreta provvidenza.

T • Giovan Battista Vico, *La caduta a sette anni e le sue conseguenze sul carattere*

La struttura, i temi, lo stile della *Scienza nuova*

La composizione della *Scienza nuova*

Vico cominciò a lavorare alla *Scienza nuova* nel **1723**, e continuò ad arrovellarsi su questo suo libro per oltre vent'anni, sino alla morte nel **1744**. La *Scienza nuova* **è per Vico il libro di tutta una vita**, quello su cui egli ha fatto il massimo investimento intellettuale ed emotivo.

La «dipintura» allegorica

La *Scienza nuova* è preceduta da una **«dipintura» allegorica** (un disegno realizzato mediante un'incisione), che viene poi spiegata dall'autore. Essa rinvia all'**unità di una nascita comune**, rappresentata dall'occhio di Dio, da cui scaturisce il raggio di una narrazione zigzagante che tende ad abbracciare la totalità delle cose umane, rappresentate dai manufatti e dagli oggetti storici. L'interprete deve dare senso a questo accumulo di elementi, portandolo sul palcoscenico razionale della storia: di qui la sensazione della "confusione" barocca e, insieme, di una struttura calcolata.

Contenuto del primo libro

L'opera si suddivide in **cinque libri**. Il primo si intitola *Dello stabilimento de' principi*. Esso è introdotto da una **tavola cronologica** desunta dalla Bibbia, a cui Vico continua a prestare fede contro quanti avevano scoperto che la storia dell'umanità era assai più antica rispetto a quella indicata dalle Sacre Scritture. Rigettata la tesi delle «sterminate antichità», **la storia dell'umanità è fatta cominciare dopo il diluvio universale**, quando i tre figli di Noè si spargono per il mondo e i loro discendenti perdono il senso della religione divenendo **rozzi bestioni e immani giganti**. A Vico interessa studiare **come da tale barbarie primitiva nascano le nazioni**, come cioè abbia origine il percorso della civiltà secondo tratti «comuni» che caratterizzerebbero in modo unitario la storia dell'intero genere umano. Dopo la cronologia, Vico inserisce **114 aforismi** o assiomi, chiamati **«degnità»**, in cui condensa il contenuto filosofico della *Scienza nuova* (cfr. **T3**, p. 464).

T • Giovan Battista Vico, *I princìpi della storia e quelli della «scienza nuova»*

Contenuto del secondo libro: lo stato di natura

Il secondo libro è intitolato *Della sapienza poetica*. Dopo il diluvio, **l'umanità si divide**: **da un lato** il popolo eletto, quello ebraico, che

Domenico Antonio Vaccaro, Frontespizio della *Scienza nuova* di Giovan Battista Vico, 1730.

«Tutta la figura rappresenta i tre mondi secondo l'ordine col quale le menti umane della gentilità si sono al cielo elevate. Tutti i geroglifici che si vedono in terra dinotano il mondo delle nazioni, al quale prima di tutt'altra cosa applicarono gli uomini. Il globo ch'è in mezzo rappresenta il mondo della natura, il quale poi osservarono e fisici. I geroglifici che vi sono al di sopra significano il mondo delle menti e di Dio, il quale finalmente contemplano i metafisici»
(Giovan Battista Vico).

SCIENZA NUOVA

date di composizione
- 1723-1744

lingua e stile
- immagini icastiche
- narrazione drammatica e teatrale
- uso particolare dei caratteri tipografici
- molteplicità dei registri espressivi
- uso degli arcaismi

genere e struttura
- opera saggistica in 5 libri, piena di digressioni e richiami interni

1° libro
- tavola cronologica
- 114 aforismi (o «dignità»)
- dalla barbarie primitiva alla nascita delle nazioni

2° libro
- lo stato di natura e le sue caratteristiche (trionfo della violenza, linguaggio muto e base di gesti, fantasia)
- la nascita del linguaggio poetico, l'invenzione degli dèi, la nascita dei riti e delle istituzioni

3° libro
- la questione omerica

4° libro
- le tre età della civiltà (età degli dèi, età degi eroi, età dell'uomo)

5° libro
- la teoria della ciclicità della storia («corsi e ricorsi storici»)

T • Giova Battista Vico, *Del diluvio universale e de' giganti*

mantiene il senso religioso della vita, **dall'altro** il resto dell'umanità, nel quale gli uomini imbarbariti sono trasformati in giganti. Studiando questa fase primitiva della storia umana, **Vico getta le premesse della moderna antropologia** (cfr. S4, p. 473). Lo **stato di natura** non corrisponde affatto all'età dell'oro creata dalla **«boria dei dotti»** (i dotti, infatti, sono privi dell'umiltà della ricerca e perciò nel passato ritrovano solo i loro presenti ideali). **In esso non esiste il diritto e trionfa la violenza**. Come si formarono allora le prime istituzioni civili che disciplinano i rapporti fra gli uomini attraverso un patto sociale? L'umanità primitiva, per quanto priva di raziocinio, possedeva **ricche capacità fantastiche**. Di fronte ai fenomeni naturali, come il tuono, fu indotta perciò a immaginare l'esistenza degli dèi. Nacque così una **metafisica ingenua e «poetica»** (cfr. T4, p. 468). Analogamente si passò dal linguaggio muto, basato sui gesti, al **linguaggio poetico** capace di creare i miti. In questa fase il linguaggio si manifestava infatti direttamente per immagini, era un «parlare fantastico per sostanze animate». Così la paura per la collera degli dèi e per il loro potere si concretizzò nella figura di Giove. **Per influenza della religione**, nacquero i culti dei morti e i riti matrimoniali, si formarono le famiglie e le nazioni: **i bestioni diventarono uomini**. In questa fase si formarono una morale, una politica, una economia, una storia, una geografia, tutte però poetiche, perché corrispondenti a un determinato grado di conoscenza, quello appunto della metafisica poetica.

Nascita del linguaggio poetico

Nascita dei riti e delle istituzioni civili

Il terzo libro porta il titolo *Della discoverta del vero Omero*. L'*Iliade* e l'*Odissea* esprimerebbero le origini della nazione greca, i miti di quell'epoca antica. **I due poemi** non contengono dunque una sapienza razionale come i dotti, nella loro «boria», hanno voluto vedervi, ma **manifestano la fantasia e le passioni del popolo greco alle sue origini**. Sono dunque il prodotto poetico di un intero popolo e non di un singolo individuo. **Nasce, con Vico, la "questione omerica"**, che ha appassionato gli studiosi sino ai giorni nostri.

Contenuto del terzo libro: la questione omerica

Il quarto libro, intitolato *Del corso che fanno le nazioni*, rappresenta il percorso della civiltà. Esso è suddivisibile in **tre età: la prima è l'età degli dèi**. A essa corrisponde la natura poetica dell'uomo, che si esprime ancora con un linguaggio muto o non articolato e identifica la divinità nelle forze della natura. **La seconda è l'età degli eroi**. In essa gli eroi impongono con la forza la legge limitando la violenza barbarica, fissando la struttura familiare e delimitando la proprietà delle terre. È questo il periodo della natura eroica. **La terza è l'età degli uomini**, nella quale prevale la natura umana, cioè razionale. A ognuna delle tre età corrisponde una diversa organizzazione civile e politica, diversi costumi, diversi sistemi linguistici.

Contenuto del quarto libro: il percorso della civiltà

Il quinto libro si intitola *Del ricorso delle cose umane nel risurgere che fanno le nazioni*. Una volta giunta al suo massimo sviluppo razionale, la civiltà comincia a corrompersi e può ripiombare nella barbarie. Compiuto il ciclo della civilizzazione, se ne apre un altro che parte di nuovo da una condizione di imbarbarimento dell'uomo. La nuova barbarie non è però un semplice ritorno alla barbarie primitiva, perché in essa sono presenti i germi di dissoluzione della vecchia civiltà. Così la civiltà an-

Contenuto del quinto libro: la teoria dei corsi e ricorsi storici

tica è decaduta nel Medioevo (che Vico definisce i «tempi barbari ritornati») e da questo si è passati all'epoca moderna, che rappresenta una fase di «compiuta umanità». È questa la **teoria dei «corsi e ricorsi storici»**. Tale avvicendamento di fasi è voluto dalla Provvidenza divina, che governa il mondo al di là della limitata o distorta coscienza che dei processi storici hanno gli uomini.

Lo stile: la ripresa formale del linguaggio primitivo

All'**originalità dell'impianto teorico** corrisponde l'**originalità della scrittura**. Lo stile di Vico tende all'eccesso barocco e al sublime. La lingua e lo stile si adeguano al mondo primitivo che indagano. Nel linguaggio convivono sia la riflessione dell'uomo moderno, sia, in qualche misura, la capacità di ritornare nell'animo «perturbato e commosso» degli uomini primitivi.

Le caratteristiche della scrittura vichiana

Di qui le **caratteristiche della scrittura**, riassumibili nei seguenti punti:
1. **l'uso di idee-immagini**, fortemente **icastiche**, che rendono concreto e quasi corporeo il discorso filosofico;
2. **la "teatralizzazione" della storia**, resa in modi narrativi, mossi e drammatici;
3. **il tentativo di rendere visibile**, attraverso un particolare uso dei caratteri tipografici, **il sostrato concettuale** (questo aspetto è andato perduto nelle edizioni moderne, che hanno uniformato e neutralizzato i caratteri a stampa: nell'edizione originaria essi invece rendevano, attraverso i corsivi, i maiuscoletti, i titoli intertestuali, le parole spaziate, il vitalismo barocco della scrittura);
4. **la ricchezza di registri espressivi**, da quelli solenni del sublime e dell'eroico a quelli ironici e sarcastici;
5. **l'uso costante di arcaismi** impiegati per raggiungere un effetto di crudezza immaginosa e primitiva.

IL SIGNIFICATO DELLE PAROLE

- **Icastiche**
L'aggettivo *icastico* significa 'che rappresenta, che descrive con realismo ed evidenza molto efficaci'.

T3 Giovan Battista Vico
Le «degnità»

OPERA
Scienza nuova, libro I

CONCETTI CHIAVE
- aforismi su filosofia e filologia, sul senso comune e su altri argomenti

FONTE
G.B. Vico, *Opere*, a cura di F. Nicolini, Ricciardi, Milano-Napoli 1953.

Le degnità sono 114 assiomi con i quali, all'inizio della sua trattazione, Vico riepiloga, in forma aforistica, i princìpi fondamentali del suo pensiero. Ne riportiamo alcune.

VII.
La legislazione considera l'uomo qual è,[1] per farne buoni usi nell'umana società: come della ferocia, dell'avarizia, dell'ambizione, che sono gli tre vizi che portano a travverso tutto il gener umano, ne fa la milizia, la mercatanzia e la corte, e sì la fortezza, l'opulenza e la sapienza delle repubbliche;[2] e di questi tre grandi vizi, i quali certamente distruggerebbero l'umana generazione sopra la terra, ne fa la civile felicità.

X.
La filosofia contempla la ragione, onde viene la scienza del vero; la filologia osserva l'autorità dell'umano arbitrio, onde viene la coscienza del certo.[3]
Questa degnità per la seconda parte diffinisce i filologi essere tutti i gramatici,[4] istorici, critici, che son occupati d'intorno alla cognizione delle lingue e de' fatti de' popoli, così in casa,[5]

- **1** **qual è**: ovvero nei suoi pregi e difetti.
- **2** **come...repubbliche**: *come della ferocia, dell'avarizia e dell'ambizione, che sono i tre vizi che sviano gli uomini dalla giusta strada ne fa l'esercito, il commercio e la poetica, così ne derivano la forza, la ricchezza e la sapienza degli stati.* Il potere della legge è quello di indirizzare nel senso più produttivo per la società alcuni difetti umani. Per Vico, infatti, raggiungere la «civile felicità» è soltanto una questione di corretta finalità dei mezzi, di cultura e di educazione.
- **3** **La filosofia...certo**: la "scienza nuova" di Vico è proprio l'unione del vero filosofico con l'accertamento globale della filologia, è ricerca conoscitivo-antropologica e verifica storica.
- **4** **diffinisce...gramatici**: *definisce filologi tutti i grammatici*.
- **5** **in casa**: *in patria*.

come sono i costumi e le leggi, come fuori, quali sono le guerre, le paci, l'alleanze, i viaggi, i commerzi.

Questa medesima degnità dimostra aver mancato per metà[6] così i filosofi che non accertarono[7] le loro ragioni con l'autorità de' filologi, come i filologi che non curarono d'avverare[8] le loro autorità con la ragione de' filosofi; lo che se[9] avessero fatto, sarebbero stati più utili alle repubbliche[10] e ci avrebbero prevenuto nel meditar questa Scienza.

XII.
Il senso comune è un giudizio senz'alcuna riflessione,[11] comunemente sentito da tutto un ordine,[12] da tutto un popolo, da tutta una nazione o da tutto il gener umano.

Questa degnità con la seguente diffinizione ne darà una nuova arte critica sopra essi autori delle nazioni, tralle quali devono correre assai più di mille anni per provenirvi gli scrittori,[13] sopra i quali finora si è occupata la critica.

XIII.
Idee uniformi nate appo intieri popoli tra essoloro[14] non conosciuti debbon avere un motivo comune di vero.

Questa degnità è un gran principio, che stabilisce il senso comune del gener umano esser il criterio insegnato alle nazioni della provvedenza divina per diffinire il certo d'intorno al diritto natural delle genti, del quale le nazioni si accertano con intendere l'unità sostanziali di cotal diritto, nelle quali con diverse modificazioni tutte convengono.[15] Ond'esce il dizionario mentale, da dar l'origini a tutte le lingue articolate diverse, col quale sta conceputa la storia ideal eterna che ne dia le storie in tempo di tutte le nazioni; del qual dizionario e della qual istoria si proporranno appresso le degnità loro proprie.[16]

XIV.
Natura di cose altro non è che nascimento di esse in certi tempi e con certe guise,[17] le quali sempre che sono tali, indi tali e non altre nascon le cose.[18]

XXXVI.
La fantasia tanto è più robusta quanto è più debole il raziocinio.[19]

XXXVII.
Il più sublime lavoro della poesia è alle cose insensate dare senso e passione,[20] ed è propietà de' fanciulli di prender cose inanimate tra mani e, trastullandosi, favellarvi[21] come se fussero, quelle, persone vive.

- **6** **aver mancato per metà**: *che furono per metà manchevoli* [: *che non compirono tutto il loro dovere*].
- **7** **non accertarono**: *non sottoposero alla verifica dell'accertamento dei dati*.
- **8** **non curarono d'avverare**: *non si preoccuparono di dare un fondamento di verità profonda a*.
- **9** **lo che se**: *e se lo*.
- **10** **repubbliche**: *stati*.
- **11** **senz'alcuna riflessione**: *che non abbisogna di ragionamento*, in quanto è dato naturalmente.
- **12** **ordine**: *classe*.
- **13** **nuova arte...scrittori**: *nuova tecnica di giudizio* [*che dimostrerà come*] *tra i fondatori degli stati e i filosofi devono passare più di mille anni*. In questo modo, Vico scopre un sapere più antico e originario rispetto a quello comunemente studiato dai "dotti".
- **14** **appo...essoloro**: *presso interi popoli tra loro*.
- **15** **per diffinire...convengono**: *per trarre certezza a proposito del diritto naturale delle genti che le nazioni accertano scoprendo la sostanziale unità di tale diritto verso il quale tutte convergono, sia pure con notevoli variazioni*. Se in popoli diversi il diritto è fondato sugli stessi princìpi, vuol dire che essi sono imprescindibili, comuni a tutto il genere umano.
- **16** **Ond'esce...proprie**: *Da qui* [: *dalle «diverse modificazioni»*] *deriva il dizionario mentale che dà origine all'articolazione dei diversi linguaggi e nel quale viene espressa la storia ideale ed eterna così come è data nella particolare situazione storica di tutte le nazioni; e di quel dizionario e di quella storia si proporranno subito dopo le specifiche dignità*. La storia individuale dei popoli rivela, nei suoi caratteri antropologici e comuni, il legame con la Storia, con una tradizione culturale unitaria.
- **17** **guise**: *modalità*.
- **18** **le quali...cose**: *le quali* [*modalità*] *sono sempre tali per cui le cose nascono in quel certo modo e non in un altro*. Vico vuol dire che il modo e il tempo in cui le cose prendono vita incide a fondo nella loro caratterizzazione. È uno dei principi del suo storicismo (cfr. **S4**, p. 473).
- **19** **La fantasia...il raziocinio**: storicamente, la ragione è successiva al momento della fantasia, proprio dei popoli primitivi e "poetici". Entrambe le facoltà, tuttavia, appartengono alla mente dell'uomo.
- **20** **Il più...passione**: *il compito più alto della poesia è dare significato e sentimento alle cose prive di senso*.
- **21** **e...favellarvi**: *e, divertendosi, parlare loro*.

Questa degnità filologico-filosofica[22] ne appruova[23] che gli uomini del mondo fanciullo,[24] per natura, furono sublimi poeti.

L.

Ne' fanciulli è vigorosissima la memoria; quindi vivida all'eccesso[25] la fantasia, ch'altro non è che memoria o dilatata o composta.[26]

Questa degnità è 'l principio dell'evidenza dell'immagini poetiche che dovette formare il primo mondo fanciullo.[27]

LI.

In ogni facultà[28] uomini, i quali non vi hanno la natura,[29] vi riescono con ostinato studio dell'arte;[30] ma in poesia è affatto niegato di riuscire con l'arte chiunque non vi ha la natura.

Questa degnità dimostra che, poiché la poesia fondò l'umanità gentilesca,[31] dalla quale e non altronde[32] dovetter uscire tutte le arti, i primi poeti furono[33] per natura.

LIII.

Gli uomini prima sentono senz'avvertire,[34] dappoi avvertiscono con animo perturbato e commosso, finalmente riflettono con mente pura.[35]

Questa degnità è 'l principio delle sentenze poetiche, che sono formate con sensi di passioni e d'affetti, a differenza delle sentenze filosofiche, che si formano dalla riflessione con raziocini: onde queste[36] più s'appressano al vero quanto più s'innalzano agli universali, e quelle[37] sono più certe quanto più s'appropriano a' particolari.

LXV.

L'ordine delle cose umane procedette:[38] che prima furono le selve, dopo i tuguri, quindi i villaggi, appresso le città, finalmente l'accademie.[39]

LXVI.

Gli uomini prima sentono il necessario,[40] dipoi badano all'utile, appresso avvertiscono il comodo, più innanzi si dilettano del piacere, quindi si dissolvono[41] nel lusso, e finalmente impazzano in istrapazzar le sostanze.[42]

- **22 filologico-filosofica**: *filologica, perché accertabile da tutti (anche a partire dalla conoscenza del mondo infantile)*: **filosofica**, *perché fondata su una verità universale*.
- **23 ne appruova**: *ci offre la prova*.
- **24 fanciullo**: *primitivo*. La capacità dei bambini di dare vita agli oggetti e di immedesimarsi a pieno nelle situazioni è paragonata da Vico all'abilità poetica che non trascende l'ambito umano, ma lo esalta nella creazione di un significato.
- **25 all'eccesso**: *oltre ogni limite*.
- **26 fantasia...composta**: la fantasia viene collegata alla memoria, della quale è una espansione in potenza o una ricomposizione di elementi comunque già dati. Il motivo vichiano è chiaramente platonico.
- **27 fanciullo**: *primitivo*.
- **28 facultà**: *attività*.
- **29 non...natura**: *non vi sono naturalmente predisposti*.
- **30 dell'arte**: *delle tecniche specifiche*.
- **31 fondò...gentilesca**: *dette origine al genere umano*, favorendo il passaggio dal tempo dei giganti a quello degli uomini. Nell'antichità sono chiamati Gentili tutti i popoli non ebraici.
- **32 altronde**: *d'altra parte*. La poesia, per Vico, coincide con la naturalezza delle origini ed è dunque lontana dagli artifici retorici del Barocco.
- **33 furono**: *furono* [*tali*] [: cioè poeti].
- **34 senz'avvertire**: ovvero in maniera inconsapevole, immediata.
- **35 con mente pura**: *con razionalità assoluta*. Vico ribadisce i due estremi antropologici che segnano il cammino dell'uomo; dalla fantasia alla ragione, dalla poesia alla filosofia, dal particolare all'universale.
- **36 queste**: le **sentenze poetiche**.
- **37 quelle**: le **sentenze filosofiche**. La distinzione fra pensiero poetico e pensiero storico-filosofico è già in Aristotele.
- **38 procedette**: *si sviluppò* [*in quest'ordine*].
- **39 l'accademie**: le accademie sono considerate il momento culturale più alto della vita cittadina. Non dimentichiamo che grazie a una di esse (quella degli Infuriati) Vico ricevette l'impulso alla ripresa degli studi.
- **40 sentono il necessario**: *si rendono conto del necessario*.
- **41 si dissolvono**: *sperperano se stessi*.
- **42 finalmente...sostanze**: *infine impazziscono nel maltrattare le cose*, perdendo il senso naturale del loro essere per l'uomo.

T3 DALLA COMPRENSIONE ALL'INTERPRETAZIONE

COMPRENSIONE

Assiomi del pensiero vichiano Nelle «degnità» qui riportate Vico riflette su **argomenti diversi**: sulla **natura della legge**; sulla filosofia e la filologia; sul senso comune; sulle idee diffuse presso popoli che non hanno alcun rapporto tra loro; sul legame tra la natura delle cose e il tempo storico in cui nascono; sulla **fantasia**; sul «lavoro» della poesia; sulle **immagini poetiche e la fanciullezza del mondo**; sulla **natura della poesia** che non può nascere da un «ordinato studio»; sul cammino che conduce l'umanità dalla fantasia alla ragione, dal "sentire" all'"avvertire" al riflettere; sullo **sviluppo dell'umanità dalle «selve» alle «accademie»**; sulla tendenza umana a passare dal necessario all'utile al lusso.

ANALISI

Lo stile Lo stile degli assiomi procede per parallelismi o antitesi, spesso anzi per parallelismi e antitesi allo stesso tempo. Esemplare è la **«degnità» VII** giocata sul parallelismo e sull'antitesi degli effetti prodotti dai vizi (ferocia, avarizia, ambizione) e dalle virtù civili che da questi vizi possono invece scaturire (la fortezza, l'opulenza e la sapienza delle repubbliche). Si veda anche la «degnità» X, giocata sul parallelismo fra filologia e filosofia. L'attenzione alla dinamica e alla successione dei fatti storici induce poi Vico a una **teatralizzazione o drammatizzazione della storia**, evidente sia nella rappresentazione dei sentimenti e dei comportamenti degli uomini primitivi, sia nella scansione temporale sottolineata dai numerosi **avverbi di tempo** (cfr. LI, LIII, LXV, LXVI). Va notato infine che il tono si fa più vibrato, solenne e commosso (compaiono superlativi relativi e assoluti, per esempio) quando Vico tocca il nucleo più nuovo della sua ricerca e parla degli uomini primitivi, dei fanciulli e della fantasia che ne caratterizza il comportamento e il pensiero (cfr. XXXVII e L).

I temi Vico tocca campi molto diversi, dalla filologia alla storia, dalla filosofia al diritto, dall'estetica all'antropologia. Spazia per tutte le scienze umane, alle quali si applica la **«nuova arte critica»** (cfr. XII), **fatta di filologia** (**che ha per oggetto il «certo»** e infatti serve ad accertare i dati della conoscenza) **e di filosofia**, la quale **ha per oggetto il «vero»** (cfr. X). Questa "scienza nuova" o "nuova arte critica" non è il prodotto di uno specialismo scientifico, ma nasce dal «giudizio senz'alcuna riflessione», cioè dallo spontaneo patrimonio intellettuale e affettivo di ogni uomo. Per questo è l'arte, o il metodo critico, di tutto il genere umano, senza esclusioni: sia nel senso che ogni essere umano può utilizzarla, sia nel senso che il suo oggetto di considerazione riguarda la storia e i comportamenti del genere umano nel suo complesso. Per praticarla occorre rifiutare la «boria delle nazioni», che attribuiscono ognuna a se stessa i meriti della civilizzazione, e la «boria de' dotti», incapaci di distinguere le differenze e volti ad assimilare imperialisticamente il diverso, cancellandolo come tale (essi, per esempio, proiettano la loro mentalità di oggi sul passato, attribuendogli la loro saggezza attuale). Insomma occorre uno **spirito di tolleranza** e di comprensione, che, peraltro, non è astratto o fondato su un volontaristico imperativo morale ma nasce dalla constatazione di **ciò che tutti gli uomini hanno in comune**: il linguaggio, **la capacità di interpretare**, l'«arte critica». Sta qui la profondità etica del **messaggio civile** di Vico, sempre attento, d'altronde, ai progressi che possono far prevalere sulla violenza diritto (cfr. anche VII).

INTERPRETAZIONE

L'ideologia: storia individuale e storia dell'umanità Un altro gruppo di assiomi riguarda le **varie tappe della storia dell'umanità che coincidono poi con quelle della vita individuale**, dall'infanzia all'età adulta alla vecchiaia. Di qui le «degnità» che possiamo definire "storicistiche" perché rappresentano lo sviluppo delle civiltà (cfr. XIV, LIII, LXV, LXVI) e quelle che considerano il rapporto fra la fantasia (particolarmente sviluppata nell'infanzia individuale di ogni uomo e in quella dell'umanità) e la ragione, la quale giunge al suo apice nell'uomo adulto e nel momento massimo di sviluppo della civiltà (cfr. XXXVI, XXXVII, L, LIII). Si collegano agli assiomi sulla fantasia e sull'infanzia dell'umanità quelli sulla **poesia**, la quale non può nascere dallo studio ma **deriva dalla natura dell'uomo e dalla sua fantasia** e dunque è più sviluppata all'inizio dello storia dell'umanità (cfr. LI). Essa è perciò anche il modo di espressione di una intera civiltà.

La fondazione della filologia come scienza dell'uomo «Sarà pertanto legittimo considerare **la *Scienza Nuova* come un'opera filologica** [...] di quella filologia che poi nel secolo XIX e anche nel XX [...] ha avuto un posto di primo piano e un compito importante. Il Vico la fondò, primo di tutti, sul presupposto della comunanza dell'umano: ciò che contava per lui era l'uomo in generale. I posteri in seguito si sono rivolti nella loro indagine a periodi, a movimenti, a popoli, a figure particolari, ma hanno però conservato il quadro dell'uomo in generale: e ciò era necessario se essi non volevano rinunciare alla speranza di poter comprendere il loro oggetto umano e quindi in ultima analisi se stessi. In questo senso **la filologia diviene la quintessenza della scienza dell'uomo in quanto essere storico** e include tutte le discipline che postulano il medesimo oggetto, a cominciare dunque da quella che in accezione rigorosa si dice scienza storica. La sua possibilità si affida al **postulato che gli uomini possano comprendersi reciprocamente, che esista un mondo umano partecipabile e accessibile a ogni individuo»** (Auerbach).

T3 LAVORIAMO SUL TESTO

COMPRENDERE

1. Che cosa sono le *Degnità*?

ANALIZZARE

La civiltà

2. La ferocia, l'avarizia e l'ambizione sono tre grandi vizi che distruggerebbero l'umanità, afferma Vico. Chi ha il compito di indirizzarli verso un uso sociale positivo?

Lo stile

3. **LINGUA E LESSICO** Lo stile degli assiomi procede per parallelismi o antitesi e, spesso, ricerca una teatralizzazione della storia. Rintraccia alcuni esempi.

Il metodo

4. La «nuova arte critica» della *Scienza nuova* si basa sull'intreccio di filologia e filosofia: precisane i rispettivi compiti.

Il senso comune del genere umano

5. Vico parla di una «storia ideale eterna» sottesa alle storie dei singoli popoli; su quale convinzione fonda questo principio?

La poesia del mondo fanciullo

6. Seleziona le degnità relative all'idea di poesia e riassumine il concetto.

INTERPRETARE

Il cammino dell'uomo

7. Confronta LIII, LXV e LXVI e rifletti sul rapporto che l'autore stabilisce tra fasi della conoscenza e fasi dello sviluppo civile. Quale idea della ragione e della civiltà ne emerge?

LE MIE COMPETENZE: INDIVIDUARE COLLEGAMENTI, DIALOGARE

L'opera di Vico è conosciuta e apprezzata in tutto il mondo: grandi intellettuali come Auerbach e Said hanno riconosciuto in lui il fondatore dell'umanesimo moderno. In particolare lo studioso palestinese Edward W. Said (1935-2003) nel saggio *Umanesimo e critica democratica*, scritto dopo il crollo delle Torri gemelle, ha rivendicato l'importanza dell'umanesimo inteso come «critica diretta allo stato attuale delle cose, che trae forza e rilevanza dal proprio carattere democratico, secolare e aperto» e, in questo contesto, ha chiamato in causa Vico (cfr. espansioni digitali **S**, *L'attualità della lezione di Vico per Said e per Battistini*). Per Said la *Scienza nuova* ha inaugurato l'idea di una conoscenza universale, laica, relativa, basata sulla filologia e sulla storia. La sua grandezza sta anche nell'avere intuito «la tragica e costitutiva imperfezione» delle discipline umanistiche, le cui acquisizioni possono essere sempre ripensate, discusse e smentite da nuove interpretazioni. Pensi che nel mondo di oggi le discipline umanistiche abbiano ancora un valore e un'utilità sociale? La lezione di Vico è ancora attuale? Discuti la questione con il docente e con i compagni.

T4 Giovan Battista Vico
Della metafisica poetica

OPERA
Scienza nuova, libro II, sezione prima

CONCETTI CHIAVE
- la fantasia
- la nascita dello spirito religioso
- il linguaggio poetico

FONTE
G.B. Vico, *Opere*, cit.

Il titolo completo del capitolo è: Della metafisica poetica, che ne [ci] dà l'origini della poesia, dell'idolatria, della divinazione e de' sagrifizi. *In esso si rappresenta come nei primi uomini, «stupidi, insensati ed orribili bestioni», nasca, per lo stupore e per la paura prodotti da un fulmine, lo spirito religioso, cioè la «metafisica». Questa si presenta in forme fantasiose e sensibili: si tratta dunque di una metafisica ingenua e poetica, molto diversa da quelle dei moderni perché «non ragionata ed astratta».*

Adunque la sapienza poetica, che fu la prima sapienza della gentilità,[1] dovette incominciare da una metafisica,[2] non ragionata ed astratta qual è questa or degli addottrinati,[3] ma sentita ed im-

---

- **1 la sapienza...gentilità**: per sapienza poetica Vico intende la cultura dei primi uomini, i quali, avendo molto sviluppati i sensi, la fantasia e l'immaginazione, avevano una conoscenza essenzialmente poetica del mondo. **Gentilità** è il termine che Vico usa per riferirsi ai popoli pagani, distinti da quelli ebraici perché a differenza di questi avevano abbandonato, dopo il diluvio, la vera religione e si erano ridotti alla ferinità. Nel linguaggio del *Nuovo testamento* e del cristianesimo primitivo è "gentile" chi non appartiene alla religione ebraica o chi, nel mondo greco-romano, non è convertito al Cristianesimo.
- **2 metafisica**: scienza che si rivolge alle cause prime e alle ragioni della realtà assoluta, della vita, dell'esistenza, del divino. In Vico ha il significato di "teologia", di "scienza del divino".
- **3 non...addottrinati**: *non oggetto di ragionamenti e di pensieri astratti come è questa oggi dei filosofi* [: ossia degli uomini colti dell'età civile].

maginata quale dovett'essere di tai primi uomini, siccome quelli ch'erano di niuno raziocinio e tutti robusti sensi e vigorosissime fantasie,[4] com'è stato nelle *Degnità* stabilito.[5] Questa fu la loro propia poesia,[6] la qual in essi fu una facultà loro connaturale[7] (perch'erano di tali sensi e di sì fatte fantasie naturalmente forniti), nata da ignoranza di cagioni, la qual fu loro madre di maraviglia di tutte le cose, che quelli, ignoranti di tutte le cose, fortemente ammiravano,[8] come si è accennato nelle *Degnità*.[9] Tal poesia incominciò in essi divina, perché nello stesso tempo ch'essi immaginavano le cagioni delle cose, che sentivano ed ammiravano, essere dèi,[10] come nelle *Degnità* il vedemmo con Lattanzio[11] (ed ora il confermiamo con gli americani,[12] i quali tutte le cose che superano la loro picciola capacità[13] dicono esser dèi; a' quali aggiugniamo i germani antichi, abitatori presso il Mar Agghiacciato,[14] de' quali Tacito narra[15] che dicevano d'udire la notte il Sole, che dall'occidente passava per mare nell'oriente, ed affermavano di vedere gli dèi: le quali rozzissime e semplicissime nazioni ci dànno ad intendere molto più di questi autori della gentilità,[16] de' quali ora qui si ragiona); nello stesso tempo, diciamo, alle cose ammirate[17] davano l'essere di sostanze dalla propia lor idea,[18] ch'è appunto la natura dei fanciulli, che, come se n'è proposta una degnità,[19] osserviamo prendere tra mani cose inanimate e trastullarsi e favellarvi come fusser, quelle, persone vive.

In cotal guisa i primi uomini delle nazioni gentili, come fanciulli del nascente gener umano, quali gli abbiamo pur nelle *Degnità* divisati,[20] dalla lor idea criavan[21] essi le cose, ma con infinita differenza però dal criare che fa Iddio: perocché Iddio, nel suo purissimo intendimento,[22] conosce e, conoscendole, cria le cose; essi, per la loro robusta ignoranza, il[23] facevano in forza d'una corpolentissima[24] fantasia, e, perch'era corpolentissima, il facevano con una maravigliosa sublimità,[25] tal e tanta che perturbava all'eccesso essi medesimi che fingendo le si creavano,[26] onde[27] furon detti «poeti», che lo stesso in greco suona che «criatori».[28] Che sono gli tre lavori che deve fare la poesia grande, cioè di ritruovare favole[29] sublimi confacenti all'intendimento popolaresco, e che perturbi all'eccesso, per conseguir il fine, ch'ella si ha proposto, d'insegnar il volgo a virtuosamente operare,[30] com'essi l'insegnarono a se medesimi; lo che or ora si mostre-

---

- **4 ma sentita...fantasie**: *ma oggetto di conoscenza attraverso i sensi* (**sentita**) *e l'immaginazione* (**immaginata**) *come dovette essere quella di quei* (**di tai**) *primi uomini, essendo essi* (**siccome quelli ch'erano**) *[incapaci] di alcun ragionamento e tutti [dotati] di forti capacità sensoriali* (**robusti sensi**) *e di vigorosissime capacità fantastiche* (**fantasie**).
- **5 com'è...stabilito**: si tratta della Degnità XXXVI, cfr. T3, p. 464.
- **6 Questa...poesia**: cfr. la Degnità XXXVII (T3); *propia*: propria, peculiare.
- **7 loro connaturale**: *a loro connaturata*.
- **8 nata...ammiravano**: *nata* [: la poesia] *dalla ignoranza delle cause* [degli eventi], *la quale* [ignoranza] *fu per loro generatrice* (**madre**) *di meraviglia per tutte le cose che essi, ignari di tutte le cose, osservavano con grande stupore* (**fortemente ammiravano**).
- **9 come...Degnità** si tratta della Degnità XXXV.
- **10 Tal poesia...essere dèi**: la poesia dei primi uomini è secondo Vico frutto della rappresentazione fantastica e insieme religiosa della realtà; **immaginavano...essere dèi**: *immaginavano...che fossero dei*.
- **11 come...Lattanzio**: Vico nella Degnità XXXVIII cita, in modo non del tutto esatto, un passo relativo all'origine dell'idolatria del cristiano Lattanzio Firmiano (III-IV sec.).
- **12 ed ora...americani**: le popolazioni d'America (pellirosse, indios) che vivevano ancora allo stato primitivo al tempo di Vico.
- **13 picciola capacità**: *modesta capacità* [di comprensione].
- **14 Mar Agghiacciato**: Mar Glaciale Artico.
- **15 Tacito narra**: Tacito è il grande storico romano, vissuto fra il 50 ca. e il 120 ca. Vico qui si riferisce a fatti narrati nella sua *Germania*.
- **16 le quali...gentilità**: *le quali nazioni* [: degli «americani» e dei «germani antichi»] *primitive* (**rozzissime**) *e arretrate* (**semplicissime**) *ci fanno conoscere molto di più* (**ci dànno ad intendere**) *di questi uomini primitivi* (**autori della gentilità**).
- **17 alle cose ammirate**: *alle cose che provocano in loro sorpresa e curiosità*.
- **18 davano...lor idea**: *attribuivano il carattere di realtà concreta* (**l'essere di sostanze**) *in base alla* (**dalla**) *idea* [che avevano] *di se stessi* (**propia lor**). Cioè, attribuivano alle cose sconosciute e inanimate caratteristiche simili alle proprie e così le umanizzavano e le personificavano.
- **19 come...degnità**: vedi sopra la Degnità XXXVII (T3).
- **20 quali...divisati**: si tratta della Degnità XXXII, dove Vico mostra che gli uomini ignoranti, non potendo spiegarsi la natura, o la causa degli elementi naturali, attribuiscono a essi la loro stessa natura. In questo modo – osserva Vico – il volgo dice per esempio che la calamita è innamorata del ferro. **Divisati**: *esaminati*.
- **21 criavan**: *creavano*.
- **22 purissimo intendimento**: *perfetta intelligenza*.
- **23 il**: *lo*.
- **24 corpolentissima**: *robustissima*.
- **25 maravigliosa sublimità**: *meravigliosa grandezza*.
- **26 che...creavano**: *che immaginandole* (**fingendo**) *se le* (**le si**) *creavano*.
- **27 onde**: *e perciò*.
- **28 criatori**: in greco "poietés" significa indifferentemente 'creatore materiale' e 'creatore ideale' e indica insieme l'artigiano, l'artista e lo scrittore.
- **29 favole**: *storie, narrazioni*.
- **30 e che...operare**: *e che commuova oltre ogni limite* (**all'eccesso**), *per ottenere lo scopo che essa si è proposto* (**si ha proposto**), *di istruire il popolo* (**insegnar il volgo**) *ad agire secondo virtù*. **Insegnar il volgo** è costruzione latineggiante.

rà.[31] E di questa natura di cose umane restò eterna propietà,[32] spiegata con nobil espressione da Tacito: che vanamente gli uomini spaventati «*fingunt simul creduntque*».[33] [...]

Ma, siccome ora (per la natura delle nostre umane menti, troppo ritirata da' sensi nel medesimo volgo[34] con le tante astrazioni di quante sono piene le lingue con tanti vocaboli astratti,[35] e di troppo assottigliata con l'arte dello scrivere,[36] e quasi spiritualezzata con la pratica de' numeri, ché volgarmente sanno di conto e ragione)[37] ci è naturalmente niegato di poter formare la vasta immagine di cotal donna che dicono «Natura simpatetica»[38] (che mentre con la bocca dicono, non hanno nulla in lor mente, perocché la lor mente è dentro il falso, ch'è nulla, né sono soccorsi già dalla fantasia a poterne formare una falsa vastissima immagine),[39] così ora ci è naturalmente[40] niegato di poter entrare nella vasta immaginativa[41] di que' primi uomini, le menti de' quali di[42] nulla erano astratte, di nulla erano assottigliate, di nulla spiritualezzate, perch'erano tutte immerse ne' sensi, tutte rintuzzate dalle passioni, tutte seppellite ne' corpi:[43] onde dicemmo sopra ch'or appena intender si può, affatto immaginar non si può, come[44] pensassero i primi uomini che fondarono l'umanità gentilesca.

- [31] **lo che...mostrerà**: *la quale cosa* (**lo che**) *adesso* (**or ora**) *si mostrerà*.
- [32] **E di questa...propietà**: *e questa caratteristica* (**natura**) *delle cose umane restò qualità eterna* (**eterna propietà**).
- [33] **che vanamente...*creduntque***: *che erroneamente* (**vanamente**) *gli uomini spaventati «si immaginano [qualcosa] e contemporaneamente lo credono vero».* Vanamente sta per 'senza significato, a vuoto'.
- [34] **per la...volgo**: *per la natura delle nostre menti umane* [*che è*] *troppo lontana dai sensi* [: dalla percezione immediata, cioè, attraverso i sensi, dalla realtà] *persino nel popolo*.
- [35] **con le tante...astratti**: è una polemica nei confronti delle lingue moderne, in cui prevalgono i vocaboli astratti, che non tengono conto dell'esperienza diretta della realtà.
- [36] **e di troppo...scrivere**: *e troppo raffinata attraverso la pratica della scrittura.*
- [37] **ché...ragione**: *perché* [*anche*] *le persone del volgo* (**volgarmente**) *si intendono di aritmetica* (**sanno di conto**) *e di conti* (**ragione**). Nel linguaggio arcaico **ragione** stava per "calcolo" o "conto"; di qui oggi "ragioneria".
- [38] **ci è...simpatetica**: *la natura* (**naturalmente**) *ci nega di poter conoscere* (**formare**) *la grande immagine* [*sotto forma umana*] *di quella* (**cotal**) *donna che chiamano* [: i neoplatonici] *«Natura simpatetica»*. Ossia, è impossibile poter percepire pienamente la natura, avere cioè una percezione cosmica del reale, in piena sintonia con esso, come pensano i neoplatonici, poiché tale concezione, che negli antichi era possibile attraverso i sensi e la fantasia, non è attingibile attraverso gli strumenti (il ragionamento astratto) degli uomini moderni. Una distanza troppo grande separa ormai la mentalità moderna da quella primitiva.
- [39] **perocché...immagine**: *perché la loro mente sbaglia* (**è dentro il falso**), *poiché è incapace* (**ch'è nulla**), *né li aiuta la fantasia per poterne* [: della «Natura simpatetica»] *formare una grandissima immagine* [*sia pur*] *falsa* [*dai sembianti di donna*].
- [40] **naturalmente**: per la naturale evoluzione nel tempo della mente umana.
- [41] **immaginativa**: capacità di creare immagini, capacità fantastica.
- [42] **di**: *in*.
- [43] **perch'erano...corpi**: *perché erano* [: le menti dei primi uomini] *tutte immerse nei sensi, tutte contenute* (**rintuzzate**) *dalle passioni, tutte affondate* (**seppellite**) *nei corpi*. Rintuzzate vuol significare che le menti dei primi uomini erano spuntate e ottuse, ossia bloccate entro i corpi dalle passioni.
- [44] **onde...come**: *perciò abbiamo detto prima che non appena si può comprendere* [*con la ragione*], [*allora*] *non si può* [*più*] *affatto immaginare come*. Sta a significare che l'immaginazione è incompatibile con la ragione.

T4 DALLA COMPRENSIONE ALL'INTERPRETAZIONE

COMPRENSIONE

Linguaggio originario e nascita della poesia Vico sostiene che **ogni momento della storia umana è caratterizzato da un suo specifico linguaggio** e che il **linguaggio originario**, quando gli uomini vivevano nello stato di natura e le loro menti erano ancora «immerse ne' sensi», era tutto **sensibile e a-logico**. La prima **poesia**, cioè la prima cultura, nasce dall'ignoranza delle cause (nell'**infanzia del mondo** l'uomo era «di niuno raziocinio»); è proprio l'ignoranza che determina la **meraviglia** con cui il mondo, non compreso né comprensibile, veniva osservato. E alle cose ammirate veniva attribuito un carattere di realtà concreta in base alla idea che di se stessi essi avevano gli **uomini primitivi**. In questo senso essi creavano, sia pure in modo profondamente diverso da Dio, e perciò furono detti "**poeti**", **cioè creativi** (il termine "poesia" deriva dal greco *póiesis* che indica indifferentemente la fabbricazione di una cosa concreta o l'ideazione di una cosa immaginata; *poiétés* è infatti sia l'artigiano che l'artista e lo scrittore). Ma oggi la nostra mente, astratta e abituata al ragionamento concettuale, non è più in grado di capire quella, tutta sensibile, dei primitivi, di «immaginar [...] come pensassero i primi uomini che fondarono l'umanità».

ANALISI

Lo stile personalissimo di Vico Lo stile di questo passo oscilla fra due poli: quello della **dimostrazione intellettuale, proprio del trattato**, che rinvia di continuo ai nuclei concettuali delle «degnità», e quello **drammatico tipico della narrazione artistica** che si esprime attraverso il ritmo del racconto e le immagini della fantasia. Vedremo più sotto le ragioni di questa oscillazione. Consideriamone ora i caratteri stilistici. Per contenere questo duplice procedimento l'autore deve inventare una prosa originale, del tutto personale, che non ha riscontri nel suo tempo. Non può seguire l'ordine esclusivamente **logico** del trattato settecentesco né quello **fantasioso e ingegnoso** della prosa barocca (che pure lo ha certamente influenzato), ma deve tendere a una costruzione nuova. Così, da un lato, stabilisce sempre, all'inizio di ogni capoverso, dei **collegamenti logici** di stretta connessione con quanto precede («**Adunque**», «**In cotal guisa**»); dall'altro, all'interno di ogni capoverso, alterna riferimenti dotti ed eruditi, citazioni, riferimenti linguistici ed etimologici, informazioni scientifiche ad ampi **spunti di tipo narrativo e a veri e propri inserti drammatici**. Per regolare questi diversi registri espressivi Vico deve inventare **una prosa irregolare e tuttavia umanisticamente controllata**; deve sottrarsi ai limiti del vocabolario, della grammatica e della sintassi sino ad apparire "oscuro" e nello stesso tempo deve tendere a un **periodare ampio, complesso, latineggiante**, capace di contenere la varietà e la complessità del discorso. Di qui l'**unione di ardimento e di classicità umanistica**; di esuberanza quasi incontrollabile dell'espressione e di sforzo di ridurla a una norma.

INTERPRETAZIONE

Dai problemi dello stile a quelli della filosofia: la mente di oggi e quella primitiva Questa complessità stilistica è anche una risposta a un problema di natura teorica: come rendere con il linguaggio d'oggi, razionale, il modo di sentire dei primitivi, tutto fantastico? È un problema di **inadeguatezza del linguaggio**. Sul piano stilistico, il ricorso a uno **stile «perturbato e commosso»**, ricco di movimenti fantastici e poetici, intende essere omogeneo al mondo primitivo rappresentato.

Vico e la nascita del linguaggio Ammettere che a ogni tappa della storia della civiltà corrisponde uno specifico linguaggio e sostenere che **il linguaggio originario era istintivo, legato a una fantasia «corpolentissima»**, significava rifiutare e accettare insieme le teorie empiriste (particolarmente quelle di Locke): Vico vi si oppone perché respinge il concetto di una nascita convenzionale del linguaggio, di una natura logica e astratta; ma accetta l'idea, di origine aristotelica, ripresa da **Locke**, che niente penetri nell'intelletto se prima non è passato per i sensi. **Il linguaggio nasce da un'esperienza, da uno shock**; solo dopo un trauma, **gli uomini diventano "poetici", cioè creativi, capaci, cioè, in questo caso, di creare i miti e le religioni**. Il linguaggio, insomma, non esiste a priori nell'uomo, ma ha una origine storica, collegabile ad avvenimenti sensibili, reali.

T4 LAVORIAMO SUL TESTO

COMPRENDERE

1. Riassumi il contenuto del brano.

ANALIZZARE

Uno stile immaginoso

2. Tra quali poli opposti oscilla lo stile di questo passo?
3. Che cosa vuole comunicare ed evocare la prevalenza di immagini corporee?
4. **LINGUA E LESSICO** La lingua di Vico è piena di citazioni, riferimenti dotti, arcaismi. Sottolineali nel testo.

Sulla poesia

5. Perché la poesia nasce presso gli uomini-bestioni?
6. Cosa intende Vico definendo la poesia una «metafisica sentita e immaginata»?

INTERPRETARE

7. Esiste un rapporto tra poesia e teologia?

LE MIE COMPETENZE: RICERCARE, INDIVIDUARE COLLEGAMENTI

La ricerca di Vico ha molti punti di contatto con la moderna antropologia (cfr. **S4**, p. 473). Grandi antropologi (come ad esempio Levi-Strauss e Malinowski) hanno considerato il "pensiero simbolico" come la forma primaria della conoscenza, tipica delle civiltà primitive che ancora non hanno scoperto i rapporti logici di causa-effetto tra i fenomeni e interpretano la realtà attraverso miti e simboli. Fai una ricerca per capire cosa s'intende in antropologia con l'espressione "pensiero simbolico". Trovi dei punti di convergenza tra le acquisizioni dell'antropologia sulla mentalità primitiva e la tesi di Vico sul linguaggio "poetico" dei primi uomini?

3 L'attualità della *Scienza nuova*

S • L'attualità della lezione di Vico per Said e per Battistini

Il fascino della *Scienza nuova* è dato dal fatto che alcuni dei suoi fondamentali **nuclei concettuali** sembrano aprirsi a problematiche del tutto attuali. Come si spiega questa attualità in un autore che per molti versi appare ancora legato alla cultura secentesca e a schemi religiosi che gli impediscono di capire l'importanza storica della "nuova scienza" galileiana e del razionalismo cartesiano? Sta qui l'origine di un complesso dibattito degli interpreti.

Isoliamo alcuni di questi nuclei, collegandoli a nodi problematici attuali.

Il rapporto fra «certo» e «vero» e la relatività delle conoscenze

1. **Il «certo», il «vero» e il relativismo storico.** Il "vero" a cui l'uomo può aspirare appare limitato (essendo ridotto alla storia): inoltre, deve passare attraverso la filologia, cioè attraverso l'acquisizione di un "certo" sempre insicuro, perché sempre smentibile da nuove acquisizioni e da nuove interpretazioni. Il divario fra "certo" e "vero" può essere colmato solo con lo sforzo eroico di dare vita a una "scienza nuova". Ma la conoscenza dell'uomo resta di necessità relativa. La provvidenza di Dio è nella storia, ma non nell'interprete, che può coglierne solo il senso umano e razionale.

Lo storicismo

2. **L'approccio storicistico.** Da quanto precede deriva che lo spazio dell'interprete coincide con quello della storia. Nelle scienze umane studiare la natura delle cose significa comprenderne l'origine, studiarne la genesi storica: «natura di cose» – scrive Vico – «altro non è che nascimento di esse in certi tempi e in certe guise». Tuttavia lo storicismo di Vico non nasce dall'orgoglio di chi vede esprimersi nella storia l'intero destino dell'uomo, come accade per lo storicismo del filosofo tedesco Hegel (1770-1831) e di Croce (1866-1952) (cfr. **S3,** p. 460). Nel susseguirsi dei corsi e dei ricorsi non agisce – secondo Vico – uno spirito che si realizza facendosi storia (come credeva Croce), ma una legge imperscrutabile agli uomini e conosciuta pienamente solo da Dio. Eppure proprio ammettere l'esistenza di un progetto divino superiore ed estraneo, e dunque esterno alla storia, permette a Vico di abbandonare quest'ultima all'approccio laico e relativistico di chi sa che il senso complessivo e l'essenza delle cose non sono alla sua portata e può cercare solo di interpretare pragmaticamente le vicende umane e sociali. Questo senso del limite è proprio della coscienza moderna e dunque particolarmente attuale.

La "scienza nuova" come ermeneutica

3. **L'approccio ermeneutico.** Lo studioso si pone dunque come interprete parziale, come unico responsabile dei propri giudizi. La "scienza nuova" fondata da Vico niente altro è che l'ermeneutica. Quest'ultima non cerca verità nascoste e assolute, ma le leggi della vita civile e politica. Il suo orizzonte è dunque pragmatico, e il suo fine è una conoscenza utile agli uomini.

Il rapporto fra «svelamento» e «comprensione»: l'interpretazione come conoscenza critica dei rapporti di potere

4. **L'interpretazione come «nuova arte critica».** Vico usa l'aggettivo "critica" per indicare che l'arte dell'interpretazione deve tendere contemporaneamente allo «svelamento» e alla «comprensione». La filologia studia le autorità, cioè i rapporti di potere fra gli uomini di natura sociale ed economica. L'interprete deve capire queste relazioni di forza, che sono sempre esistite, e svelarle. Così, per esempio, Vico contesta ("svelandone" la falsità) il mito dello stato di natura e del "buon selvaggio": l'umanità ha sempre conosciuto un intreccio fra violenza e diritto e solo alla lunga il secondo elemento prevale sul primo (ma poi, quando il processo storico precipita nuovamente nella barbarie, si riproduce un'inversione di questa tendenza). Per certi versi, proponendo un metodo insieme storicistico e critico, Vico sembra anticipare alcuni aspetti del marxismo.

L'approccio antropologico

5. **L'approccio antropologico.** Le fasi della civiltà corrispondono a quelle della vita individuale di ciascuno. Il genere umano è unico; «comuni» sono i modi con cui esso cerca di emanciparsi dalla barbarie e nascono dal suo seno le nazioni. Comprendere il passato significa dunque comprendere l'infanzia dell'umanità. Studiarne il linguaggio, i miti, le favole poetiche non comporta affatto un atteggiamento di superiorità: attraverso quel linguaggio, quei miti, quelle favole poetiche si esprime infatti una determinata conoscenza storica. E la verità del mito, la sua capacità conoscitiva, sta appunto nel suo aspetto fantastico, non-concettuale. Ogni documento, senza eccezione, è perciò il segno prezioso di una fase dell'umanità. Non esistono documenti privilegiati o che esprimano livelli di coscienza superiori. Di qui il cumulo di informazioni e di prove tratte dalle vicende di tutti i popoli (dai Greci e dai Romani ai Germani, dagli ideogrammi cinesi alle notizie sugli indios d'America) e da ogni campo disci-

plinare, informazioni e prove che Vico riunisce nel tentativo di fornire una «enciclopedia antropologica» (Battistini). Ogni informazione infatti è utile e anzi necessaria per ricostruire il comportamento dell'uomo e per giungere a formularne le leggi generali. Da questo punto di vista Vico anticipa modelli di studio e di attenzione critica che sono propri della moderna antropologia (cfr. **S4**).

> **La natura comune delle nazioni**

6. Il concetto di natura comune delle nazioni. Spetta a Vico l'affermazione dell'unità del genere umano, la sottolineatura costante di ciò che è «comune» in esso e che contraddistingue ogni sviluppo civile, presso ogni tipo di nazione. Si tratta di un'ottica che esclude razzismi o pregiudiziali chiusure, e che presuppone uno spirito di tolleranza. A unificare gli uomini è il linguaggio, la originaria vocazione al mito e alla poesia, la spinta a un assetto civile e ragionevole in cui il diritto prevalga sulla violenza. La possibilità stessa della "scienza nuova" che Vico vuole fondare «si affida al postulato che gli uomini possano comprendersi reciprocamente, che esista un mondo umano comune partecipabile e accessibile a ogni individuo» (Auerbach). Sostenere la natura comune degli uomini non è solo una constatazione; è anche un invito all'unità del genere umano, oggi quanto mai attuale.

> **L'attuale conflitto delle interpretazioni**

Nella critica più recente il conflitto delle interpretazioni su Vico è ancora aperto. **Paolo Casini**, ad esempio, vede nella "arretratezza" del pensiero vichiano, nel carattere "arcaico" del suo umanesimo e nella sua ostilità nei confronti della scienza moderna (galileiana e newtoniana) la causa dell'impostazione astrattamente speculativa di tanta filosofia contemporanea incapace di confrontarsi con i problemi posti dalla tecnologia e dallo sviluppo scientifico. Viceversa, **Giulio Ferroni** dedica una pagina appassionata a mostrare l'attualità dell'opera vichiana, la sua capacità di influenzare tendenze diverse del pensiero contemporaneo, dalla psicoanalisi all'ermeneutica, dall'antropologia al marxismo, dallo storicismo alla nuova retorica (cfr. **S5**, p. 474).

> **S** • La fortuna di Vico e l'attuale conflitto delle interpretazioni

---

S4 — INFORMAZIONI

Vico e la nascita della moderna antropologia

Vico condivide la tendenza settecentesca a estendere l'indagine scientifica al mondo umano e trasporta il metodo sperimentale dalle «cose naturali alle umane cose e civili». Il terreno di osservazione diventa la storia, lo studio dell'uomo attraverso ciò che egli stesso ha creato. Scienza dunque è per Vico «cognizione della genesi delle cose» cioè della modalità in cui esse si vengono facendo. A questo scopo convergono tre strumenti essenziali: la filologia, ossia l'accertamento di fatti di ogni genere attinenti alla produzione dell'uomo; il metodo comparativo, che riscontra corrispondenze tra le vicende dei popoli più disparati, dai Romani ai Germani ai Giapponesi agli abitanti dell'America precolombiana; la filosofia, che mira a rintracciare le leggi generali comuni a tutti i processi di civilizzazione. Così Vico rivoluziona la concezione della storia e la visione sei-settecentesca dell'uomo, in cui persisteva ancora la separazione tra anima e corpo, tra metafisica e fisiologia. La tendenza a studiare scientificamente l'uomo aveva significato schiacciare l'interiorità verso l'esterno corporeo, indagato secondo relazioni calcolabili fra forme, movimenti e posizioni. È l'uomo-macchina, costituito da una serie di ingranaggi che regolano il suo funzionamento.

Vico è alla ricerca dell'uomo nella sua unità e lo ritrova nella sua storia, rivoluzionando il modo di rapportarsi al passato, il metodo di comprensione dei fatti e dei sistemi culturali. «Individuando delle leggi storiche universali, valide per tutti i popoli possibili, Vico propone un'ottica antropologica che resta essenziale anche per la cultura di oggi» (cfr. **S5**, p. 474).

Queste leggi non sono estranee all'uomo, ma è la mente umana con le sue «modificazioni» a indicare a Vico la chiave di lettura delle origini e dell'intero sviluppo storico. Egli estende alla storia dell'umanità lo schema psicologico della storia dell'individuo: «gli uomini prima sentono senza avvertire, dappoi avvertono con animo perturbato e commosso, finalmente riflettono con mente pura» (cfr. espansioni digitali **T**, *I princìpi della storia e quelli della «scienza nuova»*).

In questo contesto diventa fondamentale il problema delle origini. Vico interpreta in modo assolutamente nuovo rispetto ai contemporanei i miti delle culture primitive. L'atteggiamento verso i miti poteva variare, ma era sempre caratterizzato dalla «boria» dei dotti che, incapaci di distinguere le differenze fra se stessi e gli altri, proiettavano su di essi la loro mentalità. Ritenuti ora invenzioni arbitrarie e superstiziose, ora forme allegoriche di trasmissione della verità a menti ingenue o travestimenti di verità eterne, i miti sono invece interpretati da Vico come una forma primitiva, ma necessaria, di conoscenza fantastica del mondo, da cui ha inizio la scienza. I poemi omerici sono perciò «storie civili degli antichi costumi greci» (cfr. espansioni digitali **T**, *Del diluvio universale e de' giganti*).

I miti, la poesia nascono dalla «vasta immaginazione», dalla «corpulentissima fantasia» degli uomini bestioni, che si aggirano nella «densa notte di tenebre» della selva primitiva, dove «il cielo finalmente folgorò, tuonò con folgori e tuoni spaventosissimi». Dallo shock del fulmine nasce la religione. Dalle pulsioni anarchiche dell'animalità originaria si liberano le forze della ragione e dell'autocontrollo sui corpi, sullo spazio e sul tempo. Il recupero della corporeità primitiva passa attraverso il recupero delle forze oscure e profonde dell'animo che devono essere go-

S4

vernate, ma non ignorate dalla razionalità. Dalle forze del pathos e non del *logos* Vico fa iniziare la civiltà, destinata a precipitare nella barbarie della ragione, se il *logos* si separa dalla base sensitiva e passionale della natura umana.

Al mondo primitivo, come a quello del fanciullo Vico riconosce piena autonomia e dignità, perciò egli esamina i «rottami» del passato come documenti di un'umanità profondamente diversa da quella attuale. L'immagine del primitivo proposta da Vico differisce fortemente da quella corrente nel Settecento del buon selvaggio. Egli rifiuta la visione idillica dello stato di natura come paradiso terrestre o mitica età dell'oro. Non idealizza le origini dell'umanità come fondamento delle idee moderne di libertà e uguaglianza. Il primitivo tuttavia non è neanche un barbaro, né un arretrato, ma semplicemente un nostro antenato, da cui si sviluppa, nelle leggi generali, una storia comune a tutti i popoli. Sostenere la natura comune degli uomini significa sostenere, contro divisioni e razzismi, l'unità del genere umano e la possibilità di una comprensione reciproca tra gli uomini. Un messaggio coerente con la tolleranza e il cosmopolitismo illuministi, e anche un messaggio che non potrebbe essere maggiormente attuale.

S5 IL CONFLITTO DELLE INTERPRETAZIONI — MATERIALI E DOCUMENTI

Vico "arretrato" o "attuale"?

Casini sostiene qui la tesi del carattere «arcaico» dell'Umanesimo di Vico. Vico sarebbe responsabile dell'estraneità della filosofia italiana del Novecento ai problemi posti dalla tecnologia e dallo sviluppo scientifico.

▶▶ Dopo il 1714 Vico accentuò il proprio disinteresse per le scienze esatte e per la filosofia contemporanea. Parallelamente, approfondì in concreto la conquista del mondo storico, rivendicando il carattere scientifico dell'erudizione e della ricerca antiquaria. Al di là del concordismo dei novatori napoletani,[1] la sua complessa reazione antiscientista fruttò la definitiva acquisizione della "scienza nuova", la storia. Ma l'altro lato della medaglia – l'irreparabile divorzio tra pensiero storico e scienze esatte – segnò l'inizio di una lunga vicenda, che si è protratta a lungo nella cultura filosofica italiana. Ignorando la fisica newtoniana, la tecnologia, lo sviluppo delle singole scienze – ottica, chimica, medicina, biologia, geologia – Vico si precludeva tutta una parte, a lui così prossima, di quell'umana attività, della quale indagava profondamente le «guise».[2] Disconosciuto il carattere filosofico delle scienze esatte, ristrettosi al mondo della letteratura e del diritto, foggiò un quadro imponente dell'umano operare: ma il suo stesso umanesimo è arcaico, dimidiato,[3] perché espunge[4] da sé quei fermenti vitali dell'illuminismo che germinano sul terreno delle scienze e del riformismo politico.

P. Casini, *Introduzione all'Illuminismo*, vol. I: *Scienza, miscredenza e politica*, Laterza, Roma-Bari 1980, p. 271.

1 **concordismo...napoletani**: concordia, accordo esistente tra gli innovatori napoletani.
2 **«guise»**: *forme, modalità*.
3 **dimidiato**: *dimezzato, monco*.
4 **espunge**: *allontana*.

In questa pagina Ferroni critica la tesi dell'"arretratezza" di Vico e mostra l'influenza del suo pensiero sulle tendenze più vitali della ricerca filosofica e letteraria contemporanea: l'ermeneutica, la psicoanalisi, l'antropologia, la nuova retorica, il marxismo.

▶▶ Alcuni storici hanno interpretato la «solitudine» di Vico come un segno della sua estraneità alla più vivace cultura del suo tempo, fino a definire il suo pensiero arretrato o addirittura reazionario, opposto alla moderna cultura scientifica e alla nuova razionalità illuministica e volto invece a privilegiare la metafisica e la retorica, a delineare una visione tutta religiosa e provvidenzialistica della storia, dai connotati ancora barocchi o addirittura gesuitici.

In realtà queste interpretazioni si fermano all'aspetto più esteriore del pensiero vichiano, isolandone arbitrariamente alcuni elementi, che comunque ricevono un valore del tutto nuovo quando si colga la struttura originale che li coordina. [...]

Gli aspetti apparentemente conservatori di certe posizioni di Vico (che sostiene per esempio la preminenza della monarchia come forma di governo più perfetta, o risolve l'intero tracciato della *Scienza nuova* a «gloria della cattolica religione», affermando il primato della «provvidenza» sulla storia) vengono in realtà rovesciati dal procedimento del suo pensiero e del suo linguaggio: esso rivoluziona infatti la concezione della storia e di quelle che oggi vengono dette «scienze umane». Tale rivoluzione non riguarda i dati tecnici di discipline particolari (è facile individuare nel Vico errori o insufficienze di informazione), ma il modo stesso di rapportarsi al passato, lo stesso meccanismo di comprensione e definizione dei fatti e dei sistemi di cultura.

Individuando delle leggi storiche universali, valide per tutti i popoli possibili, Vico propone un'ottica antropologica, che resta essenziale anche per la cultura di oggi: per questo alle svalutazioni del pensiero vichiano appena ricordate si oppone oggi, anche fuori d'Italia, un vero e proprio «rinascimento» vichiano. A parte il pericolo di traduzioni disinvolte, in chiave troppo attuale, si mira giustamente a cogliere gli stimoli che quel pensiero può fornire a prospettive differenti, come quelle che propongono il marxismo, la psicoanalisi, l'ermeneutica, la nuova retorica; in ogni caso il filosofo napoletano appare oggi come il solo scrittore italiano del Settecento in grado di suscitare ancora attenzione e interesse a livello internazionale.

G. Ferroni, *Storia della letteratura italiana*, vol. II: *Dal Cinquecento al Settecento*, Einaudi Scuola, Torino 1991, pp. 368-369.

DAL RIPASSO ALLA VERIFICA

MAPPA CONCETTUALE — La trattatistica nel Settecento

SINTESI

Dal trattato al saggio
Nel corso del Settecento il trattato cessa di essere un'opera retorica e letteraria, e tende a diventare un'esposizione logicamente argomentata di una verità personale e parziale che tuttavia viene espressa in forme rigorose e quasi scientifiche. A contare è il metodo dell'esposizione che elenca i dati oggettivi dell'esperienza che possono comprovare la validità dell'argomentazione. Il trattato, cioè, tende a trasformarsi nel saggio moderno.

Nascita della storiografia
Agli inizi del Settecento si incomincia a studiare la natura dell'opera d'arte in quanto tale e i meccanismi psicologici che ne favoriscono la ricezione. Si esprime, dunque, una tendenza alla storiografia letteraria intesa in senso moderno. L'opera storica cessa di essere opera letteraria per divenire storia erudita. In campo estetico, la personalità di maggior spicco è Gian Vincenzo Gravina (1664-1718).

Ludovico Antonio Muratori
Ludovico Antonio Muratori (1672-1750) è il maggior erudito della sua età. Nella sua vasta produzione, che abbraccia ogni campo della trattatistica, spiccano per importanza i *Rerum italicarum scriptores* [Scrittori di vicende italiane, 1723-51], le *Antiquitates italicae Medii Aevi* [Antichità italiane del Medioevo, 1738-42] e gli *Annali d'Italia dal principio dell'era volgare sino all'anno 1749* (1744-1749).
Il nuovo metodo storiografico delle grandi opere della maturità di Muratori, basato sull'analisi e sulla discussione delle fonti, sulle ricerche d'archivio e sulla critica testuale, risente in larga misura della lezione della storiografia francese. Muratori, in particolare, è debitore all'erudito benedettino Dom Jean Mabillon, fondatore della diplomatica e della paleografia.

DAL RIPASSO ALLA VERIFICA

● **La novità di Giovan Battista Vico**
La straordinaria novità di Vico sta nel suo porsi come fondatore di una *scienza nuova*, quella dell'interpretazione (o ermeneutica), e dello storicismo, e nello stabilire un nesso tra queste due nozioni: se l'uomo può conoscere solo la sua storia, l'ermeneutica applicata alla storia diventa l'unica disciplina in grado di fondare la scienza.
Oltre alla *Autobiografia* (scritta nel 1724-25, pubblicata nel 1728 e successivamente aggiornata fino al 1731), le opere principali di Vico sono il *De antiquissima italorum sapientia* [Sull'antichissima sapienza italica, 1710], il *Diritto universale* e la *Scienza nuova*.

● **La *Scienza nuova***
Vico comincia a lavorare alla *Scienza nuova* nel 1723 e continua a farlo per oltre vent'anni sino alla morte. Le tre redazioni dell'opera escono nel 1725, nel 1730 e nel 1744. La *Scienza nuova* si suddivide in cinque libri. Nel primo, intitolato *Dello stabilimento de' principi*, dopo una tavola cronologica desunta dalla Bibbia, Vico inserisce 114 aforismi o assiomi che egli chiama «degnità», in cui condensa il contenuto della *Scienza nuova*. Il secondo libro, intitolato *Della sapienza poetica*, studia la nascita, nella fase primitiva della storia umana, del linguaggio poetico, dei riti e delle istituzioni civili. Il terzo libro, *Della discoverta del vero Omero*, è dedicato alla questione omerica. Il quarto, *Del corso che fanno le nazioni*, rappresenta il percorso della civiltà che passa attraverso tre età, l'età degli dei, l'età degli eroi e l'età degli uomini. Il quinto, *Del ricorso delle cose umane nel risurgere che fanno le nazioni*, espone la teoria dei corsi e ricorsi storici. All'originalità dell'impianto teorico corrisponde l'originalità della scrittura. Lo stile di Vico tende all'eccesso barocco e al sublime. Nel linguaggio convivono sia la riflessione dell'uomo moderno, sia la capacità di ritornare nell'animo «perturbato e commosso» degli uomini primitivi.

DALLE CONOSCENZE ALLE COMPETENZE

1 Il saggio moderno si fonda. (§ 1)
- [A] su un'argomentazione razionale
- [B] sulla retorica
- [C] sui dati oggettivi
- [D] sul metodo scientifico

2 In che cosa consiste il metodo dell'esposizione? (§ 1)

3 Quali novità apportano al metodo storiografico le opere di Muratori e di Giannone? (§ 1)

4 L'ermeneutica è l'arte di (§ 2, S2)
- [A] stabilire l'integrità linguistica dei testi
- [B] compararne versioni diverse
- [C] interpretarne il senso profondo
- [D] riconoscerne l'attribuzione

5 Storicismo indica una visione della storia come .... che, secondo Vico, è guidato da .... (§ 2, S3)

6 Definisci sinteticamente le caratteristiche della prosa vichiana. (§ 2)

7 La *Scienza nuova* (§ 2)
- A studia i tratti .... che caratterizzano la storia ....
nella sua evoluzione da .... a ....
- B si basa sui criteri del «certo» e del «vero» cioè ....

8 Caratterizza lo stato di natura immaginato da Vico e quello inventato dalla «boria dei dotti». (T4, espansioni digitali T *I principi della storia e quelli della «scienza nuova»*)

STATO DI NATURA	VICO	DOTTI
stato di violenza	☐	☐
età dell'oro	☐	☐
uomini liberi e uguali	☐	☐
uomini imbarbariti	☐	☐

9 Perché, secondo Vico, è impossibile una scienza della natura? Che cosa può soltanto conoscere l'uomo? (§ 2)

10 In che modo l'uomo «bestione» può essere insieme sublime poeta? (T3, T4)

11 Vico stabilisce un rapporto tra fantasia e ragione nello sviluppo della civiltà. Quale funzione attribuisce alla fantasia e quale alla ragione? (§ 2, T3)

PROPOSTE DI SCRITTURA

LA TRATTAZIONE SINTETICA

La teoria dei corsi e ricorsi storici
Illustra la teoria dei corsi e ricorsi storici. Da chi è guidato, secondo Vico, il progresso? Che cosa differenzia la visione del filosofo napoletano da quella illuminista?

La nuova scienza vichiana
Chiarisci sinteticamente la posizione di Vico verso la nuova scienza. Che cosa critica Vico? Che cosa riprende?

Il concetto di natura
Rintraccia i passi relativi al concetto di natura comune a tutti gli uomini e indicane in modo sintetico presupposti e conseguenze.

LA RELAZIONE

Il brano di Ludovico Antonio Muratori *Sul metodo storiografico* dà consigli su come sia possibile "raccontare la storia": «Bisogna solo raccogliere e distendere quello che è stato od è e senza che noi di nostro capriccio vi possiamo aggiungere azioni o cose nuove o mutar le vecchie…». Segui i consigli di Muratori per raccontare un fatto storico, riprendendolo dal tuo libro di storia, confrontando come lo stesso fatto venga raccontato su altri manuali (potresti chiederli momentaneamente in prestito a compagni di altre classi, o cercarne in biblioteca, o operare una ricerca su Internet). Dopo aver confrontato le varie versioni, seleziona le notizie e scrivi una breve relazione, oggettiva, completa di informazioni attinenti all'episodio narrato e di indicazioni bibliografiche sulle fonti che te le hanno fornite.

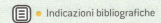
• Indicazioni bibliografiche

prometeo 3.0

Personalizza il tuo libro selezionando per questo capitolo materiali integrativi da Prometeo (di seguito ti proponiamo un elenco di materiali, ma puoi trovarne altri utilizzando il motore di ricerca).

- **SCHEDA** La *Dipintura* della *Scienza nuova*
- **SCHEDA** La questione omerica
- **SCHEDA** La filologia e l'ermeneutica come scienze dell'uomo in quanto «essere storico» e in quanto «uomo in generale» (E. Aurbach)
- **TESTO** Ludovico Antonio Muratori, *La differenza fra poesia e scienza e fra poesia e filosofia o storia, e il rapporto fra fantasia e ragione nell'arte*

Capitolo XVII — La lirica e il melodramma. Metastasio

My eBook+

Cliccando su questa icona, docenti e studenti accedono ad un'area di personalizzazione che permette di arricchire i contenuti digitali già linkati lungo le pagine del libro. Nell'area di personalizzazione è possibile infatti salvare ulteriori materiali: selezionati da Prometeo, prodotti autonomamente o ricercati nella rete.

▶ Per un elenco di materiali integrativi presenti nella biblioteca multimediale di Prometeo o per attivare una ricerca cfr. p. 490

Jean-Honoré Fragonard, *L'appuntamento*, 1771-1775. New York, Frick Collection.

1 La lirica arcadica

La lirica, il genere degli arcadi

A livello europeo, nel sistema dei generi letterari **la lirica perde importanza** a favore del romanzo, del saggio, del teatro. Tuttavia, **essa è lo strumento d'espressione privilegiato dall'accademia dell'Arcadia** (su cui cfr. cap. I, § 3): nel giro di qualche decina di anni uscirono migliaia e migliaia di versi con pastori e pastorelle che si lamentano o gioiscono d'amore in paesaggi bucolici stilizzati e quasi smaltati.

La funzione ornamentale della lirica

La funzione ormai secondaria della **lirica** è attestata anche dalla sua **riduzione a un uso accessorio**, finalizzato ad altro: soprattutto, per esempio, al melodramma e dunque alla musica, ma anche alle cerimonie sociali e all'intrattenimento. **La poesia tende ad acquistare un aspetto che si direbbe ornamentale**.

Le due generazioni di arcadi

La prima generazione degli arcadi è rappresentata soprattutto da Giambattista Felice Zappi e dallo scienziato bolognese Eustachio Manfredi. **La seconda generazione** è quella di Frugoni, di Rolli e soprattutto di Metastasio.

L'edonismo leggero di Paolo Rolli

Se lasciamo da parte Metastasio, che è il maggior poeta della sua epoca, il più significativo rappresentante della seconda generazione è **Paolo Rolli**, nato a Roma nel 1687 e morto a Todi nel 1765. **Il classicismo di Rolli** deve molto ai poeti latini Orazio, Tibullo e Catullo. Caratterizza la poesia di

LA LIRICA DELL'ARCADIA	
caratteristiche • paesaggi pastorali stilizzati • funzione ornamentale • intrattenimento sociale e rapporto con il melodramma	**autori principali** • Metastasio • Rolli

T • Paolo Rolli, «Solitario bosco ombroso»
T • Paolo Rolli, Inverno

Rolli un **edonismo leggero**, un amore per la bellezza e il piacere, in cui si riflette una cultura più libera e spregiudicata rispetto a quella degli ambienti arcadici romani. La vocazione al canto e alla musica favorisce una poesia di notevole tenuta espressiva, in cui il gusto aristocratico e ornamentale dell'arte rococò internazionale, l'espressione di una nuova sensibilità per la natura felicemente s'incontrano con il classicismo di tradizione umanistica e italiana.

2. La riforma del melodramma. L'opera buffa

Svalorizzazione del libretto ed esclusivo interesse per le arie

L'uso della poesia a fini a essa estranei è evidente nel **melodramma**. Anzi, in questo genere d'arte si tendeva sempre più a privilegiare il momento spettacolare e musicale togliendo progressivamente importanza alla parola e dunque al testo scritto, ai recitativi. Di fatto ciò induceva a **ridurre il melodramma a un susseguirsi di arie**, in cui trionfava il virtuosismo dei cantanti. **Contro la degenerazione del melodramma**, Apostolo Zeno (1688-1750) cercò di eliminare gli aspetti più spettacolari, di ridare importanza al recitativo e di introdurre temi eroici e moralistici.

La riforma di Apostolo Zeno

La riforma di Metastasio

La riforma avviata da Zeno fu completata da Metastasio. Questi eliminò definitivamente dall'opera seria ogni elemento comico, favorendo la contrapposizione fra opera seria e opera buffa. Inoltre costituì uno schema fisso di scena drammatica, separando l'azione, affidata a lunghi recitativi, dal momento lirico, affidato invece alle arie conclusive. In questo modo il **testo letterario veniva rivalutato** nella sua autonomia rispetto alla musica.

La riforma di Calzabigi-Gluck

Con la riforma di Zeno e Metastasio **si era ridata dignità letteraria al libretto**, a danno della sua traduzione musicale. La riforma promossa da un librettista italiano, **Ranieri de' Calzabigi** (1714-1795) e da un musicista tedesco, **Christoph Willibald von Gluck** (1714-1787), vuole invece rifarsi al modello dell'antica tragedia greca. **Essa si basa sui seguenti punti principali:**

LE RIFORME DEL MELODRAMMA

il melodramma nei primi anni del Settecento
- distinzione tra arie e recitativi e primato delle arie in cui trionfa il virtuosismo dei cantanti
- scarsa importanza del testo scritto
- ricerca di effetti grandiosi e spettacolari

la riforma di Apostolo Zeno
- importanza del testo scritto
- riduzione degli effetti spettacolari
- primato del recitativo
- temi eroici e moralistici

la riforma di Metastasio
- esclusione degli elementi comici (e trasformazione del melodramma in opera seria)
- netta distinzione tra recitativi (azione) e arie (momenti lirici)
- valorizzazione del testo letterario

la riforma di Calzabigi e Gluck
- modello della tragedia greca
- primato della parola e dell'azione
- scomparsa della distinzione tra recitativi e arie
- vicenda verosimile
- fedeltà al testo da parte dei cantanti
- coro come personaggio

OPERA SERIA E OPERA BUFFA

- **Opera seria** → melodramma
- **Opera buffa** → caratteristiche:
  - comicità
  - sperimentalismo
  - carica provocatoria
  - → *La serva padrona* (1733) musicata da Pergolesi

Pergolesi in Olimpiade, dramma per musica in due atti di Pietro Metastasio, musica di Giovanni Battista Pergolesi, revisione dell'opera e intermezzi di Roberto De Simone. Direttore d'orchestra Alessandro De Marchi, regia Roberto De Simone. Produzione del Teatro San Carlo di Napoli, 2011.

1. scompare la differenza, introdotta da Metastasio, fra recitativo e aria: l'azione infatti non deve essere mai interrotta, a conferma del predominio delle esigenze della parola e della vicenda narrata;
2. ai cantanti non è permessa la libertà di ornare a loro piacimento la parte che recitano;
3. il coro diventa un personaggio;
4. la vicenda deve essere sempre verosimile, senza dispersioni, esagerazioni o eccessi di complicazione;
5. i mutamenti di scena devono essere ridotti al minimo indispensabile.

Questa riforma, che rispondeva a una esigenza razionalistica e moralistica in contrasto con le consuetudini spettacolari e con le attese del pubblico, **fu accolta con diffidenza e con indifferenza**, e non si affermò mai definitivamente.

L'opera buffa

Non è solo l'opera seria a diffondersi in Europa, ma anche l'**opera buffa**. Essa era nata a Napoli come intermezzo: si tratta di *La serva padrona* (1733), opera del librettista Gennaro Antonio Federico (morto intorno al 1745) e del musicista Giovan Battista Pergolesi (1710-1736). Vi predominano l'azione comica e lo sperimentalismo linguistico. L'opera buffa poteva anche comunicare una carica di provocazioni che piacque agli intellettuali illuministi. Intorno agli anni Cinquanta del Settecento l'opera buffa conquistò i teatri di tutta Europa.

3 Metastasio: vita e opere. La poetica

Vita di Pietro Trapassi (Metastasio)

Pietro Trapassi nacque a Roma nel **1698**. Adottato all'età di dieci anni da Gian Vincenzo Gravina, uno dei fondatori dell'Accademia dell'Arcadia, che ne aveva ammirato la capacità di improvvisare i versi, ebbe una educazione classicistica. Gravina stesso trasformò il suo cognome in quello grecizzante di Metastasio. Sotto la guida di Caloprese (cugino di Gravina) **studiò in Calabria il pensiero di Cartesio**. Presi gli **ordini religiosi minori**, assunse il titolo di abate. Dopo aver tentato, alla morte di Gravina, di fare l'avvocato a **Napoli**, cominciò a frequentare il mondo teatrale napoletano, anche per amore di una cantante, la Romanina. **Il successo**, dopo alcune prove minori, **giunse a Napoli con** *Didone abbandonata* (1724). Poiché Napoli allora dipendeva dagli austriaci Asburgo, cominciano in questo periodo i suoi rapporti con la nobiltà di Vienna. Escono poi altri melodrammi, rappresentati **a Roma** dove nel 1727 Metastasio è ritornato a vivere. Da lì, tre anni dopo, si reca **a Vienna**, per sostituire Apostolo Zeno, "poeta cesareo" presso la corte. **Tenne la carica di poeta cesareo per ben cinquantadue anni**, dal 1730 sino alla morte, avvenuta nel 1782. Restò sempre ligio agli Asburgo, dei quali era pronto a esaltare il buon governo. Per questo suo atteggiamento conservatore era ovviamente del tutto **estraneo e ostile alla nuova cultura illuministica**. Nella senilità le sue pagine più belle vanno trovate nell'*Epistolario* (comprendente 2654 lettere, di grande valore documentario e talora artistico), pieno di nostalgia per la patria lontana e di amarezza per le perfidie e gli inganni della vita.

Carlo Innocenzo Carloni - Marcantonio Chiarini, *Glorificazione del Principe*, 1716. Vienna, Belvedere inferiore, Sala dei marmi.

La struttura del melodramma. I personaggi e i temi

Il melodramma di Metastasio resta fedele ai tradizionali tre atti. **Sul piano tematico**, è fondato sempre su un contrasto fra passioni opposte o fra passione e dovere. **I personaggi sono sei**: due coppie di amanti, e due figure maschili, una favorevole, l'altra contraria alla coppia principale. **Il lieto fine** è quasi sempre d'obbligo (vi si sottraggono *Didone abbandonata* e un dramma eroico come *Attilio Regolo*): il contrasto viene risolto o da un atto di virtù o da un'agnizione. **Gli argomenti** sono assunti dalla mitologia o dalla storia, con preferenza per vicende poco note. **I recitativi** sono distinti nettamente dalle arie, che così possono essere gustate anche in modo autonomo dal contesto del libretto; e infatti tendono a divenire famose a prescindere da esso.

I recitativi e le arie

L'irrazionale tradotto in termini razionali e cantabili

Metastasio tende a trasporre la violenza passionale dell'anima in termini di chiarezza e di semplicità arcadiche; **a tradurre l'irrazionale in schemi razionali e in ritmi di facile cantabilità**. Tale trasposizione avviene però in una sorta di sopramondo in cui finzione e realtà, illusione e verità si scambiano di continuo le parti. **La vita stessa finisce per essere un palcoscenico**, in cui artificiale e autentico si identificano. Beninteso, l'autore è perfettamente consapevole che l'arte è finzione e sogno; ma – questo è il punto – la vita reale non gli sembra certo meno fittizia di quella artificiale dell'arte. Tanto vale dunque accettare di vivere pienamente l'evasione e il diletto che l'arte consente.

Il melodramma, un grande successo internazionale

Nella produzione melodrammatica di Metastasio è possibile distinguere **tre fasi**.

La prima fase (1724-30)

T • Pietro Metastasio, *Arie per melodrammi: «Se resto sul lido»*

La prima fase (1724-30), **napoletana e romana**, è caratterizzata da un **forte sperimentalismo**, con una tendenza all'eccesso e alla novità. Il capolavoro di questa fase, la **Didone abbandonata**, presenta per esempio un finale tragico molto raro nella produzione metastasiana, che, secondo la tradizione del genere, punta per lo più sul lieto fine.

La seconda fase (1730-40)

La seconda fase (1730-40) corrisponde al **primo decennio viennese**. Ne fanno parte i due capolavori, l'*Olimpiade* e il *Demofoonte* (1733), e il fortunatissimo *La clemenza di Tito* (1734). Qui Metastasio si abbandona ai temi elegiaci, patetici, sentimentali che predilige, facendoli dipendere da **situazioni drammatiche e conflittuali**, senza che vadano dispersi senso della misura ed equilibrio compositivo. **L'elemento eroico** è impiegato con molta parsimonia, mentre **la razionalità** controlla le passioni rendendole moderate e sagge.

CARATTERISTICHE DEI MELODRAMMI DI METASTASIO
• struttura in tre atti
• lieto fine (ad esclusione della *Didone abbandonata* e dell'*Attilio Regolo*)
• vicende poco note tratte dalla mitologia e dalla storia
• distinzione tra recitativi (azione) e arie (momenti lirici)
• temi sentimentali e conflitto tra passione e dovere
• facilità del linguaggio e petrarchismo medio, reso semplice e popolare
• chiarezza e musicalità

Giambattista Tiepolo, *La morte di Didone*, 1757-1770. Mosca, Museo Puškin.

La terza fase (1740-71)

La terza fase comincia con l'*Attilio Regolo*, scritto nel 1740 ma rappresentato solo dieci anni dopo. **L'ultimo Metastasio privilegia temi eroici** che esaltano esempi di "virtù" in modo anche enfatico e retorico. Può mancare perciò, talora, il tradizionale "lieto fine".

Un petrarchismo medio

Metastasio rende popolare e semplice il petrarchismo. Adotta il linguaggio sentimentale elaborato da Tasso, semplificandolo al massimo, così che divenga facilmente comunicativo, immediato, del tutto trasparente. Quello di Metastasio è un **linguaggio letterario medio**, che tiene presente sia l'"uso" sia i "buoni autori", e dunque **né aulico né comune**, capace di dare dignità ai sentimenti dei personaggi e del pubblico che vi si identifica collocandoli in una sfera un po' più alta della banalità e della normalità, ma mai molto elevata. **La musicalità dei versi**, già naturalmente predisposti all'utilizzazione melodrammatica, fa parte organica di questa operazione rivolta a un pubblico internazionale d'élite e tuttavia molto vasto.

La musicalità

Razionalismo e controllo delle passioni

S • Finzione e sentimento, ragione e sensibilità in Metastasio (E. Raimondi)

La scansione razionale delle vicende e l'organizzazione nitida della sintassi e del verso contribuiscono ad alleggerire il groviglio degli artifici, delle inverosimiglianze, delle agnizioni, rendendolo accettabile e persino del tutto "naturale". D'altra parte, **artificiale e naturale finiscono in Metastasio per identificarsi**. L'analisi del caos delle passioni (Metastasio aveva letto il *Trattato delle passioni* di Cartesio) e l'attenzione ai problemi di incertezza, di esitazione, di conflittualità fra ipotesi diverse in cui si dibatte l'animo dei personaggi conducono a una **pacata presa d'atto dell'irrazionalità della vita**.

Il primo artista di una letteratura internazionale di massa

T • Pietro Metastasio, *La poetica di Metastasio: «Sogni e favole io fingo»*

Da un certo punto di vista **Metastasio è stato il primo artista di una letteratura internazionale di massa** (anche se il suo pubblico, data l'epoca in cui egli vive, resta sempre, ovviamente, nei limiti dell'alta borghesia e della nobiltà). **Il suo grande successo** nelle corti e nei teatri di tutta Europa è dovuto alla sua reale **capacità di dare agli spettatori i buoni sentimenti che essi si aspettano**, onesti precetti morali, e soprattutto – come in ogni letteratura di massa – l'**evasione nel sogno** e il diletto che da tale evasione deriva.

È grazie al successo internazionale di Metastasio e del melodramma italiano che la nostra lingua diviene popolare nelle corti e nei teatri europei.

Le *Rime*: le canzonette e le arie per melodrammi

Le fonti delle *Rime*: Tasso e Marino

Metastasio scrisse **sonetti**, quasi tutti d'occasione, **odi**, **canzonette**, nei quali si rivela spesso un autore galante e mondano. Il linguaggio poetico e le situazioni sono desunti soprattutto da Tasso e da Marino.

Le cantate e le canzonette

Spiccano in questa produzione non direttamente destinata al teatro (anche se poi quasi sempre musicata) **trentaquattro cantate**, che riprendono dal melodramma l'alternanza fra lo stile del recitativo (endecasillabi e settenari) e quello delle ariette (versi brevi rimati), e diverse canzonette, fra le quali *La libertà* (1733) (cfr. T1), *Palinodia* (1746) e *La partenza* (1746).

T • Pietro Metastasio, *La partenza*

Bisogna infine aggiungere che rientrano pienamente nella lirica anche le numerose arie composte per i melodrammi (oltre 1200) (cfr. T2, p. 486).

T1 Pietro Metastasio
La libertà

CONCETTI CHIAVE
- "sentire" = momento lirico vs "ragionare" = momento razionale
- processo di liberazione psicologica
- la «barbara catena» dell'amore di Nice è finalmente spezzata

FONTE
P. Metastasio, *Opere*, a cura di M. Fubini, Ricciardi, Milano-Napoli 1968.

Il poeta canta qui la raggiunta libertà dai vincoli d'amore che lo univano a Nice. Di questa libertà è garanzia non solo la possibilità del poeta di non vivere più in funzione della donna e dell'amore, ma la sua capacità di vederla obiettivamente, anche nei difetti (Nice è volubile e «ingannatrice»). Il componimento venne musicato, oltre che dallo stesso poeta, da Giovanni Paisiello (1740-1816).

A Nice
Scritta in Vienna l'anno 1733.

Grazie agl'inganni tuoi,
al fin respiro, o Nice,
al fin d'un infelice
ebber gli dei pietà:
5 sento da' lacci suoi,
sento che l'alma è sciolta;
non sogno questa volta,
non sogno libertà.

Mancò l'antico ardore,
10 e son tranquillo a segno,
che in me non trova sdegno
per mascherarsi amor.
Non cangio più colore
quando il tuo nome ascolto;
15 quando ti miro in volto
più non mi batte il cor.

Sogno, ma te non miro
sempre ne' sogni miei;
mi desto, e tu non sei
20 il primo mio pensier.
Lungi da te m'aggiro
senza bramarti mai;
son teco, e non mi fai
né pena, né piacer.

25 Di tua beltà ragiono,
né intenerir mi sento;
i torti miei rammento,
e non mi so sdegnar.
Confuso più non sono
30 quando mi vieni appresso;
col mio rivale istesso
posso di te parlar.

Volgimi il guardo altero,
parlami in volto umano;
35 il tuo disprezzo è vano,
è vano il tuo favor;
che più l'usato impero
quei labbri in me non hanno;
quegli occhi più non sanno
40 la via di questo cor.

Quel, che or m'alletta, o spiace,
se lieto o mesto or sono,
già non è più tuo dono,

METRICA canzonetta di 13 strofe, costituite da due quartine di settenari, tre piani e l'ultimo tronco. I primi versi delle due quartine rimano fra loro, come gli ultimi. In ogni quartina i due versi centrali sono in rima baciata. Schema: abbc, addc.

- **1-8** Grazie ai tuoi tradimenti (**agl'inganni tuoi**) finalmente (**al fin**) respiro, o Nice [: nome pastorale della donna amata], finalmente gli dei hanno avuto pietà di un infelice: sento che l'anima (**l'alma**) è liberata (**sciolta**) dalle sue catene (**lacci**); questa volta non desidero (**non sogno**) libertà [: perché ormai la possiedo].
- **9-16** La passione di un tempo (**l'antico ardore**) è venuta meno, e sono sereno a tal punto (**a segno**) che non è più necessario che il mio amore si mascheri di disprezzo (**sdegno**) [: come accadeva quando, pur consapevole di essere tradito, il poeta continuava tuttavia ad amare la donna]. Non muto (**non cangio**) più colore [in volto] quando ascolto il tuo nome; il cuore non mi batte più come un tempo quando ti guardo (**ti miro**) in volto.
- **17-24** Sogno, ma nei miei sogni non vedo sempre te; mi sveglio e [: congiunzione con valore avversativo, come le sgg.] tu non sei la cosa a cui penso per prima. Me ne vado (**m'aggiro**) lontano da te senza desiderarti (**senza bramarti**) mai; sono con te (**teco**), e non provo né dolore né gioia.
- **25-32** Parlo della tua bellezza e non mi sento intenerire; ricordo (**rammento**) i miei errori e non riesco a provarne sdegno. Non sono più in subbuglio quando mi vieni vicino (**appresso**); posso persino parlare di te al mio rivale [in amore].
- **33-40** Rivolgi verso di me il tuo sguardo (**guardo**) altezzoso, parlami con gentilezza (**in volto umano**); il tuo disprezzo è inutile (**vano**) e inutili sono le tue attenzioni (**il tuo favor**) perché (**che**) quelle labbra non hanno più su di me il dominio consueto (**l'usato impero**), [perché] quegli occhi non ritrovano (**non sanno**) più la via che porta a questo [mio] cuore.
- **41-48** Ciò che adesso mi attira o mi disgusta (**spiace**), se sono felice o triste (**mesto**), non è già più né per merito né per colpa tua: perché

già colpa tua non è:
che senza te mi piace
la selva, il colle, il prato;
ogni soggiorno ingrato
m'annoia ancor con te.

Odi, s'io son sincero;
ancor mi sembri bella,
ma non mi sembri quella,
che paragon non ha.
E (non t'offenda il vero)
nel tuo leggiadro aspetto
or vedo alcun difetto,
che mi parea beltà.

Quando lo stral spezzai,
(confesso il mio rossore)
spezzar m'intesi il core,
mi parve di morir.
Ma per uscir di guai,
per non vedersi oppresso,
per racquistar se stesso
tutto si può soffrir.

Nel visco, in cui s'avvenne
quell'augellin talora,
lascia le penne ancora,
ma torna in libertà:
poi le perdute penne
in pochi dì rinnova,
cauto divien per prova,
né più tradir si fa.

So che non credi estinto
in me l'incendio antico,
perché sì spesso il dico,
perché tacer non so:
quel naturale istinto,
Nice, a parlar mi sprona,
per cui ciascun ragiona
de' rischi che passò.

Dopo il crudel cimento
narra i passati sdegni,
di sue ferite i segni
mostra il guerrier così.
Mostra così contento
schiavo, che uscì di pena,
la barbara catena,
che trascinava un dì.

Parlo, ma sol parlando
me soddisfar procuro;
parlo, ma nulla io curo
che tu mi presti fé:
parlo, ma non dimando
se approvi i detti miei,
né se tranquilla sei
nel ragionar di me.

Io lascio un'incostante;
tu perdi un cor sincero;
non so di noi primiero
chi s'abbia a consolar.
So che un sì fido amante
non troverà più Nice;
che un'altra ingannatrice
è facile a trovar.

- **le foreste, i colli e i prati mi piacciono [anche] senza di te; ogni permanenza in luoghi a me sgraditi (ogni soggiorno ingrato) mi annoia anche (ancor) in tua compagnia.
- **49-56** Ascolta (odi) se sono sincero; mi sembri ancora bella, ma non mi sembri [più] colei che non ha eguali (che paragon non ha). E – non ti offenda la verità – adesso vedo nel tuo aggraziato (leggiadro) aspetto qualche (alcun) difetto che [prima] mi appariva (mi parea) bello.
- **57-64** Quando spezzai la freccia (lo stral) [di Amore: quando mi accorsi che non ti amavo più] – confesso la mia vergogna (il mio rossore; sineddoche) – mi sentii spezzare il cuore, mi sembrò di morire. Ma per togliersi dai guai, per non vedersi schiavi, per riprendere il dominio di se stessi si può tollerare (soffrir) qualsiasi cosa.
- **65-72** Quell'uccellino che talvolta s'imbatte (s'avvenne) nel vischio, vi lascia persino (ancora) le penne, ma torna in libertà: poi in pochi giorni rinnova le penne che ha perduto e diventa più prudente per l'esperienza fatta (per prova).
- **73-80** Sono certo che tu non credi che in me la passione di un tempo (l'incendio antico) si sia spenta, poiché ne parlo (il dico) così spesso e non so stare zitto: ciò che mi esorta a parlare, o Nice, è quell'istinto naturale per cui ognuno parla (ragiona) [razionalmente] dei rischi che ha corso.
- **81-88** Allo stesso modo (così) il guerriero, dopo la spietata lotta (il crudel cimento), racconta l'ira provata (i passati sdegni), mostra i segni delle proprie ferite. Allo stesso modo lo schiavo che è sfuggito al suo supplizio (che uscì di pena) mostra contento la disumana (barbara) catena che un tempo (un dì) trascinava con sé.
- **89-96** Parlo, ma attraverso la parola cerco solo il mio appagamento (me soddisfar procuro); parlo, ma non m'importa (nulla io curo) se tu mi credi (che tu mi presti fé): parlo, ma non voglio sapere se approvi quel che dico (i detti miei), né se sei serena quando parli di me [con altri].
- **97-104** Io lascio una donna volubile (incostante), tu perdi un innamorato sincero; non so chi di noi due debba rallegrarsi (s'abbia a consolar) per primo (primiero) [: domanda retorica: è Nice, per il poeta, ad aver subito la perdita maggiore, nonostante la riacquistata libertà]. So che Nice non troverà più un amante così fedele (fido) e che sarà facile [invece, per me,] trovare un'altra donna infedele.

T1 — DALLA COMPRENSIONE ALL'INTERPRETAZIONE

COMPRENSIONE

La fine di un amore Viene celebrata in questi versi la conquista della **libertà dall'amore per Nice**, dai suoi inganni, dai suoi «lacci». La condizione psicologica in cui si trova il poeta è analiticamente descritta attraverso il continuo **confronto tra la schiavitù del passato e l'indipendenza del presente**. E se rinunciare alle seduzioni di Nice non è stato indolore, se bruciano ancora le ferite che la lotta per riacquistare la libertà ha provocato, tuttavia il premio per la sofferenza provata è la consapevolezza che mentre Nice ha perso un innamorato sincero, **Metastasio solo ora finalmente può riconoscere i difetti di un'amante incostante.**

ANALISI

Lo stile La **canzonetta** assume quasi l'aspetto di un **melodramma concentrato in poche strofette**: abbiamo sia **una vicenda narrativa, simile a quella dei recitativi**, giocata sul rapporto fra i ricordi del passato e la realtà del presente e sui vani tentativi della donna di ingelosire il poeta e di avvolgerlo ancora nei suoi lacci, sia le **ariette**, qui percepibili in due casi (vv. 65-72, e vv. 81-89), nei quali le **similitudini** (quella con l'uccellino scampato al vischio, del soldato sopravvissuto alle ferite e dello schiavo sfuggito al supplizio) hanno uno sviluppo quasi autonomo. La **sapienza formale** è evidente nella organizzazione della **quartina**, in genere divisa a metà sia dal punto di vista sintattico, che da quello semantico e ritmico; fra il v. 2 e 3 di ogni strofetta, il ritmo cambia. Spesso **un punto e virgola divide esattamente a metà la quartina** (cfr. vv. 6-7; 14-15; 18-19; 22-23; 26-27; 30-31; 34-35; 38-39 ecc.). Talora la quartina è organizzata sulla **figura del chiasmo** (cfr., per esempio, vv. 45-48). Fra respiro metrico e respiro sintattico la coincidenza è totale e dunque sono **del tutto assenti gli** *enjambements*. Tutto ciò contribuisce ovviamente a dare semplicità e scansione razionale al componimento, mentre le numerose **ripetizioni** (cfr. quella di «vano», per esempio, fra i vv. 35 e 36) **e anafore** (cfr. vv. 5 e 6, 7 e 8, 43 e 44 o 62 e 63) rendono più scorrevole e facilmente intelligibile il testo, dandogli la forma di una "confessione in pubblico", quasi da monologo teatrale.

INTERPRETAZIONE

Il significato psicologico della confessione in pubblico e le ragioni del successo di Metastasio L'ossessione con cui l'autore dichiara di essere libero dall'«imperio» di Nice, e l'insistenza e **la vivacità con cui afferma di esser sincero ed esprime il desiderio di esser creduto** (cfr. v. 49), rivelano che in realtà, almeno nella fase iniziale della scrittura, il processo di liberazione non è ancora del tutto realizzato.
Sarà proprio **la confessione in pubblico** a funzionare come **una sorta di terapia rituale**: quando il soggetto si rende conto di non parlare più *per Nice*, ma per soddisfare se stesso («Parlo, ma sol parlando / me soddisfar procuro», ma cfr. tutta la strofe, vv. 89-96), allora il processo sarà completo. Le **ultime due quartine**, nella loro durezza di giudizio sulla donna, esprimono **un'aggressività finalmente liberata**.
Ma si noti tuttavia che il processo di liberazione non riguarda solo la psicologia del soggetto (l'"io" lirico), ma anche quella del **lettore** (o, nei melodrammi, dello spettatore) che, ascoltando la confessione, si identifica nei suoi sentimenti.
Di qui la fortuna di Metastasio, il suo successo di "massa": il pubblico delle corti e dei teatri non può che partecipare con entusiasmo a questa **sorta di gratificante rito di liberazione collettiva dalle pulsioni e dal caos delle passioni**.

Sognare e ragionare, momenti costitutivi della poetica e della poesia metastasiana È stato notato dalla critica che «**nei vv. 17-24 è preminente il verbo "sogno", nei vv. 25-32 il verbo "ragiono"**» (Nicastro). Nella canzonetta sono presenti insomma i due momenti essenziali della poetica metastasiana: **il momento lirico e quello riflessivo**, il sentire (verbo ripetuto ai vv. 5-6) e il ragionare, cioè il razionalizzare. Il verbo "ragionare" implica infatti sia il parlare con altri dei propri sentimenti (la verbalizzazione della passione), sia la riflessione su di essi. Tutta la canzonetta esprime dunque un processo di liberazione psicologica.

T1 — LAVORIAMO SUL TESTO

COMPRENDERE

Nice, l'ingannatrice
1. Di cosa parla la canzonetta?
2. Per quale motivo è finita la relazione tra il poeta e Nice?

ANALIZZARE

Un melodramma "condensato"
3. Quali aspetti rendono la canzonetta quasi un melodramma "condensato"?

Lo stile musicale e il registro lirico

4. In che modo l'autore riesce a sottolineare i moti dell'animo attraverso il controllo formale?
5. A quali similitudini ricorre l'autore per indicare la sua condizione psicologica?

INTERPRETARE

Sentire e ragionare

6. Evidenzia i momenti in cui prevale il "sentire" e quelli in cui prevale il "ragionare". Ti sembra che la razionalità, anche formale, di Metastasio sottovaluti il sentimento? Questa è, per te, una confessione sincera?

T2 — Pietro Metastasio
Arie per melodrammi: «È la fede degli amanti»

OPERA
Demetrio, atto II, scena 3ª, vv. 107-114

CONCETTI CHIAVE
- la fedeltà degli amanti è come l'araba fenice

FONTE
P. Metastasio, *Opere*, cit.

Arietta della scena terza dell'atto secondo di Demetrio *(1731), divenuta subito famosissima.*

È la fede degli amanti
come l'araba fenice:
che vi sia, ciascun lo dice;
110 dove sia, nessun lo sa.
Se tu sai dov'ha ricetto,
dove muore e torna in vita,
me l'addìta, e ti prometto
di serbar la fedeltà. *(parte)*

METRICA due quartine di ottonari (tronchi quelli finali) con lo schema abbc, dedc.

 107-110 *La fedeltà* (**fede**) *degli innamorati è come l'araba fenice* [: *favoloso uccello che risorge dalle proprie ceneri*]: *tutti* (**ciascun**) *dicono che esiste ma nessuno sa dov'è.*

 111-114 *Se tu sai dove* [*l'araba fenice*] *trova rifugio* (**ha ricetto**), *dove muore e* [*dove*] *torna in vita, allora mostramelo* (**me l'addìta**), *e ti prometto che io rimarrò fedele* (**di serbar la fedeltà**) [*alla donna che mi ama*].

T2 — DALLA COMPRENSIONE ALL'INTERPRETAZIONE

COMPRENSIONE

La fedeltà tra gli innamorati L'arietta appartiene al *Demetrio*, uno dei capolavori del periodo che Metastasio trascorse a Vienna, e riflette sul **tema della fedeltà tra gli innamorati che è qui paragonata all'araba fenice**, l'uccello mitologico capace di rinascere dalle proprie ceneri, in cui tutti dicono di credere ma che nessuno ha mai visto.

ANALISI E INTERPRETAZIONE

L'araba fenice Già nota al popolo degli Egizi, **la fenice** (alla quale è stato assegnato l'aggettivo "araba" per indicare il presunto luogo di nascita) **è un uccello fantastico**, simile a un'aquila, dalle piume rosse e dorate che muore ogni cinquecento anni e ritorna in vita dalle proprie ceneri. Perciò l'animale diventa presto il simbolo della rinascita sia materiale che spirituale, qualcosa quindi di eccezionale. Metastasio lo nomina per indicare un valore difficile da incontrare: la fedeltà in amore. Grazie a questi versi metastasiani, «**araba fenice**» **è diventata espressione proverbiale** per indicare tutti quei valori che, continuamente evocati, sono tuttavia pressoché introvabili e verificabili nei comportamenti umani.

Una struttura binaria **Leggerezza e ironia** sono i tratti che caratterizzano il modo di Metastasio di raccontare le passioni, che **non ama né la profondità psicologica né la problematicità**. L'aria *È la fede degli amanti* esemplifica bene almeno una delle qualità del teatro di Metastasio: **la musicalità** lieve ma rigorosa, quasi geometrica. La regola di questa musicalità è semplice ed è una regola binaria: **Metastasio procede sempre per coppie** (spesso per coppie oppositive): paragone amanti/araba fenice (vv. 106-107), opposizione dire/sapere (vv. 108-109), ripresa dei due termini del paragone (vv. 110-111 e 112-113), con la conclusione logica. Anche **nella metrica tutto è divisibile per due**: due quartine (con schema abbc, dedc) e otto ottonari, nei quali spesso la cesura cade proprio alla metà del verso.

T2 LAVORIAMO SUL TESTO

COMPRENDERE

1. Perché Metastasio paragona la fedeltà ad una fenice?

ANALIZZARE

2. Sottolinea le coppie oppositive presenti nel testo.

INTERPRETARE

3. In una trattazione sintetica che non superi le 10 righe spiega quali elementi tipici del melodramma di Metastasio ritrovi anche in questa arietta del *Demetrio*.

LE MIE COMPETENZE: PRODURRE

Dal melodramma al musical
In questo capitolo abbiamo analizzato le caratteristiche e l'affermazione del melodramma, un genere nuovo, destinato a riscuotere un vasto successo anche nei secoli successivi. Oggi, mentre le opere liriche continuano ad essere eseguite nei teatri di tutto il mondo, una grande fortuna hanno anche le evoluzioni moderne del melodramma, come l'opera popolare e il musical, che nasce negli Stati Uniti dall'operetta ottocentesca e mescola canto, ballo, recitazione. Crea un prodotto multimediale intitolato *Dal melodramma al musical*, in cui, dopo aver riepilogato i principali elementi della riforma del melodramma introdotta da Metastasio, passi in rassegna la storia e le caratteristiche del musical, soffermandoti ad analizzarne uno in particolare tra quelli apparsi negli ultimi anni (come, ad esempio, *Notre-Dame de Paris*, tratto dall'omonimo romanzo di Victor Hugo e scritto da Riccardo Cocciante e Luc Plamondon; *Mamma mia!*, basato sulle canzoni più celebri degli Abba, un gruppo pop svedese; ecc.).
Puoi realizzare

- un ipertesto, utilizzando Word, PowerPoint, il codice html
- un video, utilizzando spezzoni di filmati reperibili in rete
- una playlist con una scelta calibrata di brani musicali.

Presenta il lavoro in classe con l'ausilio della LIM.

Percorso
LO SPAZIO E IL TEMPO

Percorsi tematici

Natura e arte nel paesaggio arcadico

Giovanni Antonio Guardi, *Il giardino del serraglio*, 1743 circa. Madrid, Museo Thyssen-Bornemisza.

La natura è uno dei grandi miti del Settecento, come oggetto sia di rappresentazione che di riflessione scientifica e filosofica. Gode di grande prestigio la scienza, che da Galileo a Newton ha lanciato la suggestione di una intrinseca razionalità della natura. Si sviluppa un'attitudine, già anticipata dal Seicento, che vede nella natura in sé un oggetto di contemplazione artistica, la fonte di un piacere estetico (vedi i nuovi generi della natura morta, del paesaggio, del vedutismo).

Nei primi decenni del Settecento una nuova sensibilità per la natura si diffonde nel costume, caratterizza l'arte e la letteratura. La vita cittadina e mondana si riversa verso l'esterno, esprime un bisogno di libertà, di naturalezza, di abbandono al piacere di vivere in una natura accogliente, che non ha più la forma del giardino dominato dalla geometria rinascimentale o dagli artifici barocchi. **Il nuovo paesaggio è il parco: a metà strada tra il bosco e il giardino, fonde in un perfetto equilibrio natura e civiltà.** L'arte è simboleggiata dal *Leitmotiv* della statua, dall'eleganza della presenza umana, mentre la vegetazione cresce in apparente libertà occupando tutto lo sfondo dei quadri.

L'uomo non domina la natura, né è dominato. Essa costituisce la cornice accogliente dei suoi piaceri: feste campestri, riunioni galanti, idilli amorosi. Talora partecipa al gioco di seduzione erotica. Il paesaggio è sempre sereno, piacevole, specchio e garante dell'aspirazione dell'uomo alla felicità. **Mai come in questo periodo la natura è vissuta come bella e buona, senza le contraddizioni che si manifesteranno nella seconda metà del secolo.**

Il paesaggio cambia contenuto in rapporto ad una visione meno eroica dell'uomo. Non più sfondo a soggetti mitologici o storici, non conosce aspri conflitti, né impervie asperità. L'ombra è sempre fresca, la «sponda» morbida, l'aspetto rassicurante e ordinato. **È la vita contemporanea, tranquilla e piacevole, nella sua quotidianità, che viene esaltata in questo paesaggio idealizzato.** Esso non allude più a un perduto paradiso terrestre, né a una mitica età dell'oro, ma è un luogo di delizie mondane, umanamente fruibili dalla ricca società del tempo. **Una nuova dimensione dell'uomo penetra nell'arte, non più valutabile dalle alte imprese, ma dal delicato sentire**; il sentimento dell'amore e quello della natura si identificheranno per tutto il Settecento. Ciò distingue la moderna Arcadia da quella cinquecentesca del Sannazaro.
Nella lirica arcadica la natura è rappresentata secondo i modi della tradizione bucolica. **È una natura stilizzata nelle forme e nei temi** (si pensi alla fortuna europea in tutte le arti del tema delle quattro stagioni, delle fasi del giorno, del travestimento pastorale), dove anche i sentimenti dolorosi si stemperano in ritmi melodici, in una sdrammatizzazione operata da un sentimento musicale della natura.

Altrove la natura è colta attraverso reminiscenze classiche: il paesaggio ha spesso una matrice colta, meno evidente nella poesia dialettale. Tuttavia l'artificio artistico non impedisce talora la percezione di dati naturalistici, con precisione, semplicità e concretezza tutta moderna. La convenzione arcadica diventa allora strumento di espressione di un autentico amore per la natura e per la campagna su cui si riversa e nobilita la gioia del vivere quotidiano.

DAL RIPASSO ALLA VERIFICA

MAPPA CONCETTUALE   L'Accademia dell'Arcadia e Metastasio

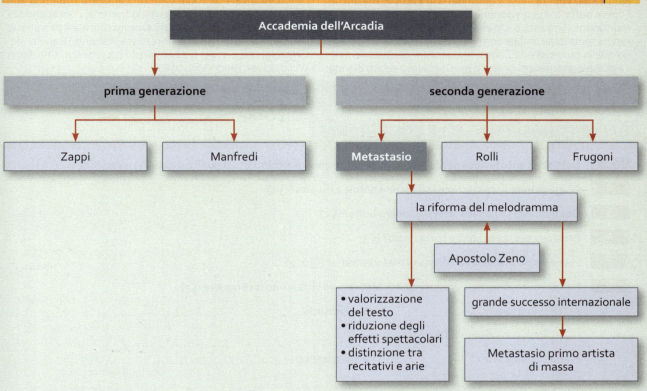

SINTESI

La lirica arcadica
Strumento d'espressione privilegiato dell'accademia dell'Arcadia è la lirica che, ridotta a un uso accessorio, acquista una funzione ornamentale. I maggiori poeti arcadi sono Paolo Rolli (1687-1765) e soprattutto Pietro Metastasio. L'uso della poesia a fini ad essa estranei è evidente nel melodramma dove si tende a privilegiare il momento spettacolare e musicale, togliendo importanza alla parola e al testo scritto. Di fatto ciò induceva a ridurre il melodramma a un susseguirsi di arie in cui trionfava il virtuosismo dei cantanti.

Pietro Metastasio
Pietro Trapassi, detto poi Metastasio, nasce a Roma nel 1698. Adottato all'età di dieci anni da Gravina, riceve un'educazione classicistica. Nel 1724 ottiene a Napoli il suo primo successo con la *Didone abbandonata*. Dal 1727 al 1730 è a Roma. Nel 1730 si reca a Vienna, dove conserva la carica di "poeta cesareo" presso la corte per ben cinquantadue anni, sino alla morte avvenuta nel 1782.

Le fasi della produzione melodrammatica di Metastasio
Nella produzione melodrammatica di Metastasio è possibile distinguere tre fasi. La prima fase (1724-30), napoletana e romana, è caratterizzata da un forte sperimentalismo. Il capolavoro di questa fase è la *Didone abbandonata* (1724). La seconda fase (1730-40) corrisponde al primo decennio viennese. Ne fanno parte i due capolavori, l'*Olimpiade* e il *Demofoonte* (1733) e il fortunatissimo *La clemenza di Tito* (1734). Qui Metastasio si abbandona ai temi elegiaci, patetici e sentimentali che predilige, mentre l'elemento eroico è usato con molta parsimonia. La terza fase comincia con l'*Attilio Regolo*, scritto nel 1740 ma rappresentato dieci anni dopo. L'ultimo Metastasio privilegia temi eroici che esaltano esempi di "virtù" in modo anche enfatico e retorico.

Il melodramma di Metastasio
Il melodramma di Metastasio è fondato sul contrasto tra passioni opposte o tra passioni e dovere. I personaggi sono sei: due coppie di amanti e due figure maschili, una favorevole e una contraria alla coppia principale. Il lieto fine è quasi sempre d'obbligo. Gli argomenti sono desunti dalla mitologia o dalla storia, con preferenza per vicende poco note. I recitativi sono distinti nettamente dalle arie, che così possono essere gustate anche in modo autonomo.

DAL RIPASSO ALLA VERIFICA

● **L'opera buffa. La riforma del melodramma**
Non è solo l'opera seria a diffondersi in Europa, ma anche l'opera buffa, in cui predominano l'azione comica e lo sperimentalismo linguistico. Un altro fenomeno internazionale è rappresentato da un'ulteriore riforma del melodramma dopo quella promossa da Zeno e Metastasio. Metastasio aveva diviso nettamente libretto e musica: aveva ridato dignità al primo, ma si era disinteressato della sua traduzione musicale. Ora invece si vuole dare un carattere organico agli aspetti letterari e musicali del melodramma, concependo in modo unitario gli uni e gli altri. Questa riforma è promossa, congiuntamente, da un librettista italiano, Ranieri de' Calzabigi (1714-1795) e da un musicista tedesco, Christoph Willibald von Gluck (1714-1787).

DALLE CONOSCENZE ALLE COMPETENZE

1. Nel Settecento la lirica perde importanza come genere autonomo. A quali usi è soprattutto adibita? (§ 1)
2. Quale genere nuovo unisce sulla scena parole e musica? (§ 2)
3. Quali sono le caratteristiche dell'opera buffa? (§ 2)
4. Presso quale corte lavora Metastasio? (§ 3)
5. In che senso Metastasio riforma il melodramma? (§§ 2, 3)
6. Nella produzione melodrammatica di Metastasio si possono distinguere (§ 3)

   A La prima fase (................................) caratterizzata da ....

      Il capolavoro di questa fase è ....

   B La seconda fase (................................) caratterizzata da ....

      Il capolavoro di questa fase è ....

   C La terza fase (................................) caratterizzata da ....

      Il capolavoro di questa fase è ....

7. In che senso lo scambio tra finzione e realtà produce nell'opera di Metastasio un effetto di "naturalezza dell'artificio"? (§ 3)
8. Attraverso quali espedienti, tematici e stilistici, Metastasio riesce a coniugare l'elemento razionale e quello irrazionale? (§ 3)
9. Perché Metastasio può essere considerato il primo artista di una letteratura internazionale di massa? (§ 3)

prometeo 3.0

Personalizza il tuo libro selezionando per questo capitolo materiali integrativi da Prometeo
(di seguito ti proponiamo un elenco di materiali, ma puoi trovarne altri utilizzando il motore di ricerca).

- **LO SPETTACOLO TEATRALE: LA SCENA E GLI ATTORI**   Primi tentativi di riforma teatrale: l'esperienza di Luigi Riccoboni
- **SCHEDA**   Problemi della ricezione e fortuna critica di Metastasio
- **TESTO**   Pietro Metastasio, *Carnevale romano. Lettera alla Romanina*
- **TESTO**   Pietro Metastasio, *Dall'Olimpiade*
- **TESTO**   Pietro Metastasio, *La partenza*
- **VIDEO** LE IDEE E LE IMMAGINI   Guglielmo Pianigiani, *Letteratura e musica*

Capitolo XVIII
Verso la modernità: il romanzo europeo del primo Settecento

My eBook+

Cliccando su questa icona, docenti e studenti accedono ad un'area di personalizzazione che permette di arricchire i contenuti digitali già linkati lungo le pagine del libro. Nell'area di personalizzazione è possibile infatti salvare ulteriori materiali: selezionati da **Prometeo**, prodotti autonomamente o ricercati nella rete.

▶ Per un elenco di materiali integrativi presenti nella biblioteca multimediale di Prometeo o per attivare una ricerca cfr. p. 510

Pietro Antonio Rotari, *Giovane con un libro*, 1756-1762. Amsterdam, Rijksmuseum.

1 | Il romanzo in Inghilterra e in Francia e il ritardo italiano

Il mancato sviluppo del romanzo in Italia

Il Seicento aveva visto la nascita del romanzo in vari paesi d'Europa, fra cui l'Italia. Anche da noi **il romanzo barocco**, con il suo gusto per l'avventura e la peripezia, aveva avuto grande diffusione per quasi settant'anni, dal 1620 al 1690 circa. Viceversa **l'età dell'Arcadia è caratterizzata dalla scomparsa del romanzo** nel nostro paese proprio negli stessi anni in cui esso conosce un grande sviluppo in Inghilterra e in Francia.

L'Arcadia contro il Barocco e contro il romanzo

Le ragioni di tale eclissi sono d'ordine culturale e sociale. Il romanzo era stato identificato con il gusto barocco e dunque messo al bando dagli arcadi. Questi, poi, avevano investito sulla lirica e sul melodramma. Era difficile infatti conciliare il classicismo con il romanzo, genere troppo moderno, troppo "basso" e comico. Mancavano inoltre le basi sociali per lo sviluppo di questo genere letterario, che presuppone un pubblico vasto di lettori e una figura d'autore che possa vivere del proprio lavoro. Il romanzo, insomma, non poteva essere, in età moderna, un'operazione puramente letteraria, rivolta a un gruppo ristretto di letterati; doveva tendere a un pubblico di massa. Ciò era possibile solo dove stava sviluppandosi su vasta scala la borghesia: dunque, anzitutto, in Inghilterra, poi in Francia. **Il fatto che il romanzo scompaia**, per la prima metà del secolo, **sia in Italia che in Spagna, è la riprova del ritardo economico e sociale di questi paesi**.

Mancanza delle basi sociali necessarie al romanzo moderno

Borghesia, pubblico di massa e sviluppo del romanzo in Inghilterra

2 Il romanzo inglese. Defoe, Swift, Richardson, Fielding

Robinson Crusoe, I viaggi di Gulliver e il tema del viaggio

Le due prime grandi narrazioni in prosa del Settecento inglese, **Robinson Crusoe** (1719) di Defoe e **I viaggi di Gulliver** (1726) di Swift **hanno in comune il tema del viaggio e dell'esperienza** (su cui cfr. cap. I, § 6). **Il primo** trae spunto da un naufragio in un'isola deserta; **il secondo**, che si ispira largamente ai libri di viaggio allora di moda, da un naufragio sulla costa di un paese sconosciuto. **Nel primo** anche gli aspetti negativi della vita (il naufragio, la solitudine) vengono superati con spirito pratico, trasformandosi in positive sollecitazioni di costruzione e di civilizzazione del mondo; **nel secondo** le più diverse esperienze segnano il compiersi dell'educazione di Gulliver, insegnandogli il disgusto per i propri simili, un solido relativismo e un sostanziale scetticismo.

La satira di Swift e il realismo borghese di Defoe

Come si può vedere da quanto si è detto sinora, **i due libri offrono soluzioni opposte: in Swift** prevale l'elemento satirico, componente fondamentale del gusto settecentesco, **in Defoe** il realismo borghese che, percorrendo tutto il Settecento, sfocerà poi nel grande romanzo ottocentesco. **Swift** fa della struttura romanzesca uno strumento per mettere a confronto linguaggi, ideologie, ipotesi di civiltà diverse, privilegiando l'aspetto critico-negativo, umoristico, ironico, dissacrante; **Defoe** un mezzo per mettere in rilievo la nuda radice pratica, razionale, economica della vita borghese, per illustrarne il senso e l'implicito valore.

Swift: l'ottica estraniata dei Lillipuziani

Per certi versi l'irlandese **Jonathan Swift** (1667-1745) appare legato alla **tradizione della letteratura utopica**. La descrizione del **paese dei Lillipuziani** (i minuscoli abitanti di Lilliput, dove Gulliver arriva a nuoto dopo il naufragio) serve all'autore sia per illustrare alcune sue idee utopiche sull'educazione, sia per colpire le vicende della vita politica inglese che si riflettono nelle contese politiche dello strano paese in cui il protagonista è capitato (cfr. T1, p. 496). **La seconda avventura di Gulliver**, raccontata nel secondo libro dell'opera, ha invece un aspetto più marcatamente satirico. Questa volta egli è abbandonato su una spiaggia ignota e scopre che il paese è abitato da **giganti**: è dapprima accolto da una bambina figlia di contadini che lo tratta come una bestiola, poi acquistato dalla regina in persona. Diventa così l'animaletto di casa della famiglia reale, che gli fa preparare una camera su misura. **L'elemento satirico** consiste nel modo con cui i giganti, esseri ragionevoli e sensati, reagiscono alle informazioni che Gulliver fornisce sui costumi dell'Inghilterra, che appaiono loro del tutto assurdi e incomprensibili. **Adottando un'ottica estraniata** (come negli stessi anni faceva in Francia Montesquieu con le *Lettere persiane*), Swift può sostenere una **concezione relativistica dei valori** e assumere un atteggiamento satirico nei confronti delle convenzioni e dei costumi inglesi. **Nel terzo libro** si descrive il **viaggio a Laputa**, che serve all'autore per sottoporre a critica la vita intellettuale del suo tempo. **Nel quarto libro** la critica si allarga a tutta l'umanità. Questa volta si tratta di un **viaggio nel paese degli Houyhnhnm**, nobili cavalli che vivono secondo ragione e natu-

La conclusione negativa

IL ROMANZO INGLESE NEL SETTECENTO

Swift, *I viaggi di Gulliver*
- tema del viaggio
- satira
- utopia
- ottica estraniata
- moralismo e pessimismo

Defoe, *Robinson Crusoe*
- tema del viaggio
- trionfo della civiltà borghese (Robinson come perfetto eroe borghese)
- dominio del "selvaggio" e prefigurazione del colonialismo
- trionfo del calcolo economico
- realismo

Richardson, *Pamela*
- romanzo epistolare
- analisi psicologica
- conflitto tra sentimenti e società
- sentimentalismo

Fielding, *Tom Jones*
- romanzo d'avventura in terza persona
- vivacità dei dialoghi
- realismo
- comicità

ra, serviti da uomini degenerati, gli Yahoo. Insomma, i rapporti fra uomini e cavalli appaiono in questo paese invertiti, anzi giustamente invertiti data la stoltezza del genere umano. **La conclusione, insomma, è del tutto negativa**.

Daniel Defoe (1660-1731), figlio della media borghesia, giornalista, impegnato nelle lotte politiche del tempo, imprigionato più volte per debiti e per motivi politici, cominciò a scrivere romanzi solo verso i sessant'anni, a scopo di lucro. Il primo, **Robinson Crusoe**, appena uscito, nel **1719**, ebbe un grande successo, anche per la fortuna che allora avevano i racconti di viaggio, e ciò spinse l'autore a comporre altri romanzi, fra cui **Lady Roxana** e soprattutto **Moll Flanders** (1722), che è con *Robinson Crusoe* il capolavoro di Defoe (cfr. T2, p. 499).

La storia di Robinson, naufragato su un'isola deserta, è il resoconto di come un bravo mercante (tale è il protagonista) riesca a imporre i propri costumi e la propria logica di vita anche in un paese privo di civiltà (cfr. **S1**). La solitudine non è motivo per una riflessione sulla sorte dell'uomo o per un bilancio della propria vita, ma per **una solerte e razionale organizzazione dell'esistenza**. Robinson domina la natura e costruisce la civiltà borghese, compresi – quando scopre la presenza di un indigeno, **Venerdì** – i suoi rapporti di dominio: Venerdì sarà il suo servitore. **Viene così prefigurato il colonialismo britannico**, o meglio il tipo di rapporto con il "selvaggio" che esso tende a stabilire (su *Robinson Crusoe* cfr. anche il Modulo interculturale *Defoe, Tournier, Coetzee: la metamorfosi del Selvaggio*, T1, p. 496; T2, p. 499; T3, p. 505).

Vita e opere di Defoe

T • Daniel Defoe, *La seduzione di Moll Flanders*

Il trionfo dell'organizzazione borghese in *Robinson Crusoe*

S1 INFORMAZIONI

Il mito di Robinson e la letteratura del Novecento: il caso di Vittorini e di Tournier

La figura di Robinson, che costruisce la propria vita nelle condizioni più difficili, è diventata presto un mito. Non è certo un caso che tale mito abbia attratto l'attenzione di quegli scrittori che, negli anni Trenta del Novecento, videro nell'Inghilterra e nell'America, e negli scrittori di questi paesi, un modello di vita e di civiltà, improntato all'intraprendenza, alla vitalità, alla fiducia laica nella vita. Pavese (che tradusse Defoe) e Vittorini – che coniò addirittura il termine "robinsonate" per esprimere il proprio gusto della scoperta e dell'avventura – sono i principali esponenti di questa generazione. Sarebbe interessante leggere il romanzo in cui Vittorini si ispira più direttamente al mito di Robinson Crusoe, *Le donne di Messina*, pubblicato nel 1949 e poi, in una nuova redazione, nel 1964, presso Bompiani. A Elio Vittorini (1908-1966) premeva la traducibilità sociale del mito di Robinson. Nel dopoguerra l'uomo che esce dal naufragio di quella immane catastrofe si trovava in condizioni simili a quelle dell'eroe di Defoe. Ma – ecco l'intuizione di Vittorini – non ci si può più salvare da soli. Si tratta di ricostruire dalle macerie della distruzione bellica (la seconda guerra mondiale) non solo l'individuo ma una rete di rapporti comunitari. Vittorini immagina dunque che non una sola persona ma un'intera comunità, nell'immediato dopoguerra, si trasferisca in un posto isolato dell'Appennino e lì cerchi di ricostituire, su basi di solidarietà, una società meno individualistica di quella che ha condotto all'immane conflitto. Il mito di Robinson veniva insomma utilizzato all'interno di un'utopia sociale, in cui confluivano una riflessione sulle cause della guerra e fermenti politici di tipo socialista. È utile confrontare non solo il romanzo di Vittorini e quello di Defoe, ma le due diverse redazioni delle *Donne di Messina*. In quella del 1964, infatti, Vittorini appare ormai consapevole del fallimento dell'utopia che lo aveva animato nell'immediato dopoguerra: la piccola comunità non riesce a sostenersi a lungo nell'isolamento e nella solidarietà dei suoi membri e deve venire a patti con la realtà dell'individualismo borghese e del capitalismo.

Fuori d'Italia, fra i molti esempi che si potrebbero citare a dimostrazione della vitalità del mito di Robinson, almeno uno va ricordato, quello dello scrittore francese Michel Tournier. Con *Vendredi ou les limbes du Pacifique* [Venerdì o il limbo del Pacifico, 1969] Tournier riscrive il *Robinson Crusoe*, ma capovolge – come è evidente sin dal titolo – i rapporti tra Robinson e Venerdì. Nel romanzo, infatti, non è Robinson a "colonizzare" il buon selvaggio Venerdì, ma questi a sedurre ed educare a poco a poco Robinson. La prospettiva eurocentrica e borghese di Defoe risulta così rovesciata. Di *Vendredi ou les limbes du Pacifique* Tournier ha pubblicato una seconda versione, semplificata e ridotta, *Vendredi ou la vie sauvage* [Venerdì o la vita selvaggia, 1971]. Parrebbe quasi che lo scrittore, consapevole dei misfatti che in nome di una presunta letteratura per l'infanzia sono stati compiuti sui libri come quelli di Defoe, di Swift e poi di Melville, abbia voluto anticipare ogni zelante riduttore, pubblicando una versione "minore" del suo libro. Ma Tournier non autorizza questa interpretazione: «Io non scrivo per i ragazzi. Scrivo meglio che posso. E quando mi avvicino al mio ideale, scrivo in modo tale che *anche* i ragazzi possano leggermi». Al mito di Robinson Tournier ha dedicato anche un racconto, *La fin de Robinson Crusoé* [La fine di Robinson Crusoe], compreso nella raccolta *Le coq de bruyère* [Il gallo cedrone, 1978]. In esso un Robinson salvato da una goletta inglese e restituito alla civiltà, e tuttavia incapace di resistere al richiamo dell'isola della sua giovinezza, si imbarca ancora una volta per ritrovarla. La *quête* fallisce e Robinson ne riemerge «invecchiato, distrutto e mezzo annegato nell'alcool».

I protagonisti: Robinson Crusoe e Moll Flanders

Gli eroi di Defoe, Robinson Crusoe e Moll Flanders, hanno **un'incrollabile, spontanea e naturale fiducia in se stessi e nella vita**. A Defoe non interessa la psicologia dei sentimenti, l'analisi minuta delle sensazioni, ma l'esperienza vissuta in quanto tale. Anche se **Moll Flanders**, una prostituta, viene rappresentata alla fine pentita, nel racconto che ella fa della propria esistenza non c'è un sentimento morale, ma solo il gusto dell'affermazione personale unito alla capacità del calcolo economico (in questo caso, la bellezza e il sesso sono considerati alla stregua di merci da vendere come ogni altra, senza falsi pudori).

Daniel Defoe, Robinson Crusoe, *frontespizio della prima edizione, 1719.*

Richardson

Defoe divide con Samuel Richardson (1689-1761) il diritto di essere considerato il fondatore del romanzo inglese. **Defoe** è scrittore più istintivo e, nonostante il suo proclamato puritanesimo, quasi amorale; **Richardson** è più attento ai valori etici, a quelli del sentimento, alla psicologia. Lo strumento epistolare, che egli impiega nei suoi romanzi, non è insomma casuale. Il loro successo dette un impulso decisivo al **genere del romanzo epistolare**, destinato a larga fortuna nel Settecento e nell'Ottocento: esso infatti è il mezzo più adatto per prospettare dilemmi psicologici e morali.

Il successo del romanzo epistolare

Il conflitto tra sentimenti e società in Richardson

Mentre in Defoe c'è solo l'osservazione della realtà, **nei romanzi di Richardson** si pone il **problema fondamentale del romanzo moderno**, quello del **contrasto fra moralità e interessi mondani, fra interiorità e leggi sociali**. Se Defoe celebra i valori borghesi, Richardson ne considera il carattere problematico impostando per la prima volta la questione del conflitto fra sentimenti e società, che sarà centrale nello sviluppo del romanzo fra Settecento e Ottocento.

Anche Richardson è un borghese, un agiato stampatore di Londra. Anche lui comincia a scrivere romanzi tardi, oltre i cinquant'anni.

Pamela*, *o la virtù ricompensata

In *Pamela* (1740), come appare dal titolo completo, *Pamela, o la virtù ricompensata*, vige l'equivalenza borghese che applica al mondo morale la logica dello scambio: **la virtù vale perché è compensata**. Pamela, una domestica insidiata dal padrone, mantenendo la propria castità e salvaguardando così la propria virtù ottiene di essere da lui sposata. Tutta la storia, raccontata da Pamela attraverso lettere inviate ai genitori, rivela insieme **la prudenza ma anche l'astuzia, seppure innocente, della ragazza** che, alla morte della padrona, resta alla mercé del figlio libertino di costei, **il signor B.**, e resiste ai suoi tentativi di seduzione senza cessare tuttavia di stimolarne l'interesse erotico e di mostrargli indirettamente il proprio. **Lo stile epistolare** permette all'autore di seguire passo passo e quasi in presa diretta i dubbi, gli andirivieni dei sentimenti, le contradizioni della ragazza. Alla fine ella riesce a trasformare la lussuria libertina del padrone in amore e a farsi sposare. **Insomma, da brava borghese, sa amministrare molto bene** – seppure in modo innocente e, si direbbe, inconsapevole – **la propria virtù**.

T • Samuel Richardson, *Innocenza e inconsapevole scaltrezza in* Pamela
S • La strategia epistolare nei romanzi di Richardson (B. Sarlo)

Clarissa

Dopo *Pamela* (fiaccamente continuata nel 1742, con una seconda parte nettamente inferiore alla prima), Richardson scrisse **un altro grande romanzo epistolare,** *Clarissa* (1748), che mette in scena un conflitto morale più ricco e complesso rispetto a quello del precedente romanzo. Clarissa è bella, virtuosa, intelligente, e sarebbe anche molto ricca se non avesse ceduto al padre l'eredità avuta dal nonno. Ma le circostanze la inducono a decadere da questa posizione, a porsi in situazioni moralmente equivoche.

La vicenda di *Clarissa*

La **famiglia Harlowe** vorrebbe costringere **Clarissa** a sposare **il signor Holmes**, brutto e stupido. Clarissa, sempre obbediente, in questo caso si oppone: ed ecco un primo conflitto morale, collegato al tema "sociale", caro a Richardson, del matrimonio coatto. Poi, per proteggere **il fratello**, in

Cast Away, film di Robert Zemeckis (USA, 2000).
Tom Hanks interpreta Chuck Noland. Nel corso di un viaggio di lavoro, il suo aereo precipita in mare e si ritrova su un'isola deserta. Per potere parlare con qualcuno si inventa Wilson, una faccia disegnata su un pallone. Dopo quattro anni Chuck riesce a superare la barriera corallina con una zattera e a fare ritorno a casa. Tutto è cambiato e Chuck, diversamente da Robinson Crusoe, ha perduto l'occasione di una vita serena.

lite con un libertino, stabilisce un rapporto epistolare segreto con costui, ponendosi in un'altra posizione ambigua. La parte centrale del romanzo racconta i tentativi del libertino, **Lovelace**, di sedurre Clarissa. Egli giunge anche a rapirla e a condurla in una casa di malaffare. Per averla le promette persino il matrimonio, ma invano. Allora la droga e la violenta. Poi si dichiara di nuovo pronto a sposarla, ma Clarissa lo respinge ancora una volta. **L'ultima parte del romanzo** descrive la riabilitazione pubblica di Clarissa e la sua santificazione dopo morta.

Dopo questo, Richardson scrisse un ultimo romanzo, *Sir Charles Grandison*, 1754, con un protagonista, stavolta, maschile. Ma nell'opera sono assenti quei contrasti che rendevano vive le due precedenti.

Henry Fielding

Henry Fielding (1707-1754), scrittore di commedie e avvocato, **cominciò la sua carriera di romanziere parodiando** *Pamela*. Egli non sopporta le situazioni ambigue, che gli paiono ipocrite, e detesta l'abile compromesso di Richardson fra virtù e sua ricompensa mondana. Fielding è sempre immediato, impetuoso, sincero, non ammette calcoli, preferisce la generosità istintiva. **Egli riesce a unire insieme**, in modo del tutto originale, il realismo immediato e quasi istintivo di **Defoe**, la problematica morale di **Richardson** e la satira di **Swift**. Il suo primo romanzo, *Storia delle avventure di Joseph Andrews e del suo amico signor Abraham Adams*, 1742, prende come spunto narrativo l'argomento di *Pamela*: questa volta è una zia del signor B. a insidiare un servo giovane, bello e innocente. **Il rovesciamento delle parti è già di per sé comico**. Quando Joseph Andrews respinge la padrona, costei lo licenzia. La parte più consistente del romanzo racconta le **avventure di Joseph**, della sua innamorata **Fanny** e di un parroco donchisciottesco, **Adams**. Quest'ultimo vive nel mondo astratto dei puri ideali cristiani e perciò non riesce a capire la realtà ipocrita che lo circonda, risultando tanto inetto e sciocco quanto, in realtà, ammirevole.

Storia delle avventure di Joseph Andrews

Tom Jones

S • Samuel Richardson, *Tom Jones* (1963)

L'uso del dialogo

Dopo *Storia della vita di Gionata Wild il Grande* (1743), che colpisce l'ipocrisia di un famoso malfattore, Fielding scrive il suo capolavoro con *Storia di Tom Jones, un trovatello* (1749), **vasto affresco realistico e studio attento di costumi** e insieme opera moralistica, comica, satirica. L'eroe, **Tom Jones**, ben esprime quella allegra vitalità, quei valori istintivi e ingenui, quella forza e bontà del cuore unite a generosa sventatezza che erano altrettanti miti ideologici ed etici dell'autore.

Fielding torna al romanzo realistico in terza persona, già sperimentato da Defoe, con un elemento nuovo: **l'uso ampio e vivace dei dialoghi** (vi si sente l'esperienza di commediografo). Il romanzo con lui acquisisce dunque tutte quelle caratteristiche che lo faranno diventare il genere-principe della letteratura europea per oltre due secoli.

T1 Jonathan Swift
La guerra tra Lilliput e Blefuscu: "puntalarghisti" e "puntastrettisti"

OPERA
I viaggi di Gulliver

CONCETTI CHIAVE
- una guerra sanguinosa scatenata a partire da un uovo

FONTE
J. Swift, *I viaggi di Gulliver*, trad. di L. Storoni Mazzolani, Einaudi, Torino 1989.

Reldresal, primo segretario agli interni, nel corso di un colloquio descrive a Gulliver la difficile situazione che l'impero di Lilliput sta attraversando. Il paese è dilaniato, al suo interno, dalla contesa tra due partiti, quello dei Tramecksan, fautori dei tacchi alti, e quello degli Slamecksan, fautori dei tacchi bassi. A questa gravissima questione di politica interna si associa una pericolosa crisi in politica estera, legata a un annoso conflitto con l'impero di Blefuscu che è nato a causa della diversa risposta che i due Stati danno a un angoscioso interrogativo: da che parte bisogna rompere le uova per berle?

«Ora, proprio in un momento così difficile all'interno, ci minaccia un'invasione da parte dell'isola di Blefuscu, il secondo grande impero dell'universo, vasto e potente quasi quanto il nostro (poiché quanto a quello che voi affermate, esservi al mondo altri regni e paesi abitati da creature umane grandi come voi, i nostri filosofi ne dubitano fortemente, e son piuttosto
5 inclini a supporre che voi siate caduto dalla luna o da un altro pianeta, poiché non v'ha dubbio che un altro centinaio di mortali della vostra mole non tarderebbero a distruggere tutti i prodotti e il bestiame dei domini imperiali; e inoltre, la nostra storia, che risale fino a seimila lune, non fa cenno dell'esistenza di altre contrade, all'infuori dei due grandi imperi di Lilliput e di Blefuscu). Queste due formidabili potenze, come dirò, sono state impegnate per trentasei
10 lune in una guerra feroce, che scoppiò per i seguenti motivi: è universalmente ammesso che il modo naturale di rompere le uova per berle è dalla punta larga, ma l'avo del re attuale, nel rompere un uovo da ragazzo in conformità agli usi antichi, si tagliò un dito, al che l'imperatore suo padre pubblicò un editto, imponendo a tutti i sudditi di rompere le uova dalla punta stretta, con la minaccia di pene severissime. Il popolo si mostrò tanto contrario a questa leg-
15 ge che, come leggiamo nelle nostre storie, scoppiarono ben sei rivoluzioni per questo, durante le quali un imperatore perdette la vita, e un altro la corona. Queste lotte civili venivano

Jehan-Georges Vibert, *Gulliver*, seconda metà del XIX secolo. Collezione privata.

sempre fomentate dai monarchi di Blefuscu, e, non appena represse, gli esuli riparavano sempre in quell'impero: si calcola che, durante le varie fasi della lotta, ben undicimila persone hanno incontrato la morte piuttosto che sottomettersi e rompere le uova dalla punta stretta. Centinaia di volumi sono usciti intorno a questa controversia, ma già da molto tempo è soppressa la vendita dei libri dei puntalarghisti, e, per legge, tutti i componenti di detto partito sono stati esclusi dai pubblici uffici. Mentre duravano queste discordie, gli imperatori di Blefuscu, per mezzo dei loro ambasciatori, ci esposero sovente vive rimostranze accusandoci di provocare uno scisma religioso, col discostarci da uno dei dogmi fondamentali del nostro grande profeta Lustrog, cap. 54 del *Blundecral* (che è il loro Corano). Ma si ritiene che questo sia un voler forzare il testo, poiché le parole sono letteralmente le seguenti: che tutti i credenti rompano le loro uova dall'estremità opportuna. E, secondo il mio modesto parere, si dovrebbe lasciare alla coscienza di ciascuno lo stabilire qual è l'estremità opportuna o, almeno, tocca all'autorità suprema del paese di stabilirlo. Ora, gli esuli puntalarghisti esercitano tanta influenza alla corte imperiale di Blefuscu e il loro partito di qui fornisce loro tali aiuti e incoraggiamenti che per trentasei lune s'è combattuta una guerra sanguinosissima tra i due imperi, con varie fortune; noi vi abbiamo perdute quaranta navi da battaglia, e un numero molto maggiore di naviglio leggero, abbiamo avuto trentamila morti, tra l'esercito e la marina, e si calcola che le perdite subite dal nemico sieno ancora più ingenti delle nostre. Però, ora essi hanno allestito una flotta numerosa e si preparano a tentare uno sbarco nel paese; e Sua Maestà Imperiale, che ripone nel vostro valore e nella vostra forza una confidenza illimitata, mi ha ordinato di esporvi la situazione».

T1 DALLA COMPRENSIONE ALL'INTERPRETAZIONE

COMPRENSIONE

La stupidità della guerra Il brano descrive le preoccupazioni del segretario del re dell'isola di Lilliput per l'imminente inizio di una guerra con il confinante paese di Blefuscu: la descrizione particolareggiata delle **cause ridicole del conflitto** tra questi due regni (da che parte si deve rompere un uovo per berlo?) è **un atto d'accusa implacabilmente ironico contro l'insensatezza e la tragica stupidità di tutte le guerre.**

ANALISI

Una storia lillipuziana Gulliver deve essere «caduto dalla luna o da un altro pianeta» dal momento che negli annali di Lilliput (seimila lune di storia!) non si «fa cenno dell'esistenza di altre contrade, all'infuori dei due grandi imperi di Lilliput e di Blefuscu». **Oggetto della tagliente ironia di Swift qui è il pregiudizio eurocentrico.** Poiché la storiografia di Lilliput contempla l'esistenza di due soli imperi, Lilliput e Blefuscu, chi – come Gulliver – afferma di venire da un "altrove" non meglio identificato deve essere «caduto dalla luna», semplicemente perché non può esistere un luogo "altro", meno che mai civile e acculturato, anche se portatore di una cultura diversa. Che sia lillipuziana la storia di Lilliput non può sorprendere. Lo scandalo è che alla luce dell'ironia swiftiana risulta lillipuziana anche la storia inglese ed europea; la nostra storia.

INTERPRETAZIONE

"Puntalarghisti", "puntastrettisti" e altre uova A partire da un uovo alla *coque*: una guerra sanguinosissima; sei rivoluzioni; un imperatore morto e un altro spodestato; decine di migliaia di vittime; flotte intere annientate; centinaia di volumi scritti per risolvere la controversia; teologi, dogmi religiosi e sacri testi chiamati in causa. Tutto questo a Lilliput. Nel nostro mondo parrebbe che niente di simile possa verificarsi, o anche solo immaginarsi. Ma è davvero così? Il dubbio che Swift insinua è questo: siamo così sicuri che non ci siano stati (e ci siano) anche dalle nostre parti "puntalarghisti" e "puntastrettisti" pronti a massacrarsi in nome di un uovo alla *coque* o dei suoi infiniti corrispettivi? Se dovessimo arrivare alla mesta conclusione che **"puntalarghisti" e "puntastrettisti" circolano anche fra di noi**, la soluzione del problema non può che essere quella suggerita da Swift: «si dovrebbe lasciare alla coscienza di ciascuno lo stabilire qual è l'estremità opportuna» per rompere un uovo. È il grado zero della civiltà. Quello che Lilliput non ancora ha raggiunto. E noi?

Lilliput e Flatlandia Swift immagina che un uomo, **Gulliver**, nei suoi viaggi avventurosi visiti mondi straordinari, così diversi eppure così simili al nostro. Un altro inglese, **Edwin A. Abbot** (1838-1926) si è spinto molto oltre. Nel suo romanzo **Flatlandia**, pubblicato anonimo nel **1822**, il viaggiatore è una sfera che, provenendo da un mondo a tre dimensioni, *Spacelandia*, visita un mondo a due dimensioni, *Flatlandia*, popolato di figure geometriche: segmenti, triangoli, quadrati, poligoni. Gli abitanti di Flatlandia ovviamente lo vedono come un cerchio – l'intersezione di una sfera con un piano. Ecco come Giorgio Manganelli riassume il romanzo: «Una Sfera, una cosa a tre dimensioni, scende sulla Flatlandia, e parla con quel Quadrato che è anche il narratore. La Sfera porta la rivelazione della terza dimensione, vuole farne partecipe il bidimensionale. Costui reagisce con aggressivo terrore. Un mondo a tre dimensioni non è abitabile. È una frode, una follia letale, un impossibile; ed è anche un delitto. Il Quadrato tenta di uccidere la Sfera, chiama al soccorso, vuole consegnarla alla giustizia. [...] La Sfera non può né mostrare la terza dimensione, ne dedurla; può solo suggerirla con ragionamento analogico. Infine, nei confronti del Quadrato che in ogni modo riluta e si dibatte, non le resta che ricorrere alla violenza. Come nelle antiche visioni, il Quadrato è rapito, portato in alto – quell'alto, *upward*, che appunto il suo universo ignorava – dagli artigli di un mostro rivelatore. La visione è insieme conoscenza e terrore. [...] La conclusione del racconto è tragica [...]. Ritornato in patria, il Quadrato, che tenta di dar testimonianza di quel che ha visto, vien trattato da sedizioso, e non v'è dubbio che lo sia, e incarcerato. [...] Chiuso ormai da sette anni nel carcere della Flatlandia, il Quadrato non può dubitare che vi sia un'altra, più comprensiva verità, e può solo augurarsi che la sua esperienza possa eccitare una generazione di ribelli, impazienti del povero mondo delle due dimensioni. Ma continuare a pensare i termini di quell'altra esperienza è estremamente difficile. Come può l'intelligenza bidimensionale ricordare, pensare l'altra dimensione?». In questo straordinario esempio di favola geometrica si possono riconoscere «tracce di acredine swiftiano, di delirio carrolliano» (Manganelli). E la morale della favola è la stessa di Swift: **gli uomini fanno fatica ad accettare l'idea che esistano mondi, civiltà, culture, orizzonti diversi** da quelli in cui sono nati e vissuti. Piuttosto che aprirsi al nuovo preferiscono incarcerarlo, o bruciarlo, o ignorarlo.

T1 LAVORIAMO SUL TESTO

COMPRENDERE

Una semplice soluzione

1. Che cosa induce i lillipuziani a credere che Gulliver sia caduto dalla luna?
2. Dalle parole del funzionario del re emerge il banalissimo motivo della guerra. Quale soluzione è proposta?

ANALIZZARE

L'ironia di Swift

3. La descrizione della guerra è molto particolareggiata. Concentrati sui dettagli relativi alle conseguenze del conflitto: quali effetti essi hanno sul lettore?

INTERPRETARE

4. Swift sferra un attacco contro la guerra, puntando sui suoi aspetti più insensati e assurdi. Conosci altri autori o registi contemporanei che ricorrono all'arma della parodia contro un simile obiettivo?

LE MIE COMPETENZE: COLLABORARE, PRODURRE, ESPORRE

Il Settecento è il secolo che vede l'affermazione del romanzo moderno, la cui diffusione va di pari passo con l'ascesa della borghesia. Anche nel mondo di oggi il romanzo conserva intatta la sua vitalità ed è il genere letterario che più va incontro ai gusti del pubblico. Collaborando con i compagni, sotto la guida del docente, ricostruisci la mappa dei romanzi più significativi apparsi negli ultimi anni in Italia o nel mondo, soffermandoti poi ad illustrare oralmente un romanzo che hai letto con piacere.

T2 Daniel Defoe
Robinson e Venerdì

TESTO EPOCA

OPERA
Robinson Crusoe

CONCETTI CHIAVE
- la presentazione di Venerdì
- il rapporto padrone/servo, maestro/allievo prefigura quello colonizzatore/colonizzato

FONTE
D. Defoe, *La vita e le strane sorprendenti avventure di Robinson Crusoe*, trad. it. di O. Previtali, Rizzoli, Milano 1980.

 Ascolto
 Alta leggibilità

Il naufrago Robinson ha salvato un selvaggio, inseguito dai cannibali. Decide di tenerlo con sé, gli dà il nome "Venerdì" (dal giorno in cui lo ha incontrato) e ne fa il suo servitore.

Era un bel giovane, di gradevole aspetto e di forme perfette; aveva membra forti e diritte, non troppo grosse; era alto e ben fatto e poteva avere circa ventisei anni. Aveva una bellissima fisionomia, non un'espressione torva o feroce; aveva qualcosa di molto virile nel viso, pur con tutta la dolcezza e la delicatezza di un europeo, specialmente quando sorrideva; i suoi capelli erano lunghi e neri, e non ricciuti e lanosi; la fronte alta e spaziosa e gli occhi, molto vivaci, brillavano d'intelligenza. [...]

Dopo che ebbe sonnecchiato più che dormito, per una mezz'ora, si svegliò e uscì dalla grotta a cercarmi; io stavo mungendo le capre che erano nel recinto lì vicino; quando mi scorse, mi si avvicinò correndo, poi si buttò a terra di nuovo con tutti i segni possibili e immaginabili di umiltà e di riconoscenza, facendo molti gesti bizzarri per esprimere i suoi sentimenti. Alla fine, appoggiò la fronte a terra, vicino al mio piede e si pose l'altro mio piede sul capo, come aveva fatto prima; e, dopo di questo, fece tutti gli atti immaginabili di sottomissione, per farmi capire che mi avrebbe servito per tutta la vita; lo compresi in gran parte e gli feci capire che ero molto contento di lui; poco dopo, cominciai a parlargli e gli dissi che il suo nome sarebbe stato Venerdì, che era il giorno in cui gli avevo salvato la vita [...], poi gli insegnai a dire "padrone" e gli spiegai che quello era il mio nome. [...] Rimasi lì con lui tutta la notte; ma, appena spuntò il giorno gli accennai di venire con me e gli feci capire che gli avrei dato dei vestiti, e di ciò parve contento, perché era nudo bruco.[1] [...]

Il giorno dopo che ero tornato alla mia casina con lui, cominciai a pensare dove lo avrei alloggiato; e, per trattarlo bene, pur rimanendo perfettamente tranquillo, gli feci una piccola tenda nello spazio fra le mie due fortificazioni, al di qua della seconda e al di là della prima; e siccome c'era una porta di ingresso alla grotta, feci un'intelaiatura con la cornice per una porta, e una porta di assi e la adattai nella galleria, un po' all'interno dell'ingresso; feci in modo che la porta si aprisse verso l'interno e la notte la sbarravo e ritiravo anche le scalette; in modo che Venerdì non poteva in nessun modo venire da me al di qua del mio muro interno, senza fare, nello scavalcarlo, un tal rumore che mi avrebbe svegliato per forza [...].

Ma nessuna di queste precauzioni era necessaria; perché mai uomo ebbe un servitore più fedele, sincero e affezionato di Venerdì; senza collere, malumori o sotterfugi, sempre grato e premuroso; tutti i suoi affetti erano per me, come quelli di un bimbo per il padre; e credo che avrebbe dato la vita per salvare la mia in qualunque occasione; le molte prove che mi dette dei suoi sentimenti misero la cosa fuori discussione e ben presto mi convinsero che non avevo nessun bisogno di prendere precauzioni a suo riguardo per la mia sicurezza personale.

Questo mi dette occasione di notare, e con meraviglia, che, sebbene sia piaciuto a Dio, nella sua Provvidenza e nel governare l'opera delle Sue mani, togliere a una così gran parte delle Sue creature l'uso migliore delle facoltà e delle capacità dell'anima, nondimeno, Egli ha elargito loro le stesse capacità, la stessa ragione, gli stessi affetti, gli stessi sentimenti di benevolenza e di gratitudine, le stesse passioni e gli stessi risentimenti dei torti, lo stesso senso di riconoscenza, di sincerità, di fedeltà, e tutta la capacità di fare il bene e di ricevere il bene, che ha dato a noi; e quando Egli si degna di offrir loro l'occasione di esercitare queste virtù, essi sono altrettanto

---

- **1 nudo bruco**: *nudo come un verme.*

TESTO EPOCA · T2

40 pronti, anzi più pronti di noi ad usarle ai giusti fini per i quali tali occasioni ci vengono concesse. Qualche volta, ero preso da una gran melanconia, riflettendo al cattivo uso che noi facciamo delle occasioni che si presentano, malgrado che le nostre facoltà siano illuminate dalla lampada dell'istruzione, dallo spirito di Dio e dalla conoscenza della Sua parola, oltre che dalla nostra intelligenza; e mi domandavo perché fosse piaciuto a Dio nascondere la stessa conoscenza salva-
45 trice a tanti milioni di anime, le quali, a quanto potevo giudicare da quel povero selvaggio, ne avrebbero fatto uso assai migliore di noi.

A volte, mi lasciavo trasportare troppo lontano da questi ragionamenti e invadevo il campo della sovranità divina, contestando, se così posso dire, la giustizia di una disposizione tanto arbitraria che celava agli uni la luce rivelata agli altri, pur esigendo gli stessi doveri da tutti [...].

50 Ma torniamo al mio nuovo compagno; ne ero felice e mi facevo un dovere di insegnargli tutto ciò che poteva renderlo utile, abile e servizievole; ma specialmente di insegnargli a parlare ed a capirmi quando io gli parlavo; fu il migliore scolaro che io abbia mai avuto [...]. Dopo due o tre giorni che ero tornato al castello, pensai che, per distogliere Venerdì dal suo orrido regime alimentare e dai suoi gusti di cannibale, avrei dovuto fargli assaggiare altra carne; e così una matti-
55 na lo portai con me per i boschi. [...] Arrestai Venerdì: «Aspetta» gli dissi «non ti muovere»; e gli feci segno di stare fermo; e subito puntai il fucile, sparai e uccisi uno dei capretti. Il povero Venerdì che mi aveva veduto uccidere da lontano il selvaggio suo nemico, ma senza sapere, né immaginare come avevo fatto, ebbe una gran paura e cominciò a tremare; [...] poi venne a inginocchiarsi innanzi a me e mi abbracciò le ginocchia, dicendo una quantità di cose che non capii, ma
60 di cui era facile immaginare il significato e, cioè, che mi pregava di non ucciderlo [...]; mi accorsi che era spaventato, specialmente perché non mi aveva veduto mettere nulla nel fucile e pensava che ci fosse dentro qualche misterioso potere di morte e distruzione, capace di uccidere uomini e animali, uccelli e cose, vicini e lontani. Ci volle molto tempo, prima che lo stupore creato in lui da quell'oggetto svanisse; e credo che, se l'avessi lasciato fare avrebbe adorato me e il
65 mio fucile.

▶ **Dal testo al contesto storico-culturale**
Perché è un testo epoca?

Perché Robinson è l'eroe dell'individualismo borghese

Il brano che abbiamo letto esprime i nuovi valori del primo Settecento, segnato in Inghilterra dall'**affermazione di una moderna borghesia**, e offre una testimonianza unica della **connessione che si stabilisce tra l'individualismo e la diffusione del romanzo**. Il personaggio di Robinson infatti è un'incarnazione esemplare di quel tipo storico che gli economisti hanno definito l'**homo oeconomicus**, perché rispecchia l'**individualismo economico del capitalismo nascente**. Robinson ha lasciato la sua casa e la sua famiglia spinto dal desiderio di fare fortuna e migliorare la sua condizione economica. **La sua prima vocazione è il profitto** e, anche una volta approdato sull'isola deserta, Robinson mantiene una «mentalità di contabile» (Ian Watt): ogni evento è giudicato in rapporto al **vantaggio personale** che il protagonista ne può trarre. **Il protagonista tratta anche Venerdì in termini del suo valore d'uso**. La relazione con Venerdì è caratterizzata dall'**egocentrismo** del personaggio narrante: Robinson non si preoccupa nemmeno di chiedere quale sia il nome dell'indigeno ma gliene impone uno di sua scelta. Nonostante questo sbilanciamento, o forse proprio per questo, il protagonista considera il loro un consorzio ideale.

Robinson è il campione della produttività borghese perché rispecchia le ambizioni coloniali della borghesia europea del Settecento: non si concede un attimo di riposo, ma per tutto il corso del romanzo è impegnato a **capitalizzare il tempo**, impegnandosi in lavori manuali, realizzando delle opere concrete, modificando la natura che lo circonda e impadronendosi dell'ambiente ostile. Così, ad esempio, non appena decide di prendere con sé Venerdì, subito costruisce un alloggio per il servo (peraltro ben separato dal suo). Inoltre **Robinson sembra replicare, in scala ridotta, la rapacità e le ambizioni del colonialismo europeo**, tanto che il messaggio ultimo del romanzo è stato così sintetizzato dal critico Ian Watt nel suo saggio *Le origini del romanzo borghese*: «segui il richiamo degli spazi aperti, scopri un'isola che sia deserta solo perché priva di proprietari o concorrenti e ivi costruisci il tuo Impero personale con l'aiuto di un servo Venerdì che non richiede salario e rende più leggero il fardello dell'uomo bianco». **Il punto di vista con cui Robinson giudica Venerdì è eurocentrico**: il selvaggio è bello perché assomiglia agli europei e non agli africani; è prima di tutto un buon servo, perché del tutto sottomesso alla superiore civiltà dell'europeo simboleggiata dal linguaggio, dai vestiti, e soprattutto dal fucile. Proprio la fedeltà e l'umiltà con cui accetta la sua sottomissione sono per Robinson le doti più grandi di Venerdì. Sono queste le basi su cui Robinson istituisce con Venerdì **un rapporto anche di tipo pedagogico, in cui l'europeo diviene il maestro e il selvaggio l'allievo**: «mi facevo un dovere di insegnargli tutto ciò che poteva renderlo utile, abile e servizievole; ma specialmente di insegnargli a parlare ed a capirmi quando io gli parlavo; fu il migliore scolaro che io abbia mai avuto».

Perché anticipa alcuni aspetti dell'Illuminismo

Robinson, insomma, non è solo l'allegoria economica del nuovo individuo borghese, ma incarna anche il nuovo tipo dell'intellettuale illuminista, intento a **divulgare a tutti le acquisizioni pratiche della civiltà**. Benché il testo sia del 1719, sono già presenti alcuni dei **termini-chiave della cultura illuministica**, che si affermerà pienamente solo dopo alcuni decenni: così nel testo si legge che i selvaggi, benché cannibali, sono dotati come gli europei «della stessa *ragione*, gli stessi *affetti*, le stesse *passioni*»; l'istruzione e l'intelletto sono pensati come "lampade" la cui «luce» "illumina"; perfino l'ineguaglianza culturale tra popoli, seppure accettata come un dato di fatto, è avvertita come arbitraria («A volte, mi lasciavo trasportare troppo lontano da questi ragionamenti e invadevo il campo della sovranità divina, contestando, se così posso dire, la giustizia di una disposizione tanto arbitraria»).

Perché segna la nascita del romanzo borghese moderno

Robinson Crusoe non ha nessun tratto straordinario o insolito: anzi egli rappresenta **un tipo universale in cui ogni lettore della borghesia può facilmente identificarsi**. Con lui nascono un nuovo modello di personaggio e un nuovo genere letterario tipico dell'età dell'ascesa della borghesia e destinato a larga fortuna nel secolo successivo: il **romanzo realistico**, chiamato in Inghilterra **novel**, ba-

Thomas Gainsborough, *Mr and Mrs Andrews*, 1750 circa. Londra, National Gallery.

T2 TESTO EPOCA

sato sulla rappresentazione oggettiva del reale e sull'introspezione, dominato da una visione della vita laica e secolarizzata. In particolare il brano che abbiamo letto presenta le caratteristiche fondamentali del nuovo romanzo: si propone come narrazione di fatti effettivamente accaduti e intreccia osservazioni tecniche e scientifiche, riflessioni morali, religiose, economiche. Ha quindi la **verosimiglianza** di un **"documento autentico", narrato in prima persona**. L'autore assume il punto di vista del protagonista-narratore e ne mette a fuoco i pensieri, come avviene nella lunga sequenza meditativa che si incastona tra le due sequenze descrittive e narrative, riguardanti l'incontro avventuroso col selvaggio, l'esame delle sue caratteristiche fisiche e la registrazione delle sue reazioni emotive. In questo intermezzo meditativo Robinson chiama in causa la divina provvidenza per spiegare le disuguaglianze tra i popoli; tuttavia **la religione ha ben poco peso nelle vicende del romanzo** e non incide sulle scelte del protagonista, che comunque non manca di trarre un certo compiacimento dalle sue preghiere quotidiane. Il romanzo moderno, che trova nel *Robinson Crusoe* un prototipo e un esempio, nasce infatti in un **orizzonte sociale e culturale che si è laicizzato**, in cui **il destino del personaggio non dipende più dalla volontà divina ma dalle sue scelte personali**. L'estrema **scorrevolezza del dettato** contribuisce a rendere accessibile questa narrazione verosimile e interessante. **Il pubblico del romanzo si allarga a dismisura**: i lettori nella nuova epoca borghese non sono più i membri dell'élite ma gli uomini e le donne della nuova classe emergente.

Giovanni Battista Tiepolo, *Allegoria dei Pianeti e dei Continenti*, 1752. New York, Metropolitan Museum of Art.

Benjamin West, *Ritratto del colonnello Guy Johnson e Karonghyontye*, 1776. Washington, National Gallery of Art.

T2 LAVORIAMO SUL TESTO

COMPRENDERE

1. Dividi il testo in sequenze.

ANALIZZARE

2. Quali sono le caratteristiche del personaggio di Venerdì? Sottolinea nel testo tutti i passi che contribuiscono a definirne la caratterizzazione.

INTERPRETARE

3. Quali elementi rendono il personaggio di Robinson esemplare di un'intera epoca?

3 | Il romanzo in Francia e Prévost: *La storia del cavaliere des Grieux e di Manon Lescaut*

Il romanzo in Francia

Nei primi decenni del Settecento in Francia il romanzo ha uno sviluppo più modesto che in Inghilterra. Vi manca quell'epopea della nascente borghesia che ispirava Defoe o Richardson o Fielding. **Il suo campo è quello dell'analisi dei sentimenti e delle passioni** piuttosto che quello realistico e morale dei contemporanei inglesi.

I romanzi di Lesage e Marivaux

Un interesse per le consuetudini sociali e per i costumi morali è comunque presente nei due romanzi più importanti di **Alain René Lesage** (1668-1747), *Il diavolo zoppo* e *Gil Blas*; mentre il fondatore del romanzo psicologico è **Pierre Carlet de Chamblain de Marivaux** (1688-1763), che soprattutto in *Vita di Marianna* e in *Il villano rifatto* indaga l'influenza dell'ambiente sulla psicologia dei personaggi.

Prévost, il maggiore romanziere francese della prima metà del secolo

Ma il più grande romanziere francese della prima metà del secolo è l'abate **Antoine-François Prévost** (1697-1763), che ebbe una vita quanto mai avventurosa, fra convento, vita militare, carcere, giornalismo, soggiorni in Inghilterra e in Olanda. Tradusse anche i romanzi di Richardson. Il suo capolavoro narrativo, ***La storia del cavaliere des Grieux e di Manon Lescaut*** (1731), faceva parte di un'opera più ampia, ***Memorie e avventure di un uomo di qualità***, ma fu pubblicato a parte già dall'autore, nel 1753.

L'analisi rigorosa delle passioni

Prévost si serve del romanzo per **un'analisi rigorosa delle passioni**. L'amore è visto nelle sue sfumature psicologiche e nella sua capacità di coinvolgere l'intera personalità, travolgendola sino alle estreme conseguenze.

La vicenda di Manon Lescaut

Questa è la vicenda de *La storia del cavaliere des Grieux e di Manon Lescaut*. La giovane **Manon** dovrebbe andare in convento, perché, secondo i genitori, troppo «incline al piacere», ma **fugge con il diciassettenne des Grieux**, che ne è innamorato. I due vivono a **Parigi**, dove Manon lo tradisce con un finanziere. Il giovane allora si ritira **in seminario**, e diviene noto recitando un sermone in pubblico alla Sorbona. È così che viene ritrovato da Manon, che lo riconquista. Des Grieux, per soddisfare il bisogno di denaro e di lusso della donna, **diventa un baro**, e poi accetta che la donna divenga amante di un vecchio signore per derubarlo. **I due vengono scoperti e imprigionati**. Ma il cavaliere riesce a evadere e a far fuggire dal carcere anche l'amante. Dopo varie altre vicende, i due amanti vengono arrestati di nuovo. La donna è condannata alla **deportazione in Louisiana**. **L'amante la segue sin là**, dove i due vivono in una capanna. Ma quando il governatore assegna la donna al nipote, che se ne è invaghito, des Grieux sfida quest'ultimo a duello. Poi i due devono fuggire attraverso il deserto. **Manon muore per la fatica e per gli stenti**, non senza ammettere le proprie colpe (cfr. T3, p. 505).

Il contrasto fra il bisogno di felicità attraverso l'amore e gli ostacoli sociali

Il tema è del tutto moderno: **meta della vita è la felicità e questa si può raggiungere solo con l'amore**. Ma a questa meta si oppongono innumerevoli ostacoli sociali, prima di tutto il **bisogno di denaro e di ricchezza**, che sembra far parte della femminilità stessa di Manon. Il contrasto fra aspirazione alla felicità e all'amore e realtà materiale ed economica dà una precisa dimensione storica e ambientale alla vicenda d'amore. L'uomo insomma non può che essere determinato dalle circostan-

---

IL ROMANZO FRANCESE DEL SETTECENTO

Marivaux, *Vita di Marianna*
- romanzo psicologico

Prevost, *Manon Lescaut*
- analisi delle passioni e delle psicologie
- conflitto natura-civiltà
- paesaggi primitivi e incontaminati
- gusto per l'eccesso e per il macabro
- tema della confessione autobiografica

Jean Honoré Fragonard, *La lettera d'amore*, 1770 circa. New York, Metropolitan Museum of Art.

ze, che mandano in frantumi il suo sogno di felicità. **Questa amarezza, unita al gusto per l'eccessivo, e anche per il morboso e per il macabro**, spingono l'autore a guardare sino in fondo il groviglio dei sentimenti, la loro contraddittorietà: Manon ama des Grieux e lo tradisce per desiderio di una vita splendida; il cavaliere, a sua volta, uomo retto e pieno di comuni ideali borghesi, si degrada a baro e a truffatore. **La passione e la degradazione si alimentano a vicenda**, in un vortice incessante, sino al delirio e alla morte, in cui la protagonista si riscatta.

Il romanzo presenta **pagine di acutezza straordinaria nella rappresentazione di atmosfere psicologiche inquiete e sottili** (come nella celebre «cena interrotta»). Ma soprattutto presenta **alcuni elementi** destinati ad avere ampio corso nella narrativa e anche nella cultura del secondo Settecento e del secolo successivo:

1. il tema della confessione autobiografica;
2. quello dell'amore-passione, poi ripreso dai romantici;
3. la fiducia nella natura e la condanna della civiltà, causa dei mali dell'uomo;
4. l'identificazione della civiltà con lo sviluppo economico borghese e dunque con la prevalenza del denaro su ogni altro valore;
5. la predisposizione, anch'essa preromantica, per paesaggi ancora primitivi e incontaminati come quelli americani della Louisiana nella parte finale.

Con il romanzo di Prévost **nasce il mito di Manon Lescaut**, la donna affascinante e avida, innamorata e corrotta, capace di condurre alla perdizione.

T • Antoine-François Prévost, *La cena interrotta*

I temi che influenzeranno il romanzo successivo

Il mito di Manon Lescaut

T3 Antoine-François Prévost
Il seppellimento di Manon

OPERA
Manon Lescaut

CONCETTI CHIAVE
- Des Grieux seppellisce Manon
- stile realistico e allucinato

FONTE
A.-F. Prévost, *Manon Lescaut*, cit.

Manon muore di fatica e di stenti durante la fuga, e des Grieux la seppellisce con le sue stesse mani nella sabbia.

Non era difficile scavare nel posto in cui ero. Era una pianura coperta di sabbia. Spezzai la spada perché mi servisse a scavare, ma più ancora mi furono utili le mani. Scavai una larga fossa e vi deposi l'idolo del mio cuore dopo averla avvolta accuratamente con tutti i miei abiti perché la sabbia non la toccasse. Ma prima la baciai mille volte con tutto l'ardore del più assoluto amore. Mi sedetti ancora accanto a lei. La contemplai a lungo. Non potevo risolvermi a colmare la fossa. Ma già le mie forze ricominciavano a declinare e temetti che mi venissero a mancare completamente prima di aver ultimato il mio compito. Seppellii allora per sempre nel seno della terra tutto ciò che la terra aveva portato di più perfetto e di più adorabile. Poi mi sdraiai sulla fossa col viso sulla sabbia e, chiudendo gli occhi con la volontà di non aprirli mai più, invocai
10 l'aiuto del Cielo e attesi con impazienza la morte.

T3 DALLA COMPRENSIONE ALL'INTERPRETAZIONE

COMPRENSIONE

Des Grieux davanti alla sepoltura di Manon Dopo la morte di Manon, des Grieux la seppellisce amorevolmente baciandola mille volte. Poi si siede presso la sepoltura senza riuscire a decidersi a riempire la fossa. Dopo averlo finalmente fatto, **si sdraia attendendo la morte**.

ANALISI E INTERPRETAZIONE

Uno stile realistico e allucinato La scena potrebbe scivolare facilmente nel macabro e magari nella necrofilia. Invece resta sempre in **termini verosimili e realistici**, pur comunicando di continuo la sensazione **di una situazione estrema**, sull'orlo, capace di precipitare da un momento all'altro. **Il controllo dello stile** rende ogni gesto fermo e realistico. **La sintassi è fatta di periodi brevi** che procedono paratatticamente e isolano ogni dettaglio. Nello stesso tempo proprio l'**ossessione minuta dei particolari** dà alla scena un'atmosfera allucinata, quasi onirica. Tutto accade in modo molto preciso, composto, esatto, e tuttavia come in un sogno.

Il tema del corpo e quello della sabbia La sabbia e la polvere sono simboli di caducità e di morte. Il corpo di Manon rappresenta la bellezza terrena. Il fascino di questa pagina è dovuto al fatto che il lettore resta coinvolto non solo nello **stato d'animo allucinato** del protagonista ma nel gioco di questi simboli, con i conseguenti effetti di malinconia e di luttuosa depressione.

T3 LAVORIAMO SUL TESTO

ANALIZZARE

1. La seconda scena si svolge invece all'aperto: su quale tema è incentrata? Quali simboli l'accompagnano?

2. Quali scelte espressive evitano che la scena scivoli nel macabro?

Percorso
L'AMORE E LA DONNA

Perché le donne diventano protagoniste del romanzo

Henry Robert Morland, *Donna che legge*, 1766. New Haven, Yale Center for British Art.

Nessun genere, come il romanzo, vanta una così diffusa presenza femminile. I motivi sono diversi e rimandano sia a cambiamenti sociali e di costume che a ragioni letterarie tipiche del nuovo genere.

Nei primi decenni del Settecento comincia a farsi sentire anche sul piano culturale l'influenza della ricca borghesia. Il costume tende a imborghesirsi, ad assumere dimensioni più pratiche e concrete. Si allarga lo spazio dedicato dall'uomo alla vita privata e quotidiana, al tempo libero, ai rapporti sociali e mondani, dove la donna assume una rilevanza "estetica" di primo piano. Centro della vita mondana, organizzatrice e dispensatrice dei piaceri, essa è anche grande consumatrice. Tutte le manifestazioni del lusso, l'abbigliamento, i mobili, la decorazione, le arti plastiche portano il suo segno. La donna, inoltre, è sempre associata all'eros, che assume in Francia, come poi in tutta Europa, forme galanti e sentimentali. **Una ventata libertina caratterizza l'arte e il costume di questo periodo**.

Tuttavia l'uguaglianza fra i sessi che contraddistingue il gioco mondano è solo di superficie. **La donna resta, giuridicamente, schiava**. Una certa libertà è riservata alla donna aristocratica e alla donna del popolo.

Nondimeno il più libero confronto fra i sessi fa emergere la diversità femminile. Cresce l'interesse per la donna come figura problematica, portatrice di particolari tematiche capaci di sollecitare l'immaginario sociale. Filosofi e moralisti scrivono trattati sulle donne: *la querelle des femmes* [disputa sulle donne] diventa *la querelle des sexes* [disputa sui sessi]. Ma essa sfugge alle loro definizioni. **Il romanzo permette una presa più ricca, più sfaccettata e molteplice della realtà femminile**. Il romanzo psicologico nasce proprio su questo terreno sconosciuto.

Ci sono poi ragioni letterarie che inducono e privilegiano nel romanzo le storie femminili. Il tipo di affabulazione che mira all'identificazione del lettore con i personaggi in una sorta di ipnosi narrativa trova un terreno propizio nella varietà e nel pathos dei destini femminili, sempre a sfondo erotico. **C'è infine una forte presenza di pubblico femminile**, di cui i romanzieri devono soddisfare le attese.

Il romanzo assume dunque un ruolo di primo piano nella fabbricazione e nella diffusione dell'immagine femminile. Quale visione della femminilità veicolano le eroine dei romanzi più celebri di questi decenni?

I romanzieri dovevano fare i conti con una tradizione cristiana misogina e una tradizione borghese anch'essa antifemminista. I nuovi valori settecenteschi fondati sulla natura, se affrancano l'essenza femminile dalla condanna teologica, finiscono, dopo una breve stagione, per immobilizzarla entro il ruolo di madre, già trionfante alla fine del secolo. Il mito del romanzo borghese non è l'amore, ma la famiglia. L'avvento della borghesia non introdurrà nella morale sessuale il liberalismo che la caratterizza in politica, ma il sentimento del possesso. Perciò **in questi decenni in cui la donna entra in scena da protagonista nell'immaginario letterario coesistono e si intrecciano aspirazioni rivoluzionarie e conservatrici** e una grande varietà di tipologie di eroine.

L'Inghilterra riserva alla donna un maggiore spazio di libertà e di iniziativa. C'è **Moll Flanders**, attiva e indipendente, che compie da sola, ricorrendo a ogni mezzo, la propria ascesa sociale; c'è **Pamela**, la cui virtù, accortamente gestita, infrange le barriere sociali e che grazie al matrimonio diventa da serva padrona; c'è **Clarissa**, vittima virtuosa del libertino Lovelace. **Manon** in Francia diventa il prototipo della donna fatale. Ci sono infine le eroine del romanzo libertino (Crébillon) e non mancano voci di rivendicazione femminista (*La Colonia* di Marivaux).

In ogni caso la femminilità si manifesta sempre attraverso il corpo, oggetto di adorazione, di conquista, di consumo da parte dell'uomo. È attraverso il corpo che la donna entra in contatto con il mondo e dalle modalità del suo incontro con l'uomo determina il proprio destino. Il conflitto sessuale, nel duplice aspetto esistenziale e sociale, è un tema fondamentale del romanzo. **Ma pur restando il referente più ossessivo del racconto, il corpo viene occultato, taciuto** dai romanzieri. A differenza della pittura, nel romanzo il corpo non è rappresentato, se non in qualche particolare. La scena della seduzione di Moll Flanders ne è una conferma (cfr. espansioni digitali T, *La seduzione di Moll Flanders*). In essa, inoltre, **il sesso è associato al denaro**, che sostituisce alla brutalità feudale la corruzione borghese. La delusione di questa iniziazione all'amore e alla vita porterà presto Moll a imparare le regole del gioco e a usare il proprio corpo come merce di scambio. Solo accettando le norme dell'universo borghese maschile l'eroina può compiere la sua scalata in una società mercantile in cui l'amore e la bellezza sono ridotti a puro calcolo economico.

Il denaro è fondamentale anche nella vita di Manon, pronta a tradire l'amato per garantirsi il lusso e il divertimento. Manon non dà nessuna importanza alla fedeltà del corpo, di cui ha scoperto il valore commerciale e di cui dispone a proprio piacimento. La fedeltà che sembra contare per Manon è solo quella del cuore.

Nonostante la passione che suscita negli uomini la sua bellezza, il ritratto fisico di Manon è estremamente vago: si sa solo che è una fanciulla *"charmante"* (affascinante). La "grazia" del resto è la categoria estetica dell'epoca. Anche gli amplessi dei due amanti sono suggeriti, mai rappresentati. **Se è percepibile nel romanzo una sorta di «divieto» a parlare della fisicità di Manon, la sua anima nondimeno sfugge totalmente alla comprensione del cavaliere des Grieux.** Essa è un enigma. Allo sguardo maschile che la osserva essa appare «strana», bizzarra, inafferrabile (cfr. espansioni digitali T, *La cena interrotta*). La distanza tra i due amanti si riduce soltanto alla fine. Solo nella morte di Manon, quando ella non è più, il giovane può possedere interamente il suo corpo, da cui non riesce a staccarsi (cfr. **T3**, *Il seppellimento di Manon*).

Ancora il corpo, nella sua grazia, nella innocente e insieme maliziosa eleganza, è al centro della scena riportata da *Pamela* (cfr. espansioni digitali T, *Innocenza e inconsapevole scaltrezza in Pamela*). **Il successo di Pamela è legato al sapiente controllo delle proprie sensazioni e sentimenti** in un gioco di seduzione che fa del proprio corpo la pedina preziosa di un'ambiziosa strategia matrimoniale.

Il ruolo privilegiato della figura femminile resta, in tutte le varianti, la sua destinazione erotica, come posta in gioco del desiderio di conquista maschile.

Arma questa a doppio taglio, giacché l'amore è anche il terreno in cui si manifesta l'influenza della donna sull'uomo. **Attraverso gli affetti e le passioni, a cui si riconosce nel corso del secolo sempre maggiore importanza, le donne incidono sulla storia piccola e grande**. Di qui la paura e l'ambigua tendenza a consacrare e a esorcizzare il corpo femminile. La storia di Manon, la più coinvolgente storia d'amore del Settecento, è oggettivamente una storia di degradazione con un duplice esito: la morte dell'eroina e il riscatto del giovane amante che emerge dalla crisi provato, ma vaccinato per sempre dagli eccessi della passione. Anche Manon, esempio estremo del mistero insondabile dell'animo femminile, non sfugge a una positiva utilizzazione a fini pedagogici.

Jean-Honoré Fragonard, *Fanciulla che legge*, 1770 circa. Washington, National Gallery of Art.

Sempre più spesso, nel Settecento, gli artisti rappresentano donne che leggono, dipingono, suonano la spinetta, il liuto, il clavincembalo. La musica era l'arte ritenuta più consona alla grazia femminile, ma anche la pittura e la lettura erano consigliati come passatempi, che non entravano in conflitto con il ruolo domestico a cui le donne erano destinate. Sulla lettura gravavano più sospetti, ma la conoscenza di testi edificanti e manuali di comportamento era permessa, e anzi consigliata, nell'educazione delle fanciulle di buona famiglia. Il libro che tiene tra le dita con tanta grazia questa fanciulla dal profilo delizioso, i capelli raccolti sulla testa da un fiocco, le vesti vaporose, è probabilmente un libro di preghiere o di buone maniere. Per una adolescente darsi alla lettura dei romanzi significava ancora, agli occhi dei contemporanei, attentare alla propria virtù, ed era proprio ciò che non dovevano fare, ma che faranno sempre di più le fanciulle della buona società.

DAL RIPASSO ALLA VERIFICA

MAPPA CONCETTUALE — Il romanzo europeo

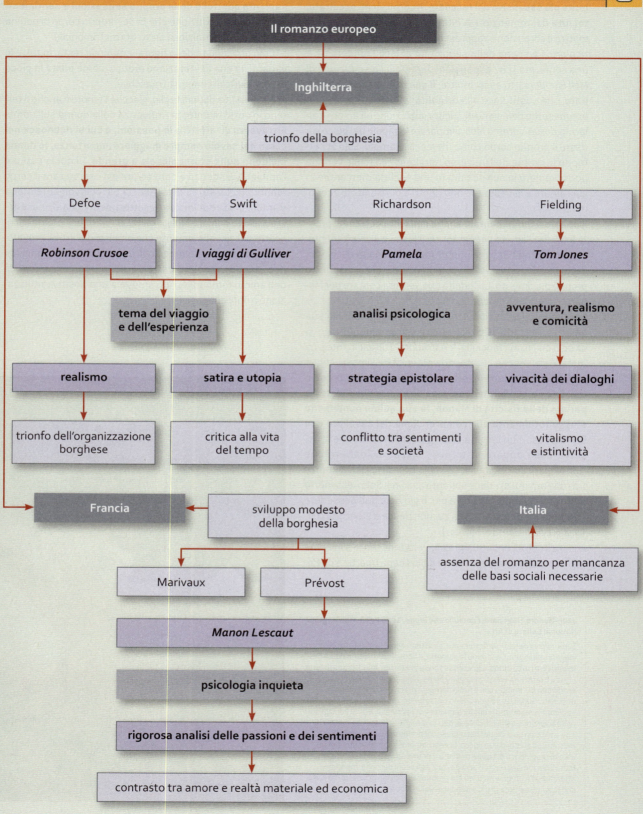

SINTESI

● **La fortuna del romanzo in Inghilterra e in Francia**
L'età dell'Arcadia è caratterizzata dalla scomparsa del romanzo nel nostro paese proprio negli stessi anni in cui esso conosceva un grande sviluppo in Inghilterra e in Francia. Le ragioni di tali eclissi sono di ordine culturale e sociale. Il romanzo era stato identificato con il gusto barocco e dunque messo al bando dagli arcadi che avevano investito sulla lirica e sul melodramma. Era infatti difficile conciliare il classicismo con il romanzo, genere troppo moderno, troppo "basso" e comico.

● **Inghilterra: Defoe, Swift, Richardson, Fielding**
Le due prime grandi narrazioni in prosa del Settecento inglese, *Robinson Crusoe* (1719) di Daniel Defoe (1660-1731) e *Gulliver's Travels* [*I viaggi di Gulliver*, 1726] di Jonathan Swift (1667-1745) hanno in comune il tema del viaggio e dell'esperienza. Ma i due libri offrono soluzioni opposte: in Defoe prevale il realismo borghese che sfocerà nel grande romanzo ottocentesco; in Swift prevale l'elemento satirico. Gli altri due grandi narratori del Settecento inglese sono Samuel Richardson (1689-1761) ed Henry Fielding (1707-1754). Nei romanzi di Richardson (*Pamela*, 1740 e *Clarissa*, 1748) si pone il problema del contrasto fra moralità e interessi mondani, fra interiorità e leggi sociali. Il primo romanzo di Fielding, *The History of the Adventures of Joseph Andrews and of his Friend, Mr. Abraham Adams* (1742), è una parodia di *Pamela*. Ma il capolavoro di Fielding è *The History of Tom Jones, a Foundling* (1749), vasto affresco realistico e studio attento dei costumi e insieme opera moralistica, comica, satirica.

● **Francia: Lesage, Marivaux, Prévost**
Nei primi decenni del Settecento in Francia il romanzo ha uno sviluppo più modesto che in Inghilterra. Oltre a Alain René Lesage (1668-1747) e a Pierre Carlet de Chamblain de Marivaux (1688-1763), va ricordato soprattutto l'abate Antoine-François Prévost (1697-1763), il più grande romanziere francese della prima metà del secolo. Il suo capolavoro, l'*Histoire du chevalier des Grieux et de Manon Lescaut* (1753) affronta il tema del contrasto tra aspirazione alla felicità e all'amore e realtà materiale ed economica. Nasce, col romanzo di Prévost, il mito di Manon Lescaut, la donna affascinante ed avida, innamorata e corrotta, capace di condurre alla perdizione.

DALLE CONOSCENZE ALLE COMPETENZE

1 Quale paese è all'avanguardia in Europa nella produzione dei romanzi? (§ 1)

2 Il pubblico del romanzo è costituito da .... (§ 1)

3 Perché in Italia mancano le basi sociali allo sviluppo del romanzo? (§ 1)

4 Collega le opere seguenti ai rispettivi autori (§ 2)

- Robinson Crusoe • • Swift
- I viaggi di Gulliver • • Richardson
- Pamela • • Defoe
- Tom Jones • • Fielding
- • Prévost

5 Quale, tra i romanzi sopra citati, inaugura il genere epistolare? (§ 2)

6 Attraverso quali invenzioni ed ottiche alterate si manifesta lo sguardo straniato di Swift? (§ 2)

7 Che cosa accomuna il personaggio di Moll Flanders a quello di Robinson Crusoe? (§ 2)

8 Quali tra i romanzi sotto elencati rappresentano (§§ 2, 3)

	I VIAGGI DI GULLIVER	ROBINSON CRUSOE	MANON LESCAUT	PAMELA
l'epopea della nascente borghesia	☐	☐	☐	☐
una critica del genere umano	☐	☐	☐	☐
il contrasto tra moralità e interessi mondani	☐	☐	☐	☐
un'analisi delle passioni	☐	☐	☐	☐

DAL RIPASSO ALLA VERIFICA

9 Che genere di romanzo si afferma in Francia? (§ 3)
- A realistico
- B psicologico
- C morale
- D filosofico

10 Quale mito femminile inaugura Manon? E Pamela? (§§ 2, 3)

PROPOSTE DI SCRITTURA

IL TEMA

Operosità e ingegno decretano la fortuna dell'essere umano anche nel contesto più difficile. Condividi questa teoria o la ritieni troppo ottimistica? Qui di seguito trovi un brano di un celebre romanzo che esalta un eroe positivo e fortunato. Porta, a sostegno di tale tesi o per contestarla, esempi tratti dalla tua esperienza o dalle tue letture.

> Non sarebbe servito a nulla stare a sedere, aspettando quello che non potevo avere e la necessità mi aguzzò l'ingegno. C'erano sulla nave parecchi pennoni di riserva, due o tre grandi assi di legno e uno o due alberi di ricambio; decisi di mettermi al lavoro e buttai in mare tutti quelli che riuscii a smuovere per il loro peso, legandoli tutti con un cavo, in modo che non fossero portati via dalle onde; quando ebbi finito, mi calai giù dal fianco della nave e, tirandoli verso di me, ne legai insieme quattro alle due estremità, alla meglio, in forma di zattera; vi misi sopra di traverso due o tre corte assi e vidi che vi potevo camminare sopra benissimo, ma che non avrebbe sostenuto un gran peso, perché era troppo leggera; perciò, mi rimisi al lavoro e con la sega del falegname tagliai in tre uno degli alberi di riserva e, con molta fatica e molta difficoltà, aggiunsi quei pezzi alla zattera; la speranza di rifornirmi del necessario mi sosteneva e incoraggiava a fare più di quanto sarei stato capace di fare in altre occasioni.
>
> *Robinson Crusoe* di Daniel Defoe.

LA TRATTAZIONE SINTETICA

Il tema del viaggio è comune sia al *Robinson Crusoe* sia ai *Viaggi di Gulliver*, ma ha scopi ed esiti diversi. Chiarisci brevemente perché.

prometeo 3.0

Personalizza il tuo libro selezionando per questo capitolo materiali integrativi da Prometeo (di seguito ti proponiamo un elenco di materiali, ma puoi trovarne altri utilizzando il motore di ricerca).

- **MODULO INTERCULTURALE** Defoe, Tournier, Coetzee: la metamorfosi del selvaggio
- **SCHEDA** La ricezione di *Pamela*: il riferimento goldoniano
- **SCHEDA** *Moll Flanders* di Daniel Defoe
- **SCHEDA** *Robinson Crusoe* di Daniel Defoe
- **SCHEDA** *Pamela, o la virtù ricompensata* di Samuel Richardson
- **SCHEDA** *Tom Jones* di Henry Fielding
- **SCHEDA** *La cena interrotta* e lo stile di Prévost (E. Auerbach)

GLOSSARIO

ablativo assoluto costrutto sintattico tipico della lingua latina. È formato da un part. e da un sost. grammaticalmente autonomi rispetto alla frase principale e che, in latino, sono in caso ablativo. Nell'italiano letterario l'*a. a.* ha funzione di inciso. P. es. «per ciò che di me altro possa avvenire che quello che della minuta polvere avviene, la quale, *spirante turbo*, o egli di terra non la muove, o se la muove la porta in alto e spesse volte sopra le teste degli uomini [...] la lascia» (BOCCACCIO).

acròstico componimento poetico (e gioco enigmistico) in cui le lettere iniziali della prima parola di ogni verso (o quelle iniziali di ogni parola), lette in verticale, formano un nome o una frase di senso compiuto. L'esempio più illustre di *a.* è l'*Amorosa visione* di Boccaccio: le lettere iniziali di ogni **terzina**, lette di séguito, formano una serie di tre **sonetti** che fungono da **proemio** all'opera.

adynaton (gr. = cosa impossibile) figura retorica che consiste nel rimarcare l'impossibilità di un fatto tramite una **perifrasi** a carattere **iperbolico** e **paradossale**. P. es., «Lo mar potresti arompere, / a venti asemenare, / l'abere d'esto secolo tut[t]o quanto asembrare: / avere me non pòteri a esto monno» (CIELO D'ALCAMO).

afèresi fenomeno linguistico per cui si ha la caduta di uno o più suoni all'inizio di una parola. P. es.: "state" per "estate" e "verno" per "inverno".

aforisma (o *aforìsma*) breve testo o frase dal carattere sentenzioso, spesso **paradossale** e **antifrastico**. L'*a.* enuncia una verità assoluta che di solito non coincide con l'opinione comune.

agiografia genere in cui è narrata la vita esemplare di un santo. Nel Medioevo l'*a.* ha un carattere spiccatamente fantastico e si avvicina ai modi della leggenda.

allegoria figura retorica per cui un concetto astratto (ideale, morale, religioso, politico) viene espresso attraverso una serie di immagini concrete alle quali l'autore ha attribuito un significato **metaforico**. L'*a.* per **antonomasia** della letteratura italiana è la *Commedia* dantesca (cfr. **figura**), ma un buon es. è anche in Petrarca (*Canz.* CLXXXIX): la nave che solca il mare in tempesta rappresenta la vita umana che si muove tra difficoltà e pericoli; il naufragio è la morte, e il porto la salvezza e la pace (anche in senso religioso).

allitterazione figura retorica che consiste nella ripetizione degli stessi suoni all'inizio di due o più parole contigue o anche all'interno di esse. Può essere impiegata per rafforzare legami semantici tra parole o per crearne di nuovi. P. es.: «a m*e*zza via c*o*me n*e*mico ar*ma*to» (PETRARCA).

anacoluto costruzione (che la grammatica normativa giudica scorretta) consistente nel cominciare una frase senza terminarla in modo sintatticamente adeguato, di solito variandone il soggetto dopo un inciso. Fenomeno comune nel parlato (p. es. "*Io*, ieri, *mi capitò* una brutta avventura"), può essere impiegato in letteratura a fini **mimetici** o **espressionistici**. Spesso in Boccaccio si hanno *a.* del tipo: «*Il Saladino*, [...] avendo in diverse guerre e in grandissime sue magnificenze speso tutto il suo tesoro [...], *gli venne* a memoria un ricco giudeo, il cui nome era Melchisedech».

anàfora figura retorica consistente nella ripetizione di una stessa parola (o di più parole) all'inizio di versi o enunciati successivi. P. es.: «*Figlio*, l'alma t'è 'scita, / *figlio* de la smarrita, / *figlio* de la sparita, / *figlio* attossecato!» (JACOPONE).

anagramma figura retorica (e gioco di parole) che consiste nella permutazione (cioè nello scambio reciproco) delle lettere che compongono una parola allo scopo di formarne un'altra di significato diverso. Quattro possibili anagrammi della parola "Roma" sono, p. es., "ramo", "armo", "mora" e "amor".

analessi in linguistica, ripresa di una stessa parola. In narratologia, l'*a.* (o *flashback*) è la rievocazione di un evento passato rispetto al momento in cui si svolge l'azione principale (p. es., nell'*Odissea*, il racconto retrospettivo di Ulisse ai Feaci, che risale fino alla caduta di Troia). È il fenomeno opposto alla **prolessi**.

analogia procedimento compositivo per cui si sostituiscono ai consueti rapporti logici, sintattici e semantici delle parole altri rapporti basati su somiglianze (anche remote ma percepibili intuitivamente) tanto sul piano del **significato** quanto su quello del **significante** (cfr. anche **simbolismo** e **fonosimbolismo**). Un'*a.* può esplicitarsi in una **metafora** oppure rimanere implicita nel testo.

anàstrofe figura retorica consistente nell'inversione dell'ordine abituale degli elementi del periodo. Riguarda di solito il compl. di specificazione e l'agg. («fue / *di cherubica luce uno splendore*»: Dante) oppure il compl. ogg. e il verbo. Può essere considerata come una sottospecie dell'**iperbato**.

anticlimax o **climax discendente** consiste in una progressiva discesa di **registro** linguistico o di **stile**, talvolta (ma non necessariamente) con effetti **parodici** e satirici. Un es. di *a.* "seria" è «O mia stella, o Fortuna, o Fato, o Morte» (PETRARCA).

antifrasi è la forma più esplicita di **ironia** e consiste nel dire qualcosa intendendo l'esatto contrario di ciò che si dice. L'eliminazione di eventuali ambiguità è sempre garantita dal contesto. Un es. di *a.* ricorrente nella lingua parlata è la frase "Che bella giornata!" per intendere che il tempo è brutto.

antinomia in filosofia, termine indicante la contraddizione tra due proposizioni (*tesi* e *antitesi*) entrambe dimostrabili come vere.

antitesi figura retorica consistente nell'accostamento di due parole o frasi di significato opposto. P. es. «Pace non trovo, et non ò da far *guerra*; / e temo et *spero*; et *ardo* et son un *ghiaccio*» (PETRARCA).

antonomàsia figura retorica che consiste nella sostituzione a) di un nome comune con un nome proprio (p. es. "imperatore" con «Cesare»: DANTE); b) di un nome proprio con una **perifrasi** che lo caratterizza in termini universalmente noti (p. es. 'Italia' con «il bel paese / ch'Appennin parte, e 'l mar circonda et l'Alpe»: PETRARCA); c) di un nome proprio con un appellativo che lo identifica in modo inequivocabile (p. es. 'Afrodite' con «Citerea» [cioè 'di Citera', l'isola che accolse Venere dopo la sua nascita]: DANTE).

apòcope (o *troncamento*) caduta della vocale o della sillaba finale di una parola. P. es. "amor" (= amore), "van" (= vanno).

apòdosi nel periodo ipotetico, è la proposizione principale da cui dipende logicamente una subordinata condizionale (detta **protasi**). P. es.: "se oggi non piove, *uscirò a fare quattro passi*".

apòlogo (dal gr. "apòlogos" = racconto) narrazione di tipo **allegorico** con espliciti fini pedagogici, morali o filosofici.

apòstrofe figura retorica che consiste nel rivolgere bruscamente il discorso a un **destinatario** reale o immaginario (presente o assente), in tono sdegnato o commosso. Può essere associato con la **personificazione**. P. es.: «Ahi Pisa, vituperio de le genti / del bel paese là dove 'l sì suona, / poi che i vicini a te punir son lenti, / muovasi la Capraia e la Gorgona, / e faccian siepe ad Arno in su la foce, / sì ch'elli annieghi in te ogne persona» (DANTE).

àrea semàntica (o *campo semantico*) insieme strutturato di parole che fanno riferimento a una data area concettuale, la cui unitarietà è accettata intuitivamente dai parlanti di una lingua. P. es., l'insieme dei termini di colore ("rosso", "nero", "blu") o quello delle parole relative alla sfera dei sentimenti ("amore", "amicizia", "affetto", ecc.) formano due distinte *a.s.*

asindeto figura retorica consistente nella soppressione delle congiunzioni coordinanti (p. es.: "e", "o", "ma") all'interno della frase. L'uso reiterato di queste congiunzioni dà luogo invece al **polisindeto**. Un es. di *a.* è «*Fresco ombroso fiorito e verde colle*» (PETRARCA).

assimilazione fenomeno linguistico che si ha quando un suono (vocalico o consonantico) si adatta (diventa simile) al suono che lo precede o lo segue nel corpo della parola. Nel caso dell'ital. "fa*tt*o", dal lat. "factum", si parla di *a.* consonantica *regressiva*, tipica del toscano. Nel romanesco "mo*nn*o", dal lat. "mundum", l'*a.* consonantica si dice invece *progressiva* e si ritrova solo nei dialetti centro-meridionali.

assonanza identità delle sole vocali della parte finale di due parole, a cominciare dalla vocale **tonica**. P. es.: *sole*: *ponte*.

àtona, sillaba sillaba non accentata (contrario di **tonica**). Nella parola "sillaba", p. es., "la" e "ba" sono atone.

atto ciascuna delle suddivisioni principali di un'opera teatrale (v. **tragedia** e **commedia**). Si chiama **atto unico** la rappresentazione drammatica costituita da un solo *a.*

àulico (dal lat. "aula" = corte, reggia) agg. riferito a parola o **stile** alto, legato a una tradizione illustre. *A.* deve essere, per Dante, il volgare modello (*De vulgari eloquentia*). **Aulicismo**, di conseguenza, si definisce il termine letterario di tradizione colta, spesso un latinismo o un arcaismo.

autobiografia genere letterario in prosa in cui autore, narratore e personaggio principale sono la stessa persona. Nell'*a.*, diversamente da generi a essa affini come la **memorialistica**, il racconto (di tipo retrospettivo, a differenza del diario) ricopre tendenzialmente l'intera vita dell'individuo, privilegiandone lo sviluppo della personalità rispetto agli avvenimenti esterni che possono entrare a far parte della narrazione.

autògrafo in **filologia** è l'originale, scritto di proprio pugno dall'autore. P. es., l'unico *a.* pervenutoci del *Decameron* di Boccaccio è il **codice** Hamilton 90 (o B), conservato a Berlino. Di Dante non si conserva nessun *a.*, mentre del *Canzoniere* di Petrarca abbiamo una *a.* (il Vat. lat. 3196) e un **codice**, il Vat. lat. 3195, solo in parte *a.* ma redatto sotto la sorveglianza dell'autore e perciò considerabile a tutti gli effetti come un originale.

avanguàrdia categoria storiografica moderna: in senso proprio si può parlare di *a.* solo a partire dall'Ottocento. Il concetto di *a.* (strettamente collegato a quello di **sperimentalismo**) fa riferimento a un gruppo di scrittori la cui **poetica** e attività creativa si situa consapevolmente in una posizione di rottura nei confronti della tradizione.

B

ballata (o *canzone da ballo*) forma strofica elaborata nel Duecento, originariamente con accompagnamento musicale e destinata alla danza. La struttura della **b.** prevede una **ripresa** (o **ritornello**) e una (o più) **stanze**, ognuna delle quali si divide in almeno due **piedi** e una **volta** (che ha schema identico alla ripresa). Il primo verso della volta rima con l'ultimo verso del secondo piede, e l'ultimo verso della ripresa. La **b.** si può chiudere con una **replicazione** di forma uguale alla volta o alla ripresa. Tra i diversi tipi di **b.** ricordiamo: a) la **ballata mezzana**, con ripresa di tre versi **endecasillabi** (oppure due endecasillabi più uno o due **settenari**), usata tre volte dal Petrarca nel *Canzoniere* (LV, LIX, CCCXXIV); b) la **ballata minore**, con ripresa di tre versi (p. es. «*In un boschetto trova' pasturella*» di Cavalcanti).

biografia genere storiografico di origine classica in cui è narrata la vita di un personaggio illustre. Nel Medioevo il genere è ripreso da Petrarca nel *De viris illustribus*. Cfr. anche **agiografia**.

bisillabo verso di due sillabe, assai raro nella metrica italiana.

bucòlico (o *pastorale*), **gènere** il g.b. ha come modello le *Bucoliche* di Virgilio e l'**idillio** greco ed è ambientato nel mondo felice e idealizzato dei pastori (l'Arcadia, simbolo della poesia). In Italia il genere viene coltivato soprattutto nel Quattrocento, tanto in poesia (cfr. **egloga**) quanto nel **romanzo** e, successivamente, anche come forma drammatica. Gli ultimi esempi di g.b. si hanno ai primi del Settecento con gli arcadi.

burlesco, gènere genere poetico nato in Toscana a partire dalla seconda metà del XIII sec. con alcuni precedenti nella poesia goliardica latina medievale. Appartiene alla corrente della *poesia giocosa* rappresentata da Rustico Filippi, Forese Donati, Cecco Angiolieri e Folgòre da San Gimignano. La forma tipica del g.b. è la **parodia**, inizialmente spesso esercitata nei confronti dello stilnovismo: alla idealizzazione stilnovista della donna, i poeti giocosi contrappongono una concezione sensuale e carnale dell'amore.

C

calligramma componimento poetico in cui la disposizione tipografica dei versi raffigura un oggetto (di solito l'argomento stesso della poesia). Il termine deriva da *Calligrammes*, titolo di una raccolta poetica di Guillaume Apollinaire (1880-1918), ma la tradizione della *poesia figurata* risale all'antichità.

campo semàntico cfr. **area semantica**

cànone per c. letterario o estetico si intende l'insieme degli autori e delle opere che, in una data epoca, si ritiene debbano obbligatoriamente far parte delle letture di una persona colta. Il c. offre in concreto, agli scrittori, modelli **stilistici** e regole di **genere** da seguire e rispettare.

cantare genere popolare trecentesco in **ottave**, di argomento avventuroso, **epico** o cavalleresco, cantato nelle piazze dai giullari. Il c. è spesso anonimo (p. es. *Fiorio e Biancifiore*), ma compongono cantari anche Boccaccio e Pulci.

canterina che si riferisce ai **cantari**.

càntica l'insieme dei canti, rispettivamente, di *Inferno*, *Purgatorio* e *Paradiso*, ovvero ognuna delle tre parti in cui è divisa la *Commedia* di Dante.

canti carnascialeschi genere poetico-musicale con struttura metrica affine a quella della **ballata**, di contenuto licenzioso e osceno ma a volte anche satirico e politico. I *c.c.* venivano eseguiti a Firenze (tra il XV e il XVI sec.) nel periodo di carnevale. I *trionfi* si distinguono dagli altri *c.c.* perché destinati a essere cantati in cortei di maschere ispirate a personaggi mitologici: l'esempio più famoso di *trionfo* è la Canzona di Bacco (detta anche *Trionfo di Bacco e Arianna*) di Lorenzo de' Medici.

canzone forma metrica derivata dalla **canso**, in origine con accompagnamento musicale. La *c. classica* (o *antica* o *petrarchesca*) è formata da un numero variabile di **stanze** (in genere tra cinque e sette) uguali tra loro per numero di versi, per disposizione dei tipi di verso (che sono, a partire da Petrarca, solo **endecasillabi** e **settenari**) e per schema di **rime**. Le stanze sono formate dalla **fronte** (che può essere divisa o meno in **piedi**) e dalla **sirma**, collegate tra loro dalla **chiave**. La canzone conclude di solito con un **congedo**. Dal Seicento in poi si ha anche la *c. libera* (o *leopardiana*) in cui le **stanze** sono di lunghezza irregolare ed endecasillabi e settenari si alternano secondo uno schema libero e privo di rime obbligatorie.

canzone da ballo cfr. **ballata**.

canzonetta genere poetico-musicale spesso di argomento amoroso e tono popolare. Metricamente, può assumere varie forme, tra cui quelle della **canzone** (ma con struttura semplificata e con versi più brevi dell'**endecasillabo**), del **madrigale** e della **ballata** (soprattutto nel Quattrocento). Un es. di c. è «*Meravigliosamente*» di Giacomo da Lentini.

capìtolo forma metrica composta da **terzine** di **endecasillabi** a **rima incatenata** e conclusa da un verso isolato (ABA BCB CDC ... YZY Z). Sono c. i canti della *Commedia* di Dante e i *Trionfi* del Petrarca.

catàcresi metafora istituzionalizzata ed entrata nell'uso comune: p. es. "il collo della bottiglia".

catarsi nella *Poetica* di Aristotele designa la purificazione delle passioni degli spettatori a opera della **tragedia**.

cesura è la pausa di intonazione (coincidente con un limite di parola) che divide il verso; nell'**endecasillabo**, individua due **emistichi**.

chanson de geste locuzione francese che indica un genere **epico** in versi (di solito **décasyllabes**) in **rima** o **assonanza**, nato in Francia nel XII sec. e diffuso nelle piazze dai giullari. Celebra le imprese (le "gesta") di un eroe nelle guerre nazionali. Un es. è la *Chanson de Roland*.

chiasmo figura retorica consistente nel disporre in modo incrociato, rompendo il normale parallelismo sintattico, i membri corrispondenti di due **sintagmi** o di due proposizioni. P. es.: «Siena mi fé, disfecemi Maremma» (DANTE).

chiave (o *concatenàtio*) nella **stanza** è la **rima** che unisce il primo verso della **sirma** con l'ultimo della **fronte**.

classicismo nella storia letteraria il termine ha due significati: a) il culto di alcuni autori greci e latini in funzione normativa e prescrittiva (come nell'Umanesimo e nel Rinascimento o nel Neoclassicismo settecentesco); b) l'imitazione di scrittori diversi ritenuti esemplari in un dato periodo e rispondenti a determinate caratteristiche estetiche come equilibrio, chiarezza, linearità ecc.

climax (o *gradàtio*) figura retorica che può designare un'**anadiplosi** continuata oppure, nell'accezione moderna, una progressione crescente e graduale di parole o **sintagmi** con generale effetto di amplificazione. Si parla in questo caso più precisamente di *c. ascendente* (per il *c. discendente* cfr. **anticlimax**). P. es.: «e *videmi* e *conobbemi* e *chiamava*» (DANTE). Per analogia il concetto di c. può essere esteso anche alla metrica e al ritmo.

còdice in **filologia** è il libro antico manoscritto. Dal lat. "codex" = tronco d'albero, perché in passato si scriveva su tavolette di legno cerate; per **metonimia** il termine è passato a designare il nuovo materiale scrittorio, che è inizialmente pelle di animale e poi carta.

còmico, stile nella **teoria degli stili** medievali, lo *s.c.* o *medio* (contrapposto al **tragico**) privilegia un **registro** medio-basso, contenuti quotidiani e terreni e metri come il **sonetto**. È rivolto a un pubblico vasto che comprende, oltre alle *élites* nobiliari e alto-borghesi, anche i ceti intermedi e gli artigiani. È anche lo stile usato da Dante in molte parti della *Commedia*.

commèdia genere teatrale nato in Grecia intorno al VI sec. a.C. Strutturalmente, al contrario della **tragedia**, è caratterizzato dalla presenza di un inizio triste (o da una situazione incerta per il protagonista) e di finale lieto. Lo **stile** adottato è quello **comico**. Dante definisce il proprio poema «comedìa» proprio perché vi dominerebbe lo stile comico o medio.

comparazione a) figura retorica consistente in un paragone tra due termini ("la mia camera è grande quanto la tua") b) **similitudine** più articolata espressa mediante forme correlative del tipo "come...così", "quale...tale". P. es.: «E *come* quei che con lena affannata / uscito fuor del pelago a la riva / si volge a l'acqua perigliosa e guata, / *così* l'animo mio, c'ancor fuggiva, / si volse a retro a rimirar lo passo / che non lasciò già mai persona viva» (DANTE).

concatenazione cfr. **chiave**

congedo (o *commiato*; in prov. *tornada*) **strofa** che di solito chiude la **canzone**. Riproduce in genere la forma della **sirma** o della parte finale della **stanza**, ma può anche avere uno schema proprio.

consonanza identità delle sole consonanti della parte finale di due parole, dopo la vocale **tonica**. P. es.: se*me*:ra*mo*. Cfr. anche **assonanza**.

contrasto genere poetico di vario metro e contenuto (amoroso, politico o storico) ma sempre strutturato in forma di dialogo. Famoso è il *Contrasto* di Cielo d'Alcamo.

coro nella **tragedia** greca era la parte declamata da un gruppo di attori-danzatori (*coreuti*) che esprimevano il punto di vista della collettività. Nella tragedia moderna (p. es. in quella manzoniana) e nel dramma musicale, il *c.* è invece un brano lirico in cui l'autore esprime il proprio personale stato d'animo nei confronti degli eventi narrati.

crònaca genere medievale basato sull'esposizione cronologica dei fatti storici, riguardanti una città o un'area geografica limitata. Importanti sono le *c.* di Dino Compagni e Giovanni Villani.

D

deaggettivale detto di nome o verbo che deriva da un aggettivo. P. es. "bellezza" e "abbellire", da "bello".

decasìllabo verso di dieci sillabe (se l'**uscita** è **piana**) con accenti di 3ª, 6ª e 9ª nella forma canonica (dal Settecento in poi, p. es. in Manzoni). È usato raramente nella poesia antica, talvolta come variante **anisosillàbica** del **novenario** e dell'**endecasillabo** (p. es. in Jacopone).

décasyllabe verso francese e provenzale di dieci **piedi**. È il metro di molti generi **lirici**, come il *planh* provenzale e la *ballade* in lingua d'oïl, e ha costituito il modello dell'**endecasillabo** italiano. Un es. da Villon: «Je n'ay plus soif, tairie est la fontaine» [Non ho più sete, asciutta è la fontana].

dedicatàrio neologismo coniato sul modello di **destinatario**. È la persona a cui è dedicato un testo letterario (una poesia, una **tragedia**, ecc.) e il cui nome figura a volte all'inizio del componimento.

dedicatòria lettera di dedica con cui l'autore invia il proprio testo a un **dedicatario**, spesso allo scopo di assicurarsene la protezione.

denominale parola derivata da un nome preesistente. P. es. "terremotare" e "terremotato" (da "terremoto").

dentali, consonanti nel sistema fonetico italiano, p. es., la [t] (*sorda*) e la [d] (*sonora*).

destinatàrio nel modello comunicativo della **semiotica** di R. Jakobson è la persona a cui è inviato il messaggio. L'*emittente* invia un *messaggio* al d. in riferimento a un *contesto* (o *referente*), servendosi di un *contatto*, cioè di un canale fisico. La comunicazione è possibile solo se emittente e destinatario condividono (in tutto o in parte) lo stesso *codice*, cioè lo stesso insieme di convenzioni linguistiche, culturali, ecc.

deverbale neoformazione derivata da un verbo. P. es. "operazione" da "operare".

diacronìa/sincronìa in linguistica, il termine *d.* indica l'evoluzione cronologica di una lingua. Alla linguistica *diacrònica* si oppone quella *sincrònica*, che studia il funzionamento di una lingua in una fase particolare del suo sviluppo.

dialefe fenomeno metrico per cui, all'interno del verso, la vocale di una parola e quella iniziale della parola successiva vengono pronunciate separatamente (cioè con uno **iato**) e devono essere considerate come parti di due differenti sillabe. La *d.* è assai diffusa nel Duecento e in Dante, ma cade in disuso con Petrarca (che in genere preferisce la **sinalefe**). P. es. «O anima cortese mantoana» (DANTE).

diàlogo come genere umanistico, il *d.* è per lo più scritto in latino sul modello ciceroniano (anche se non mancano *d.* in volgare). La sua struttura esprime una nuova concezione della verità intesa come processo al quale compartecipano voci e opinioni diverse. I temi del *d.* spaziano dalla filosofia e dalle arti sino all'economia domestica e all'educazione dei figli (p. es. nei *Libri della famiglia* di L.B. Alberti).

didascàlica (o *didàttica*), **poesia** genere letterario medievale praticato anche in Grecia, in forma di **poemetto** o **capitolo**, a carattere enciclopedico (e in molti casi **allegorico**) e con intenti educativi. Sono es. di *p.d.* il *Tesoretto* di Brunetto Latini e il *Fiore* attribuito a Dante.

diegèsi termine aristotelico (gr. "diégesis" = racconto) con cui la moderna **narratologia** designa la narrazione come momento distinto dalla **mimesi**. Ha carattere diegetico, p. es., l'**epica**, dove il narratore generalmente descrive fatti e situazioni anziché rappresentarli in forma diretta (ripetendo p. es. gesti e discorsi dei vari personaggi).

dièresi nella lettura metrica è il fenomeno opposto alla **sineresi**. Si ha all'interno di parola e consiste nella pronuncia separata di due vocali consecutive che normalmente formerebbero un **dittongo**. P. es.: «faceva tutto rider l'orïente» (DANTE).

disgiuntiva, coordinazione (o *disgiunzione*) tipo di coordinazione ottenuta tramite congiunzioni disgiuntive come "o", "oppure", "ovvero", che stabiliscono un rapporto di esclusione reciproca tra due proposizioni. P. es.: "non so se è uscito oppure è ancora dentro".

dìstico coppia di versi, di solito a **rima baciata**. Il *d. elegiaco* nella metrica latina, è invece la coppia esametro+pentametro, usata soprattutto nell'**elegia**. P. es.: «Dívitiás aliús fulvó sibi cóngerat áuro / ét teneát cultí iúgera múlta solí» [Un altro ammassi per sé ricchezze di fulvo oro e si tenga molti iugeri di terreno coltivato] (TIBULLO).

dittologìa sinonìmica contiguità di due vocaboli aventi lo stesso significato. P. es.: «ché per mezzo lo cor me lanciò un dardo / che d'altre 'n parte lo *taglia e divide*» (GUINIZZELLI).

dittongo unione, all'interno di parola, di due vocali contigue in una sola sillaba. P. es. tu*o*no (*d. ascendente*), m*ài* (*d. discendente*).

domanda retòrica domanda che ha in se stessa la propria risposta (essendo, in realtà, un'asserzione che non ammette repliche). P. es.: "Non è forse vero che la scuola è maestra di vita?".

E

ègloga (o *ècloga*) genere poetico, modellato sulle *Bucoliche* di Virgilio (le cui singole parti erano chiamate *eclogae*, cioè 'estratti'), appartenente al più vasto **genere pastorale**. Le forme metriche principali dell'*e.* in italiano sono la **terza rima** e l'**endecasillabo sciolto**.

elegia genere poetico di origine greco-latina in **distici elegiaci** caratterizzato da toni nostalgici e malinconici e di contenuto amoroso.

elegìaco, stile nella **teoria degli stili** medievale è lo «stile degli sfoghi dolorosi» (DANTE) e richiede l'utilizzo del volgare umile. Corrisponde al *genus humilis* della retorica antica.

ellissi figura retorica per cui si sottintendono uno o più elementi della frase che il contesto permette di ricostruire facilmente. P. es., nell'espressione dantesca «Questo io a lui; ed ella a me» è sottinteso per due volte il verbo "dire".

emistichio metà di un verso diviso dalla **cesura** in due versi di misura minore.

endecasillabo verso composto da 11 sillabe (nella forma a **uscita piana**), con accento principale sulla 10ª. Deriva dal **décasyllabe** francese e provenzale ed è il verso più importante della tradizione italiana. L'*e. canonico* è di due tipi: *a maiore* (p. es. «Nel mezzo del cammín | di nostra víta»: DANTE) con accenti di 6ª e 10ª; *a minore* («Per me si vá | ne la città dolénte»: DANTE) con l'accento è di 4ª oltre che di 10ª. Quando è possibile dividere il verso in un **settenario** seguito da un **quinario**, si parla di **cesura** *a maiore*; di cesura *a minore* quando, viceversa, è possibile dividerlo in un quinario seguito da un settenario. Gli altri accenti sono liberi. Prima della codificazione operata da Dante e soprattutto da Petrarca, però, anche le forme non canoniche erano ammesse, entro una certa misura, in poesia. Si parla di **endecasillabo sciolto** nel caso di composizioni in *e.* senza rime regolari.

endìadi figura retorica consistente nella sostituzione di una singola espressione composta da due membri con due espressioni separate dalla congiunz. (di solito due nomi). P. es.: «O eletti di Dio, li cui soffriri / *e giustizia e speranza* [= 'speranza di giustizia'] fa men duri, / drizzate noi verso gli alti saliri» (DANTE).

ènfasi procedimento retorico consistente nel porre in rilievo una o più parole mediante il tono della voce o un gesto, oppure, nello scritto, con il punto esclamativo, il corsivo ecc., per evidenziare un'accezione particolare o un significato **metaforico**. P. es.: "lui sì che è un uomo!".

enjambement in poesia si ha *e.* (termine fr. che può essere tradotto con 'accavallamento') quando la fine di verso separa un nesso sintattico forte, p. es. del tipo agg.+sost.: «ad *immortale* / *secolo* andò, e fu sensibilmente» (DANTE).

enumerazione (o *elenco*) procedimento retorico comune a vari generi del discorso consistente nell'elencazione di parole o **sintagmi**, in forma **asindetica** oppure mediante congiunzioni coordinanti. P. es. «Benedetto sia *'l giorno, e 'l mese, et l'anno, / et la stagione, e 'l tempo, et l'ora, e 'l punto, / e 'l bel paese, e 'l loco* ov'io fui giunto / da' duo begli occhi che legato m'ànno» (PETRARCA).

epìgrafe in senso moderno, iscrizione in lingua latina o in latino letterario e aulico a carattere funebre o commemorativo. È chiamata *e.* anche la citazione da un autore posta all'inizio di un testo (in questa accezione, è sinonimo di *esergo*).

epigramma genere poetico di origine greca, inizialmente impiegato nelle iscrizioni funebri o votive e caratterizzato dall'estrema brevità. Con il poeta latino Marziale (I sec. d.C.) l'*e.* si codifica come genere **satirico**, arguto e tagliente.

epistola genere letterario di origine classica, sia in prosa che in versi. L'*e.* medievale in latino, praticata anche da Dante e Petrarca, è rigidamente codificata secondo le regole dell'**ars dictandi**.

epìtesi aggiunta non giustificata etimologicamente di una vocale o di un nesso cons.+voc. alla fine della parola. Molto frequente è l'*e.* di "-e" in monosillabi tonici (p. es. «udì*e*» per "udì" in Dante) e di "-ne", in certe parlate centro-meridionali ma anche, a scopi metrici ed eufonici, in poesia. P. es.: «si pò*ne*» [si può] in rima con «persone» e «ragione» (DANTE).

epìteto agg. o sost. riferiti ad altro sost. del quale dichiarano qualità generali per lo più ininfluenti rispetto al contesto immediato della frase. L'*e.* (detto anche *e. esornativo*, cioè 'ornamentale') può ricorrere più volte nello stesso testo e in questo caso serve per identificare e qualificare immediatamente (con una formula stereotipa) un dato personaggio (è un procedimento tipico dell'**èpica**). P. es.: «l'astuto Ulisse» (OMERO).

esàmetro verso greco-latino di sei **piedi** proprio dell'**epica** e della poesia **didascalica**. Unito al **pentametro** forma il **distico elegiaco**. Un es. di *e.* latino (con l'indicazione degli accenti per la lettura metrica) è: «Árma virúmque canó | Troiaé qui prímus ab óris» (VIRGILIO).

escatologia parte della teologia che ha per oggetto il destino ultimo dell'umanità e del mondo. Per il Cristianesimo a questa concezione è associata l'attesa messianica del Cristo nuovamente risorto e del Giudizio finale a opera di Dio.

esergo citazione anteposta al testo vero e proprio (v. **epigrafe**).

espressionismo in senso storico, tendenza artistica e letteraria sorta in Germania agli inizi del Novecento. Per estensione, si dicono di tipo espressionistico quelle forme di rappresentazione antinaturalistica che tendono all'esasperazione dei contrasti (cromatici, sonori, lessicali) e in genere a una marcata deformazione linguistica. In questo senso l'*e.* è una categoria stilistica ed è possibile parlare, p. es., di "*e.* dantesco".

estètica disciplina filosofica che ha come oggetto la bellezza nella natura e nell'arte. Il primo a usare il termine con questo significato è stato A.G. Baumgarten, nel Settecento. È connesso etimologicamente con il gr. "áisthesis" = sensazione.

etimologìa il termine designa sia la disciplina che studia la derivazione di una parola da un'altra più antica (e, spesso, appartenente a un'altra lingua), sia il suo oggetto (l'ètimo, dal gr. "étymon" = vero [significato]). L'etimologia di "parola", a es., è il lat. "parabola(m)" (a sua volta dal gr. "parabolé" = paragone) cioè la 'parola' per **antonomasia**, quella evangelica. Le *e.* medievali sono invece, molto spesso, delle **paretimologie**.

eufemismo attenuazione (per scrupolo morale,

sociale o culturale) di un'espressione troppo cruda o realistica mediante la sua sostituzione con un sinonimo o con una **perifrasi** (spesso una **litote**). P. es.: "passare a miglior vita" per 'morire'.

eufonìa accostamento gradevole di suoni. In particolare sono dette *consonanti eufoniche* quelle che si aggiungono alla congiunzione "e" o ad alcune preposizioni per evitare l'incontro con la vocale iniziale della parola successiva (soprattutto quando le due vocali sono uguali). P. es.: "fu costretto a*d* arrendersi". Nell'it. ant. la *cons. eufonica* si può avere anche dopo "che": «E, come que' che*d* allegrezza mena, / gridò": A. PUCCI. Le *vocali eufoniche* si aggiungono invece per evitare l'incontro di due consonanti; p. es.: "i*n* Ispagna" (cfr. **prostesi**).

exemplum (lat. = esempio) breve narrazione inserita nelle **agiografie**, nelle prediche o nella **poesia didascalica** allo scopo di fornire un modello di comportamento e un esempio morale a un destinatario di ceto e cultura medio-bassa. Nella sua forma originaria l'*e.* risponde ad alcuni requisiti particolari: deve essere tratto da una *fonte autorevole*; deve avere estensione *breve*; deve essere presentato come *veridico*; il suo significato deve essere *inequivocabile*; deve essere *piacevole*.

èxplicit conclusione; *e.* è abbreviazione di "explicitum est" (lat. = è stato srotolato), che nei papiri indicava che il rotolo era stato svolto sino alla fine. In filologia, indica le parole finali di un testo. Cfr. **incipit**.

fàbula (lat. = favola) nella terminologia dei **formalisti** russi, la *f.* è l'insieme dei fatti che costituiscono la narrazione considerati secondo l'ordine cronologico, che il lettore può ricostruire *a posteriori*, p. es. tenendo conto di *flashbacks*, **agnizioni**, ecc. La nozione di *f.* è complementare a quella di **intreccio**: la distinzione è utile per descrivere forme narrative complesse (come il **romanzo** moderno), dove esiste una notevole sfasatura tra lo svolgersi logico-temporale degli eventi e l'ordine in cui essi compaiono nel testo.

facèzia genere letterario umanistico, per lo più in prosa, modellato su esempi greci e latini. Consiste in un motto di spirito salace o in una battuta che rivela l'intelligenza di chi la enuncia. Le *f.* possono essere in latino (Poggio Bracciolini, *Liber facetiarum*) o in volgare (Poliziano, *Detti piacevoli*), anche a carattere popolaresco (*Motti e facezie del Piovano Arlotto*). Il genere continuerà ad avere fortuna fino al Seicento.

farsa genere teatrale a carattere comico e popolaresco nato nel Medioevo come intermezzo da recitarsi durante le **sacre rappresentazioni**. I temi trattati sono il vino, l'amore carnale, i piaceri della vita. In Francia la *farce* è già largamente diffusa nel sec. XIII, mentre i primi esempi di *f.* letteraria in Italia si hanno solo nel XVI sec. (Ruzzante, Sannazaro).

figura nella concezione cristiana medievale un fatto storico è *f.* di un altro (successivo e più importante) quando lo preannuncia, quando cioè può essere interpretato (spesso secondo un procedimento di tipo **allegorico**) come la prefigurazione di un evento che è destinato ad adempiersi nel futuro. La liberazione del popolo ebraico, p. es., è *f.* della Redenzione. Il filologo tedesco E. Auerbach ha messo in luce l'importanza della "concezione figurale" nella *Commedia* dantesca.

figura etimològica (o *gioco etimològico*) ripetizione di una stessa radice **etimologica** (più o meno scientificamente accertata) in parole vicine con effetto di sottolineatura semantica. P. es.: «sfiorata Fiore» [sfiorita Firenze] (GUITTONE D'AREZZO).

filologìa nella sua accezione più ristretta (quella di **critica testuale**), è la disciplina che si occupa di ricostruire il testo così come doveva essere stato licenziato dall'autore. La *f.* studia soprattutto i **codici** (ma anche i testi a stampa) e la loro **tradizione manoscritta**. Il risultato finale del lavoro del filologo è in genere l'**edizione critica** di un testo.

focalizzazione in narratologia indica la *prospettiva* o il *punto di vista* dal quale il narratore considera i fatti narrati e i personaggi. Se il narratore è in grado di vedere fin dentro l'animo dei personaggi (i loro sentimenti, le loro sensazioni, ecc.), allora si parla di racconto a *focalizzazione zero* (o senza focalizzazione): per es., *I promessi sposi* di Manzoni (cfr. anche **narratore onnisciente**). Se il narratore riporta e conosce solo quello che sa il personaggio (e nulla di più), allora si parla di *focalizzazione interna* (che può essere *fissa* se orientata su di un solo personaggio; *variabile* se si sposta di volta in volta su un personaggio diverso, per es. in *Con gli occhi chiusi* di Tozzi; *multipla*, nel caso per es. del romanzo epistolare a più mani). Se il narratore sa meno dei personaggi, non ha la facoltà di vedere dentro di essi e può solo descriverne il comportamento, si parla infine di *focalizzazione esterna* (spesso usata nel romanzo giallo, perché il lettore non scopra subito chi è il colpevole).

fonèma è il suono linguistico considerato nel suo aspetto funzionale ed è anche la più piccola unità distintiva della lingua. Questo significa che: a) un *f.* non è ulteriormente scomponibile in unità minori b) in una parola, sostituendo un *f.* con un altro, si ha anche cambiamento di significato (p. es.: la parola "dare" è formata da quattro *f.*, /d/, /a/, /r/, /e/; sostituendo /d/ con /m/, si ha "mare", con mutamento semantico).

fonètica/fonologia la *fonetica* è la scienza che studia i suoni del linguaggio da un punto di vista fisico e sperimentale (i *foni*, segnalati dalle parentesi quadre: [a], [b] ecc.). La *fonologia*, invece, studia i suoni di una lingua in relazione alla loro funzione nella comunicazione linguistica (i **fonemi**, tra barre oblique: /a/, /b/ ecc.).

fonosimbolismo procedimento compositivo (soprattutto poetico) che consiste nel produrre, attraverso una successione di suoni, un significato aggiuntivo rispetto a quello comunicato dal testo. P. es.: «*graffia* li *spiriti* ed *iscoia* ed i*squatra*» (DANTE, *Inf.*, VI, 18): il senso generale di 'cosa tagliente, affilata' è suggerito dalle fricative ([f]), dalle sibilanti ([s]) e dalle vibranti ([r]). Tra Otto e Novecento il *f.* si distanzia dall'**onomatopea** (cui è spesso assimilabile) e dal **mimetismo** e viene inteso dai poeti (p. es. da Pascoli) sempre più spesso come una forma di suggestione sonora di tipo astratto e musicale.

fonte in senso storico-letterario, un testo o un documento che sta all'origine di un'opera letteraria o di una sua parte. Una delle *f.* della *Commedia* di Dante, p. es., è l'*Eneide* di Virgilio. Il rapporto tra l'opera e una sua *f.* è un caso particolare di **intertestualità**.

fronte è la prima parte della **stanza** della **canzone**. Per analogia, anche la prima parte (le due **quartine**) del **sonetto**.

gènere letteràrio insieme di opere che condividono determinati elementi *espressivi* (stile, lessico, metrica, ecc.) e di *contenuto* (temi, motivi, ideologia), aventi una *funzione* e un *destinatario* particolari. Le regole compositive di un *g.l.* si trovano spesso codificate nei trattati di **poetica**, ma possono anche essere ricostruite *a posteriori* dagli storici della letteratura.

glossa nota esplicativa, in senso generico. Nella prassi interpretativa medievale, annotazione a margine o in interlinea del copista, di un lettore o dello stesso autore a testi biblici, letterari e giuridici.

grottesco in senso generale è sinonimo di 'bizzarro' e 'deforme' e, perciò, 'ridicolo'. In accezione più tecnica, designa una forma teatrale nata in Italia negli anni Dieci del Novecento, caratterizzata da situazioni paradossali ed enigmatiche in cui sono denunciate, con sarcasmo e ironia, l'assurdità della condizione umana e le contraddizioni della società.

iato si ha *i.* quando due vocali contigue non formano un **dittongo** ma vengono pronunciate separatamente. P. es.: "e allora", "maestro", "riesame".

icàstico nella stilistica letteraria, l'agg. *i.* è impiegato per qualificare un modo di rappresentazione della realtà per mezzo di immagini particolarmente forti, evidenti e incisive. Il termine deriva da gr. "eikázein" = rappresentare.

idillio (gr. "eidyllion" = piccola immagine) genere poetico greco dal contenuto prevalentemente pastorale. Il suo equivalente latino è l'**egloga**.

idiomatismo particolarità di una determinata lingua o dialetto. Una locuzione idiomatica (o "frase fatta") è un'espressione che non può essere tradotta letteralmente in un'altra lingua (p. es.: "avere un diavolo per capello").

immaginàrio l'insieme degli **archetipi**, dei **simboli**, dei desideri e delle paure che formano l'inconscio collettivo di una società (o dell'umanità in genere), in relazione a un dato periodo storico. Oggetto privilegiato dell'antropologia culturale, la nozione di *i.* ha anche a che fare con la letteratura, che può essere considerata come una formalizzazione delle spinte disordinate provenienti dalla sfera dell'*i.*

impressionismo in senso storico, movimento pittorico nato in Francia nella seconda metà dell'Ottocento. Per estensione, anche in letteratura, qualsiasi procedimento che tende a cogliere impressioni e stati d'animo soggettivi nella loro immediatezza, mediante rapide annotazioni e brevi squarci lirici.

ìncipit (lat. = inizio) le parole iniziali del testo. Cfr. **explicit**.

inno genere poetico a carattere religioso. Nel Medioevo l'*i.* cristiano in **strofe** metriche e ritmiche destinate al canto celebra Dio e i santi. Dal Settecento, il termine passa a designare anche componimenti a carattere profano (politico, sociale, patriottico). Cfr. **ode**.

intermezzo scena a carattere giocoso, accompagnata da musica e danze, che tra Cinquecento e Seicento veniva rappresentata durante gli intervalli di un'opera seria o di una commedia per svagare gli spettatori. Nel Settecento, benché finalizzato a riempire l'intervallo tra un atto e l'altro dell'opera seria, l'*i.* divenne un **genere** autonomo, ovvero un'opera comica breve a due sole voci (soprano e basso), con accompagnamento di archi e clavicembalo. L'*i.* costituisce le origini dell'opera buffa italiana e francese. Nell'Ottocento il termine *i.* indica anche brevi pezzi pianistici in forma libera.

interrogazione retòrica cfr. **domanda retorica**.

intertestualità è il rapporto che un testo letterario stabilisce con un altro testo anteriore. La nozione di *i.* (introdotta nella teoria letteraria solo negli anni Settanta) comprende una serie di fenomeni noti da sempre (citazione, reminiscenza, allusione, rapporto con le **fonti**) ma li riordina in chiave *dialogica*: l'*i.*, cioè, instaura un dialogo, un confronto che fa uscire il testo dal suo isolamento e lo immette in un discorso a più voci. Si dice *i. interna* quella che riguarda i riferimenti di un autore a un'altra propria opera o fra parti diverse della stessa.

intreccio nel linguaggio dei **formalisti** russi è l'insieme degli eventi narrati secondo l'ordine in cui sono presentati nell'opera, a prescindere dai loro rapporti causali e temporali. Cfr. **fabula**.

invènto cfr. **retorica**

inversione cfr. **anastrofe**

invettiva in latino tardo *oratio invectiva* è chiamato il discorso aggressivo e violento con cui ci si rivolge a qualcuno per denunciarne il pensiero o la condotta morale. È un procedimento frequente anche nella *Commedia* dantesca (cfr. **apostrofe**). Nell'antichità, l'*i.* era un genere oratorio vero e proprio, spesso anonimo.

ipàllage figura retorica che consiste nel riferire un aggettivo non al sostantivo cui semanticamente è legato ma a un altro sostantivo vicino. P. es.: «io vedea di là da Gade *il varco / folle* d'Ulisse» (DANTE).

ipèrbato figura retorica di tipo sintattico per cui gli elementi della frase che normalmente sarebbero uniti in un **sintagma** sono invece separati. P. es.: «che l'anima col corpo morta fanno» (DANTE).

ipèrbole figura retorica che consiste nell'esagerare la portata di quanto si dice amplificando o riducendo in modo eccessivo il significato dei termini impiegati per rappresentare una data cosa. Due es. dal parlato: "Mi piace *da morire*", "è questione di *un secondo*".

ipèrmetro si dice di un verso che eccede di una o più sillabe la sua misura regolare. P. es.: «en questo loco lassato» (JACOPONE) è un **settenario** *i.* (la sillaba eccedente è la prima: "en").

ipòmetro verso che ha una o più sillabe in meno rispetto alla sua misura regolare. P. es.: «Vale, vale, vale» (JACOPONE) è un **settenario** *i.* perché manca della prima sillaba.

ipotassi (o *subordinazione*) costruzione tipica della lingua scritta caratterizzata dalla successione di proposizioni subordinate disposte in modo gerarchico. L'*i.* è il costrutto della complessità concettuale e dell'argomentazione logica; esprime di solito una presa di posizione esplicita e dichiara un punto di vista preciso. Si contrappone alla **paratassi**.

ironia figura retorica che consiste nel mascherare il proprio pensiero dicendo l'opposto di ciò che si pensa (**antifrasi**) oppure servendosi di una **litote** o di una **reticenza** o di una citazione distorta dal discorso altrui, a scopo derisorio e talvolta sarcastico. P. es.: «A voi che siete ora in Fiorenza dico, / che ciò ch'è divenuto, par, v'adagia, / e poi che li Alamanni in casa avete, / servite li bene, e faitevo mostrare / le spade lor, con che v'han fesso i visi, / padri e figliuoli aucisi» (GUITTONE D'AREZZO).

iterazione (o *ripetizione*) procedimento formale riscontrabile in varie figure retoriche (come l'**anadiplosi**, l'**anafora**, l'**epanalessi**, ecc.) e nel linguaggio poetico in genere (p. es. nella **rima**).

koinè (gr. "koinè diàlektos" = lingua comune) in senso tecnico, dialetto condiviso da un territorio relativamente ampio; il dialetto di *k.* è un dialetto fortemente contaminato dalla lingua nazionale e in cui sono ridotti al minimo gli **idiotismi**. In senso esteso, *k.* può significare 'comunità linguistica e culturale', e anche 'linguaggio comune o dominante'.

làuda (pl. *laudi* o *laude*) genere poetico-musicale duecentesco in latino e poi in volgare, a carattere religioso. È una preghiera cantata in diversi momenti della giornata ma al di fuori della messa vera e propria. Il primo es. di *l.* in volgare sono le *Laudes creaturarum* di san Francesco. Il metro della *l.*, inizialmente vario, diventa quello della **ballata** con Guittone e Jacopone. A partire dal Trecento si ha anche la *l. drammatica* (cioè dialogata) in **ottava rima** o in **polimetro** (verso caratteristico della poesia teatrale), destinata alla recitazione sul sagrato della chiesa.

laudàrio raccolta di **laudi** delle varie confraternite religiose (in particolare quella dei *laudesi*). L'esemplare più antico è il *Laudario cortonese* (ca. 1270-80). In alcuni casi, oltre al testo, sono conservate anche le musiche.

Leitmotiv (ted. = motivo ricorrente) in musica, è il motivo conduttore, cioè il tema (ovvero la melodia) ricorrente associato a un personaggio o a una particolare situazione emotiva. Per estensione, tema o argomento a cui si fa costante riferimento in un'opera letteraria.

lessema la minima unità linguistica con significato autonomo.

lezione in **filologia** si chiama *l.* la forma in cui sono attestati una parola o un passo particolare del testo in un **codice** o in una stampa. P. es. nella *Commedia*, per *Purg.* VI, 111 accanto alla *l.* «com'è oscura» alcuni codici danno «com'è sicura» e «come si cura».

liquide, consonanti in italiano sono la [r] e la [l], secondo una denominazione tradizionale dei grammatici antichi.

lirica in Grecia, la *l.* è la poesia cantata con l'accompagnamento della "lira", uno strumento a corde. In generale il termine designa una particolare modalità enunciativa (l'uso della prima pers. sing.) e una particolare tonalità affettiva (l'espressione soggettiva dei sentimenti del poeta). Come **genere** in particolare, nelle lett. **romanze** e, in primo luogo con i provenzali la *l.* si definisce per alcune caratteristiche costanti come l'adozione di certe forme metriche (**canzone**, **ballata**, ecc.) e temi specifici (l'amor cortese, l'idealizzazione della donna) peculiari, oltre che per una suddivisione in diversi sottogeneri (*canso*, *sirventese*, *planh*, *joc partit*, *alba*, ecc.). Nella letteratura italiana il modello del genere *l.* è per almeno tre secoli (dal XIV al XVI) il *Canzoniere* di Petrarca e le sue caratteristiche sono il **monolinguismo**, l'autoreferenzialità, l'assenza di narratività, ecc.

litote figura consistente, nella sua forma più semplice, nell'esprimere un concetto negando il suo contrario. P. es. "non sto male" per 'sto bene'. L'effetto della *l.* può essere quello di attenuare la forza di un'espressione che, enunciata in modo diretto, risulterebbe offensiva per qualcuno (cfr. **eufemismo**) oppure presuntuosa. In altri casi può colorarsi di **ironia** più o meno benevola, come nella frase "non è un genio" per 'è uno stupido'.

locutore in linguistica, è il soggetto che parla e produce enunciati.

locuzione in linguistica, unità lessicale costituita da almeno due parole.

madrigale genere poetico-musicale polifonico del Trecento, a carattere **lirico** e di argomento per lo più amoroso. Come forma strettamente metrica, il *m. antico* (o *trecentesco*) è formato da **endecasillabi** (p. es. Petrarca, *Canz.* LII) o endecasillabi e **settenari** divisi in **terzine** (da due a cinque), più uno o due **distici** conclusivi (o, più raramente, un verso isolato). Lo schema delle rime è variabile. Il *m. cinquecentesco* ha forma ancora più libera e, in genere, non supera i 12 versi.

mèdio (o *mezzano*), **stile** cfr. **comico, stile**.

melodramma genere teatrale in musica nel quale i personaggi si esprimono mediante il canto. Può avere sia carattere serio che comico (p. es. l'*opera buffa* settecentesca). Il *m.* nasce sul finire del XVI sec. a Firenze dagli *intermedii* [intermezzi] musicali rappresentati tra un atto e l'altro del dramma vero e proprio (che era recitato e non cantato) per alleggerirne la tensione. Il primo *m.* è la *Dafne* di J. Peri su testo di O. Rinuccini (1598). Nell'Ottocento, in Italia, il genere raggiunge la sua massima fioritura con Rossini, Bellini, Donizetti e Verdi.

memorialistica genere letterario in prosa di tipo autobiografico. Differisce dalla **autobiografia** in senso stretto per la mancanza di un'attenzione esclusiva alla storia della personalità di chi scrive e per una maggiore importanza concessa agli eventi esterni.

metàfora figura retorica che consiste nella sostituzione di una parola (o di un'espressione) con un'altra il cui significato presenta una somiglianza (più o meno evidente) con il significato della prima. Può essere considerata come una **similitudine** abbreviata e priva dell'avverbio di paragone ("come"). La *m.* è usata tanto nel linguaggio quotidiano (p. es. sotto forma di **catacresi**) quanto in quello poetico. Nel secondo caso, in particolare, è possibile avere sia metafore altamente codificate (come «capelli d'oro» per 'capelli biondi come l'oro') il cui riconoscimento è ormai meccanico, sia *m.* d'invenzione, nelle quali la distanza tra espressione letterale ed espressione figurata è tale da rendere più difficile e più stimolante il ritrovamento delle somiglianze. P. es.: in Dante «fonte ond'ogne ver deriva» è *m.* per 'Dio'.

metàtesi fenomeno linguistico per cui due suoni interni ad una parola si scambiano di posto senza mutare il significato della parola stessa. In antico italiano si ha spesso con le semivocali (p. es.: "aira" per 'aria') e con [r] preceduta da consonante ("drento" per 'dentro').

metonìmia (o *metonimia*) figura retorica consistente nella sostituzione di una parola con un'altra che appartiene a un campo concettuale vicino e interdipendente. In particolare: la *causa* per l'*effetto*: «Ora sento *'l coltello* [la ferita] / che fo profitizzato» (JACOPONE); l'*effetto* per la *causa*: "guadagnarsi da vivere *col sudore della fronte*" (= con fatica); l'*astratto* per il *concreto*: «quello amor paterno» = 'quel padre amoroso' (DANTE); il *contenente* per il *contenuto*: "bere un bicchiere"(= bere il liquido contenuto nel bicchiere), l'*autore* per l'*opera*: "un Picasso"(= un quadro di Picasso); il *materiale* per l'*oggetto*: in poesia, "il ferro"(= la spada).

mètrica quantitativa la metrica classica (greca e latina) si basa, diversamente da quella italiana e romanza, sull'opposizione tra **sillabe lunghe** e **brevi**. L'unione di due o più sillabe forma il **piede**.

mezzano (o *medio*), **stile** cfr. **comico, stile**.

mimèsi (gr. "mímesis" = imitazione) termine opposto e complementare a **diegesi**. Si ha *m.* quando l'autore rappresenta i discorsi di un personaggio riproducendoli in modo diretto, a volte anche secondo caratteristiche stilistiche peculiari. È un procedimento spesso usato da Dante nella *Commedia* ed è proprio dei generi teatrali.

monolinguismo unità di tono, lessico e registro linguistico in un'opera o in un autore. Si contrappone spesso il *m.* (o *unilinguismo*) di Petrarca al plurilinguismo di Dante.

monostilismo nozione affine a quella di **monolinguismo**, con un riferimento più marcato alla uniformità, in un'opera o in un autore, di **stili** e **generi letterari**.

N

narràtio (lat. = narrazione; esposizione) nella **retorica** la *n.* indica quella parte dell'orazione, successiva all'**exordium**, in cui venivano esposti all'uditorio i fatti, con un racconto accurato e obiettivo che poteva sia seguire l'ordine naturale in cui si erano svolti, sia partire da un punto ritenuto particolarmente importante.

narratore voce narrante del racconto, non necessariamente identificabile con la persona biograficamente intesa che ha scritto il testo (autore-scrittore). In quanto finzione letteraria, il *n.* può essere assente dal racconto (p. es. Omero) o presente come personaggio della vicenda (p. es. Dante nella *Commedia*). Può d'altra parte essere esterno al racconto, e perciò in grado di giudicare eventi e personaggi, o interno a esso, cioè nascosto in una narrazione guidata dai personaggi: nel primo caso si parla di *narratore onnisciente*, cioè di un *n.* che come un burattinaio guida dall'alto l'azione conoscendone perfettamente lo sviluppo (è il caso dei *Promessi sposi* di A. Manzoni); nel secondo si parla di *impersonalità della narrazione*, cioè di una narrazione in cui il *n.* subisce gli eventi dell'azione come i personaggi, poiché non sa quanto loro e a volte meno di loro (è il caso p. es. dei *Malavoglia* di G. Verga).

neologismo parola creata in tempi recenti o inserita in una lingua mutuandola da un'altra dall'insieme dei parlanti o da un singolo scrittore. Il *n.* può rispondere a esigenze tecniche, scientifiche, espressive, ecc. ma anche mirare a effetti dissacranti nei confronti di una tradizione letteraria che si vuole trasgredire già a livello linguistico. Dante è autore di molti *n.* (p. es.: "dislagare", "indiarsi", ecc.).

nominale forma stilistica (o sintattica) in cui i nomi (sostantivi, aggettivi, ecc.) prevalgono sui verbi o questi sono del tutto assenti; essa si basa spesso sull'enumerazione, ovvero sul raggruppamento di parole o **sintagmi** coordinati tramite **asindeto** o **polisindeto**.

novella componimento narrativo per lo più in prosa (esiste anche la *n.* in versi), di tono realistico ma a carattere avventuroso o fantastico, spesso con intenti morali o didascalici. Mescolando elementi storico-realistici a spunti favolosi o leggendari, la *n.* anticipa il romanzo moderno. La *novellistica* è sia il genere letterario della *n.* o lo studio sistematico di tale genere, sia l'insieme di *n.* relative a un determinato ambito letterario.

novella in versi tra i principali generi narrativi del Romanticismo italiano (vi si dedicarono tra gli altri Grossi, Tommaseo, Giusti, Padula, Cantù e Prati), la *n.* può avere un metro abbastanza libero, ma spesso assume lo schema dell'**ottava**. Il Medioevo (culla del passato della Nazione) fa spesso da sfondo a vicende d'amore contrastato o tradito.

novenàrio verso di nove sillabe metriche con accento principale sull'ottava. P. es.: «le parolette mie novèlle / che di fiori fatto han ballàta» (DANTE).

ode componimento poetico in stile elevato, diffuso a partire dal Cinquecento. Simile alla **canzone** nella struttura strofica, l'*o.* si distingue in *canzone-ode* (con stanze ridotte rispetto alla **canzone** petrarchesca), *canzone pindarica* (a imitazione della tripartizione di Pindaro – V sec. a. C. – in strofe, antistrofe ed epodo) e *ode-canzonetta* (destinata spesso alla musica).

omofonìa identità fonica tra parole di significato diverso. P. es.: «o cameretta che già fosti un *porto* / [...] / fonte se' or di lagrime nocturne, / che 'l dì celate per vergogna *porto*» (PETRARCA).

omotelèuto identità fonica della terminazione di parole soprattutto se ricorrenti nei luoghi ritmicamente significativi di un testo. Nell'*o.*, a differenza della **rima** (che ne è un tipo), l'identità fonica prescinde dalla vocale **tonica**.

onomatopèa imitazione acustica di un oggetto o di un'azione attraverso il **significante** (p. es.: "cin-cin" = 'brindisi', dal rumore che fanno i calici nell'incontrarsi in segno di augurio).

orazione genere letterario diffusosi nel XV sec., che, nella forma del trattatello filosofico, etico o letterario è finalizzato all'affermazione di una tesi e alla persuasione della sua correttezza. Una famosa *o.* quattrocentesca è quella *Sulla dignità dell'uomo* di Pico della Mirandola.

ossìmoro accostamento di due termini di significato opposto che sembrano escludersi a vicenda. P. es.: «vera mortal Dea» o «cara nemica» (PETRARCA).

ossitono sinonimo meno comune di **tronco**.

ottava rima strofa composta da otto **endecasillabi** disposti secondo lo schema ABABABCC (nel caso dell'*o. toscana*); l'*o. siciliana* segue invece lo schema ABABABAB, in uso nella poesia discorsiva (epica narrativa, religiosa). È detta anche semplicemente *ottava*.

ottonàrio verso di otto sillabe metriche con accento principale sulla settima. P. es.: «o Signor, per cortesia» (JACOPONE DA TODI).

ottosìllabo verso francese e provenzale ("octosyllabe") composto da otto sillabe, con accento principale sull'ultima. Usato sia nella poesia lirica che in quella didattico-narrativa, l'*o.* viene ripreso nella metrica italiana antica dal **novenario**.

P

palatale letteralmente, 'che riguarda il palato'. In **fonetica**, si dicono consonanti *p.* quelle articolate tra il palato duro e il dorso della lingua (e che, a seconda del luogo di fonazione – anteriore, mediano o posteriore del palato – si dividono in prepalatali, mediopalatali e postpalatali: *casa*, *gatto*; *circo*, *giallo*; *stagno*, *agli*; *sciare*) e vocali *p.* quelle articolate nella parte anteriore della cavità orale (la *e* e la *i*). Per *palatalizzazione* si intende il processo tramite il quale un suono diventa palatale (p. es. la *c* di 'Cicerone' rispetto alla pronuncia 'Kikerone' del lat. repubblicano).

panegirico discorso solenne ed enfatico pronunciato davanti a un vasto uditorio, durante una cerimonia ufficiale, al fine di celebrare persone o istituzioni. In epoca classica il *p.* si teneva in onore di personaggi illustri, mentre in epoca medievale e moderna per lo più in onore di santi.

paradosso controsenso; affermazione apparentemente assurda che contraddice la logica o il buon senso comune sorprendendo il lettore (o l'ascoltatore). P. es.: «Vergine pura, d'ogni parte intera, / del tuo parto gentil *figliuola* et *madre*» (PETRARCA).

paràfrasi esposizione dettagliata del contenuto di un testo, soprattutto poetico, utilizzando parole diverse e una forma più semplice rispetto all'originale, al fine di renderne più comprensibile il significato.

parallelismo procedimento stilistico in cui alcuni elementi del discorso (da fonetici a sintattici) vengono disposti parallelamente all'interno di una frase o di un periodo (cfr. p. es. **anafora**, **polisindeto**).

paratassi rapporto di coordinazione tra proposizioni principali e secondarie, che vengono poste l'una accanto all'altra, all'interno del periodo, senza una relazione di subordinazione. P. es.: «Orlando sente che il suo tempo è finito. / Sta sopra un poggio scosceso, verso Spagna; / con una mano s'è battuto il petto» (dalla *Chanson de Roland*).

paretimologìa etimologia arbitraria, ovvero basata non su fondamenti storici o scientifici, ma su analogie di suono o significato con una parola di uso più frequente (è detta anche *etimologia popolare*). P. es.: la località «Sanluzzo» in luogo di "Saluzzo" in una **novella** di Boccaccio.

parodìa imitazione intenzionale di qualcosa (un personaggio, un testo, uno stile, ecc.) in forma **ironica**, per evidenziare la distanza critica dal modello e attuarne il rovesciamento. Un esempio di *p.* di un *exemplum* è la **novella** boccaccesca *Nastagio degli Onesti*.

paronomàsia (o *adnominatio*) accostamento di due parole che hanno un suono simile. P. es.: «e son un *ghiaccio* / [...] e *giaccio* in terra» (PETRARCA).

pastiche (fr. = pasticcio; imitazione letteraria, rielaborazione di modelli diversi) giustapposizione di parole appartenenti a registri o codici diversi, perlopiù a fini stranianti e ironico-parodistici.

pastorale in letteratura è un genere (prevalentemente in versi) che si ispira alla vita idealizzata dei pastori, traendo spesso spunto da una vicenda d'amore tra un pastore e una pastorella. Vivo già nel mondo classico greco e latino (p. es. con Teocrito e Virgilio), il genere *p.* viene ripreso in Italia intorno al XV sec. e, attraverso un ampio sviluppo in Europa tra XVI e XVII sec. (soprattutto nella forma del *dramma p.*, ma anche in quella **parodistica** della *farsa rusticale*), culmina – e si estingue – nella poesia settecentesca dell'Arcadia.

pastorella genere letterario medievale, di derivazione franco-provenzale, in forma di **contrasto** amoroso: il dialogo, fatto di vivaci botte e risposte, si svolge durante un incontro campestre tra un cavaliere (identificabile in genere con il poeta) e una pastorella cui questi fa profferte galanti. P. es.: «*In un boschetto trova' pasturella*» di CAVALCANTI.

perìfrasi giro di parole con cui si esprime indirettamente un concetto, o si descrive una persona o un oggetto, al fine di evitare espressioni volgari o dolorose, termini troppo tecnici ecc., o anche al fine di attenuare l'espressione o renderla più solenne. P. es.: «l'amor che move il sole e l'altre stelle» (DANTE), cioè Dio.

peripezìa nell'intreccio della tragedia greca, l'improvviso cambiamento di una situazione nel suo contrario. Più in generale, con il termine *p.* si designano le vicende avventurose vissute dai protagonisti di una narrazione.

personificazione allegòrica (o *prosopopèa*) introduzione nella narrazione di cose inanimate o astratte (p. es. la patria, la gloria, ecc.), o anche di animali o persone morte, come se fossero animate o vive. P. es.: la *p.* di Firenze nella **canzone** «*Ahi lasso, or è stagion de doler tanto*» di GUITTONE D'AREZZO.

piana parola accentata sulla penultima sillaba (p. es.: "casàle", "ritòrno"). Un verso si dice *p.* quando termina con una parola accentata sulla penultima sillaba, e così un testo poetico composto da tali versi.

piede unità di misura della metrica **quantitativa** greco-latina. I *p.* più importanti sono il *giambo*, il *trocheo*, l'*anapesto*, il *dattilo* e lo *spondeo*. Nella metrica italiana indica ciascuna delle due parti nelle quali può essere strutturata la **fronte** della **canzone**.

plazèr (provenz. = piacere) componimento in versi in cui si elencano le cose della vita (o i fatti o le persone) che più danno diletto. Ne è un esempio italiano il **sonetto** di Dante «*Guido, i' vorrei che tu e Lapo ed io*».

pleonasmo espressione sovrabbondante; consiste nell'uso di una o più parole grammaticalmente o concettualmente superflue alla comprensione dell'enunciato. P. es.: «con meco» (PETRARCA), dove «meco» significa 'con me' (dal lat. "mecum").

plurilinguismo mescolanza di lingua e dialetto, di lingue diverse o di differenti registri linguistici (tecnico, gergale, letterario, ecc.) a fini sperimentali o parodistici.

pluristilismo mescolanza in uno stesso testo di registri stilistici diversi.

poema composizione narrativa in versi, di ampia estensione e di stile elevato, generalmente divisa in canti o libri. A seconda dell'argomento, il *p.* si divide nei seguenti generi: **p. allegorico-didattico**, che vuole impartire precetti morali e religiosi (p. es.: la *Commedia* di Dante); **p. didascalico**, che vuole divulgare, secondo le regole dell'enciclopedismo, teorie filosofiche, scientifiche o estetiche (p. es.: il *Roman de la Rose* di G. de Lorris e J. de Meung, il *Tesoretto* di B. Latini o il *Fiore* attribuito a Dante); **p. cavalleresco**, che tratta le gesta eroiche e amorose dei cavalieri, alternando toni epici e non di rado burleschi (il *p.c.*, nato in Francia in epoca medievale, conosce tre cicli diversi: quello *carolingio*, a carattere epico – *Chanson de Roland* –; quello *bretone*, a carattere romanzesco e amoroso – *Roman de Brut*, di Wace, *Lais* di Maria di Francia, ecc. –; e quello *classico*, in cui vengono rielaborate leggende classiche adattandole ai gusti cortesi e cavallereschi – *Roman de Thèbes*, *Roman de Troie*, ecc. –. Una originale ripresa del *p.c.* si ha nel Rinascimento italiano con l'*Orlando innamorato* di Boiardo, il *Morgante* di Pulci, l'*Orlando furioso* di Ariosto e la *Gerusalemme liberata* di Tasso; **p. eroicomico**, che è una **parodia** del *p. cavalleresco*, del quale riprende alcuni **topoi** (eroi, valori cavallereschi, ecc.) degradandoli, oltre che nell'uso di un linguaggio basso, attraverso il loro inserimento in un contesto comico e grottesco. Cfr., p. es., *La secchia rapita* di A. Tassoni.

poemetto componimento in versi simile al **poema**, per contenuto e tono, ma più breve. P. es.: il *p.* l'*Intelligenza* attribuito a Dante.

poesia pastorale cfr. **egloga**

poètica complesso delle idee di un artista, di una tendenza o di una scuola intorno al fare artistico; le forme, i modi, le finalità tenuti esplicitamente o implicitamente presenti come modello. La prima teorizzazione intorno al concetto di *p.* risale all'omonimo trattato del filosofo greco Aristotele (IV sec. a. C.) e giunge fino al Medioevo, attraverso la mediazione dell'*Ars poetica* del poeta latino Orazio (I sec. a. C.), soffermandosi essenzialmente sulle caratteristiche retoriche dell'opera. Solo a partire dal XVIII sec., all'impostazione retorica della *p.* si è affiancata, fino a sostituirla, quella estetica.

polifonia in campo musicale è l'unione di più voci o strumenti che svolgono contemporaneamente, su base contrappuntistica, il proprio disegno melodico. In narratologia è la pluralità delle voci, cioè la molteplicità dei punti di vista dei personaggi, assunta dal narratore in molti romanzi moderni.

polìptoto figura sintattica per cui una parola, in genere la prima di una frase, viene ripetuta a breve distanza cambiando funzione (ovvero caso, genere, numero, ecc.). P. es.: «e alcuna volta gli era *paruto* migliore il mangiare che non *pareva* a lui che dovesse *parere* a chi digiuna per divozione» (BOCCACCIO).

polisenso come agg.: che ha o assume significati diversi e che è quindi suscettibile di interpretazioni differenti; come sost.: caratteristica del linguaggio poetico in cui una parola o un'espressione possono assumere molteplici significati a seconda del contesto (a differenza del linguaggio scientifico in cui a ogni termine corrisponde un *unico* significato). P. es.: il verbo "salutare" significa in Dante sia 'dare il saluto' che 'trasmettere la salvezza'. Parlando di un testo letterario, s'intende per *polisemìa* la proprietà di un significante di avere più significati, non solo propri ma anche **metaforici**.

polisìllabo parola composta da più sillabe, generalmente da quattro o più.

polisìndeto ripetizione frequente della congiunzione copulativa *e*, a fini espressivi, tra le parole che formano una serie o tra varie proposizioni che formano un periodo. P. es.: «e videmi e conobbemi e chiamava» (DANTE).

preterizione figura retorica per la quale fingendo di tacere una cosa la si dice, attribuendole in questo modo maggiore rilievo. P. es.: «Cesare *taccio* che per ogni piaggia / fece l'erbe sanguigne / di lor vene» (PETRARCA).

proèmio parte introduttiva di un'opera e, in particolare, del **poema** (soprattutto epico); si divide in due parti: la **protasi** e l'**invocazione**, in cui il poeta si rivolge agli dèi (in età classica) o ai santi (in età medievale) per ottenere le forze necessarie a scrivere il **poema**. A volte il *p.* comprende anche la **dedica** al mecenate dell'opera o comunque al suo **destinatario**.

prolessi anticipazione nella proposizione principale dell'enunciato di una secondaria (p. es.: "di questo ti prego, di fare silenzio"). In narratologia la *p.* è l'evocazione di un evento futuro rispetto al momento della narrazione.

pròlogo scena iniziale di un'opera, sia epica che teatrale, nella quale vengono esposti gli antefatti dell'azione e se ne illustrano le linee fondamentali.

prosa scrittura che procede diritta, utilizzando cioè l'"a capo" per ragioni non metriche (come nel caso della scrittura in versi) ma concettuali. Legata all'oratoria latina, la *p.* medievale ne ricalca l'andamento ritmico, ovvero la struttura cadenzata, attraverso il **cursus** (**prosa ritmica**); l'andamento ritmico della *p.* è dato anche dal far rimare tra loro le parole finali di due o più frasi (**prosa rimata**). Quando la scrittura in *p.* si concentra piuttosto sulla qualità stilistica che sugli aspetti concettuali e narrativi, si parla di **prosa d'arte**.

prosimetro componimento in cui si alternano versi e prosa (p. es.: la *Vita nuova* di Dante).

prosopopèa cfr. **personificazione allegorica**

pròtasi parte introduttiva di un **poema** in cui viene dichiarato l'argomento.

pseudònimo nome non corrispondente a quello reale, usato per non rivelare la vera identità.

purismo tendenza linguistica (e letteraria) in cui si vogliono normativamente preservare i caratteri tradizionali di una lingua, rifiutando – in nome della purezza – la contaminazione di forestierismi, neologismi, ecc.

quadrisillabo verso di quattro sillabe metriche con accento principale sulla terza; è detto anche *quaternario*. Per *q.* s'intende tuttavia anche una parola formata da quattro sillabe.

quartina strofa di quattro versi, rimati per lo più secondo gli schemi ABBA, ABAB, AABB o AAAA (*q. monorima*); la *q.* può essere sia costituita da quattro versi omogenei all'interno di una strofa più ampia, sia costituire un'unità all'interno di uno schema metrico più complesso (p. es. il **sonetto**).

quantità cfr. **metrica quantitativa**

quasi rima cfr. **rima**.

quaternàrio cfr. **quadrisillabo**.

quinàrio verso di cinque sillabe metriche con accento principale sulla quarta. P. es.: «– in quel cespùglio –» (SACCHETTI).

raddoppiamento fono-sintàttico caratteristica fonetica, diffusa soprattutto in Toscana e nell'Italia centro-meridionale, che prevede il raddoppiamento (solo sonoro, non grafico) della consonante iniziale di una parola in determinati contesti sintattici (p. es. quando preceduta da monosillabi o da vocaboli **tronchi**: "tre (c)case"; "città (v)vecchia".

recitativo tipo di canto che mira a riprodurre la naturalezza del parlato attraverso la riduzione (o l'assenza) della melodia vocale. Si distingue in *r. secco* (voce accompagnata da basso continuo) e *r. accompagnato* (voce accompagnata da più strumenti o dall'orchestra).

refrain (franc. = ritornello) gruppo di pochi versi (in genere da due a quattro, ma anche uno solo) che si ripete prima o dopo ogni **strofa**.

registro specifico livello della lingua dato dall'insieme omogeneo di elementi lessicali, sintattici, stilistici ecc.; la lingua letteraria, per esempio, utilizza un *r.* fortemente formalizzato, lessicalmente ricco e stilisticamente elaborato, mentre quella familiare ne utilizza uno più povero, sia dal punto di vista lessicale che da quello stilistico. Le singole opere letterarie sono spesso caratterizzate da un unico *r.* linguistico (comico-realistico, lirico, tragico, ecc.), ma non poche sono quelle in cui vengono utilizzati contemporaneamente *r.* diversi (p. es. la *Commedia* di Dante).

replicazione ripetizione di una parola all'interno di un periodo, in forma anche variata (p. es. «qual è colui che suo dannaggio *sogna*, / che *sognando* desidera *sognare*», DANTE) e a breve distanza, con fini espressivi.

reticenza interruzione intenzionale di una frase che lascia al lettore (o all'ascoltatore) il compito di completarne il senso ricostruendo gli elementi sottintesi; può servire a insinuare dubbi, ad attenuare espressioni troppo forti, ad alludere a qualcosa, ecc. P. es.: «Io cominciai: "Frati, i vostri mali..."; / ma più non dissi..."» (DANTE).

retòrica arte del parlare e dello scrivere in modo efficace al fine di persuadere un uditorio e ottenerne il consenso; basata su regole codificate nel tempo, la *r.* affonda le radici nell'età classica, quando ne costituiva la normativa dei discorsi pubblici, e giunge fino alla contemporaneità come eloquenza, cioè tecnica della perfetta espressione.

riassunto forma di accelerazione del racconto in cui il narratore non si sofferma analiticamente a descrivere eventi o personaggi, ma sintetizza in poche pagine o in poche righe ampi lassi di tempo.

ricezione l'atto del ricevere un messaggio; modo di accogliere un'opera da parte del pubblico.

ridondanza ripetizione; abbondanza in un discorso di elementi accessori, ovvero non indispensabili alla sua comprensione ma utili alla comunicazione.

rima identità di suono tra la parte finale di due (o più) parole a partire dalla vocale **tonica** compresa. *R. al mezzo*: tra la parola finale di un verso e una parola posta nel mezzo di un altro verso (per lo più il successivo), generalmente in chiusura del primo **emistichio**; *r. alternata*: tra parole finali di due versi separati fra loro da un altro (ABABAB); *r. baciata*: tra parole finali di due versi consecutivi (AA BB ecc.); *r. equivoca*: tra due parole di uguale suono ma di diverso significato; *r. guittoniana* (o *aretina*): tra *i* ed *e* sia aperta che chiusa e di *u* con *o* sia aperta che chiusa; *r. identica*: di una parola con se stessa; *r. imperfetta*: con identità parziale, come p. es. nelle **assonanze** e **consonanze**, ma anche nella *r. aretina*; *r. incrociata*: tra le parole finali dei due versi estremi e tra quelle dei versi centrali di una **quartina** (ABBA); *r. interna*: che cade non in **punta di verso** ma al suo interno (vedi p. es. la *r. al mezzo*); *r. per l'occhio*: identità grafica ma non fonetica tra le parti finali di due versi; *quasi r.*: identità non completa tra le parti finali di due versi (p. es.: l*àude*: c*ade*); *r. ricca*: identità anche di alcuni suoni precedenti la vocale **tonica**; *r. siciliana*: tra le vocali **toniche** *e* chiusa ed *i* e *o* chiusa con *u*.

ripresa nome del **ritornello** nella **ballata**.

ritornello breve **strofa** introduttiva della **ballata** che si ripete prima di ogni **strofa**.

romanza (o *ballata romàntica*) genere letterario tipico dell'età romantica, a metà tra lirica e narrativa, nato sull'esempio di testi tedeschi e inglesi. Metricamente libera, la *r.* è perlopiù composta da versi lunghi e ritmati (**novenari**, **decasillabi**) e caratterizzata da **rime tronche**.

romanzo (agg.) designa l'insieme delle lingue derivate dal latino (portoghese, spagnolo, catalano, provenzale, ladino, sardo, francese, italiano, rumeno), a seguito della dominazione romana, e le rispettive letterature.

romanzo (sost.) genere narrativo in prosa, diverso per la maggior estensione dalla **novella**, basato su una trama più o meno avventurosa relativa alle vicende realistiche o fantastiche di alcuni personaggi, e classificabile, a seconda dell'argomento, in storico, fantastico, d'amore, poliziesco, psicologico, ecc. L'origine del *r.* è ascrivibile addirittura alle antiche letterature orientali (assiro-babilonese, araba, ecc.), e conosce una prima fioritura europea in epoca ellenistico-romana (primi secoli d.C.: p. es. Longo Sofista e Petronio). Nel Medioevo il *r.*, che è scritto anche in versi, si sviluppa inizialmente in Francia, dove affronta narrazioni legate alla storia classica (*Roman de Troie*), al mondo cortese e cavalleresco (*Lancelot*). Per *r. cavalleresco* si intende la narrazione delle avventure e degli amori dei cavalieri che dall'epoca francese medievale giunge fino al XVI sec. (p. es. il *Don Chisciotte* di Cervantes); per *r. cortese* si intende un genere nato in Francia intorno al XII sec., legato a valori e agli ideali della società cortese e rivolto al pubblico aristocratico portatore di quei valori e di quegli ideali; per *r. esotico* si intende un tipo di narrativa, diffusa tra Settecento e Ottocento, in cui viene manifestato il notevole interesse per il primitivo e per le forme di vita e di civiltà di paesi extraeuropei, soprattutto orientali o tropicali; il *r. di formazione* (ted. *bildungsroman*) è un racconto incentrato sulla vicenda biografica ed esistenziale del protagonista, sulla sua formazione intellettuale, morale e sentimentale attraverso le diverse fasi della vita; per *r. gotico* si intende un genere letterario nato in Inghilterra nel XVIII secolo, ambientato nel Medioevo e ispirato agli aspetti misteriosi e lugubri della realtà; per *r. pastorale* si intende un genere narrativo misto di prosa e versi, di ambientazione rustica e d'argomento **bucolico** (ma di stile alto), che ha nell'*Arcadia* di Sannazzaro il proprio modello (e nell'*Ameto* di Boccaccio un importante precedente) e che si diffonderà soprattutto nel XVI sec. Uno sviluppo eccezionale il *r.* ha poi a partire dal Settecento, soprattutto in Inghilterra e in Francia, al punto da diventare il genere caratteristico della modernità; per *r. picaresco* s'intende un genere narrativo diffusosi in Spagna a partire dalla seconda metà del Cinquecento (con il romanzo, di anonimo, *Lazarillo de Tormes*), avente per oggetto le avventure spesso comiche e crude di personaggi popolareschi perlopiù astuti e imbroglioni (dallo spagnolo "picaro" = furfante). Uno sviluppo eccezionale il *r.* ha poi a partire dal Settecento, soprattutto in Inghilterra e in Francia, al punto da diventare il genere caratteristico della modernità.

rubrica nei codici manoscritti indica i titoli, i sommari o le lettere iniziali (per lo più scritti in rosso); nei libri divisi in capitoli, come p. es. il *Decameron*, la *r.* indica in sintesi il contenuto dei singoli capitoli cui è premessa.

rusticale agg. che designa un tipo di poesia che riguarda gli aspetti e i caratteri della campagna.

S

saga genere in versi e in prosa delle letterature nordiche antiche, sviluppatosi in Islanda tra XII e XIV sec. e diffuso anche nell'ambiente culturale germanico, che narra in un'ottica leggendaria le vicende di un popolo o di importanti famiglie locali (clan) i cui protagonisti incarnano i valori più alti di una data società (la *Saga degli abitanti di Eyr*, la *Saga dei Nibelunghi*, ecc.).

sarcasmo ironia amara e caustica, spesso ispirata da risentimento e aggressività.

sàtira composizione poetica derivata dalla lat. "satura" (= composizione piena, mista di vari elementi), che, con un tono a metà tra il comico e il serio, rappresenta a fini moraleggianti o critici, e con modi ora benevoli ora ironicamente polemici o violentemente aggressivi, personaggi e ambienti della realtà sociale, denunciandone debolezze, vizi, ecc. Nel Medioevo, in particolare, la *s.* ha carattere soprattutto morale, prediligendo il discorso **allegorico** (gli animali come simbolo delle virtù e dei vizi umani), sociale (come nei canti dei goliardi) e politico (oltre che antimonastica o misogina). In età **umanistica** e rinascimentale, la *s.* ha invece interessi prevalentemente letterari (come le *Satire* di L. Ariosto). Per *satira menippea* si intende un testo composto di prosa e versi, di argomento filosofico e morale, inventato dal filosofo greco Menippo di Gadara (IV-III sec. a. C.) e diffuso anche nella latinità del I sec. d. C. (Seneca e Petronio).

scémpia si dice di una consonante semplice, cioè non doppia.

scenario l'insieme delle strutture che delimitano e raffigurano il luogo in cui si svolge un'azione teatrale (fondali, quinte ecc.).

sdrùcciola parola accentata sulla terz'ultima sillaba (p. es.: "màrtire", "càmera"). Un verso si dice *s.* quando termina con una parola accentata sulla penultima sillaba e così un testo poetico composto da tali versi.

semiòtica scienza dei segni volta allo studio di quei sistemi (linguistici, gestuali, simbolici, ecc.) che costituiscono un codice convenzionale di comunicazione. È detta anche *semiologia*.

senàrio verso di sei sillabe metriche con accento principale sulla quinta.

senhal (provenz. = segno; leggi *segnàl*) nome fittizio o riferimento cifrato dietro il quale il trovatore celava la persona (e soprattutto la donna) cui era rivolta la poesia. Tale mascheratura, resa necessaria dall'etica cortese del segreto, viene ripresa anche dalla successiva poesia italiana: p. es. il *s.* «Fioretta» nella **ballata** di Dante «*Per una ghirlandetta*» e, in Petrarca, i *s.* «l'aura»(= l'aria) o «lauro»(= alloro) in riferimento all'amata Laura.

sestina **strofa** di sei **endecasillabi** rimati secondo lo schema ABABCC, detta anche *sesta rima*. *S.* è detta pure un tipo di **canzone** costituita da sei *s.* più una **terzina**, nelle quali non si ha però lo schema di rime proprio della *s.* ma sei parole-rima che si ripetono in tutte le strofe nel seguente modo: ABCDEF FAEBDC CFDABE ECBFAD DEACFB BDFECA (p. es.: la *s.* «*Al poco giorno e al gran cerchio d'ombra*» di DANTE).

settenàrio verso di sette sillabe metriche con accento principale sulla sesta (spesso alternato all'**endecasillabo**, ne può costituire un **emistichio**). P. es.: «per una ghirlandetta ch'io vidi, mi farà / sospirare ogni fiore» (DANTE).

significato/significante un segno linguistico (p. es. la parola "pane") è costituito dall'associazione di un *significato* e di un *significante*, ovvero di un elemento concettuale (il *significato*, cioè il concetto di "pane") e uno formale, fonico e grafico (il *significante*, cioè l'insieme dei **fonemi** e dei segni grafici che formano la parola "pane").

sillogismo argomentazione logica definita per la prima volta dal filosofo greco Aristotele (IV sec. a. C.) nei seguenti elementi: A) *presentazione* (di ciò che si deve dimostrare), B1) *premessa maggiore* e B2) *premessa minore* (rispetto a ciò che si deve dimostrare), C) *conclusione* (che deve essere uguale alla *presentazione*). P. es.: A) = "I greci sono mortali"; se "tutti gli uomini sono mortali" (B1) e "i greci sono uomini" (B2), ne consegue che "i greci sono mortali" (C). Per **sillogistico** si intende un ragionamento basato sul *s.*, ma anche un discorso sottile e complesso.

simbolo attribuzione immediata e intuitiva di un **significato** a un'immagine; il *s.* stabilisce tra universale e particolare (l'uno colto nell'altro) un rapporto necessario e organico, istantaneo e alogico, implicando perciò la soggettività individuale ed esistenziale piuttosto che, come avviene nell'**allegoria**, quella di una razionalità collettiva.

similitùdine rapporto di somiglianza tra persone o cose diverse, introdotto da **come**, da altri avverbi di paragone ("tale", "simile a", ecc.) o da forme analoghe ("sembra", "pare", ecc.). P. es.: "un uomo forte *come* un leone".

sinalefe fusione all'interno di un verso, per ragioni metriche, tra la vocale finale di una parola e quella iniziale della successiva, per cui nella lettura viene eliminata la prima delle due vocali. È detta anche *elisione metrica*. P. es.: "voi ch'ascoltate in rime sparse il suono" (PETRARCA).

sìncope caduta di uno o più **fonemi** all'interno di una parola con conseguente fusione di due sillabe in una (p. es.: "vienmi" = "vienimi").

sincronia/diacronia cfr. **diacronia/sincronia**

sinèddoche come la **metonimia** e la **metafora**, riguarda uno spostamento di significato da un termine a un altro posti in rapporto di contiguità. La *s.* consiste nell'estendere o nel restringere il significato di una parola, e si ottiene indicando la parte per il tutto (p. es.: "il mare è pieno di *vele*" = il mare è pieno di *barche a vela*) o il tutto per la parte (p. es.: "non c'è mai mancato il *pane*" = abbiamo sempre avuto da *mangiare*), il sing. per il plur. (p. es.: "*lo spagnolo* è più passionale dell'*inglese*" = *gli spagnoli sono più passionali degli inglesi*) o il plur. per il sing. (p. es.: "occuparsi dei *figli*" = occuparsi del *proprio figlio*), la materia di cui è fatto un oggetto per l'oggetto stesso (p. es.: "*legno*" = barca).

sinèresi contrazione, all'interno di una parola, di due sillabe in una (p. es.: "quand'era in parte altr'*uom* da quel ch'i' sono», PETRARCA); nella lettura metrica si oppone alla **dieresi**.

sinestesia forma particolare di **metafora** in cui si associano, nella stessa espressione, voci che si riferiscono ad àmbiti sensoriali diversi (tatto, gusto, vista, olfatto, udito; p. es.: "dolce rumore" – rapporto gusto/udito –; "bel sapore" – rapporto vista/gusto, ecc.).

sinizesi contrazione vocalica. Cfr. **sineresi**.

sinònimo parole diverse nel **significante** ma aventi lo stesso **significato** (p. es.: "busto" "tronco" "torace" "torso"). La **sinonimia** è pertanto l'identità di significato tra due o più parole o espressioni, a prescindere dal contesto in cui esse vengono utilizzate (p. es.: "quella donna ha un bel viso"; "essere triste in volto").

sintagma gruppo di due o più elementi linguistici (articolo, pronome, aggettivo, verbo, sostantivo, ecc.) che forma in una frase un'unità minima dotata di significato (p. es.: "di corsa", "mal di testa", "andare a scuola", ecc.).

sirma nella **canzone** indica la seconda parte di ciascuna **stanza** (la prima è la **fronte**), normalmente indivisa da Petrarca in poi (*s. indivisa*); fino a Dante la *s.* poteva invece essere strutturata in due **volte**. Nella **ballata** è sinonimo di **volta** e nel **sonetto** di **sestina** o **terzina**. È detta anche *coda*.

sonetto forma poetica molto antica probabilmente inventata da Jacopo da Lentini (1210-60) nell'àmbito della Scuola siciliana. Il *s.* è composto da quattordici **endecasillabi** divisi in quattro **strofe**, due **quartine** e due **terzine**. La disposizione delle **rime** segue per lo più lo schema lentiniano ABAB ABAB CDE CDE (o CDC DCD) e quello stilnovistico ABBA ABBA CDC CDC. Per *s. caudato* si intende un *s.* al quale è stata aggiunta una coda di tre versi (un **settenario** – che rima con l'ultimo verso della seconda terzina – e due endecasillabi in **rima baciata**), o anche solo un **distico** di endecasillabi in rima baciata.

Spannung (ted. = tensione) in narratologia, il momento culminante di una narrazione.

sperimentalismo atteggiamento letterario ed artistico volto alla costante ricerca e sperimentazione, a fini espressivi, di stili e tecniche nuove.

stanza le **strofe** di una **canzone** o un componimento poetico di un'unica strofa.

stile espressione propria e caratteristica di ciascun autore, e anche l'insieme degli aspetti formali di un'opera. In accezione più ampia, il termine *s.* indica gli elementi formali e culturali propri di un movimento letterario (il *Dolce stil novo*), di una scuola (la *Scuola siciliana*) o di un'epoca (*stile rinascimentale*).

stilema costruzione formale che ricorrendo nel linguaggio di un autore ne diventa un tratto distintivo (p. es.: «Ed ecco...», espressione usata da Dante nella *Commedia* per indicare improvvisi sviluppi della narrazione); modulo caratteristico, non necessariamente linguistico, di specifici **generi** (letterari, musicali, pittorici, ecc.), di **poetiche** ecc.

stili (teoria degli) elaborazione teorica in base alla quale a ogni argomento corrisponde uno **stile** appropriato: quello *umile* (per temi banali e realistici), quello *medio* (per temi pastorali e agresti) e quello *sublime* (per temi filosofici, amorosi ed eroici). Questa rigorosa tripartizione, nata in età classica con le formulazioni di Cicerone e di Orazio, subisce in epoca medievale e in ambito cristiano un rimescolamento dettato dalla necessità di rappresentare artisticamente tutta la realtà in quanto essa ha dignità in tutti le sue componenti: così Dante – che pure distingue tra stile *comico*, *elegiaco* e *tragico* – dà vita nella *Commedia* a una grande mescolanza degli stili tradizionali.

stilistica (**critica**) studio storico-critico dell'opera di un autore attraverso l'analisi dello **stile**, alla luce di una visione sostanzialmente linguistica del prodotto letterario.

stilizzazione termine proprio delle arti figurative che indica la rappresentazione p. es. di una figura secondo uno schema essenziale di linee e colori; per estensione, la *s.* è anche la riduzione, alleggerita e affinata nella forma, di un personaggio o di un ambiente.

strofa (o *strofe*) unità metrica della poesia costituita da uno schema fisso per numero e misura dei versi e per disposizione delle **rime** (vedi anche **stanza**). Da Leopardi in poi (XIX sec.) tale schema diventa libero e la *s.* diventa, più in generale, un gruppo di versi evidenziato come tale anche da semplici segni grafici (lo spazio tipografico).

strutturalismo indirizzo specifico della linguistica che individua nella lingua, attraverso le analisi di F. de Saussure (1857-1913), un sistema in cui ogni elemento acquista valore e significato in relazione agli altri componenti del sistema. In senso più ampio, lo *s.* è una teoria critico-filosofica, sviluppatasi in Francia a partire dagli anni Sessanta del Novecento e applicata a molte discipline (dall'antropologia all'economia, all'estetica, alla psicoanalisi), che studia le varie strutture (antropologiche, economiche, ecc.) analizzandone le interazioni tra le parti che le compongono.

sublimazione idealizzazione; in psicoanalisi, è un meccanismo secondo il quale le pulsioni aggressive e gli impulsi primitivi legati alla sfera della sessualità si trasformano in contenuti socialmente accettabili (p. es. le creazioni artistiche).

tautologìa proposizione in cui il sogg. e il predicato sono identici nella sostanza ma espressi in termini formalmente diversi; definizione che asserisce ciò che invece dovrebbe spiegare (p. es.: "il triangolo ha tre angoli").

tecnicismo vocabolo (o locuzione) di uso tecnico, ovvero specifico di un determinato ambito.

tempo del racconto è il tempo seguito dalla scrittura, che non ricalca necessariamente con precisione l'ordine cronologico della narrazione (*tempo della storia*) ma procede o lentamente, dilungandosi nella rappresentazione di episodi o nella descrizione di personaggi e paesaggi, o velocemente, riassumendo in poco spazio giorni e addirittura anni (cfr. **riassunto**).

tenzone disputa poetica; il termine, derivato dal provenz. **tenso**, indica un dibattito tra poeti in cui, con vivaci botta e risposta, un poeta propone il tema (la *proposta*, in genere d'argomento amoroso, morale, o letterario) e gli altri (ma anche uno solo) rispondono secondo le proprie convinzioni, utilizzando per lo più lo stesso schema metrico e di rime della *proposta* (*risposta a rime obbligate* o *per le rime*). P. es.: la *T.* fra Dante e Forese. Cfr. anche **contrasto**.

ternàrio cfr. **trisillabo**

terzina strofa composta di tre versi (vedi anche **sonetto**). La *t. incatenata* (o *dantesca*), formata da tre **endecasillabi** legati da **rime** secondo lo schema ABA BCB CDC ecc., è diventata uno dei modelli della poesia italiana, soprattutto didascalica e allegorica.

tipo personaggio del quale viene messo in particolare risalto un singolo attributo caratteriale, rendendolo una sorta di stereotipo, di maschera fissa (p. es.: lo snob, il geloso, il burbero, ecc.). Per **tipizzazione** s'intende quindi la riduzione delle caratteristiche individuali di un personaggio a una fondamentale, così da farne un *t.*

tònico dotato di accento. Le vocali o le sillabe su cui cade l'accento all'interno di una parola (o di un verso) sono perciò dette *tòniche*.

tópos (plur. "tópoi"; gr. = luogo) termine che indica genericamente un luogo comune, ovvero un motivo (un'immagine, un concetto, un sentimento) ripreso con una certa frequenza dagli scrittori al punto da diventare una enunciazione convenzionale (p. es.: le ninfe che si lavano a una fonte, la purificazione dell'anima attraverso la discesa agli inferi, l'amore per la donna lontana, la corrispondenza tra amore e primavera ecc.). Nella **retorica**, i *t.* erano degli argomenti prestabiliti utili alla comprensione e all'efficacia persuasiva di un discorso.

tradizione in **filologia** indica l'insieme dei **testimoni** esistenti di un certo testo. La *t.* manoscritta è quella che comprende solo **apografi** copiati a mano (cioè non a stampa).

tragèdia genere teatrale nato nella Grecia classica avente per argomento grandi problematiche interiori dell'uomo, espresse con uno stile elevato e con ricchezza di *pathos*. A carattere inizialmente religioso, con la rappresentazione di un'umanità idealizzata, la *t.* si è poi sviluppata in senso realistico fino ad affrontare – in epoca moderna – i drammi della società borghese. Nelle **poetiche** medievali e in Dante, il termine *t.* si contrappone a **commedia** e indica un componimento in stile alto e d'argomento elevato.

tràgico nelle **poetiche** medievali si intende per stile o genere *t.* quello di tono elevato e sublime avente per modello l'*Eneide* del poeta latino Virgilio (I sec. a. C.); la sua applicazione al sistema dei **generi** è da riferirsi, secondo Dante, alla **canzone**.

traslato come agg., vale 'trasferito, spostato'; il sost. indica invece uno spostamento di tipo **metaforico**.

trionfi cfr. **canti carnascialeschi**

trisillabo parola composta di tre sillabe; verso di tre sillabe metriche con accento principale sulla seconda.

trobàr termine provenzale che significa 'comporre versi'. Cfr. anche **trovatore**.

tronca parola accentata sull'ultima sillaba in quanto troncata dell'ultima sillaba nel passaggio dal lat. all'ital.: "virtùtem" = "virtù", "pietàtem" = "pietà"). Un verso si dice *t.* quando termina con una parola accentata sull'ultima sillaba e così un testo poetico composto da tali versi.

troncamento cfr. **apocope**

trovatore il termine deriva dal prov. **trobar** e designa i poeti-musici provenzali o tutti quei poeti che, benché non provenzali, presero questi a modello (p. es. il *t. italiano* Sordello da Goito). Per poesia **trovatòrica** o **trobadòrica** si intende quindi la poesia d'argomento per lo più amoroso tipica dei provenzali o delle scuole italiane che la presero a modello.

Umanésimo movimento intellettuale sviluppatosi tra la seconda metà del XIV sec. e il XVI, avente il proprio fine culturale nel recupero filologico dei classici latini e greci e nell'affermazione dei valori terreni dell'individuo.

unità aristotèliche si tratta delle unità di luogo, di tempo, d'azione che, nella descrizione di Aristotele, caratterizzavano la tragedia classica greca. Esse furono interpretate come norma rigorosa da alcuni teorici cinquecenteschi e messe in pratica da molti scrittori teatrali. Le *u. a.* implicano che l'azione teatrale si svolga in un unico luogo, nell'arco di ventiquattr'ore, senza divagazioni dalla trama principale.

uscita di verso parte finale del verso, con riferimento in genere all'ultima parola.

variante in **filologia** indica ogni diversa **lezione**, ovvero ogni diversa soluzione espressiva tramandata dai vari **testimoni** rispetto all'originale, generata da errori di trascrizione dei copisti, da loro eventuali fraintendimenti, da ipotesi diverse di ricostruzione del testo in caso di luoghi lacunosi, ecc. Per **variante d'autore** si intende una v. dovuta all'autore stesso, cioè una sua correzione o un ripensamento, e presente in fogli, appunti o altro lasciati dall'autore: il *Canzoniere* petrarchesco è p. es. ricchissimo di *v. d'a.*, a causa delle continue revisioni del testo da parte dell'autore.

velare si definiscono v. quei fonemi (consonanti e vocali) che si articolano con il dorso della lingua ravvicinato al velo palatino (cioè alla volta del palato che termina con l'ugola): p. es. le consonanti /k/ (*casa*, *chiesa*, *questo*), /g/ (*gatto*, *ghisa*) ed /n/ (davanti a /k/ e /g/: ba*n*co, ve*n*go), e le vocali /ò/, /ó/ e /u/.

verso libero verso che rompe i tradizionali schemi metrici aprendo la struttura chiusa della strofa e variando liberamente il numero delle sillabe. Teorizzato e usato inizialmente dai simbolisti francesi nel XIX sec., il *v. l.* è usato in Italia a partire dagli **scapigliati** e dalla *metrica barbara* di Carducci: presente poi in tutta la poesia del Novecento (soprattutto sperimentale), esso ha il suo più lucido teorico in G. P. Lucini (1867-1914) e la sua sistematica utilizzazione nei **futuristi**.

visione genere letterario (e devozionale) mediolatino e poi volgare in cui l'autore narra di aver avuto una v. del mondo ultraterreno, infernale o celeste, e di aver così conosciuto la dimensione sovrannaturale delle pene e delle beatitudini.

volgarizzamento traduzione in volgare di un'opera latina (o greca) con alcune modifiche rispetto al testo originale per adattarlo al nuovo contesto culturale; il termine si riferisce anche a traduzioni da lingue moderne (p. es. l'antico francese).

volta ciascuna delle due parti in cui può essere strutturata la **sirma**. Cfr. anche **ballata** e **canzone**.

vulgata termine latino ('divulgata') che indica la versione della Bibbia accettata dalla Chiesa cattolica (cioè quella di san Girolamo) o, più in genere, la versione più diffusa di un testo letterario.

Z

zeppa parola inserita in un verso non per esigenze di contenuto o di espressione ma per ragioni puramente metriche, ovvero per far tornare la misura di un verso o per ottenere una **rima**.

zèugma figura retorica in cui due o più termini dipendono da uno stesso verbo, mentre dovrebbero dipendere da due verbi differenti. P. es.: «parlare e lagrimar *vedrai* insieme» (DANTE).

INDICE DEI NOMI

l'indice fa riferimento esclusivamente alla trattazione storico-letteraria

Accetto, Torquato   20, 36, **369-370**
Achillini, Claudio   392
Acquaviva, Giulio   278
Alberti, Leon Battista   343
Aldobrandini, Cinzio   85, 134
Aldobrandini, Pietro   85
Alemán, Mateo   45
Alessandro VII, papa   12
Alighieri, Dante   15, 49, 51, 75, 96, 129, 132, 218, 460
Anacreonte   75
Anceschi, Luciano   42
Anselmi, Gian Mario   97
Aretino, Pietro   18, 194, 379
Ariosto, Ludovico   49, 51, 96, 120, 126, 128, 130, 133, 283, 284, 368
Aristotele   117, 129, 218, 344, 369
Artale, Giuseppe   392
Aubigné, Théodore-Agrippa d'   **78**
Auerbach, Erich   473

Bach, Johann Sebastian   60
Bacone, Francesco (Francis Bacon)   26
Bardi, Giovanni   45
Bartoli, Daniello   **313**, 368, **372**
Basile, Giovan Battista   46, 50, **402-403**
Battistini, Andrea   317, 473
Behn, Aphra   **397**
Belleforest, François de   242
Bembo, Pietro   18, 48, 49, 133, 275, 343, 380
Bendidio, Lucrezia   84, 88
Benjamin, Walter   42
Benzoni, Gino   20
Berni, Francesco   401
Bernini, Gian Lorenzo   12, 51, 54, 56
Boccaccio, Giovanni   18, 49, 51, 272
Boccalini, Traiano   **193**
Bodin, Jean   **26**, 185
Boiardo, Matteo Maria   96, 120
Boileau, Nicolas   426
Bonnà, Febo   117
Borromini, Francesco   54
Botero, Giovanni   **26**
Boyle, Robert   30
Brahe, Tycho   327, 343
Brecht, Bertolt   336
Bruegel, Pieter   4
Bruni, Leonardo   343
Bruno, Giordano   20, **29**, 32, 51, 184, **193-194**, **206**, 312, 317, 318, 332, 333, 335

Calderón de la Barca, Pedro   52, 205, 206, **419-420**
Caloprese, Gregorio   480
Calvino, Italo   336, 403

Calzabigi, Ranieri de'   **478-479**
Campanella, Tommaso   20, 26, 51, **75**, 79, 184, **185-186**, 312, 332, 333
Canaletto, Giovanni Antonio Canal, detto il   59
Caravaggio (Michelangelo Merisi, detto il)   54
Carlo di Borbone   17
Carlo Emanuele I, duca di Savoia   12, 206, 379
Carlo Emanuele II, duca di Savoia   452
Carlo II, re di Spagna   11
Carracci, Annibale   54
Cartesio (René Descartes)   30, 480, 482
Casini, Paolo   473
Castelli, Benedetto (Antonio)   312, 315, 319
Castiglione, Baldassar   18, 33, 51, 184, 343, 369
Catalina de Salazar y Palacios   278
Catullo, Gaio Valerio   96, 120, 478
Cellini, Benvenuto   273, **275-276**
Cervantes Saavedra, Miguel   4, 45, 51, **278-310**, 396
Cervantes, Rodrigo   278
Cesarini, Virginio   327
Cesi, Federico   315, 319
Chiabrera, Gabriello   74, **75**, 392
Cicerone, Marco Tullio   343
Clemente VII, papa   275
Clemente VIII, papa   85, 134
Colbert, Jean-Baptiste   426
Colombo, Cristoforo   186
Condillac, Étienne Bonnot de   50
Confucio   32
Copernico, Niccolò (Nikolaj Kopernik)   29, 32, 79, 347
Corneille, Pierre   205, **425-426**, 427
Corsi, Iacopo   207
Crashaw, Richard   52
Crescimbeni, Giovanni Mario   23
Cristina di Lorena   319, 335
Cristina di Savoia   369
Croce, Benedetto   403, 472
Croce, Giulio Cesare   272
Cromwell, Oliver   11
Cyrano de Bergerac   **397**

De Caprio, Vincenzo   18
Defoe, Daniel   46, 47, **492-494**, 503
Della Casa, Giovanni   87, 132, 184
Della Porta, Giambattista   185
Della Valle, Federigo   **206**
Democrito   28
De Sanctis, Francesco   335
de Urbina, Diego   278
de' Pazzi, Alessandro   41
Dini, Pietro   319
Dionisotti, Carlo   18

Donne, John   52, 78, **79**
Dryden, John   52

El Greco (Dominikos Theotokopoulos, detto)   4
Elisabetta I Tudor   5, 10, 193, 219
Emanuele Filiberto, duca di Savoia   12
Enrico III di Valois   193
Enrico IV di Borbone   78, 379
Erasmo da Rotterdam   12, 39, 284
Este, Alfonso II d'   84, 95, 117, 208
Este, Eleonora d'   84
Este, Ippolito d'   275
Este, Lucrezia d'   84
Euripide   96, 426

Federico, Gennaro Antonio   480
Ferroni, Giulio   122, 473
Fielding, Henry   46, 47, **495**, 503
Filippo II di Spagna   5, 10, 11, 51
Filippo III di Spagna   280, 395
Filippo IV di Spagna   11
Filippo V di Spagna   17
Folengo, Teofilo   194
Fontanella, Girolamo   392
Foscolo, Ugo   335
Fragonard, Jean-Honoré   58
Francesco I di Valois   275
Francesco Maria, duca della Rovere   83, 88
Francesco Stefano di Lorena   17
Frugoni, Carlo Innocenzo   58, 478
Frugoni, Francesco Fulvio   397

Galilei, Galileo   3, 4, 20, 29, 31, **35**, 51, 79, 185, **311-367**, 368, 372, 395
Geymonat, Ludovico   336
Gherardo degli Angiolini   460
Giannone, Pietro   **451**
Gioberti, Vincenzo   335
Giovanni Paolo II, papa   336
Giraldi Cinzio, Giambattista   **272**
Gluck, Christoph Willibald von   **478-479**
Goffredo di Buglione   115
Goldoni, Carlo   50, 434
Góngora y Argote, Luis de   52, **395**
Gonzaga, Scipione   84, 117
Gonzaga, Vincenzo   110
Gracián y Morales, Baltasar   **42**
Grassi, Orazio   327
Gravina, Gian Vincenzo   23, **450-451**, 480
Grimm, Jakob   402
Grimm, Wilhelm   402
Grozio, Ugo (Huig van Groot)   26
Guarini, Battista   45, **74-75**, 84, 208, **209**, 380, 381
Guglielmo III di Orange-Nassau   28
Guicciardini, Francesco   51, 120, 195, 196, 450

Guidubaldo II, duca della Rovere 83, 115
Guiducci, Mario 327

Harvey, William 30
Hauser, Arnold 53, 56, 57
Haydn, Franz Joseph 60
Hazard, Paul 7, 36
Hegel, Georg Wilhelm Friedrich 280, 472
Heidegger, Martin 336
Herbert, George 52
Hobbes, Thomas 27, 28, 185

Ignazio di Loyola 16
Imbriani, Vittorio 403
Ingoli, Francesco 342

Juan de la Cruz (Giovanni della Croce, al secolo Juan de Yepes y Álvarez) 34, 51, **78**
Juvara, Filippo 57

Keplero (Johannes Kepler) 3, 29, 30, 79, 312, 314, 318, 362

La Fayette, Marie Madeleine Pioche de la Vergne, contessa di 45, 47, **397**
Leone X 196
Leopardi, Giacomo 107
Lesage, Alain René **503**
Locke, John 27, **28**, **31-32**, 50
Longhi, Pietro 59
Longino, Cassio 461
Lope de Vega (vedi Vega Carpio, Lope Felix de) 44, 205, 214, **215**, 415, 417, 419
Lorini, Niccolò 315
Lubrano, Giacomo 392
Lucrezio Caro, Tito 28, 75, 96
Luigi XIII di Francia 11, 186, 379, 381, 425
Luigi XIV di Francia 9, 11, 52, 425, 426
Luigi XV di Francia 9, 57
Lukács, György 280
Lyly, John 51, 78

Machiavelli, Niccolò 25, 26, 33, 51, 120, 184, 185, 195, 215, 345, 450
Madame d'Étampes (Anne de Pisseleu d'Heilly, detta) 275
Maffei, Scipione 22
Magalotti, Lorenzo 29, 312, **313**, 401
Magliabechi, Antonio 22
Malvezzi, Virgilio 20
Manfredi, Eustachio 478
Maravall, José Antonio 35
Maria Teresa d'Austria 17
Marino, Giambattista 20, 46, 51, 75, 315, 376, **378-382**, 392, 395, 401
Marivaux, Pierre Carlet de Chamblain de 47, **503**
Marlowe, Christopher 44, 52, 205, 214, **215**
Medici, Cosimo I de' 275
Medici, Cosimo II de' 313, 315, 317
Medici, Maria de' 379

Metastasio, Pietro (pseud. di Pietro Trapassi) 47, 208, 478, **479**, **480-482**
Michelangelo, Buonarroti 275
Milton, John 395, **396**
Mocenigo, Giovanni 193, 194
Molière (pseud. di Jean-Baptiste Poquelin) 205, 425, 426, **434-436**
Montaigne, Michel Eyquem de **34-35**, 51, 85
Montesquieu, Charles de Secondat, barone di La Brède 18, **28-29**, 492
Monteverdi, Claudio 54, 207
Moro, Tommaso 26, 185, 186
Mozart, Wolfgang Amadeus 60
Muratori, Ludovico Antonio 22, 42, 450, **451**
Murtola, Gaspare 379, 401

Newton, Isaac 3, 29

Omero 52, 119, 218, 396, 460
Orazio Flacco, Quinto 120, 478
Ovidio Nasone, Publio 52, 96, 396

Palladio, Andrea 53
Paolo III, papa 12, 82, 275
Paolo IV, papa 13
Paolo V 195
Pascal, Blaise **36**, 336
Peperara, Laura 84, 88
Pergolesi, Giovanni Battista 47, 480
Peri, Iacopo 207
Perrault, Charles 46, 402
Pers, Ciro di 392
Petrarca, Francesco 18, 48, 49, 51, 82, 86, 96, 120, 132, 380
Pietro da Cortona (Pietro Berrettini, detto) 56
Pio V, papa 15
Platone 185, 343
Plauto, Tito Maccio 435
Poggi Salani, Teresa 49
Poliziano, Angelo 96, 120
Pontano, Giovanni 343
Porta, Carlo 50
Pozzi, Giovanni 382
Preti, Girolamo 392
Prévost, Antoine-François **503-504**
Properzio, Aurelio Sesto 120

Quevedo y Villegas, Francisco Gómez de 52, **395**

Rabelais, François 396
Racine, Jean 205, 206, 425, **426-427**
Raimondi, Ezio 117
Redi, Francesco **312-313**, **401**
Rembrandt, Harmenszoon van Rijn 56
Renata di Francia 84
Richardson, Samuel 47, **494-495**, 503
Richelieu, Armand-Jean du Plessis duca di 425

Rico, Francisco 280
Rinuccini, Ottavio 45, **207**
Rolli, Paolo **478-479**
Ronsard, Pierre de 78
Rossi, Paolo 336
Rossi, Porzia de' 82
Rosso Fiorentino (Giovanni Battista di Iacopo, detto) 4, 53
Rubens, Pieter Paul 6

Salutati, Coluccio 343
Salviati, Leonardo 22, **49**
Sannazaro, Iacopo 24, 96, 396
Sanseverino, Ferrante 82
Sarpi, Paolo 20, 34, 51, 184, 193, **195-196**, 312, 332
Saxo Grammaticus 242
Segre, Cesare 280, 285
Seneca, Lucio Anneo 426
Severino, Emanuele 336
Shakespeare, John 219
Shakespeare, William 4, 44, 52, **78**, 205, 206, 215, **218-271**, 284, 415, 417, 420
Šklovskij, Viktor Borisovič 280
Socrate 32
Southampton, Henry Wriothesley duca di 219
Speroni, Sperone 84
Spinoza, Baruch **27**, 28
Spitzer, Leo 284
Stigliani, Tommaso 392
Swift, Jonathan 47, 397, **492-493**, 495

Tacito, Publio Cornelio 26
Tasso, Bernardo 82, 83
Tasso, Cornelia 82, 115
Tasso, Torquato 4, 44, 45, 49, 51, 74, **81-183**, 206, 208, 209, 313, 368, 376, 378, 380, 381
Tassoni, Alessandro 50, 315, **397**
Telemann, Georg Philipp 60
Teresa d'Avila 34, 78
Tesauro, Emanuele 368, **369**
Testi, Fulvio 392
Tiberio Giulio Cesare Augusto 26
Tibullo, Albio 120, 478
Tiepolo, Giambattista 58
Tintoretto (Jacopo Robusti, detto il) 4, 53
Tirso de Molina (pseud. di Grabriel Téllez) **417-418**, 435
Tommaso di Carignano 369
Torricelli, Evangelista 312

Unamuno, Miguel de 280
Urbano II, papa 115
Urbano VIII, papa 12, 186, 315, 327, 342, 362

Valla, Lorenzo 343
Van Leeuwenhoek, Antoni 30
Vanvitelli, Luigi 57
Varchi, Benedetto 49

Vasari, Giorgio 3, 53, 275
Vermeer, Jan 56
Verne, Jules 397
Vico, Giovan Battista 42, 450, 452, **459-474**

Virgilio Marone, Publio 52, 96, 396, 426
Vittorio Amedeo II, duca di Savoia 17
Vivaldi, Antonio 60
Viviani, Vincenzo 315
Voltaire (pseud. di François Marie Arouet) 397

Watteau, Jean Antoine 58

Zappi, Giambattista Felice 23, 478
Zeno, Apostolo 47, **479**, 480

INDICE DEGLI AUTORI

Accetto, Torquato   370
Altieri Biagi, Maria Luisa   333
Anselmi, Gian Mario   104, 126

Bachtin, Michail Michailovič   287
Basile, Giovan Battista   403
Battistini, Andrea   317
Benzoni, Gino   21
Borges, Jorge Luis   281
Brecht, Bertolt   319, 337

Calderón de la Barca, Pedro   421
Campanella, Tommaso   76, 188
Caretti, Lanfranco   128
Casini, Paolo   474
Cervantes Saavedra, Miguel de   289, 295, 301
Croce, Giulio Cesare   273

Defoe, Daniel   499

Ferroni, Giulio   474

Galilei, Galileo   321, 328, 338, 347, 351, 355
Geymonat, Ludovico   325
Giannone, Pietro   457
Gravina, Gian Vincenzo   452
Guagnini, Elvio   40
Guarini Battista   209

Hazard, Paul   8

Koiré, Alexandre   31

Leopardi, Giacomo   123

Maravall, José Antonio   37
Marino, Giambattista   382, 384, 386, 389
Metastasio (Pietro Trapassi, detto)   483, 486
Molière (pseud. di Jean Baptiste Poquelin)   437, 441
Muratori, Ludovico Antonio   453

Orlando, Francesco   334

Pascal, Blaise   38
Pers, Ciro di   393
Pirandello, Luigi   33
Prévost, Antoine-François   505

Quondam, Amedeo   25

Racine, Jean   428, 432

Sarpi, Paolo   196, 199
Shakespeare, William   223, 230, 235, 250, 258, 262
Swift, Jonathan   496

Tasso, Torquato   88, 90, 92, 93, 98, 100, 108, 131, 136, 141, 143, 150, 162, 169
Tassoni, Alessandro   397

Vico, Giovan Battista   464, 468

Zatti, Sergio   121

**Ulteriori brani antologici
sono presenti nel webook dell'opera e nel sistema Prometeo**

700 → ILLUMINISMO
↑
→ nascita dei giornali e delle riviste

DIFFUSIONE IN ITALIA → LIMITATA A CAUSA DI
→ CLERO (PRESENZA DELLA CHIESA PARTICOLARMENTE FORTE)
→ NATURA = ALIMENTARIA DEL TERRITORIO DELLA PENISOLA ITALIA
→ ECONOMIA (SCARSO INTERESSE NEL INVESTIRE)
       ↳ STAGNAZIONE EVIDENTE E CONSISTENTE

BORGHESIA → CLASSE EMERGENTE CARATTERIZZATA DA UNA CONTINUA RICERCA E UNA APPLICAZIONE PRATICA DEL SAPERE

RIVISTE → "IL CAFFÈ" (Rivista milanese)
                              _____
CONCETTO DI "SALUTE PUBBLICA" → EMERGE NEL 700
                    ↑
            INTERPRETATA
              ↘ GLOBALMENTE
IMPORTANTE
    ↑
INDICA CHE LA (SOCIETÀ) COMINCIA AD ESSERE
    UN "PROBLEMA"
                        ↑
CAUSA AGENTI SOCIALI → INCIDONO SUL SINGOLO

(CASELLA TESTINA)